기독교경제윤리론

기독교경제윤리론
Christian Economic Ethics

2024년 5월 20일 처음 찍음

지은이 | 강원돈
펴낸이 | 김영호
펴낸곳 | 도서출판 동연
등 록 | 제1-1383호(1992. 6. 12.)
주 소 | 서울시 마포구 월드컵로 163-3
전 화 | (02)335-2630
팩 스 | (02)335-2640
이메일 | yh4321@gmail.com
인스타 | dongyeon_press

ISBN 978-89-6447-991-9 93230

기독교경제윤리론

사회적이고 생태학적인 경제민주주의의 관점에서 제안하는 시장경제의 규율 방안

강원돈 지음

동연

당신이 기독교인이라면 경제를 어떻게 바라보아야 하는가? 저자는 평생에 걸쳐서 이 질문에 대한 해답을 찾았다. 시장경제체제의 근본 문제는 경제가 생태계로부터 물질과 에너지를 선물로 받아서 돌아가고 있다는 것을 망각하는 데서 비롯된다. 생태계 위기와 지나친 불평등이라는 시장경제체제의 근본 문제는 모두의 것을 모두에게 되돌려주어야 한다는 기독교 윤리적 관점을 회복함으로써 해결될 수 있다.

_ 강남훈 교수(한신대학교 명예교수/경제학, 사단법인 기본사회 이사장, 전 기본소득한국네트워크 이사장)

예수는 인간과 사회 제도의 관계를 이렇게 규정한다. "안식일이 사람을 위해 생긴 것이지, 사람이 안식일을 위하여 생긴 것이 아니다"(마가 2,27). 예수 그리스도를 따르는 그리스도 교회는 지구 생태계의 위기 상황에서 세계를 통합하고 있는 자본주의 체제를 어떻게 평가해야 할까?

민중신학자 강원돈 교수는 그가 30여 년 붙들고 고민해 온 이 화두를 『기독교경제윤리론』이라는 한 권의 책에 풀어 놓았다. 대단한 일이다! 시장경제체제의 효율성을 놓치지 않으면서도, 사회적 가난과 생태계 위기를 극복할 대안을 민중의 관점에서 실증적으로 제시하고 있으니 말이다. 그는 체계적 성찰과 학제 간 소통을 시도하면서 자본의 축적과 팽창의 메커니즘으로 인해 고삐가 풀린 시장경제체제의 근본 문제를 설득력 있게 분석하고, 민중 참여, 생태계 보전, 정의, 인간존엄성 존중의 원칙에 따라 시장경제체제를 제어하는 지침을 제시하고 제도적 대안을 제안한다. 이 책을 읽으면서 경제학, 윤리학, 신학이 한데 어우러진 웅장한 오케스트라를 듣는 듯한 깊은 감동을 받는다.

_ 김용해 교수(서강대학교 신학대학원 정교수/종교철학, 서강대학교 신학연구소장)

신학과 사회과학은 상호대화가 필요하다. 신학은 사회과학의 '사실 부합성'을 직시해야 하고, 사회과학은 신학의 '가치 지향성'을 고려해야 한다. 강원돈 박사의 『기독교경제윤리론』은 이러한 학제간 대화의 수준을 넘어 인문학적 성찰과 사회과학적 분석 그리고 최상의 정책 수립을 천착하고 있다. 기존의 시장경제가 약육강식의 경쟁과 착취, 억압과 폭력, 반생태와 반민주로 특징지어진다면, 그가 추구하는 새로운 경제는 인간존엄적, 사회적, 생태적, 민주적, 평화적 국민경제와 정의로운 사회 생태적 지구경제를 지향한다. 그의 노력은 이미 박사학위논문 "인간적, 사회적, 생태적으로 정의로운 노동의 형성을 위하여"(1998년)에서 출발했다. 강원돈 박사가 지난 30여 년 동안 일관되게 노력한 학문적 결과를 집대성한 『기독교경제윤리론』이 윤리학도들은 물론이고 신학도들과 사회과학도들에게, 그리고 정의와 평화와 창조 질서의 보전이 구축된 세상을 꿈꾸는 모든 독자에게 큰 깨우침과 도전을 줄 것이라 확신하며 일독을 권한다.

_정종훈 교수(연세대 교수/기독교윤리, 전 한국기독교윤리학회 회장)

"바보야, 문제는 경제야!"라는 선거 구호가 미국서 나온 지 수십 년이 흘렀다. 경제가 워낙 어려운 문제여서인지 정치에 대해서는 한마디씩 하는 신학자나 목회자마저도 경제 이슈 앞에서는 침묵하기 마련이다.

하지만 강원돈 교수는 독일에서 박사학위 논문을 쓸 때부터 줄곧 이 이슈를 붙들고 씨름한 '경제윤리 전문가'답게 신학적 상상력뿐만 아니라 사회과학적 분석력과 경제정책 수립의 세밀함까지 보여주며 시장경제체제의 근본 문제를 해결하는 방안을 제시했다. 이 굉장한 책을 통해서 신학자들이 한국 사회의 발전을 위해 교회가 책임을 다하고자 얼마나 깊고 넓게 고민하는지 보여주는 계기가 될 것이라고 믿는다.

_ 조용훈 교수(한남대 기독교학과 정교수/기독교윤리, 한국기독교사회윤리학회 「기독교사회윤리」 편집위원장)

책 머 리 에

시장경제는 생태계를 보전하면서 사회적 가난을 물리치고 화폐자본에 재갈을 물리는 방식으로 운영될 수 있을까? 시장경제가 불러들이는 사회적 가난과 생태계 위기와 금융 수탈은 시장경제를 해체해야 비로소 해결될 수 있는 문제들인가? 그렇지 않다면 그 문제들을 해결하기 위해 어떤 원칙과 방안을 갖고 시장경제를 규율해야 하는가?

필자는 그 질문에 제대로 답하는 것이 우리 시대의 가장 큰 과제라고 생각한다. 그 과제를 수행하려면 최고 수준의 인문학적 성찰 역량과 사회과학적 분석 역량 그리고 최고의 정책 수립 역량이 서로 맞물려야 할 것이다. 교회가 세상을 등지지 않고 세상을 형성하는 데 책임 있게 이바지하겠다는 생각과 의지를 품고 있다면, 교회도 그 질문을 받아들이고 나름대로 답변해야 한다. 기독교경제윤리는 우리 시대의 경제 문제에 대한 교회의 응답이다.

기독교경제윤리는 경제 현실의 문제를 분석하고, 그 문제의 배후에 도사리고 있는 현실 구성의 논리를 파헤치고, 그 문제를 해결하는 원칙을 세우고, 그 원칙에 따라 문제를 해결하는 방안을 제시하려고 한다. 경제 현실의 분석과 배후 논리의 분석은 사회과학의 과제이고, 문제 해결의 원칙을 세우고 자원의 한계를 고려하면서 그 원칙에 따라 문제 해결의 방안을 제시하는 것은 윤리학의 과제이고, 그 원칙의 근거를 제시하는 것은 신학의 과제이다. 그런 점에서 기독교경제윤리는 학문의 경계를 넘나들고 학문 간 대화와 협력을 중시하는 종합적인 학문이다. 기독교경제윤리는 경제제도의 규율을 위해 사회과학적 현실 분석과 신학적 성찰을 매개하는 관점과 방법을 정교하게 가다듬고 이를 메타 이론의 수준에서 검토한다는 점에서 신학과 사회과학과 철학의 협업이 필요한 학문이다.

필자가 경제윤리에 관심을 가지고 연구하기 시작한 것은 1990년을 전후로 해서 현실사회주의 국가들이 붕괴하는 과정에서 프랜시스 후쿠야마(Francis Yoshihiro Fukuyama)가 사회주의에 대한 자본주의의 승리를 선언하고 '역사의 종말'을 외쳤던 때였다.[1] 1980년대에 군부 독재와 대외 종속을 매개하는 한국 자본주의의 모순을 풀어보려고 했던 민중운동은 그 운동의 지향점을 놓고 탐색의 길을 가지 않을 수 없었다. 현실사회주의가 실패했다고 해서 자본주의에 안주하며 자본의 독재를 받아들이고 사회적 가난과 생태계 위기가 확산하고 악화하는 것을 내버려 둘 수는 없는 일이었다. 필자는 한국 민중이 오랜 반독재 민주화 투쟁을 통해 확립한 민주적인 헌정 질서를 유지하면서 자본주의의 모순을 해결하고 새로운 사회를 형성하는 원리와 방안을 연구하기 시작했다. 그렇게 해서 필자는 경제윤리에 관한 최초의 글들을 집필했다.[2] 그당시 필자의 경제윤리 연구에 자극을 준 것은 아르투르 리히(Arthur Rich)의 고전적인 경제윤리 저작,[3] 세계교회협의회에서 오랫동안 진행된 정

---

1 프랜시스 후쿠야마/이상훈 역, 『역사의 종말: 역사의 종점에 선 최후의 인간』 (서울: 한마음사 2003), 초판 제5쇄, 173.

2 강원돈, "신학적 경제윤리 형성을 위한 시론," 「신학사상」 76(1992): 67-92; 강원돈, "사회주의와 민중신학," 안병무박사 고희기념논문집 출판위원회 편, 『예수 민중 민족: 安炳茂 博士 古稀 記念 論文集』 (천안: 한국신학연구소, 1992), 659-676.

3 아르투르 리히/강원돈 옮김, 『경제윤리 1: 신학적 관점에서 본 경제윤리의 원리』 (천안: 한국신학연

치경제 연구의 성과,4 울리히 두흐로(Ulrich Duchrow)의 경제윤리 연구서5 등이었다.

그러한 필자에게 고(故) 안병무 박사는 세상이 크게 변했으니 독일로 가서 세상의 변화를 살피고 세상이 어떻게 형성되어 가고 있는가를 연구하고 돌아오라고 권유했고, 필자는 안병무 박사와 채수일 박사가 주선한 북-엘베 개신교루터교회 노회(Synode der Nord-Elbischen Evange- lisch-Lutherischen Kirche)와 독일개신교협의회(Evangelische Kirche in Deutschland)의 장학금을 받고 1993년 봄부터 1998년 이른 봄까지 약 5년간 독일 함부르크 미씨온스아카데미(Missionsakademie)에 머물며 경제윤리에 관한 본격적인 연구를 수행하고 그 연구 성과를 박사학위 논문으로 제출했다. 필자는 박사학위 논문에서 생태학적 노동 개념을 가다듬어 경제윤리의 근거로 삼고, 인간적이고 사회적이고 생태학적 친화성을 갖도록 시장경제를 규율하는 데 필요한 윤리적 기준과 지침을 제시하고자 했다.6 필자는 박사학위 논문을 쓰는 과정에서 지도교수

구소, 1993); 아르투르 리히/강원돈 옮김, 『경제윤리 2: 사회윤리의 관점에서 본 시장경제, 계획경제, 세계경제』(서울: 한국신학연구소, 1995).

4 세계교회협의회 편, 『오늘의 세계경제와 그리스도교 신앙』(서울: 한국기독교교회협의회, 1993). 이 문서는 WCC 차원의 정치경제 연구를 위해 1979년 CCPD가 설립한 경제문제자문그룹(Advisoy Group on Economic Matters)이 1981년부터 1985년까지 계속 진행한 연구 성과를 담고 있다. 그 연구 성과는 1988년 WCC 중앙위원회의 결의에 따라 훌리오 데 산타아나(Julio de Santa Ana)에 의해 "신앙의 관심사로서의 경제"(Economy as a Matter of Faith)라는 팸플릿으로 정리되었고, 1991년부터 세계 에큐메니컬 공론화 과정을 거쳐 1992년 WCC 중앙위원회에서 공식 문서로 채택되었다.

5 울리히 두흐로/강원돈 옮김, 『하느님의 정치 경제와 민중운동』(서울: 한국신학연구소, 1990).

6 Won-Don Kang, *Zur Gestaltung einer human, sozial und ökologisch gerechten Arbeit, Wissenschaftliche Beiträge Band 26, Schriftenreihe der Missionsakademie an der Universität Hamburg*, hg. von Prof. Dr. Theodor Ahrens (Ammersbeg bei Hamburg: Verlag bei Lottbeg, 1988).

였던 귄터 브라켈만(Günter Brakelmann) 교수와 그의 조교였다가 후임 자가 된 트라우고트 예니헨(Traugott Jähnichen) 교수와 깊은 인간적 교류와 학문적 대화를 나누고, 현실을 사회과학적으로 분석하면서 "전망을 갖는 현실주의"를 견지하는 관점을 공유했다.[7]

1998년 2월 필자가 귀국했을 때 우리 사회는 외환위기에 빠져 IMF 의 경제신탁을 받고 있었다. 금융 자유화, 수출주도 경제의 강화, 노동시장 유연화, 주주 이익 극대화, 공공부문 민영화 등을 중심으로 신자유주의체제가 우리 사회에 견고하게 자리 잡게 되었고, 우리 사회와 경제는 상품과 자본이 아무런 문턱 없이 매끄럽게 움직이는 경제의 지구화과정에 깊숙이 편입되었다. 그러한 상황에서 필자는 경제윤리의 관점에서 우리나라 경제 현실의 문제를 진단하고 그 해결 방안을 제시하는수많은 논문과 글을 썼다. 필자는 금융화와 경제의 지구화 과정 한복판에서 사회적 가난과 생태계 위기를 동시에 불러일으키는 자본의 축적과 팽창 메커니즘과 화폐자본이 실물경제를 수탈하는 금융 축적체제에초점을 맞추어 우리 사회와 경제의 문제들을 분석하고 그 해법을 제시하고자 노력했다.

---

7 브라켈만 교수는 필자와 박사학위 논문의 개요를 논하는 자리에서 자신이 추구하는 사회윤리의 관점과 방법을 명확히 밝힌 책을 선물했다. 그 책이 Günter Brakelmann, *Abschied vom Unverbindlichen: Gedanken eines Christen zum Demokratischen Sozialismus* (Gütersloh: Gütersloher Verlagshaus, 1976)이다. 필자가 처음 예니헨 교수를 만났을 때 그는 독일의 공동결정제도에 관한 방대한 분량의 박사학위 논문이 방금 책으로 나왔다고 말하며 그 책을 필자에게 선물했다. 그는 사회적 시장경제의 규범적 근거를 밝히고 이를 생태학적으로 보완하는 방안을 연구해서 나중에 경제윤리라는 제목의 책을 냈다. Traugott Jähnichen, *Vom Industrieuntertan zum Industriebürger: Der soziale Protestantismus und die Entwicklung der Mitbestimmung* (Bochum: SWI-Verl., 1993); Traugott Jähnichen, *Wirtschaftsethik: Konstellationen – Verantwortungsebenen – Handlungsfelder* (Stuttgart: Kohlhammer, 2008).

시장경제체제를 연구하는 학자들은 대부분 경제 활동이 이루어지는 경제계 내부에만 관심을 집중할 뿐 경제계가 생태계 안에 포함되어 있고 생태계와 경제계 사이에서 에너지-물질 순환이 이루어지고 있다는 사실을 놓치곤 한다. 경제 활동은 생태계로부터 경제계로 투입되는 에너지와 물질을 변형하여 소비한 뒤에 폐기 에너지와 폐기 물질을 생태계로 방출하는 과정이다. 그러한 안목을 갖고서 대량생산과 대량소비로 인한 생태계 부존자원의 고갈과 생태계 위기, 대량생산을 추동하는 자본의 축적과 팽창, 사회적 가난의 확산과 부채의 증가, 부채에 의해 뒷받침되는 대량소비 등의 연관을 역사적-구조적으로 분석하게 되면, 사회적 가난을 불러일으키는 자본의 축적과 팽창 메커니즘이 생태계 위기를 불러들인다는 것을 또렷하게 인식할 수 있다. 사회적 가난을 해결하는 일과 생태계 위기를 극복하는 일이 별개의 사항이 아니라 같은 동전의 양면처럼 결합하여 있음을 깨닫게 되고, 사회정의와 생태학적 정의가 동시에 실현되어야 한다는 것도 통찰할 수 있다. 더구나 실물경제에서 이탈한 화폐자본이 기업과 가계와 국가를 수탈하는 금융체제를 확립한 뒤에는 화폐자본의 지배 아래서 사회적 가난과 생태계 위기가 지구적 차원으로 확산하고 악화한다는 것도 분명하게 인식할 수 있다.

필자는 시장경제체제가 사회적 가난, 생태계 위기, 금융 수탈 등을 가져온다고 해서 시장경제체제를 폐지하고 다른 경제체제를 수립해야 한다고 생각하지 않는다. 가계와 기업이 역사적으로 분리된 이후 경제체제 수준에서 생산과 소비를 서로 결합하는 방식은 이념형적으로 시장경제와 중앙관리경제가 있을 뿐이다. 시장경제체제와 중앙관리경제는 그 조직 원리와 운영 원리가 완전히 달라서 서로 혼합될 수 없고, 어느 하나를 선택할 수 있을 뿐이다. 필자는 전쟁이나 대재난처럼 국민총동원이 필요한 극히 예외적인 상황에서 한시적으로 중앙 계획 당국이 생산 계획과 소비 계획을 수립하고 그 계획을 강제로 집행하여 생산과 소비의 균형을 맞추는 중앙관리경제를 선택할 수 있다고 생각하지만, 장기적으로는 시장경제를 경제체제로 선택하는 것이 적절하다고 생각한다. 시장경제를 경제체제로 선택한 이상, 시장경제체제를 어떻게 규율해서 사회적 가난, 생태계 위기, 금융 수탈에서 해방하는 사회를 형성할 것인가 하는 문제를 풀지 않으면 안 된다. 필자는 자본의 축적과 팽창 메커니즘의 밑바닥에 깔린 자본의 독재를 해체하여 노동과 자본의 관계를 민주화하고, 생태계의 수탈과 파괴에 맞서 생태계와 경제계의 권익 균형을 추구하고, 화폐자본이 실물경제를 지배하는 제도적 기반을 해체하는 방식으로 시장경제를 규율할 수 있다고 생각한다. 그것은 사회적이고 생태학적인 경제민주주의의 관점에서 시장경제를 규율하는 방식이다. 금융의 지구화와 경제의 지구화가 실현된 오늘의 세계에서 사회적이고 생태학적인 경제민주주의는 지구 경제를 규율하는 방안까지도 제시할 수 있어야 한다.

2020년 봄 학기를 끝으로 대학교수직에서 정년퇴직한 뒤 필자는 경제윤리에 관한 책을 쓰기로 마음을 먹었다. 필자가 구상한 것은 경제윤리의 이론을 정립하고, 경제윤리의 관점과 방법에 따라 시장경제의 근본 문제를 분석하고, 그 문제들에 대한 일관성 있는 해법을 체계적으로 제시하는 한 권의 완결된 책이었다. 필자는 그 구상에 따라 한 권의 책을 쓰는 데 1년 정도 집중하면 되리라고 생각했지만, 집필하는 동안 새로 연구하여 정리해야 할 과제들이 끝없이 이어져 집필을 시작한 지 3년 반이 지나서야 겨우 원고를 마칠 수 있게 되었다. 처음에는 A4용지

230매 분량을 담는 450 페이지 정도의 책을 염두에 두었으나, 탈고하고 보니 본문만 A4용지 600매를 훌쩍 넘는 큰 책이 되고 말았다.

이번에 필자가 쓴 책은 모두 11부로 구성되어 있다. 제I부에서 필자는 기독교경제윤리의 이론을 다룬다. 경제윤리의 위상과 과제, 사회과학적 현실 분석에 관한 방법론적 고찰, 경제윤리의 규범과 신학적 근거 설정 등을 다룬다. 제II부에서는 시장경제의 근본 문제를 다룬다. 시장경제의 역사적 발전 과정을 개관하고, 시장경제가 경제체제의 수준에서 드러내는 문제들을 분석한다. 제III부에서는 경제민주주의의 개념과 실천의 역사를 개관하고, 그 개념이 인공지능의 발전과 자동화가 크게 진전되고 있는 현대 시장경제체제에서도 여전히 유효하다는 것을 확인하고, 노동권과 소유권의 상호 불가침성과 상호 제한성, 자연의 권리에 근거한 생태계와 경제계의 권익 균형 등을 바탕에 두고 경제민주주의를 사회적이고 생태학적인 경제민주주의로 확장한다. 제IV부에서는 시장경제의 생태학적 규율을 다룬다. 그 규율의 핵심은 '자연의 권리'를 승인하는 헌정질서의 확립, 생태학적 소유권개혁, 국가 규제와 생태학적 가격 장치, 생태학적 소득분배 등이다. 제V부에서는 시장경제의 사회적 규율을 다룬다. 시장경제의 사회적 규율은 작업장, 공장과 기업, 산업 부문, 국민경제 차원에서 노동과 자본의 관계를 민주적으로 형성하여 시장경제체제를 인간적이고 사회적으로 운영하려는 기획이다. 특히 국민경제 차원에서 생산과 소비의 거시균형 조건을 마련하는 데 소득분배가 갖는 중요성을 논증한다. 제VI부에서는 토지공개념과 지대공유제를 다룬다. 부동산 불로소득과 지대추구 행위를 효과적으로 억제하고, 지대를 환수하여 균분하는 방안을 논한다. 제VII부에서는 사회적이고 생태학적인 기본소득 구상을 제시한다. 생태계 보전과 기본소득이 함께 가야 시장경제의 생태학적 전환이 사회적 평화 속에서 이루어 질 수 있다는 점을 밝힌다. 제VIII부에서는 재정과 금융의 민주화를 다룬다. 화폐의 기원과 본성에 가장 적합한 화폐제도가 주권화폐체제라는 점을 논증하고, 정부의 화폐 발행을 민주적으로 통제하고, 정부가 화폐 발행자의 지위에서 은행 적대적인 은행감독체제와 금융거래 질서를 수립하는 방안을 논한다. 제IX부에서는 달러 패권체제의 종식과 대안적인 세계통화금융제도를 다룬다. 달러 패권체제가 불러들이는 지구적 무역 불균형과 달러 환류가 지속될 수 없다는 것을 밝히고, 중립적인 세계통화를 창설하고 운영하는 방안을 논한다. 제X부에서는 금융화의 대안을 논한다. 달러 패권체제와 밀접하게 결합해서 강력하게 추진된 금융화가 지구적 차원의 금융 축적 체제를 구축하는 과정에서 끊임없이 금융 불안정과 금융공황을 불러들일 수밖에 없는 까닭을 분석하고, 지구적 차원에서 은행을 감독하고 금융거래를 규율하는 민주적인 거버넌스를 수립하는 방안을 논한다. 제XI부에서는 제2차 세계대전 이래 GATT와 WTO가 규율해 온 자유무역체제가 수출경제의 성장을 가져왔지만, 사회적 가난과 생태계 위기를 지구적 차원으로 확산해 왔음을 살피고, WTO체제 안에서 자유무역협정(FTA)과 지역무역협정(RTA)을 통해 사회적 무역 조항과 생태학적 무역 조항을 마련하려는 노력이 별 성과가 없었던 까닭을 분석하고, 세계무역체제를 사회적이고 생태학적인 무역 규범 아래서 재구성하는 방안을 논한다.

한 권의 책을 집필하는 과정에서 필자는 많은 분의 도움과 격려를 받았다. 아마 필자의 경제윤리 이론과 시장경제 규율 방안이 영글어 가는 과정에서 필자에게 끊임없이 강연과 발제의 기회를 준 분들의 이름을 나열하고 감사의 인사를 전하고자 한다면, 그 명단은 몇 페이지를 넘을 것이다. 먼저 필자가 한신대학교 신학부와 대학원 신학과에 개설한 윤리학 방법론, 사회윤리, 경제윤리, 환경윤리, 시민사회 이론과 공공성의 윤리, 정의론 세미나 등에 참석하여 발제와 질문과 토론을 통해 필자에게 끊임없이 학문적 자극을 주고 영감을 불러일으킨 학생들에게 감사한 마음을 전한다. 필자는 민중운동과 시민운동의 발전과 심화에 대응하며 끊임없이 민중신학 담론을 형성하고 현실의 문제를 해결하기 위한 기독교인들의 실천을 이론적으로 뒷받침하는 한국민중신학회의 회원들과 특히 여러 차례 민중신학회 회장을 맡아 수고한 권진관 교수에게 감사의 말씀을 전한다. 한국민중신학회는 필자의 민중신학과 경제윤리 연구의 성과를 함께 나누고 함께 토론하며 필자가 더 많은 연구를 할 수 있도록 자극했던 신학 현장이었다. 필자는 한국기독교사회윤리학회 회원들과 특히 오지석, 조용훈, 성신형, 최경석 교수들께 감사드린다. 그분들은 필자에게 기독교경제윤리의 대강에 관한 논문을 써서 2019년 11월 학회 총회의 기조 강연으로 발표하게 함으로써 필자가 경제윤리에 관한 책을 써야겠다고 결심하게 했다. 2000년에서 2001년까지 약 1년 동안 기독교경제윤리에 관한 A4용지 5~6매 분량의 소논문을 32회에 걸쳐 연재하도록 지면을 내어준 기독교 인터넷신문 「에큐메니안」의 대표 이해학 목사와 편집자 이정훈 선생에게 감사의 말씀을 전한다. 「에큐메니안」에 연재한 글들은 이 책을 집필하는 데 초안의 일부가 되었다. 종교와 마르크스 포럼에서 마르크스의 자본주의 분석과 사상적 유산을 다양한 각도에서 검토하고 토론하면서 학문적 자극과 영감을 주고받았던 정용택 박사, 정혁현 목사, 최형묵 박사, 홍인식 박사, 황용연 박사에게 감사의 말씀을 전한다. 종교와 마르크스 포럼에서 이루어진 발제와 토론은 마르크스의 정치경제학 비판과 정치 이론이 오늘의 자본주의 사회를 넘어서서 대안 사회를 모색하는 데 여전히 길잡이가 된다는 것을 필자가 즐거운 마음으로 확인할 수 있게 했다. 신촌 포럼의 김용해 신부 교수, 양명수 교수, 이진현 신부 교수, 정재현 교수 등은 철학과 신학을 넘나드는 다양한 주제로 연구 논문을 발표하고 토론하면서 필자의 영감을 자극했고, 필자가 인권, 심층 생태학, 기술 비판 등에 관한 가톨릭 철학과 사상에 눈을 뜨게 했으며, 자연의 권리, 생태학적 경제학, 개신교 윤리와 자본주의의 관계, 인공지능 시대의 윤리적 과제 등 까다로운 주제에 관한 필자의 발제를 꼼꼼하게 검토하고 비판과 조언을 아끼지 않았다. 그분들에게 감사의 말씀을 전한다. 필자는 한국연구재단의 지원을 받아 1년간 수행한 기본소득 연구에서 다양한 신학적 의견과 사회과학적 견해를 나누었던 곽호철 교수, 김유준 박사, 김회권 교수, 전강수 교수, 정미현 교수, 정용한 교수, 야닉 반데르보흐트(Yanick Vanderborgt) 교수 등 동료 연구원들에게 감사드리고, 기본소득 월례 연구회에 참가해서 기본소득에 관한 최신 연구 성과를 아낌없이 나누어준 강남훈 교수, 금민 소장, 유종성 교수에게 감사의 말씀을 전한다. 필자는 독일 마인츠대학교에 개설된 상황신학과 문화간신학 컨퍼런스(contactzone)에서 정기적으로 만나 지구 차원에서 발전하고 있는 최첨단 신학 담론을 함께 나누며 토론했던 폴커 퀴스터(Volker Küster) 교수, 필립 위커리(Philip L. Wickeri) 박사, 요르크 리거(Jörg Rieger) 교수, 주드 랄 페르난도(Jude Lal Fernando) 교수에게 감사드린다. 필자는 정치경제연구소 대안의 콜로키움에서 학문적 대화와 토론을 함께 했던 금민 소장, 안효상 부소장, 서정희 교수, 유승경 수석연구위원, 조혜경 선임연구위원, 이관형 연구위원, 이건민 연구위원, 임영근 연구위원, 엄선미 연구실장에게 감사의 말씀을 전한다. 그분들은 알고리즘과 빅데이터 기술, 플랫폼 자본주의, 공유부와 공유화, 기본소득, 마이너스 소득세, 주권화폐 이론, 탄소세, 금융자본주의와 금융개혁, 도시개발과 인클로저, 기업가 국가와 산업정책, 정의론 등에 관한 풍부한 내용의 콜로키엄 발제와 토론을 통해 필자에게 많은 영감을 주었고, 필자의 연구를 자극했다. 특히 금민 소장과 유승경 수석연구위원은 필자의 책 제III부, 제IV부, 제V부, 제VIII부, 제IX부, 제X부, 제XI부를 읽고 많은 질문과 코멘트를 해 줌으로써 필자의 생각을 가다듬고 심화하는 데 큰 도움이 되었다. 두 분에게 심심한 감사의 말씀을 드린다. 물론 본서의 내용에 관한 책임은 전적으로 필자의 몫이다.

출판 여건이 날로 어려워지는데도 필자의 큰 책을 출판하기로 작정하고 원고가 완성될 때까지 인내하고 필자를 끝없이 격려한 도서출판 동연 김영호 사장과 이 책의 원고를 교열하고 편집하고 교정하느라 수고를 아끼지 않은 편집실의 박현주 선생, 김린 선생에게 마음 깊은 곳으로부터 감사의 말씀을 드린다.

남편의 든든한 버팀목이자 삶의 기쁨의 원천인 평생의 반려 희숙과 세계관적 차이로 인해 만날 때마다 아빠와 끝없이 논쟁을 벌이곤 하는 아들 환국에게 고마운 마음을 전하며 이 책을 내는 기쁨을 가장 먼저 함께 나누고 싶다.

2024년 2월
노량진 서재에서
저자 씀

차 례

이 책을 추천합니다   5
책 머리에   8

제I부_ 기독교경제윤리의 이론: 사회과학적 현실 분석과 윤리적 성찰의 매개

머리말   33
1장 기독교경제윤리의 위상과 과제   34
  1. 기독교경제윤리의 위상   34
  2. 기독교경제윤리의 과제   37
    2.1. 현실의 경제제도와 그 문제들에 대한 사회과학적 인식
    2.2. 경제윤리 규범들의 제정
    2.3. 경제제도의 문제들에 대한 윤리적 판단과 제도 규율의 절차
    2.4. 대학 등록금 문제를 중심으로 한 윤리적 판단과 제도 규율 절차의 예시
  3. 소결   46
2장 사회과학적 현실 분석에서 방법론적으로 유의할 점   48
  1. 사회과학에서 방법론 논쟁의 의의   49
  2. 사회과학적 현실 분석에서 유념할 점   52
    2.1. 제도의 주체로서의 인간
    2.2. 경제 현실을 이루는 관계들의 유기적 연관에 관한 총체적 인식의 추구
    2.3. 경제 법칙에 대한 미신의 타파
    2.4. 자생적 질서에 대한 환상의 타파
    2.5. 이데올로기 비판의 중요성
  3. 소결   63
3장 기독교경제윤리의 규범   65
  1. 구원사의 빛에서 본 제도 형성의 책임   66
    1.1. 근본주의 모델과 자유주의 모델
    1.2. 변증법적 신학 모델과 질서 신학 모델
    1.3. 형성 신학적 모델
    1.4. 변혁 신학 모델
  2. 신학적 관점에서 제도 형성과 관련해서 유의할 점   75
    2.1. 하나님의 주권에 대한 존중
    2.2. 인간의 기획이 갖는 상대적 성격

　　3. 기독교경제윤리의 네 가지 규범　　　　　　　　　　84
　　　　3.1. 참여의 원칙과 생태계 보전의 원칙
　　　　3.2. 정의의 원칙
　　　　3.3. 인간 존엄성 보장의 원칙
　　4. 소결　　　　　　　　　　　　　　　　　　　　112
맺음말　　　　　　　　　　　　　　　　　　　　　　113

제II부 시장경제체제의 근본 문제

머리말　　　　　　　　　　　　　　　　　　　　　117
1장 시장경제체제의 탄생과 발전　　　　　　　　　　119
　　1. 시장경제체제 형성의 역사적 조건들　　　　　　119
　　　　1.1. 기업과 가계의 역사적 분리
　　　　1.2. 생산물시장, 금융시장, 노동시장의 발전
　　　　1.3. 시장경제체제 성립의 제도적 · 사상적 조건들
　　2. 자유주의적 시장경제와 자유무역　　　　　　　128
　　　　2.1. 자유주의적 시장경제와 그 문제
　　　　2.2. 자유무역의 파탄과 전쟁
　　3. 국가개입주의와 브레턴우즈체제　　　　　　　135
　　　　3.1. 국가개입주의
　　　　3.2. 브레턴우즈체제의 성립과 발전
　　　　3.3. 국가개입주의와 브레턴우즈체제의 파탄
　　4. 신자유주의적 시장경제와 경제의 지구화　　　148
　　　　4.1. 신자유주의적 시장경제
　　　　4.2. 포스트-브레턴우즈체제의 형성과 그 특징
　　　　4.3. 경제의 지구화와 거기서 파생된 문제들
　　　　4.4. 신자유주의적 시장경제에서 국가의 역할
　　5. 소결　　　　　　　　　　　　　　　　　　　164
2장 시장경제체제의 근본 문제에 대한 체계적인 분석　167
　　1. 자연의 망각　　　　　　　　　　　　　　　　168
　　　　1.1. 주류 경제학의 자연 망각
　　　　1.2. 생태학적 경제학의 태동과 발전
　　2. 시장경제의 주요 행위자: 가계, 기업, 국가　　175
　　　　2.1. 기업과 가계
　　　　2.2. 국가
　　3. 시장경제에서 상품생산과 생산요소　　　　　184
　　　　3.1. 자연 자원과 토지

      3.2. 노동력

      3.3. 자본

   4. 경제적 합리성과 가격 장치   220

      4.1. 경제적 합리성

      4.2. 가격 장치

   5. 포스트-브레턴우즈체제의 문제   239

   6. 소결   242

맺음말   247

제III부 사회적이고 생태학적인 경제민주주의를 향하여
: 경제민주주의의 재고 조사와 그 구상의 확장

머리말   253

1장 마르크스의 코뮌주의 경제 구상과 그것의 유고슬라비아적 실험   258

   1. 마르크스의 코뮌주의 경제 구상   258

      1.1. 마르크스의 대안적 경제 구성의 발전

      1.2. 대안적 경제의 전제: 노동자 권력의 형성과 소유권의 급진적 변혁

      1.3. 대안적 경제의 두 가지 운영 방식: 협동조합적 생산과 전체 경제에 대한 공동계획

      1.4. 마르크스의 대안적 경제 구상의 의의

   2. 유고슬라비아의 노동자자주관리제도와 시장사회주의   266

      2.1. 유고슬라비아의 독자적인 길

      2.2. 생산수단의 사회적 소유와 노동자자주관리 기업의 조직 원리

      2.3. 시장사회주의의 작동 방식

      2.4. 유고슬라비아 실험의 실패

2장 페이비언 사회주의자들과 길드 사회주의자들의 경제민주주의 구상   276

   1. 페이비언 사회주의자들의 경제민주주의 구상   276

      1.1. 산업민주주의를 실현하는 방법

      1.2. 산업민주주의에서 노동자계급의 역할

      1.3. 자본의 노동 포섭을 해체하지 않는 산업민주주의의 한계

   2. 길드 사회주의자들의 경제민주주의 구상   281

      2.1. 노동자 자치와 길드

      2.2. 산별 길드와 소비자 길드

      2.3. 코뮌의 기능과 전체 경제의 조율

      2.4. 길드 사회주의가 제시한 경제민주주의에서 이행 전략의 부재

3장 독일노동조합총연맹의 1928년 경제민주주의 구상과 그 발전   290

   1. 1928년 독일 「경제민주주의 강령」의 특징과 배경   291

      1.1. 노사 공동결정의 요구와 그 실현

　　　1.2. 독일 노동운동의 분열: 산별 노동조합 운동과 공장평의회 운동

　　2. 1928년 「경제민주주의 강령」의 핵심 논리　　　　　　　　　　　295

　　3. 대안적 기업 소유 형식에 관한 관심　　　　　　　　　　　　　297

　　4. 독일의 소유권 개혁 없는 경제민주주의 실험의 독특성　　　　　298

4장 스웨덴의 임노동자기금　　　　　　　　　　　　　　　　　　　303

　　1. 노동과 자본의 계급 타협과 연대임금정책　　　　　　　　　　303

　　2. 임노동자기금을 통한 경제민주주의의 추구　　　　　　　　　　306

　　3. 임노동자기금의 법제화　　　　　　　　　　　　　　　　　　308

　　4. 임노동자기금의 의미와 그 한계　　　　　　　　　　　　　　　310

5장 경제민주주의 구상의 합리적 핵심과 그 구상의 확장　　　　　　312

　　1. 경제민주주의에 관한 기존 구상과 실험의 합리적 핵심　　　　313

　　2. 인공지능과 제4차 산업혁명 시대에 경제민주주의 구상이 갖는 의의　320

　　3. 경제민주주의의 확장: 경제민주주의의 생태학적 차원과 지구적 지평　331

맺음말　　　　　　　　　　　　　　　　　　　　　　　　　　　　335

제IV부 시장경제의 생태학적 규율

머리말　　　　　　　　　　　　　　　　　　　　　　　　　　　　341

1장 생태계 위기와 그 원인　　　　　　　　　　　　　　　　　　　344

　　1. 생태계 위기의 현상 형태　　　　　　　　　　　　　　　　　344

　　2. 생태계 위기의 원인　　　　　　　　　　　　　　　　　　　　346

　　　2.1. 사상적 요인

　　　2.2. 경제체제적 요인

　　3. 생태계 위기 분석에서 도출되는 시장경제의 생태학적 규율의 과제　352

2장 '자연의 권리'에 근거한 생태학적 경제민주주의　　　　　　　　354

　　1. 기존 환경 헌법의 문제　　　　　　　　　　　　　　　　　　355

　　　1.1. 기본권으로서의 환경권

　　　1.2. 국가 목표로서의 환경보호

　　2. 자연의 권리　　　　　　　　　　　　　　　　　　　　　　　362

　　　2.1. 재판을 통해 자연의 권리를 확립하려는 노력

　　　2.2. 헌법 규범으로서의 자연의 권리

　　3. 생태학적 법치국가　　　　　　　　　　　　　　　　　　　　371

　　4. 생태학적 경제민주주의　　　　　　　　　　　　　　　　　　374

3장 시장경제의 생태학적 규율의 세 가지 핵심 과제　　　　　　　　381

　　1. 생태학적 소유권 개혁　　　　　　　　　　　　　　　　　　　381

　　2. 생태계 보전을 위한 국가 개입과 가격 장치의 보완　　　　　　388

　　　2.1. 생태계 보전을 위한 국가 개입의 세 가지 원칙

2.2. 시장가격의 생태학적 보완

3. 생태학적 국민소득분배   407

맺음말   412

제V부 시장경제의 사회적 규율

머리말   417

1장 사회적 경제민주주의의 실현 조건   421

  1. 자본의 독재   422

  2. 자본의 독재를 뒷받침하는 소유권 개념의 해체   423

    2.1. 자본의 독재를 뒷받침하는 근대적 소유권 개념의 타당성에 관한 검토

    2.2. 소유권 행사에 의한 노동권 침탈의 부당성

  3. 사회적 경제민주주의 실현의 정치사회적 조건   440

  4. 사회적 경제민주주의 실현의 다섯 가지 차원   443

  5. 소결   445

2장 작업장의 민주화와 노동의 인간화   448

  1. 작업장의 현실   449

  2. 작업장의 민주화   452

  3. 작업장에서 노동의 인간화   454

  4. 소결   457

3장 공장과 기업 수준에서 노동과 자본의 공동결정   458

  1. 독일의 노사 공동결정제도   461

    1.1. 사업장 수준의 노사 공동결정제도

    1.2. 기업 차원의 공동결정

    1.3. 독일의 공동결정 모델에 대한 평가

  2. 우리나라에서 노동의 경영 참여의 법제화 수준   481

    2.1. 노동의 경영 참여에 관한 제헌의회의 논쟁으로부터 자율적인 노사협의기구의 태동까지

    2.2. 군사정권에 의한 노사협의기구의 법제화

    2.3. 「근로자참여 및 협력증진에 관한 법률」이 규율하는 노사협력

  3. 우리나라에서 노사 공동결정제도를 설계할 때 유념할 점   495

    3.1. 노사 공동결정제도의 목적 규정

    3.2. 노사 공동결정제도의 헌법적 근거

    3.3. 노사 공동결정제도의 법제화

    3.4. 공동결정과 단체협약의 관계

    3.5. 사업장 수준에서 노사 공동결정의 설계

    3.6. 기업 수준의 노사 공동결정제도의 설계

  4. 보론: 우리나라 재벌체제의 해체와 기업지배구조의 개혁   508

　5. 소결 513
4장 산별교섭의 제도화 518
　1. 우리나라 단체교섭제도의 변화 519
　2. 사업장 단체교섭을 산별 단체교섭으로 전환하여야 할 이유 523
　3. 우리나라에서 산별교섭제도를 정착하기 위해 고려할 점 528
　　3.1. 대기업과 중소기업의 격차 해소
　　3.2. 산별교섭제도의 유연성
　　3.3. 동일노동 동일임금의 명확한 판단 기준
　　3.4. 산별협약의 우선성 원칙과 효력 확장 원칙의 중요성
　　3.5. 특수고용노동자의 노동자성 인정과 산별 노동조합 결성
　　3.6. 플랫폼노동자의 산별 노동조합 결성과 보호 입법의 과제
　4. 소결 551
5장 국민경제의 민주적 규율 555
　1. 국민경제의 운영과 규율의 제도적 방안
　　: 사회적 조합주의로부터 사회적 경제민주주의로 557
　　1.1. 사회적 조합주의의 역사
　　1.2. 사회적 조합주의에 관한 평가
　　1.3. 사회적 경제민주주의의 조직과 운영
　2. 국민경제 수준의 소득분배에 관한 이론적 고찰 586
　　2.1. 소득분배와 소득재분배 개념의 구별
　　2.2. 소득분배 이론의 단서: 마르크스의 자본의 재생산 도식
　　2.3. 마르크스의 자본의 재생산 도식의 현대적 해석
　　2.4. 잉여가치 분배에 관한 사회적 합의의 중요성
　3. 국민경제 수준의 소득분배와 거시경제 계획 구상 609
　　3.1. 소득분배 항목과 비율에 관한 사회적 합의
　　3.2. 거시경제 계획의 핵심적 고려 사항
　4. 소결 639
맺음말 648

제VI부 토지공개념과 지대공유경제

머리말 653
1장 한국 사회에서 부동산 소유의 불평등 656
　1. 부동산 투기 657
　2. 부동산 소유의 불평등 현황 660
　3. 부동산 불로소득의 규모 662

2장 부동산 불로소득의 문제 665
  1. 부동산 소득의 지대적 성격 665
  2. 공유지 수탈과 지대추구 670
  3. 신고전파 지대론의 오류 673
3장 성서의 희년 정신과 토지공개념 675
  1. 성서의 희년법에 담긴 토지공개념 676
    1.1. 성서의 희년법에 담긴 핵심 내용
    1.2. 성서의 희년법이 전제하는 토지공개념
  2. 고대로부터 근대에 이르기까지 발전한 토지소유권 사상과 법제에 대한 검토 682
    2.1. 고대로부터 중세 말기까지의 토지소유권 사상과 희년법의 토지공개념
    2.2. 근대 사회에서 소유권이 절대화된 경위
  3. 소유의 사회적 책임에 대한 각성 689
    3.1. 사적 소유의 폐지 방안
    3.2. 소유의 사회적 책임
  4. 토지공개념의 확장과 강화
4장 토지공개념 3법을 통한 부동산 불로소득의 환수 실험 702
  1. 토지공개념을 실현하는 방식 703
  2. 우리나라에서 시도된 토지공개념의 법제화 706
    2.1. 「토지소유상한에 관한 법률」과 이에 대한 위헌 결정
    2.2. 「토지초과이익세법」과 이에 대한 위헌 결정
    2.3. 「개발이익환수에 관한 법률」의 문제
    보론: 대장동 택지개발 및 주택공급 사업에서 나타난 개발이익 환수의 문제
  3. 토지공개념 3법의 재정비 방향 713
5장 부동산 불로소득의 환수와 균분(均分) 716
  1. 토마스 페인과 헨리 조지의 지대공유 사상 717
  2. 부동산 불로소득의 환수 720
    2.1. 부동산 임대소득과 양도차익에 대한 징세
    2.2. 부동산 보유세의 강화
    2.3. 부동산 보유세의 균분
6장 공공주택 공급을 통한 주거 안정과 복지의 실현 731
맺음말 735

제VII부 사회적이고 생태학적인 기본소득 구상

머리말 741
1장 기본소득 구상에 대한 이해 743
  1. 기본소득의 개념과 그 내용 744

2. 기본소득 구상의 역사적 배경　　　　　　　　　　　　749
3. 사회국가의 급진적 개혁 방안으로서의 기본소득 구상　　　754
　3.1. 신자유주의적 노동연계복지 모델의 문제
　3.2. 사회국가의 급진적 개혁을 위한 기본소득 구상의 의의
4. 기본소득의 생태학적 효과에 관한 논의의 시작　　　　762
2장 기본소득 구상의 정당성　　　　　　　　　　　　　766
1. 기본소득의 권리론적 정당화　　　　　　　　　　　766
2. 기본소득의 정의론적 정당화　　　　　　　　　　　768
3. '공유부에 대한 모든 사회구성원의 권리에 기초한 몫'으로서의 기본소득　771
3장 사회적이고 생태학적인 기본소득 구상　　　　　　　775
1. 생태학적 정의와 사회정의의 관계　　　　　　　　776
2. 생태계 보전과 기본소득의 결합　　　　　　　　　780
　2.1. 잉여가치의 사회적·생태학적 분배
　2.2. 자본소득, 자산소득, 자본이득의 구별
　2.3. 국민경제 수준에서 소득분배 계획의 기본 방침
　2.4. 기본소득과 시장소득의 배분
　2.5. 소득분배의 위상과 성격
4장 생태계 보전과 기본소득의 연계를 위한 국민소득분배의 모의실험　787
1. 생태계 보전을 위한 국민소득의 우선 할당　　　　787
2. 나머지 국민소득에서 노동과 자본이 차지할 몫의 할당　791
3. 국가의 몫　　　　　　　　　　　　　　　　　　792
4. 기존의 기본소득 재원 확보 방안에 대한 검토　　　793
　4.1. 소비세를 통한 기본소득 재원 확보
　4.2. 디지털세를 통한 기본소득 재원 확보
　4.3. 토지보유세를 통한 기본소득 재원 확보
　4.4. 탄소세를 통한 기본소득 재원 확보
　4.5. 근로소득세 인상을 통한 기본소득 재원 확보
　4.6. 기본소득 목적세를 통한 기본소득 재원 확보
　4.7. 종합적인 기본소득 재원 확보
5. 기존의 기본소득 재원 확보 방안에 대한 생태학적 지향을 가진 기본소득의 재원 확
　보의 차별성　　　　　　　　　　　　　　　　　804
맺음말　　　　　　　　　　　　　　　　　　　　　809

제VIII부 재정과 금융의 민주적 통제

머리말　　　　　　　　　　　　　　　　　　　　813

1장 화폐의 기원과 본성   816
    1. 화폐의 기원과 본성에 관한 몇 가지 견해   817
    2. 상품화폐론의 허구성   820
    3. '원초적 부채'와 계산화폐, 세금과 국가 화폐   821
    4. 금속화폐의 등장과 그 결과: 상인의 신용화폐와 군주의 금속화폐의 결합   826
    5. 소결   831
2장 자본주의적 신용화폐제도   833
    1. 자본주의적 신용화폐제도의 특징   833
    2. 자본주의적 신용화폐제도의 성립 과정   834
    3. 잉글랜드 모델에 따른 자본주의적 신용화폐제도의 문제   842
    4. 자본주의적 신용화폐제도의 발전   845
      4.1. 금융시장의 규제와 관리
      4.2. 관리통화제도
    5. 소결   853
3장 자본주의적 신용화폐제도에서 정부와 은행의 적절한 관계   855
    1. 통화주의: 화폐 사용자로서의 정부   856
    2. 현대화폐이론: 화폐 발행자로서의 정부의 중요성   860
      2.1. 정부 재정의 위상과 기능에 대한 현대화폐이론의 핵심 주장
      2.2. 정부 재정에 대한 현대화폐이론의 핵심 주장에 대한 검토와 몇 가지 유보
    3. 자본주의적 신용화폐제도에서 정부와 은행의 관계 재정립   871
    4. 소결   875
4장 통화정책, 재정정책, 고용정책, 투자정책, 소득분배정책 등의 연관   878
    1. 마르크스: 자본주의적 신용화폐제도의 불안정성과 자본의 재생산 조건   879
    2. 통화정책의 위상과 다른 정책들과의 연관   888
    3. 소결   893
5장 재정과 금융의 민주적 규율   894
    1. 주권화폐체제에서 정부의 금융체제 규율의 기본 원칙   895
      1.1. 중앙은행의 규율
      1.2. 상업은행과 투자은행의 규율
      1.3. 주권화폐체제로 이행하는 과정의 관리
      1.4. 공공은행의 화폐 조달
    2. 정부 재정의 민주적 통제   904
    3. 공공은행의 육성   908
    4. 화폐자본에 대한 규율   912
    5. 소결   912
맺음말   914

제IX부 달러 패권체제의 종식과 새로운 세계통화체제의 형성

머리말 921
1장 화폐 권력과 달러 패권 923
 1. 달러 패권 현상 923
 2. 화폐 권력 926
2장 브레턴우즈체제에서 달러 패권 930
 1. 브레턴우즈체제의 설계 930
 2. 브레턴우즈 협정의 근본 문제 933
 3. 소결 936
3장 포스트-브레턴우즈체제에서 달러 패권 937
 1. 브레턴우즈체제의 붕괴 938
 2. 포스트-브레턴우즈체제의 작동 원리 940
 3. 미국이 지배하는 국제화폐거래 네트워크 945
 4. 달러 유출과 환류의 양상과 그 결과 949
4장 달러 패권의 지속가능성과 달러 패권에 대한 도전 956
 1. 달러 패권의 지속가능성 956
 2. 달러 패권체제에 대한 개발도상국들과 신흥시장국들, 특히 중국의 도전 959
5장 달러 패권체제의 종식 — 정의롭고 공정하고 호혜적인
  세계통화체제를 향하여 966
 1. 케인즈의 국제청산동맹안의 재소환과 보완 967
  1.1. 새로운 국제 통화기구 창설의 제안
  1.2. 세계의회 창설의 제안
 2. 정의롭고 공정하고 호혜적인 세계통화체제의 기본 원칙 972
  2.1. 세계중앙은행의 창설과 세계화폐의 제정
  2.2. 세계중앙은행의 거버넌스
  2.3. 국제수지 흑자와 적자의 처리 준칙
 3. 대안적인 국제통화체제 형성의 절박성 977
맺음말 980

제X부 신자유주의적 금융화와 그 대안

머리말 985
1장 금융화에 대한 개념적 이해 987
2장 신자유주의적 금융화의 조건과 그 양상 991
 1. 금융화의 조건 992
 2. 금융화의 양상 995

    2.1. 정부의 긴축 노선

    2.2. 화폐자본의 생산자본에 대한 우위: 자사주 매입과 기업사냥

    2.3. 금융시장의 확대와 그림자금융의 부상

    2.4. 민간 부채의 급증과 민간 채권의 증권화

  3. 보론: 미국에서 MBS 시장의 급격한 팽창과 그 위험성   1009

  4. 소결   1013

3장 2008년의 지구적 금융공황   1015

  1. 2008년 지구적 금융공황의 경과   1016

  2. 2008년의 지구적 금융공황에 대한 대응   1019

    2.1. 금융적 대응

    2.2. 제도적 대응

  3. 소결   1028

4장 유로존 위기   1029

  1. 유로존 위기의 발단과 경과   1029

  2. 유로존 위기에 대한 대응   1033

    2.1. 금융적 대응

    2.2. 제도적 대응

  3. 소결   1039

5장 지구적 금융위기에 휩쓸린 개발도상국들과 신흥시장국들   1040

6장 신자유주의적 금융체제의 해체에 관하여   1044

  1. 국제결제은행(BIS)과 그 개혁 시도의 한계   1045

  2. 대안적인 국제 은행감독 기구의 창설   1048

  3. 국제 은행감독과 금융거래 준칙   1050

    3.1. 국제 은행감독과 금융거래 준칙 1: 상업은행과 투자은행의 규율

    3.2. 국제 은행감독과 금융거래 준칙 2: 상업은행의 부실화에 대한 엄정한 책임 추궁

    3.3. 국제 은행감독과 금융거래 준칙 3: 신용평가 시스템의 민주화

    3.4. 국제 은행감독과 금융거래 준칙 4: 투자은행의 책임성 강화

    3.5. 국제 은행감독과 금융거래 준칙 5: 금융소득 과세와 조세회피 방지

  4. 소결   1072

맺음말   1074

제XI부 사회적이고 생태학적인 경제민주주의의 관점에서 세계무역체제의 규율

머리말   1079

1장 세계 무역의 태동과 발전: 대항해 시대로부터 WTO체제까지   1082

  1. 대항해 시대 이전의 무역   1083

  2. 대항해 시대와 서양 무역 패권의 확립   1084

3. 보호주의 무역과 자유주의 무역의 각축   1086

4. 자유무역의 파국과 회생   1090

5. 소결   1093

2장 자유무역체제의 빛과 그림자   1094

1. 자유무역체제의 밝은 면과 어두운 면   1094

2. 자유무역체제의 조직 원리와 운영 원리   1096

3. WTO 거버넌스의 비효율성과 비민주성   1101

4. 사회적이고 생태학적인 관점에서 본 WTO체제의 문제   1105

     4.1. 사회적 관점에서 본 WTO체제의 문제

     4.2. 생태학적 관점에서 본 WTO체제의 문제

5. 소결   1114

3장 다자간 자유무역협정에 도입된 사회 조항과 생태학적 조항   1116

1. WTO체제와 다자간 무역협정의 관계   1117

2. 다자간 무역협정에서 사회 조항과 생태학적 조항   1119

     2.1. 사회 조항

     2.2. 생태학적 조항

3. 자유무역협정에 사회 조항과 생태학적 조항을 통합하려는 시도의 한계   1133

4. 소결   1134

4장 탄소국경조정   1136

1. EU와 미국의 탄소국경조정   1137

     1.1. EU의 탄소국경조정

     1.2. 미국의 탄소국경조정

2. 탄소국경조정에 대한 비판   1138

3. 탄소국경조정의 실효성을 확보하기 위한 조건   1141

4. 소결   1143

5장 자유무역에 대한 도전과 WTO체제의 대안   1145

1. 자유무역체제에 대한 도전과 보호무역의 확산   1145

2. WTO체제의 대안   1149

3. 소결   1154

맺음말   1157

책을 마무리하면서   1161

참고문헌   1177

찾아보기   1223

제 I 부

기독교경제윤리의 이론
: 사회과학적 현실 분석과 윤리적 성찰의 매개

1장 기독교경제윤리의 위상과 과제
2장 사회과학적 현실 분석에서 방법론적으로 유의할 점
3장 기독교경제윤리의 규범

머리말

기독교경제윤리는 신학적 관점에서 더 많은 선과 더 많은 정의를 구현할 수 있도록 현실의 경제를 제도적 차원에서 규율하는 방안을 모색하는 학문이다. 그 학문은 경제제도와 거기서 비롯되는 문제들에 대한 사회과학적 인식, 경제 문제들에 대한 윤리적 판단의 원칙들과 그 신학적 근거들의 설정, 경제 문제 해결을 위한 지침의 제시 등을 아우르기 때문에 신학, 철학, 사회과학 등을 융합하는 복합적인 학문이다.

기독교경제윤리는 경제 문제를 제도적인 측면에서 다루기 때문에 사회윤리의 위상을 갖고 있으며, 사회과학적 현실 분석과 사회윤리적 판단을 서로 매개하면서 경제를 제도적으로 규율하는 방안을 제시하는 것을 그 과제로 한다. 따라서 기독교경제윤리가 어떤 사회과학적 관점과 방법을 갖고 경제 현실을 분석할 것인가 하는 것은 그 자체로 매우 중요한 문제이다. 또한 경제제도의 규율에 관한 논의가 전개되는 공론의 장에서 그 정당성과 타당성이 인정될 수 있도록 기독교경제윤리의 규범을 어떻게 정식화할 것인가도 큰 과제가 된다.

위에서 말한 여러 과제를 수행하면서 기독교경제윤리의 이론을 정립하기 위해 필자는 아래의 1장에서 기독교경제윤리의 위상과 과제를 논한다. 2장에서는 사회과학적 현실 분석의 관점과 방법과 관련해서 유의할 점을 밝힌다. 3장에서는 기독교경제윤리의 규범과 그 신학적 근거를 제시한다.

1장
기독교경제윤리의 위상과 과제

기독교경제윤리는 경제제도와 거기서 비롯되는 문제들을 분석하고, 평가하고, 해법을 찾기 위해 고안되는 특수한 윤리학이다. 그런 만큼 기독교경제윤리의 위상을 제대로 설정하고, 그 위상에 맞는 과제를 설정할 필요가 있다.

1. 기독교경제윤리의 위상

기독교경제윤리의 과제를 제대로 설정하려면 무엇보다도 먼저 기독교경제윤리의 윤리학적 위상을 분명히 해야 한다. 기독교경제윤리는 개인 도덕이 아니라 사회윤리의 한 형태이다. 기독교경제윤리는 경제활동에 참여하는 사람들의 도덕적인 행위에 초점을 맞추지 않고, 경제활동을 통하여 사람과 사람, 사람과 자연이 맺는 제도적인 관계를 규율하는 것에 중점을 둔다.

인간의 행위에 초점을 맞추는 개인 도덕은 개인의 도덕적 행위 능력을 함양하는 것을 중시한다. 개인 도덕은 선과 악, 정의와 불의를 명석하게 구별하고 선과 정의를 수행하는 도덕적 능력을 기르는 것을 그 과제로 삼는다. 그 때문에 개인 도덕은 전통적으로 덕 윤리나 의무 윤리의 형태를 취했다. 경제 활동과 관련해서 이를 대표하는 것은 직업윤리나 소비자윤리다. 직업윤리는 노동자, 농민, 수공업자, 자본가, 경영자, 상인, 은행가, 공무원 등 경제 활동에 참여하는 사람들의 권리와 의무를 명시하고, 이를 구현하는 행위 지침들을 제시하고, 직무 수행에 필요한 도덕적 태도와 능력을 기르는 데 초점을 맞춘다. 소비자윤리도 비슷한 내용을 갖고 있다. 소비자윤리는 소비자의 권리와 의무, 이를 구현하는 도덕적 태도와 능력을 그 핵심으로 삼는다. 직업윤리와 소비자윤리는 모두 행위자의 도덕적 판단과 행위 능력을 직접 다룬다는 공통점을 갖는다.

이에 반해서 사회윤리는 개인의 도덕적 능력을 직접 다루지 않고, 사람들이 맺고 있는 관계들의 제도적인 측면을 다루는 간접적인 방식을 취한다. 사회윤리는 사람들이 선하고 정의로운 삶을 살아갈 수 있도록 제도적인 조건을 어떻게 마련할 것인가에 관심을 집중한다. 제도는 개인의 생각이나 의지나 능력에 의해 쉽게 좌우되지 않는 견고한 구조적인 틀을 갖고 있고, 개인의 삶을 형성하는 데 엄청난 영향을 미치기 때문에 제도를 제대로 다루는 일은 윤리학에서 매우 중요한 과제이다. 사회윤리는 인간의 행위가 펼쳐지는 장(場)인 제도들을 다룬다는 점에서 제도 윤리라는 이름을 갖고, 제도들을 매개로 해서 인간의 행위를 간접적으로 다룬다는 점에서 '간접적인 것'의 윤리로 지칭된다. 경제윤리는 이러한 사회윤리의 한 특수한 형태이다.[1]

경제윤리는 경제 활동을 통하여 인간과 인간, 인간과 자연이 맺는 관계들의 제도적 측면을 어떻게 다루어야 더 많은 선과 더 많은 정의를 구현할 수 있는가 하는 문제를 다룬다. 경제는 희소한 자원들을 갖고서 사람의 욕망을 충족시키기 위한 합리적인 활동이고, 역사 발전의 조건들에 상응해서 그때그때 제도적인 틀을 갖춘다. 경제 활동에서 사람들이 맺는 관계들은 예외 없이 제도화되어 있다. 그것은 사람과 자연의 관계도 마찬가지다. 자연은 속속들이 경제 활동의 대상이 되었고 경제 활동의 영향을 받는다. 자연은 에너지와 물질을 채굴하는 공간으로 사용되고, 소유의 대상인 땅과 토지로 전환되고, 경제 활동의 부산물인 폐기 에너지와 폐기 물질을 내다 버리는 공간이 되었다.

경제 활동을 매개로 해서 인간과 인간, 인간과 자연 사이에 형성된 제도적 관계들은 사람의 도덕적 능력이나 감정에 호소하는 방식으로는 규율되지 않는다. 그러한 제도적 관계들에서 비롯되는 문제들은 제도적으로 해결되어야 한다. 한 가지 예를 들면 시장경제에서 상품생산을 위해 자본가와 노동자가 맺는 관계는 노동시장에서 노동력을 사들인 사람과 노동력을 판 사람 사이의 계약 관계이다. 그 계약 관계는 계약 쌍방의 자유의사를 바탕에 두고 있으나, 법률을 통해 제도화되고 엄격히 규율된다. 그렇게 제도화된 노사관계에서 노동자는 자본가의 지배 아래서 타율적으로 노동을 수행한다. 그러한 노동자의 처지를 바꾸기 위해 노동자가 자본가와 대등한 위치에서 함께 결정을 내리는 것이 좋겠다고 주장하면서 이를 받아들이라고 자본가의 양심이나 도덕적 감수성에 호소한들 별 소용이 없다. 노동자의 자주성과 노사 공동결정은 법률을 통해 제도화되어야 한다. 또 하나의 예를 들면 기업들이 서로 치열

---

1 사회윤리의 위상과 논리 구성의 특징에 관한 알기 쉬운 설명으로는 아르투르 리히/강원돈 옮김, 『경제윤리 1: 신학적 관점에서 본 경제윤리의 원리』 (천안: 한국신학연구소 1993), 71-74를 보라.

한 경쟁을 벌이는 시장경제에서 기업저축을 늘리고 투자 능력을 강화해야 하는 제도적 강제 아래 있는 자본가에게 온정을 베풀어 임금을 인상해 달라고 호소한다면, 그 또한 별 의미가 없는 일일 것이다. 임금인상은 노동자와 사용자가 성실하게 교섭할 수 있는 제도를 통해서 이루어져야 하고, 그 제도는 산업 부문과 국민경제의 발전을 전망하면서 적정 성장률과 임금인상률을 결정할 수 있도록 정교하게 설계되고 운용되어야 한다. 이 두 가지 예들은 자본주의적 생산관계를 맺고 있는 사람들 사이의 관계를 여러 수준에서 제도적으로 규율하지 않고서는 그 관계에서 비롯되는 문제를 해결할 수 없다는 것을 보여준다.

경제윤리가 제도를 다루는 사회윤리의 한 형태라는 것을 인식할 때 우리는 비로소 경제윤리의 과제를 개인 도덕과 다른 방식으로 설정해야 하고 개인 도덕 차원에서 다루지 않는 작업을 수행하여야 한다는 것을 알게 된다.

2. 기독교경제윤리의 과제

기독교경제윤리는 신학적 근거를 갖는 윤리적 규범들에 따라 경제제도를 규율하는 방안을 제시하는 것을 그 과제로 삼는다. 이를 위해 기독교경제윤리는 경제제도와 거기서 비롯되는 문제들을 파악하고, 윤리적 판단의 기준에 따라 문제 해결의 기본 방향을 설정하고, 문제 해결을 위한 윤리적 지침들을 제시한다.

기독교경제윤리는 경제를 규범적으로 서술하는 데서 출발하지 않고, 경제가 주어져 있는 현실이라고 인식하는 데서 출발한다. 주어진 경제 현실에 대한 사회과학적 분석은 윤리적 판단에 앞서는 작업이다. 윤리적 판단의 기준이 되는 규범들은 경제를 초월하는 근거를 가질 수 있지만, 반드시 경제의 역동적 과정에 접촉점을 가져야 하고 경제의 내적 논리와 맞물릴 수 있도록 가다듬어져야 한다. 오직 그러한 규범들만이 경제제도를 내적으로 통제하는 효과를 발휘할 수 있다. 따라서 기독교경제윤리는 현실의 경제제도에서 비롯되는 문제들을 분석하는 데서 출발하여야 한다는 점에서 문제 지향적이고, 그 문제들을 해결하는 데 필요한 실현 가능성 있는 윤리적 방안을 제시하는 데까지 나아가야 한다는 점에서 실천 지향적이다. 기독교경제윤리는 그 과제 수행의 특성 때문에 사회과학적 현실 분석과 윤리적 성찰을 서로 매개하는 방식으로 전개한다.

기독교경제윤리는 그 과제를 수행하기 위하여 서로 긴밀하게 결합하는 세 가지 작업을 진행한다. 첫째는 현실의 경제제도를 파악하고 거기서 발생하는 문제들을 정확하게 인식하는 일이다. 둘째는 경제 문제들을 판단하는 윤리적 원칙들을 가다듬고 그 원칙들의 신학적 근거들을 제시하는 일이다. 셋째는 윤리적 원칙들을 견지하면서 현실의 경제를 제도적으로 규율하는 데 필요한 기본 구상을 기획하고 제도 운용의 지침들을 제시하는 일이다.

아래서는 경제윤리적 판단과 지침을 제시하는 절차를 일목요연하게 파악하는 데 도움이 될 만큼만 이 세 가지 작업을 간략하게 밝히고자 한다.

2.1. 현실의 경제제도와 그 문제들에 대한 사회과학적 인식

기독교경제윤리는 경제에 대한 신학적 해석과 규범적 서술에서 출발하는 것이 아니라 현실의 경제와 그 문제들로부터 출발한다. 신학자들이 경제에 대한 신학적 관념을 구성하거나 경제는 마땅히 이래야 한다든지, 저래야 한다든지 하는 규범적 판단을 내리는 것이 아예 무의미하다고 말할 수는 없을 것이다. 그러나 그 모든 작업에 앞서서 현실의 경제가 어떻게 움직이고 있는지, 거기서 어떤 문제들이 발생하고 있는지 파악하는 것이 급선무다.

경제는 희소한 자원을 갖고 사람들의 욕망을 충족시키는 과정이다. 사람들은 욕망을 충족시키는 데 적합한 형태로 자연을 변화시키는 인간의 지적, 기술적, 물질적 역량이 발전함에 따라 그 역량을 효과적으로 펼칠 수 있도록 사회조직들과 정치 조직들을 끊임없이 새롭게 형성해 왔고, 그러한 인간의 세계를 안정시키는 데 필요한 권리체계들, 법률체계들, 가치체계들을 발전시켜 왔다. 경제는 그러한 역사적 발전의 조건들 아래서 인간과 자연의 관계, 인간과 인간의 관계들을 그때마다 독특한 형태로 제도화했다.

오늘 우리가 접하는 경제는 근대에 들어와 탄생한 시장경제이다. 시장경제는 독특한 방식으로 제도적으로 규정되어 있는 생태계와 경제계 사이의 에너지-물질 순환, 생산과 소비, 노동과 자본의 관계를 전제로 해서 작동하고 있고, 가계, 기업, 국가 등의 행위자들이 소득분배, 상품 거래, 화폐와 신용, 금융과 재정, 무역과 해외투자 등등을 규율하는 복잡한 제도적 장치들을 매개로 해서 움직인다.

기독교경제윤리는 이러한 복잡한 제도적인 관계들에서 나타나는 문제들을 인식하고 그 해결을 향해 나아가야 하므로, 사회과학적 관점과 방법을 갖고서 경제 현실을 분석하고 설명할 수 있는 능력을 갖추어야 한다. 그것이 기독교경제윤리가 기독교 사회과학이라는 별칭으로 불리는 까닭이다. 그러나 사회과학의 영역에서는 다양한 관점들과 방법들이 서로 상충하고 대립해 왔고 사회과학의 방법론을 중심으로 끊임없는 논쟁이 벌어졌기에, 기독교경제윤리는 어떤 관점과 방법을 선택하여야 경제 현실을 정확하게 분석하고 경제 문제들을 제대로 파악할 수 있는가 하는 근본적인 문제를 피할 수 없다.

그 문제와 관련해서는 사회과학에서 방법론 논쟁이 갖는 의의에 주목하면서 기독교경제윤리가 경제 현실을 분석할 때 방법론적으로 유의할 점들을 밝혀야 한다. 이에 관해서는 2장에서 본격적으로 논하기로 한다.

2.2. 경제윤리 규범들의 제정

기독교경제윤리는 경제제도를 분석하고, 경제 현실의 여러 문제를 파악하고, 그 문제들에 대한 해법을 제시하고자 한다. 일반적으로 경제제도와 그 문제의 분석은 경제과학과 그 분과들의 몫이고, 문제 해법의 제시나 모색은 경제정책 당국이나 이해당사자들의 조직이나 단체가 맡을 몫이라고 생각되어 왔다. 그렇다면 기독교경제윤리가 하는 일은 경제학자나 경제정책 당국 혹은 이해당사자 조직과 단체가 하는 일과 어떤 점에서 구별되는가? 물론 경제 현실의 문제를 분석하고 그 문제를 해결하는 방침을 세우는 것은 기독교경제윤리의 관심사다. 그러나 기독교경제윤리는 거기서 한 걸음 더 나아가야 한다. 기독교경제윤리는 경제 현실을 판단하는 규범적 원칙을 세우고 그 규범적 원칙에 따라 경제제도를 규율해서 문제를 근본적으로 해결할 것을 요청한다.

윤리적 규범은 사람들이 마땅히 추구하여야 할 것을 지시한다는 점에서 당위 명제의 형태로 표현된다. 당위 명제는 사람들과 사물들이 맺는 관계들을 있는 그대로 서술하는 존재명제와는 다른 차원을 갖는다. 경제윤리에서 당위 명제는 사람들이 경제 활동을 하면서 마땅히 지켜야 할 관계들을 규정하는 형태를 취한다. 그러한 당위적 요구를 담는 규범들이 확립되면, 경제윤리는 그 규범들을 기준으로 삼아 현실의 경제제도와 거기서 비롯되는 문제들에 대해 윤리적 판단을 내리고, 그 규범에 따라 현실의 경제를 규율하는 방안을 제시한다.

문제는 그러한 규범의 근거를 어떻게 설정하는가, 그 규범을 사람들에게 어떻게 설득력 있게 제시할 것인가다. 먼저 윤리적 규범의 근거에 관해 말하자면, 전통적으로 윤리적 규범의 근거는 자연법, 이성의 명령, 도덕감정 혹은 공리주의적 계산 등에서 찾아졌다. 기독교 윤리학도 윤리적 규범의 근거를 논할 때 자연법, 이성법, 도덕감정 혹은 공리주의적 계산 등을 고려한다. 가톨릭 윤리학에서 자연법은 오늘에 이르기까지 가톨릭 사회 교설의 핵심을 이루어 왔고, 이성의 절대 명법을 강조한 칸트의 도덕철학은 의무론적 윤리학을 선호하는 개신교 윤리학에 그 뚜렷한 흔적을 남기고 있다. 도덕감정은 최근 기독교 페미니스트 윤리학에서 재평가되고 있고, 공리주의나 목적론적 윤리학은 역사적 조건들 아래서 제도적인 것을 다루어야 하는 기독교 윤리학에서 결코 무시된 적이 없다.

그러나 기독교 윤리학은 신학적 근거를 가져야 한다. 기독교 윤리학은 창조와 종말 사이에서 전개되는 구원사의 지평에서 세상을 형성하는 이치를 탐구하고 세계 형성을 위한 규범과 지침을 가다듬어야 한다. 그것은 기독교경제윤리도 마찬가지다. 기독교경제윤리는 하나님 나라와 세상의 긴장 관계 속에서 사람이 삶을 꾸리는 방식으로서 경제제도의 문제들을 판단하는 규범적 원칙과 경제제도를 규율하고 형성하는 규범적 지침을 정교하게 제시해야 한다. 그러한 기독교경제윤리의 규범적 원칙과 지침은 아래의 3장에서 제시할 것이다.

그다음에 기독교경제윤리의 규범들이 현실의 경제제도를 판단하는 기준이 되고 현실의 경제제도를 규율하는 지침이 되려면 공론의 장에서 의사소통이 가능한 형태로 가다듬어져서 생활세계의 언어로 제시되어야 한다. 예컨대 기독교경제윤리가 정의나 인간 존엄성 보장을 윤리적 판단의 규범으로 제시한다면, 그 규범들의 정당성과 타당성은 공론의 장에서 세상의 언어로 사유하는 사람들이 수용할 수 있도록 논증적으로 입증되어야 한다. 그것은 기독교경제윤리의 규범들을 뒷받침하는 신학적 논거들을 알기 쉽게 설명하는 것과는 전혀 다른 차원의 과제이다. 공론의 장에 올라가는 것은 그 규범들의 신학적 근거 설정에 관한 설명이 아니라 그러한 근거들에 의해 뒷받침되는 규범들을 의사소통이 가능한 생활세계의 언어로 정교하게 가다듬은 당위적인 명제들이다.[2]

---

2 필자는 이미 오래전부터 공론의 장에 올라가는 교회의 의견과 그것을 뒷받침하는 신학적 근거 설정의 추상 수준을 구별하여야 한다고 주장하고 둘의 관계를 빙산에 비유한 적이 있다. 공론의 장에 떠오르는 것은 빙산의 일각인 교회의 공적인 의견일 뿐이고, 그 의견의 신학적 근거는 수면 아래에서 거대한 빙괴를 이루고 있다는 비유다. 교회의 의견을 뒷받침하는 신학적 근거들에 대한 설명은 공론의 장에서는 낯선 언어다. 물론 그 낯섦 때문에 교회의 신학적 근거 설정을 감출 필요는 없다. 그러나 교회의 공적인 의견을 뒷받침하는 교회의 신학적 주장은 설사 정교한 언어로 가다듬어진다고 해도 세상이 그 논리적 구성과 전개를 쉽게 납득하지 못한다는 것을 인내할 필요가 있다. 이에 관해서는 강원돈, "세속국가의 헌정 질서와 교회의 공론 작업," 『기독교사회윤리』 40(2018), 36f.를 보라.

2.3. 경제제도의 문제들에 대한 윤리적 판단과 제도 규율의 절차

경제제도에서 비롯되는 문제들에 대한 분석이 이루어지고, 그 문제들을 윤리적으로 판단하는 데 필요한 규범이 가다듬어지면, 기독교경제윤리는 그 규범에 따라 경제제도의 문제들을 해결하기 위해 경제제도를 규율하는 지침을 제시한다. 그 지침을 마련하는 절차는 크게 보면 다섯 단계를 거친다.

첫째는 경제제도에서 비롯되는 문제들을 분석하는 단계이다. 경제 문제들을 분석하는 것은 그 자체만 해도 쉽지 않다. 경제는 이해관계를 달리하는 계급들과 계층들, 단체들과 집단들이 서로 맞서는 장이기 때문에 경제의 문제들에 대한 진단도 제각기 다를 수밖에 없다. 그렇기에 어떤 관점과 방법에 따라 경제 문제들을 분석해야 제대로 파악할 수 있는가를 놓고 깊이 고민하지 않을 수 없다.

둘째는 경제제도를 조직하고 운용하는 논리의 차원에서 경제 문제들의 발생 연관을 체계적으로 분석하는 단계이다. 경제 활동을 매개로 해서 맺어지는 관계들은 제도화되었기에 그 관계들을 제도화하는 논리를 분석하지 않고서는 문제의 근원을 파악할 수 없다. 예컨대 어떤 제도가 소수의 기득권을 유지하는 데 이바지할 뿐 많은 사람의 이익에 반하는데도 그 제도가 모든 사람을 위해 필요한 것인 양 주장한다면, 그러한 주장은 현실에 부합하지 않는 것은 물론이고 특수한 이해관계를 은폐하기 위해 보편적 이해관계를 내거는 전형적인 이데올로기적 주장이라고 비판되어야 한다.

셋째 단계에서는 경제제도의 운용에서 비롯되는 문제들을 근본적으로 해결하기 위하여 기독교경제윤리의 규범적 요구에 따라 경제제도를 운용하는 대안적인 논리를 제시한다. 경제제도를 조직하고 운용하는 논리가 한 사회의 지적, 기술적, 물질적, 문화적, 사상적 발전을 따르지 못하거나 앞에서 말한 것처럼 소수의 기득권 세력에 일방적으로 유리할 때 경제제도를 조직하고 운용하는 기본 구상을 대안적으로 제시해야 할 것이다. 예컨대 기술 발전과 생산성 향상으로 인하여 일자리가 빠른 속도로 줄어드는 경제 현실에 대응하기 위해서는 노동 업적에 따라 소득을 분배한다는 기존의 논리를 넘어서서 누구든지 인간의 존엄성을 유지하며 살아가는 데 필요한 소득을 보장받아야 한다는 윤리적 규범에 따라 노동 업적과 생활 소득을 분리하는 기본소득 구상을 대안적으로 제시할 수 있을 것이다.

넷째 단계에서는 경제제도를 운용하는 대안적인 구상에 따라 경제제도를 규율하는 구체적인 방침들을 제정하는 데까지 나아간다. 예컨대 경제제도를 민주주의 원칙에 따라 운용하는 것을 기본 원칙으로 설정하기로 사회적 합의와 정치적 합의가 이루어졌다면, 경제민주주의의 기본 구상에 따라 경제제도를 대안적으로 운용하는 구체적인 방침들을 마련하여야 한다. 구체적으로 말한다면 기업에서 자본의 독재를 해체하고 자본가와 노동자가 기업 운영의 공동 주체로서 중요한 결정을 내리는 자리에 평등하게 참여하는 방침을 제정하여 이를 제도화하기 위해 노력할 수 있을 것이다.

다섯째 단계는 새로운 구상에 따라 도입된 경제제도 운용 방식이 효과적인가를 점검하고 거기서 발생하는 문제들을 해결하기 위해 끊임없이 노력하는 일이다.

2.4. 대학 등록금 문제를 중심으로 한 윤리적 판단과 제도 규율 절차의 예시

위에서 설명한 바를 알기 쉽게 설명하기 위해 아래서는 '반값 등록금 정책'의 문제를 어떻게 해결할 것인가를 생각해 보기로 한다.

우리나라에서는 대학생들이 매 학기 비싼 등록금을 내고 수업을 듣는다. 강의를 수강하려면 수업료를 내는 것이 당연시되는 현실에서 대학생들과 학부모들은 오래전부터 등록금이 너무 많다고 항의했고, 그런 항의가 점차 거세지자 대학 등록금은 우리 사회의 뜨거운 현안이 되었다. 그 문제를 해결하기 위해 제시된 것이 '반값 등록금' 정책이었다. 교육부는 '반값 등록금' 정책을 수립하고 집행하기 위하여 여러 가지 수단을 동원하여 대학들이 등록금을 인상하지 못하도록 억제하고 대학생들의 가정 형편에 따라 국가장학금을 차등적으로 지급하는 제도를 마련했다. 그러자 대학 등록금이 과도하다는 사회적 불만이 잦아들었다. 그러나 그러한 교육부의 정책이 대학 등록금 문제를 제대로 푼 것일까?

'반값 등록금' 정책은 등록금 문제의 완전한 해결책이 아니라 잠정적인 봉합책에 불과하다. 대학 등록금제도를 그대로 두고 등록금을 마련하는 방식에 미시적인 변화를 주는 것으로 그쳤기 때문이다. 대학 등록금 문제를 제대로 풀기 위해서는 대학 등록금제도의 논리를 분석하고, 이를 대신하는 대안적인 구상에 따라 문제의 해법을 찾아야 한다.

대학 등록금은 대학 교육에 따르는 이익을 얻는 사람이 그 이익을 얻는 데 들어가는 비용을 부담해야 한다는 수익자 부담의 논리에 근거한다. 과거에 대학 교육은 학령인구 가운데 소수만이 받을 수 있었고,

대학 교육을 받은 사람들은 엘리트로서 특권적 지위를 누릴 수 있었기에 수익자 부담의 논리가 별 무리 없이 수용되었다. 그러나 교육은 선대의 지식과 기술을 전승하여 발전시키고 공동체 전체의 이익을 증진하는 데 필요하고, 그런 점에서 공공재의 성격을 띠고 있다. 대학 교육을 받은 사람이 대학 교육을 통하여 형성한 역량을 갖고서 사회와 국가의 발전에 각기 다른 방식으로 이바지한다는 점을 생각한다면, 대학 교육을 받을 능력이 있고 받을 의사가 있는 모든 사람에게 대학 교육의 문호가 활짝 열려야 한다. 그러한 주장은 모든 사람이 자기 계발의 권리를 갖고 공동체 형성에 참여하여야 한다는 윤리적 요구와도 정확하게 부합한다.

만일 대학 교육을 공공재로 인정하게 되면 대학 등록금제도는 더 이상 유지될 수 없다. 공공재를 마련해서 제공하는 것은 국가이고, 공공재는 모든 사람에게 무상으로 제공되어야 하기 때문이다. 그것이 교육비 국가부담의 원칙, 공교육의 원칙이다. 그 원칙에 따라 대학 등록금제도를 폐지하고 대학 무상교육정책을 정교하게 수립하여 법제화할 수 있다.

공공 무상교육의 원칙에 따라 대학을 운영하는 제도는 매우 다양하게 설계될 수 있다. 어떤 제도를 운용하든지, 그 제도 운용에 따르는 문제들을 끊임없이 드러내고 그 문제들을 해결하기 위해 노력하여 가장 효율적이고 효과적인 제도 운용 방식을 만들어 가는 것이 중요하다.

3. 소결

1장에서 필자는 기독교경제윤리가 직업윤리나 전문가 윤리와 같은 개인 도덕이 아니라 제도를 규율해서 사람들이 더 많은 선과 정의를 실현할 기회를 마련하는 데 관심을 집중하는 사회윤리의 위상을 갖고 있다는 점을 강조했다. 기독교경제윤리는 경제제도의 문제를 윤리적으로 판단하는 원칙을 밝히고 경제제도를 규율하는 지침을 제시하는 것을 과제로 삼는다.

그 과제를 수행하기 위하여 기독교경제윤리는 세 가지 작업을 유기적으로 결합한다. 첫째는 현실의 경제제도를 파악하고 거기서 발생하는 문제들을 정확하게 인식하는 것이다. 둘째는 경제제도의 문제를 판단하는 윤리적 기준을 규범의 형식으로 정식화하는 것이다. 경제윤리의 규범은 신학적 근거를 갖추어야 하며, 공론의 장에서 그 정당성과 타당성이 비판적으로 검증될 수 있도록 생활세계의 언어로 제시되어야 한다. 셋째는 경제윤리의 규범에 충실하게 경제제도의 문제를 해결하기 위하여 경제제도를 규율하는 새로운 구상을 제시하고 이를 실현하는 방침을 밝히는 것이다.

아래의 2장에서는 기독교경제윤리의 출발점인 경제제도에 대한 사회과학적 분석에서 방법론적으로 유의할 점을 밝힌다.

2장
사회과학적 현실 분석에서 방법론적으로 유의할 점

    기독교경제윤리는 그 과제의 특성상 경제 현실에 대한 사회과학적 분석을 윤리적 성찰 과정에 매개하여야 한다. 그런데 경제 현실에 대한 사회과학적 분석과 설명은 매우 다양하고, 심지어 서로 극단적으로 대립하기까지 한다. 예를 들면 어떤 학자들은 최저임금제도가 시장경제를 활성화하는 방편이라고 설명하지만, 다른 학자들은 국가가 개입하여 시장의 자율성을 해치는 나쁜 제도라고 평가한다. 국가개입주의자들은 앞의 입장을 옹호하겠지만, 신자유주의자들은 뒤의 입장을 주장할 것이다. 앞의 입장을 표방하는 사람들은 수요 중심적인 관점에서 정책을 수립하려는 태도를 보이고, 뒤의 입장을 옹호하는 사람들은 공급 중심적인 입장에서 시장의 탈규제화정책을 추진한다. 그와 같이 같은 사안을 놓고 크게 의견이 엇갈리는 것은 경제 현실을 보는 관점과 방법이 다르기 때문이다.

    따라서 경제윤리학자는 어떤 관점과 방법을 갖고서 현실에 접근하여야 현실을 제대로 분석하고 설명할 수 있는가를 심각하게 고찰하지 않을 수 없다. 사회과학에서 방법론이 중요한 것은 그 때문이다.

1. 사회과학에서 방법론 논쟁의 의의

사회과학의 역사를 되돌아보면, 사회과학의 관점과 방법을 놓고 끊임없이 치열한 논쟁이 벌어졌음을 알 수 있다. 매우 큰 논쟁을 몇 가지 예로 든다면 칼 마르크스(Karl Marx)는 자유주의적인 기조의 정치경제학을 내재적으로 비판하면서 자본주의 사회의 모순을 역사적-구조적으로 분석하는 방법을 정교하게 가다듬고자 했다. 그는 아담 스미스(Adam Smith)와 데이비드 리카도(David Ricardo)의 노동가치론을 복기하듯이 연구하여 그 이론의 내적인 모순을 밝혀내고, 노동력의 사용가치와 교환가치의 차이에서 발생하는 잉여가치 개념으로 자본주의 사회를 해부하는 방법을 제시했다. 그의 이론이 정치경제학 '비판'이라는 이름을 갖게 된 것은 그가 그 이전의 경제학자들이 취했던 관점과 방법을 놓고 얼마나 치열한 논쟁을 벌였는가를 말해 준다.[1]

정치경제학의 관점과 방법을 둘러싼 논쟁이 19세기의 가장 큰 방법론 논쟁이었다면, 20세기에 들어와서 벌어진 가장 큰 논쟁들 가운데 하나는 가치판단 논쟁일 것이다. 그 논쟁을 촉발한 막스 베버(Max Weber)는 당대의 사회과학자들이 사실 분석과 가치판단을 혼동하는 것을 날카롭게 지적하고, 사회과학자들은 자신의 가치판단을 일단 괄호 안에 넣고 현실의 사실관계와 인과관계를 분석하여야 한다고 주장했다.[2] 막스 베버가 사회과학자들에게 가치중립의 계명을 지키라고 요구한 뒤

---

1 W. Schmied-Kowarzik, "Weder Arbeit noch Natur sind wertbildend, aber sie sind die Quellen allen Reichtums," H. Immler/W. Schmied-Kowarzik, *Marx und die Naturfrage* (Hamburg: VSA-Verl., 1984), 49f.

2 Max Weber, "Der Sinn der 'Wertfreiheit' der soziologischen und ökonomischen Wissenschaften," *Gesammelte Aufsätze zur Wissenschaftslehre* (Tübingen: Mohr, 1922), 461f.

경험적 조사 방법이나 통계 분석 같은 방법들을 활용하는 경험적 사회과학이 대세를 이루게 되었다. 수학이 엄밀한 기초과학으로 알려져서인지 수학을 이용하여 경제 현상을 설명하려는 수리경제학도 크게 발전하였다. 문제는 그러한 방법론적 선택 자체가 실증성 선호라는 일종의 가치판단을 전제한다는 것이고, 그러한 경험적 사회과학이 주어져 있는 현실을 서술하고 옹호하는 데 그치는 보수적인 경향을 보인다는 것이다. 또한 인간의 존엄성을 존중하여야 한다는 규범적 요구처럼 한 사회가 공유하는 가치 확신을 전제하지 않는 사회과학적 연구가 과연 설득력과 신뢰성을 가질 수 있는가도 여전히 숙고할 문제로 남아 있다.[3]

1960년대 초부터 독일 사회과학계에서 벌어진 실증주의 논쟁도 매우 중요한 방법론 논쟁이었다. 비판이론의 거두인 테오도르 아도르노(Theodor Wiesengrund Adorno)와 과학적 탐구의 논리를 제시한 칼 포퍼(Karl Raimund Popper) 사이에서 벌어진 그 논쟁은 두 사람의 제자인 위르겐 하버마스(Jürgen Habermas)와 한스 알버트(Hans Albert) 사이에서 계속 치열하게 전개되었다. 그 논쟁에서 아도르노와 하버마스 같은 비판이론가들은 현실을 총체적으로 비판하는 거점을 확보하기 위해 변증법적 사유를 중시한 데 반해, 포퍼와 알버트 등의 비판적 합리주의자들은 시행착오를 통하여 현실을 점진적으로 개혁하는 사회공학적인 사유를 옹호하였다.[4] 그 논쟁의 핵심은 사회과학의 역할과 전망에 관한 것

---

3 독일 사회철학계에서 전개된 가치판단 논쟁을 꼼꼼하게 분석하고 평가하면서 르네 쾨니히는 현실 분석에서 가치판단을 유보한다고 하더라도 그것을 정당화하는 척도가 무엇인가라는 문제를 비판적으로 제기하여야 한다는 것을 날카롭게 지적하고 있다. René König, "Einige Überlegungen zur Frage der 'Werturteilsfreiheit' bei Max Weber," *Soziologie in Deutschland: Begründer/Verächter/Verfechter* (München/Wien: Hanser, 1987), 228.

4 네 철학자의 논문들은 Theodor W. Adorno/Heinz Maus (hg.), *Der Positivismusstreit in der deutschen Soziologie* (Neuwied [u.a.]: Luchterhand, 1969)에 수록되었다.

이었다. 사회과학이 주어져 있는 사회의 비판적 극복에 이바지할 것인가 아니면 보수적 개혁에 이바지할 것인가 하는 물음은 오늘 그 어떤 사회과학자도 피할 수 없다.

사회과학 방법론 논쟁의 예를 한 가지 더 덧붙인다면 1970년대에 들어와서 위르겐 하버마스와 니클라스 루만(Niklas Luhmann) 사이에서 벌어진 체제이론 논쟁도 의미심장하다. 그 논쟁은 한마디로 복잡하게 발전된 사회를 규율하는 방법을 둘러싼 논쟁이다. 하버마스와 루만은 역사가 발전함에 따라 삶의 복잡성이 증가하면서 본래 통합적인 성격을 띠고 있었던 생활세계가 정치, 경제, 사회, 문화, 교육, 법률 등과 같은 체제들로 분화하고 각 체제의 합리성이 확립된다는 점에서 의견의 일치를 보았다. 문제는 생활세계와 체제의 관계를 어떻게 설정하는가였다. 하버마스는 의사소통의 합리성에 따라 선하고 정의로운 삶에 대한 합의가 이루어지는 생활세계가 그러한 체제들과 구별되고 보존되어야 한다고 주장한 데 반해서, 루만은 각각의 체제가 생활세계로부터 분화되어 독자적인 합리성의 구조를 확립하였으므로 생활세계로 되돌아갈 필요가 없다고 생각했고, 체제들의 네트워크로 이루어지는 사회를 현실로 받아들여야 한다고 역설했다.[5] 그러한 입장의 차이는 현실을 규율하는 규범과 법을 제정하는 방식에서도 현저한 차이를 낳는다. 하버마스는 시민들의 숙의를 통해 합의한 규범에 따라 법을 제정하는 공화주의적인 헌정 질서를 중시하였지만, 루만은 법 체제가 정한 절차에 따라 법을 제정하면 그 법은 그 어떤 초월적 준거점 없이도 그 자체로 정당성을 갖는다고 주장했다. 제도를 이해하고 제도를 규율하는 방식을

---

5 J. Habermas · N. Luhmann, *Theorie der Gesellschaft oder Sozialtechnologie: Was leistet die Systemforschung?* (Frankfurt am Main: Suhrkamp, 1971), 140f., 386f.

둘러싼 하버마스와 루만의 논쟁은 오늘에 이르기까지 큰 영향을 미치고 있다.

여기서 사회과학 방법론을 둘러싼 논쟁의 역사를 계속 서술할 마음은 없다. 그것은 이 책의 과제가 아니다. 앞에서 사회과학의 방법론을 둘러싼 네 가지 큰 논쟁을 간략하게 소개한 까닭은 경제윤리학자가 어떤 관점과 방법을 취하는가에 따라 현실은 각기 다르게 인식될 수 있다는 것에 주의를 환기할 필요가 있었기 때문이다. 여기서 필자는 경제윤리학자가 마르크스의 정치경제학 비판을 방법론으로 취하는 것이 좋다든지, 베버의 이해사회학, 프랑크푸르트학파의 비판이론, 포퍼의 과학적 탐구의 논리에 충실한 비판적 합리주의, 루만의 체제이론, 하버마스의 의사소통이론 등등에서 어느 하나를 방법론으로 취하는 것이 바람직하다고 말할 생각은 없다. 오히려 필자는 사회과학의 방법론 논쟁에서 각각의 방법론이 갖는 장단점이 드러났으므로 경제윤리학자가 현실을 분석할 때 방법론적으로 유념하여야 할 점들을 몇 가지로 정리하는 것이 더 적절하다고 본다.

2. 사회과학적 현실 분석에서 유념할 점

사회과학의 방법론 논쟁에서 얻는 통찰들에 기대어 필자는 경제윤리학자가 사회과학적 현실 분석의 관점과 방법을 가다듬을 때 유의할 점들을 다음과 같이 다섯 가지로 제시한다.

2.1. 제도의 주체로서의 인간

너무 뻔하고 당연한 이야기여서 꼭 집어서 말할 필요가 없다고 생각할 수도 있지만, 경제 현실에 대한 사회과학적 분석에서 가장 먼저 유념해야 할 것은 사람이 경제의 주체와 그 중심이라는 것이다. 경제는 사람들이 희소한 자원의 제약 아래에서 욕망을 충족하기 위해 발전시키는 제도이다. 그 제도의 중심은 사람이다. 경제가 사람의 삶을 위해 있는 것이지, 사람이 경제를 위해 있지 않다. 경제제도를 분석하면서 그 주체인 사람을 놓쳐서는 안 된다.

제도를 중시하는 학자들 가운데는 니클라스 루만처럼 제도가 마치 인간을 초월해서 작동하는 체제이고 체제의 외부와 내부를 순환하는 정보의 복잡성을 처리하는 '재귀준거체계'의 논리에 따라 체제가 스스로 진화하는 것처럼 생각하거나,6 루이 알튀세르(Louis Pierre Althusser) 처럼 구조가 먼저 짜이고 나서 인간이 그 구조 속에 들어와 활동하도록 체계적으로 훈련된다는 식으로 설명하기도 한다.7 그와 같이 체제와 구조를 초월적 위치에 놓는 것은 제도가 사람들이 마음을 먹기만 하면 쉽게 바꿀 수 있는 것처럼 생각하지 않게 한다는 점에서는 교훈적이다. 그러나 그러한 체제와 구조에 대한 초월적 접근은 제도가 사람들의 필요에 따라 창설되기도 하고 변경되기도 하고 철거되기도 한다는 가장 단순하지만 가장 중요한 사안을 놓치고 있다.

---

6 니클라스 루만/박여성 옮김, 『사회체계이론』 1 (파주: 한길사, 2007), 109-117.

7 Louis Althusser, *Reading Capital* (London: Verso, 1979), 112; Louis Althusser, "Ideology and Ideological State Apparatuses," *Lenin and Philosophy* (New York: Monthly Review Press, 1971), 165, 179.

2.2. 경제 현실을 이루는 관계들의 유기적 연관에 관한 총체적 인식의 추구

경제는 수많은 요소들과 관계들이 작용하는 복잡한 문화적 과정이기에, 그 과정을 제대로 인식하고자 한다면, 그 요소들과 관계들의 유기적 연관을 총체적으로 파악하는 어려운 과제를 마다할 수 없다.

사람은 경제 활동을 매개로 해서 사람과 자연의 관계, 사람과 사람의 관계를 형성한다. 경제는 인간과 자연 사이의 에너지-물질 순환 과정을 조직하는 문화적 과정이며, 그 과정 안에서 인간과 인간의 관계가 형성된다. 인간과 자연 사이의 에너지-물질 순환 과정은 수렵·채취의 단순한 형태로부터 오늘의 기술체제에 이르기까지 역사적으로 발전되어 왔고, 그 발전과 함께 인간과 인간의 관계도 복잡하게 발전해 왔다. 경제를 발전시키는 힘은 자연에 적응하고 자연을 변화시키는 인간의 능력, 곧 인간의 인식 능력과 기술 능력과 표현 능력이다. 그러한 능력들을 합쳐서 포괄적으로 생산력이라고 지칭할 수도 있을 것이다. 그러한 생산력이 발전하는 수준에 따라 그 생산력을 효과적으로 발휘할 수 있는 사회조직들이 자리를 잡게 되고, 재화들과 서비스들을 중심으로 사람들 사이의 교류 관계들이 발전하고, 그 모든 관계에 제도적 안정성을 부여하는 정치 조직들과 사상 체계들이 형성된다. 아래서는 그 복잡한 과정을 알기 쉽게 설명하기 위해 몇 가지 예를 들고 싶다.

고대 수력사회(水力社會)에서 발달한 전제군주체제와 이를 강력하게 뒷받침한 왕신(王神) 관념은 강의 범람에 대처하기 위해 일시에 거대한 노동력을 동원하여 관개시설을 정비하여야 했던 집중화된 농업경영 방식을 전제하지 않고서는 설명하기 어렵다.[8] 왕은 정교한 관료체제와 상비군제도를 구축하여 막강한 권력을 행사하였고, 생산자들로부터 공납을 받는 수취 체계를 확립하여 지배구조 유지에 필요한 재정을 충당하였다. 다른 예를 든다면 고도의 숙련 노동을 중심으로 발전한 수공업은 수공업 장인과 도제들의 조합을 탄생하게 했고, 그 안에서 엄격한 조합 규율을 강제하는 제도를 발전시켰다. 증기기관이 발명되어 공장제도가 확립됨에 따라 수공업을 중심으로 한 사람들 사이의 사회적 관계와 정치적 관계는 붕괴하기 시작하였고, 독립적인 개인들의 임노동을 중심으로 자유주의적 계약 관계가 자리를 잡게 되었다. 또 다른 예를 든다면 대량생산과 대량소비가 서로 맞물리는 경제 방식이 발전하면서 부존자원이 급속히 고갈되고 생태계 파괴가 가속화되자 사람들은 생태계와 경제계의 에너지-물질 순환을 관리하는 경제체제로 전환할 것을 심각하게 고민하게 되었고, 자연을 지배 대상으로 삼았던 관점을 버리고 생명체들과 무생물체들의 중층적인 네트워크로 파악하기 시작했고, '자연의 권리'를 인정하는 헌정 질서를 수립하여야 한다고 생각하기에 이르렀다.9

위에서 세 가지 예를 통해 간략하게 살펴보았듯이, 경제는 자연적 조건들, 생태계와 경제계 사이의 에너지-물질 순환을 매개하는 지식과 기술, 생산력, 생산관계, 교환관계, 사회조직, 정치 조직, 법률체계, 가치관, 사상 등의 다양한 요소들이 작용하는 매우 복잡한 과정이다. 그러한 과정을 제대로 파악하려면 경제를 재화와 서비스의 생산과 분배와

---

8 Karl August Wittfogel, *Die orientalische Despotie: eine vergleichende Untersuchung totaler Macht* (Köln [u.a.]: Kiepenheuer & Witsch, 1962), 128: "많은 수력사회에서는 최고의 세속적 권위와 종교적 권위가 한 인물에게 통합되었다."

9 '자연의 권리'에 관한 상세한 논의는 본서 제IV부 2장에서 펼쳐진다.

소비에 국한하여 고찰하는 좁은 안목을 버리고 위에서 말한 모든 요인과 구조가 서로 유기적 연관을 맺으며 역사적으로 발전하는 과정을 고찰할 필요가 있다. 필자가 기독교경제윤리의 관점에서 집중적으로 다루려고 하는 시장경제와 관련해서 말한다면, 시장경제가 역사적으로 탄생하면서 형성된 관계들의 연관을 파악하고 그 모든 관계들의 변화와 발전의 동학을 총체적으로 분석하고 이를 일관성 있게 서술하는 방법을 강구해야 한다. 그것이 시장경제를 역사적-구조적 관점에서 총체적으로 설명하는 방법이다.[10]

2.3. 경제 법칙에 대한 미신의 타파

사람이 경제제도를 형성하는 주체라는 관점을 갖는 사람은 경제를 지배하는 법칙이 인간의 의지와 무관하게 작동한다는 환상과 미신을 타파하지 않으면 안 된다. 모든 제도가 그렇듯이 경제제도도 한번 확립되면 쉽게 바뀌지 않고 지속하는 경향이 나타나기 마련이다. 경제 법칙은 그와 같은 제도의 지속성에서 비롯되는 일종의 환상이다.

---

10 이러한 역사적-구조적 분석 방법을 가다듬어 자본주의 경제에서 나타나는 관계들의 형성과 발전을 체계적으로 파악하고자 한 학자는 칼 마르크스다. 그는 '구체적인 것에서 추상적인 것으로의 하강'과 '추상적인 것에서 구체적인 것으로의 상승'이라는 말로 자본주의 사회를 '분석'하고 '서술'하는 과정을 표현했다. K. Marx, *Einleitung zu den "Grundrissen der Kritik der politischen Ökonomie", Karl Marx · Friedrich Engels Werke 42*(Berlin: Dietz, 1983), 34-42; K. Marx, *Das Kapital: Kritik der politischen Ökonomie, Bd. 1, Karl Marx · Friedrich Engels Werke 23*(Berlin: Dietz, 1962), 27. 마르크스의 방법론은 19세기의 산물이어서 폐기되어야 할 것이 아니라, 그 방법론의 합리적 핵심을 보존하고 발전시킬 만한 가치가 있다. 이하 마르크스의 저술을 *Karl Marx · Friedrich Engels Werke*에서 인용할 때는 *MEW* 약어 뒤에 권수만을 표기한다. 마르크스의 *Das Kapital: Kritik der politischen Ökonomie 1, 2, 3*을 인용할 때는 *MEW* 권수 표기 없이 *Das Kapital* 뒤에 권수만을 표시한다.

예를 들면 어떤 재화의 공급이 증가하는데도 그 재화에 대한 수요가 정체하거나 줄어든다면, 그 재화의 가격은 낮아지거나 심지어 폭락한다. 그 반대의 경우도 흔히 나타난다. 이를 반복해서 경험한 사람들은 수요와 공급의 법칙이 작용하여 공급과 수요의 균형이 저절로 맞추어진다고 생각한다. 그러나 수요와 공급의 법칙은 시장 참여자들이 상품의 희소성을 나타내는 가격에 민감하게 반응을 보이면서 생산과 소비를 조절하는 경향을 보인다는 것을 나타내는 은유일 뿐이다. 수요 독점이나 공급 독점이 형성되면 상품의 가격은 수요와 공급의 균형과 상관없이 결정된다. 또 한 가지 예를 들면 기업들 상호 간의 경쟁이 치열한 상황에서는 상품의 품질을 높이고 가격을 낮추기 위해 많은 투자가 이루어진다. 그렇게 되면 총생산비에서 불변자본의 비율이 늘어나서 이윤율이 지속으로 하락하는 경향이 나타난다. 사람들은 그러한 현상을 지배하는 것이 이윤율 하락의 법칙이라고 말하곤 한다. 그러나 이윤율 하락은 불변자본과 가변자본의 비율만이 아니라 기술 독점, 상품 수출과 수입, 노동 임금의 경직성과 노동시장 상황, 통화량 등 여러 가지 요인들의 영향을 받으며 다양한 추이를 보인다. 따라서 시장경제에서 이윤율 하락은 어떤 법칙의 지배 아래 나타나는 현상이라고 볼 수 없다.

그런데도 경제학자들은 경제 현상을 설명하면서 법칙이라는 낱말을 즐겨 사용하기 때문에 그런 말을 듣는 사람들은 곧잘 경제가 불변의 법칙에 따라 움직인다는 환상을 갖는다. 경제 법칙이라는 표현이 불변의 성격을 띠는 것으로 여겨지는 자연법칙을 연상시키기 때문이다. 그러한 환상에 사로잡힌 사람들은 경제제도가 인간이 삶을 꾸리기 위해 만든 역사적인 산물이고 인간의 의지에 따라 변화될 수 있다는 것을 쉽게 망각한다.[11] 사람들이 살아가는 데 불편한 경제제도는 그러한 불편을 느끼는 사람들이 나서서 폐지하거나 바꾸는 것이 당연하다.

경제에 불변의 법칙 같은 것은 없다. 원시 경제와 고대 경제를 관통하는 불변의 경제 법칙이 없는 것처럼, 중세 봉건 경제와 근대 시장경제를 일관해서 지배하는 경제 법칙도 없다. 근대에 들어와 보편적인 경제 체제로 자리 잡은 시장경제체제를 일률적으로 지배하는 경제 법칙도 있을 리 만무하다. 시장경제체제는 자유로운 개인들이 노동력을 팔고 그 대가로 임금을 받는 노동시장이 전일적으로 확립된 것을 전제하는 역사적인 제도이고, 그러한 시장경제체제를 운영하는 방식은 매우 다양하다. 경제적 효율성과 사회적 연대를 동시에 실현하고자 노력하는 독일의 사회적 시장경제는 경제적 자유와 효율성을 최고의 가치로 설정하는 미국의 자본주의적 시장경제와 큰 차이가 있고, 한때 국가자본주의적인 성격이 매우 강했던 한국의 시장경제와도 크게 다르다. 만일 시장경제를 지배하는 경제 법칙이 일률적으로 작용한다면, 시장경제를 운영하는 방식이 이처럼 큰 차이를 보이지 않을 것이다. 독일, 미국, 한국 등지에서 시장경제체제를 운영하는 데서 나타나는 제도적인 차이는 자연적 조건, 기술 발전과 생산력 발전의 수준, 사회 세력들의 권력관계, 정치제도와 권력정치의 성격, 가치관, 역사적 경로, 문화적 배경 등과 같은 많은 요인이 복합적으로 작용하면서 나타나는 현상이다. 따라서 경제제도들은 그러한 여러 가지 조건들과 요인들을 고려하면서 사람들이 그때그때 필요에 따라 만들어가는 것이지, 어떤 불변의 법칙에

---

11 그러한 관점에서 법칙에 대한 미신을 방법론적으로 신랄하게 비판한 탁월한 예는 마르크스에게서 찾을 수 있다. 그는 현실의 관계들에서 출발하지 않고, 추상적인 개념들과 범주들을 갖고서 경제 법칙 같은 것을 만들어 낸 뒤에 그 법칙을 갖고서 현실을 설명하려는 프루동의 정치경제학을 형이상학이라고 신랄하게 비판했다. 이에 대해서는 K. Marx, *Das Elend der Philosophie, MEW 4*, 130을 보라.

따라 경제제도가 일률적으로 움직인다고 생각할 수 없다.

경제제도가 경제 법칙의 지배 아래 숙명적으로 움직인다는 미신을 타파하는 것은 매우 중요하다. 그러한 미신에서 벗어날 때 경제제도의 문제들을 해결하기 위해 창의적인 사고를 펼칠 수 있고, 경제제도를 끊임없이 새롭게 형성하고자 하는 인간의 주체성과 책임을 부각할 수 있다.

2.4. 자생적 질서에 대한 환상의 타파

경제 법칙에 관한 관념과는 조금 다른 성격을 갖고 있지만, 시장이 그 자체를 규율하는 질서를 스스로 만들어간다는 주장도 터무니없다. 그러한 주장을 펼치는 신자유주의자들은 시장이 시행착오를 거듭하면서 자생적 질서를 형성하기에 시장을 시장 원리에 맡기는 것이 최선의 길이라고 주장한다. 최저임금제, 소득재분배, 고용보장 등과 같은 시장 규제는 경쟁, 가격 장치, 시장을 통한 소득분배 등과 같은 시장의 질서를 교란하고 도덕적 해이를 조장하여 궁극적으로는 공동체에 해악을 가져올 뿐이라고 한다.

그러나 시장 원리를 절대화하기 위해 끌어들이는 이른바 '시장의 자생적 질서'는 실상 소유권의 확립, 계약의 효력 유지, 화폐 발행, 도량형 통일, 교육 인프라와 사회 인프라의 구축 등과 같은 국가 활동을 바탕에 두고 확립된 제도적인 질서이다.[12] 예컨대 소유권을 민법으로 확립하

---

12 이것은 신자유주의자들이 전거로 삼는 자유주의 경제학의 아버지 아담 스미스가 경제에서 국가가 맡아야 할 역할에 관하여 강조했던 내용이기도 했다. 이에 대해서는 아담 스미스/정헌동·최호진 옮김, 『국부론』 하권 (서울: 범우사 1992), 295, 304f., 336f., 358f., 367f.를 보라.

지 않고서는 물건의 거래가 안정적으로 이루어질 수 없었을 것이고, 계약의 효력을 뒷받침하는 민법, 상법, 노동법 등을 제정하지 않고서는 시장 질서를 유지하기가 거의 불가능할 것이다.[13] 그러한 역사적인 사실과 맥락을 도외시한 채 시장의 질서가 저절로 만들어졌다고 주장하는 것은 기만이고 미신이다.[14] 시장의 자생적 질서 같은 것은 없다. 시장의 질서들은 그것을 필요로 하는 사람들이 그때그때 법적 장치들을 확립하면서 만들어가는 제도일 뿐이다.

2.5. 이데올로기 비판의 중요성

경제 현실에 관한 사람들의 견해는 많은 경우 이데올로기적 성격을 띤다는 점을 유념해야 한다. 경제는 사람들의 이해 대립과 갈등이 집중되는 영역이다. 경제 활동에 의해 생산되었거나 경제 활동에 관련되는 사회적 재화들은 제한되어 있기에 이를 배분하는 과정에서 특권적 질서가 형성되고 이를 정당화하는 주장이 나타난다. 소득, 지위, 기회, 복지 등과 같은 사회적 재화의 분배에서 특권적 지위를 갖는 계급이나 계층은 그들의 특수한 이해관계를 은폐하고 그들이 내세우는 주장과 견해가 마치 보편적 이해관계를 구현하는 것인 양 위장한다.

예를 들면 허리띠를 졸라매고 국민저축을 증가시켜서 경제성장을

---

13 칼 폴라니는 국가가 나서서 법률을 제정하여 본래는 거래 대상이 아니었던 토지, 노동력, 화폐 등을 상품으로 거래할 수 있도록 함으로써 시장경제가 창설되는 과정을 자세하게 분석하고 있다. 칼 폴라니/홍기빈 옮김, 『거대한 전환: 우리 시대의 정치 경제적 기원』 (서울: 길, 2009), 241ff.

14 신자유주의가 경쟁, 시장분배, 가격 장치에 대한 미신에 근거하고 있다는 것에 대한 분석으로는 강원돈, "사회적이고 생태학적인 경제민주주의를 향하여," 『지구화 시대의 사회윤리』 (서울: 한울 아카데미, 2005), 45-55를 보라.

가속하면, 모든 국민이 경제성장의 혜택을 골고루 나눌 수 있게 된다는 주장이 대표적이다. 자본주의 경제에서 국민저축의 증가는 주로 기업 저축의 증가를 뜻하고, 그것은 이윤을 최대화하고 노동소득을 최소화 한다는 것을 뜻한다. 우리나라에서는 국가가 나서서 저임금 저곡가정 책을 강력하게 시행하여 국민소득에서 노동 대중에게 돌아가는 몫을 제한하고 기업의 자본축적을 촉진하기도 했다. 그것이 악명 높은 박정 희식 경제성장 모델이다. 그러한 경제성장은 국민소득에서 노동소득이 차지하는 비율, 곧 노동소득분배율을 오랫동안 지나치게 낮은 수준에 머물게 했다. 1970년 현재 독일, 미국, 영국 등지의 노동소득분배율은 70%가 넘었지만, 우리나라는 약 34%에 불과했고, 박정희 독재체제가 끝났던 1979년 현재에도 약 38%에 지나지 않았다.[15] 그 시기에 국가와 자본가 계급은 겉으로는 보편적 이익을 앞세워 경제성장이 국민 복지 를 전반적으로 향상한다고 내세우면서 실제로는 자본가 수중에 방대한 자본을 빠른 속도로 축적하고자 하는 특수한 이해관계를 관철했다. 경 제성장이 국민 전체의 복지를 향상한다는 보편주의적 주장으로 위장한 자본가 계급의 이데올로기가 가혹한 자본축적 과정을 정당화하고, 그 것에 대항하는 노동자, 농민, 도시 서민 등의 저항을 봉쇄하는 효과를 얻었던 셈이다.

위의 예에서 드러나듯이 경제 현실을 놓고 판단을 내릴 때는 보편적 이해관계를 표면적으로 내세우면서 특수한 이해관계를 은폐하는 세력 들의 주장을 비판적으로 검토할 수 있어야 한다. 그러한 비판적 검토 작업은 '이데올로기 비판'이라는 이름을 갖는다. 이데올로기 비판은 사

---

15 김정우, "노동소득분배율의 변동추이와 의미," 「노동리뷰」 (2005년 5월), 65, <부표 1> 1970년 이후 노동소득분배율의 변동추이.

회적 존재가 사회적 의식을 규정할 정도로 강력한 효과를 발휘한다는 인식을 출발점으로 삼는다. 칼 만하임(Karl Mannheim)은 이를 '의식의 존재 구속성'이라는 어구로 표현했다.16 사람들은 사회적 존재에 얽매여 현실을 왜곡하는 허위의식에 사로잡히면서도 그것을 의식하지 못한다. 그렇기에 사람들의 견해와 주장이 이데올로기적으로 오염되었음을 폭로하고 그들이 내세우는 견해와 주장 배후에 어떤 이해관계가 도사리고 있는가를 정확히 밝히는 것은 사회적 대화와 정치적 토론의 출발점을 이룬다고 볼 수 있다.

한 사회가 서로 다른 이해관계들을 가진 계급들과 계층들, 세력들과 단체들로 나뉘어져 있을 때, 어떤 사안에 관한 이데올로기적 주장을 비판하면서 사회적 합의나 정치적 합의에 이르기는 매우 어렵지만, 이를 포기할 수는 없다. 언론, 사회단체들, 시민사회, 입법부 등이 사회적 합의와 정치적 합의를 이끌어가는 중요한 장치들이지만, 그 어떤 기구나 장치도 제 기능을 다한다고 말하기도 어렵다. 그러한 상황에서는 사회적 의제와 정치적 의제를 공론의 장에 내어놓고 공개적인 토론을 통해서 그 의제에 관한 주장들을 비판적으로 검증하는 과정을 통하여 사회적 합의와 정치적 합의에 이르는 길을 넓혀야 한다. 그것은 공론의 장을 활성화하고 숙의 민주주의를 강화하고 직접 참여의 기회를 넓히는 일이다. 그렇게 하려면 다양한 계급들과 계층들, 세력들과 단체들이 평등한 참여의 원칙에 따라 중요한 결정이 내려지는 과정에 참여하여 사회적 합의와 정치적 합의를 촉진할 수 있는 민주적이고 공화주의적인 제도를 설계하고 수립해야 한다.17

---

16 칼 만하임/黃性模 譯, 『이데올로기와 유토피아』 삼성판 세계사상전집 25, 제3판 (서울: 삼성출판사, 1981), 62.

3. 소결

기독교 경제윤리는 경제제도의 문제를 인식하기 위해서 그 문제를 사회과학적으로 분석해야 한다. 그러나 마르크스의 정치경제학 '비판', 막스 베버의 가치중립성 논쟁, 독일 사회학계의 실증주의 논쟁, 하버마스와 루만의 체제이론 논쟁 등에서 볼 수 있듯이, 사회과학은 현실을 어떤 관점에서 어떤 방법으로 분석하는가에 따라 서로 다르고 심지어 대립하기까지 하는 견해를 내어놓기 때문에 기독교경제윤리가 사회과학의 방법을 어떻게 수용할 것인가는 매우 중요한 과제가 된다.

필자는 기존의 사회과학 방법론들 가운데 어느 한 방법을 취하기보다는 사회과학으로 현실 분석을 할 때 방법론적으로 유념해야 할 점들을 다섯 가지로 제시했다. 첫째는 인간이 제도를 형성하는 주체라는 점을 놓쳐서는 안 된다는 것이다. 둘째는 경제 현실을 이루는 관계들의 유기적 연관과 그 역사적 변화를 총체적으로 분석하고 설명하는 방법을 가다듬어야 한다는 것이다. 셋째는 경제 현상이 경제 법칙에 따라 일어나는 것처럼 여기는 경제 법칙에 대한 환상이나 미신을 타파해야 한다는 것이다. 넷째는 시장의 질서가 시장에서 저절로 형성되기나 하는 것처럼 생각하는 시장 질서의 자생성 신화를 깨뜨려야 한다는 것이다. 다섯째는 경제제도의 규율과 관련된 여러 의견과 주장을 이데올로기 비판의 관점에서 검토하여야 한다는 것이다. 경제제도의 규율과 관련된 구상과 지침은 공론의 장에서 비판적으로 검토되어 그 정당성과 타당성이 검증되어야 한다.

---

17 이에 관한 본격적인 논의로는 강원돈, "민중이 참여하는 정의 포럼의 구성 문제," 「신학연구」 67(2015): 특히 195-199를 보라.

앞에서 기독교경제윤리가 사회과학적 현실 분석에서 유념해야 할 관점과 방법을 검토하였으니, 이제는 경제 현실에 대한 윤리적 판단을 내리고 경제제도를 규율하는 윤리적 지침을 가다듬기 위해 경제윤리의 규범들과 그 신학적 근거를 논할 때가 되었다.

3장
기독교경제윤리의 규범

모든 윤리학이 그렇듯이 기독교경제윤리의 핵심은 윤리적 규범을 설득력 있게 제시하는 것이다. 경제윤리의 규범은 경제제도와 거기서 비롯되는 문제들을 윤리적으로 판단하는 기준이 되고, 그 문제들을 해결하는 방향을 제시하고 경제제도를 규율하는 지침을 가다듬도록 이끄는 원칙이 된다. 기독교경제윤리는 한편으로는 그 규범의 신학적 근거를 명확하게 제시하고, 다른 한편으로는 그 규범을 생활세계의 언어로 정교하게 가다듬어 그 규범의 정당성과 타당성이 공론의 장에서 비판적으로 검증될 수 있도록 해야 한다.

기독교경제윤리의 근거는 다양하게 설정될 수 있지만, 필자는 세상의 창조와 종말 사이에서 펼쳐지는 구원사에서 경제윤리 규범의 신학적 근거를 찾을 것이다. 구원사는 역사의 상대성과 하나님 나라의 절대성을 서로 매개하는 안목을 갖게 하고, 사람들이 역사의 영역에서 제도를 형성하고 규율하려는 노력이 의미가 있다고 말해 준다. 구원사에 바탕을 둔 경제윤리의 규범들은 단순히 세상의 논리에 매몰되거나 그 논리를 추종하는 것이어서는 안 되고, 그것을 초과하는 전망을 열어젖힌다. 왜냐하면 기독교경제윤리는 궁극 이전의 것이 궁극적인 것에 투명해야 한다고 요구하기 때문이다.[1] 기독교경제윤리는 세상이 궁극적인 것을 향해 가는 도정에서 길을 잃지 않도록 이정표를 제시하고, 궁극적인 것의 요구를 조금 더 충족할 수 있도록 이끌어가는 지침들을 제시한다. 그러한 이정표와 지침들은 궁극 이전의 세상에서 궁극적인 것을 '근사치적으로' 실현하는 방도를 찾을 수 있도록 돕는다.[2]

위에서 말한 것을 전제하면서 아래서는 먼저 구원사의 빛에서 제도 형성의 책임을 논하고, 그다음에 경제제도의 형성과 규율에 관련된 기독교경제윤리의 규범들을 정식화한다.

1. 구원사의 빛에서 본 제도 형성의 책임

기독교의 역사관은 구원사관이다. 구원사관은 세상의 창조와 타락과 구원의 역사적 드라마이다. 타락한 세상의 구원은 예수 그리스도 안에서 이미 선취되었다. 하지만 그리스도 바깥에 있는 세상은 여전히 죄의 지배 아래 있으니 아직 온전한 구원에 이른 것이 아니다. 세상의 온전한 구원은 마지막 때에 일어날 것이다. 세상은 구원을 향한 도정에 있고, 세상의 역사는 종말을 향하고 있다. 그렇다면 종말은 역사 너머인가? 종말의 빛에서 역사는 어떻게 이해되고 해석되는가? 그 질문들은 결국 역사와 종말을 어떻게 서로 매개할 것인가라는 물음으로 귀착된다.

---

1 궁극적인 것과 궁극 이전의 것에 대해서는 D. Bonhoeffer, *Ethik*, hg. von Eberhard Bethge (München: Kaiser, 1981), 133ff.를 보라.

2 라인홀드 니버/곽인철 옮김, 『기독교 윤리의 해석』 (서울: 종문화사, 2019), 194.

구원사의 빛에서 볼 때, 제도를 형성하려는 노력은 어떤 의미가 있는 것일까? 구원사는 하나님이 창조한 세상이 죄의 지배 아래 놓였다가 죄의 지배에서 벗어나는 역사이다. 인간은 그러한 구원의 역사 안에서 제도를 형성한다. 인간의 제도 형성이 구원사에서 갖는 의미는 근본주의 신학 모델, 자유주의신학 모델, 변증법적 신학 모델, 질서 신학 모델, 형성 신학 모델, 변혁 신학 모델 등에서 다양하게 해석되어 왔다. 그러한 해석 모델들은 서로 상충하고 대립하기까지 한다. 그렇기에 제도 형성의 의미에 대한 신학적 해석 모델들을 검토하면서, 제도 형성을 긍정하고 제도 형성에 대한 인간의 책임을 명확하게 설명하는 신학적 관점을 가다듬을 필요가 있다.

1.1. 근본주의 모델과 자유주의 모델

전(前)천년설이나 세대주의적 말세론 등을 주장하는 근본주의자들은 종말 이전에 세상과 그 역사가 타락의 극한에까지 치달아 하나님의 심판을 받을 것이기에 세상을 더 낫게 형성하려는 노력이 무의미하다고 생각한다. 제도를 형성하거나 제도를 개혁한다고 해서 하나님의 심판을 면할 수 있는 것은 아니라고 한다. 그 대신 세상 끝까지 복음을 전파하고 주의 심판이 임할 것을 기다리는 것이 마땅하다는 것이다. 그들에게는 역사 허무주의가 지배적일 수밖에 없다.

반면에 후(後)천년주의자들이나 자유주의신학자들은 교육이나 윤리나 소명에 따르는 직업 생활을 통하여 사회제도를 개혁하고 역사를 발전시키면 시나브로 하나님 나라의 문턱을 넘을 수 있다고 생각한다. 세상과 하나님 나라는 연속선상에 있다.3 그러한 관점에서는 사회제도의 개혁과 역사의 진보를 위한 인간의 기획이 하나님의 이름으로 축성할 뿐, 죄의 세력에 사로잡혀 있는 상태에서 벗어나지 못하는 인간의 문화적 기획을 심판하는 하나님의 초월성을 놓치게 된다. 그것은 역사의 상대성과 하나님 나라의 절대성을 매개하면서 제도를 책임 있게 형성하려는 태도일 수 없다.

1.2. 변증법적 신학 모델과 질서 신학 모델

제1차 세계대전을 겪으면서 서구 문명의 파국을 경험한 신학자들은 역사와 하나님 나라의 연속성을 주장한 자유주의신학을 넘어설 수 있는 신학적 관점을 설정하고자 했다. 칼 바르트(Karl Barth)는 하나님의 전적 타자성을 내세워 하나님이 세상의 현실을 총체적으로 심판한다는 것을 강조했다. 하나님의 심판은 하나님이 세상을 긍정하기 위한 변증법적 계기다. 그 점에서 바르트의 신학은 변증법적 신학, 위기의 신학이라는 별칭을 얻게 되었다. 세상의 심판과 부정을 전면에 부각한 바르트는 하나님의 요구에 따라 세상을 어떻게 형성할 것인가를 본격적인 주제로 설정하지 않았다. 그는 세상을 형성하고자 하는 프로그램들에서 "하나님의 의지와 인간의 의지는 머리카락 하나 들어갈 만큼도 서로 관련되거나 서로 조응하지 않는다"[4]고 냉정하게 잘라서 말했다. 따라서 변증법적 신학에서는 제도 형성의 가능성을 논할 수 있는 여지가 거의

---

3 알프레히트 리츨(Albrecht Ritschl), 리하르트 로테(Richard Rothe) 등 자유주의신학자들이 역사와 하나님 나라의 연속성을 논증하는 방식에 관해서는 강원돈, "문화적 개신교의 발전과 몰락," 「신학과교회」 16(2021): 146-161을 보라.

4 Karl Barth, *Der Römerbrief,* 2. Auflage in neuer Bearbeitung (München: Kaiser, 1922), 419f.

없다고 볼 수 있다.

바르트와 거의 대척점에 서 있었던 파울 알트하우스(Paul Althaus), 베르너 엘러트(Werner Elert) 같은 신루터파 신학자들은 질서 신학을 구축했다. 그들은 하나님이 현존 질서를 부여하였다고 생각한 아돌프 폰 하알레쓰(Adolf von Harless), 빌헬름 슈타펠(Wilhelm Stapel), 에마누엘 히르쉬(Emanuel Hirsch) 등의 보수주의를 수용했다. 그들은 창조 질서와 보존 질서를 동일시했다. 하나님이 창조한 질서들은 죄의 공격으로부터 세상을 보존하는 질서들이며, 그 질서들은 마지막 때까지 유지된다는 것이다. 질서 신학자들은 종말의 빛에서 세상의 질서들을 바라볼 필요가 없었다. 하나님은 마지막 때가 이를 때까지 세상의 질서들이 그 자체의 고유한 법(Eigengesetz)에 따라 운영되도록 정해 놓았기 때문에 역사가 지속되는 동안에 그 질서들을 훼파하는 것은 허락되지 않는다. 그러한 주장을 앞세운 질서 신학은 세상의 질서를 그대로 옹호하는 보수주의의 아성으로 전락했다. 알트하우스와 엘러트의 질서 관념은 나치 국가를 옹호하는 어용 신학의 핵심을 이루었다.[5]

제도 형성의 여지를 두지 않았던 바르트의 변증법적 신학 모델이나 현존 질서를 수구하는 데 급급한 질서 신학의 모델은 제도를 책임 있게 형성할 수 있는 신학적 관점을 제시한다고 볼 수 없다.

1.3. 형성 신학적 모델

디트리히 본회퍼(Dietrich Bonhoeffer)는 변증법적 신학과 질서 신학

---

[5] 이에 관해서는 Christofer Frey, *Die Ethik des Protestantismus: Von der Reformation bis zur Gegenwart* (Gütersloh: Gütersloher Verlagshaus, 1994), 202-206을 보라.

이 세상의 현실을 종말의 빛에서 제대로 바라보지 못하도록 가로막는다고 생각했다. 그는 한편으로 칼 바르트의 변증법적 신학에 맞서서 마지막 때가 올 때까지 세상이 보존된다는 점을 확실하게 주장하고자 했고, 다른 한편으로 질서 신학자들에 대항해서 세상의 현실이 하나님의 현실에 의해 심판되고 갱신된다는 점을 분명하게 밝혀야 한다고 생각했다. 바르트에게서 약화한 세상의 보존과 긍정의 모티프를 제대로 살리고, 질서 신학자들이 외면한 세상의 심판과 부정의 모티프를 활성화하는 신학만이 파시즘과 볼셰비즘의 공격 아래서 질서를 잃은 당대 세계의 문제를 해결하는 데 이바지하고, 하나님의 뜻에 따라 세계를 책임 있게 형성할 수 있는 능력을 발휘할 것이라고 본회퍼는 생각했다.

그러한 신학을 정립하기 위하여 본회퍼는 궁극적인 것과 궁극 이전의 것을 질적으로 다른 것으로 구분하면서도 그 둘을 서로 연결하는 창조적인 사유를 전개했다. 그는 철저하게 기독론적으로 사유했고, 자신의 사유를 종말론적으로 관철했다. 그리스도의 고난과 죽음과 부활은 죄가 세상에 대해 마지막 말을 하는 주권자가 아니고, 죄의 권세가 종말론적으로 무효화되었다는 것[6]을 깨닫게 하고, 세상이 죄의 지배로부터 해방되는 궁극적인 현실을 내다보게 한다. 그러한 본회퍼의 통찰은 "궁극 이전의 것은 궁극적인 것을 통해 완전히 지양되고 무효화되었어도 여전히 존속한다"[7]는 명제에 담겼다. 그는 그 명제를 제시하고 나서 곧바로 궁극 이전의 것이 언제까지 존속하는가를 물었다. 그에게 궁극 이

---

6 케제만은 이를 '지배의 전환'이라는 유명한 어구로 정식화했다. 그리스도 안에서 사탄의 지배가 하나님의 지배로 전환되었다는 것이다. E. Käsemann, "Kritische Analyse von Phil 2, 5-11," *Exegetische Versuche und Besinnung II*, 2. Aufl.(Göttingen: Vandenhoeck & Ruprecht, 1965), 94.

7 D. Bonhoeffer, *Ethik*, 133.

전의 것은 그 기한이 정해져 있고, 그 기한은 예수 그리스도를 통해서 정해졌다는 것만큼 분명한 것은 없었다. "오직 하나님이요 인간인 예수 그리스도만이 존재한다. 그분만이 현실적으로 존재하고, 그분을 통해 세상은 그 종말을 향해 성숙해질 때까지 존속한다."[8] 본회퍼는 종말이 이르기까지 존속하도록 허락된 세상에서 피조물의 생명에 초점을 맞추었고, 그것을 '자연적인 것'이라는 독특한 개념으로 성격화했다. "자연적인 것은 타락한 세계에서 하나님에 의해 보존되고 그리스도를 통한 인의와 구원과 갱신을 고대하는 생명의 모습이다."[9]

'자연적인 것'은 본회퍼에게서 역사와 종말을 매개하는 개념적 장치이다. '자연적인 것'은 단지 죄에 물든 것으로 간주되어 철저하게 부정되기만 해서는 안 된다. 또한 '자연적인 것'은 이미 완성된 것으로 간주되어서도 안 되고, 있는 그대로 정당화되어서도 안 된다. '자연적인 것'은 세상과 종말, 궁극 이전의 것과 궁극적인 것이 긴장 속에 있음을 또렷하게 보여준다. '자연적인 것'은 궁극 이전의 것이 궁극적인 것을 향해 투명해지도록 세계를 형성할 인간의 책임이 명확하게 드러나는 지점이다. 바로 그 지점에서 본회퍼의 형성 신학과 책임윤리가 그 윤곽을 드러낸다. '자연적인 것'을 보존하고 끊임없이 갱신하면서 세상을 형성하여야 할 인간의 책임은 궁극적인 것을 내세워 궁극 이전의 것을 단순히 부정할 수 없다는 것에서 출발한다. 또한 그 책임은 궁극적인 것을

---

8 D. Bonhoeffer, 앞의 책, 137.

9 D. Bonhoeffer, 앞의 책, 154. '자연적인 것'에 대한 크리스챤 링크의 해석은 경청할 만하다. 그는 디트리히 본회퍼가 '자연 개념의 그리스도론적 근거'를 설정하였다고 본다. "본회퍼는 '타락의 사실을 포함하기 위해서' 자연적인 것을 피조물적인 것과 구별해서 말한다. 그러나 그는 또한 '피조물적인 것을 포괄하기 위하여' 자연적인 것을 죄에 속한 것과 구별해서 말한다." Chr. Link, *Schöpfung: Schöpfungstheologie angesichts der Herausforderungen des 20. Jahrhunderts: Handbuch Systematischer Theologie Bd. 7/2* (Gütersloh: Gütersloher Verl., 1991), 523 각주 70, 524.

지향하지 않고서 궁극 이전의 것에 타협할 수 없다는 것도 전제한다.[10]
궁극적인 것의 현실성에 비추어 보면, 궁극 이전의 것을 항구적으로 작
동시키는 고유한 법칙 같은 것은 없다. 그러한 법칙을 핑계로 내세워
하나님이 세상에서 하시고자 하는 일을 가로막을 수 있다고 생각해서
는 안 된다.[11] 하나님이 마지막 때까지 존속하도록 허락한 '자연적인 것'
을 제대로 인식하고 다루지 않고서는 세계를 형성하는 그 어떤 책임도
제대로 질 수 없다. 본회퍼에게서 역사와 종말 사이에서 펼쳐지는 구원
사는 세계를 책임 있게 형성하는 윤리적 실천의 지평을 이룬다.

1.4. 변혁 신학 모델

변혁 신학 모델은 폭력으로 세계를 평정한 로마제국 한복판에서 하
나님 나라의 도래를 선포한 예수의 말과 행동에서 그 원형을 발견할 수
있다. 예수는 제국의 식민지인 팔레스타인에서 무거운 세금과 지대 납
부의 짐을 지고 강제노동에 동원되는 사람들에게 '무거운 짐과 수고'에
서 벗어나 살아가게 하겠다고 약속했고, 사람들을 억누르고 수탈하는
권력에서 해방하겠다고 외쳤다(마태 11:28-31; 마가 10:42-43). 그는 로마
제국의 질서에 순응하는 삶을 버리고 하나님의 정의로운 통치에 참여
할 것을 촉구했다. 그것이 "하나님 나라가 가까이 왔으니 회개하라"는
외침의 참된 뜻이다(마가 1:15). 예수는 하나님과 사람, 사람과 사람의
관계를 파괴하는 사탄의 지배에 맞서서 당대 민중과 더불어 하나님 나
라 운동을 펼쳤고, 로마제국의 팔레스타인 통치기구인 성전체제에 대

---

10 D. Bonhoeffer, 앞의 책, 136f.
11 이에 관해서는 Bonhoeffer, 앞의 책, 245. 250f. 253을 보라.

항했다. 예수는 역사적 현실과 하나님 나라를 극명하게 대조하면서 하나님 나라에 투명해지도록 역사적 현실을 급진적으로 해체하고 재구성하는 것을 중시하는 변혁 신학 모델을 제시했다.

예수의 하나님 나라 선포와 운동은 히브리 예언자들의 현실 비판과 묵시록 저자들의 미래 전망의 궤도를 이어 나간 것이고, 로마제국 이래 기득권체제에 안주하지 않고 그 체제에 저항하는 평화교회 운동, 천년 왕국 운동, 종교 사회주의 운동에 영감을 주었다. 최근 수십 년 동안 연이어 등장한 혁명 신학, 해방신학, 민중신학 등은 예수의 변혁 신학 모델에 충실한 신학 유형이다.

1966년 제네바에서 열린 "교회와 사회" 에큐메니칼 협의회에서 혁명 신학을 제시한 리처드 숄(Richard Shaull)은 기존 질서를 하나님의 이름으로 정당화하며 이를 유지하는 데 이바지하는 모든 유형의 신학을 거부하고 "인간의 총체적인 역사 안에서 행동하는 하나님은 새로운 가능성을 여는 새로운 사건으로 우리를 이끌어간다"[12]고 주장했다. 그는 사회 형성에 책임을 지고자 하는 기독교인들은 명료한 사유와 날카로운 통찰과 용기 있는 행동으로 사회구조의 변혁에 참여해야 한다고 강조했다. 하인츠 에두아르트 퇴트(Heinz Eduard Tödt)는 하나님의 뜻에 따라 인간의 행동을 통해 생성될 가까운 미래의 세계에 대해 명확하게 인식하지 못한다고 해도 "우리는 현재의 관계들에서 삶을 방해하는 구조들과 요인들을 식별하고 이를 극복하기 위해 노력할 수밖에 없다"고 역설했다.[13] 해방신학자 구스타보 구티에레스(Gustavo Gutierrez)는 가

---

12 Richard Shaull, "Theology and the Transformation of Society," *Theology Today* 25/1(1968), 27.

13 Heinz Eduard Tödt, "Technische oder soziale Revolution — eine theologische Alternative?,"

난한 사람들의 우선적 선택이라는 원칙을 강조했다. 가난한 사람들의 눈으로 보는 세계는 유기적 조화를 이루지 않고 해소하기 어려운 모순들로 인하여 극단적으로 분열되어 있다. 그러한 세상에서 교회는 가난한 사람들을 편들고 그들을 구조화된 억압과 가난, 불평등, 주변화와 배제로부터 해방하는 일에 나서지 않으면 안 된다. 가난한 사람들을 편들고 그들을 해방하는 실천이 바른 실천이라고 한다면, 바른 신학은 그 실천을 성찰하는 데서 탄생할 것이다.[14] 1970년 초에 탄생하고 발전해 온 민중신학은 '민중의 주체성'을 전면에 부각하였다. 민중은 하나님의 계약 파트너이며 역사의 실질적 주체이다. 현실의 세계에서 민중은 주체의 자리에서 밀려나 있다. 그러한 민중의 존재 그 자체는 가난과 억압과 주변화와 차별의 구조들을 드러낸다. 민중은 그러한 구조들의 밑바닥에 도사려 있는 악의 총체성을 해체하고 새로운 질서를 형성하는 주체다.[15] 그러한 '민중의 주체성'을 강조하는 민중신학은 기독교인들이 세상을 형성하는 일에 참여하고자 할 때 민중의 자리에서 민중의 관점으로 생각하고 실천할 것을 촉구한다.

혁명 신학, 해방신학, 민중신학은 모두 사회제도가 인간의 삶을 펼쳐가는 데 근본적인 중요성을 갖고 있음을 잘 알고 있다. 그렇기에 그 신학들은 사회제도를 근본적으로 변혁해서 사람들이 더 많은 선과 더 많

Trutz Rendtorff · Heinz Eduard Tödt, *Theologie der Revolution: Analysen und Materialien* (Frankfurt am Main: Suhrkamp, 1968), 97; M. Robra, *Ökumenische Sozialethik, mit einer Einf. von Konrad Raiser* (Gütersloh: Gütersloher Verl.-Haus, 1994), 103f.

14 Gustavo Gutierrez, *A Theology of Liberation: History, Politics, and Salvation,* rev. ed. (Maryknoll: Orbis, 1988), 4ff.

15 안병무, "새 역사의 주인," 「현존」 91(1978), 12.

은 정의를 실현할 기회를 누리게 해야 한다고 주장한다. 혁명 신학, 해방신학, 민중신학은 작은 사람들 편에 서서 사회제도의 변혁을 통해 세계를 새롭게 형성하는 것을 중시하는 급진적 신학이다.

이제까지 필자는 인간의 세계 형성이 갖는 의미를 구원사의 지평에서 고찰하는 신학 모델들을 검토하면서 인간의 세계 형성을 긍정하고 그 형성 방식의 다양성을 개방하는 신학적 사유의 틀을 살폈다. 아래에서는 구원사의 지평에서 인간이 책임 있게 제도를 형성하고자 할 때 유념할 점이 무엇인가를 고찰하고자 한다.

2. 신학적 관점에서 제도 형성과 관련해서 유의할 점

본회퍼는 궁극 이전의 것이 궁극적인 것에 투명하여야 한다는 것을 강조하였으나, 마지막 때가 오기 전까지 존속하도록 허락된 궁극 이전의 것을 궁극적인 것으로 대체할 수 있다는 생각을 경계하였다. 기독교인들은 하나님의 통치가 땅 위에 이루어지기를 간구하지만, 사람들이 땅 위에 하나님의 나라를 구현할 책임을 짊어져야 한다고 말할 수는 없다.16

그와 같이 궁극적인 것과 궁극 이전의 것 사이의 질적인 차이와 긴장을 유지하면서 세상을 책임 있게 형성하고자 할 때, 사람들이 기획할 수 있는 프로그램들은 참으로 다양할 것이다. 아래서는 그러한 프로그램들을 구상할 때 유념할 점들을 몇 가지 생각해 본다.

---

16 D. Bonhoeffer, 앞의 책, 247.

2.1. 하나님의 주권에 대한 존중

사람들은 하나님의 나라가 땅 위에 임하기를 간구하지만, 하나님의 통치가 땅 위에 임하도록 하는 것은 하나님 자신의 주권적 결단이다. 하나님의 나라는 세상과 그 위의 삼라만상에 대한 죄의 지배가 종식되고 만물이 하나님의 주권 아래서 바른 관계를 맺고 그 관계들 안에서 충만한 생명을 누리는 평화의 나라이다. 그 나라는 이미 그리스도의 부활 사건의 빛에서 확실하게 드러났지만,17 여전히 죄가 지배하고 있는 이 세상에서는 아직 실현되지 않았다. 하나님 나라의 도래를 고대하고 있는 기독교인들이 세상에서 할 일은 죄의 권세들과 세력들을 발아래 두고자 하는 그리스도의 투쟁과 영적인 현존에 동참하면서 죄의 현상 형태를 인식하고 그것에 맞서 싸우는 것이다. 죄의 전면적인 지배는 그리스도 안에서 이미 종말론적으로 무력화되고 무효화되었기에 이 세상에서 죄의 발현 형태들에 맞서는 기독교인들의 투쟁은 죄의 잔여 세력들을 정리하는 소탕전의 성격을 띤다. 그러한 임무에 종사하는 기독교인들에게 가장 중요한 것은 도래하는 하나님 나라를 향한 도정에서 방향을 잃지 않는 것이다.

---

17 부활의 빛에서 하나님의 미래를 내다본다는 신학적 착상은 일찍이 몰트만에 의해 명료하게 제시되었다. 이에 대해서는 J. Moltmann, *Theologie der Hoffnung: Untersuchungen zur Begründung und zu den Konsequenzen einer christlichen Eschatologie*, 3. Aufl. (München: Kaiser, 1965), 77을 보라. 나중에 몰트만은 아우구스티누스의 시간론을 발전시켜 과거, 현재, 미래의 시간 양식들이 서로 침투되어 동시화(同時化)되는 경지를 논하고 있는데, 이에 관해서는 J. Moltmann, *Gott in der Schöpfung: Ökologische Schöpfungslehre*, 3. Aufl. (München: Kaiser, 1987), 137-140, 146f.를 보라. 만물에 대한 주권을 회복하는 하나님의 미래에 대해서는 J. Moltmann, *Gott in der Schöpfung: Ökologische Schöpfungslehre*, 289를 보라.

2.2. 인간의 기획이 갖는 상대적 성격

하나님 나라를 향한 도정에서 인간의 기획이 갖는 상대성을 유념하는 것보다 더 중요한 것은 없다. 그와 관련해서는 두 가지 사항에 유념할 필요가 있다. 하나는 인간의 기획과 하나님 나라를 서로 혼동하지 않도록 주의하는 일이고, 또 다른 하나는 하나님 나라를 향해 가는 도정에 하나님 나라를 가리키는 이정표를 세우는 일이다. 이 두 가지 사항은 서로 밀접한 관계에 있지만, 따로따로 고찰하는 것이 알기 쉽다.

2.2.1. 인간의 기획과 하나님 나라의 혼동이 갖는 위험성

인간이 기획하여 하나님의 나라를 이룬다고 생각하지 못한다는 것은 너무나도 분명한 신학적 상식으로 여겨지지만, 이 둘을 서로 혼동하는 심각한 사태가 종종 벌어지곤 한다. 예컨대 성서에서 간헐적으로 보도되는 메시아주의 운동들이나 역사에서 자주 관찰되는 종교적 혹은 세속적 메시아주의 운동들에서 그런 혼동을 엿볼 수 있다. 물론 메시아를 자처하는 사람들이 당대 현실을 급진적으로 변혁하거나 넘어서기 위해 펼친 운동들은 그 성공 여부를 떠나 중요한 역사적 의미가 있다. 그러나 그 운동의 목표가 땅 위에 하나님의 나라를 세우는 것으로 정해지면, 한정된 수단들과 자원들에 제약된 전략과 전술에 의존하는 운동 그 자체의 상대적 성격이 불식되고 절대적 성격이 전면에 부각한다. 그 운동에 참여하지 않거나 저항하는 사람들은 절대적인 의미의 적으로 규정되고, 그 적들에 대한 무자비한 공격이 정당화되고, 심지어 신성화된다. 상대적인 성격을 갖는 운동을 통하여 절대적인 목표를 달성하고

자 하는 것은 무모하고 맹목적이다.

　세속적인 메시아주의는 세속적인 이데올로기를 절대화하고 그것을 권력과 결합하여 관철하고자 할 때 피할 수 없이 나타난다. 세속적인 메시아주의의 광기는 히틀러를 '구원자'(Heiland)로 숭배하고, 인종차별과 유대인 멸절을 국시(raison d'État)로 설정한 나치 독일에서 극단적으로 나타났다. 프롤레타리아트 독재의 틀에서 계급의 적들을 가차 없이 제거하고 강제수용소(gulag)에 억류했던 스탈린주의, 미국의 세계사적 사명을 신성시하면서 특정 국가들을 선악의 기준에 따라 '악의 축'으로 규정했던 미국의 신보수주의(네오콘) 등도 세속적 이데올로기의 절대화에 동반되는 메시아주의적 광기를 보여주는 사례들이다.

　이미 사회과학의 방법론을 다루면서 이데올로기의 문제점과 이데올로기 비판의 중요성을 논한 바 있지만, 신학적인 관점에서도 이데올로기의 문제는 심각하게 다루지 않으면 안 된다. 이데올로기 비판의 관점에서 보면, 이데올로기의 허위성이 분명하게 드러나는데도 이데올로기가 절대화되어 광기를 부추기는 까닭은 무엇일까? 이데올로기는 무엇보다도 특수한 것을 보편적인 것으로, 유한한 것을 무한한 것으로 위장하는 사유 과정을 통하여 발생하는데, 문제는 그러한 사유 과정이 사유의 주체에 의해 제대로 의식되지 않는다는 데 있다. 이데올로기에 오염된 사람들은 그 이데올로기에 사로잡혀서 벗어나기가 매우 힘들다.

　이 심각한 문제에 대해 라인홀드 니버(Reinhold Niebuhr)가 오래전에 날카롭게 지적한 내용은 여전히 참고할 만하다. 니버에 따르면 자기 자신을 초월하여 무한한 것을 표상하고 그것을 갖고자 하는 인간은 그 자신의 유한성을 좀처럼 인정하지 않고 스스로 무한자인 양 행세하는 경향을 보인다. 그러한 사람은 자신의 의지를 타인에게 강제하고, 자기 생각을 절대화하고, 자신이 내세우는 규범이 선과 악을 가르는 척도라고 주장하며, 구원의 매개자라고 자처하는 교만에 사로잡힌다.[18] 따라서 인간 현존재의 유한성과 인간이 욕구하는 무한성 사이의 간격에서 비롯되는 좌절과 불안을 회피하고자 하는 강박에 이끌려 자기도 모르는 사이에 빠져드는 교만을 경계하지 않는다면, 인간이 그 무엇을 기획한다고 해도, 그것은 이데올로기로 경직화되고 쉽게 절대주의적이고 메시아주의적인 편향을 보이기 쉽다.

2.2.2. 하나님 나라를 향한 도정에 세우는 이정표

하나님 나라를 향해 가는 도정에서 방향을 잃지 않기 위해 이정표를 세우고자 하는 사람들은 그 이정표가 하나님 나라를 가리킬 뿐이지 결코 하나님 나라가 아니라는 것을 명심하여야 한다. 그 이정표에는 하나님 나라에 대한 전망에 따라 세상을 바꾸고자 하는 중간 목표가 적힌다. 그 중간 목표는 역사적 조건 아래서 한정된 지식과 정보, 한정된 역량과 자원을 고려하여 세상이 하나님 나라에 투명하도록 세상을 형성하고 변화시키기 위해 제안된 잠정적인 목표에 불과하기에 개방적인 토론과 성찰을 통하여 그 적절성이 검토되고, 언제든 수정되고 보완될 수 있어야 한다.

에큐메니칼 사회윤리의 선구자들은 그 이정표가 세상과 하나님 나라 사이에 설치된 '중간 공리'(middle axiom)라고 생각했다. '중간 공리'는 하나님의 나라를 지향하면서 세상을 책임 있게 형성하고자 하는 사

---

18 라인홀드 니버/오희천 옮김, 『인간의 본성과 운명 Ⅰ』 (서울: 종문화사, 2013), 297-314를 보라.

람들이 견지하여야 할 판단의 규범이고 행위의 지침이다. '중간 공리' 개념을 제시한 조셉 H. 올드햄(Joseph Houldsworth Oldham)은 절대적인 하나님 나라와 상대적인 세상의 간격을 의식했고, 하나님 나라의 절대적 요구는 세상에 적합한 방법을 통하여 근사치적으로 충족될 수밖에 없다고 생각했다.[19]

1948년 WCC 창립총회는 제2차 세계대전을 전후해서 겪은 세계의 혼란에 대응하고 자본주의 진영과 사회주의 진영이 대결 국면에 접어든 상황을 직시하면서 '책임사회'를 중간 공리로 설정했다. "책임사회는 자유가 정의와 공공질서에 책임을 질 줄 아는 인간의 자유가 되고, 정치적 권위나 경제적 권력을 소유한 자들이 하나님과… 사람들 앞에서 그 권력 행사에 책임을 지는 그러한 사회이다."[20] 그러한 책임사회는 자유를 존중하는 법치 질서, 사회적 목표 아래 경제 행위를 종속시키는 경제

---

19 올드햄의 '중간 공리' 방법에 대해서는 H. J. Kosmahl, *Ethik in Ökumene und Mission: Das Problem der "Mittleren Axiome" bei J. H. Oldham und der christlichen Sozialethik* (Göttingen: Vandenhoeck & Ruprecht, 1970), 55-58을 보라. 올드햄의 '중간 공리'에 관한 이론은 그와 동시대에 사회윤리를 전개했던 니버의 '근사치적 윤리'와 상통한다. 니버는 '근사치적 윤리'의 틀에서 사랑과 정의의 관계를 논리적으로 명석하게 설명했다. 그는 예수 그리스도 안에서 나타난 자기희생적 사랑이 기독교적 삶의 이상이지만, 그 이상은 유한한 인간이 세상에서 성취할 수 있는 것의 한계를 넘어선다고 보았다. 자기희생의 일방적 사랑을 실현할 수 있는 세상의 수단은 없다. 세상에서 가능한 것은 상호성에 입각한 형제애겠지만, 세상에서 상호성을 구현하는 것은 정의이다. 정의는 형제애를 마음에 품고 있는 사람이 세상에서 사랑을 구현하는 방법이다. 그러나 정의를 최대한 구현한다고 해도 그것은 사랑을 온전히 성취할 수 없다. 정의는 사랑의 '근사치적' 실현일 뿐이고, 그 실현마저도 사랑에 의해 심판받는다. 이에 관해서는 라인홀드 니버/곽인철 옮김, 『기독교 윤리의 해석』, 194; 라인홀드 니버/오희천 옮김, 『인간의 운명과 본성 II』 (서울 : 종문화사, 2015), 352를 보라.

20 WCC가 제시한 책임사회 개념에 대해서는 *Die Unordnung der Welt und Gottes Heilsplan: Ökumenische Studien*, hg. von W. A. Wisser't Hooft (Zollikon-Zürich: Evang. Verl., 1948), 100. 책임사회의 구체적 내용은 자유를 존중하는 법치 질서, 사회적 목표 아래 경제 행위를 종속시키는 경제 정의, 모든 사회구성원의 동등한 자기실현의 보장, 사회구성원들이 사회를 형성하는 데 참여하는 일 등이다.

정의, 모든 사회구성원의 동등한 자기실현의 보장, 사회구성원들이 사회를 형성하는 데 참여할 권리 등을 그 내용으로 삼는다.[21] 오랫동안 에큐메니칼 운동의 이정표 구실을 했던 '책임사회'는 1975년 제5차 나이로비 총회에서 '정의롭고 참여적이고 지속 가능한 사회'로 전환되었다. 그것은 가난한 사람들의 우선적 선택을 강조하는 해방신학을 받아들이고, 지구적 차원에서 나타나는 남북문제, 생태계 위기 등에 대응하기 위해 에큐메니칼 운동의 이정표를 새로 설정할 필요가 있었기 때문이다. 에큐메니칼 운동이 가야 할 방향으로 설정된 '정의롭고 참여적이고 지속 가능한 사회'는 1983년 제6차 밴쿠버 총회에서 '정의, 평화, 피조물의 보전'으로 바뀌었다. 그러한 새로운 방향 설정은 대량살상무기의 확산, 군사주의, 생태계 위기, 계급차별, 성차별, 인종차별 등에 의해 생명이 위협당하고 파괴되고 있는 세계의 현실에 대응하려면 정의와 평화와 피조물의 보전을 통합적으로 사유하고 그 세 과제를 동시에 해결할 방안을 마련해야 한다는 인식에 따른 것이었다.[22]

에큐메니칼 사회윤리가 제시하는 이정표는 당대의 상황과 문제들에 대한 분석에 근거하여 기독교인들이 하나님 나라에 대한 비전을 갖고 추진하여야 할 에큐메니칼 운동의 방향과 목표를 제시한다. 에큐메니칼 운동의 방향과 목표는 에큐메니칼 협의회 과정에 참여하는 사람들의 개방적인 토론과 성찰을 통하여 정교하게 가다듬어지고, 그 적절성에 대한 검증을 통해 끊임없이 수정되고 보완된다. 그렇게 해서 가다듬

---

21 *Die Unordnung der Welt und Gottes Heilsplan: Ökumenische Studien*, hg. von W. A. Wisser't Hooft, 99-102.

22 이제까지 에큐메니칼 운동이 세운 세 이정표는 에큐메니칼 사회윤리의 세 가지 패러다임을 반영한다고 볼 수 있다. 이에 관한 상세한 분석으로는 강원돈, "에큐메니칼 사회사상의 전통에서 본 노동의 이해," 『지구화 시대의 사회윤리』 (파주: 한울아카데미, 2005), 159-188을 보라.

어지는 에큐메니칼 운동의 이정표는, 다시 한번 강조하거니와, 어디까지나 세상이 하나님 나라를 향해 나아가도록 안내하는 표지판일 뿐, 그 자체가 하나님 나라가 아니다.

2.2.3. 제도 형성의 다양성과 개방성

하나님 나라의 비전을 갖고 세상을 형성하고자 하는 사람들이 선택할 방법과 실험은 고정되어 있지 않다. 세상의 형성은 개혁의 길을 따를 수도 있고, 혁명의 길을 따를 수도 있다. 공론과 입법을 통한 길도 있고, 기존 체제에 대한 저항이나 폭력 투쟁의 길을 택할 수도 있다.

궁극 이전의 것이 궁극적인 것에 투명해지도록 세상을 형성하고자 하는 사람들이 대부분 선택하는 노선은 현실주의이거나 전망을 갖는 개혁주의일 것이다. 그러한 노선을 명료하게 가다듬어 정식화한 신학자들은 라인홀드 니버나 하인츠-디트리히 벤들란트(Heinz-Dietrich Wendland), 아르투르 리히(Arthue Rich) 등 많이 있지만, 귄터 브라켈만(Günter Brakelmann)의 정식화는 매우 돋보인다. 그는 '이미 지금'과 '아직 아니'의 종말론적 긴장 관계에 주목하면서 세계를 형성하는 기독교인들의 기본 입장을 '지속적 개혁주의'로 규정했다. 지속적 개혁주의는 이미 주어져 있는 세상의 질서에 대해서 '비판적 거리'나 '비판적 태도'를 취하되, 이를 '최선을 다해 가장 좋게 형성하기 위한 책임'을 받아들이겠다는 태도다. 그는 지속적 개혁주의를 다음과 같이 정식화했다.

모든 질서에 대한 이 역동적인 관점은 "기독교인들에게 그 질서들을 개혁하고 변혁할 필요가 있는 곳에서 그렇게 하고자 책임 있게 결단할 수 있는 내적인 자유를 준다. 기독교인들은 이미 있는 구조를 유일하게 가능한 것과 동일시하지 않으며, 그것을 하나님이 원하는 것과 동일시할 수는 더더욱 없다. 기독교인들은 결혼, 가정, 국가, 경제가 반드시 있어야 한다는 것을 잘 알고 있다. 그러나 그것들이 어떻게 존재하여야 하는가는 기독교인들의 책임에 맡겨져 있다."[23]

브라켈만의 입장에서 주목되는 것은 세계를 형성하는 과정에서 개혁과 변혁이 함께 고려되고 있다는 점이다. 개혁은 사회 세력들과 정치 세력들이 서로 양보하고 타협할 때 시도될 수 있지만, 기득권 세력이 이익을 극대화하기 위하여 개혁을 완강하게 거부하는 곳에서는 기득권 바깥으로 내몰린 사람들의 요구가 급진화되어 심지어 혁명을 피할 수 없을 때도 있다. 그러한 상황에서 교회가 작은 사람들 편에 서서 사회구조의 혁명적 변화를 촉진하고 작은 사람들이 자유와 사회적 연대 속에서 살아가는 새로운 질서를 추구하지 않을 이유가 없다. 민중신학과 해방신학이 작은 사람들 편에 서는 당파적 선택을 마다하지 않고 작은 사람들의 해방 실천을 성찰하고 이를 지원하는 신학을 제시하고자 했다는 것을 기억할 필요가 있다.

앞에서 필자는 역사와 종말을 적절하게 매개하는 신학적 관점을 가다듬고, 종말의 빛에서 세상을 책임 있게 형성하고 역사를 발전시켜야 할 기독교인들의 책임을 명확하게 부각하고자 했다. 필자는 하나님 나라를 전망하면서 세상을 형성하고자 하는 기독교인들이 이데올로기적 절대화의 함정을 피하되, 궁극 이전의 것이 궁극적인 것에 투명해지도

---

23 G. Brakelmann, *Abschied vom Unverbindlichen: Gedanken eines Christen zum Demokratischen Sozialismus* (Gütersloh: Gütersloher Verlagshaus, 1976), 20f.

록 세계를 형성하고 변화시키기 위해 다양한 방법들을 실험할 수 있다고 강조했다. 아래서는 그러한 관점에서 경제제도를 형성하고 규율하기 위한 기독교경제윤리의 규범들을 가다듬고자 한다.

3. 기독교경제윤리의 네 가지 규범

구원사의 핵심은 그리스도의 고난과 죽임당함과 부활의 사건이다. 그리스도가 죄의 힘에 의해 살해당했다가 그 힘을 이기고 부활한 사건은 하늘과 땅과 땅 아래 있는 만물에 대한 지배권이 죄에 있지 않고 그리스도에게 있다는 것을 깨닫게 한다.[24] "죽은 자를 살리신 하나님이 세상을 무로부터 불러내셨다"(로마 4:27)는 신앙고백이 증언하듯이, 부활은 세상의 창조를 새롭게 조명하는 계기가 되고 종말에 대한 확실한 전망을 연다. 부활은 창조와 종말 사이에서 전개되는 구원사를 이해하는 관점이다.

하나님이 하늘과 땅과 바다를 짓고 그 안에 사는 생명체를 지어서 피조물에 대한 주권을 갖는다는 히브리 성서의 고백은 하나님이 피조물을 무로부터 불러냈으니, 피조물을 무화시키는 힘에 맞서서 피조물을 세상 끝 날까지 보존할 것이라는 고백으로 새로워지고 강화된다. 하나님과 피조물 사이를 비집고 들어온 죄가 피조물을 파괴하고 멸절시키는 힘으로 작용하지만, 그 힘은 피조물을 무로부터 건져 올리는 하나님의 권능을 이길 수 없다. 그렇게 하나님의 창조를 새롭게 조명하는

---

24 그런 점에서 그리스도 안에서 세상에 대한 지배권이 바뀌었다는 케제만의 통찰은 정곡을 찔렀다.
  E. Käsemann, *An die Römer, HNT 8a*, 3. Aufl. (Tübingen: Mohr, 1973), 27.

부활 사건은 피조물의 미래인 세상의 종말에 대해서도 확실한 전망을 준다. 예수 그리스도가 세상을 파괴하고 멸절시키는 죄와 죽음의 힘을 꺾고 만물에 대한 지배권을 완성하여 이를 하나님에게 돌려 드리면 하나님은 만유의 주로 영광 가운데 임하고(고전 15:28), 만물은 하나님 안에서 생명의 충만함을 누릴 것이다.

아래에서는 그러한 구원사의 지평에서 경제제도를 형성하고 규율하는 경제윤리의 규범들을 성서에 기대어 제시하고자 한다. 참여의 원칙, 생태계 보전의 원칙, 정의의 원칙, 인간 존엄성 보장의 원칙 등이 그것이다.

3.1. 참여의 원칙과 생태계 보전의 원칙

세상을 생명의 질서로 창조하고 보존하는 하나님이 사람들에게 허락한 삶의 방식으로서의 경제는 사회적 차원과 생태학적 차원을 가진다. 그 두 차원이 서로 밀접하게 연결되어 있다는 것을 보여주는 것은 창세기 1장 1절로부터 2장 4절 상반절에 이르는 창조 보도다. 그 창조 보도는 피조물의 세계에서 인간이 맡아야 할 역할을 다루는 부분과 안식의 의미를 다루는 부분으로 이루어져 있다. 아래서는 창조 보도의 두 부분에 담긴 핵심적인 메시지를 해석하는 가운데 경제윤리의 규범들을 구성하고자 한다. 그 규범들은 참여의 원칙과 생태계 보전의 원칙이다.

3.1.1. 피조물의 세계에서 인간이 맡아야 할 역할

창세기 1장 28절을 보면 하나님은 그분의 형상으로 지어진 사람들을 축복한 뒤에 생명을 영위하는 방식을 규정하는 대강령을 선포한다. 그 대강령은 사람들이 생명을 영위하는 세 가지 방식을 위탁의 형식으로 규정한다. 첫째는 생육하고 번성하여 온 땅을 채우라는 위탁이다. 둘째는 "땅을 경작하라"(cabash ha'arets)[25]는 위탁이다. 셋째는 하늘의 새들과 땅의 짐승들과 바다의 물고기들을 다스리라는 위탁이다. 땅을 경작하라는 둘째 위탁은 생육과 번성에 관한 첫째 위탁과 생명체 지배에 관한 셋째 위탁 사이에 있고, 두 가지 위탁과 밀접하게 연관되어 있다. 땅을 경작하라는 위탁은 생육·번성의 위탁을 수행함으로써 늘어나는 인구의 욕망을 충족하기 위해 경제 활동을 펼치며 문화를 형성하라는 뜻을 담고 있다. 그러한 경제 위탁은 무제약적인 경제 활동을 허락한다는 뜻이 아니다. 경제 활동은 생명체 지배의 위탁을 통해 엄격하게 제한되어 있다. 창조 보도에서 생명체의 지배는 생명체를 인간의 임의적 처분에 맡긴다는 뜻이 아니라 인간과 생명체들의 관계를 공생과 상생의 관계로 관리하라는 뜻이다.[26]

경제의 위탁을 받은 사람들은 무엇보다도 먼저 하나님의 형상이다. 인간이 하나님의 형상이라는 규정은 인간의 지위와 관련되어 있다. 하나님의 형상인 인간은 두 가지 지위를 갖는다. 첫째, 인간은 하나님과 소통하고 사람들끼리 소통하면서 사회적 관계를 맺는 주체이다. 둘째, 인간은 하나님이 세상에서 하고자 하는 일을 맡고 있는 대리인이다. 아래서는 그러한 지위를 갖는 인간이 어떻게 살아가야 하는가를 창조 보

---

25 히브리어 본문 cabash ha'arets에서 카바쉬는 '발로 으깬다', '발로 짓밟는다'라는 뜻이다. 포도를 확에 넣고 발로 으깰 때 이 낱말이 사용된다. cabash ha'arets는 '땅을 발로 밟는다'라는 뜻이니, 1장 18절의 문맥에서는 땅을 경작한다는 의미로 새기는 것이 적절하다.
26 이에 관해서는 아래에서 상세하게 설명할 것이다.

도에 따라 살핀다.

1) 하나님의 형상으로서의 인간은 무엇보다도 소통 능력이 있는 존재이다. 그는 하나님과 소통하는 존재이다. 그는 하나님의 부름에 응답하고 하나님의 분부를 듣는다. 그렇게 하나님과 소통하도록 부름을 받은 인간은 한 사람이 아니라 하나님이 여자와 남자로 구별해서 지은 사람들이다. 하나님 앞에서 하나님과 소통하는 사람들은 서로 소통하는 주체들이다. 서로 구별되고 서로 다른 여자와 남자의 소통은 사회성을 창설한다. 사회성은 하나님의 형상인 인간의 본질적 특성이다. 사람은 다른 사람과 소통하며 사회적 관계를 맺으며 살아가는 사회적 존재이다. 여자와 남자는 생육하고 번성하는 가정공동체의 파트너들이고, 그들에게서 태어난 여자들과 남자들은 사회적 관계들을 맺으며 땅을 경작하고, 경제를 꾸리고, 문명을 발전시키고, 하늘과 땅과 바다의 피조물들을 지배하는 막중한 책무를 진다. 사람들이 서로 소통하며 사회적 파트너 관계를 맺는 주체들이라면, 그들은 함께 논의하고 함께 결정하고 함께 책임을 지는 과정에 참여할 수 있어야 한다. 참여는 하나님의 형상인 인간의 규정에서 비롯되는 사회적 관계 형성의 기본 원칙이다.

인간이 의사소통의 주체로서 함께 노동하고 노동 과정을 형성하는 데 함께 참여하여 결정한다는 성서의 가르침은 노동과 의사소통을 분리하는 서양 실천철학 전통의 노동 이해와 근본적으로 다르다. 아리스토텔레스(Aristoteles)는 노동과 제작과 실천을 구별하는 행위 이론에 근거하여 노동과 제작에 종사하는 사람들을 정치적 행위와 인륜적 실천이 이루어지는 의사소통 공동체에서 배제했다. 정치적 행위와 인륜적 실천을 하는 사람은 신중한 판단 역량을 기르는 데 필요한 여가를 가져야 하고, 그 여가는 생활의 필요에 예속된 노동에서 해방하고 주어진 목표를 기술적으로 달성하는 데 집중하는 제작에서 벗어나 있는 상태다. 정치적 행위와 인륜적 실천의 형식인 의사소통은 노동과 제작과 엄격하게 구별되고 구분된다. 아리스토텔레스의 행위 이론을 수용한 한나 아렌트(Hannah Arendt)는 노동과 의사소통을 구분했고, 삶의 필요를 해결하기 위해 '노동하는 동물'(animal laborans)의 반복적인 활동으로 노동을 축소했다. 위르겐 하버마스는 아리스토텔레스와 아렌트의 실천철학을 계승하면서 노동과 의사소통을 셸링(Friedrich Wilhelm Joseph von Schelling)의 동일철학적 모델에 따라 이원론적으로 분립하는 사회철학을 전개했다. 하버마스는 주어진 목표를 달성하기 위해 도구적 합리성에 따르는 노동과 언어적 상징을 통해 의미를 해석하여 이해의 지평을 넓히고자 하는 의사소통이 인류의 진화 과정을 통해 서로 분립하였다고 주장했다. 아리스토텔레스, 아렌트, 하버마스 등으로 이어지는 실천철학 전통은 노동과 의사소통을 부당하게 분리함으로써 마치 노동이 정치적이고 인륜적인 의사소통 공동체 바깥에 놓여 있기나 한 것처럼 생각하게 만든다.[27]

서양의 실천철학 전통과는 전혀 달리 성서는 노동이 의사소통을 통해 사회를 이루는 인간이 함께 삶을 꾸려나가는 방식이라고 가르친다. 노동의 사회성은 노동의 가장 본질적인 지표이며, 협동에서 가장 잘 나

---

27 Aristoteles, *Politik*, neu uebers. und mit einer Einl. und erklär. Anm. versehen v. E. Rolfes (Leipzig: Meiner, 1912), 218(1323b/1324a); H. Arendt, *Vita activa oder vom tätigen Leben*(1958), 8.Aufl. (München/Zürich: Piper, 1994), 88f.; J. Habermas, "Arbeit und Interaktion: Bemerkungen zu Hegels Jenenser 'Philosophie des Geistes'," *Technik und Wissenschaft als 'Ideologie'*, 8. Auf. (Frankfurt/M: Suhrkamp, 1976), 33. 서양의 실천철학 전통에서 노동과 의사소통을 분리하는 편향에 대한 비판적 검토로는 강원돈, "서양 실천철학의 노동 개념에 대한 기독교 노동윤리의 평가," 「신학연구」 47(2005): 148-162를 보라.

타난다. 협동은 의사소통을 통하여 매개된다. 협동은 시장이 제도적으로 구성되지 않았던 때에도 노동의 본질을 구현하는 방식이었다. 협동의 형태로 진행되는 노동은 인간이 대화적 주체로서 노동하고 있음을 보여주는 생생한 증거이다.

노동이 사람들의 사회적 관계를 매개로 펼쳐지는 한, 노동하는 사람들은 노동조건을 결정하는 자리에 참여해서 함께 결정해야 마땅하다. 시장경제가 확립된 뒤에 자본가가 노동자를 고용하여 노동자를 사실상 지배하면서 노동을 지시하고 감독하는 제도가 당연한 듯이 운용되고 있지만, 그러한 제도는 노동자가 노동조건에 관한 결정은 물론이고 노동 과정의 조직과 운영에 관한 결정이 내려지는 의사결정 과정에 주체적으로 참여해서 함께 결정할 수 있어야 한다는 참여의 원칙에 어긋난다.

2) 인간이 하나님의 대리인으로서 세상에서 할 일은 생명체의 지배이다. 생명체 지배는 창세기 1장 26절에서 하늘의 새들과 땅의 짐승들과 바다의 물고기들을 다스리라는 위탁으로 표현되었고, 그것이 하나님이 사람들을 그분의 형상으로 창조한 목적으로 규정되었다. 생명체의 지배는 '발로 내리누른다', '발아래 둔다'를 뜻하는 히브리어 라다(radāh)로 표현되어 있어서 언뜻 보면 생명체에 대한 무자비한 폭력적 지배를 암시하는 듯하다. 그러나 그것은 창조 보도가 언급하는 생명체 지배의 본래 의미가 아니다. 우도 뤼터스뵈르덴(Udo Rüterswörden)은 사자, 표범, 코끼리 등 무수한 생명체들을 '발아래 두고 있는' 근동 왕의 조소(彫塑)들을 해석하면서 근동 왕의 중요한 역할이 동물들의 공격으로부터 인간세계를 지키기 위해 동물들을 '지배'하는 것이었다고 본다. 그것은 동물들의 세계와 사람들의 세계를 나누고 둘 사이에 공존의 질

서를 세우는 일이었다. 뤼터스뵈르텐은 인간이 하나님의 형상으로서 위임 받은 생명체들의 지배가 바로 그런 의미의 공존 질서를 수립하는 것을 의미한다고 해석한다.28

생명체의 지배가 무엇을 뜻하는가는 하나님이 세상과 생명체를 창조하면서 품은 의도가 무엇인가를 파악할 때 또렷하게 알 수 있다. 하나님은 하늘과 땅과 바다를 공간적으로 분할하고, 각각의 공간에 서식하는 생명체들을 배치하여 서식 공간으로 인한 생명체들 사이의 충돌과 갈등의 여지를 남기지 않았다.29 땅 위에서 살아가는 짐승들과 사람들은 서식 공간을 함께 하여 충돌의 여지가 있으나, 하나님은 창세기 1장 29-30절에 채식 규정을 두어 사람들과 동물들이 먹이를 얻기 위해 서로 살육하지 않게 했다. 그렇게 생명체들 사이에 공생의 질서를 수립한 하나님은 사람들을 그분의 대리자로 세워 그 질서를 지키게 했다. 인간이 하나님의 대리자로서 맡은 일은 피조물을 임의로 무자비하게 지배하는 것이 아니라 피조물 사이에 공생과 평화를 수립하는 것이다.30

하나님은 그러한 생명체의 지배를 하나님의 인간 창조 목적으로 선언하고 나서(창세 1:26) 그 목적을 수행하는 인간이 경제 활동을 통해 삶을 형성하도록 규정했다(창세 1:28). 그것은 인간의 경제 활동이 새들과 짐승들과 물고기들이 하늘과 땅과 바다에서 각기 생명을 지키며 살아

---

28 U. Rüterswörden, *Dominium terrae: Studien zur Genese einer alttestamentlichen Vorstellung* (Berlin/New York: de Gruyter, 1993), 107.

29 공간의 분할과 생명체들의 서식 공간 배정은 고대 히브리 세계상의 기본 얼개다. 고대 히브리 세계상에서 나무와 풀 같은 식물들은 땅에 부속된 사물로 인식되었기에 생명체로 여겨지지 않았다. 생명체를 나타내는 표지는 피였다.

30 O.-H. Steck, *Der Schöpfungsbericht der Priesterschrift* (Göttingen: Vandenhoeck & Ruprecht, 1975), 206ff.

가도록 보장하는 것을 전제해야 한다는 뜻을 함축한다. 오늘의 생태학이 이룩한 성과를 전제로 해서 말한다면, 인간의 경제 활동은 그것이 펼쳐지는 하늘, 산맥, 골짜기, 평야, 시내, 호수, 강, 바다 등의 생명 공간에서 다양한 생명체들이 네트워크를 이루고 있는 생태계와 균형을 이루어야 한다는 뜻이다. 경제계와 생태계 사이에서 이루어지는 에너지-물질 순환을 염두에 둔다면, 생태계에 엄청난 영향을 미치는 경제 활동은 생태계의 안정성과 건강성을 보전하는 조건 아래에서 이루어지도록 생태학적으로 규율되어야 한다고 말할 수 있다. 그것이 경제 활동을 규율하는 생태계 보전의 원칙이다.

3.1.2. 안식의 질서에서 각 생명체가 차지하는 자리

창세기 2장 1-4절 상반절은 하나님이 안식을 성별하고 축복하였음을 밝힌다. 엿새 일하고 이레째 되는 날에 안식을 취한 하나님은 사람들과 여타 피조물들을 안식으로 초청한다. 하나님은 공생과 평화를 누리는 세상과 온 생명체들이 그분 앞에서 그분을 찬미하기를 원한다. 그런 의미에서 안식은 창조의 목적이다.[31] 안식은 사람들이 피조물 공동체 안에서 삶을 꾸리기 위해 경제 활동을 펼치고 문화를 발전시키는 일을 되돌아보게 하는 계기이다.

1) 안식에 들어간 하나님이 바라보는 세상은 하늘과 땅과 바다가 나뉘어져 있고, 생명체들이 생명을 누리기 위해 배정된 자리를 각각 차지

---

31 J. Moltmann, *Gott in der Schöpfung: Ökologische Schöpfungslehre*, 283.

하고 있고, 생존을 위해 다른 생명체의 생명을 파괴할 필요가 없는 상생과 공생의 질서가 확립된 세계이다. 하나님은 그 질서를 지키는 대리자로 인간을 세워놓고 인간이 그 질서를 지키며 살아가는 원칙을 '살림의 대헌장'(창세 1:28)으로 제시했다. 하나님은 상생과 공생의 질서가 확립되고 유지되도록 만든 세계를 보고 "참 좋다!"고 탄성을 질렀다(창세 1:31). 안식은 하나님이 기쁜 마음으로 사람들과 온갖 피조물들이 생명의 공동체를 이루며 살아가는 모습을 완상하고, 그 생명공동체의 찬양을 받도록 축성되었다.

2) 안식은 사람이 노동과 경제 활동에서 벗어나 하나님 앞에 서서 하나님과 소통하고 하나님을 찬양하며 삶의 목적을 되새기는 거룩한 기회다. 하나님 앞에 서 있는 사람은 하나님에 의해 용납된 사람일 뿐이지, 노동하는 인간도 아니고 노동의 업적을 들고 온 인간도 아니다. 그렇기에 안식은 사람의 경제가 삶의 방편일 뿐 삶의 목적이 아니라는 것을 확인시킨다. 사람은 노동과 경제 활동을 통하여 업적을 쌓아야 한다는 강박에서 벗어나고, 그 강박에 쫓겨 자신의 모든 것을 끝없이 소진하게 만드는 과잉 억압의 '피로사회'로부터 벗어나야 비로소 안식을 취할 수 있다.[32] 업적 강박에서 벗어난 사람들의 사회에서 비로소 사람들은 궁극적인 것에 대해, 다른 사람들에 대해, 다른 피조물들에 대해 바른 관계를 맺을 수 있는 능력을 얻는다.

3) 안식은 피조물이 인간의 경제 활동에 동원되는 데서 벗어나 각각

---

[32] 부정의 계기가 없는 긍정성의 과잉에서 비롯되는 성과 강박과 자기 소진이 만연한 피로사회에 대해서는 한병철/김태환 옮김, 『피로사회』(서울: 문학과지성사, 2012), 21, 66f.를 보라.

의 피조물이 자신에게 배정된 자리에서 충만한 생명을 누리도록 하나님이 보장한다는 것을 경축하는 거룩한 시간이다. 따라서 안식은 각각의 피조물이 하나님이 세운 공생과 상생의 공동체 관계에서 자신의 고유한 자리를 갖고 있고, 그 자리를 보장하도록 요구할 권리가 있음을 끊임없이 확인하게 하는 날이다.[33] 온 피조물이 바른 관계들 가운데서 충만한 생명을 누리는 평화가 하나님이 안식을 취하며 바라보는 '참 좋은' 세상이라면, 각각의 피조물이 그 관계들에서 자신의 자리를 차지하고 현존할 고유한 권리를 가진다는 것을 당연히 인정하여야 한다.

신학적으로 정식화되는 피조물의 권리는 최근 법철학에서 '자연의 권리'로 정식화되고 있다. '자연의 권리'는 독일의 법철학자 클라우스 미하엘 마이어-아비히(Klaus Michael Meyer-Abich)와 클라우스 보쎌만 (Klaus Bosselmann)이 제시하는 주목할 만한 개념이다. 그들은 생태계 위기를 극복하기 위해 사회국가를 자연국가로 전환하여야 한다고 생각했고, 그러한 전환은 '자연의 권리'를 헌법 규범으로 명시하고 '자연의 권리'를 대변하는 법률적 절차를 마련함으로써 이루어진다고 주장했다.[34] '자연의 권리'가 헌법 규범으로 새겨져 생태학적 헌정 질서가 수립된다면, 인간의 경제 활동은 '자연의 권리'를 존중하는 방식으로 엄격히 규율될 것이다. '자연의 권리'는 경제를 규율하는 생태계 보전의 원칙에서 핵심적인 내용을 이룬다. 경제 활동을 통해 삶을 꾸리는 인간의 권리와 생태계 안에서 자신의 자리를 지키며 현존할 자연의 권리를 조율하는 것은 생태학적 정의의 핵심 내용이다.

---

33 이에 관한 상세한 논의로는 강원돈, "성서의 노동 이해와 그 윤리적 함의," 「신학사상」 126 (2004): 144-146을 보라.
34 이에 관한 상세한 논의는 본서 제IV부 2장 2.2를 보라.

위에서 논한 '피조물의 세계에서 인간이 맡아야 할 역할'과 '안식의 질서에서 각 생명체가 차지하는 자리'를 놓고 볼 때, 하나님의 형상으로 세워진 인간이 욕망을 충족시키며 살아가는 방편으로서 수행하는 경제는 사회적 차원과 생태학적 차원에서 두 가지 요구를 충족해야 한다. 첫째 요구는 경제는 서로 마주 보고 소통하는 사람들이 자립적 주체로서 참여하는 사회적 파트너 관계를 통하여 운영되어야 한다는 것이고, 둘째 요구는 경제 활동이 생태계에서 생명체들이 맺는 네트워크 안에서 각각의 생명체가 갖는 권리를 존중하고 생태계의 안정성과 건강성을 보장하는 조건 아래서 펼쳐지도록 규율되어야 한다는 것이다. 첫째 요구는 참여의 원칙으로 정식화되고, 둘째 요구는 생태계 보전의 원칙으로 정식화된다. 그 두 가지 원칙은 신학적 근거를 갖는 기독교경제윤리의 핵심 규범들이다.

3.2. 정의의 원칙

노동은 인간의 타락 이후에도 하나님의 저주 아래 놓이지 않았다. 인간의 죄로 인하여 저주를 받은 것은 노동이 펼쳐지는 땅이었다. 노동은 죄가 지배하는 세상에서 삶을 꾸리는 방식으로서 하나님에 의해 긍정되었고, 그분의 축복 아래 있다. 그러나 인간이 타락한 세상에서 노동하고 경제 활동을 펼칠 때 결정적으로 중요한 것은, 그 모든 활동이 정의의 요구 아래 서야 한다는 것이다. 정의는 죄의 지배 아래 있는 세상에서 경제 활동을 규율하는 핵심적인 규범이다. 아래서는 기독교경제윤리의 규범으로서의 정의가 어떤 의미를 함축하고 있는가를 고찰한다.

3.2.1. 타락 이후에도 하나님의 축복 아래 있는 인간의 노동

세상과 만물에 대한 하나님의 주권은 어느 시점인가부터 죄에 의해 침탈되기 시작했다. 인간의 타락과 더불어 작용하기 시작한 죄는 하나님과 인간, 인간과 인간, 인간과 다른 피조물 사이의 틈을 벌리고 그 관계를 일그러뜨리고 심지어 파괴하기까지 한다. 타락 사화(창세 3장)는 죄에 의해 그 관계들이 어떻게 파괴되고 일그러졌는가를 생생하게 묘사한다.

타락 사화는 인간의 타락에 대한 하나님의 심판으로 낙원 추방과 땅에 대한 저주가 일어났다고 말한다. 타락 사회에서 인간의 타락으로 인해 저주받은 것은 땅이었지 인간의 노동과 출산이 아니었다는 것이다. 타락 이후에도 생육과 노동은 하나님이 세운 생명의 질서로서 유지된다. 다만 하나님이 땅을 저주하여 땅이 '가시덤불과 엉겅퀴'로 가득 찼다는 것(창세 3:18)은 자연이 인간에게 적대적인 환경으로 바뀌었다는 것을 뜻한다.

낙원 추방 이후에도 인간은 생육하고, 노동과 경제 활동을 통하여 삶을 꾸려나갈 것이다. 여자와 남자가 결합하여 아이를 낳는 과정에는 출산의 고통이 따르고, 엉겅퀴와 가시덤불을 치우며 경작하는 노동은 이마에 땀을 흘리게 하겠지만, 생육과 노동은 타락 이후에도 여전히 하나님의 축복 아래 있다. 사람들이 욕망을 충족시키기 위해 경제 활동을 하고, 그 틀 안에서 노동하는 것은 삶을 꾸리기 위한 것이니, 그것은 생명을 지키고 보존하는 데 필요한 조건들을 마련하는 하나님의 축복이다.[35]

3.2.2. 폭력의 지배와 정의의 요구

경제는 삶을 꾸리는 방식으로서 죄가 지배하는 세상에서 하나님에 의해 보존되는 생명의 질서임이 분명하지만, 그렇다고 해서 역사의 특정한 조건들 아래서 사람들이 조직한 경제제도와 그 운용 방식이 있는 그대로 하나님에 의해 긍정되지는 않는다.

죄가 지배하는 세상의 현실은 참혹하다. 타락 사화 바로 다음에는 사람이 사람을 죽이는 폭력에 관한 이야기가 이어진다(창세 4). 창세기 6장도 사람의 죄악이 세상에 가득하여 '무법천지'가 되었다고 증언한다. 사람이 뿌리까지 썩어서 사람들 사이에 폭력이 그치지 않았다는 것이다(5:5, 11-12). 죄의 지배 아래 들어간 사람들 사이의 관계가 폭력 관계로 점철된다는 것은 호세아 4장에서 간결하지만 강력하게 증언된다. 호세아는 하나님에 대한 지식이 없어져서 하나님과 인간의 관계가 깨지자 사람들 사이에 저주, 사기, 살인, 도둑질, 간음, 살육, 학살이 끊이지 않는다고 전했다(2절). 다른 사람에게서 삶의 기회를 빼앗으려고 하는 행위(저주)를 마다하지 않고, 다른 사람에게 속한 것을 빼앗기 위해 신뢰를 저버리고, 심지어 폭력에 호소하여 사람의 생명을 빼앗는 일을 아랑곳하지 않는 개인들 간의 폭력 관계가 이어지고, 집단학살과 전쟁을 마다하지 않는 집단적이고 구조적인 폭력 관계가 끊이지 않는다는 것이다.

---

35 클라우스 베스터만에 따르면, 하나님의 복은 생명체들에게 생명력을 부여하고 생명을 꾸리게 하는 하나님의 방법이다. 하나님이 인간에게 부여한 노동의 위임은 하나님이 인간에게 선사한 복이다. 이것은 인간의 타락 이후에도 여전히 유효하다. C. Westermann, *Genesis, Bd. I/1* (Neukirchen-Vluyn: Neukirchener Verl., 1974), 361.

죄의 지배 아래서 사람들 사이의 관계가 폭력 관계로 전환되자 경제를 꾸리기 위해 사람들이 맺는 관계도 지배와 수탈의 관계로, 배제와 차별의 관계로 일그러진다. 강자가 권력을 독점하고, 그것을 가지고 약자를 억눌러 약자에게 돌아갈 몫을 빼앗고, 그렇게 빼앗긴 약자를 멸시한다. 작은 사람들은 가난 속에서 삶을 꾸릴 기회를 박탈당하거나 제한당한다. 그러한 세상에서 경제가 여전히 삶을 꾸리는 방식으로 작동하려면, 경제를 지배하는 폭력의 논리가 극복되지 않으면 안 될 것이다. 그러나 어떻게?

히브리 성서는 일관해서 사람들 사이의 폭력 관계를 종식하려면 정의가 수립되어야 한다고 말한다. 히브리 성서가 말하는 정의는 그리스 철학이 전제하는 인간의 속성이나 인간의 덕과는 무관하다. 정의는 바른 관계다. 히브리 성서는 하나님이 폭력으로 인하여 일그러지고 깨진 사람들 사이의 관계를 바른 관계로 회복하는 분이라고 증언한다. 히브리 성서에 따르면, 하나님과 바른 관계에 있는 사람이 의인이고, 하나님과 바른 관계에서 벗어난 사람이 죄인이다. 사람들 사이의 관계가 폭력으로 인하여 깨지고 일그러졌다면, 그 사람들 사이의 관계는 바른 관계가 아니고, 따라서 거기에는 정의가 없다. 사람들 사이에서 정의를 회복한다는 것은 사람들 사이의 관계를 바른 관계로 회복한다는 것을 뜻한다. 하나님과 사람의 관계가 사람의 죄로 인하여 깨지고, 그로 인해 사람들 사이의 관계도 깨어지고 일그러졌다면, 사람들 사이의 관계는 하나님과의 관계가 회복됨으로써 바로 잡힐 것이다.

히브리 성서는 폭력이 지배하는 세상에서 하나님이 사람과 본래 맺었던 관계를 회복하고 사람들 사이의 관계를 회복함으로써 그분이 정의로운 분임을 드러내는 과정을 증언한다. 이집트 탈출 사건은 히브리 성서가 하나님의 정의를 가장 인상 깊게 보도하는 드라마일 것이다. 그분은 이집트 땅에서 파라오의 압제 아래서 강제노역을 당하는 작은 사람들의 울부짖음을 듣고 그들 편에 서서 그들을 파라오의 손아귀로부터 건져내어 자유의 땅으로 인도했다. 그분은 이집트에서 종살이하던 처절한 삶과 그 종살이로부터 해방한 하나님의 위대한 구원 행위를 기억하는 사람들을 불러내어 그분이 몸소 보인 정의를 실천하도록 권유한다. 그것이 하나님이 사람들과 바른 관계를 회복하고 사람들 사이에 바른 관계를 회복하는 방법이다.

계약법전은 하나님의 주도로 이루어진 이집트 탈출을 회상하는 사람들이 가난한 사람들을 배려할 책임이 있음을 분명하게 밝힌다. "너희는 너희에게 몸 붙여 사는 사람을 구박하거나 학대하지 말라. 너희도 이집트 땅에서 몸 붙여 살지 않았느냐?"(출애 22:20) 가난한 사람들, 작은 사람들을 배려하는 정신은 과부와 고아에 대한 보호(출애 22:21f.)에서 표현되었고, 타작하거나 수확할 때 이삭이나 열매를 남겨 두어 가난한 자와 몸 붙여 사는 외국인이 따 먹도록 하는 관례를 통해서도 실현되었다(출애 22:11; 참조 레위 25:6). 토지의 소유권을 인정하지 않고 가문 단위의 세습적 사용·수익권만을 인정한 것도 사람들이 자급자족 경제에서 가장 중요한 생산수단인 토지를 상실하여 가난과 비참의 구덩이에 빠지는 것을 방지하려는 조치였다(레위 25:23).

출애굽 전승의 핵을 이루는 약자 배려의 정신은 예언자들에게 계승된다. 예언자들에게 하나님의 정의에 대한 지식과 가난한 사람들의 권리를 보장하는 것은 둘이 아니라 같은 동전의 양면이었다(예레 9:23f.; 22:15; 이사 58:10 등). 예언자들의 사회 비판과 궤도를 같이하면서 가난을 퇴치하고 노동을 보호하기 위하여 사회법을 제정하려는 시도들도 여러 차례 있었다. 그것을 보여주는 좋은 실례는 원시 이스라엘의 계약 법전을 재해석한 신명기 입법이다.36 신명기 법전에는 농민들을 조세의 부담으로부터 해방하고 생산수단이 없는 레위인들에게 생계비를 지급하기 위한 십일조 입법(신명 14:22-29), 희년 정신에 따르는 사회법의 개정(15:1-11), 이자 징수의 금지(23:19f.), 과부들과 가난한 사람들이 생활을 꾸리는 데 꼭 필요한 물건의 담보 제한(23:6, 12, 17), 사람이 사는 주택을 침탈할 수 없다는 원칙의 천명(23:10f.), 노예보호법(15:12-18; 23:15f.), 일용노동자들에 대한 정시 임금 지급의 원칙(24:14f.), 레위인들의 보호(16:11, 14; 참조 12:12, 18; 26:11ff.; 23:25f.; 24:19ff.) 등이 수록되어 있다.

가난한 사람들에 대한 우선적인 배려는 "가난한 사람이 복이 있다. 하나님 나라가 그들의 것이다"라는 예수의 선언으로 이어진다(누가 6: 20-21). 예수는 하나님의 정의를 가난한 사람들의 배려와 보호에 직결시키는 히브리 전통에 충실했다. 그는 누구에게나 '일용할 양식'이 배분되는 사회를 위해 기도하라고 요청했고(마태 6:11), 노동 업적의 양에 구애받지 않고 일용할 양식을 구하는 데 필요한 임금을 배분하라고 권고했다(마태 20:1-15). 그러한 예수의 가르침은 최후 심판의 비유(마태 25: 31-46)에서 정점에 이른다. 하나님의 정의에 따라 살아가는 사람은 기본 욕구를 충족하지 못하는 사람들과 연대하여야 한다는 것이다. 최후의 심판자가 의로운 사람들에게 "너희는 내가 굶주렸을 때에 먹을 것을 주었고 목말랐을 때에 마실 것을 주었으며 나그네 되었을 때에 따뜻하

---

36 Frank Crüsemann, "...damit er dich segne in allem Tun deiner Hand...(Dtn 14,29)," *Mitarbeiter der Schöpfung: Bibel und Arbeitswelt*, hg. v. Luise Schottroff · Willy Schottroff (München: Kaiser, 1983), 88ff., 92f., 94.

게 맞이하였다. 또 헐벗었을 때에 입을 것을 주었으며 병들었을 때에 돌보아 주었고 감옥에 갇혔을 때에 찾아 주었다"[37]고 말하자 의로운 사람들은 의아한 마음으로 최후의 심판자에게 그들이 언제 그렇게 하였느냐고 물었다. 그분은 이 질문에 대해 "네가 지극히 작은 자 하나에게 한 것이 곧 나에게 한 것이다"라고 대답한다. 의로운 사람들이 지극히 작은 자에게 한 것은 '양식, 주거, 의복, 건강, 자유(존엄성)' 등과 같이 '인간의 경제적·정치적 기본 욕구'를 충족시키는 데 필요한 자원을 제공하는 것이었다. 한마디로 하나님과의 바른 관계는 사람들이 지극히 작은 사람들 편에 서서 그들의 기본 욕망을 충족하기 위해 애쓰는가에 따라 서기도 하고 넘어지기도 한다.[38]

앞에서 본 바와 같이 히브리 성서는 이집트 탈출 사건으로부터 예수의 하나님 나라 운동에 이르기까지 일관성 있게 정의가 바른 관계이며, 정의는 폭력이 지배하는 세상에서 작은 사람들 편에 서서 그들을 폭력 관계로부터 해방함으로써 실현된다는 점을 명확하게 말하고 있다. 정의는 작은 사람들 편에 서는 당파성을 전제하고 작은 사람들의 기본 욕망을 충족시키는 것을 그 척도로 삼는다. 그것이 사회정의의 요구이다. 사회정의가 바로 세워지지 않고서는 사람들 사이에 바른 관계가 실현되지 않는다. 정의는 신학적 논증에 바탕을 두고 있는 기독교경제윤리의 한 규범이다.

---

37 이 구절들에 명시된 굶주리고 목마른 사람들, 나그네들, 헐벗은 사람들, 병든 사람들, 감옥에 갇힌 사람들의 처지에 대한 사회사적 분석으로는 루이제 쇼트로프, "착취당하는 民衆과 勞動," 김창락 편, 『새로운 성서해석, 무엇이 새로운가』 (서울: 한국신학연구소, 1987), 261, 263, 293을 보라.
38 U. 두호로·G. 리드케/손규태·김윤옥 옮김, 『샬롬: 피조물에게 해방을, 사람들에게 정의를, 민족들에게 평화를』 (서울: 한국신학연구소, 1987), 97.

3.2.3. 생태학적 정의

인간의 타락 이후 죄가 지배하는 세상에서 폭력 관계는 사람들 사이에서만 나타나는 것이 아니다. 피조물 전체가 죄의 지배 아래서 종살이 하며 파멸에 직면한다.

이미 타락 사화를 살필 때 주목한 바와 같이 인간의 타락으로 인해 하나님의 저주를 받은 것은 땅이었다. 땅은 가시덤불과 엉겅퀴로 가득 차게 되었고, 사람들은 그와 같이 적대적인 환경으로 바뀐 땅에서 힘들게 노동하며 살아가지 않으면 안 되었다. 노아 홍수에 대한 보도는 사람의 죄악으로 인해 천지가 무법천지로 변한 것을 보고서 하나님이 사람들과 땅과 땅 위에 사는 모든 것을 홍수로 심판하였다고 증언한다. 사람의 죄악에 대한 심판이 사람에게만 미친 것이 아니라 땅과 땅 위에 있는 모든 것에도 미치게 된 것이다. 호세아 4장 3절은 사람의 죄악과 피조물의 영락이 서로 밀접한 연관이 있다는 것을 더 이상 분명하게 표현할 수 없을 정도로 명확하게 증언한다.

"이 땅에는 진실도 없고, 사랑도 없고, 하나님을 아는 지식도 없다. 있는 것이라고는 저주와 사기와 살인과 도둑질과 간음뿐이다. 살육과 학살이 그칠 사이가 없다. **그렇기 때문에** 땅은 탄식하고, 주민은 쇠약해질 것이다. 들짐승과 하늘을 나는 새들도 다 야위고, 바다 속의 물고기들도 씨가 마를 것이다"(호세 4:1-3, 강조 필자).

사람의 죄악으로 인해 사람들 사이에 폭력 관계가 끝없이 이어지자, 바로 '그렇기 때문에' 피조물 공동체가 생명력을 잃고 영락하게 되었다는 것이다. 사람들 사이의 폭력 관계가 사람과 자연의 관계에 전가되어 피조물의 몰락이 초래되었다는 것이다.

호세아의 저 깊은 통찰은 사도 바울에게서도 거의 똑같이 나타난다. 로마서 8장 20절에서 바울은 말한다. "피조물이 허무에 굴복했지만, 그 것은 스스로 원한 것이 아니라, 그렇게 굴복하게 하는 것으로 인해 그렇 게 된 것이다"(사역). 여기서 바울은 모든 피조물이 하나님이 창조하신 대로 온전한 상태에 있지 않고 허무에 굴복하여 멸망하고 있다고 말하 면서 그런 일이 왜 일어나는가 하는 물음에 대해 분명하게 대답하고 있 다. 피조물이 허무에 굴복한 것은 피조물이 그것을 원했기 때문이 아니 다. 바울은 그 이유를 그리스어 원문으로 '디아 톤 휘포탁산타'(dià tòn hypotáksanta)라는 어구로 표현하였다. 그 어구는 매우 주의 깊게 해석 되어야 할 난해구이다. 영어, 독일어, 한글 등으로 번역된 거의 모든 번 역본은 그 어구를 '굴복하게 하시는 분으로 인해'라는 취지로 옮겼다. 그렇게 번역하면 피조물이 본래의 좋은 상태를 상실하고 멸망의 종살 이를 하게 된 것은 하나님이 그렇게 만들었기 때문이라는 식으로 해석 된다. 그러한 해석은 하나님의 신실성을 부정하는 아주 잘못된 번역이 다. 하나님이 선한 의도를 갖고 세상을 창조했는데, 어느 순간에 마음이 돌변하여 그 세상을 파괴하기로 작정하였다는 취지의 번역이기 때문이 다. 그리스어 원문 '디아 톤 휘포탁산타'를 해석할 때 주의하여야 할 것 은 전치사 dià가 4격 목적어와 결합할 때 행위의 주체를 가리킨 적이 없고, 오직 어떤 결과를 불러일으키는 원인을 가리킬 뿐이라는 것이 다.39 따라서 그리스어 원문 '디아 톤 휘포탁산타'를 '굴복하게 하시는

---

39 H. R. Balz, *Heilsvertrauen und Welterfahrung: Strukturen der paulinischen Eschatologie nach Römer 8,18-39* (München: Kaiser, 1971), 41.

분으로 인해'로 번역해서는 안 되고, '굴복하게 한 것으로 인해'로 번역해야 한다. 히브리 성서의 가르침에 충실하게 해석한다면, 피조물이 멸망의 종살이를 하도록 꼼짝달싹 못 하게 강제한 것은 인간의 죄이다. 따라서 피조물이 멸망의 종살이를 하게 된 데 대하여 책임져야 하는 것은 죄를 지은 인간이다.

정의가 바른 관계라면, 사람들과 여타 피조물들이 바른 관계에 있을 때 그 관계가 정의롭다고 말할 수 있을 것이다. 히브리 성서는 사람들 사이의 관계가 바른 관계에 있을 때 비로소 사람들과 여타 피조물들 사이의 관계도 바른 관계를 맺을 것이라고 말한다(호세 14:14:4-7; 참조 호세 2:14-23). 사람들과 여타 피조물들 사이의 바른 관계는, 오늘의 생활세계 언어로는, 인간과 자연의 바른 관계이다. 인간과 자연이 바른 관계를 맺어야 한다는 것이 생태학적 정의의 요구다. 생태학적 정의는 사람들이 삶을 꾸리기 위해 경제 활동을 펼치고 문화를 형성함으로 인해 생태계의 안정성과 건강성이 위협당해서는 안 된다는 것을 요구한다. 생태학적 정의는 생태계를 이루고 있는 생명체들과 무생물체들의 중층적이고 복합적인 네트워크를 이루고 있다는 것을 인식하고, 그 네트워크 안에서 각각의 생명체와 무생물체가 제 자리를 지키며 현존할 권리를 인정하는 데서 출발한다. 생태학적 정의가 자연을 활용하여 경제 활동을 펼치는 인간의 권리와 생태계 안에서 삼라만상이 자기 자리를 지키며 현존할 권리가 균형에 이르도록 조율하는 것을 핵심 내용으로 한다는 것은 이미 앞에서 말한 바와 같다. 생태학적 정의는 생태계 보전의 원칙에 따라 인간의 경제 활동을 규율하여야 한다는 요구의 실질적인 내용을 이룬다.

3.2.4. 전통적인 정의 개념들에 대한 평가

히브리 성서에 근거하고 있는 신학적 정의 개념은 작은 사람들을 편드는 데서 출발하여 사람과 사람, 사람과 자연 사이의 바른 관계를 수립할 것을 겨냥한다. 그러한 신학적 정의 개념은 질서 옹호적 정의, 보복적-교정적 정의, 교환적 정의, 분배적 정의 등 전통적인 정의 개념들을 해석하고 평가하는 거점이다.[40]

1) 히브리 성서의 정의는 기존 질서를 옹호하는 정의 개념을 의문시한다. 질서 옹호적 정의는 고대 그리스의 신분체제를 전제로 해서 가장 명확한 윤곽을 보여주었다. 그 윤곽을 그려낸 플라톤에게서 정의는 사원덕(四元德) 가운데 하나였다. 정의는 정치 공동체를 구성하는 신분들이 각 신분의 역할을 능력 있게 수행하는 것을 전제로 해서 신분들 사이의 조화로운 질서를 이끌어가는 이념이다. 그러한 정의의 이념은 통치 집단, 군인 집단, 생산 집단의 위계를 전제로 하고, 그 위계질서를 안정시키는 보수적인 역할을 한다. 그러한 정의 개념은 히브리 성서에서는 낯설다. 히브리 성서가 말하는 정의는 가장 작은 사람들의 자리에 서서 기득권체제를 흔들며 바른 관계를 형성하려는 역동적인 과정을 전제하기 때문이다.

---

40 플라톤의 질서 옹호적 정의의 이념을 수용하면서 아리스토텔레스는 보복적-교정적 정의, 교환적 정의, 분배적 정의를 가다듬어 정의론을 본격적으로 전개했다. Aristoteles, *Nikomachische Ethik*, übers. u. komm. v. F. Dirlmeier, 4. ern. u. durchges. Aufl. (Darmstadt: Wiss. Buchges, 1967), 100(1130b/1131a).

2) 보복적 정의는 가장 오래된 정의 개념이다. "이에는 이, 눈에는 눈"이라는 탈리온 법으로 정식화되는 보복적 정의는 손해나 상해 혹은 심지어 살인을 저지른 가해자에게 똑같은 손해, 상해 혹은 죽음의 대가를 치르게 하는 방식으로 표현된다. 보복적 정의는 반드시 비례의 원칙에 따라 공평하게 수행되어야 한다. 눈을 다치게 한 사람에게 보복을 가한다고 하면서 그 사람의 목숨을 빼앗아서는 안 된다. 보복적 정의는 과잉 보복으로부터 인신을 보호하는 역할을 한다. 그러한 보복적 정의는 형법의 기본을 이루는 교정적 정의(justitia correctiva)로 진화했다.

히브리 성서는 세상의 조건들 아래서 살아가는 사람들에게 보복적-교정적 정의가 필요하다는 것을 인정하지만, 거기서 한 걸음 더 나아가고자 한다. 손해, 상해, 심지어 살인은 가해자와 피해자의 관계를 깨뜨린다. 그 관계를 회복하기 위해서는 피해자가 가해자에게 빼앗긴 것을 돌려받지 않으면 안 된다. 그것이 보복이다. 그런 점에서 보면 보복은 손해, 상해, 심지어 살인으로 인하여 깨진 관계를 바른 관계로 회복하는 절차이다. 보복의 목적은 복수가 아니라 바른 관계의 회복이다. 그 점이 명확하지 않기에 보복은 대부분 복수로 끝나고 관계의 회복은 일어나지 않는다. 보복적 정의는 회복적 정의를 지향해야 한다. 그렇지 않다면 제아무리 비례의 원칙에 따라 공평하게 그 대가를 치르도록 가해자에 대한 복수가 이루어진다고 해도 사람들이 바른 관계들 가운데서 더불어 살아가는 정의로운 사회를 이룩하지 못할 것이다.[41]

---

41 라인홀드 니버는 사랑하는 마음을 품고 정의를 추구할 것을 주문했다. 그러한 정의의 추구는 보복적 정의를 넘어서서 회복적 정의를 이룬다는 것이다. Reinhold Niebuhr, *Christian Realism and Political Problems* (New York: Charles Scriber's Son, 1953), 164. 하워드 제어는 히브리 성서에서 복수를 뜻하는 '실룸'(shillum)과 보답을 뜻하는 '실렘'(shillem)이 평화를 뜻하는 샬롬(shalom)에서 비롯되었다는 점을 주목하고, 히브리 법은 깨어진 관계의 회복을 위한 수단이었다는

3) 사람들 사이의 거래가 공정하여야 한다는 생각에서 발전한 것이 교환적 정의(justitia commutativa)이다. 교환적 정의를 나타내는 전형적인 표현이 등가교환이다. 히브리 성서도 교환적 정의와 등가교환을 받아들이고 있다. 따라서 되를 줄이고 저울눈을 속여 거래하는 짓은 엄격하게 금지되었고, 예언자들의 비판을 받는 표적이 되었다(아모 8:5).

그러나 교환적 정의의 기준을 정하기는 매우 어렵다. 짐승의 가죽과 곡물을 교환하는 물물시장에서도 그 기준을 정하는 것은 쉽지 않았을 것이다. 자연 자원, 토지, 노동력 등등이 교환의 대상이 된 복잡한 시장 경제에서 그것들의 값을 정하는 기준은 과연 무엇인가? 이 어려운 문제에 대해 제대로 답변할 수 없다면 교환적 정의는 속 빈 강정일 수밖에 없다. 사정이 그와 같은데도 자연 자원, 토지, 노동력 등이 교환적 정의에 따라 공정하게 거래된다고 말한다면, 교환적 정의는 공정하지 않은 거래를 공정한 것이라고 우기는 이데올로기에 지나지 않을 것이다.

4) 분배적 정의(justitia distributiva)는 각 사람에게 각각의 몫을 돌려준다는 공식으로 표현된다. 국가에 공을 세운 사람에게는 그에 맞는 몫이 돌아가야 하고, 그렇지 못한 사람들에게는 그러한 몫이 돌아가서는 안 된다는 뜻이다. 공동체를 위한 헌신과 업적에 따라 그것에 상응하는 보상이 돌아가는 것이 분배적 정의의 요구라면, 그러한 요구는 공동체가 승인하고 수용해야 한다. 그런 점에서 분배적 정의는 비례의 원칙이

점을 강조한다. 하워드 제어/손진 옮김, 『회복적 정의란 무엇인가? 범죄와 정의에 대한 새로운 접근』 (춘천: 대장간, 2010), 169: "법은 수단이지 목적이 아니었다. 법은 샬롬을 구축하고 올바른 관계를 형성하기 위한 도구였다. 결국 법의 특징적 목적은 처벌이 아니라 회복이고, 잘못을 바로잡는 것이었다."

나 산술적 공정의 원칙에 따르는 보복적 정의, 교정적 정의, 교환적 정의와 다르다.

분배적 정의가 성립하려면 각 사람에게 마땅히 돌아갈 몫에 관하여 공동체 구성원들 사이에서 합의가 이루어져야 한다.[42] 한정된 사회적 재화를 누구에게 어떻게 나눌 것인가를 둘러싸고 특권이 형성되는 일이 잦기에 사회적 재화의 배분은 매우 까다로운 문제이다. 권력과 특권을 가진 세력이 사회적 재화를 배분하는 규칙을 일방적으로 정해 놓고 다른 세력이나 특권에서 배제된 사람들에게 그 규칙을 받아들이라고 한다면, 공동체 구성원들 사이에는 갈등과 대립이 나타날 것이고, 그 규칙은 공동체 구성원들에게 수용되기 어려울 것이다. 분배적 정의는 사람들 사이의 관계가 특권, 권력, 지위, 계급, 젠더, 인종 등에 의해 일그러지지 않고 공동체 구성원들이 모두 동등한 참여의 권리를 갖고 함께 논의하고 합의하는 바른 관계가 확립될 때 비로소 제대로 세워질 것이다. 따라서 분배적 정의는 바른 관계로서의 정의를 전제한다. 히브리 성서의 정의 개념은 분배적 정의의 바탕이다.

---

42 자유주의자 존 롤즈는 합리적 개인들이 사회적 재화를 분배하는 원칙에 관해 사회적 합의를 한다는 점을 강조했고, 그를 비판한 공동체주의자 마이클 샌들은 공동체의 전통적인 규범이 사회적 재화의 배분을 규율한다고 생각했다. 두 학자는 이론적 출발점과 논리 구성 방식이 크게 다르지만, 분배의 정의가 공동체적 합의에 근거한다고 주장한 점에서는 공통적이다. John Rawls, *A Theory of Justice*, Revised Edition (Cambridge: Harvard Univ. Press, 1999), 118; Michael J. Sandel, *Liberalism and the Limits of Justice* (Cambridge, UK; New York: Cambridge Univ. Press, 1982), 172f. 롤즈와 샌델의 정의론에 대한 신학적 비판으로는 강원돈, "민중이 참여하는 정의 포럼의 구성 문제," 193-195를 보라.

3.3. 인간 존엄성 보장의 원칙

인간의 존엄성은 사람이 하나님과 마주 서서 대화할 수 있도록 하나님의 부름을 받았다는 창세기 1장 28절에 의해 분명하게 천명된다.[43] 하나님은 사람을 자신의 파트너로 세우고 그와 바른 관계를 유지하고자 한다. 하나님의 신실성은 한번 맺은 관계를 충실하게 지키는 데서 드러난다. 사람은 하나님에 대한 신뢰를 저버리고 죄의 지배 아래 들어감으로써 하나님과 바른 관계를 깨뜨렸지만, 신실한 하나님은 인간을 지배하는 죄를 누르고 그분과 바른 관계를 맺도록 사람을 다시 불러 세운다. 그것이 바로 예수 그리스도 안에서 이루어지는 인의(認義)의 사건이다. 인의는 인간의 존엄성이 하나님의 신실성에 근거하고 있음을 가장 강력하게 보여주는 증거이다.[44]

하나님이 축성한 안식에 인간이 노동과 그 업적에서 벗어나 하나님 앞에 서도록 허락되었듯이, 예수 그리스도 안에서 하나님에게 받아들여진 사람은 업적이 있든 없든, 그것과 무관하게 하나님 앞에 서고 하나님과의 바른 관계를 회복한다. 하나님의 정의는 인의의 사건을 통하여 드러난다. 하나님의 정의는 인간의 존엄성을 창설하는 기반이다. 인간

---

43 사람이 하나님과 닮은꼴로 창조되었기에 존엄한 존재라는 주장이 그동안 널리 퍼지기는 했지만, 그 주장은 성서학적으로 지지하기 힘들다. 하나님의 형상은 하나님이 사람을 창조한 목적, 하나님이 하나님의 대리자로 세워진 인간에게 맡기는 역할에 관련된 것으로 보는 것이 정설이다. 이에 관해서는 G. von Rad, *Das erste Buch Mose: Genesis Kapitel 1-12,9* (Göttingen: Vandenhoeck &Ruprecht, 1949), 46; O. H. Steck, *Der Schöpfungsbericht der Priesterschrift*, 151; W. H. Schmidt, *Die Schöpfungsgeschichte der Priesterschrift* (Neukirchen-Vluyn: Neukirchener Verl., 1964), 144를 보라.

44 볼프강 후버와 하인츠 퇴트도 인의론에 근거하여 인간의 존엄성과 인간의 권리를 논한다. 볼프강 후버·하인츠 E. 퇴트/주재용·김현구 옮김, 『인권의 사상적 배경』(서울: 대한기독교서회, 1992), 216.

의 존엄성은 예수 그리스도 안에서 하나님에 의해 받아들여져 하나님 앞에 서게 되었다는 것에 근거한다. 예수 그리스도 안에서 하나님과 바른 관계를 맺도록 해방된 인간은 그 자신의 존엄성을 인식하고 존엄한 삶에 대한 권리를 의식하는 인간이 되어야 한다. 바로 그것이 '인의의 핵심적 메시지'[45]이다.

인간의 존엄성을 존중하는 것과 삶의 권리를 보장하는 것은 같은 동전의 두 측면이다. 일찍이 디트리히 본회퍼는 인의론의 관점에서 삶의 권리들을 규명하여 인권의 신학적 기초를 놓았다. 그는 인의론의 관점에서 "타락한 세계에서 하나님에 의해 보존되고, 그리스도를 통한 인의와 구원과 갱신을 고대하는 생명의 형태"[46]를 예리하게 포착했고, 그러한 생명의 형태를 '자연적인 삶'이라고 명명했다. '자연적인 삶'이 육체적인 삶과 정신적인 삶으로 구별된다고 생각한 본회퍼는 무엇보다도 먼저 인간은 육체적인 삶뿐만 아니라 정신적인 삶에서도 자기 목적으로 존재하여야 한다고 주장했다. 인간의 육체는 그 무엇의 도구나 수단이 될 수 없고, 그것은 인간의 정신도 마찬가지다. 인간의 존엄성은 오직 육체의 온전함이 유지되고, 정신의 자유가 보장될 때 실현된다. 육체적인 삶의 자연적 권리들과 정신적인 삶의 자연적 권리들은 마땅히 보장되어야 한다. 육체적인 삶의 권리들은 자의적인 살해를 당하지 않을 권리, 생식의 권리, 강간, 착취, 고문, 자의적 체포로부터 보호받을 권리 등이다. 정신적 삶의 자연적 권리들은 판단의 자유, 행동의 자유, 향유

---

45 Franz Segbers, "Bürgerrechte, soziale Rechte und Autonomie: Weiterentwicklung des Sozialstaates durch ein Grundeinkommen," *Verantwortungsethik als Theologie des Wirklichen*, hg. von Wolfgang Nethöfel · Peter Dabrock · Siegfried Keil (Göttingen: Vandenhoeck & Ruprecht, 2009), 194.

46 D. Bonhoeffer, *Ethik*, 154.

의 자유이다. 본회퍼가 작성한 권리 장전은 나치 독재가 판을 쳤던 어두운 시대에 인간의 존엄한 삶을 옹호하는 데 꼭 필요한 권리들에 집중되었지만, 인의론에 바탕을 둔 인간의 존엄성과 권리들에 대한 이해로부터 우리 시대에 인간의 존엄한 삶을 보장하기 위한 권리의 목록을 작성하는 것은 우리 시대 신학자들과 기독교 사회윤리학자들의 과제이다.

예컨대 노동자가 자본가의 지배 아래에서 타율적으로 노동하는 자본주의적 노동 현실에서는 노동자가 존엄한 인간으로서 노동한다는 것을 강조할 필요가 있다. 마르크스가 날카롭게 지적했듯이, 자본의 노동 포섭 아래서 "노동자는 노동 바깥에 있을 때 비로소 자기 자신 안에 있다고 느끼고, 노동 안에 있을 때 자기 자신 바깥에 있다고 느낀다."[47] 그러나 노동자는 노동하지 않고 쉴 때도 존엄한 인간이고, 노동할 때도 존엄한 인간이다. 노동자가 존엄한 인간으로서 노동할 수 있는 노동조건을 형성하는 것은 우리 시대의 큰 과제이고, 기독교경제윤리의 특별한 관심사이다.

인간의 존엄성이 업적 이전에, 업적과 무관하게 확립된다는 인의론의 가르침은 사회적 인정과 복지의 향유를 업적에 직결시키는 업적 이데올로기와 그 이데올로기를 체화한 업적사회를 넘어설 수 있는 안목을 열어준다. 인간은 가능한 한에서 자신의 삶을 스스로 꾸리기 위해 책임을 다하여야 하고, 공동체를 위해 공헌하고, 실질적인 업적을 내야 한다. 따라서 각 사람은 가능한 한 업적 능력을 갖추고 업적을 발휘하겠다는 의지를 보여야 마땅하다. 그러나 업적은 인간의 존엄성을 평가하는 기준이 될 수 없다. 진정으로 인간적인 사회는 업적을 내지 못하는

---

47 K. Marx, *Ökonomisch-philosophische Manuskripte aus dem Jahre 1844*, *MEW 40 Ergänzungsband*, 514.

사람도 업적을 내는 사람과 마찬가지로 인간으로 인정받는 사회이다. 인간의 존엄성과 자연적 권리들을 존중하는 사회에서는 권리와 의무가 대칭을 이룰 수 없다.[48] 인간의 존엄성에 부합하는 삶을 영위하는 것이 인간의 권리로 인정되는 사회에서는 복지를 향유할 권리의 보장을 노동 의무나 업적의 의무와 결부시킬 수 없다.

현대 철학에서 인간의 존엄성을 존중하고 보장하는 것은 사회적 재화를 분배하는 가장 중요한 원칙으로 여겨지고 있다. 사회적 재화는 '모든 사람에게 인간의 존엄성에 부합하는 삶의 조건들을 보장'[49]하는 방식으로 배분되어야 한다는 것이다. 모든 사람은 사회적 업적과 무관하게 음식, 주택, 의료 혜택, 프라이버시와 친밀한 이웃 관계의 유지, 개인적인 자율성과 정치적인 자율성의 보장, 사회적 참여 등을 누릴 권리가 있다는 것이다. 인간이 "인간으로 존재하고 있다는 바로 그 사실 때문에"[50] 인간의 존엄성에 부합하는 삶을 보장받아야 한다는 휴머니스트들의 주장을 신학적으로 수용하는 데는 아무 문제가 없다.

위에서 본 바와 같이 인간 존엄성 존중의 원칙은 확실한 신학적 근거를 갖는 기독교경제윤리의 한 규범이다. 사람은 누구나, 노동할 때나 노동하지 않고 쉴 때나, 아무런 전제 없이, 업적과는 전혀 무관하게, 언제나 존엄한 인간으로 존중받아야 하고, 모든 사람은 존엄한 삶을 살아가는 데 필요한 재화를 무조건 보장받아야 한다.

---

48 볼프강 후버/하인츠 E. 퇴트, 앞의 책, 216.

49 Thomas Schramme, "Verteilungsgerechtigkeit ohne Verteilungsgleichheit," *Analyse & Kritik 21*(1999), 182.

50 Angelika Krebs, "Why Mothers Should Be Fed: Eine Kritik am Van Parijs," *Analyse & Kritik 22*(2000), 174.

4. 소결

　기독교경제윤리의 규범은 구원사에서 그 신학적 근거를 찾는다. 구원사의 지평에서 기독교경제윤리의 규범들을 제정할 때 궁극 이전의 것이 궁극적인 것에 투명해질 수 있도록 규범들을 가다듬는 것보다 더 중요한 것은 없다. 궁극 이전의 것은 궁극적인 것에 비추어 단순히 부정되어서는 안 되고, 궁극적인 것이 요구하는 바를 무시하고 단순히 긍정되어서도 안 된다. 궁극 이전의 것은 궁극적인 것의 빛에서 비판적으로 검토되고, 궁극적인 것이 요구하는 바에 따라 부단히 변화되어야 하고 때로는 혁명적으로 변혁되어야 한다. 그러한 개혁과 변혁의 성과가 아무리 크다고 할지라도 궁극 이전의 것에 속하는 그 어떤 것도 절대화될 수 없다는 것은 더 말할 것도 없다. 그것이 기독교경제윤리학자가 취하는 '전망을 갖는 현실주의'의 입장이다.

　궁극적인 것과 궁극 이전의 것 사이의 긴장 관계에 유념하는 '전망을 갖는 현실주의'의 입장에서 필자는 경제제도를 형성하고 규율하는 데 고려하여야 할 규범들을 네 가지 원칙으로 제시했다. 참여의 원칙, 생태계 보전의 원칙, 정의의 원칙, 인간 존엄성 보장의 원칙이 그것이다. 필자는 위에서 각각의 원칙이 어떤 내용을 갖고 있는가, 그 신학적 근거가 무엇인가에 대해서 상세하게 설명했다.

맺음말

제I부에서 필자는 기독교경제윤리의 이론을 전개했다. 기독교경제윤리의 위상과 과제, 기독교경제윤리와 사회과학적 현실 분석의 관계, 기독교경제윤리의 규범과 지침 등을 규명하는 것이 기독교경제윤리의 이론에서 중요한 주제가 된다. 기독교경제윤리의 이론은 세 장으로 이루어졌다.

1장에서는 기독교경제윤리가 사회윤리의 위상에서 경제제도의 문제를 윤리적으로 판단하는 원칙을 밝히고, 경제제도를 규율하는 지침을 제시하는 것을 과제로 삼는다는 점을 밝혔다. 그 과제를 수행하기 위하여 기독교경제윤리는 세 가지 작업을 유기적으로 결합한다. 첫째는 현실의 경제제도를 파악하고 거기서 발생하는 문제들을 정확하게 인식하는 것이다. 둘째는 기독교경제윤리의 규범을 신학적으로 정립하고 생활세계의 언어로 정식화하는 것이다. 셋째는 경제윤리의 규범에 충실하게 경제제도의 문제를 해결하기 위하여 경제제도를 규율하는 새로운 구상을 제시하고 이를 실현하는 방침을 밝히는 것이다.

2장에서는 경제제도의 문제를 사회과학적으로 분석할 때 방법론적으로 유념할 점을 다섯 가지로 제시했다. 첫째는 인간이 제도를 형성하는 주체라는 점을 명심하여야 한다는 것이다. 둘째는 경제 현실을 이루는 관계들의 유기적 연관과 그 역사적 변화를 총체적으로 분석하고 설명하는 방법을 가다듬어야 한다는 것이다. 셋째는 경제 현상이 경제 법칙에 따라 일어나는 것처럼 여기는 경제 법칙에 대한 환상이나 미신을

타파해야 한다는 것이다. 넷째는 시장의 질서가 시장에서 저절로 형성
되기나 하는 것처럼 생각하는 시장 질서의 자생성 신화를 깨뜨려야 한
다는 것이다. 다섯째는 경제제도의 규율과 관련된 여러 의견과 주장을
이데올로기 비판의 관점에서 검토하여야 한다는 것이다.

　3장에서는 구원사의 지평에서 기독교경제윤리의 규범을 가다듬었
다. 경제윤리의 규범은 궁극 이전의 것이 궁극적인 것에 투명해지도록
하는 역할을 한다. 필자는 구원사에 관한 성서의 증언으로부터 기독교
경제윤리의 규범을 참여의 원칙, 생태계 보전의 원칙, 정의의 원칙, 인
간 존엄성 보장의 원칙 등 네 가지로 정리했고, 그 원칙들을 생활세계의
언어로 정식화하고자 했다.

　기독교경제윤리는 사회과학적 현실 분석에서 방법론적으로 유념할
사항을 염두에 두고 경제윤리적 판단을 이끌어가는 규범을 참조하면서
오늘의 경제제도와 거기서 비롯되는 문제들을 분석하고 판단하고 해결
하는 것을 과제로 삼는다. 그러한 과제는 본서 제II부에서 제XI부에 이
르기까지 수행된다. 그 모든 작업은 오늘의 경제제도와 거기서 비롯되
는 문제들을 역사적-구조적 방법에 따라 분석하는 데서 출발한다.

제Ⅱ부

시장경제체제의 근본 문제

1장 시장경제체제의 탄생과 발전
2장 시장경제체제의 근본 문제에 대한 체계적인 분석

머리말

제I부에서 가다듬은 기독교경제윤리의 관점과 방법론을 갖고서 필자는 제II부에서 시장경제체제의 근본적인 문제들을 분석하고자 한다. 그것은 역사적-구조적인 분석 방법에 따라 시장경제체제의 역사적 탄생과 발전 과정에서 시장경제체제의 구조적인 문제가 어떻게 나타나는가를 파악하는 일이다. 시장경제의 근본 문제들에 대한 분석은 기독교경제윤리의 규범들 아래서 그 해법을 모색하기 위한 준비 작업이다.

시장경제체제는 19세기 초에 경제를 조직하고 운영하는 한 방식으로 역사적으로 탄생하고 발전해 왔다. 모름지기 경제는 사람들이 욕망을 충족시키기 위해 생태계로부터 끌어들인 물질과 에너지를 욕망 충족에 적합한 형태로 바꾸어 소비하고 그 부산물을 생태계에 방출하는 과정이다. 그러한 경제 과정은 생태계와 경제계 사이의 에너지-물질 순환, 경제계 안에서 이루어지는 생산과 소비의 연관, 그 연관에서 나타나는 사람들 사이의 관계와 경제적 성과의 배분 등을 그 기본 얼개로 갖는다. 그 기본 얼개들은 역사적 조건들 아래서 사람들이 욕망을 충족하기 위해 만든 문화적 산물이며, 제도적 형태를 취한다. 여기서 말하는 역사적 조건들은 과학기술, 생산력, 생산, 교환, 소비, 금융 등을 둘러싼 사회조직들, 점유와 소유의 방식들, 권리의식의 발달과 권리들을 실현하고 보장하는 법률 형태들, 권력의 조직과 행사의 방식들, 예술과 사상과 종교 등등의 발전 수준들이다. 시장경제는 19세기 초 유럽에서 바로 앞서 말한 역사적 조건들이 무르익으면서 생산물시장과 노동시장 그리고 거기서 파생된 금융시장 등이 유기적으로 통합되면서 발생한 경제체제이다.

역사적으로 볼 때 시장경제는 경제적 효율성을 크게 높이는 경제체제여서 장점이 많다고 인정받기도 하지만, 경제 활동을 조직하고 그 성과를 분배하는 과정에서 사회적 연대를 약화하고 대량생산과 대량소비를 서로 맞물리게 해서 생태학적 위기를 악화시키는 체제여서 단점이 많다고 지적되기도 한다. 그것은 시장경제가 역사적으로 조직되고 운영되는 방식에서 심각한 문제들이 발생해 왔다는 뜻이다.

문제를 정확하게 파악하지 않으면 그 어떤 관점과 규범을 내세운다고 하더라도 그 문제를 제대로 해결할 수 없다. 그것은 기독교경제윤리도 마찬가지다. 시장경제의 문제들에 대한 인식은 기독교경제윤리의 첫걸음이다. 그 첫걸음을 떼기 위해 아래에서는 먼저 시장경제의 탄생과 발전 과정을 살피면서 시장경제체제를 조직하고 운영하는 논리의 형성을 그 역사적 맥락에서 파악하고, 그다음에 시장경제체제의 조직과 운영의 논리에서 비롯되는 근본적인 문제들을 체계적으로 분석한다. 시장경제의 조정 메커니즘인 가격 장치의 불완전성에서 비롯되는 문제들을 위시해서 생태계와 경제계의 관계, 노동과 자본의 관계, 화폐자본과 생산자본의 관계, 시장과 국가의 관계, 국민경제와 지구 경제의 관계 등에서 비롯되는 문제들이 그것이다.

1장
시장경제체제의 탄생과 발전

시장경제는 근대의 산물이다. 시장경제는 생산물시장과 금융시장과 노동시장이 유기적 관계를 맺으며 하나의 경제체제로 구성되어 발전하였고, 자본의 축적과 팽창의 강력한 메커니즘 덕분에 국민경제의 틀을 넘어서서 지구 경제를 형성했다. 그러한 시장경제체제의 탄생과 역사적 발전에서 국가는 결정적인 역할을 맡았다.

아래서는 먼저 시장경제가 어떤 역사적 조건들 아래서 경제체제로서 탄생하였는가를 살피고, 그다음에 시장경제체제의 역사적 발전 과정을 개관한다.

1. 시장경제체제 형성의 역사적 조건들

시장경제는 자급자족 경제가 붕괴하고, 기업과 가계가 분리되고, 그 두 기구가 생산물시장과 노동시장을 통하여 서로 결합하는 과정을 거쳐 형성되었다. 상품의 생산과 유통 과정에서 파생한 금융시장은 앞의 두 시장과 유기적으로 결합하였다. 시장경제는 그 세 시장이 서로 견고하게 맞물린 경제체제이다.

아래서는 기업과 가계의 분리, 노동시장의 형성, 시장경제체제의 성립을 뒷받침한 제도적 조건과 사상적 조건을 차례대로 살핀다.

1.1. 기업과 가계의 역사적 분리

시장경제체제는 아주 오랜 기간에 걸쳐 서서히 일어난 사회변화의 결과였다. 시장경제에서 기업은 상품을 생산하고 유통하는 중추적인 기구이지만, 그러한 기업의 탄생은 자본의 원시적 축적 과정을 염두에 두지 않고서는 설명할 수 없다. 아담 스미스(Adam Smith)는 자본의 원시적 축적이 오랜 기간에 걸친 상업자본의 형성 과정으로 설명하였고,[1] 그 견해를 받아들인 막스 베버(Max Weber)는 자본이 프로테스탄트의 '세계 내 금욕' 윤리에 따라 근면하게 일하고 검소하게 살아가는 개인의 저축에서 비롯되었다고 주장했다.[2] 반면에 마르크스(Karl Marx)는 스미스의 견해를 정면으로 비판하면서 자본의 원시적 축적이 인클로저 운동처럼 사람들로부터 생활수단과 생산수단을 폭력적으로 수탈하는 과정을 통해 이루어졌다고 보았다.[3] 자본의 축적 과정은 스페인, 이탈리

---

1 아담 스미스/최호진·정해동 옮김, 『국부론』 상권 (서울: 범우사, 1992), 416-418, 특히 418: "자본은 극도의 절약(parsimony)에 의해 증가되고, 낭비와 서툰 행위(prodigality and misconduct)에 의해서 감소된다."

2 막스 베버/김덕영 옮김, 『프로테스탄티즘의 윤리와 자본주의 정신: 보론, 프로테스탄티즘의 분파들과 자본주의 정신』 (서울: 길, 2010), 193f., 351-357, 특히 353: "금욕주의에 의한 소비의 억압을 금욕주의에 의한 영리 추구의 해방과 결합해서 본다면, 그로부터 나타나는 외적인 결과는 자명하다. 즉, 금욕적 절약 강박에 의한 자본형성이 바로 그것이다."

3 K. Marx, *Das Kapital 1*, 788.

아, 네덜란드, 독일, 영국, 프랑스, 러시아 등 지역마다 각기 다른 요인들과 조건들이 작용하였기에 지역별 편차가 크고 그 양상도 매우 달랐다. 여기서는 그 과정에 관한 경제사적 연구에 깊이 들어갈 수 없으므로 그 복잡한 발전 과정에서 나타나는 몇 가지 공통점을 추상적으로 서술하는 데 그친다.[4]

무엇보다도 먼저 지적할 것은, 자본이 형성되고 축적되는 과정은 자본가의 특수한 역할이 탄생하는 과정이기도 하였다는 것이다. 금과 은의 형태로 엄청난 자산을 쌓은 사람이라고 해서 모두 자본가가 되는 것은 아니다. 자본가는 자본을 이용하여 더 많은 이익을 추구하고, 자본을 굴려 얻은 이익의 상당 부분을 다시 축적하여 더 많은 이익의 기회를 얻으려고 노력하는 역할[5]을 체화한 사람을 가리킨다. 그러한 역할을 맡은 자본가는 상업 자본주의를 구축하면서 합리적인 영리 체계를 발전시켰고, 선대제(先貸制) 수공업체제로부터 공장제 수공업체제에 이르기까지 수공업 운영체제의 혁신을 주도하였고, 마침내 자본가 자신이 기업을 창설하여 운영하는 산업 자본주의의 길을 열었다. 그것은 기술 발전과 생산력 발전을 촉진하는 과정이었다.

시장경제의 또 다른 중추 기구인 가계는 기업이 생산하고 유통하는 상품을 소비하고, 기업에 노동력을 제공하는 역할을 한다. 그러한 가계도 오랜 역사적 과정을 거쳐 형성되었다. 자본의 원시적 축적으로부터

---

4 시장경제의 형성이 국가와 지역에 따라 얼마나 다양한 양상으로 나타났는가를 살펴려면 막스 베버/조기준 역, 『사회경제사』(서울: 삼성출판사 1976); 송태복, 『유럽경제사』(대전: 한남대학교출판부, 2001); 최종식, 『서양경제사론』(서울: 서문당, 2018) 등을 보라.

5 그러한 자본가의 역할은 저축을 위해 경제 활동을 하는 것 자체가 낯선 일이었던 중세에는 아직 없었다. 중세 사회는 자급자족을 기반으로 하는 사회였을 뿐만 아니라 영주의 보호를 받는 것에 대한 대가로 지대를 납입하고, 교회세를 내고, 생계를 꾸리는 데 필요한 것 이상을 생산하는 것이 전혀 낯선 사회이기도 했다. 중세 사회는 잉여를 저축하기 위해 과잉으로 노동하는 것을 알지 못했다.

산업 자본주의가 확립되기까지 약 3세기 반 동안에 자급자족을 중심으로 한 경제는 서서히 해체되었다. 기업과 가계는 분리되었다. 기업과 가계가 서로 맞물려 순환을 이루도록 한 것은 서로 성격이 다른 두 가지 종류의 시장들이었다. 하나는 재화와 서비스가 교환되는 생산물시장이고, 또 다른 하나는 노동력이 교환되는 노동시장이다. 따라서 그 두 가지 시장을 통하여 기업과 관계를 맺는 가계를 말하지 않고 고립된 가계를 말하는 것은 시장경제를 논의하는 맥락에서는 무의미하다.

1.2. 생산물시장, 금융시장, 노동시장의 발전

시장경제에는 생산물시장, 금융시장, 노동시장 등 여러 시장이 있다. 시장경제를 체제의 수준에서 고찰할 때 가장 중요한 것은 전국 단위의 노동시장의 형성이다. 노동시장은 시장경제체제의 본질적 징표로 여겨지기 때문이다. 그렇다고 해서 생산물시장과 금융시장의 중요성이 떨어진다는 뜻은 아니다.

생산물시장은 오래된 시장이어서 굳이 근대의 산물이라고 볼 것이 없다. 생산물시장은 자급자족 경제가 지배하던 시기에도 경제적 잉여물을 교환하는 기능을 수행했다.[6] 금융시장도 고대 메소포타미아 지역에서 계산화폐의 발명과 더불어 신용거래의 형식으로 발전하였으니 오래된 시장임이 분명하다. 중세 후기 이래로 상업이 크게 발전하면서 곳곳에 도시가 세워졌다. 도시는 문자 그대로 큰 시장이 서는 곳이었다.

---

6 그런 의미의 생산물시장은 신석기혁명을 거치면서 형성되었을 것이다. 왜냐하면 정착 농경과 목축이 자리를 잡은 신석기혁명을 통해 인간 집단들은 비로소 경제잉여를 생산할 수 있었기 때문이다. 경제잉여의 축적, 방어, 상속, 교환 등의 필요에 따라 권력 기구, 가부장제 가족, 시장 등이 탄생하였다.

상업의 발전은 금융시장의 발전을 촉진했다. 상업 활동에 부수되는 어음 유통과 할인, 귀금속의 보관과 보관증서의 유통 등이 가져다주는 이익에 눈을 뜬 사람들은 아예 은행을 설립하고 은행권을 발행하기 시작했다. 여신과 대부가 증가하고 금융시장이 확대하면서 군주의 화폐도 널리 통용되었다.

그러한 금융시장의 발전에서 특별히 주목할 것은 두 가지다. 하나는 신대륙에서 금과 은이 대규모로 반입되어 거대한 화폐자본이 형성되었다는 것이다. 그러한 화폐자본은 국가 활동을 통해 거대한 생산과 소비 효과를 가져왔다. 화폐자본은 대부자본과 상업자본의 규모를 키웠고, 점차 생산자본으로 전환하였다. 다른 하나는 1694년 잉글랜드은행의 창립이다. 잉글랜드은행은 민간 신용을 안전하게 유통하고 국정화폐에 의해 민간 신용을 청산하는 자본주의적 신용화폐제도의 바탕을 만들었고, 정부와 은행이 화폐 발행의 특권을 공유하는 모델을 창출했다.[7]

그러한 획기적인 사건들이 벌어지는 가운데 상업과 금융은 함께 발전했다. 17세기 말에 이르러 생산물시장과 금융시장은 전국적인 네트워크를 형성했고, 심지어는 해외 무역을 통해 국제적인 네트워크를 구축하기도 했다.

노동력을 상품으로 교환하는 노동시장은 생산물시장이나 거기서 파생된 금융시장과는 달리 19세기 초에 이르러서야 비로소 전국적인 규모로 형성되었다. 그러한 노동시장의 전국적 형성은 시장경제를 하나의 경제체제로 탄생시키는 결정적 계기였다. 전국적 노동시장은 시장경제의 필수 불가결한 구성 부분이고, 그러한 노동시장을 전제하지 않

---

7 자본주의적 신용화폐제도에 관한 상세한 설명으로는 본서 제VIII부 2장을 보라.

는 시장경제는 개념적으로 성립될 수 없다. 그러한 노동시장은 매우 복잡한 발전 과정을 거쳐 전국적인 규모에서 자리를 잡았다.

물론 근대 이전에도 노동력이 필요한 사람은 노동력을 확보하여 이를 부릴 수 있었다. 노예제 사회에서는 노예를 소유한 사람이 노예의 몸에 저장된 노동력을 임의로 사용하였다. 봉건제 사회에서는 영주의 땅에 묶인 농노들이 영주의 군사·정치적 보호에 대한 대가로 영주에게 지대와 부역을 제공하였다. 노동력 제공은 신분제적 질서에서 정치적으로 강제되었다. 상인들과 수공업자들은 상인 길드와 수공업자 길드의 틀에 묶여 있었고, 길드의 통제와 규범 바깥에서 일할 수 없었다. 그것은 노동력 상품을 판매자와 구매자가 자유의사에 따라 교환하는 노동시장과는 거리가 멀었다.

노동시장의 형성은 무엇보다도 노동력을 상품으로 팔지 않고서는 달리 생계 수단이 없는 프롤레타리아트의 탄생을 전제로 한다. 프롤레타리아트는 자본의 원시적 축적에 결정적으로 이바지한 인클로저 운동의 산물로서 탄생하였다. 중세 후기에 시작되어 18세기 말까지 광범위하게 진행된 인클로저 운동의 결과, 생활수단과 생산수단을 일부 혹은 전부 박탈당한 농민들 가운데 일부는 자유 경작자의 지위를 잃고 지방 토호들의 반(半)소작인이 되거나 아예 지방 토호들의 자본주의적 영농 체계에 포섭되어 농촌 프롤레타리아트로 전락하였다. 또 다른 일부 농민들은 농촌을 떠났고, 그들은 이농민의 부랑과 범죄를 방지하고자 제정된 구빈법의 틀에서 강제노동수용소에서 일하거나 행정기관들이 배정한 일자리에서 일하고 법이 정한 생계비를 얻었다. 노동력 수요가 늘어나자 구빈법의 틀 바깥에서 노동력 교환이 이루어지기도 하였으나, 그것은 어디까지나 국지적인 현상이었다.

노동시장의 전국적 형성은 1834년 최후의 구빈법으로 알려져 있었던 스피넘랜드법을 폐지한 영국에서 최초로 이루어졌다.8 구빈법의 보호 바깥으로 던져져 굶주림의 강제 아래서 노동력을 팔아 임금을 얻고자 하는 사람들이 서로 경쟁하는 노동시장이 전국적으로 모든 경제 영역에서 완전하게 확립된 것이다.9 노동시장이 확립하면서 노동력은 상품이 되었고, 노동력 거래에 관한 계약이 사회관계의 핵심이 되었다.

1.3. 시장경제체제 성립의 제도적·사상적 조건들

전국적인 수준에서 노동시장이 성립하면서, 생산물시장과 금융시장과 노동시장이 서로 유기적으로 맞물리면서 시장경제가 하나의 경제체제로 창설될 수 있는 조건이 마련되었다. 파생적 성격을 갖는 금융시장을 일단 제쳐놓는다면, 시장경제는 한편으로 기업이 생산한 재화와 서비스를 생산물시장에서 가계에 판매하여 그 대금을 회수하고, 또 다른 한편으로 가계가 재화와 서비스를 소비하여 형성한 노동력을 노동시장에서 기업에 매각하고 그 대가로 임금을 받는 이중의 순환 체계를 이룬다. 한마디로 시장경제는 가계와 기업이 생산물시장과 노동시장을 통

---

8 칼 폴라니(Karl Polanyi)는 스피넘랜드법이 폐지되고 노동시장과 노동계급이 탄생하는 과정을 세밀하게 분석한 뒤에 다음과 같이 압축적으로 말했다. "이러한 노동시장 창출에 대한 장애들은 1834년의 구빈법 개혁으로 제거되었고, '생존의 권리'도 폐지되었다. … 스피넘랜드법은 노동계급의 출현을 막은 반면, 이제 일하는 빈민들은 자신들이 감지할 수도 없는 어떤 메커니즘의 압력에 밀려 노동계급을 형성하고 있었던 것이다." 칼 폴라니, 『거대한 전환: 우리 시대의 정치 경제적 기원』 (서울: 길, 2009), 259-260.
9 영국 이외의 다른 국가들에서 노동시장이 전국적으로 모든 경제 부문을 가로지르게 된 시기와 그 경로는 여러 가지 조건들과 요인들로 인해 상당한 차이가 있었다. 여기서는 이에 관련된 경제사적 연구는 생략한다.

하여 유기적 연관을 구축하는 경제체제다. 그러한 시장경제체제가 제대로 작동하기 위해서는 생산물시장과 노동시장에서 교환이 질서 있게 이루어지도록 뒷받침하는 제도들이 필요하다. 시장에서는 사람들의 욕망을 충족시키는 데 필요한 재화와 서비스만이 교환되는 것이 아니라 노동력, 땅과 토지, 자본, 화폐 등등도 교환의 대상이 되어야 하기에, 그러한 교환을 뒷받침하는 제도들이 마련되어야 한다.[10]

그 제도들을 확립하는 데 결정적인 역할을 한 것은 국가였다. 물론 그 제도들 가운데 어떤 것은 오랜 시장 거래 관습을 바탕에 두기도 하였다. 환어음이나 금화나 은화의 보관에서 비롯된 초기 형태의 은행제도가 그런 예일 것이다. 그러나 제도들의 안정성을 보장하는 것은 국가의 법제였다. 교환의 필수 불가결한 요건인 물건의 점유와 소유에 관한 법률, 땅과 토지의 소유권을 확정하고 이를 분할하고 매매할 수 있도록 만드는 부동산등기법, 계약의 효력을 보장하는 상법과 노동법, 화폐 발행과 금융거래에 관한 법, 보험법, 자본 출자와 거래에 관한 법(후대의 주식법), 파산법 등등이 그것이다. 만일 국가가 그러한 법제들을 제정하고, 시장의 발전에 대응하여 새로운 법률들을 제정하거나 기존의 법률들을 개정하지 않았다면, 시장의 질서는 제대로 형성되지 못하고, 유지되지도 못했을 것이다.[11] 거기서 더 나아가 국가는 시장경제 운영에 필

---

10 폴라니는 노동력, 토지, 화폐 등 본래 상품으로 매매될 수 없는 것들이 상품으로 교환되기 시작하면서 모든 것을 갈아서 분쇄하는 '사탄의 맷돌'이 돌아가기 시작했다고 지적한다. 그는 사회에 '묻어 들어가 있는'(embedded) 실재를 시장 법칙의 지배 아래 옮겨 놓아 상품인 것처럼 취급하면서 '상품 허구'가 탄생하였다고 분석했다. 이에 대해서는 칼 폴라니, 앞의 책, 241-245를 보라.

11 칼 폴라니는 근대로 전환하는 과정에서 중앙집권적 국가가 전국적인 생산물시장을 창설하는 데 결정적으로 이바지했고, 더 나아가 인클로저에 따른 토지소유권제도의 확립, 구빈법 폐지를 통한 노동시장 창설, 화폐 발행 독점권 부여 등 시장경제의 필수적인 제도를 확립하는 데 국가 개입이 필수적이었다는 것을 꼼꼼하게 분석한 뒤에 자신의 결론을 다음과 같이 요약했다. "자유방임이란

요하지만, 시장에 참가하는 그 어떤 주체에 의해서도 창설되지 않는 기반 구조들을 마련하는 역할을 도맡았다. 치안과 국방, 범죄의 예방과 처벌 같은 전통적인 국가 활동 이외에 도로, 항만, 철도, 도량형의 통일, 국민 교육, 사회적 안전망 등이 국가에 의해 마련됨으로써, 시장경제가 제대로 발전할 수 있는 기반이 조성되었다.[12]

시장경제는 또한 개인주의와 자유주의에 의해 사상적으로 강력하게 뒷받침되었다. 시장경제체제의 핵심적인 장치인 소유와 계약의 주체는 권리 능력과 의무 능력이 있는 독립적이고 자주적인 개인으로 설정되었다. 개인주의와 자유주의는 바로 그러한 주체의 근대적 구성에 결정적으로 이바지했다.[13]

시장경제는 그러한 여러 가지 조건들이 충족되면서 경제체제로서 자리를 잡았다. 시장경제체제는 19세기 초에 탄생하여 오늘에 이르기까지 끊임없이 진화하였고, 복잡한 구조를 갖추게 되었다. 시장경제의 진화와 발전에서 결정적인 역할을 한 것은 국가였다. 상품과 자본은 국민경제의 틀을 넘어서서 대외적으로 시장을 확장하려는 강한 동력을

전혀 자연적인 것이 아니었다. 인간 만사를 그야말로 제 갈 길 가도록 내버려 두기만 한다면, 결코 자유시장이란 나타날 수가 없는 것이었다. … 자유방임이라는 것 자체도 국가에 의한 법령과 집행을 통해 나타난 것이었다"(칼 폴라니, 앞의 책, 391). 폴라니는 같은 시기에 시장이 자기조정체제임을 역설하고 국가 개입을 금기시한 루트비히 폰 미제스와 프리드리히 폰 하이에크의 신자유주의를 정면으로 비판했다.

12 시장과 국가의 분리를 옹호한 자유주의 경제학자 아담 스미스는 국가의 의무가 "공공시설 또는 공공토목사업을 건설하고 유지하는 것"이라고 강조했다. 그는 공공시설의 예로 청소년을 위한 교육과 일반 시민의 종교 교육을 위한 시설을 들었고, 공공토목사업의 예로는 도로, 교량, 운하, 항만 등의 경제적 인프라와 식민지 상업을 위한 방어기지를 들었다. 이에 관해서는 아담 스미스/최호진·정해동 옮김, 『국부론』 하권 (서울: 범우사, 1992), 294, 295, 304f., 336f., 358f., 367f.를 보라.

13 자유주의적 개인의 탄생이 갖는 의미에 관해서는 조현준, 『개인의 탄생: 대도시와 시공간의 재편』 (서울: 소소의책, 2022), 57ff.를 보라.

갖기에 국제적인 상품 교역과 자본 이동을 규율하기 위해서는 국가 간 협정과 국제 규범이 마련되어야 했다. 따라서 시장경제체제의 역사적 발전을 살필 때 시장과 국가의 관계가 어떻게 변화되었는가, 국제무역과 자본 이동이 어떻게 규율되었는가를 반드시 들여다보아야 한다.

아래서는 시장경제체제의 발전을 세 단계로 나누어 19세기의 지배적인 자유주의적 시장경제와 자유무역, 20세기 전반기에 등장한 국가 개입주의적 시장경제와 브레턴우즈체제, 20세기 후반 이래의 신자유주의적 시장경제와 경제의 금융화와 지구화 등을 차례대로 다룬다.

2. 자유주의적 시장경제와 자유무역

시장경제가 경제체제로 확립되는 과정은 시장경제체제를 자유주의적으로 운용하는 방식이 자리를 잡는 과정이기도 했다. 자유주의적 시장경제는 자유무역을 요구했고, 그것을 촉진했다. 아래서는 자유주의적 시장경제와 자유무역의 발전과 거기서 파생되는 문제들을 살핀다.

2.1. 자유주의적 시장경제와 그 문제

흔히 자유주의적 시장경제는 절대주의 국가와 중상주의 국가의 경제 운영 방식을 넘어서기 위한 기획이라고 하지만, 그러한 경제 운영 방식을 유산으로 물려받았다는 것을 잊어서는 안 된다.

먼저 자유주의적 시장경제가 절대주의 국가로부터 물려받은 유산은 무엇보다도 사람들에게 노동 의무와 노동 규율을 새겨넣는 국가 작용과 관련되어 있다. 절대주의 국가는 인클로저 운동의 여파로 농촌에서 이탈한 사람들에게 근대적 노동 의무와 노동 규율을 부과하였고, 그 수단은 구빈법과 직인 조례에 근거한 강제력이었다.[14] 영국을 위시한 서구 여러 나라에서 국가의 노동 규제 법률들은 생체리듬과 공동체 여가 문화에 적응했던 중세인들의 느슨한 노동을 자본주의적 공장 규율을 몸에 새긴 임노동으로 전환하는 데 크게 이바지했다. 시장경제가 태동하고 발전하는 과정에서 국가는 자본주의적 생산에 필요한 노동력을 조성하기 위한 문화적 인프라를 구축하였고, 그 가운데 가장 중요한 것은 의무교육의 제도화였다.

그다음에 자유주의적 시장경제는 국부의 증진에 관심을 두고 경제적 합리성에 따라 행동하는 경향을 띤 근대 국가가 필요했다. 그러한 경향은 중상주의 국가에서 뚜렷하게 나타났다. 중상주의는 국가가 국부를 최대화하기 위하여 경제 영역에 속속들이 개입하고 규제하는 전통을 수립하였다. 물론 국가가 상인의 정신(mercantilism)을 갖고서 국부의 생성과 증대에 직접 개입하는 중상주의적 국가 활동은 폐지되어야 했다. 그러나 국가가 경제를 규제하는 역할은 자유주의 시대라고 해서 사라질 수 있는 것은 아니었다.

자유주의는 국부가 국가 재정의 수지결산에 좌우되는 것이 아니라 개별적 생산자와 소비자의 경제적 결산의 총화로 이루어진다는 인식이 싹트면서 경제 활동의 자유화를 추진하는 강력한 이데올로기로 등장했다. 시장에서 상품의 공급과 수요가 가격에 의해 조정되어 기업의 이익

---

14 구빈법 등의 노동 규율 효과에 대해서는 피에르 독케스·베르나르 로지에/김경근 옮김, 『모호한 역사: 자본주의 발전의 재검토』 (서울: 한울아카데미 1995), 173-177을 보라. 마르크스는 그 법을 '유혈로 낭자한 법제'로 성격화했다. 이에 대해서는 K. Marx, *Das Kapital 1*, 761ff.를 보라.

과 가계의 편익이 최대화되고 공익이 최대로 실현된다는 것이 시장의 자유화를 주장하는 사람들의 논거였다.15 따라서 국가는 국방과 치안에 전념하고 시장은 시장의 손에 맡겨야 한다는 주장이 그 논거에 곧바로 덧붙여졌다. 야경국가와 자유방임주의(Laissez-Faire)가 같은 동전의 양면을 이루는 것이 최적이라는 것이다. 자유주의가 지배적인 이데올로기로 자리 잡으면서 국가는 시장 간섭을 배제하거나 최소화했고, 시장 참여자들에게 중립의 입장을 지켰다. 그것이 시장과 국가의 분리라는 자유주의 원칙이 구현되는 방식이었다.

그러나 시장경제는 애초부터 시장경쟁과 시장교환에 모든 것을 맡기는 자유방임주의 방식으로는 지탱될 수 없었다. 이미 1절에서 말한 바와 같이 국가는 교환의 자유를 보장하는 데 필요한 법과 제도를 마련했다. 시장 참여자의 자유로운 경쟁이 불가피하게 불러오는 독과점은 교환의 질서를 문란하게 만들기에 카르텔과 트러스트를 해체하고 공정경쟁을 보장하고, 시장경제에 필요한 사회경제적 인프라와 문화적 인프라를 조성하는 것도 국가의 과제였다.

국가가 자유주의적 법치 질서의 틀에서 시장경제를 규율하는 데서 발생하는 결정적인 문제는 자유권의 하나로 확립된 소유권을 절대화하는 경향과 관련되어 있다. 소유권은 생산수단을 소유하는 자본가의 경영 전권을 보장하였고, 자본가가 매입한 노동력에 대한 전제적 지배를

---

15 흔히들 자유롭게 경쟁하는 시장에서 수요와 공급이 균형을 이루게 되는 것은 아담 스미스가 말한 '보이지 않는 손'의 조화라고 말하곤 한다. 그러나 스미스는 사익만을 추구하는 경제가 '보이지 않는 손'의 작용으로 인해 공익을 실현한다는 점을 말하고 싶었던 것으로 보인다. 이에 관해서는 Horst Claus Rektenwald, "Ethik, Selbstinteress und bonum commune: Eine Analyse der klassischen Ordnungstheorie Adam Smiths," *Ethik und Wirtschaftswissenschaft*, hg. von George Enderle (Berlin: Dunker & Humblot, 1985), 143-161을 보라.

확립하게 했다. 설사 노동계약이 노동력 구매자와 노동력 판매자 사이에서 자유의사에 따라 체결되는 계약이라고 하더라도, 노동력을 제공하여 노동소득을 얻는 것 이외에 달리 생활수단을 갖지 않는 사람들에게 노동계약은 노동자들이 경제적 강제에 떠밀려 자본가의 전제적 지배와 체계적인 착취를 받아들이도록 하는 제도적 장치였다. 자유주의 국가가 '자본의 노동 포섭'16과 잉여가치의 착취를 당연시하자, 자본가 편에 방대한 이윤이 축적되고, 노동자 편에 가난이 확산하였다. 한마디로 자유주의 시장경제는 국가의 시장 참여자에 대한 중립 계명 아래서 부익부 빈익빈을 구조화하였다. 시장과 국가의 분리라는 자유주의 원칙 아래서 국가는 '자본주의 국가'17가 되었다. 사익의 추구가 공익을 최대화할 것이라고 표방했던 자유주의적 법치국가는 사회적 통합에 실패했고, 공익의 구현자로서 통치의 정당성을 확보할 수 없었다.

자유주의적 시장경제가 완숙된 국면에서 나타나는 주목할 만한 현상들은 두 가지였다. 하나는 독점자본의 형성이고, 다른 하나는 노동자 운동의 대두였다. 먼저 독점자본의 형성은 기업들의 치열한 경쟁에서 비롯된 결과이기도 하고, 치열한 경쟁을 위한 준비이기도 했다. 시장경

---

16 '자본의 노동 포섭'은 노동이 자본에 예속됨(Unterordnung der Arbeit unter das Kapital)을 압축해서 옮긴 표현이다. K. Marx, *Das Kapital 1*, 199, 315, 533 등. 노동계약은 자본의 노동 포섭과 잉여가치 착취의 법적인 토대이다.

17 '자본주의 국가'는 국가가 자본의 기능을 수행하면서 통치의 정당성을 주장하는 측면을 포괄하는 전문적인 개념이다. '자본주의 국가'에 대한 이론은 독일의 국가 도출론자들과 프랑스의 구조주의자들에 의해 제시되었다. '자본주의 국가'에 대한 이론적 검토로는 박상섭, 『자본주의 국가론: 현대 마르크스주의 정치이론의 전개』(서울: 도서출판한울, 1985)를 보라. 박승호는 경제적 강제를 매개로 한 경제적 토대와 정치적 상부구조의 연관에 착안하여 자본주의 국가를 설명한다. 박승호, 『좌파 현대자본주의론의 재구성』(서울: 한울아카데미 2004), 177: "자본주의적 생산관계의 경제적 형태가 '경제적 강제'를 낳고, 경제적 강제를 토대로 자본주의적 생산관계의 정치적 형태가 성립된다는 것이다. … 경제적 형태와 정치적 형태의 관계는 직접적인 것이 아니라 경제적 강제에 의해 매개되어 정립되는 것이다."

쟁에서 이긴 기업들은 그 경쟁에서 패한 기업들을 집어삼키면서 몸집을 키웠다. 시장경쟁에서 이기기 위해 기업은 주식시장을 통해 거대한 생산자본을 마련하거나 은행과 결합하여 '금융자본'을 형성했다. 그러한 거대자본은 기업 인수·합병을 통하여 카르텔과 트러스트를 형성하였다. 그다음에 노동자 계급은 자본의 전제적 지배와 체계적인 착취에 맞서서 대항하기 시작했다. 자본의 권력에 맞서는 노동자들의 무기는 연대와 단결이었다. 노동자들은 단결권의 법적인 보장을 요구하였고, 사회주의 정당을 꾸려서 자유주의적 시장경제체제의 대안을 추구하는 정치 세력을 형성하고자 했다. 그러한 두 가지 사태 발전에 대응해서 자유주의 국가는 한편으로는 경쟁 질서를 확립하기 위해 반(反)트러스트법을 제정하였고, 다른 한편으로는 노동자의 노동조합 결성과 정치 세력화를 억압했다.

자유주의 시장경제에서 거대한 자본의 축적과 가난의 확산이 동시에 일어나자 생산과 소비의 균형은 깨졌다. 주기적인 공황은 피할 수 없었다. 그것을 회피하는 수단들 가운데 하나는 자본과 상품을 해외 시장과 식민지로 방출하는 무역이었다. 19세기 말에 이르러 자본주의적 발전의 길을 걸었던 유럽 여러 나라가 서로 무역 장벽을 쌓고 식민지 시장의 포화 문제를 해결하려고 들자 시장경제의 모순을 해결하기 위해 폭력에 호소하는 분위기가 조성되기 시작했다.

2.2. 자유무역의 파탄과 전쟁

시장과 국가의 이원적 분리를 주창한 자유주의자들은 자유무역의 옹호자이기도 했다. 자유무역은 국민경제 차원에서 과잉 생산된 상품과 과잉 축적된 자본을 해외로 이전시키는 효과를 발휘했다. 그러한 자유무역은 19세기 말에 이르러 무너졌다. 유럽에서 자유무역이 성립하여 붕괴하는 과정은 주의 깊은 검토가 필요하다.

잘 알려져 있다시피 자유무역은 중상주의를 넘어서려는 기획이었다. 중상주의자들은 무역이 국부 증대의 가장 유력한 수단이라고 여겼다. 무역을 통한 국부 증대는 수출을 장려하고 수입을 억제하는 국가 전략에 의해 뒷받침되었다. 무역수지를 합리적으로 관리하는 국가는 수출 기업을 육성하여 특권적인 지위를 부여하였고, 국가 조달 체계 아래 수입 업자를 종속시켰다. 그러한 중상주의적 통제 무역은 다양한 산업의 유기적 발전을 억제하는 효과를 가져왔다. 부르주아 계급은 이에 반발했고, 자유주의 경제학을 강력하게 지지했다. 자유주의 경제학의 핵심은 경제에 대한 국가의 직접 개입을 금기시하고, 자유무역을 옹호하는 것이었다. 자유주의 경제학의 아버지 아담 스미스는 절대우위에 있는 각국 산업을 특화하는 방식의 국제 분업과 자유무역이 이에 참여하는 모든 나라들에 이익이 된다고 주장하였다.[18] 데이비드 리카도(David Ricardo)는 스미스의 이론을 수정하여 비교우위에 있는 산업을 중심으로 국제 분업과 무역을 발전시키는 방안의 타당성을 입증했다.[19] 리카도의 비교우위론은 자유무역의 강력한 이론적 지지대 역할을 했다.

그러한 발상에 근거한 자유무역은 19세기 중엽부터 우여곡절을 겪으면서도 크게 발전하였으나, 19세기 말에 이르러 무역 지급수단인 화

---

18 아담 스미스/최호진 · 정해동 옮김, 『국부론』 상권, 542f.
19 데이비드 리카도/권기철 옮김, 『정치경제학과 과세의 원리에 대하여』 (서울: 책세상, 2019), 160f.
   를 보라.

폐의 금본위제도에 발목이 잡히고 말았다. 금본위제도는 무역적자국으로부터 무역흑자국으로 금을 이동시키는 결과를 낳았다. 금이 반출된 국가에서는 화폐 가치가 떨어질 뿐만 아니라 화폐 공급량이 줄어드는 효과가 나타나기에 국민경제 운영이 극도로 어려워지기 마련이었다.

그러한 상황에서 무역적자국은 한편으로는 자유무역에 등을 돌린 채 배타적인 무역 블록을 형성하고, 다른 한편으로는 상품과 자본을 수출하고 값싼 원료를 수입할 수 있는 해외 식민지를 확보하려고 들었다. 그것은 보호무역주의가 제국주의적 성격을 띠게 되었다는 것을 의미한다. 그러나 전 세계의 식민지는 이미 포화 상태에 있었기 때문에 해외 식민지를 확보하고자 하는 국가는 기존의 식민지를 재분할할 것을 요구하게 되었고, 국가들은 식민지 재분할을 둘러싸고 첨예하게 대립하고 갈등하게 되었다. 그것은 식민지 재분할을 둘러싸고 국가들이 전쟁을 벌일 수밖에 없는 처지에 몰렸다는 것을 의미했다.[20] 실제로 식민지 재분할 전쟁은 소규모 지역 전쟁을 거쳐 제1차 세계대전 같은 거대한 국제 전쟁으로 치닫게 되었다.

그러한 전쟁의 대참극을 겪고 나서도 무역 블록은 해체되지 않았고, 무역 국가들 사이의 선린 우호 관계를 보장하는 무역 질서는 세워지지 않았다. 산업 발전의 결과로 불가피하게 팽창하는 자본과 늘어나는 상품을 국민경제 바깥으로 밀어내는 압력이 커지는 상황에서 무역 국가들 사이에 이익 균형을 보장하는 개방적인 무역 질서가 없었기에 제2차

---

20 이 점을 가장 날카롭게 포착한 이론가는 레닌일 것이다. 레닌은 아프리카의 10분지 9가 정복되고 전 세계가 분할되자 "세계의 분할과 재분할을 위한 특히 첨예한 투쟁의 시대가 오는 것은 필연적이었다"라고 썼다. 블라디미르 일리치 레닌/이정인 옮김, 『제국주의, 자본주의의 최고 단계』 레닌 전집 63 (서울: 아고라, 2018), 207을 보라.

세계대전은 불가피했다.

3. 국가개입주의와 브레턴우즈체제

국가개입주의와 브레턴우즈체제는 자유주의적 시장경제의 실패를 극복하고자 하는 시도였다. 국가개입주의는 대공황으로 피폐해진 시장경제를 재건하기 위해 국가가 시장에 전면적으로 개입하는 것을 골자로 하고, 브레턴우즈체제는 자유무역 질서를 수립하고 국제무역에서 필연적으로 발생하는 외환위기와 국가 간 발전 격차의 문제를 해결하려는 것을 그 핵심으로 했다. 국가개입주의와 브레턴우즈체제는 동시에 확립되지는 않았다. 역사적으로 보면 국가개입주의는 대공황 직후에 확립되었고, 브레턴우즈체제는 제2차 세계대전이 막바지에 이르렀을 때 구상되어 전쟁 이후에 제도화되었다. 국가개입주의와 브레턴우즈체제는 전후 '사회적 자본주의'의 전성기를 뒷받침한 제도였고, 나중에 상세하게 밝히겠지만, 브레턴우즈체제의 붕괴는 국가개입주의를 무너뜨리는 결정적인 계기가 되었기에 둘을 따로 다루지 않고 함께 다루는 것이 나을 것 같다.

3.1. 국가개입주의

국가개입주의는 자유주의적 시장경제가 불러온 공황과 전쟁 같은 무질서와 대혼란을 극복하기 위해 국가가 직접 나서서 시장을 규율하는 규범을 제정하고, 그 규범에 따르는 일련의 정책들을 수립하여 집행하는 시장경제 운영 방식이다. 그런 만큼 국가개입주의는 시장 참여자들 사이에 새로운 계약을 체결해야 가능한 일이었다. 무엇보다도 자유주의적 시장경제에서 두드러진 자본가와 노동자 사이의 계급 적대는 계급 타협으로 전환되어야 했다.

국가개입주의를 이론적으로 뒷받침한 것은 케인즈의 경제학이었다. 존 메이너드 케인즈(John Maynard Keynes)는 국가의 재정지출 확대와 선도적 투자를 중시하는 투자승수 이론을 제시했고, 수요 중심의 경제운영을 강조하는 유효수요 이론을 주장했다. 케인즈의 주장을 가장 분명하게 인식한 최초의 국가 지도자는 미국의 프랭클린 D. 루즈벨트 대통령(Franklin Delano Roosevelt)이었다. 케인즈는 1933년 12월 31일 뉴욕타임스에 실린 루즈벨트 대통령에게 보내는 공개 편지에서 정부의 재정적자정책을 권고하고, 1934년에는 루즈벨트 대통령을 직접 면담해서 같은 정책을 권고했다. 본래 재정 균형론자였던 루즈벨트는 처음에는 케인즈의 권고에 소극적으로 반응했으나, 사회간접자본 투자와 사회복지 지출 확대정책의 효과가 크다는 것을 점차 실감했다.[21]

루즈벨트의 '뉴딜'정책은 자유주의적 시장경제를 국가개입주의적 시장경제로 전환하는 결정적인 계기였다. 흔히 뉴딜정책은 주로 대공황에 맞서서 국가가 재정지출을 확대하여 대규모 사회간접자본 투자를 집행하고 실업자를 흡수하는 정책이라고 알고 있지만, 그것은 뉴딜정책의 한 측면에 불과했다. 뉴딜정책은 크게 세 부문으로 이루어졌다. 은행제도의 개혁, 산업 관계의 재구성, 사회적 안전망의 구축 등이 그것이다. 첫째, 은행제도의 개혁은 불가피하고 시급했다. 은행의 무분별한

---

21 이재율, "1930년대 대공황과 케인스의 경제사상," 「경영경제」 43/1(2010), 61.

신용공급과 투기 조장이 대공황의 직접적인 원인이었기 때문이다. 1934년에 제정된 글래스-스티걸법은 상업은행과 투자은행을 분리했고, 연기금의 주식투자를 금지하였다. 이로써 '관리된 금융체제'가 구축되어 국가개입주의의 금융적 토대가 확립되었다. '관리된 금융체제'에서 이자율은 낮게 유지되었으며, 화폐자본이 생산자본에 속박되는 경향이 나타났다.[22] 둘째, 산업 관계의 재구성은 뉴딜정책의 핵심이었다. 1935년에 제정된 「전국노사관계법」(National Labor Relations Act)은 노동자들이 독립적이고 자율적인 노동조합을 결성하여 단체교섭에 나설 수 있게 했다. 노동자들이 자본가의 전제적 지배로부터 해방하는 길이 열리자 그들은 산별노조 결성 운동을 펼치며 권력을 강화하여 자본의 권력과 균형을 이루게 되었다.[23] 그러한 노동과 자본의 권력 균형은 노동과 자본이 이해관계를 놓고 서로 대립하면서도 타협을 추구하는 기반이 되었다. 셋째, 1935년에 제정된 「사회보장법」(Social Security Act)은 노인, 아동, 장애인, 실업자 등에게 복지급여를 지급하도록 규정했다. 사회보장제도의 도입과 지속적 확대를 위한 재원은 강력한 누진세를

---

22 전창환은 루즈벨트 행정부의 '금융 뉴딜'이 상업은행과 투자은행의 분리, 미연방 준비제도이사회의 독립성과 권한 강화, 증권법 개정을 포괄하는 종합적인 은행 및 금융 규제의 제도화 과정이었다고 분석한 뒤에, "대공황 이전의 미국식 금융자본주의는 뉴딜에 의해 완전히 단명에 끝남과 동시에 금융자본가의 영향력은 급격히 쇠퇴했다"라고 평가했다. 이에 관해서는 전창환, "1930년대 미국의 금융 뉴딜," 「동향과 전망」 89(2013), 353을 보라.

23 「전국노사관계법」(National Labor Relations Act)은 와그너(Robert F. Wagner, 1877~1953) 의 제안에 따라 제정되었다고 해서 '와그너법'으로 불리기도 한다. 와그너법은 1935년 6월 미연방 대법원이 1933년의 「산업부흥법」(National Industrial Recovery Act)에 위헌 결정을 내리자, 그 법안의 노동법 관련 조항들을 추려 만든 법이다. 와그너법은 노동자들이 독립적이고 자율적인 노동조합을 결성하고 단체교섭을 할 수 있도록 보장했다. 와그너법과 미국 노동자들의 산별노조 결성 운동은 미국에서 노동과 자본이 권력 균형을 이루는 데 결정적으로 이바지했다. 이에 관해서는 백광기, "미국 뉴딜(New Deal) 시대의 노사관계: NLRA의 제정과 CIO의 노동투쟁을 중심으로," 「경영사연구」 33/1(2018): 95-120을 보라.

기본으로 하는 조세정책에 의해 마련되었다.[24]

뉴딜 모델의 핵심을 이루는 계급 타협은 1930년대에 스칸디나비아 국가들에서도 시도되었다. 1938년 스웨덴에서는 노동조합과 경영자단체가 살쮀바덴(Saltsjöbaden)협약[25]을 체결하여 노사 교섭의 자율성을 최대화하고 극단적인 노사 대립을 지양한다는 두 원칙에 합의했다. 살쮀바덴협약은 계급 협조적이고 계급 타협적인 노사관계의 토대를 마련했다. 그 협약의 정신에 따라 노동조합과 경영자단체는 1952년부터 노사 중앙교섭을 시작했고, 노사 중앙교섭은 1983년까지 연대임금정책을 구현하는 장치가 되었다. 연대임금정책은 산업구조조정정책, 적극적 노동시장정책 등 정부의 개입과 조율을 통해 시장경제를 규율하는 핵심적인 정책 수단이었다. 제2차 세계대전 이후 경제 재건에 나선 독일에서도 노동과 자본은 계급 타협의 길을 걸었다. 노사 계급 타협은 국민경제의 발전을 고려한 산별교섭, 공장과 기업 수준의 노사 공

---

24 뉴딜정책은 큰 정부, 강한 노동조합, 금융자본의 지배에서 벗어난 전문 경영인체제를 확립하여 사회적 자본주의의 발전을 촉진했다고 긍정적으로 평가된다. 그러나 뉴딜정책은 다양한 각도에서 비판되기도 한다. 참고삼아 몇 가지 예를 들면 이정구는 뉴딜정책이 대공황을 극복하기에 충분하지 않았다고 보고, 그 이유는 미연방 정부의 재정정책이 소극적이었기 때문이라고 지적한다. 그는 제2차 세계대전이 시작되어 미국 경제가 전시경제체제로 전환한 뒤에야 비로소 대불황이 극복되기 시작했다고 주장한다. 이에 관해서는 이정구, "1930년대의 대불황과 미국의 뉴딜," 「마르크스21」 34(2020): 122f., 125ff.를 보라. 양동휴는 뉴딜정책을 금융정책, 생산통제, 사회안전망 구축 등 세 분야로 나누어 고찰하고, 뉴딜정책이 긴급한 필요에 부응했다는 점을 평가하면서도 미연방 예금보험공사 설립으로 인한 은행의 도덕적 해이 조장, 상업은행의 산업투자 금지의 불합리성, 노동자 권력의 비대화, 사회복지제도의 비효율성 등을 가져왔다고 비판한다. 이에 관해서는 양동휴, "뉴딜 경제정책의 공과," 「경제사학」 28(2000): 167-204를 보라. 신자유주의자들은 아예 뉴딜정책이 불필요했고 실패했다고 주장한다. 대공황은 자유방임주의정책의 포기로 인해 촉발된 것이기에 '큰 정부'가 뉴딜정책의 이름으로 하향식으로 추진한 개혁은 불황 탈출을 지체시킬 수밖에 없었다는 것이다. 이에 관해서는 로버트 P. 머피/류광현 옮김, 「대공황과 뉴딜정책 바로알기」 (서울: 비봉출판사, 2020), 43, 138을 보라.

25 스웨덴에서 노동과 자본의 계급 타협을 기조로 체결된 살쮀바덴협약에 대해서는 신정완, 「임노동자기금과 스웨덴 사회민주주의」 (서울: 여강, 2000), 113-121을 보라.

동결정제도 등의 형태로 나타났다. 그러한 노사관계는 시장 권력의 형성을 억제하는 경쟁법 강화, 두터운 사회복지제도 등과 함께 사회적 시장경제를 떠받치는 한 축이 되었다. 사회적 시장경제는 독일에서 정부의 개입을 통해 사회적으로 조율되는 시장경제체제의 운용 방식이다.26

미국, 스웨덴, 독일 등의 예에서 드러나듯이 계급 타협을 바탕에 둔 국가개입주의적 시장경제는 수요 중심의 경제 운영을 주축으로 삼았기에 자본축적에서 비롯되는 생산 증가와 노동소득 및 이전소득 증가에서 비롯되는 소비 증가가 서로 맞물리게 되었다. 대량생산과 대량소비가 순환 관계를 이루며 '풍요한 사회'27를 만들었고, 매우 빠른 경제성장이 이루어졌다. 국가개입주의가 자리를 잡아 전성기를 이루었던 1960년대에 미국의 경제성장률은 연평균 4.5% 정도였으며, 1964년부터 1966년까지는 7%에 가까운 성장률을 보이기도 했다.

그러나 국가개입주의가 전제하는 계급 타협은 시장경제체제의 핵심인 자본의 노동 포섭에서 비롯된 계급 모순을 봉합했을 뿐 그것을 해소하지 못했다. 그 당시 자본주의 경제에서 생산력과 생산관계는 포드주의적 특성을 보였다. 포드주의는 테일러(Frederick Winslow Taylor)의 과학적 경영 방법에 따라 자본의 엄격한 노동 통제 아래서 노동자들이 컨베이어벨트 작업 같은 단순 반복 공정에 종사하는 방식으로 구현되었다. 그러한 노동 통제와 단순 반복 노동은 극심한 노동 소외와 노동 불

---

26 독일의 '사회적 시장경제'에 대한 알기 쉬운 설명으로는 한스 J. 티메/안두순 옮김, 『사회적 시장경제와 정부의 역할: 독일식 질서정책적 구상과 경제정책적 실무』 (서울: 미리내, 1995), 83, 103ff.를 보라.

27 풍요한 사회에 대한 경제학적 분석으로는 존 K. 갈브레이드/박형규 옮김, 『풍요한 사회』 (서울: 현대사상사, 1972), 26f., 33.

만을 불러일으켰고, 그로 인한 작업장 불안정은 높은 수준의 보상적 임금으로 가까스로 억제되었다.[28] 그것은 포드주의적 생산관계가 자본축적의 위기를 내장했다는 뜻이다. 결국 포드주의적 축적체제는 1960년대 말부터 투자 위축에 따르는 경기침체와 수요인플레이션이 결합한 스태그플레이션(stagflation)을 피할 수 없었다. 스태그플레이션은 포드주의적 축적체제를 기반으로 한 국가개입주의를 궁지에 몰아넣었다. 왜냐하면 스태그플레이션은 국가개입주의의 이론적 바탕이었던 케인즈주의적 재정정책 처방과 수요정책 처방으로는 해결되지 않았기 때문이다.

국가개입주의 시기에 서로 맞물리기 시작한 대량생산과 대량소비는 자원 고갈과 생태계 위기를 가져왔다. 자본주의적 상품생산을 추동하는 동력은 화석연료였다. 화석연료 사용에서 발생한 이산화탄소 총량은 대량생산과 대량소비가 시작한 때로부터 가파른 우상향 곡선을 그리며 증가했다.[29] 이산화탄소가 대기권에 축적되면서 지구온난화가 시작하였고, 이제는 기후 위기를 거쳐 기후 파국의 조짐이 나타나기까지 한다. 대량생산과 대량소비는 대기권의 이산화탄소량을 늘린 것만이 아니라 생태계에서 채굴하여 경제적으로 활용하였다가 생태계에 내다

---

28 테일러주의적 경영이 자리 잡은 대표적인 기업인 포드 자동차 회사에서 노동자들은 다른 공장 노동자들보다 2배 이상의 임금을 받았다. 테일러의 과학적 경영에 따라 조직된 공장노동과 그 노동인간학적 효과에 대한 상세하고도 날카로운 분석으로는 H. Braverman, *Die Arbeit im modernen Produktionsprozess*, 1. Aufl. (Frankfurt am Main/New York: Campus- Verl., 1977), 93ff. 테일러의 과학적 경영에 관해서는, F. W. Taylor, *Die Grundsätze wissenschaftlicher Betriebsführung*, Nachdr. der autoris. Ausg. von 1913 (Weinheim u.a.: Beltz, 1977), 31ff. 를 보라.

29 <화석연료 연소에 의한 이산화탄소 배출 추이>(1870~2011년)
그래프 출처: 노동운, "최근 세계 온실가스 배출추이와 시사점," 「세계 에너지시장 인사이트」 16/5(2016), 5에서 따왔음.

버리는 기체, 액체, 고체 형태의 폐기 물질을 엄청나게 늘려서 생태계의 안정성과 건강성을 위협해 왔다.

국가개입주의는 국가자본주의라는 극단적인 형태를 취하기도 했다. 국가자본주의는 국가가 자본의 축적과 배분을 주도하고, 경제개발계획을 수립하여 급속한 경제발전을 꾀하는 특징이 있다. 국가자본주의는 독일황제제국(1870~1918) 시대의 독일 자본주의에서 선을 보인 이래로 히틀러와 무솔리니의 파시스트 경제에서 실험되었고, 우리나라에서도 오랫동안 국가 주도적인 경제발전을 이끄는 방식이었다. 1961년 쿠데타를 통해 집권한 군사정권은 한국전쟁으로 피폐해진 경제를 재건하고 경제발전을 급속도로 추진하기 위해 경제개발계획을 수립하고 그 계획을 달성하는 데 필요한 자본을 축적하고 배분하는 과정에 깊숙하게 개입하였다. 국가는 '경제개발5개년계획'의 틀에서 수출 입국 전략에 따라 산업정책, 지역개발정책, 금융정책, 조세 감면 및 보조금정책, 기업정책, 경쟁정책, 노동시장정책, 물가통제정책 등을 패키지로 꾸리고, 정책 시행 과정에서 비롯되는 부작용을 관리하는 과정정책을 마련했다. 국가는 사회정책, 복지정책, 환경정책 등을 애써 무시하고, 자본축

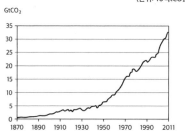

〈화석연료 연소에 의한 이산화탄소 배출 추이〉(1970~2011년)

(단위: 10억tCO_2)

자료: IEA(2015), *Key Trends in CO2 Emissions*

적을 위한 저임금·저곡가정책에 저항하는 노동자와 농민의 저항을 체계적으로 억눌렀다. 한국의 국가자본주의는 자본 친화적이고 노동 배제적인 개발독재의 길을 걸었다. 거기서는 계급 타협이 아니라 계급 적대가 두드러졌다.[30]

3.2. 브레턴우즈체제의 성립과 발전

자유무역의 파탄으로 인해 두 차례의 세계대전을 겪었던 사람들은 제2차 세계대전 이후의 세계경제 질서를 구상하면서 자유무역을 통해 세계 여러 나라가 서로 협력하는 제도를 수립해야 한다고 생각했다. 그러한 생각은 브레턴우즈체제로 구현되었다. 브레턴우즈체제는 후대의 세계무역체제(World Trade Organisation, WTO)와는 달리 국민경제를 세계경제에 완전히 포섭하는 것을 의도하지 않았다. 국민경제가 세계경제에 어느 정도 거리를 취하면서도 자유무역에 개방적인 태도를 취하게 하는 것이 브레턴우즈체제의 이상이었다.[31]

1944년 미국 뉴햄프셔의 브레턴우즈에서 체결된 협정의 핵심은 자유무역의 규범을 제정·집행하고, 무역수지 적자에서 발생하는 외환 고갈 문제를 해결하고, 무역적자국의 발전을 지원하여 장기적으로 무역 균형을 도모하는 국제기구들을 마련하는 것이었다. 그 협정에 따라 관

---

30 한국의 국가자본주의적 노동 통제 전략에 관해서는 본서 제V부 3장 2에서 상세하게 논의할 것이다.
31 이에 대해서는 박승호, 『좌파 현대자본주의론의 재구성』, 397; Rolf H. Hasse/Simone Claber, "Ordnungssyseme für interstaatliche wirtschaftliche Prozesse," *Handbuch der Wirtschaftsethik, Bd. 2: Ethik wirtschaftlcher Ordnungen*, herausgegeben im Auftrag der Görres-Gesellschaft von Wilhelm Korff u. a. (Gütersloh: Gütersloher Verlagshaus, 1999), 438을 보라.

세와무역에관한일반협정(GATT), 국제통화기금(IMF), 세계은행(WB)이 창설되었고, 그 세 기구는 브레턴우즈체제의 공식적인 핵심 기구가 되었다.

브레턴우즈 협정에서 가장 결정적인 의제는 단연 세계 무역의 지급 수단을 결정하는 것이었다. 그 의제를 둘러싼 치열한 논쟁에서는 중립적인 세계화폐 방코르(bancor)를 창설하자는 케인즈의 제안이 파기되고, 미국의 국가 화폐인 달러를 기본적인 국제 결제 수단으로 삼자는 미연방 재무부의 해리 덱스터 화이트(Harry Dexter White, 1892~1948)의 제안이 채택되었다. 달러의 안정성은 달러 금태환제도에 의해 보장하는 것으로 결정되었다. 그러한 국제 지급수단의 결정은 제2차 세계대전의 전승국인 미국이 헤게모니 국가로 등장하고, 1945년 현재 미국 재무부가 세계 금보유고의 63%를 차지하고 있었기에 가능했다. 그리하여 1) 달러 금태환 본위제, 2) 환율의 단기 변동폭을 극소화하는 고정환율제, 3) 통화투기를 억제하기 위한 자본 이동의 제한, 4) 각국의 거시경제정책의 자율성 인정 등을 기본 원칙으로 하는 브레턴우즈체제가 완성되었다.[32]

그러한 브레턴우즈체제는 국가개입주의의 금융적 기초를 이루는 '관리된 금융체제'와 맞물리면서 1970년대 초에 이르기까지 여러 선진국이 경제 번영과 사회 안정을 누릴 수 있게 하였다. 그러나 브레턴우즈체제에서 개발도상국들은 자본과 상품의 이동을 통해 수탈당하는 위치에 놓였고, 그것이 '남북문제'의 핵심이었다.[33] 아프리카 등지의 미개발

---

32 전창환, "국제통화체제의 변형과 통화의 국제화," 『한신논문집』 16/2(1999), 225f.
33 '남북문제'는 북반구의 선진공업국가들이 자본 투자와 상품 교역을 통해 남반구의 개발도상국가들을 체계적으로 수탈하여 북반구에는 엄청난 자본과 부가 축적되고 남반구에는 자본 유출과 빈곤이

국가들과 저개발국가들은 브레턴우즈체제에서 거의 관심을 끌지 못했다.

3.3. 국가개입주의와 브레턴우즈체제의 파탄

국가개입주의가 두드러지는 20세기 중기의 시장경제는 자유주의 시장경제를 파탄에 빠뜨렸던 가장 심각한 문제, 곧 자본의 노동 포섭과 그 결과인 소득분배의 왜곡을 근본적으로 해결하지 못했다. 이미 앞에서 언급한 바와 같이 포드주의적 생산관계에서는 노동 소외와 노동 불만을 높은 임금으로 보상하는 경향이 나타났다. 뉴딜 모델의 핵심적인 제도였던 강력한 노동조합과 단체교섭제도는 임금 수준을 빠른 속도로 높였고, 사회적 안전망을 유지하기 위한 기업의 지출도 큰 폭으로 증가시켰다. 자유주의적 시장경제에서 자본의 과도한 축적이 문제를 일으켰다면, 국가개입주의적 시장경제에서는 과도한 노동 비용 지출에 따른 투자 위축이 문제가 되었다. 그 결과 1970년을 전후해서 미국과 유럽 여러 나라는 경제침체 속의 인플레이션, 곧 스태그플레이션을 겪게 되었다. 스태그플레이션은 케인즈주의가 경기에 대응해서 전가의 보도처럼 활용했던 재정정책과 통화정책을 무력화시켰다. 투자 위축에 직면한 기업은 해고 전략을 취했고, 실업이 급증하자 국가의 복지비 지출은 엄청나게 늘기 시작했다.[34] 법인세와 노동소득세가 줄어드는 상황

누적되는 현상을 가리킨다. 여기서 북반구 국가들은 미국과 유럽 여러 나라를 가리켰고, 남반구 국가들은 중남미 여러 나라를 가리켰다. '남북문제'는 남반구 경제가 북반구 경제에 구조적으로 종속되었기에 나타난다고 본 라틴아메리카 학자들은 종속이론을 전개했고, 이를 다시 중심부 자본주의와 주변부 자본주의의 지배·종속 관계로 본 학자들은 주변부 자본주의론을 펼쳤다.

34 미연방 노동부 실업률 통계에 따르면, 미국의 실업률은 1970년 현재 3.7%에서 1975년 현재 9%로

에서 국가는 국채 발행을 통해 사회적 안전망을 유지할 수밖에 없었고, 마침내 케인즈주의 국가는 부채의 늪에 빠지고 말았다. 부채 국가는 금융자본의 공격에 고스란히 노출되었고, 그것에 대항할 여력이 없었다. 은행이 재정적자에 몰린 뉴욕시 정부의 채권 인수를 거부하고 은행 부채를 기한 내에 상환할 것을 요구한 사건은 화폐자본이 장차 국가를 어떻게 공격할 것인가를 상징했다.[35] 아래에서 보게 되는 바와 같이 브레턴우즈체제의 붕괴로 인하여 국가개입주의의 금융적 기초인 '관리된 금융체제'가 무너지자 국가개입주의는 더는 버틸 수 없게 되었다.

브레턴우즈체제는 미국의 헤게모니 아래서 견고한 듯 보였지만, 결정적인 약점을 안고 있었고, 바로 그 약점으로 인하여 마침내 붕괴하였다. 브레턴우즈체제를 붕괴시킨 요인들은 여러 가지가 있지만, 그 가운데 결정적인 요인은 두 가지다. 하나는 달러 기축통화제도의 내적 모순이고, 다른 하나는 유로달러 시장의 발달이다. 먼저 브레턴우즈체제가 중립적인 세계화폐를 갖지 않고 미국의 국가 화폐인 달러를 기본적인 국제 지급수단으로 삼은 것이 문제의 핵심이었다. 브레턴우즈체제에서 미국은 전 세계에 달러를 공급하고 달러의 가치를 일정하게 유지해야 할 책무를 져야 했다. 그 둘은 서로 양립하기 어려운 모순이었다.[36] 거

높아졌다.

35 1975~1976년에 뉴욕시 정부가 사회복지 지출로 인해 재정위기에 봉착하자 은행들은 뉴욕시 정부의 채권 인수를 아예 거부했다. 뉴욕시 정부가 할 수 있는 일은 재정지출 방식을 대대적으로 수술하여 사회보장성 지출을 줄이는 것이었다. 화폐자본이 정부의 구조조정을 강제한 이 사건은 '큰 정부'를 표방한 개입주의 국가가 '작은 정부'를 표방한 신자유주의 국가로 전환하는 과정을 압축적으로 보여주고, IMF가 외환위기에 몰린 국가의 구조조정을 강제하는 원형을 이루었다고 평가된다. 이에 관해서는 크리스띠안 마릿찌, "세계위기에서의 화폐: 자본주의 권력의 새로운 기초," 『신자유주의와 화폐의 정치』, 워너 본펠트 외 편저/이완영 옮김 (서울: 갈무리, 1999), 126-134; 박승호, 『좌파 현대자본주의론의 재구성』, 448ff.를 보라.

36 이찬근, 『IMF 시대 투기자본과 미국의 패권』 (서울: 연구사, 1998), 118. 그러한 모순이 곧 '트리핀

기에 더해서 베트남 전쟁에서 엄청난 전비를 지출해야 했던 미국은 달러를 찍어내야 했다. 달러의 가치가 떨어지는 것은 불가피했고, 금을 기준으로 한 달러의 명목가치와 실질가치 사이의 격차가 커지자 달러를 금으로 바꾸어 달라는 요구가 빗발쳤다. 그러나 달러의 명목가치에 따라 금을 대규모로 태환해 줄 수는 없는 일이었다. 그다음 브레턴우즈체제의 또 다른 기둥인 엄격한 외환 관리는 석유 대금인 달러가 스톡으로 쌓이고 그 달러를 중심으로 금융거래가 활발하게 일어나는 유로달러 시장이 팽창하면서 무력화되었다. 유로달러 시장은 미국의 통화당국이 통제할 수 없는 영역이었다. 유로달러가 움직이면서 외환시장에서 달러의 가치는 변동성이 커졌다.

마침내 1971년 미국은 달러 금태환제도의 폐지를 선언하고 변동환율제를 채택했다. 그렇게 해서 브레턴우즈체제는 붕괴했다.[37] 브레턴우즈체제가 붕괴하자 세계 여러 나라는 은행제도와 금융거래제도를 변경하기 시작했다. 그러한 일은 당연히 달러를 발행하는 미국에서 먼저 일어났다. 브레턴우즈체제의 붕괴는 미국이 글래스-스티걸법을 계속 강화하면서 구축해 왔던 '관리된 금융체제'를 해체할 수밖에 없게 만들었다. 달러 금태환제도가 폐지되어 변동환율제도가 도입되자 달러의 가치는 불안정해졌다. 1970년대 초 이래 미국 자본주의의 축적체제의 구조적 요인으로 인해 스태그플레이션이 악화 일로를 걸었던 데다가

딜레마'(Triffin's Dilemma)다.

37 브레턴우즈체제를 붕괴시킨 결정적인 이유는 두 가지로 지적된다. 하나는 미국의 무역적자 증가로 인한 채권발행액 증가이고, 또 다른 하나는 '관리된 금융체제'에 담겨 있었던 통화 팽창 압력이었다. 이에 관한 상세한 분석으로는 전창환, "신자유주의적 금융화와 미국자본주의의 구조변화," 『미국 자본주의의 해부』, 김진방·성낙선 편 (서울: 풀빛, 2001), 23을 보라. 1971년 미국의 통화지급준비금은 175억 달러였고, 그 가운데 금은 104억 달러에 불과했다. 반면에 미국의 단기 해외 채무는 477억 달러, 해외에서 유통되는 달러는 920억 달러에 달했다.

설상가상으로 제1차 석유파동에서 비롯된 인플레이션이 덮치자 화폐자본은 실질적 마이너스 상태에 있었던 금리에 저항하면서 금융시장에 대한 정부의 규제를 풀도록 압박했다.[38] 1974년에 '관리된 금융체제'는 두 가지 조치로 인하여 결정적으로 해체되었다.[39] 그 하나는 연기금의 주식투자를 허용한 것이다. 이제까지 채권 투자만이 허용되었던 연기금은 금융 자유화 조치를 통해 주식시장에 거대한 기관투자가로 등장하게 되었다. 또 다른 하나는 국제간 자본 이동에 대한 규제를 철폐한 것이다. 변동환율제가 도입된 이상, 유로달러 시장에서 달러가 단기성 화폐자본의 형태로 이동하는 것을 억눌러 환율을 안정시킬 까닭이 더는 없었다. 그렇게 해서 금융의 지구화를 향한 빗장이 열렸다. 1975년에는 뉴욕 증시의 수수료 자유화 조치가 취해졌다. 케인즈주의가 지배하던 시기에 억압되었던 주식시장이 활성화되는 계기가 마련된 것이다. 1979년 연방준비제도이사회는 인플레이션을 억제한다는 명분으로 고금리정책을 선택했다. 고금리는 금융자본이 거대한 권력으로 등장하여 생산자본을 지배할 수 있는 여건을 마련하였다. 금융의 자유화와 지구화는 1970년대 후반 이후에 신자유주의가 관철될 수 있는 금융적 토대를 구축했다. 그리하여 국가개입주의는 완전히 힘을 상실하고 말았다.

---

38 미국연방준비제도의 인플레이션 통계에 따르면, 미국의 인플레이션은 1974년 해도 10%였고, 1975년에는 12%로 급등했다.
39 미국에서 일어난 금융 규제 철폐에 대해서는 전창환, "신자유주의적 금융화와 미국자본주의의 구조변화," 24-28을 보라.

4. 신자유주의적 시장경제와 경제의 지구화

신자유주의는 국가개입주의를 대체하는 강력한 구상이다. 국가개입주의가 브레턴우즈체제와 맞물려 있었던 것처럼, 신자유주의는 포스트-브레턴우즈체제와 결합하였다. 신자유주의적 시장경제와 포스트-브레턴우즈체제의 연결고리는 금융화이다. 금융화는 경제의 지구화를 이끄는 핵심 기제다. 아래서는 신자유주의, 포스트-브레턴우즈체제, 금융화가 서로 얽히는 복잡한 과정을 살핀다.

4.1. 신자유주의적 시장경제

신자유주의는 오랫동안 케인즈주의에 치여 경제학에서는 주변적인 견해에 불과했지만,[40] 국가개입주의적 시장경제가 구조적으로 스태그플레이션에 봉착하자 이를 타개하기 위한 정책 구상으로 등장했다. 수요인플레이션과 투자 위축이 겹친 스태그플레이션을 극복하기 위해서는 수요자 중심의 시장경제 운영 모델로부터 공급자 중심 모델로 전환하여야 한다는 것이 신자유주의자들이 내건 주장이었다. 국민소득 가

---

40 신자유주의는 이미 1920년대에 중앙집중적 경제계획의 불가능성과 시장의 자생성을 강조한 루드비히 폰 미제스(Ludwig von Mises)에 의해 그 골격을 갖추었고, 국가의 시장 규제를 철두철미하게 반대한 프리드리히 폰 하이에크(Friedrich von Hayek)에 의해 강령적 성격을 띠게 되었다. 이러한 신자유주의적 견해의 밑바닥에는 과학적 탐구에서 반증 원리를 주장하고 시행착오에 입각한 사회공학을 옹호한 칼 포퍼(Karl Raimund Popper)의 실증주의가 깔려 있다. 신자유주의의 개념사에 대해서는 김성구, 『신자유주의와 공모자들: 왜 우리는 신자유주의에 지배당하게 되었나』(서울: 나름북스, 2014), 29-33; 데이비드 하비/최병두 옮김, 『신자유주의 간략한 역사』(파주: 한울아카데미, 2007), 39-48을 보라. 신자유주의에 대한 이데올로기적 비판으로는 강원돈, 『지구화 시대의 사회윤리』(파주: 한울아카데미, 2005), 45-55를 보라.

운데 더 많은 부분을 투자로 돌려서 경제성장을 촉진하면 일자리와 유효수요가 증가하고, 결국 생산과 소비의 선순환이 이어진다는 것이 그 주장의 골자였다. 대량 실업과 투자 위축, 인플레이션, 국가부채 등으로 골머리를 앓았던 정부들은 케인즈주의적 처방이 먹히지 않는 상황에서 신자유주의적 경제 회생 방안을 마다하기 어려웠고, '관리된 금융체제'가 해체되면서 엄청난 권력을 장악하게 된 금융자본의 압력 아래서 신자유주의적 개혁을 추진하지 않을 수 없었다.

　신자유주의자들은 시장의 자생성을 구호로 내세우면서 국가의 시장규제를 배척하였다. 케인즈주의자들이 내세웠던 '큰 정부'가 물러서고, 그 자리에 '작은 정부'가 자리를 잡아야 한다는 것이다. 공급자 능력을 약화하는 원흉으로 지목된 노동조합과 단체교섭제도는 공격의 표적이 되어 그 힘을 크게 잃었다. 노동에 대한 신자유주의적 공격을 보여주는 상징적인 사건은 미국과 영국에서 벌어졌다. 미국 대통령 레이건은 1981년 미국 항공관제사 파업 종식을 명령하고, 이에 불응한 관제사들에게 영원한 복귀 금지 처분을 내렸다. 1985년 영국 수상 대처는 10개월 동안 지속한 탄광노조의 끈질긴 파업을 분쇄함으로써 신자유주의적 산업구조조정에 대한 노동자들의 저항을 무너뜨렸다.[41] 두 사건은 신자유주의적인 사회정책과 노동정책이 수립되는 세계 여러 나라에서 일어날 일을 앞서 보여준 중요한 사례였다. 노동에 대한 신자유주의적인 공격은 노동시장 유연화 법제의 창설로 이어졌다. 사회적 안전망을 이끄는 기본 개념은 케인즈주의적 '복지'(welfare)에서 '노동연계복지'(work-fare)로 전환되었다. 복지 수급은 더는 시민의 권리로 이해되지 않고, 노

---

41 이에 관해서는 P. 암스트롱 외/김수행 역, 『1945년 이후의 자본주의』 (서울: 동아출판사 1993). 380ff.를 보라.

동 의무를 전제로 하는 국가의 급부로 재규정되었다. 이로써 사회국가의 두터움은 급격히 엷어졌다. 국·공유 자산의 매각과 공기업의 민영화가 거침없이 추진되었고, 그러한 민영화 조치는 국가사업에서도 공공성보다는 비용 대 효과를 따지는 경영 논리가 관철되어야 한다는 주장에 의해 강력하게 뒷받침되었다.

산업자본에 대한 강력한 지배권을 확보한 금융자본은 주식 가치 우선주의를 내세워 배당 성향을 높이고, 적대적인 기업 '인수·합병 물결을 일으켰다. 그것은 금융자본이 생산자본을 가차 없이 수탈하는 과정이었다.[42] 금융자본의 수탈에 직면한 생산자본은 기술 혁신을 통해 기술 지대를 추구하면서 노동 합리화를 추진하거나, 사회비용과 환경비용을 줄일 수 있는 생산 입지를 찾아 해외로 이전하거나, 큰 생산자본이 작은 생산자본을 수탈하거나, 비정규직 고용 확대, 외주화, 사내하청 등을 통하여 노동자들을 한층 더 가혹하게 착취하는 방식으로 대응했다. 그 결과 금융자본의 지배 아래서 자산과 소득에서 사회적 양극화가 심각하게 벌어졌다.

신자유주의적 시장경제에서는 금융자본의 압박 아래서 국가 부문의 축소, 노동시장의 유연화, 사회복지의 감축, 민영화 등이 강력하게 추진되면서 금융자본을 중심으로 한 새로운 축적체제가 자리를 잡게 되었다. 가계는 주택, 교육, 의료, 노후 보장 등 국가 서비스의 축소로 인하여 빚을 크게 지게 되었고, 사적인 보험과 연금에 더 많이 의존하게 되었다. 그렇게 해서 가계 역시 금융 축적체제에 깊숙이 편입되었다. 국가와 기업과 가계를 수탈하는 금융 축적체제의 형성은 신자유주의적

---

42 금융자본의 수탈적 성격과 그것에 기반을 둔 금융 축적체제에 대해서는 본서 제X부에서 체계적으로 논의할 것이다.

시장경제의 가장 큰 특징이다.43

4.2. 포스트-브레턴우즈체제의 형성과 그 특징

포스트-브레턴우즈체제는 언뜻 보면 브레턴우즈체제와 차이가 없어 보인다. 브레턴우즈체제의 핵심 기구들이 그대로 남았고, 달러가 국제적인 지급수단으로 여전히 통용되기 때문이다. 그러나 브레턴우즈체제의 붕괴 이후에 그 핵심 기구들의 성격은 크게 변했고, 달러의 성격도 바뀌었다. 아래서는 IMF, 세계은행, 관세와무역에관한일반협정(GATT)의 성격 변화에 대해 간략하게 살피고, 달러 화폐의 문제를 들여다본다.

4.2.1. 포스트-브레턴우즈 기구의 성격

포스트-브레턴우즈체제의 핵심 기구들을 이끌어가는 기본 원칙과 과제는 "워싱턴 컨센서스"(Washington Consensus)에 잘 정리되어 있다. "워싱턴 컨센서스"는 1980년대 라틴아메리카 여러 나라의 외채위기에 대응하기 위해 미 재무부의 주도로 IMF와 G7 국가들이 만든 것이다. "워싱턴 컨센서스"의 핵심은 정부 규제 축소, 정부예산 삭감, 국가 기간산업 민영화, 사유재산권 보호, 자본시장 자유화, 외국자본 규제 철폐,

---

43 국가의 공적 서비스 감소와 가계부채 급증의 연관에 관한 연구로는 코스타스 라파비챠스/송종윤 옮김, 『생산 없는 이윤: 금융은 우리를 어떻게 착취하는가』(서울: 서울경제경영, 2020), 303-310를 보라. 여기서 라파비챠스는 미국, 영국, 독일, 일본에서 가계부채의 증가를 통계적으로 상세하게 분석하고 있다.

무역자유화와 시장 개방, 관세 인하, 효율적이고 경쟁력 있는 환율제도, 경제 효율화 등이다.[44] "워싱턴 컨센서스"는 IMF와 세계은행이 포스트-브레턴우즈체제에서 수행할 과제와 역할을 명시했다. IMF와 세계은행은 외환위기 국가들이나 동유럽 체제 이행국들에 그 원칙들을 일관성 있게 적용했다.

포스트-브레턴우즈체제에서 IMF는 세계 여러 나라에 금융 자유화를 강제하는 역할을 맡았다. 그 수단은 외환위기에 봉착한 나라에 특별인출권[45]을 발행하는 조건으로 가혹한 구조조정을 강제하는 것이다. 그 이행 조건들 가운데 첫 자리에 놓이는 것은 금융 자유화이고, 그다음 자리에 철도, 전기, 가스, 수도 등을 망라한 공기업의 민영화, 노동시장의 유연화, 기업지배구조의 개혁 등이 놓였다. 한마디로 IMF는 자신의 경제신탁 아래서 신자유주의적 시장경제체제가 자리를 잡을 수 있도록 국민경제와 민간경제의 기본구조를 급진적으로 바꿀 것을 요구했다. 그러한 가혹한 구조조정의 대상이 된 첫 국가는 영국이었다. 1976년 12월 투기꾼들이 일으킨 파운드화 위기에 대응하기 위하여 영국 정부가 IMF에 구제금융을 요청하자 영국에서 신자유주의적 개혁은 불가피하게 되었다. 그다음에 브라질을 위시한 라틴아메리카 여러 나라가 IMF의 경제신탁을 받았다. 그 나라들은 유로달러 시장에서 단기성 화폐자본을 낮은 이자로 빌려다가 장기적인 투자를 했던 데다가 부패한 권력 엘리트의 사치로 인해 달러가 해외로 유출되는 구조가 자리 잡았

---

44 "워싱턴 컨센서스"에 관해서는 안현효, "워싱턴 컨센서스에서 포스트 워싱턴 컨센서스로의 진화," 『신자유주의와 세계화』, 서울사회경제연구소 엮음 (파주: 한울아카데미, 2005), 75ff.를 보라.
45 특별인출권은 경화를 발행하는 국가의 중앙은행 발권 화폐와 교환할 수 있는 IMF 화폐를 가리킨다. 특별인출권은 시중에서 직접 사용될 수 없다.

다. 1979년 미국의 고금리정책으로 이자율이 급상승하자 그 나라들은 달러화 원리금 상환을 할 수 없었고 비싼 달러를 빌려올 수도 없었다. 결국 그 나라들은 IMF의 구제금융을 받을 수밖에 없었다. 1990년대 말 아시아를 덮친 외환위기에 휩쓸려 들어간 우리나라도 IMF의 경제신탁 아래서 신자유주의적 구조조정을 받아들일 수밖에 없었다. 위에서 말한 것으로 IMF의 구제금융을 받은 국가들의 목록이 끝나는 것은 물론 아니다.

세계은행은 브레턴우즈체제에서 저개발국과 개발도상국의 경제발전과 사회발전을 지원하기 위해 장기 차관을 제공하는 프로그램을 진행해 왔으나, 포스트-브레턴우즈체제에서 차관 제공의 목표는 지원 대상국의 경제를 장기적으로 세계 무역에 개방적인 구조로 전환하는 것으로 조정되었다. 그것은 브레턴우즈체제에서 세계은행이 저개발국과 개발도상국의 내재적 발전을 위해 비교적 관대한 차관을 제공했던 것에 비하면 크게 달라진 점이다.

GATT는 브레턴우즈체제에서 국민경제의 세계무역체제에 대한 상대적 자율성을 어느 정도 용인하는 방식으로 설계되었으나, 1995년 WTO로 개편되면서 모든 상품과 자본이 국민경제의 문턱을 자유롭게 넘나들도록 자유무역 규범을 강화하였다. 브레턴우즈체제에서는 한 나라의 식량안보나 고유한 제도와 밀접한 관련이 있는 상품은 자유무역의 대상에서 배제되었고, 무역 덤핑을 회피하기 위한 교역 조건과 관세 부여의 재량이 인정되었으며, 수입대체 산업의 육성이 권장되는 편이었다. 그러나 WTO체제에서는 모든 재화와 서비스는 원칙적으로 자유무역의 대상이 되고, 예외가 허용된다고 하더라도 그것은 한시적 조치일 뿐이다. 예를 들면 식량안보와 생태계 보전에 중요한 의미가 있는 농산물도 전면적인 무역자유화의 대상이 되었다. 직접 투자는 자유화되고, 철저하게 보호된다. 지적 소유권 보호는 자유무역 규범에서 으뜸가는 자리를 차지한다. WTO에 가입하고자 하는 국가는 WTO 무역 규범을 100% 받아들여야 하고, 그 가운데 어느 한 규범이라도 받아들이지 않는 국가는 당연히 WTO에 가입할 수 없다.

4.2.2. 달러 본위제와 지구적 공납체제

달러는 여전히 국제 결제의 기본 화폐의 위상을 가졌다. 달러 금태환 본위제를 대체한 것은 달러 본위제(dollar standard)다. 달러는 미연방준비제도가 발행하는 대로 통용되었다. 그러한 달러가 여전히 국제 결제 화폐의 위상을 갖는 것은 미국의 군사·정치적 헤게모니와 거대한 시장 덕분이다.

1974년 미국은 세계 최대의 산유국이요 산유국들의 만형 노릇을 하는 사우디아라비아와 협정을 체결하여 사우디아라비아 왕정의 안정성을 보장하는 것을 대가로 해서 석유 결제를 오직 달러로만 하기로 하였다. 페트로 달러는 달러 금태환제도의 폐기 이후 달러를 세계화폐로 통용하는 방식이었다. 석유는 전 세계적으로 경제 활동의 기본 에너지로 사용되기 때문에 석유를 수입하는 나라들은 석유 대금 결제를 위하여 달러를 구하지 않을 수 없었다.

달러는 미국에 상품을 수출해야 얻을 수 있기에 미국은 전 세계로부터 상품을 수입하고 그 결제를 위해 미국의 법정화폐인 달러를 발행하여 지급한다. 그런 뒤에 미국은 자본수지 균형을 맞추기 위해 미연방채권을 발행하여 해외로 유출된 달러를 환수한다. 달러 표시 채권은 안전자산으로 여겨져 화폐시장에서 효율적으로 거래되기에 달러 환수는 순조롭게 이루어진다. 그 결과 미국에 상품을 수출하는 나라에 쌓이는 외환보유고는 미국으로 되돌아간다. 그것이 곧 지구적 차원에서 벌어지고 있는 달러 순환(dollar-recycling)이다.[46]

달러 순환은 달러가 미국의 천문학적인 무역적자와 재정적자를 통하여 지구적 차원에서 순환하는 과정을 나타내지만, 그 이면을 들여다보면 미국을 정점으로 해서 지구적 공납체제가 구축되어 있음을 볼 수 있다. 수출국들은 자본과 노동력을 투입하고 생태계를 희생하면서까지 상품을 생산하여 미국에 수출하지만, 결국 그들이 얻는 것은 미연방 재무부 채권증서다. 그것은 수출국들에서 미국으로 값진 재화와 서비스가 마치 공물처럼 납부되는 형국이라고 볼 수 있다.[47]

4.3. 경제의 지구화와 거기서 파생된 문제들

금융화는 경제의 지구화를 촉진하는 강력한 힘으로 작용했다. 경제의 지구화는 상품과 자본이 국가의 경계를 넘어서서 지구 곳곳에서 매끄럽게 움직이는 세계 경제의 한 국면을 가리킨다. 지구적 차원에서 생산, 소비, 분배, 금융 등을 가로지르는 네트워크들이 형성되고, 그 네트워크들은 중층적으로 결합하면서 거대한 망을 형성한다. 그 어떤 국민

---

46 미국의 화폐 권력 아래서 지구적 차원에서 이루어지는 달러 순환은 본서 제IX부에서 체계적으로 분석될 것이다.

47 김수행은 달러 기반 국제 결제 시스템이 지구적 차원에서 거대한 공납체제를 구축하고 있음을 분석한 뒤에 "거대한 재정수지 적자와 무역적자, 가계부채와 대외부채 증가, 비생산적인 군비 지출 확대와 끊임없는 전쟁에도 불구하고 외국의 정부와 기업과 개인들이 달러와 달러 표시 증권을 대규모로 구매하고 있기 때문에 미국 경제와 사회가 지탱하고 있는 것이다"라고 결론짓고 있다. 김수행, "1980년대 이후 미국 경제의 금융화," 「마르크스주의 연구」 2/1(2005), 165.

경제도 그 망을 떠날 수 없다. 그것은 기업과 가계도 마찬가지다.

아래서는 먼저 금융화가 작동하는 방식과 그 결과를 개괄하고, 그다음에 긴 가치생산 사슬의 형성과 무역의 발전 그리고 거기서 비롯되는 결과를 간략하게 살핀다.

4.3.1. 금융의 자유화와 지구화가 작동하는 방식

금융의 자유화와 지구화는 미국에서 시작되었지만, IMF는 세계의 거의 모든 국가를 금융 자유화와 지구화에 포섭하였다. 그렇게 해서 화폐자본은 영토 국가의 통제를 거의 받지 않은 채 수익을 찾아 주식시장, 채권시장, 외환시장에서 자유롭게 움직일 수 있게 되었다. 화폐자본의 운동은 정보화 덕분에 빛의 속도에 버금갈 만큼 빨라졌다. 화폐자본은 선물, 옵션, 스왑, 공매도 등 다양한 파생상품을 통해 도박과 투기를 연상시키는 금융거래 게임에 나섰고, 그러한 거래가 이루어지는 그림자금융은 '카지노 자본주의'의 양상을 띠게 되었다.[48] 상업은행들은 투자은행이나 헤지펀드에 엄청난 신용을 제공하는 일을 서슴지 않았고, 1998년 글래스-스티걸법이 폐지되어 상업은행과 투자은행의 분리 장벽이 무너진 뒤에 거대 상업은행들은 자기계정거래[49]를 통해 금융시장에서 엄청난 규모의 화폐자본을 움직일 수 있게 되었다. 오래전부터 상

---

48 그림자금융과 '카지노 자본주의'는 본서 제X부에서 상세하게 분석될 것이다.

49 자기계정거래는 상업은행과 투자은행이 통합된 은행에서 여신 창구로부터 투자 창구로 신용대출이 이루어지는 것을 뜻한다. 그렇게 되면 상업은행에서 창조된 은행화폐는 금융 투자로 흘러 들어간다. 자기계정거래는 1929년의 금융 대공황을 불러들인 원흉으로 지목되어 미국에서는 1933년 글래스-스티걸법에 의해 금지되었다. 상업은행과 투자은행이 분리된 것이다. 1999년 글래스-스티걸법은 폐지되어 자기계정거래가 부활했다.

업은행과 투자은행의 겸업이 허용되었던 독일 등 유럽 여러 나라에서는 더 말할 것이 없었다.

금융시장에서 벌어지는 카지노 자본주의를 감독하거나 통제하는 국가 기관이나 국제기구는 없었다. 그림자금융은 엄청난 위험을 안고 있었고, 그 위험을 키웠다. 그러한 위험을 보여주는 전형적인 예가 1999년의 롱텀캐피털매니지먼트의 파산이다. 헤지펀드인 롱텀캐피털매니지먼트가 러시아 국채 거래에 나섰다가 실패하고 파산하자, 롱텀캐피털매니지먼트와 파생상품 거래로 얽인 수많은 상업은행은 감당할 수 없을 만큼 큰 손해를 보고 도산 위기에 처했다. 그 위기는 미연방 준비제도이사회가 나서서 구제금융을 제공함으로써 가까스로 해소되었다. 문제는 롱텀캐피털매니지먼트 사태가 끝이 아니었다는 데 있다. 그보다 더 심각한 사태는 2006년에 불거지기 시작한 미국의 서브프라임모기지 부실 사태였다.[50] 서브프라임모기지 사태는 투자은행이 모기지담보부증권을 발행하고 그 증권과 우량 증권 및 채권을 섞어서 만든 금융상품을 유통하다가 주택 담보부 채권 자체가 부실화하면서 일어났다. 부실화된 모기지담보부 증권의 규모는 천문학적이었고, 그 증권 거래와 맞물린 금융기관들의 손실은 그 어떤 금융 전문가도 파악할 수 없었다. 서브프라임모기지 사태는 청구권 사슬로 얽인 전 세계 투자은행들과 상업은행들을 위기에 빠뜨렸고, 2008년 마침내 지구적 차원의 금융공황으로 확대되었다.[51] 그 금융공황은 G20[52] 중앙은행들의 공조를

---

50 서브프라임모기지 사태에 관해서는 본서 제X부 2장 2.4와 보론을 보라.

51 2008년의 지구적 금융공황에 관해서는 본 제X부 3장을 보라.

52 G20은 미국, 일본, 독일, 프랑스, 영국, 이탈리아, 캐나다 등의 G7국가들, 브라질, 러시아, 인도, 중국, 남아프리카공화국 등의 브릭스(BRICS) 국가들, 아르헨티나, 멕시코, 사우디아라비아, 인도네시아, 호주, 한국, 터키, EU 의장국 등을 가리킨다.

받아 미연방 중앙은행이 무한정한 양적완화를 통해 금융시장에 천문학적인 화폐를 공급함으로써 간신히 추슬러졌다. 양적완화를 통해 풀린 화폐는 자산시장으로 흘러 들어가 금융공황을 불러일으킨 당사자들의 배를 채웠지만,[53] 금융공황의 직격탄을 맞아 집을 잃고 삶의 기회를 박탈당한 사람들은 나락으로 떨어졌다. 지구적 금융공황에 휩쓸려 들어간 상업은행들과 투자은행들을 구제하기 위해 유럽중앙은행도 양적완화에 나설 수밖에 없었고, 통화정책과 재정정책을 분리한 유럽연합 국가들의 재정위기는 심화하였다.[54] 눈에 띄는 몇 가지 중요한 사항을 열거한 것에 불과하지만, 이 모든 것이 금융의 자유화와 지구화가 불러들인 어처구니없는 결과이다.

지구적 차원의 금융공황을 겪으며 G20 정상들과 재무장관들은 은행 시스템과 금융시장에 대한 감독과 통제를 의제를 내걸고 논의를 거듭했지만, 국제적인 은행건전성 기준을 세우는 국제결제은행(BIS) 산하의 바젤은행감독위원회가 2010년 9월 은행 스트레스 진단을 골자로 하는 바젤 III협약을 체결한 것 이외에 그 어떤 성과도 거두지 못했다. 지구적 차원의 금융공황을 불러일으킨 당사국인 미국은 2010년 7월 「도드-프랭크법」[55]을 제정하여 은행 스트레스 테스트를 도입하고, 자기계정거래에 예금자 저축을 끌어들이지 못하도록 규제하고, 은행 파

---

53 금융공황에 책임을 져야 할 투자은행 경영진과 자산관리 전문가들, 헤지펀드 매니저들은 2008년에 1,170억 달러의 수당을 챙겼고, 2009년에는 그보다 더 많은 1,450억 달러를 수당으로 받았다. 금융공황에 책임을 지고 감옥에 간 사람은 단 한 사람도 없었다. 이에 관해서는 애덤 투즈/우진하 옮김, 『붕괴: 금융위기 10년, 세계는 어떻게 바뀌었는가?』(서울: 아카넷, 2018), 437을 보라.
54 유럽연합 국가들의 재정위기에 관해서는 본서 제X부 4장을 보라.
55 이 법의 명칭은 「도드-프랭크 월스트리트개혁 및 소비자보호법」(Dodd-Frank Wall Street Reform and Consumer Protection Act)이다.

산을 막기 위해 국가 재원을 투입하는 것을 금지하였으나, 그 법은 1934년의 글래스-스티걸법에 미치지 못했다.[56]

금융의 자유화와 지구화는 금융시장에 대한 감독과 통제라는 큰 과제를 남겼다. 금융 축적체제가 지구적 차원에서 공고하게 구축된 오늘의 상황에서 그것은 경제윤리가 다루어야 할 가장 중요한 문제들 가운데 하나다.

4.3.2. 지구적 차원의 무역자유화

지구화 시대의 무역자유화는 긴 가치생산 사슬의 형성으로 인해 급증하는 특징이 있다. 긴 가치생산 사슬은 선진공업국들의 생산자본이 사회비용과 환경비용 등을 절약하기 위해 유리한 생산 입지를 찾아 이동하고, 국제적 생산 공정 분업 전략에 따라 다양한 생산 입지에서 부품들을 생산하고, 그 부품들을 한 생산 입지의 조립공장에 옮겨서 완제품을 생산하는 방식을 말한다. 그것은 선진국에서 시행되는 사회적 규제와 환경 규제를 우회적으로 회피하여 무력화시키는 생산 방식이기도 하다. 따라서 긴 가치생산 사슬은 저임금 지역의 무수한 노동자들을 체계적으로 착취하고 생태계를 파괴하는 결과를 빚어낸다. 물론 브레턴우즈체제가 존속하던 시기에도 다국적 기업들은 여러 나라에 생산기지를 구축하였다. 그러나 그 규모는 작았고, 국제적 공정 분업 체계는 아직 크게 발전하지 않았다. 생산 공정 분업 전략과 생산 입지 전략은 포스트-브레턴우즈체제에서 금융 축적체제가 확립되어 금융자본의 생

---

56 바젤 III협약과 '도드-프랭크법'의 한계에 관해서는 본서 제X부 3장 2.2.2를 보라.

산자본에 대한 수탈이 강화되자 선진공업국 생산자본의 생존 전략으로 자리를 잡았다. 그렇게 해서 형성된 긴 가치생산 사슬은 자유무역과 결합하여 무역의 양을 폭발적으로 늘렸다.

자유무역은 직접 투자를 증가시킨다. WTO체제가 출범하고 세계 여러 나라가 직접 투자 규제를 대폭 완화하면서 직접 투자 규모는 커졌다. 직접 투자는 크게 두 가지 유형으로 나타난다. 하나는 비용을 절약하여 이윤을 최대화하기에 유리한 생산 입지를 찾아가는 직접 투자 유형이다. 다른 하나는 상품 수요가 많은 지역을 생산 입지로 선정하여 직접 투자를 하는 유형이다. 직접 투자는 WTO 무역 규범을 통해 보호받지만, 자본수출국과 자본수입국 사이의 투자협정을 통해 그 세부 내용이 규정되기 마련이다. 선진국에서 개발도상국 혹은 신흥시장국으로 직접 투자가 이루어질 경우, 투자협정은 자본 유치를 원하는 자본수입국이 직접 투자자에게 사회비용과 환경비용을 줄일 기회를 보장하는 내용이 들어가곤 했다.[57] 직접 투자의 규모를 보면 선진국 시장에 접근하기 쉬운 생산 입지에서 이루어지는 직접 투자의 규모가 매우 컸지만, 1990년대에 들어서서는 개발도상국과 신흥시장국처럼 사회비용과 환경비용을 줄일 수 있는 생산 입지에서 이루어지는 직접 투자의 규모가 빠른 속도로 증가했다. 지금은 개발도상국과 신흥시장국에서 이루어지는 직접 투자가 세계 직접 투자 유입량의 절반을 넘어서고 있다.[58] 그러나

---

57 E. Altvater/B. Mahnkopf, *Grenzen der Globalisierung: Ökonomie, Ökologie und Politik in der Weltgesellschaft*, 4. völlig überarbeit. Aufl.(Münster: Westfälisches Dampfboot, 1999), 256ff.

58 손정수·이상학·조정란, "외국인직접 투자 유입의 동태적 변이-할당분석, 2003-2011," 「GRI 연구논총」 15/3(2013), 117f.; 이승래·강준구·김혁황 외, 『외국인직접 투자 유형별 결정요인 분석』 KIEP 연구보고서 15/08 (세종: 대외경제정책연구원, 2015), 30ff.

어떤 유형의 직접 투자든, 직접 투자가 긴 가치생산 사슬을 전제한다는 점에서는 다른 것이 없다.

무역자유화는 세계 여러 나라를 긴 가치생산 사슬에 편입시켰을 뿐 아니라 세계 곳곳에서 농·축산물을 생산하여 수출하는 농업기지와 축산기지를 건설하게 했고, 거대한 산림을 파괴하여 광석을 캐게 했다. 긴 가치생산 사슬이 생태계에 미치는 악영향도 크지만, 농·축산물 기지와 광산기지 건설로 인한 생태계 파괴는 상상을 초월할 정도로 심각하다. 그것을 보여주는 가장 생생한 사례는 브라질 정부의 아마존 산림 지역 개발일 것이다.[59] 외채위기에 몰려 달러를 절박하게 벌어야 했던 브라질 정부는 농·축산물 기지와 광산기지를 개발하기 위해 아마존 산림의 3분지 1에 해당하는 지역을 파괴했다. 아마존 산림 지역의 파괴는 그 지역에서 탄소 대사와 수분 대사를 크게 변화시키고, 하상을 높여 홍수를 일으키고, 벌채된 지역을 빠른 속도로 사막화시키고, 동식물 생태계와 원주민 생활 근거를 돌이킬 수 없을 정도로 파괴한다.

무역자유화는 상품과 자본의 자유로운 이동으로 전 세계 모든 나라와 국민에게 번영과 복지를 가져다준다고 옹호되었다. 그러나 실상은 다르다. 앞에서 본 바와 같이 무역자유화는 생태계를 파괴할 뿐만 아니라 거기 더하여 빈곤을 세계화하고 있다.[60] 빈곤의 세계화는 무역자유화가 선진국과 개발도상국의 노동자들을 공격하기에 나타나는 현상이다. 비용 절약을 위한 직접 투자가 증가하는 개발도상국에서 노동 착취

---

59 E. Altvater, *Sachzwang Weltmarkt: Verschuldungskrise, blockierte Industrialisierung, ökologische Gefährdung; der Fall Brasilien* (Hamburg: VSA, 1987), 288ff.

60 빈곤의 세계화에 대해서는 미셸 초스도프스키/이대훈 옮김, 『빈곤의 세계화: IMF 경제신탁의 실상』 (서울: 당대 1998), 제1부 1-3장을 보라.

가 심하게 일어난다는 것은 여기서 더 설명할 필요가 없다. 선진국 노동자들은 생산자본이 개발도상국으로 생산기지를 옮김으로써 일자리를 잃고 저임금 서비스 영역으로 옮겨가거나, 무역자유화가 강요하는 지구적 경쟁체제에서 전반적인 임금 하방 압력과 고용 조건 악화를 감수해야 한다.

위에서 말한 심각한 문제들을 해결하기 위해서는 자유무역을 교조화한 경제의 지구화를 제대로 규율해야 한다. 그것은 우리 시대의 큰 과제이고, 경제윤리도 그 과제를 인수해야 한다.

4.4. 신자유주의적 시장경제에서 국가의 역할

시장경제체제의 신자유주의적 운용 방식이 굳건히 자리를 잡고 금융화와 경제의 지구화가 급속히 진행하면서 국가의 모습이 보이지 않게 되었다는 한탄의 소리가 커졌다. 국가의 경제 주권이 국제적인 금융체제와 세계무역기구(WTO)에 상당 부분 침식되어 껍질만 남았다고 지적되기도 한다. 국가가 금융자본의 압박 아래서 신자유주의적 개혁을 추진하는 위치에 놓이게 되었기에, 국가가 사회적 이해관계를 조율하고 공익을 최대화하기 위해 시장경제를 규율하리라고 기대할 수 없게 되었다는 목소리도 크게 들린다. 물론 그런 측면이 분명히 있다. 그러나 시장경제가 어떤 방식으로 운영되든 그 나름의 질서를 유지해야 하는 한, 국가의 역할이 없을 리 만무하고, 신자유주의적 시장경제가 노출하고 있는 문제의 심각성 때문에 국가의 역할은 그 어느 때보다도 커졌다.

신자유주의적 시장경제에서도 국가는 금융공황과 실물경제 위기에 대응해서 경제 질서를 회복할 역량을 갖춘 유일한 기구이다. 2007년 미국의 서브프라임모기지 사태가 일으킨 지구적 금융공황에 대응할 수 있었던 것은 미연방 중앙은행이었고, 미연방 중앙은행과 공조한 G20 중앙은행들이었다. 그러한 대응은 중앙은행의 최종적 대부자 역량에서 나온 것이고, 그 역량은 조세국가를 전제하지 않고서는 성립할 수 없다. 2020년 코비드-19 팬데믹이 가져온 경제위기를 극복하는 데 결정적인 역할을 한 것도 역시 국가였다. 국가는 팬데믹으로 인해 실물경제가 무너지는 것을 막기 위해 통화정책, 재정정책, 사회정책, 복지정책 등을 총동원하다시피 했다. 팬데믹으로 인해 조업단축과 실업이 걷잡을 수 없게 증가하자 국가가 '최종적인 고용 보장자'로 나서야 한다는 요구가 커졌던 것도 기억할 필요가 있다. 앞으로 인공지능의 발달과 자동화의 확대로 인해 일자리가 빠른 속도로 줄어드는 상황이 오면, 국가가 최종적인 고용 보장자로서 더 큰 역할을 하여야 한다는 목소리가 커질 것이다.

국가는 금융 축적체제의 수탈적 성격을 교정하는 데서도 결정적인 권능을 발휘할 수 있다. 1933년의 글래스-스티걸법이 보여주듯이, 국가는 은행법과 금융거래법을 개정하거나 아예 새로 제정해서 연기금과 상업은행이 주식시장 등에 화폐를 공급할 수 없도록 차단할 수 있고, 상업은행이 화폐를 창조하고 파괴하는 일을 아예 하지 못하게 할 수도 있다. 민간에 축적된 화폐자본의 거래 속도를 줄이고 자산소득과 자본이득에 대한 과세를 강화할 수도 있다.

금융화와 경제의 지구화가 급속하게 진행되는 상황에서도 세계 여러 나라에서는 사회적 대화가 활성화되어 왔고, 그 중심에는 정부가 있다. 금융화와 경제의 지구화가 가져온 사회적 충격에 대응하기 위해 정부의 중재로 사회 세력들이 사회적 대화에 참여해서 사회적 합의를 이룬 두드러진 예는 유럽 지역에서는 네덜란드, 덴마크, 아일랜드, 스페인 등에서 볼 수 있고, 비유럽 지역에서는 브라질, 남아프리카공화국 등에서 찾아볼 수 있다.[61] 그 나라들에서 전개된 사회적 대화는 정부가 노동에 대한 자본의 공격을 부추겼던 미국과 영국과는 다른 길을 갈 수 있다는 것을 보여준다.

신자유주의적 시장경제와 경제의 지구화에서 비롯되는 문제가 심각하면 심각할수록 국가의 귀환은 더욱더 절실해지고 있다.

5. 소결

19세기 초에 시장경제가 하나의 경제체제로서 탄생한 뒤에 시장경제체제는 다양한 방식으로 운영되고 복잡하게 발전해 왔다. 시장과 국가의 분립을 표방한 19세기의 자유주의적 시장경제는 1930년대 이후에 국가개입주의가 두드러졌던 시장경제와 많은 차이가 있고, 국가개입주의적 시장경제는 20세기 후반기에 득세한 신자유주의적 시장경제와는 여러 가지 점에서 다르다. 그러한 차이가 발생한 것은 시장경제를 운영하는 과정에서 직면한 문제들과 그 문제들에 대응하는 방식이 달랐기 때문이다.

자유주의적 시장경제의 가장 큰 과제는 시장제도를 확립하는 것이었고, 가장 심각한 문제는 자본의 축적과 가난의 확산이 서로 맞물리며

---

61 본서 제V부 5장 1에서 필자는 본문에서 언급한 나라들 가운데 네덜란드, 스페인, 브라질, 남아프리카 공화국에서 이루어진 사회적 대화를 세밀하게 분석할 것이다. 금융화와 경제의 지구화 과정에서 영국, 아일랜드, 독일, 오스트리아, 스위스, 네덜란드, 벨기에, 프랑스, 이탈리아, 스페인, 스웨덴, 덴마크 등 서유럽 여러 나라에서 벌어진 사회적 대화에 관한 자세한 분석으로는 선학태, 『사회협약 정치의 역동성: 서유럽 정책협의와 갈등조정 시스템』(파주: 한울아카데미, 2006)을 보라.

사회 문제를 극도로 악화시키고 계급 적대가 심화하였다는 것이다. 주기적으로 이어지는 공황은 불가피했다. 1929년의 대공황은 자유주의 시장경제를 회생 불가능할 정도의 파탄으로 몰아넣었다. 자유주의적 시장경제의 실패를 극복하고자 한 국가개입주의는 계급 타협을 바탕에 두고 사회적 연대와 경제적 효율성을 서로 통합하는 데 어느 정도 성공을 거두었으나, 과학적 경영에 따르는 노동소외의 문제를 해결하지 못했고, 적정한 소득분배에 실패함으로써 성장과 복지의 균형을 이루지 못한 채 결국 구조적인 스태그플레이션에 빠져들었다. 더구나 국가개입주의 시대에 대량생산과 대량소비가 서로 맞물림으로써 자원 고갈과 생태계 위기가 심화하였다. 국가개입주의의 한계를 극복하기 위해 등장한 신자유주의는 금융 축적체제를 구축하고, 국가의 공적인 서비스를 극적으로 줄이고, 화폐자본의 생산자본에 대한 공공연한 수탈을 조장하고, 노동자와 생태계를 거침없이 공격하고, 가계를 빚더미에 빠뜨렸다. 금융 축적체제는 '카지노 자본주의'를 연상시키기에 충분했고, 금융공황을 일으켜 경제를 대혼란으로 떨어뜨렸다.

그와 같이 시장경제의 역사적 발전 단계에서 제기된 과제들과 문제들을 해결하는 과정에서 시장과 국가의 관계는 끊임없이 변화했고, 국가의 역할도 많은 변화를 보였다. 시장만이 실패하는 것이 아니라, 국가도 실패하는 경우가 적지 않았다. 그렇지만 국가가 시장경제의 여러 발전 단계에서 맡았던 역할들, 곧 시장 질서 부여자, 시장 기반 조성자, 시장 감독자, 사회적 안전망의 형성자와 유지자, 최종적 대부자 등의 역할은 앞으로도 계속될 것이고, 최종적인 고용 보장자 구실을 해야 한다는 요구도 만만치 않을 것이다. 문제는 그 역할을 어떤 방식으로 수행할 것인가이다.

시장경제는 국민경제의 틀에 머물지 않고 세계 경제를 형성하는 힘을 갖고 있다. 그것은 상품생산이 증가하고 자본이 끊임없이 축적되고 팽창하기에 나타나는 현상이다. 시장경제는 국민경제 차원에서도 많은 문제를 드러냈지만, 세계 경제를 형성하는 맥락에서도 엄청난 문제들을 일으켰다. 자유무역의 발전과 파탄, 두 차례의 세계대전, 브레턴우즈체제의 형성과 붕괴, 포스트-브레턴우즈체제의 수립과 지구적 차원의 금융 축적체제가 가져온 대혼란 등이 그것이다. 오늘의 세계 경제에서 달러가 기본적인 지급수단으로 통용됨으로써 미국을 중심으로 한 지구적 공납체제가 형성되었다는 것은 포스트-브레턴우즈체제의 심각한 문제들 가운데 하나이다.

시장경제체제의 탄생과 역사적 발전 과정에서 확인된 문제들은 조금 더 깊이 있게 체계적으로 분석할 필요가 있다. 그것은 다음 2장의 과제이다.

2장
시장경제체제의 근본 문제에 대한 체계적인 분석

앞의 1장에서는 시장경제체제가 탄생하고 역사적으로 발전하는 과정에서 불거진 여러 문제를 확인하였지만, 그 밑바닥에 깔린 경제 운영의 원리와 제도 형성의 원리에서 비롯되는 문제들을 체계적으로 분석하고 설명하는 과제는 그대로 남아 있다. 그 문제들까지 분석해야 시장경제의 문제들을 역사적-구조적 관점에서 제대로 드러냈다고 말할 수 있다. 문제의 인식은 문제 해결의 출발점이다. 시장경제의 역사적-구조적 문제들을 제대로 인식하지 못한다면, 그 문제들을 해결할 방안을 제시할 수 없다.

시장경제의 다양한 운영 형태들에서 나타난 문제들의 겉면을 깨뜨리고 그 심층구조를 파고 들어가면, 거기서 생태계와 경제계의 관계, 노동과 자본의 관계, 생산자본과 화폐자본의 관계, 시장과 국가의 관계, 국민경제와 지구 경제의 관계 등 시장경제의 기본 얼개에서 비롯되는 근본적인 문제들을 인식할 수 있다. 생태계와 경제계의 관계를 사유할 수 없게 만드는 자연 망각의 문제, 시장경제의 3대 행위자인 가계와 기업과 국가가 제도화되는 방식에서 비롯되는 문제, 자연과 노동과 자본이 생산요소로서 취급되는 데서 나타나는 문제, 시장경제의 조정 메커니즘으로 꼽히는 가격 장치의 문제, 지구 경제를 지배하는 포스트-브레턴우즈체제에서 비롯되는 문제 등이 그것이다. 아래서는 그 문제들을 차례대로 논한다.

1. 자연의 망각

자연의 망각은 주류 경제학의 논리 구성에서 나타나는 결정적인 허점이다. 주류 경제학이 생태계와 경제계의 관계를 고려하지 않는다는 것은 주류 경제학의 논리를 내재적으로 비판할 때 또렷하게 드러난다. 그러한 내재적 비판을 거친 뒤에는 자연의 문제를 경제학적 사유에 끌어들이는 방법을 숙고하여야 한다.

1.1. 주류 경제학의 자연 망각

시장경제체제의 운영 방식을 다루는 주류 경제학에서 자연은 오랫동안 잊힌 주제였다. 그것은 경제학을 전공하는 사람들이나 평범한 사람들에게 경제를 정의해 보라고 질문하고 그 답변을 들어보아도 금방 알 수 있다. 그들은 거의 예외 없이 경제는 희소한 자원을 갖고서 인간의 욕망을 충족시키는 합리적인 활동이라고 규정할 것이다. 이제까지 주류 경제학은 그 규정의 틀 안에서 자원의 희소성, 합리적 활동, 인간의 욕망과 그 충족 등에 관련된 다양한 주제들을 연구해 왔다. 예컨대 재화와 서비스를 생산하는 데 꼭 필요한 자본, 노동력, 자연 자원 등의 희소성 문제를 어떻게 극복할 것인가, 그러한 요소들을 어떻게 할당하고 결합하는 것이 효율적인가, 재화와 서비스를 얼마큼 생산하는 것이 적절한가, 그 재화와 서비스를 누구에게 얼마큼 나누는 것이 최적인가 등등이 주류 경제학의 기본 문제로 설정되었다.[1]

그러나 위에서 규정한 경제 개념은 경제의 한 측면만을 보여줄 뿐 경제의 포괄적인 측면을 제대로 포착하고 있지 못하다. 자원의 희소성 조건 아래서 인간의 욕망을 충족시키는 활동인 경제는 사람이 자연을 대상으로 일을 하여 인간의 욕망을 충족시키는 데 가장 적합한 형태로 자연에 속한 것을 변형하여 소비하고 그 부산물을 자연에 내다 버리는 과정이다. 큰 틀에서 보면 인간의 경제 활동은 생태계로부터 경제계로 투입(input)한 것을 변형시키고 그 부산물을 다시 생태계에 방출(output)하는 과정이다. 따라서 인간의 경제 활동이 이루어지는 경제계는 생태계와 거대한 순환 관계에 있다.

돌이켜 보면 오랫동안 경제학은 경제계 안에서 작동하는 메커니즘들에만 관심을 가졌다. 생산, 소비, 시장, 금융, 사회, 국가 등이 경제학의 주제였고, 자연이나 생태계는 관심의 대상이 되지 않았다. 경제학이 인간의 경제 활동을 자연이나 생태계와 무관한 것으로 여겨서 그랬던 것은 아니다. 만일 그랬다면 '자연재'라는 말은 성립되지 않았을 것이다. 자연재는 자연에 널려 있는 것을 가리켰고, 공기나 바닷물처럼 무한

---

1 널리 알려져 있다시피 폴 새뮤얼슨(Paul Anthony Samuelson)은 경제의 기본 문제를 세 가지로 설정했다. 그것은 "무엇을 어느 만큼 생산하여야 하는가? 어떻게 생산하여야 하는가? 누구를 위해 생산하여야 하는가?"이다. P. Samuelson, *Volkswirtschaftslehre: eine Einführung, Bd. 1*, 4. vollst. neu bearb. Aufl. (Köln: Bund-Verl., 1969), 35f. 새뮤얼슨이 설정한 경제의 세 가지 기본 문제는 전적으로 인간 중심적 관점을 보여준다. 자연은 단지 생산요소인 자원으로만 고려될 뿐, 자연 그 자체는 그의 경제학적 사유에 들어 있지 않다.

정 공급되기 때문에 그러한 재화의 값을 경제학적으로 따로 산정할 필요가 없다고 여겨졌을 뿐이다. 다른 각도에서 생각해 보면 인간의 경제활동을 위해 자연으로부터 에너지나 물질을 빼앗아 활용하고 그 부산물을 자연에 내다 버려도 자연의 상태는 변함없이 한결같다는 관념이 널리 퍼져 있었기에 경제학은 자연이나 생태계를 전혀 고려하지 않고 경제계에 관한 것만을 연구했다고 말할 수 있다. 그것이 오랫동안 경제학을 지배해 온 '자연의 망각'이다. 자연의 망각은 일찍이 물과 공기 같은 자연적 재화는 효용이 크지만 풍부하게 공급되기 때문에 교환가치가 없다는 데이비드 리카도의 판단에 근거해서 경제학적으로 확립되었다. 리카도에게서 자연은 경제적으로 활용되어도 변함없이 언제나 그대로 남아 있다. 그것이 '자연 상수' 관념이다. 자연 상수 관념은 경제학에서 자연을 망각시켰다.[2]

1.2. 생태학적 경제학의 태동과 발전

자연의 망각에 빠진 경제학은 20세기 중반 이래 부존자원의 고갈과 생태계 위기라는 큰 도전에 직면하게 되었다. 레이첼 카슨(Rachel Louise Carson)은 1962년에 출판한 『침묵의 봄』에서 농업 생산량 증가를 위해 광범위하게 투입된 살충제로 인해 생태계가 광범위하게 파괴되고 있음을 과학적으로 설명하여 미국 사회뿐만 아니라 전 세계에 경종을 울렸

---

2 데이비드 리카도/권기철 옮김, 『정치경제학과 과세의 원리에 대하여』, 23f. 경제학의 '자연 망각'에 대해서는 Hans Immler, "Natur als Produktionsfaktor und als Produkt: Gedanken zu einer physisch begründeten Ökonomie," *Das Naturverständnis der Ökonomik: Beiträge zur Ethikdebatte in den Wirtschaftswissenschaften*, hg. von Bernd Biervert (Frankfurt/New York: Campus-Verl., 1994), 248f.를 보라.

다.[3] 1972년에 발표된 로마클럽 보고서는 그 당시 선진공업국들과 개발도상국들이 양적인 경제성장을 계속 추구한다면 부존자원이 급속히 고갈되고 환경오염이 빠른 속도로 악화할 것이라고 지적했다.[4] 경제성장의 생태학적 한계를 명확하게 지적한 로마클럽 보고서는 경제학의 논리를 근본적으로 재구성하여야 한다는 인식이 싹트게 하였다. 경제학이 자연의 망각에서 벗어나 생태계를 경제학적 사유의 중심으로 끌어들여야 한다는 착상이 자리 잡기 시작했다. 그러한 통찰로부터 생태학적 경제학이 태동했다.

생태학적 관심사를 경제학에 끌어들이려는 시도는 다양하게 나타났다. 경제 활동이 불러일으키는 환경오염을 줄이고 관리하기 위해 환경부담금이나 환경세를 도입하는 정책의 효과를 경제학적으로 분석하기도 했고,[5] 깨끗하고 안전한 환경에 대한 욕구를 충족시키는 방안을 연구하는 환경복지 경제학을 전개하기도 했으며,[6] 재화의 가격이나 가치에 노동 변수와 환경 변수를 동시에 반영하는 방안을 연구하기도 했다.[7] 그러한 다양한 연구들은 제각각 의미가 있지만, 경제의 생태학적

---

3 레이첼 카슨/김은령 옮김, 『침묵의 봄』 (서울: 에코리브르, 2011), 46-69.

4 D. H. 메도우즈 外/金昇漢 譯, 『人類의 危機: 「로마 클럽 레포오트」』 (서울: 三星文化財團, 1972), 94.

5 환경세와 환경부담금은 기본적으로 오염책임자 부담의 원칙에 따라 환경오염을 회피하고자 하는 제도다. 그러한 구상은 후생 경제학자 피구(Arthur Cecil Pigou)에 의해 최초로 제시되었다. 경제 활동이 환경에 미치는 부정적인 효과를 제거하는 비용을 부담하는 원칙은 오염책임자 부담의 원칙 이외에 수익자 부담의 원칙도 있다. 로널드 코스(Ronald Harry Coase)가 제안한 이 원칙은 최근 세계 여러 나라에서 도입되고 있는 탄소배출권 거래제도의 바탕을 이룬다. 이에 관해서는 본서 제IV부 3장 2를 보라.

6 환경복지경제학의 입장은 L. Wicke, *Umweltökonomie: Eine praxisorientierte Einführung*, 3., überarb., erw., und aktualisierte Aufl. (München: Vahlen, 1991), 500에 잘 정리되어 있다.

7 에너지의 안정성을 나타내는 엔트로피를 노동가치에 통합하여 생태학적 가치이론을 추구하려는 시도는 N. Georgescu-Roegen, *The Entropy Law and the Economic Process* (Cambridge, Mass.:

연관을 파악하기 위해서는 경제 활동이 경제계와 생태계 사이의 에너지-물질 순환 과정이라는 통찰로부터 출발하는 것이 가장 적절할 것이다.

경제 과정을 생태계와 경제계 사이의 에너지-물질 교환 과정으로 보는 관점은 마르크스에게서 최초로 명확하게 나타났다.[8] 개방계 이론을 생태학에 본격적으로 끌어들인 유진 오덤(Eugene Pleasants Odum)은 경제계와 생태계가 에너지-물질 순환 체계를 구성하고 있다는 점을 입증했다.[9] 최근에는 엘마 알트파터(Elmar Altvater)를 위시한 생태학적 마르크스주의자들이 경제계와 생태계 사이의 에너지-물질 순환 체계에 초점을 맞추어 경제 활동의 생태학적 연관을 체계적으로 규명하고 있다.[10] 그러한 관점에서 보면 생태계는 경제계의 환경이며, 경제계와 그

Harvard University Press, 1971), 280에서 볼 수 있다. 니콜라스 게오르게스쿠-로에겐의 시도는 엔트로피와 노동가치의 공통 기반이 없기에 실패했지만, 제레미 리프킨은 그의 발상을 주목했다. 제레미 리프킨/김명자·김건 옮김, 『엔트로피: 21세기의 새로운 세계관』, 재판 6쇄 (서울: 두산동아, 1998), 52, 59. 빈스방어도 시장경제가 일방적으로 화폐로 대표되는 교환가치에만 매몰되어 있음을 비판하는 맥락에서 게오르게스쿠-로에겐의 발상이 갖는 의미를 평가하고 있다. H. Chr. Binswanger, *Geld und Natur: das wirtschaftliche Wachstum im Spannungsfeld zwischen Ökonomie und Ökologie* (Stuttgart [u.a.], Ed. Weitbrecht, 1991), 17, 169ff.

8 마르크스는 노동을 '자연과의 물질교환'으로 규정했다. 그 규정이 나오는 맥락에서 마르크스가 염두에 두고 있는 것은 인간이 욕망을 충족하기 위해 자연을 대상으로 하는 활동 일반을 뜻한다. 그것은 인간이 경제 활동이나 산업을 통해 자연으로부터 물질을 끌어들여 변형시키고 그 부산물을 자연에 내보내는 과정이다. K. Marx, *Das Kapital 1*, 192.

9 E. P. Odum, *Prinzipien der Ökologie: Lebensräume, Stoffkreislauf, Wachstumsgrenzen* (Heidelberg: Spektrum der Wissenschaft, 1991), 50ff.

10 E. Altvater, *Die Zukunft des Marktes: Ein Essay über die Regulation von Geld und Natur nach dem Scheitern des "real existierenden Sozialismus"* (Münster: Westfälisches Dampfboot, 1992), 261-267; 생태학적 마르크스주의에 관해서는 라이너 그룬트만/박만준·박준건 옮김, 『마르크스주의와 생태학』(서울: 동녘, 1995); John Bellamy Foster, *Marx's ecology: materialism and nature* (New York, NY, Monthly Review Press, 2000); 사이토 고헤이/추선영 옮김, 『마르크스의 생태사회주의: 자본, 자연, 미완의 정치경제학 비판』(서울: 두번째테제, 2020) 등을 보라.

환경을 이루는 생태계는 서로 에너지와 물질을 교환하는 개방계이다. 인간의 경제 활동은 생태계로부터 에너지와 물질을 경제계로 끌어들여 인간의 욕망을 충족시키는 데 가장 적절한 형태로 변형하여 사용한 뒤에 폐기 에너지와 폐기 물질을 경제계로부터 생태계로 방출하는 과정이다. 에너지 보존의 법칙과 물질 보존의 법칙에 따르면, 생태계로부터 경제계로 투입되는 에너지와 물질의 양과 경제계로부터 생태계로 방출되는 폐기 에너지와 폐기 물질의 양은 같다. 따라서 생태계로부터 경제계로 투입되는 에너지와 물질의 양이 많으면 많을수록 경제계로부터 생태계로 방출되는 폐기 에너지와 폐기 물질의 양은 더욱더 증가한다. 생태계로부터 경제계로 에너지와 물질이 투입된다는 것은 생태계에 부존된 자원이 고갈된다는 것을 의미하며, 경제계로부터 생태계로 폐기 에너지와 폐기 물질이 방출된다는 것은 생태계의 안정성과 건강성을 위협하는 요인들이 증가한다는 것을 뜻한다. 만일 경제계로부터 생태계에 방출되는 폐기 에너지와 폐기 물질이 생태계의 정화 능력과 회복 능력을 초과하게 되면, 토지오염, 하천오염, 대양오염, 대기오염, 기후 위기, 먹이사슬의 붕괴와 동식물의 종(種) 다양성 파괴 등 환경오염과 생태계 위기가 걷잡을 수 없을 정도로 악화한다. 생태계와 경제계의 에너지-물질 순환의 분석에서 얻을 수 있는 결론은 한마디로 자원 고갈과 생태계 위기는 별개의 두 현상이 아니라 같은 동전의 양면이라는 것이다.

그와 같이 생태계와 경제계의 에너지-물질 순환 체계에 초점을 맞추어 경제 과정을 분석하면, 자원의 고갈과 생태계 위기를 촉진하는 요인이 무엇인가를 규명할 필요가 있다. 오늘의 시장경제가 대량생산과 대량소비를 서로 결합하여 빠른 속도로 성장하고 있다는 것을 고려한다면, 문제는 대량생산과 대량소비를 부추기고 이를 서로 맞물리게 하는 기제가 무엇인가를 밝히는 것이다. 자본주의 경제에서 대량생산은 자본이 빠르게 큰 규모로 축적되어 생산능력을 확대하기 때문에 발생하는 현상이고, 대량소비는 대량생산에 뒤따라가는 현상이다. 자본주의 경제에서 자본의 축적은 노동자들에게 돌아가는 몫을 제도적으로 착취하는 데서 비롯된다. 따라서 자본의 축적과 사회적 가난은 함께 간다. 이미 시장경제의 역사적 발전 과정을 개괄하면서 파악한 바 있듯이, 그러한 구조적인 모순은 생산과 소비가 서로 맞물려 돌아갈 수 없게 만들기 때문에 공황이나 식민지 쟁탈이나 세계대전을 불가피하게 만들었다. 그러한 뼈아픈 경험을 한 나라들은 케인즈주의를 바탕에 둔 국가개입주의적 시장경제체제를 구축했다. 국가개입주의의 중요한 목표들 가운데 하나는 유효수요를 확대하여 생산과 소비의 균형을 이루는 것이었고, 그 목표를 달성하는 수단으로 채택된 것이 임금 상승과 소득재분배였다. 그렇게 해서 국가개입주의는 대량생산과 대량소비를 서로 맞물리게 하는 자본주의적 황금기를 구가했지만, 그것은 어디까지나 자본축적이 보장되는 한에서만 작동할 수 있는 체제였다. 1960년대 말부터 본격화한 자본축적 위기와 스태그플레이션, 실업 증가, 사회복지 지출 증가, 국가부채 급증 등이 악순환을 이루며 국가개입주의가 와해하자, 신자유주의체제가 들어섰고 강력한 자본축적 드라이브가 걸렸다. 신자유주의체제에서 국가는 긴축정책을 취했고, 자본축적은 엄청나게 증가했고, 가계소득은 줄어들었다. 대량생산이 필요로 하는 대량소비는 오직 가계부채의 증가를 통해서만 가능했다. 국가개입주의가 부추긴 대량생산과 대량소비가 오늘의 세계에서 자본의 축적과 사회적 가난이 서로 맞물린 가운데 부채를 통해서 가속화되고 있는 셈이다. 부채의 팽창을 통해 지탱되는 오늘의 대량생산과 대량소비체제는 미래 세대가 누려야 할 생태학적 부를 끌어다 탕진하고 인류 생존의 생태학적 기반을 무너뜨린다.

위에서 말한 바로부터 얻는 결론은 분명하다. 사회적 가난을 불러오는 바로 그것이 생태계 위기를 불러일으킨다. 사회적 가난과 생태계 위기는 별개의 사안이 아니라 같은 동전의 양면처럼 결합해 있다. 사회적 가난과 생태계 위기를 동시에 불러일으키는 장본인은 자본축적과 팽창의 기제이다. 따라서 사회적 가난과 생태계 위기는 동시에 해결되어야 하고, 그 해결의 첫걸음은 자본의 축적과 팽창을 제어하는 것이다. 그렇다면 자본의 축적과 팽창을 어떻게 제어해야 사회적 가난과 생태계 위기를 동시에 극복할 수 있는가? 그것이 사회정의와 생태학적 정의의 관점에서 시장경제를 규율하고자 하는 경제윤리의 핵심 과제들 가운데 하나다.

2. 시장경제의 주요 행위자: 가계, 기업, 국가

흔히들 기업과 가계와 국가는 시장경제의 주역들(major players)이라고 말한다. 기업과 가계와 국가가 시장경제를 운영하는 주체라는 뜻이다. 앞에서 시장경제체제 형성의 역사적 조건을 설명하면서 이 세 주체가 시장경제에서 어떤 위상을 차지하고, 어떤 역할을 하는가를 밝히기는 하였지만, 이 세 기구의 제도적 측면에 대해서는 더 보충할 것이 있다. 기업과 가계의 사적인 성격과 국가의 공적인 성격을 고려해서 아래서 기업과 가계를 먼저 고찰한 뒤에 국가를 따로 살피고자 한다.

2.1. 기업과 가계

시장경제는 자급자족 경제가 붕괴하고 가계와 기업이 분리되는 과정을 역사적으로 전제한다. 그러한 역사적 조건 아래서 기업은 재화와 서비스를 생산하는 기관으로, 가계는 그 재화와 서비스를 소비하는 기관으로 자리 잡았다. 물론 한 기업이 생산한 재화와 서비스를 다른 기업이 매입하여 자신의 재화와 서비스를 생산하기 위해 중간재로 소비하기도 하고, 한 기업이 생산한 자본재를 다른 기업이 생산수단으로 사용하기도 한다.

아래서는 역사적 시장경제에서 기업과 가계가 맡는 역할을 염두에 두고, 기업과 가계의 제도적 특성을 조금 더 살피기로 한다.

2.1.1. 기업

큰 틀에서 보면 기업은 사람의 욕망을 충족하는 데 필요한 재화와 서비스를 생산하여 이를 시장에 공급하고, 사람들에게 일자리를 제공하고, 국가에 법인세를 납부하고, 지역 사회의 발전에 그 나름대로 이바지한다. 그런 점에서 기업은 사회생활에서 중요한 역할을 맡고 있고, 큰 사회적 책임을 지고 있다고 하겠다.

상품의 교환을 그 핵심으로 하는 시장경제에서 기업은 매우 독특한 시스템이다. 기업은 그 시스템 안팎에서 재화와 서비스의 교환이 이루어지는 기관이다. 기업은 다른 기업과 가계를 상대로 교환관계를 맺을 뿐만 아니라 기업을 구성하는 사람들 사이에서도 교환관계가 성립된다. 그 점이 기업을 제도적으로 이해하는 데서 가장 중요하다. 기업은 생산수단을 소유하는 자본가와 그 자본가에게 임금을 받는 것을 전제로 해서 노동력을 제공하고 자본가의 명령에 종속되는 노동자로 구성된다. 그러한 노동자와 자본가의 관계는 노동계약을 통해 규정되기에 노동계약은 자본의 노동 포섭을 뒷받침하는 법적인 토대이다. 그러한 자본의 노동 포섭에서는 노동의 소외, 노동력 착취 등 심각한 노동 문제가 발생한다. 주식회사 제도가 발전하면서 자본가는 기업 경영의 전권을 경영자에게 위임하고 경영자를 감독하는 위치에 서기도 한다. 그러한 소유와 경영의 분리는 물론 모든 기업에서 나타나는 것은 아니지만, 현대 기업 경영의 두드러진 특성으로 자리를 잡아가고 있다. 경영 전권의 행사는 자본가의 이익뿐만 아니라 노동자들의 권익에도 심대한 영향을 미치기에 경영권 행사와 그 감독을 어떻게 할 것인가는 자본가뿐만 아니라 노동자들에게도 큰 도전이 된다.[11]

시장경제에서 기업을 제대로 이해하기 위해서는 기업 시스템 안팎에서 이루어지는 교환관계의 구조적 특성뿐만 아니라 기업의 생존 환경도 눈여겨보아야 한다. 기업은 같은 상품을 생산하는 다른 기업들과 치열한 경쟁 관계를 맺는다. 그러한 경쟁에서 생존하기 위해 기업은 비용을 절약하고 품질을 향상하는 전략을 추구하지 않을 수 없고, 그것은 투자가 필요한 일이다. 투자는 궁극적으로 기업의 저축에서 비롯되기에 기업은 합리성과 이윤을 추구할 수밖에 없는 제도적 강제 아래 놓인다. 합리성과 이윤의 추구는 한마디로 기업의 생존 전략이다. 그러한 기업의 생존 전략은 무시될 수 없고, 함부로 비판되어서도 안 된다. 그러나 합리성과 이윤의 추구는 기업의 생존만이 아니라 그 기업에서 일

---

11 이 문제는 본서 제V부 3장에서 집중적으로 다루어질 것이다.

하는 노동자들의 이해관계와 기업의 환경을 이루는 생태계에도 결정적인 영향을 미친다는 점을 잊어서는 안 된다. 기업이 어떤 방식으로 합리성과 이윤을 추구하여야 하는가는 매우 중요한 문제이다. 또한 기업 사이의 치열한 경쟁의 결과, 독과점이 필연적으로 형성되기에 독과점을 어떻게 규율할 것인가도 현대 시장경제 운영에서 매우 큰 과제가 된다.

2.1.2. 가계

기업과 비교해 볼 때 가계의 가장 결정적인 특징은 가계가 그 외부와는 교환관계를 맺지만, 그 내부에서는 교환관계가 성립되지 않는다는 것이다. 가계는 시장을 통하여 기업이 생산한 상품을 매입하고, 가계에서 재생산된 노동력을 기업에 제공하고 임금을 얻는다. 가계와 기업은 생산물시장과 노동시장을 통하여 이중적인 교환관계에 놓인다. 그러나 가계를 구성하는 사람들 사이에는 교환관계가 성립하지 않는다. 가계에 속한 사람들은 식사 준비, 청소, 세탁, 육아, 가정 교육, 돌봄, 상담, 배려, 텃밭 농사, 상품 구매 등 가계 안에서 이루어지는 활동을 통해 편익을 주고받지만, 서로 그 대가를 치르지 않는다. 가계 안에서 이루어지는 활동은 시장을 매개로 해서 이루어진 것이 아니어서 시장 임금에 의해 보상될 수 없다.[12] 따라서 시장경제에서는 시장을 통해 임금이 지급되는 노동, 곧 임노동과 시장을 통해 임금이 지급되지 않는 노동, 곧 가

---

12 가계 영역에서 수행되지만 지불되지 않는 노동은 오래전부터 페미니스트들에 의해 비판되어 왔고, 최근에는 기본소득론자들에 의해 문제시되고 있다. 일찍이 이반 일리치는 '산업경제에 특유한 지불되지 않는 노동'을 '그림자 노동'이라는 개념으로 성격화한 바 있다. 이에 대해서는 이반 일리치/박홍규 옮김, 『그림자 노동』(서울: 미토, 2005), 152-154를 보라.

계 활동 혹은 생활 활동이 엄격하게 구별되고 분리된다. 바로 여기서 시장경제가 해결하지 못하는 중대한 문제가 발생한다. 예를 들면 노동자가 기업에 제공하는 노동력은 가계에서 재생산되고, 그 노동력의 재생산은 가계 활동 전체와 맞물려 있다. 만일 그 노동력을 재생산하는 데 필요한 가계 활동 비용이 노동력 제공의 대가인 임금에 의해 충당되지 않는다면, 기업은 아무런 대가를 치르지 않고서 가계 활동을 수탈하였다고 말해야 하는 것이 아닐까? 내친김에 한 가지 예를 더 든다면 가계 활동에 평생을 종사한 사람은 노동소득이 전혀 없을 것이고, 노동소득에 근거하여 설계된 연금보험의 혜택을 받지 못할 것이다. 그런 사람의 노후 생활은 어떻게 보장될 수 있는가? 가계 활동과 임노동의 제도적 분리에서 비롯되는 문제들은 긴 목록을 이루지만, 여기서는 위의 두 가지 예를 드는 데 그친다.

시장경제에서 가계는 한정된 소득을 지출해서 재화와 서비스를 매입하여 가계 구성원들의 욕망을 충족시킨다. 한정된 소득을 갖고서 욕망의 충족에서 얻는 편익을 최대화하기 위해 가계는 의식주 생활을 위한 소비재와 내구재의 구매, 의료, 교육, 여가, 문화 활동 등에 관한 지출 계획을 수립하고 그 틀 안에서 재화와 서비스를 선택하지 않으면 안 된다. 기업이 최대의 이윤을 획득하기 위해 합리성을 추구한다면 가계는 최대의 편익을 얻기 위해 한정된 자원을 갖고서 지출의 합리성을 추구한다. 가계는 편익의 향유를 의도적으로 늦추고 소득 일부를 저축하기도 한다. 가계저축의 일부는 주식, 채권, 부동산 등 자산 투자로 사용되기도 하지만, 대부분 장차 자동차, 고급 냉장고 등과 같은 내구 소비재를 구매하는 데 지출된다. 그 점에서 가계저축은 기업저축과 확연히 다른 사회경제적 특성을 갖는다.[13]

가계가 소비의 주체로서 가계소득을 합리적으로 지출하여 소비 활동을 활발하게 하는 것은 시장경제에서 정상적인 일로 여겨지지만, 모든 소비가 바람직한 것은 아니다. 예를 들면 아동노동을 착취하거나 성차별 혹은 인종차별을 자행하거나 심각한 생태계 오염과 파괴를 일으키는 상품을 소비하면서 그러한 상품이 단지 저렴하다는 이유로 그 소비를 합리적 소비라고 할 수는 없지 않겠는가? 바로 그 점에서 가계는 책임 있는 소비의 주체가 되어야 한다는 요청 앞에 서게 된다. 상품의 공급자가 광고를 통하여 불러일으키는 소비 충동에 따라 상품을 구매한다면 그것은 합리적인 소비가 아닐 것이고, 그러한 과잉 소비가 환경에 더 큰 부담을 주게 된다면 그것 또한 책임 있는 소비라고 말하기 어려울 것이다. 소비는 생산에 절대적이지는 않더라도 상대적으로 강력한 피드백을 줄 수 있으므로 가계가 소비자주권을 강화하여 기업의 생산에 영향력을 발휘하는 것은 사회적인 관점과 생태학적 관점에서 매우 중요하다.

앞에서 말한 바와 같이 가계는 시장경제에서 노동력 공급자와 상품 소비자로서 매우 중요한 역할을 맡는다. 가계소득을 적정한 수준에서 보장하는 것은 양질의 노동력을 재생산하고 상품의 생산과 소비의 균형을 유지하는 데 결정적으로 중요하다. 그런데 가계의 역할은 거기서 그치는 것이 아니다. 가계는 생활공동체의 경제적 기본 단위이다. 가계가 꾸리는 생활공동체는 사회와 국가를 지탱하는 가장 기본적인 사회화 과정이 진행되는 기구이다. 안정감, 감수성, 배려, 절제, 인정(認定),

---

13 가계저축과 기업저축의 사회경제적 특성과 차이를 정확하게 인식하는 것은 생산과 소비의 거시균형 조건을 충족하기 위해 국민저축을 어떻게 배분할 것인가를 따질 때 매우 중요하다. 이에 관한 상세한 논의는 본서 제V부 5장을 보라.

젠더 정체성 형성과 존중, 협동 능력, 선악·미추의 가치관 등 사회생활에서 결정적으로 중요한 인성과 능력이 그 생활공동체에서 함양된다. 가계소득은 그 생활공동체를 건강하게 보전하기 위해서도 적정한 수준에서 보장되어야 한다. 사회적 가난, 아동 빈곤, 미혼모 빈곤, 노인 빈곤 등 시장경제에서 흔히 나타나는 가난은 가계 구성원들의 관계를 황폐화하고 심지어 생활공동체를 해체의 위기에 빠뜨린다. 노동 능력이 없거나 노동 기회를 얻지 못하거나 노동소득이 충분하지 않은 사람들로 구성된 가계의 소득을 적정하게 보장하는 것은 시장경제를 운용하는 사회에서 국가의 큰 과제이다.[14]

가계가 생활공동체를 뒷받침하는 경제적 기본 단위라는 점에서 한 가지 더 생각할 것이 있다. 생활공동체가 어떤 형태로 구성되든 가계는 차별 없이 보호되어야 한다는 것이다. 생활공동체는 독신, 독거 등으로부터 양성혼 가족, 동성혼 가족, 한부모 가족, 동거 등 갖가지 생활공동체에 이르기까지 실로 다양하게 구성될 수 있다. 가계가 어떻게 구성되든, 가계가 그 구성 형태로 인해 차별받아서는 안 된다. 가계가 각종 세금, 부과금, 보험금 등의 납부자라는 점을 고려한다면, 가계 구성에 따른 차별 금지는 매우 중요하다. 가계는 각종 소득에 대하여 노동소득세, 주민세, 소비세, 취득세, 양도세, 상속세, 증여세 등 다양한 세금을 납부하고, 환경부담금 등 각종 부과금을 납부하며, 건강보험, 연금 등 사회보험에 기여금을 부담한다. 그러한 각종 세금과 부과금과 보험금 납부에서 가계 구성 형태에 따라 공제 혜택이 차별적으로 부여된다면, 그것은 공정한 일이 아닐 것이다.

---

14 그것은 국민의 기본생활 보장이나 무조건적 기본소득을 설계할 때 중시해야 할 점이다. 이에 관한 상세한 논의는 본서 제VII부 1장 3을 보라.

2.2. 국가

국가는 시장경제에서 중요한 행위자이지만, 기업과 가계와는 다른 차원에서 고찰될 필요가 있다. 신자유주의가 지배 이데올로기로 자리를 잡고 금융화와 경제의 지구화가 빠른 속도로 진행하면서 국가가 힘을 잃고 퇴각했다고 말하는 사람들이 많이 있지만,[15] 시장경제는 국가의 역할을 빼어 놓고서는 작동할 수 없는 경제체제이다. 이에 관해서는 이미 앞의 1장에서 시장경제체제의 형성과 역사적 발전을 다루면서 비교적 상세하게 살폈다. 아래서는 국가가 시장경제에서 맡는 역할을 간략하게 정리하고, 시장경제를 규율하는 국가 구성의 제도적 측면, 특히 국가의 민주주의적 구성이 갖는 중요성을 간략하게 논한다.

역사적으로 국가는 시장경제를 조성하고 규율하고 시장의 실패에 대처하는 역할을 맡았다. 시민사회와 국가의 분립을 이념적으로 내건 자유주의적 시장경제에서도 국가는 시장경제의 법제도 창설자, 시장경제 인프라 구축자, 시장경쟁 규제자, 최종적 대부자 등의 역할을 맡았다. 국가개입주의적 시장경제에서 국가는 노동과 자본의 계급 타협의 기반을 조성하고, 사회적 안전망을 구축하고, 재정지출을 통하여 투자를 선도하고, 은행제도와 금융거래를 규율하는 역할을 맡았다. 신자유주의적 시장경제에서도 국가는 전통적인 역할을 맡고 있을 뿐만 아니라, 2007년에 일어난 지구적 금융공황과 2020년에 발발한 코로나-팬데믹에 대응하는 과정에서 드러났듯이, 국가는 최종적 대부자의 구실을 했고, 최종적인 고용 보장자로 나서야 한다는 강력한 요청을 받았다.

---

15 수잔 스트레인지/양오석 옮김, 『국가의 퇴각』(서울: 푸른길, 2001), 29: "국가가 시장의 주인이었던 때와는 달리, 많은 주요 사안에 있어서 현재로서는 시장이 국가 정부에 대한 주인이다."

위에서 말한 역할 이외에도 국가는 투자자와 소비자로서, 공공재 조성자와 관리자로서 국민경제에서 큰 역할을 맡고 있다. 국가는 국민총소득 가운데 상당 부분을 세수로 퍼내어 엄청난 규모의 재정 수단을 확보하고,[16] 재정 수단이 모자란 경우에는 국채 발행을 통해 필요한 재정 수단을 마련하여 집행함으로써 국민경제 차원에서 생산과 소비에 심대한 영향을 미친다.[17] 국가는 국가 활동을 위해 방대한 재화와 서비스를 조달하여 사용하는 엄청난 소비자이고, 인프라 구축, 연구 개발, 산업 구조조정과 신규 산업 육성 등에 방대한 재정자원을 투입하는 투자자이다. 국가는 방대한 국유재산과 공유재산을 소유하고 있고, 공유재를 공급하고 관리하는 역할을 맡는다. 그것은 국가가 자신의 통제와 감독 아래 있는 재산과 재화를 갖고서 공익을 최대한 실현할 수 있는 역량을 확보하고 있다는 것을 뜻한다.

국가의 역량이 많으면 많을수록 그 역량을 제대로 발휘하여 공익과 공공성 실현에 이바지하도록 국가를 민주적으로 통제하여야 한다는 요구는 그만큼 더 커진다. 19세기 자유주의 시장경제에서도 국가는 공익을 실현하는 기관임을 자처했으나 첨예한 계급 적대 상황에서 자본 친화적이고 노동 배제적인 입장을 가졌다. 그 당시의 국가는 자유주의적 성격을 띠고 있었으나 아직 충분히 민주주의적이지 않았다. 보통선거

16 프랑스의 경우 국가 재정 규모는 2019년 현재 국민총생산의 55.65%에 달했고, 다른 유럽 국가들에서도 국민총소득의 40%를 훌쩍 넘는다. 세금을 적게 내고 복지 혜택을 적게 받는 우리나라의 경우에는 국민총소득 대비 국가 재정 비율이 2019년 현재 22.13% 정도에 그치고 있다.

17 세계 여러 나라에서 정부가 채권을 발행하여 재정적자를 메우는 일이 흔하게 일어나고, 사람들은 그것이 당연한 제도인 것처럼 여기고 있지만, 꼭 그렇게 볼 일은 아니다. 정부가 채권을 발행하여 부채를 화폐화하는 것은 17세기 중후반부터 정부와 은행이 화폐 발행권을 공유했던 잉글랜드 모델일 뿐이다. 정부가 화폐 발행자로서 주권화폐를 발행하여 공공사업을 펼치는 제도도 생각해 볼 수 있다. 이에 관한 상세한 논의는 본서 제VII부 3장 3, 5장 1에서 펼쳐질 것이다.

권이 확대되어 대중의 정치 참여가 활발하게 이루어지는 여건이 조성
되면서 비로소 국가는 계급 타협을 바탕에 두고 시장경제를 사회적으
로 조율할 수 있게 되었다. 그런 점에서 대중의 정치적 참여를 보장하는
민주주의는 시장경제를 사회 친화적으로 규율하는 데 충분조건이지는
않지만, 필요조건이라고 말할 수 있다. 반면에 신자유주의는 금융자본
의 독재와 관료주의를 강화하고 로비스트를 통해 대의민주주의를 무력
화하는 경향이 있다. 자칫하면 사회적 양극화로 인한 불만과 좌절로부
터 자양분을 얻은 극우 포퓰리즘(populism)이 고개를 들어 민주주의를
위협할 수 있다는 우려가 커진다.[18]

개발독재의 어두운 역사를 거쳐온 한국에서는 많은 사람이 민주적
인 헌정 질서와 민주적인 정부가 얼마나 중요한가를 잘 인식하고 있다.
시장경제를 사회적이고 생태학적인 관점에서 제대로 규율하기 위해 경
제민주주의가 필요하다고 주장한다면, 그 경제민주주의는 오직 정치적
민주주의의 기반이 튼튼해야 제대로 확립될 수 있다는 것도 인식하여
야 한다.

3. 시장경제에서 상품생산과 생산요소

시장경제에서 기업은 상품을 생산하기 위하여 여러 가지 요소들을
투입한다. 시장경제의 형성과 발전을 이론적으로 뒷받침한 아담 스미

---

18 로버트 커트너/박형신 옮김, 『민주주의는 글로벌 자본주의에서 살아남을 수 있는가』 (파주: 한울
아카데미, 2020), 408: "만약 민주주의가 자본주의에 마구를 채울 수 없다면, 민주주의는 그 자신을
전복시키고 네오파시즘…에 길을 내어줄 위험이 있다."

스와 데이비드 리카도의 정치경제학은 그 요소들을 생산요소로 개념화하였고, 거기에 노동력, 자본, 땅과 토지를 포함하였다. 상품을 생산하는 데 투입된 각각의 생산요소는 상품의 가치를 창출하는 데 제각기 이바지한다고 생각되었고, 상품을 팔고 난 뒤에 얻은 소득은 상품의 생산에 이바지한 몫에 따라 각 생산요소에 할당되어야 마땅하다고 여겨졌다. 자본의 몫으로는 이윤이, 노동의 몫으로는 임금이, 땅과 토지의 몫으로는 지대가 돌아가야 한다는 것이다. 그런 점에서 정치경제학은 생산요소론에 기대어 소득분배론을 펼쳤다고 할 수 있다.

정치경제학이 사용하기 시작한 생산요소 개념은 주류 경제학과 경영학에서 별다른 의문 없이 수용되고 있지만, 생산요소 개념의 구성과 현실 적합성에 관해서는 몇 가지 점에서 근본적인 검토가 필요하다. 첫째, 각각의 생산요소가 시장에서 상품으로 매매되고 있지만, 그 생산요소들이 상품의 위상을 갖는 것이 자명한가 하는 것이 문제이다. 칼 폴라니가 상품으로 삼을 수 없는 것을 상품인 양 거래하는 것을 '상품 허구'라는 말로 표현했듯이, 인간의 몸에 깃들어 있는 노동력과 자연에 속한 자원을 상품으로 삼는 것이 마땅한 일인가에 대해서는 곰곰이 따져볼 필요가 있다. 둘째, 시장에서 거래되는 자본이 생산 과정과 생산의 성과를 배분하는 데서 행사하는 지배력은 어디서 비롯되는가? 그것은 결국 자본의 조달 비용과 자본의 감가상각을 넘어서는 이윤의 원천이 어디에 있는가에 관한 질문이다. 셋째, 정보 기술과 인공지능 기술이 고도로 발달한 인지 자본주의 사회에서 지식과 정보를 어떤 생산요소로 분류할 것인가? 그것은 데이터를 가공하여 얻는 빅데이터와 플랫폼이 가치 생산의 기반이 되는 것과는 다른 차원에서 다루어야 할 문제이다. 그러한 질문들은 전통적인 정치경제학의 생산요소론을 그대로 수용할 수 없고 재구성할 필요가 있다는 것을 시사한다.

아래서는 위에서 던진 질문들의 실마리를 놓치지 않으면서 전통적으로 생산요소로 여겨져 왔던 자연 자원, 토지, 노동력, 자본 등을 차례대로 고찰한다.

3.1. 자연 자원과 토지

이미 앞에서 언급한 바와 같이 경제학은 오랫동안 자연의 망각 상태에 있었기에 자연을 제대로 다루지 못했다. 경제학의 관점에서 자연은 공짜를 뜻한다는 의미에서 자유재로 규정되었고, 자연으로부터 얻는 재화, 곧 자연재는 그 자체만으로는 가치를 갖지 않는 것으로 취급되었다. 경제학이 자연으로부터 얻는 재화, 곧 자연 자원을 경제적 재화로 취급하는 경우는 그 경제적 재화를 획득하는 데 지출된 비용이 있거나 토지가 지대 청구권의 매체가 될 때뿐이었다. 자연은 상품생산에 투입되는 자연 자원과 지대 청구권의 매체인 토지로 축소되었고, 그렇게 납작하게 눌린 자연만이 전통적인 경제학의 고찰 대상이 되었다.

아래서는 자연의 이 두 가지 측면을 염두에 두고, 먼저 생산요소로서의 자연 자원의 문제를 검토하고, 그다음에 지대 청구권의 매체로서의 토지의 문제를 다룬다.

3.1.1. 자연 자원

자연 자원은 인간이 자연으로부터 취한 자연의 일부분이다. 인간이 삶을 꾸려가기 위해 자연에 속한 것을 빼앗아 자신의 것으로 삼고 활용하는 것은 지극히 당연한 일인 듯이 생각되어 왔지만, 그러한 자연 착취와 자연물의 전유(專有)는 인간이 자연을 지배의 대상으로 설정하였기에 가능한 발상이다. 그러한 발상은 고대 사회에서는 말할 것도 없고 중세 사회에서도 매우 낯설었다. 자연을 정복해서 문명을 발전시킨다는 생각은 근대적인 문명 기획의 핵심을 이룬다.[19] 그러한 문명 기획은 과학기술과 자본주의가 서로 결합하면서 빠른 속도로 구현되었다. 북극에서 남극에 이르기까지 오대양 육대륙에 걸쳐, 심지어 지구의 대기권과 성층권에 이르기까지 인간의 손길이 닿지 않은 곳은 더 없는 것처럼 보인다.

근대적 문명 기획의 바탕을 이루는 자연의 포섭은 자연에 대한 잘못된 이해에서 비롯된 행위이다. 자연은 인간이 의도하는 대로 함부로 쪼개고, 가르고, 막고, 후벼 파고, 서로 섞어도 무방한 것이 아니다. 자연은 하늘과 땅과 바다, 산맥과 하천과 호수, 들판과 언덕과 습지에서 다양하기 짝이 없는 무수한 생명체와 무생물체가 서로 의존하고 서로 관련을 맺는 유기적 관계들의 망이다. 자연을 구성하는 모든 개체는 다른 생물들과 무생물체들과 관계를 맺기에, 어느 한 부분에서 나타난 변화는 자연을 구성하는 다른 부분들에 영향을 끼치고, 자연 유기체를 이루는 관계들의 망상구조 전체를 흔든다. 따라서 인간이 삶을 꾸리기 위해 자연으로부터 무엇인가를 얻고자 한다면, 그러한 자연적 재화의 획득은 자연을 이루는 관계들의 망상구조를 흔들지 않는 범위에서 최소한에 그쳐야 할 것이고, 설사 자연의 일부를 건듦으로써 자연의 다른 부분과 자연 유기체에 영향을 미치더라도 그 효과는 진정될 수 있어야 한다.

---

19 근대적 문명 기획과 그 바탕에 깔린 자연 이해의 문제에 관해서는 본서 제IV부 1장 2.1을 보라.

그런 관점에서 보면 상품생산에 자연 자원을 투입하는 것은 자연으로부터 얻는 재화를 경제적으로 활용한다는 단순한 의미가 아니다. 자연 자원은 본래 자연의 유기적 관계망에 깃들어 있던 것을 떼어내어 생산요소의 형태로 상품화한 것이다. 자연 자원을 생산 과정에 엄청난 규모로 투입하는 시장경제는 자연의 한 부분만이 아니라 자연 전체를 마치 '사탄의 맷돌'처럼 갈고 있다. 사탄의 맷돌이 계속 돌아가 자연의 파국이 불가피해진다면 자연에 기반을 둔 인간의 문명도 무너지고 말 것이다. 그러한 파국을 피하려면 자연 자원의 획득이 자연의 유기적 관계망을 흔듦으로써 발생하는 부정적인 효과를 최소화하거나 흡수하는 조치가 취해져야 한다. 자연 자원을 생산요소로 투입하여 상품을 생산하는 시장경제가 유기적 연관을 이루고 있는 자연에 미치는 부정적인 외부효과를 어떻게 해소할 수 있는가는 우리 시대의 큰 과제이고, 경제윤리가 풀어야 할 큰 숙제들 가운데 하나이다.

자연 자원은 중요한 생산요소이지만, 자연에 깃든 자원은 양적으로 한정되어 있다. 그것은 자본의 무한 증식성과 뚜렷이 구별되는 점이다.[20] 나중에 생산요소로서의 자본을 다룰 때 더 깊이 따질 것이지만, 자본은 더 큰 이윤을 축적하기 위해 끝없이 투입되는 경향이 있고, 이윤을 축적하는 자본은 끝없이 팽창한다. 시장경제에서 자본은 상품생산을 조직하고 노동력과 자연 자원을 끌어들여 상품을 생산하고 판매하

---

20 알트파터는 생태계와 경제계 사이의 모순들 가운데 첫째 모순으로서 화폐 형태로 나타나는 가치증식의 무한성과 열역학 제2법칙의 지배 아래 있는 생태계의 유한성의 모순을 꼽는다. Elmar Altvater, *Die Zukunft des Marktes: Ein Essay über die Regulation von Geld und Natur nach dem Scheitern des "real existierenden Sozialismus"*, 261. 빈스방어 역시 화폐의 무한성과 생태계의 유한성을 대조한다. H. Chr. Binswanger, *Geld und Natur: das wirtschaftliche Wachstum im Spannungsfeld zwischen Ökonomie und Ökologie*, 17.

여 이윤을 독차지한다. 그러한 자본 주도의 상품생산에서 자본의 무한 증식에 발맞추어 생태계의 부존자원을 무한정 공급할 수 없다는 것은 분명하다. 바로 이 점에서 자본의 무한 증식을 바탕으로 하는 경제성장은 생태학적 한계에 직면한다. 자본의 무한 증식과 생태계의 유한성이 갖는 이 근본적인 대립은 경제성장 일변도의 시장경제 운영을 계속할 수 없다는 것을 가리킨다. 자원의 고갈은 그 거울상인 생태계 위기와 더불어 자본의 무한 증식과 경제성장이 넘어설 수 없는 한계다.[21]

3.1.2. 지대 청구권의 매체로서의 토지

전통적으로 경제학은 토지를 생산요소로 간주하는 데 주저함이 없었고, 토지 소유자가 토지를 생산요소로 제공하는 데 대한 대가로 지대를 요구하는 것을 당연시하였다. 지대는 농업이 결정적인 경제 기반을 이루었던 시기에 경제 이론을 펼쳤던 중농주의자들에 의해 정당화되었고, 시장경제를 이론적으로 뒷받침하였던 아담 스미스, 데이비드 리카도 같은 정치경제학자들도 땅과 토지를 생산요소로 다루면서 지대의 문제를 본격적으로 다루었다.[22]

---

21 최근에 혹자는 재생 가능한 에너지와 물질을 생산하여 이를 공급하면 자원 고갈의 문제를 해결할 수 있으리라고 주장한다. 지구 생태계에 부존된 에너지는 태양열이 화석연료의 형태로 고정되어 축적된 것이니, 이를 더 활용할 수 없다면, 지구에 전달되는 태양열과 그것의 다양한 현상 형태인 바람, 강우, 물결 등을 직접 활용하여 경제에 필요한 에너지 수요를 충족시킬 수 있다는 것이다. 재생 가능한 에너지를 생산하고 소비하는 방향으로 나아가는 것은 분명히 권장할 만한 일이지만, 태양 판넬, 축전지, 발전 설비 등 태양열과 그 변형태를 경제적으로 활용하기 위해 투입되는 물질들은 한정된 것이고, 장기적으로는 그것들도 고갈될 수밖에 없다. 목재나 천연 섬유, 채굴 광석들을 대신해서 다양한 합성 물질을 만들어 사용한다고 해도 무(無)에서 유(有)를 창조할 수 없는 한, 합성 물질을 만드는 데 투입되는 물질들이 한정되어 있다는 사실이 변하는 것은 아니다.

22 아담 스미스와 데이비드 리카도의 지대론은 본서 제IV부 2장 1에서 상세하게 분석될 것이다.

토지가 생산요소로 사용되고 지대의 원천이 되기 위해서는 세 가지 요건이 충족되어야 한다. 첫째, 그 토지는 생명체들과 무생물체들이 유기적 연관을 맺고 있는 자연뿐만 아니라 모든 사람에게 공동의 생활공간으로 주어진 '땅'(earth)으로부터도 분리되어 점유와 소유의 대상이 되어야 한다. 토지의 점유권과 소유권이 확정되고 정치적 권위에 의해 공인되면, 점유나 소유의 대상이 되는 토지는 임대되거나 양도되고, 따라서 시장에서 상품으로 거래될 수 있다. 토지 점유권과 소유권은 지대 청구의 근거가 된다.

둘째, 토지는 공급이 한정된 재화이기에 토지 임대 시장과 거래 시장에서 가격을 갖는다. 농업이 지배적인 시대에는 토지의 비옥도, 용수 공급의 용이성, 접근성 등이 토지의 희소성을 결정하는 요소였으나, 산업사회에서는 토지의 입지, 도시 기반 시설, 산업 인프라 등이 경제적 재화로서 토지의 희소성을 판단하는 결정적인 요소이다. 토지의 희소성이 높으면, 지가는 천정부지로 뛰고, 그와 더불어 지대도 상승한다.

셋째, 토지가 생산요소로 투입된다는 것은 그 토지가 '설비자본'의 위상을 갖는다는 뜻이다. 토지 소유자가 생산의 성과에서 자신의 몫으로 지대를 요구하는 것은 자본이 자본주의적 생산관계에서 갖는 지배력에서 비롯된다고 보아야 한다. 그 경우 지대는 자본의 이윤에서 분해된 것이고, 자본의 소유자는 이윤의 할당을 놓고 토지 소유자와 날카롭게 대립할 수밖에 없다. 그러한 대립을 회피하려면 자본은 스스로 설비자본을 마련하여야 한다.

위에서 말한 세 가지 요건을 곰곰이 생각해 보면 생산요소로서의 토지는 그 명목 자체가 무색하고, 지대의 정당성은 애초부터 의심스럽다. 지가와 지대의 상승에 결정적인 것이 도시 인프라와 산업 인프라라면,

그 인프라를 마련하는 데 아무런 공헌이 없는 토지 소유자가 지가 상승과 지대 상승에서 비롯된 이익을 독차지해서는 안 되는 것이 아닌가? 도시 인프라와 산업 인프라를 조성한 것이 공적인 손이라면, 그 이익은 공적인 손을 거쳐 모든 사람에게 돌아가야 하지 않는가? 더구나 삼라만상과 모든 인간에게 공동의 생활공간으로 부여된 자연과 땅에서 일부 토지를 분리해내어 점유하거나 소유하고, 점유와 소유에서 비롯된 이익을 독차지한다는 발상이 가당키나 한가?

여기서 토지소유권과 지대 청구권과 관련된 까다로운 문제를 계속 다룰 수는 없다. 그 문제를 이론적으로 더 깊이 분석하고 본격적인 해법을 찾는 일은 토지공개념과 지대공유제를 다루는 본서 제VI부의 과제이다.

3.2. 노동력

시장경제는 노동력을 상품으로 거래하는 것에 기반을 둔 사회이고, 상품생산에 노동력을 생산요소로 투입하는 것을 바탕으로 하는 경제체제이다. 노동력 상품과 노동력 투입이라는 말을 너무도 흔히 아무렇지도 않게 써서 그렇지, 곰곰이 따져보면 이보다 더 당혹스러운 표현은 없다. 그도 그럴 것이 노동력은 고정된 사물이나 유동적인 흐름이 아니라 사람의 몸에 깃들어 있어서 사람과 분리되지 않기 때문이다. 노동력은 많은 경우 고된 일을 수행하는 데 필요한 근력 정도로 여겨지곤 하지만, 사람이 일하려면 근력뿐만 아니라 감각 능력과 정서 능력 그리고 상상력과 판단력과 미학적 능력 같은 고도의 정신 능력이 필요하다. 그런 점에서 노동력은 인간의 전인적 능력이다. 게다가 그러한 노동력을 구현하고 있는 것은 행위 주체(person)로서의 인간이다.[23] 그런데도 시장경제에서는 마치 사람의 몸에서 노동력을 분리하여 따로 독립시킬 수 있는 양 전제할뿐더러, 노동력을 상품으로 거래하고, 그 노동력을 구매하여 상품생산에 생산요소로 투입하기까지 한다. 바로 여기서, 일찍이 칼 폴라니가 개탄한 바와 같이, 상품이 될 수 없는 것을 상품인 것처럼 만들어 거래하는 '상품 허구'가 자리를 잡게 되고, '사탄의 맷돌'이 돌아가는 것이다.

아래서는 노동의 여러 차원과 특성을 간략하게 고찰하고, 시장경제에서 생산요소로 거래되어 자본의 지배 아래 들어가는 노동의 여러 문제, 곧 노동소외의 문제, 임금의 정당성 문제, 자본이 노동을 조직하는 방식의 문제, 플랫폼노동의 문제, 인공지능을 통한 일자리 침식의 문제 등을 차례대로 살핀다.

3.2.1. 노동의 여러 차원

본시 노동은 여러 차원과 인간학적이고 사회학적인 특성을 가졌다. 첫째, 노동은 무엇보다도 먼저 생계를 위한 활동이다. 노동을 뜻하는 그리스어 '포노스'(pónos)가 결핍을 뜻한다는 것은 의미심장하다.[24] 노

---

23 그런 점에서 필자는 인간이 의사소통하는 전인적 주체로서 노동한다는 점을 다시 강조하고 싶다. 그것은 노동과 의사소통 행위를 범주적으로 구분하는 아리스토텔레스로부터 한나 아렌트를 거쳐 위르겐 하버마스로 이어지는 서양 실천철학 전통의 노동 이해를 거부한다는 뜻이다. 이에 관해서는 본서 제I부 3장 3.1.1을 보라.

24 노동을 뜻하는 그리스어에는 '포노스' 외에도 '에르곤'(érgon)이 있었다. 굳이 구별하자면 에르곤은 자유농민의 노동을 가리켰고, 포노스는 노예노동을 가리켰다. 둘 다 자연의 필연성에 따라 생활필수품을 획득하기 위한 힘든 노동이라는 점에서는 동일하다. 이에 관해서는 Michael Stefan Aßländer, *Von der vita activa zur industriellen Wertschöpfung: eine Sozialund Wirtschaftsgeschichte*

동은 생활을 꾸려가는 데 꼭 필요한 것을 채우고자 하는 활동이다. 그것은 결핍으로부터의 해방을 위한 활동이다. 육체에 대한 정신의 우위를 내세운 그리스 철학자들은 그러한 노동이 자연의 필연성에 따르는 행동이라고 여겨서 낮게 평가하였지만, 결핍을 충족시키려는 활동은 인간의 삶과 공동체 유지에 절대적으로 필요하다는 점을 놓쳐서는 안 된다.

둘째, 노동은 인간이 구상한 것을 구현하는 활동이고, 목표로 설정한 어떤 사물이나 재화의 이념을 기술적으로 성취하는 제작의 성격을 띤다. 아리스토텔레스는 그러한 노동을 자연의 필연성에 따르는 '포노스'와 구별해서 '포이에시스'(poiēsis)라고 불렀고, 기술(technē)을 포이에시스의 수행 형식으로 규정했다. 제작으로서의 노동은 기술을 도구로 삼는다.[25]

셋째, 노동은 인간과 자연의 통일을 매개하는 방식이다. 노동을 통한 인간과 자연의 통일이라는 모티프는 청년 마르크스에게서 독특하게 가다듬어졌다. 그는 노동의 수동성과 능동성, 곧 자연에 감응하고 순응(Leidenschaft)하는 측면과 자연을 대상으로 해서 활동하는 측면을 함께 고려했다.[26] 자연에 대한 순응은 대상을 감성적으로 포착하여 지각하고 인식하는 과정을 가리키고, 자연을 향한 활동은 자연을 대상으로 하는 목적 의식적인 활동을 뜻한다. 자연에 대한 순응과 자연을 향한 활동은 서로 순환 관계를 이루며, 인간의 의식과 지식을 고양하고, 문화와 역사를 발전시킨다. 한마디로 노동을 통한 인간과 자연의 통일은 인간

menschlicher Arbeit (Marburg: Metropolis-Verl., 2005), 27f.를 보라.

25 Aristoteles, *Die Nikomachische Ethik*, übers. u. komm. v. F. Dirlmeier, 4. ern. u. durchges. Aufl. (Darmstadt: Wiss. Buchges., 1967, 127 (1140b).

26 K. Marx, *Ökonomisch-philosophische Manuskripte aus dem Jahre 1844, MEW 40 (Ergänzungsband)*, 544.

이 의식을 발전시키고 문화와 세계를 형성하는 방식이다.[27]

넷째, 너무나도 당연해서 놓치기 쉬운 점이지만, 노동은 개인의 고립된 활동이 아니라 공동체 안에서 사회적으로 조직되는 활동이다. 노동은 선조들이 물려준 기술과 지식과 물질적 성취를 바탕으로 해서 사회적 분업과 협업의 네트워크 안에서 수행된다.

그러한 노동의 여러 차원과 특성을 염두에 두고 노동 과정을 간결하게 묘사해 보자. 노동은 삶의 필요에 따라 인간의 감각적, 신체적, 기술적, 지적, 미학적 역량을 쏟아부어 대상을 변화시켜 쓸모 있는 재화와 서비스를 생산하는 활동이다. 마르크스는 그런 노동을 '구체적 노동'[28]으로 규정했다. 만일 어떤 사람이 다른 사람에게 필요한 재화와 서비스를 생산한다면, 그 재화와 서비스는 노동한 사람의 손을 떠나 다른 사람에게 건네질 것이다. 그런 일이 공동체를 구성하는 사람들 사이에서 상호보완적으로 일어나서 분업과 협업이 자리를 잡는 곳에서 교환은 공동체의 필요를 충족하고 공동체적 유대를 돈독하게 하는 매체가 될 것이다. 그것이 노동의 인간학적 특성과 사회적 성격이 드러나는 방식이다.

그러나 노동의 인간학적 특성과 사회적 성격은 시장경제에서 체계적으로 왜곡되고 파괴된다. 노동력은 행위 주체인 인간에게서 분리되어 노동시장에서 상품으로 거래되고, 그것을 구매한 사람의 처분에 맡겨진다. 이 얼토당토않은 일이 자유의사에 따른 노동계약을 통하여 실

---

27 나중에 마르크스는 노동을 통한 인간과 자연의 종합이라는 모티프를 인간과 자연의 물질대사 (Stoffwechsel des Menschen mit der Natur)라는 어구로 정식화했다. 앞의 1절에서 필자는 이 정식으로부터 경제계와 생태계 사이의 에너지-물질 순환을 끌어내어 마르크스를 생태학적 지향을 갖는 정치경제학 비판이론가로 자리매김할 수 있음을 시사했다. 그러나 마르크스가 노동의 인간학적-문화적 의미를 염두에 두었음을 강조하지 않는다면, 그를 공정하게 대했다고 할 수 없을 것이다.

28 K. Marx, *Das Kapital 1*, 60f.

현되고, 그 계약의 유효성이 법률적 장치를 통해 강력하게 보장되는 것이 시장경제체제이다. 임금을 받기로 하고 노동력을 팖으로써 자기 노동력이 그 구매자인 타인의 지배 아래 놓인 사람은 임금노동자 혹은 피고용자라는 칭호를 얻고, 노동력을 사들여 그것을 자신의 지배 아래 둔 사람은 사용자, 고용자 혹은 자본가의 칭호를 갖는다. 노동력 매매에 관한 계약의 효과를 조금 더 깊이 들여다보면 노동계약이 규정한 노동시간 동안 임금노동자는 자본가에게 실효적으로 예속된다. 노동력 상품에 대한 지배가 그 노동력이 깃든 인간에 대한 지배를 제도적으로 실현한 것이다. 그것이 '자본의 노동 포섭'[29]이다. 그렇게 해서 자유로운 행위 주체인 사람이 노동계약을 통하여 타인의 지배 아래 포섭되는 것이 시장경제의 가장 어두운 측면이다.

3.2.2. 노동의 소외

노동의 소외는 노동이 자본에 종속되면서 나타나는 현실이다. 자기 몸에 깃든 노동력 이외에 다른 어떤 생존 수단도 없는 노동자는 절박한 삶의 욕구의 노예가 되어 자기의 노동력을 자본가에게 판다.[30] 그렇게

---

29 마르크스가 정식화한 '자본의 노동 포섭'은 이탈리아 자율주의자들이 자본주의의 핵심 원리로 주목한 바로 그것이다. 자율주의자들은 자본이 자신의 외부를 자신의 지배 아래 끌어들여 내부화한다고 생각했다. 자본은 노동자들을 지배의 대상으로 삼는 형식적 포섭에 머물지 않고 사회 전체를 지배하고 세계시장을 완성하려는 경향을 보인다. 자율주의자들은 이를 자본의 실질적 포섭이라고 명명했다. 이에 대해서는 A. 네그리·M. 하트/윤수종 옮김,『제국』(서울: 이학사 2001), 280, 342f.

30 K. Marx, "Auszüge aus James Mills Buch 'Klemens d'economie politique,' Trad. par J. T. Parisot (Paris 1823)," *MEW* 40(Ergänzungsband), 454. 마르크스는 1844년 전반기에 작성된 이 발췌록에서 노동의 소외에 관한 단상을 정리했다. 거기서 그는 노동이 절박한 욕구의 노예가 된 사람에게 '개별적인 생존'을 위한 수단으로 전락했다고 개탄했다.

해서 노동자가 임금을 받기로 하고 정해진 시간 동안 자본가의 지배 아래서 노동할 때 어떤 일이 일어나는가를 마르크스는 네 가지 측면에서 예리하게 분석했다.

첫째, 노동자는 노동하지만, 그것은 자신의 노동이 아니라 타인의 노동이다. 노동자는 노동 과정에서 자기 자신으로부터 소외된다. "노동자는 노동 바깥에 있을 때 비로소 자기 자신 안에 있다고 느끼고, 노동 안에 있을 때 자기 자신 바깥에 있다고 느낀다."[31] 둘째, 노동자가 일해서 만든 생산물은 노동자의 것이 아니라 노동자를 부리는 자본가의 소유가 된다. 노동자는 노동의 산물로부터 소외된다. 셋째, 노동자는 생존을 위해 자본가의 지시와 명령에 따라 몸을 움직이며 일할 뿐 자기의식을 가지고 일하지 않는다. 노동자는 자기의 몸과 의식으로부터 소외된다. 넷째, 그러한 노동은 결국 인간을 인간으로부터 소외시킨다. 노동자들은 자본가의 기획에 따라 작업장에 배치되며, 그러한 노동자들의 배치는 구체적 노동을 통하여 형성되는 공동체 관계와는 전적으로 다르다.[32] 그것은 자본가의 의도와 필요에 따라 이런 작업에 투입되기도 하고 저런 작업에 투입되기도 하는 노동이고, 인간의 노동이라는 추상적 지표 이외에 모든 구체적 연관이 사라진 노동, 곧 '추상적 노동'[33]이다.

자본주의적 생산관계에서 자본의 권력이 더 강해지고, 더 정교하게 조직될수록 인간은 더욱더 개별적인 생존 수단을 찾기에 급급해하고, 더욱더 사회적 관계를 상실하고, 더욱더 자신의 본질로부터 소외된다.

---

31 K. Marx, *Ökonomisch-philosophische Manuskripte aus dem Jahre 1844*, 514.

32 K. Marx, *Ökonomisch-philosophische Manuskripte aus dem Jahre 1844*, 515-517.

33 K. Marx, *Das Kapital 1*, 50, 106.

3.2.3. 임금의 정당성 문제

노동시장에서 결정되는 임금은 자본가에게는 노동력을 생산요소로 투입하는 비용이고, 노동자에게는 생계 소득이다. 그 임금이 과연 노동자가 수행한 노동에 합당하게 지급되었는가는 매우 까다로운 문제이다.

이미 널리 알려진 바와 같이 생산요소론에 근거하여 분배 이론을 펼쳤던 정치경제학은 그 문제의 해법을 찾는 데서 중대한 오류를 범했다. 그 오류는 노동력과 노동을 개념적으로 구별하지 못했기에 불가피하게 나타났다. 그러한 오류는 아담 스미스에게서도 나타났지만, 데이비드 리카도에게서 또렷하게 드러났다. 리카도는 자본가가 '노동'을 구입하여 상품생산에 투입하였기에 그 노동의 대가로 지급한 임금은 노동자가 수행한 노동에 정확하게 대응하고, 노동 임금은 노동력의 재생산 비용에 수렴한다고 주장했다.[34]

그러나 마르크스의 생각은 전혀 달랐다. 그는 노동력과 노동을 구별하였고, 자본가가 시장에서 노동력을 매입하면서 지급하기로 한 임금의 가치(노동력의 교환가치)와 자본가가 그 노동력을 사용하여 창출한 노동의 가치(노동력의 사용가치) 사이에 차이가 있다고 분석하고, 그 차이인 잉여가치가 자본가에게 독차지된다고 주장했다.[35] 노동자가 받는 임금

---

34 리카도는 자본과 노동이 모두 가치를 생산한다고 보았고, 자본의 이윤이 늘어나려면 노동 임금이 하락하여야 한다고 생각했다. 노동 임금은 식량, 의복 등 생활필수품을 소비하여 노동력을 재생산하는 데 들어가는 비용에 의해 결정된다. 그것이 노동의 '자연 가격'이다. 생활필수품의 가격은 자본 투입의 증가로 인한 산업생산성 향상이나 농산물 수입을 통해 하락한다. 이러한 생각으로부터 후대 경제학자들이 리카도의 이름과 결합하여 명명한 '임금철칙'이 도출되었다. 이에 대해서는 데이비드 리카도/권기철 옮김, 『정치경제학과 과세의 원리에 대하여』, 107, 137, 139를 보라.

35 K. Marx, *Das Kapital 1*, 207f. 상품생산에서 자본의 형태가 변할 뿐 자본의 가치 창출을 부정했던 마르크스는 자본이 잉여가치를 독차지함으로써 이윤을 축적한다고 분석했다. 자본의 현상 형태인

은 잉여가치만큼 지불받지 못한 것이기에 노동시장에서 결정된 임금은 공정한 것도 아니고 정의로운 것도 아니다.

물론 주류 경제학은 잉여가치 개념을 한사코 인정하지 않고 생산요소별 업적에 따른 분배가 이루어질 수 있기나 한 것처럼 주장하거나 노동력의 시장청산가격을 결정하는 요인들을 분석하려고 애쓴다.[36] 그러나 잉여가치 개념은 자본주의적 축적에 도사린 문제를 깊이 들여다보게 할 뿐만 아니라, 앞으로 본서 제V부 5장 2와 3에서 상세하게 밝혀지게 되는 바와 같이 노동의 이해관계와 자본의 이해관계를 조정하여 생산과 소비의 거시균형 조건을 규명하는 데 결정적인 실마리를 제공하기도 한다. 시장경제 규율의 관건들 가운데 하나는 잉여가치의 귀속과 배분의 문제를 이성적으로 해결하는 것이다.

3.2.4. 노동 분업, 노동 공정 분할, 노동시장 분단, 기술개발

자본가는 생산요소인 노동력의 비용을 줄이고 그 효과를 높이기 위해 가능한 모든 방법을 찾는다. 시장경제의 역사에서 자본가가 선택한 방법은 실로 다양했다. 노동자의 생계 소득을 줄이는 데에는 한계가 있기에 자본가가 선택하는 전형적인 방법은 노동생산성을 높이는 것이었고, 두뇌노동과 손노동의 분리, 노동 공정 분할, 노동시장 분단, 기술개발 등이 끊임없이 추진되었다.

생산수단이 상품생산 과정에서 마모됨으로써 발생하는 자본의 감가는 상품 가치에 이전되어 상각된다. 그것이 자본의 감가상각이다.

36 그러한 두 견해의 문제점에 관해서는 아래의 4.2.3.2를 보라.

3.2.4.1. 두뇌노동과 손노동의 분리, 노동 공정 분할

노동 분업은 노동의 생산성을 획기적으로 높이는 방법이다. 한 사람이 재화와 서비스를 생산하는 데 들어가는 갖가지 일을 모두 수행해서 얻는 노동의 성과는 그 일을 몇 가지 직무로 나누어 각각의 직무에 특화된 사람이 그 직무를 수행해서 얻는 성과보다 더 적을 것이다. 그것은 아담 스미스가 분업론을 펼친 이래로 경영의 교리로 자리를 잡은 생각이다. 그런데 노동을 두뇌노동과 손노동으로 범주적으로 분할하고, 두뇌가 손을 지배하듯이 두 노동 사이에 위계질서를 세우는 것은 앞에서 말한 노동 분업과는 질적으로 다른 성격을 갖는다. 자본의 노동 포섭이 실현된 자본주의적 기업에서 두뇌노동과 손노동은 각각 자본의 기능과 노동의 기능에 대응한다.

테일러는 노동을 두뇌노동과 손노동으로 분할한 공장에서 '과학적 경영'에 관한 이론을 정교하게 구축했다. 두뇌노동은 공장의 경영과 직무 감독을 맡고, 손노동은 두뇌노동의 지시와 감독 아래서 할당된 작업을 수행하였다. '과학적 경영'의 디자인에 따라 손노동의 효율성을 높이기 위해 손노동은 여러 공정으로 잘게 쪼개졌고, 노동자들이 이처럼 잘게 분할된 노동 공정을 단순하게 반복했다. 공장은 분할된 노동 공정들을 거대한 일관 작업에 통합한 체제가 된다. 이러한 공장의 전형적인 실례가 포드자동차의 컨베이어벨트 작업 체계였다. 손노동은 공정에 맞추어 설계된 기계 장치에 부속되었고, 단순하게 반복되는 노동 공정의 수행은 노동자들이 노동의 의미를 잃게 했다. 그것은 인간학적인 관점과 윤리적 관점에서 다루어야 할 심각한 문제이다. 포드주의적 공정 분할 방식의 노동은 오늘날까지도 곳곳에 남아 있기에 여전히 살아 있는 문제라고 볼 수 있다.

3.2.4.2. 노동시장 분단

노동시장 분단은 노동조합 결성을 통하여 점차 강력해지는 노동자들의 교섭력과 대항력에 대해 자본가 세력이 취한 대응 전략이다.

노동시장 분단은 국가가 노동시장에 개입하던 시기에도 나타났고, 그 전형은 젠더와 인종에 따른 노동시장 분단이었다. 남성들이 정규직 노동에 종사하고 여성들이 비정규직 노동에 종사하는 노동시장의 가부장주의적 분할은 일상적이었고, 미국 같은 다인종 사회에서는 인종에 따른 노동시장 분단도 두드러졌다.[37] 노동시장 분단은 신자유주의적 시장경제 운영체제에서 노동시장 유연화라는 이름으로 제도화되었다. 노동시장 분단은 정규직 노동자와 비정규직 노동자의 고용 조건과 임금 수준에 큰 격차를 조성했고, 그 격차로 인해 이익을 보는 것은 당연히 자본가였다.

노동시장 분단은 린생산 시스템(lean production system)이 도입되면서 한층 더 강화되었다. 린생산 시스템은 사내하청과 외주화를 확대했고, 그 결과 노동시장은 중심부 노동시장과 주변부 노동시장으로 다시 분열되었다. 생산 입지 전략과 국제적 공정 분업 전략은 노동시장에 대한 자본의 공격을 더 거세게 했다. 기업은 임금이 저렴하고 규제가 적은 생산 입지를 찾아 공장을 옮겼고, 여러 국가에 걸쳐 활동하는 다국적 기업들은 최적의 생산 입지에서 생산된 부품들을 최적의 생산기지에서 조립하여 완제품을 만들어 세계 각 지역으로 수출하는 국제적 생산 공

---

37 국가개입주의 시대에 미국에서 젠더와 인종에 따른 노동시장 분단에 대해서는 데이비드 고든, "이중노동시장론," 『현대자본주의와 노동시장』, 이각범 엮음 (서울: 한울아카데미, 1992), 90: "이중노동시장론에 포함되는 거의 모든 견해들은 인종과 성이 노동자들이 시장에 들어갈 때 어느 부문에 배치될 것인가 상당히 정확하게 예측해 줄 것이라고 보고 있다."

정 분업 전략과 무역 전략을 추구했다. 따라서 기업이 빠져나가는 지역의 노동자들은 일자리를 잃고 기업이 들어가는 생산 입지의 노동자들과 간접적으로 경쟁하게 되었다. 노동시장에서 '바닥을 향한 경쟁'[38]이 벌어진 것은 바로 그 때문이다.

노동시장 분할, 린생산 시스템의 발전에 따른 사내하청과 외주화의 확산, 생산 입지 전략, 국제적 생산 공정 분업 전략 등은 생산요소인 노동력을 둘러싼 자본과 노동의 대립과 갈등이 얼마나 치열한가를 잘 보여준다. 거기서 발생하는 심각한 문제들에 대처하고 인간적이고 사회적인 관점에서 노동시장을 규율하는 방안은 본서 제Ⅴ부 4장에서 논의될 것이다.

3.2.4.3. 지식과 숙련에 따른 노동시장의 재분할

기술의 발전, 기술 설계와 디자인 수요의 증가, 노동조직과 기업조직의 복잡화, 지식과 노하우(knowhow)의 중요성 등은 지식 능력과 숙련을 갖춘 사람들과 그렇지 못한 사람들을 구분하는 분단선을 형성한다. 지식 능력과 숙련을 평가하는 기준은 대체로 고등교육의 이수 여부와 학위 등급이다. 고졸 이하, 전문대학 졸업 이상, 대학 졸업 이상 등의 등급은 고용과 임금 수준 결정에 큰 영향을 미친다. 저학력 노동자보다 고학력 노동자의 고용은 더 많고, 임금 수준도 월등하게 높다.[39] 그것은

---

38 본래 '바닥을 향한 경쟁'(race to the bottom)은 19세기 말과 20세기 초에 각 나라가 기업을 유치하기 위해 세금과 부과금 감면 혹은 면제를 놓고 경쟁하는 것을 표현하는 은유였다. 경제의 지구화가 진전되면서 선진국 노동시장 규제가 풀려 선진국 노동자들의 임금이 점차 떨어지는 경향을 나타내기 위해 그 표현이 사용되고 있다.

39 이에 관한 실증적인 연구로는 권영규·백창현·유일선, "한국 주요 산업의 학력별 인적자원 배분 결정요인 분석," 「인적자원관리연구」 29/5(2022), 34ff.를 보라. 1993년 제조업에서 저학력 노동자의 비율은 82.1%(211만 명)이었지만, 2020년에는 54.0%(170만 명)로 낮아졌다. 같은 기간에

노동시장이 지식과 숙련에 따라 재분할된다는 것을 시사한다.

노동자가 지식 능력과 숙련을 획득하기 위해서는 큰 비용을 지출하여야 하기에 지식 능력과 숙련은 '인적 자본'(human capital)이라는 용어로 지칭되기도 한다. 지식 기반 경제가 발전하면서 인적 자본은 더욱 중시되는 경향을 보인다. 기업은 인적 자본의 개발을 위해 투자를 많이 하기에 인적 자본은 개인의 역량으로만 볼 수 없고, 기업 시스템 역량의 구성 부분으로 볼 여지가 커지고 있다. 그럴 경우 인적 자원을 갖춘 노동자의 임금을 어떤 기준에 따라 지급해야 하는가 하는 문제가 제기될 수 있다.

인적 자본은 노동자 소득 격차를 점점 더 크게 벌어지게 한다. 그러한 소득 격차는 노동자 평균 임금과 경영자 평균 보수가 수십 배에서 수백 배의 차이를 보이는 데서 극적으로 나타난다.[40] 그러한 소득 격차는 노동시장 분단으로 인한 소득 격차와는 질적인 차이가 있고, 소득양극화의 주요 요인들 가운데 하나로 꼽힌다.

3.2.5. 비물질적 노동과 플랫폼노동

비물질적 노동의 증가와 플랫폼노동의 등장은 방금 앞에서 말한 기술개발의 연장선 위에 있지만, 그 일을 수행하는 사람들은 노동자의 지

전문대학 졸업 이상 노동자들의 고용 증가율은 214%(98.5만), 대학 졸업 이상 노동자들의 비율만 따지면, 197%(63.5만 명)에 달했다. 1993년부터 2020년까지 학력별 임금 격차는 더 커지고 있다.

40 김현종·김수연, "임원보수 개별공시 논의에 대한 쟁점 및 평가," 「KERI Brief」 14/09(2014), 6. 미국의 노동총연맹산업별조합회의(AFL-CIO)의 임원-종업원 보수격차 자료, 한국의 금융감독원 전자공시시스템 자료, 임금근로시간 정보시스템 자료 등에 따르면, 2012년 현재 한국 100대 기업의 평균 대표이사 보수 평균치와 종업원 평균 보수의 비율은 51배에 달한다. 그 비율은 미국의 경우 354배, 독일 147배, 프랑스 104배, 스웨덴 89배, 일본 67배에 이른다.

위를 인정받지 못해 노동법 보호의 사각지대에 놓인다.

비물질적 노동은 정보통신 기술의 발달을 통해서 활성화되었다. 만일 비물질적 노동이 물질적 재화에 응결되지 않고 사람에게 직접 편익을 제공하는 서비스 노동을 가리킨다면, 그러한 비물질적 노동 그 자체는 새로운 것이 아니다. 감정노동, 돌봄, 상담, 지식 전달, 교육, 컨설팅, 법률 서비스, 데이터 가공, 정보 처리, 광고, 디자인, 판매 등과 같은 비물질적 노동은 서비스산업에서 잘 알려진 노동 유형이다.[41] 정보통신 기술의 발전은 사람과 직접 접촉하고 상호행동을 하는 경우를 제외하고는 거의 모든 비물질적 노동을 디지털화해서 인터넷을 통하여 손쉽게 전달할 수 있게 만들었다. 그것이 비물질적 노동에서 나타난 새로운 점이다.

빅데이터 기술의 발전과 디지털 플랫폼의 구축은 플랫폼노동을 확산했다. 플랫폼은 비물질적 노동을 매개하거나 실행하는 바탕이 되었다. 지구적 차원에서 구축된 플랫폼을 통하여 비물질적 노동은 거의 아무런 제약 없이 국경을 가로지른다. 그렇기에 노동 임금과 부대 비용이 저렴한 지역의 데이터 전문가, 디자이너, 교육자 등등이 플랫폼을 통하여 노동 임금과 부대 비용이 상대적으로 비싼 지역의 고객들에게 서비스를 제공한다. 플랫폼은 지역이나 국가 수준에서도 서비스를 제공하는 프리랜서나 라이더 등 특수직 노동자의 규모를 증가시키고, 그들 사이에서 경쟁을 격화시킨다. 플랫폼 기업의 경영자는 플랫폼에 접속하

---

41 마이클 하트, "정동적 노동," 『비물질노동과 다중』, 질 들뢰즈 외 지음/서창현 외 옮김 (서울: 갈무리, 2005), 147, 149. 하트는 비물질적 노동을 '서비스, 지식 또는 소통과 같은 비물질적 재화를 생산하는 노동'으로 규정하고, 컴퓨터를 매개하는 비물질적 노동과 '인간적 접촉과 상호작용'을 매개하는 '정동적 노동'을 구별했다.

여 작업지시를 받는 플랫폼노동자들의 노동을 실시간 감독하고 평가하고 보상하고 제재할 수 있도록 플랫폼 알고리즘을 설계하여 노동 통제 권력을 행사하지만, 플랫폼노동자들은 정작 고용관계가 법적으로 확립되지 않아 노동법의 보호를 받지 못하는 초단기 노동자들(gig workers)이다.

그러한 비물질적 노동의 형식들과 조건들의 변화가 그 노동을 수행하는 사람들에게 가져오는 결과에 대해서는 주의 깊은 관찰과 분석이 필요하다.[42] 플랫폼노동은 노동경제학, 노동사회학, 노동심리학, 노동법학에서 매우 중요한 주제로 부각하고 있다. 특별히 플랫폼을 매개로 해서 일하는 초단기 노동자들의 법적 지위를 명확히 해서 노동법의 틀에서 보호하는 문제는 우리 시대의 큰 입법 과제들 가운데 하나이다. 그 문제를 해결하는 방안은 본서 제V부 4장에서 다룰 것이다.

3.2.6. 인공지능 기계에 의한 노동의 대체

인공지능 기술이 빠른 속도로 발전하고, 자연어 번역기인 DeepL이나 주문에 따라 정보와 지식을 구성하는 ChatGPT에서 보듯이 인공지능 기술의 성과는 경이롭기까지 하다. 인공지능 기계와 인공지능에 의해 통제되는 자동화는 노동시장에 큰 변화를 가져올 것으로 예상된다. 어떤 사람들은 인공지능 시스템이 인간의 노동을 대체해서 인간이 할

---

42 탈산업화 경제에서 비물질적 노동의 형식들과 조건들에 대한 날카로운 분석으로는 마우리찌오 라짜랏또, "비물질노동,"『비물질노동과 다중』, 197f.를 보라. "비물질노동은 의사소통의 형식들과 조건들을 창출하고 변경한다. 그리고 그 형식들과 조건들이 이번에는 생산과 소비 사이의 관계를 교섭시키는 인터페이스로서의 역할을 한다. … 비물질노동은 무엇보다도 먼저 사회적 관계를 생산한다. 그것은 상품들뿐만 아니라 자본관계를 생산한다."

일이 없어지지나 않을까 걱정하기도 한다.

물론 여전히 많은 사람은 인공지능이 아무리 발전하더라도 고도의 정신 능력과 정서 능력과 복잡한 동작 능력이 있는 인간을 능가하지 못하리라고 생각한다. 그러한 생각은 초기 인공지능 연구의 실패와 관련이 있다. 초기의 인공지능 연구는 인간지능을 모방하는 방식으로 인공지능을 개발하는 데 집중했다. 그러한 시도가 실패하자 사람들은 인공지능이 '틀에 박힌'(routine) 업무를 맡을 수 있지만, '틀에 박히지 않은'(unroutine) 업무를 대체하기 어렵다고 생각했다. '틀에 박힌 업무'는 업무의 목표가 분명하고 업무의 한계가 명확하고 실행 규칙과 절차가 명시된 업무로 규정된다. '틀에 박히지 않은 업무'는 법관, 경영자, 종교인처럼 여러 가지 지식과 노하우(knowhow), 직관과 직감 등을 통합적으로 활용하는 고숙련 작업이나 청소, 돌봄 등과 같이 정형화되지 않은 신체 활동을 사용하는 작업이다. 그래서 사람들은 인공지능이 비정형 업무를 수행할 수 없다면, 그 업무는 앞으로도 계속 사람이 맡아야 하리라고 생각한다. 그것이 인간과 인공지능이 공존할 수 있다는 주장의 근거다.[43] 그러나 그러한 주장은 최근의 인공지능 발전으로 인해 광채를 잃고 있다.

최근 인공지능을 연구하고 개발하는 사람들은 알고리즘과 빅데이터

---

[43] 그러한 견해는 인공지능 연구의 개척자들 가운데 하나로 꼽히는 허버트 사이먼에 의해 제시되었다. 그는 풍부한 지식이 필요하고 틀이 지워지지 않고 질적인 결정을 하는 사람과 인공지능이 서로 협력하는 것이 더 좋다고 생각했다. 이에 대해서는 Herbert A. Simon, "Two Heads Are Better than One: The Collaboration between AI and OR," *Interfaces 17/4*(1987): 8-15를 보라. 데이비드 오터, 프랭크 레비, 리처드 머네인 등은 허버트 사이먼의 생각을 받아들여 '틀에 박힌' 업무와 '틀에 박히지 않은' 업무를 구별했다. 이에 대해서는 David Autor · Frank Levy · Richard Murnane, "The Skill Content of Recent Technological Change: An Empirical Exploration," *Quarterly Journal of Economics 118/4*(2003), 1283을 보라.

기술이 고도로 발전하면서 카오스 같은 데이터들 속에서 스스로 패턴과 규칙을 찾아내고 스스로 학습하는 능력을 가속적으로 향상하는 인공지능을 설계할 수 있게 되었다. 그러한 인공지능을 장착한 기계는 이미 회계, 의료 진단, 법리 검토와 판결문 작성, 문예 활동과 예술 활동, 상담, 설교 등과 같은 복잡한 전문 직무들까지 수행할 정도로 발전하였다. 인공지능이 '틀에 박히지 않은 업무'까지 거뜬히 수행하게 된 것이다.[44] 그러한 상황에서 사람들은 점차 자동화할 필요가 없는 업무, 자동화할 수 있더라도 수익성이 없는 업무, 사람들의 정서나 문화나 가치관 때문에 자동화가 기피되는 업무 등 기계가 맡지 않는 '잔여 업무'를 맡게 되리라고 생각되고 있다.[45]

인공지능의 정치경제학을 연구하는 학자들은 인공지능이 일자리를 대규모로 파괴할 잠재력이 있다고 하더라도, 일자리의 파괴는 노동 소멸을 연상할 정도로 진행되지는 않을 것이라고 본다. 자본은 인간 노동력을 투입하여 절대적 잉여가치와 상대적 잉여가치를 추출할 수 있는 한, 인간 노동력 사용을 멈출 까닭이 없다. 기술이 인간 노동력을 대체하는 것은 기술의 투입이 노동 비용을 줄일 수 있기 때문이다. 자본의 노동 포섭 아래서 기술은 노동과 자본의 사회적 관계를 물적인 관계로 축소하는 효과를 발휘한다. 그런 점을 고려한다면 인공지능과 그것을 체화한 기계가 인간 노동을 대체하더라도, 그것은 어디까지나 인공지능 기계의 비용이 노동 비용보다 저렴하다는 조건이 충족될 때뿐일 것

---

44 대니얼 서스킨드/김정아 옮김, 『노동의 시대는 끝났다: 기술 빅뱅이 뒤바꿀 일의 표준과 기회』 (서울: 와이즈베리, 2020), 98: "이제 기계는 업무를 수행하는 법을 스스로 익혀 자신만의 규칙을 상향식으로 도출할 줄 안다. … 따라서 한때 기계의 손이 미치지 못하리라고 생각했던 '틀에 박히지 않은' 많은 업무를 이제 기계가 맡을 수 있다."
45 대니얼 서스킨드/김정아 옮김, 앞의 책, 173f.

이다. 인공지능의 투입은 비용함수적이다.[46] 또한 인공지능은 인간 노동을 파괴하는 측면도 있지만, 인간 노동을 증가시키는 효과가 있다는 것도 잊어서는 안 된다. 지난 2010년부터 인공지능 기계가 노동시장에 미친 영향을 분석한 학자들은 인간지능 기계가 어떤 직무에서는 인간을 대체한다고 하더라도, 다른 부문에서 이제까지 없던 일자리들이 생겨나 집합으로서의 노동시장에 미치는 영향이 거의 없다는 결론을 내리고 있다.[47] 그러나 그러한 분석도 현재의 발전 수준에 있는 인공지능을 전제한 것임을 고려할 필요가 있다. 앞으로 훨씬 더 탁월한 역량을 갖춘 인공지능이 개발되어 인간의 업무 잠식이 광범위하게 일어날 것으로 예상되는 상황에 어떻게 정치사회적으로 대응할 것인가를 놓고 미리 준비할 필요가 있다.

이제 생산요소로서의 노동력과 관련된 여러 가지 문제들에 관한 고찰을 마무리하면서 몇 가지 정리해 두기로 하자. 시장경제에서 노동력은 생산요소로서 거래되어 자본의 지배 아래 놓인다. 거기서 노동의 소외와 착취, 손노동과 두뇌노동의 분리, 공정 분할에 따르는 단순 반복 노동, 노동시장의 분단, 린 생산에 따른 외주화와 사내하청, 생산 입지와 국제적 공정 분업이 강제하는 '바닥을 향한 경쟁', 지식과 숙련에 따른 임금 격차, 플랫폼노동과 초단기 노동의 증가, 인공지능에 의한 노동의 침식 같은 심각한 문제들이 나타나고 있다. 그러한 문제들을 해결하

---

46 인공지능의 비용함수를 고려하는 자본은 인공지능으로 인간의 노동을 대체하든, 인공지능이 남긴 잔여 노동을 활용하든 이윤을 최대화할 수 있는 유리한 위치에 설 수 있다.

47 Daron Acemoğlu · David Autor · Jonathon Hazell · Pascual Restrepo, "AI and jobs: Evidence from US vacancies," 출처: https://voxeu.org/article/ai-and-jobs-evidence-us-vacancies?utm_source= dlvr.it&utm_medium=facebook (2021년 3월 3일 다운로드).

는 방안을 모색할 때 염두에 두어야 할 것은 크게 세 가지다. 첫째, 앞에서 언급한 다양한 노동 문제들은 어느 것 하나 제대로 해결되지 않은 채 현대 시장경제에 공존한다는 것이다. 둘째, 시장경제에서 노동은 소외된 노동, 손노동, 인적 자본, 플랫폼노동, 초단시간 노동 등 다양한 모습으로 나타나지만, 그 어떤 노동도 자본의 노동 포섭에서 벗어나지 않는다는 것이다. 셋째, 인공지능의 도전 앞에서 노동의 미래를 진지하게 묻지 않을 수 없다는 것이다.

3.3. 자본

상품생산에서 자본은 결정적인 역할을 하는 생산요소다. 그 자본은 생산자본이라는 이름을 갖는다. 생산자본은 일단 생산수단으로 나타나지만, 그것으로 자본의 역할이 끝나는 것은 아니다. 생산자본은 노동력과 생산원료를 매입하는 원천이고, 그 모든 요소를 배치하고 결합하고 통제하는 권력의 기반이다. 화폐자본, 상업자본, 금융자본 등은 생산자본과 직접 혹은 간접적으로 연관된다. 자본은 화폐와 밀접한 관계를 맺고 있지만, 나중에 밝히게 되듯이 화폐나 화폐의 단순한 집적을 자본이라고 하지는 않는다. 아래서는 시장경제에서 자본의 고유한 특성과 그것의 역사적 현상 형태들을 살핀다.

3.3.1. 자본의 여러 가지 이름들

본래 '자본'(capital)은 중세 라틴어 까삐딸레(capitale)에서 기원했다. 까삐딸레는 '값진 것, 토지의 총면적, 화폐 자산, 부'를 뜻했다. 그 어원에 해당하는 까뿌트(caput)는 '머리, 꼭대기, 지휘자' 등을 뜻했고, 화폐적 형태로는 '총계, 밑천, 자금'을 뜻했다. 상업 자본주의와 매뉴팩처가 발전하던 시기에 자본은 사업 자금을 뜻했고 그것을 운용하는 자본가는 '기업가, 생산 설비 소유자, 화폐 소유자' 등을 뜻했다.[48]

시장경제가 태동하던 시기에 자본의 현상과 그 기능을 파악하고자 노력했던 경제학자들은 이미 널리 사용되었던 '자본'이라는 낱말에 여러 가지 수식어를 붙여서 그들이 말하고자 하는 바를 분명히 하고자 했다. 아담 스미스는 고정자본과 유동자본을 구별했다. 고정자본은 상품을 생산하기 위한 수단에 투입된 자본이고, 유동자본은 상품을 유통하는 데 투입되는 자본이다.[49] 스미스의 자본 분류를 받아들인 데이비드 리카도는 유동자본에 노동자 고용 비용과 원료 구입 비용 등을 포함했다.[50] 리카도의 이론을 내재적으로 비판하여 그 이론의 오류를 드러내고자 했던 마르크스는 상품생산에 투입되는 자본을 불변자본과 가변자본으로 구별했다. 생산수단에 투입된 자본이 불변자본[51]이고, 노동력 매입에 투입된 자본이 가변자본[52]이다. 그는 상품을 판매하여 그 대금을 회수하는 과정에서 움직이는 자본을 유통자본[53]으로 불렀다. 마르크스는 자본이 운용되는 맥락에 따라 상업자본, 상품자본, 산업자본,

---

48 Art. Kapital, *Etymologisches Wörterbuch des Deutschen* (online), https://www. dwds.de/wb/etymwb/Kapital (2021년 9월 25일 다운로드). 까삐탈레에서 파생한 형용사 까삐딸리스(capitalis)는 '머리에 관련된', '생명에 직결된', '주요한'이라는 뜻을 갖는다. capital이 수도(首都)를 뜻하는 것은 이 용법의 영향 때문일 것이다.

49 아담 스미스/최호진·정해동 옮김, 『국부론』 상권, 342.

50 데이비드 리카도/권기철 옮김, 『정치경제학과 과세의 원리에 대하여』, 42.

51 K. Marx, *Das Kapital 1*, 214ff.

52 K. Marx, *Das Kapital 1*, 164ff.

53 K. Marx, *Das Kapital 2*, 191ff.

생산자본 등 실로 다양한 개념을 사용했다. 화폐의 유통과 이자 수취와 관련해서는 대부자본, 화폐자본, 은행자본, '이자 낳는 자본'(zinstra-gendes Kapital) 등의 용어를 사용했다. 그는 은행과 증권시장이 자본의 형성과 확충에 중요한 역할을 하기 시작하던 시기에 '이자 낳는 자본'에 특별한 의미를 부여했고, '가공자본'(fiktives Kapital)이라는 독특한 개념을 창안하기도 했다.54 힐퍼딩은 은행과 독점자본의 결합으로부터 탄생한 금융자본을 연구 대상으로 삼았다.55

오늘의 회계학에서는 기업의 창설 자본을 가리키는 자본금, 자본 활용으로 얻는 이익을 가리키는 자본잉여금, 비용 계산과 배당과 세금 납부 이후 기업에 쌓아놓은 순이익을 뜻하는 이익잉여금 등 다양한 용어가 사용된다. 시장경제가 발전하면서 본래 자본과 무관한 것이었으나 경제 활동에 필수 불가결한 사회적 신뢰, 값진 노하우, 전문 지식, 숙련성, 문화적 영향력 등을 표현하기 위해 사회적 자본, 인적 자본, 상징자본 등과 같은 개념이 사용되기도 한다.

---

54 '이자 낳는 자본'은 화폐가 축장되거나 유휴자본이 화폐로 축장되어 이자를 요구하는 경우를 가리키기 위해 사용된 표현이다. '이자 낳는 자본'은 이미 상업 자본주의 시대부터 나타났으나, 주식회사와 증권시장이 활성화되기 시작했을 시기에는 생산자본을 형성하거나 확충하는 과정에서 중요한 역할을 했다. '가공자본'은 미래의 수익을 주식의 가격으로 평가해서 그 현재 가치를 어림하는 자본을 가리킨다. 이 개념들에 대해서는 K. Marx, *Das Kapital 3*, 제5부("이윤의 이자와 기업가 이윤으로의 분해. 이자 낳는 자본")를 보라.

55 힐퍼딩에 따르면, 금융자본은 주식회사의 발전과 독점 형성 과정에서 나타나는 화폐자본의 특수한 현존 방식이다. 은행에 집적된 화폐자본은 평균 이자율보다 더 높은 이윤 배당을 기대하며 생산 과정에 투자되면서 금융자본의 형태를 취한다. "산업에서 사용되는 자본의 점점 더 큰 부분은 금융자본"이며, 그것은 "은행에 맡겨져 있으면서 산업가가 사용하는 자본"이다. Rudolf Hilferding, *Das Finanzkapital: Eine Studie über die jüngste Entwicklung des Kapitalismus mit einem Vorwort von Fred Oelßner* (1910)(Berlin: Dietz Verlag, 1955 = Nachdruck der Neuausgabe von 1947), 331.

3.3.2. 자본의 본질

앞에서 말한 자본의 다양한 이름들은 자본의 운용 맥락과 기능을 서술하고 있기는 하지만, 정작 가장 원초적인 질문, 곧 자본이 무엇인가를 밝히지 못하고, 자본이 시장경제에서 어떻게 해서 그토록 막강한 힘을 행사하는가를 충분히 설명하지 못한다. 화폐와 화폐자본은 같은가, 다른가? 화폐가 자본과 구별되는 것이라면, 자본은 어떻게 해서 탄생했으며, 자본의 본질을 규정하는 요건들은 무엇인가? 이와 비슷한 질문들은 앞에서 말한 자본의 여러 명칭에 관련해서도 꼬리를 물고 이어질 것이지만, 여기서는 자본의 가장 본질적인 징표를 생각해 보기로 한다.

자본의 기원에 대해서는 여러 견해가 엇갈리고, 그 가운데서도 원시적 자본축적의 폭력적 성격을 부각하는 마르크스와 자본이 근면과 절제에서 비롯된 저축임을 강조한 막스 베버의 견해가 극명하게 서로 갈리지만, 두 거장은 자본이 잉여가치를 추구한다는 점에서는 일치된 견해를 보였다. 마르크스는 화폐가 자본으로 전화되는 결정적인 계기는 잉여가치의 추구에 있다고 주장했고,[56] 베버는 자본가가 욕망을 충족하고도 남는 잉여를 추구하기 위해 합리적으로 경영하고, 그렇게 해서 저축한 것을 투자하여 더 많은 잉여를 추구하려는 태세를 '자본주의 정신'이라고 규정했다.[57]

그렇다면 자본이 잉여가치를 창출한다는 것은 무엇을 의미하고, 어

---

56 K. Marx, *Das Kapital 1*, 165. 마르크스는 화폐가 상품 순환의 최종적 산물이라고 보았고, 그 최종적 산물이 "자본의 최초의 현상 형태"(161)라고 말했다. 자본은 화폐의 전화된 형태이지만, 화폐가 자본으로 전화하는 것은 그것이 잉여가치를 창출할 수 있는 조건을 충족시킬 때뿐이다.
57 막스 베버/조기준 역, 『사회경제사』 (서울: 삼성출판사 1976), 293.

떤 경우에 잉여가치를 창출할 수 있는가? '이자 낳는 자본', 대부자본, 상업자본 등이 자본이라는 이름을 갖고 있으니 그 자본들도 잉여가치를 창출하는 자본인가? 상품의 매매 과정에서 지불 수단으로 사용되는 화폐가 축장되어 대부될 때 이자가 발생한다면, 그 이자는 축장화폐가 만들어 낸 잉여가치인가? 그렇지 않다. 이자에 대해서는 여러 가지 설명이 가능하지만, 상업 자본주의 단계에서 이자는 희소한 화폐의 조달 비용이거나 화폐 대여에 따르는 위험 회피 비용이거나 화폐 대여를 매개로 한 약탈의 성격을 띠었기에, 화폐가 화폐를 낳는 연금술적인 증식은 일어나지 않았다. 그것은 상업자본에 대해서도 똑같이 말할 수 있다. 상업자본은 상품을 매입하기 위해 투입되고, 상품을 판매한 뒤에 회수된다. 상품 매입 과정에서 투입된 자본과 상품 유통 과정을 거쳐서 회수된 자본 사이의 차이가 상품자본의 수익일 터인데, 그러한 자본의 잉여는 어디서 왔는가? 상업자본이 매입한 상품과 판매한 상품이 동일한 상품이라면 상품의 매입과 판매를 통하여 발생할 수 있는 수익은 있을 수 없다.[58] 따라서 상품자본이 얻는 수익은 가치의 증식과는 상관이 없고, 상업 활동에 관련된 비용과 상인의 이익을 상품값에 얹어 팔거나, 저가에 사서 고가로 파는 상술을 부리거나, 사재기, 가격 담합, 협잡 혹은 사기 등을 통해서 발생한 것으로 보아야 할 것이다.

그러나 자본가가 노동력 상품을 매입할 경우 전혀 다른 일이 벌어진다. 이미 앞의 여러 맥락에서 밝혔듯이 노동시장에서 자본가가 노동력을 매입하면서 노동자에게 주기로 한 임금의 가치와 그 노동력을 상품

---

[58] 마르크스는 이 점을 다음과 같이 명징적으로 갈파했다. "등가물이 교환된다면, 잉여가치는 발생하지 않는다. 비등가물이 교환된다고 하더라도, 잉여가치는 발생하지 않는다. 순환 혹은 상품 교환은 그 어떤 가치도 창출하지 않는다." K. Marx, *Das Kapital 1*, 177f.

생산 과정에 투입하여 창출한 노동의 가치 사이에는 차이가 있고, 그 가치의 차이는 노동력의 교환가치(임금)와 사용가치(산출된 노동의 가치)의 차이이고, 바로 그 차이가 잉여가치다. 그 잉여가치는 노동력을 매입한 사람에게 돌아간다. 어떻게 해서 그런 일이 일어나는가?

노동자는 자본가와 노동계약을 맺고 자기의 노동력을 자본가의 처분에 맡긴다. 따라서 노동계약이 체결된 뒤에 자본가는 노동계약이 규정한 노동시간 동안 노동력에 대한 지배권을 행사하고, 그에 따라 노동자는 자본가에게 실효적으로 예속된다. 노동자가 임금을 받기로 약정하고 일을 해서 만든 생산물은 자본가에게 귀속되고, 노동력의 교환가치와 사용가치의 차이인 잉여가치도 자본가가 독차지한다. 그러한 요건이 충족될 때 비로소 화폐는 자본으로 그 꼴을 바꾼다. 자본은 단순한 화폐의 집적이 아니다. 자본은 사물이 아니라 권력이다. 자본은 오직 노동의 자본에 대한 예속 관계, 자본가의 노동자에 대한 지배 관계를 통해서만 그 본질이 드러난다. 마르크스는 그러한 자본 권력의 현상 형태를 자본의 노동 포섭 혹은 '자본관계'(Kapitalverhältnis)[59]라는 말로 표현했다.

3.3.3. 대부자본과 상업자본의 성격

대부자본, 상업자본 등은 생산자본과는 그 성격을 달리하지만, 생산자본과 직접 혹은 간접적인 관계를 맺는다. 자본주의 경제는 상품의 생산과 상품의 유통이 국면적으로 분할되어 있다. 상품생산에 투입된 자

---

[59] 노동자의 생산수단으로부터의 분리, 노동자의 노동생산물로부터의 배제, 노동자의 자본가에 대한 종속을 포괄하는 '자본관계'에 관해서는 K. Marx, *Das Kapital 1*, 555, 604, 641, 742를 보라.

본을 회수하기 위해서는 상품 유통을 통해 상품이 매각되어 투자 원금을 회수하는 긴 시간을 거쳐야 한다. 자본가는 가치의 생산과 가치의 실현 사이의 시간 동안에 지급 능력을 갖추어야 하고, 끊임없이 부채증서(어음)를 유통하고 부채 청산을 위해 대부자본을 끌어들이지 않으면 안 된다. 따라서 자본주의적 생산을 위해서는 자본주의적 생산 영역 바깥으로 이탈한 화폐자본이 있어야 한다.[60] 그것이 '이자 낳는 자본'이다.

대부자본이나 상업자본이 대부 사업이나 상업을 위해 기업을 창설할 때는 생산자본의 기능을 수행한다. 대부 사업과 상업은 화폐를 제조하거나 상품을 생산하지는 않지만, 화폐 대부 직무와 상품 유통 직무에 종사하는 노동자들이 그 사업체를 경영하는 자본가 혹은 그 자본가의 위임을 받은 대리인(경영자)과 노동계약을 맺고 일한다면, 거기서도 당연히 잉여가치가 발생한다. 대부 업무나 상업 업무에 종사하는 노동자들은 재화의 형태로 상품을 생산하지 않고 서비스의 형태로 상품을 생산한다.[61]

3.3.4. '이자 낳는 자본'과 생산자본의 결합

'이자 낳는 자본'은 대부자본, 자본가가 축적한 잉여가치 가운데 투자되지 않은 유휴자본, 은행자본, 연기금 등 여러 갈래로 구성되고, 최

---

60 K. Marx, *Das Kapital 2, MEW 24*, 269: "(자본의) 한 부분은 다른 부분이 상품자본 또는 화폐자본의 형태로 실제 생산에 투입되지 않는 조건에서만 생산자본으로 기능할 수 있다. 그 점을 지나치면, 화폐자본의 중요성과 역할을 완전히 놓치게 된다."

61 서비스는 인간이 노동하여 생산하는 비물질적 상품이기 때문에 논란의 여지 없이 가치생산적이다. 이에 대해서는 H. Wasmus, *Produktion und Arbeit: Immanente Kritik der politischen Ökonomie*(Hamburg: VSA Verl.: 1987), 205. 218f.를 보라.

소한 대부를 통하여 이자를 수취하는 힘을 갖는다는 점에서 공통점을 갖는다. '이자 낳는 자본'은 시장경제가 발전하면서 자본의 수요가 많아지고, 그러한 수요가 은행과 자본시장을 통하여 충족되기 시작하면서 생산자본과 밀접하게 결합하게 되었다. 그러한 결합은 주식회사가 발전하면서 강화되었다.

주식회사는 자본금을 마련하여 창업을 시도하거나 대규모 자본 수요가 있을 때 주식을 발행한다. 대규모 자본 수요는 기업을 창설하기 위해 자본을 유치하거나 기업이 치열한 시장경쟁 상황에서 기술 혁신과 생산성 향상을 통하여 시장 우위를 확보하거나 경쟁 기업을 인수·합병하여 시장 권력을 강화하고자 할 때 발생한다. 그러한 자본 수요가 사내 유보를 통하여 충족되지 않는 한, 기업은 시장에서 직접 자본을 조달한다. 그것은 기업이 주식 발행 시장에서 주식을 사고 화폐를 공급하는 사람들에게 미래의 수익을 약속하는 방식으로 이루어진다.[62] 기업의 주식이 발행되고 거래되면서 한편으로는 기업 경영의 금융화가 촉진되고, 다른 한편으로는 '이자 낳는 자본', 대부자본, 유휴자본 등이 생산자본과 직접 혹은 간접적인 관계를 맺게 된다. 주식을 보유하는 사람은 기업 배당에 참여하여 자본소득을 취하는 동시에 그 주식의 지분율만큼 생산자본에 대한 지배력을 행사하기에 자본소득자와 기업지배구조 참여자라는 이중적인 위상을 갖는다. 자본소득자는 기업 경영에 직접 참여할 수 있는 전문적인 지식과 능력을 갖추지 않는 경우가 많아서 기업 경영을 대주주나 전문 경영인에게 위임하는 경향을 보인다. 이러한 과정을 거쳐서 주식회사에서 소유와 경영이 분리되는 획기적인

---

62 기업이 자금 운영의 애로를 타개하고자 할 때 채권을 발행하기도 하는데, 회사채의 할인율은 기업 리스크 때문에 시중 금리보다 높게 형성된다.

일이 일어났다.

주식시장에서 자본을 조달하는 방법 이외에 기업은 은행으로부터 자본을 유치하여 투자에 나서기도 했다. 영국과 미국에서는 기업의 자본 유치가 많은 경우 자본시장을 통해 이루어지는 데 반해서 독일에서는 은행을 통한 자본 조성이 두드러졌다. 독일은 저축은행과 신용협동조합이 지역 기업의 창설과 육성에 결정적인 역할을 하였던 뿌리 깊은 전통을 갖고 있다. 19세기 말에 이르러 중화학공업 분야에 진출한 기업들이 대규모 자본을 조달하고자 했을 때 그 창구는 은행이었다. 상업은행과 투자은행의 겸업이 가능했던 독일에서 은행은 생산자본의 형성에 참여하고 투자 지분을 확보하는 전략을 취했다. 은행은 이러한 전략을 통하여 기업 경영을 감독하는 위치에 섰고, 힐퍼딩이 정의한 바 있는 '창업자 이윤'[63]을 차지하는 특권적 위상을 얻게 되었다. 은행으로부터 막대한 자본을 유치한 기업은 독점자본을 형성하고, 여기서 더 나아가 은행의 지원을 받아 기업 인수·합병에 나서서 콘체른(Konzern, 독일식 재벌)을 형성하고 카르텔과 트러스트를 구축할 수 있는 유리한 위치에 서게 되었다. 그것이 은행과 독점자본이 결합하여 '금융자본'을 형성한 독일의 독특한 기업 생태계였다. 은행이 생산자본 조성과 육성에 결정적인 역할을 한 독일 모델은 일본에 이식되었고, 일본을 거쳐 한국의 경제발전 과정에서 독특한 방식으로 구현되었다.[64]

---

63 Rudolf Hilferding, *Das Finanzkapital: Eine Studie über die jüngste Entwicklung des Kapitalismus mit einem Vorwort von Fred Oelßner* (1910), 149.

64 1960년대 초 이래 한국에서는 주식시장보다는 은행을 통한 기업 자본 조성이 지배적이었다. 주식시장이 대규모 화폐자본과 민간저축을 끌어들일 여건이 안 되었기 때문이다. 쿠데타를 통해 권력을 장악한 군정 세력은 경제개발계획을 수립하여 국가 주도의 강력한 자본화 전략을 추진하고자 했고, 그 전략에 따라 국가는 민간저축, 한일 청구권 자금, 차관 등 가능한 모든 재원을 국책은행에 집중하고 수출 입국 전략에 따라 특정 기업을 선정하여 집중적으로 육성했다. 국가가 엄격하게 관리하는

3.3.5. '이자 낳는 자본'과 은행자본의 수탈적 성격

기업의 금융화는 이자 낳는 자본과 은행이 기업의 생산자본 형성과 확대에 결정적인 역할을 하게 된 데서 나타난 필연적 결과였다.[65] 기업의 금융화는 대공황 이후 '관리된 금융체제'가 구축되면서 생산자본의 이자 낳는 자본에 대한 우위가 성립되기도 했다. 그러나 앞의 1장 3.3과 4.1에서 분석한 바와 같이 금융 자유화는 그 힘의 관계를 역전시켰다. 주식투자에 나선 연기금의 영향력이 커졌고, 상업은행으로부터 자금을 끌어들이는 투자기금의 힘도 커졌다. 금융의 자유화가 무르익었던 2000년대 초 미국에서 연기금과 투자기금은 1천 개의 거대 기업 주식의 약 60%를 소유했고, 그 가운데 투자기금의 주식 소유 비율은 20%에 달했다.[66] 연기금과 투자기금은 기업에 출자하거나 주식 매입을 통해 확보한 생산자본의 지분율을 매개로 해서 기업 경영 감독은 물론이고 기업 이익 가운데 상당 부분을 배당으로 요구하는 등 강력한 힘을

은행체제를 통하여 기업을 육성하는 전략은 독일의 '금융자본' 모델을 연상시키지만, 다른 점도 많이 있다. 무엇보다도 은행을 통한 기업 감독이 거의 없었고, 은행은 단지 경제개발계획을 실현하고자 하는 정치적 의지가 관철되는 통로의 역할을 하였을 뿐이다. 그러나 은행이 기업 육성에서 중추적인 역할을 했다는 것은 논란의 여지가 없다. 한국에서 은행을 중심으로 한 기업 육성은 '관치금융'이라는 별명을 가질 만큼 엄격하게 관리되었던 은행체제가 IMF 경제신탁 아래서 해체되고 금융 자유화가 본격적으로 시행되면서 자본시장을 통한 자본 조성으로 전환되었다.

65 기업이 금융시장에서 자본을 직접 조달하는 것을 가리켜 기업의 금융화라고 한다. 기업의 금융화가 진전되어 금융시장이 기업 경영과 기업이윤 배분에서 결정적인 역할을 하는 자본주의는 '금융시장-자본주의'로 규정되기도 한다. 기업의 금융화에 대해서는 코스타스 라파비챠스/송종윤 옮김, 『생산 없는 이윤: 금융은 우리를 어떻게 착취하는가』, 47-52를 보라. '금융자본 자본주의'의 개념에 대해서는 Christoph Deutschmann, "Finanzmarkt-Kapitalismus und Wachstumskrise," *Finanzmarkt-Kapitalismus*, hg. von Paul Windolf (Wiesbaden: © VS Verlag für Sozialwissenschaften/GWV Fachverlag, 2005), 60-64를 보라. '금융시장-자본주의'는 힐퍼딩의 '금융자본주의' 개념에 그 뿌리를 두고 있다.

66 Paul Windolf, "Was ist Finanzmarkt-Kapitalismus?," *Finanzmarkt-Kapitalismus*, 23.

행사하게 되었다. 상업은행과 투자은행의 겸업이 허용되었던 나라들에서는 진작부터 그랬지만, 미국에서 상업은행과 투자은행 사이에 벽을 쌓아놓았던 글래스-스티걸법이 1998년 폐지되자 은행은 대공황 이전처럼 자기계정거래를 통해 자본시장의 큰손으로 행세하면서 그 어느때보다도 강력하게 기업 경영과 배당 성향 결정에 영향력을 행사했다.

그렇게 해서 기업의 금융화는 생산자본의 화폐자본과 금융자본에 대한 종속을 심화하는 결과를 낳았다. 화폐자본과 금융자본이 지배적인 위치에 서는 '금융시장-자본주의'에서는 주식 가치를 최우선으로 삼는다는 구호 아래서 화폐자본과 금융자본이 생산자본을 '수탈'한다.[67] 이자 낳는 자본은 시중 이자율을 훨씬 넘어서는 창업자 이윤을 차지하거나 높은 배당 성향을 통하여 기업의 세후 이익의 큰 몫을 거머쥔다. 이자 낳는 자본이 생산자본을 수탈함으로써 나타나는 결과는 끔찍하다. 거대 기업과 중소기업 사이에 수직적인 부품 공급 사슬이 형성되었을 경우 거대 생산자본은 수요 독점자의 지위를 활용하여 중소 생산자본을 수탈한다. 중소기업을 수탈할 수 있는 거대 기업의 경우에는 상대적으로 덜하겠지만, 중소기업에서는 생산자본이 노동력을 가혹하게 수탈하는 일이 벌어진다. 그 결과 거대 기업 노동자들의 임금과 노동조건은 중소기업의 그것과 큰 격차를 보일 수밖에 없다. 거대 기업에서도 임금을 절약하기 위한 필사적인 노력이 벌어질 수밖에 없기에 비정규직 고용이 증가하고 사내하청이 확대된다.

---

67 금융자본이 거두는 이익이 수탈에 근거한다는 것은 마르크스의 이자 이해에 뿌리를 두고 있다. 마르크스주의적인 관점에서 '금융수탈'의 문제를 분석하고 있는 코스타스 라파비챠스는 금융자본이 거두는 이익을 '생산 없는 이윤'으로 명명하고, 그 본질을 '이전 혹은 수탈을 통해서 얻은 이윤'으로 규정한다. 이에 대해서는 코스타스 라파비챠스/송종윤 옮김, 『생산 없는 이윤: 금융은 우리를 어떻게 착취하는가』, 191을 보라.

위에서 본 바와 같이 계약법과 민법이 확립된 시장경제에서 자본은 매우 독특한 특성과 힘을 갖는다. 자본은 무엇보다도 시장에서 거래되는 상품이다. 자본이 처음 등장하여 활동할 때는 자본의 화신인 자본가가 전면에 나타나 자본이 상품이라는 점이 잘 드러나지 않았을 뿐이다. 기업의 금융화는 자본이 상품이라는 것을 아주 분명하게 보여준다.[68] 자본은 상품생산이 이루어지는 기업과 공장에서 생산요소인 동시에 자본관계로 등장한다. 생산요소로서의 자본이 기업과 공장에서 생산원료나 작업 도구나 생산 설비나 고도의 기술체제 같은 생산수단으로 나타나는 것은 자본의 매우 중요한 측면이다. 그러나 자본이 자본관계로서 나타나고 그 자체가 권력이라는 사실만큼 자본의 특성과 힘을 더 확실하게 보여주는 것은 아무것도 없다.

자본이 자본관계로서 나타나고 그 자체가 권력으로 작용하는 현실에 대해서는 두 가지를 분명히 해 둘 필요가 있다. 첫째, 자본관계는 노동의 자본에 대한 예속, 자본가의 노동자에 대한 지배를 뜻하는 것인데, 그것이 과연 합당한 관계인가? 발생사적으로 보거나 노동인간학적 관점에서 보거나 자본은 인간 노동의 산물이고, '노동의 자본에 대한 우위'[69]를 부정할 수 없다. 그러나 현실은 정반대다. 둘째, 자본은 자본관

---

68 디터 자우어는 기업의 금융화가 시장을 통해 기업을 통제하고 재조직하는 효과를 강화한다고 보고, 시장에 의한 기업 평가의 핵심이 수익이라는 점을 지적하고 있다. 그는 이를 기업구조조정의 '시장화'로 규정했다. 그것은 기업을 여러 부문으로 나누어 핵심 부분을 남기고 나머지 부분을 외부에 배치하는 '분산화'와 함께 현대 기업에서 구조조정을 이끄는 두 가지 원리 가운데 하나라고 한다. 이에 대해서는 Dieter Sauer, *Arbeit im Übergang: Zeitdiagnosen* (Hamburg: VSA Verl., 2005), 66f., 특히 각주 2를 보라.

69 '자본에 대한 노동의 우위 원칙'은 교황 요한 바오로 2세가 1981년 반포한 사회교서 *laborem exercens*의 핵심 원칙이다. "이 원칙은 생산 과정에 직접 적용된다. 생산 과정에서 노동은 언제나 가장 으뜸가는 효과적인 원인인 데 반해, 생산수단의 총체인 자본은 도구이거나 도구적 원인에 불과하다. 이 원칙은 인간의 모든 역사적 경험에서 도출되는 명백한 진리다." *Enzyklika Laborem*

계를 통하여 잉여가치를 독차지하고, 잉여가치를 축적하는 과정을 통하여 끝없이 팽창한다. 자본관계가 제도적으로 확립된 경제체제에서 자본의 고유한 특질을 이루는 팽창의 무한성은 그 경제체제가 깃들어 있는 생태계의 유한성과 모순을 이룬다. 이 두 가지 주장은 앞으로 시장경제를 사회적이고 생태학적인 관점에서 규율하는 방식을 다루는 본서 제IV부 3장 3과 제V부 1장과 5장에서 다시 소환될 것이다.

4. 경제적 합리성과 가격 장치

주류 경제학자들의 교과서를 보면 거의 예외 없이 맨 처음에 합리성과 가격 장치를 다룬다. 그것은 경제가 희소한 자원을 갖고서 사람의 욕망을 충족시키는 과정이라는 일반적인 관점과 부합한다. 만일 인간의 욕망을 충족하는 데 필요한 자원이 무제한 공급된다면 경제는 필요하지 않을 것이다. 경제는 자원의 희소성을 극복하고 인간의 욕망을 최대한 충족시키려는 의식적인 활동의 체계이다. 그러한 경제를 이끄는 가장 중요한 원리는 자원을 적게 쓰고 그 쓰임의 효과를 크게 만드는 것이다. 그것이 경제적 합리성이다. 시장경제에서 합리성은 비용을 줄이고 효과를 크게 하는 경향이고, 비용은 가격으로 계산된다. 따라서 경제적 합리성과 가격은 서로를 전제한다.

경제적 합리성은 자원의 희소성 조건 아래서 경제를 규율하는 기본

---

exercens von Papst Johannes Paul II., 19, 출처: https://www.vatican.va/content/john-paul-ii/de/encyclicals/documents/hf_jp-ii_enc_14091981_laborem-exercens.pdf (2023년 1월 3일 다운로드).

원칙이지만, 그것이 절대화되면 여러 가지 문제를 일으킨다. 시장경제에서 가격은 기업과 가계가 합리적인 경제 활동을 하도록 이끄는 중요한 기능이 있지만, 모든 것이 가격으로 표시되는 것도 아니고, 가격 자체가 제대로 형성되어 있는 것도 아니다. 그 두 가지 문제를 제대로 다루기 위해서는 자연의 망각, 기업-가계-국가의 제도화, '상품 허구'의 대상이 된 자연, 노동력, 자본의 문제 등 앞의 세 절에서 논의했던 내용을 전제하지 않으면 안 된다. 그렇기에 이 책에서 경제적 합리성과 가격 장치의 문제가 주류 경제학 교과서와는 달리 뒤에서 다루어지게 된 것이다.

4.1. 경제적 합리성

경제적 합리성은 희소한 자원의 제약 때문에 최소의 비용으로 최대의 효과를 얻고자 하는 경제 활동의 경향이다. 이러한 합리성의 요구에 따르지 않은 채 자원을 낭비하면서 경제 활동을 한다면, 기업이든 가계든 유지될 수 없을 것이다. 경제적 합리성은 지속 가능한 경제의 필요조건이다.

합리적이라는 말은 이성적이라는 말과 섞어 쓰이는 경우가 많지만 두 낱말의 의미는 다르다. 본래 합리성은 기업의 타산을 맞추기 위한 장부 기재에서 비롯된 개념이다. 그 경우 합리성은 수익 계산과 관련된다. 여기서 합리성의 또 하나의 의미가 파생된다. 합리성은 주어진 목표를 달성하기 위해 수단을 적절하게 배치하고 조직하는 것과 관련된 개념이 된다. 일찍이 막스 호르크하이머(Max Horkheimer)는 그러한 합리성을 도구적 합리성이라고 규정하고, 도구적 합리성을 추구하는 이성을 도구적 이성이라고 명명했다. 그것은 주어진 목표를 비판적으로 성찰하는 본래적 이성과는 구별되는 이성이다.70

　시장경제에서 기업은 같은 종류의 상품을 생산하는 다른 기업들과 치열하게 경쟁해야 하고, 경쟁에서 이기기 위해서는 비용을 줄이고 매출을 늘려 더 많은 이윤을 내고자 한다. 이윤을 축적해서 이를 투자해야 더 나은 기술과 생산 설비를 마련할 수 있고, 그 결과 상품생산 비용을 줄이고, 상품 가격을 낮추고, 상품 품질을 높이고, 그 상품을 시장에서 더 많이 판매할 수 있을 것이기 때문이다. 따라서 이윤 추구는 기업이 시장경쟁에서 살아남기 위한 전략일 뿐만 아니라 시장에서 상대 기업들보다 더 나은 기회와 더 큰 힘을 차지하기 위한 전략이기도 하다. 따라서 비용을 줄이고 그 비용의 효과(=매출)를 늘려서 이윤을 내려고 하는 것은 기업이 추구하는 경제적 합리성의 발로라 할 만하다. 그 경우 경제적 합리성은 채산성이나 수익성과 똑같은 의미가 된다. 문제는 기업의 이윤 추구가 기업의 생존과 발전을 위한 수단에 그치지 않고 그 자체가 목적이 될 때 발생한다. 비용 절약적 합리화를 통해 이윤 극대화를 추구하는 것이 기업의 목적이라고 주장하는 순간, 경제적 합리성은 본래의 도구적 성격을 잃고 그 자체가 절대적인 목적으로 둔갑한다.

　경제적 합리성이 절대화됨으로써 나타나는 결과는 참혹하다. 널리 알려진 몇 가지 예를 든다면 노동 비용을 줄이는 것이 자본 비용을 늘리

---

70 막스 호르크하이머는 이성을 두 가지로 구별했다. 하나는 목표의 정당성을 묻는 이성이다. 그는 이 이성을 '객관적' 이성이라고 불렀다. 이 '객관적 이성'이 현대 사회에서 일식처럼 가려지고 말았고, 목표를 달성하기 위해 수단을 조직하는 데에만 골몰하는 이성이 활성화되었다. 호르크하이머는 이 이성을 '주관적 이성'이라고 불렀다. '주관적 이성'은 그 자체가 주어진 목표를 달성하는 '도구'로 전락하고 말았기에, 그것은 도구적 이성에 불과하다. 도구적 이성이 추구하는 것이 곧 도구적 합리성이다. M. Horkheimer, *Eclipse of Reason*(1947) (New York: The Seabury Press, 1974), 54.

는 것보다 합리적이라고 판단할 때 기업이 추진하는 고용조정은 대규모 실업을 불러들인다. 그러한 기업의 합리성 추구는 한편으로 수많은 노동자에게서 삶의 기회를 박탈하거나 악화시키고, 다른 한편으로는 엄청난 사회적 비용을 발생시킨다. 기업의 경제 활동이 환경에 미치는 부정적 효과를 처리하는 비용도 기업이 자발적으로 내부화하지 않고 이를 외부화하면, 국민이 외부효과의 피해를 보는 데 그치지 않고 그 피해를 복구하는 비용까지 부담해야 한다.

기업의 영향력이 점점 더 커지고 있는 현대 사회에서 경제적 합리성은 기업을 넘어서서 정부와 대학 등 국가 부문과 문화 부문에서도 지배적인 가치로 자리를 잡아 그 부문들이 제 기능을 발휘할 수 없게 만든다. 국민의 생명과 안전 보장 등 돈으로 살 수 없는 것이 경영 논리를 앞세운 행정으로 인해 부차화되고, 관행과 통념, 이데올로기와 체제 논리 등을 비판적으로 성찰하는 능력을 키워야 할 대학은 시장 논리에 충실한 기능인을 양성하는 곳으로 전락한다. 신자유주의자들이 국가 부문과 공공 서비스를 축소하고자 할 때 전가의 보도처럼 내세운 것이 경제적 합리성이고, 대학 교육의 목표를 기업과 산업의 수요에 맞춘 인적 자본의 형성에 두도록 대학 평가 시스템을 구축할 때 최상위 가치로 설정하는 것도 결국 경제적 합리성이다.

한 가지 예를 더 든다면 좋은 대학에 입학하기 위해 유치원부터 시작하는 치열한 학습 경쟁과 성적 지상주의도 경제적 합리성이 관철되는 경우라고 말할 수 있다. 그러한 경쟁과 성적 위주의 교육은 전인교육을 파괴하고 사교육 시장을 부풀려 한국 사회 최대의 적폐로 꼽히고 있다. 그러나 바로 그러한 성적 경쟁이 가장 적은 비용으로 가장 큰 사회적 특권을 차지하는 합리적 선택으로 여겨지고 있기에 수많은 가계가 그 교육을 위한 비용을 기꺼이 감수하고 있다.

경제적 합리성이 절대화되면, 그것은 경제의 영역과 체제를 넘어서서 인간 생활의 나머지 모든 영역과 부분 체제들을 지배하는 이데올로기가 된다. 앞에서 예로 든 바와 같이 그것은 이미 기업 경영, 국가 영역, 가계 부문 등을 맹목에 빠지게 했고, 심지어 사람들이 함께 토론하고 숙의를 거듭해서 경제를 위시해서 공동체를 규율하는 데 필요한 규범을 형성할 수 있는 공론의 장마저도 석권할 기세다.[71] 그런 점을 놓고 볼 때 경제적 합리성이 그것을 필요로 하는 적절한 장에서 제 기능을 발휘할 수 있게 하는 것이 우리 시대의 큰 과제가 되었다고 할 수 있다. 아마도 그 과제는 시장경제체제를 이성적으로 규율하는 전체적인 구도를 설정할 때 비로소 제대로 풀어나갈 수 있을 것이다.

4.2. 가격 장치

시장경제에서 경제적 합리성을 표현하는 매체는 가격이다. 경제적 합리성의 핵심은 비용 대비 효과인데, 비용과 효과는 모두 가격으로 표시되기 때문이다. 시장경제에서 탈중심화된 경제주체들은 재화나 서비스의 가격에 민감하게 반응하면서 생산과 소비를 조절한다. 가격 장치는 시장경제의 조정 장치이며, 따라서 가격은 시장경제의 핵심 개념이

---

71 하버마스는 경제체제 같은 것은 생활세계에서 분화되어 나온 하위체제라고 보는데, 이 하위체제에서 통용되는 가치인 경제적 합리성이 생활세계를 침범하고 이를 지배하는 것을 가리켜 '생활세계의 식민지화'라고 규정했다. 하버마스에게 생활세계는 공동체를 규율하는 규범에 대한 합의가 이루어지는 곳이다. '생활세계의 식민지화'에 관해서는 J. Habermas, *Theorie des kommunikativen Handelns, Bd. 2: Zur Kritik der funktionalistischen Vernunft* (Frankfurt am Main: Suhrkamp, 1981), 182를 보라.

다. 그렇다면 가격이란 무엇인가? 시장에서 교환되는 모든 상품의 가격은 제대로 형성되는가? 시장경제는 과연 가격 장치를 통해 제대로 조정되는가?

4.2.1. 가격 현상

조금 놀라운 일일지 모르겠지만, 주류 경제학은 가격 이론을 펼치고 있으나, 가격의 본질을 설명한 적이 없다. 주류 경제학이 가격과 관련해서 하는 작업은 가격 현상을 서술하는 것뿐이다.

물론 가격의 본질을 규명하려는 시도가 없었던 것은 아니다. 크게 보면 그 시도는 두 갈래로 이루어졌다. 하나는 마르크스의 시도이고, 다른 하나는 마르크스의 설명에 반기를 든 한계이론가들의 시도이다. 먼저 마르크스의 시도를 보자. 마르크스는 가격이 가치의 화폐적 표현이라고 규정했다.[72] 가격의 본질이 가치라는 뜻이다. 가치는 상품생산에 투입된 노동의 양이다. 한 상품의 가치는 그 상품의 생산에 투입된 생산수단이 마모된 그만큼의 가치,[73] 사용된 원자재의 가치, 그 상품의 생산에 투입된 노동의 가치 등을 합한 것이다. 그 상품의 가격은 화폐 가치의 등락이나 공급과 수요의 변동을 통해 변할 수 있지만, 그 상품의 가치는 가격의 변동에도 불구하고 불변이다.[74] 마르크스는 상품의 생산 과정

---

72 K. Marx, *Das Kapital 1*, 109: "가치척도로서의 화폐는 상품에 내재된 가치의 크기, 곧 노동시간의 필연적인 현상 형태다."

73 마르크스에 따르면, 생산수단의 가치는 그것을 생산하는 데 들어간 노동량의 가치이다. 거기에는 이미 수행된 노동, 곧 '죽은 노동'의 가치가 응결되어 있다. 상품생산에 투입된 생산수단은 마모되기에 생산수단의 가치는 줄어든다. 생산수단의 감가는 상품의 가치로 이전된 것이기에, 상품이 시장에서 팔려 가치를 실현하면 생산수단의 감가는 상쇄된다.

과 유통 과정을 종합적으로 다룬『자본』3권에서 자본주의적 경쟁과 그 결과로 나타나는 불변자본의 증가(=자본의 유기적 구성의 고도화), 평균 이윤율의 형성, 노동력 재생산에 들어가는 비용의 변화 등등을 구체적으로 고려하면서 상품가치가 생산가격으로 바뀌는 전형(轉形) 문제를 치밀하게 설명하고자 했다.[75] 상품가치의 생산가격으로의 전형은 가치, 가격, 화폐, 경쟁, 이윤율, 평균이윤율 등과 같은 개념들을 서로 연관해서 파악할 때 비로소 설명할 수 있고, 그것도 자본주의 경제의 동태적 변화를 그 설명에 통합하여야 하기에 매우 복잡한 성격을 띠고 있다. 여기서는 이 문제에 더 깊이 들어가지 않는다.[76] 다만 마르크스의 가격론은 그것에 대한 찬반을 떠나서 경제학의 역사에서 가격의 본질을 그 나름대로 체계적으로 규명한 유일한 시도였다는 것을 지적하고 싶다.

가격의 본질을 설명하려는 또 하나의 시도는 한계이론가들에 의해 이루어졌으나, 결론부터 이야기한다면 그 시도는 성공하지 못했다. 한계이론의 아버지라고 일컬어지는 고쎈(Hermann Heinrich Gossen)은 마

---

74 K. Marx, *Das Kapital 1*, 116f.

75 마르크스는 평균이윤율의 형성을 다루는 자본 3권의 제2부에서 상품가치가 생산가격으로 바뀌는 조건들을 상세하게 분석했다. 그는 그 분석의 결과를 추가 노트에 간략하게 정리해 놓기도 했다. K. Marx, *Das Kapital 3*, 215f.

76 상품가치의 생산가격으로의 전형에 관련해서는 김창근의 두 편의 논문이 도움이 될 것이다. 그는 그 주제를 마르크스의 상품화폐론의 틀에서 치밀하게 논의했다. 김창근, "시점 간 단일체계 접근과 새로운 가치 논쟁에 대한 평가," 「마르크스주의 연구」 2/1(2005): 193-211; 김창근, "맑스의 전형과 화폐의 가치," 「경제학연구」 55(2005): 91-122. 상품가치의 생산가격으로의 전형은 화폐를 매개로 해서 가치이론과 가격이론을 서로 결합하고자 하는 논의의 복잡한 구도 때문에 큰 논쟁을 불러일으켰다. 그 논쟁은 보르트키에비치(L. Bortkiewicz)에 의해 촉발되었고, 신리카도주의자인 스라파(Piero Sraffa)에 의해 확대되었다. 가장 최근에는 폴리(Duncan Forley)가 불환지폐가 통용되는 현실을 반영하여 그 나름대로 전형 논쟁을 전진시켰다. 김창근은 전형 논쟁에서 나타난 주요 이론가들의 오류를 하나하나 지적하면서 노동시간과 상품화폐의 양적 관계를 확립하여 가치이론과 가격이론을 통합하는 관점을 제시하고자 했다.

르크스의 이론을 뿌리로부터 부정하려는 마음을 먹고 마르크스와는 정반대로 사용가치로부터 가격의 본질을 해명하려고 했다. 사용가치는 어떤 재화나 서비스가 그 사용자에게 가져다주는 편익이나 쓸모이니만큼 극히 주관적인 성격을 띤다. 상품 소비에서 얻는 편익이나 쓸모는 그 상품을 소비하면 소비할수록 적어지는 경향이 있다. 이것이 상품의 한계효용이다. 고쎈이 포착한 한계효용은 그 자신과 제번스(William Stanley Jevons), 멩거(Carl Menger), 발라스(Leon Walras), 뵘-바베르크(Eugen von Böhm-Bawerk), 파레토(Vilfredo Federico Damaso Pareto) 등이 공들여 수립한 가격론의 토대가 되었다. 한계효용론자들은 상품 매입자에게 상품의 한계효용이 제로가 되면 그는 그 상품을 더는 매입하지 않을 것이기에 상품의 가격은 상품의 한계효용이 제로가 되는 지점에서 결정될 것이라고 주장했다. 언뜻 보면 그럴듯한데, 문제는 한계효용이 이미 가격을 전제하는 개념이라는 데 있다. 어떤 상품이 편익이나 쓸모가 있다 하더라도 가격이 너무 비싸면 그 상품은 매입되지 않을 것이고, 따라서 소비되지도 않을 것이다. 한계효용 이론을 갖고서 가격의 본질을 해명하고자 한 파레토는 복수의 상품이 가져다주는 편익의 무차별성을 수리적으로 입증하였지만, 그것은 가격의 본질을 해명하는 것과는 전혀 무관한 시도이다. 왜냐하면 상품 편익의 무차별성은 소득이 정해져 있고 상품의 시장가격이 알려진 경우에만 성립되기 때문이다. 한마디로 한계이론가들은 가격의 본질을 설명하기 위해 한계효용을 끌어들였지만, 한계효용이 이미 가격을 전제하는 개념이기에 선결 문제 요구의 오류에 빠지고 만 셈이다.[77] 한계이론가들이 상품 공급과

---

[77] 한계이론가들이 가격의 본질을 규명하는 데 왜 실패했는가에 대한 분석으로는 H. Wasmus, *Produktion und Arbeit: Immanente Kritik der politischen Ökonomie*, 299를 보라.

관련해서 가다듬은 한계이익도 가격의 본질을 설명하는 것과는 아무런 상관이 없다. 한계이익은 비용과 매출의 차이가 줄어드는 것을 서술하는 개념이어서 이미 가격을 전제하고 있다. 그 개념은 상품 공급의 최적 조건을 나름대로 규명하는 데 쓰이는 도구에 불과하다.

참고로 제도학파는 제도로서의 시장에서 나타나는 현상에 관심이 있기에 가격의 본질과 같은 문제에 관심을 두지 않는다. 제도학파는 사실상 한계이론도 고려하지 않는다. 설사 어떤 상품의 한계이익이 제로에 이르렀다고 하더라도 그 상품이 팔리기만 한다면 그 상품을 계속 공급하는 것이 생산수단이나 고용된 노동자들을 놀리는 것보다 더 나을 것이기 때문이다. 제도학파는 공급자가 상품의 시장가격을 결정한다고 보고, 공급자의 생산가격은 원가에 이익을 붙이는 수준에서 결정된다고 간단하게 설명한다. 제도학파가 중시하는 거래비용이나 기회비용은 상품의 시장가격이 정보로서 주어져 있을 때 비로소 성립하는 개념이다.[78]

상품의 가격이 상품의 가치를 화폐적으로 표현한다고 말한 마르크스의 설명을 도외시한다면, 시장경제에서 널리 통용되는 가격은 무엇을 가리키는가? 그것은 재화나 서비스의 본질이나 성질을 담는 그릇이 아니라, 단지 재화나 서비스의 희소성을 나타내는 표지일 뿐이다. 경제학적 의미의 희소성은 재화나 서비스가 시장에 공급되는 양과 소비되는 양 사이의 관계에서 나타나는 현상이다. 상품의 희소성에 영향을 끼치는 요인들은 주관적인 기호와 변덕부터 시작해서 시장 권력의 형성과 배치, 생산요소들의 조달, 천재지변, 전염병, 전쟁 등에 이르기까지

---

78 이에 대해서는 D. Schneider, *Allgemeine Betriebswirtschaftslehre*, 3. neu bearb. u. erw. Aufl. (München/Wien: Oldenbourg, 1987), 380, 475를 보라.

매우 많다. 따라서 가격은 그때그때 나타나는 상품의 희소성을 가리키는 우연한 기호라고 말하는 것이 적절할 것이다.

4.2.2. 가격 왜곡

설사 주류 경제학이 가격의 본질을 규명하지 못한다고 할지라도 가격 현상은 시장경제에서 결정적으로 중요하다. 이미 앞의 여러 곳에서 말한 바와 같이 가격은 탈중심화된 경제주체인 기업과 가계에 상품의 공급과 수요를 결정하도록 신호를 보낸다. 기업과 가계는 상품 신호에 민감하게 반응하면서 상품의 공급량과 수요량을 조절해서 그 상품의 공급과 수요가 균형을 향해 움직이게 한다. 그것이 주류 경제학이 말하는 가격의 시장 기능이다.

물론 주류 경제학은 그 주장을 펼치면서 그 주장이 성립하는 조건을 명시한다. 그것은 상품의 공급과 수요가 완전경쟁 상태에 있어야 한다는 것이다. 다른 모든 조건이 같다고 가정하고서(*ceteris paribus*) 펼치는 주류 경제학 특유의 사유 실험에서는 완전경쟁 조건이 충족되면 상품의 가격은 그 상품의 공급과 수요의 균형을 이루는 지점에서 결정된다고 한다. 완전경쟁 시장은 상품의 공급자들이 서로 대등하게 경쟁하고, 그 상품의 수요자들이 마찬가지로 대등하게 경쟁하는 시장이라고 한다. 그러한 시장에서는 어느 공급자나 수요자도 상품의 가격을 임의로 결정할 수 없다고 한다. 그렇게 결정되는 가격은 공정한 것이기에 공급자와 수요자에게 최대의 이익과 최대의 편익을 가져다주리라는 것이다.

그러나 그러한 완전경쟁 시장은 하나의 이상형(ideal type)일 뿐 현실의 시장은 아니다. 현실의 시장에서는 경쟁의 결과 독점이나 과점이 형성되고, 독·과점체는 상품의 생산과 소비에서 엄청난 힘을 발휘한다. 이러한 시장 권력이 형성되면 상품의 공급 가격이 공급자에 의해 자의적으로 결정될 수 있고, 상품 수요를 독점하거나 과점하는 시장 세력은 매입 상품의 가격을 후려쳐서 낮출 수 있다. 따라서 시장 권력이 형성되어 완전경쟁이 무너지거나 불완전경쟁이 나타나는 상황에서는 가격이 필연적으로 크게 왜곡되어 공정성을 잃는다. 그러한 가격의 왜곡은 재화와 서비스의 생산과 소비에서 엄청난 힘을 발휘하는 국가 부문에 의해서도 영향을 받는다. 국가의 독점 공급과 수요 독점 아래서는 재화와 서비스의 가격이 제대로 형성될 수 없다.

그러한 가격 왜곡은 재화와 서비스의 생산과 소비에 참여하는 수많은 사람에게 엄청난 손실을 안긴다. 물론 시장에서 독·과점이 성립된다고 하더라도 틈새시장이 형성되어 공급 독·과점과 수요 독·과점을 완화하는 효과가 있다고는 하지만, 그 틈새시장의 규모가 아주 클 수는 없다.

4.2.3. 가격 장치의 실패

가격 장치의 실패는 시장경쟁의 붕괴나 불완전경쟁에서 비롯되는 가격 장치의 기능 저하와는 다른 차원의 문제이다. 가격 장치의 실패는 생산물시장과 요소시장에서 나타나는데, 그 실패의 양상은 다르다. 먼저 생산물시장에서 가격 장치가 실패하는 양상을 살핀다.

4.2.3.1. 생산물시장에서 나타나는 가격 장치의 실패

생산물시장에서 나타나는 가격 장치의 실패는 가격 현상 그 자체에서 비롯된다. 가격은 상품의 희소성을 나타내는 표지이다. 희소성은 상품의 공급과 수요가 일어나는 순간에 두 변수가 맺는 관계를 가리킨다. 상품의 공급자나 수요자는 상품의 희소성을 반영하는 가격에 반응하므로, 희소성과 가격은 공급자와 수요자가 반응하는 순간에 나타난다. 그것은 희소성과 가격이 오직 현재의 경제 행위, 곧 현재의 공급 행위나 소비 행위에 의미가 있다는 뜻이다. 과거는 이미 지나갔고, 미래는 아직 오지 않았다. 논리적으로 생각해 보면 미래의 경제 행위를 이끄는 가격 신호는 있을 수 없다. 미래의 상품 공급과 수요는 아직 일어난 것이 아니기 때문이다. 물론 어떤 상품이 이제까지 보여준 가격 변화의 패턴을 분석해서 그것의 미래 가격을 예측할 수는 있을 것이다. 그러나 예측은 어디까지나 예측일 뿐이다. 예측하지 못한 여러 요인으로 인하여 예측이 빗나갈 수도 있다. 그런데도 예측된 미래 가격에 따라 경제 행위를 한다면, 그 행위는 금융시장에서 이루어지는 선물이나 선도 계약에서 보는 것처럼 큰 위험에 노출될 수 있다. 그나마 선물이나 선도 계약이 전제하는 예측은 장기적인 예측이 아니라 기껏해야 몇 개월 단위의 초단기 예측에 지나지 않는다.

가격이 상품의 현재의 희소성을 나타내고 현재의 경제 행위에 효과를 발휘한다는 사실로부터 얻을 수 있는 결론은 공급자든 수요자든 가격 장치에 의존해서는 긴 안목을 갖고서 미래에 대비할 수 없다는 것이다. 이를 보여주는 좋은 예는 석유의 공급과 수요일 것이다. 석유의 남굴이 계속되면 석유부존 지층이 점점 더 깊어져서 석유의 채굴 비용이 급증하고, 결국 석유 생산 정점(peak oil)[79]을 넘어설 것이다. 그것은 장차 석유 자원이 희소해져서 석유 가격이 크게 오른다는 뜻이다. 그러나 석유를 공급하고 소비하는 사람들은 현재의 석유 가격에 따라 움직일 것이기에 지금 당장 석유 생산 정점에 장기적으로 대비하면서 적절한 경제 행위를 할 수 없다.[80] 어떤 상품이 미래의 어느 시점에 보이게 될 희소성을 현재의 가격에 반영하는 장치가 있다면 좋을 텐데, 그러한 가격 장치는 아직 없고, 상품 가격이 형성되는 이치를 놓고 생각해 보건대, 그러한 가격 장치는 발명될 수 있을 것 같지 않다.

4.2.3.2. 요소시장에서 나타나는 가격 장치의 실패

요소시장에서 나타나는 가격 장치의 실패는 가격을 부여할 수 없거나 가격을 부여하기가 어려운 것에 가격을 부여하려고 하는 데서 비롯된다. 생산물시장에서 교환되는 재화와 서비스의 가격은, 불완전경쟁 때문에 왜곡되기는 하지만, 상품의 공급과 수요에 따라 형성되는 편이다. 그러나 생산요소 시장에서 거래되는 상품들, 곧 노동력, 자본, 자연 자원 등의 가격 형성은 생산물시장의 그것과는 성격이 다르고 많은 점에서 불투명하다. 노동력, 자본, 자연 자원 등은 가격으로 표시되기는 하지만 가격으로 표시하기가 지극히 어려운 생산요소들이다.

---

79 석유 생산 정점은 경제적으로 감당할 수 있는 석유 가격 수준을 말한다.
80 물론 가격 장치의 불완전성 이외에 오늘날 화석연료나 광물자원의 채굴에 방대한 자본이 투입되어 자본 비용이 많이 들기 때문에 채굴업자들이 확대 생산의 강제 아래 놓이기 쉽다는 점도 유의하여야 한다. 부존자원의 희소성이 높아지는데도 채굴자원의 시장가격이 지난 30여년 동안 경향적으로 하락한 것은 바로 그 때문이다. 이에 관해서는 H. Chr. Binswanger·J. Minsch, "Theoretische Grundlagen der Umwelt- und Ressourcenökonomie: Traditionelle und altenative Ansätze," *Ökonomie und Ökologie: Ansätze zu einer ökologisch verpflichteten Marktwirtschaft*, hg. v. Michael von Hauff (Stuttgart: Schäffer-Poeschel, 1992), 56f.를 보라.

첫째, 노동력의 시장가격인 임금에 관해 생각해 보자. 임금은 어떻게 결정되나? 주류 경제학이 이 질문에 답변하는 방식은 크게 보아 두 갈래로 나뉜다. 하나는 노동력도 생산물시장의 여느 상품처럼 공급과 수요에 따라 그 가격이 결정된다는 주장이다. 그렇게 결정되는 노동력의 시장가격이 시장청산임금이다. 그런 생각은 일찍이 데이비드 리카도에 의해 제시되었다. 그는 노동력의 공급과 수요에 영향을 미치는 여러 요인, 곧 인구 증가, 물가 상승, 명목임금 상승, 이윤율 등을 면밀하게 분석했다. 임금이 노동력 상품의 공급과 수요에 따라 결정된다는 냉혹한 판단을 내린 리카도는 그나마 임금이 노동력 재생산 비용보다 더 적을 수 없다는 임금철칙을 내세우기는 했다. 따라서 리카도의 임금 결정론은 임금철칙으로 인해 일관성이 깨진다.[81] 그렇기는 해도 리카도의 임금 결정론은 현대 경제학의 노동시장 이론에 깊은 흔적을 남겼다. 한계비용 이론의 입장에서는 기업은 노동자 한 사람을 추가로 고용할 때 그가 수행하는 노동의 한계생산물 가치와 시장청산임금을 비교해서 고용을 결정하리라고 한다. 기업이 노동자의 불만을 해소하고 노동생산성을 향상하기 위해 시장청산임금보다 더 많은 임금을 주기도 하는데, 그 임금이 효율성임금이라고 한다는 것이다. 그러한 한계비용 이론의 관점에서 올번 윌리엄 필립스(Alban William Pillips)는 명목임금 상승률과 실업률의 관계를 분석하고, 둘이 역의 상관관계에 있음을 필립스 곡선으로 알기 쉽게 표시한 바 있다.[82]

---

81 데이비드 리카도/권기철 옮김, 『정치경제학과 과세의 원리에 대하여』, 111-117.
82 필립스 곡선에 대해서는 A. W. Phillips, "The Relationship between Unemployment and the Rate of Change of Money Wages in the United Kingdom 1861-1957," *Economica* 25/2(1958): 283-299를 보라.

또 다른 하나는 임금이 노동 업적에 대한 보상이라는 경영학적 설명이다. 경영학자들은 가치생산에서 노동의 기여와 자본의 기여를 정확히 가려내어 기업 소득을 기여에 따라 배분하는 방법을 제시하고자 했고, 그 노력 끝에 마련된 것이 생산함수 이론이다. 생산함수가 계산해낸 노동의 업적이 임금 산정의 기준이 되고, 자본의 업적이 정당한 이윤 배분의 근거가 된다는 것이다. 지금까지도 경영자들이 업적원칙에 따른 분배의 정당성과 공정성을 주장하는 것을 보면 생산함수 이론이 여전히 영향력을 갖는 것 같다. 그러나 생산함수 이론은 논리적으로 성립할 수 없다. 생산함수 이론은 자본이 가치생산적이라는 리카도의 주장에서 출발하는데, 그러한 리카도의 가치이론은 성립되지 않는다. 상품의 생산에 투입된 생산수단의 가치가 감소해서 상품의 판매 이후에 자본의 감가상각이 이루어질 뿐 자본의 가치생산이 있을 수 없다는 것을 가정하는 한, 생산함수 이론은 무의미해진다.[83]

위에서 본 바와 같이 임금이 노동력의 공급과 수요에 따라 결정된다는 주장은 궁색하고, 임금이 노동 업적에 따라 공정하게 배분된다는 주장은 이데올로기에 불과하다. 임금이 어떻게 결정되는가를 인식하려면 시장경제체제의 조직 원리와 운영 원리에서 출발하여야 한다. 시장경제에서 임금은 노동계약을 통해서 결정되고, 노동계약은 노동이 자본에 포섭되어 자본의 지배 아래 놓이는 절차이다. 따라서 임금은 노동과 자본의 권력관계를 통해서 결정된다고 보는 것이 합당하다.

둘째, 자본의 시장가격을 생각해 본다. 자본의 시장가격을 결정하는

---

83 생산함수 이론을 체계적으로 발전시킨 학자는 독일의 에리히 구텐베르크이다. 그의 생산함수론에 대해서는 E. Gutenberg, *Grundlagen der Betriebswirtschaftslehre, Bd 1: Die Produktion*, 10. Aufl. (Berlin [u.a.]: Springer, 1965), 306ff.를 보라.

것은 크게 보면 두 가지이다. 하나는 금리이고, 다른 하나는 미래 수익 능력을 화폐로 표현한 주가이다. 먼저 금리는 기업이 시장에서 화폐를 조달하는 비용이나 자본의 감가상각비용을 계산하는 기준이다. 시장 이자가 어떻게 결정되는가는 매우 복잡한 문제이다. 그 문제는 화폐와 자본주의적 신용화폐제도에 관한 깊은 연구를 통해 해명되어야 한다. 화폐와 자본주의적 신용화폐제도는 이 책의 제VIII부 2장에서 체계적으로 설명될 것이다. 여기서는 시장 이자가 시장에서 화폐의 수요와 공급을 통해 결정되지 않고, 중앙은행이 결정하는 기준 금리에 의해 결정된다는 점을 명확히 해 둔다. 중앙은행이 화폐 공급량을 좌우할 수 있다는 것은 낡은 교리에 불과하다. 한마디로 금리는 중앙은행의 정책 변수이다. 중앙은행이 금리를 결정할 때 고려하는 요인들과 변수들은 매우 많은데, 그에 관한 상세한 논의는 이 책의 제VIII부 4장에서 이루어질 것이다.

그다음 자본의 시장가격이 주가로 표현된다는 점을 조금 깊이 들여다보자. 주가는 주식의 가격이고, 주식은 기업의 출자자본과 추가 출자자본을 모두 합친 자기자본의 지분이다. 기업 자기자본의 가치와 그것의 화폐적 표현 형태인 가격을 추산하기는 쉽지 않다. 기업 출자가 주식시장을 통해서 이루어지지 않을 경우는 더더욱 어렵다. 기업 출자가 주식시장을 통해서 이루어질 경우는 기업의 자기자본의 가치는 주식의 가격으로 표시된다. 이미 앞에서 언급한 바와 같이 기업이 주식발행시장에서 발행하는 주식은 힐퍼딩이 생각한 '창업자 이윤'의 담지자로 여겨지기에 그 주식의 가치가 액면 주가를 초과할 수 있다는 것은 쉽게 짐작할 수 있다. 기업이 발행한 주식 일부는 기업지배구조를 뒷받침하기 위해 묶이지만, 그렇게 묶이지 않는 주식은 주식시장에서 거래된다.

그러한 주식의 시장가격은 금리, 주식시장으로 흘러들어오는 화폐의 양, 원자재 수급 변동, 전염병, 전쟁 등 다양한 외생변수들에 영향을 받기는 하지만, 근본적으로는 기업의 미래 수익 능력을 현재의 주식 가치로 환산한 것이라고 볼 수 있다. 기업의 미래 수익 능력은 결국 일정한 미래 시점에 기업이 달성할 이윤의 크기에 따라 평가되고, 그것은 그 기업이 그때까지 실현한 이윤율에 근거하여 판단될 수밖에 없는 예측치이다. 그 예측치가 맞아떨어질는지는 알 수 없지만, 한 가지 분명한 것은 이윤 가운데 주주들에게 돌아가는 배당은 주주들이 생산자본의 운용자에게 행사하는 권력의 강도에 달려 있다는 것이다.

주가가 효율적으로 결정되는 조건은 두 가지이다. 하나는 기업의 회계 정보를 투명하게 공개하는 경우이고, 또 다른 하나는 기업의 미래 수익을 예측할 수 있는 경우이다. 분식회계의 문제나 예측의 어려움 등을 고려할 때, 두 가지 조건 가운데 어느 하나도 충족시키기 어려울 것이다. 그래서 주가가 결정되는 주식시장이 효율적으로 움직이지 못하면 투기가 발생한다. 양적완화가 시행되거나 시중 금리가 낮아져서 자본시장에 화폐가 팽창하면 주가는 기업의 이윤 능력과 무관하게 부풀려진다.

셋째, 자연 자원의 가격은 이중적으로 결정된다. 먼저 자연 자원을 획득·채굴하고 가공하여 경제적으로 활용하기 위해 투입된 자본비용과 노동비용 등을 계산하여 원가가 결정된다. 그다음에 자연 자원의 시장 희소성을 반영하는 시장가격이 결정된다. 그 두 가지 가격에는 경제적으로 동원된 자연 자원 그 자체가 생태계에서 갖는 고유한 가치가 반영되어 있지 않고, 자연 자원을 경제적으로 소비하는 데서 발생하는 생태계 교란을 처리하는 데 들어가는 비용이 아예 고려조차 되지 않는다.

그런데도 자연 자원의 가격을 생산물시장의 공산품처럼 결정해 온 까닭은 시장경제체제와 그것을 뒷받침한 주류 경제학의 '자연의 망각'[84] 때문이다. 그렇기에 자연 자원의 시장가격이 터무니없다는 것이다.

4.2.4. 가격 장치의 정치적 보완의 필요성

위에서 살핀 바와 같이 시장경제가 희소성을 반영하는 가격 장치에 근거하여 합리적으로 조정된다는 것은 미신에 가깝다. 독·과점 가격이나 지대추구 행위 같은 용어가 가리키듯이, 생산물시장에서 결정되는 재화와 서비스의 가격은 시장 권력의 영향을 받아 크게 왜곡된다. 그러한 가격 왜곡은 국가가 개입하여 해결하여야 한다. 가격 장치는 시장경제의 조정 메커니즘에서 핵심을 이루기에 국가는 가격 장치가 제 기능을 발휘하지 못하는 사태를 방관할 수 없다. 국가는 시장경제에 공정한 거래 질서를 부여하고 유지하기 위해 경쟁법을 수립하여 독·과점을 규제하고, 갖가지 유형의 불공정거래를 단속하고 처벌한다.[85] 국가는 시장경제의 상황 변화에 따라 질서정책을 새롭게 수립하고 집행할 권한과 책임이 있다. 이처럼 가격 장치는 정치적으로 보완되어야 한다. 혹자는 생산물시장에서 가격 형성의 왜곡을 막기 위한 독·과점 규제와 불공정거래의 감시와 처벌은 경쟁법과 정부의 질서정책의 틀에서 이루어지는 것이어서 법적·행정적 처분이지 정치적 사안이 아니라고 말한다. 그러나 경쟁법은 경제 권력의 형성을 억제하고 그 권력의 해체를 겨냥하는 정치적인 행위를 수행하는 절차와 그 내용을 규정하는 법임을 잊

---

84 '자연 망각'에 대해서는 앞의 2장의 1을 보라.
85 우리나라에서 경쟁법에 해당하는 법률은 '독점규제 및 공정거래에 관한 법률'이다.

어서는 안 된다.

노동력과 자본과 자연 자원 같은 생산요소에 희소성의 지표인 가격을 매길 수 있다고 생각한다면, 그것은 넌센스일 것이다. 노동력과 자본을 생산물시장의 상품처럼 사물로 취급하여 희소성의 지표에 따라 가격을 매기겠다는 생각은 노동이 전인적 주체인 인간의 사회적 관계에서 수행되고 자본이 단순한 사물이 아니라 권력관계로 나타난다는 것을 완전히 은폐하는 이데올로기이다. 자연 자원에 공산품처럼 가격을 매길 수 있다는 생각도 마찬가지이다. 그것은 자연 자원의 생태학적 연관을 도외시하고 인간의 자연에 대한 일방적 지배 관계를 은폐하는 이데올로기이다.

따라서 요소시장에서 노동력, 자본, 자연 자원 등의 가격을 결정하는 과정은 단순히 시장의 논리에 맡겨둘 사안에 그칠 수 없고, 정치적으로 규율되어야 할 사안이다. 그것은 생산물시장에서 상품의 가격 결정이 정치적으로 보완되는 것과 같은 이치이지만, 당연히 생산물시장의 규율과는 질적으로 다른 방식의 규율일 것이다. 노동시장, 자본시장, 자원시장 등은 어떻게 규율되어야 하는가? 그것은 그 시장들에서 이루어지는 가격 결정에 영향을 받는 모든 사람이 관심을 가질 수밖에 없는 문제이고, 시민단체, 사회 세력, 국가 등이 서로 힘을 합쳐서 적절한 해결 방안을 찾아야 할 문제이다. 그것은 경제윤리가 관여해야 할 핵심 문제들 가운데 하나이다.

5. 포스트-브레턴우즈체제의 문제

이미 1장의 4에서 필자는 신자유주의적 시장경제와 포스트-브레턴 우즈체제가 동시에 형성되고 함께 가는 과정을 개괄했다. 신자유주의 적 시장경제의 핵심은 금융화이다. 금융화는 실물 축적을 압도하는 금 융 축적체제를 구축했다. 금융화는 또한 자본과 상품의 매끄러운 이동 을 목표로 하는 경제의 지구화를 가속했다. 더 나아가 금융화는 달러 패권체제 아래에서 불가피하게 나타나는 지구적 차원의 달러 순환을 매개하는 효율적 금융시장을 창출하고 전 세계 상업은행들과 투자은행 들을 금융 투자와 금융거래의 네트워크로 통합했다. 따라서 금융화, 경 제의 지구화, 달러 패권체제 등은 별개의 사안이 아니다. 셋은 서로 유 기적 연관을 이루고 있다. 그것이 포스트-브레턴우즈체제이다. 그러한 포스트-브레턴우즈체제의 성격과 작동 방식을 잘 보여주는 것이 "워싱 턴 컨센서스"이다.

국민경제와 지구 경제에서 나타나는 금융 수탈, 빈곤의 확산, 기후 파국, 지구적 공납체제 등의 문제를 해결하려면, 그 문제들을 불러일으 키고 서로 복잡하게 엮이게 하는 금융화, 경제의 지구화, 달러 패권체제 의 유기적 연관을 놓쳐서는 안 된다. 그러한 종합적이고 입체적인 관점 을 가질 때 비로소 금융화, 경제의 지구화, 달러 패권체제, 포스트-브레 턴우즈 기구들의 거버넌스에서 비롯되는 문제들을 각론의 수준에서 제 대로 다룰 수 있다. 아래서는 그러한 문제들을 몇 가지 정리한다.

첫째, 달러 패권체제와 관련해서는 무엇보다도 그것이 합당하지도 않고 지속 가능하지도 않은 체제라는 점을 지적할 필요가 있다. 이미 1장 3.2에서 살핀 바와 같이 미국의 법정화폐는 세계화폐의 중립성 조건을 충족할 수 없기에 세계화폐가 될 수 없고, 되어서도 안 된다. 그런데도 포스트-브레턴우즈체제에서 달러가 여전히 세계화폐 역할을 맡았던 것은, 1장 4.2.2에서 밝힌 바와 같이, 두 가지 이유 때문이다. 하나는 달러가 미국의 군사·정치적 패권을 바탕에 두고 페트로 달러로서 통용되었기 때문이고, 다른 하나는 달러가 미국의 무역적자와 재정적자를 통해 지구적 차원에서 순환할 수 있었기 때문이다. 거기 더해서 미국은 달러가 세계화폐로 유통하는 국제 지급결제 네트워크를 지배하고 있다. 그런데 달러가 세계화폐 노릇을 하게 만들었던 그러한 조건들은 아무런 국제법적 근거 없이 미국이 만든 한시적인 질서일 뿐이다. 이미 페트로 달러의 지위는 흔들리고 있다. 중국을 위시한 많은 나라는 미국이 통제하는 국제 지급결제 네트워크의 대안을 만들고 있다. 무엇보다도 수출로 애써 벌어들인 달러를 미연방 정부의 채무증서와 교환하는 방식으로 수탈당하는 개발도상국과 신흥시장국의 반발이 만만치 않다. 그것은 달러 패권체제가 지속될 수 없다는 뜻이다.

그런 상황에서 달러를 대신하는 중립적인 세계화폐를 창설하고 그 화폐를 운영하는 체제를 구상하는 것은 당연하다. 그 방안을 제시하는 것이 경제윤리의 과제이다.

둘째, 금융화와 금융 축적체제는 제동이 걸려야 한다. 금융화를 주도하는 세력은 월스트리트의 금융자본과 투자은행들이다. 미국 투자은행들이 지구적 달러 순환을 매개하는 금융시장을 설계하고 운영하면서 천문학적인 투자 자금을 저리로 융통하고, 상업은행으로부터 은행화폐를 끌어들여 채권, 증권, 외환, 부동산 등 모든 자산 거래와 그림자금융을 확장하는 것이 금융화의 핵심이다. 2008년 세계 금융공황과 2011년 유로존 재정위기에서 보듯이, 금융화가 불러들이는 금융 불안과 금융공황은 그 주기가 점점 더 짧아지고 그 피해의 규모는 천문학적으로 커지고 있다.

그러한 위기를 겪고 난 뒤에 금융화를 주도하는 은행을 규율하기 위해 미국에서 「도드-프랭크법」을 제정하고, 국제결제은행 바젤은행감독위원회가 바젤 III 협정을 마련했으나, 그러한 방안은 금융화를 제어하기에는 불충분하다. 그것은 은행이 은행을 규율하는 꼴이어서 은행 친화적 규율의 한계를 넘어설 수 없다. 따라서 은행 적대적으로 은행을 규율하고 금융화를 억제하는 규범을 지구적 차원에서 확립하고 그 이행을 감독하는 기구를 민주적으로 구성하는 방안을 찾아야 한다. 그 방안을 제시하는 것이 경제윤리의 과제이다.

셋째, 경제의 지구화가 국경의 장벽을 넘어서서 상품과 자본을 매끄럽게 이동하는 무역과 투자의 자유를 목표로 한다면, 그러한 자유무역의 교리는 WTO 무역 규범에 구현되었다고 볼 수 있다. 자유무역과 공정무역 이외에 그 어떤 법익도 인정하지 않을 정도로 자유무역을 교조화한 WTO체제는 전 세계적으로 사회적 가난과 생태계 위기를 확산하고 각 나라 국민경제를 수출주도형으로 재구성하는 효과를 발휘하고 있다.

그러한 세계무역체제의 폐해가 크다 보니 그 대안을 모색하는 것은 당연한 일이 되었다. 그러한 대안을 제시하기 위해서는 먼저 현재의 자유무역체제 안에 깃들어 있는 모순을 드러내고 균열선을 찾아내어 그 체제의 지속 불가능성을 입증하고, 그다음에 사회적이고 생태학적인 관점에서 무역체제를 재구성하여야 한다고 설득할 수 있어야 한다. 그것이 경제윤리가 할 일이다.

넷째, 포스트-브레턴우즈체제의 기구들은 현재의 달러 패권체제,

금융체제, 무역체제가 해체되고 대안적 체제가 자리를 잡아가는 과정에서 해체되어 재구성될 정도의 변화를 겪어야 할 것이다. 무역과 해외투자가 지속되는 한, 무역 규범을 확립하고 그 이행을 감독하고 규범 위반을 처벌하는 일, 무역수지 불균형에서 비롯되는 외환위기를 해결하는 일, 세계 여러 나라의 불균등 발전의 문제를 해결하여 모든 나라가 대등한 교류 능력을 갖추게 하는 일은 여전히 계속되어야 할 것이다. GATT(→WTO), IMF, 세계은행은 본래 그러한 일을 맡기 위해 세워졌다. 그러나 WTO, IMF, 세계은행이 조직되어 활동하는 모습을 보면서 사람들은 새삼스럽게 그러한 일을 어떤 원칙에 따라 수행하여야 하는가, 그러한 일을 수행하는 기구들은 어떤 조직 원칙과 운영 원칙에 따라 세워지고 운영되어야 하는가를 묻는다. 그것은 WTO, IMF, 세계은행의 조직과 운영을 근본적으로 문제시한다는 뜻이다. 그 두 가지 물음에 어떻게 답하는가에 따라 포스트-브레턴우즈 기구들을 개혁하여 계속 일하게 할 것인지, 새로운 기구를 창설할 것인지를 결정할 수 있을 것이다.

세계 여러 나라의 국민경제와 그 국민경제들이 서로 엮이는 지구 경제가 사회정의와 생태학적 정의를 더 많이 추구하면서 발전하려면, 포스트-브레턴우즈체제는 근본적으로 재설계되어야 하고, 그 핵심 기구들의 성격과 역할도 바꾸어야 한다. 그것이 경제윤리가 다루어야 할 문제들 가운데 하나이다.

6. 소결

시장경제의 역사적 발전 과정에서 나타나는 문제들의 표면을 깨뜨리고 들어가 심층구조를 드러내면, 거기서 생태계와 경제계의 관계, 노동과 자본의 관계, 생산자본과 금융자본의 관계, 시장과 국가의 관계, 국민경제와 시장경제의 관계 등 시장경제의 기본 얼개를 확인하고, 그 기본 얼개에서 비롯되는 근본 문제들을 파악할 수 있다. 필자는 특별히 시장경제체제의 기본 얼개에서 비롯된 문제들에 초점을 맞추어 다섯 가지 범주의 문제를 추려내었다. 1) 자연의 망각 문제, 2) 시장경제의 핵심 기구인 가계, 기업, 국가의 제도적 조직화에서 나타나는 문제, 3) 자연 자원, 노동력, 자본을 생산요소로 거래하는 데서 비롯되는 문제, 4) 경제적 합리성의 절대화 문제와 시장경제의 조정 메커니즘의 핵심을 이루는 가격 장치의 불완전성 문제, 5) 포스트-브레턴우즈체제의 문제 등이다. 이를 간략하게 정리하면 다음과 같다.

첫째, 시장경제체제의 조직과 운영에서 자연이 철저하게 망각되었다는 것이 시장경제의 근본 문제들 가운데 하나다. 생태계와 경제계가 에너지-물질 순환 과정에 있고, 경제계 안에서 이루어지는 대량생산과 대량소비로 인하여 생태계의 부존자원이 급속하게 고갈되고 생태계 위기가 파국을 향해 치닫고 있는데도, 시장경제가 경제의 생태학적 연관을 전혀 인식하지 못했고 생태계 위기에 제대로 대응할 능력을 갖추지 못했다는 것이 시장경제의 근본 문제이다. 대량생산과 대량소비가 자본의 축적과 팽창에서 비롯되었음을 생각해 본다면, 생태계 위기와 가난의 문제는 같은 동전의 양면처럼 서로 결부된 문제임이 드러난다.

둘째, 시장경제의 핵심 기구인 가계, 기업, 정부의 제도적 조직화에서 나타나는 문제들은 다음과 같다. 시장경제에서 1) 가계는 가계의 외부와는 교환관계에 있지만, 내부 교환관계가 성립되지 않도록 조직되었기에 가계에서 이루어지는 재생산 노동은 그 어떤 보상도 받지 못한다. 이 문제를 어떻게 해결해야 할까? 2) 기업은 그 안과 밖에 성립된 교환관계를 바탕에 두고 영리 활동을 한다. 기업 안에서 제도적으로 확립된 자본관계는 기업에서는 자본의 독재를 확립하고, 기업 바깥을 향해서는 기업의 이윤을 억제하는 요인들과 구조들의 철거를 요구한다. 따라서 기업 민주주의를 실현하고 기업의 공익적 기여를 촉진하는 것은 시장경제 규율에서 중요한 과제가 된다. 3) 시장경제에서 생산자와 소비자로서 활동하는 정부는 시장경제를 규율하는 법제를 마련하고, 시장경제의 위기를 관리하는 중대한 책무를 지닌 기구이기도 하다. 정부가 그 기능을 제대로 수행할 수 있도록 하는 것은 매우 중요한 문제이다.

셋째, 시장경제에서 자연 자원, 노동력, 자본이 상품으로 교환되고 생산요소로서 상품생산 과정에 투입되는 데서 나타나는 심각한 문제들은 긴 목록을 갖는다. 자연 자원, 노동력, 자본은 시장경제에서 상품으로 거래된다. 1) 자연 자원의 상품화는 자연 자원의 생태학적 연관과 그 안에서 자연 자원이 갖는 고유한 가치를 파괴하는 결과를 낳고, 자연 자원의 구성요소인 토지의 상품화는 지대 문제를 불러일으킨다. 2) 노동력의 상품화는 노동의 자본에 대한 예속 관계, 곧 자본관계의 제도적 기반을 이루고, 자본의 지배 아래서 손노동과 두뇌노동의 분할, 손노동의 공정 분할, 노동시장 분단, 외주화와 사내하청, 기계에 의한 인간 노동력 대체, 플랫폼노동의 확산 등 노동하는 전인적 주체인 인간의 존엄성과 사회적 관계를 파괴하는 결과를 빚는다. 3) 자본은 단순한 화폐의 집적이 아니라 자본관계를 창출하고 잉여가치를 독차지하는 권력으로 등장한다. 그때 자본은 생산자본이라는 이름을 얻는다. 생산자본의 상품화는 생산자본을 매입하는 화폐자본과 금융자본이 생산자본을 수탈하게 하고 금융 축적체제를 구축하게 한다. 금융자본의 수탈을 받는 생산자본은 큰 자본이 작은 자본을 수탈하고, 큰 자본과 작은 자본은 노동자들을 더 가혹하게 착취한다.

넷째, 경제적 합리성과 가격 장치의 문제에 관해서는 1) 경제적 합리성은 자원의 희소성 조건 아래서 인간의 욕망을 충족시키는 의식적인 활동인 경제의 필수요건이지만, 이윤 추구가 생존조건으로 부여된 기업에서 비용 대 효과를 극대화하려는 경향과 맞물려 절대화된다. 기업의 영향력이 커지면서 경제적 합리성이 경제의 영역을 넘어서서 인간의 삶의 모든 영역과 체제를 지배하는 가치로 자리를 잡는다. 도구적 가치에 불과한 경제적 합리성이 목표로 설정됨으로써 기업과 생활의 모든 영역에서 나타나는 폐해를 해결하는 것은 우리 시대에 경제윤리가 맡아야 할 과제들 가운데 하나이다. 2) 시장경제의 조정 메커니즘의 핵심인 가격 장치는 생산물시장에서조차 불완전하게 작동하고 심각한 기능장애를 일으킨다. 시장경쟁의 결과 발생하는 독점과 과점 같은 시장 권력이 공정한 가격 형성을 왜곡하기 때문이다. 노동시장, 자본시장, 자원시장 등 요소시장에서 가격 장치는 생산물시장의 가격 장치와는 비교할 수 없을 정도로 심각한 문제를 안고 있다. 요소시장의 가격 장치는 실패할 수밖에 없도록 설계되어 있다. 생산물시장의 가격 장치가 국가의 경쟁법 부여와 질서정책의 틀에서 규제되어야 한다면, 요소시장에서 이루어지는 가격 형성 과정도 결국 사회적 합의를 거쳐 정치적으로 결정되어야 할 것이다. 문제는 그러한 합의와 정치적 규율의 근거와 원칙을 제시하는 것이다.

다섯째, 포스트-브레턴우즈체제에서 달러 패권이 강화하여 지구적 공납체제가 구축되고, 경제의 금융화와 지구화를 통해 금융 축적체제가 견고해지고, 지구적 차원에서 사회적 양극화와 생태학적 재앙이 악화하는 심각한 문제들을 고려해 보건대, 사회정의와 생태학적 정의의 이름으로 1) 포스트-브레턴우즈체제의 핵심인 달러 패권체제를 종식하기 위해 중립적인 세계화폐를 창설하고 그 화폐를 운영하는 제도를 설계하는 일, 2) 포스트-브레턴우즈체제의 대안체제를 설계하는 일, 3) 그러한 대안체제의 설계와 더불어 포스트-브레턴우즈체제를 운영하는 핵심 기구인 WTO, IMF, 세계은행과 비공식 기구인 국제결제은행 등이 맡았던 과제와 기능을 새롭게 규정하고 그 기구들이 민주적인 거버넌스를 갖추도록 해체하여 재구성하는 일 등은 우리 시대의 큰 과제다.

맺음말

제II부에서 필자는 1) 19세기 초에 시장경제가 하나의 경제체제로서 탄생한 뒤에 시장경제체제가 다양한 방식으로 운영되고 복잡하게 발전해 온 과정을 개괄하고, 2) 그러한 시장경제체제의 역사적 발전 과정에서 시장경제의 기본 얼개와 거기서 비롯된 근본적인 문제들을 분석했다. 그러한 분석의 결과를 간략하게 정리한다.

첫째, 시장경제의 역사적 발전에서 필자는 자유주의적 시장경제, 국가개입주의적 시장경제, 신자유주의적 시장경제를 시장경제체제를 운영하는 서로 다른 유형으로 구별했고, 각각의 시장경제 운영 유형에서 나타나는 고유한 과제와 문제를 분석했다.

자유주의적 시장경제의 가장 큰 과제는 시장제도를 확립하는 것이었고, 가장 심각한 문제는 자본의 축적과 가난의 확산이 서로 맞물리며 사회 문제를 극도로 악화시키고 계급 적대가 심화하였다는 것이다. 국가개입주의적 시장경제는 계급 타협을 바탕에 두고 사회적 연대와 경제적 효율성을 서로 통합하는 방식으로 시장경제를 사회적으로 조율하는 것이 과제였지만, 자본의 노동 포섭에서 비롯되는 자본주의의 근본 모순을 해결하지 못했고, 대량생산과 대량소비를 맞물리게 하면서 생태계 위기를 악화하였다. 신자유주의적 시장경제는 금융 축적체제를 구축하고, 국가의 공적인 서비스를 극적으로 줄이고, 화폐자본의 생산자본에 대한 공공연한 수탈을 조장하고, 노동자와 생태계를 거침없이 공격하고, 가계를 빚더미에 빠뜨렸다.

둘째, 시장경제의 역사적 발전 과정에서 시장과 국가의 관계는 끊임없이 변화했으나, 국가의 역할은 점차 확대되었다. 국가는 시장 질서 부여자, 시장 기반 조성자, 시장 감독자, 사회적 안전망의 형성자와 유지자, 최종적 대부자 등의 역할을 맡아왔고, 앞으로도 그 역할을 계속 맡아야 할 것이다. 최근에는 최종적인 고용 보장자의 역할을 맡아야 한다는 요구도 강해지고 있다. 국가가 그런 역할을 어떤 방식으로 수행할 것인가는 숙제로 남아 있다.

셋째, 시장경제는 국민경제를 거쳐 세계 경제로 발전하는 과정에서 엄청난 문제들을 일으켰다. 자유무역의 발전과 파탄, 두 차례의 세계대전, 브레턴우즈체제의 형성과 붕괴, 포스트-브레턴우즈체제의 수립과 지구적 차원의 금융 축적체제가 가져온 대혼란 등이 그것이다. 달러 패권체제가 가져온 지구적 공납체제는 포스트-브레턴우즈체제의 심각한 문제들 가운데 하나이다.

넷째, 시장경제체제의 탄생과 발전 과정에서 불거진 문제들은 참으로 많지만, 필자는 그 문제들을 심층적으로 분석해서 시장경제의 규율 과제를 분명히 드러내고자 했다. 시장경제를 경제체제의 수준에서 고찰할 때 생태계와 경제계의 관계, 노동과 자본의 관계, 생산자본과 화폐자본의 관계, 시장과 국가의 관계, 국민경제와 지구 경제의 관계에 초점을 맞추고, 거기서 나타나는 근본적인 문제들을 파악하는 것이 중요하다.

다섯째, 그러한 근본 문제들을 드러내기 위해 필자는 시장경제의 세 가지 행위 주체인 기업과 가계와 국가가 제도화되는 방식, 자연과 노동력과 자본이 생산요소로 제도화되는 방식, 화폐자본이 금융체제를 구축하여 실물경제를 수탈하는 방식, 국민경제와 세계경제의 관계를 규율하는 포스트-브레턴우즈체제의 작동 방식 등을 들여다보았다.

여섯째, 거기서 드러나는 시장경제체제의 문제들은 자연의 망각, 자본의 노동 포섭, 자본의 축적과 팽창, 대량생산과 대량소비, 사회적 가난과 생태계 위기의 내적 연관, 시장의 보상을 받는 노동과 보상받지 못하는 노동의 구획, 경제적 합리성의 절대화 경향, 가격 장치의 실패와 불완전성, 달러 패권체제와 지구적 공납체제, 금융 수탈의 제도화, 자유무역 규범의 교조화, 포스트-브레턴우즈체제의 지속 불가능성과 비민주성 등이다.

일곱째, 큰 틀에서 보면 위에서 정리한 시장경제체제의 기본 얼개에서 나타나는 근본 문제들은 한편으로는 시장경제체제가 경제의 생태학적 연관에 부합하지 못한 데서 비롯된 것이고, 다른 한편으로는 노동의 자본에 대한 종속 관계에서 다양하게 발현되었다고 말할 수 있다. 중요한 것은 생태계 위기와 사회적 가난이 자본의 축적과 팽창의 메커니즘을 통해 서로 맞물려 있음을 인식하는 것이다. 그 점을 인식한다면 자본의 축적과 팽창이 불러들인 대량생산과 대량소비가 부채의 증가를 통해 유지되는 오늘의 시장경제체제가 얼마나 위험한가를 파악할 수 있다. 거대한 규모로 축적된 화폐자본이 금융화를 추진하여 금융 수탈체제를 구축하고, 금융화가 촉진하는 경제의 지구화가 지구적 차원에서 사회적 가난과 생태계 위기를 확산하고 악화하고 있다는 것을 잊어서는 안 된다.

여덟째, 따라서 그 근본 문제들을 해결하기 위해서는 경제의 생태학적 연관에 충실하고, 자본의 노동 포섭을 해체하고, 금융적 수탈체제를 종식하는 제도적인 방안을 찾아야 한다. 시장경제체제가 역사적으로 청산되고 그것을 대신하는 경제체제가 확립되지 않는 한, 그러한 방안을 찾는 것은 결국 시장경제를 어떻게 규율할 것인가 하는 문제의 해법을 찾는 일로 귀결한다. 필자는 생태학적 정의와 사회정의를 동시에 실현하는 방식으로 시장경제를 규율하기 위해 사회적이고 생태학적인 경제민주주의를 염두에 두고 그것을 제도적으로 실현하는 방안을 모색하고자 한다. 사회적이고 생태학적인 경제민주주의는 자본의 노동 포섭을 해체하고, 생태계와 경제계의 이익 균형을 실현하고, 화폐자본을 실물경제에 종속하는 방식으로 구현될 것이다.

사회적이고 생태학적인 경제민주주의는 경제민주주의의 한 형식과 내용이다. 경제민주주의는 자본의 독재를 해체하고 노동자들이 기업과 산업과 국민경제 형성에 자주적으로 참여하는 경제를 기획하려는 구상이었다. 그러한 구상은 역사적으로 다양한 모습으로 나타났다. 필자는 제III부에서 경제민주주의 구상의 탄생과 발전을 살피고 경제민주주의가 사회적이고 생태학적인 경제민주주의로 가다듬어져야 하는 까닭을 밝히고자 한다.

제Ⅱ부

사회적이고 생태학적인 경제민주주의를 향하여
: 경제민주주의의 재고 조사와 그 구상의 확장

1장 마르크스의 코뮌주의 경제 구상과 그것의 유고슬라비아적 실험
2장 페이비언 사회주의자들과 길드 사회주의자들의 경제민주주의 구상
3장 독일노동조합총연맹의 1928년 경제민주주의 구상과 그 발전
4장 스웨덴의 임노동자기금
5장 경제민주주의 구상의 합리적 핵심과 그 구상의 확장

머리말

 필자는 경제민주주의가 시장경제체제를 규율하는 가장 유력한 방식이라고 생각한다. 본래 경제민주주의는 자본주의 사회에서 비대해진 자본의 권력을 제어하고 노동자들이 기업과 국민경제 운영에 주도적으로 참여하고 함께 결정하는 사회적 관계를 확립하려는 정치사회적 기획이었다. 오늘의 상황에서 경제민주주의는 기업과 산업과 국민국가 차원의 정치사회적 기획에서 한 걸음 더 나아가 생태계 위기와 기후 파국을 극복하는 생태학적 경제민주주의로 가다듬어지고, 금융화와 경제의 지구화를 해체하고 새롭게 구성하는 지구적 경제민주주의로까지 확장하여야 한다. 한마디로 오늘의 경제민주주의는 지구적 전망을 갖는 사회적이고 생태학적인 경제민주주의의 내용과 형식을 갖추어야 한다.
 경제민주주의가 시장경제체제의 규율 방식이라고 주장하는 까닭은 무엇인가? 그것은 시장경제체제의 기본 얼개에서 나타나는 근본 문제들의 성격과 상호관계 때문이다. 먼저 시장경제체제의 근본 문제들은, 본서 제II부에서 분석한 바와 같이 크게 세 가지로 정리된다. 1) 시장경제체제는 생태계와 경제계의 에너지-물질 순환을 극도의 혼란에 빠뜨려 생태계의 안정성과 건강성을 파괴하는 힘으로 작용하고 있다. 2) 시장경제체제는 자본의 노동 포섭을 날로 강화하여 노동자들의 극단적 소외, 사회적 가난의 확산, 소득분배의 왜곡을 가져온다. 3) 금융화와 경제의 지구화는 서로 긴밀하게 결합하면서 지구적 차원에서 사회적 가난과 생태계 위기를 확산하고 있다. 시장경제체제는 이 세 가지 근본 문제들로 인해서 전면적이고 복합적인 위기에 봉착했다. 생태계 위기와 기후 파국, 사회적 양극화, 부채 경제의 구조화, 금융자본의 천문학적 수탈 등이 그 위기의 증거다.

다음으로 시장경제의 세 가지 근본 문제들은 각각 분리되어 있지 않고 서로 밀접하게 결합해 있다. 사회적 가난과 생태학적 위기는 서로 맞물려 있다. 사회적 가난을 불러일으키는 자본의 축적과 팽창 메커니즘이 생태계 위기를 불러들이고 있다. 실물경제로부터 독립하여 주권국가의 경계를 자유롭게 넘나들며 매끄럽게 움직이는 금융자본은 실물경제를 수탈하는 권력이고, 그 수탈의 결과 사회적 가난과 생태계 위기를 극도로 악화한다. 그렇기에 사회적 가난과 생태계 위기를 별개의 사안으로 생각하여 각각의 해결책을 모색한다든지, 한 나라 경제의 사회적 규율과 생태학적 규율에 집중하면서 지구 경제의 사회적 규율과 생태학적 규율을 시야에서 놓쳐서는 안 된다. 거꾸로 지구 경제의 문제를 해결하기 어렵기에 한 나라 시장경제를 규율하는 것이 의미가 없다든지, 생태계 위기와 사회적 가난의 동시적 해결이 불가능한 과제라고 생각해서 지레 포기해서도 안 된다. 문제는 사회적 가난과 생태계 위기와 금융자본의 독재를 서로 맞물리게 하는 고리들을 정확하게 파악하고 그 고리들을 깨뜨리는 방법을 찾는 것이다.

따라서 사회적 가난과 생태계 위기의 중층적 결합을 해체하는 첫걸음은 자본의 축적과 팽창 메커니즘의 핵심 문제, 곧 자본의 노동 포섭을 해체하는 것이고, 그것은 노동과 자본의 권력관계를 재편성해서 노동자들의 참여와 결정을 최대화하고 시장경제를 민주적 방식으로 운영하는 일이다. 그것이 사회적 관점에서 구상되는 경제민주주의, 곧 사회적 경제민주주의의 핵심 과제이다.

그러한 사회적 경제민주주의는 주로 노동과 자본의 관계에 집중하기에 생태계와 경제계의 에너지-물질 순환을 조절하여 생태계의 안정성과 건강성을 장기적으로 보전하는 기획으로서는 부족하다. 노동과 자본은 적대적 공존 관계에서 벗어나 협력적 공존 관계로 나아가는 경제민주주의의 조건 아래서도 물질적 복지를 최대화하자고 의견의 일치를 보고 생태계 지배와 수탈을 가속할 수 있기 때문이다. 그런 일을 방지하기 위해서는 생태계 보전의 조건 아래서 경제계의 활동을 규율할 수 있는 제도가 형성되어야 한다. 그러한 제도의 핵심은 경제계의 이익에 맞서 생태계의 이익을 주장하는 것이고, 생태계가 자신의 안정성과 건강성을 지키기 위해 경제계의 생태계 침탈과 파괴에 정치적으로 맞서게 하는 것이다. 만일 생태계와 경제계의 권력 균형과 이익 균형을 추구할 방안을 마련한다면, 경제민주주의는 사회적 경제민주주의를 넘어서서 생태학적 경제민주주의의 내용과 형식을 갖게 될 것이다.

사회적 가난과 생태계 위기를 불가분리로 결합하는 시장경제체제를 규율하기 위해서는 사회적 경제민주주의와 생태학적 경제민주주의가 유기적으로 연관되어 사회적이고 생태학적인 경제민주주의로 가다듬어져야 한다. 그러한 사회적이고 생태학적인 경제민주주의는 노동과 생태계의 이름으로 금융자본의 지구적 운동을 통제하는 데까지 나아가야 한다. 지구적 차원에서 움직이면서 기업과 산업과 국민경제를 속속들이 수탈하는 금융자본의 운동을 규율하지 않고서는 사회적 가난의 문제도, 생태계 위기의 문제도 근본적으로 해결할 수 없다. 금융자본의 지구적 운동을 규율하기 위해서는 달러 패권체제의 종식, 지구적 차원에서 벌어지는 그림자금융의 규율, 무역과 투자의 규제 등과 관련된 정교한 제도적 장치를 마련하여야 한다. 그것이 지구적 전망을 갖는 경제민주주의의 과제이다. 그러한 지구적 경제민주주의는 사회적이고 생태학적인 경제민주주의에 부가되는 별도의 한 장이 아니라, 사회적이고 생태학적인 경제민주주의의 필수 불가결한 한 부분이다.

그렇게 본다면 경제민주주의는 자본의 노동 포섭을 해체하여 노동과 자본의 관계를 새롭게 정립하고, 경제계의 권력에 맞서서 생태계의 권력을 조직하여 경제의 생태학적 규율을 이룩하고, 화폐와 금융의 권력을 제어하여 민중과 생태계의 이익에 봉사하는 화폐 및 금융체제를 구축하려는 종합적인 구상인 동시에 포괄적인 실천 전략이다. 경제민주주의는 자본주의 경제에서 자본의 노동 포섭, 생태계 위기와 기후 파국, 금융적 수탈의 3중적 결합을 해체하고 사회정의와 생태학적 정의를 동시에 실현하는 사회를 형성하고자 하기에 그 구상과 실천이 종합성과 포괄성을 띠지 않을 수 없다.

그러나 경제민주주의가 과연 그러한 종합적인 구상과 포괄적인 실천을 담아낼 그릇이 되는가에 관해서는 근본적인 검토가 필요하다. 역사적으로 보면 경제민주주의는 매우 다양한 구상과 실험으로 나타났고, 그 구상들과 실험들은 서로 큰 차이를 보였다. 그러한 구상들과 실험들에 관한 재고 조사를 꼼꼼하게 하면 경제민주주의의 합리적 핵심을 걸러낼 수 있을 것이고, 그러한 합리적 핵심을 지닌 경제민주주의가 인공지능과 제4차 산업혁명으로 인해 근본적인 변화를 겪고 있는 오늘의 시장경제를 규율할 역량을 가질 수 있는가를 판단하고, 거기서 한 걸음 더 나아가 경제민주주의를 확대하고 재구성하여 생태학적 경제민주주의와 지구적 경제민주주의의 내용과 형식을 제시할 수 있는가를 따질 수 있을 것이다.

그러한 재고 조사를 위해 경제민주주의 구상과 실험의 모든 실례들을 분석할 수는 없다. 경제민주주의는 생산수단의 통제 형태와 전체 경제의 운영 원리를 중심으로 발전한 정치사회적 기획이었기에 이를 잘 보여주는 네 가지 대표적인 모델을 꼽는 것이 적절하리라 본다. 첫째 모델은 마르크스의 코뮌주의 경제 구상과 그것의 역사적 실험이었던 유고슬라비아의 노동자자주관리제도와 시장사회주의다. 둘째 모델은 자본가의 권력에 '침투'하거나 그 권력을 '잠식'하는 전략을 통해 경제 영역과 기업 안에서 민주주의를 점진적으로 실현하고자 한 페이비언 사회주의자들과 길드 사회주의자들의 경제민주주의다. 셋째 모델은 노동권을 확립하여 소유권에 근거한 자본의 권력을 통제하고자 하는 독일의 경제민주주의다. 마지막 넷째 모델은 자본주의 경제체제 안에서 생산자본의 노동자 지분의 확대를 통해 노동자들의 실질적인 경영 참여와 결정을 제도화하고자 한 스웨덴의 경제민주주의다.

아래의 1장으로부터 4장까지는 먼저 마르크스의 코뮌주의 경제 구상과 그것의 유고슬라비아적 실험을 살피는 데서 시작하여 나머지 세 모델을 차례차례 검토한다. 그다음에 5장에서는 경제민주주의의 합리적 핵심을 살리는 일이 인공지능과 제4차 산업혁명 시대에도 의미가 있다는 점을 확인하고, 경제민주주의 개념을 확장하고 재구성하여 지구적 전망을 갖는 사회적이고 생태학적인 경제민주주의를 모색한다.

1장
마르크스의 코뮌주의 경제 구상과
그것의 유고슬라비아적 실험

마르크스는 자본주의 사회를 넘어서는 대안적 사회를 코뮌주의로 설정했고, 코뮌주의 사회에서는 '자유로운 개인들의 연합'이 생산의 주체가 되고 그 연합들이 참여하는 공동계획을 통해 전체 경제가 조율되리라고 전망했다. 그러한 마르크스의 코뮌주의 구상은 기업과 전체 경제 운영에 노동자들이 참여하고 함께 결정한다는 원칙이 그 중심을 이룬다. 마르크스는 자신의 코뮌주의 경제 구상이 실현되는 것을 보지 못했으나, 그의 구상은 제2차세계대전 이후 유고슬라비아에서 그 나름대로 구현되었다.

1. 마르크스의 코뮌주의 경제 구상

마르크스는 자본주의 경제를 분석하는 핵심적인 이론을 정치경제학 비판의 형태로 전개했고, 생산수단의 사적 소유에 바탕을 둔 자본주의 경제를 넘어서는 대안적인 경제의 윤곽을 제시했다. 그러한 마르크스의 이론과 실천은 초기부터 중기를 거쳐 말년에 이르기까지 일관성 있게 펼쳐졌다. 마르크스의 대안적 경제의 핵심은 '자유로운 개인들의 연합'을 중심으로 하는 노동자자주관리 기업의 형성과 그 연합들의 네트워크를 통한 전체 경제의 이성적인 조율이었다.

1.1. 마르크스의 대안적 경제 구성의 발전

최근의 연구에 따르면, 마르크스의 대안적인 경제의 구상은 1848년 『공산당선언』을 기점으로 해서 전기와 중기의 형태로 나뉘고, 1870년 파리 코뮌을 분석한 『프랑스 내전』을 중심으로 중기와 말년의 형태로 나뉜다고 한다.[1] 『공산당선언』을 집필하기까지 초기 마르크스는 노동의 소외에 관심을 집중하면서 극복 방안으로서 코뮌주의를 주창했고, 생산수단의 사적 소유를 폐지하고 금융, 교통, 기업 등의 국유화, 토지의 공동경작 등을 강조하는 국가중심적인 대안 경제를 구상했다.[2] 그러한 국가중심적인 사고방식은 정치경제학을 내재적으로 비판하였던 중기 마르크스 이래로 해체되기 시작했다. 그는 '자유로운 사람들의 연합'이 기업을 운영하는 주체가 되고, '자유롭게 사회를 결성하는 사람들'이 의식을 갖고 계획적으로 사회적 생활 과정을 통제하는 대안 경제를 구상했다.[3] 그것은 이미 중기 마르크스에게서 사회가 국가를 대신한다는

---

1 정성진, "1990년대 이후 마르크스의 대안사회론 연구의 혁신: 어소시에이션을 중심으로," 「마르크스주의 연구」 16/2(2019), 117.

2 K. Marx · F. Engels, *Manifest der kommunistischen Partei, MEW 4*, 481f. 『공산당선언』에 명시된 과도적인 10대 강령은 국가가 주도하는 급진적인 사회개조 전략을 담고 있다.

3 K. Marx, *Das Kapital 1*, 92f. 여기서 마르크스가 '자유로운 개인들의 연합'을 지칭할 때 '연합'에

발상이 자리를 잡았다는 뜻이다. 기존의 국가가 자본의 이익에 봉사하는 자본주의국가임을 뼈저리게 인식한 마르크스는 1870년 파리 코뮌을 경험한 뒤에는 국가를 대체하는 노동자 권력의 응결체인 꼬뮌의 조율 아래서 자유로운 노동자들의 결사를 중심으로 대안 경제를 운영하는 원리를 밝혔다.[4]

1.2. 대안적 경제의 전제: 노동자 권력의 형성과 소유권의 급진적 변혁

마르크스는 대안적 경제의 전제가 노동자계급의 정부 구성과 소유권의 급진적 변혁임을 분명히 했다. 먼저 노동자계급의 정부인 코뮌을 살펴보면 코뮌은 노동자들의 참여와 결정에 바탕을 둔 공화주의적 행정기구이다. 그것은 기존의 권위주의적인 부르주아 국가 옆에 세워진 정치기구가 아니라 그 국가를 폐지하고 난 뒤에 세워진 새로운 형식의 정부이다. 마르크스는 『프랑스 내전』에서 부르주아 국가가 반드시 폐지되어야 하는 까닭을 분명히 밝혔다. 그것은 근대적 산업이 발전하고 자본과 노동의 계급적 적대가 확대되고 심화하면서 국가권력이 '점점 더 노동을 지배하는 자본의 국가권력으로서의 성격, 사회적 노예화를

해당하는 용어는 Verein이다. 그는 저작 여기저기서 노동자들의 결사, 연합 등을 표현하려고 Assoziation이라는 용어를 쓰기도 했다. 최근에 마르크스 연구자들은 '어소시에이션'이라는 낱말을 그대로 사용하는 경향이 있다. 필자는 그 용어들을 문맥에 따라 단체, 결사, 연합, 어소시에이션 등 자유롭게 사용한다.

4 마르크스의 어소시에이션 사상의 진화 과정에 관한 정교한 문헌학적 연구로는 김수행, 『마르크스가 예측한 미래사회: 자유로운 개인들의 연합』 (파주: 한울아카데미, 2015), 79-94; 정성진, "1990년대 이후 마르크스의 대안사회론 연구의 혁신: 어소시에이션을 중심으로," 119ff., 122ff., 특히 128f., 130ff.; 하태규, "마르크스와 자유롭게 연합한 인간들의 민주주의," 「경제와사회」 119(2018): 239-251을 보라.

위해 조직된 공권력으로서의 성격, 계급적 전제정치의 동력기관으로서의 성격'을 지니게 되었기 때문이다.5 바로 그러한 국가권력을 전복하고 들어선 코뮌은 '본질적으로 노동계급의 정부'였고, '생산계급의 착취계급에 대한 투쟁의 성과'였으며, '노동의 경제적 해방이 이루어진, 최종적으로 발견된 정부의 형식'이었다고 마르크스는 규정했다.

그다음 코뮌은 바로 그러한 노동의 경제적 해방의 토대를 구축한다. 그것은 소유권의 급진적 변혁이다. "생산자의 정치적 지배는 생산자에 대한 사회적 노예제의 영속화와는 병존할 수 없다. 따라서 코뮌은 계급과 계급지배를 존속시키는 경제적 기반의 뿌리를 뽑기 위한 지렛대 역할을 담당했다. 일단 노동이 해방되면, 만인이 노동자가 되고 생산적 노동은 계급의 속성이기를 멈추게 된다."6 마르크스는 코뮌이 토지와 자본과 생산수단을 지주와 자본가의 수중으로부터 빼앗아 이를 '단지 자유롭고 협동적인 노동의 도구로 변형'함으로써 자유로운 노동자들이 그들의 활동으로 얻은 개인적 소유에 근거하여 자유를 구가하는 새로운 사회가 시작된다고 생각했다. 그는 코뮌이 소유 형태의 질적인 변화를 끌어낸 점에 주목했다. 그는 그러한 질적 변화가 사적 소유에 대한 '부정의 부정'을 통해 이루어진다고 생각했다. 부르주아와 지주의 사적 소유의 대상이었던 자본, 토지, 생산수단 등이 이중의 부정을 통해서 협동적으로 일하는 사람들의 '공동점유'로 전환되고, 일하는 사람들의 자유를 보장하는 '개인적 소유'가 보장된다는 것이다.7

---

5 K. Marx, *Der Bürgerkrieg in Frankreich, MEW 17*, 336.

6 K. Marx, *Der Bürgerkrieg in Frankreich, MEW 17*, 342.

7 K. Marx, *Das Kapital 1*, 791. 마르크스는 자본주의적의 근간인 사적 소유가 조종을 울리고 수탈자들이 수탈당하는 과정을 거치고 나면 사적 소유에 대한 '부정의 부정'을 거쳐 마침내 '협동'과 '지구와 노동 그 자체'를 통해 생산된 생산수단의 공동점유(Gemeinbesitz)'에 바탕을 둔 '개인적 소유'가

1.3. 대안적 경제의 두 가지 운영 방식
: 협동조합적 생산과 전체 경제에 대한 공동계획

이와 같은 소유 형태의 근본적인 변화를 전제하는 새로운 사회가 작동하는 핵심 장치는 두 가지다. 하나는 '협동조합'이 생산의 주체가 되는 것이다. 『프랑스 내전』에서 마르크스가 중점적으로 사용한 용어인 '협동조합'은 동료들의 조직(Genossenschaft)을 뜻하고, 그것은 중기 마

재생되리라고 전망했다. 마르크스는 사적 소유와 개인적 소유를 구별했다. 사적 소유는 사회적 점유로 전환되어야 하지만, 개인적 소유는 개인의 자유를 실질적으로 보장하는 물적 근거로서 없어서는 안 되는 소유 형태다. 다만 마르크스는 그러한 개인적 소유가 협동 및 지구와 생산수단의 공동점유에 근거한다고 말함으로써 개인적 소유를 보장하는 대안적 경제가 생산수단에 대한 사적 소유에 바탕을 둔 자본주의 경제와는 전혀 다른 방식으로 운영되어야 한다는 점을 명확히 했다. 마르크스가 전망하는 대안적 경제는 지구와 생산수단의 '공동점유'가 무엇을 의미하는가를 밝힐 때 그 윤곽과 성격이 밝혀질 것이다. '지구의 공동점유'에 관해서는 나중에 경제민주주의의 생태학적 연관을 논할 때 더 고찰하기로 하고, 여기서는 생산수단의 공동점유가 무엇을 의미하는가를 살피는 데 집중한다. 마르크스는 *Das Kapital 1* 제1판에서는 '공동점유'를 '공동소유'(Gemeineigentum)로 표기했으나, 제2판에서는 이를 '공동점유'로 바꾸었다. 그것은 마르크스가 '공동소유'에 바탕을 둔 '개인적 소유'가 성립 불가능하다는 것을 의식했다는 뜻이다. 점유와 소유는 대상에 대한 사용권과 수익권을 갖는다는 점에서는 동일하다. 그러나 소유는 소유 대상에 대한 처분권을 갖지만, 점유는 점유 대상에 대한 처분권을 갖지 못한다는 점에서 결정적인 차이가 있다. 그것에 주목한다면 '노동 그 자체를 통해 생산된 생산수단의 공동점유'는 두 가지 계기를 하나로 통합한 표현이라고 해석하는 것이 옳다. 하나는 '노동 그 자체를 통해 생산된 생산수단'이 사회 전체의 소유라는 것이다. 그것은 기술과 제도의 역사적 성취와 사회적 협동에 바탕을 두고 이루어지는 사회적 노동의 산물인 생산수단이 자본가에게 귀속되지 않고 사회 전체에 귀속되어야 하기 때문이다. 또 다른 하나는 사회 전체의 소유가 되는 '노동 그 자체를 통해 생산된 생산수단'이 공장이나 기업 단위로 활동하는 노동자들에게 위탁되어 이를 '공동점유'하는 노동자들이 그 생산수단을 사용하고 이익을 얻게 된다는 것이다. 마르크스는 생산수단의 공동체적 소유와 생산자들의 공동점유라는 이중적 계기를 통일하는 대안적 경제의 물질적 토대를 '노동 그 자체를 통해 생산된 생산수단의 공동점유'라는 어구로 독특하게 표현했다. 그는 '자유로운 사람들의 연합' 혹은 '협동조합'이 생산수단에 대한 '공동점유'의 주체가 된다고 생각했다. 그런 의미에서 마르크스는 사적 소유의 부정을 통해 사회 전체의 소유가 된 생산수단을 '자유로운 사람들의 연합' 혹은 '협동조합'에 공동점유의 형식으로 위탁하고, 생산수단의 공동점유에 바탕을 두고 공장이나 기업을 운영하는 노동자들이 각자 일한 만큼 소득을 얻어 개인적 소유에 근거하여 자유인으로 살아가는 사회를 전망했다고 볼 수 있다.

르크스가 즐겨 사용했던 '자유로운 사람들의 연합'과 같은 의미이다. 다른 하나는 '협동조합들의 총체'(Gesamtheit der Genossenschaften)가 공동계획을 수립하여 국민적 생산을 조절하는 것이다. 마르크스는 그러한 두 가지 장치가 작동할 때 코뮌주의가 실현되리라고 전망했다. "만일 협동조합의 생산이 자본주의체제를 대체하게 된다면, 만일 협동조합들의 총체가 공동계획에 근거하여 국민적 생산을 규제하고, 따라서 그들 자신이 스스로 국민적 경제를 통제하고, 자본주의 생산의 참화인 항구적인 무정부 상태와 주기적인 변동을 종식한다면, … 다른 그 무엇이 코뮌주의, 그것도 '가능한' 코뮌주의이겠는가?"[8]

마르크스의 코뮌주의적 경제 구상에서 '자유로운 사람들의 연합'이나 '협동조합'이라는 개념은 기업의 고용, 생산, 성과의 배분 등에 관한 의사결정 과정에 노동자들이 자유롭게 참여하여 함께 결정한다는 생각을 함축한다. 그렇지 않은 기업은 '자유로운 사람들의 연합'일 수 없다. 마르크스는 협동조합의 조직에 관해서는 구체적으로 언급하지 않았다. 그가 협동조합의 생산을 언급하기 이전에 코뮌의 선출과 조직에 관해 상세하게 설명한 것으로 미루어 볼 때, 그는 일단 협동조합이 공화적이고 민주적인 코뮌의 조직 원리에 따라 조직되리라고 생각한 것은 분명하다.[9]

---

8 K. Marx, *Der Bürgerkrieg in Frankreich*, MEW 17, 343.

9 마르크스가 공화주의적이고 민주적인 코뮌의 조직 원리를 이상적인 정치체제로 생각했는가에 대해서는 많은 검토가 필요하다. 그는 일찍부터 대의제 민주주의에 대해서는 회의적인 태도를 보였다. 대표가 있는 곳에 그 대표를 뽑은 사람들이 없다는 것이 그 이유였다. 마르크스는 파리 코뮌이 대의원의 민주적 선출에 그치지 않고 대의원에 대한 민주적 통제 장치인 소환제도가 확립되어 있다는 점을 중시했지만, 그것만 갖고서는 대의원 기구의 과두화와 관료화를 막을 수 있다고 생각하지 않았을 것이다. 이에 대해서는 하태규, "마르크스와 자유롭게 연합한 인간들의 민주주의," 「경제와사회」 119(2018), 248f.를 보라.

'협동조합'이 일종의 노동자자주관리 기업으로서 운영될 때 기업에서 자본의 기능과 노동의 기능이 적절하게 구분되고 기업의 성과가 자본의 기능을 수행하는 데 필요한 몫과 노동의 몫으로 적절하게 배분될 수 있는가 하는 결정적인 질문이 제기되는 것은 어찌 보면 당연하다. 마르크스는『프랑스 내전』에서는 이 문제를 직접 다루지 않았지만, 5년 뒤에 작성한『고타 강령 비판』에서 이 질문에 관해 원칙적인 답변을 내놓았다. 그는 자유로운 개인들의 연합, 곧 협동조합에 의해 생산된 노동의 산물이 노동자들에 의해 모두 소비되어서는 안 된다고 못 박았다. 그는 노동의 산물이 기업의 생산 활동과 비생산 활동을 위하여 적절하게 배분되어야 한다고 말했다. 우선 기업의 생산 활동을 위해서는 감가상각비, 생산 확대를 위한 추가 투자, 자연에 의한 재해나 고장을 제거하기 위한 예비금 등의 항목을 설정해야 하고, 비생산 활동을 위해서는 생산에 직접 속하지 않는 일반적인 행정 비용, 학교나 보건시설 등 공동체적 욕망 충족을 위한 기금, 노동 능력이 없는 사람들을 위한 기금 등의 항목을 설정해야 한다고 말했다. 그러한 항목의 지출을 모두 공제하고 남은 노동의 산물만이 노동자들의 직접적인 복지 향상을 위해 소비되어도 무방하다는 것이다.[10]

　더 나아가 마르크스는 대안적 경제에서는 '협동조합들의 총체'가 공동계획에 바탕을 두고 국민경제 차원에서 생산과 소비를 조절하리라고 전망했다. 비록 마르크스는 '협동조합들의 총체'에 관해 구체적으로 설명지 않았지만, 부분과 전체, 특수와 보편에 관한 마르크스의 변증법적인 사고방식을 놓고 볼 때 총체성은 부분이 전체에 흡수되는 추상적

10 K. Marx, *Kritik des Gothaer Programms: Randglossen zum Programm der deutschen Arbeiterpartei, MEW 19*, 14ff.

전체성을 뜻하지 않고, 부분이 전체의 필수 불가결한 한 부분을 이루는 동시에 부분들의 참여와 공동결정을 통해 다원적으로 형성되는 구체적 전체성을 뜻할 것이다. 그러한 구체적 전체성을 구현하는 조직 형태는 다양한 구성 요소들이 하나가 되어가는 과정으로서의 연합(Vereinigung)이다. 그 연합은 협동조합들이 형성하는 다원적인 네트워크일 것이다. 마르크스는 그러한 협동조합들의 다원적인 연합이 생산과 소비의 균형을 이루는 경제 운영체제를 구상했고, 그러한 경제 운영체제가 자본주의적 생산의 무정부성과 주기적 변동을 종식하리라고 믿었다. 그는 협동조합들이 네트워크를 이루어 생산과 소비에 관한 공동계획에 자주적으로 참여하고 함께 결정하는 대안적인 경제체제를 구상하였다는 점에서 경제민주주의의 핵심 사상과 그 과제를 구체적으로 제시한 선구적인 사상가임이 틀림없다.

1.4. 마르크스의 대안적 경제 구상의 의의

마르크스의 코뮌주의적 경제 구상은 노동자를 노예화하는 자본의 존속 근거를 파괴한 뒤에 성립할 새로운 경제에 관한 구상이기에 노동과 자본의 관계를 민주화한다는 경제민주주의의 발상을 초과한다. 그렇지만 '자유로운 사람들의 연합'이나 '협동조합'이 생산의 주체가 되고 생산자들과 소비자들이 아래로부터 참여하는 공동계획에 따라 국민적 경제를 조율한다는 그의 생각에는 경제민주주의의 지향점이 담겨 있다. 그런 점에서 마르크스가 경제민주주의 구상의 태동과 발전에 미친 영향을 크다고 볼 수 있다.

마르크스의 대안적인 경제 구상은 소비에트 러시아에서 실천된 중

앙관리경제와는 본질적인 차이를 보인다. 소비에트 러시아는 생산수단
의 국유화와 토지의 협동조합적 소유에 바탕을 두고 중앙 계획 당국의
지령에 따라 생산과 소비의 거시균형을 달성하는 중앙관리경제체제를
구축했다. 그러한 중앙관리경제체제는 독일의 전시 자본주의 모델을
모방한 것이라고 알려졌다. 마르크스는 생산수단의 국유화가 코뮌주의
에 이르는 길이라고 여기지 않았고, 중앙 계획 당국의 하향식 지령에
따르는 명령경제가 자본주의의 가치생산을 초월하는 대안 경제의 길이
라고 생각하지도 않았다.[11] 도리어 그는 생산수단의 '공동점유'에 바탕
을 둔 노동자자주관리를 지지했고, 개별경제 단위들의 참여와 공동결
정에 바탕을 둔 상향식 공동계획에 따른 국민적 경제의 조율을 염두에
두었다.

　아마도 그런 마르크스의 대안적 경제 구상을 그 나름대로 구현하려
고 한 실험은 유고슬라비아의 노동자자주관리제도와 시장사회주의였
을 것이다.

2. 유고슬라비아의 노동자자주관리제도와 시장사회주의

제2차세계대전 이후 유고슬라비아는 마르크스의 코뮌주의적 경제

---

11 이에 관해서는 Won-Don Kang, *Zur Gestaltung einer human, sozial und ökologisch ger-echten Arbeit, Wissenschaftliche Beiträge Band 26, Schriftenreihe der Mission- sakade-mie an der Universität Hamburg*, hg. von Prof. Dr. Theodor Ahrens (Ammersbeg bei Hamburg: Verlag bei Lottbeg, 1988), 415.

구상을 독보적으로 실험한 유일한 사례였다. 유고슬라비아 공산주의자들은 마르크스가 펼친 코뮌주의 경제 구상을 실현한다는 분명한 자의식을 갖고 있었다.[12] 유고슬라비아의 경제민주주의는 한편으로는 생산수단의 사회적 소유에 바탕을 둔 노동자자주관리 기업을, 다른 한편으로는 생산자, 소비자, 정부가 지역경제 차원과 중앙경제 차원에서 조율하는 시장사회주의를 중심으로 운영되었다.

2.1. 유고슬라비아의 독자적인 길

유고슬라비아가 소비에트 러시아의 중앙관리경제 모델을 따르지 않고 노동자자주관리와 시장사회주의를 중심으로 제3의 길을 걸어간 것은 유고슬라비아가 제2차세계대전 때 소련의 지원을 받지 않고 토착 공산당 중심의 반파시즘 인민해방 투쟁에서 승리한 뒤에 공산주의자들의 헤게모니 아래서 독자적으로 공화국 연방을 구성한 역사적 내력과 깊은 관계가 있다. 유고슬라비아는 소련이 유고 연방의 공산화 과정에 개입하여 지도 노선을 관철하려는 시도에 반발했고, 1948년에는 소련의 영향권 안에 있는 동구 여러 나라들 사이의 정보 교환과 조율을 목표로 했던 코민포름에서 추방되었다.

유고슬라비아의 코민포름 추방은 유고슬라비아가 서구형 시장경제와 동구형 중앙관리경제에 비판적 거리를 취하고 독자적으로 시장사회

---

12 B. 호르바트/강신준 역, 『자주관리제도: 유고사회체제연구』 (서울: 풀빛, 1995), 28ff., 33. 소비에트 러시아의 국유화와 관료화가 노동의 소외를 극복하기는커녕 이를 극단적으로 악화시켰다는 인식은 레즈텍 콜라코브스키에게서 두드러지게 나타났다. Lestec Kolakowski, *Die Hauptströmungen des Marxismus III* (München [u.a.]: Piper, 1979), 515.

주의를 추구하는 결정적인 계기였다. 유고슬라비아는 1952년 헌법 개정을 통해 경제 운영체제를 관리적 사회주의(1945~1952)에서 관리적 시장사회주의(1952~1962)로 전환하였고, 그 뒤에 여러 차례 헌법 개정을 거듭하면서 본격적인 시장사회주의(1963~1973)와 계약사회주의(1974~1983)를 실험하였다.

2.2. 생산수단의 사회적 소유와 노동자자주관리 기업의 조직 원리

유고슬라비아에서 노동자자주관리 기업은 마르크스가 말한 바 있는 생산수단의 사적 소유에 대한 '부정의 부정'을 통해 그 근거를 마련했다고 볼 수 있다. 유고슬라비아는 공산 정권을 수립한 뒤에 부르주아 세력과 토호 세력의 저항을 괴멸하기 위해 일단 생산수단의 사적 소유를 폐지하고 강력한 산업 국유화와 농업 집단화에 나섰다. 그 뒤에 유고슬라비아는 1953년 헌법 개정을 통해 국유제를 폐지하고 사회적 소유제와 개인적 소유제를 확립했다. 국가가 소유했던 기업이나 공장의 관리를 노동자평의회에 위탁하고, 수공업자와 농민의 개인소유를 허용하는 헌법적 근거를 마련한 것이다. 사회적 소유는 국가가 법적인 소유의 주체이지만, 기업의 노동자들이 국가 소유를 점유하는 방식이다. 그러한 생산수단의 사회적 소유가 노동자자주관리 기업의 물적 기반이다.

노동자자주관리 기업은 평의회 원칙에 충실하게 조직되었고, 권한과 책임을 달리하는 여러 단계의 중층적인 의사결정체제를 이루었다. 최고 의사결정기구는 노동자 총회였다. 노동자 총회는 노동자평의회를 선출했다. 노동자평의회는 집행기구인 경영위원회를 구성하고, 기업장을 임명·소환하고, 경영 전반을 감시하는 감사위원회를 구성했다.

노동자 총회는 모든 노동자가 참여하는 기업 의회로서 국가 기구에 파견할 대의원을 선출하고, 노동자평의회 의원들을 선출했으며, 기업의 분리와 독립, 인수와 합병 등 기업과 노동조직에 관련된 가장 중요한 사항을 의결했다. 노동자평의회는 기업 경영의 중추 기관으로서 기업의 정관, 규칙, 내규의 제정과 개정, 연도별 사업계획의 수립, 사업 결산의 승인, 고정자산과 유동자산의 확정, 정기회계 보고, 기업이윤의 배당, 기업의 합병과 분사에 따르는 조직 개편, 경영위원회 위원의 선출, 기업장의 임명과 소환, 경영위원회의 각종 활동에 관한 심의와 승인, 노동자 고용과 해고에 관한 결정 등의 권한을 맡았다. 경영위원회는 노동자평의회의 결정을 집행하는 이사회의 기능을 수행했다. 기업장은 경영위원회 위원장인 동시에 기업의 대표였다. 감사위원회는 기업 경영 전반을 감사하여 노동자평의회에 보고했다.13

따라서 노동자자주관리 기업은 노동자들이 명실공히 기업 경영의 주권자로서 기업의 인사정책, 사회정책, 경제정책에 참여하여 결정하는 권한을 행사했다. 그러한 노동자자주관리 기업의 성과는 사회적 소유의 정신에 부합하게끔 인사의 개방성, 노동자 참여의 활성화, 투자를 위한 충분한 저축의 확보, 사회를 위한 충분한 기여 등을 통해 평가될 것이다. 이와 관련하여 노동자자주관리 기업의 성과가 어떠했는가는 조금 뒤에 살필 것이다.

여기서 한 가지 덧붙여 말한다면 노동자자주관리 기업의 조직 원리인 평의회 원칙은 공업, 농업 등 산업 부문에서 생산기관을 조직하고 운영하는 기본 원리에 그치지 않고 코뮌(지방정부), 공화국, 연방, 당 등

---

13 안병영, "유고슬라비아 노동자 자치관리제도의 갈등구조," 「아세아연구」 27/1(1984): 145-148; 강정구, "벼랑에 선 페레스트로이카: 유고슬라비아의 자주관리제," 「경제와사회」 5(1990), 113.

각 행정 단위와 정치기구를 조직·운영하고, 시민사회, 소비조합, 노동 조합 등 시민사회단체들을 조직·운영하는 원리로 자리를 잡았다는 것 이다. 유고슬라비아에서 시장사회주의는 다양한 평의회들이 지역 차원 과 전국 차원에서 수직적인 관계와 수평적인 관계를 맺으며 서로 협약 을 체결하여 네트워크를 이루는 시스템으로 발전하였다. 그러한 평의 회 네트워크는, 나중에 다시 언급하겠지만, 1974년부터 1983년까지 계약사회주의를 운영하는 기틀이 되었다.

2.3. 시장사회주의의 작동 방식

유고슬라비아에서 전체 경제를 조율하는 방식은 탈국가화·탈중앙 화의 방향을 취했고, 그 결과 사회주의적 시장체제가 자리 잡게 되었다. 노동자자주관리 기업체제가 형성되고 사회주의적 시장체제가 자리를 잡아가는 초기 단계에서는 국가의 경제계획이 주효했다. 국가는 국가 재정이나 국가 기금을 통해 재원을 직접 할당하는 방식으로 경제계획 을 추진했다. 그러나 국가가 관리하는 초기의 시장사회주의체제에서도 국가의 경제계획은 경제성장률과 투자율을 제시하여 기업의 생산 계획 을 수립하는 데 참고할 지침을 제공하는 것에 그쳤다. 그 점에서 국가의 경제계획은 어디까지나 시장을 보완하는 성격을 가졌다.

1965년 헌법 개정에 따라 본격적인 시장사회주의가 실험되면서 국 가의 경제계획은 기업 차원의 생산 계획을 코뮌 차원에서 조정한 뒤에 공화국과 연방 차원의 경제계획으로 수렴하는 방식을 취했다. 기업에 신규로 투입되는 자금은 더는 정부 재정이나 정부 기금에서 나오지 않 았고 전적으로 은행으로부터 조달되었다. 은행의 설립은 자유였으며,

모든 은행의 이자율은 같았다. 투자를 결정하고 그것에 필요한 자금을 끌어들이는 주체는 전적으로 기업이었지만, 투자의 성공 가능성과 수익성에 관한 판단은 은행의 몫이었다. 은행이 전면에 나서면서 국가는 경제에서 손을 떼는 형국이 조성되었다.[14]

그러한 상황의 전개는 노동자자주관리 기업에도 심대한 영향을 미쳤다. 수익성이 기업 경영에서 가장 중요한 고려 사항이 되면서 기업에서 조직자산과 기술자산을 장악한 엘리트들은 기업 관리와 운영에서 헤게모니를 장악하게 되었다. 1971년 금융개혁으로 은행 이자율이 은행과 기업의 계약에 따라 결정되자 기업의 은행에 대한 종속은 더욱더 심해졌다.[15] 1971년 헌법 개정으로 노동자자주관리 단위는 기업 내부에서 기술적, 경제적 자립이 가능한 부서나 작업장의 수준으로 세분되었고, 노동자 협동체 기본조직(Basic Organization of Associated Labor, BOAL)이 노동자자주관리의 기초단위가 되었다. 기업의 기술자들도 BOAL을 구성하여 기업 내부의 다른 BOAL들과 수평적 협약을 맺어 경제적, 사회정치적 이해관계를 관철할 수 있는 발판을 마련했다.[16]

유고슬라비아의 시장사회주의는 노동시장과 자본시장을 갖추지 못했기에 본격적인 시장경제를 운영했다고 볼 수 없다. 생산물시장과 대출 중심의 은행제도가 유고슬라비아에서 운영되었던 시장의 핵심 메커니즘이었다. 따라서 유고슬라비아에서 시장은 유고슬라비아 구성 공화국의 산업 발전 수준의 지역별 격차와 거기서 비롯되는 상품 가격의 지

---

14 Goran Musić, "Yugoslavia: Workers' Self-Management as State Paradigm," *Ours to Master and to Own Workers' Councils: from the Commune to the Present*, ed. by Immanuel Ness and Dario Azzellini (Chicago, IL.: Haymarket Books, 2011), 183.
15 김창근, "유고슬라비아의 노동자 자주관리에 대한 이론들," 「진보평론」 30(2006), 259.
16 안병영, 앞의 글, 160.

역별 차이와 소득의 지역별 격차를 해결하기는커녕 이를 더 악화시켰다. 그러한 문제를 해소하기 위해 1974년부터 1983년까지 상품 가격을 기업과 지역공동체의 협약에 따라 결정하는 계약사회주의가 운영되었다. 그것은 지역경제와 중앙경제 차원에서 정부가 참여하는 가운데 생산자들과 소비자들이 계약을 체결하여 상품 공급과 수요의 균형을 이루자는 의도를 가진 실험이었지만, 상품 가격은 안정되지 않았고, 상품 공급도 원활하게 이루어지지 않았다. 인플레이션은 1988년 현재 115%에 이를 정도로 높았다. 그것은 지역 차원이나 전국 차원에서 생산자 단체, 소비자 단체, 정부 등의 조정과 협약이 통하지 않을 정도로 이미 시장의 힘이 세졌다는 뜻이다. 결국 유고슬라비아는 1989년 노동시장과 자본시장을 전면적으로 허용하는 법률을 제정함으로써 시장사회주의를 포기하고 본격적인 자본주의적 시장경제로 전환되었다.

2.4. 유고슬라비아 실험의 실패

한마디로 유고슬라비아에서 노동자자주관리제도와 시장사회주의 실험은 실패했다. 그러한 실험이 실패한 요인으로는 사회적 소유에 기반한 노동자자주관리 기업의 인사정책과 투자정책의 실패, 국가 조정의 실패, 참여민주주의의 침식 등을 꼽을 수 있다.

첫째, 노동자자주관리 기업은 신규 고용을 늘리지 못했고, 미래를 위한 충분한 저축을 하는 데 실패했다. 그것은 노동자자주관리 기업의 물적 기반인 생산수단의 사회적 소유에서 비롯되는 요구에 배치되는 현상이었다. 사회적 소유는 국가가 법적 소유의 주체이고, 기업의 노동자들은 국가 소유물의 점유자이다. 원칙적으로 사회적 소유는 자격과 능력을 갖춘 사람이 그것에 접근할 수 있도록 개방되어야 하고, 그것의 사용에서 얻는 이익을 사회발전에 투입하여야 한다. 그것은 사회적 소유의 점유자가 사회적 소유를 배타적으로 사용하고 거기서 발생하는 이익을 독차지할 수 없다는 뜻이다.

노동자자주관리 기업은 바로 그 두 가지 점에서 실패했다. 노동자자주관리 기업은 신규 채용의 문호를 넓히지 않았고, 공장과 기업의 이익을 공장 노동자들끼리 먼저 나누고 그 나머지를 공장과 기업의 확장을 위해 투입했다. 결국 유고슬라비아는 높은 실업률에 시달렸고,17 투자 부진과 고율의 인플레이션을 동시에 겪었다. 그것은 사회적 소유가 사실상 집단적 소유로 변질하여 나타난 결과였다. 집단적 소유자는 사회적 소유에서 발생하는 이익을 독차지하고 그 손실을 사회화한다. 사회적 소유를 집단적 소유로 변질시킨 노동자자주관리 기업은 사회주의적 이상을 실현하기는커녕 자본주의 기업의 합리성 모델에도 미치지 못하는 모습을 보여주었다.18

둘째, 국가는 경제에서 사실상 손을 떼고 모든 것을 시장에 맡겼다. 유고슬라비아의 시장사회주의체제에서 노동시장과 자본시장이 발달하지 않았다는 점을 고려한다면 국가가 경제에서 발을 빼는 순간 시장

---

17 1988년 현재 유고슬라비아의 실업률은 20%에 달했고, 인구 2천3백만 명에 불과한 유고슬라비아 국민 가운데 해외로 이주한 노동자의 수효는 70만 명을 웃돌았다. 이에 대해서는 강정구, 앞의 글, 122를 보라.

18 조원희, "시장사회주의의 체제동학에 관한 일고찰," 「현상과인식」 15/4(1992), 185f. 기업이 자주관리 단위로 전환되고 국가 소유 개념이 포기되자 노동자는 기업 소득 일부를 배당받는 '재산 소유 생산자'라는 자의식을 갖게 되었고, 노동자평의회는 경영에 대한 노동자 통제 기관이 아니라 '집단적 기업가'라는 인식이 생겼다. 사회적 소유가 집단적 소유로 변질된 것이다. 이에 관해서는 Sharon Zukin, "The representation of working-class interest in socialist society: Yugoslav labor unions," *Politics & Society 10/3*(1981), 287을 보라.

사회주의가 제대로 작동할 리 없었다.

노동이 권리인 동시에 의무로 규정되는 사회주의 사회에서 정부의 가장 큰 책무는 완전고용을 달성하는 것이다. 그런데 유고슬라비아에서 신규 고용은 전적으로 노동자평의회의 결정에 달린 사안이었고, 정부가 개입할 여지가 없었다. 정부는 사회적 소유를 기업에 허용한 당사자로서 기업이 신규 노동력을 최대한 흡수하도록 제도적 장치와 유인책을 마련해야 마땅했지만, 그런 국가 활동은 없었다.

또한 자본시장이 발달하지 않은 유고슬라비아에서 기업이 신규 투자를 위한 재원을 확보하는 길은 기업저축과 은행 대부를 활용하는 길밖에 없었다. 만약 국가가 사회주의적 경제 규율을 위해 애초부터 자본시장을 육성하지 않기로 하였다면, 국가는 소비재 생산과 자본재 생산이 유기적으로 맞물려 생산과 소비의 거시균형을 달성할 수 있도록 산업 부문과 지역경제와 국민경제 차원에서 생산 자원을 할당하고, 거기 필요한 자본을 지원할 계획을 수립하고, 그 계획을 집행하기 위한 재원을 확보하여야 한다. 그러한 거시경제 계획은 소비에트 러시아의 중앙관리경제와는 달리 상향식 참여 계획의 형태를 취할 수 있고, 개별경제 단위의 자주적 활동을 지원하는 형태를 취할 수 있다. 그러나 유고슬라비아에서 국가는 그러한 거시경제 계획을 수립하고, 그 계획을 집행할 수단을 마련하는 일에서 일찌감치 손을 떼고 경제 운영을 기업 자치와 시장경쟁과 은행에 맡겼다.

셋째, 노동자자주관리의 핵심인 참여민주주의는 점차 약화하였고 나중에는 껍질만 남게 되었다. 그것은 기업이 점차 복잡해지는 기업 환경에 대응하고 기업 경쟁력을 강화하는 과정에서 나타나는 현상이었다. 기업이 투자 자금을 은행으로부터 대여받으면서 기업의 수익성 추구는 기업 경영의 최우선 순위를 차지했고, 기업 안에서 조직자산을 장악한 전문 경영인과 기술자산을 장악한 전문가들의 권력이 강해졌다.[19] 그것은 노동자자주관리 기업 안에서 직능과 권한에 따라 계층 분화가 일어났다는 뜻이다. 노동자 참여는 점차 엘리트 지배로 대체되었고, 계층별 급여의 차이는 큰 폭으로 늘어났다. 1960년 현재 최소 소득자와 최고 소득자의 임금 격차는 1:4 정도였으나 1970년에는 1:8로 커졌다.[20]

물론 유고슬라비아의 경제민주주의 실험이 실패했다고 해서 마르크스의 코뮌주의 경제 구상이 그 타당성을 잃었다고 주장할 수는 없다.[21] 그러나 코뮌주의적 경제 구상은 소유권의 근본적인 변화라는 관문을 통과해야 하고, 유고슬라비아에서 보듯이 기업조직과 운영, 전체 경제의 조율 차원에서 매우 복잡하고 해결하기 어려운 문제에 봉착할 수밖에 없다는 것은 분명하다.

---

19 전문 경영인은 당의 강력한 지지를 받았고, 전문가들은 경영인과 밀접한 관계를 유지했다. 노동자평의회는 그 구성원이 정기적으로 교체되는 데다가 대안적인 기업 경영 계획을 제시할 역량이 없었다. 이에 관해서는 Daniel Jakopovich, "Yugoslavia's self-management," *Keep Space for Peace*, ed. by Tony Simpson (Nottingham: Spokesman Books, 2012), 59f.를 보라.

20 강정구, 앞의 글, 125.

21 마르크스가 강조했던 사회적 점유와 전체 경제에 대한 공동계획은 좌파 이론가들이 주도하는 최근의 경제민주주의 논의에서 강조되고 있다. Heinz Bierbaum · Nikolaus Schmidt, "Wirtschaftddemokratie und Vergesellschaftung," *Wirtschaftsdemokratie gegen Wirtschaftskrise: über die Neuordnung ökonomischer Machtverhältnisse*, hg. von Heiner Heseler · Rudolf Hickel (Hamburg: VSA, 1986); P. Devine, "Participatory Planning through Negotiated Coordination," *Science & Society* 66 (2002), 72f.; Alex Demirović, "Wirtschaftsdemokratie, Rätedemokratie und freie Kooperationen: Einige vorläufige Überlegungen," *WIDERSPRUCH* 55 (2008), 62ff.; Christian Zeller, "Wirtschaftsdemokratie und gesellschaftliche Aneignung," *SoZ+ 2*(2010), 17.

2장
페이비언 사회주의자들과 길드 사회주의자들의
경제민주주의 구상

페이비언 사회주의자들과 길드 사회주의자들은 마르크스의 정치경제학 비판과 대안적 경제 구상과는 무관하게 자본주의 경제를 통제하여 사회주의에 이르는 길을 모색했고, 경제민주주의가 그러한 길을 안내하는 이정표라고 생각했다. 그들에게 경제민주주의는 민주주의를 경제 영역, 곧 산업과 기업에 적용하는 것이었다. 본래 길드 사회주의자들은 페이비언 사회주의자들과 같은 배를 탔으나, 의회 전술과 경제민주주의 구상에서 나타나는 결정적인 차이 때문에 페이비언 사회주의에서 이탈하여 독자적인 노선을 취하게 되었다.

1. 페이비언 사회주의자들의 경제민주주의 구상

페이비언 사회주의자들은 자본주의 경제의 가장 큰 문제가 자본, 토지, 역량을 독점하는 경제 권력이 형성되어 지대추구 행위에 나서고,

마침내 사회와 국가 차원에서 자본가, 지주, 엘리트의 독재를 구축하는 것이라고 보았다. 페이비언 사회주의의 이론과 실천을 탁월하게 이끌어간 비어트리스 웹(Martha Beatrice Webb)과 시드니 웹(Sidney James Webb) 부부는 그러한 독재가 경제 권력이 지배하는 교육과 언론을 통해 공고하게 구축된다고 지적했다.[1] 따라서 페이비언 사회주의자들은 그러한 경제 권력이 형성되지 못하게 막고 일단 형성된 경제 권력을 해체하는 것이 경제와 산업 영역에서 민주주의를 실현하는 핵심 과제라고 생각했다. 그들은 그러한 민주주의를 '산업민주주의'라고 지칭했다.

1.1. 산업민주주의를 실현하는 방법

산업민주주의를 실현하는 방법은 무엇보다도 먼저 자본, 토지, 역량을 독점하는 세력이 획득한 지대를 환수하는 입법과 행정 조치다. 페이비언 사회주의자들은 소득세와 상속세에 누진세를 도입하는 것을 중시했고, 특히 토지세는 토지국유화를 실질적으로 실현하는 길이라고 여겼다.[2] 그들은 과세를 통해 기업의 공영화와 국영화를 위한 국가 자본을 늘리고자 했다.

그다음 페이비언 사회주의자들은 자본주의가 성취한 제도적 장치들을 혁파하지 않고서도 자본주의 경제의 핵심으로 파고 들어가 이를 변화할 수 있다고 생각했다. 그들이 중시한 '침투' 전략은 산업을 지배하는 자본가들의 권력을 빼앗아 이를 시민 다수의 손으로 이전하는 것을

---

1 Sidney and Beatrice Webb, *A Constitution for the Socialist Commonwealth of Great Britain* (London; New York: Longmans, Green and Co., 1920), 81.
2 페이비언 사회주의자들은 헨리 조지의 지대공유제 이론의 영향을 받아 토지세를 중시했다.

그 핵심으로 한다. 한마디로 그것은 산업에 대한 시민적 통제를 강화하는 전략이다. 그 전략은 페이비언 사회주의자들의 독특한 사회 이해에 바탕을 두고 있다. 그들에 따르면 한 사회를 지배하는 힘은 시민에게 있고, 그 시민은 산업의 성과를 소비하는 당사자다. 시민은 무엇을 생산할 것인가를 결정하는 힘을 갖고 있기에 산업 지도자인 자본가를 지배하는 위치에 선다. 자본가는 어떻게 생산할 것인가를 놓고 자원을 합리적으로 할당하는 권한을 행사하며, 노동자는 자본가의 통제 아래서 일하며 임금, 노동시간, 노동여건 등에 관해 자신의 권익을 실현하고자 한다. 그렇게 조직된 산업사회가 생산한 상품은 시민의 소비를 통해 평가된다. 따라서 산업의 성과를 소비하는 시민이 궁극적으로 산업을 규율하고 통제하는 주체의 지위에 선다.3 기이하게도 페이비언 사회주의자들은 노동과 자본이 서로 대립하면서도 상호 의존하는 자본주의 경제에서 자본에 대한 통제가 노동자들에 의해 이루어져야 한다고 생각하지 않았다. 바로 그것이 공장과 기업에서 노동자들의 자주적 참여와 결정을 중시한 길드 사회주의자들이 페이비언 사회주의자들과 결별한 결정적인 논점이다.

페이비언 사회주의자들이 생각한 산업에 대한 시민적 통제는 결국 시민들이 선출한 지방정부와 중앙정부의 관료들이 산업에 관한 통제권을 행사하는 것을 뜻했다. 지방정부나 중앙정부가 산업에 대한 통제권을 행사한다고 해서 정부가 산업정책을 수립해서 계획에 따라 경제를 운영해야 한다는 뜻은 전혀 아니다. 페이비언 사회주의자들이 생각한 산업 통제권은 기껏해야 지방정부나 중앙정부의 관료들이 자본가를 대

---

3 비어트리스 웹 · 시드니 웹/박홍규 옮김, 『산업민주주의』 3 (파주: 아카넷, 2018), 247f.

신해서 기업 운영권을 행사하는 것에 지나지 않았다. 페이비언 사회주의자들은 시장 기구와 경쟁을 중시했기에 지방정부나 중앙정부의 산업통제권이 시장을 대체하는 것이어서는 안 된다고 생각했다. 노동 임금도 노동시장을 통해 결정되는 것이 당연하다고 생각했다.

1.2. 산업민주주의에서 노동자계급의 역할

그렇다면 노동자들은 페이비언 사회주의의 산업민주주의에서 어떤 역할을 맡는가? 따로 맡은 역할이 없다. 페이비언 사회주의자들은 노동자들이 공장과 기업에서 자본의 지배 아래서 자신에게 할당된 업무를 규율에 따라 수행하고 임금을 받는 임금노동자의 역할을 맡고, 공장과 기업에서 일하지 않는 시간에는 소비자로서 생활한다고 생각했다. 노동자들은 공장과 기업에서 속박된 상태로 일하고 노동시간 바깥에서 비로소 자유인으로서 생활한다는 것이다.

물론 노동자들은 노동조합을 조직하여 그들의 권익을 주장한다. 그러나 노동조합의 역할은 정치적인 것이 아니라 경제적인 것에 한정되어야 한다. 노동조합은 임금, 노동시간, 노동여건 등 노동자들의 직접적인 관심사에 충실하게 자본가와 단체교섭을 하고,[4] 임금, 노동시간, 노동여건, 특히 사업장 위생 등에 관해 전국적으로 통용되는 최소한의

---

4 비어트리스 웹·시드니 웹/박홍규 옮김, 『산업민주주의』1 (파주: 아카넷, 2018), 219f. 웹 부부는 노동조합의 단체교섭이 노동자들의 권익을 실현하는 데 큰 의의가 있음을 높게 평가했으나, 노동조합은 노동자들의 개별적인 이익보다는 경제 전체의 이익을 염두에 두고 단체교섭에 임해야 한다는 점을 아울러 강조했다. 그들에 따르면, 노동자들과 자본가들의 단체교섭이 타결되지 않는다면 전체 경제의 이익을 우선순위에 놓는 기관의 중재에 맡겨져야 하고, 중재가 이루어지는 동안에 쌍방은 평화의 의무를 지켜야 한다.

기준(minimum)을 마련하는 법률을 제정하기 위해 힘을 모아야 한다.[5] 따라서 노동자들이 할 수 있는 일이 한 가지 더 있다면, 그것은 노동자들이 선거를 통해 그들을 대변하는 대표를 의회에 파견하여 의회가 그들의 권익을 실현하는 입법에 나서는 것을 기대하는 위치에 서는 것이다.

1.3. 자본의 노동 포섭을 해체하지 않는 산업민주주의의 한계

앞의 1.1과 1.2에서 말한 모든 것은 페이비언 사회주의자들이 자본주의 경제의 핵심 문제인 자본의 노동 포섭을 비켜 가며 경제민주주의를 구상했다는 것을 의미한다. 노동의 소외와 그 결과인 소외된 소비는 페이비언 사회주의자들에게 관심사가 되지 않았다. 그들은 공장과 기업에서 노동과 자본의 권력관계를 정면으로 다루는 진정한 의미의 경제민주주의를 구상한 적이 없다.

물론 페이비언 사회주의자들이 경제 권력의 형성을 억제하는 데 관심을 기울인 것은 의미가 있다. 그러나 시장에서 경제 권력의 형성을 억제하는 입법은 결국 독점규제와 공정거래를 보장하는 경쟁법 제정으로 나타날 것이다. 그러한 경쟁법은 노동과 자본의 관계를 직접 규율하는 법이 아니다. 자본, 토지, 역량을 독점한 세력의 지대추구를 봉쇄하는 세법을 마련하는 것은 사회정의의 요구에 따르는 당연한 입법 조처이지만, 그것은 세무 입법이지 경제민주주의 입법이 아니다. 자본의 권력에 대항하고 자본의 독재를 해체하는 노동의 권력을 형성하는 핵심 과제를 빼어놓고서는 경제민주주의를 말할 수 없다.

---

5 비어트리스 웹 · 시드니 웹/박홍규 옮김, 『산업민주주의』 3, 209.

2. 길드 사회주의자들의 경제민주주의 구상

길드 사회주의자들은 포괄적인 경제민주주의 구상을 밝혔고, 그 구상은 페이비언 사회주의자들의 산업민주주의 구상과는 질적인 차이가 있다. 길드 사회주의 특유의 경제민주주의 구상을 체계적으로 제시한 이론가는 죠지 더글러스 하워드 콜(G. D. H. Cole)이다. 콜이 길드사회주의를 제창한 시점은 1920년이었다. 그 당시 그는 한편으로 영국, 프랑스, 독일 등지의 사회민주주의자들이 의회를 통해 사회주의를 실현하는 방안을 내건 데 대해 회의적인 태도를 보였다. 다른 한편으로 그는 프랑스 생디칼리슴과 러시아 볼셰비키 혁명에 크게 고무되었으나, 노동자들의 공장 점거나 국유화를 통해 노동자들의 해방과 자치를 이룰 수 있다고 여기지 않았다. 그는 사회가 여러 기능과 단체들로 분화되었다는 점에 주목했다. 그는 그러한 사회적 분화에 대응해서 기능적 대의제와 그것에 바탕을 둔 민주주의를 실현해야 한다고 믿었고, 산업사회가 노동조합과 협동조합의 강력한 힘에 바탕을 두고 새롭게 구성되어야 한다고 생각했다. 그런 점에서 콜이 구상한 길드 사회주의는 한편으로는 노동자 자치에 바탕을 둔 산업민주주의의 실현 방안이었고, 다른 한편으로는 생산자 길드와 소비자 협동조합의 교섭과 계약에 바탕을 두고 경제를 민주적으로 조직하고 운영하는 포괄적인 국민경제 운영 기획이었다.

2.1. 노동자 자치와 길드

콜은 길드 사회주의의 이상을 중세 길드에서 찾았다. 그 핵심은 두 가지다. 하나는 길드의 자치 정신이고, 또 다른 하나는 노동을 자유로운 봉사로 이해한 길드 생산자들의 노동 이해였다. 그는 공동체를 위해 봉사하는 사람들의 자유로운 연합이 생산자 조직이 되어야 하고, 그러한 생산자 조직은 고용주나 자본의 외적인 통제에서 벗어나 생산자들의 완전한 자치에 맡겨져야 한다고 생각했다. 그러한 노동자 자치를 이루는 최소 단위는 작업장이나 공장이다.[6] 그러한 작업장과 공장이 산업의 특성에 따라 지역이나 전국 차원에서 모인 산별 조직이 길드다. 길드는 그 자체로서는 생산 조직이 아니다. 길드는 지역 혹은 전국 수준에서 구성된 공장들과 작업장들의 자치를 촉진하고 조정하는 역할을 맡고, 다른 길드들과 소비자 단체들과 협력하고 필요한 조정을 수행한다.

노동자들의 자치는 공장과 작업장을 노동자들의 자주적 관리 아래 완전히 이관하는 것을 의미한다. 노동 분업의 설계와 조직, 노동 실행의 감독 등 노동 통제와 공장 운영에 관한 권한은 고용주로부터 인수되어야 하고, 조직된 노동자들에게 완전히 이전되어야 한다. 따라서 노동자 자치는 노동자와 고용주의 공동 경영일 수 없다. 작업장이나 공장이 노동자들의 자유로운 연합이라면, 그 조직의 생명은 자유와 자치다. "개별 단위로서 각 공장의 자유는 근본적인 중요성을 지닌다. 왜냐하면 산업에서 진정으로 민주적인 조건을 수립하여 자유로운 서비스의 정신을 끌어내는 것이 전체 길드 시스템의 목표이기 때문이다." 오직 그러한 자유와 자치가 살아있는 곳에 비로소 연합 정신이 활기를 유지할 수 있다. "연합된 봉사로서 길드의 핵심 토대인 연합 정신은 그것이 가장 잘

---

6 콜은 "산업민주주의는 작업장 민주주의다. 그렇지 않다면 그것은 아무것도 아니다"라는 신념을 갖고 있었다. G. D. H. Cole, *Principles Of Economic Planning* (London: McMillan & Co., 1935), 331.

표현될 수 있는 영역에서 자유롭게 작동해야 한다. 그 영역은 다름 아니라 협동의 습성과 전통이 살아 있는 곳인 공장이다."[7]

콜은 그러한 노동자의 자유와 자치를 실현하려면 '공장 대의제 원칙'이 바로 세워져야 한다고 생각했다. 노동자들이 공장을 대표하고 노동자들을 이끄는 지도자를 선출하는 '유일하고 올바른 원칙'은 "해당 지도자가 지도해야 할 이들에 의해 '아래로부터' 선출되어야 한다는 것"이다.[8] 그렇게 선출된 지도자는 선출한 자들에 의해 소환될 수 있어야 한다.[9] 콜은 공장 노동자들이 그들을 대표하여 공장을 운영하는 지도자들을 선출하고, 그 지도자들이 위원회를 구성하여 활동한다는 정도를 밝혔을 뿐 공장위원회의 임무와 공장장의 역할, 공장 내부의 다른 심급을 구체적으로 설명하지는 않았다.

2.2. 산별 길드와 소비자 길드

산업별 길드는 제조업 노동자 길드뿐만 아니라 유통 및 상업 노동자 길드, 금융 노동자 길드 등 산업 특성에 따라 범주화되는 다양한 길드들을 포함한다. 길드들은 산업별로, 기능별로 분화되고 분권화된다. 콜은 그러한 산별 길드들이 지역 차원이나 전국 차원에서 산업 길드 의회를 구성해서 산업 분야에서 길드 시스템을 대표하게 할 것을 제안했다. 그는 정치적 대의제도만을 갖고서는 산업 분야의 의사를 지역 차원과 국

---

7 G. D. H. 콜/장석준 옮김, 『길드 사회주의』 (서울: 책세상, 2022), 61.

8 G. D. H. 콜/장석준 옮김, 『길드 사회주의』, 64. 콜은 말년에 이르기까지 그 원칙이 '민주주의에서 지도력의 필연적 방식'이라고 확신했다. G. D. H. 콜/장석준 옮김, 『G. D. H. 콜의 산업민주주의: 노동자를 협업자로 인정하라』 (고양: 좁쌀한알, 2021), 87.

9 G. D. H. 콜/장석준 옮김, 『길드 사회주의』, 70.

가 차원에서 법제화하기엔 부족하다고 생각했다. 그는 다원적인 기능적 대의제를 옹호했다. 산업 길드 의회는 그러한 기능적 대의기관들 가운데 하나이며, 산업 분야의 입법기구다.[10]

콜은 길드 사회주의체제에서 고도의 개성을 발휘하고 개별적 작업에 종사하여야 할 사람들을 제외하고는 모든 산업 분야와 공적 서비스 공급 분야의 노동자들이 길드로 조직되고, 재화와 서비스의 소비자들이 재화와 서비스의 종류에 따라 다양한 소비자 협동조합과 공공 서비스 소비자 평의회를 구성한다고 생각했다. 그러한 공급자 단체들과 소비자 단체들이 지역과 전국 차원에서 서로 협의회를 구성하여 생산의 양과 질, 재화와 서비스의 공급과 분배, 재화와 서비스의 가격 등에 합의한다면, 그러한 사회적 합의는 시장을 대체하지는 않겠지만, 상품의 공급과 수요의 균형에 따라 가격이 결정되는 시장조정 메커니즘을 보완하리라고 보았다.[11]

2.3. 코뮌의 기능과 전체 경제의 조율

콜은 국가 전능성에 관한 신화를 불식하고 국가 중심의 코포라티즘(corporatism)의 미신을 타파하고자 했다. 길드 사회가 발전하고 기능적 대의제가 자리를 잡아가면 국가(코뮌)의 역할은 줄어들고, 그 기능도 축소될 것이다. 그러나 산업별 길드의 조직, 길드들 사이의 조정과 협력, 소비자 단체들의 활동, 길드들과 소비자 단체들 사이의 조정과 협상 등

---

10 G. D. H. 콜/장석준 옮김, 『길드 사회주의』, 82.

11 이에 관한 상세한 설명으로는 G. D. H. 콜/장석준 옮김, 『길드 사회주의』, 96f., 102, 141f.를 보라.

을 통해서도 해결되지 않는 문제들이 남는다. 그러한 문제들을 해결하는 것이 코뮌의 '직할 과제'다. 코뮌의 직할 과제는 재정 기능, 기능적 기관들 사이의 분쟁 해결, 각 기능 단체의 업무 한계의 설정, 행정 관할 구역과 영토 획정, 경찰력과 군대 등 강제력의 유지와 운용 등 다섯 가지다.

코뮌의 직할 과제들 가운데 콜이 가장 중시한 것은 재정 기능이다. 코뮌의 재정 기능은 국가자원을 할당하고, 자본을 지원하고, 일정한 범위 안에서 소득과 가격을 조절하는 것이다. 코뮌은 국가자원의 할당과 자본 지원을 통해서 국민경제 운용 계획을 수립할 수 있다. 코뮌 차원에서 생산 자원을 할당하는 것은 국가 공동체 전체의 관심사다. 그 요체는 소비재 생산과 자본재 생산이 국민경제 차원에서 균형을 유지할 수 있도록 하는 것이다. 그러한 균형을 이루는 데 결정적인 것은 코뮌의 생산 자원 할당이다. 코뮌은 "생산 자원을 지역이든 광역이나 전국이든 '소비용' 생산과 '자본' 생산, 비경제적 성격의 서비스에 어떻게 할당할지 결정할 뿐만 아니라 각 산업이나 서비스에 어떻게 할당할지도 상세히 결정해야 할 것이다."12

코뮌은 그러한 생산 자원의 할당을 통해서 국민경제를 계획할 수 있다. 물론 콜은 중앙집권적인 경제계획을 염두에 두지 않았다. 그는 아예 경제계획이라는 개념을 사용하지 않았고, 그 대신 '예산안'이라는 말을 사용했다. 그러나 그가 어떤 용어를 사용했든지 간에 분권적이고 상향적인 경제계획을 구상한 것은 분명하다. 그것은 한마디로 참여 계획이다. 예산 계획의 출발점은 산별 길드다. 각각의 산별 길드는 생산의 확장, 신설, 개선을 위해 필요한 재화와 서비스의 예산을 세운다. 각 길드

---

12 G. D. H. 콜/장석준 옮김, 『길드 사회주의』, 160.

의 예산안은 산별 길드들 사이의 협의와 조정을 거치고 난 뒤에 소비자 단체들의 검토와 수정 의견을 받는다. 산별 길드들의 예산안과 소비자 단체들의 검토 의견은 모두 코뮌 재정위원회에 제출되어 사전 검토와 국민경제적 생산 예측에 관한 조율을 거치고, 사회단체들 사이의 추가 협상을 거쳐 예산에 관한 코뮌 차원의 인준을 받는다. 그렇게 해서 코뮌 차원에서 수립되는 예산 계획(경제계획)에는 당연히 코뮌의 행정 비용과 여타 경비가 포함된다. 그러한 방식으로 코뮌이 노동력 할당과 자본 지원을 '직접 조절'한다면, 사회는 "지금과 달리 경제적 힘의 맹목적 작동이나 금융가의 농간에 맡겨지지 않을 것"이다.13

코뮌 차원에서 수립되는 경제계획에서 유념할 것은 노동소득이 코뮌 차원에서 강력한 심의 대상이 된다는 점이다. 그것은 각 길드의 예산에 노동자들에게 지급할 급여가 책정되기에 당연한 일이다. 그보다 더 중요한 것은 기능적 기관들에서 급여를 받지 못하는 사람들이 속한 부문에 대한 소득의 할당이 코뮌의 결정 사항이라는 것이다. "소득의 직접 교부든 아니든 코뮌의 지출로 이뤄지는 모든 형태의 현금 지원은 코뮌에 의해 결정될 것이다."14

코뮌의 재정 기능에는 재화와 서비스의 가격 조절이 포함된다. 코뮌은 필요할 경우 재화와 서비스의 가격을 자연 가격보다 일정한 범위에서 더 비싸게 혹은 더 싸게 결정할 권한을 행사한다. 그것은 코뮌이 조세정책과 보조금정책을 통해 시장의 가격 결정을 보완한다는 뜻이다. 코뮌의 결정에 따라 재화와 서비스의 가격이 낮아져서 손실을 본 기업에 대해서는 코뮌이 이윤에 대한 세금을 줄이거나 보조금 지급을 통해

---

13 G. D. H. 콜/장석준 옮김, 『길드 사회주의』, 161.
14 G. D. H. 콜/장석준 옮김, 『길드 사회주의』, 162.

손실 부담을 분담할 수 있다.15

금융시스템은 코뮌의 통제 아래 놓여야 한다. 코뮌은 금융시스템이
임의로 신용을 창출하고 파괴하는 방식으로 거대한 이익을 추구하거나
인플레이션과 디플레이션을 일으키지 않도록 금융시스템을 관리하고
통제한다.16 신용을 공급하는 은행 시스템이 마땅히 금융 길드의 통제
아래 놓여야 한다고 해도, 은행을 소유하는 금융 길드나 금융 길드 의회
역시 코뮌이 허용하는 범위 안에서 은행을 운영해야 한다.17

2.4. 길드 사회주의가 제시한 경제민주주의에서 이행 전략의 부재

위에서 살핀 바와 같이 콜은 길드 사회주의의 이름으로 경제민주주
의의 강령을 포괄적으로 제시했다. 콜의 경제민주주의는 사회의 분화
에 대응해서 기능별 대의제 원칙을 수립하고 그 원칙을 경제 영역에 적
용하는 것을 골자로 하고 있다. 그가 제시한 경제민주주의의 운영 원리
는 크게 보면 네 가지다. 첫째는 공장과 기업에서 '공장 대의제 원칙'에
따라 노동자자주관리를 실현한다는 것이고, 둘째는 산업별로 조직된
길드들이 작업장 민주주의를 보호하는 우산의 역할을 함과 동시에 지
역경제와 국민경제 차원에서 길드 시스템을 대변한다는 것이다. 셋째

---

15 G. D. H. 콜/장석준 옮김, 『길드 사회주의』, 158.

16 콜은 영란은행을 위시해서 영국의 은행이 주주 이익을 최대화하는 데 일차적인 관심이 있지 공동체
의 이익을 안중에 두지 않는다고 신랄하게 비판하고, 은행제도가 공동체의 통제 아래 놓여야 한다는
점을 강조했다. 그는 은행 통제와 화폐의 계획적 공급이 경제계획의 필수 불가결한 일부가 되어야
한다고 생각했다. 이에 관해서는 G. D. H. Cole, *Principles of Economic Planning*, 105를
보라.

17 G. D. H. 콜/장석준 옮김, 『길드 사회주의』, 162f.

는 생산자 길드와 소비자 협동조합이 지역경제와 국민경제 차원에서 협의하여 생산과 소비의 거시균형을 실현한다는 것이다. 넷째는 코뮌(국가)이 재정 계획을 수립하여 국민경제의 거시계획을 수립하고, 노동소득에 관해 심의하고, 사회복지정책을 집행하고, 금융시스템을 규율한다는 것이다. 그러한 네 가지 원리를 놓고 볼 때, 콜의 경제민주주의 구상은 애초부터 유고슬라비아의 노동자자주관리 기업에서 나타났던 바와 같이 노동자들의 단기적인 이해관계로 인해 기업 차원에서 신규 고용을 회피하거나 소득분배를 왜곡되는 일을 차단할 수 있게끔 설계되었음을 알 수 있다. 그러나 콜의 구상이 현실의 제도로 실현된 바 없기에 그 구상은 어디까지나 이론적인 성격을 띨 뿐이다.

문제는 자본주의적 기업 운영체제로부터 경제민주주의적 기업 운영체제로 이행하는 전략이 또렷하지 않다는 것이다. 자본주의적 기업 운영의 핵심은 생산수단의 사적 소유다. 그러한 사적 소유에 바탕을 두고 자본가나 자본가의 위임을 받은 경영자가 경영 전권을 행사하는 것이 자본주의적 기업의 조직 원리와 운영 원리다. 콜은 바로 그러한 경영 독재를 폐지하고 노동자자주관리를 구현하고자 했다. 그는 그러한 전환이 자본가의 통제를 '잠식'하는 노동자들의 투쟁을 통해 점진적으로 이루어질 수 있으리라고 생각했다. "'통제를 잠식하는 것'은 특정한 권한을 고용주로부터 인수해 조직된 노동자에게 완전히 이전하는 것이 목표"라는 것이다.[18] 그런데 그러한 '잠식'이 생산수단의 사적 소유를 지양하는 제도적 변화 없이도 과연 가능할까?[19] 만일 그것이 가능하다면,

---

18 G. D. H. 콜/장석준 옮김, 『길드 사회주의』, 214.
19 많은 사람은 생산수단의 사적 소유를 넘어서지 않고서는 노동자자주관리제도가 성립되지 않는다고 생각한다. 마르크스를 위시한 사회주의자들은 그러한 주장에 따르는 경향이 있다. 미국의 자유주의

그러한 '잠식'의 가능성 조건은 무엇인가? 콜은 자본가의 독재적 권한에 대항하는 노동자들의 투쟁 이외에 다른 방안을 제시하지 않았다. 노동자들이 투쟁을 통해 자본가의 권한을 빼앗는다는 발상은 자본가가 소유권 보호에 관한 자유주의적 헌법 규범에 호소하여 노동자들이 자본가의 권한을 침해하지 못하도록 강력하게 대항할 수 있다는 것을 가볍게 여기는 듯하다. 도리어 노동자들은 자본가들이 결코 침해할 수 없는 노동자들의 권리에 근거하여 자본가들의 독재에 대항하고 자본가들의 권한을 제한할 필요가 있다. 그것은 자본가의 독재에 대항하는 수단이 노동자들의 투쟁만 있는 것이 아니고, 자본가 독재의 기반을 허물어뜨리는 저항의 또 다른 원천이 있다는 뜻이다.

그런 점에서 사회헌법이 보장하는 노동권에 근거하여 생산수단의 사적 소유에 바탕을 둔 자본가들의 경영 전권 주장을 제한하고 노동자들이 기업의 주요 의사결정과정에 참여하여 함께 결정을 내리는 독일의 노사 공동결정제도는 경제민주주의 실현 방안을 모색하는 차원에서 주목할 만한 모델이다.

헌정 질서 안에서 경제민주주의를 실현하는 방안을 연구한 로버트 달(Robert Alan Dahl, 1915~2014)은 한편 민주주의적 참여의 원리에 근거해서 소유권 주장을 상대화하는 논리를 펼쳤고, 다른 한편으로 노동자자주관리 기업의 기반으로서 소유권의 대안적 창설이 필요하다고 역설했다. 그는 노동자들의 공동 출자를 통한 협동조합의 창설, 부실화된 기업의 노동자들에 의한 인수 등을 노동자자주관리를 실현하는 방안으로 제시했고, 그러한 기업 인수를 위해 은행 대부를 활용할 수 있다고 생각했다. 더 나아가 그는 유고슬라비아의 노동자자주관리제도, 스웨덴의 임노동자기금 제도, 몬드라곤 협동조합 연합체를 노동자자주관리 기업의 주요 실례로 열거했다. 이 세 가지 실례는 생산수단의 사적 소유를 넘어서려는 시도라는 점에서 공통점이 있다. 이에 대해서는 로버트 달/배관표 옮김, 『경제 민주주의에 관하여』(서울: 후마니타스, 2011), 149-157을 보라. 달이 지적한 것처럼 부르주아적 소유권 주장의 절대성을 상대화하고, 대안적 소유권 질서를 창설하는 것은 경제민주주의 구상과 실현에서 매우 중요한 과제에 속한다. 그런데 이 두 가지 과제는 서로 다른 맥락과 층위에 속한다. 전자는 권리 이론의 맥락과 층위에서 다룰 주제이고, 후자는 소유권제도의 변경이라는 제도정책적 맥락과 층위에서 다룰 주제이다.

3장
독일노동조합총연맹의 1928년 경제민주주의 구상과 그 발전

'경제민주주의'는 1928년 독일노동조합총연맹의 강령적 문서인『경제민주주의: 그 본질과 노선과 목표』[1]에서 비로소 공식 용어로 자리 잡았다. 이미 마르크스나 페이비언 사회주의자들 혹은 길드 사회주의자들은 경제민주주의의 핵심적인 논리를 제시했지만, 그들은 '경제민주주의'라는 용어를 사용하지 않았다. '경제민주주의'를 공식 용어로 처음 사용한 기구는 독일노동조합총연맹이다.『경제민주주의: 그 본질과 노선과 목표』는 독일노동조합총연맹의 위임을 받아 프리츠 납탈리(Fritz Naphtali)가 편집한 책이다. 그 책의 집필을 맡은 사람들은 루돌프 힐퍼딩(Rudolf Hilferding), 후고 진츠하이머(Hugo Sinzheimer) 등과 같이 독일노동조합 운동과 독일사회민주당에 헌신적인 당대 최고의 이론가들이었고, 납탈리 본인도 그 책의 일부를 집필하였다. 따라서 이 책에 담긴 「경제민주주의 강령」은 당대 이론가들의 손을 거쳐 정교하게 다듬

---

1 Fritz Naphtali, *Wirtschaftsdemokratie: Ihr Wesen, Weg und Ziel(1928)*, hg. u. eingel. v. R. F. Kuda, 4. Aufl. (Köln/Frankfurt am Main: Europäische Verlagsanstalt, 1977).

어진 독일노동조합총연맹의 핵심 노선이고, 독일사회민주당도 이를 추인했기에 당대 독일사회민주당의 기본 강령이라고 볼 수 있다.

1. 1928년 독일 「경제민주주의 강령」의 특징과 배경

1928년에 제시된 「경제민주주의 강령」은 마르크스 이래로 경제민주주의의 핵심 사상으로 여겨졌던 노동자자주관리보다는 노동과 자본의 공동결정을 강조하고, 그 근거를 노동권에서 찾는다는 특징이 있다. 그러한 독일의 독특한 「경제민주주의 강령」을 제대로 이해하려면, 노동과 자본의 공동결정이라는 정치사회적 구상이 독일에서 오랜 역사적 내력을 갖고 있다는 점과 바이마르공화국 시절에 독일 노동자들이 분열적으로 전개한 공장평의회 운동과 초기업 노조 운동을 통합하기 위해 독일노동조합총연맹이 서로 다른 층위와 과제를 갖는 공동결정을 서로 구별하고 양자를 서로 결합하는 전망을 제시하고자 했다는 점을 인식할 필요가 있다.

1.1. 노사 공동결정의 요구와 그 실현

경제민주주의 구상의 역사적 내력을 간략하게 살피면, 그 구상이 1848년 3월 혁명 이후 구성된 국민의회에서 소수파가 노동과 자본의 공동결정에 관한 조항이 명시된 공장법 초안을 제시한 데서 처음 나타났다는 점을 기억할 필요가 있다.[2] 물론 노동자들의 결사권이 아직 보장되지 않았던 그 시대에 민주주의적 공동결정제도를 창설할 수 있는 여지는 없었다.[3] 노동과 자본의 공동결정이라는 독일 노동자들의 관심사는 전시 자본주의체제에서 실현되기 시작했다. 제1차세계대전 기간에 핵심 산업 부문의 노동조합들은 1916년 12월 5일에 제정된 「조국봉사단법」에 의해 기업 차원과 초기업 차원에서 고용자들과 긴밀하게 협력할 것을 요구받았다. 그 법은 특수 산업 부문들에서 노사정위원회를 구성하도록 규정했다. 그것은 산별 노동조합을 국가 질서에 통합하고 고용자들과 피고용자들이 동수로 참여하는 공동결정제도를 도입한다는 획기적인 의미가 있다.[4] 그것을 획기적이라고 평가하는 까닭은 노동자들이 생산수단의 지분을 갖지 않은 상태에서 자본과 대등한 지위를 갖고 공동결정에 참여할 수 있게 되었기 때문이다. 한마디로 「조국봉사단법」은 노동과 자본의 공동결정이 소유권의 변화 없이 성립될 수 있다는 중요한 선례를 남겼다.

---

2 D. Schneider · R. F. Kuda, *Mitbestimmung: Weg zur industriellen Demokratie?; Erste Reformansätze* (1848/49); *Arbeiterausschüsse* (1890/1918); *um die ganze Macht* (1919/20); *um die halbe Macht* (1946/52); *Modelle* (1967/69) (München: Dt. Taschenbuch- Verl., 1969), 35ff.; R. Stadelmann, *Soziale und politische Geschichte der Revolution von 1848*, 2. Aufl. (München: Bruckmann, 1970), 191-195.

3 독일에서 노동자들의 결사권은 오랫동안 크게 제약되어 있었다. 1845년에 제정된 「총괄공장법」은 기업가들의 자유를 위협할 수 있는 노동자들의 결사를 엄격하게 금지하였다. 노동자들의 사회경제적 이익을 실현하려는 결사는 1861년 작센에서 최초로 결성되었고, 1845년의 결사금지법은 1869년 프로이센과 북독일연맹에서 「제국공장법」 152조에 의해 폐지되었다. 그러나 노동자 활동의 자유는 단체가입을 강제하는 행위를 처벌하도록 한 동법 153조에 의해 크게 제약되어 있었다. 1871년 형법 130조는 계급투쟁의 선동을 처벌할 수 있도록 규정하였다. 1878년부터 1890년까지 시행된 사회주의자 금압법도 결사의 자유를 억압하였다. 「제국공장법」 제153조는 1918년에 가서야 폐지되었고, 이로써 독일에서는 노동자들의 결사권이 완벽하게 보장되기에 이르렀다. 이에 대해서는 A. Klönne, *Die deutsche Arbeiterbewegung: Geschichte - Ziele - Wirkungen*, 2. Aufl. (Düsseldorf/Köln: Eugen Diederichs Verlag, 1981), 38f., 56ff., 76ff.를 보라.

4 E. R. Huber, *Deutsche Verfassungsgeschichte seit 1789, Bd. V: Weltkrieg, Revolution und Reichserneuerung 1914-1919* (Stuttgart [u.a.], Kohlhammer, 1978), 110.

전시 노사정위원회는 1918년 11월 15일 독일혁명 이후 '중앙노동공동체'로 개편되었다. 사용자단체들이 노동조합과 협정을 체결하여 중앙노동공동체를 함께 구성한 것은 독일혁명에서 압박을 느꼈기 때문이다. 사용자단체들과 노동조합들은 서로를 인정하면서 중앙노동공동체를 동수로 구성하고 "독일 산업과 공장에 관련되는 모든 경제적, 사회적 문제들을 공동으로 해결하고 관련 법률의 제정과 행정 사안들을 공동으로 다루기"로 하였다.5 공동노동공동체의 의제들은 사회정책, 노사협약, 공장평의회, 분쟁조정, 노동시간정책 등을 망라했다.6 1924년까지 유지된 그 협약은 초기 바이마르공화국 시대에 독일 노동자들이 노사정위원회 정책과 공장평의회 운동을 놓고 격렬한 논쟁을 벌이게 하는 도화선이 되었다. 그 논쟁은 독일 노동자 운동을 산별 노동조합 운동 진영과 공장평의회 운동 진영으로 분열시켰다.

1.2. 독일 노동운동의 분열: 산별 노동조합 운동과 공장평의회 운동

바이마르공화국 시대에 독일 노동자 운동이 산별 노동조합 운동 진영과 공장평의회 운동 진영으로 분열한 것은 양 진영이 노동자 운동의 지향 목표와 우선순위를 서로 달리 설정했기 때문이다. 산별 노동조합 운동 진영의 주요 관심사는 노사정위원회에 참가하여 정책을 논의하는 데 있었던 반해, 공장평의회 운동의 대표들은 공장평의회에 관한 법을 제정하는 데 집중했다. 산별 노동조합들이 초기업 차원에서 자본의 권

---

5 S. Schwarz, *Handbuch der deutschen Gewerkschaftskongresse* (Berlin: Verl.-Ges. des Allg. Dt. Gewerkschaftsbundes, 1930), 121f.
6 H. R. Huber, 앞의 책, 774ff.

력을 제어하여 공동경제를 실현하는 것을 중시하였다면, 공장평의회 운동 그룹은 기업 안에서 노동과 자본의 민주적 관계를 수립하는 것을 노동자 운동의 가장 중요한 목표로 설정했다. 그 당시 노동자들은 기업 차원의 공동결정과 초기업 차원의 공동결정을 서로 통합할 수 있는 개념을 마련할 수 없었고, 그 때문에 노동자 운동의 분열은 심화하였다.[7] 그러한 분열은 10년 가까이 지속되었고, 독일 노동자 운동의 역량을 약화했다.

노동자 운동이 분열상을 보이는 상황에서 1919년 8월 11일 바이마르 제국헌법이 제정되었다. 세계 최초의 사회적 헌법으로 알려진 「독일 제국헌법」(별칭: 바이마르 헌법)은 사회입법의 규범적 근거를 마련하였지만, 정작 헌법 제156조와 제165조는 산별 노동조합 운동 진영이 가장 큰 관심을 두었던 공동경제의 규율 문제를 미결의 과제로 남겨 두었다. 그것은 공동경제에 관한 노동과 자본의 타협을 이끌 만큼 자본의 권력에 맞선 노동의 권력이 강력하지 못했음을 뜻했고, 공동경제에 관한 결정을 미래의 과제로 넘긴다는 것을 의미했다. 공장평의회 운동 진영도 그들의 목표를 달성하는 데는 역부족이었다. 공장평의회 운동 그룹이 중시한 「공장평의회법」[8]은 「독일제국헌법」 규범에 근거하여 1920년 2월 4일에 제정되었으나, 「공장평의회법」은 기업의 사회정책에 관한 공동결정을 규정하였을 뿐이고, 그마저도 공동결정기구에서 노동 측이

---

7 H. Bechtold, "Die Grundlagen der Arbeitsgemeinschaftspolitik und Wirtschaftsdemokratiediskussion in der Weimarer Republik," *Mitbestimmung: Theorie, Geschichte, Praxis; Konzepte und Formen der Arbeitnehmerpartizipation, Bd. I*, hg. v. H. Diefenbacher · H. G. Nutzinger (Heidelberg: Forschungsstätte d. Evang. Studiengemeinschaft, 1984), 76-83.

8 「공장평의회법」 = Betriebsrätegesetz.

3분지 1의 대표권을 갖도록 규정하는 데 그쳤다. 노사 동등성 원칙에 따른 민주적인 노사관계는 법적으로 실현되지 않았다. 기업 차원에서 생산수단의 감축, 확대, 이전, 매각, 인수 등에 관한 노동과 자본의 공동결정은 「공장평의회법」에서 아예 배제되었다. 한마디로 진정한 의미의 공동결정이라고 할 수 있는 기업의 경제정책에 관한 공동결정은 「공장평의회법」에 자리 잡지 못한 것이다.

2. 1928년 「경제민주주의 강령」의 핵심 논리

독일 노동자 운동이 분열하여 역량을 발휘하지 못하는 상황에서 독일노동조합총연맹은 공동경제 규율에 관한 헌법 규범의 결핍과 「공장평의회법」의 한계를 극복하는 전망을 선명하게 제시하고, 그 전망 아래서 노동자 운동을 통합할 필요가 있었다. 그러한 전망은 프리츠 납탈리를 중심으로 하는 당대 최고의 이론가들이 연구 그룹을 결성하여 마련한 「경제민주주의 강령」에서 제시되었다. 납탈리 그룹은 루돌프 힐퍼딩의 이론에 따라 당대의 자본주의가 자유경쟁적인 자본주의 단계에서 거대 독점자본을 중심으로 한 '조직된 자본주의'로 발전하였고, 그러한 상황에서는 국가가 전체 경제의 이익을 위해 거대 독점자본의 권력을 제어하고 규율하는 것이 중요하다고 생각했다.9 그러한 국가의 경제 규

---

9 바로 그런 점에서 납탈리 그룹은 마르크스가 염두에 두었던 자본의 도구로서의 국가 이해에 거리를 두었다. '조직된 자본주의'에 관한 이론을 전개한 루돌프 힐퍼딩은 국가가 경쟁법 제정 등과 같은 입법을 통해 대자본의 권력을 제한함으로써 사회주의 혁명을 거치지 않고서도 자본주의 안에서 사회주의적 개혁이 가능하다고 생각했다.

율 기구에는 노동자계급을 대표하는 노동조합 지도자들이 참여해서 함께 결정하는 것이 중요하다. 그것은 개별 기업 차원에서 노동자들이 고용주들과 기업의 사회정책에 관해 공동결정을 내리는 것과는 그 차원과 성격을 달리하는 노동자 운동의 과제다. 바로 그러한 인식에 근거해서 납탈리 그룹은 공장평의회와 노동조합의 위상과 과제를 구별하고 그 둘을 서로 결합하는 방안을 제시하고자 했다.

「경제민주주의 강령」에 따르면, 공장평의회는 개별 기업 차원에서 노동자들의 이해관계를 집단적으로 대변한다. 그러한 공장평의회의 임무와 과제는 「공장평의회법」에 규정되어 있고, 그 때문에 공장평의회 활동은 기업에서 사회정책 영역에 한정된다. 공장평의회는 개별 기업을 넘어선 영역에서 전체 경제에 심대한 영향을 미치는 독점 대기업의 권력을 제어하고 전체 경제의 이익을 고려하면서 노동자계급의 이익을 최대화하는 과제를 수행할 수 없다. 그러한 과제를 수행하는 기구는 공장평의회가 아니라 산업별로 조직된 전국적 규모의 노동조합이다. 납탈리 그룹은 노동조합의 대표들이 전체 경제를 조율하는 국가 기구인 독점규제 당국, 노사정위원회 등에 참여하여 경제정책에 영향력을 행사하여야 한다고 생각했다. 그렇게 해서 독점 기업조직들을 공공의 이익 아래 종속시키는 사회화 과정을 촉진함으로써 경제민주주의는 진전할 것이다.[10] 이처럼 공장평의회와 노동조합의 위상과 과제를 선명하게 정의함으로써 납탈리 그룹은 경제민주주의의 틀에서 공장평의회와 노동조합의 상호보완적인 관계를 설정하였다.

---

10 Fritz Naphtali, *Wirtschaftsdemokratie: Ihr Wesen, Weg und Ziel*, 11ff.

3. 대안적 기업 소유 형식에 관한 관심

납탈리 그룹은 공장평의회와 노동조합의 관계를 재정립하는 데서 한 걸음 더 나아가 경제민주주의를 최대로 실현하는 데 이바지하는 다양한 기업 소유 형태에 주목했다. 그들은 무엇보다도 먼저 「독일제국헌법」 제156조 2항의 자치 관리 규정[11]에 바탕을 둔 석탄산업 부문의 자치 관리 기업이 경제민주주의 실현의 주요 사례라고 보았다. 자치 관리는 어떤 기업이나 산업에 대한 국가 경영권이 확립되어 있을 때 그 경영권을 그 기업이나 산업의 '경제 활동에 직접 참여하는 사람들'에게 위임하는 형식이다. 따라서 국가 경영권을 위임받는 자는 어떤 기업의 경영진에만 한정되지 않고, 그 기업에서 일하는 노동자들까지도 포괄한다. 그것은 「독일제국헌법」 제156조 2항이 자치 관리 기업에서 경영자와 노동자의 공동결정을 규정하고 있다는 뜻이다. 물론 그 규정에 근거해서 조직된 석탄산업 부문의 자치 관리 기업에서 공동결정기구는 노동자들과 경영자들이 동수로 참여하는 방식으로 조직되지 않고, 자본을 대표하는 자들이 다수를 이루었다. 그러한 한계에도 불구하고 납탈리 그룹은 석탄산업 부문의 자치 관리 기업이 경제민주주의로 가는 길을 여는 '개척자'의 역할을 한다고 평가했다.[12] 그들은 석탄 노동자들이 지구 단위, 지역 단위, 국민경제 단위에서 조직한 노동자 대표 기구들이

---

11 Die Verfassung des Deutschen Reichs (Weimarer Reichsverfassung) vom 11. August 1919, Artikel 156 (2): "또한 제국은 긴급한 필요가 있는 경우 공공경제를 위해 법률에 따라 자치를 기반으로 경제 사업체와 협회를 통합할 수 있다. 그것은 모든 활동하는 국민 부문의 참여를 보장하고, 고용주와 피고용인을 관리에 참여시키고, 공공경제 원칙에 따라 경제적 재화의 생산, 제조, 유통, 사용, 가격 및 수출입을 규제하는 것을 목표로 한다."

12 Fritz Naphtali, *Wirtschaftsdemokratie: Ihr Wesen, Weg und Ziel*, 52.

석탄 수급 조절과 가격 결정에 영향력을 행사하여 민주적인 경제 질서를 수립하는 데 이바지하고 있다는 점도 중시했다.[13]

또한 납탈리 그룹은 공기업, 협동조합, 노동조합이 경영하는 기업 등 자본의 노동 포섭을 해체하고 시장의 교환 형식에 얽매이지 않는 기업이 증가하는 것을 환영했다.[14] 그들은 소비 협동조합이 발전하면서 상품생산의 종류와 질을 규제하는 힘을 발휘하고, 때로는 소비자들이 원하는 상품을 생산하는 공장을 직접 운영할 수 있다는 점을 주목했다. 그들은 공기업, 협동조합, 노동조합 경영 기업 등이 유기적으로 결합하여 거대한 생태계를 형성한다면, 자본주의적 기업 영역이 축소되고 경제민주주의가 구현되는 경제의 영역이 확대되리라고 전망했다. 납탈리 그룹은 거기서 한 걸음 더 나아가 독점 기업체들을 공공의 이익 아래 종속시키는 사회화를 강력하게 촉구했다.

4. 독일의 소유권 개혁 없는 경제민주주의 실험의 독특성

납탈리 그룹은 석탄산업 부문의 자치 관리 기업, 공기업, 협동조합, 노동조합 경영 기업, 독점 대기업들의 사회화 등에 관심을 기울여 생산수단의 사적 소유를 넘어서는 대안적인 소유 형식의 가능성을 탐색하고 있기는 하지만, 기업 차원의 공동결정과 초기업 차원의 공동결정을 뒷받침하는 소유권 개혁을 본격적으로 논의하지는 않았다. 그것은 경

---

13 Fritz Naphtali, *Wirtschaftsdemokratie: Ihr Wesen, Weg und Ziel*, 53.
14 Fritz Naphtali, *Wirtschaftsdemokratie: Ihr Wesen, Weg und Ziel*, 2장, 3, 4, 5절.

제민주주의가 사회주의로 가는 길 위에 서 있는 과도적인 단계일 뿐 사회주의 그 자체의 실현이 아니라는 납탈리 그룹의 인식에서 보면 불가피한 측면이 있다. 자본주의 사회에서 자본가 혹은 자본가의 위임을 받은 경영자의 경영 전권이 생산수단에 대한 사적 소유에 바탕을 둔다는 것을 고려한다면, 자본주의 사회에서 소유권 개혁 없이 공동결정의 제도화가 가능하다는 견해는 생뚱맞은 측면이 있다. 그러나 1928년의 「경제민주주의 강령」은 이런 독특한 관점을 제시했고, 그러한 관점은 두 가지 근거에서 현실성이 있었다.

첫째, 독일에서 공동결정 구상의 역사적 발전을 검토하면서 시사한 바와 같이, 노동과 자본의 공동결정은 전쟁 경제나 혁명적 상황처럼 자본이 노동에 타협하거나 양보할 수밖에 없을 때 현실화했다. 따라서 공동결정을 가능하게 하는 요인들 가운데 하나는 자본의 양보나 타협을 강제할 수 있는 노동과 자본의 권력관계라고 말할 수 있다. 둘째, 바이마르공화국의 사회헌법은 노동권을 전례 없이 강화하였고, 그 헌법 규범에 근거해서 노동과 자본의 공동결정을 규정하는 「공장평의회법」이 실제로 제정되었다. 그것은 자본가의 소유권 주장에 맞서서 노동권이 관철된 사례이다. 그런 점에서 노동법 전문가 후고 진츠하이머가 집필한 것이 분명한 「경제민주주의 강령」의 노동권 부분에서 자본가의 전제적 지배나 민법상 채권에 근거하여 자본가가 노동자에게 요구하는 복종 의무 등이 사회권으로 인정된 노동권에 의해 배척되거나 크게 제약된다고 명확하게 밝힌 점은 주목할 필요가 있다.[15] 한마디로 1928년

---

15 Fritz Naphtali, *Wirtschaftsdemokratie: Ihr Wesen, Weg und Ziel*, 132. 후고 진츠하이머가 노동법에서 이룩한 가장 큰 업적은 기업에서 사용자의 일방적인 권위주의적 지배에 맞서서 노동자들이 집단을 이루어 헌법의 노동권 규범에 호소하여 공동결정을 주장하고 이를 단체협약의 틀에서

의 독일노동조합총연맹의 「경제민주주의 강령」은 노동권에 바탕을 두고 자본가의 소유권 주장을 제한하는 공동결정의 논리를 제시한 것이다. 바로 그것이 독일에서 발전한 경제민주주의 구상의 독특성이다.

1928년의 「경제민주주의 강령」은 독일 노동자 운동에 심대한 영향을 미쳤다. 「경제민주주의 강령」은 공장평의회와 노동조합의 위상과 과제를 구별하고 양자를 통합적으로 사유할 수 있는 논리를 선명하게 제시함으로써 독일에서 공장평의회와 노동조합의 이원적 배치와 상호보완 관계를 제도화하는 데 결정적으로 이바지했다.16 납탈리 그룹의 경제민주주의 강령은 제2차세계대전이 끝난 뒤에 대부분의 산별 노동조합들이 핵심 산업의 사회화, 국민경제의 기본계획, 기업과 공장 차원의 공동결정을 강령으로 채택하는 방식으로 반영되었다. 1949년 10월 뮌헨에서 산별노조들의 최고 기구로 창설된 독일노동조합연맹은 이 세 가지 요구를 노동조합이 추구하는 경제정책의 핵심 노선으로 선언하였다.17

그러나 납탈리 그룹의 경제민주주의 구상은 전후 독일에서 부분적으로만 실현되었다. 독일노동조합연맹은 핵심 산업의 사회화와 초기업 차원의 공동결정을 포기하는 대가로 기업 차원의 공동결정을 확보할 수 있었다.18 기업 차원의 노사 공동결정제도는 1949년 독일연방공화

관철할 수 있다는 점을 밝힌 것이다. 이에 대해서는 Hugo Sinzheimer, *Der Arbeitsnormenvertrag: Eine privatrechtliche Untersuchung, Teil 1* (Leipzig: Duncker & Humblot, 1907), 22를 보라.

16 독일에서 노동조합은 산별 수준에서 조직된다. 따라서 사업장 단위의 노동조합은 없다. 사업장에는 사업장평의회가 조직되며, 사업장평의회는 사업장 단위의 노사협의회에 대표를 파견한다.

17 H. Thum, *Wirtschaftsdemokratie und Mitbestimmung: Von den Anfängen 1916 bis zum Mitbestimmungsgesetz 1976, Vorwort von H. W. Meyer und J. Richert* (Köln: Bund-Verl., 1991), 60.

국(구서독)이 수립되고 나서 1951년 석탄 및 철강 산업 분야에서 「몬탄 산업을 위한 공동결정법」[19]으로 가장 먼저 법제화되었다. 1952년에는 사업장평의회를 규율하고 몬탄 산업을 제외한 나머지 산업 부문의 합 자회사와 주식회사에서 노사 공동결정을 규정하는 「사업장조직법」[20] 이 법제화되었다. 1976년에는 2천 명 이상의 피고용자를 둔 주식회사 의 노사 공동결정을 규정하기 위해 「공동결정법」[21]이 제정되었다. 그

---

18 H. Thum, 앞의 책, 72ff. 82ff. 독일노동조합연맹이 그러한 포기 노선을 계속 이어간 것은 물론 아니다. 1960년 이래 독일에서는 경제민주주의의 과제들이 새롭게 논의되기 시작하였다. 1960년 철강산업노동조합 의장 오토 브레너(Otto Brenner)는 경제민주주의의 차원을 거시 수준, 중간 수준, 미시 수준으로 나누고 각 수준에서 경제민주주의의 과제를 설정했다. 그 골자는 거시 수준에서 균형 성장 경제를 통해 완전고용에 도달하기 위해 노동과 자본이 정부와 더불어 머리를 맞대야 하고, 중간 수준에서 공장과 기업의 공동결정제도를 발전시켜 민주주의적 통제와 참여를 실현하고, 미시 수준에서 노동 과정을 인간적으로 형성하여야 한다는 것이었다. 브레너의 제안은 납탈리 그룹의 「경제민주주의 강령」에서 사회화정책을 제외하기는 했으나 작업장에서 노동의 인간화를 추가하고 있다. 이에 관해서는 Otto Brenner, "Die Gewerkschaften in der modernen Industriegesellschaft," *Protokoll des 6. ordentlichen Gewerkschaftstages der IG Metall* (Frankfurt am Main: IGB, 1960), 227을 보라. 1963년 11월 뒤셀도르프에서 개최된 독일노동조 합연맹 연방회의는 기본 강령을 채택하고 경제민주주의를 통하여 사회와 정치의 민주주의를 실현 하여야 한다고 천명했다. "노동조합들은 노동자들의 공동결정을 확대하기 위하여 투쟁하고 있다. 그렇게 함으로써 노동조합들은 경제와 사회를 개조하고자 한다. 그 개조는 모든 시민이 경제적, 문화적, 정치적 의사결정에 동등한 자격으로 참여하도록 하는 것을 목표로 한다." 독일노동조합연 맹은 그 목표를 달성하기 위해 국민경제적인 기본계획을 수립하고, 자유로운 공동경제를 위해 경제 권력을 공적으로 통제하고, 경제정책, 사회정책, 인사정책에 관한 결정이 내려지는 곳에 노동 자들이 동등하게 참여하여야 한다고 주장하였다. 1963년 독일노동조합연맹의 뒤셀도르프 강령은 납탈리 그룹의 「경제민주주의 강령」을 거의 그대로 되살리고 있다고 볼 수 있다.

19 「몬탄 산업을 위한 공동결정법」은 널리 사용되는 약칭이다. 이 법의 본래 명칭은 「광업 및 철강 생산 기업의 감독위원회와 이사회에서 피고용자의 공동결정에 관한 법」(Gesetz über die Mitbestimmung der Arbeitnehmer in den Aufsichtsräten und Vorständen der Unternehmen des Bergbaus und der Eisen und Stahl erzeugenden Industrie)이다. 약칭으로 쓰이는 「몬탄 산업을 위한 공동결정법」에서 몬탄(Montan)은 산이라는 뜻이다. 석탄과 철이 산에서 채굴된다는 점에 착안해서 독일에서는 석탄 및 철강 산업을 몬탄 산업이라고 부른다.

20 「사업장조직법」 = Betriebsverfassungsgesetz. 독일에서는 피고용자 1천 명 이하의 기업과 1천 명 이상의 기업을 구별해서 그 명칭을 각각 사업장(Betrieb)과 기업(Unternehmen)으로 지칭한다.

렇게 해서 독일에서는 사업장 수준의 노사 공동결정제도와 기업 수준의 노사 공동결정제도가 체계적으로 구현되었다.

독일의 노사 공동결정제도는 임금, 노동시간, 복지, 휴가 등과 같은 기업의 사회정책에서는 주효했으나 노동자의 고용, 해고, 배치 등과 관련된 기업의 인사정책이나 생산수단의 축소, 확대, 이전, 매각, 인수 등과 관련된 기업의 경제정책에서는 거의 관철되지 못했다. 그런 점에서 독일의 노사 공동결정제도는 '본래적 의미의 공동결정'[22]을 실현해야 할 과제 앞에 여전히 서 있다고 볼 수 있다.[23]

---

21 「공동결정법」 = Mitbestimmgsgesetz.

22 '본래적 의미의 공동결정'은 기업의 경제정책에 관한 노사 공동결정을 가리킨다. 이에 관해서는 A. Rich, *Mitbestimmung in der Industrie: Probleme – Modelle – Kritische Beurteilung; Eine sozialethische Orientierung* (Zürich: Flamberg Verlag, 1973), 156f.를 보라.

23 독일에서 노사 공동결정제도의 특징과 한계에 관한 본격적인 분석은 본서 제IV부 3장에서 이루어진다.

4장
스웨덴의 임노동자기금

스웨덴 노동조합은 역사적으로 두 단계를 거쳐 노사관계의 질적인 변화를 이끌었고, 경제민주주의를 제도적으로 실현하고자 했기에 전 세계적으로 주목을 받았다. 역사적으로 스웨덴 노사관계는 두 단계를 거쳐 발전했다. 먼저 스웨덴 노사 양측은 1938년의 살쮀바덴협약(Saltsjöbaden Agreement)을 통해 계급 타협적인 노사관계를 구축했다. 그 핵심은 초기에는 자율적인 산별교섭이었으나, 점차 중앙교섭을 통한 연대임금정책이 그 자리를 차지했다. 그다음에 스웨덴 노동조합은 1968년을 전후로 민주적인 노사관계를 실현하려는 실험에 나섰다. 그 실험의 핵심은 기업의 생산자본에 노동조합의 지분을 확보하는 것을 목표로 하는 임노동자기금의 법제화였다.

1. 노동과 자본의 계급 타협과 연대임금정책

스웨덴의 노사관계는 계급 타협을 그 특징으로 한다. 사실 산업화가 시작한 이래 스웨덴의 노사관계는 계급 적대적이었고, 그 결과 파업이 빈발했다. 그러한 계급 적대적인 노사관계는 1938년 살쮀바덴협약을 통해 계급 협조적이고 계급 타협적인 노사관계로 전환되었다. 살쮀바덴협약은 스웨덴에서 이미 중앙집권적인 노동조합과 사용자단체가 조직되어 강한 결속력을 유지했기에 가능했다. 살쮀바덴협약은 두 가지 원칙에 관한 노사 합의에 바탕을 두었다. 하나는 노동조합총연맹과 사용자단체의 조정 권한을 강화하여 국가의 개입을 가능한 한 배제하면서 노사 간 자율협상을 최대화한다는 원칙이고, 다른 하나는 파업이나 사업장 폐쇄 같은 극단적인 노사분쟁을 가능한 한 회피한다는 원칙이다.[1] 그러한 살쮀바덴협약의 두 가지 원칙이 잘 준수되면서 스웨덴에서는 계급 타협에 바탕을 둔 노동과 자본의 강력한 사회적 파트너 관계가 확립되었고, 산업 평화가 실현되는 획기적인 성과가 이루어졌다.

살쮀바덴협약 정신은 1952년까지는 산별노조와 사용자단체의 단체교섭에 반영되었고, 1952년부터 1983년까지 노동조합과 사용자단체의 중앙교섭에 구현되었다. 전국적인 노동자 대표 기구와 사용자 대표 기구의 중앙교섭은 사민당 정부의 강력한 지원을 받았기에 노사 중앙교섭은 사실상 사회적 조합주의의 틀에서 이루어졌다고 볼 수 있다. 집권 사민당은 자본주의로부터 사회주의로의 이행은 자본주의 경제의 성숙을 전제로 한다는 칼 카우츠키(Karl Johann Kautsky)의 노선을 따랐고,

---

1 신정완, 『임노동자기금 논쟁과 스웨덴 사회민주주의』 여강사회과학총서 1 (서울: 여강, 2000), 121. 안재홍은 스웨덴에서 노동조합과 사용자단체가 노사관계의 자율성을 추구한 이유를 크게 두 가지로 꼽았다. 하나는 사민당 집권 이후 사용자단체가 정부의 노사관계 개입을 반대했기 때문이고, 다른 하나는 노동조합이 1900년대 초반부터 사회민주당으로부터 기능적 분리를 추구했기 때문이다. 노동조합은 중앙기구 차원에서 사민당과 조직적으로 연결하지 않았고, 지역 노동 단체들이 사민당을 지지하도록 이끌었다. 이에 관해서는 안재홍, "스웨덴모델의 형성과 노동의 정치경제," 『한국정치학회보』 29/3(1996): 513, 518을 보라.

사회주의로 이행하기 전까지 자본주의 경제는 케인스주의에 바탕을 둔 국가개입주의 방식으로 관리되어야 한다는 태도를 보였다.[2] 스웨덴의 사회적 조합주의는 노동조합총연맹에 소속되어 있었던 경제학자인 괴스타 렌(Gösta Rehn)과 루돌프 마이드너(Rudolf Meidner)의 거시경제 이론에 바탕을 두었기에 렌-마이드너 모델이라고 불린다. 렌-마이드너 모델은 세 가지 정책으로 구성되었다. 하나는 인플레이션 억제를 위한 정부의 긴축정책이고, 다른 하나는 노사 합의를 통한 연대임금정책이며, 마지막 하나는 연대임금정책을 뒷받침하는 정부의 적극적 노동시장정책이다.

연대임금정책의 핵심은 산업별 혹은 기업별 수익성에 상관없이 동일 노동에 동일 임금을 지급한다는 원칙이었다. 연대임금정책에서 임금 수준의 격차가 인정되는 것은 노동의 난이도나 위험성 같은 노동의 특성을 고려하는 경우뿐이었다. 연대임금정책은 1956년 중앙교섭에서 타결되어 1983년까지 실효성 있게 관철되었다. 연대임금정책은 한편으로는 임금 균등화 효과를 가져왔고, 다른 한편으로는 전반적인 임금인상 억제, 고수익 기업의 급속한 자본축적, 저수익 기업의 구조조정

---

2 그러한 입장을 명확하게 제시한 사민당 지도자는 에른스트 비그포르스(Ernst Johannes Wigforss) 였다. 그는 1920년대 말과 1930년대 초의 경제공황을 타개하는 데 부분적인 개혁 조치로는 불충분하고 국가의 강력한 개입정책을 통해 시장경제를 통제할 필요가 있다고 주장했다. 그렇지만 그는 그러한 국가의 개입과 통제계획이 사회화를 반드시 전제할 필요가 없다고 생각했다. 그는 국가의 시장통제와 경제계획이 소련의 중앙관리경제처럼 계획 당국의 명령경제 방식으로 이루어져서는 안 되고, 수요계획처럼 시장 보완적인 간접적인 성격을 가져야 한다고 생각했다. 홍기빈은 그러한 비그포르스의 생각이 스웨덴 사민당 일각을 지배했던 마르크스주의적 '사회화' 노선을 버리고 '나라 살림의 계획'으로 나아가는 길을 열였다고 평가한다. 이에 관해서는 홍기빈, 『비그포르스, 복지국가와 잠정적 유토피아』 초판 6쇄 (서울: 책세상, 2019), 176-178을 보라. 신정완에 따르면, 그 당시 스웨덴 경제를 강타한 경제공황은 케인스주의적인 수요정책이 자유주의적 시장경제를 보완하는 효과가 있다는 것을 실증했기에 수요계획을 통해 시장경제를 보완하는 국가개입주의정책은 사민당의 기본 노선으로 쉽게 자리를 잡았다고 한다. 이에 대해서는 신정완, 앞의 책, 78을 보라.

등을 불러일으켰다. 그러한 연대임금정책의 여러 가지 효과는 렌-마이드너 모델에서 이미 예측되어 있었다. 렌-마이드너 모델의 핵심 장치인 연대임금정책은 경기순환정책, 고수익 기업 중심의 성장정책, 저수익 기업 퇴출을 중심으로 한 산업합리화정책 등을 내포했고, 저수익 기업에서 방출된 노동자들의 재교육과 재취업을 지원하는 적극적 노동시장정책 등과 유기적으로 맞물려 있었다. 연대임금정책은 스웨덴에서 산업 발전을 급속히 추진하면서 복지 자본주의를 높은 수준에서 실현하는 핵심 장치가 되었다.

2. 임노동자기금을 통한 경제민주주의의 추구

1960년대 말에 스웨덴 노동조합은 연대임금정책에 머물지 않고 임노동자기금을 통해 경제민주주의를 실현하고자 하는 강력한 운동을 펼쳤다. 스웨덴 노사관계는 살쮀바덴협약을 통해 계급 타협적인 노사관계를 확립하고 중앙교섭을 통해 노사 합의를 순조롭게 이루어 왔음에도 불구하고 자본의 노동 포섭을 해소하지 못하는 근본적인 한계가 있었다. 스웨덴 자본주의는 포드주의적 축적체제와 테일러주의적 공장 경영체제에 바탕을 둔 수출지향적인 경제체제였다. 자본과 노동은 연대임금정책의 틀에서 계급 타협을 이루었고, 노동자들은 그 틀에서 물질적 보상을 받았다. 그러나 공장 운영과 일터에서는 자본의 노동 포섭이 확실하게 실현되어 있었다. 노동자들은 자주적인 지위를 갖고서 기업 경영에 참여하고 일터를 민주화할 수 없었다. 스웨덴 노동자들은 중앙집권화된 노동조합이 공장과 일터의 노동자들로부터 소원해지고 관료적인 조직으로 굳어져 간다고 느꼈다.

1968년 혁명의 영향 아래서 급진화된 노동자들은 기업 거버넌스의 민주화와 노동자 참여를 강력하게 요구했다. 1971년 노동조합총연맹 총회에서 금속노련과 산하 지부들은 연대임금정책으로 인해 고수익 기업들이 초과이윤을 거두는 문제를 해결하라고 요구했고, 초과이윤 일부를 노동자들의 집단적 기금으로 조성하여 노동자들의 경제적 영향력을 강화하는 방안을 마련할 것을 촉구했다.[3] 노동자들은 기능적 사회주의자들이 주장한 바와 같이 사회입법을 통해 소유권의 기능을 제한하는 정도로는 생산수단의 소유에 기반을 둔 자본가의 경영 전권을 제한할 수 없다는 것을 절감했다.[4] 따라서 그들은 노동자들이 기업의 자본 형성에 집단적으로 참여하여 소유권에 바탕을 두고 경제적 영향력을 행사할 수 있어야 한다고 생각했다.

그러한 노동자들의 요구를 실현하는 방안에 관한 연구는 루돌프 마이드너의 연구팀에 맡겨졌다. 마이드너 연구팀은 1950년대 이래 사민

---

3 신정완, 앞의 책, 221f.
4 기능적 사회주의는 스웨덴 사회민주주의의 핵심 노선들 가운데 하나이다. 기능적 사회주의는 집권 사민당이 1936년 전당대회에서 사회화정책을 추진하지 않기로 결의하고, 자유주의 경제정책을 부분적인 계획경제를 통해 보완할 것을 결정하면서 사민당의 공식 입장으로 자리를 잡았다. 기능적 사회주의는 소유권에 관한 독특한 이해를 전제했다. 기능적 사회주의를 정교하게 가다듬은 닐스 칼레비(Nils Karleby)는 소유권을 하나로 통일된 권리로 보지 않고 분할 가능한 여러 기능의 집합으로 이해했다. 소유권은 점유 취득권, 사용권, 용익권, 임대권, 처분권 등 여러 부분적인 권리들로 구성되어 있고, 각각의 부분적인 권리는 법률을 통해 규정된다는 것이다. 그것은 소유권자가 소유 대상에 대해 갖는 권리의 의사 결정권이 법률을 통해 규정되고 제약된다는 뜻이다. 예를 들면 8시간 노동법, 노동자안전보호법, 산업재해보험법 등과 같은 사회법은 사회적 가치를 위해 소유권자의 의사 결정권을 제약한다. 그 권리를 제약하는 바로 그만큼 소유권을 사회에 이전하는 효과가 나타나고, 그 결과 부르주아적 소유권 주장의 절대성은 그 기반이 무너진다. 따라서 사적 소유를 전면적으로 폐지하지 않더라도, 사회개혁과 사회입법은 자본주의의 틀 안에서 사회화를 실현하는 기능을 발휘한다. 바로 그것이 칼레비가 주장하는 기능적 사회주의론의 핵심 주장이다. 이에 대해서는 신정완, 앞의 책, 98; 홍기빈, 『비그포르스, 복지 국가와 잠정적 유토피아』, 120-123을 보라.

당 일각에서 사회화 방안으로 논의되어온 에른스트 비그포르스의 '소유주 없는 사회적 기업 구상'과 횔드(Per Edvin Sköld)의 피고용자 기업 저축 방안, 1960년대에 노동조합총연맹 차원에서 논의되었던 부문 합리화 기금안과 부문 기금안 등을 검토하고 나서[5] 임노동자기금안을 가다듬었다. 마이드너는 1975년 임노동자기금안의 대강을 소개하여 의견을 수렴한 뒤에 1976년 노동조합총연맹 총회에 임노동자기금안을 정식으로 제출했다.

마이드너가 제시한 1976년 임노동자기금안의 골자는 네 가지다. 첫째, 매년 종업원 수 50-100인 이상의 민간 대기업의 이윤으로부터 갹출금을 받아 임노동자기금을 조성한다. 둘째, 갹출금의 비율은 세전 이윤의 20%로 정하고, 갹출금은 현금이 아니라 신규 발행 주식으로 징수한다. 셋째, 기금은 산업 부문별로 조직되며, 기금에 납부되는 주식은 주식시장에서 거래되지 않는다. 넷째, 기금은 임노동자들에 의해 집단적으로 소유되고 관리되며, 임노동자 개인의 지분 소유와 지분에 따른 주식 배당은 허용되지 않는다.[6] 한마디로 그것은 노동조합이 임노동자기금을 통해 기업에 대한 지배권을 확립하겠다는 획기적인 제안이었다.

3. 임노동자기금의 법제화

임노동자기금은 1976년 마이드너가 노동조합연맹에 이를 공식적으

---

5 비그포르스의 '소유주 없는 사회적 기업' 구상, 횔드의 피용자 기업저축방안, LO의 부문 합리화 기금안, 부문기금안 등에 대해서는 신정완, 앞의 책, 186-220의 상세한 분석을 참고하라.
6 신정완, 앞의 책, 224f., 226.

로 제안한 뒤에 7년이 지나서야 법제화되었다. 마이드너의 임노동자기금안은 재계와 보수적인 정당들의 격렬한 반대와 저항에 직면했고, 사민당과 노동조합총연맹 내부에서는 기능적 사회주의자들의 지지를 얻지 못했다. 1976년 자유당 연정이 성립한 뒤에 임노동자기금안에 대한 수정 제안은 끝이 없었다. 1982년 사민당이 재집권에 성공한 뒤에 1983년 의회에서 통과시킨 임노동자기금안은 1976년 마이드너의 임노동자기금안과는 아무 상관이 없을 정도로 그 내용이 크게 바뀌었다.

1983년 임노동자기금법은 기업의 이윤에 대해 이윤분배세를 부과하여 그 세금으로 5개의 서로 독립된 임노동자기금을 지역별로 조성하는 것을 핵심으로 했다. 기금의 적립 기간은 1984년부터 1991년까지 7년으로 한정되었고, 적립된 기금은 수익성 기준에 따라 투자되어야 했으며, 기금의 투자수익 일부는 연금기금에 납부되어야 했다. 더 나아가 하나의 임노동자기금이 어느 한 기업에서 행사하는 의사결정권을 8%로 제한함으로써 노동조합이 소유에 근거하여 기업의 거버넌스에 행사하는 영향력을 크게 억제했다. 다섯 개의 임노동자기금이 힘을 합쳐서 어느 한 대기업의 이사회에서 의사결정권을 행사한다고 하더라도, 그 의사결정권은 총 의사결정권의 40%를 넘을 수 없기 때문이다.[7] 그나마 1991년 자유당 연정이 세워진 뒤에 임노동자기금은 법률을 통해 폐지되었다.

---

[7] 아르투르 리히/강원돈 옮김, 『경제윤리 2: 사회윤리의 관점에서 본 시장경제, 계획경제, 세계경제』 (천안: 한국신학연구소, 1995), 382f.

4. 임노동자기금의 의미와 그 한계

　스웨덴의 연대임금정책과 임노동자기금제도는 세계적으로 주목을
받은 기획이었다. 연대임금정책은 사회적 조합주의(corporatism)를 통
해 높은 임금 수준을 유지하는 복지 자본주의를 구현했고, 임노동자기
금제도는 평화적인 방법으로 기업 소유의 사회화를 이루어 경제민주주
의를 실현하는 방안으로 여겨졌기 때문이다. 연대임금정책은 기능적
사회주의 노선에 따라 노동자들이 사회화를 포기하고, 정부가 대기업
중심의 성장정책과 케인스주의적 수요정책을 내거는 것을 조건으로 해
서 이루어진 계급 타협의 결실이었다. 노동자들이 노사 협조주의적인
태도를 보인 데 대해 자본가들은 완전고용과 높은 수준의 임금 보장으
로 보상했다.

　그러한 계급 타협은 노동조합이 임노동자기금을 통해 실질적인 사
회화를 본격적으로 추진하고 노동과 자본의 공동결정을 요구하면서 균
열하기 시작했다. 자본은 노동에 대한 공세를 강화하고 경제의 지구화
추세에 따라 생산기지를 해외로 옮기면서 계급 타협의 기반을 허물었
다. 임노동자기금안을 둘러싼 논쟁과 임노동자기금의 법제화와 그 폐
지 과정은 자본의 노동 포섭의 물질적 근거가 되는 소유권에 관해 자본
이 한사코 양보하지 않는다는 점을 확인시켜 주었다. 기능적 사회주의
의 설득력은 약화하였고, 입법을 통해 소유의 사회화를 이루려는 시도
는 현실성이 없다는 것이 드러났다.

　여기서 임노동자기금 구상의 현실성과는 별도로, 임노동자기금 구
상에 관해 한 가지 근본적인 질문을 던질 필요가 있다. 임노동자기금
구상이 전제하는 바와 같이 노동자가 소유 지분에 근거해서 기업 거버

넌스에 참여한다는 발상은 기금을 소유하고 관리하는 주체인 집단적 노동자가 노동자의 역할과 자본가의 역할을 동시에 이중적으로 수행하고자 하는 기획인가?[8] 1983년의 임노동자기금법은 소유 지분에 근거한 노동자들의 의사결정권이 하나의 기업에서 40%를 넘지 못하도록 규정하였지만, 노동자들이 요구했던 본래의 임노동자기금 구상은 이론적으로 노동조합이 지배주주로서 기업 경영권을 장악하는 것을 전제했다. 그러한 경우 하나의 기업에서 노동의 이해관계와 자본의 이해관계가 균형을 이룰 수 있을까? 더 많은 임금과 더 많은 복지를 얻고자 하는 노동의 단기적 이해관계가 기업저축을 늘려 미래를 위한 투자 역량을 확보하여야 한다는 자본의 장기적인 이해관계와 충돌을 일으킨다면, 기업의 생존 능력과 시장 기회는 크게 잠식되지 않겠는가? 1976년의 임노동자기금 구상에는 이 근본적인 문제를 해결할 방안이 들어있지 않았다. 바로 그 점에서 스웨덴 노동조합연맹이 추진했던 본래의 임노동자기금제도는 유고슬라비아의 노동자자주관리제도와 유사한 문제를 안고 있었다고 볼 수 있다.

---

8 그와 같은 노동조합의 이중적 지위는 노동자의 이해관계를 대변하는 노동조합의 전통적인 역할을 약화할 수도 있고, 노동조합이 단기적인 인기 영합주의에 빠져 유능한 경영자의 역할을 할 수 없게 할 수도 있다. 이에 대해서는 신정완, 앞의 책, 540f.를 보라.

5장
경제민주주의 구상의 합리적 핵심과
그 구상의 확장

앞에서 살핀 바와 같이 경제민주주의 구상과 실험은 다양하고 경제민주주의의 실현 조건에 관한 생각은 큰 차이가 있다. 필자가 경제민주주의 구상과 실험의 네 가지 모델로 지목한 마르크스의 코뮌주의적 경제 구상과 그것의 유고슬라비아적 실험, 페이비언 사회주의자들과 길드 사회주의자들의 경제민주주의 구상, 독일의 공동결정 중심의 경제민주주의 구상과 실험, 스웨덴의 임노동자기금 중심의 경제민주주의 실험 등을 기업의 소유권 개혁과 전체 경제의 조율 방식 등에 초점을 맞추어 비교해 보면 그 모델들 사이에서 공통점과 차이점을 확연하게 파악할 수 있다. 그러한 공통점과 차이점에 접하는 사람들은 경제민주주의를 개념적으로 규정하는 데 필요한 네 가지 모델의 최소공약수를 찾으려고 들는지 모르지만, 필자는 그러한 시도가 행복한 결론을 가져다줄 수 없다고 생각한다. 왜냐하면 각 모델의 역사적 배경과 정치사회적 조건이 다르기 때문이다. 도리어 네 가지 모델을 타산지석으로 삼아 우리 시대의 역사적 여건 아래서 경제민주주의 구상을 창의적으로 펼치는 것이 합당하리라고 본다. 그것은 경제민주주의의 역사에서 합리적 핵심을 찾아내고, 그 합리적 핵심을 오늘과 내일을 위해 살려 나가는 작업이다.

아래에서 필자는 그동안 다양하게 펼쳐진 경제민주주의의 구상과 실험을 되돌아보면서 경제민주주의의 합리적 핵심을 몇 가지로 정리하고, 인공지능과 제4차 산업혁명을 통해 변화된 경제 현실을 고려하면서 경제민주주 구상을 생태학적 차원과 지구적 차원으로 확장할 때 유념할 점을 몇 가지 말하고자 한다.

1. 경제민주주의에 관한 기존 구상과 실험의 합리적 핵심

그동안 경제민주주의는 자본의 지배로부터 노동과 사회를 해방하려는 정치사회적 기획으로 제시되었으며, 바로 그런 점에서 사회적 경제민주주의의 형식과 내용을 보여주었다. 사회적 경제민주주의에 관한 기존의 논의에서 우리 시대에 타산지석이 되는 핵심 사항은 다음과 같다.

첫째, 경제민주주의는 자본주의 경제에서 자본의 독재를 무너뜨리고 노동자들이 자주성을 갖고서 기업 경영, 지역경제와 국민경제 조율에 참여하고 함께 결정하는 것을 제도화하려는 정치사회적 기획으로 제시되었다. 그런 점에서 경제민주주의는 사회적 경제민주주의의 내용과 형식을 취했다.

둘째, 경제민주주의는 자본주의 안에서 자본주의를 초월해서 사회주의를 선취하려는 시도일 뿐, 자본주의를 초월한 제도에 관한 구상이 아니다. 그런 점에서 마르크스가 제시한 코뮌주의적 경제 구상의 의미를 음미할 필요가 있다. 그의 코뮌주의적 경제 구상은 이미 자본주의 경제를 초월한 것이기에 그 자체만 놓고 보면 경제민주주의 구상이라고 볼 수 없다. 그러나 그의 경제 구상에는 경제민주주의가 추구해야 할 대안적 경제의 내용과 형식이 담겨 있다.

그는 부르주아 국가의 해체와 생산수단의 사적 소유에 대한 이중의 부정을 통해 세워지는 코뮌주의 사회를 구상했다. 그가 전망하는 코뮌주의 사회에서는 생산수단의 사회적 점유에 바탕을 둔 협동조합이 생산하고, 협동조합들이 함께 참여하여 마련하는 공동계획에 따라 국민경제가 조율되어 생산의 무정부성과 주기적 변동이 제어된다. 그 사회에서 살아가는 사람들은 일해서 얻은 소득으로 개인적 소유를 확보하고 자유롭게 살아간다.

마르크스가 그린 코뮌주의 사회로부터 얻는 시사점은 두 가지다. 1) 생산수단의 사회적 점유와 인간의 자유로운 삶을 보장하는 개인적 소유에 바탕을 둔 코뮌주의 사회는 생산수단의 국유화와 중앙관리경제에 바탕을 둔 소비에트 러시아 사회와는 근본적으로 다르다는 것이다. 2) 아직 부르주아 국가가 해체되지 않고 생산수단의 사적 소유가 부정되지 않은 역사적 여건에서 경제민주주의는 코뮌주의 사회를 지향한다고 해도 그 사회에 근사치적으로 접근할 수 있을 뿐 그 사회를 구현할 수 없다는 것이다.

셋째, 유고슬라비아의 노동자자주관리 기업과 시장사회주의는 마르크스의 코뮌주의 사회 구상을 현실로 옮기고자 하는 실험이었지만, 그 실험은 노동자자주관리 기업의 물질적 토대였던 생산수단의 사회적 점유가 집단적 소유로 퇴락하고 사회주의적 시장체제의 틀에서 전체 경제의 조율이 이루어지지 않음으로써 실패했다. 상품 교환에 노출되고 시장경쟁에 내몰린 노동자자주관리 기업에서는 자본의 기능과 노동의 기능을 명확하게 구별하고 두 기능을 서로 유기적으로 결합하는 모델이 마련되어야 했지만, 그 모델은 정립되지 못했다. 그 결과 노동자자주관리 기업에서는 노동자들의 단기적인 이해관계가 무분별하게 관철되고, 참여민주주의가 활력을 잃게 되었다. 유고슬라비아의 실험은 노동자자주관리제도와 거시경제 계획이 서로 긴밀하게 맞물려 돌아가면서 개별 기업 차원과 국민경제 차원에서 노동의 이해관계와 자본의 이해관계가 이성적으로 조율되지 않는 한 실패할 수밖에 없다는 교훈을 주었다.

유고슬라비아에서 이루어진 노동자자주관리 기업의 실험은 부르주아 헌정 질서가 지배하는 사회에서는 시도되기 어렵지만, 아예 불가능하지는 않다. 로버트 달이 노동자자주관리 기업의 창설 방법을 통해 시사했듯이, 노동자들의 기업 인수나 협동조합 창설을 통해서 혹은 비록 스웨덴에서 실패하기는 했으나 그 가능성을 아예 배제할 필요가 없다고 한다면, 노동자들의 생산자본 지분 확대를 통해서 노동자자주관리 기업을 설립할 수도 있을 것이다. 몬드라곤 협동조합 연합체는 다수의 생산 협동조합, 유통 협동조합, 신용 협동조합 등이 유기적 연관을 이루며 협동조합 경제가 큰 규모를 이룰 수 있다는 것을 보여주었다. 그러나 문제는 소유권 질서의 근본적 변혁을 가져오는 헌정 질서의 변화 없이 국민경제적 의미가 있는 노동자자주관리 기업의 생태계가 조성되기 어렵다는 것이다.

넷째, 부르주아 헌정 질서가 아직 존속하고 있는 사회에서 사회적 경제민주주의가 추구해야 할 과제는 결국 두 가지다. 하나는 공장과 기업 차원에서 자본의 노동 포섭을 해체하는 것이고, 다른 하나는 아래로부터의 참여를 통해 국민경제 차원에서 생산과 소비의 거시균형에 관한 공동계획을 수립하는 것이다. 그 두 가지 중에 어느 하나 혹은 둘 다 빠진 경제 기획은 그 어떤 이름을 내건다고 할지라도 경제민주주의 구상이나 실험과는 무관할 것이다.

앞에서 보았듯이 페이비언 사회주의자들은 정치적 민주주의를 경제 영역에서 관철하는 '산업민주주의'의 이름으로 자본의 권력을 제한하고 통제하는 방안을 정교하게 제안했지만, 그들의 '산업민주주의'는 자본의 노동 포섭 문제를 비껴갔기에 경제민주주의의 요구를 충족하지 못했다. 경제 권력의 형성과 독과점에 대항하는 경쟁법, 독과점규제법 혹은 공정거래법은 시장의 질서를 유지하는 데 결정적으로 중요하지만, 그러한 법제는 경제민주주의와 직접 관련된 것은 아니다. 왜냐하면 그러한 법제는 자본의 노동 포섭을 해체하거나 민주적 절차에 따라 노동과 자본의 이해관계를 조정하여 국민경제의 거시균형을 실현하기 위한 법제가 아니기 때문이다.

다섯째, 부르주아 헌정 질서에서 자본의 노동 포섭을 해체하는 방안으로서 생산수단의 사회적 점유나 기업 생산자본의 노동자 지분 확대를 통해 자본가들의 경영 전권을 해체하는 것은 그 자체로서는 의미가 있고 경제민주주의의 장기적인 과제라고 볼 수 있지만, 경제민주주의를 실현하기 위한 으뜸가는 전략이 될 수 없다. 자본가들의 소유권은 부르주아 헌정 질서에서 국가에 의해 보호된다. 스웨덴의 임노동자기금 실험이 실패한 데서 볼 수 있듯이 자본가들은 노동자들의 생산자본 지분 확대를 통해 자본가들의 권한을 침해하는 것을 용납하지 않는다. 그들은 자본 파업이나 해외 직접 투자 등의 전략을 통해 노동의 공세를 무력화한다. 더구나 자본가들이 빠른 속도로 거대한 규모로 축적하는 자본을 노동자들이 오랜 기간에 걸쳐 소규모로 축적하는 자본 형성을 통해 제어할 수는 없는 일이다.

여섯째, 부르주아적 헌정 질서에서 생산수단의 사적 소유의 형식으로 표현되는 자본가들의 소유권은 그 소유권 행사를 통해 침해될 수 없는 노동자들의 노동권으로써 제한되어야 한다. 노동권은 노동할 권리와 노동을 하고 있다는 사실에서 비롯되는 개인적 권리들과 집단적 권리들이다.[1] 노동하는 개인이 노동하면서 인간의 존엄성을 유지할 권리, 노동관계와 노동조건에 영향을 미치는 주요 결정에 전방위적으로 참여할 권리, 그러한 권리를 지키기 위해 단결하고 단체교섭을 실행하고 자본에 맞서 싸울 권리 등이 노동권의 핵심이다. 그러한 노동권은 노동하는 인간의 권리이고, 그 노동권의 본질은 침해될 수 없다. 따라서 자본가들의 소유권과 노동자들의 노동권이 상호 침해할 수 없다고 전제한다면, 기업에서 소유권 행사와 노동권 행사는 어느 하나가 다른 하나를 배척하는 방식으로 관철될 수 없고, 둘은 서로 대립하면서도 서로 협력하는 방식으로, 다른 말로 한다면 서로를 제한하면서 그들의 권리를 최대한 실현할 수밖에 없을 것이다. 바로 그것이 독일의 몬탄 공동결정 모델이 전제하는 논리이다.

몬탄 공동결정 모델은 생산수단의 사적 소유에 근거하여 경영 전권을 주장하는 자본가의 논리를 물리치고, 기업의 주요 의사결정과정에 노동자들이 참여하고 함께 결정할 권리를 노동권으로부터 도출한 노동자들의 논리를 수용한 모델이다. 몬탄 공동결정 모델은 경영이사회를

---

1 E. Heimann, *Soziale Theorie des Kapitalismus: Theorie der Sozialpolitik* (Tübingen: Mohr, 1929), 180. 각주 1

감독하고 통제하는 감독위원회를 노사 동수로 구성함으로써 소유권과 노동권의 균형을 제도적으로 보장했다는 점에서 획기적인 사례다.

유감스럽게도 노동권으로써 소유권을 제한한다는 발상은 길드 사회주의자들에게서는 찾아볼 수 없다. 그들은 노동자들이 투쟁을 통해서 자본가들의 권한을 '잠식'할 수 있다고 생각했을 뿐, 자본가들이 부르주아 헌정 질서에서 국가의 소유권 보호 의무에 호소하여 그들의 권리와 권한을 지킬 역량이 있다는 것을 과소평가했다. 그렇기에 길드 사회주의는 자본의 독재로부터 노동자자주관리로 나아가는 이행의 전략을 현실주의적으로 제시할 수 없었다.

일곱째, 사회적 경제민주주의는 노동자들이 시장경제체제에서 자본의 독재를 해체하고 노동하는 인간의 존엄성과 자주성을 펼치기 위한 정치사회적 기획이며, 그 기획을 실현하기 위해서는 최소한 세 가지 차원에서 노동자들의 참여와 결정이 제도적으로 보장되어야 한다. 하나는 작업장을 민주화하고 인간화하는 것이고, 다른 하나는 공장과 기업 차원의 주요 의사결정과정에 노동자들이 참여하여 함께 결정하는 것이고, 마지막 하나는 초기업 차원에서, 곧 전체 경제를 조율하고 거시경제 계획을 수립하는 의사결정과정에 노동자들이 참여해서 함께 결정하는 것이다.[2] 시장경제가 존속하는 한, 이 세 가지 차원에서 노동과 자본의 권력 균형과 이익 균형을 이루는 제도를 형성하는 것은 여전히 매우 중

---

[2] 일찍이 프리츠 필마는 경제민주주의의 실현 과제를 미소(micro) 수준, 중간(meso) 수준, 거시(macro) 수준으로 나누어 고찰했다. 경제민주주의의 과제는 미소 수준에서 작업장의 인간화와 민주화이고, 중간 수준에서는 공장과 기업 차원의 노사 공동결정이고, 거시(macro) 수준에서는 초기업 차원의 사회적 합의를 추구하는 것이다. 이에 관해서는 Fritz Vilmar · Karl-Otto Sattler, *Wirtschaftsdemokratie und Humanisierung der Arbeit: Systematische Integration der wichtigsten Konzepte*(Köln/Frankfurt am Main: Europäische Verlagsanstalt, 1978), 49ff., 55f.를 보라.

요한 과제다.

여덟째, 경제민주주의는 공동계획에 근거해서 전체 경제를 조율해서 생산과 소비의 거시균형을 실현하는 방안을 정교하게 마련하는 것을 그 과제로 삼는다. 이제까지 이와 관련해서 정교한 구상을 제시한 사람은 길드 사회주의자 G. D. H. 콜이다. 그는 생산자 길드와 소비자 길드가 지역경제와 국민경제 차원에서 생산과 소비의 균형을 자율적으로 맞추어 나가는 방안을 제시하는 데서 한 걸음 더 나아가 다양한 길드들의 제안을 아래로부터 수렴하는 참여 계획 모델을 구상했고, 코뮌(국가)이 재정정책을 통해 전체 경제를 조율하는 경제계획을 수립하고 집행하는 방안을 모색했다. 그는 그러한 경제계획이 임금 수준에 관한 국가 수준의 심의를 통해 기업의 경제적 성과 가운데 노동소득으로 배분되어야 하는 몫을 정하고, 지역경제와 국민경제 차원에서 자본의 투입 규모를 결정해야 한다는 점을 역설했다. 그것은 그가 기업 차원과 지역경제 및 국민경제 차원에서 노동의 이해관계와 자본의 이해관계를 조율할 필요가 있다는 것을 정확하게 인식했다는 뜻이다. 그러나 그는 기업과 지역경제와 국민경제 차원에서 소득을 분배하는 이치를 이론적으로 규명하는 데까지 나아가지는 못했다.

생산자들과 소비자들이 아래로부터 참여해서 지역경제와 전체 경제를 조율하고 계획하는 방안을 마련하고자 한 콜의 구상은 여전히 신선하다. 그 구상이 현실성을 가지려면 지역 경제와 전체 경제를 조율하는 거시경제 계획을 수립하고, 그 계획의 틀 안에서 기업과 산업 부문의 발전 방향과 발전 속도를 권고하는 방안과 그 논리를 설득력 있게 제시해야 한다. 그 논리는 궁극적으로 국민경제 차원에서 경제적 성과를 노동과 자본의 몫으로 적절하게 배분하는 소득분배와 관련될 것이다. 왜나하면 국민경제에서 생산과 소비의 거시균형을 이루는 결정적 조건은 국민경제의 성과를 노동과 자본의 몫으로 나누는 비율일 것이기 때문이다.3

2. 인공지능과 제4차 산업혁명 시대에 경제민주주의 구상이 갖는 의의

경제민주주의는 자본의 독재를 해체하고 노동과 자본의 민주적 관계를 바탕에 두고 시장경제를 규율하고자 하는 시도이지만, 그 시도의 현실성과 관련해서는 크게 두 가지 질문이 제기된다. 하나는 신자유주의적 공세로 인해 노동이 자본에 비해 현저하게 약화한 상황에서 경제민주주의가 실현 가능한가 하는 질문이다. 다른 하나는 AI를 위시한 기술 발전으로 자동화가 진전하여 노동이 소멸할 것이라고 하는데, 노동과 자본의 관계를 시장경제 규율의 핵심으로 삼는 것은 낡은 발상이 아닌가 하는 질문이다.

첫째 질문에 관해서는 신자유주의적 시장경제에서 자본이 노동을 효과적으로 공격해서 자본의 노동에 대한 우위가 확립하였다는 것을 일단 역사적 사실로 인정할 필요가 있다. 자본은 노동조합 운동이 발달한 독일, 스웨덴 등에서도 노동조합의 교섭력을 약화하였고, 케인즈의 수요이론을 바탕에 둔 사민주의적 사회복지체제를 침식했으며, 노동자들을 원자처럼 고립하고 분산시키는 효과를 발휘하고 있다. 자본의 노

---

3 이에 관한 상세한 논의는 본서 제V부 5장 2와 3을 보라.

동에 대한 우위는 노동시장 유연화로 제도화되었고, 노동 임금의 정체나 실질적인 감소, 노동소득분배율의 지속적인 하락 등을 가져왔다.[4] 충분한 임금, 고용 보호, 사회보장 혜택 등과 결합한 '좋은 일자리'는 고사하고 어떤 일자리든 주어지는 대로 받아들일 수밖에 없는 궁박한 현실에서 노동자들이 고용자들에 맞서서 권익을 주장하기 어렵다는 것은 더 언급할 필요조차 없다.

그와 같이 자본의 노동 지배와 노동 착취가 날것으로 나타나는 현실은 극복되어야 한다. 문제는 노동자들 이외에 그러한 현실을 극복할 힘을 형성할 주체가 따로 없다는 것이다. 그런 점에서 노동자들이 노동과 자본의 관계가 노동의 저항과 투쟁을 통해 변화되어 왔다는 것을 통찰하고, 신자유주의적 시장경제에서 노동과 자본의 정치사회적 관계가 역사적으로 조성된 권력의 배치에서 비롯되었다는 것을 직시하는 것보다 더 중요한 것은 없다. 그러한 권력의 배치는 영원히 고정된 것이 아니기에 변화될 수 있다. 노동과 자본의 권력관계를 변경하는 것은 노동자들의 힘이고, 자본의 노동 포섭으로부터 노동을 해방하는 것도 노동자들의 힘이다. 경제민주주의는 시장경제체제 안에서 노동과 자본의 관계를 민주화해서 시장경제체제의 근본 문제를 최대한 해결하려는 정치사회적 기획이라고 사람들이 인식하기만 하면 저절로 실현되는 것이 아니고, 그 기획이 참여의 원칙, 인간 존엄성의 원칙, 정의의 원칙 등과 같은 윤리적 원칙에 부합하기에 마땅히 실현되어야 한다고 규범적으로 요청한다고 해서 이루어지는 것도 아니다. 경제민주주의는 노동과 자

---

4 지난 50년 동안 G20 국가들의 노동소득분배율은 9% 포인트 감소했다. 이에 관해서는 아론 베나나브/ 윤종은 옮김, 『자동화와 노동의 미래: 탈희소성 사회는 어떻게 실현되는가?』 (서울: 책세상, 2022), 118을 보라.

본의 관계를 변화시키고자 하는 노동자들의 권력이 형성되어야 실현될 수 있다.

첫째 문제와 관련해서 사람들은 전체 경제에서 제조업의 비중이 크게 줄어들고 서비스 산업이 크게 팽창하여 공장과 기업, 산업 부문 차원에서 활발하게 펼쳐졌던 산업사회 시대의 노동운동이 더는 가능하지 않다고 주장한다. 신자유주의적 노동시장정책에 따라 모든 산업 부문에서 정규직 노동자들과 비정규직 노동자들 사이에 임금 격차, 고용 안정성 격차, 사회보험 혜택의 격차 등이 너무 커서 노동자들의 단결과 연대를 구축하기 어렵다고도 한다. 물론 그러한 난관과 제약조건들이 노동자들의 권력 형성을 어렵게 한다는 것은 그 누구도 부인할 수 없는 엄연한 사실이다. 그러나 제조업의 산업 연관 효과를 고려하면 제조업의 비중은 여전히 국민총생산에서 절반 이상을 차지하는 가장 큰 산업 부문이고,5 서비스 산업 부문에서 종사하는 사람들도 자본의 독재에서 벗어나 존엄한 인간으로서 일할 권리를 주장하는 엄연한 노동자들이다. 같은 노동, 같은 직무를 수행하는 데도 같은 대우를 받지 못하는 정규직 노동과 비정규직 노동의 격차는 노동자들의 단결과 연대를 통해 극복되어야 할 문명의 스캔들이다. 이 모든 문제를 해결하는 주체는 역시 노동자들이고, 변화된 여건에서 노동운동의 전략과 전술은 산업사회 시대와는 달라질 필요가 있다. 단위 사업장 중심의 노사 교섭이 지배

---

5 아론 베나나브는 부가가치 기준이 아니라 중간투입(기업이 생산 과정에서 소비하는 재화와 서비스)에 드는 비용까지 고려한다면, 제조업이 전체 경제에 남기는 '발자국'이 훨씬 더 커진다고 주장한다. 일본의 경우 2017년 현재 제조업 총산출액은 GDP의 59%에 이른다. 이에 관해서는 아론 베나나브/윤종은 옮김, 『자동화와 노동의 미래: 탈희소성 사회는 어떻게 실현되는가?』, 75를 보라. 미국은 달러를 세계화폐로 통용하기 위해 전 세계로부터 상품을 수입해서 소비하는 비중이 높고, 그 결과 제조업 공동화가 심각하게 일어났지만, 베나나브는 미국에서 2000년 현재 제조업 총산출액은 GDP의 42%에 달했고, 경제침체가 극심했던 2010년대에도 GDP의 30% 수준에 달했다고 분석한다.

적인 우리나라의 경우 소규모 공장과 사업장에서 일하는 노동자들, 고립·분산되기 쉬운 서비스 산업 부문의 노동자들, 초단기 계약노동자들(gig workers), 플랫폼노동자들은 사업장 교섭보다는 산별교섭과 중앙교섭체제에서 더 큰 권력을 형성할 수 있을 것이고, 더 많은 권익을 실현할 수 있을 것이다.

둘째 문제는 경제민주주의가 정면으로 다루어야 할 핵심 문제이다. AI와 제4차 산업혁명으로 인해 노동이 결국 소멸한다면 노동과 자본의 관계를 어떻게 민주화할 것인가 하는 문제는 더는 제기되지 않을 것이기 때문이다. 노동의 소멸은 임노동 본위로 짜인 노동사회의 해체를 뜻하기에 포스트–노동사회에서는 사람들이 노동소득 없이 어떻게 삶을 꾸려갈 것인가가 핵심 문제가 될 것이다. AI와 제4차 산업혁명이 가져올 미래에 관해서 사람들은 공상과학 소설에서나 나올 법한 '완전히 자동화된 화려한 공산주의'[6] 같은 유토피아를 그리거나 첨단기술로 강화된 자본의 지배 아래에서 수많은 잉여 인간이 쓰레기처럼 취급당하는 디스토피아를 그리고 있다. 본시 미래학적 전망이 복잡한 현실의 어느 측면들이나 코드들을 끄집어내고 그것들로 미래를 그려내어 센세이션 효과를 극대화하는 경향이 있다는 것을 일단 제쳐 둔다고 해도, 그러한 유토피아는 없을 것이고, 그러한 끔찍한 디스토피아는 없어야 한다.

첨단기술이 자동화를 구현하여 노동을 소멸한다는 주장들 가운데 주목할 만한 것은 가속주의자들의 의견이다. 가속주의는 크게 보아 우

---

6 아론 바스타니/김민수·윤종은 옮김, 『완전히 자동화된 화려한 공산주의: 21세기 공산주의 선언』(서울: 황소걸음, 2020). 바스타니는 노동의 완전 자동화를 통한 노동 희소성의 해소, 태양 에너지 활용을 통한 에너지 희소성의 해소, 우주 채굴을 통한 자원 희소성의 해소, 생명공학을 통한 수명과 건강 희소성의 해결, 단백질 합성 기술을 통한 음식 희소성의 해소 등이 화려한 공산주의를 가져오리라고 예측한다.

파 버전과 좌파 버전이 있다. 먼저 우파 가속주의 버전은 빌 게이츠(William Henry Gates III), 마크 저커버거(Mark Elliot Zuckerberg), 일런 머스크(Elon Reeve Musk) 같은 실리콘밸리 자본가들이 제시한다는 것이 특징이다. 그들은 자동화로 인해 노동이 소멸하는 세계에서는 노동소득을 대신해서 기본소득을 지급하여 자본주의적 생산과 소비를 유지할 필요가 있다고 주장한다.[7] 그들은 인공지능을 통한 데이터 추출과 활용의 독점, 알고리즘 소프트웨어와 플랫폼 하드웨어에 대한 소유권 확보, 플랫폼을 통한 지대추구 등 인공지능과 제4차 산업혁명의 기술적 성과를 자본의 도구로 포획하여 독점하는 체제를 유지한 채 기술관료적으로 지급되는 기본소득을 통해 시민 대다수가 자본의 전체주의적 독재와 지배에 순응한 채 근근이 연명하는 미래를 형성하고자 한다. 그러한 우파 가속주의 버전은 인류의 미래가 디스토피아의 문턱에 서게 된다는 것을 시사한다.

그다음에 좌파 가속주의는 자본주의가 자본간 경쟁으로 인해 기술혁신을 추진하는 경향을 억제하지 말고, 이를 도리어 가속하여 완전한 자동화를 달성해서 인간을 노동으로부터 해방하자고 주장한다. 닉 스르니체크(Nick Srnicek), 알렉스 윌리엄스(Alex Williams) 등과 같은 좌파 가속주의자들은 기술 발전이 자동으로 노동의 해방을 가져오지 않는다는 점을 인식하고 있다. 그들은 노동 해방을 위해서는 우파 가속주의자들이 거머쥐고자 하는 자본의 기술 독점체제를 해체하여야 한다고 생각하고 기술에 대한 새로운 헤게모니를 형성할 민중의 정치가 필요하다고 역설한다.[8] 민중의 정치는 포스트-포드주의적 생산체제에서 양

---

7 아론 베나나브/윤종은 옮김, 『자동화와 노동의 미래: 탈희소성 사회는 어떻게 실현되는가?』, 23.
8 그런 점에서 가속주의는 반자본주의적이다. "우리는 탈자본주의를 지지하기 위해 전통적인 논거를

산되는 비전형 노동자들을 위시해서 노동조합 등을 포함한 새로운 계급 구성체가 중심이 되는 운동이다. 그러한 운동을 통해 가속주의자들이 실현하고자 하는 사회는 탈희소성 사회(post-scarcity society)이다. 탈희소성 사회는 네 가지 기둥 위에 세워진다. 1) 가능한 한 완전한 노동의 자동화, 2) 주당 노동시간의 단축, 나머지 주당 노동시간의 더 평등한 재분배, 3) 모든 시민을 위한 무조건적인 충분한 기본소득의 지급, 4) 노동 윤리의 폐지 등이 그것이다.9 그러한 가속주의는 기술 발전이 추동하는 생산력의 발전에 대응하도록 생산관계를 재구성하자는 비전을 제시하고 있기에 기술결정론이나 기술 낙관주의에 기울어진 주장이라고 일축할 수 없다. 닉 스르니체크는 정치경제학 비판의 관점에서 플랫폼 자본주의가 '추출의 확대, 경계관리(gate keeper)의 지배, 시장의 수렴, 생태계 폐쇄' 등의 전략을 통해 플랫폼 독점체제를 강화하느니만큼 데이터 수집을 억제하는 사생활 보호 입법, 플랫폼 자본주의를 강화하는 금융자본의 통제, 공공 플랫폼 구축 지원 등을 통해 국가가 플랫폼 자본주의의 미래에 개입하는 방안을 현실주의적으로 제시하고 있다.10

부활시킬 필요가 있다. 자본주의는 부당하고 전도된 체제일 뿐만 아니라 진보를 저지하는 체제다. 우리의 기술 발달은 자본주의에 의해 해방되었던 만큼이나 억제되고 있다. 가속주의는 그런 역량들이 자본주의 사회에 의해 부과된 제약을 넘어섬으로써 해방될 수 있고 해방되어야 한다는 기본적인 신념이다. 우리의 현재 제약을 넘어서고자 하는 운동은 단순히 더 합리적인 지구 사회를 위한 투쟁에만 그치지 않고 그 이상의 것을 포함해야 한다." Alex Williams · Nick Srnicek, #ACCELERATE: MANIFESTO FOR AN ACCELERATIONIST POLITICS (14 May 2013), thesis 22, 출처: https://syntheticedifice.files.wordpress.com/2013/06/ accelerate.pdf (2024년 1월 27일 다운로드).

9 Nick Srnicek · Alex Williams, *Inventing the Future: Postcapitalism and a World Without Work* (Brooklyn, NY : Verso Books, 2015), 67.

10 닉 서르닉/심성보 옮김, 『플랫폼 자본주의』 (서울: 킹콩북, 2020), 102ff., 129f. 역자는 Srnicek를 서르닉으로 음역했는데, 필자는 본문에서 스르니체크로 음역하였다.

가속주의는 그 역사적 뿌리가 깊다. 시간을 가까운 과거로부터 먼 과거로 거꾸로 거슬러 올라가면 인터넷이 상용화하기 시작하던 무렵에 경영학자 피터 드러커(Peter Ferdinand Drucker)는 지식이 중요한 생산요소가 됨으로써 새로운 사회적 동력과 경제적 동력이 형성되었고, 그 동력이 자본주의를 포스트-자본주의로 이끌 것이라고 주장했다.[11] 대공황이 한창이던 때 존 메이너드 케인즈는 100년 후에는 기술 발전으로 인해 노동생산성이 크게 향상되고 노동 수요가 크게 줄어들어 노동자들이 노동과 여가를 함께 즐기며 살아가게 되리라고 예언했다.[12] 그렇지만 드러커와 케인즈는 자본주의 안에서 나타나는 생산성 향상이 생산관계의 변화를 어떻게 불러들이는가를 설명하지 않았다. 드러커와 케인즈보다 훨씬 앞선 시기에 기술 발전이 가져오는 생산력 발전이 생산관계에 미치는 영향에 초점을 맞추어 가속주의적 비전을 제시한 이론가는 마르크스다. 마르크스는 자본이 기술 혁신을 통해 자본주의적으로 조직된 노동을 해체하여 잉여가치의 원천을 제거하게 된다는 점에 주목했다. 그는 '일반지성'이 응축된 기계가 인간의 노동을 대체하고 기계 복합체인 고정자본이 결국 인간의 노동을 부차화하고 쓰레기처럼

---

11 피터 드러커/이재규 역, 『자본주의 이후의 사회』 (서울: 한국경제신문사, 1993), 75: 새로 등장한 지식 계급의 생산성, 곧 '탈자본주의 사회 계급의 생산성은 다만 지식을 작업에 적용해서만 증가할 수 있다." 인지자본주의자들도 지식이 자본에 실질적으로 포섭되는 자본주의 경제의 새로운 국면에 주목한다. 그들은 안토니오 네그리(Antonio Negri), 마이클 하트(Michael Hardt) 등과 같은 자율주의자들의 관점과 방법에 따라 '지식, 정보, 소통, 정동 등을 포함하는 비물질적 노동'이 물질적 상품을 생산하는 산업노동을 에워싼다고 분석한다. 이에 관해서는 조정환, 『인지자본주의: 현대 세계의 거대한 전환과 사회적 삶의 재구성』 (서울: 갈무리, 2011), 284f.를 보라. 피터 드러커도 그렇지만, 인지자본주의자들도 아직 인공지능과 알고리즘, 빅데이터, 플랫폼 등을 자본주의 분석의 핵심 범주로 설정하지 못했다. 그들은 인터넷 접속이 한계비용 제로의 사회를 구축한다고 주장하거나 정보 고속도로를 통해 비물질적 노동이 거래되는 현상에 주목했을 뿐이다.

12 아론 바스타니/김민수·윤종은 옮김, 『완전히 자동화된 화려한 공산주의: 21세기 공산주의 선언』, 86-91.

만들 것이라고 내다보았다.[13] 그런데 기술과 기계 복합체는 어디까지나 자본의 도구이고, 자본은 기술과 기계 복합체를 사용해서 상대적 잉여가치를 더 많이 추출하는 데 관심을 가질 뿐이지 노동자들을 필요의 영역에서 자유의 영역으로 해방하는 데 아무런 관심이 없다. 기계가 노동 해방에 이바지하도록 하려면 노동자가 기계 복합체가 지배하는 생산 과정 안에서 일할 것이 아니라 도리어 기계 복합체를 지배하는 주인의 자리에 앉아야 한다. 이에 관해서 마르크스는 다음과 같이 말한다.

"노동은 더는 생산 과정에 포함된 것으로 등장하지 않고, 오히려 인간이 감시자와 규제자로서 생산 과정에 관계를 맺는다. 그 존재 양식이 바뀐 자연 대상물(기계)을 대상과 자기 자신 사이의 매체로서 끼워 넣는 것은 더는 노동자가 아니다. 오히려 노동자는 산업적 자연 과정으로 전환한 자연 과정을 자기 자신과 자신이 지배하는 유기적 자연 사이에 매체로서 끼워 넣는다. 그는 생산 과정의 주요 행위자로 존재하는 대신에 생산 과정 옆에 선다. 그러한 전환을 통해 생산과 부의 거대한 기둥으로 등장하는 것은 인간 자신이 수행하는 직접적인 노동도 아니고, 그가 노동하는 시간도 아니다. 오히려 그것은 인간 자신의 보편적인 생산력의 전유, 인간의 자연 이해, 인간이 사회적인 몸으로서 현존함으로써 가능한 자연의 지배, 한마디로 사회적 개인의 발전이다."[14]

---

13 K. Marx, *Grundrisse der Kritik der politischen Ökonomie*, *MEW 40*, 595: "또한 기계 복합체가 사회적 과학, 생산력 일반의 축적과 더불어 발전하는 한, 사회적 노동 일반은 노동자에게서 이루어지지 않고 자본 속에서 이루어진다. 사회의 생산력은 고정자본으로 측정되고, 고정자본 속에서 대상적 형식으로 현존한다. 거꾸로 뒤집어서 보면, 자본의 생산력은 자본이 공짜로 독차지하는 이 보편적인 진보와 더불어 상승한다. … 산 노동은 독립적으로 작용하는 대상화된 노동 아래 포섭된다. 노동자는 그의 행위가 자본의 욕구를 통해 조건이 붙지 않는 한 쓰레기 같은 것으로 나타난다."

그러한 사회적 개인의 등장은 자본주의적 생산관계가 해체되고 자본주의 이후의 사회가 수립됨으로써 가능하다. 그러한 조건이 충족되면 사회적 개인은 필요의 영역에서 자유의 영역으로 옮겨가 자유롭고 창조적인 삶을 살아가게 될 것이다.

경제민주주의는 인공지능과 제4차 산업혁명의 성과를 자본의 독점 체제에 가두고자 하는 우파 가속주의를 단호히 거부하지만, 좌파 가속주의의 비전과 새로운 사회운동론을 공유한다. 그러나 그 비전은 현실주의적으로 가다듬어져야 한다고 본다. 앞에서 본 바와 같이 좌파 가속주의는 노동 없는 세계, 더 정확하게 말하면 자본주의적으로 조직된 노동으로부터 해방된 사회의 비전을 제시했고, 그러한 사회를 실현하기 위해서는 노동자가 참여하는 계급 동맹체의 새로운 사회운동이 필요하다는 점을 강조했다. 경제민주주의는 좌파 가속주의의 비전과 사회운동의 대의를 수용하지만, 자본주의적으로 조직된 노동체제가 쉽게 해체되지 않는다는 점을 냉정하게 인식한다.

노동의 자본주의적 조직 형태는 인공지능이 구축한 플랫폼 자본주의에서 가장 극단적으로 나타난다. 디지털 테일러리즘이 그것이다. 예를 들면 인공지능의 기계 학습을 위해서는 데이터에 일일이 라벨을 붙이는 공정이 수행되어야 하는데, 그 공정을 수행하는 인간의 노동은 알고리즘을 통해 작업이 할당되고 통제되고 평가되고 보상받는 방식으로 이루어지며, 그것이 '디지털 테일러주의'[15]에 따라 인간의 노동을 조직하는 전형적인 방식이다. 디지털 테일러주의는 아마존 같은 거대한 물

---

14 K. Marx, *Grundrisse der Kritik der politischen Ökonomie*, 601.

15 디지털 테일러주의에 관해서는 모리츠 알텐리트/권오성·오남규 옮김, 『디지털 팩토리: 디지털 자본주의 시대, 보이지 않는 노동』(서울: 숨쉬는책공장, 2023), 86을 보라.

류 시스템에서 노동자가 코드가 찍힌 배송 물품들을 일일이 찾아내어 포장 공정에 넘기는 작업 시간 동안 트레킹화를 신고 수십 킬로미터를 걸어 다니는 방식으로 구현되기도 하고, 전 세계에 흩어진 노동자들이 플랫폼을 통해 할당되는 미세노동(microwork)[16]을 얻기 위해 경쟁하는 방식으로 실현되기도 한다. 노동자들이 값싼 임금을 받고 플랫폼을 통해 할당되는 라벨링, 레이팅, 피킹, 마이닝, 필터링, 라이딩 같은 노동집약적인 작업을 수행하는 것이 플랫폼 자본주의의 민낯이다.

인공지능과 플랫폼을 통해 자동화가 노동의 소멸을 가져올 것이라는 널리 퍼져있는 주장에 대해서도 따져볼 것이 적지 않다. 인공지능으로 정교하게 통제되는 자동화 공장을 운영하는 것이 기술 독점에 따른 지대추구를 허용한다면, 자본은 기꺼이 자동화를 추진할 것이다. 그러나 그러한 기술 독점이 빠른 속도로 해소되고 고정자본의 감가상각이 대규모로 일어난다는 것을 자본이 계산하지 않을 리 없다. 또한 자동화 설비를 운영하는 비용이 노동자를 고용하는 비용보다 적지 않는 한, 자본이 비용함수를 무시하고 기계 복합체로 노동을 대체할 리 만무하다. 노동이 가치와 잉여가치생산의 원천이 되는 한, 자본은 노동을 소멸시키기보다는 자본에 저항하지 못하게 하면서 기계 복합체를 활용하여 상대적 잉여가치 추출을 가속적으로 증가시키는 노동체제를 지속시킬 충분한 유인을 갖는다. 그럴 경우 자동화가 노동을 소멸한다는 것은 자

---

16 '미세노동'은 아마존 경영자 제프 베조스(Jeff Bezos)가 아마존 메커니컬터크(Amazon Mechanical Turk)를 개업하면서 처음 사용한 용어이다. 그는 그 플랫폼이 '미세노동'을 거래하기 위해 마련되었다고 말했다. 필 존스는 미세노동이 '푼돈을 받고 육체를 갉아먹는 노동'이라고 묘사하고, "플랫폼 자본이 일으키는 지각변동으로 인해 가뜩이나 살풍경한 전 세계의 노동환경이 초단기 임시직 노동으로 점철된 불모지로 전락하고 있다"고 진단했다. 필 존스/김고명 옮김, 『노동자 없는 노동: 플랫폼 자본주의의 민낯과 미세노동의 탄생』(서울: 롤러코스터, 2023), 12, 15.

본이 노동을 위협하기 위한 공포 레토릭일 공산이 크다. 아론 베나나브 (Aron Benanav)는 지난 수십 년 동안 기술 혁신으로 인해 노동생산성이 향상되어 노동에 대한 수요가 극적으로 감소했다는 항간의 주장을 일축하고, 생산 효율성 증가가 신규 투자 감소에 따른 경제 불황과 결합해서 노동에 대한 수요를 감소시켰다고 분석하고, 노동에 대한 수요 감소는 대량 실업으로 나타나지 않고 불완전고용(underemployment)으로 나타났다고 지적했다.[17] 또한 그는 금융화를 통해 거대한 화폐자본이 생산 영역을 떠나 축적되었기에 신규 자본 투자가 감소했다고 분석했다.[18]

그와 같이 자본의 노동 포섭이 해체되지 않고 인공지능과 자동화가 자본의 권력을 강화하는 엄연한 현실에서 경제민주주의는 기술 발전을 통한 노동의 해방이라는 가속주의적 비전을 공유하면서도, 노동과 자본의 관계를 이제까지와는 달리 형성할 제도적 방안을 현실주의적으로 제시해야 한다는 점을 잊지 않는다. 자본주의로부터 포스트-자본주의로 나아가는 과정, 인간의 기본욕구를 충족하지 못하는 희소성 사회에서 인간의 기본욕구와 사회적, 문화적, 정치적 욕구를 충족하는 탈희소성 사회로 나아가는 과정에서는 자본주의 안에서 자본주의에 대항하는 현실적인 운동을 펼칠 필요가 있다. 경제민주주의는 바로 그러한 현실주의적 운동의 한 형식이다. 자본의 독재는 작업장, 공장과 기업, 산업 부문, 국민경제 차원에서 해체되어야 하고, 인공지능과 제4차 산업혁

---

17 아론 베나나브/윤종은 옮김, 『자동화와 노동의 미래: 탈희소성 사회는 어떻게 실현되는가?』, 36, 70.
18 아론 베나나브/윤종은 옮김, 『자동화와 노동의 미래: 탈희소성 사회는 어떻게 실현되는가?』, 76. 또한 닉 서르닉/심성보 옮김, 『플랫폼 자본주의』, 34ff.를 참조하라.

명의 성과는 노동의 해방과 생태계의 해방에 이바지하도록 자본의 독재에서 해방되어야 한다. 경제민주주의는 그러한 방안을 제시하는 것을 과제로 인수한다.

3. 경제민주주의의 확장: 경제민주주의의 생태학적 차원과 지구적 지평

본래 경제민주주의는 국민국가의 틀에서 노동과 자본의 권력관계에 집중했고, 그 해결책을 기획했다. 그렇기에 경제민주주의를 제시한 이론가들은 노동과 자본이 맞물려 돌아가는 경제계가 생태계와 어떤 관계에 있는가에 관심이 없었고, 국민국가의 영역을 넘어서는 지구 경제를 염두에 두지 않았다. 그것이 전통적인 경제민주주의의 한계다. 그 한계를 넘어서서 경제민주주의의 생태학적 차원과 지구적 지평을 고려하면서 경제민주주의의 과제를 설정하는 것은 우리 시대의 큰 도전이다. 아래서는 이와 관련해서 유념할 점을 몇 가지 제시하고자 한다.

첫째, 생태계의 파국적 위기와 지구적 차원의 금융화 효과에 대응하기 위해 경제민주주의의 생태학적 차원을 고려하고 경제민주주의의 지구적 지평을 확보하는 것은 당연한 시도지만, 그러한 기획은 자본의 독재를 해체하고 노동과 자본의 관계를 민주화하려는 정치사회적 기획인 사회적 경제민주주의와 함께 가야 한다. 시장경제가 존속하는 동안 사회적 경제민주주의는 시장경제체제를 규율하는 방식으로서 그 유효성을 상실하지 않을 것이다. 따라서 우리 시대의 상황과 과제에 충실한 방식으로 경제민주주의를 발전시키려면 앞의 1에서 정리한 사회적 경제민주주의의 합리적 핵심을 계속 살려 나가야 한다.

둘째, 경제민주주의는 기존의 경제민주주의가 보였던 생태학적 빈곤을 넘어서야 한다. 전통적인 경제민주주의에서 생태학적 사유가 결여한 까닭은 경제민주주의가 태동하던 시기에 생태계 위기가 심각하지 않았고, 당대의 경제학이 '자연의 망각'에 빠져 있었기 때문이다. 경제민주주의의 지향점을 밝힌 마르크스는 예외적으로 자연과의 신진대사를 이성적으로 통제할 수 있는 경제 운영 방식에 관심을 표명함으로써 경제계와 생태계의 연관을 사유할 수 있는 전망을 열었지만, 생태학적 관점에서 경제를 규율하는 데 필요한 이론이나 제안을 내놓지 않았다.

경제민주주의의 생태학적 차원은 생태학적 경제학이 태동하고 발전하면서 부각하기 시작했다. 생태학적 경제학은 자연의 망각에 빠져 있는 경제학의 미몽을 뒤흔들고 생태계와 경제계의 에너지-물질 순환을 치밀하게 살폈고, 경제체제를 생태학적으로 규율할 수 있는 실마리를 제시하기 시작했다. 생태학적 경제학뿐만 아니라 생태학적 법학도 경제민주주의의 생태학적 확장을 촉진했다. 생태학적 법학은 '자연의 권리'를 창설하여 자연의 권익을 보호하는 제도적 방안을 마련하자는 논의를 시작했다. 만일 '자연의 권리'가 헌법 규범으로 확립되어 생태학적 법치국가가 세워진다면, '자연의 권리'를 대변하는 단체는 경제계의 권익을 대변하는 단체에 맞서서 경제계가 생태계의 권익을 침해하고 생태계의 안정성과 건강성을 파괴하지 못하게 할 수 있을 것이다. 그것은 결국 생태계와 경제계의 권력 균형과 이익 균형을 유지하는 제도를 창설해야 한다는 뜻이다. 경제민주주의는 바로 그러한 제도를 확립하는 이치를 제시함으로써 생태학적 경제민주주의로 진화해야 한다. 생태학적 경제민주주의 구상의 핵심 내용과 시장경제의 생태학적 규율에 관해서는 본서 제IV부에서 본격적으로 논의될 것이다.

사회적 경제민주주의와 생태학적 경제민주주의가 정교하게 가다듬어지고 그 둘이 체계적으로 결합한다면, 경제민주주의는 사회적이고 생태학적인 경제민주주의라는 이름을 가질 것이다. 사회적이고 생태학적인 경제민주주의는 생태계와 경제계의 권력 균형과 이익 균형을 통해 생태계를 보전하는 조건 아래에서 자본과 노동의 관계를 민주화해서 생태학적 정의와 사회정의에 충실하게 시장경제를 규율하려는 구상일 것이다. 그러한 구상은 시장경제를 규율하는 여러 차원 가운데 국민경제를 규율하는 차원에서 가장 체계적으로 나타날 것이다. 왜냐하면 국민경제의 규율에서 생태계 보전, 생산과 소비의 거시균형, 성장과 복지의 조화, 내수와 수출의 조율, 화폐 가치의 안정 등이 기본 목표로 설정되어야 할 것이고, 그 목표를 달성하기 위해 국가는 사회적 합의와 정치적 합의를 거쳐 생태계와 노동조건에 결정적 영향을 미치는 여러 정책을 조율하고 수립하고 집행하여야 할 것이기 때문이다.

셋째, 경제민주주의는 지구적 지평을 확보해야 한다. 금융자본과 생산자본이 국민경제의 영역을 넘어서서 지구적 차원에서 움직이는 상황은 국민경제의 틀에 얽매여 있었던 경제민주주의에 큰 도전이 되었다. 경제민주주의는 공장과 기업, 산업 부문, 국민경제 차원에서 노동과 자본의 관계를 규율하는 방안을 모색했을 뿐, 지구적 차원에서 운동하면서 노동과 생태계를 착취하고 수탈하는 금융자본과 생산자본에 어떻게 대항할 것인가를 놓고 충분히 설득력 있는 방안을 제시하지 못했다. 이미 본서 제II부에서 대강 살핀 바와 같이 금융화와 경제의 지구화는 달러 패권체제를 바탕에 둔 포스트-브레턴우즈체제를 통해 작동하고 있다. 국제통화기금(IMF), 세계은행, 세계무역기구(WTO), 국제결제은행,

미국 금융시스템 등이 긴밀하게 결합하여 움직이는 포스트-브레턴우즈체제를 해체하고 지구적 차원에서 노동과 자본, 생태계와 경제계의 관계를 민주적으로 규율하는 제도적 방안을 제시하는 것은 오늘의 경제민주주의가 지구적 차원에서 맡아야 할 큰 과제다. 생태학적이고 사회적인 경제민주주의의 관점에서 지구 경제를 규율하는 방안은 본서 제IX부, 제X부, 제XI부에서 체계적으로 논의될 것이다.

맺음말

　본서 제III부에서 필자는 경제민주주의가 시장경제체제를 규율하는 유력한 방식이라는 것을 논증하고, 경제민주주의의 다양한 구상과 실험을 분석하여 경제민주주의의 합리적 핵심을 드러내고, 그 합리적 핵심을 살려 나가면서 우리 시대의 도전에 대응하는 경제민주주의의 새로운 과제들을 제시했다. 경제민주주의는 애초에 자본주의 사회에서 자본의 독재를 해체하고 노동과 자본의 관계를 민주화하려는 정치사회적 기획이었지만, 인공지능과 플랫폼 자본주의의 발전에 대응해서 경제민주주의의 과제를 가다듬어야 하고, 생태계 위기와 금융과 경제의 지구화에서 비롯된 파국적 상황에서 생태학적 차원과 지구적 지평을 갖는 포괄적인 기획으로 경제민주주의를 발전시켜야 한다. 사회적 경제민주주의가 생태학적 경제민주주의와 유기적으로 결합하여 사회적이고 생태학적인 경제민주주의로 정립되고, 거기 더하여 지구적 차원으로 그 지평을 넓히게 되면, 우리 시대의 경제민주주의는 지구적 전망을 갖는 사회적이고 생태학적인 경제민주주의라는 이름을 갖게 된다. 그것은 매우 종합적인 구상이고 포괄적인 실천 방안이다.
　그러한 종합적이고 포괄적인 경제민주주의 구상과 실천을 단번에 체계적으로 제시할 수는 없다. 그 내용이 워낙 복잡하고 방대하기 때문이다. 그렇기에 경제민주주의 구상과 실천은 단계적으로 서술될 수밖에 없다. 시장경제체제의 기본 얼개에서 비롯되는 근본 문제들을 고려한다면 그러한 단계적 서술은 우리 시대의 시장경제체제에서 여전히

자본의 축적과 팽창의 핵심 고리인 자본의 노동 포섭을 해체하는 정치
사회적 기획으로서 사회적 경제민주주의의 과제를 제시하고, 그 과제
를 충실하게 수행하는 데서 시작하는 것이 논리적 순서에 맞다. 그러나
필자는 그러한 문제의식이 충분히 공유되었다고 전제하고, 이 책에서
는 시장경제의 생태학적 규율을 먼저 다루고자 한다. 그렇게 서술 순서
를 잡은 까닭은 생태계 위기와 기후 파국이 워낙 심각하므로 먼저 생태
계 보전의 조건 아래서 시장경제체제를 운영하는 방식을 제시하고, 그
다음에 노동과 자본의 민주적 관계와 소득분배에 관한 거시경제 계획
을 논의하는 것이 이치에 맞는다고 생각하기 때문이다.

　따라서 필자는 본서에서 먼저 시장경제의 생태학적 규율을 다루고,
그다음에 시장경제의 사회적 규율을 논하고, 끝으로 지구 경제의 민주
적 규율을 제시한다. 시장경제의 사회적 규율과 지구 경제의 민주적 규
율은 매우 많은 측면이 있고, 각 측면에서 전문적으로 논의해야 할 내용
이 방대하기에 그 측면들을 별도로 나누어 고찰할 필요가 있다. 그도
그럴 것이 본서 제II부에서 확인한 바와 같이 시장경제의 기본 얼개에
서 비롯되는 근본적인 문제들을 해결하는 방안을 제시하는 것이 시장
경제 규율의 과제이기 때문이다. 그런 점을 고려해서 필자는 제IV부에
서 시장경제의 생태학적 규율을 다루고, 제V부에서 작업장, 기업, 산업
부문, 국민경제를 사회적으로 규율하는 방안을 제시하고, 국민경제의
규율에서는 시장경제의 생태학적 규율과 사회적 규율이 서로 유기적으
로 결합한다는 점을 밝힐 것이다. 그다음에 제VI부, 제VII부, 제VIII부
에서는 국민경제를 규율하는 차원에서 중시되는 과제이지만, 전문적으
로 깊이 다루어야 할 부동산 불로소득의 문제, 기본소득의 문제, 재정과
금융의 민주적 통제의 문제 등을 별도로 다룬다. 끝으로 사회적이고 생

태학적인 경제민주주의의 관점에서 지구 경제를 규율하는 방안과 관련해서 제IX부에서는 달러 패권체제의 종식과 그 대안의 모색, 제X부에서는 지구적 차원에서 금융자본의 통제, 제XI부에서는 세계무역체제의 규율을 다룬다.

1장 생태계 위기와 그 원인
2장 '자연의 권리'에 근거한 생태학적 경제민주주의
3장 시장경제의 생태학적 규율의 세 가지 핵심 과제

머리말

오늘 인류는 걷잡을 수 없이 악화하는 생태계 위기와 기후 파국으로 인해 인류 문명의 자연적 기반이 송두리째 무너지리라는 위기의식에 사로잡혀 있다. 그러한 생태계 위기와 기후 파국을 불러들인 장본인은 결정적으로 대량생산과 대량소비를 서로 맞물리게 하는 시장경제체제이고, 그러한 시장경제체제의 핵심 문제는 자본의 축적과 팽창 메커니즘이다. 시장경제체제의 가장 괄목할 만한 특징인 대량생산과 대량소비의 결합과 그 규모의 끊임없는 확장은 생태계와 경제계 사이의 에너지-물질 순환을 교란해서 생태계의 안정성과 건강성을 회복 불가능한 수준까지 파괴하고 있다.

일찍이 칼 폴라니는 시장경제가 상품이 될 수 없는 것을 마치 상품인 양 생각하는 '상품 허구'에 사로잡혀 있다고 갈파하고, 자연 자원을 그러한 상품 허구의 하나로 지목했다. 그는 자연 자원이 자연의 유기적 연관으로부터 추출되어 상품으로 거래되면서 거대한 '사탄의 맷돌'에 갈리게 되었다고 비유했다.[1] 자연이 자연 자원으로 축소되고 그 자연 자원이 경제 활동을 위해 무한정 공급된다는 '자연 상수' 관념이 자리를 잡자, 자연은 약탈의 대상이 되고 경제 활동의 부산물을 내다 버리는 쓰레기장으로 격하되었다.[2] '상품 허구'와 '자연 상수'의 관념은 개별적인 생명체와 무생물체가 자연의 유기적 전체를 구성하고, 그것들이 자

---

1 '상품 허구'에 관해서는 본서 제II부 2장 1.3을 보라.
2 '자연 상수'에 관해서는 본서 제II부 2장 3을 보라.

연의 유기적 전체의 일부로 존속할 권리가 있고, 그 유기적 연관 속에서 그 나름의 고유한 가치를 지닌다는 것을 완전히 부정하는 독특한 자연 이해를 전제한다. 그러한 근대적 자연 이해는 기계적 자연관, 대상 구성적이고 대상 지배적인 인식론, 자연을 인간의 처분에 맡기는 소유권 관념 등에 새겨져 있다. 자연의 고유한 가치를 반영하지 못하는 가격 장치, 자연의 지배와 수탈을 뒷받침하는 소유권제도, 생태계의 안정성과 건강성을 파괴하는 대량생산과 대량소비 등 시장경제의 핵심 장치들은 모두 근대적 자연관을 전제한다.

따라서 생태계 위기와 기후 파국의 문제는 근대적 자연관의 해체와 대량생산-대량소비 시스템의 해체를 동시에 추구할 때 비로소 그 해결의 실마리를 찾을 수 있을 것이다. 그것은 자연을 지배와 수탈의 대상으로 보는 근대적 세계관을 넘어서서 자연을 권리의 주체로 인정하는 생태학적 세계관으로 나아가고, 생태계의 안정성과 건강성을 보전하는 조건 아래에서 생산과 소비를 조정하는 것을 의미한다. 자연의 권리의 인정과 생태계 보전은 시장경제의 생태학적 규율을 이끄는 두 가지 윤리적 원칙이다. 그러한 두 가지 원칙에 따라 시장경제체제를 규율하려면, 생태계의 권익을 대표하는 주체와 경제계의 권익을 대표하는 주체가 대등하게 마주 앉아 서로 충돌하는 두 권익의 균형을 추구할 수 있어야 한다. 그것이 생태학적 경제민주주의의 관점에서 생태계와 경제계의 권력 균형과 이익 균형을 제도적으로 실현하는 방안의 핵심이다. 그러한 생태학적 경제민주주의제도는 자연을 권리의 주체로 인정하는 헌법 규범이 창설되어야 비로소 구성될 수 있다.

생태학적 경제민주주의가 제도적으로 확립되면, 자연에 대한 수탈과 지배를 가능하게 하는 소유권을 생태학적으로 개정하고, 자연의 고유한 가치를 반영하도록 가격 장치를 보완하는 일도 순조롭게 진행될 수 있을 것이다. 또한 생태계가 경제적 부를 증진하는 데 이바지한 몫을 생태계에 돌려주는 생태학적 소득분배 방안도 생태학적 경제민주주의의 관점에서 설득력 있게 제시할 수 있을 것이다. 생태학적 소유권, 생태학적 가격 장치, 생태학적 소득분배 — 이 셋은 시장경제를 생태학적으로 규율하는 기본 설계도다.

그러한 설계도를 작성하기 위해 필자는 제IV부에서 먼저 생태계 위기와 기후 파국의 현상 형태를 약술하고, 그 위기의 원인을 사상사적 측면과 경제체제의 측면에서 정리한다. 그다음에 생태학적 헌정 질서의 핵심 개념인 '자연의 권리'를 규명함으로써 생태학적 경제민주주의의 법제화 방안을 제시한다. 마지막으로 시장경제의 생태학적 규율을 위한 제도적 장치로서 생태학적 소유권 개혁, 가격 장치의 생태학적 재구성, 국민경제 수준의 생태학적 소득분배 등을 차례대로 다룬다.

1장
생태계 위기와 그 원인

생태계 위기는 인류가 직면한 가장 큰 위기이고, 그 위기를 극복하지 않으면 인류 생존의 자연적 기반은 무너지고 말 것이다. 생태계 위기를 불러온 결정적인 요인은 시장경제체제이지만, 그 배후에는 인간의 자연에 대한 지배와 수탈을 정당화하는 세계관이 도사려 있다. 여기서는 먼저 생태계 위기의 현상 형태를 간략하게나마 서술하고 그 요인을 분석한다.

1. 생태계 위기의 현상 형태

생태계 위기는 인간의 경제 활동으로 인해 생태계와 경제계의 균형이 무너져서 발생한 현상이다. 인간은 경제 활동을 펼치면서 지구의 모습을 바꾸어 놓았고 걷잡을 수 없는 생태계 위기를 초래했다. 지구의 자연 가운데 인간의 경제 활동에서 벗어난 무구한 자연은 더는 없다. 경제 활동의 부산물인 쓰레기가 산천과 들판과 호수와 바다를 더럽히고 있다. 매우 처리하기 힘든 플라스틱 쓰레기가 바다를 덮다시피 하고, 그 쓰레기의 규모는 한반도 넓이의 여섯 배에 달한다고 한다. 화석연료의 사용과 쓰레기 소각 등에서 발생하는 미세먼지가 갈수록 심해져서 일상생활이 곤란해지고, 인체의 가장 깊숙한 곳까지 침투하여 건강을 크게 위협하고 있다. 대기권에 쌓인 온실가스로 인해 지구온난화가 급속히 진행되고 엄청난 기후변화로 말미암아 과거의 문명 지역이 더는 유지될 수 없으리라는 우려가 커지고 있다. 한반도만 하더라도 지구온난화의 영향 아래 저지대가 침수되고, 심지어 한반도 곳곳이 사막으로 변할 가능성이 매우 크다고 한다.

생태계 위기는 생태계의 건강성과 안정성이 위협받는 현상이다. 생태계의 건강성은 생태계를 구성하는 종의 다양성이 풍부하고, 다양한 생명체들이 서로 의존하고 상호 유기적으로 결합하여 있는 상태를 말한다. 만일 생명체들이 이루고 있는 네트워크에서 한 자리를 차지하고 있는 종(들)이 약화하거나 소멸한다면, 그 네트워크는 크게 동요되거나 와해하고, 그 네트워크에 의존하고 있는 생명체들은 건강하게 살아가기 힘들고, 심지어 존속하기 어려운 상태에 처할 수 있다. 생태계의 건강성이 심각하게 파괴되었음을 보여주는 예들은 도시 구역과 공장 지역의 확대, 도로망 구축, 농업과 축산업 등에 의한 광범위한 서식지 파괴, 산성비로 인한 지표면과 숲의 황폐화, 먹이사슬의 교란, 인수공통감염병의 빈발과 확산, 적조 현상[1] 등 이루 헤아릴 수 없이 많다. 생태계

---

1 적조 현상은 생태계의 안정성이 깨짐으로써 생태계의 건강성이 어떻게 파괴되는가를 보여주는 적절한 예일 것이다. 적조 현상은 바다가 유기물질을 분해하여 바다 생태계의 안정성을 유지할 수 있는 '자정 능력'의 임계치를 넘어설 때 발생한다. 바다 생태계에 유기물질이 대량으로 유입되고 수온이 올라가면, 유기물질이 대량으로 분해되는 과정에서 바다의 산소가 빠른 속도로 고갈되고, 그 결과 플랑크톤을 위시하여 어패류가 떼죽음을 당한다. 바다 생태계의 건강성이 일시에 파괴되는

의 건강성은 생태계의 안정성과 긴밀하게 연관되어 있다. 생태계의 안정성이 교란되거나 붕괴할 때 생태계의 건강성은 파국에 이른다.

생태계의 안정성은 거대한 시스템을 이루고 있는 생태계에서 에너지와 물질의 흐름이 균형을 유지하는 상태를 가리킨다. 지구의 에너지 순환에 결정적인 영향을 미치는 태양 에너지를 예로 들어 설명한다면, 태양 에너지는 지구에 도달하여 그 일부가 녹색 식물의 광합성 작용을 통해 지구에 축적되지만, 나머지는 수증기의 분자 운동을 통해 폐열(廢熱)의 형태로 우주 공간으로 방출된다. 그것이 지구의 열평형을 유지하는 기제이다. 만일 지구의 열평형이 깨지면, 생명체의 생존 기회는 크게 악화한다. 대기권에 이산화탄소가 과잉 축적되면, 온실효과에 따라 복사열이 발생하고 대기 온도가 높아진다. 그 결과 생태계의 안정성이 깨지고 생명권의 존속이 위협당하는 매우 심각한 사태가 벌어진다. 그것을 보여주는 결정적인 실례가 오늘 인류가 겪고 있는 기후 파국이다.

여기서는 생태계의 건강성과 안정성이 위협받는 수많은 예를 일일이 열거하기보다 확실한 것을 한 가지 말해두는 것이 더 나을 것이다. 생태계가 건강성과 안정성을 상실하게 되면, 생태계를 기반으로 해서 발전하고 있는 인류의 문명도 붕괴하지 않을 수 없다는 것이다.

2. 생태계 위기의 원인

생태계 위기는 여러 가지 요인들이 함께 작용하면서 파국적인 양상

것이다. 그것이 바로 적조 현상이다. 이에 대해서는 W. Tischler, *Einführung in die Ökologie*, 3. Aufl. (Stuttgart [u.a.]: Fischer, 1984), 170을 보라.

을 띠게 되었다. 그 요인들은 크게 두 가지 범주로 나눌 수 있다. 하나는 사상적 요인들이고, 다른 하나는 경제체제와 관련된 요인들이다.

2.1. 사상적 요인

이미 제II부 3장 1과 3에서 필자는 시장경제가 '자연 상수'와 '상품 허구'를 전제하는 것이 문제임을 지적한 바 있다. 주류 경제학은 '자연 상수'와 '상품 허구'를 당연한 전제로 여겨왔다. 그러한 자연 이해는 그 뿌리가 근대의 인간 중심적이고 기계적인 자연관에 뻗쳐 있다. 근대의 인간 중심적이고 기계적인 자연관은 자연의 지배를 문명 발전의 토대로 사유한 프랜시스 베이컨(Francis Bacon)의 문명 기획, 자연을 무한히 분할 가능한 물체로 인식한 르네 데카르트(René Descartes)의 자연관, 그 연장선에 있는 아이작 뉴턴(Sir Isaac Newton)의 정역학과 임마누엘 칸트(Immanuel Kant)의 인식론, 자연에 대한 소유권을 이론적으로 뒷받침한 존 로크(John Locke)의 소유 자유주의 사상 등으로 표현되었다.

프랜시스 베이컨은 "지식은 곧 권력이다"(scientia est potentia)라는 명제를 제시했다. 그 명제는 자연에 관한 지식이 자연을 지배할 수 있는 권력의 원천이라는 뜻이다.[2] 자연에 관한 지식을 얻기 위해서는 자연을 단순히 관찰하는 데 그쳐서는 안 되고, 끝없는 질문과 실험과 증명을 통해서 자연이 감추고 있는 비밀을 속속들이 캐내야 한다. 그 지식을 갖고서 인간은 자연을 철저하게 지배하는 힘을 행사할 수 있다. 그러한 자연의 지배가 문명 발전의 바탕이다. 베이컨은 당대의 탁월한 이신론

---

2 *Bacon's Novum Organon*, ed. with Introduction, Notes etc. by Th. Fowler, 2. corrected and revised edition (Oxford: Clarendon Press, 1889), 180.

자(理神論者)로서 자연에 대한 지배 능력을 얻는 것이 아담의 타락 이후 인류가 상실한 신의 형상(imago Dei)을 회복하는 길이라고 생각했다. 신이 창조한 인간은 본래 신의 형상으로서 세상에 대한 지배(dominium terrae)를 위임받았다고 베이컨은 믿었다. 따라서 자연 지배에 근거한 문명 기획은 베이컨에게는 구원의 드라마였다.

데카르트는 자연을 지배의 대상으로 본 베이컨의 관점에서 한 걸음 더 나아갔다. 지식의 확실성을 추구하고자 했던 데카르트는 방법적 회의를 통해서 '사유하고 있음'의 확실성만큼은 더 의심할 수 없다고 인정하고, 사유를 그 속성으로 지닌 것(res cogitans), 곧 의식을 확실한 지식의 출발점으로 삼았다. 그리고 의식에 마주 선 대상의 속성을 연장으로 규정하고, 연장의 속성을 가진 것(res extensa)을 물체로 명명했다.[3] 자연이 생명체와 무생물체로 구성된 복잡한 유기체라는 것을 도외시하고 자연을 연장의 속성을 지닌 물체로 추상화하자마자 자연은 공간적으로 무한히 분할될 수 있다고 생각되었다. 그러한 자연 이해로부터 데카르트는 미분학을 창안했고, 미분학은 자연을 기계로 다룰 수 있게 했다. 무한히 분할되는 자연은 인간이 기계를 조작하듯이 쉽게 지배할 수 있는 대상으로 여겨졌다.

데카르트가 확립한 기계적 자연관은 뉴턴의 정역학에서 그 정점에 이르게 되었다. 뉴턴의 정역학은 근대 자연과학과 기술과학의 토대가 되었고, 칸트의 인식론에서 철학적 근거를 얻게 되었다. 의식철학의 틀에서 인식론을 구축한 칸트는 감각을 통해 이루어지는 대상의 잡다한 경험을 분류하고 정리하는 능력이 인간의 오성에 있다고 보고, 그 능력

---

3 R. Descartes, *Von der Methode des richtigen Vernunftsgebrauches und der wissen-schaftlichen Forschung*, übers. und herg. von L. Gaebe (Hamburg: Meiner, 1960), 59.

이 오성의 순수형식, 곧 범주를 통해 드러난다고 보았다.[4] 그것은 대상에 대한 지식이 인간의 오성에 의해 구성된다는 뜻이다. 칸트는 그 오성형식이 대상을 분류하고 정리하는 의식의 작용에 앞서서 주어져 있는 순수한 형식이라고 보았기 때문에, 그 오성형식이 자연을 기술적으로 지배하고자 하는 이해관계를 반영하고 있다는 것을 내재적으로 비판하고 성찰할 수 없었다. 따라서 칸트에게서는 대상 구성적이고 대상 지배적인 인식론이 자기비판의 계기 없이 공고하게 구축되었다.[5]

자연에 대한 지배권은 인간이 자연을 소유할 수 있다는 사상에 의해 공고화된다. 그 사상은 존 로크에게서 노동소유권 이론의 형태로 확립되었다. 노동소유권은 군사적 점령지의 사유화에 기초한 고대 로마 사회의 대토지소유제(latifundium)나 왕과 가신의 봉토 수여 관계에 토대를 둔 중세 봉건영주의 영지 지배권과는 전혀 다른 방식으로 소유를 정당화했다. 로크에 따르면, 인간의 몸에 깃든 노동력은 바로 그 몸을 지닌 당사자의 것이고, 그 노동력을 갖고 일을 해서 얻은 것은 그 사람의 소유이다. 예를 들면 개간한 땅은 그 땅을 개간하기 위해 노동한 사람의 소유물이다.[6] 그렇기에 땅과 땅 위에 있는 모든 것이 인류에게 주어진 공유부라는 것과 그것에 노동을 가하여 취한 것이 그 노동을 한 사람의

---

4 I. Kant, *Kritik der reinen Vernunft*, hersg. erläut. und mit einer Lebensbeschreibung Kant's versehenen von J. H. Kirchmann (Berlin: Heimann, 1868), 121ff.

5 Alfred Sohn-Rethel, *Geistige und Körperliche Arbeit: Zur Theorie der gesellschaftlichen Synthese*, 1. Aufl. der revid. und ergänz. Ausgabe (Frankfurt am Main: Suhrkamp, 1972), 32. 아도르노는 칸트의 인식론에 대한 메타 비판을 통해 칸트가 전제한 '순수한 감성 형식' 자체도 결단코 직관이 아니라 사상적 구성물이라고 지적한다. 이에 대해서는 Th. Adorno, *Zur Metakritik der Erkenntnistheorie* (Frankfurt am Main: Suhrkamp, 1972), 151을 보라.

6 J. Locke, *Zwei Abhandlungen über die Regierung, Bd. 2*, hg. u. einl. von W. Euchner (Frankfurt am Main: Europ. Verl.-Anst. [u.a.], 1967), § 25, § 27.

사적인 소유라는 것은 로크에게는 서로 모순을 이루지 않았다.7 로크는 땅에 대한 사적인 소유가 다른 사람이 생활하는 데 필요한 땅을 남겨두는 것을 그 한도로 한다는 단서를 달아 두기는 했으나, 그의 노동소유권 이론은 인클로저를 통해 탈취한 공유지의 사유화를 정당화하는 데 크게 이바지했다. 로크의 노동소유권 이론은 1) 자연을 유기적 전체로 보지 않고 자연을 여러 부분으로 쪼갤 수 있다는 것, 2) 인간이 개입하여 자연 일부를 소유할 수 있다는 것, 3) 인간은 그렇게 쪼갠 자연을 임의로 수탈하여 자신이 필요한 것을 취할 권리가 있다는 것을 논리적으로 전제하고 있다.

앞에서 본 것처럼 프랜시스 베이컨, 르네 데카르트, 아이작 뉴턴, 임마누엘 칸트 등은 자연을 대상화하고 자연에 대한 지배를 뒷받침하는 근대적 자연관을 가다듬었다. 존 로크의 노동소유권 사상은 근대적 자연관을 포섭하여 장차 과학기술과 자본주의를 결합하는 형식을 제공하였다고 볼 수 있다. 자연을 구성하는 삼라만상이 상호 결합하고 상호 의존하면서 중층적인 관계들의 망상구조를 형성하고, 그 망상구조의 안정성과 건강성이 쉽게 깨질 수 있다는 통찰은 기계적 자연관, 대상 구성적이고 대상 지배적인 인식론, 자연의 분할과 지배와 수탈을 뒷받침하는 소유권 관념 등이 서로 유기적으로 결합한 근대적 세계관에 깃들 수 없었다.

---

7 J. Locke, 앞의 책, § 31: "말하자면 신은 땅을 정복하라는 계명을 통해 (인간에게) 땅을 점유하는 전권을 부여했다."

2.2. 경제체제적 요인

생태계 위기가 우리 시대를 지배하는 시장경제체제의 구성 원리와 운영 원리에서 비롯되었다는 것은 이미 이 책의 제II부 3장에서 상세하게 분석되었기에 여기서 이를 반복할 이유가 없다. 여기서는 그 요점만을 간추린다. 첫째, 시장경제체제는 자연이 경제 활동에 의해 영향을 받지 않고 원래의 상태가 유지된다는 '자연 상수' 관념을 출발점으로 삼았고, 시장경제체제의 학문인 주류 경제학도 자연 그 자체를 주제로 삼지 않았다. 자연 그 자체는 '망각'되었다. 주류 경제학의 관점에서 자연은 단지 자연 자원과 토지 같은 생산요소로 축소되었고, 상품으로 거래되었다. 둘째, 자연 자원이 자연의 유기적 전체 속에서 갖는 고유한 가치는 아예 고려되지 않고, 그것의 시장가치는 자연 자원을 생산요소로 가공하는 데 투입된 자본과 노동의 가치를 반영하는 데 그쳤다. 셋째, 경제계가 생태계 안에 자리를 잡은 개방계이고, 생태계와 경제계 사이에서 에너지-물질 순환이 이루어진다는 사실은 주류 경제학에서 전혀 인식되지 않았다. 따라서 주류 경제학은 부존자원의 고갈과 생태계 위기의 연관을 논의할 수 없었고, 생태계 위기와 사회적 가난의 내적 연관을 파악할 수 없었다. 넷째, 시장경제의 조정 장치인 가격 장치는 생태학적으로 실패했다. 시장가격은 자연의 고유한 가치뿐만 아니라 생태계의 안정성과 건강성도 반영할 수 없다.

3. 생태계 위기 분석에서 도출되는 시장경제의 생태학적 규율의 과제

앞의 2.1과 2.2에서 분석한 바와 같이 생태계 위기의 사상적 요인들과 경제체제적 요인들은 시장경제체제의 기본 논리에서 서로 분리할 수 없을 정도로 단단하게 결합해 있다. 근대의 기계적 자연관이 확립되지 않았다면 자연을 자연 자원과 토지로 축소하거나 인간이 자연을 소유하고 임의로 지배할 수 있다는 관념이 성립할 수 없었을 것이다. 시장경제체제는 바로 그러한 관념에 바탕을 두고 있다.

기계적 자연관과는 달리 생태학은 자연을 관계들의 현실로 파악하고, 그 관계들의 현실이 에너지-물질의 순환 관계 속에서 형성되고 유지된다고 설명한다. 자연을 구성하는 다양한 생명체들과 무생물체들은 서로 결합하고 상호 의존하면서 중층적이고 다면적인 관계들의 망상구조를 형성한다. 그러한 관계들의 망상구조 안에서 각각의 생명체와 무생물체는 자신의 고유한 위치를 차지하며 생태계 안에서 고유한 가치를 갖는다. 삼라만상이 각기 제 자리에서 중층적인 관계들의 망상구조를 이룰 때 생태계는 건강하다. 그러한 생태계의 건강성은 생태계에서 이루어지는 에너지-물질 순환의 변화에 극히 민감하다. 생태계 안에서 에너지-물질 순환이 교란되지 않고 안정적으로 이루어지는 상태, 곧 생태계의 안정성은 생태계의 건강성에 결정적인 영향을 끼친다. 그와 같은 생태학적 인식은 기계적 자연관에 근거한 시장경제체제를 해체적으로 재구성할 것을 요구하고, 시장경제체제를 생태학적 관점에서 규율할 것을 촉구한다. 이미 서론에서 밝힌 바와 같이 시장경제체제의 생태학적 규율의 첫걸음은 '자연의 권리'를 창설하여 생태학적 헌정 질서

를 수립하고 생태계와 경제계의 권력 균형과 이익 균형을 실현하는 생
태학적 경제민주주의를 제도화하는 것이다.

2장
'자연의 권리'에 근거한 생태학적 경제민주주의

생태학적 경제민주주의의 근거는 '자연의 권리'이고, 그것의 제도적 실현 조건은 생태학적 헌정 질서이다. 자연의 권리는 자연 그 자체가 국가를 상대로 해서 그 자신의 온전성(integrity)을 보호할 것을 요구할 권리다. 자연의 권리가 확인되거나 인정되면 자연이 권리의 주체가 되고, 국가가 수범자가 된다. 그렇게 되면 자연이 국가에 요구하는 행위를 국가가 자연을 위해 수행해야 할 의무가 발생한다.

그러한 자연의 권리는 에콰도르를 제외하고는 세계 어느 나라 헌법에서도 확립되지 않았다. 그것은 무엇보다도 근대에 확립된 권리 개념이 개인을 권리의 주체로 설정하는 주관적 권리에 머물러 있기에 나타나는 현상이다. 세계 여러 나라 헌법에 환경권이 기본권으로 명문화되어 있기는 하지만, 환경권은 개인이 환경을 누릴 권리를 가리킬 뿐이다. 환경권은 자연의 권리와는 아무 상관이 없고 도리어 자연을 대상화한다. 거기 더해서 개인의 권리인 환경권을 법과 제도를 통해 실효적으로 구현하기는 지극히 어렵다. 그러한 환경권의 한계를 넘어서기 위해 헌법에 환경보호를 국가 목표로 설정하기도 하는데, 그 경우에도 환경보호가 국가 목표들 가운데 하위 목표로 설정되어 실효성이 떨어질 수 있다. 이처럼 헌법에 환경권을 기본권으로 설정해도, 환경보호를 국가 목표로 설정해도 실효가 없다는 문제의식에서 자연을 권리의 주체로 인정하자는 주장이 나왔다.

아래서는 첫째, 기존의 헌법에서 환경권이나 환경보호를 규정하는 방식에서 나타나는 문제를 세밀하게 들여다본다. 둘째, 자연의 권리를 어떻게 창설할 것인가를 논한다. 마지막으로 셋째, 자연의 권리를 창설한 생태학적 법치국가에서 생태계와 경제계의 권력 균형과 이익 균형을 이루는 제도적 방안을 생태학적 경제민주주의의 틀에서 제시한다.

1. 기존 환경 헌법의 문제

환경권을 확립하는 방식은 환경 헌법의 명문화, 환경 법령의 제정, 국제 환경협약의 체결과 가입 등이다. 국제 환경협약 가운데 「생물다양성에 관한 협약」(1992), 「파리협약」(2015) 등과 같이 국제법의 지위를 갖는 협약에 가입하여 국회 인준을 거치면 국내 법령과 같은 효력이 발생한다.[1] 헌법은 헌정 질서를 규정하고 법률체계와 각 법률을 규율하는 최고 규범이기에 환경권이 헌법에 어떻게 규정되어 있는가는 매우 중요하다. 『유엔 환경 헌법 편람』은 환경권을 헌법에 실체적 권리로 명시한 나라들과 절차적 규정으로 명시한 나라들을 범주적으로 구별하고,

---

1 환경부에 따르면, 2015년 현재 우리나라가 가입하여 발효 중인 국제 환경협약은 「국제식물보호협약」(1953년 가입, 발효)을 위시하여 모두 57개에 달한다. 2016년에 가입한 「파리협약」 등을 합치면 그보다 더 많다.

앞의 범주에 속한 나라들을 아르헨티나, 브라질 등 27개국으로 꼽고, 뒤의 범주에 핀란드, 프랑스 등 22개국이 속한다고 밝히고 있다.[2] 물론 환경 헌법을 채택하는 나라의 수효는 『유엔 환경 헌법 편람』에 예로 든 49개국보다 훨씬 더 많지만,[3] 모든 나라가 환경 헌법을 채택하고 있지는 않다. 영국과 미국처럼 판례법이 중시되는 나라들에서는 환경권이 헌법에 규정되어 있지 않다.[4]

『유엔 환경 헌법 편람』에서 환경권이 헌법에 실체적 규정으로 명시되었다고 하는 것은 환경권이 헌법 권리장전의 한 항목으로 명시되었다는 뜻이고, 절차적 규정으로 명시되었다는 것은 환경보호가 국가 목표로 설정되었다는 의미이다. 앞의 유형은 스페인 헌법(1978)에서 최초로 나타났고,[5] 뒤의 유형을 보이는 최초의 예는 알바니아 헌법(1976)이다.[6] 그와 같이 환경권을 헌법에 명시하고자 하는 각국의 움직임은 세계 최초로 건강한 환경을 누릴 인간의 권리를 공식적으로 천명한 "1972년 스톡홀름 유엔인간환경회의 선언" 이후에 활성화되었다. 그 선언은

---

2 James R. May · Erin Daly ed., *JUDICIAL HANDBOOK on Environmental Constitutionalism*, *UNITED NATIONS ENVIRONMENT PROGRAMME* (2017), 264-270.

3 박진완은 전 세계 196개국 가운데 148개국이 환경보호에 관련된 규정을 헌법에 두고 있다고 하고, 그 효시를 자연경관의 보호를 규정한 1947년 이탈리아 헌법 제9조로 본다. 이에 대해서는 박진완, "헌법상 환경보호의 비교헌법적 분석," 「법학논고」 62(2018): 5-6을 보라.

4 물론 미국에서는 연방헌법 차원의 환경권 규정은 없지만, 하와이, 일리노이, 매사추세츠, 몬태나, 펜실베이니아, 로드 등 6개 주는 환경권을 주 헌법에 명시하고 있다.

5 환경권을 헌법의 기본권 항목에 설정한 대표적인 예는 스페인 헌법 이외에 터키 헌법(1982), 에콰도르 헌법(1984), 니카라과 헌법(1987), 브라질 헌법(1988), 이란 헌법(1989), 페루 헌법(1993), 러시아 헌법(1993), 남아프리카공화국 헌법(1996), 핀란드 헌법(1996), 불가리아 헌법(1997), 포르투갈 헌법(1997) 등이 꼽힌다.

6 환경권을 국가 목표로 설정하는 전형적인 유형은 알바니아 헌법(1976) 이외에 태국 헌법(1978), 네덜란드 헌법(1983), 오스트리아 헌법(1984), 파나마 헌법(1984), 인도 헌법(1985), 그리스 헌법(1986), 스위스 헌법(1991), 에스토니아 헌법(1993), 독일 기본법(1994), 아르메니아 헌법(1995), 북한 헌법(1998), 중화인민공화국 헌법(1999) 등을 꼽을 수 있다.

바로 그해에 "성장의 한계"(Limits to Growth)라는 제목으로 발간된 로마 클럽보고서[7]와 함께 시민사회와 여론이 국가가 환경권 보호에 나서도록 압력을 가하게 자극했다. 우리나라는 세계에서 둘째로 헌법 기본권 항목에 환경권을 규정했다. 1980년 제5공화국 헌법 제33조[8]에 우리나라 헌정사상 최초로 환경권이 기본권의 하나로 명시된 것이다. 1987년에 개정된 제6공화국 헌법에서도 환경권은 제35조[9]에 기본권의 하나로 규정되어 있다.

아래서는 먼저 환경권을 기본권으로 규정하는 것이 갖는 의미와 그 한계를 살피고, 그다음에 환경보호를 국가 목표로 설정하는 것의 의미와 그 한계를 논한다.

1.1. 기본권으로서의 환경권

환경권을 기본권의 하나로 규정할 때 어떤 효과가 나타나는가를 인식하려면 기본권의 형식과 그 실현 방식을 살필 필요가 있다. 기본권은 그 권리의 주체가 개인(person)이어서 주관적 권리의 형식을 취한다. 근대의 권리 사상에서 기본권은 국가가 개인에게 인정하거나 부여해서 성립되는 권리가 아니라 국가 이전에 모든 인간에게 이미 부여된 것으

---

7 우리나라에서 이 보고서는 1972년 "인류의 위기"라는 제목으로 번역되었다. D. H. 메도우즈 外/金昇漢 譯, 『人類의 危機: 「로마 클럽 레포오트」』(서울: 三星文化財團, 1972).

8 제5공화국 헌법 제33조 "모든 국민은 깨끗한 환경에서 생활할 권리를 가지며, 국가와 국민은 환경보전을 위하여 노력하여야 한다."

9 제6공화국 헌법 제35조: "①모든 국민은 건강하고 쾌적한 환경에서 생활할 권리를 가지며, 국가와 국민은 환경보전을 위하여 노력하여야 한다. ②환경권의 내용과 행사에 관하여는 법률로 정한다. ③국가는 주택개발정책 등을 통하여 모든 국민이 쾌적한 주거생활을 할 수 있도록 노력하여야 한다."

로 여겨지는 권리이다. 따라서 국가는 그 권리를 확인하고 보호할 의무를 지며, 결코 그 권리를 침해하는 행위를 해서는 안 된다. 개인이 권리의 주체이고, 국가가 권리 보호의 의무를 지는 수범자이고, 권리 침해가 발생하였을 때 개인의 요구에 따라 국가가 권리 침해를 제거할 책임을 진다. 그러한 권리 주장과 권리 회복은 국가를 상대로 할 수도 있고, 제3자를 향할 수도 있다. 국가에 의해 기본권을 침해받은 개인은 국가를 상대로 해서 그 침해 행위를 중단할 것을 요구하고, 그 침해로 인해 발생한 피해에 대한 배상을 요구할 수 있으며, 제3자에 의해 기본권이 침해되었을 경우 피해 당사자는 국가가 나서서 그 권리 침해를 제거할 것을 요구할 수 있다.

환경권을 기본권의 하나로 헌법에 명시할 때도 그 권리의 행사는 똑같이 나타난다. 환경권이 기본권으로 설정되는 한, 환경권의 주체는 개인이고, 그 권리의 형식은 주관적 권리이다. 이러한 주관적 권리의 형식에서 가장 먼저 눈에 띄는 것은 환경이 권리 행사의 주체인 개인에게 향유의 대상으로 설정되어 있다는 점이다. 환경권이 주관적 권리로 설정되는 한, 그것은 근대에 확립된 개인주의와 주객 도식과 인간중심주의를 전제한다. 거기서는 환경이 문자 그대로 인간을 중심으로 한 인간의 주위[10]를 뜻할 뿐이다.

문제는 깨끗하고 쾌적한 환경을 누릴 개인의 권리가 침해되었을 때 그 권리 침해의 배제와 권리 회복을 어떻게 할 것인가를 결정하기가 쉽지 않다는 것이다. 주관적 권리가 침해될 경우는 그 권리를 침해당한 개인이 권리 침해의 사실을 특정하고, 개인이든, 집단이든, 기업이든,

---

[10] 그것이 우리말 한자어 환경(環境), 독일어 Umwelt, 영어 environment의 본뜻이다.

국가기관이든 그 권리 침해의 장본인을 지목해야 한다. 환경권이 주관적 권리로 설정되는 한, 환경권 침해도 마찬가지이다. 그러나 환경권이 침해되었다고 주장하는 개인이 환경권의 침해 사실과 가해 당사자를 특정하기는 거의 불가능하다. 환경권을 침해하는 환경오염 같은 것은 여러 가지 요인들이 복합적으로 작용하여 장기간에 걸쳐 매우 넓은 범위에 누적되어 나타나는 현상이다. 사정이 그러할진대 개인이 어떻게 자신에게 피해를 준 환경오염원을 특정하고 가해 당사자를 지목할 수 있겠는가? 그러한 직접적 관련성이 제시되지 않는 한, 피해자는 권리 침해를 다투는 재판을 청구할 자격(원고적격 혹은 당사자적격)조차 인정받지 못할 공산이 크다. 따라서 환경권을 주관적 권리의 형식으로 설정한 뒤에 권리 침해에 대한 방어권 형식으로 환경권을 관철하고자 하는 시도는 성사되기 어렵다고 할 것이다.

그러한 사정을 고려하여 헌법학자들은 환경권이, 자유권적 기본권을 그 본질로 하더라도, 사회권적 기본권의 성질을 갖고 있다는 의견을 제시한다. 우리나라 헌법 제35조 1항 2문은 "국가와 국민은 환경보전을 위하여 노력하여야 한다"고 규정하여 국민 개개인만이 아니라 국가도 환경보호의 의무를 지는 주체임을 밝혀서 환경권이 사회권적 성질을 띠고 있음을 인정하고 있다. 사회권적 기본권과 자유권적 기본권은 모두 주관적 권리이지만, 그 성질은 다르다. 자유권적 기본권이 국가의 간섭이나 침해를 물리치는 것을 그 성질로 하는 데 반해, 사회권은 국가의 개입과 보장을 요구하는 것을 그 성질로 삼고 있다. 사회권적 기본권은 일차적으로 개인이 권리를 지키거나 구현하기 어려울 때 국가가 나서서 그 권리 실현의 조건을 형성하도록 청구할 권리에 바탕을 둔다. 그러한 청구권이 성립하려면 국가가 그 청구권을 승인하는 것을 전제하여야 한다.[11] 그 청구권이 승인될 경우 국가가 권리 실현의 조건을 어떻게 마련할 것인가를 놓고 권리 당사자들의 의견을 수렴하고 함께 결정하는 참여권이 성립할 수 있다. 그러한 사회권의 대표적인 실례는 노동권, 복지권, 교육권 등이다. 그러한 사회권의 성립과 실현은 국가가 그 권리 실현을 보장하기 위해 그 실현 조건을 형성하고자 하는 의지와 역량을 갖고 있는가에 크게 좌우된다. 사회 세력들 사이의 권력관계가 균형을 잃고 사회적 자원의 분배가 공평하지 않은 현대 사회에서 국가가 사회권을 보장할 의지를 갖지 않는다면, 그것은 큰 문제가 아닐 수 없다. 그러나 국가가 설사 그럴 의지를 갖는다고 하더라도 국가 역량이 그 의지를 뒷받침하지 않으면 사회권적 기본권의 실현은 국가에 의해 실효적으로 보장되지 않는다.

1.2. 국가 목표로서의 환경보호

헌법에 환경보호를 국가 목표로 설정하는 것은 환경권을 주관적 권리의 형식으로 규정할 때 나타나는 문제를 해결하기 위해서 나타난 시도이다. 그러한 헌법 규정을 채택한 독일을 예로 보면 국가의 환경보호 의무는 기본권 편에 규정되지 않고 국가 구성의 원칙 편에 국가 목표를 규정하는 별도의 조항에 명시되어 있다. 독일 기본법 20조a는 "국가는 미래 세대에 책임을 지기 위해 헌법 질서의 틀 안에서 입법을 통하여 그리고 법과 정의에 따라 행정권한과 사법 판결을 통하여 자연적 생활

---

11 사회권적 기본권이 청구권으로 발현된다는 것은 국가가 국민 개개인이 겪는 환경피해를 구제하기 위해 먼저 직접 나서지 않는다는 뜻이다. 그것은 환경권이 사회권적 성질을 갖고 있다고 하더라도 애초에 개인을 그 권리의 주체로 삼았기에 필연적으로 나타나는 현상이다.

기반과 동물을 보호한다"라고 되어 있다.[12] 이처럼 환경권 대신에 환경보호를 국가 목표로 설정하는 가장 결정적인 논거는 두 가지로 압축된다. 하나는 환경권을 주관적 권리로 설정할 경우 환경 문제를 실효적으로 해결할 방법을 마련하기 어렵기에 차라리 환경보호를 국가 목표로 명령하는 헌법 규범을 마련하는 것이 더 낫다는 것이다. 또 다른 하나는 주관적 권리로 규정되는 환경권이 인간중심주의에 포획되어 있기에 인간과 자연의 공존 관계를 담아내기에 부족하다는 것이다. 그런 점에서 독일 기본법이 환경보호의 대상을 '자연적 생활 기반'으로 규정한 것은 의미가 있다. 물론 '자연적 생활 기반'이 인간 문명의 자연적 기반을 넘어서서 자연의 살림살이(Naturhaushalt)까지 포함하는가는 입법을 통해 해결할 과제로 남아 있다.[13] 그러나 국가의 보호 대상을 '인간의 자연적 생활 기반'으로 좁게 규정하지 않고 '자연적 생활 기반'으로 넓게 규정함으로써 인간중심주의를 넘어설 수 있는 전망을 연 것은 매우 중요하다. 그 연장선상에서 2002년 기본법 개정을 통해 독일 입법부가 국가의 보호 대상을 '자연적 생활 기반과 동물'로 확대하여 인간과 공존 관계에 있는 자연과 생명체의 보전에 방점을 찍은 것도 주목할 만하다.

독일 기본법에서처럼 헌법이 국가에 환경보호를 명령한다고 해도 해결하기 어려운 문제는 여전히 남는다. 환경보호가 국가 목표로 설정된 이상, 환경보호 계명의 수신자는 국가로 특정되는데, 만일 국가가 그 목표를 달성하기 위해 그 어떤 행동도 하지 않는다면 어떻게 할 것인

---

12 독일 기본법은 독일 헌법이다. 독일 기본법 20조a가 1994년에 추가되었을 때는 '자연적 생활 기반'만이 국가의 환경보호 대상으로 규정되었으나, 2002년 기본법 20조a의 개정을 통하여 그 문언은 '자연적 생활 기반과 동물'로 확대되었다.

13 박규환, "독일기본법 제20a조에 관한 연구: 생태주의 사상의 헌법적 반영," 「서울법학」 23/3 (2016), 9.

가? 설사 그런 극단적인 경우가 나타날 리 없다고 해도 국가가 추구하는 목표들이 정합성을 갖지 않고, 예컨대 경제성장과 환경보호처럼 국가 목표들이 서로 경합하는 관계에 있다고 한다면, 헌법이 환경보호를 국가의 목표로 삼으라는 계명을 부여하는 것만으로는 국가의 환경보호가 실효적으로 보장되지 않을 수 있다. 그것은 환경권을 사회권적 기본권으로 설정할 때 나타나는 것과 똑같은 문제이다.

2. 자연의 권리

자연의 권리는 자연을 권리의 주체로 설정한다는 점에서 환경권을 기본권으로 설정하는 방식과 환경보호를 국가 목표로 설정하는 방식과는 큰 차이가 있다. 무엇보다도 두 방식이 부지불식간에 전제하는 인간중심주의가 자연의 권리 개념에는 들어설 자리가 없다. 본시 '자연의 권리'는 미국에서 환경 문제에 관한 재판 실무에서 성립한 개념이지만, 그 개념은 재판 실무를 훨씬 뛰어넘는 내용과 형식을 갖는다.

아래서는 자연의 권리가 환경 재판 실무에서 확립되어 간 과정을 살피고, 그다음에 자연의 권리에 바탕을 둔 생태학적 법치국가의 창설을 논하고, 끝으로 생태학적 경제민주주의의 제도화 방안을 제시한다.

2.1. 재판을 통해 자연의 권리를 확립하려는 노력

환경피해에 대한 재판에서 가장 어려운 것은 원고적격(혹은 당사자적격)을 인정받는 일이다. 환경파괴나 환경오염으로 인해 피해를 본 개인이 그런 행위의 중지, 원상회복, 손해배상 등을 청구하는 재판을 청구할 경우 그 개인과 환경피해의 직접적 관련성을 입증하지 못한다면, 그 개인의 원고적격이 인정되지 않고 재판 자체가 성립하지 않는다. 그런 일은 흔히 일어난다. 그런 일을 자주 겪다 보니 환경파괴나 환경오염의 피해를 겪는 자연이 아예 당사자로서 재판을 청구하면 원고적격 문제가 해결될 수 있다는 발상이 싹텄다.

1971년 미연방대법원은 시에라 클럽 대 머튼 사건(Sierra Club v. Morton)을 심리하고 있었다. 월트디즈니사가 미국산림청으로부터 시에라네바다 산맥의 미네랄 킹 계곡에 리조트 개발 허가를 받자 환경운동단체인 시에라 클럽은 그 허가의 위법을 확인할 것을 요구하는 소송을 냈다. 그 소송은 결국 상고의 길을 걷게 되었고, 시에라 클럽은 일관성 있게 자연의 이익을 내세워 개발 허가의 위법을 인정하라는 주장을 폈다. 연방대법원의 심리가 진행되던 중에 크리스토퍼 스톤(Christopher D. Stone)은 "나무도 당사자적격을 가져야 하는가? 자연물의 법적 권리를 위하여"라는 논문을 썼다. 그는 그 논문에서 회사가 법인의 지위를 갖듯이 자연물도 법인의 지위를 부여받아 법적인 권리를 주장할 수 있으며, 그 권리가 침해되었을 때는 권리행사방해의 배제, 원상회복, 손해배상 등을 요구할 수 있다고 주장했다.[14] 그 주장은 연방대법관 더글러스(William O. Douglas) 등에게 영향을 미쳤다. 비록 연방대법원의 다수의견은 자연물의 당사자적격을 인정하지 않고 소를 각하하였지만, 더글러스는 다음과 같이 소수의견을 냈다.

---

14 Christopher D. Stone, "Should Trees Have Standing? Toward Legal Rights for Natural Objects," *Southern California Law Review 45* (1972), 457f.

"만일 우리가 도로와 불도저 등으로 인해 파괴되거나 훼손되거나 침해를 겪는 자연물의 이름으로… 연방 기관이나 연방법원에 환경 문제에 대한 소송을 제기하는 것을 허용하는 연방 법률을 만든다면, '당사자적격'이라는 핵심 문제는 단순화되고 그 초점이 명확해질 것이다. 자연의 생태학적 균형을 보호하고자 하는 현시대의 대중적 관심은 환경을 구성하는 물체들이 자신을 보호하기 위해 소송을 제기할 수 있도록 그것에 당사자적격을 부여하자는 데까지 나아가고 있다. 따라서 이 소송의 원고와 피고는 미네랄 킹 대 머튼(Mineral King v. Morton)으로 조정되어야 마땅하다."[15]

1972년 연방대법원의 시에라 클럽 대 머튼 사건에 대한 각하 결정 이후에도 자연의 권리를 인정하자는 운동은 계속되었다. 그 운동이 거둔 의미 있는 성과는 크게 두 가지였다. 하나는 연방 법률에 대한 해석을 통해서 당사자적격을 확대하는 것이고, 다른 하나는 공공신탁이론을 환경 문제에 적용하는 것이었다. 먼저 연방 법률의 해석을 통해서 당사자적격을 확대하는 것은 자연의 권리를 창설하는 데 직접 이바지하지 못했지만, 간접적인 영향을 끼쳤다. 한 가지 예를 들면 미연방대법원은 "전력위원회가 발한 명령에 의하여 손해를 입은 당사자에게 재심사를 청구할 권리가 있다"라는 「미연방전력법」 제313조 b에서 '손해를 입은 당사자'를 경제적 손실을 본 사람에 국한하지 않고 자연의 미적, 보존적, 휴양적 측면이 침해당했다고 주장하는 사람들에게까지 확대했다. 그 결과 자연의 미적, 보존적, 휴양적 측면은 함부로 침해될 수 없는 것으로 확정되는 효과가 나타났다. 판례법 국가인 미국에서 그러한 판

---

15 Sierra Club v. Morton, 405 U.S. 727, 745-747 (S. Ct. 1972). 더글러스는 이 소수의견을 내면서 자연물에 법인격을 부여할 수 있다는 것과 공공신탁에 관해 쌓인 판례들을 참고할 것을 주장했다.

례의 확립은 환경 문제 해결에서 큰 진전을 이룬 것으로 볼 수 있다.16

그다음 미국에서 공공신탁이론은 자연의 권리를 확립하는 데 크게 이바지했다. 본래 공공신탁이론은 항행 가능 수역과 해안의 관리를 위해 1892년 미연방대법원에 의해 확립된 판례에 바탕을 두고 있다. 미연방의 창설 이래로 항행 가능 수역과 해안의 관리는 국가와 국민을 통합하는 중요한 역할을 해왔다. 따라서 항행 가능 수역과 해안에 대한 소유권이 연방정부에서 주 정부로 이양되었다고 하더라도 강 수역과 해안에서 자유로운 항행을 보장해야 할 주 정부는 강 수역과 해안을 임의로 처분할 수 없다는 것이 판결의 요지였다. 전체 국민의 이익을 위해 강 수역과 해안선이 주 정부에 맡겨진 것이므로 그러한 공공신탁의 위임에 배치되는 행위가 주 정부에게 허락되지 않는다는 것이다.17 1892년 연방대법원이 수립한 이 판례는 미국 각주의 헌법과 제정법에 구현되었다. 1971년 수정된 펜실베이니아 주(州)헌법 1조 '권리선언'의 제27항은 이를 보여주는 좋은 사례이다. 거기에는 다음과 같이 적혀 있다.

"인민은 깨끗한 공기, 맑은 물 그리고 환경의 자연적, 경관적, 역사적, 미적 가치를 누릴 권리를 갖는다. 펜실베이니아의 공공 자연 자원은 미래 세대를 포함하여 모든 인민의 공동자산이다. 공공적 자연 자원의 수탁자로서 공화국은 모든 인민의 이익을 위하여 이를 보존·유지해야 한다."

---

16 연방 법률의 해석을 통한 당사자적격의 확대를 보여주는 다른 예들에 대해서는 크리스토퍼 D. 스톤/허범 옮김, 『법정에 선 나무들』 (서울: 아르케, 2003), 47ff.를 보라.

17 1892년의 미연방대법원의 판결에 대해서는 조홍식, "공공신탁이론과 한국에서의 적용가능성," 「환경법연구」 19(1997): 200-203을 보라.

환경운동단체들은 이러한 공공신탁이론에 근거하여 자연의 권리를 확립하기 위해 애썼고, 이에 관련된 연방법원들의 판결을 끌어냈다. 한 가지 예를 들면 1978년 시에라 클럽은 「희귀종자보호법」에서 멸종위기 종으로 지정된 '팔리아 새'와 공동원고로 나서서 소송을 제기하였고, 연방지방법원과 연방항소법원은 두 원고의 승소를 판결했다. 그렇게 해서 자연이 재판을 청구하는 법적인 권리가 인정되고, 시에라 클럽이 자연물의 대리인으로서 재판에 공동원고로 참여하는 일이 성사된 것이다. 1978년의 판결 뒤에는 유사한 판결들이 이어졌다.[18] 물론 미연방대법원 차원에서 자연의 권리가 판례로써 확립되었는가를 판단하기는 아직 이르다. 그러나 공동신탁이론은 주 정부가 생태계 보전에 관한 공공의 위임을 받았다는 것을 전제로 해서 그 정부의 위임을 받은 환경단체가 자연의 권리를 대행하는 자로서 자연과 함께 재판을 청구하는 당사자자격을 인정받는 길이 열리기 시작했다는 것은 분명하다.

자연의 권리가 인정되고, 공동신탁이론에 바탕을 두고 자연의 권리를 대리하는 단체가 창설되면, 1) 자연의 권리가 침해되는 것에 대항해서 방어권을 행사하는 것은 물론이고, 2) 자연의 권리가 침해되는 데 따른 손해배상과 관련하여 자연이 입은 손해를 산정하는 작업이 진행되어야 할 것이고, 여기서 한 걸음 더 나아가 3) 자연이 온전한 상태로 보전될 권리를 보호하기 위해 국가가 지출해야 할 비용을 청구할 수 있을 것이다.[19]

---

18 1978년의 재판과 그와 유사한 다른 재판들에 대해서는 강재규, "자연의 권리," 「환경법연구」 30/3(2008), 54f.를 보라.
19 크리스토퍼 스톤은 자연의 후견인 단체가 수행하는 이 세 가지 과제를 상세하게 설명한다. 이에 대해서는 크리스토퍼 스톤, 앞의 책, 56-76을 보라.

2.2. 헌법 규범으로서의 자연의 권리

크리스토퍼 스톤이 구상한 '자연의 권리'는 독일의 자연철학자요 법학자인 마이어-아비히(Klaus Michael Meyer-Abich)에게 영감을 주었다. 그는 자연의 권리를 성문법 전통에 서 있는 독일의 법체계에 도입하기 위해 노력하였고, 1992년 독일기본법에 '자연적 생활 기반과 동물'의 보호를 국가 목표로 규정하도록 하는 데 이바지했다.

그는 인간이 생태계 바깥에서 생태계를 대상화하는 위치에 있지 않고 생태계의 한 구성 부분을 이루고 있다는 데서 출발한다. 인간과 자연물은 모두 공기, 흙, 물, 불 등과 같은 '원소들'로부터 오랜 자연사적 발전 과정을 거쳐 형성되었기에 서로 친족관계를 이루고 있다. 그러한 인식에 바탕을 두고 마이어-아비히는 인간을 중심에 놓고 자연을 그 주위에 배치하는 환경(Umwelt)이라는 관념을 넘어서서 인간과 자연이 더불어 현존하는 세계(Mitwelt)의 개념을 제안한다. 인간과 자연이 더불어 현존하는 세계에서 인간과 자연은 평등하다. 인간과 자연의 평등 원칙을 말한다고 해서 인간과 자연이 똑같다고 전제할 필요는 없다. 인간과 자연은 같은 점도 있고, 다른 점도 있다. 같은 점이 있다면 인간과 자연을 같은 것으로 대하면 되고, 다른 점이 있다면 다르게 대하면 된다.

먼저 인간과 자연이 똑같다는 측면부터 고찰하기로 한다. 인간과 자연은 똑같이 자극에 반응하는 감수 능력[20]이 있고, 둘 다 자신이 현존하

---

20 자연의 감수 능력은 하늘과 공기, 강과 바다, 산맥과 골짜기와 들판, 바위와 흙과 모래톱, 숲과 나무, 동물들 등 자연을 구성하는 모든 것이 자극에 대해 반응한다는 넓은 뜻으로 새겨진다. 특히 동물들과 사람은 자극을 받으면 고통을 호소하고, 종에 따라 상대의 고통에 대해 반응할 능력을 보이기도 한다.

는 자리에 존속하며 이익을 취할 권리가 있다. 그렇다면 인간과 자연은 법 앞에서 평등하여야 한다. 인간의 권리가 법을 통해 보호되어야 한다면 자연의 권리도 마찬가지다. 인간과 자연의 평등 원칙은 주관적 권리 개념에 근거한 부르주아적 법치국가를 넘어서서 '자연적 법치 공동체'를 창설하는 바탕이 된다.[21] 인간과 자연의 권리가 중시되는 자연적 법치 공동체와 관련해서 마이어-아비히가 강조하는 것은 세 가지다. 1) 자연은 말을 할 수 없으므로 자연의 권리는 대리인에 의해 주장된다. 그것은 법정에서도 마찬가지다. 자연의 권리를 대리하는 단체는 공법 상의 단체들이나 민법상의 단체들과 마찬가지로 법인의 위상을 가질 수 있고, 그 법인이 대표하는 자연의 권리는 기본권 제한의 유보조건을 충족시키지 않는 한 법으로 제한될 수 없다. 2) 인간과 더불어 현존하는 자연의 이익을 대변하는 일은 국가에 위임될 수 없다. 국가는 보편적 이익의 대표자이지 자연의 특수한 이익을 대표할 수 없기 때문이다. 국가가 할 일이 있다면 그것은 자연의 대리인들이 자연의 권리를 옹호할 기회와 절차를 보장하는 것이다. 3) 자연의 권리는 고대 그리스 신화에서 신들이 깃들어 있다고 생각되었던 모든 자연물에 대하여 인정되어야 한다. 거기에는 하늘과 땅과 바다, 땅 위와 땅속, 강과 호수와 시내, 산과 계곡과 바위, 숲과 나무와 동물들이 포함된다.[22]

그다음에 인간은 생태계가 관계들의 총체를 이루고 있음을 인식하고 생태계 안에서 자신이 해야 할 일을 성찰할 정신 능력이 있다는 점에서 다른 자연물과 다르다. 그러한 능력이 있는 인간은 생태계 보전에

---

21 K. M. Michael-Abich, *Wege zum Frieden mit der Natur: praktische Naturphilosophie für die Umweltpolitik* (München/Wien: Hanser, 1984), 162.

22 K. M. Michael-Abich, 앞의 책, 164ff.

대한 책임을 져야 한다. 생태계 보전에 대한 인간의 책임을 강조하면 많은 사람은 그 책임에 대한 반대급부를 자연에 요구하여야 상호성의 원칙에 맞는다고 주장하고 자연은 그럴 능력이 없다고 강하게 반발한다. 그러한 반론에 대해 마이어-아비히는 자연이 파괴되면 인간 생활의 자연적 근거가 붕괴한다는 것을 인간 자신이 잘 알고 있지 않는가라고 응수한다.[23]

마이어-아비히가 치밀하게 논증한 자연의 권리를 헌법에 명문화하면 국가는 자연국가 혹은 생태학적 법치국가로 전환하게 된다. 인간의 주관적 권리를 확인하고 보호하는 자유주의적 법치국가가 사회 문제에 직면하면서 사회적 기본권을 인정하고 보장하는 사회국가로 전환하였듯이, 사회국가는 생태학적 위기를 극복하기 위해 자연의 권리를 인정하고 보장함으로써 자연국가 혹은 생태학적 법치국가로 진화한다. 그런데 자연국가 혹은 생태학적 법치국가의 창설에 관한 논의가 활발하게 일어난 독일에서는 자연의 권리를 기본법(독일 헌법)에 명기하는 기본법 개정이 이루어지지 않았고, '자연적 생활 기반과 동물'의 보호를 국가 목표로 설정하는 데 그쳤다. 정작 자연의 권리를 헌법에 명기한 나라는 에콰도르다. 에콰도르의 환경 헌법은 전 세계적으로 유일한 예다.

에콰도르의 환경 헌법은 2008년 헌법 개정을 통하여 수립되었다. 에콰도르 헌법은 전문에서 인간과 인간, 인간과 자연의 공동체 관계를 중시하는 에콰도르 원주민의 세계관에 바탕을 두고 '자연의 다양성과 자연과의 조화 속에서 시민들을 위한 새로운 양식의 공존 질서'를 수립할 것을 천명하고, 자연의 권리를 규정하는 7장을 별도로 설치하고, 거

---

23 K. M. Michael-Abich, 앞의 책, 175.

기에 다음의 4개 조항을 담았다.[24]

> 제71조: 생명이 재창조되고 발생하는 자연 또는 어머니 대지(Pachamama)
> 는 생명이 있게 하고 생명의 순환과 구조와 기능과 진화 과정을
> 유지하고 재생하도록 한다는 점에서 총체적으로 존중받을 권리
> 를 가진다. 모든 개인과 공동체, 인민과 민족은 당국에 청원을 통
> 해 자연의 권리를 집행할 수 있다.
> 제72조: 자연환경이 침해될 경우, 그 침해된 자연에 의지해 살아가는 개인
> 과 공동체의 보상 의무와는 별도로 자연 자체도 원상회복을 요구
> 할 권리를 갖는다.
> 제73조: 국가는 종의 절멸이나 생태계 훼손 또는 자연 순환의 영구적 변경
> 을 초래할 수 있는 활동을 미리 방지하기 위해 제한 조치를 해야
> 한다.
> 제74조: 개인과 공동체, 인민과 민족은 환경으로부터 혜택을 받고 좋은
> 삶의 방식을 누릴 수 있도록 자연의 부에 대한 권리를 가져야 한다.

에콰도르에 환경 헌법이 제정된 뒤로 자연을 원고로 하는 재판에서
는 승소 판결이 잇달아 나왔다. 그러나 국가가 지원하는 경제개발 사업
에서는 경제개발의 이익과 생태계 보전의 이익에 대한 양형에서 만족
스러운 결과가 나타나지 않고 있다. 그것은 개발정책을 밀어붙이는 정
부의 힘과 개발 기득권 동맹의 권력이 막강하기 때문이기도 하고, 재판
에 임하는 판사와 변호사 등 법률가 집단이 생태학적 지식을 충분히 갖

---

24 에콰도르 환경헌법에 대해서는 박태현, "에콰도르 헌법상 자연의 권리, 그 이상과 현실," 「환경법연
구」 41/2(2019): 113-115를 보라.

고 있지 않기 때문이기도 하다.[25] 자연의 권리와 이익을 보장하는 것은 생태계 훼손을 방지하고, 생태계의 복원력을 회복하고, 생태계 보전을 이루는 길이지만, 그 길을 제대로 가려면 법을 운용하는 사람들만이 아니라 시민들도 생태학적 지식을 충분히 갖추어서 생태계 보전을 요구하는 사회적 압력과 정치적 압력이 강력해야 한다. 에콰도르의 환경 헌법 실험은 생태학적 법치국가를 형성하기 위해 가야 할 길이 아직 멀다는 것을 시사한다.

3. 생태학적 법치국가

클라우스 보쎌만(Klaus Bosselmann)은 '자연의 권리'를 인정하고 '자연적 법률 공동체'를 형성할 것을 제안한 마이어-아비히의 구상을 발전시켜 '생태학적 법치국가'를 설계했다. 그는 인간 중심적 패러다임으로부터 생태 중심적 패러다임으로 전환함으로써 비로소 '자연의 고유한 가치'가 인식될 수 있었다고 전제하고,[26] 자연은 자신의 고유한 가치를 보존할 것을 요구하는 '고유한 권리'를 가진다고 주장했다.[27] 그러한 자

---

25 박태현, 앞의 논문, 126f.

26 Klaus Bosselmann, *Ökologische Grundrechte: zum Verhältnis zwischen individueller Freiheit und Natur* (Baden-Baden: Nomos-Verl.-Ges., 1992), 246. 이 책은 1995년에 *When Two Worlds Collide: Society and Ecology*라는 제목으로 영역되었고, 그 영역본이 한글로 번역되었다. 한글번역판인 클라우스 보쎌만/전재운·박선영 옮김, 『법에 갇힌 자연 vs 정치에 갇힌 인간』(서울: 도요새, 2011), 195 등에서는 '자연의 고유한 가치'가 '자연의 본질적 가치'로 옮겨졌다.

27 Klaus Bosselmann, 앞의 책, 372. 한글번역판, 284에서는 '자연의 고유한 권리'가 '자연의 내재적 권리'로 옮겨졌다.

연의 권리가 헌법 규범으로 인정된다면, '생태학적 법치국가'가 창설된다. 보쎌만은 생태학적 법치국가를 실제로 형성하기 위한 일곱 가지 지침을 제시하였는데, 그 가운데 가장 중요한 첫째 지침은 다음과 같다. "법질서는 인간의 권리들과 자연의 권리들을 똑같이 구현하여야 한다. 거기서 도출되는 결론은 인간의 이익과 자연의 이익이 원칙적으로 똑같은 비중을 갖는다는 것이다."[28]

그는 마이어-아비히와 마찬가지로 생태학적 법치국가에서 자연의 권리를 대리하거나 신탁받은 인간의 역할을 강조하고 생태학적 지식의 중요성을 강조한다. 자연의 대리인은 자연의 권리와 이익을 방어하기 위해 재판에 참여하여야 하고, 재판은 인간의 이익과 자연의 이익이 조화를 이루도록 이익형량을 하여야 한다. 자연의 권리와 이익을 제대로 보장하기 위해서는, 바로 앞에서 에콰도르의 환경 헌법 실험에 대한 분석과 평가에서 언급하였듯이, 재판에 임하는 판사들만이 아니라 일반 시민들도 '다양한 생태계들에서 나타나는 생태학적 연관과 생태계들 사이의 네트워크에 대한 지식'을 갖추어야 하며, 그러한 지식 습득이 제대로 이루어지도록 법적인 규범이 제정되어야 한다.[29]

생태학적 법치국가에서는 자연의 권리와 이익을 방어하는 것도 중요하지만, 거기서 한 걸음 더 나아가 국가와 사회를 생태학적이고 민주적으로 개조하는 것도 필요하다. 보쎌만은 생태학적 법치국가의 조직과 관련해서 기존의 입법기구 이외에 '생태학적 의회'를 별도로 구성하여 생태학적 의회가 생태학적으로 중요한 사안에 관해 법률의 제정이

---

28 Klaus Bosselmann, 앞의 책, 373.

29 보쎌만은 생태학적 지식을 강화하고 누구나 쉽게 접근할 수 있도록 법규범을 마련하는 것을 생태학적 법치국가의 셋째 원칙으로 삼을 만큼 이를 중시했다.

나 개정의 권한을 행사하고, 생태학적 의회는 전문가들로 구성할 것을 제안한다. 정부에는 기왕에 설치된 환경부 장관의 권한을 크게 강화하여 생태학적 연관이 있는 정부의 결정에 대해 비토권을 행사할 수 있도록 하자고 제안한다.[30] 사회적 차원에서는 무엇보다도 자연의 권리를 대리하는 협회가 생태계에 영향을 미치는 중요한 결정이 내려지는 의사결정기구에 참여하도록 하고, 특히 생태계 보전의 목표를 달성하는데 부적절한 위원들을 배척할 권한을 행사하는 것이 중요하다고 한다.[31] 그와 관련해서 일찍이 마이어-아비히는 '절차의 능동적 지위'(status activus processualis)[32]를 강조한 바 있다. 자연의 권리와 이익을 대리하는 자는 지역 차원에서 생태학적 이익 충돌이 현저하게 나타나는 중요한 의사결정 과정과 절차에 참여하도록 보장되어야 하고, 중앙정부 차원에서는 산업계의 이익을 대표하는 협회와 생태계의 이익을 대표하는 협회가 정부 대표단과 함께 원탁에 모여 공동결정을 내릴 수 있어야 한다는 것이다.[33]

---

30 Klaus Bosselmann, 앞의 책, 381. 독일의 입법부는 하원인 연방의회와 상원인 연방평의회로 구성되어 있다. 연방의회의 입법은 연방의 통일과 각주의 이익을 보장하여야 하므로 연방평의회의 추인 절차를 받아 발효된다. 보셀만은 연방의회와 연방평의회에서 독립된 '생태학적 의회'의 창설을 제안한 것이다.

31 Klaus Bosselmann, 앞의 책, 383.

32 '절차의 능동적 지위'(status activus processualis)는 독일 헌법학자 페터 헤베를레(Peter Häberle) 의 전문적인 용어다. 시민이 국가에 대해 갖는 지위를 논한 엘리네크(Georg Jellinek, 1851~1911) 의 이론을 확장한 헤베를레는 '절차를 통한 기본권의 구체화'를 중시하였고, 그 생각을 '절차의 능동적 지위'라는 용어에 담았다. "기본권들은 절차의 능동적 지위를 매개해서야 비로소 그것의 구성적 의미를 갖춘다." 그렇기에 국가 조직과 절차는 기본권의 효력을 보장하는 형식적 기제가 작동하도록 구성되어야 하고, 그 기제는 제3자를 보호하기 위해 소송을 제기할 수 있는 규범적 지위를 가져야 한다는 것이다. P. Häberle, "Grundrechte im Leistungsstaat," *Veröffentlichungen der Vereinsammlung der Deutschen Staatsrechtslehrer 30* (1972), 89.

33 K. M. Michael-Abich, 앞의 책, 293ff.

자연의 권리와 이익을 보장하면, 생태계 보전뿐만이 아니라 생태계를 기반으로 한 인간 공동체의 지속가능성도 보장된다. 그러한 인식이 생태학적 법치국가를 창설하고 형성하는 기본 프레임이다. 생태학적 법치국가에서 가장 중요한 것은 자연의 권리와 이익을 대리하는 단체를 법인으로 인정하고, 그 단체가 국가와 사회의 중요한 의사결정과정에 참여하여 함께 결정하는 절차를 법률로써 규정하는 것이다. 그러한 법 규정은 생태학적 민주주의의 제도적 기반이다. 생태학적 민주주의는 자연의 권리와 이익이 인간의 권리와 이익에 희생당하지 않게 하고, 서로 대립하는 두 권리와 이익이 변증법적 통일을 이루게 한다. 그러한 생태학적 민주주의가 자리를 잡을 때 생태계와 경제계의 에너지-물질 순환에 대한 생태학적이고 사회과학적인 인식에 바탕을 둔 생태학적 경제민주주의가 실현될 수 있다.

4. 생태학적 경제민주주의

생태학적 경제민주주의는 생태학적 법치국가의 틀에서 생태학적 민주주의가 경제 영역에서 실현되는 한 형식이다. 생태학적 법치국가는 자연의 권리를 창설하고, 법률적 절차에 따라 자연을 대리해서 그 권리를 행사하는 법적 행위 주체를 구성하는 데서 출발한다. 생태학적 헌정질서에서 생태학적 경제민주주의는 생태계의 안정성과 건강성 보전에 관한 자연의 권익과 생태계 활용을 통해 욕망을 충족하려는 인간의 권익이 서로를 침해해서는 안 된다는 데서 출발하여 두 권익을 각각 최대한 실현하는 정치적 조건을 제도화하는 것이 목표다. 오늘의 시장경제에서 그러한 정치적 조건은 어떻게 구현되어야 하는가?

생태계의 권익과 경제계의 권익이 서로를 침해하지 않고 각 권익을 최대한 실현하려면 최소한 두 가지 정치적 조건이 마련되어야 한다. 하나는 생태계의 권익을 대리하는 단체와 경제계의 권익을 대표하는 단체가 서로 권력 균형을 이루어야 한다는 것이고, 다른 하나는 생태계의 안정성과 건강성을 보전하는 조건 아래서 경제 활동을 최대화하는 임계조건에 관한 정확한 지식과 정보에 바탕을 두고 두 단체가 서로 숙의하고 함께 결정하여야 한다는 것이다. 생태계의 권익에 관련된 중요한 의사결정을 내리는 기구는 무엇보다도 먼저 생태계의 권익을 대리하는 단체의 추천 인사와 경제계의 권익을 대표하는 단체의 추천 인사가 동수로 구성되어야 하고, 찬반을 가릴 수 없어서 의사결정을 하지 못하는 경우를 대비하여 그 기구의 장이 캐스팅 보트를 행사하게 하되, 그 기구의 장은 생태계 권익 대리자들과 경제계 권익 대표자들의 과반이 반대하는 인사로 임명될 수 없게 하여야 한다. 그다음 그 기구가 생태계의 권익에 관한 판단과 결정을 내릴 때는 그 판단과 결정을 뒷받침하는 근거들이 과학적으로 제시되어야 하고, 그 판단과 결정에 이르는 숙의 과정이 상세하게 기록된 회의록은 공론의 장에 공개되어야 한다.

생태계의 권익을 대표하는 인사들과 경제계의 권익을 대표하는 인사들이 동수로 참여하는 공동결정기구는 원칙적으로 생태계의 권익에 관련되는 결정이 내려지는 모든 곳에 설치되어야 한다. 이론적으로는 공장과 기업, 산업 부문, 지역경제, 국민경제, 지구 경제의 심급에 생태계 대표들과 경제계 대표들이 참여하는 공동결정기구를 창설하는 것을 생각해 볼 수 있다. 다만 공장과 기업은 현실적으로 시장경제의 생태학적 규율의 주체라기보다는 그 규율의 대상이라는 점을 고려할 필요가 있다. 따라서 생태계와 경제계의 공동결정기구를 지역경제와 국민경제 차원에서 설립하는 것이 현실적이다. 지역경제나 국민경제 차원에서 설립되는 공동결정기구에는 생태계 대표들과 경제계 대표들뿐만 아니라 지방정부나 중앙정부의 대표들도 참여한다.[34] 그러한 공동결정기구에서 정부 대표들은 중립 의무를 엄격하게 지키고, 생태계 대표들과 경제계 대표들이 합의에 이르도록 촉진하고 중재하는 역할을 하는 데 그쳐야 한다. 따라서 정부 대표들은 공동결정기구에서 의결권을 갖지 못한다. 지방정부나 중앙정부는 생태계 대표들과 경제계 대표들이 공동

---

[34] 우리나라에서 지역경제의 범위는 특별시, 직할시, 광역시, 도, 시, 군 단위의 지방자치단체의 행정구역과 같은 것으로 보는 경향이 있다. 그것은 경제 활동에 필요한 각종 인허가, 행정 지도, 감독, 지원 등 행정 관할권을 중시하는 태도다. 지역경제 통계를 작성하는 한국은행도 그러한 지역경제 개념을 전제한다. 그것은 지역경제 학계도 마찬가지다.

그러나 지역경제의 개념과 범위를 어떻게 정할 것인가는 전문적인 논의가 필요한 주제이다. 지역경제의 개념과 범위를 정할 때 고려할 사항은 산업화, 도시화, 지역 산업 연관, 지역 금융, 사회적, 경제적, 문화적 인프라, 노동력과 자본의 재생산 역량, 생태학적 영향의 범위 등 매우 다양하고 많다. 그러한 사항들을 고려해서 지역경제의 개념과 범위를 설정한다면, 지역경제는 행정구역 단위의 경제 현상일 수 없을 것이다. 그렇다면 지방자치단체의 위상도 지역경제의 개념과 범위에 맞게 조정될 필요가 있고, 때로는 지방자치단체 컨소시엄의 구성까지도 고려해야 할 것이다. 그러한 논의는 산업클러스터, 광역경제권, 경제지리권 등을 연구하는 학자들에게서 활발하게 나타난다. 관련 자료들로는 권오혁, "광역적 산업클러스터 구축을 위한 제도적 지원체계 연구,"「한국경제지리학회지」7/2(2004): 315-328; 강문희, "광역경제권의 성공적 추진을 위한 지방정부간 협력방안,"「한국지방정부학회 춘계학술대회자료집」(2009): 279-302; 정재희·하창현·김상호,『광역경제권 경제환경 분석 연구』경남연구원 중점정책연구 보고서(2009), 1-165; 박재곤 외,『지역산업 정책의 주요 이슈 분석과 개선방향』(세종, 산업연구원, 2014); 박길ான, "지리 경제 조직 (Geo-economic Organization): 기초개념 및 모형,"「지역정책연구」30/1(2019): 125-153 등을 보라. 그것과는 별도로 행정구역별 지역경제 개념을 비판하는 학자들은 지역 순환 경제를 대안으로 제시하고 있다. 대안적 지역경제 혹은 지역 순환 경제에 관해서는 남승균, "사회적경제와 지역의 내발적 발전에 관한 연구,"「인천학연구」23(2015): 85-124; 양준호, "지역경제 활성화를 위한 방법론으로서의 미국 '지역재투자법': 지역금융의 '사회적 조정'에 초점을 맞춰,"「인천학연구」36(2022): 139-178; 양준호, "진보적 대안으로서의 '지역순환경제': 독점자본의 공간 전략에 대한 시민적 저항, 통제, 계획,"「마르크스주의 연구」20/2(2023): 10-35; 박창규, "대안적 지역발전 전략으로서 지역순환경제의 실천에 관한 연구: 협동조합과 커먼즈를 중심으로,"「마르크스주의 연구」20/2 (2023): 36-62 등을 보라.

결정의 형식으로 합의한 뒤에야 비로소 그 합의 집행에 필요한 정부 정책을 수립하고 재정 수단을 투입하고 정부가 주도하는 입법에 나서면 될 것이다.

생태계 대표들과 경제계 대표들의 공동결정기구는 지구 경제 차원에서도 창설될 필요가 있다. 지구 경제 차원에서 경제를 생태학적으로 규율하는 규범과 그 실행 수단은 「기후변화협약」, 「교토의정서」, 「파리협약」 등과 같이 국제협약의 형식으로 마련된다. 그러한 국제협약은 사안에 따라 그때그때 구성되는 포럼이나 협의체에서 마련되는데, 그러한 포럼과 협의체는 각 나라 중앙정부 대표들로 구성되는 것이 관례였다. 협약 체결의 당사자가 각국 중앙정부이기에 중앙정부 대표들이 협약에 관한 논의와 결정에 참여하는 것은 논리적으로 당연하다고 볼 수 있다. 그러나 그러한 관례는 부분적으로 깨져야 한다. 중앙정부는 생태계의 권익을 대리하는 위치에 있지 않고, 경제계의 이익을 대표하는 위치에 있지도 않기 때문이다. 생태계의 권익과 경제계의 권익이 날카롭게 대립하고 충돌하는 사안을 놓고 중앙정부가 과연 어떤 결정을 내릴 수 있는가? 중앙정부는 생태계 대표들과 경제계 대표들이 생태계와 경제계의 권익이 균형에 이르는 합의를 하도록 촉진하고 중재할 수는 있어도 그 자신이 생태계와 경제계의 권익 균형에 관한 결정을 임의로 내릴 수는 없다. 따라서 지구 경제 차원에서 생태계와 경제계의 권익 균형에 관한 결정을 내리고 협약의 초안을 작성하는 포럼이나 협의체는 생태계 대표들과 경제계 대표들이 동수로 참가하는 공동결정기구의 형식을 취하는 것이 합당하다. 그 숙의와 결정의 내용을 담은 국제협약 초안이 마련되면 각국 중앙정부 대표자들의 모임이 그 협약 초안을 심의하여 협약을 체결하고 각국 입법부를 통해 비준 절차를 밟는 역할을 하면 될 것이다. 따라서 국제협약을 마련하는 관례는 협약에 관한 숙의 및 합의 과정에서는 깨져야 하고, 협약 체결과 비준 과정에서는 존속되어야 한다.

지역경제, 국민경제, 지구 경제 차원에서 구성되는 생태계 대표들과 경제계 대표들의 기구에서 숙의되고 결정되어야 할 의제들은 그때그때 달라지겠지만, 최소한 다음 몇 가지는 상설 의제로 포함되어야 할 것이다.

— 지역경제, 국민경제, 지구 경제 차원에서 생태계를 경제적으로 활용할 수 있는 최대한의 임계조건
— 생태계의 안정성과 건강성에 영향을 미치는 지역경제, 국민경제, 지구 경제 차원의 각종 경제 기획에 관한 심의와 허가
— 에너지-물질의 경제계 투입과 폐기 에너지-물질의 생태계 방출에 대한 과세와 부과금의 수준
— 생태계의 안정성과 건강성을 파괴함으로써 발생하는 비용을 충당하는 원칙과 가장 효과적이고 효율적인 방법의 강구
— 경제발전에 이바지한 생태계의 몫을 생태계에 돌려주는 거시경제적 소득분배의 수준

방금 언급한 상설 의제에 관한 숙의와 결정이 생태학적 경제민주주의의 원칙에 따라 구성된 생태계 대표들과 경제계 대표들의 공동결정기구에서 이루어진다면, 시장경제의 생태학적 규율이 실효성 있게 이루어지고, 생태계 보전의 조건 아래에서 시장경제가 운영될 수 있을 것이다.

여기서 한 가지 생각해 보아야 할 문제는 지역경제나 국민경제 차원에서 생태계-경제계 공동결정기구를 구성할 때 경제계 대표 가운데 노

동 대표 위원과 자본 대표 위원의 비율을 어떻게 할 것인가이다. 물론 그것은 생태계-경제계 공동결정기구의 구성에 관한 한 어디까지나 부차적인 문제이다. 그러나 그것이 부차적인 문제라고 해서 의미 없는 문제라는 뜻은 아니다. 시장경제의 사회적 규율을 본격적으로 논하는 제V부에서 필자는 사회적 경제민주주의 관점에서 노동과 자본의 대표들이 공장과 기업, 산업 부문, 국민경제, 지구 경제 차원에서 공동결정기구를 구성하는 방법을 다룰 것이고, 그 기구들은 노동권과 소유권이 서로를 침해하지 않은 채 각각 최대한 실현될 수 있도록 민주적으로 구성되어야 한다고 제안할 것이다. 따라서 어떤 심급에서든 공동결정기구는 노사 동수의 원칙에 따라 구성되어야 한다. 그 원칙에 따르면 생태계와 경제계의 공동결정기구에 참가하는 경제계 대표단도 노사 동수로 구성하는 것이 적절할 것이다. 그러나 경제계의 대표들이 노사 동수로 구성되든 그렇지 않든, 경제계의 대표들이 생태계 대표들과 1:1로 마주 앉는다는 점에서는 변함이 없다. 노동과 자본이 적대적 대립 관계에 있든 협조적 대립 관계에 있든, 둘이 서로 협력하여 사회적 생산을 하는 한, 노동과 자본은 생태계의 경제적 활용을 하는 쪽에 함께 있는 것이지 생태계의 권익을 챙기는 쪽에 앉아 있지 않다. 그런 점에서 생태계와 경제계의 공동결정기구 안에서 경제계 대표들의 구성 문제가 의미가 있기는 하지만, 부차적인 문제라고 하는 것이다.

그러한 엄연한 현실을 일단 전제하고 나서 더 따져보아야 할 문제는 두 가지다. 하나는 생태학적 경제민주주의 관점에서 구성되는 생태계-경제계 공동결정기구(생태학적 경제민주주의 기구)와 사회적 경제민주주의 관점에서 구성되는 노동과 자본의 공동결정기구(사회적 경제민주주의 기구)의 관계를 어떻게 설정할 것인가이다. 다른 하나는 두 기구의 의사결정 순서를 어떻게 정하는가이다. 이 두 가지 문제를 다룰 때, 논의의 추상 수준을 고려하여 국민경제의 규율 수준에서 두 기구의 상호관계와 의사결정 순서를 논하기로 한다. 먼저 두 기구의 상호관계에 관해서는 생태학적 경제민주주의 기구와 사회적 경제민주주의 기구가 어느 하나로 통합될 수 없다는 점을 분명히 해 둘 필요가 있다. 두 기구는 서로 병립하되 서로 분리되지 않고, 두 초점을 지닌 타원형 구조를 이루며 시장경제를 사회적이고 생태학적 경제민주주의의 관점에서 규율하기 위해 서로 긴밀하게 협력한다. 그다음에 두 기구의 의사결정에 관해서는 생태학적 경제민주주의 기구와 사회적 경제민주주의 기구의 의사결정이 선후관계에 있다는 점을 짚을 필요가 있다. 시장경제는 생태계와 경제계의 에너지-물질 순환 안에서 조직되는 것이니만큼, 생태계와 경제계 사이의 에너지-물질 순환에 관한 규율이 먼저 이루어지고 난 뒤에 노동과 자본의 정치사회적 관계를 규율하는 것이 논리적으로 바른 순서이다. 그 순서는 사전의 순서처럼 반드시 준수되어야 한다. 따라서 생태학적 경제민주주의 기구가 생태계의 경제적 활용의 최대치, 생태계에 돌아갈 소득의 몫 등을 결정한 뒤, 그러한 임계조건 아래에서 사회적 경제민주주의 기구가 국민경제 수준에서 노동과 자본 사이의 소득분배 비율과 거시경제 계획을 숙의하고 결정하는 것이 옳다. 사회적 경제민주주의 기구와 생태학적 경제민주주의 기구의 관계와 의사결정 순서는 사회적이고 생태학적인 경제민주주의의 관점에서 국민경제를 논하는 제Ⅴ부 5장에서 재론할 것이다.

이제까지 자연의 권리로부터 시작하여 생태학적 법치국가의 구성을 다루고, 마침내 생태학적 경제민주주의의 내용과 형식을 논했으니, 시장경제의 생태학적 규율의 핵심 과제를 논할 차례가 되었다.

3장
시장경제의 생태학적 규율의 세 가지 핵심 과제

생태학적 경제민주주의의 관점에서 시장경제를 규율할 때 초점을 맞추어야 할 핵심 과제는 세 가지다. 하나는 생태학적 소유권 개혁이고, 다른 하나는 생태계 보전을 위한 국가 개입과 가격 장치의 보완이고, 마지막 하나는 국민소득의 생태학적 분배이다.

1. 생태학적 소유권 개혁

역사적으로 시장경제체제는 소유권을 자유권적 기본권으로 확인하는 근대 자유주의적 헌정체제에서 발전되어 왔다. 부르주아적 헌정 질서에서 소유권은 주관적 권리의 형식을 취하고, 사인(私人)의 소유권은 국가나 제3자에 의해 그 본질이 침해되어서는 안 된다고 생각되었다. 그래서 마치 소유권이 절대적인 권리인 양 여겨지는 경향이 생겼고, 그 경향은 소유권이 고대 로마법 전통에 뿌리를 둔 물권 개념을 중심으로 좁게 해석되면서 강화되었다.[1] 그러한 물권 편향적 소유권 개념은 자연을 소유의 대상으로 삼고 자연을 지배하고 수탈하는 법적인 발판을 제공해 왔다. 따라서 생태계 보전을 위해서는 물권 편향적인 소유권 관념을 해체하고 소유권을 생태학적으로 재구성할 필요가 있다. 그것이 생태학적 소유권 개혁의 과제다.

생태학적 소유권 개혁에 관해 본격적으로 논의하기 전에 물권 편향적인 소유권 해석이 20세기에 들어와서 소유의 사회적 책임이 강조되면서 상대화되기 시작했다는 것을 확인할 필요가 있다. 그것을 잘 보여주는 대표적인 사례는 토지공개념의 법제화이다. 본서 제VI부 3장 3.3과 4에서 논증하겠지만, 토지공개념은 소유권이 더는 소유물의 인적 귀속 관계에 근거해서 소유자의 소유 물건에 대한 절대적 처분권을 주장하는 형태로 행사될 수 없다는 것을 보여준다. 토지공개념의 법제화는 '공공복리'를 위해 소유권의 행사를 법률로써 '제한'하는 실례라고 볼 수 있다. 토지공개념에 바탕을 두고 개발을 억제하는 강력한 그린벨트정책을 펼쳐 생태계 보전 방안을 마련할 수도 있다. 토지공개념의 법제화와 실천 사례는 시장경제의 생태학적 규율을 위해 소유권의 생태학적 개혁을 대담하게 추진할 여지가 크다는 것을 시사한다.

소유권의 생태학적 개혁은 자연이 소유의 대상이 될 수 없다는 것을 확인하는 데서 출발한다. 문제는 시장경제체제가, 이미 폴라니가 지적한 바와 같이, 상품이 될 수 없는 자연을 상품으로 간주하는 '상품 허구'를 당연한 듯이 전제한다는 데 있다. '상품 허구'가 구현된 시장경제체제에서 자연은 물권 편향적인 소유권에 포섭되고 말았다. 물권은 물건 소유자가 임의로 소유 물건을 사용하고, 그 물건을 통해 이익을 추구하

---

1 소유권의 물권 편향적 해석이 나타나고 강화된 과정에 관해서는 본서의 제V부 1장을 보라.

고, 그 물건을 처분할 권리, 곧 물건에 대한 절대적 지배권을 그 핵심으로 한다. 그러한 물권 편향적 소유권 개념의 틀에서 자연을 인간의 소유 대상으로 설정한다면, 자연은 인간의 절대적 지배 아래 놓이게 된다. 인간은 자연을 임의로 사용하고, 자연으로부터 자신이 필요한 것을 임의로 취하고, 자연을 임의로 처분할 권한을 갖는다. 프랜시스 베이컨이 제시한 문명 기획은 인간의 자연에 대한 지배를 전제로 했고, 그 지배는 자연을 인간의 소유로 설정하는 소유권의 확립을 통해 강력하게 뒷받침되었다.

소유권을 물권 중심적으로 해석하는 한, 소유권의 주체가 자연인이든, 법인이든, 국가든, 자연에 대한 소유권 행사에서 비롯되는 결과에는 차이가 없다. 자연인이나 영리법인이 자연에 대한 절대적 지배권을 행사하여 경제적 이익을 극대화한 결과 자연을 회복할 수 없을 정도로 훼손하고 파괴하는 일이 비일비재하지만, 그런 일은 국가나 지방자치단체가 소유하고 있는 토지, 임야, 산림, 하천, 해양 등에서도 흔히 나타난다. 멀리 갈 것도 없이 이명박 정권 시절에 '4대강 살리기'라는 이름으로 진행된 4대강 개발 사업이 얼마나 엄청난 생태계 파괴를 불러일으켰는가를 생각해 보라. 따라서 자연을 소유의 대상으로 삼는 한, 소유권 행사의 주체가 누구든 간에 소유권 행사로 인한 생태계 파괴는 불가피하다고 말하지 않으면 안 된다.

그러나 자연은 소유의 대상이 될 수 없고, 되어서도 안 된다. 그러한 주장은 생태계에 관한 인식에 근거한다. 생태계를 구성하는 생명체들과 무생물체들은 상호 결합하고 서로 의존하면서 중층적인 관계들의 네트워크를 이루고 있고, 자연을 구성하는 모든 생명체와 무생물체는 그 네트워크 안에서 자신의 고유한 자리를 유지할 권리가 있고, 거기서 자신의 고유한 가치를 지니고 있다. 인간 역시 자연의 유기적 전체의 한 부분을 이루고, 그 안에서 생태계와 에너지와 물질을 교환하면서 삶을 꾸려간다. 그러한 삶은 자연 그 자체는 말할 것도 없고, 유기적 전체를 이루는 자연의 필수 불가결한 일부분을 함부로 훼손하거나 함부로 처분하는 것일 수 없다. 자연이나 자연의 필수 불가결한 일부분을 소유의 대상으로 삼고 그것에 대해 절대적 지배권을 행사할 수 있다는 발상은 거부되어야 하고, 그러한 발상을 구현한 소유권제도는 해체되어야 한다.

생태계의 안정성과 건강성을 보존하여 후세에 물려주려면 생태계를 보전하고 관리하는 데 적합한 소유권 형식을 만드는 것이 중요하다. 그러한 소유권 형식으로 유력하게 검토할 만한 것은 생태계에 대한 공유권의 확립이다. 그러한 공유권의 원형은 근대적 소유권제도가 확립되기 이전에 널리 관습화되어 있었던 파트리모니움(patrimonium)이다. 파트리모니움은 조상(pater, '아버지')에게서 물려받은 것을 그 원형대로 후대에 물려줄 의무(monium, '의무')를 뜻한다.

파트리모니움의 잘 알려진 예는 구약성서 시대의 토지세습사용권제도이다. 이집트의 전제적인 축적경제에서 해방된 히브리인들은 천지를 창조한 하나님이 땅에 대한 주권을 갖는다고 생각하였고, 그들 자신은 하나님의 땅에 깃들어 살아가는 식객에 불과하다고 여겼다(레위 25:23). 하나님이 생활의 근거로 각 가문에 배분한 땅과 토지는 임의 처분의 대상이 될 수 없었고, 오직 사용과 용익의 대상이었을 뿐이다. 그 땅과 토지는 다음 세대가 생활의 근거로 계속 사용할 수 있도록 그 원형이 보존되어야 했다.

파트리모니움은 세계의 거의 모든 지역에서 공유지를 관리하고 사용하는 방식으로 확인된다. 예를 들면 근대 이전 오키나와에서 촌락공동체가 공유지를 보존·관리하면서 공동체 구성원들이 공유지를 활용하는 방식은 전형적인 파트리모니움 관습이었다.[2] 근대 초기의 유럽에서 광범위하게 분포되었던 공유지도 일종의 파트리모니움제도였다. 공유지는 마을공동체에 속한 사람들이 선대로부터 물려받은 바 그대로 후대에 물려주는 것이 원칙이었고, 공유지가 훼손되거나 파괴되었을 때는 공동체가 그 원형을 복구할 의무가 있었다. 그러한 의무를 지는 마을공동체 구성원들은 누구나 공유지를 활용하여 생활수단을 획득할 권리가 있었다. 그와 같은 파트리모니움제도는 전통 시대의 우리나라에서도 널리 시행되었다. 산촌, 농촌, 어촌 등지에서는 공유지의 원형과 생산능력을 유지하도록 공동으로 관리하고, 공동의 이익을 추구했고, 그 관리와 향유의 주체로 송계(松契), 마을 숲 관리계, 어업계 등이 조직되어 있었다.[3]

파트리모니움은 근대적 소유권제도가 확립되면서 거의 소멸하다시피 했다. 근대에 들어와 유럽에서 전개된 인클로저 운동은 지방호족들이 공유지를 점유하는 과정이었고, 그러한 점유지는 인클로저법을 통해 사유지로 합법화되었다. 그러한 인클로저 운동은 그 정도와 양상의 차이가 있을 뿐 세계 어느 곳에서나 근대적 소유권이 확립되는 과정에서 예외 없이 나타났다. 우리나라에서도 임진왜란과 병자호란 이후에

---

2 이에 대해서는 진필수, "촌락공유지의 변천 과정을 통해서 보는 지역사: 오키나와(沖繩) 킨(金武) 지역의 사례," 「지방사와 지방문화」 10/1(2007): 96-102를 보라.

3 송계(松契)에 대한 상세한 설명으로는 윤순진, "전통적인 공유지이용관행의 탐색을 통한 지속가능한 발전의 모색: 송계의 경험을 중심으로," 「환경정책」 10/4(2002): 37-46을 보라. 윤순진은 송계와 같은 공유지의 관리와 이용 방식이 마을숲 관리, 어업계, 제주 마을공동목장 등에서도 관찰된다고 말한다. 이에 대해서는 윤순진, "한국의 전통적인 공유지 관리 방식을 통해서 본 전통사회 자연관과 그 함의," 「한국환경사회학회 학술대회 자료집」(2013): 19-21을 보라.

왕실 방계와 권력층이 공유지를 점유하여 사유화하는 과정이 진행되었고, 그러한 땅과 토지는 식민지 정부의 토지 및 임야 등기부제도가 시행되면서 근대적 소유권 아래 포섭되었다.

파트리모니움은 거의 잊힌 유산처럼 되었지만, 생태계 보전을 위해 되살리고 법제화할 가치가 있다. 물론 그러한 제도의 창설은 전통 시대의 파트리모니움 관습으로 되돌아가거나 그 관습을 현대화하는 것일 수는 없다. 파트리모니움 관습은 산촌, 농촌, 어촌 등지의 마을공동체가 공유지 관리와 활용을 통해 경제적 이익을 추구할 수 있을 때 유지될 수 있었지만, 현대 사회에서 일부 어촌계를 제외하면 그러한 마을공동체는 거의 사라졌다.[4] 따라서 파트리모니움 정신이 깃든 생태계 보전 및 유지제도는 전통적인 방식과는 달리 구상되어야 한다.

생태계의 안정성과 건강성을 유지하려면 무엇보다도 생태계를 구성하는 하천, 호수, 강, 지하수, 습지, 산, 산림, 해안, 해양, 대기권 등의 소유 형식을 공유로 규정할 필요가 있다. 공유는 국가 소유나 지방자치단체의 공적 소유와는 구별되는 범주이고, 누구에게도 속하지 않은 것이되 누구나 접근해서 이용할 수 있는 성질을 갖는다. 공유의 대상이 되는 것은 소유물과는 달리 매매되거나 양도될 수 없고 그 원형과 실체가 보존되어야 한다. 그러한 공유가 소유권의 한 형식으로 인정되어 자리를 잡으면, 공유의 관리와 공유권 행사의 주체가 새롭게 정해져야 한다. 그것은 국가나 지방자치단체나 사인(私人)일 수 없다.[5] 주거, 영농,

---

4 어촌계가 여전히 활성화되는 곳도 있지만, 모든 어촌계가 그런 것은 아니다. 박정식은 비진도 내항 마을에 대한 인류학적 조사를 진행하면서 어촌계를 중심으로 마을공동체의 경제적 기반이었던 공유어장이 운영되는 방식을 분석하고, 그러한 공유어장이 인구 고령화와 어장 환경의 변화로 인해 황폐화하는 과정을 담담하게 서술한다. 박정식, 『섬마을, 공동체와 공유재산: 비진도 내항 마을 민족지』 민속원 아르케북스 214(서울: 민속원, 2022), 7장.

목축, 임업, 기업 활동, 산업 활동, 도로, 철도, 항만, 공항 등 이미 경제 활동을 위해 사용되는 공간은 국가와 지방자치단체의 소유나 사적 소유로 남길 수밖에 없겠지만, 생태계 보전을 위한 공유지는 자연의 권리를 대리하는 단체에 그 관리와 공유권의 행사가 위탁되어야 한다. 그 단체는 국가인권위원회처럼 국가로부터 독립적인 공법상의 단체로 구성하여 자연의 권리를 최대한 존중하는 방식으로 공유권을 행사하도록 하고, 중앙정부 수준과 지방정부 수준에서 활동하도록 한다.

생태계 보전을 위해 공유로 정해진 공간은 지하자원의 채굴이나 경제개발을 위해 활용될 수도 있다. 그러한 공간은 매매되거나 양도될 수 없고 임대가 가능할 뿐이다. 그 공간을 임대한 자가 채굴이나 벌채 등을 위해 그 공간을 활용한 뒤에는 원상회복해야 한다. 공유지 임대에 따른 수입은 생태계 보전 기금을 채우는 데 사용된다.6

국가 소유나 공적 소유를 공유로 전환하는 것도 쉽지 않은 일이지만, 이미 사적인 소유의 대상이 된 토지와 임야 등을 공유로 전환하는 일은 저항이 만만치 않고 비용도 많이 든다. 그런 경우에는 이미 시행 중인 그린벨트제도를 강화하여 생태계 보전 효과를 거두는 전략을 추진할 수도 있다. 토지공개념이 헌법 규범으로 자리를 잡는다면, 토지공개념의 뒷받침을 받는 그린벨트 설정은 공유와 거의 흡사한 효과가 있다. 그린벨트는 한번 설정되면 최소한 100년 이상 유지해야 하고, 생태계

---

5 이러한 주장을 강력하게 편 학자는 생태학적 경제학을 펼친 한스-크리스토프 빈스방어다. 그는 스위스에서 생태학적 소유권 개혁을 제창하였고, 그 제안은 국민투표에 회부되었으나 채택되지는 않았다. 이에 관해서는 Hans Christoph Binswanger, *Eigentum und Eigentumspolitik: Ein Beitrag zur Totalrevision der Schweizerischen Bundesverfassung* (Zürich: Schulthess, 1978), 96ff.를 보라.

6 생태계 보전 기금에 관해서는 생태학적 고정자본의 보전을 논하는 아래의 2.2.1을 보라.

보전 효과를 놓고 몇 번이든 재설정되어야 한다. 그린벨트 지역의 사유지가 일단 매물로 나오면, 그것은 공유로 전환되어야 할 것이다. 그린벨트의 유지와 관리는 자연의 권리를 대리하는 단체에 위탁하는 것이 마땅하다.

2. 생태계 보전을 위한 국가 개입과 가격 장치의 보완

시장경제체제가 생태계 위기를 불러일으키는 결정적인 이유 가운데 하나는 가격 장치가 생태학적으로 실패하기 때문이다. 시장경제체제의 핵심적인 조정 장치인 가격 메커니즘은 자연의 고유한 가치를 반영하지 않는다. 경제적 재화로 투입되는 자연 자원이 미래의 어느 시점에서 희귀재가 되더라도 가격 장치는 미래의 희소성을 반영할 수 없다. 상품의 생산과 소비가 생태계의 안정성과 건강성에 치명적인 외부효과를 불러일으켜도 상품의 가격은 스스로 그 외부효과를 내부화하는 방식으로 결정되지 않는다. 이러한 가격 장치의 치명적인 불완전성 때문에 시장경제는 생태학적으로 실패할 수밖에 없다. 시장경제의 생태학적 실패를 극복하려면 정부가 나서서 시장에 개입해야 한다.

아래에서는 먼저 국가의 시장 개입을 뒷받침하는 원칙들을 논하고, 그다음에 가격 장치를 생태학적으로 보완하는 방식을 살핀다.

2.1. 생태계 보전을 위한 국가 개입의 세 가지 원칙

생태계를 보전하고 생태계 위기를 극복하기 위해 정부가 시장에 개입하는 방식은 여러 가지가 있다. 첫째, 국가가 생태계 보전과 생태계 위기 극복을 위해 직접 행동에 나설 수 있다. 국가가 충분한 재정 수단을 확보할 수 있기만 하다면, 그것은 바람직하다. 그와 관련해서는 그 재원을 어떤 원칙에 따라 누구에게서 거두어야 하는가를 분명히 해야 한다. 둘째, 국가가 생태계를 오염시키거나 파괴하는 행위를 하지 못하도록 상품의 생산과 소비를 직접 규제할 수도 있다. 예컨대 국가는 전력 발전에 원자력과 석탄을 사용하지 못하도록 하거나 상품 포장에 플라스틱이나 비닐을 사용하지 못하도록 규제할 수 있다. 이러한 직접 규제는 즉각적인 효과를 내고, 시장에 엄청난 충격을 가할 수 있다. 셋째, 국가는 생태계 오염이나 파괴를 불러일으키는 상품생산과 소비에 세금과 부과금을 부여하는 방식으로 간접 규제에 나설 수도 있다. 그러한 세금과 부과금은 경제 활동의 생태학적 외부효과를 내부화하도록 촉진하고, 상품 가격 형성에 큰 영향을 미친다. 넷째, 국가는 생태계 오염과 파괴를 둘러싸고 서로 대립하는 이해당사자들이 비용과 편익을 놓고 서로 타협할 수 있도록 제도적 여건을 마련할 수도 있다.

위에서 말한 여러 가지 개입 방식 가운데 국가가 어떤 방식을 선택하든, 국가의 시장 개입은 엄청난 비용을 발생시키고, 그 비용은 시장가격 형성에 직접·간접 영향을 미친다. 따라서 국가의 시장 개입은 설득력 있는 논거에 의해 뒷받침되어야 한다. 국가가 생태계 보전을 위해 시장에 개입할 때 고려할 수 있는 원칙은 크게 세 가지다. 하나는 사전 예방의 원칙이고, 다른 하나는 오염유발자 책임의 원칙이고, 나머지 하나는 수익자 부담의 원칙이다.

첫째, 사전 예방의 원칙은 문자 그대로 생태계 오염이나 파괴를 예방하기 위해 고안된 원칙이다. 이 원칙이 관철되는 중요한 실례는 환경영향평가제도다. 댐, 공항, 도로, 택지, 산업공단, 도시 건설 등 대규모 개발 사업이 환경에 미치는 영향을 사전에 평가하여 규제 당국이 사업 승인 여부를 결정하는 것이다. 사전 예방의 원칙은 생태계 오염이나 파괴가 나타나지 않도록 예방하고 생태계를 보전하는 가장 적극적인 원칙이라고 할 수 있다.

둘째, 오염유발자 책임의 원칙은 오염을 유발한 자가 그 오염을 제거하는 데 들어가는 비용을 부담하게 하는 것이 핵심이다. 누구나 수긍할 수 있는 상식적인 내용이라는 것이 이 원칙의 큰 장점이다. 이 원칙을 최초로 정식화한 학자는 복지경제학의 토대를 놓은 아서 C. 피구이다. 그렇기에 환경오염을 유발하는 기업에 부과하는 환경세와 환경부담금을 '피구세'로 명명하곤 한다. 쓰레기를 배출하는 가계에 부과하는 부담금도 일종의 피구세이다. 피구세는 오염유발자를 특정하고 오염유발자가 외부효과를 내부화하는 데 들어가는 비용을 부담할 수 있다면, 가격 장치를 보완하는 가장 유력한 규제 장치가 될 수 있다. 그러나 오염유발자를 특정하고 과세와 부담금을 부과하는 데 적지 않은 행정 비용이 들어가고, 오염유발자가 환경세와 환경부담금을 부담하지 못하는 경우 피구세는 실효를 거둘 수 없다.

셋째, 환경수혜자 부담의 원칙은 생태계 오염이나 파괴로 인해 불편을 겪는 사람들이 그 오염과 파괴를 제거하고 회복하는 데 들어가는 비용을 부담하여 생태계의 편익을 누린다는 것을 그 골자로 한다. 생태계 오염과 파괴로 인해 손실을 본 사람들이 손해배상이나 손실보상을 받기는커녕 도리어 생태계 편익을 회복하는 데 들어가는 비용을 부담해야 한다고 하니 환경수혜자 부담의 원칙은 상식적으로 수용하기 어렵다. 그것이 환경수혜자 부담의 원칙이 갖는 단점이다. 그러나 환경수혜자 부담의 원칙은 환경오염유발자와 환경 개선 수혜자가 많을 때 협상과 타협 과정에서 발생하는 엄청난 거래비용을 줄인다는 장점이 있다. 환경수혜자 부담 원칙의 장점이 확인되는 대표적인 예는 팔당호 수질 오염 제거 비용을 팔당호 식수를 공급받는 사람들이 부담한 경우일 것이다. 수도 요금에 팔당호 수질 오염 제거 비용 혹은 수질 개선 비용을 얹어놓는 것은 환경수혜자에게 부담을 지우는 조치이다. 그러한 조치는 팔당호 상류에 수질 오염원을 가진 사람들에게 오염원 제거에 필요한 비용을 보조하는 효과를 겨냥한 것이다.

국가가 오염유발자 책임의 원칙과 환경수혜자 부담의 원칙 가운데 어느 원칙을 택하는 것이 바람직한가에 관해서는 많은 논란이 있었다. 그 논란거리에 대해 관점과 태도를 정하는 것은 그 나름대로 중요하다. 그 가운데 어떤 원칙을 택하든지 간에, 먼저 냉정하게 따져야 할 것이 있다. 오염유발자 책임의 원칙에 따라 오염유발자가 피구세를 납부하든, 환경수혜자 부담의 원칙에 따라 환경수혜자가 환경개선금을 부담하든, 그 두 가지 제도는 모두 상품의 생산과 소비가 생태계에 부담을 준다고 전제한다는 것이다. 경제 활동이 생태계와 경제계의 에너지-물질 순환을 매개하기에 경제의 생태학적 외부효과는 불가피하다. 만일 경제 활동이 생태계의 안정성과 건강성이 복원되고 유지되는 한도를 넘어서지 않는다면 경제의 생태학적 외부효과는 용인될 것이다.7 그러나 생태학적 외부효과가 생태계의 복원능력을 초과한다면 그 외부효과는 반드시 줄여야 하고, 거기에 따르는 비용은 누군가 충당해야 한다. 그 비용을 누가 부담하는 것이 더 적절하고 효과적인가를 놓고서는 쉽

---

7 이것은 사회적으로 허용될 수 있는 '적정 환경오염'을 설정할 수 있다는 뜻이다. '적정 환경오염'에 대해서는 이정전, 『녹색경제학』(서울: 한길사, 1994), 127ff.를 보라.

게 판단하기 어렵다. 사실 국가의 입장에서는 생태학적 외부효과를 내부화하고 감축하는 비용을 오염유발자가 부담하든, 환경수혜자가 부담하든 별 상관이 없다. 그런 점을 고려한다면 환경 분쟁을 이해당사자끼리 자율적으로 풀 것을 제창한 로널드 H. 코스의 견해를 일단 검토할 필요가 있다.

피구세의 장점과 약점을 잘 알고 있었던 코스는 국가가 규제에 나서기보다는 생태학적 외부효과를 둘러싸고 이해관계를 달리하는 당사자들이 협상에 나서서 비용에 관한 합의를 하는 것이 더 낫다고 역설했다. 그러한 코스의 제안이 성사되려면 당사자들 사이의 거래비용이 너무 많아서는 안 된다. 당사자들의 협상 비용을 줄이기 위해서는 국가가 당사자들 사이에서 환경 분쟁을 알기 쉽게 해결할 수 있도록 제도적 기반을 마련하여야 한다. 그것은 환경을 이용하는 권한과 그 방식을 명확하게 하는 것이다. 그렇게 되면 환경오염을 둘러싼 분쟁은 큰 비용을 들이지 않고도 당사자들끼리 해결할 수 있을 것이다. 바로 그것이 코스 공리의 핵심이다.8 코스는 환경에 대한 관리와 이용의 권한이 명확하게 규정되려면 환경을 작은 단위로 쪼개서 각 단위의 소유 주체를 명확하게 할 필요가 있다고 보았다. 그렇게 되면 환경 분쟁은 환경을 이용하여 경제 활동을 하는 사람들의 환경편익과 그 경제 활동으로 인해 환경이 오염되어 피해를 보는 사람들 사이의 거래를 통해 환경편익과 환경피해가 균형을 찾는 지점에서 해결될 것이다. 한마디로 코스는 소유권에 근거한 시장 거래를 통해서 환경 분쟁을 해결하는 방안을 제시한 셈이다.9 물론 코스의 주장은 생태계 오염과 파괴가 집중되는 대기권이나

8 R. H. Coase, "The Problem of Social Cost," *Journal of Law and Economics* 3(1960), 8.
9 코스의 주장은 나중에 하딘(Garrett Hardin)이 말한 '공유지의 비극'에 의해 힘을 받았다. 누구나

바다 등을 분할 소유하는 방안이 제시될 수 없다는 점, 환경 분쟁을 둘러싼 이해당사자들의 타협이 미래 세대의 환경 이익을 반영할 수 없다는 점, 생태계 보전을 위해서는 도리어 공유지의 확대가 필요하다는 점 등을 고려할 때 받아들이기 어렵다. 그러나 환경을 관리하고 활용하는 방식을 규정하는 국가의 법규범 아래서 환경 분쟁의 당사자들이 자율적으로 협상하고 타협할 수 있는 길을 모색한 것은 코스의 공헌이다.

현대 국가에서 간접적인 환경 규제 수단으로 널리 활용되는 각종 배출부과금제도와 환경세는 오염유발자 책임의 원칙에 따르는 피구세이지만, 최근에는 코스의 이론에 바탕을 둔 탄소배출권거래제도가 널리 도입되고 있다. 피구세제도와 배출권거래제도는 모두 시장가격을 생태학적으로 교정하는 효과가 있다. 이에 대해서는 아래에서 조금 더 깊이 다루기로 한다.

2.2. 시장가격의 생태학적 보완

시장경제체제의 핵심적인 조정 장치인 가격 장치가 생태학적으로 실패하는 지점을 확인하려면 생태계와 경제계의 에너지-물질 순환 과정의 여러 국면을 다시 들여다볼 필요가 있다. 경제 활동은 에너지와 물질을 생태계로부터 경제계로 투입하고, 이를 변형하여 소비하고, 그

공유지에 접근해서 자신의 이익을 한껏 추구하면, 공유지가 과잉 사용되고 오염되어 돌이킬 수 없을 만큼 황폐화할 것인데, 하딘은 이를 '공유지의 비극'이라고 명명했다. 이러한 비극을 피하려면, 공유지를 활용하는 사람들의 수효를 제한하고 공유지를 활용하는 방법을 규제하는 등 공유지를 제대로 관리하여 보존해야 한다. 하딘이 지적한 '공유지의 비극'은 시장주의자들에게 공유지를 관리가 가능한 단위로 쪼개서 그 단위에 대한 소유권을 확립하고, 소유자가 이를 관리하는 것이 효과적이라는 주장으로 받아들여졌다. '공유지의 비극'에 대해서는 Garrett Hardin, "The Tragedy of the Commons," *Science 162*(1968), 1245를 보라.

과정에서 발생하는 폐기 에너지와 폐기 물질을 경제계로부터 생태계로 방출하는 세 국면을 거치므로, 각 국면에서 시장가격이 제대로 작동할 수 있도록 보완되어야 한다.

2.2.1. 에너지-물질의 채굴과 사용에 대한 규제

생태계에서 경제계로 투입되는 에너지와 물질은 시장가격을 갖지만, 그 시장가격은 한편으로는 에너지와 물질을 경제적 재화로 만들어 내는 데 투입되는 노동과 자본의 비용을 반영할 뿐이고, 다른 한편으로는 경제적 재화로서 에너지와 물질이 보이는 현재의 희소성을 나타낼 뿐이다. 거기에는 에너지와 물질이 생태계에 현존하는 상태에서 갖는 고유한 가치가 반영되지도 않고, 그것이 미래에 보일 희소성이 반영되지도 않는다. 그것은 시장가격이 애초부터 생태계를 구성하는 생명체와 무생물체의 고유한 가치를 표시하도록 설계되지 않았고, 현재의 희소성만을 나타내는 신호체계에 불과하기에 나타나는 불가피한 결과다. 에너지와 물질이 보여줄 미래의 희소성이 시장가격에 반영되지 않는다면 장기적인 안목으로 에너지와 물질의 고갈에 대비하기 어려울 것이고, 에너지와 물질의 고유한 가치가 시장가격에 전혀 반영되지 않아서 아예 없다고 전제하면 에너지와 물질은 당연히 낭비될 것이다. 에너지와 물질의 낭비는 자원 고갈과 생태계 오염을 가속한다. 그것은 현세대만이 아니라 미래 세대에 엄청난 손실과 부담을 안기는 엄중한 사태이다. 이 심각한 문제는 우리나라뿐만 아니라 세계 여러 나라에서도 거의 방치되다시피 했다.

에너지와 물질의 낭비 문제는 사전 예방의 원칙에 따라서 적극적으로 해결되어야 한다. 그러려면 에너지와 물질의 가격이 높게 형성되도록 국가가 개입하여야 한다. 에너지와 물질의 고유한 가치를 어떻게 평가할 것인가는 일단 사회적 합의와 정치적 결단에 맡긴다고 하더라도 에너지와 물질의 낭비를 막고 그것의 미래 희소성을 반영하고자 할 때 에너지와 물질의 부존자원이 생태학적 고정자본이라는 발상에서 출발하는 것이 적절하다.[10] 생태학적 고정자본의 실체가 미래 세대를 위해 보존되도록 하려면 에너지와 물질의 채굴과 투입에 높은 세금과 부담금을 부과하고, 그 재원을 모아 생태계 보전 기금을 창설하는 것이 바람직하다.

에너지와 물질을 채굴하고 투입하는 데 세금과 부담금을 부여하는 방법은 다양하게 강구될 수 있다. 에너지세, 국토개발세, 국토개발 부담금, 연안 개발세와 연안 개발 부담금, 광산 채굴 인가와 채굴 부담금 등이 그 전형일 것이다. 그러한 세금과 부과금은 현재 생태계 보전과 복원으로 그 용도가 확정되어 있지 않기에 정비할 필요가 있고, 특히 국토개발, 연안 개발, 광물자원 채굴 등에 부과하는 부담금은 전적으로 생태계의 고유한 가치를 보전하는 기금을 조성하기 위해 별도로 취급해야 한다.

에너지와 물질의 채굴과 투입에 세금과 부담금을 부여하는 정책이 갖는 효과와 의미를 판단하기 위해 1차 에너지세를 예로 들어 몇 마디 부언한다. 우리나라는 값싼 에너지 공급정책을 산업정책의 기조로 삼

---

10 생태학적 고정자본의 실체 보존은 세대 간 공평성에 관한 하트윅 규칙에 근거한 구상이다. 하트윅(John Hattwick)은 세대 간 공평성을 보장하려면 고갈 가능성이 있는 자연 자원의 추출과 이용으로 얻은 이득을 투자하여 미래 세대가 현재 세대와 동등한 수준의 혜택을 얻을 수 있도록 하여야 한다고 주장했다. 이에 관해서는 가이 스탠딩/김병순 옮김, 『불로소득 자본주의: 부패한 자본은 어떻게 민주주의를 파괴하는가』 (서울: 여문책, 2017), 230ff.를 보라.

고 있기에 1차 에너지를 난방 산업, 발전 산업 등에 공급할 때는 세금이 부과되지 않는다. 만일 비싼 에너지 공급정책으로 전환해서 우리나라의 총 에너지 소비량의 56.7%를 차지하는 에너지 산업 분야[11]에 통상적인 에너지 세율을 적용하기만 해도, 1차 에너지 세수는 2019년 현재 34조 원에 달하게 되어 GDP의 1.7%를 차지하게 된다. 만일 미래 세대를 위해 생태학적 고정자본의 감가상각을 충당하기로 하고, 에너지 세율을 두 배로 인상한다면, 에너지 세수는 GDP의 3.4%를 차지할 것이다.

그러한 정부의 개입으로 에너지의 시장가격이 높아지면 태양열, 풍력, 수력, 해양에너지, 생물유기체(biomass), 생물학적 분해가 가능한 폐기물에너지 등 OECD가 규정한 재생가능에너지의 사용이 증가할 것이다. OECD 기준에 따라 1차 에너지 대비 재생에너지 비율을 살피면 우리나라는 2018년 기준으로 1.9%에 지나지 않는다. 그것은 우리나라보다 상대적으로 높은 에너지 가격정책을 시행하는 이탈리아 17.8%, 독일 14.1% 등에 비교해 볼 때 매우 낮은 수치이다.[12] 여기서도 우리나라의 에너지 가격정책을 근본적으로 변화시켜야 한다는 시사점을 얻을 수 있다.

2.2.2. 에너지-물질의 변형과 소비 과정에 대한 규제

경제 활동은 에너지와 물질을 변형하여 소비하는 데 가장 적합하게 가공하는 과정이다. 에너지와 물질의 형태 변화는 상품의 생산과 유통과 소비에 관련된 기술적 측면과 공간적 측면에서 매우 다양하게 나타

---

11 출처: 에너지경제연구원 「연간 에너지밸런스」 (2019).
12 출처: OECD, 「OECD Green Growth Indicators」 (1990-2018).

나기에 이를 일일이 열거하면서 설명하기 어렵다. 아마도 기술적 측면에서는 에너지-물질의 효율성 문제가 가장 중요할 것이고, 공간적 측면에서는 긴 가치생산 사슬, 생산과 소비의 분리, 도시 집중, 공간의 지하화와 고층화, 생활공간과 업무공간의 분리, 관광산업의 팽창, 동식물의 서식지 파괴, 생태학적 경관 훼손 등이 주요 관심사가 될 것이다. 이러한 기술적 측면과 공간적 측면은 서로 분리된 것이 아니고, 서로 밀접하게 연결되어 있다.

첫째, 그동안 에너지-물질의 변형과 소비 과정에서 가장 큰 관심사가 되어 왔던 것은 에너지-물질의 사용 효율이다. 열역학 제2법칙에 따라 에너지는 높은 수준에서 낮은 수준으로 떨어져 엔트로피가 증가하기 마련이고, 엔트로피 증가는 에너지가 추가로 투입되지 않는 한 불가역적이다. 따라서 에너지 효율을 높이는 것은 기술적으로 매우 중요하다. 물질 역시 응집성이 강한 상태에서 분산성이 높은 상태로 분해되고, 이 또한 불가역적이기에 물질의 응집성을 높은 수준에서 유지하는 기술의 개발이 중시되는 것은 당연하다.

에너지와 물질의 시장가격을 높이고, 아래에서 설명하게 되는 바와 같이, 폐기 에너지와 폐기 물질의 생태계 방출 비용을 증가시키면 에너지-물질의 사용 효율을 높이려는 기술 경쟁은 치열하게 전개될 것이다. 국가는 에너지-물질의 시장가격과 폐기 에너지-폐기 물질의 시장가격을 규제하여 에너지-물질의 효율 경쟁을 촉진할 수 있을 뿐만 아니라 국가가 규정한 일정 수준의 에너지-물질 효율에 이르지 못하는 상품의 생산과 소비를 금지하는 직접 규제에 나설 수도 있다. 예를 들면 국가는 에너지 효율이 낮은 건물을 개축하도록 강제할 수도 있고, 그런 건물의 건축을 허가하지 않을 수도 있고, 에너지 효율이 낮은 가전제품이나 난

방제품의 생산과 소비를 금지할 수도 있다.

둘째, 생산 입지정책과 국제적·지역적 생산 공정 분할정책이 널리 채택되면서 긴 가치생산 사슬이 형성되고, 상품의 생산과 소비에 엄청난 물류비용과 수송비용이 발생한다. 그것은 에너지와 물질의 사용이 엄청나게 증가한다는 뜻이다. 생태학적 관점에서 볼 때 생산과 유통과 소비의 지구적 네트워크는 지속 가능한 것이 아니다. 철강, 정유, 반도체 등 거대한 중화학 수출산업이 한 국가나 지역에 거주하는 사람들의 생활상 요구를 초과하는 상품을 생산하여 이를 수출하기 위해 에너지와 물질을 과도하게 사용하는 것은 생태학적 관점에서 더는 용납될 수 없다. 이것은 국민경제에서 전력, 철강, 시멘트, 정유, 반도체, 부품 생산, 원자재 생산 등이 지역적으로 특화되고 분산될 때도 나타나는 현상이다. 따라서 국가는 긴 가치생산 사슬을 끊고 수출 중심 경제를 내수 중심 경제로 전환하고, 내수경제의 중심을 지역 순환 경제에 두는 전략을 추진할 필요가 있다. 그것은 에너지-물질의 경제를 위해서도 필요하고, 조금 더 생각해 보면 사회적 연대와 평화를 위해서도 필요한 일이다.

셋째, 인구의 도시 집중과 도시 공간의 지하화와 고층화는 에너지와 물질의 순환 차원에서 심각한 문제를 불러일으킨다. 본래 도시는 자유와 시장과 자본의 중심지로 탄생하고 발전했다. 도시의 익명성은 전통적 규범의 구속성을 약화하고 사람들 사이의 관계를 계약 관계와 화폐 관계로 축소한다. 자유와 시장과 자본이 인구를 끌어들이면서 나타나는 '규모의 경제' 효과는 도시의 인구 집중을 가속한다. 지식 기반 경제의 발전은 정보통신 기술에 힘입어 인구 분산 효과가 클 것으로 기대되었으나, 정보와 지식에서 비롯되는 높은 지대 효과로 인해 민감한 정보와 지식을 획득하고자 하는 인구의 집중을 촉진했다. 그러한 인구의 도시 집중은 에너지 집중도를 높이는 효과가 있다. 1991년부터 2013년까지 23년 동안 73개국의 패널 자료를 활용해서 도시화율과 에너지 집중도의 상관관계를 분석한 한 연구 결과에 따르면, 도시화율이 1% 증가하면 에너지 집중도는 0.25% 증가한다.[13] 에너지 집중도는 GDP 단위 대비 에너지사용량의 비율을 가리키는 척도이다. 에너지 집중도가 높다는 것은 GDP 단위를 높이는 데 늘어가는 에너지 소비량이 많다는 뜻이다.

도시화가 에너지 소비량을 증가시키는 까닭은 생산과 소비가 분리되고, 생활공간과 업무공간이 분리되고, 대규모 운송 수단과 상수도 및 위생 인프라 유지에 많은 에너지가 사용되기 때문이다. 인구의 도시 집중으로 지가가 상승하여 건물과 시설의 고층화와 지하화가 진행하면 건물 내부의 공간 이동, 조명, 환기, 난방, 상하수도 시설 등에 엄청난 에너지가 투입된다. 도시 혼잡과 교통 체증에서 발생하는 에너지 소비도 엄청난 규모이다. 도시에 밀집한 고층 건물과 자동차 매연은 열 순환에 정체를 가져와 도시 공간의 온도를 상승시키고 이를 상쇄하기 위한 에너지 소비를 증가시킨다. 인구의 도시 집중이 마침내 도시 광역화로 이어지면 광역 도시의 에너지 집중도는 더 증가하는 경향이 있다.

생태학적 관점에서 볼 때 인구의 도시 집중을 억제하고, 지방 분산을 촉진하고, 생산과 소비의 공간적 분리를 극복하는 것이 바람직하다. 문제는 그것이 전혀 쉽지 않다는 것이다. 우리나라처럼 중앙집권적 통치 구조가 발달하여 권력, 자본, 정보, 소비 등이 서울을 중심으로 일극화되어 있는 나라들에서는 도시와 지방의 생태학적 공간 배치 계획을 수

---

13 이도영·박성용, "에너지 집중도 결정요인에 관한 패널 분석," 「에너지경제연구」 19/1(2020), 108.

립하고 실행하기가 매우 어렵다. 그렇기는 해도 인구의 도시 집중을 규제할 방안은 다양하게 강구될 수 있다. 앞에서 말한 높은 에너지 가격정책은 도시 집중을 억제하는 데에도 효과적이다. 도시개발의 환경영향평가를 강화하고 개발에 따르는 세금과 부담금을 획기적으로 늘리고, 도시 혼잡과 교통 혼잡을 불러일으키는 요인들에 무거운 세금과 부담금을 부과하는 정책이 녹색 도시정책의 근간이 된다는 점을 유념할 필요가 있다.

넷째, 도시 구역의 확대와 도시들을 잇는 교통망의 발달, 인구 증가에 따르는 농축산 용지의 확대, 하천의 개발과 댐과 보의 설치 등은 생태계의 에너지 순환을 교란하고, 동식물 서식지를 분절하고 파괴하며, 생태학적 경관을 훼손한다. 녹색 지대와 산림의 축소는 대기권의 탄소 대사와 수분 대사에 악영향을 끼친다. 동식물 서식지의 분절과 대규모 파괴는 생태계의 먹이사슬을 교란하여 생태계의 건강성을 극도로 악화시키고, 코비드-19 팬데믹에서 보듯이 서식지 파괴는 인수공통 감염병의 발생 빈도를 높이고 천문학적 피해를 일으킨다. 생태학적 경관은 생태학적 안정성과 건강성을 미학적으로 나타내는 것이니,[14] 그 경관의 훼손은 단순한 미학적 문제에 그치지 않고 생태학적 안정성과 건강성에 결정적 영향을 끼치는 에너지-물질의 순환이 깨졌음을 보여주는 심각한 사태이다.

이러한 일련의 상황은 국가가 생태학적 관점에서 국토개발을 규제함으로써만 해결될 수 있다. 국가가 국토개발 행위를 억제하기 위해 세금과 부담금을 부여하고, 생태계 보전을 위해 직접 행동에 나서거나 생

---

14 예로부터 방풍과 치수를 위해 마을과 고을에 숲을 조성한 것은 지역 차원의 에너지-물질 순환에 적응하는 생태학적 지혜였고, 그 결과가 생태학적 경관으로 나타났다는 것을 유념할 필요가 있다.

태계 보전 사업에 보조금을 지급하는 등 다양한 정책 수단을 활용할 필요가 있다.

다섯째, 관광산업의 발달은 에너지-물질의 사용을 크게 늘린다. 관광산업은 항공, 선박, 철도, 자동차 사용을 늘리며, 여기서 엄청난 에너지-물질 소비가 발생한다. 관광지의 숙박 시설과 엔터테인먼트 시설을 유지하는 데에도 많은 에너지와 물질이 투입된다. 2005년 현재 전 세계적으로 관광에 나선 사람들의 수효는 50억 명으로 추산되고, 그 가운데 10억 명은 해외여행자들이다. 전 세계적으로 교통, 숙박 및 편의시설, 관광 활동에서 발생하는 이산화탄소의 양은 2005년의 경우 총 탄소 배출량의 3.7~5.4%(최적 추정치 4.9%)에 달한다.[15] 물론 관광은 개인의 자유와 취미에 속하는 것이어서 이를 억제하기는 어렵다. 문화 교류의 확대와 심화, 휴식과 삶의 기쁨 등 관광이 가져오는 긍정적인 효과가 매우 크기에 오히려 이를 장려할 필요도 있다. 그러나 관광산업이 가져오는 엄청난 생태학적인 외부효과에 대처하는 것도 필요하다. 에너지-물질의 시장가격이 높아져서 관광 비용이 크게 늘면 관광 문화는 생태학적 요구에 적응하게 될 것이다.

앞서 말한 바와 같이 에너지-물질의 변형과 그 소비는 워낙 다양하고 복잡하기에 생태학적 관점에서 이를 적절하게 규제하는 방안을 일일이 열거할 수는 없다. 위에서는 에너지-물질의 변형과 그 소비를 몇 가지 유형으로 나누어 유형별로 적절한 규제 방식을 간략하게 살폈을 뿐이다.

---

15 김남조, "기후변화에 대응하는 녹색관광의 연구과제 모색," 「관광학연구」 33/4(2009), 91. 이는 UNWTO & UNEP, *Climate Change and Tourism: Responding to Global Challenges* (Madrid: UNWTO, 2008)의 자료에 근거한 것이다.

2.2.3. 폐기 에너지-폐기 물질 방출에 대한 규제

경제 활동의 부산물은 마침내 폐기 에너지와 폐기 물질의 형태로 경제계로부터 생태계로 방출되고, 생태계의 안정성과 건강성을 심각하게 위협한다. 과거에는 폐기 물질이 토양, 산림, 하천, 강, 바다 등을 오염시키는 문제가 크게 부각하였다. 아황산가스의 대기권 방출이 산성비를 내리게 해서 지표면과 산림을 황폐화했다든지, 페놀 폐기물이 하천에 방류되어 물고기가 떼죽음을 당했다든지, 플라스틱과 비닐이 국토와 해양을 크게 오염시킨다든지 하는 것이 그 실례들이다. 그러한 환경오염의 실례와 그 폐해의 목록은 끝없이 길다. 그런데 요즈음 사람들의 관심을 가장 많이 끄는 이슈는 온실가스가 대기권에 과도하게 축적되면서 나타나는 기후 위기 내지는 기후 파국이고, 그 가운데서도 특히 탄소 배출 문제이다.

이제까지 폐기 에너지와 폐기 물질을 생태계로 대량으로 방출한 까닭은 한편으로는 생태계를 공짜로 이용할 수 있다는 생각이 지배적이었기 때문이고, 다른 한편으로는 생태계의 안정성과 건강성을 해치지 않게 하는 폐기 물질 방출량의 임계치를 제대로 인식하지 못했기 때문이다. 따라서 이 문제를 제대로 풀려면, 대기권, 바다, 하천, 호수, 토양, 산림 등에 대한 환경분석에 근거하여 거시 생태계로부터 미시 생태계에 이르기까지 생태학적 공간별로 폐기 에너지와 폐기 물질의 방출 임계치를 설정하고, 폐기 에너지와 폐기 물질을 생태계에 방출하는 데 따르는 사회적 비용을 떠안게 해야 하며, 생태계에 방출해서는 안 되는 유해성 폐기물의 처리를 별도로 규제해야 할 것이다.

이러한 점을 염두에 두고 아래에서는 주로 탄소세와 탄소배출권거래제도에 집중해서 폐기 에너지와 폐기 물질의 생태계 방출을 규제하는 방안을 살핀다. 요즈음 탄소세와 탄소배출권거래제도가 부각하는 까닭은 기후 파국이 그만큼 심각하기 때문이다. 1980년대에 기후 온난화 문제가 제기된 뒤로 1992년 유엔환경계획의 틀에서 리우 환경정상회의가 열리고 「유엔기후변화기본협약」을 체결하였을 때만 해도 협약 문서에는 '기후변화'와 같은 중립적인 개념이 쓰였다. 그러던 것이 최근에는 '기후 위기'나 '기후 파국'이라는 용어가 국제회의에서 사용될 정도로 그 심각성이 널리 인식되기에 이르렀다. 기후 위기나 기후 파국에 대응하기 위해서 인류가 합의한 것은 온실가스 대부분을 차지하는 탄소 배출량을 획기적으로 줄이자는 것이다. 「유엔기후변화기본협약」에 근거하여 구성된 '기후변화에 관한 정부 간 협의체'(Intergovernmental Panel on Climate Change, 이하 IPCC)가 1997년에 체결한 「교토의정서」 (2005년 발효)는 선진국에 1990년을 기준으로 탄소 배출량을 2012년까지 5.2% 줄일 것을 의무화했고, 미국, 캐나다, 호주 등의 외면으로 무력화된 「교토의정서」를 대신해서 2015년 IPCC가 체결하여 2016년 국제법적 효력을 갖게 된 「파리협정」은 지구온난화의 임계 목표를 산업혁명 이전 대비 1.5℃ 내지 2℃ 높게 설정하고, 그 목표를 달성하기 위해 모든 국가가 자율적으로 탄소 배출량 감축 목표를 세울 것을 의무화했다. 2018년 IPCC 총회에서 채택한 「지구온난화 1.5℃ 특별보고서」는 지구온난화 임계치를 산업혁명 이전 대비 1.5℃ 상승으로 조정할 것을 강력하게 촉구하고, 그 목표를 달성하기 위해 2030년까지 탄소 배출량을 2010년 기준으로 45% 감축하고, 2050년에는 탄소 배출 중립(탄소 배출량 네트 제로) 목표를 달성하여야 한다는 로드맵을 설정했다. 우리나라는 2020년 10월에 가서야 대통령이 나서서 2050년 탄소중립 목표를

달성할 것을 공식적으로 선언했다.[16]

탄소세는 전형적인 피구세다. 탄소를 배출하여 기후 위기를 불러일으키는 책임자에게 탄소 배출량에 따라 부담금을 차등 부과하여 탄소 배출량을 줄이도록 하자는 것이 탄소세의 취지이다. 이런 점에서 탄소세는 교정세의 성격을 띤다. 탄소세가 부과되면 탄소 배출 기업은 탄소 배출을 계속하면서 탄소세를 부담하든지, 탄소 배출량을 줄여서 탄소세 부담을 줄이든지 해야 할 것이다. 따라서 탄소세는 탄소 배출량을 줄이도록 강제하는 효과가 충분히 날 정도로 높아야 한다. 배출량에 따르는 탄소세의 차등 부과는 같은 상품을 생산하는 기업들 사이의 시장 경쟁에 민감하게 작용하기에 그 효과가 크다. 탄소 효율이 낮은 기업은 결국 시장에서 퇴출당할 것이기 때문이다. 탄소세는 세계 여러 나라에서 도입되었고, 특히 유럽연합(EU)에 속한 나라들 가운데 16개국이 탄소세를 시행한다. 그러나 우리나라는 아직 탄소세를 도입하지 않고 있다.

탄소배출권거래제도는 문자 그대로 탄소 배출권을 사고파는 제도이다. 탄소 배출권은 특정한 생태학적 공간에 배출할 수 있는 탄소 총량을 정하고 이를 작은 단위로 나누어 증서로 만든 것이다. 본래 탄소배출권거래제도는 「유엔기후변화기본협약」의 틀에서 마련된 탄소 배출량 감축 목표를 설정하면서, 지구 차원에서 탄소 배출량 감축 목표를 정하면서 활성화되었다. 유엔이 각국에 할당한 탄소 배출량 감축 목표를 달성하지 못한 나라는 탄소 배출 허용량이 남아도는 나라로부터 탄소배출권을 사들이거나, 개발도상국에서 탄소 저감 사업을 시행하여 탄소 배출 감소량만큼 탄소배출권을 추가로 얻을 수 있었다. 그러한 탄소배출

---

16 문재인 대통령은 집권여당의 권고를 받아들여 2020년 10월 28일 국회 시정연설에서 '2050년 탄소중립(넷제로) 목표'를 공식 선언했다.

권의 거래는 유럽연합, 미국, 영국, 호주 등지에서 시작되었고, 국제적인 탄소배출권거래 시장은 이미 거대한 규모를 갖게 되었다. 탄소배출권거래는 국가 수준에서도 활성화되고 있다. 우리나라는 탄소세를 도입하고 있지는 않지만, 탄소배출권거래제도는 이미 2012년부터 시행하고 있다.[17]

탄소배출권거래제도는 코스 공리에 따라 환경 문제를 시장 기구를 통해 해결하고자 하는 대표적인 시도이다. 시장경제가 생태계 위기를 악화시켰다고 생각하는 생태주의자들은 탄소배출권거래제도를 부정적으로 보는 데다가 탄소배출권거래가 그동안 탄소 배출량 감축 효과를 제대로 달성하지 못했기에 이 제도에 대한 불신이 크다. 그러나 탄소배출권거래제도는 제대로 정비되기만 하면 매우 효율적인 제도이다. 그동안 탄소배출권거래제도가 소기의 성과를 내지 못한 까닭은 1) 탄소 배출량 허용 한도가 너무 느슨하게 설정되었고, 2) 탄소 배출 기업과 공장에 무상으로 배분한 탄소배출권이 너무 많았고, 3) 이러한 두 가지 조건 아래서 탄소배출권 거래 금액이 너무 낮게 형성되었기 때문이다. 거기에 더하여 탄소배출권 거래시장에서 탄소배출권 매점매석이 일어나 가격 형성이 왜곡되기도 했다. 따라서 탄소 배출 허용량을 엄격하게 재설정하고, 무상으로 배분된 탄소배출권을 소각하고, 탄소배출권 거래가격이 탄소세 수준 이하로 떨어지지 않도록 규제한다면, 탄소배출권거래제도는 탄소세보다 더 효율적일 수 있다.

우리나라에서 시행되는 탄소배출권거래제도는 사각지대가 매우 많

---

17 우리나라에서는 「저탄소 녹색성장기본법」(2010) 제46조에 의거해서 2012년 「온실가스배출권 할당및거래에관한법률」이 제정되었고, 이 법률에 따라 2015년 1월 1일부터 배출권거래제도가 시행되고 있다.

다. 그러한 사각지대는 2010년에 제정된 「저탄소 녹색성장 기본법」에 근거한 에너지 과소비 산업체와 발전 부문에 적용되는 온실가스 및 에너지 목표 관리제 때문에 발생한다. 온실가스 및 에너지 목표 관리제의 대상 업체는 목표 달성을 위한 이행계획을 관리부처에 제출해야 한다. 그런데 목표 달성에 실패해도 최고 1,000만 원에 불과한 과태료가 부과되어 이 제도는 사실상 유명무실하다고 볼 수 있다.[18] 이것은 국제적으로 '기후 악당'으로 손꼽히는 우리나라의 이산화탄소 배출량을 놓고 볼 때 결코 묵과할 사항이 아니다. 우리나라는 2018년 현재 695메가톤의 이산화탄소를 배출해서 중국(11,256메가톤), 미국(5,275메가톤), 유럽연합(3,457메가톤), 인도(2,622메가톤), 러시아(1,748메가톤), 일본(1,199메가톤), 이란(728메가톤)의 뒤를 이어 세계 8위를 기록하고 있다.[19] 1인당 이산화탄소 배출량은 2018년 현재 12.4t에 달해서 사우디아라비아, 미국, 캐나다의 뒤를 이어 세계 제4위를 차지하고, 1인당 이산화탄소 배출량 증가 속도는 1990년 1인당 5.8t에서 2018년 12.4t으로 213% 증가하여 단연 세계 제1위에 달한다.[20]

2050년까지 탄소 배출 네트 제로 목표를 달성하려면 우리나라는 탄소배출권거래제도를 정비하고 탄소세 도입을 서둘러야 한다. 탄소세와 탄소배출권거래제도는 서로 보완관계에 있지, 경합관계에 있지 않다. 탄소배출권거래제도를 도입한 나라들은 탄소 배출 기업이나 공장이 탄소세와 탄소배출권거래제도 가운데 어느 하나를 선택하도록 하고 있다

18 조혜경, "탄소배당 연계 탄소세 도입의 필요성 및 기본 방향," *Alternative issue Paper 22*(2020), 23, https://alternative.house/alternative-issue-paper-no22/ (2021년 9월 20일 다운로드).

19 출처: EU, Emissions Database for Global Atmospheric Research (2018).

20 출처: Global Carbon Project (2018).

는 것을 유념할 필요가 있다.

3. 생태학적 국민소득분배

국민소득은 크게 자본소득과 노동소득으로 분배되도록 설계되어 있기에 국민소득분배에서 생태계에 돌아갈 몫은 아예 상정조차 되어 있지 않다. 그것은 생태계에서 취하는 에너지와 물질의 고유한 가치가 설정되지 않고 경제적 부를 생산하는 데 생태계가 이바지하는 몫을 따질 수 없기에 나타나는 결과이다. 그 점에서는 노동가치론을 전제한 고전 경제학이나 한계효용과 한계생산비용을 앞세운 신고전파 경제학이나 투자승수와 유효수요의 중요성을 강조한 케인스주의나 차이가 없다. 상품의 가치나 가격을 전제하지 않고서는 교환경제를 논의할 수 없지만, 상품의 가치를 형성하는 데 태양과 바람과 물과 땅과 삼라만상이 상호작용한 효과가 상품의 가치와 가격에 전혀 반영되지 않도록 상품의 가치와 가격이 설계되어 있으니 실로 딱한 노릇이 아닐 수 없다.

마르크스는 노동가치론을 내재적으로 비판하면서 가치와 부를 개념적으로 구별했다. 그는 노동자들이 "노동이 모든 부와 모든 문화의 원천"이라고 규정하면서 노동 성과를 독차지할 것을 주장한 1875년의 「고타 강령」을 비판했다. 그는 "노동이 모든 부의 원천인 것은 아니다. 자연도, 그 자체로 보아서는 자연 능력인 인간의 노동력의 외화인 노동과 마찬가지로, 사용가치들의 원천이다. 그리고 실제의 부는 사용가치들로 구성되어 있다!"[21]는 명제를 제시했다. 마르크스에게 노동 과정은 인간과 자연 사이의 물질대사이다. 자연은 인간과 그 자신 사이의 물질

대사에서 고유한 가치를 가지고 등장한다. 인간의 노동 과정을 통해서 자연의 소재적 형태는 변화되지만, 자연의 고유한 가치는 사용가치의 형태로 보존된다. 따라서 자연은 노동과 마찬가지로 모든 실제적인 부의 원천이다. 이처럼 인간의 욕망을 충족시키는 재화와 서비스의 생산에 노동자의 산 노동과 자본의 죽은 노동만이 아니라 생태계도 이바지한다면, 그 생산의 결과인 부를 분배할 때도 노동자와 자본소유자와 생태계의 몫이 공정하게 돌아가야 한다.

물론 그렇게 말한다고 해서 현재까지 마련된 경제학적 도구를 갖고서 실제적인 부의 크기를 측정할 수도 없고, 실제적인 부를 노동자, 자본소유자, 생태계 등에 공정하게 배분할 방법을 찾을 수도 없다. 마르크스도 자본주의적 착취와 수탈을 넘어서서 가치법칙이 더는 통용되지 않는 미래의 사회에서 부의 생산과 분배를 어떻게 할 것인가를 전망하기는 했지만, 이를 정교한 이론으로 다듬어내지는 못했다. 그는 생산수단의 사적 소유가 폐지되어 사회적 점유에 바탕을 둔 '협동조합'이 생산하고, 협동조합들의 총체가 공동계획을 수립하여 생산의 무정부적 상태와 주기적 변동을 극복하고, 자유로운 개인들의 결사체가 이성적으로 인간과 자연의 신진대사를 규율하고, 능력에 따라 일하고 필요에 따라 분배받는 사회를 내다보았을 뿐이다.[22] 그러한 몇 가지 단편적인 아이디어를 갖고서 가치의 생산으로부터 부의 생산으로 전환한 사회를 위한 사회적이고 생태학적인 분배 체계를 설계하기는 어렵다. 노동과 자연이 부의 생산에 이바지한 몫을 계산하기 위해서는 노동의 몫과 자

21 K. Marx, *Kritik des Gothaer Programms: Randglossen zum Programm der deutschen Arbeiterpartei, MEW 19*, 15.
22 이에 관해서는 본서의 제III부 1장 1을 보라.

연의 몫을 어떤 공통분모 위에 올려놓고 계산할 수 있어야 하는데, 그러한 공통분모를 찾을 수 없기 때문이다.[23]

사용가치와 실제적인 부가 시장경제의 가격 장치나 회계처리에 반영될 수 없다 하더라도, 노동과 자본과 생태계가 사용가치와 부의 생산에 이바지한다는 것이 확실하다면, 국민소득을 셋 사이에서 분배하는 방식은 사회적 합의와 정치적 합의를 통해 결정될 수밖에 없을 것이다. 그렇게 하려면 국민소득을 계산하는 방법도 근본적으로 다시 마련되어야 할 것이다. 이제까지는 가격으로 표시될 수 있는 재화와 서비스를 모두 합한 것이 국민계정에 들어갔고, 국내에서 생산된 재화와 서비스의 가격을 모두 합한 것이 GDP로 계산되었다. 따라서 가격으로 표시될 수 없는 생태계의 경제적 기여는 국민계정에 잡히지 않았다. 이 문제는 결국 생태학적 민주주의의 원칙에 따라 정치적으로 풀 수밖에 없고, 그 해결책은 경제 활동이 생태계에 미치는 외부효과를 처리하는 사회적 비용과 생태학적 고정자본의 감가상각 보전 비용과 생태학적 경관 유지 비용을 정치적으로 결정하는 것일 수밖에 없다. 앞의 2.2에서 밝힌 바와 같이 생태계의 에너지-물질을 경제계에 투입하는 과정, 에너지-물질의 형태를 변화시켜 소비하는 과정, 거기서 발생하는 폐기 에너지-물질을 생태계로 방출하는 과정을 하나하나 엄격하게 규제하여 각각의 과정에서 경제 주체들이 부담해야 할 비용을 결정한다면, 그 비용의 총합은 국민소득에서 생태계에 돌아가는 몫의 한 부분으로 삼을 수 있다. 거기 더해서 세대 간 공평성의 원칙을 고려해서 생태학적 고정자본의 보전 비용과 생태학적 경관의 유지 비용이 GDP의 일정 비율에 이르

---

23 니콜라이 게오르게스쿠-로에겐은 노동의 기여와 자연의 기여를 평가할 수 있는 공통분모를 설정하고자 했으나 그의 시도는 실패했다. 이에 관해서는 본서 제II부 2장 1.2와 각주 68을 보라.

도록 사회적 합의와 정치적 합의를 한다면, GDP에서 생태계에 돌아갈 몫은 더 커진다. 따라서 생태계에 미치는 외부효과의 사회적 비용, 생태학적 고정자본의 보전 비용, 생태학적 경관 유지 비용 등을 모두 합한 값은 GDP에서 생태계에 돌아가는 몫으로 의제(擬制)될 수 있다.

앞의 2장에서 자연의 권리를 창설하는 과제와 관련해서 언급한 바 있듯이 생태계와 경제계의 권익을 대표하는 단체들이 생태학적 경제민주주의 원칙에 따라 국민소득의 생태학적 분배에 관해 합의하여 공동결정을 내린다면, 그 공동결정에 근거하여 생태계의 경제적 기여를 정치적으로 평가하는 절차가 진행될 수 있을 것이다. 중요한 것은 GDP에서 생태계에 돌아갈 몫을 먼저 결정한 뒤에 그 나머지를 노동과 자본 사이에서 나누는 비율을 결정하는 것이다. 국민경제 수준에서 생태학적이고 사회적인 소득분배를 하는 이치에 관해서는 이 책의 제V부 5장에서 본격적으로 논할 것이다.

생태학적 소득분배에 관한 논의를 마무리하면서 한 가지 덧붙여 말하고 싶은 것은 생태계가 경제 성과를 창출하기 위해 이바지한 몫이 오랫동안 생태계에 전혀 돌아가지 않았기에 그 몫은 경제 주체들이 생태계에 진 빚으로 남았다는 것이다. 만일 그러한 생태학적 부채[24]를 계산하여 그 규모를 산정하고, 경제 주체들이 그 부채의 원리금 상환이나

---

24 '생태학적 부채'는 유엔여성컨퍼런스의 틀에서 1985년 나이로비에서 열린 '여성, 평화, 생태학' 워크숍에서 최초로 사용되었고, 1992년 '리우정상회의'와 병행해서 열린 NGO 대회를 이끈 핵심 개념들 가운데 하나가 되었다. 거기서 생태학적 부채는 기후 부채라는 개념으로 발전하였다. 생태학적 부채를 갚는 것이 생태학적 정의라면, 기후에 진 빚을 갚는 것이 기후 정의일 것이다. 생태학적 부채에 관해서는 J. Timmons Roberts · Bradley Parks, "Ecologically Unequal Exchange, Ecological Debt, and Climate Justice: The History and Implications of Three Related Ideas for a New Social Movement," *International Journal of Comparative Sociology*, Vol. 50 Issue 3/4(2009): 385-409를 보라.

최소한 이자를 지급해야 한다면, 경제 주체들은 그들이 차지하는 경제적 성과의 상당 부분을 떼어내지 않으면 안 될 것이다. 앞에서 생태학적 소득분배를 논할 때 생태학적 부채의 원리금 상환이나 이자 지급을 고려하지 않았다는 점을 부언해 둔다. 생태학적 소득분배만으로도 시장경제가 끊임없는 확대재생산으로 나아가지 않도록 제동하는 효과가 있는데, 거기 더해서 생태학적 부채 상환까지 이루어진다면 시장경제는 더는 자본의 축적과 팽창에 기대서 대량생산과 대량소비의 결합과 그것의 무한한 확대를 추구할 수 없을 것이다. 생태계 위기의 정치경제학을 고려한다면 생태학적 부채를 가장 많이 짊어진 것은 자본일 것이기 때문이다. 자본 측이 생태학적 원리금 상환에 나선다면 축적된 자본의 상당 부분을 내어놓을 수밖에 없을 것이고, 자본의 축적과 팽창 메커니즘은 위축될 것이다.

맺음말

시장경제의 생태학적 규율은 실로 많은 측면이 있고, 엄청난 과제들이 가로 놓여 있는 프로젝트이다. 한 등 끄기, 우유 팩 수거, 텀블러 사용 등과 같은 소비자 행동의 변화를 통해 생태계에 가하는 외부효과를 줄일 수 있고, 그것은 그 나름대로 매우 중요한 의미가 있지만, 시장경제에서 소비의 양과 패턴을 결정하는 것은 상품의 생산이라는 것을 놓쳐서는 안 된다.

시장경제의 생태학적 규율은 기후 파국으로 치닫고 있는 생태계 위기의 사상적 배경과 경제체제적 요인을 정확하게 파악하는 데서 출발하여야 하고, 무엇보다도 생태계의 안정성과 건강성을 보전하는 이치에 관한 깊이 있는 인식에 바탕을 두어야 한다. 생태계와 경제계 사이의 에너지-물질 순환은 생태계의 안정성을 유지하는 수준에서 규율되어야 하고, 생태계를 구성하는 생명체들과 무생물체들의 중층적인 상호 의존 관계가 유지되는 것을 나타내는 생태계의 건강성이 교란되거나 파괴되지 않아야 한다. 생태계의 안정성이 무너지고 생태계의 건강성이 훼손된다면, 시장경제는 그것의 자연적 기반을 송두리째 잃는다. 시장경제는 생태계 보전의 조건 아래에서만 그 생명력을 유지할 수 있다.

시장경제의 생태학적 규율은 생태계 보전의 조건 아래에서 시장경제를 운영하는 것을 뜻한다. 필자는 그러한 생태학적 시장경제 운영에는 최소한 네 가지가 필요하다고 생각한다. 첫째는 자연의 권리에 바탕을 두고 생태학적 법치국가를 창설하고, 그 틀에서 생태학적 경제민주주의를 제도화하는 것이다. 둘째는 자연을 소유의 대상으로 삼을 수 있도록 설계된 근대적 소유권 개념을 해체하고 생태계 보전을 제도적으로 뒷받침하는 생태학적 소유권 개혁을 시행하는 것이다. 셋째는 시장경제의 조정 메커니즘인 가격 장치가 자연의 고유한 가치와 경제적 기여를 가격으로 반영하지 못해서 시장경제를 생태학적으로 규율하는 데 구실을 하지 못하는 상황을 극복하기 위해 가격 장치를 생태학적으로 보완하는 것이다. 마지막 넷째는 생태계가 경제 성과를 창출하는 데 이바지한 몫을 생태계에 돌려주는 생태학적 소득분배를 국민경제 수준에서 설계하는 것이다.

시장경제의 생태학적 규율에 필요한 네 가지 제도에 관해서는 이미 본론에서 상세하게 설명하였으므로, 위에서 약술한 내용보다 더 많은 내용을 정리할 필요는 없다고 본다. 제IV부를 마무리하면서 필자는 시장경제의 생태학적 규율이 시간을 지체하지 않고 시행되어야 하고, 그것을 실현하기 위한 제도들이 곧바로 창설되어야 한다고 강조하고 싶다. 기후 파국의 강도와 규모를 놓고 본다면, 시장경제의 생태학적 규율과 생태학적 제도 개혁은 빠르면 빠를수록 좋다. 그러한 규율과 제도 개혁은 정치적 의지의 결집 없이는 불가능하다. 생태계 위기의 정치경제학을 고려한다면, 자본가들이 생태계 위기에 가장 큰 책임을 져야 하고, 따라서 시장경제의 생태학적 규율과 생태학적 제도 개혁에 발 벗고 나서야 한다. 노동자들도 생태학적 경제민주주의의 원칙을 수용해서 시장경제의 생태학적 규율의 조건 아래에서 노동과 자본의 민주적 관계를 제대로 수립할 수 있다는 것을 인식할 필요가 있다. 사회 세력들이 시장경제의 생태학적 규율과 제도 개혁에 합의한다면, 자연의 권리를 대리하는 단체들과 경제계의 권익을 대표하는 단체들의 사회적 합의가

순조롭게 이루어지고, 국가 차원의 정치적 합의가 신속하게 이루어질
것이다.

제 V 부

시장경제의 사회적 규율

1장 사회적 경제민주주의의 실현 조건

2장 작업장의 민주화와 노동의 인간화

3장 공장과 기업 수준에서 노동과 자본의 공동결정

4장 산별교섭의 제도화

5장 국민경제의 민주적 규율

머리말

    시장경제의 사회적 규율은 노동과 자본의 관계를 작업장, 공장과 기업, 국민경제, 지구 경제 차원에서 민주적으로 형성하여 시장경제체제를 인간적이고 사회적으로 운영하려는 기획이다. 우리나라에서는 군부독재 시절에 국가 주도적 발전주의가 강력하게 추진되다가 신자유주의적 성장주의가 그것을 대체하였고, 그 결과 자본의 독재가 유례없이 공고하게 구축되었기에 노동과 자본의 관계를 민주화하고 시장경제를 사회적으로 규율하는 것은 대단히 중요한 과제다.

    필자는 시장경제의 사회적 규율이 사회적 경제민주주의의 관점에서 이루어져야 한다고 생각한다. 이 책의 제III부 5장 1에서 사회적 경제민주주의의 다양한 구상과 실험을 분석하고 그것의 합리적 핵심을 일곱 가지로 추리면서 정식화하였듯이, 사회적 경제민주주의는 "노동자들이 시장경제체제에서 자본의 독재를 해체하고 노동하는 인간의 존엄성과 자주성을 펼치기 위한 정치사회적 기획"이다. 그 기획의 핵심은 최소한 세 가지 차원에서 노동자들의 참여와 결정을 제도적으로 보장하는 것이다. "하나는 작업장을 민주화하고 인간화하는 것이고, 다른 하나는 공장과 기업 차원의 주요 의사결정과정에 노동자들이 참여하여 함께 결정하는 것이고, 마지막 하나는 초기업 차원에서, 곧 전체 경제를 조율하고 거시경제 계획을 수립하는 의사결정과정에 노동자들이 참여해서 함께 결정하는 것이다. 시장경제가 존속하는 한, 이 세 가지 차원에서 노동과 자본의 권력 균형과 이익 균형을 이루는 제도를 형성하는 것은 여전히 매우 중요한 과제다."[1] 그렇게 사회적 경제민주주의의 개념을 정리하고 그 과제를 명시한 뒤에 필자는 경제의 지구화가 급진적으로 진행된 오늘의 세계에서 사회적 경제민주주의가 지구적 지평과 전망을 갖추어야 한다는 점을 덧붙였다.

우리나라에서는 1987년 민주화 운동의 성과로 군부 독재체제가 무너지고 제6공화국 헌법의 틀에서 형식적 민주주의가 자리를 잡은 뒤에 민주주의를 경제 영역에 확장하여 실질적 민주주의를 실현하려는 움직임이 나타났다. 그런데 그 시기에 경제민주주의에 관한 논의는 거의 없었고, 노동자들은 사업장 노동조합을 결성하고 지역 차원과 전국 차원에서 연대를 실현한다는 데 관심을 기울였을 뿐 정작 경제민주주의의 제도화를 노동운동의 본격적인 과제로 설정하지 않았다. 1997년 IMF 경제신탁 아래서 강요된 가혹한 구조조정에 대응해서 노사정위원회가 구성되어 사회적 조합주의의 틀에서 초기업 차원의 노사 공동결정제도가 가동되었을 때 경제민주주의를 제도화할 기회가 있었지만, 그 기회는 무산되었다. 그것은 정부와 자본이 노동 억압적이고 노동 배제적인 태도와 공세를 버리지 않았고, 노동자들이 정부와 자본의 공세에 맞설 힘이 부족한데다가 정부와 자본에 대한 신뢰를 갖지 않았기 때문이다. 2013년 대통령 선거에서 집권 여당의 대통령 후보가 '경제민주화'를 선거 구호로 내걸자 경제민주주의는 세간의 관심을 끌게 되었다. '경제민주화'는 한동안 사회 세력들과 정치단체들 그리고 시민단체들 사이에서 많은 논란을 불러일으켰으나 의견 수렴은 거의 이루어지지 않았다.[2]

---

1 본서 318쪽을 보라.

2 2013년 대통령 선거 이후 진행된 '경제민주화' 논쟁은 우리 사회와 학계에서 경제민주주의 개념이 어떻게 이해되고 있는가를 알 수 있게 하기에 조금 더 들여다볼 필요가 있다. 경제민주화 요구의

그것은 경제민주화의 배후 개념인 경제민주주의에 관한 개념 정리가
충분히 이루어지지 않았기 때문일 것이다.3

근거로 제시된 것은 대한민국 헌법 제119조였다. 대한민국 헌법 제119조가 경제민주주의 개념을
담고 있는가를 엄밀하게 따지는 것은 논외로 하더라도, 제119조 조항에 관한 해석은 정파별, 계급별
로 크게 엇갈렸다. 보수적인 정치 세력과 사용자 측은 헌법 119조 1항에 주목하여 자유주의적 경제
질서의 유지를 강조했지만, 중도적이거나 진보적인 정치 세력들과 노동자들은 헌법 119조 2항에
근거하여 경제성장과 소득분배의 균형, 시장 지배와 경제력 남용의 방지, 경제 주체들의 조화에
근거를 둔 경제민주화 실현 등과 관련된 국가의 책무를 강조했다. 보수적인 정파와 자본 측은 경제민
주화를 경제자유화로 이해했고, 중도적이거나 진보적인 정파와 노동자들은 헌법의 문언대로 경제민
주화를 강조하였으니, 사회 세력들과 정치단체들은 경제민주화를 놓고 서로 합의하기 어려운 의견
차이를 보였던 셈이다.
그런데 경제민주화에 적극적이었던 중도적이거나 진보적인 정치단체들과 노동자들은 경제민주주
의 개념에 관한 정확한 이해에 근거하여 우리나라에서 경제민주화의 과제들을 제시하는 데까지
나아가지 못했다. 경제민주화 논쟁은 재벌개혁에 초점이 맞추어진 채 진행되었을 뿐이다. 물론
그러한 논점의 설정은 우리 사회에서 재벌이 순환출자구조로 복잡하게 얽힌 거대한 기업연합을
이루고, 시장을 지배하는 경제 권력으로 군림하고, 총수 독재체제라는 기이한 기업지배구조를 구축하
고 있기에 불가피한 측면이 있다. 그러나 재벌의 순환출자구조의 해체와 시장지배력 통제는 우리나라
에서 경쟁법 구실을 하는 「독점규제 및 공정거래에 관한 법률」의 개정을 통해서 이룰 수 있다. 그러한
법률 개정은 경제 권력의 형성을 억제한다는 점에서 경제민주화의 이름을 가질 수 있을지 모르지만,
노동과 자본의 관계를 민주화하는 경제민주주의의 본격적인 과제를 직접 수행하는 것이라고 볼
수 없다. 그 당시 경제민주주의에 관한 개념적 이해를 갖고서 재벌개혁에 관한 의견을 적극적으로
제시한 유일한 정파는 통합진보당이었다. 통합진보당은 '계열분리명령제'를 도입하여 재벌과 같은
경제 권력을 아예 해체하고 기업 차원에서 노동과 자본의 공동결정을 제도화하여 기업의 지배구조를
획기적으로 개혁하자고 주장했다. 그것은 경제민주주의의 핵심이 노동과 자본의 관계를 민주적으로
규율하는 정치사회적 기획이라는 것을 통합진보당이 인식하고 있었다는 증거다. 그러나 통합진보당
도 재벌개혁에 집중해서 경제민주화를 논했을 뿐, 경제민주주의를 작업장, 공장과 기업, 국민경제
차원에서 실현하는 제도적 방안을 제시하지는 못했다. 더구나 경제민주주의를 금융자본의 통제
영역으로까지 확대해야 한다는 문제의식은 우리나라에서 그 어떤 사회 세력, 정치단체, 시민단체에
서도 나타난 바 없고, 경제민주주의의 관점에서 지구 경제를 어떻게 규율할 것인가 하는 문제의식도
나타나지 않았다.

3 한국 학계에서 경제민주주의를 다룬 글로는 정병수, "경제민주화의 과제와 전망: 산업민주주의의
이념과 목표," 「경제학연구」 36/1(1988): 287-303; 정운찬, "우리나라의 경제 민주화," 「문학과
사회」 10/4(1997): 1362-1378; 양원태, "우리나라 경제민주주의에 관한 연구," 「경제연구」 7/3
(1998): 263-289; 이정우, "한국의 경제위기, 민주주의와 시장만능주의," 「역사비평」 87(2009):
18-49 등이 있다. 경제민주화의 헌법적 근거로 꼽히는 헌법 제119조에 대한 해석으로는 이병천,
"대한민국 헌법의 경제이념과 제119조의 한 해석," 「동향과전망」 83(2011): 144-179; 정영화,
"헌법에 있어서 경제민주주의에 대한 고찰," 「홍익법학」 13/2(2012): 61-94 등이 있다. 기업 수준에

그러한 문제의식을 염두에 두고서 필자는 아래의 1장에서 먼저 사회적 경제민주주의의 개념을 확인하고 그 실현 조건을 명확히 밝히고자 한다. 제III부에서 밝혔듯이 경제민주주의의 실현 조건에 관해서는 소유권의 관점에서 접근하기도 하고, 노동권의 관점에서 접근하기도 하는데, 필자는 두 접근법 가운데 노동권에서 출발하는 접근법을 선택할 것이다. 그다음 2장부터 5장에 이르기까지 필자는 경제민주주의의 관점에서 자본의 독재를 해체하고 작업장, 공장과 기업, 산업 부문, 국민경제 차원에서 노동과 자본의 관계를 민주화하여 시장경제체제를 사회적으로 규율하는 제도적 방안을 차례차례 제시한다. 다만 국민경제의 규율과 관련해서는 사회적 규율과 생태학적 규율이 맞물리는 지점이 있으므로, 이를 명확하게 드러내고 둘이 결합하는 제도적 방식을 논할 것이다.

서 노사 공동결정제도나 종업원지주제, 일터의 민주화와 인간화를 다룬 연구 논문들도 다수 있다.

1장
사회적 경제민주주의의 실현 조건

경제민주주의 구상과 실험의 다양한 모델들을 분석한 제III부의 결론에서 제시한 사회적 경제민주주의의 개념적 정식화를 풀어 쓴다면, 사회적 경제민주주의는 넓은 의미에서 자본의 독재를 해체하여 노동자들이 존엄한 인간으로서 노동하는 조건을 자주적으로 형성하려는 기획이고, 좁은 의미에서는 노동조건에 영향을 미치는 중요한 결정이 내려지는 모든 심급의 의사결정과정에 노동자들이 주체적으로 참여하여 자주적으로 함께 결정하는 제도를 형성하고자 하는 정치사회적 기획이다. 한마디로 사회적 경제민주주의 기획의 핵심은 자본의 독재를 해체하고 자본과 노동의 관계를 민주화하는 것이다. 그러한 사회적 경제민주주의에 관한 개념적 이해에서 출발한다면 자본의 독재를 정확하게 인식하고 그것을 해체하는 이치를 파악할 때 비로소 사회적 경제민주주의의 실현 조건을 명확하게 제시할 수 있을 것이다.

1. 자본의 독재

자본의 독재는 두 가지 제도에 바탕을 두고 있다. 하나는 자본의 노동 포섭이고, 다른 하나는 생산수단의 사적 소유이다. 먼저 자본의 노동 포섭에 관해서는 시장경제의 근본 문제들을 다루는 제II부에서 상세하게 설명한 바 있기에[1] 여기서는 사회적 경제민주주의를 개념적으로 파악하는 데 꼭 필요한 사항을 몇 가지 옮겨적는 것으로 그친다. 가계와 기업이 분립하는 시장경제체제에서 노동과 자본은 인간의 욕망을 충족시키는 사회적 재화를 생산하고 공동체를 유지하기 위하여 서로 협력하지만, 역사적으로 그 협력은 자본의 노동 포섭이라는 형식을 통하여 이루어졌다. 자본의 노동 포섭은 생산수단을 소유한 자본가가 노동력을 구매하여 자신의 지배 아래 놓고 노동을 조직하는 방식이다. 노동력 상품의 매매를 통해 성립하는 자본의 노동 포섭은 노동 소외, 노동 착취, 노동자의 노예화와 인간 존엄성 상실 등을 가져왔고, 잉여가치 추출의 정치사회적 형식으로서 자본의 축적과 팽창의 원천이었다. 그렇기에 자본의 노동 포섭 아래서 이루어지는 노동과 자본의 관계는 기본적으로 적대적인 관계였고, 그러한 계급 관계는 적대적인 계급투쟁으로 표현되곤 했다.

그다음에 생산수단의 사적 소유는 문자 그대로 사회적 생산에 필요한 물적 수단, 곧 공장 터, 공장, 생산 설비, 작업 도구, 운반 도구, 운영 자금 등이 사인(私人)에게 귀속되어 그 사인이 생산수단을 배타적으로 지배할 권리가 있음을 뜻한다. 자본가는 생산수단의 사적 소유의 주체

---

1 자본의 노동 포섭에 관해서는 이 책의 제II부 3장 제2절과 제3절을 보라.

로서 생산수단을 이용하고 이익을 추구하고 처분할 수 있는 전권을 행사하고, 그 생산수단을 소유하지 않은 자가 자본가의 전권 행사에 간섭하거나 방해하는 것을 배척하는 권리를 주장한다.

자본의 노동 포섭과 생산수단의 사적 소유는 자본가가 노동력과 생산수단의 용익과 처분에 관한 전권을 행사할 수 있는 지위에 있음을 뜻하며, 그것이 자본의 독재로 나타난다. 한마디로 자본의 독재는 근대적 의미의 소유권을 전제하지 않고서는 설명될 수 없다. 자본의 독재를 뒷받침한다고 여겨지는 근대적 소유권은 소유권에 관한 협소하고 일방적인 이해에 근거하고 있다. 소유권의 본질과 실체가 제대로 파악된다면, 소유권에 근거한 자본의 독재가 성립될 수 없다는 것이 분명히 드러날 것이다. 또한 소유권의 행사가 노동권의 본질을 침해할 수 없다는 것이 인식된다면, 자본의 독재가 그 근거가 없음이 명확히 밝혀질 것이다.

2. 자본의 독재를 뒷받침하는 소유권 개념의 해체

이제까지 자본의 노동 포섭과 생산수단의 배타적 지배는 소유권에서 비롯된 자본가의 권한으로 당연시되었지만, 소유권이 자본의 독재를 뒷받침하는 근거가 될 수 있는지 따질 필요가 있다. 자본의 노동 포섭은 노동의 자본에 대한 종속, 자본가의 노동자 지배와 관련된 복잡한 현상이고, 자본가의 생산수단에 대한 배타적 지배와 밀접한 관계가 있으므로, 설명의 편의를 위해서 먼저 생산수단의 사적 소유에 관한 검토에서 시작하기로 한다. 생산수단의 사적 소유로부터 자본의 독재를 끌어낼 수 있다는 주장은 근대적 소유권 이해에 근거한 것이기에 생산수단의 사적 소유에 관한 검토는 궁극적으로 근대적 소유권 개념의 타당성에 관한 검토를 거쳐야 한다.

2.1. 자본의 독재를 뒷받침하는 근대적 소유권 개념의 타당성에 관한 검토

생산수단의 사적 소유가 자본가의 생산수단에 대한 지배권을 보장한다고 보는 것이 통상적인 인식이지만, 그것은 근대적 소유권이 물권 편향을 띠면서 나타난 일방적이고 협소한 주장이다. 그렇다면 근대 소유권은 어떻게 해서 물권 편향성을 띠게 되었는가?

2.1.1. 자유권으로서의 소유권

근대 자유주의 전통의 입헌국가에서 헌법은 소유권을 자유권으로 간주한다. 대한민국 헌법도 마찬가지다. 그런 점에서 대한민국 헌법은 자유주의 입헌국가의 전통을 잇고 있다고 볼 수 있다.

소유권이 자유권의 하나로 규정되면 국가는 소유권을 보호하고 보장할 뿐 소유권의 본질을 침해할 수 없다. 근대 입헌국가에서 소유권의 자유권적 성격이 인정된 것은 본래 개인이 자주적인 삶을 형성하기 위한 물적 기반을 확보할 수 있도록 국가가 개인의 재산을 침탈하지 않게 하자는 시민의 의지에 따른 것이다. 프랑스 혁명 이후에 선포된 「인간과 시민의 권리에 관한 선언」(1791년)이 제17조에서 소유권을 신성불가침의 권리로 선언한 것은 바로 그 때문이다.[2] 소유권의 신성 불가침성이 1791년 프랑스 헌법에 명시된 뒤에 그 개념은 나폴레옹 법전

(1804)에 뿌리를 내렸다. 나폴레옹 법전은 나폴레옹 전쟁을 통해 유럽 여러 나라로 전파되었다. 그 뒤에 소유권을 자유권으로 인식하는 태도는 근대 자유주의 헌정질서의 기본 축을 이루게 되었다.

2.1.2. 소유권의 절대화 과정: 고대 로마의 물권법 전통의 수용과 법인 소유제의 확산

소유권이 자유권의 위상을 유지해야 한다면, 논리적으로 소유권의 주체는 자연인으로 한정되어야 하고, 소유권의 행사는 타인의 자유와 이익을 침해하지 않는 방식으로 이루어져야 한다. 그러나 소유권의 역사는 정반대의 길로 나아갔다. 소유권은 절대화되었고, 사회와 공동체를 배려하지 않고 소유권을 행사하는 일이 다반사가 되었다.

설명의 편의를 위해 먼저 소유권 행사가 타인의 자유와 이익을 고려하지 않고 행사되기에 이르는 까닭을 살피려면 프랑스 인권 선언의 소유권이 곧바로 고대 로마의 물권과 결합했다는 것을 주목해야 한다. 그것을 잘 보여 주는 실례는 "소유는 법률이나 규칙을 통하여 금지된 사용이 아닌 한, 절대적인 방법으로 물건을 수익, 처분하는 권리"라고 명시한 나폴레옹 법전 제544조다.[3] 나폴레옹 법전의 소유권 규정은 고대 로마법의 물권 개념을 전제한다. 고대 로마법 체계에서 물권은 소유자의 소유 대상에 대한 사용권(uti), 이익 추구권(fruti), 처분권(abuti)을 통일

---

2 「인간과 시민의 권리에 대한 선언」 제17조: "소유권은 불가침적이고 신성한 권리이므로, 법률적으로 확정된 공공의 필요가 이를 명백히 요구하고, 소유자가 사전에 동등한 보상을 받은 조건 아래서가 아니라면, 소유권은 그 누구에게서도 침탈될 수 없다."

3 「인간과 시민의 권리에 관한 선언」과 나폴레옹 법전에 명시된 소유권의 의미에 대해서는 甲斐道太郎 외/강금실 역, 『소유권 사상의 역사』 (서울: 돌베개, 1984), 96ff., 109ff.를 보라.

하는 개념이었다. 따라서 물권은 물건 소유자가 소유 물건을 배타적으로 지배하는 권리였고, 그 권리는 교환의 정의(justitia commutativa)에 따라 물권의 행사가 다른 사람의 물권을 침해할 때만 제한되었다.[4] 따라서 물권의 행사가 사람에게 미치는 영향은 고려될 여지가 없었다. 프랑스 인권 선언에서 자유권으로 선포된 소유권이 고대 로마의 물권법과 결합하자 소유권은 물권의 편향을 띠면서 소유자의 소유 대상에 대한 절대적 처분권을 뜻하는 것으로 변질하였다. 그 결과 프랑스 인권 선언 제17조에서 소유의 신성 불가침성에 관한 문언 바로 다음에 소유는 "공공의 필요가 명백하게 요구하는 경우가 아니면 침탈될 수 없다"는 소극적 문언으로 이어진 소유권 행사의 공익적 측면에 관한 고려는 사문화되다시피 했다.

그와 같이 로마화한 근대적 소유권 개념이 가져온 사회적 결과와 정치적 효과는 엄청났다. 근대적 물권 개념은 대토지 소유자가 불가침의 권력을 갖게 했고,[5] 자본주의 사회에서 자본가가 생산수단을 배타적으

---

4 이에 관해서는 Franz Klüber, *Eigentumstheorie und Eigentumspolitik: Begründung und Gestaltung des Privateigentums nach katholischer Gesellschaftslehre* (Osnabrück: Fromm, 1963), 71ff.를 보라.

5 그러한 현상은 특히 영국과 독일에서 두드러졌다. 영국에서는 인클로저를 통해 점유된 공유지가 인클로저법을 통해 사유지로 인정됨으로써 대토지 소유제가 확립되었고, 차지 농업경영자가 농민 프롤레타리아트를 고용하는 농업을 경영하는 자본주의적 영농의 물적 토대가 되었다. 독일에서는 19세기 초부터 중엽까지 영주적 토지지배권을 근대적 토지소유권으로 전환하기 위해 위로부터 추진된 일련의 개혁을 통해 융커 계급의 대토지 소유제가 확립되었고, 자본주의적 영농이 시작되었다. 영국과 독일에서 대토지 소유자들은 막강한 사회적 권력과 정치적 권력을 행사하는 위치에 올라섰다. 반면에 근대적 소유권 개념이 가장 먼저 개념화되고 법제화되었던 프랑스에서는 농민들이 봉건적 소유지의 균등 분할을 통해 토지를 소유하게 되었기에 대토지 소유제는 확립되지 않았다. 농민들의 분할지 소유는 세습을 통해 점점 더 규모가 줄어들었으며, 그 결과 수많은 소농이 고리대금업자들과 부르주아적 자본의 공격에 속절없이 노출되어 토지를 상실하게 되었다. 이에 관해서는 芝原拓自/김홍식·이영훈 공역, 『소유와 생산양식의 역사이론』(서울: 비봉출판사, 1990), 229f., 238, 247f.를 보라.

로 지배하면서 사회적 권력을 견고하게 구축하게 했다. 그렇게 해서 확립된 소유계급의 지배는 소유자 중심의 정치적 지배체제를 통해 공고하게 유지되었다. 그러한 소유자 지배체제는 세금을 납부하여 재정을 분담할 수 있는 소유계급을 '능동 시민'으로 인정하여 참정권을 부여하는 선거제도를 통해 뒷받침되었다.6 소유계급은 정치계급으로서 국가기구를 장악하여 물권 편향적인 소유권 해석에 바탕을 두고 자본가 친화적인 법제를 제정하는 위치에 섰고, 그렇게 해서 소유계급의 권력이 강화하자 소유권의 물권 편향성은 더욱더 고착하였다. 소유권의 물권 편향성은 소유권의 자유권적 성격을 명시한 헌법이 자리 잡은 모든 나라에 확산했다.7

소유의 주체가 자연인을 넘어서서 법인으로 확대되자 소유권의 물권 편향은 더 심각한 문제를 일으켰다. 법인은 고대 그리스까지 거슬러 올라가는 오랜 기원을 갖지만, 근대 자본주의가 발전하면서 영국에서

---

6 1791년 프랑스 헌법은 세금을 납부할 능력이 있는 소유계급에 참정권을 부여하도록 규정했다. 소유계급의 정치 독점은 당연히 무산 계급의 정치적 권리를 제한하는 것을 의미했다. 이에 관해서는 甲斐道太郎 외, 『소유권 사상의 역사』, 100.

7 그것은 로마 물권법에 바탕을 둔 소유권 개념이 각 지역 고유의 소유권 관념을 대체하는 방식으로 나타났다. 그것을 잘 보여주는 예는 독일 지역에서 일어난 소유권 개념의 변화 과정이다. 본래 게르만 소유권의 특징은 처분권과 점유권을 구분하여 세습 점유권을 널리 용인하는 것이었다. 바로 그 점에서 게르만 소유권은 물권에 근거하여 소유권의 단일성과 통일성을 강조하는 로마법 전통의 소유권과 달랐다. 비록 로마 황제의 적통을 계승했다고 자처한 신성로마제국 황제들은 로마법을 황제법으로 삼고자 했고, 1495년 신성로마제국 황제 프리드리히 3세는 로마법을 보통법으로 선언하였지만, 게르만 소유권은 1794년 시행되었던 프로이센의 「일반란트법」에서도 살아 있었다. 1807년 신성로마제국이 나폴레옹에 의해 해체된 뒤에 독일 지역에서는 게르만적 소유권 개념이 로마화한 소유권 개념으로 대체되어 갔다. 그 과정에서 게르만법을 지키고자 하는 루돌프 폰 예링(Rodolf von Jhering)을 위시한 게르마니스트 법학자들과 로마법을 수용하고자 한 프리드리히 칼 폰 사비니(Friedrich Carl von Savigny)를 위시한 로마니스트 법학자들은 치열한 논쟁을 벌였다. 그것이 로마법 계수를 둘러싼 판덱텐 법학 논쟁이다. 판덱텐 법학 논쟁에 관해서는 윤홍철, 『소유권의 역사』(서울: 법원사, 1995), 4장; 최종고, 『서양법제사』, 전정신판 (서울: 박영사, 2003), 183f., 188ff.를 보라.

정부의 인가를 받아 법인이 설립된 뒤에 법인은 주식 발행이나 합자를 통해 쉽게 설립되었다. 법인의 속성은 영속성과 확장성이다. 그러한 속성의 법인을 실질적으로 지배하는 자본가의 사회적 권력과 정치적 권력은 한층 더 강화되었다.

2.1.3. 소유권의 본질과 실체

근대적 소유권 개념이 고대 로마의 물권법 전통에 따라 정립된 것은 소유권이 일방적이고 협소하게 해석되었다는 뜻이고, 소유권의 본질과 실체가 제대로 이해되지 않았다는 의미이다. 소유권이 물권 편향적 성격을 띠게 되면 소유권은 소유자의 물건에 대한 배타적 권리만을 담게 되고, 사람의 물건에 대한 관계를 매개로 해서 사람과 사람 사이에서 성립되는 관계를 포괄할 수 없게 된다. 바로 그것이 근대 이후 오늘에 이르기까지 가장 근본적인 정치사회적 문제들 가운데 하나다. 그 문제를 제대로 해결하려면 소유권의 법리를 제대로 해석하여야 한다.

만일 소유권이 다른 사람의 간섭을 받지 않고 자기에게 귀속된 물건에 대한 관계를 규정하는 권한이라면 그 소유권은 두 가지 내용을 갖는다. 하나는 소유권이 물건의 사람에 대한 귀속을 그 본질로 한다는 것이다. 다른 하나는 소유권이 한편으로는 제3자가 그 물건과 관련해서 간섭하거나 침해하지 않아야 한다는 의무를 받아들이고, 다른 한편으로는 다른 사람들이 소유자가 그에게 속한 물건에 대해 행사하는 배타적 지배를 규범적으로 인정하는 것을 그 실체로 한다는 것이다.[8] 그와 같

---

8 이에 관련된 상세한 연구로는 이춘원, "所有權의 構造에 關한 一考察," 「민사법학」 35(2007), 486ff.를 보라.

이 소유권의 본질과 실체를 구별해서 생각할 수 있는 사유 모델을 제공한 철학자들 가운데 한 사람은 헤겔(Georg Wilhelm Friedrich Hegel)이다.[9]

근대적 소유권이 로마화하면서 소유권의 본질과 실체를 나누어 생각하는 것이 낯설게 되었지만, 소유권의 본질과 실체를 구별해서 생각하면 소유권은 사회적 동의에 근거하여 규범적으로 인정되는 권능이라는 점이 분명해진다. 따라서 소유권의 행사는 타인의 자유와 이익을 침

---

9 헤겔은 소유권의 본질과 실체라는 용어를 사용하지는 않았지만, 둘을 구별하는 관점을 자신의 법철학에서 정교하게 제시했다. 아래에서 출처 표시를 괄호 안에 절(節) 단위로 표기하기 위해 헤겔의 법철학 독일어 판본을 먼저 적어둔다. G. F. W. Hegel, *Grundlinien der Philosophie des Rechts oder Naturrecht und Staatswissenschaft im Grundrisse: Mit Hegels eigenhändigen Notizen und den mündlichen Zusätzen*, 15. Aufl. (Frankfurt am Main: Suhrkamp, 2017). 헤겔은 논리적으로 인간 행위가 펼쳐지는 맥락을 개인 중심의 법적 행위 맥락, 개인 도덕의 행위 맥락, 가족, 시민사회, 국가 차원의 인륜적-정치적 행위 맥락 등 세 가지로 구분하고, 각각의 행위 맥락에 적용되는 규범 체계를 추상적인 법, 도덕, 인륜으로 구별했다. 그는 그러한 세 가지 행위 맥락에서 소유권을 고찰했다. 헤겔은 소유권의 법률적 형식과 내용을 '추상적인' 법의 첫머리에서 제시했다. '추상적인 법'이 다른 사람을 아랑곳하지 않고 오직 자신만 챙기는 개인의 행위를 규율하는 규범이라는 점을 고려할 때, '추상적인 법'의 첫머리에 소유권이 규정되었다는 것은 의미심장하다. 거기서 소유권은 개인이 물건에 관해 주장하는 권리다(§ 30). 소유권은 '점유 취득', '사용', '처분' 등 세 가지 계기를 담고 있다. 점유 취득은 한 개인이 물건을 점유하고 그것을 자기에게 귀속시키는 행위이고, 사용은 점유 취득자가 자신에게 귀속된 물건을 타인의 간섭이나 방해 없이 배타적으로 사용하는 행위이며, 처분은 점유 취득자가 귀속 물건을 타인에게 자기 뜻대로 양도하거나 매각하는 행위이다. 거기까지는 고대 로마의 물권법 규정과 별로 다른 것이 없다. 그런데 헤겔은 어떤 개인이 물건을 점유 취득하고 사용하고 처분할 권리를 주장하려면 그 권리가 다른 사람들에 의해 인정되어야 한다는 점을 중시했다(§ 84). 그러한 인정이 소유권의 핵심을 이룬다는 것은 다른 사람이 물건의 점유 취득과 배타적 사용을 인정하지 않을 때 물건을 둘러싼 갈등과 투쟁이 벌어진다는 데서도 분명하게 드러나지만, 한 사람이 자신에게 귀속되었다고 주장하는 물건을 다른 사람에게 증여하거나 매각하는 '계약'을 체결할 때 더할 나위 없이 분명하게 드러난다(§ 72). 한마디로 소유권은 어떤 물건이 한 개인에게 귀속되었다는 것을 매개로 해서 사람과 사람 사이에 맺어지는 규범적 관계이다. 그러한 소유권은 소유권 침탈을 불법으로 규정하고 처벌하는 사법을 통하여 법률적으로 확립되고, 사법은 법률 공동체에 속한 사람들의 승인을 거쳐 법률적 구속력을 발휘한다(§ 82). 헤겔은 그러한 법적인 의미의 소유권이 법보다 상위의 규범 체계인 도덕과 인륜을 통해 제한되어야 한다는 점도 분명히 했다. 헤겔이 법철학에서 전개한 소유권 이론에 관해서는 김준수, "헤겔의 『법철학』에서 소유권 이론," 「사회와철학」 39(2020): 35-78을 보라.

해하지 않고 공공의 복지를 증진하도록 사회규범과 법률을 통해 규율되고, 때로는 제한되어야 마땅하다.10 바로 그것이 문명국가의 헌법이 명시하는 소유의 사회적 책임이 뜻하는 바다. 소유의 사회적 책임은 여러 나라의 헌법에 명시되어 있다. 우리나라 헌법 제23조 2항은 "재산권의 행사는 공공복리에 적합하도록 하여야 한다"고 규정하고 있다. 독일에서 헌법 구실을 하는 「기본법」제14조 2항은 "소유는 책임을 진다. 소유권 행사는 공익을 위한 것이어야 한다"고 규정하여 소유의 사회적 책임을 한층 더 분명하게 명시한다.

---

10 타인의 자유와 이익 그리고 공공복리를 위한 소유권을 제한하여야 한다는 의견은 소유권이 자유권으로 정립되던 시기에 이미 확립되어 있었다. 그러한 주장을 명확하게 제시한 첫 사상가는 그 누구도 아닌 자유주의적 소유권 개념의 논거를 확실하게 제시했다고 여겨져 왔던 존 로크였다. 그는 개인이 공유로 주어져 있는 것에 자신의 노동을 가해서 취득한 것을 자신의 소유로 삼을 수 있다는 논거로써 사적 소유를 정당화했지만, 개인의 소유는 무한정한 것이 아니라 타인이 생명을 유지하기 위해 소유할 여지를 남겨두도록 제한되어야 한다고 주장함으로써 '소유권 제한에 관한 단서'를 달았다. J. Locke, *Zwei Abhandlungen über die Regierung, Bd. 2*, hg. u. einl. von W. Euchner (Frankfurt am Main/Wien: Europ. Verl.-Anst.: 1967), § 46. — 프랑스혁명 이후 자유주의적 소유권 사상이 독일 지역에 확산하였을 때 피히테와 헤겔은 소유권을 자유의 근거로서 옹호하면서도 사회적 국가 혹은 인륜적 국가를 형성하기 위해 소유권이 제한되어야 한다고 주장했다. 피히테는 '살 수 있어야 할 권리'가 소유권을 제한한다고 생각했고, 그러한 소유권 제한이 국가 계약의 한 원칙이 되어야 한다고 주장했다. J. G. Fichte, *Grundlage des Naturrechts nach Prinzipien der Wissenschaftslehre*(Hamburg: Felix Meiner, c1960), 206: "살 수 있어야 함은 모든 인간의 양도할 수 없는 절대적 소유이다." 헤겔은 생존 보장을 요구할 권리의 긴급성이 인정된다면 그러한 긴급권이 소유권을 제한할 수 있다고 보았다(G. F. W. Hegel, *Grundlinien der Philosophie des Rechts.*, § 127). 더 나아가 헤겔은 국가가 소유권을 보호해야 할 책무가 있지만 법률에 따라 소유권에 개입하여 세금을 징수하고 재산을 수용하고 물자를 징발할 권능이 있다고 주장했다(§ 267). — 소유권 제한의 논리는 로크, 피히테, 헤겔 등에 의해서만 주창된 것이 아니지만, 이 세 사상가의 소유권 제한 논리는 자유권과 물권을 방패로 내세워 소유권을 절대화하는 경향에 맞서는 고전적인 논거로서 기억할 필요가 있다.

2.1.4. 소유의 사회적 책임과 자본 독재의 해체

앞 절에서 분석한 소유권의 본질과 실체를 염두에 둔다면 기업에서 자본가가 생산수단의 사적 소유에 근거해서 생산수단에 대한 배타적 지배를 주장하는 것은 용납될 수 없다. 자본가는 생산수단의 사적 소유에 근거하여 생산수단의 총체, 곧 생산 설비의 확장과 축소, 이전과 폐쇄, 매각과 매입 등을 결정하고 집행할 배타적 권한이 있다고 주장한다. 그것은 오직 로마법 전통의 물권 개념에 사로잡힌 주장일 뿐이다. 자본가의 생산수단에 대한 권한의 행사는 그 기업에서 일하는 노동자들의 권리와 이익에 결정적인 영향을 미치고, 그 기업이 속한 사회에도 적지 않은 영향을 끼친다. 예컨대 만일 자본가가 경영상의 이유를 들어 공장 폐쇄나 해외 이전을 결정하고 집행한다면, 그 공장에서 일하는 노동자들은 일거에 일자리를 잃게 될 것이고, 삶의 기회를 얻기 곤란한 상황에 직면할 수도 있다. 그것은 노동자들의 일할 권리를 부정하는 사태이고, 심지어 노동자들의 생존권을 박탈하는 사태이다. 공장의 폐쇄나 해외 이전으로 일자리를 잃은 사람들에게 공동체가 실업급여를 지급하거나 사회부조를 제공한다면, 그것은 고스란히 공동체의 부담으로 돌아간다.

따라서 자본가가 생산수단을 소유하고 있다고 해서 생산수단에 대한 지배권을 임의로 행사할 수는 없다. 자본가가 생산수단의 지배권을 행사하는 방식인 기업의 경제정책은 자본가의 전유물일 수 없고, 그 경제정책은 그 정책의 영향을 받는 사람들의 사전 동의를 얻을 때 수립되고 집행될 수 있다.[11] 그것은 기업의 경제정책이 기업의 경영자들과 노

---

11 Heinz-J. Bontrup, "Eigentum verpflichtet," *Eigentum verpflichtet: Beiträge zur Kritik an einer antisozialen Politik*, hg. von Klaus Blessing · Matthias Werner (Berlin: verlag

동자들의 공동결정에 근거해야 합당하고, 공적인 이익을 침해하지 않을 때 정당화될 수 있다는 뜻이다. 그것이 소유권의 본질과 실체를 가리는 소유권의 법리와 소유의 사회적 책임에 충실한 판단이다. 따라서 자본가의 생산수단에 대한 소유권 행사는 노동권을 침해하지 않도록 법률로써 규율되어야 하며, 기업의 생산수단에 관한 의사결정은 노동과 자본의 공동결정을 통해 이루어지도록 법률로써 규율되어야 합당하다. 그러한 자본가의 소유권 행사에 관한 법률적 제한은 물건의 소유자에 대한 귀속, 곧 생산수단의 자본가에 대한 귀속을 부정하는 것이 아닌한, 소유권의 본질을 침해한다고 볼 수 없다.

2.2. 소유권 행사에 의한 노동권 침탈의 부당성

자본의 노동 포섭은 노동이 자본에 종속되고, 노동자가 자본가의 지배 아래에서 자본가의 지시에 따라 자본가의 일을 수행하는 현실을 가리킨다. 아래서는 그 현실을 들여다보고 자본의 노동 포섭이 노동권의 본질을 침해하는 소유권 행사의 한 방식임을 드러내고자 한다.

2.2.1. 자본의 노동 포섭 방식

자본주의 경제가 태동할 때 자본의 노동 포섭은 자본가의 군주적 지배로 나타났다. 노동자는 자본가의 신민, 곧 '산업신민'[12]의 지위에 놓

---

am park, 2016), 124.

12 '산업신민' 개념에 관해서는 Traugott Jähnichen, *Vom Industrieuntertan zum Industriebürger. Der soziale Protestantismus und die Entwicklung der Mitbestimmung(1848-1955)*

였다. 자본가의 군주적 지배는 자본가가 제공하는 일자리는 희소하고 그 일자리를 얻고자 하는 프롤레타리아트가 과다한 상황에서 널리 확산했다. 자본가는 자신이 고용한 프롤레타리아트를 제왕처럼 부렸고, 자본가의 명령에 복종하지 않는 프롤레타리아트는 즉시 해고되었다. 그러한 자본가의 군주적 지배는, 후고 진츠하이머(Hogo Sinzheimer)가 지적하였듯이, 노동시장이 발전하면서 소유권에 근거한 지배로 전환되었다. 그것은 노동시장에서 매매되는 노동력 상품의 성격과 노동계약의 법적 강제의 효과였다.[13]

본시 노동계약은 자유로운 행위 주체인 고용자와 피고용자 사이의 대등한 계약이라는 외양을 띤다. 고용자는 피고용자에게 소정의 임금을 주기로 약정하고 그 반대급부로 피고용자에게 노동을 수행하도록 청구할 권한을 얻는다.[14] 노동계약을 맺은 피고용자는 노동을 수행하는 동안에 고용자의 작업 지시에 따르지만, 피고용자가 고용자에게 인적으로 종속되는 것은 아니다. 민법이 규정하는 고용관계에서는 법리상 노동의 자본 포섭이 성립할 수 없다.

그러나 자유로운 노동계약이 체결된 뒤에 피고용자는 사실상 고용자의 지배 아래서 고용자의 명령에 따라 고용자의 일을 한다. 그것은

(Bochum, SWI-Verl., 1993), 40ff.를 보라.

13 Hugo Sinzheimer, *Der Arbeitsnormenvertrag: Eine privatrechtliche Untersuchung, Teil 1* (Leipzig: Duncker & Humblot, 1907), 22.

14 민법에서 계약은 의무의 원천들 가운데 하나다. 노동계약은 임금의 반대급부로 노동의무를 명시한다. 대한민국 민법 제655조(고용의 의의) "고용은 당사자 일방이 상대방에 대하여 노무를 제공할 것을 약정하고 상대방이 이에 대하여 보수를 지급할 것을 약정함으로써 그 효력이 생긴다." 독일 민법 제611조 1항 "고용계약을 통하여, 노무를 약속한 자는 약정된 노무를 제공할 의무를 지고, 상대방은 합의된 보수를 지급할 의무를 진다." 출처: 김기선·박수근·강성태·김근주 편역, 『독일노동법전』 (서울: 한국노동연구원, 2013), 233.

노동시장에서 매매되는 노동력 상품의 독특한 성격에서 비롯되는 현상이다. 노동시장의 탄생은 역사적으로 노동력을 팔지 않고서는 생존 기회를 얻을 수 없었던 프롤레타리아트의 출현을 전제한다. 결핍이 노동력 상품화를 강제한 것이다. 거기 더하여 프롤레타리아트는 노동하는데 필요한 노동수단과 생산수단이 결여해 있다. 노동자가 노동력을 행사하여 임금을 얻을 기회는 생산수단을 소유한 자본가가 생산수단을 배치하고 생산과정을 조직하고 나서 그것을 움직이기 위해 타인의 노동을 투입하고자 할 때뿐이다. 노동자는 오직 자본가가 '서로 결합한 생산 방식' 안에서 노동한다.[15] 자본가는 자신이 조직한 공장과 기업에서 노동자에게 작업을 지령하는 최고의 명령권자이고, 자기 뜻대로 노동력을 통제하고 지배하는 권력을 행사한다. 노동자가 자본가가 조직한 생산조직 안에서 노동하는 한, 그는 조직의 일원으로서 그 조직의 수장에 종속된다. 그가 수행하는 노동은 '종속노동'이다.[16] 그것은 국가가 정한 법이 그렇게 강제해서 이루어지는 것이 아니고, 오직 생산수단에 대한 사적 소유의 효과, 더 엄밀하게 말하면 생산수단의 소유가 자본주의적 생산관계 안에서 발휘하는 효과다. 노동자가 자유로운 노동계약을 통해 자본가의 권력에 종속되는 위치에 서는 것은 노동자가 자본주의적 생산관계 안에서 노동할 수밖에 없기 때문이다. 자본주의적 생산

---

15 K. Marx, *Das Kapital 3*, 337.

16 그러한 '종속노동'의 현실에 주목하고 종속노동을 보호하는 법률의 체계를 마련하는 것이 노동법의 과제다. 그 과제를 명확하게 설정하고 노동법을 민법으로부터 독립시키는 데 결정적으로 공헌한 학자는 후고 진츠하이머다. 진츠하이머는 종속노동의 현실에 대항해서 노동자들이 단결권에 근거해서 단체교섭을 실현하도록 뒷받침하는 법제의 중요성을 강조했고, 공장과 기업 차원의 노동자평의회 구성, 노동법원의 창설 등을 중시했다. 종속노동에 대한 진츠하이머의 분석에 관해서는 Hugo Sinzheimer, *Grundzüge des Arbeitsrechts*, zweite, erweiterte und völlig umgearbeitete Auflage (Jena: Verlag von Gustav Fischer, 1927), 10-27을 보라.

관계에서 자본은 타인의 노동을 착취하고 지배하는 수단이고, 그렇지 않은 자본은 더는 자본이 아니다. 자본은 자본주의적 생산관계에서 타인의 노동을 지배하고 착취하는 권력으로 작용한다. 바로 그것이 자본의 노동 포섭이 가리키는 현실이다.[17]

노동시장에서 노동력이 상품으로 매매되어 자본가의 지배 아래 놓인다는 것은 비유가 아니라 실제 상황이다. 그것은 매우 부조리한 상황임이 분명하다. 노동력은 사람의 몸과 마음에 구현되어 있고, 사람과 분리될 수 없다. 노동력을 상품으로 거래하는 것은, 칼 폴라니가 지적한 바와 같이, 사람의 몸과 마음에서 분리한 노동력을 일종의 물건처럼 사고팔 수 있다는 허구적 관념에 지나지 않고, 실제로는 노동계약에 따라 사람을 고용한 자가 일정한 시간 동안 피고용자를 지배하여 일정한 노동조건 아래에서 자신이 원하는 일을 시킨다는 뜻이다. 그것이 자본의 노동 포섭의 형식과 내용이다. 그러한 자본의 노동 포섭은 물건에 대한 지배권을 총괄하는 물권의 개념을 갖고서 직접 설명할 수 없고, 자유로운 노동계약에 근거한 노동 청구권 개념을 갖고서도 제대로 설명할 수 없다. 고용자와 피고용자가 노동시장에서 노동력 상품을 매매하는 조건에 관해 합의하고 계약함으로써 노동자가 자본가에 종속되는 바로 그 현실에서 마르크스가 '노동의 소외'라고 불렀던 현실이 벌어진다. 노동의 소외는 노동자의 주체성의 상실이요, 인간 존엄성의 상실이다.

---

17 K. Marx, *Das Kapital 1*, 199, 315, 533.

2.2.2. 노동권의 근거와 성질

오랫동안 노동계약을 체결한 노동자가 자본가의 지배 아래에서 노동을 수행해야 마땅하다고 여겨졌지만, 그것은 전혀 당연한 일이 아니다. 자본가가 임금을 지급한 대가로 노동하도록 요구하는 상대인 노동자는 물건이나 기계가 아니라 존엄한 인간이다. 인간은 노동하기 이전에도 존엄한 인간이고, 노동할 때도 존엄한 인간이고, 노동하고 난 뒤에도 존엄한 인간이다. 인간의 존엄성은 자주성과 자기 형성의 자유 없이는 실현되지 않는다. 노동자가 존엄한 인간으로서 노동한다면, 그는 타인의 지배 아래에서 노예처럼 일할 수 없고, 자유로운 행위 주체로서 노동을 자주적으로 펼칠 수 있어야 한다. 그것은 노동자가 자기 마음 내키는 대로 일할 수 있어야 한다는 뜻이 아니다. 시장경제체제에서 노동은 사회적 분업 안에서 이루어지고, 오랜 기간 축적되고 끊임없이 개발되는 기술을 매개로 해서 진행되며, 기업조직에서 이루어진다. 노동자는 그러한 사회적, 기술적, 제도적 제약 아래에서 노동하면서 인간의 존엄성을 보장하는 노동조건을 형성하고자 하는 자유로운 주체다.

본시 노동권은 자본가가 노동자에게 선사하는 권리일 리 만무하고, 국가가 노동자에게 부여하는 권리도 아니다. 노동권은 인간이 존엄한 인간으로서 노동하고 있다는 바로 그 사실로부터 비롯되는 권리다. 일찍이 에두아르트 하이만(Eduhard Heimann)은 노동권이 "노동자가 노동으로부터, 노동 안에서, 노동에 임할 때 누려야 할 권리"[18]라고 규정하였다. 한마디로 노동권은 노동자가 노동과 관련된 모든 영역에서 인간

---

18 E. Heimann, *Soziale Theorie des Kapitalismus : Theorie der Sozialpolitik* (Tübingen: Mohr, 1929), 180, 각주 1.

으로서 존엄하게 노동하기 위해 행사하는 권리다. 시장경제체제에서 노동자가 기업의 틀에서 종속적인 지위를 갖고 노동한다고 할지라도, 그러한 권리는 사라지지 않는다. 노동자가 기업에서 지배의 대상이 되지 않고 자유로운 주체로서 노동할 수 있어야 한다면, 그는 작업장과 공장과 기업조직에서 노동조건에 영향을 미치는 결정이 내려지는 과정에 주체적으로 참여하여 자주적으로 함께 결정할 권리를 행사할 수 있어야 한다. 그러한 참여의 권리는 노동자가 노동한다는 사실에서 비롯되는 으뜸가는 권리고, 참여의 원칙을 중시하는 경제윤리가 강력하게 지지하는 노동자의 권리다. 그러한 참여의 권리를 실현하기 위해 노동자들은 단결하고 연대할 권리가 있고, 자본가와 협상해서 노동조건에 관한 합의를 요구할 권리가 있으며, 자본가의 성실 협의를 강제하기 위해 실력행사를 할 권리가 있다. 그 모든 권리가 노동자가 존엄한 인간으로서 노동한다는 사실에서 비롯되는 권리들이다. 현대 입헌국가는 그 권리들을 헌법 규범으로 명문화하여 노동자들의 단결권, 단체교섭권, 단체행동권을 인정하고 보장하겠다는 의지를 천명하고 있다.[19]

2.2.3. 노동권과 소유권의 상호 불가침성과 상호 제한성

노동권을 명문화한 사회적 입헌국가에서 자본가는 노동 포섭을 시도할 수 없고, 시도해서도 안 된다. 노동권은 노동자가 사람답게 노동하기 위한 권리이기에 노동권의 본질은 소유권에 의해 제한될 수 없다. 노동권의 행사가 소유권의 본질을 침탈하는 것도 소유권을 자유권으로

---

19 그것은 우리나라도 마찬가지다. 대한민국 헌법 제33조 1항: "근로자는 근로조건의 향상을 위하여 자주적인 단결권·단체교섭권 및 단체행동권을 가진다."

규정하는 헌정 질서에서는 용납되지 않는다. 그렇다면 노동권과 소유권은 어떤 관계에 있는가?

시장경제체제에서 노동과 자본은 기본적으로 서로 대립하지만, 사회적 재화를 생산하고 유통하기 위해 서로 협력한다. 그러한 노동과 자본의 사회적 관계로 인해 노동권과 소유권의 충돌과 조정은 자유주의적 헌정 질서에서 피할 수 없다. 노동권과 소유권의 충돌을 해결하기 위해 어느 한 권리에 다른 한 권리를 종속시켜 사회적 평정을 시도할 수는 없다. 자유권을 보장하는 사회적 헌정 질서에서 소유권은 노동권의 본질을 침해할 수 없고, 그 반대도 마찬가지다.[20] 그런 상황에서 노동권과 소유권의 균형을 이룰 방법은 노동권과 소유권을 행사하는 사회 세력들이 상대방의 권익을 존중하면서 자기 세력의 권익을 최대화하는 방안을 신중하게 찾는 것이다. 따라서 노동권과 소유권의 균형은 각 권리를 절대화하지 않고 둘의 상대성을 인정하면서 두 권리의 상관성을 중시할 때 찾을 수 있을 것이다.[21] 그것은 노동과 자본이 권력 균형을 이루면서 노동과 자본의 이익 균형을 찾아 합의하는 것이다. 그러한 합의는 기업 차원에서는 노동과 자본의 공동결정으로 나타날 것이고,[22] 그러한 공동결정은 국민경제와 지구 경제를 규율하는 차원에서

---

20 소유권과 노동권이 헌법이 확인하고 인정하는 권리인 한, 그 권리는 설사 법률을 통해 제한된다고 하더라도 그 본질이 침해되어서는 안 된다. 그것이 자유주의 헌정 질서에서 권리의 제한에 관한 원칙이다. 우리나라 헌법 제37조 제2항은 "국민의 모든 자유와 권리는 국가안전보장·질서유지 또는 공공복리를 위하여 필요한 경우에 한하여 법률로써 제한할 수 있으며, 제한하는 경우에도 자유와 권리의 본질적인 내용을 침해할 수 없다"라고 규정하고 있다. 따라서 소유권의 행사가 노동권의 본질을 침해할 수 없고, 노동권의 행사가 소유권의 본질을 침해할 수 없다.

21 경제윤리적 판단에서 상대성과 상관성 개념이 갖는 의미에 관해서는 A. Rich/강원돈 옮김, 『경제윤리 1: 신학적 관점에서 본 경제윤리의 원리』 (천안:한국신학연구소, 1993), 209-222를 보라.

22 따라서 소유권의 본질을 보호한다는 측면만을 강조해서 자본가가 소유하는 생산수단이 공동결정의 대상이 될 수 없다는 주장은 외눈박이의 판단이라고 질책받아 마땅하다. 그러한 판단에 이르는

도 실효적인 방안이 될 수 있다.

　물론 자유권을 보장하는 사회헌법 아래에서 노동권과 소유권의 권익 균형은 각 권리를 존중하고 각 권리의 본질을 침해하지 않기 위한 최선의 현실주의적 방안이다. 그러나 노동자가 존엄한 인간으로서 노동한다는 인간학적 측면과 자본이 노동의 산물이라는 발생사적 맥락을 고려한다면, 노동권이 소유권에 우선하고 소유권보다 우위에 있다고 말하는 것이 도리어 엄밀한 의미에서 사리에 맞는다.[23] 그러한 노동권의 소유권에 대한 우선성과 우위성을 인정하고 그것을 헌정 질서에 구현한다고 하더라도, 노동자들의 이해관계와 자본가들의 이해관계를 조정하고 노동과 자본의 기능적 협력체제를 구축하는 일은 불가피하다.

　노동자들은 그들의 소득과 복지를 늘리고자 하는 단기적인 이해관계를 중시하고, 자본가들은 기업의 시장경쟁력을 유지하고 강화하기 위해 기업저축을 늘리고자 하는 이해관계를 따른다. 그러한 이해관계의 조율은 미시경제 차원에서는 기업의 유지와 발전에 필요하고, 거시

논증 방식을 잘 보여주는 예로는 Bernhard Andreas Wagner, *Ethikrichtlinien — Implementierung und Mitbestimmung, Mannheimer Schriften zum Unternehmensrecht*, hg. vom Institut für Unternehmensrecht der Universität Mannheim (Baden-Baden: Nomos, 2008), 112-115를 보라.

23 이에 관해서는 Ernst Brüggemann, *Die menschliche Person als Subjekt der Arbeit: Das 'Prinzip des Vorrangs der Arbeit vor dem Kapital' und seine Umsetzung in der heutigen Gesselschaft, Abahandlungen zur Sozialethik*, hg. v. Anton Rauscher und Lothar Roos (Paderborn u. a.: Ferdinand Schönningh, 1994), 192ff.를 보라. 브뤽게만은 교황 요한 바오로 2세의 사회회칙 「노동을 통하여」(Laborem exercens)의 핵심 개념인 '노동의 자본에 대한 우위의 원칙'을 풀이해서 기업에서 노동과 자본의 관계를 규율하는 방안을 정교하게 제시했다. 그는 사회회칙에 나오는 '간접적 고용자'라는 개념이 노동과 자본을 결합하는 방식을 결정하는 열쇠가 된다고 생각했다. '직접적 고용자'는 노동자를 직접 고용하는 사용자를 지칭하지만, '간접적 고용자'는 노동과 자본의 관계를 규율하는 사회법이나 단체교섭 같은 제도들이나 그 제도들을 운용하는 사람들을 가리킨다. 이에 관해서는 Ernst Brüggemann, 앞의 책, 194-204를 보라.

경제 차원에서는 생산과 소비의 균형을 유지하는 데 결정적이다. 기업 저축을 확보해서 기업의 유지와 발전 그리고 미래 능력을 유지하는 것은 자본의 고유한 기능이고, 그 기능은 노동의 기능에 의해 대체되지 않는다. 그와 같은 자본의 기능은, 마르크스가 『고타 강령 비판』에서 지적하였듯이, 시장경제체제 너머의 경제제도에서도 사라지지 않을 것이다.[24] 시장경제체제에서 노동과 자본의 기능과 이해관계를 고려할 때, 노동과 자본은 기업의 기능적 분업 체계를 어떻게 구축할 것인가 그리고 경제적 성과를 기업과 국민경제 수준에서 어떻게 기능적으로 분배할 것인가를 놓고 숙의하고 함께 결정해야 한다. 노동권의 소유권에 대한 우위가 인정된다고 하더라도 시장경제체제가 존속하는 한, 그것이 노동과 자본의 관계를 규율하는 최상의 방안일 것이다.

3. 사회적 경제민주주의 실현의 정치사회적 조건

사회적 경제민주주의는 유고슬라비아의 노동자자주관리 기업에서 처럼 공장과 기업의 생산수단을 사회적 자본으로 전환하는 방식으로 시도될 수도 있고, 스웨덴의 임노동자기금제도에서 실험된 바와 같이 노동자들이 기업 자본의 지분을 확보하여 생산수단에 대한 지배권을 장악하는 방식으로 시도될 수도 있다. 그와 같은 시도는 사회적 경제민주주의에 대한 소유권적 접근이라고 볼 수 있다. 그것은 노동자들이 주체성을 갖고 공장과 기업을 자주적으로 형성하는 데 필요한 물적인 기

---

24 K. Marx, *Kritik des Gothaer Programms, MEW 19,* 14ff.

반을 확보하려는 노력이기에 근대적 소유권의 물권 편향성을 전제한다면 당연한 듯이 여겨지기도 한다.

　그러나 소유권의 물권 편향적인 해석은 앞에서 본 바와 같이 소유권의 본질과 실체를 구별하지 못한 채 소유권 행사의 사회적 책임을 등한시하는 한계가 있기에 더는 수용될 수 없다는 점을 미리 밝혀둘 필요가 있다. 더 나아가 이 책의 제III부에서 경제민주주의 구상과 실험의 다양한 실례를 분석하면서 지적한 바와 같이 사회적 경제민주주의에 대한 소유권적 접근은 네 가지 점에서 근본적인 문제가 있다. 첫째, 소유권적 접근은 노동권과 소유권이 상호 불가침적이고 상호 존중해야 할 권리임을 등한시하고 마치 노동권 행사의 물적 기반이 소유권 획득에 있는 것처럼 생각하는 경향이 있다. 그것은 노동권을 소유권의 프레임에서 보는 편협한 사고 유형이다. 둘째, 사회적 소유는 생산수단의 사적 소유를 폐지하는 사회주의적 혁명 이후 국가가 국유화된 재산을 노동자단체에 위탁하는 방식이기에 사회주의적 소유권 혁명이 일어나지 않은 나라의 시장경제체제에서는 시도되기 어렵다. 셋째, 스웨덴에서 임노동자기금의 법제화를 통해 노동자들의 생산자본 지분을 확대하려고 했던 것과 같은 시도는 노동자들의 사회적 권력과 정치 세력화가 자본가들의 결속과 대항, 강력한 선전과 정치 공작 등을 무력화시키지 못하는 한 정치적으로 관철될 수 없고, 주식회사체제에서 노동자들이 생산자본 지분을 확대하는 속도는 자본가들의 지분 확대 속도를 능가하기 어렵다. 넷째, 사회적 소유에 근거하든, 임노동자기금에 근거하든, 노동자들의 소유권을 통해 생산수단에 대한 지배권을 행사하려는 시도는 자칫 노동자들이 노동의 기능과 자본의 기능을 동시에 수행하고자 하는 기획으로 귀결될 수 있고, 노동의 단기적인 이해관계와 자본의 장기적인 이해관계를 조절하는 데 실패할 수 있다.

사회적 경제민주주의에 대한 노동권적 접근은 소유권적 접근보다 훨씬 더 포괄적이고 현실적이다. 노동권적 접근은 물론 소유권의 문제를 심각하게 고려하지만, 소유권의 폐지나 소유권 지분의 변동 없이는 사회적 경제민주주의를 실현할 수 없다는 고정 관념에 매이지 않는다. 노동권을 중시하는 관점에서 사회적 경제민주주의의 실현 조건은 세 가지다. 하나는 근대적 소유권의 물권 편향적 해석을 넘어서서 소유권의 본질과 실체의 구별을 통해 소유권의 사회적 책임을 확립하는 것이고, 다른 하나는 노동권과 소유권이 각 권리의 본질을 침해하는 방식으로 주장될 수 없다는 원칙에 충실하게 노동권과 소유권의 관계를 제도화하는 것이다. 마지막 하나는 바로 앞에서 언급한 두 가지 조건을 충족하도록 노동의 권력이 자본의 권력을 압도하거나 최소한 노동과 자본이 권력 균형을 이루는 것이다.

앞의 두 가지 조건에 관해서는 앞의 2절에서 상세하게 논했으므로 여기서 따로 더 언급할 필요가 없다. 마지막 하나는 사회적 경제민주주의의 실현 여부를 결정짓는 가장 중요한 조건이다. 자본주의 경제에서 자본이 권력으로 등장한다는 엄연한 사실을 고려한다면, 노동과 자본의 관계를 민주화하고자 하는 사회적 경제민주주의는 노동자들과 자본가들의 세력 관계를 떠나서는 현실성을 띨 수 없는 정치사회적 기획이라고 분명히 말해야 한다. 자본가의 권력이 노동자의 권력을 압도하는 상황에서는 자본의 독재를 뒷받침하는 소유권의 물권 편향적 해석이 굳어진다.[25] 그러한 물권 편향적 해석은 자유주의적 헌법의 소유권 조

---

25 엄밀하게 말하면 소유권의 물권 편향적 해석은 역사적으로 대토지 소유자와 자본가의 압도적인 권력에서 비롯된 산물이었다. 그리고 소유권의 물권 편향적 해석은 대토지 소유자와 자본가의

항에서 소유권의 자유권적 성격에 관한 규정을 본질적 조항으로 보고, 소유권 행사의 사회적 책임에 관한 규정을 선언적 조항으로 보는 해석 경향으로 이어진다. 그러한 물권 편향적 소유권 해석은 소유권 행사의 사회적 결과에 대한 책임을 아랑곳하지 않게 하고, 심지어 노동자들의 생존권을 부정하는 결과에 이르기도 한다. 만일 노동자들이 그러한 상황에 저항하고 그 상황을 혁명적으로 변경할 실력을 갖춘다면 소유권의 행사가 물권 편향적으로 이루어질 수는 없을 것이다. 소유권의 행사가 인간이 존엄한 인간으로서 노동한다는 사실에서 비롯되는 노동권의 본질을 침해하여 노동자들의 주체성과 자주성을 짓밟고 노동의 노예화를 강제한다면 노동자들은 결국 그들의 힘으로 현상의 변경을 추구할 것이고 심지어 혁명을 시도할 것이다. 그 모든 것은 노동자들이 단결과 연대를 통해 강력한 권력을 형성해서 자본가들의 권력에 대항하거나 그 권력을 압도할 수 있을 때만 소유권의 물권 편향적 해석과 노동권의 본질을 침탈하는 자본의 독재를 무너뜨리고 노동과 자본의 관계를 민주적으로 규율할 수 있는 조건을 만들어 낼 수 있다는 것을 확인해 준다. 노동자들의 대항 권력 형성은 사회적 경제민주주의 실현의 핵심 조건이다.

4. 사회적 경제민주주의 실현의 다섯 가지 차원

사회적 경제민주주의는 노동과 자본이 서로 관계를 맺는 작업장, 공

권력을 더더욱 공고하게 만들었다.

장과 기업, 산별교섭, 국민경제, 지구 경제 등 다섯 가지 차원에서 각기 다른 과제를 갖는다. 그 과제를 일별하면 다음과 같다.

흔히 작업장은 노동자가 자본가 혹은 자본의 기능을 수행하는 경영자가 설계한 작업 공정 혹은 노동 과정을 자본가 혹은 경영자의 지시와 감독 아래에서 수행하는 현장이라고 정의된다. 그 현장에서 사회적 경제민주주의의 과제는 노동의 민주화와 인간화이다. 공장과 기업 차원에서 자본가는 경영 전권을 행사하고 자본의 독재를 실현하고자 한다. 그러한 자본의 독재를 해체하고 노동자들이 기업의 사회정책은 물론이고 인사정책과 경제정책을 수립하는 과정에 주체로서 참여하여 함께 결정하는 제도를 형성하는 것이 사회적 경제민주주의의 과제다. 노동자들이 산업 부문별로 노동조합을 조직하여 노동의 권력을 한층 더 강화하고, 그 권력을 통해 산별교섭제도를 확립하는 것도 사업장 단위의 노사 교섭이 정착된 우리 사회에서 사회적 경제민주주의의 중요하고 시급한 과제가 된다. 국민경제 차원에서 사회적 경제민주주의의 과제는 소득분배에 관한 사회적 합의에 근거해서 생산과 소비의 거시균형, 성장과 복지의 조화, 내수와 수출의 균형, 공공 서비스와 공공투자의 확대, 기본소득 지급, 지대추구 행위의 억제, 재정과 금융의 민주적 통제 등에 관한 거시경제 계획을 수립하는 것이다.[26] 지구 경제 차원에서 사회적 경제민주주의의 과제는 노동권을 보장하고 노동과 자본의 관계를 민주적으로 규율하는 국제 규범을 제정하고, 모든 나라에서 그 규범이 구속력 있는 규범으로 정착하도록 촉진하고, 그 규범의 이행을 감독

---

26 거시경제 계획에 생태계의 안정성과 건강성을 보전하면서 국민경제를 규율하는 방안을 당연히 담아야 하지만, 그에 관해서는 시장경제의 생태학적 규율을 다룬 본서 제IV부에서 상세하게 논했으므로 여기서 언급하지 않는다.

하고 심판하는 것이다. 이를 위해서는 그러한 규범을 제정하는 절차를 규정하고, 그 규범의 이행 과정을 감독하고 심판하는 절차를 마련해야 한다.

5. 소결

1장에서 필자는 사회적 경제민주주의가 자본의 독재를 해체하고 노동과 자본의 민주적 관계를 실현하려는 정치사회적 기획임을 확인하고 사회적 경제민주주의의 실현 조건을 규명했다. 그 논의 내용을 아래에 간추린다.

첫째, 자본의 독재는 자본가의 생산수단에 대한 절대적 지배권과 자본의 노동 포섭에 근거한다. 자본가의 생산수단에 대한 절대적 지배권은 소유권의 당연한 요구이고, 자본의 노동 포섭은 자본주의적 생산관계에서 노동이 자본에 종속되고 노동자가 자본가의 지배 아래에서 노동하는 현실로 구현된다고 생각되어 왔다.

둘째, 자본가의 생산수단에 대한 절대적 지배권 주장은 근대적 소유권에 대한 물권 편향적 해석에 근거한 것이어서 그대로 용인될 수 없다. 소유권의 본질과 실체를 나누어 생각한다면, 소유권의 행사는 물건의 소유자가 물건의 이용과 수익과 처분의 권한을 행사하는 데 그치지 않는다는 것을 곧바로 알 수 있다. 소유권의 행사는 사회적 승인이 필요하고 사회적으로 정당화되어야 할 행위이다. 그것이 소유의 사회적 책임을 뒷받침하는 논리다. 소유의 사회적 책임은 소유권을 자유권으로 명문화한 근대 입헌국가에서도 소유권의 행사가 공공복리를 위해 법률로써 제한될 수 있다는 소유권 제한의 헌법 규범에 이미 명시된 바 있다. 물론 소유권의 행사가 법률로써 제한된다고 해서 소유권의 본질이 침탈되는 것은 아니다. 근대 입헌국가를 계승한 사회국가 역시 소유권을 자유권으로 확인하고 보호한다. 그러나 자유권을 보장하는 사회적 헌정 질서에서 물권 편향적 해석에 근거한 소유권의 절대성 주장은 더는 용인되어서는 안 된다.

셋째, 노동의 자본에 대한 종속, 노동자의 자본가에 대한 종속은 생산수단이 없는 노동자가 생산수단을 소유한 자본가에게 고용되는 데서 비롯되는 결과이고, 생산수단의 사적 소유에서 발생하는 효과이다. 그러나 노동자는 자본가가 조직한 생산과정에서 존엄한 인간으로서 주체적이고 자주적으로 일할 권리를 갖고 있고, 존엄한 인간으로서 노동한다는 바로 그 사실에서 비롯되는 노동의 권리가 소유권 행사를 통해 침탈되는 것에 대항할 권리가 있다. 그런 점에서 자본의 독재를 실현하는 자본의 노동 포섭은 성립될 수 없다.

넷째, 노동과 자본이 서로 대립하면서도 결합할 수밖에 없는 시장경제에서 노동권과 소유권은 상대편 권리의 본질을 침탈하지 않으면서도 서로 제한하는 방식으로 규율되어야 한다. 사회적 헌정질서에서 노동과 자본은 노동권과 소유권을 최대한 실현할 방안을 찾아야 한다. 그 방안은 한편으로는 노동과 자본이 대등하게 마주 앉아서 함께 숙의하고 함께 결정을 내리는 방식을 제도화하는 것이고, 다른 한편으로는 그러한 제도를 뒷받침할 수 있을 만큼 노동의 권력이 자본의 권력을 압도하거나 최소한 노동의 권력과 자본의 권력이 균형을 유지하여야 한다. 그것이 사회적 경제민주주의를 실현하는 두 조건이다.

그러한 사회적 경제민주주의의 관점에서 작업장, 사업장과 기업, 산업 부문과 국민경제 차원에서 자본의 독재를 해체하고 노동과 자본의 민주적 관계를 실현하는 방안에 관해서는 아래에서 장을 바꾸어가며 차례차례 논할 것이다. 다만 지구 경제를 규율하는 방안에 관한 논의는 그 주제의 방대성과 복잡성을 고려하여 본서 제IX부, 제X부, 제XI부에 서 따로 다루기로 한다.

2장
작업장의 민주화와 노동의 인간화

작업장은 공장과 기업 차원에서 설계된 작업 공정과 노동 과정이 수행되는 현장이다. 그러한 작업 공정과 노동 과정을 수행하는 주체는 노동자들이고, 작업 공정과 노동 과정의 수행은 자본가 혹은 자본의 기능을 위탁받은 경영자의 엄격한 지시와 감독 아래에서 이루어진다. 그런 점에서 작업장은 경영자의 작업 명령과 작업 감독, 곧 노무 관리권으로 구현되는 자본의 독재가 날것으로 관철되는 현장이라고 볼 수 있다.

우리 사회에서는 개발독재 시절부터 오늘의 신자유주의적 경영체제에 이르기까지 경영자의 노무 관리권을 당연시하는 분위기가 강하기에 작업장의 민주화와 노동의 인간화는 여전히 매우 낯선 개념이다. 자본 축적을 위해 노동을 극도로 억압하던 시절에는 권위주의적인 노무 관리가 일반화되었고, 작업장의 민주화와 노동의 인간화는 금기시되었다. 신자유주의적 경영체제에서는 노동시장 분단에 따른 작업장 분단, 정보화와 빅데이터 기술의 도입 등으로 인해 작업장의 민주화와 노동의 인간화는 큰 장애에 직면하게 되었다.

아래서는 자본의 독재가 관철되는 작업장의 현실을 살피고 난 뒤에 작업장의 민주화와 노동의 인간화를 어떻게 실현할 것인가를 논한다.

1. 작업장의 현실

작업장에서 자본의 독재는 작업 명령과 작업 감독을 핵심으로 하는 경영자의 배타적인 노무 관리권으로 나타난다. 그러한 노무 관리권은 포드주의적 생산 방식에서 극단적인 형태로 실현되었다. 포드주의적 생산 방식의 핵심은 테일러의 과학적 경영이었다. 테일러의 과학적 경영은, 해리 브레버만(Harry Braverman)이 분석한 바와 같이, 손노동과 두뇌노동, 곧 노동의 실행과 노동의 기획을 엄격하게 분리하는 시스템으로 구성되어 있었다.[1] 노동 과정을 작업 공정으로 잘게 쪼개는 공정 설계는 노동자의 숙련성을 무용지물로 만들었고, 단기간의 훈련을 받은 미숙련 노동자들을 작업 공정에 투입할 수 있게 했고, 언제든 대체할 수 있는 사물로 취급하기에 이르렀다. 그 결과 손노동과 두뇌노동은 완전히 분리되고, 손노동은 두뇌노동의 통제와 감시 아래서 작업 명령에 따라 움직이게 되었다. 경영자와 감독자는 작업 공정의 세부적인 부분까지 계획을 세우고 각 부분의 전체적인 통일성에 관한 지식을 가진 데 반해, 노동자들은 부여된 작업 공정에 관한 파편적인 지식을 갖는 것으로 족해야 했다. 지식의 독점은 노동자 지배의 강력한 무기가 되었다.

---

[1] H. Braverman, *Die Arbeit im modernen Produktionsprozess*, 1. Aufl. (Frankfurt am Main/New York: Campus-Verl., 1977), 93ff. 테일러의 과학적 경영에 관해서는, F. W. Taylor, *Die Grundsätze wissenschaftlicher Betriebsführung*, Nachdr. der autoris. Ausg. von 1913 (Weinheim u.a.: Beltz, 1977), 31ff.를 보라.

포드주의적 생산 방식에서 노동자들은 인간의 노동을 '기계적 노동'으로 전락시킨 노동 공정 분할에 대해 심각한 불만을 품게 되었고, 그 불만은 '높은 결근율, 일자리를 떠나 빈둥거리기, 규정된 작업 속도에 대한 저항, 무관심, 태만, 집단적인 태업, 경영진에 대한 공공연한 적개심'[2] 등으로 표출되었다. 공정의 효율성을 극대화하기 위해 도입된 공정 분할은 노동자들의 일상적인 저항으로 인해 그 목표를 달성할 수 없었다. 생산성 저하가 경향적으로 나타난 것이다. 그와 같은 노동의 불만에 대해 자본은 임금인상으로 대응했다.[3] 그렇지만 생산성 향상과 임금 상승을 서로 맞바꿈으로써 노동에 대한 노동자들의 불만을 달래는 정책은 기업 수준에서 자본축적 위기를 불러들이기에 근본적인 한계가 있었다.

자본의 축적 위기로 인해 포드주의적 생산 방식은 포스트-포드주의적 생산 방식으로 전환되었다. 그러한 생산 방식의 전환은 포드주의적 생산 방식에서 극단적으로 관철된 자본의 독재를 해소하기는커녕 어떤 점에서는 더 악화하였다. 포스트-포드주의적 생산 방식의 핵심은 린 생산 방식과 파견 노동자 배치다. 린 생산 방식은 공장과 기업에 핵심 공정만 남겨 놓고 비핵심 공정을 외주화하고, 외주 기업에서 생산한 부품과 중간제품을 적시에 공급받아 생산 과정에 투입하여 상품을 생산하는 시스템이다. 린 생산 방식은 제품 생산 분야만이 아니라 서비스 공급 분야에서도 널리 활용되고 있다.[4] 파견 노동자 배치는 공장과 기

---

2 H. Braverman, 같은 책, 111.

3 포드주의적 생산 방식을 도입해서 승승장구했던 포드 자동차 회사는 1913년 노동 임금을 일당 2달러에서 5달러로 파격적으로 올려서 노동생산성 저하에 대응한 바 있다.

4 린 생산 방식에 관해서는 제임스 P. 워맥 외/현영석 옮김, 『린 생산』(대전: 사단법인 린생산경영연구원, 2007), 88ff.를 보라. 이 책에서 제임스 P. 워맥 등은 린 생산을 공장 운영, 신제품 개발, 부품

업의 핵심 인력만 남겨 놓고 비핵심 인력은 외부 용역회사로부터 인력을 파견받아 작업장에 배치하는 방식이다. 파견 노동자 배치는 비정규직 노동자 고용과 더불어 임금 합리화 수단으로 널리 활용되고 있다. 린 생산 방식과 파견 노동자 배치 등은 작업 공정을 정교하게 설계하는 두뇌노동의 손노동에 대한 우위를 압도적으로 강화하는 효과를 낼 뿐이고, 특히 파견 노동자 배치는 같은 작업장에서 동일 노동 혹은 동일 직무를 수행하는 노동자들의 신분 차이와 임금 차이를 조장해서 노동자들의 단결과 연대를 극도로 약화한다.

정보화와 빅데이터 기술은 작업장의 노동환경을 어떻게 바꾸고 있을까? 어떤 사람들은 정보화와 빅데이터 기술로 인해 작업장이 기술, 경영, 회계, 금융, 법률 등의 컨설팅을 공급하는 전문가들로 구성된 작업장의 자율적 조직으로 재편될 수 있는 듯이 생각하는 듯하다. 그러나 정보화와 빅데이터 기술은 전문적 서비스 공급 작업장을 제외하면 거의 모든 작업장에서 자본의 독재를 한층 더 철저하게 실현하는 도구가 된다. 그것을 잘 보여주는 전형적인 작업장은 물류 공급 분야의 작업장이고, 라이더들의 배달 서비스 작업장이다. 라이더들의 물류 배달 서비스를 예로 들면 그들의 노동은 물류 배달 서비스를 조직하는 플랫폼 기업의 알고리즘에 의해 실시간으로 통제되고 평가되고 보상받는다.[5] 라

조달 체계, 판매 유통 체계, 기업 경영에 적용하는 방식을 세밀하게 분석한다.

5 그런 점에서 라이더 노동은 '디지털 테일러주의'의 특성을 보여주는 한 실례다. 디지털 테일러주의의 특성은 알고리즘을 통한 작업 할당과 평가와 감독 아래에서 제로 시간 계약을 맺고 표준화되고 단편화된 노동 공정을 끝없이 반복하는 노동에서 잘 드러난다. '디지털 테일러주의'에 관해서는 모리츠 알텐리트/권오성·오남규 옮김, 『디지털 팩토리: 디지털 자본주의 시대, 보이지 않는 노동』(서울: 숨쉬는책공장, 2023), 86을 보라. 알텐리트는 '디지털 테일러리즘 전반의 핵심적인 요소'를 "노동의 표준화, 업무의 세분화, 알고리즘을 통한 관리가 노동의 유연화 및 증식을 가능케 한다는 점"이라고 분석한다.

이더들만이 아니라 공장과 기업에 고용된 모든 노동자의 작업과 업무도 데이터로 처리되어 경영자가 설계한 알고리즘을 통해 실시간으로 통제되고 감독을 받으며 평가된다. 재택근무가 확산하면서 그러한 감독과 통제는 더욱더 정교해지고 있다. 정보통신 기술의 발전으로 시간과 공간의 제약 없이 사용자가 노동자에게 업무 지시를 하게 되면서 노동과 여가의 경계가 흐려졌다고 분석되고 있다.[6]

포드주의적 생산 방식과 포스트-포드주의적 생산 방식에 따라 구성된 작업장과 정보화와 빅데이터 기술의 발전을 통해 재구성된 작업장에서 노동자들은 노동하는 주체로서 노동을 형성하는 위치에 서지 못하고 극도의 노동 소외를 겪게 되었다. 소외된 노동자들의 주체성 상실과 인간성 상실의 문제를 해결하려면 작업장의 민주화와 노동의 인간화가 실현되어야 한다.

2. 작업장의 민주화

작업장의 민주화는 두뇌노동이 명령하고 손노동이 그 명령을 수행하는 일방적인 지배-복종 관계를 종식하고 노동과 자본이 공정 설계와 공정 수행에 관해 함께 숙의하여 의견을 수렴하는 공동협의(Mitsprache)와 그 의견을 구현하는 공동관여(Mitwirkung)를 제도적으로 마련하는

---

6 이에 관해서는 김기선, "쉼 없는 노동: 디지털시대의 그림자," 「월간 복지동향」 225(2017), 22; 김종길, "모바일 네트워크 시대의 노동세계 변화와 새로운 노동문화," 「사회와이론」 19(2011), 250을 보라. 디지털 초연결 사회에서 휴식권을 보장받기 위해 프랑스, 이탈리아, 스페인 등지에서는 '연결차단권'이 법제화되었고, 독일과 필리핀에서는 법제화가 논의되고 있다. 이에 관해서는 조재호, "연결차단권에 대한 검토," 「노동법연구」 46(2019): 108-113을 보라.

것이다. 그러한 노동과 자본의 공동협의와 공동관여 제도는 작업장에서 노동자들과 경영자 대리인이 대등한 지위에서 구성하는 작업장 협의체일 것이다.7 물론 작업장 협의체가 공장과 기업 차원에서 정교하게 조직된 생산 시스템과 업무 시스템의 문제를 다룰 수는 없다. 그러한 문제는 공장과 기업 차원에서 조직된 노사협의기구에 맡겨져야 할 것이다. 그러나 작업장 협의체는 노동자가 존엄성을 잃지 않고 노동할 수 있도록 작업 공정을 조직하고, 작업 환경을 개선하기 위해 의견을 수렴하고 그 실현 방도를 찾을 수 있다. 작업장에서 노동자들의 신분과 급여 차이로 인해 노동자들의 사회적 관계가 파괴되는 데 대처하는 방도를 찾는 일은 작업장 협의체의 역량을 넘어서기에 공장과 기업 차원의 노사협의기구에서 다룰 의제가 되겠지만, 작업장에서 노동자들의 사회적 관계를 악화하는 요인들을 분석하고 그 개선을 요구하는 것은 작업장 협의체가 할 일이다.

플랫폼 기업에서 작업장 민주화는 플랫폼을 매개하여 일하는 사람들의 노동자성을 둘러싼 논란을 해소하는 데서 출발하여야 한다. 플랫폼 운영자는 플랫폼을 제공할 뿐 플랫폼을 매개로 해서 일하는 사람들을 직접 고용하지 않았다고 주장하면서 그들의 노동자성을 부정한다. 그렇지만 그들은 플랫폼 알고리즘을 통해 실시간으로 전달되는 정보에 따라 직무를 수행하고 직무 수행에 대해 평가받고 보상받는 지위에 있다. 그렇기에 그들은 노동법이 규정하는 종속적 노동자의 요건을 충족하고 있다.8 플랫폼을 매개로 일하는 사람들의 노동자성이 인정되면,

---

7 작업장 수준의 노사협의체의 원형은 영국에서 시행되는 작업장 스튜워드쉽이었다. 이에 관해서는 G. S. Bain · R. Price, "Union Growth: Dimensions, Determinations, and Density," *Industrial Relations in Britain*, ed. by G. S. Bain (Oxford, England: B. Blackwell, 1983), 5를 보라.

플랫폼 운영자와 노동자는 플랫폼 작업장에서 서로 마주 앉는 위치에 있게 된다. 플랫폼 운영자와 노동자는 알고리즘의 설계, 직무 수행에 대한 평가 및 보상 체계의 설계 등 작업장 수준의 노동조건에 영향을 미치는 사항을 놓고 공동협의하고 개선책을 찾기 위해 공동행위에 나설 수 있어야 한다. 문제는 그들이 고립 분산해서 일하기에 작업장 수준에서 협의체를 구성하기 어렵다는 것이다. 그렇다면 플랫폼 운영자와 노동자는 플랫폼 산별교섭 기구를 구성하여 플랫폼노동자의 노동조건에 관한 협상을 벌이는 것이 바람직하다. 이에 관해서는 산별 노사 교섭을 다루는 아래의 4장에서 따로 다룰 것이다.

3. 작업장에서 노동의 인간화

작업장에서 노동을 인간화하는 방안은 포드주의적 생산 방식이 지배적이었을 때는 노동자들을 컨베이어 벨트 작업처럼 기계화된 단순 반복 노동에서 해방하는 방도를 찾는 데 집중되었다. 그러한 방안의 첫 출발점은 노동자들을 하나의 작업 공정에만 배치하지 않고 주기적으로 작업 공정을 바꾸는 공정 전환(job rotation)이었다. 공정 전환은 한 노동자가 맡는 작업 공정이 여러 개로 늘어나는 업무 확대(job enlargement)의 양적인 효과를 가져오고, 노동자들이 개별적인 작업 공정들 사이의 관계에 관한 지식을 습득해서 작업 공정의 준비와 감독에 종사하는 두뇌노동과 협력하는 데 필요한 업무 역량을 심화(job enrichment)하는 질

---

8 플랫폼을 매개해서 일하는 사람들의 노동자성에 관해서는 아래 4장에서 본격적으로 다룰 것이다.

적인 효과를 낸다.9 그러한 공정 전환, 업무 확대, 업무 심화는 포드주의적 생산 방식의 비인간성에서 벗어나고자 하는 노동자들이나 포드주의적 생산 방식의 고질적인 문제인 생산성 저하를 극복하고자 하는 경영자에게도 기회가 된다.

포드주의적 생산 방식이 포스트-포드주의적 생산 방식으로 전환되는 과정에서 도요타 자동차 회사는 노동자들이 팀 단위로 작업장 수준의 업무를 조직하고 업무 성과를 달성하는 작업장 업무팀을 조직했다. 작업장 업무팀의 노동자들은 다양한 공정을 수행할 역량을 갖추고 다른 노동자들과 협의하면서 작업장에 할당된 생산 목표를 달성하는 최적의 노동 과정을 자율적으로 기획하고 수행한다. 따라서 업무팀은 손노동과 두뇌노동의 극단적 분리를 전제하는 테일러의 과학적 경영의 기본 프레임을 깨뜨리고 손노동과 두뇌노동을 작업장 수준에서 결합하는 작업장 수준의 노동자 생산조직이다. 물론 업무팀의 자율성은 어디까지나 공장과 기업 차원에서 설계된 공정 시스템과 업무 시스템 안에서 작업장의 공정들을 조직하고 결합하는 것이기에 완전한 자율성일수 없고 부분적인 자율성일 뿐이다. 그렇기는 해도 작업장 수준에서 손노동과 두뇌노동을 결합하여 노동자들이 서로 협의하고 함께 결정하는의사소통적 생산자 조직을 만든 것은 작업장 수준에서 노동의 인간화를 위한 전진이라고 평가할 수 있다. 업무팀 형태의 반자율적인 생산자조직은 소품종 대량생산을 추구하는 포드주의적 생산 방식을 다품종대량생산을 추구하는 포스트-포드주의적 생산 방식으로 전환하는 과정에서 경영자들도 선호하는 형태의 노동조직 방식이었다. 따라서 도

---

9 공정 전환, 직무 확대, 직무 심화에 관해서는 Charles Lattmann, *Die verhaltenswissenschaftlichen Grundlagen der Führung des Mitarbeiters* (Bern/Stuttgart: Haupt, 1981), 276-285를 보라.

요타 모델은 다른 자동차 회사들에 빠른 속도로 확산하였고, 자동차 산업 부문을 넘어서서 다른 산업 부문들에서도 수용되었다.[10]

기술의 발전은 작업장에서 노동의 인간화에 큰 도전이 된다. 예를 들면 정보화와 플랫폼 기술의 발전은 라이더들의 노동을 인간화하는 무거운 과제를 던지고 있다. 플랫폼 알고리즘을 통해 생성되고 전달되는 물류 정보에 따라 일하는 노동자들은 일감 획득을 위한 경쟁과 물류 전달 속도 경쟁에 내몰리고 있고, 그 직무 수행에 대한 평가에 따라 보수가 결정되고 직무 수행 기회 부여의 여부마저 결정된다. 그러한 살인적인 작업장에서 노동을 인간화하려면 플랫폼노동 그 자체를 폐지하는 전면적인 조처를 포함해서 물류 정보의 생성과 전달, 직무 수행에 대한 평가와 보상 등을 지배하는 알고리즘을 인간 친화적으로 재구성하는 부분적인 조처에 이르기까지 가능한 모든 조처를 모색해야 한다.

기술의 급속한 발전 조건 아래에서 노동의 인간화는 새로운 도전에 직면하고 있다. 가상 현실과 실제 현실을 매끄럽게 결합하는 메타버스 기술, 뛰어난 인지 능력과 직무 수행 능력을 갖춘 로봇과 거대한 인공지능 시스템의 등장[11] 등은 노동자가 작업장에서 철저한 감시와 통제 속에서 기계의 명령에 따라 일하는 디지털 테일러주의를 연출할 위험이 매우 크다. 그러한 상황에서 작업장의 인간화는 디지털 테일러주의에 저항하면서 노동자가 존엄성과 자주성을 잃지 않고 기계와 함께 일

---

10 자율적인 혹은 반자율적인 작업팀에 관해서는 이호창, "일본 기업의 팀 작업과 소집단 활동," 마이크 파커·제인 슬로터 편/강수돌 외 옮김, 『팀 신화와 노동의 선택』(서울: 도서출판 강, 1996), 310-324; Fred N. Bohlen, *Die teilautonome und autonome Arbeitsgruppe unter besonderer Berücksichtigung der Außenseiterposition,* University publication (Hamburg, Univ., Diss., 1978)을 보라.

11 메타버스 기술과 인공지능 기술의 도전에 관한 분석으로는 강원돈, "메타버스 시대의 기독교 윤리의 몇 가지 과제: 인공지능의 도전을 중심으로," 「신학과철학」 45(2023): 68f., 74f.를 보라.

하는 방식을 마련하는 방향을 잡아야 한다.

4. 소결

작업장은 노동자들이 직접 일하는 현장이고, 자본의 독재가 노무 관리권의 형식으로 관철되는 자리이다. 자본의 독재는 포드주의적으로 구성된 작업장, 포스트-포드주의적으로 구성된 작업장, 정보통신 기술과 인공지능 기술을 도입한 작업장 등에서 조금씩 다르게 관철되기는 하지만, 자본의 독재가 확립된 작업장에서 노동자들은 노동하는 주체로서 일하지 못하고 극도의 노동 소외를 겪는다. 소외된 노동자들의 주체성 상실과 인간성 상실의 문제를 해결하려면 작업장의 민주화와 노동의 인간화가 절실하다.

작업장의 민주화는 노동과 자본이 작업장에서 공정 설계와 공정 수행에 관해 함께 숙의하여 의견을 형성하고, 그 의견을 구현하는 제도를 형성하는 것이다. 작업장의 인간화는 포드주의적 생산 방식에서는 공정 전환, 업무 확대, 업무 심화 등으로 실현되었고, 포스트-포드주의적 생산 방식에서는 반자율적인 작업팀 구성과 운영으로 나타났다. 메타버스 기술과 인공지능 기술이 발전하는 시대에 작업장의 인간화는 노동자가 기계에 종속되는 디지털 테일러주의를 넘어서서 노동자가 존엄성과 자주성을 지키며 기계를 부리는 위치에 서는 방식으로 구현되어야 할 것이다.

3장
공장과 기업 수준에서 노동과 자본의 공동결정

공장과 기업 수준에서 노동과 자본의 공동결정을 제도화하는 것은 자본의 독재를 해체하고 노동과 자본의 관계를 민주화하는 한 방식이다. 그것은 자본가 혹은 자본의 기능을 수행하는 경영자(이하, 경영자로 약칭)와 노동자가 서로 다른 이해관계를 갖고 있으면서도 공장과 기업에서 상품을 생산하여 사회에 공급하고 유통하기 위해 서로 협력하는 사회적 파트너 관계를 맺고 있음을 인정하고, 공장과 기업의 인사정책, 사회정책, 기업정책을 놓고 함께 숙의하고 함께 결정하는 방식이다. 노사 공동결정제도는 노동자와 경영자의 기능을 구별하고, 둘이 공장과 기업의 운영에 참여할 권리가 있음을 전제한다. 그런 점에서 노사 공동결정제도는 노동자가 공장과 기업의 운영에서 주권자가 되어 공장과 기업을 자주적으로 관리하는 노동자자주관리 방식과는 큰 차이가 있는 것처럼 보인다. 그러나 노동자자주관리제도에서도 노동의 기능과 경영의 기능은 서로 융합되어서는 안 되고, 서로 구별되어야 한다.

노동과 자본의 공동결정은 여러 나라에서 제도화되었으나, 그 제도화 형식은 나라마다 다르다. 영국, 미국, 일본 등은 노동과 자본의 공동결정을 노사 자율에 맡기고 단체교섭의 연장선상에서 보는 데 반해, 독일, 스웨덴, 프랑스 등은 노동과 자본의 공동결정을 법제화하고 단체교섭과 구별한다. 노사 공동결정을 단체교섭의 틀에서 보는 나라들에서는 공동결정제도를 단체교섭의 예비 단계로 보는 경향이 강하고, 단체교섭의 성질상 노동자들이 이사회나 감독위원회에 참가하는 경우는 없다. 반면에 노사 공동결정을 법제화하는 나라들은 노동과 자본이 사업장의 인사정책, 사회정책, 경제정책을 놓고 공동협의, 공동관여, 공동결정을 하는 방식부터 노동자들이 기업의 최고 의사결정 기구인 이사회와 감독위원회에 참가하는 방식에 이르기까지 모든 것을 법률로써 명확하게 규정한다. 노동자의 이사회나 감독위원회 참가 여부와 그 형식은 나라마다 다르다. 프랑스는 노동의 경영 참여를 헌법 규범에 명시하고 있을 정도로 이를 정치사회적으로 중시하고 사업장 수준에서 노사협의와 공동결정을 세밀하게 규정하고 있으나 정작 노동자들의 이사회 참가를 허용하지 않는다.[1] 스웨덴은 1972년 「사기업 종업원의 이사회 대표권에 관한 법」을 제정하여 노동자들이 직접 선출한 대표가 이사회에 참가하도록 규정하고 있지만, 노동자 대표들은 이사회에서 기껏 3분지 1 정도의 소수를 이루기에 실질적인 공동결정을 이루지 못하고 기업 경영 정보를 얻는 수준에 그친다.[2] 독일은 노동자들이 경영이사회에 직접 참가하지 않고, 기업의 최고 의사결정 기구인 감독위원회에 참가하는 방식을 취한다.

우리나라는 노동의 경영 참여를 노사협의의 틀에서 법제화한 경우

---

1 金湘鎬, "프랑스의 기업위원회제도에 관한 연구," 「江原法學」 12(2000), 315.
2 이영회, "스웨덴의 산업민주주의와 신경영전략," 「경제와사회」 19(1993), 174; 윤효원 (옮김), "스웨덴의 노사관계, 노동조합, 노동자 경영참가 (상)," 「노동사회」 162(2012), 140f.

다. 앞으로 자세하게 분석하겠지만, 노사협의의 법제화는 1963년 박정희 군사정권이 노동조합법 전부 개정의 절차를 밟아 시작했고, 1980년 전두환 군사정권은 별도의 「노사협의회법」을 제정했다. 1997년 「노사협의회법」은 「근로자참여 및 협력증진에 관한 법률」로 대체되어 오늘에 이르고 있다. 노동 억압적이고 노동 배제적인 군사정권들이 법제화한 노동자의 경영 참여 수준은 매우 낮은 특징을 보인다. 노사 공동결정은 「노사협의회법」에는 아예 언급조차 되지 않고, 「근로자참여 및 협력증진에 관한 법률」에 처음으로 규정되었으나 그 범위는 좁고 그 내용은 실로 빈약하다. 그런 점에서 우리나라의 노사 공동결정제도는 근본적으로 다시 설계할 필요가 있다.

필자는 우리나라의 노사 공동결정제도를 설계할 때 주로 독일의 노사 공동결정제도를 참고하려고 한다. 그것은 독일의 노사 공동결정제도가 노동권을 통해 소유권 행사를 제한하는 관점에서 공장과 기업 수준에서 사회적 경제민주주의를 구현한 실제의 모델이고, 이제까지 실험되거나 법제화된 공동결정제도들 가운데 가장 선진적이고 가장 치밀하게 조직된 모델이기 때문이다. 물론, 아래의 분석에서 밝혀지겠지만, 독일의 공동결정제도는 공장과 기업의 경제정책에 관한 결정에서 공동결정에 완전하게 이르지 못했다는 점에서 노동권에 의한 소유권의 제한을 완벽하게 구현한 모델이 아니다. 그러나 바로 그러한 결함까지를 포함해서 그 제도는 공장과 기업 수준에서 전방위적인 노사 공동결정제도를 구축하는 방안을 모색할 때 참고할 가치가 있다.

아래서는 논의의 편의상 먼저 독일의 노사 공동결정제도를 분석해서 그 공헌과 한계를 밝히고, 그다음 우리나라에서 법제화된 노사협의 모델의 특징과 문제점을 분석하고, 노사 공동결정제도를 새롭게 설계할 때 고려할 점들을 제시한다.

1. 독일의 노사 공동결정제도

필자는 경제민주주의 구상과 실험에 관한 제III부의 분석에서 독일의 노사 공동결정제도가 사회적 경제민주주의를 구현하는 방안들 가운데 하나였고, 그 핵심이 노동권을 통해 소유권 행사를 제한하는 것이었다고 분석했고, 노동과 자본의 기능적 구별과 사회적 파트너 관계 형성을 중시하는 제도임을 밝혔다. 독일의 노사 공동결정제도는 산별 수준에서 조직된 노동조합과 더불어 노동과 자본의 관계를 민주적으로 규율하는 핵심 장치이다. 노사 공동결정제도와 산업별 노동조합의 이원성과 상호 긴밀한 결합이 독일 노동자 운동의 강력한 힘의 원천이다. 노사 공동결정제도는 강력한 산별 노동조합이 없다면 제 역할을 발휘하지 못할 것이며, 산별 노동조합은 노사 공동결정제도가 없다면 현장 노동자들과 굳게 결합할 수 없을 것이다.

독일에서 노사 공동결정제도에 관한 구상이 태동하고 실현되는 과정은 제III부 3장에서 설명되었으므로 여기서는 독일에서 시행되는 세 가지 공동결정제도, 곧 몬탄 공동결정제도, 피고용자 1천 명 이하의 주식회사와 합자회사에서 시행되는 공동결정제도, 피고용자 1천 명 이상의 주식회사에서 시행되는 공동결정제도의 법제화 과정에 대한 설명을 생략한다. 독일에서 피고용자 1천 명 이하의 회사에서 노사관계를 민주적으로 규율하는 방식과 1천 명 이상의 회사에서 그것을 규율하는 방식은, 아래에서 살피겠지만, 중요한 차이가 있다. 독일에서는 피고용자 1

천 명 이하의 회사와 1천 명 이상의 회사를 표시하는 용어도 사업장 (Betrieb)과 기업(Unternehmen)으로 구별된다.

아래서는 먼저 사업장 수준의 노사 공동결정제도를 다루고, 그다음 에 기업 수준의 노사 공동결정제도를 살피고 나서, 끝으로 사업장과 기 업 수준의 공동결정제도를 평가한다.

1.1. 사업장 수준의 노사 공동결정제도

독일에서 사업장 수준의 공동결정을 규율하는 법은 「사업장조직법」[3] 이다. 그 법은 1952년에 제정되었고, 1972년, 1985년, 1989년에 개정 되었다. 현행 「사업장조직법」에서 사업장평의회(Betriebsrat)는 투표권 이 있는 상근 직원 5인 이상이 있는 사업장에 설치된다. 그것은 사업장 에서 피고용자(노동자와 직원)의 이해관계를 대표하고 사용자를 상대로 해서 협상을 벌이는 기구이다. 사업장평의회는 엄격한 선거 절차에 따 라 민주적으로 선출된다.

사업장평의회는 사업장 내 지위와 협상 과제의 측면에서 사업장 안 에서 대표되는 노동조합과는 근본적으로 구별된다. 독일에서 노동조합 은 산업 부문 수준에서 조직되고, 사업장평의회는 사업장 수준에서 조 직된다. 사업장 수준에서 노동조합과 사업장평의회는 서로 충돌할 여 지가 없다. 두 기구의 상호보완적인 관계를 위해서는 두 가지 장치가 마련되어 있다. 하나는 산별협약과 사업장협약의 법적 관계이고, 다른

---

3 출처: Betriebsverfassungsgesetz vom 11. Oktober 1952, *Bundesgesetzblatt, Teil I, Nr. 43* (14. Oktober 1952), 681-695: Betriebsverfassungsgesetz vom 15. Januar 1972, *Bundesge-setzblatt, Teil I, Nr. 2* (18. Januar 1972), 13-43.

하나는 노조 신임자(Vertrauensmann)제도이다. 먼저 산별협약과 사업장협약의 법적 관계를 살피면, 독일에서 사용자단체와 교섭을 벌여 노동관계를 결정하는 일은 산업 수준에서 이루어지며, 그 교섭 주체는 산별노조다. 산별협약은 해당 산업에 속한 모든 사업장(과 기업)에 구속력을 갖는다. 사업장평의회는 산별협약이 사업장에서 제대로 이행되는가를 감시하고 산별협약의 틀에서 사용자와 사업장협약을 맺는다. 그다음에 노조 신임자는 사업장에 소속된 노조 조합원들이 그 조합원들 가운데서 선출하고 노조의 신임을 받는다. 노조 신임자는 1972년의 「사업장조직법」 제2조 제2항[4]이 규정하는 바에 따라 사업장에 현존하면서 산별노조의 결정을 사업장평의회에 전달하고 사업장 노동자들의 의견을 수렴해서 산별노조에 전달하는 역할을 맡는다. 또한 노조 신임자는 사업장 수준에서 산별협약의 이행을 살피고 사업장평의회에 자문하는 역할을 맡는다. 그러나 노조 신임자는 사업장에서 그 어떤 권한도 갖지 않는다. 한마디로 노조 신임자는 산별 노동조합과 사업장평의회를 연결하는 고리이고, 사업장에서 산별 노동조합을 대표한다.[5]

사업장평의회는 "효력이 있는 단체협약을 고려하고, 회사 안에서 대표권이 있는 노동조합 및 사용자단체와 협력하면서 피고용자와 사업장의 이익을 위해" 사용자와 "신뢰의 정신으로 함께 일하도록" 규정되어

---

4 1972년 개정된 「사업장조직법」 제2조 제2항: "사업장 안에서 대표되는 노동조합이 이 법에 명시된 임무와 권한을 행사할 수 있도록 노조의 위임을 받은 자는 사업장 운영의 불가피한 필요성, 필수 안전 규정 또는 산업기밀 보호로 인해 금지되는 경우를 제외하고는 사용자 또는 그 대리인에게 통보한 후 사업장 출입을 보장받아야 한다."

5 W. Däubler, *Das Arbeitsrecht 1: Leitfaden für Arbeitnehmer*, erw., überar. Aufl. (Reinbek bei Hamburg: Rowohlt-Taschenbuch-Verl., 1985), 105; 노조 신임자제도의 헌법적 근거와 단체법적 근거, 노조 신임자의 업무와 권리에 관해서는 박귀천, "독일의 노조신임자제도," 「법학논집」 18/3(2014): 298f., 300f.를 보라.

있다(「사업장조직법」 제2조 제1항, 이하 조항만 표기).6 그 과제를 수행하도록
「사업장조직법」은 사업장평의회와 사용자가 사회정책, 인사정책, 경
제정책과 관련된 사안에 관해 서로 협력하고 함께 결정하는 세 가지 제
도를 마련하고 있다. 공동협의, 공동관여, 공동결정이 그것이다. 「사업
장조직법」 제76조 제1항은 그러한 제도를 통해 사업장평의회와 사용
자가 합의에 도달하지 못할 때 '조정 기구'를 설치하도록 규정하고 있다.
조정 기구는 피고용자와 고용자 동수로 구성되고, 의장은 어느 한 편에
치우치지 않는 공정한 사람이어야 한다(제76조 제2항). 찬반이 동수일 경
우에는 의장이 투표로 결정할 수 있으며, 그렇게 하지 않는 경우 노동법
원에서 최종 결정을 내린다(제76조 제3항).

공동결정은 주로 사회적 사안에 적용된다(제87조). 사회적 사안에는
"법령 또는 단체협약에 규정되어 있지 않는 한" 근로 시간과 휴식 시간
의 결정, 근로 시간의 일시적 단축 또는 연장에 관한 규정, 근로자의 행
동과 성과를 모니터링하는 기술 장비의 도입, 사고 예방, 건강 보호, 피
고용자 복지 향상, 사업장 차원의 임금 조정, 도급 급여 및 상여 급여
규정 등이 포함된다. 사회적 사안에 관한 결정은 반드시 사업장평의회
와 사용자의 공동결정을 거쳐야 한다.

---

6 아르투르 리히는 1952년의 「사업장조직법」 제2조와 1972년에 개정된 「사업장조직법」 제2조를
  비교하고 그 개정 내용과 의미를 분석했다. 그는 1972년의 「사업장조직법」 제2조 제1항에서 '공공복
  지를 고려하여'라는 문언이 삭제된 점, 노조 신임자의 사업장 출입에 관한 제2항의 규정이 신설된
  점, 1952년의 「사업장조직법」 제2조 제2항을 대체한 제3항에 '특히 그 구성원의 이해관계를 실현하
  는 과업'이라는 문언을 추가하여 "노동조합 및 사용자단체의 과업, 특히 그 구성원의 이해관계를
  실현하는 과업은, 이 법의 영향을 받지 않는다"고 명시함으로써 사업장평의회에 대한 노동조합의
  영향력을 최대한 차단하고자 한 점을 들어 「사업장조직법」 제2조 배후에는 노동과 자본의 갈등이
  격화한 '더 가혹해진 사회적 분위기'가 깔려 있다고 분석했다. 이에 대해서는 A. Rich, *Mitbestim-
  mung in der Industrie: Probleme — Modelle — Kritische Beurteilung; Eine sozialethische
  Orientierung* (Zürich: Flamberg Verlag, 1973), 123을 보라.

인사와 관련된 사안을 보면 피고용자 20인 이상의 사업장에서 사업장평의회는 피고용자의 채용, 업무팀의 편성과 재편성, 직무 변경 등에 관한 정보를 제공받고 인사조처에 동의할 권리를 행사한다(제99조 제1항). 「사업장조직법」이 사업장평의회가 동의를 거부할 수 있도록 명시한 사항들(제99조 제2항)에 관해 사업장평의회가 동의하지 않을 때 사용자는 노동법원의 결정을 받아 동의를 대체할 수 있다(제99조 제4항). 해고의 경우 사업장평의회는 해고에 관한 통보를 받을 권리만 있다. 사업장평의회가 청문회를 열어 해고에 반대한다고 하더라도 사용자는 그 결정이 통상적일 경우에는 이를 집행할 수 있다(제102조 제7항). 따라서 사업장평의회는 인사정책에 관해서 공동협의나 공동결정에 훨씬 미치지 못하는 매우 제한된 권한을 가지고 있다고 볼 수 있다.

경제정책에 관한 사안에서 「사업장조직법」 제90조는 사업장평의회의 협의권을 규정하고, 특별한 경우에만 공동결정권을 부여한다. 사업장평의회는 1) 공장 건물, 관리 건물, 기타 건물의 신축, 개축, 증축, 2) 기술 설비의 도입, 3) 작업 절차와 작업 프로세스, 4) 작업장 등 네 가지 사안에 관한 정보를 제공받고 협의할 권리를 갖는다. 이 네 가지 사안에 관한 경영자의 조처가 '인간다운 노동의 형성에 관한 확립된 인체공학적 지식'에 상충하여 피고용자에게 특별한 부담을 주는 경우 그 대응조치를 세우는 일에 관해서는 노사 공동결정이 있어야 한다(제91조). 상시 피고용자가 100명 이상인 사업장에는 '경제위원회'가 설치되어 생산 및 투자 프로그램, 합리화 프로젝트, 새로운 작업 방식 도입, 공장 또는 공장 일부의 폐쇄, 이전, 합병 등과 관련하여 정보를 제공받고 자문할 권리를 행사한다(제102조 제1항; 제106조 제3항).

위에서 본 바와 같이 사업장평의회가 갖는 공동협의, 공동관여, 공동결정의 권한을 면밀하게 분석해 보면, 사업장평의회는 경영진이 경제 권력을 일방적으로 행사하지 못하도록 정책 사안별로 정보 제공, 상호 협의, 상호관여, 공동결정 등의 권한을 행사하지만, 인사정책과 경제정 책에 관한 경영진의 권력을 본질적으로 제한하지 못한다는 것을 알 수 있다. 사업장 노동자들이 인사정책과 경제정책에서 경영진과 대등한 권력을 갖지 못하는 것에 대한 대응조치로서 「사업장조직법」 제112조 는 "경영 방침 변경 계획으로 인해 피고용자가 받는 경제적 불이익을 보상하거나 줄이는 조처에 관해서는" 노사 공동결정을 규정하고 있다. 그러한 공동결정에 근거해서 마련되는 것이 '사회계획'이다. 그런데 '사 회계획'은 일단 사용자의 소유권 행사를 전제하고 거기서 발생하는 손 실을 최소화하거나 조기 퇴직에 대한 보상, 직업 재훈련 지원 등 손실을 보상하는 방식으로 소유권 행사의 결과에 대해 사후 책임을 지는 소극 적 방식일 뿐 소유권 행사에 관한 이해당사자의 동의를 구하는 적극적 방식이 아니다.[7]

1.2. 기업 차원의 공동결정

독일에서 제도화된 기업 차원의 공동결정을 이해하려면 독일 기업 이 경영이사회와 감독위원회의 이중 이사회체제로 구성되어 있다는 것

---

[7] 일찍이 프리츠 필마는 고용자의 경제적 결정을 사회적으로 조정할 종업원의 권리만을 인정하는 「공동결정법」이 '진정한 의미의 공동결정'을 의도한 것이 아니라고 비판한 바 있다. Fritz Vilmar, *Politik und Mitbestimmung: Kritische Zwischenbilanz – integrales Konzept*(Kronberg: Athenäum-Verl., 1977), 27. 사회계획을 통한 이해관계 조정에 관해서는 Berthold Göritz · Detlef Hase · Rudi Rupp, *Handbuch Interessenausgleich und Sozialplan: Handlungsmöglichkeiten bei Umstrukturierungen, fünfte, überarbeitete Auflage*(Frankfurt am Main: Bund Verlag, 2008), 236ff., 293f.를 보라.

을 알 필요가 있다. 경영이사회는 기업의 인사정책, 사회정책, 경제정책 등을 통해 기업을 실제로 운영한다. 감독위원회는 경영이사회를 감독하는 기구다. 감독위원회는 독일 「주식회사법」에 따라 주주총회에서 선출되고, 경영이사회는 감독위원회를 통해 임면된다.

독일 기업 안에서 최고의 의사결정 기구인 감독위원회의 권한은 광범위하고 막강하다. 감독위원회는 경영이사회의 구성원을 임명하고 소환하며(「주식회사법」 제84조, 이하 조항만 표기), 사업정책 및 향후 경영 계획, 수익, 매출, 회사 상황, 기타 근본적인 질문에 관해 보고받고 언제든지 보고를 요구하며(제90조), 경영진을 감독하고(제111조 제1항), 자산 상태를 조사 · 검증하고(제111조 제2항), 주주총회를 소집하고(제111조 제3항), 특정 유형의 거래를 승인하는(제111조 제4항) 권한이 있다.

감독위원회가 행사하는 광범위한 권한을 고려할 때, 감독위원회 차원의 공동결정은 매우 중요하다. 감독위원회 차원의 공동결정은 기업 차원에서 경제 권력의 본질과 직접 관련된다. 따라서 공동결정을 규율하는 방식은 기업 수준에서 노동과 자본의 권력관계뿐만 아니라 국가 차원에서 기업정책의 성격까지도 보여준다고 말할 수 있다. 감독위원회 차원에서 노동과 자본의 권력관계는 감독위원회의 구성 방식에서 드러난다. 독일에서 감독위원회를 구성하는 방식에는 「몬탄 산업을 위한 공동결정법」[8] 모델, 「사업장조직법」 모델, 「공동결정법」[9] 모델 등 세 가지 모델이 있다.

---

8 출처: Gesetz über die Mitbestimmung der Arbeitnehmer in den Aufsichtsräten und Vorständen der Unternehmen des Bergbaus und der Eisen und Stahl erzeugenden Industrie vom 21. Mai 1951, *Bundesgesetzblatt, Teil I, Nr. 24* (23. Mai 1951), 347-350.

9 출처: Gesetz über die Mitbestimmung der Arbeitnehmer vom 4. Mai 1976, *Bundesgesetzblatt, Teil I, Nr. 51* (8. Mai 1976), 1153-1165.

1.2.1. 몬탄 공동결정 모델

몬탄 공동결정 모델은 종업원 수가 1천 명 이상인 광업과 철강 산업에서 감독위원회를 동수의 노동자 대표와 자본가 대표로 구성하는 것이 그 핵심이다. 주주 측에서는 4명의 대표와 기타 1명의 위원이, 노동자 측에서는 4명의 대표와 기타 1명의 위원이 감독위원회에 참여한다. 여기서 말하는 주주 측과 노동 측에 각각 앉는 1인의 기타 위원은 공익을 대표한다. 노동 측과 자본 측의 찬반이 동수일 때를 대비하여 의장이 캐스팅 보트를 쥐는데, 그 의장은 '중립적인 사람'으로 임명된다(「몬탄 산업을 위한 공동결정법」 제4조 제1항, 이하 조항만 표기).

몬탄 공동결정 모델에서 감독위원회를 구성하는 방식은 여러 가지 점에서 주목할 만하다. 첫째, 노동조합은 3인의 노동 측 위원을 추천할 권한이 있기에 감독위원회 구성에 큰 영향을 미친다. 나머지 2인은 사업장평의회의 노동자 파트에서 1인, 직원 파트에서 1인을 추천한다(제6조 제1항 및 제4항). 산별노조와 독일노동조합연맹이 기업의 감독위원회 구성에 깊이 관여하게 하는 법제는 노동자들이 기업 수준의 이해관계에 몰입하지 않고 국민경제 차원에서 노동자들의 이해관계를 장기적으로 추구할 수 있도록 숙고하게 한다는 점에서 큰 의미가 있다. 둘째, 몬탄 공동결정 모델에는 공익을 위한 제도적 장치가 있다. 그것은 주주 측과 노동 측 대표 쪽에 각각 1인씩 앉아 있는 두 명의 '기타' 위원이 맡는 역할이다. 노동 측에 앉는 1인의 기타 위원은 노동조합이 추천하는 3인의 위원 중 1인이며, 기업 차원이나 산업 부문 차원에서 노동자들의 이해관계를 대변하는 사람일 수 없다. 자본 측에 앉는 기타 위원 1인도 기업에 속하거나 사용자단체에 속하지 않는 인사, 곧 자본의 이해관계를 대변하는 인사가 아니어야 한다(제4조 제1항의 1문과 2문). 셋째, 감독위원회에서 의장을 맡는 인사의 중립성은 노동 측 대표와 자본 측 대표의 과반수에 반하여 선출될 수 없다는 조항을 통해 실효적으로 보장된다(제8조 제1항). 넷째, 주주총회에서 노동 측 감독위원의 선출은 사업장평의회와 노동조합의 추천에 기속(羈屬)된다는 법 조항을 통해 실효적으로 보장된다. 그것은 선거 기관인 주주총회에서 주주의 자의성이 배제된다는 뜻이다(제8조 제5항).

몬탄 공동결정제도가 노동과 자본의 권력 균형을 가장 중요한 원칙으로 삼고 있다는 것은 감독위원회의 구성에서만 드러나지 않고 경영이사회에서 인사정책과 사회정책을 주관하는 이사, 곧 '노동감독'(Arbeitsdirektor)을 임명하는 원칙에서도 나타난다. 노동감독은 노동 측 감독위원의 과반수가 반대할 때는 임명되거나 소환될 수 없다. 그러한 점에서 노동감독은 경영이사회 안에서 '공동결정 기관'의 역할을 맡고 있다고 볼 수 있다.[10]

위에서 말한 모든 것을 종합하면 몬탄 공동결정 모델에서 노동과 자본은 제도적인 권력 균형을 이루고 있다고 판단된다. 그 모델은 독일의 다른 공동결정 모델뿐만 아니라 시장경제체제를 운영하는 다른 모든 국가에서 같은 사례를 찾을 수 없는 탁월한 모범이다. 「몬탄 산업을 위한 공동결정법」은 1956년, 1981년, 1988년 개정되었지만, 노사 동수로 감독위원회를 구성한다는 조항은 그대로 유지되었다. 법 개정을 통해서 사업장평의회가 추천하는 인사가 노동 측 감독위원의 과반을 차지하게 조정되었고, 노동감독은 감독위원 과반의 동의가 있으면 감독

---

10 L. Kißler, *Die Mitbestimmung in der Bundesrepublik Deutschlands: Modell und Wirklichkeit* (Marburg: Schüren Presseverlag, 1992). 47.

위원회가 임명할 수 있게 되었기에 몬탄 공동결정 모델은 약화한 것이 사실이다.[11]

1.2.2. 「사업장조직법」 모델

1952년에 제정된 「사업장조직법」은 1972년에 개정된 이래 여러 차례 개정되었고, 2004년 「3분지 1 참여법」[12]으로 대체되었다. 1952년의 「사업장조직법」은 노동 측 감독위원이 감독위원회 정원 12명의 3분지 1을 차지하도록 규정했다. 그 규정은 1972년 이후의 법 개정과 2004년의 대체법에서도 변하지 않았다. 「사업장조직법」은 1952년부터 1976년 「공동결정법」이 제정될 때까지 몬탄 산업을 제외한 모든 산업 부문에서 피고용자 500인 이상의 주식회사 및 주식 기반 합자회사에 일괄 적용되었고(1952년 「사업장조직법」 제76조 제1항과 제5항, 이하 조항만 표기), 1976년 이후에는 「공동결정법」 제1조 제3항에 따라 피고용자 2천 명 미만인 주식회사와 합자회사에 계속 적용되었으며, 피고용자 500명 이상의 협동조합 기업 등에도 적용된다(제77조).

「사업장조직법」 모델에서는 감독위원회가 노동조합의 영향을 전혀 받지 않는다. 감독위원회에서 노동 측을 대표하는 위원들은 사업장평의회만이 추천할 수 있고, 피추천자는 그 사업장에 고용된 인사여야 한

---

11 L. Kißler, 앞의 책, 50.

12 「3분지 1 참여법」(Drittelbeiteiligungsgesetz)은 「피고용자의 감독위원회 3분지 1 지분 참여에 관한 법률」(Gesetz der Drittelbeteiligung der Arbeitnehmer im Aufsichtsrat)의 약어로 쓰인다. 「3분지 1 참여법」은 「사업장조직법」의 내용을 거의 수정하지 않은 채 계승했다. 이에 관해서는 Thomas Raiser · Rüdiger Veil, *Mitbestimmungsgesetz und Drittelbeiteiligungsgesetz*, 5. Aufl. (Berlin: de Gruyter, 2009), 10, 554.

다(제76조 제2항). 감독위원회가 경영이사회를 통제하고 감독하는 기능은 주식법의 규정에 따라 광범위하고 막강하지만, 「사업장조직법」 모델에서 노동자를 대표하는 감독위원이 감독위원회의 3분지 1에 불과하므로 감독위원회는 공동결정의 형식으로 노동의 권리와 이해관계를 관철하는 기구의 성격을 띠지 못한다.

1.2.3. 「공동결정법」 모델

「공동결정법」은 1976년 제정된 이후 석탄 및 철강 산업을 제외하고 피고용자 2천 명 이상의 대기업에 적용되고 있다. 「공동결정법」에서 노동 측 감독위원과 자본 측 감독위원은 형식상 동수이지만 노동은 자본에 맞서서 완전한 권력 균형을 이루지 못했다. 「공동결정법」의 제정을 둘러싼 사회적 논의 과정과 정치적 논의 과정에서 노동조합은 몬탄 공동결정 모델을 모든 대기업으로 확대하려고 시도했지만 성공하지 못했다. 감독위원회에서 노동과 자본의 권력 균형이 무너졌다는 것은 다음 몇 가지 점에서 분명하게 드러난다.

첫째, 감독위원회 의장은 노동 측과 자본 측 대표 위원들이 합의하지 못할 경우, 주주총회가 임의로 선출하고(「공동결정법」 제27조 제2항, 이하 조항만 표기), 감독위원회의 의결에서 가부 동수가 되었을 때 의장은 두 표를 행사할 권한을 행사한다(제29조 제2항). 둘째, 본질적으로 자본의 기능을 수행하는 적어도 한 명의 고위급 직원이 노동 측을 대표하는 감독위원이 되고(제15조 제2항), 고위급 직원 대표를 감독위원으로 선출하는 선거 절차가 따로 규정되어 있기에 고위급 직원의 감독위원 선출 과정에서 노동자들의 영향력은 원천적으로 차단된다(제10조). 셋째, 피고용자의 동수 대표성이 훼손된 데 더하여 노동조합이 감독위원회에 미치는 영향력은 더욱더 약화했다. 노동조합은 노동 측 감독위원이 6명 혹은 8명인 경우 2명의 감독위원을 추천할 수 있고, 10명인 경우 3명의 대표만 추천할 수 있다(제7조 제2항). 넷째, 노동감독의 선출과 소환 그리고 그 역할도 크게 변화되었다. 노동 측 감독위원의 과반수가 반대하는 경우 노동감독을 임명하거나 소환할 수 없다는 몬탄 공동결정 모델의 해당 조항은 삭제되었고, 노동감독이 경영이사회에서 수행할 것으로 기대되는 '공동결정 기관의 역할'은 노동감독이 경영이사회 전체와 긴밀하게 합의해서 업무를 수행해야 한다는 조항으로 인해 약화하거나 수행하기 어려워졌다(제33조 제2항). 끝으로 다섯째, 「공동결정법」은 감독위원회 구성원 중 그 누구에게도 공익을 돌볼 책임을 따로 부여하지 않았다. 그것은 「공동결정법」에서 최소한 공익을 고려하여 자본의 이해관계를 조율하는 일이 고려되지 않았다는 뜻이고, 그만큼 자본의 권력이 강화되었다는 의미이다.

1.3. 독일의 공동결정 모델에 대한 평가

앞에서 보았듯이 독일의 공동결정제도는 다양한 모델로 발전했기에 각각의 모델에 관해 따로 평가할 수밖에 없다.

1.3.1. 몬탄 공동결정 모델에 관한 평가

필자는 독일의 공동결정 모델들 가운데 몬탄 공동결정제도가 자유권을 존중하는 사회적 헌정 질서에서 노동과 자본의 관계를 어떻게 민주적으로 규율할 것인가를 보이는 뛰어난 모델이라는 점을 강조하고 싶다. 무엇보다도 몬탄 공동결정 모델은 소유권에 근거해서 경영 전권의 형식으로 관철되는 자본의 독재를 무너뜨리고 노동과 자본이 동수의 대표들로 구성된 기구를 통하여 기업 경영에 관한 공동결정을 민주적으로 할 수 있음을 보였다. 그것이 몬탄 공동결정의 가장 큰 공헌이다. 몬탄 공동결정 모델은 노동과 자본이 기업 차원에서 이해관계의 대립 속에서도 서로 협력해야 한다는 사실과 노동권과 소유권이 상호 불가침적이고 상호 제한적이라는 사실에 근거해서 노사 공동결정제도가 설계될 수 있음을 실증했다.

그 두 가지 사실을 정확하게 인식하고 이를 강조한 것은 독일의 사회적 개신교 전통에 속한 이론가들의 업적일 것이다. 이미 앞에서 보았듯이 에두아르트 하이만은 노동권을 정교하게 가다듬어 노동권을 통해 소유권을 제한하는 논리를 펼쳤고, 독일개신교협의회는 그 주장을 공동결정에 관한 연구서13에 담았다. 개신교 사회윤리학자 귄터 브라켈만(Günter Brakelmann)은 '노동에서 비롯되는 권리'가 기업조직의 민주화에서 갖는 의미를 체계적으로 규명했다.14 그러한 논의의 연장선상

---

13 "Sozialethische Erwägungen zur Mitbestimmung in der Wirtschaft der Bundesrepublik Deutschalnd (1968)," *Die Denkschriften der Evangelischen Kirche in Deutschland: Soziale Ordnung, Bd. 2/1*, hg. von der Kirchenkanzlei der Evangelischen Kirche in Deutschland, 2. Aufl. (Gütersloh: Gütersloher Verlagshaus, 1986), § 16.

14 G. Brakelmann, *Zur Arbeit geboren? Beiträge zu einer christlichen Arbeitsethik* (Bochum: SWI-Verlag, 1988), 49: "인간다운 노동에 대한 권리로서의 노동권만이 아니라 '노동에서 비롯되는 권리', 곧 물리적이고 정신적인 노동 실행이라는 사실에서 비롯되는 권리도 노동자에게는 똑같이 중요하다. 만일 노동이 인간의 인간으로서의 존재에 높은 가치를 갖고 있고 노동의 실천을 통하여 사람됨을 이루는 것이라면, 노동 실행 과정과 노동조건을 구조화하는 과정에서 노동의 질을 단호하게 함께 결정하는 개개인의 권리가 보장되어야 한다. 여기에는 공동협의권, 공동관여권, 공동결정권이 속하며, 그 권리들은 개인적이고 집단적인 성격을 띤 참여 가능성으로 이해되어야 한다."

에서 1987년 라인란트 주교회 사회윤리위원회는 몬탄 공동결정 모델을 다음과 같이 평가했다.

> 몬탄 모델은 기업 차원의 공동결정에서 '노동'이라는 요소에 훨씬 더 큰 비중을 부여했고, 그것이 '적절하다'는 것을 입증했다. … 사회윤리적 관점에서 볼 때 몬탄 모델은… 1976년의 「공동결정법」 모델보다 바람직하다. 그것은 사회윤리적으로 몬탄 모델이 유일한 적정 모델이라는 뜻이 아니다. 인간성에 부합하고 사리에 부합하는 기준을 최대한 충족하는 모델을 더 생각해 볼 수 있다. 그렇기에 그와 관련된 논의는 계속되어야 한다.[15]

독일 연방의회 차원에서도 몬탄 공동결정 모델은 긍정적으로 평가되었다. 1960년대 말부터 독일에서 대기업 수준의 노사 공동결정을 법제화하자는 논의가 봇물 터지듯 활발하게 진행되자 독일 연방의회는 공동결정위원회(위원장 Kurt Hans Bidenkopf)를 조직했다. 1970년 공동결정위원회는 독일의 공동결정 모델들을 검토하고 평가하는 보고서를 냈다. 그 보고서가 「기업의 공동결정: 이제까지의 공동결정 경험을 평가하는 전문가위원회(공동결정위원회)의 보고서」[16](이하, 「비덴코프 보고서」)다. 그 보고서는 대기업 수준의 공동결정을 입법화하는 데 매우 큰 영향을 미친 중요한 문서다.

---

15 "Sozialethische Üerlegungen zur Unternehmensmitbestimmung: Eine Studie aus der rheinischen Landeskirche," *epd-Dokumentation 24* (1987), 34.

16 Sachverständigenkommission zur Auswertung der Bisherigen Erfahrungen bei der Mitbestimmung, *Mitbestimmung im Unternehmen: Bericht der Sachverständigen-kommission zur Auswertung der Bisherigen Erfahrungen bei der Mitbestimmung* (Stuttgart/Berlin/Köln/Mainz: Kohlhammer, 1970). 이하, *Bidenkopf-Bericht*로 약칭.

몬탄 공동결정제도와 관련해서 「비덴코프 보고서」에서 주목할 것은 세 가지다. 첫째, 「비덴코프 보고서」는 '공동결정기구가 경영진의 기업 정책 수립에 부정적인 영향'을 미치지 않았다고 언급한다.[17] 그것은 노동과 자본의 평등에 바탕을 두는 공동결정이 기업의 경제적 의사 결정의 자유와 양립할 수 없다는 사용자단체의 지속적인 주장[18]이 근거가 없음을 보여준다. 둘째, 노동조합의 역할도 긍정적으로 평가되었다. 기업 대표들은 '회사와 긴밀하게 관련된 전문 지식'을 국민경제의 발전 동향에 관한 노동조합의 전문 지식과 긴밀하게 결합해서 기업 현안에 관한 그들의 견해를 논증적으로 제시할 수 있다는 것이다.[19] 노동조합이 피고용자들의 의사결정 과정에 개입하여 해로운 영향을 미칠 수 있다는 사용자단체의 주장은 「비덴코프 보고서」에서 그 타당성이 입증되지 못했다. 셋째, 노동감독의 역할도 긍정적으로 평가되었다. 몬탄 공동결정 모델에서 노동감독은 공식적으로든, 비공식적으로든 경영진과 사업장평의회의 협력을 끌어내고, 이를 통해 경영이사회 차원에서 공동결정을 실현할 수 있다는 것이다.[20]

필자는 몬탄 공동결정 모델이 독일만이 아니라 시장경제체제를 운영하는 모든 나라에서 기업 수준의 공동결정제도로 수용되어야 하리라고 생각한다. 그것은 몬탄 공동결정 모델이 소유권의 본질을 침해하지

---

17 *Bidenkopf-Bericht*, 75.

18 "Wirtschaftliche Mitbestimmung und freiheitliche Gesellschaft: Eine Stellungnahme des Arbeitskreises Mitbestimmung bei der Bundesvereinigung der Deutschen Arbeitgeberverbände zu den gewerkschaftlichen Forderungen," *Mitarbeiten, Mitverantworten, Mitbestimmen: Veröffentlichungen der Walter-Raymond-Stiftung, Bd. 7*, hg. von der Walter-Raymond-Stiftung der BDA (Köln Opladen: Westdeutscher Verlag, 1966), 236.

19 *Bidenkopf-Bericht*, 64.

20 *Bidenkopf-Bericht*, 90.

않으면서도 노동권을 통해 소유권 행사를 제한할 수 있음을 보여주었다는 점, 노동과 자본이 공장과 기업에서 이해관계를 놓고 대립하면서도 서로 협력하는 사회적 파트너 관계를 맺고 있다는 점,[21] 노동과 자본이 노동권과 소유권의 상호 불가침성과 상호 제한성을 인정하고 기업경영의 모든 차원에서 민주적 합의에 도달할 수 있다는 점, 그러한 민주적 합의가 기업 발전의 토대가 된다는 점을 실증했기 때문이다.

1.3.2. 「사업장조직법」에 따른 공동결정 모델에 대한 평가

「사업장조직법」에 따른 공동결정은 사업장평의회와 고용자가 구성하는 협의체 수준에서는 사회정책에 관한 공동결정을 상당히 이루었으나, 인사정책에 관해서는 사업장평의회의 동의 표명으로 나타나는 공동관여 수준을 넘어서지 못했고, 경제정책에 관해서는 정보 청구와 정보 제공의 형식으로 실현되는 공동협의를 본질적으로 넘어서지 못했다. 감독위원회 수준에서 노사 공동결정은 명목에 그친다. 그것은 「사업장조직법」이 피고용자 측 대표가 감독위원회에서 3분지의 1의 자리를 차지하도록 규정한 데서 나타난 결과이다.

「사업장조직법」의 규정에 따라 '경제위원회'가 조직되는 피고용자 100인 이상의 사업장에서 사회정책, 인사정책, 경제정책에 관한 실질

---

21 그런 점에서 노사 공동결정제도는 갈등 속에서 파트너 관계를 유지하며 이해관계를 조율하는 제도라고 그 성격을 규정할 수 있을 것이다. 이에 관해서는 Walther Müller-Jentsch, *Konflikt-partnerschaft: Akteure und Institutionen der industriellen Beziehungen*, 3., überarb. und erw. Aufl. (München [u.a.]: Hampp, 1999), 294; Alex Demirović, "Demokratie, Wirtschaftsdemokratie, Mitbestimmung," Heinz. J. Bontrup · Julia Müller u.a, *Wirtschaftsdemokratie* (Hamburg: VSA, 2006), 72를 보라.

적인 공동결정을 시도한 예들이 있기는 하다. 「사업장조직법」은 경제위원회를 동수의 피고용자 대표와 고용자 대표로 구성하고, 그 의장은 어느 한 편에 서지 않는 공정한 인사여야 한다고 규정한다. 그러한 경제위원회를 통해 사업장 운영의 주요 정책에 관한 실질적인 공동결정을 시도한 기업의 한 사례는 독일 지겐(Siegen)의 마르틴 호프만 회사(Martin Hoppmann Firma)였다. 그 회사는 종업원이 600명 정도 되는 유한책임회사이고, 자동차 판매, 임대, 서비스를 전문으로 하는 기업이다. 마르틴 호프만 회사의 실험은 사업장 내 사회적 평화와 기업 수익의 증가를 가져와 성공적이었다는 평가를 받았다.[22]

물론 마르틴 호프만 회사는 비영리재단인 '일상 속의 민주주의'가 소유한 기업이어서 주식회사나 합자회사 형태의 사기업은 아니다. 그러나 마틴 호프만 회사의 실험 결과는 종업원 5백 명 이상의 유한책임 회사에서도 노동과 자본이 사업장 노사협의회뿐만 아니라 감독위원회에도 대등하게 참가해서 공동결정을 해도 문제가 없으리라는 것을 시사한다. 그것은 몬탄 공동결정 모델이 중견기업에도 적용될 수 있다는 것을 의미한다.

1.3.3. 「공동결정법」에 따른 공동결정 모델에 대한 평가

「공동결정법」에 따른 공동결정 모델은 몬탄 공동결정 모델을 모든 대기업에 확대 적용해야 한다는 요구를 충족시키지 못했다. 감독위원회에서 노동 측 대표성이 상대적으로 낮다는 것은 궁극적으로 경제적

---

22 A. Rich, 앞의 책, 126-130.

결정에 관한 기업의 자율성, 곧 경영자의 결정권과 명령권이 소유권에 근거하여 정당화되었다는 것을 의미한다. 독일 연방의회 공동결정위원회 위원장 K. H. 비덴코프는 노동자의 감독위원회 참여를 뒷받침할 근거는 충분하지만, 생산수단의 소유에 내재한 수익성 보장 요구를 고려해야 한다고 주장했다. "기업 질서에서 소유의 역할은 인간 개인의 모습을 통해 설명될 수 없고, 오직 시장경제에서 생산수단의 소유가 갖는 기능을 통해서만 설명될 수 있다."[23] 그것은 노동권에 대한 경영권의 우위를 소유권에 근거하여 정당화하는 관점이고, 소유의 사회적 책임을 고려해서 공동결정을 수용하겠다는 태도이다.

그러한 사고방식은 1979년 3월 1일 「공동결정법」의 위헌 여부를 가리는 독일 연방헌법재판소의 결정에서도 재현되었다. 1976년 「공동결정법」이 제정되어 시행되자 9개의 주식회사와 29개의 사용자단체들은 공동결정법의 위헌성을 주장하며 헌법소원을 냈다. 독일 연방헌법재판소는 결정문에서 생산수단의 지배권을 행사할 때 나타나는 사회적 영향을 고려하도록 규정한 「공동결정법」은 소유의 사회적 책임을 규정한 독일기본법 제14조 2항에 부합한다고 판단했다.[24] 언뜻 보면 그 결정은 사리에 부합하는 듯이 보이지만, 그 결정을 거꾸로 뒤집어 보면 독일 연방헌법재판소는 독일기본법 제14조 1항이 규정하는 소유의 헌법적 보호를 대전제로 삼고서 소유자가 소유의 사회적 책임 계명에 충실할 경우 생산수단의 처분권이 보장되어야 한다고 결정한 것이고, 기업의

---

23 K. H. Biedenkopf, *Mitbestimmung: Beiträge zur ordnungspolitischen Diskussion* (Köln: Bachem, 1972), 135.

24 *Entscheidungen des Bundesverfassungsgerichts, Bd. 50*, hg. von den Mitgliedern des Bundesverfassungsgerichts (Tübingen: Mohr Siebeck 1979), 340f., 345.

경제정책이 노동과 자본의 공동결정에 따라야 할 헌법적 근거가 없다고 선언한 것이다. 그것은 독일 연방헌법재판소가 공동결정의 가장 본질적인 측면을 해석하면서 소유권의 물권 편향성에 사로잡힌 나머지 공동결정의 요구가 기업에서 노동권과 소유권이 상호 불가침적이고 상호 제한적인 관계에 있음을 도외시했음을 뜻한다. 그 점을 날카롭게 지적한 귄터 브라켈만은「공동결정법」의 합헌성에 관한 독일 연방헌법재판소의 결정이 노동과 자본의 '동등한 결정권의 원칙에 근거한 동수 참여 공동결정에 대한 분명한 거부'25를 그 핵심으로 하고 있다고 비판했다. 한마디로 독일 연방헌법재판소의 결정 배후에는 근대 이후 소유권을 물권으로 축소하여 사회권력과 정치권력을 강화해온 소유계급의 이데올로기가 완강하게 도사리고 있다는 것이다. 따라서 '노동과 자본의 제약 없는 법적 동등성'을 보장하는 공동결정법을 새로 제정하라는 목소리가 높아질 수밖에 없었고,26 좌파 이론가들은 노동자들의 생산자본 지분 확대를 통하여 기업의 소유관계를 변경하여 기업 차원의 노사 공동결정이 보이는 한계를 넘어서자고 끈질기게 주장하기도 했다.27

---

25 G. Brakelmann, *Zur Arbeit geboren? Beiträge zu einer christlichen Arbeitsethik*, 154.

26 H. J. Bontrup, "Wirtschaftsdemokratie statt Shareholder-Kapitalismus," *Utopie kreativ* 186(2006), 309.

27 그러한 주장은 스웨덴에서 실험된 임노동자기금 구상을 전제하고 있다. Herrwig Roggermann, *Mitarbeiterbeteiligung und Eigentum* (Berlin: BWV, 2010), 122-124, 128ff.; Heinz Bierbaum, "Nach dem Shareholder Value-Prinzip? Chancen für eine nachhaltige und sozial verantwortliche Unternehmenspolitik," *Mehr Wirtschaftsdemokratie wagen!*, hg. von Hartmut Meine · Michael Schumann · Hans-Jürgen Urban (Hamburg: VSA, 2011), 120f.; Heinz Bierbaum, "Wirtschaftsdemokratie: von der Mitbestimmung zur sozialistischen Transformation," *Wirtschaftsdemokratie neu denken*, hg. von Alex Demirović (Münster: Westfälisches Dampfboot, 2018), 16f.를 보라. 기업의 자기자본을 중립화함으로써 기업의 지배구조를 민주화하자는 오타 씨크의 제안은 경청할 만한 가치가 있다. 이에 관해서는 Ota Šik, *Humane Wirtschaftsdemokratie: Ein dritter Weg* (Hamburg: Knaus, 1979),

「공동결정법」이 제정된 이후에 계속되고 있는 논쟁 가운데서 독일 노동조합연맹은 공동결정제도를 확장하기 위하여 노력했다. 독일노동 조합연맹은 독일의 공동결정제도가 본래적 의미의 공동결정, 곧 기업 의 경제정책에 관한 공동결정에 이르지 못했다는 것을 인정하고 그 한 계를 넘어서려고 시도하고 있다. 그렇게 시도하는 독일노동조합연맹이 참고하는 사례는 1960년 발효된 「폴크스바겐 특별법」[28]이다. 「폴크스 바겐 특별법」은 폴크스바겐 회사를 민영화하고 주식회사로 전환하는 과정에서 폴크스바겐 주식회사 주식의 21%가량을 소유하고 있는 니더 작센 주정부의 지위를 보장하려는 목적을 가진 특별법이다. 「폴크스바 겐 특별법」은 기업의 인수와 관련해서는 주주총회에서 80% 이상의 동 의를 얻도록 규정하고, 공장 이전에 관한 결정을 내릴 때는 노사 동수로 구성된 감독위원회에서 3분지 2 이상의 동의를 얻도록 규정하고 있 다.[29] 그것은 소유권에 근거한 자본의 독재를 제어해서 기업의 경제정 책이 자본의 요구에 따라 일방적으로 이루어질 수 없도록 법제가 마련 되었다는 뜻이다. 그러한 공동결정 방식은 '질적인 공동결정'이라고 지 칭되고 있다. 2009년 폴크스바겐 콘체른 사업장평의회는 '질적인 공동 결정'의 원칙을 「노동관계헌장」에 담아 세계 전역의 폴크스바겐 지역 회사들이 따르도록 했다.[30] '질적인 공동결정'은 폴크스바겐 콘체른 사

404f., 408-414를 보라. 2009년 독일연방의회는 「종업원의 자본 참여를 위한 세금 우대에 관한 법률」(Gesetz zur steuerlichen Förderung der Mitarbeiterkapitalbeteili- gung vom 7. März 2009)을 제정하였으나, 그 법률은 공동결정제도와는 무관하다.

28 「폴크스바겐 특별법」의 본래 명칭은 「민간 유한책임회사인 폴크스바겐 회사에 지분권을 이양하는 것에 관한 법률」(Das Gesetz über die Überführung der Anteilsrechte an der Volkswagen- werk Gesellschaft mit beschränkter Haftung in private Hand)이다.

29 Alexander Baum-Ceisig · Bernd Osterloh, "Wirtschaftsdemokratie in der Praxis: Die erweiterte Mitbestimmng bei Volkswagen," *Mehr Wirtschaftsdemokratie wagen!*, 124.

업장평의회의 목표에 그치지 않고 독일노동총연합이 지구화 시대에 대응하기 위한 핵심 전략들 가운데 하나로 설정되었다.[31]

유럽 통합 이후 독일 노동 단체들은 회사 모델이나 기업지배구조 모델이 유럽연합 차원에서 확립되지 않은 것에 문제를 제기하고, 그 모델을 모색하는 데 관심을 기울였다. 독일 노동자들은 비록 독일 특유의 노사 문화를 다른 나라 노사관계에 직접 적용하도록 할 수는 없지만, 독일 모델을 포기할 이유가 없다고 생각했다. 그들은 독일의 참여적 노사협력 모델을 유지하면서 다른 나라 노동조합들과 연대하여 사회적 유럽을 형성하려고 한다.[32] 거기서 한 걸음 더 나아가 독일노동조합연맹은 초국적 차원에서 기업 인수 합병이 빈번하게 이루어지는 상황에서 노동과 자본의 관계를 규율하는 공동결정제도를 지구적 차원으로 확산하고 정착시키기 위해 노력하고 있다.

2. 우리나라에서 노동의 경영 참여의 법제화 수준

우리나라에서도 노동과 자본의 관계를 민주화하는 방안들 가운데

---

30 Alexander Baum-Ceisig · Bernd Osterloh, 앞의 글, 129ff.

31 Manfred Wannöffel, "Keine 'gute Arbeit' ohne qualifizierte Mitbestimmung," *Moderne Mitbestimmung: Betriebe und Verwaltungen im Umbruch; die Interessenvertretung der Zukunft*, hg. von Frank Lorenz · Günter Schneider (Hamburg: VSA, 2009), 126.

32 인터넷을 이용하여 유럽에서 노동자조직의 네트워크를 구축하려는 실험에 관한 연구로는 Renate Hakvoort · Rainer Mempel, *Arbeitspapier 3: Stand der elektronischen Vernetzung zwischen betrieblichen Interessenvertretungen im europäischen und internationalen Raum*, hg. von der Hans-Böckler Stiftung (Düsseldorf : IBAS, 1999), 26-32; Alex Demirović, *Demokratie in der Wirtschaft: Positionen · Probleme · Perspektiven* (Münster: Westfälisches Dampfboot, 2007), 237ff.를 보라.

하나는 공장과 기업 수준에서 노사 공동결정을 제도화하는 것이다. 유감스럽게도 노사 공동결정 개념은 우리 사회에 아직 낯선 개념이다. 그 대신 노동의 경영 참여나 노사협력이라는 낱말이 널리 사용되는 편이다. 노동의 경영 참여에 관한 논의는 멀리 제헌국회 시대까지 거슬러 올라간다. 국가 주도적인 경제발전이 강력하게 추진되던 시기에는 노동의 경영 참여라는 말은 뒷전에 밀리고 노사협력이라는 용어가 사용되었다. 노사협력은 경제발전을 위해 임금 상승과 노동 쟁의를 억제하고 노동과 자본의 협력을 종용한다는 취지를 가졌기에 노동 억압적이고 노동 배제적인 태도를 배후에 깔고 있는 개념이었다. 노동과 자본의 사회적 파트너 관계나 노동과 자본의 공동결정 같은 관념은 노사협력이라는 개념에 거의 깃들어 있지 않았다. 그것은 노사협력에 관한 우리나라 법제를 살펴보면 분명히 알 수 있다. 우리나라에서 공장과 기업 수준에서 노동과 자본의 상호 이해와 협력을 증진하기 위해 1980년 제정된 「노사협의회법」에는 노동과 자본이 함께 의결할 사항이 아예 규정되지 않았고, 1997년 「노사협의회법」을 대체한 「근로자참여 및 협력증진에 관한 법률」에는 노동과 자본의 공동결정 사항이 기업의 사회정책과 관련된 몇 가지 사안으로 제한되어 있을 뿐이다.

따라서 우리나라에서 노동의 경영 참여 혹은 노사협력이 논의되고 제도화되어 간 과정을 역사적으로 살피면서 거기에 어떤 문제가 도사려 있는가를 파악할 필요가 있다. 문제를 알아야 문제 해결의 방향을 잡을 수 있을 것이기 때문이다. 우리나라에서 노동의 경영 참여 혹은 노사협력에 관한 논의와 법제화는 몇 단계를 거쳤다. 노동의 경영 참여에 관한 제헌의회 논쟁으로부터 자율적 노사협의기구가 태동하기까지의 단계, 군사정권에 의한 노사협의기구의 법제화 단계, 현행 「근로자

참여 및 협력증진에 관한 법률」이 규율하는 노사협력 단계가 그것이다.

2.1. 노동의 경영 참여에 관한 제헌의회의 논쟁으로부터 자율적인 노사협의기구의 태동까지

앞에서 언급하였듯이 우리나라에서 노동의 경영 참여는 노동3권과 함께 제헌국회에서 신생 공화국을 사회국가로 규정하는 일과 관련해서 중시되었던 개념이고, 치열한 논쟁의 대상이 된 의제였다. 논쟁 끝에 노동의 경영 참여 그 자체는 배제되고, 그것의 하위 개념이라고 볼 수 있는 노동자의 이익균점권이 노동3권과 더불어 제헌헌법 제18조에 명문화되었다.[33] 노동자 경영 참여가 생산자본 지분 참여, 성과 배분 참여, 의사결정 참여 등 세 가지 형식을 가진다고 한다면, 노동자의 이익균점권은 성과 배분에 참여할 권리를 의미한다. 따라서 제헌국회는 노동자의 이익균점권을 헌법 규범으로 명시함으로써 노동자 경영 참여의 당위성을 인정하였다고 볼 수 있다.

노동자의 경영 참여에 관한 제헌의의 논의와는 별도로 노동자들은 단체협약을 통해 노동과 자본의 사업장 협의기구를 창설하고자 했다. 그 효시는 1947년 경성전기주식회사에 노사 동수의 대표로 구성된 '노자위원회'(勞資委員會)다. 우리나라에서 최초의 노동 입법이 이루어졌던 1952년 이후에는 노동조합이 결성된 곳에서 대체로 노사협의기구

---

33 대한민국 「제헌헌법」 제18조: "근로자의 단결, 단체교섭과 단체행동의 자유는 법률의 범위 내에서 보장된다. 영리를 목적으로 하는 사기업에 있어서는 근로자는 법률의 정하는 바에 의하여 이익의 분배에 균점할 권리가 있다." 노동자 경영 참여에 관한 제헌국회 논쟁에 관해서는 신원철, "노사협의회 제도의 형성과 전개(1945-1997)," 「사회와역사」 98(2013): 51-54를 보라.

가 세워졌고, 정부와 사용자는 그러한 협의기구가 사업장 수준에서 협의를 통해 임금과 노동조건을 정하고 노동 쟁의를 예방하는 효과가 있다고 보고 이를 수용하였다. 그렇게 해서 노사협의제도는 법제화의 길을 걷기 이전에 이미 단체협약의 틀에서 사업장 협의기구 혹은 예비적인 단체협약 기구로 자리를 잡기 시작했다. 노사협의는 노동자의 경영참여 형식이기는 하지만, 가장 낮은 수준의 경영 참여이다. 그런 점에서 노사협의기구의 자율적 형성은 노동자의 경영 참여를 향해 가는 길에서 작은 디딤돌을 놓는다는 의미가 있다. 그러나 노사협의기구의 근거를 단체협약에 둠으로써 단체교섭과 노사협의의 기능과 임무를 서로 구별하지 않은 것은 문제가 있다.

2.2. 군사정권에 의한 노사협의기구의 법제화

노사협의기구는 박정희 군사정권에서 법제화되기 시작했다. 군사정권은 국가가 총 자본가로서 주도하는 경제발전 노선을 추진하면서 자본축적과 기업 육성을 위해 노동 억압정책을 일관성 있게 펼쳤다. 군부는 1962년 12월 헌법 개정을 통해 제헌헌법 이래 헌법 규범으로 남아있었던 노동자 이익균점권을 삭제했고, 1963년 4월 17일 국가재건최고회의를 통하여 노동조합법을 전부 개정하고 노동쟁의조정법도 일부 개정했다. 그러한 법률 개정을 통해서 군부는 그동안 활약했던 노동조합을 해산하고 산별노조 중심의 노동조합을 조직하게 했다. 그것은 노조 지도부를 정부 친화적으로 재편하고, 사업장 단위의 노동운동을 약화하고, 마침내 사업장에서 노사협의기구를 중심으로 노동과 자본의 관계를 조율하려는 의도였다.

그러한 의도에 따라 노동조합법 제6조[34]는 노동조합이 대표하는 사업장 단위에 노사협의회를 설립하여야 한다는 강제 규범을 두었고, 제33조 제4항[35]은 노사협의회 대표자에게 단체교섭의 대표권을 위임했으며, 노동쟁의조정법 제5조는 단체교섭에 노사협의회 설치에 관한 사항을 넣도록 규정했다. 한마디로 군부는 사업장에 효력을 미치는 단체교섭의 주체인 노동조합을 무력화하고 사업장 수준의 노사 교섭을 노사협조주의로 일관하는 노사협의회의 틀에서 이루어지도록 만들었다. 노사협의회의 근거를 단체협약에 두었던 지난날의 관행이 근사 정권의 노사협의회 법제화에서는 노사협의를 통해 단체교섭을 무력화하는 방편으로 이용된 것이다.

1969년 3선 개헌으로 장기 독재체제의 기반을 구축한 박정희 정권은 노동 탄압을 더 강력하게 밀어붙였다. 1970년 정권은 「외국인 투자기업의 노동조합 및 노동쟁의조정에 관한 임시특례법」을 제정해서 외국인 투자기업에서 일하는 노동자들의 쟁의권을 박탈했다. 1971년 12월 6일 박정희 정권은 국가비상사태를 선포하고, 12월 27일 「국가보위에 관한 특별조치법」을 제정하고, 제9조를 통하여 노동자들이 관할 당국의 조정과 결정에 따라 단체교섭과 단체행동을 하도록 강제함으로써 단체교섭권과 단체행동권을 본질적으로 침해했다. 박정희 정권은 1972년 10월 「국가보위에 관한 특별조치법」의 연장선에 있는 「유신헌법」

---

34 「노동조합법」(1963.4.17.) 제6조: "사용자와 노동조합은 노사협조를 기하고 산업 평화를 유지하기 위하여 노사협의회를 설치하여야 한다."

35 「노동조합법」(1963.4.17.) 제33조 제4항: "노사협의회의 대표자는 제1항의 규정에 의한 단체교섭의 대표권을 위임받은 것으로 본다." 제33조 제1항: "노동조합의 대표자 또는 노동조합으로부터 위임을 받은 자는 그 노동조합 또는 조합원을 위하여 사용자나 사용자단체와 단체협약의 체결 기타의 사항에 관하여 교섭할 권한이 있다."

에 근거하여 유신체제를 확립한 뒤에 1973년 3월 「노동조합법」 제6조 (노사협의회)를 전부 개정하여36 노사협의회의 과제를 '상호 협조'를 통해 '생산성 향상'을 도모하는 것으로 좁히고, 노동조합의 대표권을 노사협의회 대표에게 위임하도록 규정한 노동조합법 제33조 제4항을 아예 삭제했다. 그러한 법률 개정은 노동조합의 단체교섭을 무력화한 상황에서 공장과 기업 차원의 노사관계를 노사협의의 틀에서 조정하고 정부가 임금과 노동조건에 관한 사항을 일방적으로 조정하겠다는 의도를 노골적으로 드러낸 것이라고 볼 수 있다.

1980년 12월 31일에 전두환 군사정권은 국가보위입법회의에서 「노사협의회법」을 제정했다. 「노사협의회법」은 박정희 군사정권에서 법제화한 노사협력에 관한 여러 법률 조항을 엮어서 만든 별도의 법률이다. 「노사협의회법」은 법률의 목적을 규정한 제1조에서 보듯이 노사 쌍방의 '이해와 협조'를 통해 '노사 공동의 이익'을 증진하고 '산업 평화'와 '국민경제 발전'에 이바지하는 것을 목표로 내건 법률이다.

「노사협의회법」의 성격과 의도는 「노사협의회법」이 제정되던 날 개정된 「노동조합법」의 내용을 함께 읽어 보면 더 명확하게 파악할 수 있다. 개정된 「노동조합법」 제12조 제2항과 제33조 제2항은 '제3자'가 노사 교섭 당사자의 업무에 개입하지 못하게 했다. 제12조 제2항에서 '제3자'라는 용어는 사업장 단위의 단체교섭 당사자 이외의 모든 세력을 지칭하는 데 사용되었다. 사업장 노동조합과 조직적 관계에 있는 산별

---

36 「노동조합법」 제6조 (노사협의회) "①사용자와 노동조합은 상호 협조로서 생산성의 향상을 도모하기 위하여 노사협의회를 설치하여야 한다. ②노사협의회는 단체협약 또는 취업규칙의 범위 안에서 생산·교육·훈련·작업환경·불만처리·협의회의 운영 등에 관하여 필요한 사항을 협의한다." [전문개정 1973.3.13.].

노동조합도 관련 기관의 승인이 없으면 '제3자'로 간주되었다(제33조 2항). 따라서 제12조 제2항의 개정은 자본이 노동에 대해 절대적 지배력을 행사하는 사업장에서 '제3자'의 개입 없이 노사 교섭을 하도록 강제하는 것이 목표였다. 그 결과 산별노조의 단체교섭 방침, 특히 해당 산업 부문의 기본 단체협약은 아무런 의미가 없게 되었다.[37] 그러한 '제3자' 조항은 노동자의 기본적인 권리인 단결권과 교섭권의 본질을 침해하는 입법 조치로 볼 수 있다. 왜냐하면 노동자들이 노동조합을 결성하고 노동조합의 조직 위계와 관계를 정하는 것은 결사의 자유에서 비롯된 노동자들의 자주적 행위로 보아야 할 것이기 때문이다.

「노동조합법」 개정을 통해 노동자들의 교섭력을 약화한 군사정권은 「노사협의회법」에서 노사협력만 강조할 뿐 노사협의회의 임무 규정에서 피고용자와 고용자의 의결 사항을 아예 규정하지 않음으로써(「노사협의회법」 제20조, 이하 조항만 표기) 노사협의회 차원에서 사업장협약을 체결할 수 있는 여지를 완전히 배제했다. 그것은 노사협의회가 노동조합이 결성된 사업장에서 단체협약을 준수하면서 사업장의 필요에 따라 사용자와 합의해서 사업장협약을 체결할 여지가 「노사협의회법」에 없다는 뜻이고, 노동조합이 결성되지 않은 사업장에서는 사용자의 자의적인 결정이 노사협조의 이름으로 관철될 수 있게 되었다는 의미다.

「노사협의회법」은 종업원 100인 이상의 사업장에 노사협의회를 동수의 노동자와 사용자로 구성하도록 규정했다(제6조). 독일의 사업장평의회처럼 노사협의회에 참여하는 종업원들이 별도의 대표 기구를 결성하는 것과 관련된 조항은 「노사협의회법」에는 아예 없다. 노사협의회

---

37 '제3자' 개입 금지 조항은 민주화 운동과 노동 투쟁이 한국 역사상 최고조에 달했던 1987년 「노동조합법」 개정을 통해 삭제되었다.

에 참여하는 종업원 대표는 사업장에 과반수 노동조합이 있는 경우 '노동조합의 대표자와 그 노동조합이 위촉하는 자'가 되고, 그렇지 아니한 경우 종업원들이 선거로 선출하도록 규정되어 있다(제6조 제2항). 그것은 사업장에서 노동조합과 노사협의회의 업무가 중복되고 충돌할 수 있는 여지를 남기고 있는 문제 조항이다. 「노사협의회법」은 노동과 자본의 상호 이해와 협력의 형식을 '협의'와 '정보 제공'으로 한정했고(제20조, 제21조), 앞에서 이미 밝힌 바와 같이 노사 공동결정을 배제했다. '협의'의 의제는 생산성 향상, 쟁의행위 예방, 사회복지 증진, 근로자의 고충 처리 등으로 국한되었다. 사용자가 노동자위원들에게 제공해야 할 '정보'는 경영 계획과 실적, 분기별 생산 계획, 고용정책, 기업의 경제적·재정적 상황 등에 관한 것이었고, 기술 도입과 생산 설비 변경에 따른 노동조건의 변화에 관한 사항은 명시되어 있지 않다. 더 나아가 노동자위원들이 사용자에게 필요한 정보를 요구할 권리는 「노사협의회법」에 언급되어 있지 않다. 정보는 사용자의 성실성 의무라는 매우 주관적인 기준에 따라 사용자에게서 노동자에게 일방적으로 흐르게 되어 있다. 그러한 일방적인 정보의 흐름은 기업에 유리하도록 정보를 조작할 여지를 남기기 마련이다.

「노사협의회법」은 국회에서 제정되지 않고 군사 정부의 입법기구에서 제정되었기에 위헌적인 데다가38 군부 독재의 억압적이고 퇴행적인 노동정책을 담고 있었기에 노동자들은 그 법의 폐지를 요구했다. 「노사협의회법」이 강조하는 노사의 '상호 이해와 협조'는 노동자들의 단결권과 교섭권을 본질적으로 제한하는 '제3자' 조항을 전제로 하는 것이기

---

38 김교숙, "산업민주주의와 근로자 참여 및 협력증진에 관한 법률," 「勞動法論叢」 21(2011), 91.

에39 자본의 독재를 가리는 이데올로기에 불과했다. 「노사협력법」은 노동과 자본의 사회적 파트너 관계와 민주적 관계 그리고 그 관계에 바탕을 둔 노동과 자본의 공동결정과는 아무 상관이 없는 법률이었다. 「노사협의회법」에 따라 사업장에 구성된 노사협의회는 그 뒤에도 많은 사업장에서 극히 형식적으로 운영되었다.

2.3. 「근로자참여 및 협력증진에 관한 법률」이 규율하는 노사협력

1997년 제정된 「근로자참여 및 협력증진에 관한 법률」(이하, 「근참법」)은 「노사협의회법」을 대체하는 법률이었다.40 「근참법」은 그 목적과 대강의 내용이 「노사협의회법」과 비슷하지만, 몇 가지 점에서 차이가 있다. 「근참법」은 노사협의회를 설치하도록 강제하는 규범을 담고 있다는 점에서 「노사협의회법」과 같으나, 노사협의회를 종업원 30인 이상의 사업장에 설치하도록 규정하여 「노사협의회법」보다 적용 범위를 넓혔다. 노사협의회에 참여하는 '근로자위원'은 원칙적으로 '근로자 과반수가 참여하여 직접·비밀·무기명 투표로 선출'하도록 규정하여 「노사협의회법」보다 더 구체적인 내용을 담고 있다(「근참법」 제6조 제1항, 이하 조항만 표기). 그러나 사업장에 과반수 노동조합이 있는 경우 근

---

39 「노사협의회법」 제27조 (제3자 개입금지) "직접 근로관계를 맺고 있는 근로자나 당해 노동조합 또는 법령에 의하여 정당한 권한을 가진 자를 제외하고는 누구든지 협의회운영에 관하여 관계당사자를 조종·선동·방해하거나 기타 이에 영향을 미칠 목적으로 개입하는 행위를 하여서는 아니된다" (법조문을 그대로 인용하였기에 띄어쓰기는 무시함).

40 필자는 고용되어 일하는 사람을 '노동자', '피고용자', '종속노동자', '종업원' 등의 용어로 표시하여야 한다고 생각한다. '노동 시민'을 뜻하기보다 '노동 신민'을 뜻하는 것으로 여겨지는 '근로자'라는 용어는 앞으로 공식적으로 사용되어서는 안 된다고 본다. 그러나 우리나라 법률을 인용할 때 법률 용어로 사용되는 '근로자'를 사용할 수밖에 없음을 밝힌다.

로자위원을 '노동조합의 대표자와 그 노동조합이 위촉하는 자'로 한다는 규정은 「노사협의회법」과 동일하고, 노사협의회를 구성하는 종업원 대표 기구를 두지 않는 점도 「노사협의회법」과 같다.

「근참법」은 노사협력의 형식으로 협의, 의결, 보고를 규정했다(제20조, 제21조, 제22조). 의결을 노사협력의 한 형식으로 규정한 것은 우리나라에서 최초로 노사 공동결정을 법제화했다는 뜻이기에 획기적이라고 볼 수 있지만, 아래에서 보듯이 노사 공동결정 사안은 추상적이거나 지엽적인 사안에 지나지 않기에 마지못해 끼워 넣은 것 같다는 인상을 줄 정도다.

「근참법」이 규정한 노사협의 사항은 「노사협의회법」보다 대폭 늘어나 기업의 인사정책, 사회정책, 경제정책 등에 관한 16가지 사안과 '그 밖의 노사협조에 관한 사항' 등 17가지에 달한다. 그 가운데 기업의 인사정책에 관한 사안은 근로자의 채용·배치 및 교육훈련, 인사·노무관리의 제도 개선, 경영상 또는 기술상의 사정으로 인한 인력의 배치전환·재훈련·해고 등 고용조정의 일반원칙 등이다. 기업의 사회정책에 관한 사안은 생산성 향상과 성과 배분, 안전, 보건, 그 밖의 작업환경 개선과 근로자의 건강증진, 작업과 휴식 시간의 운용, 임금 지급 방법·체계·구조 등의 제도 개선, 직무 중 발명 등과 관련하여 해당 근로자 보상에 관한 사항, 근로자의 복지증진, 사업장 내 근로자 감시 설비의 설치, 「남녀고용평등과 일·가정 양립 지원에 관한 법률」 제2조 제2호에 따른 사업장 내 성희롱 및 고객 등에 의한 성희롱 예방에 관한 사항 등이다. 기업의 경제정책에 관한 사안은 신기계·기술의 도입 또는 작업 공정의 개선, 작업 수칙의 제정 또는 개정, 종업원지주제(從業員持株制)와 그 밖에 근로자의 재산형성에 관한 지원 등이다(제20조 제2항). 기업의 사회정책에 관한 사안은 그 사안의 성질상 본시 노사 공동결정이 필요하다는 점을 고려할 때, 「근참법」이 그 사안을 노사 의결 사항으로 규정하지 않고 노사협의 사항으로 규정한 것은 근본적으로 잘못된 것이다. 노사가 임금과 보너스, 노동시간과 휴식 시간, 노동자 복지 향상, 노동자의 작업 조건과 작업 환경 등 노동조건의 핵심 사안을 협의만 하고 공동으로 결정하지 않는다면, 그 사안들에 관한 결정은 누가 어떻게 내릴 수 있는가?

노사가 의결할 사항은 근로자의 교육훈련 및 능력개발 기본계획의 수립, 복지시설의 설치와 관리, 사내근로복지기금의 설치, 고충처리위원회에서 의결되지 아니한 사항, 각종 노사공동위원회의 설치 등이다(제21조 제2항). 노사 의결 사항이 주로 기업의 사회정책에 관한 사안으로 되어 있는 것은 그 사안의 성질 때문이다. 기업의 인사정책과 관련된 사안은 노사공동위원회의 설치에 관한 사안 하나뿐인데, 그것 역시 사안의 성질상 공동결정을 거치지 않을 수 없다. 문제는 「근참법」이 노사 의결 사항으로 꼽은 것이 추상적이거나 지엽적인 사안들이라는 것이다. 그것은 기업의 사회정책에 관한 사안들이 노사 의결 사항으로 편입되지 않고 협의 사항으로 분류되었기에 나타난 현상이다. 더욱더 큰 문제는 기업의 경제정책에 관한 노사 공동결정 사안이 단 하나도 없다는 것이다. 기업의 경제정책이 노동자들의 고용과 복지에 미치는 막대한 영향을 고려한다면, 노동자들이 기업의 경제정책에 관해 사전에 동의하는 절차와 경제정책의 결과에 대한 사후 책임에 동의하는 절차가 있어야 마땅하다.

사용자가 보고할 사항은 경영 계획 전반 및 실적에 관한 사항, 분기별 생산 계획과 실적에 관한 사항, 인력 계획에 관한 사항, 기업의 경제적·재정적 상황 등이며(제22조 제2항), 그 내용은 「노사협의회법」과 본질적 차이가 없고, 근로자위원이 필요한 정보를 요구할 권리가 전혀 언급되지 않은 것도 「노사협의회법」과 똑같다.

앞에서 지적한 바와 같이 「노사협의회법」과 「근참법」은 노사협의회에 참가하는 노동자 대표를 정하는 것과 관련해서 두 가지 문제를 안고 있다. 하나는 노사협의회에 노동자 대표 혹은 '근로자위원'이 인적으로 참여할 뿐, 독일의 사업장평의회처럼 사업장 노동자 대표 기구가 참여하지 않는다는 것이다. 앞에서 본 바와 같이[41] 독일에서 사업장평의회는 사업장 노동자들의 과반에 의해 선출되고, 사업장 노동자들의 요구를 수렴하고 대변하며, 그 결과에 대해 책임지는 기구이다. 그러한 기구여야 조직민주주의에 부합하는 사업장 노동자 대표 기구라고 할 수 있을 것이다. 「노사협의회법」과 「근참법」이 규정하는 바와 같이 노동자 대표 혹은 근로자위원이 사업장 노동자 대표 기구의 규율을 받지 않은 채 개별적으로 노사협의회에 들어가 활동한다면, 사업장 노동자들의 의사를 제대로 반영하지 못할 공산이 커진다. 다른 하나는 사업장에서 노동조합과 노사협의회의 기능 분화와 관련된 결정적인 문제인데, 그것은 과반수 노동조합이 결성된 사업장에서 노사협의회에 참가하는 노동자 대표가 '노동조합의 대표자와 노동조합이 위촉한 자'로 정하도록 한 규정에서 불거지는 문제다. 그러한 노동자 대표 인선 규정은 노사협의회가 법제화되기 이전에 단체협약의 틀에서 노사협의체가 구성되었던 관례가 법제화된 것이다. 그러한 법제는 사업장 단위로 노동조합이 조직되는 것이 여전히 대세인 우리나라에서 노동조합과 노사협의회의 과업 분장에 혼동을 가져오고, 두 기구가 서로 충돌하거나 어느 하나가

---

41 앞의 3장 1.1.을 보라.

다른 하나로 기능적으로 통합되거나 어느 하나가 다른 하나에 의해 유명무실화되는 결과를 빚어낼 수밖에 없다.[42]

노사협의회에 관한 현행 법률인 「근참법」의 문제는 위에서 말한 것으로 끝나지 않는다. 「근참법」은 노사협의회가 노사 공동결정을 통해 사업장 협정을 체결하는 주체로 규정하고 있는데, 사업장 협정의 주체는 노사협의회만이 아니라 「근로기준법」제24조 제3항이 규정하는 '근로자대표'이기도 하다. 「근로기준법」이 규정하는 '근로자대표'는 사업장에 과반수 노동조합이 있는 경우에는 그 노동조합이고, 과반수 노조가 없는 경우에는 '근로자의 과반수를 대표하는 자'다. 지금은 「근참법」이 규정하는 노사 의결 사항이 적지만, 그 사안의 성질에 따라 기업의 사회정책에 관한 사안들을 노사 공동결정 사안으로 분류한다면, 사업장 협정의 주체를 놓고 「근참법」과 「근로기준법」의 충돌 문제를 해결하지 않을 수 없을 것이다.[43]

끝으로 「근참법」이 안고 있는 두 가지 문제를 더 언급하고자 한다. 하나는 노사협의회를 설치하는 사업장의 규모를 종업원 30인 이상으

---

42 이에 관한 연구는 많이 있으나, 노동조합과 노사협의회의 관계에 관한 국내외의 이론적 연구를 정리한 글로는 최준하·이영면, "노사협의회에 대한 최근 연구 성과 및 향후 연구과제: 노동조합의 대체재와 보완재 논의를 중심으로," 「인사조직연구」25/4(2017): 97-130이 참고할 만하다. 우리나라 사업장에서 노동조합과 노사협의회의 관계에 관한 실증적 연구로는 노용진, "유노조기업 내 노사협의회 활성화의 결정요인: 노사관계의 성격을 중심으로," 「인사관리연구」25/2(2001): 267-286; 유경준·박은정, "노동조합과 근로자대표시스템에 관한 연구," 「産業關係研究」22/1(2012): 1-24; 이동진·이영면·성상현, "노동조합의 전략적 참여와 사업장 내 노사협의회 활성화에 관한 실증연구," 「인사관리연구」37/2(2013): 155-179; 유성재·김기선, "노사협의회 기능강화를 위한 법제 개선방안," 「중앙법학」20/1(2018): 231-277; 이희성·권순호, "근로자의 경영참여를 위한 노사협의회의 한계와 개선방안," 「동아법학」90(2021): 237-260 등이 있다.

43 노동조합과 노사협의회의 우호적 협력관계를 조성해서 그 문제를 풀 수도 있겠지만(유경준·박은정, 앞의 글, 13ff.), 노동조합과 노사협의회의 지위와 과업을 법률적으로 명확하게 규정하고 난 뒤에 두 기관이 사업장 수준에서 협력하는 방안을 찾는 것이 이치에 맞을 것이다.

로 규정하는 문제다. 우리나라에서 종업원 30인 미만 사업장에서 일하는 노동자들이 2021년 12월 말 현재 1천 197만 명에 달해서 전체 노동자 2천 84만 명의 57.4%를 이루지만, 그 규모의 사업장에서 노동조합 조직률은 0.2%에 지나지 않는다.[44] 그러한 현실을 고려한다면 노사협의회는 종업원 5인 이상의 사업장에 조건 없이 설치하도록 법제화하는 것이 바람직하다. 다른 하나의 문제는 「근참법」이 노동자의 이사회 참여를 전혀 고려하지 않고 있다는 것이다. 노동과 자본의 공동결정을 낮은 수준에서, 그것도 추상적이고 지엽적인 사안에 국한해서 법제화한 「근참법」이 사업장 수준의 공동결정을 넘어서서 기업지배구조 차원의 공동결정을 담아낼 그릇이 되는가도 따져보아야 할 문제다. 노동자의 이사회 참여와 같이 최고 수준의 공동결정 형식을 법제화하는 것은 「근참법」을 개정하여 관련 조항을 신설하면 끝나는 문제가 아니라 우리나라 회사법과 주식법을 함께 개정해야 할 큰 과제다. 그 과제는 노동과 자본의 관계를 민주적으로 형성하는 핵심 과제이고, 그 과제를 해결하려면 사회적 합의와 정치적 합의가 필요하며, 노동과 자본과 국가가 함께 힘과 지혜를 모아야 한다.

위에서 말한 「근참법」의 문제와 한계는 「근참법」의 개정을 통해서는 해결되기 어렵다. 「근참법」이 노동 억압적인 군사정권의 입법회의를 통해 위헌적으로 법제화된 「노사협의회법」을 청산하지 않고 그 목적과 대강을 계승한 점을 놓고 보면 「근참법」은 폐지하는 것이 바람직하다. 「근참법」이 사업장에서 노동조합과 노사협의회의 조직 관계와 업무분장을 불분명하게 처리한 점, 노사협의회에 참여하는 노동자 대

---

44 고용노동부, 「2021년 전국 노동조합 조직현황」.

표 기구에 관한 규정이 없어서 조직민주주의를 제대로 구현하지 못한 점, 기업의 사회정책, 인사정책, 경제정책과 관련된 사안들의 협의, 보고, 의결 규정이 그 사안의 성질에 따라 제대로 마련되어 있지 않아 노사 공동결정의 기본 원리에 부합하지 않는 점, 노사협의회 설치 사업장의 규모에 관한 규정이 우리나라 노동 현실과 동떨어져 있는 점 등을 고려하면 설사 「근참법」을 개정해서 문제를 해결하려고 해도 그 개정은 환골탈태 수준이어야 할 것이다. 「근참법」이 기업지배구조 수준의 노사 공동결정을 담아낼 수 없을 정도로 좁은 프레임에 갇혀 있는 점에 유의한다면 「근참법」을 넘어서는 노사 공동결정제도를 법제화해야 한다. 앞에서 말한 모든 것을 숙고한다면 「근참법」을 폐지하고 사업장 수준의 노사 공동결정제도와 기업 수준의 노사결정제도를 새롭게 설계해서 법제화하는 것이 타당하리라고 본다.

3. 우리나라에서 노사 공동결정제도를 설계할 때 유념할 점

우리나라에서 법제화된 노사협력제도의 문제와 한계를 극복하려면, 노사 공동결정제도의 한 부분에 불과한 노사협의에 머무르지 말고 본격적인 노사 공동결정제도를 설계하고 이를 법제화하는 길로 나아가야 한다. 아래서는 노사 공동결정제도를 설계할 때 유념해야 할 점을 제시한다.

3.1. 노사 공동결정제도의 목적 규정

노동과 자본의 공동결정제도를 설계할 때 가장 중요한 것은 노사 공동결정의 제도화가 노동과 자본의 관계를 민주화하는 정치사회적 기획이라는 인식에서 출발하는 것이다. 노동과 자본의 민주적 관계의 형성은 노사 공동결정제도의 목적으로 규정되어야 하고, 노동과 자본의 이해관계의 조율, 사회적 파트너 관계의 형성, 공공복지의 증진 등은 노동과 자본의 민주적 관계에서 비롯되는 효과로 설명되어야 한다. 그것은 노동과 자본의 상호 이해와 협력을 노사 쌍방의 이익 증진, 산업 평화 달성, 국민경제 발전 등의 목표를 달성하기 위한 도구로 설정하는 「노사협의회법」과 「근참법」과는 정반대의 관점이다. 노사 공동결정제도의 목적은 노동자가 사업장과 기업 수준에서 중요한 의사결정과정에 주체적으로 참여하고 사용자와 함께 자주적으로 결정하는 민주적인 제도를 만드는 것이다.

3.2. 노사 공동결정제도의 헌법적 근거

노사 공동결정제도를 설계할 때 노동과 자본의 민주적 관계의 형성이 노동권과 소유권에 관한 헌법 규범에서 비롯되는 요청이라는 점을 강조하는 것이 중요하다. 노동과 자본의 민주적 관계는 자본의 독재를 해체하는 데서 출발하고, 그 핵심은 노동권과 소유권의 상호 불가침성과 상호 제한성을 인정하는 헌법 규범이다. 노동과 자본이 사업장과 기업 수준에서 민주적으로 공동결정을 할 수 있는 제도를 뒷받침하는 것은 바로 그 헌법 규범이다.

우리나라에서 노동권과 소유권의 상호 불가침성과 상호 제한성은 익숙하지 않은 관념이고, 노동권에 의한 소유권의 제한은 더더욱 낯선 개념이다. 그러한 노동권과 소유권의 관계 규정이 낯설게 느껴지는 까닭은 결정적으로 소유권의 물권 편향적 해석이 우리나라 법학계와 실무 재판을 지배하고 있기 때문이다. 우리나라 법학자들과 법률가들은 노동권을 민법의 연장선상에서 사유하는 경향이 강하다. 그러한 관점을 가진 법학자들과 법률가들은 노동권을 채권의 한 형식으로 납작하게 눌러 놓은 뒤에 물권이 채권에 앞선다는 논리를 앞세워 소유권 보장이 먼저이고 노동권 보장은 차후의 사안이라고 주장한다. 따라서 노동권을 통해 소유권 행사를 제한하는 것은 어불성설이고, 단지 소유권 행사의 사회적 책임을 인정하는 선에서 노동권 침해를 고려할 수 있다고 본다. 그러한 논리를 펴는 법률가들은 기업 자본을 소유하는 자본가들만이 이사회를 선출할 배타적 권리를 행사하여야 한다고 주장함으로써 노동자들이 기업의 최고 의사결정 기구인 이사회에 참가하는 길을 원천 봉쇄한다. 그들은 이사회 산하에 노동위원회 같은 것을 구성하여 노동자 대표가 그 위원회에서 노동자의 요구를 대변하는 정도를 허용할 수 있는 최대치로 제시한다.[45] 그러한 물권 편향적 소유권 해석은 소유권의 본질과 실체에 관한 법리적 이해가 부족한 데서 연유한다는 점, 노동권을 채권으로 납작하게 눌러서 인식하는 사고방식은 1920년대에 독일에서 이미 청산되어 이제는 시대착오적인 발상에 지나지 않는다는 점 등은 앞의 제1절에서 상세하게 논했으므로 여기서는 더 따질 필요가 없다.

---

45 그러한 주장에 관해서는 박진호, "회사법적 관점에서 바라본 노동이사제의 쟁점과 전망," 「상사법연구」 37/3(2018): 147, 149f.를 보라.

노동과 자본의 공동결정이 헌법적 근거를 갖는다는 주장은 최근 우리나라 법학계에서도 활발하게 제시되고 있다. 박귀천은 우리나라 헌법 제119조 제2항의 '경제민주화' 문언, 헌법 제32조의 노동의 권리, 제33조의 노동3권을 근거로 해서 노동자들이 사업장과 기업 수준에서 경영에 참여해서 자본가들과 대등하게 마주 설 권리를 주장하고 있다.[46] 강희원은 소유권의 제한을 근거로 해서 노동자의 경영 참여의 헌법적 근거를 명료하게 제시한다. 그는 우리나라 헌법의 권리장전을 이끄는 최고 규범인 헌법 제10조가 명시하는 인간의 존엄성과 행복추구권, 우리나라 헌법이 국가 조직 원리로 승인하고 있는 사회국가 원리, 헌법 제37조의 기본권 제한 요건 가운데 하나인 '공공복리'에 관한 사회국가 원리에 따르는 해석 등을 통해서 경제헌법의 두 규범인 노동권과 소유권의 관계를 규율하는 법리를 치밀하게 논증하고 있다. 강희원은 "헌법 제37조 제2항의 공공복리는 사회국가원리를 구현하기 위한 사회적 강자와 사회적 약자의 기본권을 조화적으로 형성하기 위한 입법 근거"라고 전제하고 "사회적 강자의 기본권보장이 사회국가원리와 부합하지 않는 결과가 야기되는 경우에는, 사회국가적 공공복리의 요청에 기하여 국가는 입법에 의해 경제적 강자의 기본권 일부 또는 전부를 그 본질적 내용을 침해하지 아니하는 범위에서 제한할 수 있도록 하고 있다"[47]고 주장한다. 바로 그것이 소유권의 제한을 통하여 노동권을 보호하는 법리이고, 사업장과 기업 수준에서 노동자의 경영 참여를 뒷받침하는 법리이다.

---

46 박귀천, "일터민주주의를 위한 노동법적 과제," 「노동법학」 75(2020): 149-153.
47 강희원, "노사관계의 헌법적 구축: 기업적 노사관계의 대립성과 협력성의 조화를 위한 헌법적 기초," 「노동법연구」 39(2015), 269.

3.3. 노사 공동결정제도의 법제화

　노사 공동결정제도는 노사협약에 맡길 사항이 아니라 법률로써 구현되어야 할 사항이라는 점을 분명히 해야 한다. 먼저 노사 공동결정제도가 단체협약에 근거할 수 없는 이유를 생각해 본다. 노사 공동결정제도와 단체교섭제도는 시장경제체제에서 노동이 자본과 상대하는 서로 다른 두 방식이다. 단체교섭은 시장경제체제에서 노동과 자본의 이해관계가 대립적이라는 것을 전제하고, 그 이해관계를 조율하는 제도적인 장치이다. 그것은 엄밀한 의미에서 서로 이해관계를 달리하는 계급들 사이의 투쟁을 순치한 제도적인 이해관계 조율 절차다. 단체교섭이 결렬되면 노동자들은 단체행동에 나서고 사용자는 사업장 폐쇄나 파업 분쇄로 맞서며 격렬한 계급투쟁이 나타나기 마련이다. 반면에 노사 공동결정은 노동과 자본이 이해관계를 놓고 대립하고 투쟁하는 현실을 의식하면서도 논리적으로는 노동과 자본의 평화를 전제해야 한다. 따라서 노동이 자본과 공동결정을 한다는 것은 단체교섭이나 단체행동과 엄격하게 구별되는 행위에 나선다는 것을 뜻한다. 물론 단체교섭(+단체행동)과 공동결정은 노동자들이 존엄한 인간으로서 주체적이고 자주적으로 노동하는 데 다 필요하고, 어느 하나가 다른 하나보다 더 중요하거나 우위에 있다고 여길 까닭이 없다. 단체교섭(+단체행동)과 공동결정은 서로 유기적 관계를 갖도록 제도화되어야 합당하다. 그러나 단체교섭(+단체행동)제도와 공동결정제도 자체는 별도로 법제화되어야 한다. 그것은 두 제도의 성질이 서로 다르기 때문이다. 따라서 노사 공동결정제도의 근거를 단체협약에 두는 것은 서로 성질이 다른 두 가지 제도를 하나의 몸 안에 넣는 격이어서 충돌과 혼돈을 피할 수 없다.

그다음에 노사 공동결정제도를 법률로써 실현하여야 한다는 것은 노사 공동결정제도의 궁극적 근거가 헌법이 보장하는 기본권의 제한과 관련되어 있기 때문이다. 우리나라 헌법 제37조는 기본권의 제한이 반드시 법률을 통해 이루어지도록 규정하고 있다. 노사 공동결정제도는 경제헌법의 핵심 규범인 노동권과 소유권의 상호 불가침성과 상호 제한성의 계명에 충실하도록 정교한 법률적 장치들을 갖추어야 한다. 소유권의 행사가 노동권의 본질을 침해하지 않고, 노동권의 행사가 소유권의 본질을 침탈하지 않는 방식으로 노동권과 소유권의 관계를 법률적으로 조율하지 않고서는 명실상부한 노사 공동결정제도가 법제화될 수 없을 것이다.

3.4. 공동결정과 단체협약의 관계

위에서 말한 바와 같이 공동결정과 단체교섭(+단체행동)은 서로 성질이 달라 하나로 통합될 수 없지만, 노동자들이 존엄한 인간으로서 주체적이고 자주적으로 노동하기 위해 서로 밀접하게 결합하여야 한다. 그렇다면 둘을 어떻게 서로 결합하여야 하는가? 단체교섭은 집단적인 노동계약의 형식이다. 따라서 단체교섭은 노동계약의 핵심적인 관심 사항인 임금, 노동시간, 노동 여건 등 가장 기본적인 노동조건에 관한 노동과 자본의 완전 합의를 목표로 한다. 그런 점에서 단체교섭은 주로 사업장 운영의 사회정책적인 사안들을 대상으로 진행된다고 볼 수 있다. 사업장 운영의 인사정책적 사안들과 경제정책적 사안들은 경영상의 이유를 내세우는 사용자의 거부로 단체교섭의 대상이 되지 않거나 사업장 노동조건에 영향을 미친다고 사용자가 인정하는 사안에 관해서만 단체교섭의 간접적인 대상이 된다. 단체교섭을 통해 체결되는 단체협약은 사업장에서 노동과 자본의 이해관계를 조율하는 기본협약의 성격을 띠지만, 노동과 자본의 이해관계에 관련된 모든 문제를 조율하는 내용을 담지 못한다.

사업장에서 노사 공동결정은 단체협약보다 훨씬 더 광범위한 사안들을 다룬다. 노사 공동결정의 대상은 사업장에서 노동조건에 영향을 미치는 모든 사안, 곧 사업장 운영의 사회정책적, 인사정책적, 경제정책적 사안들을 망라한다. 그런데 노사 공동결정기구는 노동과 자본이 체결하여 사업장에서 효력을 갖는 기본협약인 단체협약을 반복할 필요가 없고, 단체협약의 이행을 촉진하거나 감독하고, 단체협약을 보완하거나 단체협약을 넘어서는 사안들에 관한 사업장협약을 추구한다. 그것은 노사 공동결정이 단체협약을 그대로 인정하지만, 단체협약의 틀 안에 머물지 않는다는 뜻이다.

따라서 공동결정제도의 설계안에는 공동결정과 단체협약의 기능을 분리하되, 공동결정은 단체협약을 준수한다는 내용을 넣어야 한다.

3.5. 사업장 수준에서 노사 공동결정의 설계

사업장 수준에서 노사 공동결정제도를 설계할 때 「근참법」의 문제와 한계를 해결하는 데 중점을 두고 독일의 사업장 공동결정제도의 장점을 참고할 필요가 있다.

첫째, 노사 공동결정기구에 참여하는 노동자 대표 기구는 사업장 종업원의 직접 · 비밀 · 무기명 투표로 선출되어야 하고, 노동조합의 대표자와 노동조합이 위촉하는 자는 종업원 대표가 되어서는 안 된다는 원칙이 확립되어야 한다. 그것은 공동결정기구와 단체교섭 기구의 성질과 기능이 다르기 때문이다.

둘째, 노사 공동결정기구에 참여하는 노동자 대표 위원은 개인으로서 행동해서는 안 되고 조직의 틀에서 행동하는 원칙을 세워야 한다. 노동자 대표 기구는 그 기구를 선출한 노동자 총회에 책임을 지는 평의회 방식으로 운영되어야 한다.

셋째, 노사 공동결정기구의 운용 방식은 의결, 협의, 정보 공유 등이다. 사업장 운영의 사회정책 사안들은 예외 없이 의결 사항으로 분류되어야 하고, 노사 공동결정의 대상이 된다. 인사정책적 사항들은 기본적으로 협의 사항이지만, 해고와 고용조정은 노동자 대표 기구의 동의를 거쳐야 확정된다. 동의는 공동관여(Mitwirkung)의 형식이고, 공동결정의 수준에는 미치지 못한다. 경제정책적 사안들은 생산 설비의 확장·축소·이전·인수·매각, 신기술의 투입 등 사업장 노동조건과 고용에 결정적인 영향을 미친다는 점에서 노동자 대표 기구의 사전 동의를 거쳐서 확정되어야 하고, 경제정책의 결과에 대한 사용자의 책임을 실현하기 위해 구조조정의 희생자에 대한 보상, 직업 재훈련 지원 등을 망라하는 '사회계획'의 수립은 노사 공동결정의 의제가 되어야 한다. 정보 공유는 사업장 운영의 장단기 계획, 장단기 고용계획, 사업장의 경제적, 재무적 상황 등과 같이 문자 그대로 사용자와 종업원이 마땅히 함께 공유할 정보를 공유하는 방식이고, 노동자들이 사용자에게 정보 제공을 요구할 권리가 당연히 인정되어야 한다.

넷째, 노사 공동결정기구가 설립된 사업장에서는 공동결정기구에 참여하는 노동자 대표 위원이 「근기법」의 '근로자대표'를 겸할 수 있도록 관련 법률을 개정할 필요가 있다. 왜냐하면 「근기법」의 '근로자대표'

는 법률의 허용 범위 안에서 해고, 노동시간 조정 등과 관련된 사안에 '서면합의'를 하는 역할이고, 그 '서면합의'는 노사 단체교섭의 규율을 넘어서는 '사업장협약'의 성질을 띠기 때문이다.[48]

3.6. 기업 수준의 노사 공동결정제도의 설계

기업 수준의 노사 공동결정은 기업의 최고 의사결정 기구에 노동자의 대표가 참여해서 자본의 대표와 함께 기업의 주요 정책에 관해 결정을 내리는 방식을 가리킨다. 그러한 노사 공동결정기구를 설치하는 기업은 종업원 2천 명 이상의 주식회사와 주식 기반 합자회사가 적절할 것이다. 이와 관련해서 유념할 사항을 몇 가지 간추려 제시한다.

첫째, 기업 경영에서 노동의 이해관계와 자본의 이해관계, 노동의 기능과 자본의 기능을 구별한다는 원칙에서 볼 때 노동자 대표가 경영이사회에 직접 참가하여 자본가 대표와 함께 공동결정권을 행사하는 방식은 선택하기 어렵다. 도리어 노동자 대표는 자본가 대표와 함께 경영이사회를 감독하는 기구에 참여하여 경영이사회를 실효적으로 통제하고 감독하는 방식으로 기업의 경영에 참여하는 방식을 취하는 것이 적절하다.[49]

---

48 이에 관해서는 박귀천, "근로자 경영참여에 관한 법적 검토," 「노동법포럼」 19(2016), 14를 참고하라.
49 우리나라에서는 공기업과 준정부기관에서 '노동이사제'가 시행되고 있다. 노동이사제의 법률적 근거는 2022년 2월 3일 개정된 「공공기관 운영에 관한 법률」이다. 그 법률에 따라 공기업과 준정부기관은 근로자대표의 추천이나 근로자 과반수의 동의를 받아 1인의 비상임이사를 이사회에 선임하게 되었다. 공공기관의 '노동이사제'는 노동의 경영 참여가 거의 이루어지지 않고 있는 우리 사회의 현실에서 기업 수준의 노사 공동결정제도를 도입하는 데 물꼬를 트는 상징적인 의미가 있다. 그러나 공공기관의 '노동이사제'가 적절한가에 관해서는 두 가지 점에서 검토가 필요하다. 첫째, 노동자가 직접 이사회에 참가하도록 설계된 제도가 노동의 기능과 자본의 기능을 혼합하는 방식이기에 적절

물론 우리나라는 단일 이사회체제를 채택하고 있기에 앞에서 언급한 방안을 실현하기 어렵다. 그러나 경영이사회를 감독하는 업무의 중대성을 고려한다면, 경영이사회에서 감독 직무를 독립시키는 것은 불가피하고, 경영이사회를 감독하고 통제하는 감독위원회를 별도로 두는 이중 이사회체제를 시급히 구축하여야 한다. 그것은 주식 기반 회사에서 소유와 경영이 분리된다는 점을 고려하면 지극히 당연한 주장이다.

우리나라 기업은 가족 기업, 동업자 기업, 협동조합 기업 등을 제외하면 거의 주식회사이거나 주식 기반 합자회사이고, 주식회사와 합자회사의 소유자인 주주들은 기업을 직접 경영하지 않고 그 대리자인 경

하지 않는다는 것이다. 둘째, 노동 이사가 비상임이사로서 행사하는 권한이 크게 제한되어 있고 그 수효마저 적어서 노동자들의 권익을 최고 집행기구인 이사회에서 실효적으로 대변할 수 없다. 노동 이사의 권한이 크게 제한되어 있다는 점에 관해서는 노동법 전문가들 사이에 이론의 여지가 없다. 노동자의 이사 직책 보유의 적절성에 관해서는 그 법적 쟁점에 관한 검토가 다각적으로 이루어졌지만, 그 해법은 제대로 제시되고 있지 않다. 김철, "노동이사제의 도입과 노동자 권익보호에 관한 연구," 「경희법학」 56/3(2021), 385f.에 따르면, 사용자에게 종속된 노동자가 사용자의 역할을 하는 이사직을 갖는 것이 법적인 문제가 있지만, 이사의 자격을 규정하는 상법에 노동자가 이사가 되지 못한다는 명문 규정이 없어서 상법상 이사와 노동자가 양립 가능하다고 하는데, 그것은 억지 주장이다. 박귀천, "노동이사제 조례의 쟁점과 개선 방향," 「노동리뷰」 180(2020), 28에 따르면, 노동 이사의 노동조합원 자격, 노동 이사의 직원 겸직, 노동 이사의 권한 등 노동이사제가 많은 법적 쟁점을 갖고 있지만, 예컨대 과반수 노동조합이 추천한 노동 이사의 노동조합원 자격을 임기 동안 정지시키는 방안을 강구할 수 있다고 한다. 그러한 해법은 박귀천 자신이 평가하는 바대로 '불충분'하다. 그밖에 박태주, "한국에서 '근로자이사제'의 도입은 어떻게 가능한가? 서울시 투자·출연기관의 시도를 중심으로," 「노동법포럼」 19(2016): 39-71; 신재하, "공공기관 노동이사제도에 관한 법적 과제," 「법이론실무연구」 9-1(2021): 165-189; 이상준·이정희, "서울시 노동이사제 운영실태와 쟁점," 「노동리뷰」 180(2020): 9-20; 최홍기, "공공기관 노동이사제의 법적 쟁점과 개선 방향," 「노동법포럼」 38(2023): 25-73 등에서 보듯이, 노동이사제를 검토하는 법학자들은 그 제도의 취지와 정당성을 옹호하면서도 노동자의 이사직 보유의 법적인 쟁점을 푸는 뾰족한 방법을 제시하지는 못하고 있다.

따라서 노동자가 직접 이사회에 참가하기보다는 공기업과 준정부기관에 자본을 출연하는 정부가 공기업과 준정부기관의 경영과 그 성과를 감독하기 위해 구성하는 감사위원회에 노동자 대표가 자본출연자인 정부 대표와 동수로 참여해서 이사회를 실효적으로 감독하고 통제하는 위치에 서는 것이 바람직할 것이다.

영진을 선출하여 기업 경영을 맡긴다. 그것이 소유와 경영의 분리다. 우리나라의 독특한 기업연합 형태인 재벌은 마치 총수가 재벌의 소유자인 양 제왕처럼 경영 전권을 휘두르는 듯한 외양을 보이고 있지만, 그 구조를 깊이 들여다보면 전문 경영인체제가 확립되어 있기에 주식회사의 경영진 구성의 원리에서 크게 벗어난 것은 아니다. 소유와 경영의 분리 원칙에 따라 주주총회가 경영진을 선출하고 경영진에게 기업자본을 운용하여 주주의 이익을 실현하도록 위임하면, 기업의 소유자인 주주들은 경영진이 제 역할을 제대로 수행하는가를 감독하고 통제할 필요가 있다. 경영이사회에 대한 감독을 강화하는 것은 주주의 권리와 이익에 부합한다.

그런데 우리나라에서 그동안 경영이사회를 감독하는 역할은 경영이사회에 참가하는 사외이사나 감사에게 맡겨진 업무였다. 사외이사는 경영이사회에서 소수에 불과하고 비상임이사로서 그 권한이 제한되어 있기에 사외이사의 경영이사회 감독은 유명무실했고, 감사의 권한은 업무 감사, 회계 감사 등에 국한되어 있어서 경영이사회를 충분히 감독할 역량을 발휘할 수 없었다. 그런 정도의 경영이사회 감독은 기업 경영의 대리인을 세운 주주의 이익과 권리를 실현하기에 크게 부족하다. 그러한 인식이 확산하면서 점점 더 많은 대기업에 감독위원회가 조직되고 있다. 물론 우리나라에서 감독위원회는 여전히 이사회 내부의 기관이기에 아직 단일 이사회체제가 깨지지는 않았다. 그러나 경영이사회를 감독하는 기관을 경영이사회 안에 두는 것은 논리적으로나 현실적으로 설득력이 없기에 감독위원회를 경영이사회에서 독립시키는 것이 맞다. 감독위원회의 독립을 위해 경영이사회와 감독위원회의 분리하는 절차는 국가가 기업정책 차원에서 결정하여 법제화해야 할 일이다.

경영이사회 감독과 관련해서 한 가지 더 생각해야 할 것은 경영이사회의 감독은 주주들의 관심사만이 아니고 노동자들의 관심사이기도 하다는 것이다. 그것은 기업 경영의 최고 의사결정 기구에서 내려지는 정책 결정이 기업에서 일하는 노동자들의 노동조건과 고용에 결정적인 영향을 미치기 때문이다. 이제까지 경영이사회를 감독하도록 주주총회에서 선임되는 사외이사와 감사는 노동자들의 권리와 이익을 위해 경영이사회를 감독하라는 임무를 부여받은 바 없었다. 그들은 단지 주주의 권리와 이익이 제대로 실현되고 있는가를 살피는 임무를 수행했을 뿐이다. 그런 점에서 사외이사와 감사는 자본의, 자본에 의한, 자본을 위한 직책이었다. 그러한 감독 직책의 운용은 노동자들의 이익과 권리를 고려한 것이 아니기에 더는 용납될 수 없다. 주주 중심적인 경영이사회 감독 모델은 이해당사자가 참여하는 방식의 경영이사회 감독 모델로 전환되어야 한다.

감독위원회가 경영이사회로부터 독립해서 구성되면, 감독위원회는 경영이사회를 감독하는 위상을 갖게 되며, 따라서 기업에서는 최고 의사결정 기구가 된다. 노동자들의 경영 참여는 앞에서 말한 바와 같이 경영이사회에 직접 참가하지 않고 감독위원회를 통해 경영이사회를 감독하고 통제하는 방식으로 설계하는 것이 바람직하다.

둘째, 감독위원회가 경영이사회를 실효적으로 감독하고 통제하려면 감독위원회가 경영이사회를 임명하고 소환할 수 있는 권한을 행사할 수 있을 정도로 막강해야 한다. 그러한 권한이 전제되어야 감독위원회가 경영이사회의 업무 감독, 회계 감독, 자산 조사와 검증, 경영 실태 조사, 기업정책과 장단기적인 사업 계획 등의 적정성에 대한 평가 등을 통해서 경영이사회를 효과적으로 감독하고 통제할 수 있다. 감독위원회의 권한을 강화하기 위해 권한을 새로 신설하거나 보완하는 것은 모두 상법을 개정해야 하는 입법의 과제이다.

셋째, 감독위원회는 기업의 규모에 따라 그 크기를 조정하되 최소한 10인 이상으로 구성하고, 노동자 대표와 주주 대표가 동수로 참여하도록 법제화되어야 한다. 노동자 대표와 주주 대표는 각각 사업장에 조직된 노동자대표위원평의회와 주주총회 혹은 주주총회가 구성한 인선위원회에서 추천하되, 그 가운데 과반수는 사업장 노동자나 주주가 아니라 기업 경영과 국민경제 운영에 관한 전문적인 지식을 갖춘 외부 인사여야 한다. 감독위원회의 의장은 노동자 대표와 주주 대표가 아닌 별도의 인사로 선출하되, 그 인사는 노동과 자본의 어느 한 편에 서지 않는 중립적인 인사여야 한다. 의장의 중립성은 노동자 대표와 주주 대표의 과반수가 반대하는 인사가 의장이 될 수 없도록 하는 방식으로 실현될 수 있다. 그와 같은 감독위원회의 구성은 한편으로는 기업 경영을 국민경제 발전의 틀에서 추진할 수 있게 하고, 다른 한편으로는 노동과 자본의 공동결정이 힘의 논리에 좌우되지 않고 상대방을 논증적으로 설득하여 동의를 끌어내는 숙의 민주주의의 원칙에 따라 이루어지도록 하는 최적의 조건이다. 그것이 노동권과 소유권의 상호 불가침성과 상호 제한성을 실현하는 공동결정의 필요조건이다.

넷째, 경영이사회에서 인사정책과 사회정책을 담당하는 이사는 감독위원회의 노동자 대표의 과반수가 반대하는 인사로 임명되어서는 안 되고, 그 이사의 업무는 경영이사회에서 고유성을 인정받아야 한다. 그러한 규정은, 설사 경제정책과 재무정책을 담당하는 이사들이 경영이사회의 다수를 이룬다고 해도, 사회정책과 인사정책이 경제정책과 재무정책에 휘둘리지 않게 하는 장치이다. 인사정책과 사회정책을 담당하는 이사는 경영이사회 안에서 노동자의 권익을 최대한 반영하는 직책이어야 한다.

다섯째, 감독위원회의 위원들은 사업장 노동자대표위원평의회와 주주총회(인선위원회)의 추천을 받아 주주총회에서 선출한다. 주주총회는 추천받은 인사 이외에 다른 인사를 자의적으로 선출할 수 없다. 그러한 주주권 행사의 제한은 소유권 행사의 제한에 해당한다. 그것은 사회적 강자의 기본권(소유권)을 제한하여 사회적 약자의 기본권(노동권)을 보장하려는 것이기에 기본권 제한의 요건들 가운데 하나인 '공공복리'의 요건을 충족한다.[50] 노사 공동결정제도가 법률로써 수립되는 것이기에 기본권의 제한이 법률로써 정해져야 한다는 헌법의 요구도 충족된다.

4. 보론: 우리나라 재벌체제의 해체와 기업지배구조의 개혁

우리나라의 경제민주화 논의에서 재벌개혁은 줄곧 가장 뜨거운 이슈였다. 재벌개혁이 세간의 관심을 끌었던 이유는 분명하다. 첫째, 경제민주화 논의가 활발했던 그 당시 우리나라 10대 재벌의 총매출이 2011년 현재 GDP의 77%인 1천조 원에 달하여 국민경제에 엄청난 영향을 미치고 있다는 것이 입증되었기 때문이다. 둘째, 재벌체제를 구성하는 대기업들이 시장에서 독과점 공급자로서 상품 가격을 결정하고, 거의 배타적인 수요자로서 중간재와 부품 납품 가격을 후려쳐서 공급

---

50 성낙인, 『헌법학』 제12판 (파주: 법문사, 2012), 370.

과 수요 측면에서 독점 이윤을 달성하는 거대한 경제 권력으로 군림하고 있기 때문이다. 셋째, 이른바 '대기업집단'을 구성하는 기업들의 내부거래가 2011년 현재 186조 원으로 전년도 대비 30%가 급증하여 공정한 경쟁 질서를 무너뜨리고, 이른바 '오너' 2·3세에게 부당 증여, 편법 상속 등 변칙적인 부의 대물림 수단으로 악용되었기 때문이다. 넷째, 출자자본 지분이 적은 이른바 '총수'가 '순환출자'[51]를 통해 재벌의 구성 기업들에 대한 제왕적 지배를 구현하고 자본의 독재를 실현했기 때문이다. 한마디로 재벌들은 공룡과도 같은 경제 권력이 되었고, 그 경제 권력은 세습되기에 이르렀다.

그동안 재벌개혁과 관련해서는 여러 가지 방안들이 제시되었다. 일반적으로 내부거래는 공정한 시장경쟁을 보장할 책무를 지고 있는 공정경쟁위원회가 나서서 엄격한 시장 규율과 감독을 통하여 해결할 문제다. 따라서 내부거래 문제를 해결하는 데 비용과 노력이 많이 들기는 하지만, 문제 해결 그 자체는 복잡한 사안이 아니다. 그러나 재벌의 내부거래는 다르다. 재벌체제는 구성 대기업들의 유기적 결합을 토대로 선단식 다각 경영을 추구하고, 거대한 내부 시장을 형성한다. 재벌체제 바깥의 기업은 그 내부 시장에 진입하기가 어렵다. 재벌의 구성 기업들

---

51 순환출자의 가장 단순한 형태는 상호출자이다. A 기업과 B 기업이 상호출자를 하면, 가공자본이 창출되어 두 기업의 출자금이 증가하는 동시에 한 기업을 지배하는 대주주가 다른 기업을 지배하는 효과가 나타날 수 있다. 순환출자는 A, B, C, D, E 등의 기업이 꼬리를 물고 출자하고, 계열의 마지막 기업이 계열의 첫 기업에 출자하여 계열사들의 순환고리를 완성하는 형태로 출자하는 방식을 가리킨다. 순환고리에 속한 일부 기업이 다시 순환출자를 통하여 기업을 창설하거나 인수하여 이중 혹은 삼중의 순환고리를 만들 수도 있다. 이러한 복잡한 순환출자를 통하여 모기업 역할을 하는 기업의 대주주 혹은 대주주 가문이 적은 지분을 갖고도 순환고리를 형성하는 계열사 전체를 지배하는 효과를 거둘 수 있다. 이것이 한국의 재벌이 각기 다른 업종의 기업들을 끌어들여 사업 다각화를 추구하고 선단식 경영을 추진할 수 있었던 비결이다.

의 거래는 내부 시장 거래임이 분명하지만, 기업 간 거래의 외양을 띠고 있어서 이를 내부거래로 특정하기가 어렵다. 재벌의 선단식 경영과 내부 시장 형성은 재벌체제 운영의 핵심축이다. 따라서 재벌의 내부거래를 근절하는 일은 재벌체제의 해체와 맞물리는 복잡한 사안일 수밖에 없다.

재벌체제는 대개 순환출자의 고리를 통해 여러 기업을 수평적으로나 수직적으로 서로 결합하는 구조로 이루어져 있다. 경제성장 국면에서 재벌 구성 기업들은 내부 시장의 혜택을 공유하며 빠른 속도로 동반성장하고, 재벌체제는 더욱더 강화하고 그 외연도 확대된다. 문제는 경기가 침체한다든지, 시중 자금 흐름이 급격히 경색한다든지 해서 재벌 구성 기업의 어느 하나가 위기에 처하면 재벌을 구성하는 다른 기업들도 함께 위기에 휩쓸려 들어가고, 급기야 거대한 재벌체제가 붕괴하기까지 한다는 것이다. 1997년 외환위기 때 무수한 공룡 재벌이 붕괴한 이후에 재벌체제 개혁은 정치사회적 과제로 뚜렷하게 인식되었다. 재벌체제를 지주회사체제로 전환하고, 순환출자의 고리를 끊어서 재벌 구성 기업들을 각각 독립시키는 방안이 추진되었다. 그러한 방안을 법제화하는 데는 오랜 시간이 걸렸으나 그 성과는 크지 않았다. 금융 분야의 지주회사체제 구축과는 달리 재벌체제에서 순환출자 구조를 해체하고 모회사가 자회사에 출자하는 방식의 지주회사체제를 구축하기는 까다롭고 어려운 일이었다. 예컨대 삼성그룹의 일부 대기업들이 삼성물산을 중심으로 지주회사체제를 구축하였다고 하지만, 그 내부를 들여다보면 여전히 지주회사체제와는 거리가 멀다.[52] 2013년 12월에 개정

---

52 그것은 삼성물산을 이루는 기업들의 순환출자 고리가 잔존하고 있기 때문이다. 지난날 삼성그룹에 구축된 순환출자를 들여다보면 총수의 지배권 확립의 발판 노릇을 했던 삼성에버랜드에서 시작된

된 공정거래법 제9조 2항에 따라 총자본금 10조 원 이상의 재벌그룹에서는 신규 순환출자가 2014년 7월부터 금지되었고, 일정한 유예기간이 지난 뒤에는 기왕 구축된 순환출자의 고리를 끊도록 강제하는 법제도 마련되었다. 그러나 순환출자 고리의 일부를 끊었는데도 재벌체제는 여전히 건재하다.

재벌체제가 거대한 중소기업 수탈 카르텔이라는 점은 조금 더 깊이 들여다볼 필요가 있다. 자동차, 반도체, 전자통신, 중공업, 중화학, 건설 등 여러 산업 분야에서 재벌 구성 대기업들은 수요 독점의 지위를 차지하고 있기에 부품과 중간재를 납품하는 중소기업을 납품 단가 후려치기, 기술 탈취 등의 수법으로 가혹하게 수탈한다. 그렇게 수탈당하는 중소 자본은 사업장에서 자본의 독재를 강화하여 노동자들을 억압하고 착취하지 않고서는 생존할 수 없다. 그러한 수탈 카르텔은 대기업과 중소기업의 격차를 끝없이 벌리고, 대기업 노동자들과 중소기업 노동자들의 임금 격차와 복지 격차를 확대한다.[53] 그러한 수탈 카르텔은 깨져야 하고, 수탈 이득은 환수되어야 한다. 수탈 카르텔을 깨는 것은 공정한 거래 질서와 경쟁 질서를 확립하는 차원에서 재벌개혁을 추진하는 경쟁 감독 당국의 책무이고, 수탈 이득을 환수하여 수탈당한 중소기업

대순환 고리가 삼성에버랜드→삼성생명→삼성물산→삼성전자→삼성전기→삼성카드→삼성에버랜드로 이어져 있었고, 그 안에 삼성에버랜드→삼성생명→삼성물산→삼성에버랜드를 잇는 소순환 고리와 삼성물산→삼성전기→삼성SDI→삼성물산을 잇는 소순환 고리가 형성되어 있었다. 최근 삼성그룹은 모든 순환고리를 끊은 것으로 알려져 있으나, 그것은 계열의 어느 한 부분에서 출자 관계를 끊은 것일 뿐 그룹 계열사의 복잡한 기존 출자 관계가 유지되거나 계열사 합병 등을 통하여 출자 관계가 일부 조정되는 양상을 띠고 있다.

53 대기업과 중소기업 노동자들의 임금 격차와 복지 격차는 노동자들의 연대와 단결을 해치는 중요한 요인이다. 우리나라에서 대기업 노동자들이 사업장 노동조합을 고수하고 산별 노동조합 중심의 노동자 운동을 회피하는 것도 그 때문이다. 이에 관해서는 아래의 4장을 보라.

에 돌려주는 것은 세정 당국과 재정 당국의 책무이다. 그러한 이중의
조처는 재벌체제를 실효적으로 해체하는 효과가 있다. 환수한 수탈 이
득을 기금으로 만들어 중소기업의 기술 역량 증진과 노동자 복지 향상
을 위한 재원으로 활용하는 방안은 재벌개혁의 한 방안이다. 대기업의
중소기업 지배와 수탈을 방지하고 수탈 이득을 환수하기 위해서는
2006년에 제정된 「대·중소기업 상생협력 촉진에 관한 법률」을 넘어서
는 특별법 제정이 필요하다.[54]

　재벌개혁의 핵심은 '총수' 독재체제를 민주적인 기업지배구조로 대
체하는 것이다. 재벌을 구성하는 기업연합을 해체하면 '총수'는 사라질
것이다. 재벌을 구성하는 대기업들이 독립적인 대기업으로 운영된다면
그러한 대기업의 지배구조는 이미 앞에서 상세하게 설명한 경영이사회
와 감독위원회를 이원화하는 지배구조체제로 바뀌어야 하고, 노사 공
동결정제도를 구현하는 방식으로 재구성되어야 한다.

---

[54] 2006년에 제정되어 오늘에 이르고 있는 「대·중소기업 상생협력 촉진에 관한 법률」은 "대기업과
중소기업 간 상생협력 관계를 공고히 하여 대기업과 중소기업의 경쟁력을 높이고 대기업과 중소기
업의 양극화를 해소하여 동반성장을 달성"하는 것을 목적으로 한다. 그 법률은 원가절감을 위한
위탁기업과 수탁기업의 상생협력 성과의 공평한 배분(제8조), 대기업과 중소기업 간의 기술협력
촉진(제9조), 대기업과 중소기업 간의 임금 격차 완화(제18조), 대·중소기업 협력 재단의 설립(제
20조), 수탁·위탁기업 간 불공정거래행위 개선(제27조), 중소기업 고유업종 지정(제29조), 중소
기업 고유업종에 대한 대기업 등의 참여 제한(제30조) 등 주목할 만한 내용을 담고 있다. 그런데
그 법률이 위탁 대기업과 수탁 중소기업이 대등한 파트너처럼 상생협력의 주체로 마주 선다는
환상을 전제하고 있는 점, 위탁 대기업이 가격 결정력을 갖는 상황에서 위탁 대기업과 수탁 중소기업
사이의 공정거래 가격이 형성될 수 있거나 한 것처럼 가정한다는 점, 위탁 대기업과 수탁 중소기업의
임금 격차를 줄이는 구체적 방안을 제시하지 않은 점, 대기업의 중소기업 기술 탈취에 대한 대책과
벌칙이 없는 점, 대·중소기업 협력 재단의 기금 조성이 대기업의 자발적인 출연에 의존하도록
한 점 등을 놓고 볼 때 그 법률의 구속력과 실현 가능성은 거의 없다고 보아도 무방할 것이다.

5. 소결

3장에서 필자는 사업장과 기업 차원에서 노동과 자본의 공동결정제도를 구축하는 것이 사회적 경제민주주의를 실현하는 방안이라는 점을 논증했다. 이를 위해 필자는 노동권과 소유권의 상호 불가침성과 상호 제한성에 관한 윤리적 판단과 헌법 규범을 출발점으로 삼고, 독일의 노사결정제도를 면밀하게 분석·평가하고, 우리나라에서 노동의 경영 참여와 노사협력의 실제 현실을 분석하여 그 문제를 드러내고, 노사 공동결정제도의 설계안을 제시했다. 그 내용을 정리하면 다음과 같다.

첫째, 사업장 수준과 기업 수준의 노사 공동결정은 인간 존엄성 존중의 원칙과 참여의 원칙을 노동과 자본의 관계에서 구현하기 위한 지침의 성격을 띠기에 윤리적으로 정당화된다. 노동자는 노동하거나 노동하지 않거나 언제나 존엄한 인간이며, 주체적이고 자주적인 인간으로서 일하고, 노동조건에 영향을 미치는 일을 결정할 때 의사결정 과정에 참여하여 함께 결정할 권리가 있다.

둘째, 사업장과 기업 차원의 노사 공동결정제도는 법률적 관점에서는 노동권과 소유권의 상호 불가침성과 상호 제한성을 인정하는 헌법 규범에 따라 자본의 독재를 해체하고 노동과 자본의 관계를 민주화하는 방식이다. 노사 공동결정은 노동권을 통해 소유권의 행사를 제한하는 것이 핵심이므로 기본권 제한에 관한 헌법 규범에 따라 반드시 법제화되어야 한다.

셋째, 독일의 노사 공동결정제도는 1951년의 「몬탄 공동결정법」, 1952년의 「사업장조직법」, 1976년의 「공동결정법」 등 세 가지 법률에 근거하여 회사의 종류와 규모별로 다르게 조직되고 운영되며, 노사 공동결정의 수준도 법률에 따라 다르다. 독일의 노사 공동결정제도의 가장 큰 특색은 두 가지다. 하나는 종업원 5인 이상의 사업장에서 노동자들이 사업장 대표 기구를 평의회 형태로 민주적으로 구성하고 노동자 대표 기구와 사용자가 공동협의, 공동관여, 공동결정을 통해 사업장 협정을 체결하고 사업장 노사관계를 형성할 수 있도록 한 것이다. 다른 하나는 종업원 1천 명 혹은 2천 명 이상의 기업에서는 노동자 대표가 직접 경영이사회에 참가하지 않고 경영이사회를 감독하고 통제하는 감독위원회에 참가하는 방식으로 노사 공동결정을결정제도화하였다는 것이다. 그것은 노동과 자본의 기능이 다르고 사용자에 종속된 노동자가 사용자의 역할을 맡는 이사의 직위를 갖는 것이 조직 원리에 맞지 않는다는 점을 고려한 것이라고 볼 수 있다. 독일에서 발전한 경영이사회와 감독위원회의 이원적 이사회체제도 그러한 공동결정 방식을 실현하는 데 유리한 조건이 되었다.

넷째, 독일의 몬탄 공동결정제도는 노동권과 소유권의 상호 불가침성과 상호 제한성을 다른 어떤 노사 공동결정제도에서도 볼 수 없을 정도로 높은 수준에서 실현한 탁월한 실례다. 그것은 몬탄 공동결정제도가 노동과 자본의 대표가 감독위원회에 동수로 참가하고 감독위원회 의장의 중립성이 실질적으로 보장되어 감독위원회에서 노동과 자본의 권력 균형이 이루어졌다는 점, 그로 인해 숙의를 통한 민주적 공동결정이 제도적으로 강제된다는 점, 경영이사회에서 인사정책과 사회정책을 맡는 이사가 감독위원회 노동위원 과반수의 반대로 임면되지 못하게 해서 기업의 인사정책과 사회정책이 경제정책에 의해 휘둘리지 않게 한 점 등에서 드러난다.

다섯째, 물론 소유권 해석의 물권 편향성을 극복하지 못한 독일의 자유주의적 헌정 질서에서 경영자의 경제정책에 대한 노사 공동결정을 포함하는 본래적 의미의 공동결정은 몬탄 공동결정제도에서도 아직 확립되지 않았다. 「몬탄 공동결정법」은 경영이사회를 감독하고 통제하는 감독위원회에 관한 법이고, 몬탄 산업 부문의 사업장 수준에서는 「사업장조직법」이 규정하는 사업장평의회가 사용자와 함께 사업장 협의회를 구성하여 사회정책과 인사정책뿐만 아니라 경제정책도 조율하기 때문이다. 사업장 경제정책은 정보 제공과 협의의 대상이지 공동결정의 대상이 아니다. 독일의 노사 공동결정제도는 경영자가 경제정책의 집행 결과에 책임을 지는 방식인 사회계획에 관해 노동과 자본이 공동결정을 하도록 규정하고 있을 뿐이다.

여섯째, 우리나라에서 노사 공동결정제도를 법제화하는 것은 두 차례나 국가권력을 찬탈한 군사 정부가 남겨 놓은 노동 억압적이고 노동 배제적인 노사관계를 청산한다는 의미가 있다. 우리나라에서 군사정권이 노사협력을 법제화하기 위해 제정한 「노사협의회법」은 더 말할 것도 없고, 그 법률의 골격을 그대로 유지한 채 부분적 개정에 그친 「근참법」은 노동과 자본의 공동결정이 노동의 소외를 극복하고 노동과 자본의 사회적 파트너 관계를 실현하는 데 필요조건이 된다는 인식과는 동떨어진 법률이다. 현행 법률을 개정해서 노사 공동결정을 구현할 가능성은 없어 보인다. 따라서 기존의 법률을 폐지하고 노사 공동결정에 관한 법률을 새로 제정해야 한다.

일곱째, 우리나라에서 노사 공동결정제도는 노동권과 소유권의 상호 불가침성과 상호 제한성을 인정하는 헌법 규범에 따라 법제화되어야 한다. 법제화에서 유념해야 할 점은 다섯 가지다. 1) 노동자가 경영이사회에 직접 참가하기보다는 경영이사회를 감독하고 통제하는 감독위원회에 참가하는 방식으로 노사 공동결정제도가 설계되어야 한다는 것이다. 2) 이를 위해서는 경영이사회와 감독위원회를 구분하고 감독위원회가 경영이사회의 임면을 포함해서 경영이사회를 실효적으로 감독하고 통제하는 권한을 부여하는 법 개정이 이루어져야 한다. 3) 감독위원회는 노사 동등권의 원칙에 따라 조직되어 노동과 자본의 권력 균형을 이루어야 하고, 그 권력 균형은 어느 경우든 훼손되어서는 안 된다. 그러한 권력 균형은 사업장과 기업에서 노동과 자본이 숙의에 따른 민주적 결정을 내릴 수 있도록 하는 조건이다. 4) 경영이사회에서 인사정책과 사회정책을 맡는 이사는 감독위원회 노동 위원 과반수가 반대하는 경우 임면되어서는 안 된다. 5) 사업장과 기업 수준의 노사 공동결정을 법제화할 때 사회정책에 관한 노동과 자본의 완전한 공동결정, 인사정책에 관한 노동과 자본의 공동관여, 경제정책에 관한 노동과 자본의 사전 동의와 경영자가 경제정책의 집행 결과에 책임을 지는 방식에 관한 노동과 자본의 공동결정이 명시되어야 한다.

여덟째, 우리나라에서 엄청난 경제 권력을 장악하고 내부거래를 일삼고 중소기업을 수탈하고 사업장과 기업에서 자본의 독재를 실현하고 있는 재벌체제는 해체되어야 한다. 재벌체제의 해체 과정에서 민주적인 기업지배구조를 구축해야 하고, 그 핵심은 노동과 자본의 공동결정제도이다.

아홉째, 노사 공동결정제도는 단체교섭과 그 성질과 논리가 다르다. 노동과 자본은 이해관계의 대립 속에서도 서로 협력하여야 한다. 단체교섭은 서로 대립하는 노동과 자본의 이해관계에서 비롯되는 계급투쟁의 제도화된 형식이고, 공동결정은 노동과 자본의 협력을 제도화하는 방식이다. 공동결정은 단체교섭을 대체하지 않고, 그 반대도 마찬가지다. 공동결정과 단체교섭은 노동자의 권익을 최대화하기 위해 같이 가지만 서로 혼합되어서는 안 된다. 그런 점에서 공동결정과 단체교섭이 하나의 사업장에서 진행되는 방식보다는 산별 수준에서 노사 교섭을 벌이고 사업장과 기업 수준에서 공동결정을 진행하는 방식으로 이원화하고 두 제도의 연결 고리를 마련하는 것이 공동결정과 단체교섭의 성질과 논리에 부합한다.

노사 공동결정제도와 단체교섭은 모두 노동자가 존엄한 인간으로서 주체적이고 자주적으로 노동하는 조건을 만들어 내는 데 필요한 제도들이다. 노사 공동결정제도는 단체교섭제도가 없다면 제대로 힘을 발휘하지 못할 것이고, 단체교섭제도는 노사 공동결정제도 없이는 사업장과 기업에서 노동자의 현실에 제대로 발을 딛고 서 있기 어려울 것이다. 그러한 전제 아래서 이제는 장을 바꾸어 노동자들의 단결된 힘과 강력한 연대에 바탕을 두고 전개되는 계급투쟁의 순치된 형식인 단체교섭제도를 살피기로 한다.

4장
산별교섭의 제도화

단체교섭은 노동자들이 노동조합을 통하여 사용자와 노동계약을 체결하는 방식이다. 노동계약은 노동자와 사용자가 자유로운 행위 주체로서 임금, 노동시간, 노동 여건 등에 관해 임의로 맺는 계약이다. 그런데 시장경제체제에서 노동자는 사회적 약자이고 사용자는 사회적 강자이기에 노동자들은 단결을 통해 힘을 모아 사용자와 단체로 노동계약을 체결하려고 들기 마련이다. 그러한 집단적 교섭 방식은 자본주의적 기업이 탄생하고 발전하는 초기부터 노동자들의 강력한 요구였고, 노동조합이 합법화된 뒤에는 단체교섭으로 제도화되었다. 단체교섭의 결과인 단체협약은 그 협약을 체결한 노동조합이 대표하는 사업장과 기업의 노동자와 사용자에게 계약법적 구속력을 갖는다.

조금 더 깊이 들여다보면 단체교섭은 시장경제체제에서 서로 대립적인 노동자와 사용자의 이해관계를 조율하기 위해 노동자와 사용자가 권력관계를 매개하여 협상하는 과정이다. 그러한 협상의 이면은 노동자와 자본가가 이해관계를 둘러싸고 힘을 겨루는 계급투쟁이다. 단체교섭이 결렬되면 그러한 계급투쟁은 협상의 외피를 깨고 노동 쟁의와 사업장 폐쇄, 파업과 파업 분쇄라는 형식으로 적나라하게 전면화한다. 자유주의적 헌정 질서에서 단체행동권을 노동3권의 하나로 인정하는 것은 노동자들의 실력행사가 실질적으로 보장되지 않으면 단체교섭이 실효적으로 이루어질 수 없다는 인식이 공유되었다는 것을 뜻한다.

그렇다면 우리나라에서 단체교섭은 어떻게 제도화되어 있는가? 우리나라의 지배적인 단체교섭제도의 문제는 무엇인가? 우리나라 단체교섭제도는 어떻게 바뀌어야 하는가? 아래서는 그 문제들을 차례대로 다룬다.

1. 우리나라 단체교섭제도의 변화

우리나라에서 단체교섭제도는 사업장 단체교섭제도와 산업별 단체교섭제도를 번갈아 가면서 운용해 온 진기한 역사를 기록했다. 그것은 노동 억압과 탄압 그리고 그에 대한 노동자들의 저항과 투쟁으로 점철되어 온 역사이기도 했다.

해방 이후 1960년대 초까지는 사업장 단체교섭제도가 지배적이었다. 해방 직후 전투적인 노동조합전국평의회 운동이 가라앉고 한국전쟁을 거치면서 노동조합 지도자들이 제거되자 전국 단위의 산별 노동조합 중심의 노동자 운동은 구심점과 동력을 잃었다. 1963년 박정희 군사정권은 「노동조합법」 개정을 통해 기존의 노동조합을 해산하고 산별 노동조합을 설립하게 했고, 산별 단체교섭을 기본협약으로 하고 산별 노동조합의 지부를 통해 사업장 보충협약을 체결하는 방식을 제도화했다.[1] 언뜻 보면 진취적인 제도개혁처럼 보이지만, 박정희 군사정권은 경제발전 계획과 재정계획, 산업정책과 기업정책, 자본축적과 배분 등을 총괄하는 총 자본가로서 그러한 법률 개정을 통해 사업장 기반이 없는 산별 노동조합을 허수아비처럼 세워놓고서 노동 억압과 노동 배제의 정책을 노골적으로 전개했다. 산별 노동조합은 어용화되었고, 노동자들을 탄압하는 역할을 맡기까지 했다. 1970년 외국인 투자기업에서 단체행동을 금지하는 조치를 시작으로 「국가보위에 관한 특별법」 체제 아래서 단체교섭과 단체행동은 철저하게 억압되었다.

1972년 유신체제가 들어선 뒤에 독재정권의 노동 탄압은 더 가혹하게 진행되었다. 유신 정권은 산별 노사 교섭제도가 작동할 수 없는 상태로 만들어놓은 다음에 1973년 「노동조합법」 개정을 통해 산별 노사 교섭의 법률적 근거를 아예 삭제했다.[2] 유신체제에서 단체교섭은 다시 사업장 노사 교섭으로 전환하였고, 사업장 노사 교섭은 무력화되었다. 1980년 전두환 군사정권은 「노동조합법」과 「노동쟁의조정법」에 아예 '제3자' 조항을 신설하여 산별 노동조합의 사업장 개입을 금지하고, 사업장 단체교섭을 강제했다.

1987년 민주화 운동과 노동자 대투쟁 이후 노동 억압적인 노동법 조항들은 수정되기 시작했다. 「노동조합법」과 「노동쟁의조정법」에서 '제3자' 조항은 삭제되었다. 또한 단체교섭의 권한을 규정하는 「노동조합법」 제33조 1항이 전문 개정되어 사업장 단체교섭과 산업별 단체교

---

1 그러한 제도화의 법률적 근거는 1963년 「노동조합법」 제33조 제1항과 제2항이다. "제33조 (교섭권한) ①노동조합의 대표자 또는 노동조합으로부터 위임을 받은 자는 그 노동조합 또는 조합원을 위하여 사용자나 사용자단체와 단체협약의 체결 기타의 사항에 관하여 교섭할 권한이 있다. ②전항의 규정에 의한 노동조합의 대표자에는 전국적인 규모를 가진 노동조합의 산하지부의 대표자도 포함한다."

2 1973년의 「노동조합법」 개정에서는 산별 노사 교섭의 근거 조항이었던 제33조 제2항을 삭제했다.

섭이 모두 가능해지게 했다.3

그런데 노동자들은 1987년 민주화 운동과 노동자 대투쟁의 연장선 상에서 어용노조를 무너뜨리고 사업장에 민주적인 노동조합을 결성하는 데 힘을 집중했고, 산별 노동조합을 건설하고 산별 노사 교섭을 제도화하는 데는 관심이 없었다. 그러한 노동자들의 전략은 두 가지 이유에서 선택되었다. 첫째는 노동자들이 독재정권과 유착관계에 있었던 한국노동조합총연맹 산하의 산별 노동조합제도를 철저하게 불신했기 때문이다. 노동조합의 사업장 단위 조직이 그러한 산별 노동조합에 들어가는 일은 있을 수 없다고 여겨졌다. 둘째, 앞의 첫째 이유와 긴밀히 맞물린 것이지만, 노동자들이 사업장 단위에서 권력을 결집하는 것이 어용노조를 고립시키며 민주적인 노동조합 운동을 강화하는 길이라고 믿었기 때문이다.

노동자들은 사업장 노동조합을 통해 힘을 결집해서 임금 상승과 노동 여건 개선에 큰 진전과 성취를 경험했다.4 사업장 노동조합 운동에 성공한 노동자들은 1990년대 초에 사업장 노동조합 운동을 넘어서서 지역별·업종별 노동조합 연합 운동을 펼치고 전국노동자연합을 결성하여 활동했다. 그런데 그것은 노동자계급의 투쟁 역량을 강화하기 위한 기획이었지, 산별 노동조합을 조직하고 산별 단체교섭을 구축하기 위한 활동이 아니었다.

---

3 1987년 「노동조합법」 "제33조 (교섭권한) ①노동조합의 대표자 또는 노동조합으로부터 위임을 받은 자는 그 노동조합 또는 조합원을 위하여 사용자나 사용자단체와 단체협약의 체결 기타의 사항에 관하여 교섭할 권한이 있다. 다만 사용자단체와의 교섭에 있어서는 단위노동조합의 대표자 중에서 그 대표자를 선정하거나 연명으로 교섭할 수 있다."[개정 1987. 11. 28.]

4 한국노동연구원 「2001 KLI 노동통계」를 보면, 10인 이상 사업장의 실질임금 상승률은 1987년 노동자 대투쟁을 전후로 해서 큰 변화가 있었음을 알 수 있다. 실질임금 상승률은 1981년부터 1987년까지 연 6% 정도였으나, 1988년부터 1990년까지는 연 13.5%로 크게 올랐다.

1997년 「노동조합 및 노동쟁의조정법」이 제정되어 복수노조 금지 조항이 삭제되자 한국노동조합총연맹 산하의 산별 노동조합에 등을 돌렸던 노동자들도 산별 노동조합을 결성할 명분을 얻게 되었다. 그들이 산별 노동조합을 결성해야 한다고 절실하게 인식하게 된 결정적인 계기는 IMF 경제신탁의 핵심 사항이었던 노동시장 유연화와 대량 실업 사태였다. 1997년 IMF가 외환위기를 겪는 한국 정부에 특별인출권을 발행하면서 채무 이행 조건으로 내세운 노동시장 유연화 등 가혹한 구조조정 프로그램은 노동조건에 결정적인 영향을 미쳤지만, 외부로부터 사업장에 가해지는 노동조건 변화에 사업장 노동조합은 전혀 대응할 수 없었다. 가혹한 고용조정으로 인해 대량 실업이 발생하고, 임금 삭감이 강요되고, 비정규직 노동자의 규모가 전체 노동자의 50%에 육박하는 노동시장의 급격한 변화와 내부 노동시장의 분단에 직면한 노동자들은 산별 노동조합을 결성하여 그것에 대응하고자 했다.[5] 그러나 산별 노동조합 건설 운동은 지지부진했다. 그 운동이 본격화된 1998년 이후 2004년까지 전국 차원에서 조직된 산별 노동조합은 의료산업노동조합, 금속산업노동조합, 금융산업노동조합 등 셋에 불과했고, 그것은 지금도 마찬가지다.[6]

---

5 이은숙, "산별노조 건설운동의 쟁점," 산별노조운동연구팀, 『산별노조운동의 역사와 과제』(서울: 도서출판 현장에서 미래를, 2003), 32.

6 보건의료산업노동조합은 1998년에 설립되었고, 금속산업노동조합은 2001년, 금융산업노동조합은 2004년에 설립되었다.

2. 사업장 단체교섭을 산별 단체교섭으로 전환하여야 할 이유

우리나라에서는 여전히 사업장 단체교섭이 지배적이다. 산별 단체교섭이 진행되는 산업 부문은 금속, 금융, 의료보건 산업 부문뿐이고, 금속 산업 부문에서는 소수의 중소기업이 산별 단체교섭에 참여하고, 철강, 자동차, 중공업 산업 분야의 대기업 노동자들은 산별 노동조합에 가입하고 있으면서도 산별 단체교섭에 참여하지 않고 사업장 단체교섭에 집중하고 있는 형편이다.

우리나라에서 사업장 노동조합의 활동은 1987년 민주화 이후에 비로소 정부의 탄압에서 벗어났으니, 사업장 노동조합을 통해 단체교섭이 이루어지는 것만 해도 큰 진전이라고 볼 수 있다. 노동조합이 결성된 사업장에서 노동자의 권리와 이익을 더 많이 실현하게 된 것은 분명히 사업장 노동조합의 활동과 사업장 단체교섭의 덕이다. 그런 점에서 사업장 단체협약의 기능과 의의는 중시되어야 한다.

그러나 사업장 중심의 단체교섭은 그 한계가 뚜렷하다. 무엇보다도 사업장에 속한 노동자와 사용자가 이해관계가 첨예하게 엇갈리는 임금, 노동시간, 노동 여건 등에 관한 협상을 벌이고 합의에 도달하는 과정에서 노동과 자본 사이의 기울어진 권력관계가 작동한다. 그러한 권력관계는 협상 과정에서 다양하게 드러난다. 사용자는 협상 상대인 사업장 노동자에게 심각한 정치적 압박과 사회심리적 압력을 가할 수 있다. 사용자는 사업장에서 노동자의 권력이 형성되지 않도록 할 수 있는 모든 일을 다 하려고 한다. 심지어 사용자는 노동자가 교섭의 결렬을 선언하고 단체행동에 나설 마음을 먹지 않도록 노동쟁의조정법의 까다로운 법률 규정을 앞세우고, 그 법률 규정의 털끝 하나라도 건드리기만 하면 이른바 '불법 파업'으로 규정하여 그에 따르는 손해를 배상하는 소송을 걸고, '불법 파업'을 조직한 노동자들의 재산과 임금에 대한 가압류 조처를 하겠다고 으름장을 놓고 또 실제로 그렇게 하고 있다. 노동과 자본의 경사진 권력관계는 교섭 테이블에 마주 앉은 사용자와 노동자의 심각한 정보 비대칭 관계로 나타나기도 한다. 경영 정보를 독점하고 있는 사용자는 노동자에게 충분한 정보를 주지 않으려는 경향이 있고, 그러한 정보 비대칭은 노동자가 사용자의 교섭 태도의 성실성과 제안의 진정성을 신뢰하지 못하고 행동주의로 나아가게 하는 결정적인 요인이 된다.

사업장 중심의 단체교섭이 안고 있는 또 다른 한계는 그 교섭이 사업장 수준에서 노동의 이해관계와 자본의 이해관계를 단기적으로 조율하는 데 매몰되기 쉽다는 것이다. 그렇게 되면 사업장 중심의 단체교섭은 산업 부문의 변화와 발전, 국민경제의 발전 동향 등을 폭넓게 고려하면서 장기적인 관점에서 노동의 이해관계와 자본의 이해관계를 조율할 수 없게 된다. 또한 사업장 단위의 노사 교섭은 사업장 바깥에서 결정되어 사업장 노동조건에 엄청난 영향을 미치는 정부의 노동정책이나 노동시장정책에 효과적으로 대응할 수 없다. 그것을 보여주는 단적인 예를 한 가지 든다면 노동계약의 형식에 따라 정규직 노동자와 비정규직 노동자가 갈라지고, 내부 노동자와 파견 노동자가 갈라지는 노동시장 분단에 직면해서 사업장 중심의 노사 교섭은 문제 해결의 엄두를 내지 못한 채 노동자 신분에 따른 임금 차별을 용인하는 단체협약으로 끝나는 경향을 보였다는 것이다.

산별 노동조합은 노동자들이 단결하여 자본가에 맞서는 사회적 권력을 형성하는 최적의 방식이다. 사업장 단위에서 노동조합을 조직하는 것이 의미가 없는 것은 아니지만, 사업장 노동조합은 자본의 사회적 권력에 맞서는 최적의 기구가 아니다. 왜냐하면 자본의 사회적 권력은 사업장 안에서 자본의 노동 포섭과 생산수단의 지배라는 형식으로 나타나지만, 그 권력의 원천은 사업장을 초월하는 총 자본가인 국가에 있기 때문이다. 자본주의 경제가 존속한 한, 국가는 자본의 생산과 재생산 조건을 유지하는 역할을 맡고, 자본의 존립 근거를 헌정 질서의 수준에서 보호한다. 그런데 국가는 그러한 총 자본가의 역할에 충실하면서도 겉으로는 노동과 자본에 대해 중립적인 태도를 보여야 한다. 국가가 노동과 자본의 어느 한 편에 일방적으로 서지 않는 모습을 보이는 것은 사회적 통합에 결정적이다. 그와 같이 노동과 자본과 국가가 자본주의 경제체제에서 맺고 있는 관계를 놓고 보면 노동자들이 자본의 권력에 맞설 수 있는 가장 유력한 방안은 사업장을 초월하는 산업 부문에서 노동조합을 결성하고 산업 부문 차원의 파업을 통해 한 나라 경제를 마비시킬 수 있는 실력을 갖추는 것이다. 오직 그러한 사회적 권력을 확보할 때만 노동자들은 자본가들의 막강한 사회적 권력에 맞설 수 있고 총 자본가로서의 국가를 움직일 수 있다. 국가는 노동과 자본의 극한적인 대립과 갈등이 자본의 재생산 조건을 파괴하는 것을 방지하기 위해 노사관계에 관여하는 조정과 중재의 제도를 두고 있다. 산별 노동조합은 노동자들의 사회적 권력을 효과적으로 조직하는 방식이고, 노동과 자본의 권력 균형을 이룩하는 거의 유일한 방식이라고 볼 수 있다. 일찍부터 노동조합이 발달한 유럽에서 산별 노동조합이 지배적인 형태가 된 것은 노동자들이 사회적 권력 균형의 중요성을 인식하였기 때문이다.

산별 노동조합이 조직되면 단체교섭은 산별교섭체제로 전환될 수밖에 없다. 사용자가 산별 노동조합을 상대로 해서 노사 교섭을 하기에는 너무 큰 부담이기 때문에 사용자들은 사용자단체를 결성하기 마련이다. 산별 노동조합과 사용자단체 사이에서 이루어지는 산별교섭은 사적 자치의 영역이며, 단체교섭의 자율성은 국가에 의해 침탈될 수 없다. 산별교섭은 사업장을 초월한 협상이기에 사업장 중심의 단체교섭에서 나타나는 권력 현상에 시달릴 필요가 없다. 사용자단체는 산별 노동조합의 권력이 자신들의 사회적 권력에 맞설 만큼 충분히 강하다는 것을 의식하지 않을 수 없다. 산별교섭은 국민경제의 발전 추세, 정부의 산업정책, 사회정책, 재정정책 등을 충분히 고려하고 산업 부문의 발전 방향과 발전 속도에 유의하면서 장기적인 관점에서 노동의 이해관계와 자본의 이해관계를 조율하는 역량을 발휘할 수 있다. 그렇게 되면 사회적 평화가 수립되고 국민경제가 발전할 수 있는 유리한 조건이 마련된다.

산별교섭은 해당 산업 부문에 종사하는 모든 노동자의 노동조건을 결정하는 역할을 하기에 무엇보다도 먼저 동일노동 동일임금의 원칙에 충실할 수밖에 없다. 신자유주의적 시장경제가 들어선 뒤에 비정규직 노동자와 파견직 노동자가 급격히 늘었어도 산별교섭이 발달한 나라들에서는 노동계약 형식에 따르는 임금 차별이 거의 나타나지 않았다. 그것은 노동계약 형식에서 발생한 노동자 신분에 따라 극심한 임금 차별이 나타나는 우리나라의 사업장 중심 노사 교섭과는 크게 대조된다. 동일노동 동일임금의 원칙이 확립되면 노동계약의 형태와 관계없이 모든 노동자는 상여금 지급, 초과 노동에 대한 보상, 작업환경 등에서 같은 대우를 받을 수 있다.

산별협약은 산별 노동조합이 대표권이 있는 사업장에서 효력을 갖는다. 산별 노동조합이 발달하고 산별교섭이 정착한 유럽 국가들, 특히 독일에서는 해당 산업 부문 사업장의 절반 이상이 산별협약을 수용하면 산별협약은 해당 산업 부문의 모든 사업장에서 법률에 버금가는 구속력을 갖게 된다.7 사업장에서 사업장협약 형식으로 보충협약이 진행될 수 있지만, 보충협약의 내용은 산별협약의 내용보다 더 나을 수는 있어도 그것에 미치지 못할 수는 없다. 바로 이 대목에서 주목할 것은 산별협약에서 결정된 임금 수준이 해당 산업 부문에서 최저 임금의 기준이 된다는 점이다. 최저 임금을 지급할 수 없는 사업장은 구조조정의 대상이 될 수밖에 없다. 언뜻 보면 그러한 산별협약의 내용은 매우 가혹한 성격을 갖는 듯하지만, 그러한 협약은 장기적으로 산업 부문의 임금 수준을 평준화하고 산업 발전에 필요한 산업구조조정을 촉진하는 효과

---

7 이를 가리켜 '산별협약의 효력 확장'이라고 한다. 산별협약의 효력 확장은 산별교섭제도를 강화하는 매우 중요한 메커니즘이다. 설사 노조조직률이 낮다 하더라도 산별노조가 사용자단체와 체결한 산별협약은 효력 확장을 통해서 노동조합이 조직되지 않은 모든 사업장의 노동자들을 보호하는 효력을 발휘하기 때문이다.
독일에서 산별협약은 "1. 단체협약이 그 적용 영역에서 근로조건을 형성하는 데 압도적인 중요성을 갖게 되었거나, 2. 바람직하지 않은 경제발전의 결과로부터 단체협약의 효력을 보호하기 위해 일반적 적용 가능성 선언이 필요한 경우," 단체교섭위원회의 합의를 거쳐 노동사회부장관이 산별협약의 보편적 적용을 선언할 수 있다(Tarifvertragsgesetz 5조 1항). 독일 단체교섭법에는 구체적인 수치가 명시되어 있지 않고 '압도적 중요성'이라는 문언만이 나와 있지만, 일반적으로 산별협약이 산업 부문에 속하는 50% 이상의 사업장에 적용되는 경우 그 산별협약의 일반 적용이 선언된다.
산별협약의 일반 적용은 산별교섭이 발달한 독일, 오스트리아, 네덜란드, 스페인, 그리스, 불가리아, 슬로바키아 등에서 채택되고 있으며, 중앙교섭이 발달한 프랑스, 벨기에, 아일랜드, 슬로베니아 등에서도 채택되고 있다. 이에 관해서는 편집국, "산별 단체교섭과 단체협약 효력 확장," 「노동사회」 125(2013), 표 5: 1990년 이후 유럽연합 각국의 단체교섭제도 변화, 출처: http://klsi.org/bbs/board.php?bo_table=B07&wr_id=1392 (2024년 2월 3일 다운로드)를 보라. 앞의 표 5에는 산별교섭제도가 발달한 이탈리아가 언급되어 있지 않는데, 이탈리아에는 최저 임금이 사업장에 적용되는가를 법원이 심사하는 제도가 있어서 단체교섭의 효력 확장을 기능적으로 대체하는 제도적 장치가 있다. 유럽에서 단체교섭의 효력 확장제도가 아예 없는 나라는 영국, 스웨덴, 노르웨이뿐인데, 영국은 앵글로-색슨 국가의 전통과 자유주의적 사상 기반 때문에 본래 단체협약의 효력 확장 조항이 없었고, 스웨덴과 노르웨이는 노조 조직률이 높아 단체협약의 효력 확장이 필요가 없었다. 이에 관해서는 배규식·이승협·조용만·김종법·이주희, 「유럽의 산별 단체교섭과 단체협약 연구」 한국노동연구원 정책자료 2008-1(2008): 45-49를 보라.

가 있기에 불가피한 측면이 있다. 다만 그러한 협약은 사업장 구조조정으로 인해 일자리를 잃는 노동자들의 재교육을 지원하는 산업 부문 차원의 사회계획을 통해 보완되어야 한다.

산별협약을 구속력 있는 기본협약으로 삼고 사업장협약을 보충협약으로 삼을 때 보충 교섭의 주체는 누구인가? 많은 경우 사업장협약의 주체는 사업장에서 대표되는 산별 노동조합의 지부이지만, 노사 공동결정제도가 정착한 독일에서는 사업장평의회와 사용자가 참여하는 사업장 노사협의기구이다. 만일 우리나라에서 노사 공동결정제도가 자리를 잡는다면 우리나라 역시 노사협의회가 사업장협약을 체결하는 방향으로 가는 것이 적절하다고 본다. 그것은 노동조합이 산업 부문 수준에서 조직되고 노사협의기구가 사업장 수준에서 조직되어 두 기관이 노사협약의 위상과 과제에 맞게 서로 보완하고 협력하는 것이 조직 원리에 부합한다고 판단되기 때문이다.

3. 우리나라에서 산별교섭제도를 정착하기 위해 고려할 점

위의 제1절에서 보았듯이 1987년 노동법 개정을 통해 산별교섭의 길이 열렸지만, 노동조합의 민주화를 추진했던 노동자들은 산별 노동조합을 조직하는 데 나서지 않았다. 1997년 노동법 개정을 통해 초기업 수준에서 복수노조를 설립할 수 있는 길이 열리면서 비로소 노동자들은 산별 노동조합과 산별교섭에 나서기 시작했다. 그러나 우리나라에서 산별 노동조합의 조직은 더디게 이루어지고 있다. 그렇게 되는 까닭을 알아야 산별 노동조합 결성을 촉진하고 산별교섭을 활성화하는 방안을 찾을 수 있을 것이다.

우리나라에서 보건의료, 금속, 금융 산업 부문 이외에 다른 산업 부문에서 산별 노동조합이 조직되지 않는 까닭은 동일 산업 부문의 대기업과 중소기업의 격차가 너무 크고, 노동시장 분단으로 인해 정규직과 비정규직, 기업 내부 노동자와 파견 노동자 사이의 임금 격차가 너무 크기 때문이다. 그러한 상황에서 대기업 정규직 노동자를 중심으로 한 사업장 노동조합은 산별 노동조합을 결성하려는 시도를 도외시하고, 심지어 그 발목을 잡는 자기중심적인 행태를 보인다. 그것은 동일노동 동일임금의 원칙을 교섭의 기본으로 삼는 산별교섭 무용론으로 귀결되기까지 한다. 실제로 금속산업노동조합이 결성될 때 철강, 자동차, 중공업 분야의 사업장 노동조합은 산별 노동조합에 가입하지 않았고, 2006년 산별 노동조합에 가입한 뒤에는 산별교섭을 거부하고 사업장 교섭을 고수하는 모습을 보였다.

대기업 노동조합이 사업장 노동조합과 사업장 단체교섭을 선호하고 산별 노동조합과 산별교섭을 경원시하는 태도를 거꾸로 뒤집으면, 산별 노동조합과 산별교섭을 추진할 때 먼저 고려할 구체적인 사항들이 분명하게 드러난다. 이래서는 그러한 구체적인 고려 사항들을 말한 뒤에 조금 더 보편적인 고려 사항을 말하고자 한다.

3.1. 대기업과 중소기업의 격차 해소

대기업 노동조합이 산별 노동조합에 소극적인 태도를 보이게 하는 결정적인 요인, 곧 대기업과 중소기업의 격차는 산별 노동조합이 나서서 문제 해결의 물꼬를 터야 하는 사안이다. 동일 산업 부문의 대기업과 중소기업 사이에서 나타나는 임금, 노동시간, 노동 여건의 격차는 자본 투자 규모의 차이와 노동생산성의 차이에서 비롯된 측면이 크다고 말할 수 있지만, 조금 더 깊이 파헤쳐 들어가면 대기업과 중소기업의 위탁-수탁 관계의 수직적 위계질서에 비롯된 수탈의 결과라는 측면도 간과할 수 없다. 그러한 수직적 위계질서가 이제까지 위탁 대기업의 수탁 중소기업에 대한 수탈의 기반이라는 것은 숨길 수 없는 현실이었다. 그러한 수탈은 중소기업에서 임금 상승 여력을 갉아먹고, 기술을 도입하거나 개발할 역량을 파괴한다.

그러한 상황에서 대기업 노동자와 중소기업 노동자는 서로 연대해서 수탈 구조를 깨뜨리는 산별협약을 추구해야 마땅하다.[8] 여기서 스웨덴의 연대임금정책을 원용해서 한 가지 제안하고 싶은 것이 있다. 동일 노동 동일임금의 원칙에 근거하여 산업 부문 수준에서 연대임금정책을 추구하는 산별협약을 체결하고, 연대임금정책의 효과로 대기업에 축적되는 초과이윤을 산별 공동기금에 출연하게 해서 단체교섭이 적용되는 사업장의 노동자 복지와 기술개발을 획기적으로 지원하자는 것이다.[9]

---

8 만일 대기업 노동자가 자신의 탁월한 '역량'으로 대기업에 취직한 것이어서 대기업이 중소기업을 수탈하여 얻은 이득으로 대기업 노동자에게 주는 많은 임금을 받을 '자격'이 있다고 생각한다면, 그것은 문자 그대로 병든 능력주의일 것이다. 그러한 병든 능력주의가 대기업 정규직 노동자를 중심으로 한 대기업 노동조합의 이기주의를 강화하는 한 요인이다. 그러한 능력주의에 대한 비판으로는 마이클 샌델/함규진 옮김, 『공정하다는 착각: 능력주의는 모두에게 같은 기회를 제공하는가』 (서울: 와이즈베리, 2020), 216ff.를 보라.
9 그러한 산별협약이 「대·중소기업 상생협력 촉진에 관한 법률」의 비현실성 넘어서서 대기업 노동자와 중소기업 노동자의 연대와 상생협력을 실현할 것이다.

3.2. 산별교섭제도의 유연성

사업장 노동조합이 산별교섭에 거부감을 느끼는 것은 산별교섭에 대한 이해가 충분하지 않기 때문이다. 그러한 오해 가운데 가장 전형적인 것은 산별교섭이 동일노동 동일임금의 원칙을 산업 부문의 모든 사업장에 일률적으로 적용하기에 산별협약이 경직성을 띤다는 것이다. 물론 산별교섭은 산업 부문의 모든 사업장에 적용되는 임금, 노동시간, 노동 여건에 관한 기본협약을 체결하는 것이 목표이고, 임금에 관해서는 동일노동 동일임금의 원칙을 중시한다. 그러나 산별협약은 사업장 협약을 배제하는 경직된 협약이 아니다. 산별협약의 우선성과 사업장협약의 보충성은 산별협약의 두 기둥이고, 그것이 산별협약제도의 유연성을 보장한다.

산별 노동조합이 조직된 보건의료, 금속, 금융 산업 부문에서 산별교섭이 제자리를 잡아가고 있는 것은 산별협약을 사업장의 특수한 여건에 맞게 유연하게 적용할 수 있기 때문이다. 금융 산업 부문에서는 산별협약이 가이드라인을 제시하고 사업장협약이 보충협약 형식으로 진행되고 있다. 금융 산업 부문의 업무가 표준화되어 있기에 가이드라인의 구속력은 강한 것으로 평가된다.[10] 금속 산업 부문에서는 산별 노동조합 수준의 산별협약, 지역 수준의 지부협약, 사업장 수준의 지회협약 등이 유기적으로 결합하여 금속 산업 부문 사업장의 규모, 임금, 노동시간, 노동 여건 등의 격차를 반영한 단체협약이 유연하게 체결되는 특징이 나타난다.[11] 의료보건 산업 부문은 사업장 규모가 지역별로 큰 차이

10 노진귀, "산별전환조직의 단체협약 산별화 실태 1: 금융노조," 「노동저널」 2015/5(2015), 98.
11 노진귀, "산별전환조직의 단체협약 산별화 실태 2: 금속노조." 「노동저널」 2015/6(2015) 75.

가 있고, 노동자들의 직무 특성별 차이가 크기에 산별 단체협약에 대한 사용자의 저항이 큰 편이고, 노동자들 역시 별도의 특성별 단체협약을 강력하게 요구하기는 하지만, 산별협약 우선성의 원칙이 관철되는 가운데 사업장 수준의 유연한 보충협약이 이루어지고 있다.[12]

산별교섭제도는 물론 산별협약을 기본협약으로 삼고 지역별협약과 사업장협약을 보충협약으로 삼는 유연한 방식으로 운용될 수 있으나, 기본협약과 보충협약의 격차가 너무 커서는 안 된다. 그러한 큰 격차는 산별협약을 무용지물로 만든다. 그러한 격차를 줄이기 위해서는 한편으로는 앞에서 말한 대기업과 중소기업의 격차를 줄이는 방안이 강구되어야 하고, 다른 한편으로는 동일노동 동일임금의 명확한 판단 기준이 마련되어야 한다.

3.3. 동일노동 동일임금의 명확한 판단 기준

산별협약과 사업장협약의 격차를 줄이려면 동일노동 동일임금[13]을 판단하는 기준이 명확해야 한다. 최근 우리나라 노동 연구 단체와 정책 기구에서 논의되는 직무급제는 동일노동 동일임금의 원칙을 동일직무 동일임금의 원칙으로 가다듬고자 하는 시도이다.[14] 연공급제나 직능급

---

12 이주희, "산별노조 조직화의 딜레마: 보건의료노조의 사례," 「산업노동연구」 12/1(2006), 43.

13 동일노동 동일임금의 원칙은 여성과 남성의 직종이 구분되는 현실을 고려해서 직종이 다르더라도 동일가치를 생산하는 노동에는 동일임금을 주어야 한다는 동일가치노동 동일임금의 원칙으로 확대되기도 한다. 본서에서는 동일노동 동일임금과 동일가치노동 동일임금을 굳이 구별하지 않고 동일노동 동일임금이라는 개념을 사용한다. 동일가치노동 동일임금에 관해서는 김동배·박우성·박호환·이영면, 『임금체계와 결정방식』 (서울, 한국노동연구원, 2005), 187을 보라.

14 직무급제는 정규직과 비정규직의 임금 격차를 줄이는 방안을 찾는 과정에서 본격적으로 논의되기 시작했으나, 점차 산별교섭에 적극적으로 도입하여야 한다는 논의로 확대되었다. 그러한 논의의

제가 널리 채용된 우리나라에서 직무급은 생소하고 거부감이 큰 개념이다. 한마디로 직무급제는 직무를 담당하는 사람의 특성(연공급제), 능력(직능급제), 작업 성과(성과급제) 등과 무관하게 직무 그 자체의 가치에 근거하여 임금을 결정하는 제도이다. 따라서 직무급제에서는 직군을 명확하게 구분하고 직무를 세분화하는 것이 중요하다. 그러한 직군과 직무를 범주화하면 같은 직무를 수행하는 사람들의 지식과 역량, 숙련도의 차이를 임금에 반영하는 것은 미시 조정의 과제가 된다.

우리나라처럼 정규직과 비정규직, 내부 노동자와 파견 노동자, 대기업 노동자와 중소기업 노동자의 임금 격차가 큰 나라에서는 동일직무 동일임금의 원칙을 통해 임금 격차를 줄여나가는 것이 바람직하다.[15] 연공급제와 직능급제에 익숙한 사람들은 직무급제의 도입에 저항하겠지만, 직무급제 도입과 더불어 연공급제와 직능급제를 즉각 폐지하지 않고 세 급여 체계의 임금인상 속도를 차별화함으로써 직무급제의 기반을 확대할 수 있다. 참고로 산별협약이 자리를 잡은 유럽 여러 나라에서는 산업별 직무급이 임금을 결정하는 기본 방식이다.[16]

직무급제 논의에서 놓쳐서는 안 될 것은 직무 수행이 사업장에서 직무를 분할하고 통합하는 시스템과 불가분리로 결합한다는 점이다. 따라서 직무급은 각 직무가 사업장 시스템을 공유한다는 점을 고려해서 그 시스템을 공유하는 모든 직무의 평균 임금을 개별 직무 수행자 임금의 70%를 구성하도록 하고, 직무 특성에 따라 차별화된 임금이 개별

확대 과정을 보여주는 글로는 김동배·박우성·박호환·이영면,『임금체계와 결정방식』; 강신준, "산업별 임금체계의 설계방안: 금속노조의 사례를 중심으로,"「산업노동연구」14/2(2008): 231-267 등이 있다.

15 정승국·노광표·김혜진,『직무급과 한국의 노동』(서울, 한국노동연구원, 2014), 169f.
16 정동관,『산별 직무급의 이론과 실제』(서울, 한국노동연구원, 2015), 30.

직무 수행자 임금의 30%를 이루도록 설계하는 것이 적절하리라고 본다.17 만일 직무급제가 도입된다면 단체협약은 산업 부문에 속한 모든 사업장의 직무별 표준 임금표를 명시하게 될 것이고, 각 사업장은 그 임금표를 기준으로 해서 사업장 직무별 임금표를 사업장협약에 담게 될 것이다. 그러한 일련의 교섭과 합의 과정은 산업 부문 수준에서 임금 격차를 점차 줄이는 효과를 발휘할 것이다.

3.4. 산별협약의 우선성 원칙과 효력 확장 원칙의 중요성

산별협약의 우선성 원칙과 효력 확장 원칙은 산별협약의 노동자 보호 기능을 최대화하는 장치이다. 산별협약은 산업 부문에 속하는 모든 사업장의 노동자들을 보호하는 최소한의 노동조건에 관한 노사 합의를 담고 있다. 따라서 산별협약의 우선성 원칙과 효력 확장 원칙은 반드시 지켜져야 하고, 예외가 인정되어서는 안 된다.

그렇지만 일찍부터 산별협약을 단체협약의 기본으로 삼았던 나라들에서도 산별협약의 우선성 원칙과 효력 확장 원칙을 깨뜨리려는 사용자 측의 시도가 집요한 것이 사실이다. 사용자는 산별협약보다는 자신의 권력을 쉽게 관철할 수 있는 사업장협약을 선호하기 마련이다. 1949

---

17 직무가 시스템에 의존하는 한, 직무의 시스템 의존 비율과 직무 특성의 기여 비율을 구별하는 것은 일종의 블랙박스 게임과 같은 것이기에 그 비율을 결정하기 어렵고, 그 비율 결정을 뒷받침하는 이론이 따로 있을 수 없다. 엄밀한 의미에서 그 비율은 정하기 나름이어서 사회적 합의에 맡기는 것이 적절하다. 특수 직무의 기회비용을 계산하는 방법이 있기는 하지만, 직무급제는 직군 분류와 직무 분석에 기반하고 있는 제도이기에 기회비용 계산이 필수적인 스카우트제도를 전제할 필요가 없다. 직무급제에서 직무의 시스템 의존 비율과 직무 특성 고려 비율을 7:3으로 하자는 것은 사업장 노동자들의 최저 임금과 최고 임금의 격차가 25%를 넘어서지 않게 해서 노동자들 사이에 사회적 평화를 조성하자는 뜻이다.

년 「단체교섭법」을 제정하여 산별협약의 우선성과 그 효력 확장을 명시한 독일을 예로 들면, 사용자 측은 「단체교섭법」 제4조 3항이 허용하는 유리성의 원칙[18]에 근거하여 사업장협약을 산별협약에 앞세우고자 했다. 사용자 측은 산별협약과 사업장협약이 상호 배타적인 개념이 아니고 상호보완적인 개념이라는 취지로 그 조항을 해석해야 한다고 주장했다.[19] 만일 그러한 해석을 받아들이면 개별적인 노동자들은 산별협약이 규율하는 바대로 임금, 노동시간, 노동 여건 등에 관한 노동계약을 맺을 수도 있고, 사용자가 산별협약을 무시하고 제시하는 계약조건을 받아들일 수도 있다. 어떤 방식을 취하든, 노동자들에게 유리하면 된다는 것이 사용자 측의 집요한 주장이었다. 실제로 현대 독일 사회에서는 사용자 측의 주장이 먹힐 수 있는 경우가 증가하고 있다. 노동시간 단축에 따라 임금을 조정하는 경우가 그 대표적인 예이다. 노동시간과 임금은 산별교섭을 통해 결정한다는 것이 이제까지 지켜온 원칙이었지만, 사업장마다 경영조건이 다르기에 사업장협약을 통해서 노동시간과 임금을 연계하는 것이 합리적일 수 있다.

그러한 사용자 측의 공세에 대해 노동자 측은 '사업장협약에 대한 산별교섭의 우위성'이 '헌정 질서'에 속한다고 주장했다. 유리성의 원칙은 사회적 강자인 사용자로부터 사회적 약자인 노동자를 보호하는 사회국가의 헌법적 원칙이라는 논거를 내세운 것이다.[20] 노동시간 단축에 따

---

18 Tarifvertragsgesetz 제4조 3항: "단체교섭과 어긋나는 합의는, 단체교섭이 그것을 허용하고 있거나 노동자들에게 유리한 교섭내용의 변경을 담고 있을 때에만, 허용된다."

19 Volker Riebler, *Krise des Flächentarifvertrages? Dokumentation eines Gesprächs der Otto Brenner Stiftung* (Frankfurt am Main, 8. Dez. 1995), hg. von Otto Brenner Stiftung (Köln: Bund-Verl., 1996), 25.

20 Ulrich Zachert, *Krise des Flächentarifvertrages?: Dokumentation eines Gesprächs der*

르는 임금 조정은 오직 노동자들에게 유리하다고 객관적으로 입증되고, 일자리의 안정성을 보장하겠다는 사용자의 의지가 문서로 작성되는 조건을 충족해야 비로소 유리성의 원칙에 부합한다는 것이다. 거기서 한 걸음 더 나아가 노동자 측은 현재의 산별교섭제도의 틀에서도 사업장협약을 유연하게 체결할 수 있는 여지가 있다고 응수했다.[21] 기술 도입과 투자 등 개별 기업들의 차이를 고려하면서 「사업장조직법」이 규정하는 사업장협약제도를 탄력적으로, 건설적으로 활용할 수 있다는 것이다. 그런데도 사업장협약을 앞세워 산별협약을 무력화하려는 사용자 측의 공격은 노동비용을 줄이려는 데 초점이 맞추어져 있기에 사회적 정당성도 없고 국민경제의 균형 발전에 이바지하려는 의도도 없다고 노동자 측은 맹렬하게 공격했다.

1993년 독일의 가장 강력한 노동조합인 금속산업노동조합은 사용자가 노동시간 단축을 받아들이는 것을 조건으로 산별협약의 예외를 인정하는 '개방 조항'을 수용했다. 물론 사업장평의회와 사용자가 합의해서 경영상의 긴급한 이유를 내세워 개방 조항의 적용을 요청하면 금속 산업 부문 노동조합과 사용자단체의 공동위원회에서 심사하게끔 되어 있기는 했다. 그러나 개방 조항이 도입되자 그것을 이용하는 사업장은 빠르게 늘어났고, 개방 조항의 도입은 산별협약의 한 패턴이 되기에 이르렀다. 개방 조항의 도입은 산별협약의 효력 확장 조항에 근거하여 견고하게 유지되었던 독일의 산별교섭체제를 파열시켰고, 시간이 갈수

Otto Brenner Stiftung (Frankfurt am Main, 8. Dez. 1995), 56f.

21 이러한 노조 측의 주장은 「사업장조직법」 제77조 3항에 근거한다. Betriebsverfassungsgesetz 제77조 3항: "단체교섭에 의해 규율되어 왔거나 규율되는 임금과 그 밖의 노동 여건들은 사업장협약의 대상이 될 수 없다. 단, 이것은 단체교섭이 보완적인 사업장협약의 체결을 허용하는 경우에는 적용하지 않는다."

록 산별교섭과 무관한 자율적인 노사 교섭을 확산했다. 2005년과 2007
년 사이에 산별협약이 적용되는 제조업 사업장의 20%가 산별협약을
변경할 수 있는 개방 조항을 활용했다.[22] 2013년 현재 독일에서 산별협
약이 적용되지 않는 사업장은 제조업 부문에서 70%, 서비스업 부문에
서 66%에 이르게 되었다.[23]

독일에서 산별교섭체제가 약화하는 과정은 두 가지 점에서 시사적
이다. 산별협약의 우선성과 효력 확장의 원칙이 깨지면 산별교섭제도
는 무너지게 된다는 것이 그 하나이고, 일단 산별교섭제도가 침식되기
시작하면 그 과정은 쉽게 가속도가 붙는다는 것이 또 다른 하나이다.

3.5. 특수고용노동자의 노동자성 인정과 산별 노동조합 결성

특수고용노동자는 산별 노동조합을 결성하여 그들의 권익을 최대한
실현할 수 있어야 한다. 특수고용노동자는 공식 용어로는 '특수형태근
로종사자'로 지칭된다. 공식 용어가 시사하는 바와 같이 특수고용노동
자는 학습지 교사, 골프장 캐디, 보험설계사, 화물차 기사, 레미콘 기사
등과 같은 지입차주, 라이더, 방송 구성작가, 프리랜서 등 공장노동자

---

22 루초 바카로·크리스 하월/유형근 옮김, 『유럽 노사관계의 신자유주의적 변형: 1970년대 이후의
　궤적』(파주: 한울 아카데미, 2020), 179.

23 루초 바카로·크리스 하월/유형근 옮김, 앞의 책, 177. 2017년 현재의 통계 숫자는 더욱더 비관적이
　다. 단체교섭이 적용되지 않는 노동자들은 모든 산업 부문을 통틀어 46%이고, 단체교섭에 매이지
　않는 사업장은 모든 산업 부문을 통틀어 73%에 달한다. 이에 관해서는 Susanne Kohaut,
　"Binding collective agreements: The downward trend continues," *IAB-Forum* (June
　4, 2018), Table 1: Bindibg Collextive Agreements 2017, 출처: https://www.iab-forum.
　de/en/binding-collective-agreements-the-downward-trend-continues/ (2024년 2월 3일
　다운로드)을 보라.

처럼 정형화된 고용관계에 있지 않은 노동자, 곧 비정형 노동에 종사하는 노동자를 통칭한다. 전통적인 제조업에 종사하는 사람들의 수효가 상대적으로 줄어들고 서비스업에 진출하는 사람들이 늘어남에 따라 노동시간, 직무 수행 방법, 노동 여건, 임금 등을 결정하는 방식이 매우 다양해졌다. 제4차 산업혁명이 진전하고 디지털 플랫폼 경제가 발달하면서 노동시간과 노동 여건 등은 크게 바뀌고 있고, 노동의 대가를 지급하는 방식도 크게 달라지고 있다. 특수고용노동자의 등장은 그러한 변화가 이미 크게 진전되고 있음을 알리는 신호다.

노동시장이 변화하고 노동조건이 근본적으로 바뀌면 그것에 대응해서 노동법을 발전시키고 노사 교섭제도를 새롭게 형성하는 것이 마땅할 터인데, 우리 사회에서는 정형 노동을 전제해서 만든 노동법을 고수하려는 태도가 매우 완강하다. 특수고용노동자를 노동자로 인정할 수 있는가 하는 질문이 여전히 제대로 된 답을 찾지 못하고, 특수고용노동자를 포용하는 방식으로 「근로기준법」과 「노동조합 및 노동관계조정법」이 개정되지 않는 것이 그 증거이다. 이제까지 특수고용노동자의 노동자성을 판단할 때 그 기준은 노동자의 사용자에 대한 종속성이었다. 그 종속성을 판별하는 기준은 「근로기준법」을 원용하는 경우와 「노동조합 및 노동관계조정법」을 원용하는 경우가 조금 다르다.

「근로기준법」에 따라 특수고용노동자의 노동자성을 판단할 때 1980년대만 해도 법원은 주로 노동계약의 유무를 살펴 판결했다. 특수고용노동자가 노동계약을 맺고 일할 리 없으니 그들의 노동자성이 판결로써 인정되는 일은 없었다. 법원의 진전된 입장은 1994년 주식회사 금구산업과 도급계약을 맺은 사업자의 근로기준법상 노동자성에 관한 대법원판결[24]에서 나타났다. 그 판결은 근로기준법상 노동자성을 판단하는 기준과 고려할 요소들을 나누어 제시했다. 근로기준법상 노동자성을 판단하는 기준은 "고용계약이든 도급계약이든 그 계약의 형식과 관계 없이 그 실질에 있어 근로자가 사업 또는 사업장에 임금을 목적으로 종속적인 관계에서 사용자에게 근로를 제공하였는지 여부"이고, 그 기준의 충족 여부를 판단할 때 여러 요소를 종합적으로 고려해야 한다는 것이다. 판결이 제시한 고려 요소들은 13가지에 이르렀다.[25] 문제는 그 기준과 판단 요소들을 고려한 재판들에서 특수고용노동자의 노동자성이 소수의 예외를 제외하면 거의 인정되지 않았다는 것이다.[26] 그러한 재판 현실에 대한 비판이 노동법 학계와 법조계에서 빗발치자 2006년 대법원은 학원 강사의 노동자성에 관한 판결[27]에서 1994년 대법원판결이 제시한 고려 요소들의 해석을 변경했고, 고려 요소들 가운데 본질적인 요소들과 부차적인 요소들을 구별했다. 가장 크게 눈에 띄는 것은 작업지시권의 해석에서 종래의 '구체적이고 직접적인 지휘 감독'을 '상당한 지휘 감독'으로 포괄적으로 변경한 점이다. 그러나 그러한 판단 기준의 변경에도 불구하고 2014년 대법원판결에서 골프장 캐디의 근로

---

24 대법원 1994.12.9. 선고 94다22859 판결.

25 노동자가 종속적인 관계에서 임금을 목적으로 노무를 제공하고 있는가를 판단할 때는 "근로자가 담당하는 업무의 내용이 사용자에 의하여 정하여지고 취업규칙·복무규정·인사규정 등의 적용을 받으며 업무수행 과정에 있어서도 근로자가 사용자로부터 구체적이고 직접적인 지휘·감독을 받는지 여부, 사용자에 의하여 근무시간과 근무장소가 지정되고 이에 구속을 받는지 여부, 근로자 스스로가 제3자를 고용하여 업무를 대행케 하는 등 업무의 대체성 유무, 비품·원자재·작업도구 등의 소유관계, 보수가 근로 자체의 대상적(對償的) 성격을 갖고 있는지 여부와 기본급이나 고정급이 정하여져 있는지 여부 및 근로소득세의 원천징수 여부 등 보수에 관한 사항, 근로제공관계의 계속성과 사용자에의 전속성의 유무와 정도, 사회보장제도에 관한 법령 등 다른 법령에 의하여 근로자로서의 지위를 인정받는지 여부, 양당사자의 경제·사회적 조건 등을 종합적으로 고려하여 판단하여야 할 것"이다.

26 강성태, "특수고용직의 노동법적 보호," 「노동정책연구」 7/3(2007), 103f.

27 대법원 2007.9.6. 선고 2007다37165 판결.

기준법상 노동자성, 2018년 대법원판결에서 학습지 교사의 근로기준 법상 노동자성이 인정되지 않은 것에서 볼 수 있듯이, 법원의 근로기준 법상 노동자성 인정은 매우 인색하다.

「노동조합 및 노동관계조정법」과 관련해서 특수고용노동자의 노동 자성을 인정하는 것은 근로기준법상 노동자성 인정보다는 다소 융통성 이 있다. 그것은 「노동조합 및 노동관계조정법」이 사회적 약자인 노동 자가 사회적 강자인 사용자에 대항해서 권익을 지키는 데 초점을 맞춘 법률의 제정 의도와 관계가 있다. 「노동조합 및 노동관계조정법」에서 노동자성을 판단할 때 핵심적인 규정들은 세 가지다. 첫째, 「노동조합 및 노동관계조정법」 제2조 제1항은 '근로자'를 "직업의 종류를 불문하 고 임금·급료 기타 이에 준하는 수입에 의하여 생활하는 자"로 규정한 다. 둘째, 「노동조합 및 노동관계조정법」 제2조 제4항은 '노동조합'을 "근로자가 주체가 되어 자주적으로 단결하여 근로조건의 유지·개선 기 타 근로자의 경제적·사회적 지위의 향상을 도모함을 목적으로 조직하 는 단체 또는 그 연합단체"로 규정한다. 셋째, 「노동조합 및 노동관계조 정법」 제2조 제4항의 라목은 '근로자가 아닌 자'가 가입한 노동조합을 노동조합으로 인정하지 않도록 규정한다. 이 세 가지 규정은 오직 노동 자로 인정받은 사람들만이 노동조합을 결성하여 단체교섭권과 단체행 동권을 행사할 수 있다고 못 박고 있다. 만일 특수고용노동자가 노동자 성을 인정받지 못한다면, 그들은 노동조합에 가입하거나 노동조합을 설립할 수 없고, 노동조합의 고유한 활동을 펼칠 수 없다.

특수고용노동자의 노동조합법상 노동자성에 관한 판단에서 법원은 처음에는 근로기준법상의 노동자성 판단 기준과 고려 요소들을 원용하 여 판단했다. 2006년 대법원은 바로 그러한 판단 기준과 고려 요소들을 앞세워 레미콘 기사들의 노동조합법상 노동자성을 부정했다.[28] 그런데 대법원은 2014년 88컨트리클럽 골프장 캐디의 노동자성에 관한 판결[29]에서는 종래와는 다르게 판단했다. 대법원은 골프장 캐디의 근로기준법상 노동자성을 부정하였지만, 노동조합법상 노동자성은 인정했다. 그 판단의 근거는 골프장 캐디가 사용자의 업무 지시를 받아 노무를 제공하고 있는 점, 노무에 대한 대가로 그린 피를 받기로 약정된 점, 골프장 캐디가 을의 처지에 있기에 갑의 처지에 있는 사용자에게 대항할 필요가 있는 점 등이었다. 한마디로 대법원은 고용, 도급, 위임, 무명계약 등 계약의 형태와 상관없이 업무의 종속성과 경제적 종속성이 인정되면, 사회적 약자인 노동자가 노동조합을 결성해서 사회적 강자인 사용자에 대항할 권리가 있다고 인정한 것이다. 그러한 판단은 2018년 학습지 교사의 노동조합법상 노동자성을 인정한 판결[30]에서도 나타났다.

특수고용노동자의 노동조합법상 노동자성은 대법원판결을 통해 인정되기 시작하였으나 문제는 그것으로 끝나지 않는다는 데 있다. 여전히 남는 문제는 두 가지다. 첫째, 「노동조합 및 노동관계조정법」 제2조 제1항의 노동자 규정이 특수고용노동자를 포함하도록 개정되지 않는 한, 점점 더 그 유형이 다양해질 것이 분명한 특수고용노동자의 노동자성은 매번 법원의 해석과 판결을 통해 확인되어야 한다는 것이다. 둘째, 설사 특수고용노동자가 법원의 판결을 통해 노동자성을 인정받아 노동조합을 결성한다고 하더라도 사용자를 고용계약에 따라 고용한 노동자의 노무에 관여하는 자로 좁게 규정된 「노동조합 및 노동관계조정법」

---

28 대법원 2006.5.11. 선고 2005다20910 판결.
29 대법원 2014.2.13. 선고 2011다78804 판결.
30 대법원 2018.6.15. 선고 2014두12598, 2014두12604(병합) 판결.

제2조 제2항의 사용자 정의를 변경하지 않는 한, 특수고용노동자는 노동조합을 결성하더라도 단체교섭과 단체행동의 상대를 갖지 못하게 된다.

그런 점에서 「노동조합 및 노동관계조정법」의 노동자 규정과 사용자 규정을 개정하는 것은 특수고용노동자가 노동자로서 노동조합을 통해 권익을 실현하게 만드는 핵심적인 입법 과제다.[31] 2021년 노동자의 결사와 단결의 자유에 관한 ILO협약을 비준하기 전에 정부의 요청으로 국회가 노동법을 개정할 때 「노동조합 및 노동관계조정법」의 노동자 규정과 사용자 규정은 그대로 놓아두고 「노동조합 및 노동관계조정법」 제2조 제3항의 라목의 단서[32]만 삭제했을 뿐이다. 노동자의 결사와 단결의 자유에 관한 ILO협약이 비준되었기에 특수고용노동자도 노동조합을 결성할 권리가 인정되었지만, 사용자 규정이 바뀌지 않아 그 어떤 사용자도 단체교섭에 임할 의무가 없는 상황이 계속되고 있는 것이다. 그러한 사태는 정부와 입법부, 법조계와 경영계 등이 정형화된 노동자 개념에 사로잡혀 있어서 산업의 발전에 따라 다양한 비정형 노동자들이 등장하고 있는 현실을 외면하고 있다는 것을 잘 보여준다.

우리나라 헌법은 제33조 제1항에서 노동자의 단결권, 단체교섭권, 단체행동권을 규정하면서도 노동자를 정의하고 있지 않다. 그것은 헌법이 노동자가 역사적인 조건들 아래서 그때그때 새로운 특성과 양태

---

31 한광수는 특수형태근로종사자 및 플랫폼노동 등을 노동조합법상 보호 대상으로 포섭하는 법제를 구성하기 위해 세 가지 방법을 고려하고 있다. "현행과 같이 판례의 해석을 통해 판례법 형성을 통해 해결하는 방법, 노동법내로 편입하여 근로자 개념을 재구성하는 방법, 특별법을 통해 보호하는 방법 등"이 그것이다. 이에 관해서는 한광수, "헌법상 노동3권 보장과 노조법상 근로자 개념의 재검토 시론(試論)," 「노동법논총」 52(2021), 706을 보라. 필자는 이 세 가지 방법 가운데 노동법 개정이 가장 안정적인 법제를 구성하는 방법이라고 생각한다.

32 "다만, 해고된 자가 노동위원회에 부당노동행위의 구제신청을 한 경우에는 중앙노동위원회의 재심판정이 있을 때까지는 근로자가 아닌 자로 해석하여서는 아니 된다."

를 갖고 나타난다는 것을 전제했음을 의미한다. 그런데도 많은 노동법 학자와 법률가, 행정가와 정치인, 경영인 등은 「근로기준법」과 「노동조합 및 노동관계조정법」이 규정하는 노동자가 우리나라 헌법 제32조와 제33조의 노동자 개념을 구현하고 있는 듯이 생각한다.33 그러한 사고방식은 산업사회에서 정형화된 노동자 이해가 노동자 개념의 전부인 것처럼 전제하고, 그러한 정형화된 노동자 이해만이 대한민국 헌법이 허용하는 노동자 개념에 부합한다고 억지 주장을 펼치게 한다. 노동자는 역사적으로 변화하는 개념이다. 대한민국 헌법은 그것을 정확하게 읽어내고 있다. 「근로기준법」과 「노동조합 및 노동관계조정법」 등의 노동자 개념이 헌법의 노동자 개념을 구체화한 것으로 볼 수 없듯이, 그 법률들의 노동자 개념을 갖고서 헌법의 노동자 개념을 유추할 수도 없다. 따라서 새로운 유형과 특질을 갖는 노동자가 등장하면 그 노동자를 보호하기 위해 기존의 관련 법률을 개정하든지, 새로운 입법을 통해 기존의 관련 법률을 대체하는 것이 마땅하다.

특수고용노동자의 노동3권을 실현하도록 「노동조합 및 노동관계조정법」을 개정하는 것과는 별도로 특수고용노동자가 산별 노동조합을 결성하여 활동하는 것이 바람직하다는 것을 강조할 필요가 있다. 사실 특수고용노동자가 산별 노동조합을 결성할 때는 사업장 고용관계를 고려할 이유가 없다. 특정한 사업장에서 특정한 사용자에게 사용종속관계를 맺지 않는 노동자가 산별 노동조합에 가입하거나 결성해도 무방하다는 것은 2004년 서울여성노동조합의 초기업 노동조합 가입 자격에 관한 대법원판결34에서도 확인된 바 있다. 그보다 더 중요한 것은

---

33 그러한 입장을 전형적으로 보여주는 글로는 한광수, "헌법상 노동3권 보장과 노조법상 근로자 개념의 재검토 시론(試論)," 655-667을 보라.

특수고용노동자가 제공하는 노무의 성질이 산별 노동조합 활동에 더 유리하다는 점이다. 특수고용노동자가 한 사업장에 매이지 않는 특성이 있는 점, 한 사업장에서 노무를 제공하는 경우라도 특수고용노동자가 사업장 공간에 상시 현존하지 않는 경우가 많아서 사업장 노동조합을 결성하기 곤란하다는 점, 특수고용노동자에 대한 업무 지시와 보수에 관한 규정이 좁게는 지역 차원에서, 넓게는 전국 차원에서 통일될 필요가 있는 점 등을 고려한다면, 특수고용노동자의 노동조건 향상을 위해서는 산별교섭이 필수적임을 알 수 있다.

3.6. 플랫폼노동자의 산별 노동조합 결성과 보호 입법의 과제

플랫폼 자본주의가 빠른 속도로 발전하면서 플랫폼노동자의 보호는 우리 사회가 시급히 해결해야 할 과제로 떠올랐다. 앞의 절에서 특수고용노동자의 노동자성을 인정하는 입법의 과제와 산별 노동조합 결성의 필요성을 논했지만, 플랫폼노동자의 보호는 새로 확산하는 플랫폼 자본주의의 특질 때문에 따로 더 다룰 필요가 있다.

플랫폼노동자 보호가 우리 사회의 이슈로 떠오른 것은 라이더유니온의 캠페인 덕분이다. 라이더유니온은 배달 라이더의 노동조건을 개선하고 권익을 실현하기 위해 결성된 조직이다. 배달 라이더가 처한 현실은 우리나라에서 플랫폼노동자 대부분이 겪는 현실이라는 점에서 큰 공감을 일으켰다. 플랫폼노동은 배달 노동 이외에 배송, 운송, 판매, 접객, 음식 조리, 청소, 돌봄, 번역, 통역 등 실로 다양한 형태로 나타난다.

---

34 대법원 2004.2.27. 선고 2001두8568 판결.

플랫폼노동은 플랫폼 경제가 발전함에 따라 급속하게 팽창하고 있다. 플랫폼 경제는 플랫폼에 기반을 둔 경제이고, 그 규모는 엄청나게 커졌다. 플랫폼은 알고리즘을 통해 거래를 조율하는 디지털 네트워크이다. 플랫폼에서는 디지털 네트워크에 참여하는 사람들 사이에 소통과 거래가 매끄럽게 이루어지지만, 모든 소통과 거래는 알고리즘의 통제 아래 있다. 플랫폼 경제는 플랫폼사업자가 디지털 네트워크에 설치한 알고리즘을 통하여 거래를 조율하여 이윤을 추구하는 방식으로 설계된다. 플랫폼사업자가 알고리즘을 통해 발신한 정보를 수신하여 그 지령에 따라 업무를 수행한 사람에게는 보상이 주어진다. 알고리즘을 거쳐 전달되는 업무를 수행하는 사람이 바로 플랫폼노동자다. 플랫폼사업자는 플랫폼 설치자인 동시에 플랫폼 운영 규칙의 제정자다. 그러한 이중의 지위를 통하여 플랫폼사업자는 자신이 정한 규칙에 따라 플랫폼노동자가 업무를 수행하도록 권력을 행사하고, 플랫폼노동자가 노무를 통해 벌어들인 수입에서 노무의 대가를 지급하고 난 나머지를 이익으로 챙긴다. 한마디로 플랫폼노동은 플랫폼사업자와 플랫폼노동자 사이의 직접적인 고용계약에 바탕을 둔 것은 아니지만, 알고리즘을 통해 플랫폼사업자에게 종속된 형태로 업무를 수행하여 노무의 대가를 받는 종속적 노동의 한 형식이다. 따라서 플랫폼노동자는 플랫폼사업자의 지시와 감독 아래 있는 '종속적 노동자'다.

우리나라에서 플랫폼노동의 규모는 매우 크다. 2021년 11월 18일 고용노동부와 한국고용정보원이 발표한 「2021년 플랫폼 종사자 규모와 근무실태」에 따르면, 플랫폼을 매개로 노무를 제공하는 '플랫폼 종사자'는 취업자(15~69세)의 8.5%인 약 220만 명에 달한다. 약 220만 명의 사람들이 조사 시점 이전 3개월 동안 스마트폰 앱이나 웹사이트와 같은 온라인 플랫폼의 중개 혹은 알선을 통해서 일감을 얻고, 고객에게 서비스를 제공하고, 그 노무의 대가를 받은 적이 있다는 뜻이다. 그들은 광의의 '플랫폼 종사자'에 속한다. 그들을 모두 플랫폼노동자라고 말하기는 어렵다. 그 가운데서 플랫폼노동자들로 간주할 수 있는 사람들은 고객만족도 평가 등의 방법으로 일의 배정 등에 영향을 미치는 플랫폼을 매개로 해서 노무를 제공하는 사람들일 것이다. 고용노동부와 한국고용정보원은 그들을 '협의의 플랫폼 종사자'로 명명하고, 그 수효가 약 66만 명이라고 추산했다. 그들은 취업자(15~69세)의 2.6%의 비율을 이룬다.

중요한 것은 플랫폼노동자들의 다수가 플랫폼노동을 전업으로 삼고 있다는 점이다. 2021년 6월 고용노동부와 한국노동사회연구소가 대리운전·음식 배달·아이 돌봄·가사 청소·마이크로워크 등 5개 직종의 종사자 789명을 대상으로 설문 조사를 해서 얻은 결과를 「2021 플랫폼노동 실태조사」에 담았는데, 그 보고서에 따르면 플랫폼노동자들 가운데 전업으로 일하는 사람의 비중은 61.1%에 달했다. 또한 플랫폼노동자들 가운데 2~30대 '청년층'의 비율은 44.3%를 차지했다.[35] 그것은 다른 일자리에 취업한 청년들의 비율 33.8%를 훌쩍 뛰어넘을 정도로 높은 비율이다. 그러한 통계 자료는 플랫폼노동이 우리 사회에서 주요 일자리로 자리 잡았고, 미취업이나 실업 상태에 있는 청년들이 직업으로 선택하는 경향이 크다는 뜻이다.

우리나라에서는 디지털 플랫폼이 대대적으로 구축되어 플랫폼이 정치, 경제, 사회, 문화 등 인간 생활의 모든 영역을 매개하는 인프라로

---

35 김종진, 「2021 플랫폼노동 실태조사: 대리, 배달, 가사, 돌봄, 마이크로 워크」 2021년 고용노동부 플랫폼노동 실태조사 보고서(한국노동사회연구소, 2021.08), 2, 6.

자리 잡아가고 있다. 플랫폼노동은 이제까지 산업사회에서 정형화된 노동 형식을 빠른 속도로 대체하고 있다. 그러한 플랫폼노동이 '종속된 노동'의 형식을 취하는 한, 플랫폼노동자들의 임금, 노동시간, 노동 여건 등을 둘러싸고 심각한 갈등이 나타날 수밖에 없다. 그러한 갈등을 풀기 위해서는 플랫폼노동자와 플랫폼사업자가 자율적으로 플랫폼노동자의 노동조건을 개선하기 위해 마주 앉아야 하고, 이를 뒷받침하는 입법이 있어야 한다.

플랫폼노동은 우리 사회만 겪고 있는 문제가 아니다. 미국과 유럽 여러 나라도 플랫폼노동 문제로 홍역을 치르고 있고, 그 문제를 해결하기 위해 노력하고 있다. 유럽에서 플랫폼노동자들이 사용자단체와 단체교섭을 체결하여 임금과 노동조건 등을 규율하는 결실을 가장 먼저 거둔 곳은 이탈리아였다. 2016년부터 배달 플랫폼노동자들은 독립적인 산별 노동조합을 결성하고 이탈리아노동조합연맹과 연대하여 사용자단체들과 협상을 벌였고, 구속력 있는 협약을 맺는 데 성공했다. 독일과 영국에서는 플랫폼노동을 보호하는 법적인 조치가 법정 판결을 통해 내려졌다. 2020년 12월 1일 독일연방노동법원은 플랫폼노동자들을 자영업자로 볼 것이 아니라, 독일법상 종속적인 지위에서 노동하는 사람들로 보아야 한다고 판결했다.[36] 2021년 2월 19일 영국 대법원은 플랫폼에서 자영업자로 일한다고 규정되었던 우버 기사들의 노동자성을 인정하고 노동법의 보호를 받아야 한다고 판결했다.[37] 미국 캘리포니아

---

36 민주노총법률원 부설 노동자권리연구소, "플랫폼노동 관련 해외 판례 소개 ④ 2020.1.21. 독일연방 노동법원 판결," 「이슈 페이퍼」 2022/03(2022), 15f., 출처: https://nodong.org/data_paper/ 7808296 (2022년 12월 10일 다운로드). 플랫폼노동자들의 '종속성'에 관한 독일 법학계의 논의에 관해서는 박귀천, "4차 산업혁명, 인공지능 시대의 노동법: 독일의 상황을 중심으로," 「노동법논총」 49(2020): 81-85를 보라.

주와 스페인에서는 플랫폼노동을 보호하는 입법이 이루어졌다. 2019년 9월 19일 미국 캘리포니아주 의회는 「피고용자와 독립계약자를 구별하여 노동자의 지위를 확인하는 AB 5 법」[38]을 제정했다. AB 5 법의 핵심은 플랫폼노동을 종속적 노동으로 추정하되, 플랫폼을 매개로 해서 일하는 사람이 종속적 노동을 수행하지 않는다는 것을 입증하는 책임을 플랫폼사업자에게 부여하는 것이다. AB 5 법은 플랫폼노동자와 독립계약자를 구별하는 세 가지 기준을 명확하게 제시했다.[39] 유럽에서 플랫폼노동을 보호하는 입법에 성공한 최초의 국가는 스페인이었다. 2021년 7월 21일 스페인 의회는 라이더법을 제정하여 알고리즘을 통해 배당받은 업무를 수행하는 라이더를 종속 노동자로 간주하고, 사용자와 단체교섭을 체결할 수 있는 권리 등 노동법상의 권리를 부여했다.[40]

---

37 민주노총법률원 부설 노동자권리연구소, "플랫폼노동 관련 해외 판례 소개 ② 2021.2.19. 영국 대법원 판결," 「이슈 페이퍼」 2022/01(2022), 46f., 출처: https://nodong.org/statement/ 7805137 (2022년 12월 10일 다운로드).

38 AB 5, Gonzalez. Worker status: employees and independent contractors. 출처: https://legiscan.com/CA/text/AB5/id/2008026 (2022년 12월 11일 다운로드).

39 AB 5 법은 캘리포니아주 노동법에 section 2750.3을 추가하고, section 2750.3 (a)항에 독립계약자로 간주할 수 있는 세 가지 기준을 충족하지 않는 사람은 '피고용자'로 분류되어야 한다고 명시했다. "2750.3. (a) (1) 본 법률과 실업보험법의 규정 및 산업복지위원회의 임금 규정의 목적상, 보수를 받고 노무나 서비스를 제공하는 사람은 고용 주체가 아래의 경우에 모두 해당한다는 것을 증명하지 않는 한, 독립계약자가 아닌 피고용자로 간주된다. (A) 업무수행에 관한 계약 혹은 사실상 업무수행에서 고용 주체의 통제 및 지시로부터 자유로운 경우, (B) 고용 주체의 통상적인 업무 과정과 무관한 업무를 수행하는 경우, (C) 해당 개인이 그가 수행하는 업무와 똑같은 성격의 독립적인 거래, 직업 또는 사업에 줄곧 종사하는 경우."

40 스페인 의회의 입법에 앞서 2020년 9월 25일 스페인 대법원은 플랫폼노동자들의 종속적 지위를 인정하는 판결을 내렸다. 민주노총법률원 부설 노동자권리연구소, 플랫폼노동 관련 해외 판례 소개 ③ 2020.9.25. 스페인 대법원 판결, 이슈 페이퍼 20202-02(2020), 39f., 출처: https:// nodong.org/data_paper/7805872 (2022년 12월 10일 다운로드).

이처럼 유럽 여러 나라에서 플랫폼노동을 보호하는 실질적인 조치가 취해지자 2021년 12월 9일 유럽연합(EU) 집행위원회는 「플랫폼노동의 노동조건 개선을 위한 입법 지침(안)」[41]을 발표했다. 그 입법 지침의 골자는 두 가지다. 하나는 플랫폼을 통해 일감을 얻는 사람들을 자영업자와 플랫폼노동자로 구별하는 기준을 마련하고, 그 기준에 따라 플랫폼을 통해 일감을 얻는 어떤 사람이 자영업자인가 여부를 입증하는 책임을 플랫폼사업자에게 부여하는 것이다. 다른 하나는 알고리즘·인공지능 등을 통해 자동화된 통제에 관한 노동자의 권리를 명시하는 것이다. 플랫폼노동자는 일감 배정, 보수, 노동 안전, 노동시간, 제재, 계정 정지나 차단 등 노동조건에 영향을 미치는 알고리즘·인공지능 등의 설계에 대해 알 권리를 보장받아야 하고, 플랫폼사업자는 플랫폼노동자에 대한 모니터링, 감독, 평점 등에 활용되는 알고리즘의 주요 매개변수에 관련된 정보를 플랫폼노동자와 플랫폼노동자 단체의 대표에게 제공하여야 한다.

우리나라에서는 플랫폼노동 보호법을 제정하려는 시도가 몇 차례 있기는 했지만, 아무런 결실이 없었다. 그동안의 입법 시도는 크게 두 갈래로 나뉜다. 하나는 심상정 의원이 제안한 라이더보호법 제정 시도이다. 2021년 8월 18일 심상정 의원은 「생활물류서비스산업발전법」 개정안을 발의하여 배달사업자 등록제를 도입하고, 알고리즘 정보를 노동자들에게 공개하고, 안전배달료를 도입하도록 규정하고자 했다.

---

41 Proposal for a DIRECTIVE OF THE EUROPEAN PARLIAMENT AND OF THE COUNCIL on improving working conditions in platform work, COM/2021/762 final 출처: https://eur-lex.europa.eu/legal-content/EN/ALL/?uri=CELEX%3A52021PC0762 (2022년 12월 11일 다운로드).

그 법안은 라이더유니온의 요구를 수용한 것이고, 플랫폼사업자와 플랫폼노동자의 협상을 법적으로 뒷받침하려는 의도를 가진 것이지만, 플랫폼노동자들의 노동자성을 명확하게 하여 노동법을 적용하도록 하는 것과는 거리가 있는 법안이었다.

다른 하나는 2021년 3월 19일 더불어민주당 장철민 의원이 대표 발의한 「플랫폼 종사자 보호 및 지원 등에 관한 법률안」이고, 그 법률안은 2020년 12월 21일 고용노동부가 발표한 「플랫폼 종사자 보호 방안」을 담은 것이다. 그 법안은 '플랫폼 종사자'와 플랫폼사업자 등 플랫폼 사업 관계자들의 지위를 규정하고, '플랫폼 종사자'가 「근로기준법」과 「노동조합 및 노동관계조정법」이 규정하는 '근로자'일 경우 노동법을 우선 적용하는 것을 목표로 했다. 그런데 그 법안은 두 가지 점에서 큰 문제가 있다. 첫째, 법안은 '플랫폼 종사자'를 '온라인 플랫폼을 통해 중개·알선받은 노무를 제공하는 사람'으로 규정하고 있을 뿐, '플랫폼 종사자'의 노동자성을 전제하지 않는다. 따라서 플랫폼을 통해서 일감을 얻었다는 이유만으로 노동자로 분류해야 할 사람을 '노동자'가 아닌 프리랜서 등 '종사자'로 취급할 우려가 있다. 둘째, 법안은 플랫폼사업자가 '플랫폼 종사자'의 노동자성을 입증할 책임을 명시하지 않고 있다. 법안은 제14조에서 플랫폼사업자와 '플랫폼 종사자'의 계약이 상호 동등한 지위를 가진 사람들 사이의 계약이라는 것을 전제하고 나서 그 계약이 서면계약으로 이루어져야 한다고 규정하고, 계약의 당사자, 수행해야 할 노무의 내용, 보수의 지급기준, 지급일 등에 관한 사항, 계약의 기간, 갱신·변경 및 해지 사유와 절차 등 서면계약에 기재할 사항을 밝히고 있다. 그러나 그러한 서면계약의 기재 사항으로 '플랫폼 종사자'의 노동자성이 곧바로 밝혀지지 않는다는 것이 문제이다. 그러한 두 가지 맹점 때문에 민주노총과 한국노총은 「플랫폼 종사자 보호 및 지원 등에 관한 법률」의 제정에 반대했고, 2021년 정기국회에서 이 법안의 입법은 포기되었다.

플랫폼노동 보호를 위한 미국과 유럽 여러 나라 그리고 우리나라의 입법 시도를 되돌아보건대, 플랫폼노동 보호법이 제대로 마련되려면 두 가지 사항에 관한 입법이 이루어져야 한다. 첫째, 「근로기준법」과 「노동조합 및 노동관계 조정법」을 개정하여 '근로자'와 '사용자'의 개념을 바꾸어 플랫폼노동자의 노동조합 결성과 노동조합 활동을 보장해야 한다. 이에 관해서는 앞의 5절에서 특수고용노동자의 노동조합을 할 권리와 관련해서 상론했으므로 여기서 더 논하지 않는다. 둘째, '플랫폼 종사자'의 노동자성을 판단할 수 있는 명확한 기준을 법으로 명시하고, '플랫폼 종사자'가 노동자가 아니라 자영업자 혹은 독립계약자의 신분임을 입증하는 책임을 플랫폼사업자에게 부과하는 것이다.

4. 소결

4장에서 필자는 산별교섭을 사회적 경제민주주의를 실현하는 유력한 제도라는 점을 논증하고, 우리나라에서 산별 노동조합 조직이 지지부진한 이유를 분석하고, 산별교섭제도를 정착하기 위해 고려할 점을 밝혔다. 그 핵심적인 논의 내용을 정리하면 다음과 같다.

첫째, 단체교섭은 계급투쟁의 제도화된 방식이다. 계급투쟁은 시장경제에서 노동과 자본이 이해관계를 놓고 대립하기에 피할 수 없고, 그러한 계급투쟁을 순화된 형태로 질서 있게 진행하기 위해 마련된 제도가 단체교섭이다.

둘째, 단체교섭은 집단적인 노동계약이다. 노동계약은 임금, 노동시간, 노동 여건 등을 중심으로 노동자와 사용자가 자유로운 행위 주체로서 체결하는 것이지만, 시장경제에서 노동자와 사용자의 권력관계로 인해 평등한 계약이 될 수 없다. 따라서 노동자들이 단결하여 노동조합을 결성하고 노동조합이 사용자와 권력 균형을 이루며 단체교섭을 벌이고 단체협약을 맺는 것은 당연한 일이다.

셋째, 노동자가 사용자에 맞서 권력을 최대화하기 위해서는 사업장 노동조합을 뛰어넘는 초기업 노동조합을 결성할 필요가 있다. 노동자의 권력은 단체행동을 통해 산업 부문 전체와 국민경제를 마비시킬 정도의 위력을 갖추어야 한다.

넷째, 우리나라는 해방 정국과 한국전쟁을 통해 노동자 운동의 중심이 무너지고 그 동력이 크게 약화한 데다가 국가가 총 자본가로서 국가 주도적 경제발전 전략을 강력하게 추진하면서 노동 억압적이고 노동 배제적인 노사관계가 오랫동안 정착했다. 박정희 군사정권은 사업장 노동조합을 무력화하기 위해 산별 노동조합체제를 구축하였으나 산별 노동조합은 허수아비에 불과했고, 산별 노동조합들의 연맹은 어용화되었다. 신군부는 사업장 중심의 노사 교섭을 제도화했고, 산별 노동조합의 개입을 금지하기까지 했다.

다섯째, 1987년 민주화와 노동자 대투쟁 이후 군사정권의 노동조합법과 노동관계법은 크게 개정되어 노동자들이 자유롭게 노동조합을 결성할 수 있게 되었다. 노동자들은 사업장에서 어용노조를 몰아내고 민주적인 노동조합을 결성하는 데 힘을 모았고, 군사정권에 의해 노동 통제 도구로 사용되었던 산별 노동조합을 혐오했다. 특히 대기업과 공기업의 사업장 노동조합은 단체교섭을 통해 노동조건을 개선하는 데 큰 성공을 거두었다. 그러한 여러 요인은 우리 사회에 사업장 노동조합이 대세를 이루게 했다.

여섯째, 1997년 IMF 경제신탁 기간에 사업장 바깥에서 결정된 구조 조정이 사업장 노동조건에 심대한 영향을 미친다는 것을 인식한 노동 자들은 초기업 노동조합 결성의 필요성을 절감하고 산별 노동조합 결성에 나섰으나 그 결실은 크지 않았다. 산별 노동조합은 보건의료, 금속, 금융 산업 부문에만 조직되어 있다.

일곱째, 우리나라에서 사업장 노동조합 중심의 단체교섭에서 산별 노동조합 중심의 단체교섭으로 나아가는 것은 절실한 과제가 되었다. 그 이유는 여러 가지다. 1) 산별 노동조합은 노동자들의 권력을 최대화 하여 자본가의 권력에 맞설 수 있게 하기에 노동자들의 노동조건을 향상하고 사회적·경제적 권익을 최대한 실현하는 데 적합한 가장 보편적인 노동조합 조직 방식이다. 그런 만큼 사용자는 산별 노동조합의 단결력과 단체교섭력 그리고 단체행동의 힘을 의식하고 단체교섭에 성실하게 응하지 않을 수 없다. 2) 산별 노동조합은 사업장 노동조합이 단기적인 이해관계 실현에 집중하고 행동주의로 치달을 수 있는 경향을 넘어서서 산업 부문의 발전 추세와 발전 속도, 국민경제의 발전 동향을 종합적으로 고려하면서 노동자들의 이해관계를 장기적으로 실현하는 방안을 찾는 데도 적합하다. 3) 산별 노동조합은 산업 부문 전체에 적용될 수 있는 산별협약을 체결하지만, 산별협약은 경직된 협약이 아니라 도리어 유연한 성격을 띠는 협약이다. 산별협약은 해당 산업 부문의 모든 사업장에 적용되는 기본협약의 성격을 띠고, 사업장에서 그 기본협약에 바탕을 두고 그 기본협약의 내용보다 더 나은 사업장협약을 체결할 수 있다. 4) 산별 노동조합은 기본적으로 동일노동 동일임금의 원칙을 산업 부문의 모든 사업장에 관철할 수 있기에 산업 부문에서 임금 격차를 줄이는 데 이바지할 수 있고, 산업 부문 수준에서 연대기금정책을 산별협약에 담아 대기업과 중소기업 노동자들의 연대와 상생을 구현하는 역할을 할 수 있다. 동일노동 동일임금의 원칙은 동일직무 동일임금의 원칙으로 정교하게 가다듬어져 산별교섭의 임금 결정 원칙으로 자리 잡을 필요가 있다.

여덟째, 산업이 빠른 속도로 발전하고 플랫폼 인프라가 구축됨에 따라 특수고용노동자와 플랫폼노동자의 보호가 시급한 과제가 되었다. 특수고용노동자와 플랫폼노동자는 산업사회에서 정형화되었던 노동자와는 노무 계약 방식, 업무 지시와 감독 방식, 노무의 대가 지급 방식 등에서 근본적인 차이가 있는 비전형 노동자이다. 그들이 수행하는 노동 형태와 노무의 특질을 보건대, 그들이 산별 노동조합을 결성해서 노동조건을 개선하고 사회적·경제적 권익을 최대한 실현하도록 해야 마땅하다. 그렇게 하려면 특수고용노동자와 플랫폼노동자의 '노동자성'을 인정하고 노동조합을 결성하여 활동할 수 있도록 「노동조합 및 노동관계 조정법」 제2조 제1항과 제2항의 '근로자' 규정과 '사용자' 규정을 개정하는 입법이 시급히 이루어져야 한다.

5장
국민경제의 민주적 규율

국민경제는 국민국가 단위에서 파악되는 생산과 소비, 소득분배, 저축과 투자, 경제성장 등 경제 활동의 총체를 가리킨다. 국민경제가 국민국가 단위에서 파악되는 경제 활동이라고 해서 그것이 국민국가 안에서 이루어지는 폐쇄적인 경제 활동이라는 뜻은 아니다. 많은 나라에서 국민경제는 세계 경제에 깊이 맞물려 있다. 그렇기에 오늘의 국민경제는 개방적 국민경제의 특징을 보인다. 그러한 국민경제를 경제민주주의의 관점에서 규율하는 방안을 제시하는 것이 본 장의 과제이다.

국민경제는 그 운영과 규율 방식에 따라 노동과 자본의 이해관계에 큰 영향을 미치고, 생태계에도 엄청난 영향을 미친다. 따라서 국민경제를 어떻게 운영하고 규율할 것인가를 논의하려면 국민경제의 운영으로 인해 영향을 받는 당사자들이 참여해서 함께 논의하고 결정하는 민주적인 기구를 창설해야 한다. 그러한 기구를 어떻게 구성하고 운영해야 하는가? 필자는 앞의 장에서 '자연의 권리' 개념을 중심으로 생태학적 경제민주주의의 관점에서 국민경제를 제도적으로 규율하는 방안을 다루었으므로, 여기서는 사회적 경제민주주의의 관점에서 노동과 자본의 사회적 합의에 바탕을 두고 국민경제를 제도적으로 규율하는 방안을 논의하는 데 집중할 것이다. 그런 뒤에 사회적이고 생태학적인 경제민주주의의 관점에서 국민경제를 제도적으로 규율하는 방안을 정리할 것이다.

국민경제를 규율하는 방식을 놓고 보면 사회적 경제민주주의는 사회적 조합주의와 유사하지만 똑같지는 않다. 역사적으로 사회적 조합주의는 노동과 자본의 사회적 합의에 바탕을 두고 국민경제를 규율하는 방안을 추구해 왔고, 많은 나라에서 노동, 자본, 정부가 대등하게 참여하는 노사정위원회가 사회적 합의 기구의 역할을 해 왔다. 사회적 조합주의는 전쟁, 경제위기, 전면적인 경제 구조조정 등에 대응하기 위해 일시적으로 운영되는 경향이 있었다. 그렇기에 사회적 합의의 내용은 현안을 해결하는 중단기적 방안에 치우치는 특징을 가졌다. 사회적 경제민주주의는 유고슬라비아의 실험이나 길드 사회주의 이론에서처럼 노동의 자본에 대한 우위를 주장하는 경향이 있지만, 노동과 자본의 사회적 파트너 관계에 바탕을 두고 사회적 합의를 추구하는 방식으로 성립될 수도 있다. 바로 그 점에서 사회적 경제민주주의는 사회적 조합주의와 상통한다. 그러나 사회적 경제민주주의는 국민경제를 운영하는 장기적인 기획을 민주적으로 수립하는 것을 중시한다는 점에서 국면 전환의 일시적 방편을 모색하는 데 그치기 쉬운 사회적 조합주의와는 근본적으로 다르다. 사회적 경제민주주의는 국민경제 차원에서 노동과 자본의 소득분배에 바탕을 두고 국민경제의 거시균형 계획을 수립하고 이를 구현하는 정책 조합을 추구하는 특징을 보인다.

국민경제는 소득분배, 생산과 소비의 균형, 경제성장, 생태계 보전, 화폐 가치의 안정, 내수와 수출의 균형 등 서로 밀접하게 관련된 과제들이 중첩된 영역이고, 그 과제들을 해결하기 위해 노동시장정책, 사회정책, 복지정책, 성장정책, 산업정책, 환경정책, 재정정책, 금융정책, 통화정책, 과정정책 등 실로 다양한 정책 수단을 마련하여 집행해야 할 영역이다. 이 책에서 그러한 정책을 세부적으로 다룰 수는 없다. 그렇지만 국민경제를 사회적 경제민주주의의 관점에서 규율하는 방안을 논할 때 여러 가지 정책들의 유기적 연관에 관해 몇 가지 원칙적 고려 사항을 제시할 필요는 있을 것이다.

위에서 말한 바를 고려하면서 아래에서는 첫째, 사회적 조합주의와 차별화되는 사회적 경제민주주의 기구의 조직과 운영의 원칙을 밝히고, 둘째, 국민경제의 경제민주주의적 규율의 핵심 과제인 소득분배와 거시경제 계획을 이론적으로 논한다. 그러한 이론적 논의의 출발점은 마르크스가 남긴 '자본의 재생산 도식'에 관한 재해석이다. 셋째, 소득분배와 거시경제 계획의 틀에서 국민경제의 규율과 관련된 정책들을 유기적으로 결합할 때 원칙적으로 고려할 사항을 몇 가지 제시한다.

1. 국민경제의 운영과 규율의 제도적 방안
: 사회적 조합주의로부터 사회적 경제민주주의로

사회적 경제민주주의는 사회적 조합주의와 공통점도 있고 차이점도 있다. 역사적으로 사회적 조합주의는 노동과 자본의 사회적 합의에 바탕을 두고 노동과 자본과 국가가 함께 협력하여 시장경제를 조율하는 모델이었다. 그렇기에 사회적 조합주의는 자본의 이익을 극대화하기 위해 노동의 권익을 짓밟는 시장경제의 자본주의적 운영 방식을 극복하는 방안으로서 그 의의가 크다. 우리 시대에 사회적 경제민주주의의 관점에서 시장경제를 규율하고자 하는 사람들은 사회적 조합주의의 역사로부터 배우고, 사회적 조합주의의 한계를 넘어설 필요가 있다.

1.1. 사회적 조합주의의 역사

사회적 조합주의는 노동자단체와 사용자단체처럼 계급적 성격과 지향을 달리하는 단체들 사이의 합의에 바탕을 두고 국민경제를 규율하려는 시도이다. 사회적 조합주의는 사회적 코포라티즘을 우리말로 옮긴 것인데, 코포라티즘(corporatism)은 단체를 가리키는 라틴어 코르푸스(corpus)에서 나왔다.[1] 사회적 조합주의는 노동자단체와 자본가 단체가 대등하게 국민경제의 규율 기구에 참여하여 함께 숙고하고 함께 결정을 내리는 사회적 합의를 추구한다. 많은 나라에서 사회적 조합주의는 국민경제 차원의 현안을 해결하기 위해 노동, 자본, 정부 대표가 참여하여 함께 결정을 내리는 노사정위원회로 제도화되었다. 조합주의가 작동하는 조건과 조합주의를 통해 추구한 목표는 나라와 상황에 따라 다양한 사례를 남겼다. 그 사례들은 전시(戰時) 조합주의, 파시스트 조합주의, 사회적 조합주의 등의 유형으로 구별되며, 사회적 조합주의는 다시 케인즈주의적 유형과 신자유주의적 유형으로 나뉜다. 아래서는 조합주의의 여러 역사적 유형을 간략하게 살핀다.

---

1 단체 간 합의를 중시한다는 점을 놓고 보면, corporatism을 '단체 간 합의주의'로 새기는 것이 적절할 듯하다. 그러나 이 책에서 필자는 여러 학자의 용례를 존중하여 corporatism을 '조합주의'로 새길 것이다.

1.1.1. 전시 조합주의와 파시스트 조합주의

노사정위원회는 본래 전시 자본주의 운영의 한 방편으로 고안되었다. 제1차 세계대전 때 독일이 1916년 「조국봉사단법」을 제정하여 특수 산업 부문에서 노동자 대표와 사용자 대표가 동수로 참여하는 전시 노사정위원회를 구성해서 전시 자본주의 운영 방침을 결정하도록 한 것이 대표적인 실례다. 노동자단체의 저항과 반발을 우려한 독일 정부는 노동자단체의 시민권이 확립되지 않았는데도 노동자단체를 체제 안으로 끌어들이기 위해 노동자단체에 사용자단체와 똑같은 위상을 부여했고, 두 단체의 협력과 공동결정을 제도화하고자 했다.

조합주의는 파시스트체제에서 활성화되었다. 파시스트체제는 사회적 유기체를 강조했고, 사회단체들의 협력과 타협을 통해 국민경제를 발전시키고 국민국가를 통합하고자 했다. 개인주의를 배격하고 집단주의를 앞세우는 파시스트들은 단체(corpus) 중심주의, 곧 코포라티즘에 따라 사회를 조직하고자 했다. 이탈리아 파시스트 지도자인 무솔리니는 정부의 지도 아래에서 사용자단체, 노동조합, 농민협회, 공무원조직, 서비스협회 등의 이해관계를 조율하여 국민경제 차원에서 자원을 할당하고 국민경제의 발전을 추구하는 파시스트 경제체제 운영의 한 전형을 보여주었다. 이탈리아의 파시스트 경제체제는 독일의 나치 경제체제의 선행 모델이었다. 히틀러는 국가주의에 도전하는 모든 사회단체를 격멸하고 노동조합과 직능단체들을 체제의 도구로 길들여 국가주도의 경제발전 계획에 효율적으로 동원하는 경제체제를 구축했다.

위에서 본 바와 같이 전시 조합주의(state corporatism)와 파시스트 조합주의는 권위주의적인 국가가 주도하는 특성을 보였다. 거기서는 좁게는 노동과 자본을, 넓게는 사회단체들과 직능단체들의 자율적인 사회협약보다는 국가가 지도하는 이해관계의 조율이 중시되었다. 따라서 전시 조합주의와 파시스트 조합주의는 국가조합주의로 규정된다.

1.1.2. 사회적 조합주의

사회적 조합주의는 국가조합주의에 대한 반발에 뿌리를 두고 있다. 따라서 사회적 조합주의는 권위주의적인 국가의 주도와 개입을 배제하고 노동자단체와 자본가 단체의 자율적인 협상을 중시하는 특징을 보인다. 국가가 사회적 조합주의 모델에서 나름대로 역할을 하기 위해서는 최소한 노동과 자본에 대해 중립을 지켜야 했다. 그것은 국가가 자본주의의 재생산을 책임지는 총 자본가의 기능을 갖지만, 그 기능을 수행하는 방식이 계급 중립적인 외양을 띠어야 한다는 뜻이다. 또한 사회적 조합주의는 혁명적 상황이 조성되거나, 노동조합과 사용자단체의 극한적 대립이 국민경제 운영을 어렵게 하거나, 대량 실업과 같은 사회적 위기와 정치적 위기가 심화할 때 활성화되는 특징을 보인다. 사회적 조합주의는 제1차 세계대전 직후에 태동하기 시작하여 제2차 세계대전 이후에는 사민주의적 조합주의 유형으로 발전했다. 그러나 경제의 지구화와 금융화에 대응하면서 사회적 조합주의는 신자유주의적 조합주의 유형으로 나타나기도 했다. 사회적 조합주의는 민주주의 정부가 수립된 이후 브라질, 남아프리카공화국, 스페인, 한국 등지에서도 실험되었다.

아래서는 사회적 조합주의의 여러 유형을 간략하게 검토한다.

1.1.2.1. 사민주의적 조합주의 유형

사민주의적 조합주의 유형은 독일에서 최초로 나타났다. 제1차 세계대전 직후 독일에서는 병사-노동자평의회 중심의 혁명적 운동이 벌어졌다. 그러한 혁명 운동을 통해 노동조합과 노동자단체들의 힘이 강해지자 그 힘에 압박을 느낀 사용자단체들은 전시 자본주의 운영의 핵심 기구였던 노사정위원회를 '중앙노동공동체'로 전환하는 데 동의했다. 그 결과 노동조합 대표와 사용자단체 대표가 동수로 참여하는 '중앙노동공동체'가 사회정책, 단체협약, 공장평의회, 분쟁조정, 노동시간정책 등 "독일 산업과 공장에 관련되는 모든 경제적, 사회적 문제들을 공동으로 해결하고 관련 법률의 제정과 행정 사안들을 공동으로 다루게 되었다."[2] '중앙노동공동체'에 관한 노동과 자본의 사회적 협약은 1924년까지 유지되었다.

1938년 스웨덴에서는 중앙집중화된 강력한 노동조합과 사용자단체가 정부의 개입 없이 자율적 협상을 벌여 대립적인 노사관계를 협력적인 노사관계로 전환하는 살쮀바덴협약을 체결했다. 살쮀바덴협약이 중시한 노사 자율협상의 원칙과 극한적인 계급투쟁 지양의 원칙은 산별교섭과 중앙교섭을 순조롭게 체결하는 바탕이 되었고, 1952년부터 1983년까지 렌-마이드너 모델에 따라 노동과 자본과 국가의 사회적 협력에 바탕을 둔 연대임금정책을 실행할 수 있게 하는 굳건한 토대가 되었다.

제2차 세계대전 이후 네덜란드, 벨기에, 오스트리아, 노르웨이, 덴마크 등 유럽 여러 나라는 심각한 실업 문제를 해결하고 경제성장을 추진

---

2 S. Schwarz, *Handbuch der deutschen Gewerkschaftskongresse* (Berlin: Verl.-Ges. des Allg. Dt. Gewerkschaftsbundes, 1930), 121f.

하기 위해 사회적 조합주의를 가동했다. 유럽의 사회적 조합주의는 오스트리아처럼 실업자 문제를 적극적 노동시장정책으로 풀어나가는가, 네덜란드처럼 사회보장정책으로 풀어나가는가에 따라 나라마다 차이를 보이기는 했지만, 노동조합이 임금 억제를 받아들이고, 사용자단체가 고용을 확대하고, 정부가 경제성장을 강력하게 지원하는 것을 골자로 한다는 점에서는 공통성을 보였다.

전후 유럽에서 실험된 사회적 조합주의는 케인즈주의에 바탕을 둔 사민주의적 조합주의 모델이라는 특징을 보였다. 그것은 유럽 사민주의 정당들과 노동조합들이 계급투쟁노선을 버리고 케인즈주의에 바탕을 두고 거시경제와 미시경제를 운영하는 데 동의했기에 가능한 일이었다. 자본주의 국가는 거시경제를 관리하는 데 유효수요를 적정하게 유지하는 것이 중요하다고 인식하였기에 자본의 권력을 제어하고 노동의 권력을 강화하여 두 사회적 권력이 균형을 이루도록 법제를 정비했다. 직장 평의회 구성, 노동과 자본의 공동결정, 산별교섭제도의 발전, 사회적 안전망의 구축 등은 노동과 자본의 권력 균형을 이루는 제도적 기반이었다.

1.1.2.2. 신자유주의적 조합주의 유형

경제의 지구화와 금융화 과정에서 사회적 조합주의는 신자유주의적 특색을 보였으나, 시장근본주의를 억제하는 효과를 발휘했다. 학계와 경영계는 지구화와 금융화에 편입된 나라들에서 노동과 자본의 관계가 자본의 노동 포섭을 공고화하는 신자유주의적 노사관계로 수렴되리라고 예상했으나, 그 예상과는 달리 노동과 자본의 관계는 나라마다 서로 다르게 나타났다. 그 까닭은 노동과 자본과 국가의 3자 관계가 국가별로 차이가 있었기 때문이다. 국가가 모든 것을 시장에 내맡기는 태도를 보였던 앵글로·색슨 국가들에서는 지구화 과정에서 자본의 독재가 유례없이 강화되었다. 반면에 시장경제의 사회적 조율 전통이 강했던 유럽연합의 여러 나라들에서는 사회적 조합주의가 활성화했다. 유럽연합은 1991년 노동, 자본, 국가의 사회적 조율을 중시하는 「마스트리히트 사회정책협정」을 채택하여 '사회적 유럽'을 표방했고, 네덜란드, 벨기에, 독일 등의 중부유럽 국가들, 스웨덴, 노르웨이, 핀란드, 덴마크 등 북유럽 국가들, 그리스, 이탈리아, 스페인, 포르투갈 등 남유럽 국가들, 유럽 대륙과 분리되었으나 유럽연합 회원국인 아일랜드에서 사회협약이 추진되었다.3

유럽 여러 나라에서 다시 활성화된 사회적 조합주의에서 주목할 것은 경제의 지구화와 금융화에 대응하는 과정에서 사민주의적인 조합주의 모델이 제 기능을 발휘하지 못하고 침식한 데 반해, 신자유주의적 조합주의가 지배적인 모델로 등장했다는 것이다. 사민주의적 조합주의 모델이 침식한 두드러진 사례는 독일과 스웨덴일 것이다. 먼저 독일의 경우를 살펴보자. 전후 독일은 사회적 시장경제를 통해 사회적 자본주의의 전성기를 구가했다. 독일의 사회적 시장경제를 떠받치는 기둥들 가운데 하나는 산별 수준에서 분권적으로 추진되는 사회적 합의였다. 노동과 자본은 자율적인 산별교섭을 통해 장기적인 관점에서 이해관계를 조율했다. 그것이 독일 특유의 사회적 조합주의 전통이었다. 자본의 축적 위기가 절박하거나 사회경제적 구조조정이 절실할 때는 국민경제 수준에서 노사정위원회가 가동했으나, 분권화된 노사 교섭이 발전한

3 구춘권, "코포라티즘의 전환과 노동관계의 유럽화," 「國際政治論叢」 46/4(2006), 251.

독일에서는 성공한 적이 없었다.[4] 1998년부터 2003년까지 가동한 마지막 노사정위원회에서 노동과 자본의 사회적 합의가 실패로 돌아가자 신자유주의적 '경쟁 국가'를 표방한 집권 사민당-녹색당 연정은 야당인 기독교민주당·기독교사회연합과 힘을 합쳐 노동시장 개혁과 복지제도 개혁을 골자로 하는 '하르츠 입법'을 추진했다.[5] 거기에 더하여 산별교섭의 예외 조항을 광범위하게 허용하면서 산별교섭의 구속력이 크게 약화하자, 독일에서 사민주의적 조합주의 모델은 거의 무너지다시피 했다.

독일만큼 사민주의적 조합주의 전통이 강했던 스웨덴에서도 사회적 조합주의는 거의 붕괴하였다. 1970년대 초에 노동조합이 공동결정과 임노동자기금을 법제화하는 데 앞장서자 사용자단체는 노동조합이 노사 자율협상을 핵심으로 하는 살쮀바덴협약을 깨뜨렸다고 비난하면서 1983년 연대임금정책을 중심으로 한 중앙교섭에서 이탈하였고, 지구화가 본격적으로 추진되기 시작한 1980년대 초부터 대기업들은 해외이전을 추진했다.[6] 그 뒤 스웨덴에서 노동과 자본의 합의에 근거해서

---

4 독일에서 노사정위원회는 세 차례 구성되었다. 제1차 노사정위원회는 1967년부터 1977년까지 진행된 '조율된 행동'(Konzertierte Aktion)이었고, 제2차 노사정위원회는 1996년 출범하자마자 좌초한 '노동과 생산 입지 확보를 위한 동맹'(Bündnis für Arbeit und Standortsicherung)이었다. 제3차 노사정위원회는 1998년부터 2003년까지 이어진 '노동, 직업훈련, 경쟁력을 위한 동맹'(Bündnis für Arbeit, Ausbildung und Wettbewerbsfähigkeit)이었다.

5 구춘권, "독일모델의 전환과 사회협약정치의 변화: 실업문제 해결을 위한 '노동을 위한 동맹'의 의미와 한계,"「한국정치학회보」37/1(2003), 402f.; 김상철, "독일 아젠다 2010 평가와 전망,"「질서경제저널」17/2(2014): 7f., 11f.

6 안재흥과 이연호는 자본의 집중이 높고 대외개방성이 강한 스웨덴에서 사회적 조합주의에 대한 자본의 반발과 자본의 해외 이전으로 표현되는 자본의 이탈이 스웨덴 모델 붕괴의 결정적인 요인이었다고 지적한다. 안재흥, "세계화와 노·사·정 대응의 정치경제: 스웨덴, 네덜란드, 오스트리아 사례의 비교,"「한국정치학회보」36/3(2002), 406f.; 이연호, "코포라티즘의 쇠퇴요인, 자본의 이탈: 스웨덴과 그 이웃 국가들의 사례연구를 통한 이론적 문제제기,"「21세기정치학회보」16/1(2006), 206f.

체결된 협약은 1999년의 「산업협약」이 유일했는데, 그것은 자본의 공격으로 인해 수세에 몰린 노동조합이 어쩔 수 없이 받아들인 협약이었다. 그 협약의 핵심 내용은 임금인상이 유럽연합 평균을 넘어서지 않게 한다는 것이었다.

경제의 지구화와 금융화 과정에서 사민주의적 조합주의는 퇴조한 데 반해서 신자유주의적 조합주의는 지배적인 모델로 자리를 잡았다. 그것을 보여주는 두드러진 사례는 네덜란드일 것이다. 노동조합의 힘이 상대적으로 약하고 정파적·종교적 분열이 심각한 네덜란드에서는 정부가 사회적 협약을 촉진하고 주도했다. 1970년대 중후반 이후에 저성장, 실업, 정부부채 증가 등의 난국이 계속되자 정부는 1982년 노동자 대표와 사용자 대표를 노사정위원회로 불러 모아 협의를 거듭했고, 노사정은 노동시간 단축과 일자리 나누기, 임금 억제, 복지예산 삭감, 기업이윤 제고, 임금과 물가의 연동제 폐지 등을 골자로 하는 「바세나르 협약」을 체결했다. 노동조합이 노동시장의 유연성과 임금 억제를 받아들이고, 사용자단체가 고용의 안정성을 보장하고, 정부가 노동과 자본을 균형 있게 지원하는 사회정책과 경제정책을 강력하게 펼치는 사회협약이 수립된 것이다.7 네덜란드의 사회적 협약은 지구화 과정에 대응하면서 국가와 사회의 경쟁력을 유지하고자 하는 신자유주의적 조합주의 모델의 한 전형을 보여준다. 그래서 그 모델을 일컬어 '대응적 조합주의' 혹은 '경쟁적 조합주의'라고 부르기도 한다.8

---

7 네덜란드의 사회적 조합주의는 1982년 바세나르협약을 거쳐 1993년에는 임금 자제와 교섭제도의 분권화를 골자로 하는 「신노선합의」로 나타났고, 1996년 노동시장의 유연성을 강화하고 파트타임 노동자 등 비정규노동자의 사회보장 강화를 가져온 「유연화와 보장에 관한 합의」로 표현되었다. 이에 관해서는 전창환, "네덜란드 사회경제모델과 네덜란드 연금제도," 「경제학연구」 51/2(2003): 212-219.

사회적 조율의 전통이 약했던 아일랜드와 남유럽 국가들, 특히 스페인, 이탈리아, 포르투갈, 그리스 등지에서도 사회적 조합주의가 지구화의 충격 속에서 강화되었다. 우리나라와 마찬가지로 오랜 파시스트 통치에서 벗어나 민주화의 길을 걸어온 스페인의 사례를 예로 든다면, 스페인은 1975년 민주화 이후 파시스트 경제체제의 붕괴, 대량해고와 대량 실업, 비정규직 급증 등 경제위기에 직면했다. 그러한 위기 속에서 집권 중도민주연합은 1977년 정당 간 협약인 '몽크로아협약'을 체결하여 정치개혁, 경제개혁, 사회개혁의 원칙을 천명했다. '몽크로아협약'은 특히 신자유주의적 구조조정의 비용을 노동자들에게 전가하지 않고, 노동자들에게 임금 억제를 받아들이는 대신 실업수당 인상, 교육·주택·직업훈련 등을 위한 공공지출 확대 등 사민주의적 재분배정책을 통해 노동자들의 희생을 보상한다는 점을 분명히 했다.9 '몽크로아협약'은 노동, 자본, 정부 사이의 사회적 대화를 촉진했다. '몽크로아협약' 이후 집권 세력은 중도민주연합에서 사민당으로 바뀌었지만, 정부는 파시스트 경제 운영체제를 신자유주의적 경제 운영체제로 전환하는 정책을 일관성 있게 추구했다. 사용자단체들은 정치의 민주화 과정과 경제의 자유화 과정에서 점점 더 강력해지는 노동자단체들의 힘에 대응하기 위해 결속했다. 노동자단체들은 권위주의적인 노동 통제가 해체되고 노동3권이 보장되자 전투적인 투쟁노선을 버리고 사용자단체들과 협상을 벌여 현안을 해결하는 사회협약 과정에 참여했다. 1980년대 중반

---

8 옐러 피서로·안톤 헤이머레이크/최남호·최연호 옮김, 『네덜란드의 기적』 (서울: 도서출판 따님, 2003), 103ff.; 안재흥, "세계화와 노·사·정 대응의 정치경제: 스웨덴, 네덜란드, 오스트리아 사례의 비교," 410.

9 선학태, 『사회협약정치의 역동성: 서유럽 정책협의와 갈등조정 시스템』 (파주: 한울아카데미, 2006), 350.

까지 스페인에서는 노사정위원회 차원에서 소득정책 중심의 사회적 협약들이 속속 체결되었다. 1980년대 중반 이후 1990년대 중반까지 약 10년 가까이 사회적 조합주의는 스페인에서 소강상태를 보였고, 신자유주의적 구조조정의 결과 실업이 증가하고 인플레이션이 심화하자 파업 등 노사분규가 빈발했다. 1996년 3월 총선에서 집권한 보수적인 인민당이 경제의 지구화에 대응해서 민영화와 노동시장 유연화를 본격적으로 추진하고 신자유주의적 경쟁체제를 도입할 채비를 갖추자 노동과 자본의 사회적 대화는 다시 활성화되었다. 스페인 노사정위원회는 1996년부터 작업장 노동 보호, 고용안정, 정규직 장려와 비정규직 억제, 산별교섭협약률 갭의 조정, 연금 개혁, 재해 예방, 법원을 통한 노동 분쟁 해결 방법의 개선 등에 관한 일련의 사회협약을 체결했다.[10] 그러한 협약들은 노동자들의 노동시장 유연화와 임금 억제 수용과 자본가들의 고용보장 약속을 패키지로 묶고 정부가 사회적 안전망을 좀 더 두텁게 형성하는 것을 그 핵심 내용으로 하는 신자유주의적 사회협약의 전형을 보여준다.

1.1.3. 비유럽권 국가들에서 실험된 사회적 조합주의

유럽 국가들 이외에 사회적 조합주의를 구축한 사례로는 브라질, 남아프리카공화국, 한국 등이 꼽힌다. 브라질에서는 오랜 군부 통치 아래에서 파시스트적인 조합주의가 지배했기에 노사 교섭의 자율성이 자리를 잡지 못했다. 군부 독재가 종식된 1985년 이후 브라질 정부는 외환

---

10 배규식, "각국의 사회적 협의기구 III: 스페인," 「국제노동브리프」 4/5(2006): 57f., 62ff.

위기를 극복하는 과정에서 IMF의 이행 조건을 충족하기 위해 강력한 신자유주의정책을 펼쳤기에 노사정위원회 수준의 사회적 협의는 나타나지 않았다. 그러나 민주화 이후 노동조합이 강력한 힘을 갖게 된 데다가 경제위기에 대응하기 위해서는 지역 차원과 산업 부문 차원에서 사회적 협의가 활성화될 수밖에 없었다. 2002년 브라질 노동자당의 룰라가 연방 대통령으로 선출된 뒤에 브라질은 사회적 협약기구인 사회경제발전위원회(Conselho de Desenvolvimento Economico e Social)를 설치했다. 사회경제발전위원회는 노동, 자본, 정부가 참여하는 전통적인 노사정위원회의 형태를 취하지 않고, 노동과 자본과 정부가 중심을 이루되 시민사회와 기타 사회단체가 함께 참여하는 기구였고, 공식 회의와 비공식 협의회를 통해 사회적 합의를 이루어 나갔다. 그러한 사회협약기구는 "정부와 시민사회가 대화를 통해 브라질 경제사회발전의 방향과 정책을 제시하는 동시에 절차상의 합의를 촉진하는 것"을 목표로 삼았고, 사회보장개혁, 조세개혁, 노동개혁, 사회개혁, 성장정책과 거시경제정책 수립, 공공-민간 협치의 구축 등 광범위한 과제를 사회적 합의와 정치적 합의를 통해 해결하고자 했다.[11]

남아프리카공화국에서 사회적 협약은 1970년대 말에 그 토대가 마련되었다. 그 당시 인종 분리주의정책을 강력하게 펼쳤던 백인 정부와 사용자단체는 남아프리카노동조합연맹(COSATU)의 파업 등 단체행동에 대응하기 위해 노동조합을 노사정 협의의 틀 안으로 끌어들이고자 했다. 1990년대 초반 경제위기와 백인 정부의 정권 이양이 겹친 상황에서 COSATU는 노사 동수로 참여하여 거시경제정책을 조율하는 전국

---

11 김현우, "브라질의 사회협약 체제: 노동자당 정부가 주도하는 중층적이고 포괄적인 의제와 방식,"
「국제노동브리프」 4/4(2006), 64f.

경제포럼(National Economic Forum)의 결성을 주도했다. 1994년 넬슨 만델라의 흑인 정부가 출범한 뒤에 의회는 모든 정당의 만장일치 찬성으로 「국가경제발전노동위원회법」(National Economic Development and Labor Council Act)을 제정했다.[12] 1995년 출범한 국가경제발전노동위원회(NEDLAC)는 사회적 대화를 통해 경제성장과 평등과 참여를 촉진하는 기구로서 다섯 가지 과제를 수행했다. 첫째는 경제성장, 경제적 의사결정 참여, 사회적 평등의 목표를 동시에 추진하는 것이다. 둘째는 사회정책과 경제정책에 관련된 사안에 관해 합의하고 협약을 체결하는 것이다. 셋째는 노동시장정책과 관련된 모든 노동법안을 의회에 넘기기 전에 심의하는 것이고, 넷째는 사회정책과 경제정책에 관한 모든 주요 변경 사항을 의회에서 결의하거나 의회에 넘기기 전에 심의하는 것이다. 다섯째는 사회적 사안과 경제적 사안에 관한 조율된 정책 수립을 장려하고 촉진하는 것이다.[13] 이 다섯 가지 과제는 남아프리카공화국의 사회적 대화 기구가 사회정책과 경제정책에 관한 사회적 합의를 하고 난 뒤에 정치적 합의로 나아가는 원칙을 명확히 세웠음을 잘 보여준다.

우리나라에서 사회적 조합주의는 1997년 IMF 경제신탁 아래에서 외환위기, 금융위기, 경제위기, 고용위기 등 복합적인 위기를 극복하는 과정에서 노사정의 사회적 협약을 추구하는 방식으로 실험되었다. 그렇지만 그 뿌리는 1990년대 초까지 거슬러 올라간다. 1987년 헌정 질서가 확립되자 종래의 군사정권이 추구했던 국가 주도의 발전주의 경제 모델과 권위주의적 통치 모델을 해체하는 과정이 급속히 진행되었

---

12 윤효원, "남아공의 사회적 대화와 사회협약: 전국경제발전노동위원회(NEDLAC)를 중심으로," 「국제노동브리프」 4/6(2006), 65.

13 National Economic Development and Labor Council Act, 제5조 제1항.

다. 그러한 상황에서 노태우 정권은 자본이 요구하는 경제의 자유화와 급성장한 조직노동이 요구하는 경제의 민주화를 조율할 필요가 있었다. 그러한 정부의 거중 조정 아래서 1990년 한국노총과 경총은 중앙노사협의기구를 공동으로 설립하였다. 중앙노사협의기구의 출범은 급진화된 노동자 운동을 노사협력의 틀에 묶으려는 기획이었지만, 종래의 군사정권이 고집했던 노동 배제적이고 노동 억압적인 정책이 더는 쉽게 먹히지 않게 되었음을 시사했다. 1993년 문민정부는 '신경제 5개년 계획'을 발표하면서 '사회적 합의'를 노사관계 부문의 중점목표로 설정했다. 1996년 문민정부는 노동과 자본의 대표가 참여하는 노사관계개혁위원회를 결성하고, 사회적 대화를 통해 노동자 운동에 족쇄가 되었던 제3자개입금지, 노동조합의 정치활동 금지 등 노사관계에 관련된 법제와 근로자파견제, 정리해고제, 변형근로시간제 등 노동시장에 관련된 법제를 대대적으로 개혁하고자 시도했다. 그러한 사회적 대화는 정부와 여당이 그 대화의 성과를 무시한 채 1996년 말 일방적으로 입법을 추진하고 그에 대응해서 노동자들이 파업을 불사하며 대대적으로 저항함으로써 파탄에 직면했다.

사회적 대화는 1997년 말의 외환위기가 불러들인 자본축적 위기와 고용위기에 직면한 자본과 노동이 상호 협력의 강제를 받아들임으로써 극적으로 재활성화되었다. 사회적 대화는 외환위기가 불러들인 대량 실업의 위기를 느낀 민주노총이 먼저 제안했고, 방만한 차입 경영으로 외환위기를 불러들인 장본인으로 비난받았던 자본이 그 요구를 어쩔 수 없이 받아들이면서 시작되었다. 그 당시 대통령 당선인 김대중은 1998년 1월 초에 노동과 자본의 사회적 대화에 정부가 참여하는 방식의 노사정위원회를 꾸리게 했다.[14] 1998년 2월 9일 노사정위원회는 「2

·9 경제위기극복을위한사회협약」(이하, 「2·9 사회협약」)을 체결했다. 노사정협약의 핵심은 위기 극복을 위한 고통의 공정한 분담을 위해 노동과 자본과 정부 사이에서 빅딜을 하는 것이었다. 노동은 정리해고제, 노동자 파견제 등 노동시장의 유연화를 받아들이는 대신에 자본은 기업 구조조정과 재무구조 개선을 받아들이고, 정부는 공무원 단결권 보장, 교원노동조합 허용, 노조의 정치활동 보장, 실업자의 초기업 단위 노조 가입, 지방 노동 관서의 노동 행정 업무 이관, 노동조합의 재정자립 방안 등 노동기본권 신장을 보장하고, 노동이 참여하는 공기업 구조조정과 사회적 안전망의 확충을 약속하였다.15

「2·9 사회협약」은 국민경제 운영 차원에서 노동과 자본과 정부의 3주체가 사회적 협약을 맺은 최초의 사례로 기록되고 있으나, 그것은 한국에서 신자유주의적 체제가 자리 잡게 하는 계기가 되었다. 사회적 협약의 실질적 내용인 신자유주의적 정책을 제시한 것은 정부였고, 복합적인 경제위기에 직면한 노동과 자본은 정부의 정책을 받아들이지 않을 수 없었다. 정부는 가혹한 구조조정 프로그램을 앞세운 IMF 경제 신탁 아래서 본격화되는 경제의 지구화와 금융화에 대응해서 한국 경제와 사회를 신자유주의적으로 개편하는 데 꼭 필요한 노동정책과 노동시장정책, 기업 구조조정정책, 공공부문 민영화정책, 금융정책 등을

---

14 노사정위원회는 애초에 법령의 근거를 갖지 않은 일시적인 임의 기구였으나, 1998년 3월 대통령령 「노사정위원회규정」에 따라 대통령 직속 자문기구의 위상을 갖게 되었다. 노사정위원회는 1999년 5월에 제정된 「노사정위원회의설치및운영등에관한법률」에 따라 법적 기구가 되었다. 그 법률은 2007년 1월 「경제사회발전노사정위원회법」으로 개정되었고, 2018년 6월 「경제사회노동위원회법」으로 전부 개정되었다. 오늘의 노사정위원회는 2018년 법률에 근거하여 경제사회노동위원회의 이름으로 불리고 있다. 노사정위원회가 법적 기구가 되고 이름이 변경되었어도 대통령 직속의 자문기구라는 성격은 바뀌지 않았다.

15 김용철, "한국의 사회협약정치: 짧은 반응과 긴 교착," 「21세기정치학회보」 16/2(2006), 81.

사회적 합의의 형식으로 가다듬어 정책의 정당성을 확보하고자 했다. 1998년 2월의 사회협약은 노동과 자본의 이익 균형을 이루었다고 보기 어렵다. 사회적 협약이 명시한 노동시장정책들은 노동자들의 권익에 즉각 결정적인 타격을 가했지만, 그 대가로 노동자들이 얻은 노동기본 권 신장 약속 등은 기득권 세력의 저항에 직면하여 차일피일 미루어지 거나 흐지부지될 수 있는 것이었기 때문이다.[16] 민주노총 산하의 노동 조합들은 「2·9 사회협약」을 즉각 거부했고, 민주노총 지도부를 불신 임했다. 그 뒤에 민주노총은 노동시장 유연화정책의 전면 재검토를 전 제 조건으로 삼아 노사정위원회 이탈과 복귀를 반복하다가 1999년 2월 정리해고제 도입을 빌미로 삼아 사회적 대화에서 이탈했고, 오늘에 이 르기까지 사회적 대화에 복귀하지 않고 있다. 민주노총은 사회적 협약 의 이름으로 정부와 자본이 신자유주의적 공세를 계속하는 데 들러리 를 설 수 없다고 판단했다. 양대 노총 가운데 하나인 민주노총이 사회적 대화를 받아들이지 않고 저항하고 있다는 점에서 한국의 사회적 조합 주의는 신자유주의적 사회협약의 전형을 보여주었던 「2·9 사회협약」 이후 아주 오랫동안 교착 국면에 처하게 되었다.[17]

---

16 애초부터 노동시장 유연화와 노동기본권 신장은 등가교환의 대상이 될 수 없었다. 전자는 노동시장 형성과 규율 수준의 사안이라면, 후자는 헌법적 규범 수준의 사안이었기 때문이다. 「2·9 사회협약」 에서 노동기본권 신장의 과제로 열거된 것들 가운데 전국교직원노동조합의 합법화는 노동 투쟁의 성과로 실현되었고, 실업자노조 가입, 법정 노동시간 단축, 공무원의 단결권 보장, 부당노동행위 척결, 노동이 참가하는 사회통합적 구조조정 등은 거의 실현되지 못했다. 이에 관해서는 노중기, "노사정위원회 5년: 평가와 전망," 「동향과 전망」 56(2003), 4를 보라.

17 김동원, "짧은 성공과 긴 좌절: 한국 노사정위원회에 대한 이론적 분석과 정책적 시사점," 「산업관계 연구」 13/2(2003), 19f.; 김용철, "한국의 사회협약정치: 짧은 반응과 긴 교착," 87f.

1.2. 사회적 조합주의에 관한 평가

사회적 조합주의가 작동하는 요인과 그 방식에 관해서는 이제까지 국내외에서 방대한 연구가 이루어졌지만, 크게 보면 두 가지 설명이 유력하다. 하나는 사회적 조합주의가 성립하는 구조적 요인에 주목하는 설명 유형이고, 다른 하나는 사회적 행위자들의 전략적 선택을 중시하는 설명 유형이다.

첫째, 사회적 조합주의가 성립하는 구조적 요인을 강조한 첫 연구자는 필립프 슈미터(Philippe C. Schmitter, 1936~)였다. 그는 사회적 이익을 대표하는 방식에 초점을 맞추어 사회적 조합주의를 고찰했다. 각기 다른 사회적 이익을 대표하는 단체는 노동조합과 사용자단체뿐만 아니라 농민단체, 예술가 단체 등 다양한 단체들이 있을 수 있다. 사회적 이익을 대표하는 방식은 이념형적으로 조합주의와 다원주의로 구별된다. 이념형의 수준에서 사회적 조합주의는 각기 다른 사회적 이익을 대변하는 단체들의 수적 제한성, 특정 사회 세력의 이익을 대변하는 단체들의 비경쟁성, 단체 멤버십의 강제성, 단체의 정상 조직과 하부 조직 사이의 위계 구조, 사회적 이익의 독점적 대표성에 대한 국가의 승인 등을 전제로 한다.[18] 다원주의는 각각의 요건에서 정반대의 특성을 갖는다. 슈미터의 정의에 따르면, 사회적 조합주의는 각기 다른 사회적 이익을 대표하는 단체들 사이에서 이익의 교환과 균형을 이루기 위한 협상과 중재의 과정이고, 국가는 사회적 이익의 독점적 대표성을 갖는다고 인

---

18 Philippe C. Schmitter, "Modes of Interest Intermediation and Models of Societal Change in Western Europe," *Trends toward Corporatist Intermediation*, ed. by Phillipe C. Schmitter and Gerhard Lehmbruch (London: Sage, 1979), 67ff.

정한 사회단체들과 마주 앉아 이익 실현에 관한 협상과 중재에 참여할 수 있다.

　슈미터의 사회적 조합주의 이론은 제2차 세계대전 이후 30여 년 동안 유럽에서 사회적으로 조율된 시장경제를 설명하는 데 도움이 된다. 거기서는 높은 수준의 조직률을 보여주었던 노동자단체와 사용자단체의 정상 기구들이 초기업 수준의 사회적 대화와 타협을 통해 사회 세력들 사이의 이익 교환과 균형을 장기적 관점에서 추구하는 경향이 나타났기 때문이다. 슈미터는 노동과 자본의 이익 이외에 다른 사회적 이익을 대표하는 사회단체들을 전제했으나, 그 견해는 슈미터 이후 그 어떤 이론가들에 의해서도 중시되지 않았다.

　둘째, 사회적 조합주의를 사회단체들의 전략적 선택으로 설명하는 학자로는 게르하르트 렘부르흐(Gerhard Lehmbruch, 1918~2022)가 꼽힌다. 그는 노동자단체와 사용자단체와 정부가 각각의 필요에 따라 국가 수준의 정책협상에 참여하고 함께 결정하는 전략적 선택을 할 수 있다는 점을 중시했다. 그는 사회단체들의 전략적 선택이 국가 수준의 공공정책과 사회정책 결정에 참여할 때 부담하는 책임과 그 결정에서 얻게 되는 이익을 계산하는 데 근거한다고 생각했다.[19] 정책연합 형식의 사회적 조합주의는 세 가지 조건이 충족될 때 활성화될 수 있다. 하나는 노동과 자본이 적대적 관계를 버리고, 타협적이고 협력적인 태도를 보이는 것이다. 다른 하나는 정부가 노동과 자본에 중립적이고, 노동과 자본의 사회적 대화에 우호적일 때이다. 마지막 하나는 노사정의 정책적 합의에 따른 사회적 이익과 부담이 정확하게 계산되고 투명하게 공

---

19 Gerhard Lehmbruch, "Liberal Corporatism and Party Government," *Trends toward Corporatist Intermediation*, 151ff.

개되는 것이다. 물론 그러한 세 가지 요건은 어디까지나 상대적인 요건이다. 노동과 자본의 사회적 협력관계가 희박한 사회에서도 경제위기나 재난 상황에서 노동자단체와 사용자단체는 정부의 요구에 따라 국가 수준의 정책협의에 나설 수 있다. 그러나 그런 여건에서도 노동과 자본이 정책적 합의에서 비롯되는 이익과 부담이 정확하게 파악되지 않으면 노사정 수준의 정책협의와 공동결정은 불가능하다. 노동과 자본의 사회적 협력이 두텁든지, 희박하든지 간에 노동자단체와 사용자단체의 정상 조직이 정부와 함께 이룩한 정책적 합의는 사회단체들의 내부적 지지를 얻고 시민사회의 동의를 얻을 수 있어야 할 것이다. 그러한 최소한의 요건을 충족하지 못하는 노사정의 정책 합의는 실효를 거둘 수 없다.

사회단체들의 전략적 선택을 중시하는 렘부르흐의 이론은 지구화와 금융화의 충격 아래에서 진행된 여러 나라의 사회적 조합주의를 설명하는 데 많은 시사점을 던져 준다. 그런 나라들에서는 슈미터가 이념형적으로 전제한 강력한 노동조합이 없었지만, 고용, 복지, 성장, 물가, 무역수지, 자본수지 등 경제의 여러 영역에서 나타나는 복합적인 경제위기를 극복하기 위해 노동과 자본과 정부의 정책 협력이 절실하게 필요했고, 그러한 정책 결정에 관한 사회단체들의 전략적 선택이 거의 강제되다시피 했기 때문이다.

슈미터나 렘부르흐와는 달리 사회적 조합주의를 사적인 소유와 공적인 통제를 결합하는 경제체제로 설명하는 레이 팔(Ray Pahl)과 잭 윙클러(Jack Winkler) 같은 학자들도 있다.[20] 그들은 사회적 조합주의가 사

---

20 그러한 입장을 강력하게 제시한 학자들은 다음과 같다. Ray Pahl · Jack Winkler, "The Coming Corporatism," Challenge 18/1(1975): 28-35.

적 소유에 근거한 시장경제를 노사정 합의에 근거하여 공적으로 규율하는 체제이기에 자본주의와 다르고 사회주의와도 구별되는 별도의 경제체제라고 생각했다. 그러나 그러한 설명은 경제체제와 경제체제의 규율 방식을 개념적으로 혼동하고 있기에 설득력이 크게 떨어진다. 주지하다시피 경제체제는 이념형의 수준에서는 시장경제체제와 중앙관리경제체제로 구별될 뿐이고, 각각의 경제체제를 규율하는 방식은 다양하게 나타날 수 있다. 시장경제체제를 규율하는 방식에 국한해서 몇 마디 부연하자면, 시장경제체제는 앵글로·색슨 국가들에서 자본의 이익을 최대화하는 방식으로 운영되고, 게르만 국가들에서는 사회적으로 조율되는 방식으로 운영되며, 남유럽 여러 나라에서는 소상품생산과 유통을 보호하는 방식으로 운영되고 있다. 그러한 규율 방식의 차이에도 불구하고 그 나라들에서 운영되는 경제는 경제체제의 개념 수준에서는 모두 시장경제체제이다. 시장경제체제가 사회적 조합주의에 따라 운영된다고 하더라도 그것을 별개의 경제체제라고 볼 수 없다. 레이 팔과 잭 윙클러가 사회적 조합주의를 별도의 경제체제로 규정한 것은 물론 개념적 오류이지만, 자본주의적으로 규율되는 시장경제체제와 전혀 다른 성질을 갖는 시장경제체제의 운영 방식이 있다는 것을 보여주고자 했다는 점에서는 의미가 있다.

이 대목에서 우리나라에서 실험된 사회적 조합주의가 일시적 성공과 장기적인 교착에 빠져든 까닭을 살필 필요가 있다. 1998년 2월의 사회협약은 렘부르흐가 강조한 바와 같이 사회단체들의 전략적 선택에 따른 정책연합의 한 성과로 설명될 수 있다. 그러나 그 사회적 협약이 사회적 대화의 한 축이었던 민주노총에 의해 끝내 거부된 것은 사회 세력들 사이의 이익 균형을 사회협약에 담지 못했기 때문이다. 그것은 국가 수준의 정책 결정이 각각의 사회 세력에 가져다주는 이익과 부담을 냉정하게 계산하는 데 실패하였고, 그러한 계산에 익숙하지 않았다는 것을 보여준다. 「2·9 사회협약」에 동의한 민주노총 지도부가 산하 노동조합들의 불신을 받고 사퇴하고, 1999년 2월 민주노총이 「2·9 사회협약」의 한 조항이었던 노동시장 유연화에 끝내 반대하고 사회적 대화에서 아예 이탈한 것은 민주노총의 지도부가 하부 단체들을 조직적으로 장악하지 못하고 정상 조직과 하부 조직 사이의 쌍방향 소통이 활성화되어 있지 않았음을 뜻한다. 그것은 사용자단체에서도 마찬가지였다. 사용자단체의 지도부 역시 산하 단체들의 반발을 두려워하여 노사정위원회 이탈과 복귀를 거듭하는 모습을 보였다. 한국의 사회적 조합주의가 사실상 실패한 것은 정부의 태도 때문이기도 했다. 신자유주의 정책을 관철하고자 했던 정부는 사회적 대화를 사실상 주도하면서 사회적 합의를 종용한 데다가 신자유주의적 정책 기조로 인해 자본 친화적이고 노동 억압적인 태도를 끝내 버리지 않았다. 민주노총은 정부가 자본 편을 든다고 비난하면서 노사정위원회에 복귀하지 않았다. 오랫동안 국가 주도의 발전주의 노선에 길들어져 있었던 관료체제는 사회적 합의에 근거해서 국가 수준의 정책을 결정하고 집행하는 데 크게 반발했다. 노사정위원회의 합의는 기껏해야 대통령 자문의 성격을 띠었기에 관료체제의 벽을 넘지 못하기도 했고, 여소야대 상황에서는 입법의 관문을 통과하지 못할 때도 있었다.

세계 여러 나라에서 이루어진 사회적 조합주의 실험과 이에 대한 이론적 검토를 되돌아보면서 사회적 조합주의가 성공할 수 있는 요인을 간략하게 정리해 보자. 사회적 조합주의가 성공하기 위해서는 구조적인 측면에서 세 가지 요건이 필요하다. 하나는 노동자단체와 사용자단체가 각기 다른 사회적 이익을 대변하는 기구로서 조직되어 있어야 한다는 것이고, 다른 하나는 사회적 합의 기구에 참여하는 노동과 자본의 정상 기구가 내린 결정이 그 기구가 각각 대표하는 사회 세력의 조직적 지지를 받을 수 있어야 한다는 것이다. 마지막 하나는 정부가 노동자단체와 사용자단체의 대표성을 인정하고 그 단체들을 공평하게 대해야 한다는 것이다. 정책연합의 측면에서 본다면 사회적 조합주의는 서로 다른 이익을 대변하는 사회단체들의 정책 협력이 정책 결정이 가져오는 이익과 부담의 계산에 따른 전략적 선택이라는 점을 인정하는 데서 출발하여야 한다. 따라서 사회적 조합주의는 서로 다른 계급과 계층의 이익 균형을 최대화하는 정책을 마련하여야 비로소 성공할 수 있다. 그것은 노동과 자본이 적대적 대립 관계에서 벗어나 협력적 대립 관계로 나아가는 것을 전제한다.

사회적 조합주의의 성공 요인은 사회적 경제민주주의의 관점에서 국민경제를 규율하는 최소한의 조건이 된다. 그러나 그것은 어디까지나 최소한의 요건이다. 사회적 경제민주주의가 노사정위원회의 형식을 취한다고 하더라도 그 형식 규정은 사회적 조합주의의 그것보다 더 민주적이어야 하고, 사회적 경제민주주의의 관점에서 국민경제를 규율하는 방식은 사회적 조합주의의 그것보다 더 풍부한 내용을 가져야 한다.

1.3. 사회적 경제민주주의의 조직과 운영

이 책의 제III부에서 분석하였듯이 사회적 경제민주주의는 시장경제 체제에서 자본의 독재를 해체하고 노동하는 인간의 존엄성과 자주성을 펼치기 위한 정치사회적 기획이다. 그러한 기획은 작업장에서는 작업장 조직의 민주화와 인간화로 구현되고, 공장과 기업 차원에서는 노동자들이 주요 의사결정에 참여하여 결정할 권리의 제도화로 실현되는 것이지만, 국민경제 차원에서는 전체 경제를 조율하고 거시경제 계획을 수립하는 의사결정과정에 노동자들이 참여해서 함께 결정하는 방식으로 전개될 것이다. 그런 점에서 사회적 경제민주주의는 전면적 위기와 난국에 처한 경제 상황과 사회 상황에 대응하기 위해 노동과 자본의 타협과 협력을 추구하는 사회적 조합주의와는 사뭇 다른 과제를 갖는다. 과제가 다른 만큼 사회적 경제민주주의는 사회적 조합주의와는 다른 방식으로 조직되고 운영되어야 할 것이다.

1.3.1. 사회적 경제민주주의의 조건과 제도화

사회적 경제민주주의는 사회적 조합주의와 마찬가지로 노동과 자본이 적대적 대립 관계로 치닫는 상황에서는 성립될 수 없고, 노동과 자본의 권력관계가 어느 한 편으로 심하게 기울어져 있는 상황에서도 추진될 수 없다. 그러나 둘의 강조점은 서로 다르다. 사회적 조합주의는 위기 대응 담론의 성격이 강하기에 단체 간 이익의 '조율', 단체 간 '협력'의 촉진, 성장과 복지를 위한 '동맹' 등과 같은 구호에서 보듯이 계급 타협과 계급 협력을 전면에 부각하지만, 사회적 경제민주주의는 자본 '독재'의 해체, 노동자 자주성의 실현, 인간의 존엄성 보장 등을 강조해서, 설사 계급 타협을 추구한다고 하더라도, 그것이 계급투쟁의 한 측면이라는 점을 잊지 않는다. 그 점에서 사회적 경제민주주의는 철저하게 반자본주의적이다.

노동과 자본의 권력관계에 초점을 맞추어 살핀다면, 사회적 조합주의는 노동과 자본이 제도적 권력 균형을 이루어 타협 국면에 이를 때는 케인즈주의적인 사회적 자본주의 혹은 사회적으로 조율된 시장경제 질서로 구현되지만, 자본의 권력이 노동의 권력을 압도하는 상황에서는 속절없이 붕괴하거나 신자유주의적인 노사정협약체제로 축소하는 경향을 보인다. 사회적 경제민주주의는 자본의 권력이 노동의 권력을 압도할 때는 성립될 수 없고, 오직 노동의 권력이 자본의 권력을 압도하거나 최소한 자본의 권력과 균형을 이룰 때 성립된다. 만일 노동의 권력이 자본의 권력을 압도한다면, 노동은 자본을 규율하는 권력으로 작동할 것이고, 노동자자주관리체제가 성립한다. 노동자자주관리체제에서 주목할 것은 자본의 실체 보존과 투자를 위한 자본의 축적이 불가피한 이상, 노동이 자본의 기능을 대체할 수 없고 침식할 수 없다는 것이다.[21] 따라서 사회적 경제민주주의는 노동이 자본을 정치적으로 규율하는 위치에 설 경우에도 노동과 자본의 기능을 엄격히 구별하여야 하며, 바로 그 점에서 노동의 기능이 자본의 기능을 흡수하는 기획이 될 수 없다. 만일 노동과 자본이 권력 균형을 이룬다면, 사회적 경제민주주의는 노동과 자본의 사회적 합의를 최대화하는 사민주의적 조합주의의 외양을 띠겠지만, 시장경제를 조율하고 기획하는 방식에서는 사회적 조합주의와 현저하게 다를 것이다. 사회적 경제민주주의는 국민소득의 분배에 바탕을 둔 거시경제 계획에 따라 시장경제를 규율하려는 기획이기 때문이다.[22]

---

21 노동이 자본의 기능을 침식하는 경우 투자는 위축되고 물가는 상승해서 국민경제는 전형적인 스태그플레이션에 직면한다. 이를 잘 보여주는 실례는 노동자자주관리가 실험된 유고슬라비아일 것이다. 이에 관해서는 본서의 제III부 1장 2를 보라.
22 이에 관해서는 이에 관해서는 후술할 것이다.

사회적 경제민주주의는 제도화 수준에서 사회적 조합주의와 크게 다른 면모를 보일 것이다. 사회적 조합주의는 전쟁, 경제 복구, 자본축적 위기, 고용위기, 재정위기, 외환위기, 지구화와 금융화 등 경제 전반에 엄청난 충격이 가해지는 상황에 대응하여 노동과 자본과 정부가 원탁에 둘러앉아 협의하고 정책을 조율하는 기구로 나타난다. 그것은 사회적 조합주의가 위기 대응적인 임시 기구로 조직된다는 것을 의미한다. 거기 더하여 사회적 조합주의는 노동과 자본의 자발적인 참여에 바탕을 두고 조직되는 특성을 보인다. 노동과 자본은 각각의 이익을 최대한 실현할 기회가 없거나 각기 추구하는 정책을 최대한 관철할 전망이 보이지 않는다고 판단하면 언제든 사회적 조합주의 기구를 떠날 수 있으며, 이를 억제할 수 있는 장치는 없다. 물론 노동과 자본의 자발적인 참여는 노동과 자본의 자율적 협상의 근거가 되기에 그것이 국가조합주의와 구별되는 사회적 조합주의의 장점이라고 볼 여지가 있다. 그러나 그러한 장점이 사회적 조합주의의 임의 기구적 성격이 갖는 한계를 충분히 덮는 것은 아니다. 이에 반해 사회적 경제민주주의는 높은 수준의 제도화를 추구한다. 그것은 두 가지 이유 때문이다. 첫째는 사회적 경제민주주의가 국민경제의 조율과 거시경제 계획을 수립하는 기구로 조직되어야 하기 때문이다. 국민경제의 조율과 거시경제 계획의 수립은 장기적인 관점에서 일관성 있게 이루어져야 하고, 그러한 과제를 수행하는 기구는 임시 기구나 임의 기구여서는 안 되고, 제도적 안정성과 지속성을 가져야 한다. 다른 하나는 사회적 경제민주주의 기구가 노동권과 소유권의 상호 불가침성과 상호 제한성을 인정하는 헌법 규범에 바탕을 두고 조직되어야 하기 때문이다. 이 책의 제IV부에서 생태학적 경제민주주의가 '자연의 권리'라는 헌법 수준의 규범에 바탕을 두고 헌법 기구의 위상을 갖는 기구로 법률적으로 조직되고 운영되어야 한다고 했듯이, 사회적 경제민주주의도 헌법에 근거해서 항구적인 헌법 기구의 위상을 갖도록 법률적으로 조직되고 운영되어야 마땅하다.[23]

사회적 경제민주주의 기구는 1심 위원회와 2심 위원회의 이원 구조로 조직된다. 1심 위원회는 통상적인 노사정위원회처럼 노동, 자본, 정부 위원으로 구성되지만, 의결 방식은 다르다. 노동 위원과 자본 위원은 동수 참여의 원칙에 따라 1심 위원회를 구성하고 의결권을 갖는다. 정부 위원은 노동과 자본에 대한 중립적인 조정자로서 역할하고 투표권을 갖지 않는다. 1심 의장은 정부가 임명하되, 노동 쪽 위원과 자본 쪽 위원의 과반수가 찬성하는 인사여야 한다. 1심은 노동 위원 6명, 자본 위원 6인, 정부 위원 6인, 정부가 임명하는 의장 1인 등 19인으로 구성하고, 노동 위원은 전국 수준의 노동조합 총연맹이, 자본 위원은 전국 수준의 사용자단체가 추천한다. 1심 위원회 위원의 추천권을 행사하는 전국 수준의 노동자단체와 사용자단체의 자격은 법률로 정한다.

2심 위원회는 1심의 결정에 관한 인준 여부만을 결정한다. 2심은 생산과 소비의 거시균형, 성장과 복지의 조화, 내수와 수출의 균형, 지역균형 발전, 물가안정 등의 기준에 따라 1심의 결정을 심의하고 인준한다. 2심은 전국 수준의 노동조합 총연맹이 추천하는 인사 4인, 전국 수준의 사용자단체가 추천하는 인사 4인, 전국 수준의 소비자단체가 추천하는 인사 4인, 전국 수준의 은행협회가 추천하는 인사 4인, 지방자치단체장 협의회가 추천하는 인사 4인으로 구성하고, 의장 1인은 정부가 임명하여 21인으로 구성한다. 2심의 의장은 각 직역 대표의 과반수가

---

23 장차 현행 헌법을 개정하여 자연헌법과 사회헌법을 본격적으로 정비한다면, 생태학적 경제민주주의 기구와 사회적 경제민주주의 기구는 헌법 기구로 조직될 수 있을 것이다.

동의하는 인사여야 한다. 2심 위원회 위원의 추천권을 행사하는 전국 수준의 직역 단체의 자격은 법률로 정한다.

사회적 경제민주주의 기구와 관련해서는 몇 가지 더 고려할 것이 있다. 첫째, 사회적 경제민주주의 기구는 헌법 기구의 위상을 갖는 것이 이상적이기에 그 기구의 조직과 운영에 관련된 법률은 입법부 재적의원의 3분지 2의 동의 없이는 개정될 수 없도록 규정하는 것이 바람직하다. 그 기구의 제도적 안정성과 지속성을 보장하기 위해서는 그 기구의 존립에 관한 법률이 입법부의 정파적 구성의 변동에 따라 쉽게 개정되어서는 안 될 것이다. 둘째, 사회적 경제민주주의 기구는 국민경제의 조율과 거시경제 계획을 수립하는 역할을 맡기에 조사연구와 정책 조율을 뒷받침하는 데 충분한 규모의 지원단을 갖추어야 한다. 지원단의 설치와 운영은 법률로 따로 정한다.

사회적 경제민주주의 기구는 국민경제 조율과 거시경제 계획에 관한 사회적 합의를 추구하지만, 그 합의는 정치적 합의의 형식을 거쳐 법률적 구속력을 가질 수 있어야 한다. 사회적 조합주의도 사회적 합의를 정부정책으로 가다듬거나 필요할 경우 입법을 통해 구현한다. 이를 가장 잘 보여주는 모범적인 선례는 남아프리카공화국의 국가경제발전노동위원회(NEDLAC)일 것이다. 앞에서 살핀 바와 같이 국가경제발전노동위원회는 사회정책과 경제정책에 관련된 사안에 관해 합의하고 협약을 체결하는 데 그치지 않고 노동시장정책과 관련된 모든 노동법안을 의회에 넘기기 전에 심의하고, 사회정책과 경제정책에 관한 모든 주요 변경 사항을 의회에서 결의하거나 의회에 넘기기 전에 심의한다. 그것은 국가경제발전노동위원회에서 이루어지는 사회적 합의가 입법의 전제 조건이라는 뜻이다. 사회적 경제민주주의는 거기서 한 걸음 더 나아가야 한다. 사회적 경제민주주의 기구가 국민경제의 조율과 거시경제 계획에 관해 사회적으로 합의한 사항은 입법의 전제 조건에 그치지 않고 입법의 길을 가야 한다. 그것은 입법부가 사회적 경제민주주의 기구에 입법안 제출의 권한을 위임하고, 그 입법안을 인준하고 의결하는 절차를 밟는 방식으로 구현될 수 있다.

1.3.2. 사회적 경제민주주의 기구와 생태학적 경제민주주의 기구의 관계

이 책의 제IV부에서는 생태학적 경제민주주의의 관점에서, 이 책의 제V부에서는 사회적 경제민주주의의 관점에서 시장경제를 규율하는 방식을 논해 왔으나, 국민경제는 사회적이고 생태학적인 경제민주주의의 관점에서 종합적으로 다루어져야 할 영역이다. 국민경제는 재화와 서비스의 생산과 소비를 중심으로 짜인 복잡한 시스템에 그치지 않고, 생태계와 경제계의 에너지-물질 순환과정에서 큰 단위를 이루는 경제 영역이다. 국민경제가 지구적 차원에서 이루어지는 생태계와 경제계의 에너지-물질 순환에 관한 규제를 직접 실행하는 주권 국가의 통제 아래 있는 경제제도라는 점을 잊지 않는 것이 중요하다. 국민경제는 생산과 소비의 균형, 성장과 복지의 조화, 내수와 수출의 균형, 지역 균형 발전, 물가안정 등과 같은 사회적·경제적 측면에서도 규율되어야 하지만, 생태계의 안정성과 건강성의 보전 등과 같은 생태학적 측면에서도 통제되어야 한다. 국민경제의 사회적 규율 체계와 생태학적 규율 체계는 이론적 논의의 편의 때문에 별도로 다루어진 것일 뿐, 국민경제의 실질적 규율은 사회적 규율과 생태학적 규율의 통합 체계로 이루어진다. 경제민주주의의 관점에서 시장경제를 규율하는 방식은 사회적 경제민주주의 기구와 생태학적 경제민주주의 기구의 조율과 기획에 따라 시장경제를 운영하는 것이니만큼 사회적 경제민주주의 기구와 생태학적 경제민주주의 기구의 관계를 규정하는 것이 매우 중요하다.

사회적이고 생태학적인 경제민주주의의 관점에서 국민경제를 규율하는 기구는 사회적 경제민주주의 기구와 생태학적 경제민주주의 기구를 두 개의 중심으로 갖는 타원형 구조를 이룬다. 아래서는 사회적이고 생태학적 경제민주주의 기구를 사회적이고 생태학적인 경제민주주의 위원회라 칭한다. 생태학적 경제민주주의 기구와 사회적 경제민주주의 기구가 헌법 기구의 위상을 갖는다면, 두 기구를 아우르는 정상 조직인 경제민주주의위원회도 헌법 기구의 위상을 가져야 할 것이다.

앞으로 절을 바꾸어 상론하겠지만, 경제민주주의의 핵심은 국민소득을 소득 창출의 기여에 따라 기여자들에게 배분하고, 소득분배에 바탕을 두고 거시경제 계획을 수립하는 것이다. 생태계와 경제계의 에너지-물질 순환을 중시하는 생태학적 경제학의 관점에서는 국민소득의 창출에 생태계가 공헌한 몫이 있다고 전제하고, 그 몫을 배분하지 않을 때는 생태학적 부채가 계속 쌓인다고 본다. 따라서 국민소득의 배분은 먼저 국민소득 가운데 생태계의 몫을 떼어내고, 그다음에 생태계의 몫을 공제한 국민소득의 나머지를 국민소득의 창출에 공헌한 사회적 행위자들에게 배분하는 것이 이치에 맞다. 그런 점에서 사회적이고 생태학적 경제민주주의위원회의 의사결정은 먼저 생태학적 경제민주주의 기구에서 국민소득을 생태계의 몫과 경제계의 몫으로 배분하는 결정을 내리고 나서, 그다음에 사회적 경제민주주의 기구가 국민소득의 나머지 몫을 사회적 행위자들에게 배분하는 비율을 정하고, 그러한 소득분배에 바탕을 두고 거시경제 계획을 수립하는 순서로 진행하여야 한다.

그러한 의사결정의 순서는 사전의 순서처럼 반드시 준수되어야 한다.

그러한 소득분배가 결정된 뒤에야 사회적이고 생태학적인 거시경제 계획을 제대로 수립할 수 있다. 사회적이고 생태학적인 경제민주주의 위원회는 생산과 소비의 거시균형, 성장과 복지의 조화, 내수와 수출의 균형, 지역 균형 발전, 물가안정, 생태계 보전 등을 포함하는 거시경제 계획을 수립하는 것을 그 과제로 한다. 거시경제 계획의 핵심은 국민소득의 분배이다. 이제 절을 바꾸어 이에 관한 본격적인 논의를 한다.

2. 국민경제 수준의 소득분배에 관한 이론적 고찰

경제민주주의의 관점에서 시장경제체제를 규율하는 데 가장 중요한 일은 국민경제 차원에서 소득분배와 거시경제 계획에 관한 사회적 합의를 하는 것이다. 소득분배는 국민소득을 노동과 자본에 배분하는 과정이고, 그 결과 생산과 소비에 영향을 미친다. 거시경제 계획은 생산과 소비의 거시균형을 유지하는 가운데 내수와 수출, 성장과 복지, 물가안정, 생태계 보전 등을 목표로 거시경제를 운영하는 방침을 정하는 것이다. 따라서 거시경제 계획의 출발점은 소득분배정책이다. 그렇다면 소득분배는 어떤 원칙에 따라 이루어져야 하는가? 아래서는 바로 이 문제를 다룬다. 이를 위해 소득분배와 소득재분배를 개념적으로 구별하고, 마르크스의 자본의 재생산 도식을 해석해서 소득분배의 원칙을 밝히고, 그러한 소득분배의 원칙이 현대 시장경제체제에 적용될 수 있는가를 검토하고, 소득분배에 관한 사회적 합의의 중요성을 논한다.

2.1. 소득분배와 소득재분배 개념의 구별

경제민주주의의 관점에서 시장경제를 규율하는 출발점이 소득분배라고 말할 때, 소득분배는 소득재분배와 개념적으로 구별되는 용어다. 소득재분배는 일단 시장을 통해 소득이 분배되는 것을 당연한 전제로 삼고, 시장을 통한 소득분배의 불균형을 차후에 교정하는 과정이다. 소득재분배는 정부가 자본소득세, 자산소득세, 자본이득세, 노동소득세 등을 징수하고 이를 재원으로 삼아 소득이 없거나 적은 사람들의 소득을 보전하려고 그들에게 사회급여, 복지급여 등을 지급하는 방식으로 진행된다. 소득재분배의 이론적 기초는 존 메이너드 케인즈의 유효수요 이론이다. 케인즈는 자본주의의 재생산 과정에서 공급과 소비의 균형을 중시했고, 공급되는 상품이 소비되기 위해서는 충분한 유효수요가 유지되어야 한다고 생각했다. 문제는 소득재분배가 자본과 노동과 정부의 권력관계에 따라 불충분하게 이루어지는 경우가 흔하다는 것이다. 그것은 공급자 우위가 확립된 신자유주의적 시장경제에서 소득 불평등이 소득재분배를 통해 완화되지 않고 날로 심화하였다는 데서 잘 드러난다. 소득재분배를 통해 소득분배의 경사를 교정하고자 하는 사람들은 시장을 통한 소득분배의 문제를 거론하지 않고, 그러한 소득분배가 정상적이고 정당하다고 주장한다. 소득을 분배하는 데 매우 중요한 역할을 하는 노동시장은 임금을 결정하고, 그것을 노동계약에 명시하는 제도다. 노동시장에서 결정되는 임금은 노동계약을 통해 법적으로 구현되는 자본의 노동 포섭 아래서 잉여가치의 귀속과 배분의 문제를 덮어서 보이지 않게 한다.

경제민주주의는 바로 그 문제를 정면으로 다루고자 한다. 경제민주주의 핵심 문제는 소득생산에 이바지한 사람들 사이에서 소득분배가 적절하게 이루어지도록 소득분배의 원칙을 민주적으로 결정하는 것이다. 한마디로 그것은 소득분배를 요구할 자격과 권리가 있는 사람들이 소득분배의 규칙과 기준을 민주적으로 정하고, 그 규칙과 기준에 따라 소득을 분배하는 일이다. 누구나 공평하고 적절하다고 받아들일 만한 소득분배의 원칙을 사전에 정하고 그 원칙에 따라 소득을 분배한다면, 그 원칙에 합의한 사람들은 소득분배의 결과를 공평하고 적절하다고 여길 것이다. 그러한 소득분배는 시장의 힘을 통해 배분된 소득의 불균형을 사후에 교정하려는 소득재분배와는 엄격하게 구별되어야 한다.

전통적으로 소득분배는 사회적 재화의 생산에 노동, 자본, 토지 등 생산요소가 이바지한 몫에 따라 사회적 재화를 나누는 것으로 생각되었다. 노동을 제공한 자에게는 임금을, 자본을 제공한 자에게는 이윤을, 토지를 제공한 자에게는 지대를 배분한다는 식이었다. 자본주의 사회에서는 자본의 노동 포섭이 확립되어 있어서 그러한 분배가 정의롭지도 않고 적절하지도 않다. 경제민주주의는 자본주의 경제에서 잉여가치의 귀속과 배분을 결정해 왔던 자본의 독재를 해체해야 비로소 소득분배를 본격적으로 논의할 수 있다는 데서 출발한다. 그러나 출발점을 확인했다고 해서 소득분배의 원칙이 저절로 분명해지지는 않는다. 잉여가치가 노동의 산물이라고 해서 노동자들이 잉여가치를 모두 차지하면 소득분배가 정의롭고 적절하게 이루어진다고 말할 수 있을까? 그렇게 잉여가치가 배분되면 일할 기회가 없거나 일할 수 없는 사람들의 생활비, 미래 세대의 교육, 공동체 유지와 방어, 생산 설비 파괴의 복구, 미래를 위한 투자 등을 위한 재원은 어디서 마련할 수 있는가? 그러한 문제를 고려한다면 소득분배의 원칙을 정하기가 쉽지 않다는 것을 금방 알 수 있다. 필자는 소득분배의 원칙을 탐색하는 데 도움이 될 만한 단서를 일찍이 마르크스가 제시한 자본의 재생산 도식에서 찾을 수 있다고 본다. 자본의 재생산 조건에 관한 마르크스의 이론은 미하우 칼레츠키(Michał Kalecki)나 오타 씨크(Ota Šik)처럼 소득분배 이론을 중시하는 현대 경제학자들에게 영감의 원천이 되었다.

2.2. 소득분배 이론의 단서: 마르크스의 자본의 재생산 도식

마르크스의 자본의 재생산 도식은 그동안 많은 논란의 대상이 되어 왔고, 각기 다른 해석이 서로 각축을 이루어 왔던 주제였다. 그 도식에 관한 논쟁은 아래의 한 각주에서 간략하게 다루기로 하고, 여기서는 마르크스가 자본의 재생산을 고찰하면서 견지했던 문제의식과 논의의 추상 수준에 관해 몇 가지 언급하고자 한다. 주지하다시피 마르크스는 자본주의 경제에서 자본의 생산 국면과 자본의 유통 국면이 분할되어 시간적 격차를 갖기에 가치의 생산과 가치의 실현이 동시에 일어날 수 없다는 점을 주목했다. 만일 자본이 생산한 상품이 유통 과정에서 팔리지 않아 재고가 쌓이면, 생산에 투입된 자본은 회수되지 않아 다음 주기의 상품생산에 투입될 수 없다. 그것은 자본이 재생산되지 못한다는 뜻이다. 그렇다면 자본주의적 생산관계에서 자본이 재생산될 수 있는 조건은 무엇인가? 자본의 재생산은 상품생산 과정에 투입된 화폐가 유통 과정에서 상품의 판매를 통하여 회수되어 다시 상품생산에 투입되는 과정이므로, 그것은 소비재든 자본재든 생산된 모든 상품이 남김없이 판매되는 조건이 충족될 때 실현될 것이다. 마르크스는 바로 그러한 조건을 수학적으로 분석했는데, 그러한 분석의 결과가 바로 자본의 재생산 도식이다.

　마르크스의 자본의 재생산 도식에 관해서는 두 가지 점을 덧붙일 필요가 있다. 첫째, 마르크스가 자본의 재생산 과정에서 살핀 자본은 개별 자본이 아니라 한 사회 안에서 자본재와 소비재를 생산하고 유통하는 전체 자본이다. 따라서 마르크스의 자본의 재생산 도식은 기업 차원에서 이루어지는 개별 자본의 재생산에 관련된 도식이 아니라 거시경제 차원에서 상품의 생산과 유통을 거쳐 가는 전체 자본의 재생산에 관련된 도식이다. 둘째, 마르크스가 제시한 자본의 재생산 도식은 현실의 자본주의에 관한 실증적 분석에 근거해서 상품의 생산과 소비의 거시 균형 조건을 역사적-구체적으로 설명한 것이 아니고 자본의 생산과 유통을 '이념적 평균의 수준에서' 논리적으로 분석한 것이다.[24] 그렇다고 해서 그러한 논리적 분석이 역사적-구체적 현실과 무관하다는 것은 아니다. 마르크스는 구체적인 것에서 추상적으로 하강한 뒤에 추상적인 것으로부터 구체적인 것으로 상승하는 방식으로 분석과 서술을 진행하였기에 그의 논리적-추상적 분석은 역사적-구체적 현실을 매개했다고 보는 것이 옳다.[25] 그러나 마르크스의 자본의 재생산 도식이 '이념적 평

---

[24] 마르크스의 분석과 설명이 '이념적 평균의 수준에서' 이루어지고 있다는 것은 중요한 의미가 있다. 마르크스는 정치경제학 비판의 집필을 계획하면서 그 집필 순서를 1. 자본, 2. 토지 소유, 3. 임노동, 4. 국가, 5. 국제무역, 6. 세계시장으로 잡았고, '1. 자본'에 대한 서술에서, 가치와 화폐에 대한 개괄적인 서술을 한 뒤에 자본의 생산 과정, 자본의 유통 과정, 양자의 통합과정을 일반이론의 수준에서 서술한 뒤에 경쟁, 신용, 주식자본 등을 서술하고자 하였다. 이러한 정치경제학 비판의 집필 계획이 일관성 있게 유지되었는가를 둘러싼 이른바 '플랜' 논쟁은 전문적인 검토가 필요하지만, 중요한 것은 마르크스의 3권으로 구성된『자본』이 자본 일반의 서술에 해당한다는 것이다. 자본 일반의 서술은 자본의 이념적 평균을 전제한 것이기에 자본주의가 현실의 제도 속에서 역동적으로 움직이는 구체적인 과정에 대한 분석과 설명이 아니다. 이에 관해서는 김성구, "정치경제학비판 플랜과 자본: 이른바 플랜논쟁에 대하여,"「마르크스주의 연구」 5/1(2008): 10-33을 보라. 김성구의 입장을 비판적으로 보완하도록 돕는 글로는 곽노완, "플랜논쟁의 21세기적 지평: 로스돌스키에 대한 하인리히의 비판을 중심으로,"「마르크스주의 연구」 5/1(2008): 34-57을 보라.

균의 수준에서' 진행된 것인 한, 그 도식은 상품의 생산과 소비의 거시
균형 조건을 탐색하는 데 도움을 주는 실마리의 역할을 할 뿐이고, 현실
의 구체적 조건들에 관한 분석을 대신할 수 없다.26

그러면 마르크스가 '이념적 평균의 수준에서' 자본의 재생산 조건에
관해 어떤 생각을 펼쳤는가를 살펴보자.27 마르크스의 자본의 재생산

---

25 마르크스는 자신의 연구 방법론을 현실적인 것에서 추상적인 것으로 하강하고 추상적인 것으로부터
현실적인 것으로 상승하는 것으로 요약했다. 그는 현실 관계를 분석하여 그 현실 관계를 총체적으로
파악하도록 돕는 추상적 개념과 논리를 가다듬고, 다시 그 추상적 개념과 논리를 활용하여 현실
관계를 체계적으로 서술하고자 했다. 현실 관계는 역사적으로 생성하고 발전하고 다른 현실 관계로
대체되기에 역사적인 현실 관계를 분석하고 서술하는 고유한 개념과 논리는 역사의 발전에 따라
달라져야 한다. 그러한 마르크스의 연구 방법론은 일찍이 『철학의 빈곤』에서 역사적 변화를 초월하
는 보편적인 경제 법칙을 찾고자 한 프루동의 정치경제학을 형이상학으로 비판한 이래 『정치경제학
비판 요강』을 거쳐 『자본』에 이르기까지 일관성 있게 관철되었다. 마르크스의 연구 방법론에
관해서는 K. Marx, *Das Elend der Philosophie, MEW 4*, 130; K. Marx, "Brief von Karl Marx
an P. W. Annenkow vom 28. Dezember 1846," *MEW 4*, 554; K. Marx, "Einleitung zu
den 'Grundrissen der Kritik der politischen Ökonomie'," *MEW 42*, 34-42; K. Marx, *Das
Kapital 1, MEW 23*, 27 등을 보라.

26 자본의 재생산 도식의 추상 수준과 대상 영역을 정확하게 파악하지 못함으로써 자본의 재생산
도식에 관한 논의가 많은 오류와 혼동을 불러일으켰다. 그러한 잘못된 해석들 가운데 하나는 자본의
재생산 도식이 말하는 균형이 현실 자본주의에서 실현될 수 없기에 자본주의의 붕괴가 불가피하다
는 해석이다. 그러한 해석은 세 가지 점에서 오류다. 첫째, 자본의 재생산 도식에서 균형은 자본의
재생산 조건으로서 이미 논리적으로 전제되어 있다. 따라서 그 어떤 이유에서 발생한 것이든, 불균형
조건을 전제하고서 자본의 재생산이 가능하지 않다고 말하는 것은 완전히 다른 차원의 논의가
된다. 둘째, 현실 자본주의가 생산과 소비의 거시균형에 이르지 못하는 까닭을 알려면 생산과 소비의
거시균형을 교란하는 요인들을 실증적으로 분석해야 하는데, 마르크스가 '이념적 평균의 수준에서'
서술한 자본의 재생산 도식은 그러한 실증적 분석과 무관하고, 그것을 대신할 수도 없다. 셋째,
자본주의의 붕괴는 이윤율 저하 경향과 그것을 촉진하는 다양한 실제 요인들에 대한 분석을 통해
설명되어야 하지만, 자본의 재생산 도식은 이윤율 저하 경향에 대한 분석과 전혀 다른 맥락에서
논의되고 있다. 자본의 재생산 도식의 추상 수준과 대상 영역을 무시한 잘못된 해석은 미하일
이바노비치 투간-바라노브스키, 로자 룩셈부르크, 오토 바우어, 헨릭 그로스만 등에게서 발견된다.
이에 관해서는 김성구, "바우어와 그로스만의 공황론 비판," 「마르크스주의 연구」 11/4(2014):
98-105를 보라.

27 마르크스의 자본의 재생산 도식에 관한 아래의 설명은 강원돈, "마르크스의 노동가치론 비판과
기독교 윤리학적 함의," 『지구화 시대의 사회윤리』 (파주: 한울, 2005), 121-126을 수정·보완한
것이다.

도식에서 가장 중요한 개념은 잉여가치다. 잉여가치는 마르크스에게는 자본주의를 해부하기 위한 열쇠 개념이다. 잉여가치는 자본가가 노동력을 사들이면서 노동자에게 준 임금과 자본가가 그 노동력을 사용해서 얻은 노동가치의 차이이고, 노동계약에 따라 자본가에게 귀속되는 가치이다. 따라서 잉여가치는 노동력의 사용가치에서 노동력의 교환가치를 뺀 나머지로 규정된다. 잉여가치의 귀속과 분배는 자본의 재생산 조건을 규명하는 데 결정적인 역할을 한다. 잉여가치는 상품의 생산에 투자될 수도 있고, 상품의 소비를 위해 지출될 수도 있다. 잉여가치가 상품의 생산과 소비에 얼마큼 분배되는가에 따라 상품의 생산과 소비의 거시균형이 이루어지기도 하고 깨어지기도 한다. 그것이 마르크스의 핵심적인 통찰이다. 그렇다면 마르크스는 그러한 통찰을 어떻게 이론적으로 입증했는가?

자본의 재생산 조건에 관한 마르크스의 이론은 사회적 총생산이 자본재 생산과 소비재 생산의 두 부문으로 이루어져 있다는 데서 출발한다.[28] 자본의 재생산은 단순재생산, 확대재생산, 축소재생산 등 여러 양태로 나타날 수 있다. 축소재생산은 자본이 파괴되는 특별한 상황을 제

---

[28] K. Marx, *Das Kapital 2, MEW 24*, 394. 사회적 총생산을 자본재 생산 부문과 소비재 생산 부문으로 나누는 관점은 자본의 순환과정을 설명하기 위해 고안된 논리적 추상이다. 이러한 범주적 구별은 현대 경제학에서 통용되는 1차, 2차, 3차 산업 부문 혹은 이른바 지식 기반 경제를 가리키는 4차 산업 부문 등과 같은 범주와는 구별되어야 한다.
흔히들 마르크스는 상품생산 과정만을 염두에 두고 경제학을 구성했다고 말하는데, 그것은 마르크스가 생산적 경제 활동과 비생산적 경제 활동을 구별하고, 비생산적 경제 활동에 교육, 행정, 보험, 상업, 운수 등 다양한 형태의 서비스를 포함시켰음을 간과한 데서 비롯되는 오해이다. 그리고 노동의 결과가 재화의 형태로 응결되어 상품으로 순환하지 않고 직접 사람의 욕망을 충족시키는 경우, 그 노동은 서비스 생산이라는 이름을 갖는다. 서비스 생산은 비물질적 상품생산이기에 가치생산적이라는 점에서는 논란의 여지가 없다. 이에 관해서는 H. Wasmus, *Produktion und Arbeit: Immanente Kritik der politischen Ökonomie* (Hamburg: VSA, 1987), 205, 218f.를 보라.

외하고는 거의 나타나지 않으므로 일단 이를 도외시하고, 먼저 단순재생산을 자본재 생산과 소비재 생산 부문으로 나누어 도식적으로 표시하면 다음과 같은 수식이 나타난다.[29]

$Pr1=C1+V1$ (Pr1=자본재 생산, C=불변자본, V=가변자본)

$Pr2=C2+V2$ (Pr2=소비재 생산)

하나의 거시경제를 고찰 단위로 설정한다면, 그 거시경제에서 자본재 생산의 총가치는 자본재 생산의 불변자본과 소비재 생산의 불변자본을 합한 것과 같고, 소비재 생산의 총가치는 자본재 생산의 가변자본과 소비재 생산의 가변자본을 합한 것과 같다. 따라서 위의 두 수식은 $Pr1=C1+C2$, $Pr2=V1+V2$라는 수식으로 변용된다. 그러면 소비재 생산 부문의 등식은 $Pr2=C2+V2=V1+V2$가 되고, 등식 이항을 통해 $C2=V1$이라는 등식이 성립된다. 이 등식은 자본재 생산 부문의 등식 이항을 통해서도 똑같이 나타난다. $C2=V1$ 등식을 해석하면, 소비재 생산의 불변자본은 자본재 생산의 가변자본과 같아야 자본의 단순재생산이 가능한 거시균형 조건이 성립된다는 뜻이다. 만일 자본재 생산에서 불변자본의 비율을 증가시켜서 가변자본의 양을 줄이게 되면, 소비재 일부는 팔리지 않을 것이고, 거시경제 차원에서 생산과 소비의 균형은 깨질 것이다. 거꾸로 만일 자본재 생산에서 불변자본의 비율을 줄이고 가변자

---

29 필자는 마르크스의 재생산 도식을 O. Šik, *Der dritte Weg: Die marxistisch-leninistische Theorie und die moderne Industriegesellschaft*(Hamburg: Hoffmann & Campe, 1972), 255-341의 설명에 따라 정리하고자 한다. 아래의 설명에 나오는 약어는 오타 씨크의 표기를 따른 것이다.

본의 양을 늘린다면, 소비재의 부족이 심화될 것이다.

그다음 확대재생산은 자본재 생산과 소비재 생산에서 잉여가치가 부가되는 방식으로 나타난다. 이를 도식으로 표시하면 다음과 같다.

$Pr1=C1+V1+M1$ (M=잉여가치)

$Pr2=C2+V2+M2$

확대재생산을 위해 불변자본을 매입하는 데 들어간 잉여가치를 mC, 가변자본을 구입하는 데 들어간 잉여가치를 mV, 자본가의 비생산적 활동을 위해 지출한 잉여가치를 mR로 표시하면, $M1=mC1+mV1+mR1$, $M2=mC2+mV2+mR2$의 수식이 성립한다. 앞의 단순재생산 도식에서 나타난 $Pr1=C1+V1=C1+C2$, $Pr2=C2+V2=V1+V2$의 등식 변용을 참작하면서 위의 재생산 도식을 변용하면, 다음과 같은 두 가지 등식을 얻을 수 있다.

1) $Pr1=C1+V1+M1(=mC1+mV1+mR1)=C1+C2+mC1+mC2$

2) $Pr2=C2+V2+M2(=mC2+mV2+mR2)=V1+V2+mV1+mV2+mR1+mR2$

등식 1)이나 등식 2)의 양변을 정리하면, 어느 경우든지 아래의 등식 3)이 성립한다.

3) $V1+mV1+mR1=C2+mC2$

등식 3)은 자본재 생산에서 발생한 가변자본과 그 증가분 그리고 자본가의 비생산적 지출이 소비재 생산에 투입되는 불변자본 및 그 증가분과 같을 때 자본의 확대재생산이 가능한 균형 조건이 성립한다는 점을 명시한다. 만일 자본재 생산의 확대를 위해 이 부문에서 가변자본을 줄이고, 잉여가치의 비생산적 사용을 줄인다면, 소비재는 팔리지 않을 것이고, 소비재 생산 부문에서 가치 실현이 이루어지지 않게 된다. 거꾸로 자본재 생산 부문에서 불변자본이 증가하지 않고 가변자본과 비생산적인 잉여가치 사용이 증가하면 소비재는 부족해지고 물가는 폭등할 것이며, 귀중한 잉여가치는 물가에 의해 잠식될 것이다. 한마디로 마르크스의 자본의 재생산 도식은 잉여가치가 생산적 투자와 비생산적 지출로 적절하게 배분되지 않으면, 자본의 재생산을 위한 거시균형 조건이 충족될 수 없다는 것을 시사한다.

2.3. 마르크스의 자본의 재생산 도식의 현대적 해석

마르크스가 활동했던 시대의 자본주의는 국가의 직접적인 시장 개입이 금기시되는 자유방임의 자본주의였다. 마르크스는 오늘날과 같이 국가가 총 자본가로서 자본주의의 재생산 조건을 유지하는 데 결정적인 역할을 하는 국가독점자본주의를 알지 못했다. 그렇다면 마르크스가 가다듬은 자본의 재생산 도식은 현대 자본주의 경제에도 적용될 수 있을까? 이 문제를 정면으로 다룬 경제학자는 오타 씨크[30]다. 그는 마

---

30 오타 씨크는 체코슬로바키아의 경제부총리를 지낸 경제학자다. 그는 1968년 프라하의 봄이 상징하는 '인간의 얼굴을 가진 사회주의'를 위해 사회주의 경제체제의 개혁을 이론적으로 준비했다. 프라하의 봄이 실패한 뒤에 그는 숙청·추방되어 스위스로 망명했고, 상트 갈렌 대학교 교수로서 경제체제 비교와 시장경제체제 개혁에 관한 연구에 집중했다. 그는 마르크스-레닌주의적 관점에서 시장경제체제를 개혁하는 방안을 제시하고자 했고, 그 자신의 입장을 '제3의 길'로 명명했다. 그가 제시한

르크스의 자본의 재생산 도식을 현대 시장경제체제에 적용해서 잉여가치의 귀속과 배분에 관한 시사점을 얻고자 했다.

씨크는 오늘의 시장경제체제에서 국가가 경제 주체로서 활발하게 활동하고 있다는 점을 주목했다. 국가는 경제적, 사회적, 문화적 인프라를 구축하고, 에너지, 전기, 금속, 화학, 통신, 물류 등 국가 기간 산업의 육성, 공공재와 공공 서비스 공급 등을 위한 투자 활동을 벌이고 있고, 복지급여와 사회급여 등 소득재분배를 통해 소비 진작을 위한 광범위한 활동을 펼치고 있다. 씨크는 오늘의 시장경제에서처럼 기업이 엄청난 잉여가치를 축적하고 대규모로 생산적 투자에 나서고 있는 상황에서 국가가 생산적 투자에 나설 필요가 없다고 생각했다.[31] 그러한 전제 아래에서 씨크는 국가 활동을 포함해서 마르크스의 재생산 도식을 확장했다. 그러한 도식 확장을 위해 그가 고려한 요소들과 그 약어는 아래와 같다.[32]

제3의 길은 사회주의와 자본주의, 더 엄밀하게 말하면 사회주의적 명령경제와 케인즈주의적 경기 순환 대응 경제를 넘어서서 소득분배에 근거한 연성 거시경제 계획에 따라 시장경제를 규율하는 것이었다. 그의 이론은 1970년을 전후로 해서 구미 여러 나라에서 나타난 스태그플레이션을 극복하는 방안으로서 주목받았다. 그는 세계적인 수준의 뛰어난 경제학자였지만, 우리나라에는 거의 알려지지 않았다. 그의 시장경제체제 개혁 방안은 아르투르 리히/강원돈 옮김, 『경제윤리 2: 사회윤리의 관점에서 본 시장경제, 계획경제, 세계경제』 (서울: 한국신학연구소, 1996), 6장, 제2절, 제5항에 체계적으로 소개되어 있다.

31 그러한 오타 씨크의 생각은 최근 국가가 기술 연구와 개발 등 목표를 설정하여 투자하고 그 투자에서 비롯되는 이익을 활용해서 공익을 최대화해야 한다는 마리아나 마추카토의 '기업가형 국가' 이론의 도전을 받고 있다. 그런데 마추카토는 국가가 일종의 인내자본을 형성하여 기업이 투자하지 않는 영역에 투자해야 한다는 취지의 주장을 하고 있기에 기업이 투자를 활발하게 하는 영역에 국가가 나설 필요가 없다는 오타 씨크의 주장을 정면으로 부정했다고 볼 수 없다. 마추카토의 '기업가형 국가'에 관해서는 마리아나 마추카토/김광래 옮김, 『기업가형 국가: 공공경제부분의 한계 극복 대안』 (서울: 매경출판, 2015), 301ff.를 보라.

32 O. Šik, 앞의 책, 286f.

Pr1 = 생산된 모든 생산수단의 총가치

Pr2 = 생산된 모든 소비재의 총가치

V1 = 자본재 생산 부문에서 발생한 순임금(세금 공제 이후의 임금)

V2 = 소비재 생산 부문에서 발생한 순임금(세금 공제 이후의 임금)

R1 = 자본재 생산 부문에서 발생한 자본가의 잉여가치 소득 가운데 소비 지출

R2 = 소비재 생산 부문에서 발생한 자본가의 잉여가치 소득 가운데 소비 지출

S1 = 자본재 생산 부문에서 발생한 노동자와 자본가의 저축

S2 = 소비재 생산 부문에서 발생한 노동자와 자본가의 저축

C1 = 자본재 생산 부문에서 소비된 생산수단

C2 = 소비재 생산 부문에서 소비된 생산수단

J1 = 자본재 생산 부문에서 발생한 저축에서 이루어진 추가 투자

J2 = 소비재 생산 부문에서 발생한 저축에서 이루어진 추가 투자

St1 = 자본재 생산 부문의 노동자와 자본가가 납부한 세금

St2 = 소비재 생산 부문의 노동자와 자본가가 납부한 세금

D = 제3부문을 위한 국가의 총지출(국가의 총지출은 세금에 의해 충당되고, 기본적으로 국가의 직접 혹은 간접 소비를 위해 지출되는 것으로 규정됨)

이제 국가 활동을 고려한 확대재생산 도식을 등식으로 표현하면 아래와 같다.

1) $Pr1 = C1 + C2 + (S1 + S2 = J1 + J2)$

2) Pr2=V1+V2+R1+R2+(St1+St2=D)

등식 1)은 자본재 생산 부문과 소비재 생산 부문에서 발생한 저축이 남김없이 자본재 생산 부문에 투자되었다고 전제하고 나서 얻은 등식 이고, 등식 2)는 자본재 생산 부문과 소비재 생산 부문에서 발생한 자본 가의 소득 가운데 일부가 비생산적으로 지출되고 국가가 모든 세금을 비생산적으로 지출했다고 전제한 등식이다. 따라서 두 등식은 자본재 생산과 소비재 생산에 각각 투입되는 항목들을 단순히 열거한 것이다.

이제 소비재 생산 부문에서 생산된 소비재를 소비하는 데 지출되는 항목을 모두 모아 새로운 수식을 만들어 보자. 그 수식은 Pr2=V1+V2+ J2+R2+St2가 될 것이고, 그 수식에 자본의 단순재생산 도식을 변용해 서 얻은 등식 C2=V1을 대입해서 수식을 정리하면, Pr2=C2+V2+J2+ R2+St2라는 새로운 수식을 얻을 수 있다. 따라서 소비재가 생산되어 남김없이 판매되는 상황을 등식으로 표시하고, 그 등식을 이항 정리한 결과는 아래의 등식 3)으로 표현된다.

3) Pr2=V1+V2+R1+R2+(St1+St2)=C2+V2+J2+R2+St2
이 등식을 이항 정리하면 V1+R1+St1=C2+J2라는 변형 등식이 성립한다.

바로 앞에서 확인한 변형 등식 V1+R1+St1=C2+J2는 자본재 생산 부문에서 발생하는 순임금, 자본가의 잉여가치 소득 가운데 소비로 지 출되는 부분, 자본가와 노동자가 납부한 세금을 모은 합이 소비재 생산 부문의 불변자본과 그 부문에서 발생한 잉여가치 일부를 추가 투자해 서 형성한 불변자본의 합과 같을 때, 자본재 생산과 소비재 생산의 두 부문을 아우르는 자본의 확대재생산이 이루어지는 거시균형 조건이 성립한다는 것을 보여준다. 이 등식이 분명히 말하는 것은 잉여가치가 소비 부문과 투자 부문으로 적절하게 배분되어야 그러한 거시균형 조건이 충족된다는 것이다.

등식 3)의 의미를 좀 더 깊이 파악하려면 소비재 생산 부문과 자본재 생산 부문의 가치 항목을 좀 더 분석적으로 살필 필요가 있다. 소비재 생산 부문의 수식 $Pr2=C2+V2+R2+J2+St2$에서 소비재 매입에 지출하는 부분의 가치를 $Q2$로 표시하고, 소비재 생산 부문에서 자본재 매입에 지출하는 부분의 가치를 $U2$로 나타내기로 하자. 그러면 $Q2=V2+R2+St2$, $U2=C2+J2$의 수식이 성립하고, 소비재 생산 부문의 수식은 $Pr2=C2+V2+R2+J2+St2=Q2+U2$의 등식으로 고쳐 쓸 수 있다. 소비재 생산 부문에서 소비된 생산수단에 해당하는 가치가 남김없이 보전되고, 모든 소비재가 남김없이 판매되었다고 가정한다면, 그 가정은 위에 나오는 $U2=C2+J2$의 등식으로 표시될 것이다. 그런데 이미 위의 변용 등식 3)에서 $C2+J2=V1+R1+St1$의 등식이 이미 성립하였으므로 $U2=V1+R1+St1$의 수식이 성립된다. 더 나아가 자본재 생산 부문에서 발생하는 소득 가운데 생산수단 매입에 지출되지 않고 소비재 매입에 지출되는 부분을 $Q1$으로 표시하면, $Q1=V1+R1+St1$이 된다. 그렇다면 $Q1=U2$라는 등식이 성립한다.

이제 방금 얻어낸 $Q1=U2$의 등식을 조금 더 꼼꼼하게 따져보기로 하자. 위와 같은 균형 조건에서는 소비재 생산 부문에서 $Q1$의 가치만큼 자본재 생산 부문으로부터 생산수단을 매입하여야 소비된 생산수단을 대체할 수 있다. 그것은 소비재 생산 부문에서 $J2$만큼의 추가 투자가 이루어진다는 뜻이다. 자본재 생산 부문에서는 $C1+J1$, 곧 $U1$으로 표시되는 가치만큼 생산수단이 자본재 생산 부문에서 교환된다. 그것은 자본재 생산 부문의 기업들이 자본재 생산 부문의 다른 기업들에 생산수단을 판다는 뜻이고, 그 가치의 양은 U1이다. 그러한 방식으로 자본재 생산 부문에서는 불변자본 C1이 보전되고, J1만큼의 추가 투자가 일어난다. 이를 수식으로 표시하면 U1=C1+J1로 되고, 이를 자본재 생산 등식으로 표현하면 Pr1=U1+Q1이라는 간단한 수식을 얻게 된다. Pr1=U1+Q1의 수식은 자본재 생산 부문에서 생산된 자본재가 자본재 생산 부문과 소비재 부분에 남김없이 판매되었음을 뜻하는 것이니, Q1=U2의 균형 조건 아래서 자본재 생산 부문에서 확대재생산이 실현되었다는 뜻이다.

마르크스의 자본의 재생산 도식을 현대 시장경제체제에 적용해서 얻은 Q1=U2의 등식은 조세에 기반한 국가의 소비 활동을 전제한 것이지만, 그 등식은 마리아나 마추카토(Mariana Mazzucato)처럼 국가의 활발한 투자 활동을 설정한다든지, 보험, 연금, 은행 등의 금융 활동을 확장한다든지, 심지어 위의 목록에 표시된 저축의 일부를 헐어내어 비생산적 활동에 운용하는 대금업 활동 등을 설정한다든지 해서 다양한 변수를 자본의 재생산 도식에 모조리 이입하여 그 도식을 복잡하게 만든다고 할지라도 어김없이 나타난다.[33] 설사 잉여가치의 상당 부분을 생태계 보전을 위해 퍼낸다고 해도 그 잉여가치가 생태계 보전을 위한 생산 활동과 비생산적 활동으로 분해되는 한, 그 등식은 변함없이 나타난다. 한마디로 그 등식은 자본재 생산 부문에서 발생하는 가치 가운데 소비로 지출되는 부분과 소비재 생산 부문에서 발생하는 가치 가운데

---

33 O. Šik, 앞의 책, 292.

투자로 지출되는 부분이 균형을 이루어야 자본의 재생산 조건이 충족된다는 뜻이다. 그것이 바로 자본의 재생산을 위한 거시균형 조건이다.

씨크의 관심은 잉여가치를 소비와 투자로 적절하게 배분하는 것이 거시균형의 결정적 조건이라는 것을 증명하는 것이었다. 잉여가치 가운데 소비로 할당되는 부분은 자본가의 소비(R), 잉여가치에 부과되는 세금(St), 임금상승분(mV)으로 구성된다. 그 부분을 간단히 X로 표시하기로 하자. 잉여가치 가운데 투자에 할당되는 부분은 먼저 저축되어야 한다. 투자를 J로 표시하고, 저축을 S로 표시하면, S=J의 등식이 성립한다. 자본주의 경제에서 잉여가치가 X와 S로 배분되는 비율은 정해진 바 없고, 노동과 자본의 권력관계에 달린 것이 사실이지만, 이론적으로 규명하여야 할 결정적인 문제는 잉여가치를 어떤 비율로 소비 부문과 투자 부문으로 배분하여야 생산과 소비의 거시균형이 이루어지고 자본의 재생산 조건이 충족되는가 하는 것이다. 자본재 생산 부문의 수식 $Pr1=C1+V1+M1$에서 잉여가치는 $M1=X1+J1=(mV1+R1+St1)+J1$으로 표시되고, 소비재 생산 부분의 수식 $Pr2=C2+V2+M2$에서 잉여가치는 $M2=X2+J2=(mV2+R2+St2)+J2$로 표시된다. 이 등식을 정리하면 자본의 확대재생산을 위한 거시균형 조건은 $V1+X1=C2+J2$의 등식으로 표시된다. 등식 $V1+X1=C2+J2$는 잉여가치 일부가 가변자본 증가에 이바지했다는 것을 전제하고, 이미 앞에서 도출하였던 자본의 확대재생산 도식 3)의 변형 등식 $V1+R1+St1=C2+J2$를 고쳐 쓴 등식이니 새로운 등식이 아니다. 자본의 확대재생산 규모가 회기마다 달라진다고 하더라도 생산된 자본재와 소비재가 남김없이 매입되어 자본의 재생산이 실현되는 결정적인 거시균형 조건은 언제나 $V1+X1=C2+J2$라는 등식으로 표시된다. 씨크는 그와 같이 자본의 확대재생산을 위한 결정적인 거시균형 조건을 밝힌 뒤에 자신의 견해를 다음과 같이 정리했다.

"거시생산구조와 거시소득분배 사이에 객관적인 연관이 있다는 것과 거시
소득분배 안에서 잉여가치가 X와 S로 나누어진다는 것은 논란의 여지가
없다. 그리고 (잉여가치의 적정 배분에) 필요한 비율을 지키지 않는 데서,
특히 결정적인 거시균형 조건, 곧 V1+X1=C2+J2를 지키지 않는 데서 끊
임없이 등장하는 시장 교란의 고유한 원인을 찾을 수 있다."[34]

그런데 이미 앞에서 자본의 단순재생산 도식을 분석하면서 V1=C2
의 등식이 도출되었으므로 V1+X1=C2+J2는 X1=J2로 단순화되고, J2=
S2이므로 X1=S2의 등식이 성립한다. 이 등식은 잉여가치 가운데 소비
에 투입되는 부분(X)과 생산에 투입되는 부분(S)이 균형을 이루어야 시
장경제가 교란을 일으키지 않고 자본의 확대재생산을 위한 거시균형
조건이 충족된다는 뜻이다.

2.4. 잉여가치 분배에 관한 사회적 합의의 중요성

마르크스의 자본의 재생산 도식에 관한 씨크의 해석에서 잉여가치
의 분배와 관련해서 얻을 수 있는 시사점은 두 가지다. 첫째, 자본의 재
생산은 상품의 생산과 소비가 거시균형을 이루는 조건에서 교란 없이
이루어지고, 그 조건은 잉여가치가 투자와 소비로 적절한 비율로 배분
될 때 마련된다. 잉여가치의 귀속과 배분은 노동과 자본의 이해관계가

---

34 O. Šik, 앞의 책, 321(괄호 안은 필자 보충).

첨예하게 충돌하는 영역이고, 자본주의의 근본 모순이 드러나는 자리이다. 그러한 대립과 모순 가운데서 잉여가치를 투자와 소비로 적절하게 배분하는 것이 가능할까? 가능하다면 그 방법은 무엇일까?

잉여가치는 개념상 노동자에게 돌아갈 몫을 자본가가 빼앗은 것이므로 노동자에게 되돌려주는 것이 마땅한 것으로 보인다. 그러나 문제는 그렇게 간단하지 않다. 오직 노동만이 가치를 창조한다고 하더라도 그 가치는 그 노동을 수행한 사람들에게 모조리 귀속되어 소비되어서는 안 된다. 그 가치 가운데 일부는 공동체를 유지하고, 여러 가지 이유로 노동하지 못하는 사람들을 지원하고, 생산과 유통에 필요한 인프라를 구축하고, 노동력을 양성하고, 파괴된 생산수단을 복구하고, 생산수단을 개선하고 확장하는 데 사용되어야 한다. 가치를 생산한 노동자들에게 돌아갈 몫은 그 항목들에 지출하고 난 나머지 가치다.[35] 그것이 잉여가치까지 포함해서 노동자가 생산한 가치를 분배하는 원칙이다. 따라서 잉여가치도 노동자에게 모두 귀속되어 소비될 수는 없다. 잉여가치의 일부는 투자를 위해 저축되어야 한다. 물론 잉여가치의 배분을 둘러싸고서는 더 많은 소비를 위해 더 많은 잉여가치의 배분을 요구하는 노동의 이해관계와 더 많은 투자를 위해 더 많은 잉여가치를 차지하려는 자본의 이해관계가 날카롭게 대립할 것이다. 그러나 노동과 자본의 이해관계는 조율되어야 한다.

잉여가치의 분배가 합리적으로 조율되지 않고 노동과 자본의 권력관계에 좌우된다면 어떻게 될까? 만일 자본의 권력이 노동의 권력을 압도하여 자본의 이해관계를 일방적으로 관철한다면, 자본재 생산 부문

---

35 그것이 노동가치의 배분에 관한 마르크스의 기본 입장이었다. K. Marx, *Kritik des Gothaer Programms, MEW 19*, 14ff.

이나 소비재 생산 부문에서 불변자본의 비율은 턱없이 높아질 것이며, 국민경제 차원에서 투자와 소비의 균형은 깨지고 말 것이고, 자본 그 자체마저 재생산되지 못할 것이다. 거꾸로 만일 노동의 이해관계가 관철되어 잉여가치의 상당 부분이 비생산적 활동을 위하여 지출된다면, 확대된 수요에 대한 상품 공급 능력은 턱없이 부족해져서 경제가 침체하고 인플레이션이 심화하는 상황, 곧 스태그플레이션을 피할 수 없게 될 것이다.

그러한 두 가지 상황을 회피하는 길은 사회 세력들이 노동의 이해관계와 자본의 이해관계가 상대방의 일방적 희생을 강요하며 관철될 수 없다는 것을 인식하고, 잉여가치를 투자와 소비로 적절하게 배분하는 데 합의하여 생산과 소비의 거시균형 조건을 마련하는 것이다. 그러한 합의는 단순한 계급 타협이 아니라 잉여가치의 귀속과 분배에 관한 원칙에 따른 노동과 자본의 기능적 합의이다.[36] 노동과 자본이 바로 그러한 기능적 합의를 사회적 합의의 형식과 내용으로 실현하는 것이 경제민주주의가 추구하는 목표들 가운데 하나다.

둘째, 앞에서 분석한 바로부터 얻는 결론이지만, 시장경제체제에서 잉여가치의 문제를 제대로 다루지 않는 거시경제학적 처방은 신뢰할 수 없다고 말해야 한다. 잉여가치는 고전파 경제학, 신고전파 경제학, 케인스 경제학 등에서는 인정되지 않는 개념이다. 고전파 경제학은 노

---

36 기능적 합의는 노동과 자본이 서로 다른 기능을 수행한다는 것을 전제한다. 자본의 기능이 생산수단을 마련하고 저축을 통해 미래의 투자를 위해 저축을 하는 것이라면, 노동은 자본이 확보한 생산수단을 갖고서 가치를 창조하는 것이다. 자본의 기능은 자본가의 탐욕과는 무관하다. 자본의 기능을 자본가의 탐욕으로부터 분리할 때 비로소 자본은 중립화된다. 자본의 중립화에 관해서는 O. Šik, *Humane Wirtschaftsdemokratie: Ein dritter Weg*, 404; P. Ulrich, *Transformation der ökonomischen Vernunft: Fortschrittsperspektiven der modernen Industriegesellschaft*, 3.Aufl. (Bern/Stuttgart/Wien: Haupt, 1993), 394, 398을 보라.

동과 노동력을 구분하지 못한 나머지 임금을 주고 노동을 매입한다고 어처구니없이 생각하였으니, 노동력의 교환가치와 노동력의 사용가치 사이의 차이, 곧 잉여가치를 인식할 수 없었다. 신고전파 경제학은 임금을 노동력의 시장청산가격으로 단정하였기에 잉여가치 같은 것을 언급할 까닭이 아예 없었다. 케인즈도 신고전파 경제학자들과 마찬가지로 임금이 노동력의 시장청산가격이라는 생각에 머물러 있었다. 물론 그는 신고전파 경제학의 '자연실업률' 교리를 비판하면서 불황기에도 완전고용을 추구해서 노동자들이 많은 임금을 받아야 유효수요가 높은 수준에서 유지되어 불황을 타개할 수 있다고 주장했다. 그러나 그러한 주장은 노동력의 시장청산가격의 정당성에 관한 신고전파 경제학의 이데올로기를 전제하고 있다. 문제는 고전파 경제학, 신고전파 경제학, 케인즈 경제학 등과 같이 잉여가치를 인정하지 않는 경우 자본주의의 동학에서 발생하는 거시경제의 교란에 대응할 방안을 제대로 마련할 수 없다는 데 있다. 멀리 갈 것도 없이 가까운 데서 그 증거를 찾는다면, 케인즈주의 경제학이 1970년을 전후로 해서 미국과 유럽 여러 나라에서 나타난 스태그플레이션(stagflation)을 극복하는 데 실패한 것을 꼽을 수 있다. 그 실패에 관해서는 조금 더 깊이 들여다볼 필요가 있다.

이미 시장경제체제의 운영 방식의 역사적 변천을 분석하면서 밝혔듯이,[37] 케인즈는 1920년대 말의 경제공황을 극복하는 방안으로서 방임주의 경제를 폐기하고 국가개입주의를 옹호하는 이론적 기초를 마련했다. 케인즈의 국가개입주의적 처방이 가장 강력하게 실행된 곳은 미국이었다. 미국에서 국가개입주의는 금융시장정책, 재정정책, 투자정

---

[37] 이에 관해서는 이 책의 제II부 2.3.3.을 보라.

책 등을 통해 관철되었고, 유효수요를 확장하기 위한 노동시장정책, 고용정책, 복지정책 등으로 나타났다. 미국의 국가개입주의는 케인즈주의와 포드주의의 결합이었다. 그러한 결합은 제2차 세계대전 이후 유럽 여러 나라에서 사회적으로 조율된 시장경제의 근간이 되었다. 케인즈주의와 포드주의가 결합함으로써 미국과 서유럽 여러 나라에서는 사회적 자본주의가 황금기를 구가했다. 그러나 1960년대 말부터 그 나라들은 스태그플레이션에 직면했고, 1973년의 제1차 오일쇼크가 겹치면서 스태그플레이션은 걷잡을 수 없을 정도로 악화했다. 미국과 서유럽 여러 나라에서 발생한 스태그플레이션은 근본적으로 포드주의적 생산체제의 핵심 문제, 곧 자본축적 위기에서 비롯된 것이다. 포드주의적 생산체제는 노동의 소외를 임금 상승으로 덮고자 했기에 임금 상승은 구조화되다시피 했다. 임금 상승은 이윤 감소와 짝을 이루었다. 임금 상승에서 비롯된 수요 인플레이션은 이윤 감소에서 비롯된 투자 위축=경기침체와 서로 맞물렸다. 케인즈주의 경제학자들은 경기가 침체하면 인플레이션이 약화하고, 경기가 활성화하면 인플레이션이 강화된다고 보고, 그에 대응하는 경기순환정책을 개발하는 데는 익숙했지만,[38] 인플레이션과 경기침체가 맞물리는 스태그플레이션에 대해서는 효과적인 처방을 내릴 수 없었다. 그렇게 된 여러 가지 이유가 있지만, 가장 결정적인 이유는 케인즈 경제학의 핵심 이론인 저축률=투자율의 등식[39]이 잘못된 가정 위에 세워졌기 때문이다.

---

38 케인즈의 균형이론과 경기이론에 대해서는 J. M. Keynes, *Allgemeine Theorie der Beschäftigung, des Zines und des Geldes* (München und Leipzig: Duncker & Humblot, 1936), 266-281를 보라.

39 J. M. Keynes, 앞의 책, 154.

저축률=투자율의 등식을 제시한 케인즈는 저축의 심리적 동기에 주안점을 두었을 뿐, 저축의 '사회경제적 기초'에 대해서는 묻지 않았다.[40] 저축은 현금(유동성)을 선호하는 마음을 억눌러야 이루어진다. 그것은 현금을 갖고 현재의 욕망을 충족하는 것을 포기하는 것을 뜻한다. 그 대가는 저축에 따른 이자다. 따라서 저축은 노동자든, 자본가든, 금리생활자든, 유동성 선호를 억누르고 현재의 소비를 기꺼이 포기하는 자가 하는 일이다. 문제는 노동자의 저축이 갖는 성질이다. 임금이 많아지면 노동자가 그 일부를 저축할 유인은 더 커질 것이다. 그러나 설사 노동자들의 저축이 늘어난다고 하더라도 그 저축이 투자로 이어진다는 가정은 비현실적이다. 노동자들의 저축은 대개 얼마 지나지 않아 교육 소비, 주택 소비, 내구재 소비, 퇴직 후 소비 등 비생산적 활동을 위해 지출되기 마련이다. 노동소득 일부가 자본시장에 투입되기도 하고, 보험이나 연금으로 흘러 들어가기도 한다. 자본시장에서 움직이는 화폐자본 가운데 노동자의 몫이 얼마가 되든, 그 화폐자본은 생산적인 직접투자로 진출하기보다는 자본시장에서 시세차익을 실현하는 방식으로 움직인다. 따라서 자본주의 경제에서 투자로 이어지는 것은 거의 전적으로 기업저축이라고 말하는 것이 옳다. 노동소득에서 비롯된 저축과 기업이윤에서 비롯된 저축의 사회경제적 차이를 간과한 케인즈는 저축=투자의 등식을 말했어도 그 등식이 잉여가치의 배분에 관한 노동과 자본의 기능적 합의에 근거해야 한다는 것을 인식할 수 없었다. 따라서 케인즈 경제학은 스태그플레이션이 그러한 기능적 합의와 아랑곳없이 사회 세력들의 역학관계에 따라 임금이 과도하게 올랐기에 나타난 것

---

40 O. Šik, *Der dritte Weg: Die marxistisch-leninistische Theorie und die moderne Industriegesellschaft*, 284f.

임을 설명할 수 없었고, 생산과 소비의 거시균형 조건을 유지하는 효과적인 정책을 마련하는 데 도움이 되지 못했다.

케인즈주의가 스태그플레이션에 대응하는 데 무력한 모습을 보이자, 신자유주의자들은 종래의 국가개입주의를 거부하고 공급자 중심의 경제정책을 펼쳤다. 신자유주의적 시장경제에서 나타난 파국적인 결과는 이미 이 책의 다른 부분에서[41] 살핀 바 있으니 여기서 더 언급할 것이 없다. 다만 신자유주의가 기본적으로 금융적 수탈체제의 성격을 띤다는 점을 기억할 필요가 있다. 신자유주의체제의 핵심은 잉여가치의 상당 부분을 화폐자본의 수중에 집중시키는 메커니즘이다. 따라서 신자유주의적 시장경제를 넘어서 가는 길은 잉여가치의 귀속과 배분 문제를 우회할 수 없다. 물론 그 문제는 신자유주의체제를 대신해서 케인즈주의적인 국가개입주의를 되살린다고 해서 제대로 풀리지 않을 것이다. 그러나 신자유주의 이후의 시장경제체제에서도 국가는 시장을 규율하기 위해 시장에 개입할 것이다. 중요한 것은 국가의 개입이 기존의 국가개입주의와는 다른 형식과 내용을 가져야 한다는 것이다. 새로운 시장경제체제 운영의 핵심은 잉여가치의 적정 분배에 근거한 거시경제 계획이다. 국가는 소득분배와 거시경제 계획에 대한 사회적 합의가 이루어지는 경제민주주의 기구의 구성원이고, 그 합의를 입법으로 뒷받침하고 집행 권력으로 관철하는 핵심 에이전트다.

---

41 이 책의 제II부 1장 4를 보라.

3. 국민경제 수준의 소득분배와 거시경제 계획 구상

국민경제 수준의 소득분배에 관한 이론적 고찰에서 밝힌 바와 같이 소득분배의 핵심은 잉여가치를 노동과 자본에 적절하게 배분하는 것이고, 그 소득의 비율은 노동과 자본의 기능적 합의에 바탕을 두고 결정되어야 한다. 소득분배는 거시경제 계획의 토대다. 소득분배와 거시경제 계획은 사회적 합의를 거쳐 정책으로 수립되고 실행되어야 한다. 아래서는 소득분배와 거시경제 계획에 관한 사회적 합의와 정책 수립에서 고려할 사항을 살핀다.

3.1. 소득분배 항목과 비율에 관한 사회적 합의

시장경제체제에서 소득분배는 사회적 모순과 대립이 집약되는 지점이고, 노동과 자본 사이에서 가장 격렬한 계급투쟁이 벌어지는 영역이다. 그러한 계급 대립과 투쟁의 현실이 마치 없거나 한 것처럼 생각하거나, 그것을 덮개로 내리누를 수 있거나 한 것처럼 여긴다면, 시장경제체제를 제대로 규율할 방도는 찾을 수 없을 것이다. 문제를 푸는 열쇠는 시장경제체제에서 노동과 자본이 계급적 대립 가운데서도 서로 협력하지 않을 수 없다는 점을 인식하는 것이고, 노동과 자본이 '대립 속의 협력'을 할 수 있는 조건을 만드는 것이다. 그러한 협력적 대립 관계를 형성하고 유지하는 데 꼭 필요한 최소한의 조건은 소득분배에 관한 사회적 합의를 제도화하는 것이다. 그러한 최소한의 조건을 충족시키는 데서 출발해야 시장경제를 사회적이고 생태학적인 경제민주주의의 관점에서 본격적으로 규율하는 큰길로 나아갈 수 있다.

국민경제 수준에서 소득분배에 관한 사회적 합의를 체결하는 장(場)은 더 말할 것도 없이 사회적이고 생태학적인 경제민주주의위원회(이하, 경제민주주의위원회)이다. 경제민주주의위원회에서 소득분배에 관한 의결 절차를 밟을 때는 생태학적 소득분배에 관한 결정이 먼저이고 사회적 소득분배에 관한 결정이 그 뒤를 따른다는 원칙을 이미 앞에서 설명한 바 있으니, 여기서는 그 의결의 핵심 내용을 설명하면 족할 것이다. 그 내용에 관해서는 사회적 소득분배를 먼저 논하고 난 뒤에 생태학적 소득분배를 설명하는 것이 논리 전개에 편하다. 그것은 그 내용에 관한 논의가 노동과 자본 사이에서 잉여가치를 분배하는 이치에 관한 앞의 2절의 논의와 직접 연결되기 때문이다.

3.1.1. 잉여가치의 사회적 분배

경제민주주의위원회가 해야 할 가장 중요한 일은 잉여가치를 자본과 노동에 어떻게 할당할 것인가를 민주적으로 결정하는 것이다. 그것은 한마디로 노동의 이해관계와 자본의 이해관계를 조율해서 생산과 소비가 거시균형을 이루는 잉여가치의 배분 비율을 결정하는 일이다. 그러한 결정은 경제민주주의위원회에 참가하는 노동과 자본이 함께 공유하는 목적에 따라 체결하는 기능적 합의이지, 노동과 자본의 세력 관계에 따른 일시적인 타협의 소산이 아니다. 이에 관해 오타 씨크가 한 말은 기억해 둘 필요가 있다.

"오직 임금의 이해관계와 자본의 이해관계가 사회적으로 조화를 이루는 경우에만, 충분하고도 심원한 지식과 분석에 근거하여 X와 J를 목적의식에 따라 제어할 수 있고, 이를 통하여 어느 만큼은 균형에 근거한 거시경제의 발전을 보장할 수 있다. 종래의 성장 모델들은 너무나도 판에 박혀 있고, 거시적 균형을 교란하는 사회경제적 원인들을 무시하였다."[42]

잉여가치를 소비의 몫과 투자의 몫으로 적절하게 분배하는 것은, 자본의 확대재생산 도식에 관한 해석에서 Q1=U2의 등식이 의미하는 바와 같이, 소비의 확대와 투자의 증대를 균형 상태에 놓음으로써 거시경제가 확대 재생산하는 조건을 마련하는 일이다. 그러한 확대재생산 조건에서는 거시경제에서 인플레이션이나 디플레이션이 나타나지 않으며, 거시경제의 성장률은 견실하게 유지된다. 그러한 거시경제의 안정적인 발전은 거시경제에서 잉여가치가 더 많이 산출되는 바탕이 된다. 그렇게 해서 잉여가치의 사회적 배분의 몫이 계속 커지면, 노동과 자본은 잉여가치의 사회적 배분 원칙에 더 큰 충성을 보일 것이다.

3.1.2. 국가에 돌아갈 잉여가치의 몫

경제민주주의위원회의 소득분배 계획에는 노동과 자본의 몫뿐만 아니라 국가에 돌아갈 몫도 당연히 고려되어야 한다. 현대 시장경제체제에서 국가는 경제적, 사회적, 문화적 인프라 구축, 공공재와 공공 서비스 공급, 사회급여와 복지급여 지급 등 투자로부터 소비에 이르기까지 방대한 활동을 펼치고 있다. 일단 국가의 활동에서 가장 두드러지는 것은 비생산적 활동이다. 오늘의 시장경제에서는 민간경제 부문에서 매

---

42 O. Šik, 앞의 책, 326. 인용문에서 X와 J는 위의 2.3.에서 논한 바와 같이 잉여가치 가운데 소비에 할당되는 몫과 투자에 할당되는 몫을 각각 가리킨다.

우 큰 규모로 잉여가치가 축적되고 방대한 투자가 이루어지고 있기에 국가가 직접 투자 활동에 나서거나 민간 투자를 지원하기보다는 비생산적 활동에 집중하여야 한다고들 한다. 국가의 비생산적인 활동이 필요한 까닭은 민간 부문의 방대한 투자 때문만이 아니라 다른 여러 가지 이유가 있다. 민간 부문에서 이루어지는 대규모 투자가 '고용 없는 성장'을 동반하기에 국가의 비생산적 활동의 규모가 크게 늘 수밖에 없다. '고용 없는 성장'은 민간 부문의 투자가 격렬한 시장경쟁 조건 아래에서 노동생산성 향상에 따르는 노동 합리화를 동반하기에 거의 모든 산업 부문에서 노동자들이 일자리를 잃는 상황을 가리킨다. 그러한 상황에서 국가는 교육, 돌봄, 도시 미관 개선, 환경보호 등 실로 다양한 공공서비스를 확충해서라도 일자리를 잃은 노동자들을 공공부문으로 흡수하거나 퇴출 노동자들에게 사회급여와 복지급여를 지급해야 한다.

국가의 생산적 활동도 엄청난 규모로 이루어지고 있다. 국가의 생산적 활동이 필요한 영역은 투자에 따르는 자본 회수가 어렵거나 매우 오래 걸리는 사회간접자본 분야일 것이다. 사회간접자본은 자본재와 소비재의 성격을 동시에 띠고 있다. 국가의 활동 가운데는 생산적 활동과 비생산적 활동을 겸비하는 경우가 많다. 점점 더 중요성이 커지고 있는 생태계 보전을 위한 국가 활동은 비생산적 활동과 생산적 활동을 아우르는 분야이다. 생태계 보전 활동에는 많은 인력이 필요하고, 생태계 보전을 위한 기술개발과 운용에는 많은 자본이 투자되기 때문이다. 국가의 활동은 국민경제의 발전에 꼭 필요하지만 민간 부문이 투자하지 않거나 제대로 투자할 수 없는 영역에서도 활발하게 이루어진다. 산업 발전의 토대가 되는 기술적-과학적 연구 개발 분야가 그런 경우다. 상업화까지 매우 오랫동안 인내자본을 투입해야 하는 기술개발 분야도 때로는 국가의 재원 투입이 필요한 경우라고 볼 수 있다. 그러한 국가 활동은 직접 자본재나 소비재 생산으로 나타나지 않는다는 점에서 아직 비생산적 활동이지만, 생산적 성질이 매우 큰 활동이다.

앞에서 본 바와 같이 국가 활동이 비생산적 활동으로부터 생산적 활동에 이르기까지 광범위하게 전개되고, 그것을 위한 재원이 마련되어야 한다면, 그 재원은 전통적인 항목의 세금으로 충당하는 것에 그치지 않고 민간 부문에서 방대하게 축적되는 잉여가치의 상당 부분을 국가의 몫으로 할당하는 방식으로 이루어질 수 있다. 민간 부문에서 실현되는 높은 이윤율대로 투자를 확대하기보다는 국가가 잉여가치의 상당 부분을 퍼내어 그 일부를 비생산적 활동으로 돌리는 것이 마땅하고, 나머지 일부를 민간 부문이 투자를 꺼리는 영역에 투입하여 국민경제의 발전을 뒷받침하는 것이 옳은 일일 것이기 때문이다. 아마도 그러한 잉여가치의 추출은 무엇보다도 먼저 기업소득에 대한 증세의 형태를 취할 것이다. 국가의 몫으로 할당되는 잉여가치의 비율이 얼마가 되든지 간에 중요한 것은 국가에 할당되는 잉여가치를 소비와 투자에 각각 어느 만큼 투입하는가를 결정하는 것이다.

3.1.3. 생태계 보전에 돌아갈 잉여가치의 몫

논의의 편의상 잉여가치 가운데 생태계 보전에 돌아갈 몫을 가장 나중에 다루고 있지만, 그 몫에 관한 결정은 경제민주주의위원회가 생태학적 경제민주주의 기구를 통해 가장 먼저 해야 할 일이다. 생태계 위기와 기후 위기가 심각한 국면에 접어든 오늘의 현실에서 생태계 보전은 국가의 최우선 과제가 되었다. 앞에서 생태계 보전을 위한 국가의 활동을 언급하면서 시사하였지만, 생태계 보전은 막대한 비용이 들고, 그 비용을 마련하는 일은 잉여가치의 배분과 불가분리의 관계가 있다.

생태계와 경제계의 에너지-물질 순환에 주목하는 생태학적 경제학의 관점에서 보면 생태계 보전은 거시경제 운영에 통합되어야 한다. 거시경제 운영의 결과 생태계 파괴가 일어났으니 생태계를 복원하는 일을 차후에 하면 된다는 태도는 용납될 수 없다. 그것은 불이 난 뒤에 불을 끄는 소방 활동이지, 불이 나지 않도록 예방하는 활동이 아니다. 생태계의 안정성과 건강성이 파괴되는 결정적인 이유는 경제계에서 일어나는 대량생산과 대량소비 때문이다. 그것은 시장경제의 생태학적 규율의 대상이 되는 사안이고, 거시경제 운영의 핵심 내용이 되는 사안이다.

생태계 보전을 위한 거시경제 운영의 한 방식으로 생산과 소비를 축소하는 축소재생산을 택할 수 있다. 그러한 축소재생산은 잉여가치를 완전히 퍼내는 것에 더해서 가변자본과 불변자본을 더 줄이는 방식으로 이루어질 것이다. 생산 설비를 6년 동안 가동하고 1년간 강제로 가동을 중지하는 생산 안식년제도를 도입하거나 자본재의 감가상각 기간을 단축하여 파괴하는 방안을 생각해 볼 수 있다. 자본재 생산과 소비재 생산의 절대량을 감축하면, 그에 상응하는 조치로서 노동시간 단축과 임금 삭감을 고려할 수 있다. 그러한 축소재생산은 언뜻 고통스러운 과정일 듯해도 꼭 그런 것은 아니다. 축소재생산을 위해 퍼낸 잉여가치를 생태계 보전을 위해 투입한다면, 거기서 산출되는 생태계 보전과 생태학적 재화의 증진을 위한 자본재와 소비재가 삶의 질을 향상할 것이다. 생태학적 재화는 깨끗한 공기, 깨끗한 강, 울창한 숲, 잘 보존된 갯벌과 연안, 아름다운 생태학적 경관, 안정된 기후 등과 깨끗하고 건강하게 보존된 환경을 가리킨다.[43] 생태계의 안정성과 건강성을 향상하기 위한 기술개발과 보급은 생태계 보전을 위한 자본재와 소비재를 늘릴 것이다. 그러한 생태학적 재화와 생태계 보전을 위한 자본재와 소비재의 생산에는 당연히 자본과 노동이 투입된다. 따라서 생태계 보전을 위해 설사 축소재생산 전략을 취한다고 하더라도 축소재생산의 규모는 크지 않을 것이다. 생태학적 재화는 전통적인 의미의 자본재도 아니고, 소비재도 아니므로 생산과 소비의 규모는 화폐화될 수 없는 생태학적 재화의 크기만큼 줄어들 것이다. 그렇지만 생태학적 부가 가져오는 풍요가 생산과 소비의 축소가 가져다주는 결핍을 채울 수 있을 것이다.

축소재생산 전략의 충격을 회피하기 위해 단순재생산이나 최소한의 확대재생산 기조를 유지하면서 생태계 보전을 위한 노동과 자본의 투입을 늘리는 방식으로 거시경제를 운영할 수도 있다. 그렇게 하려면 잉여가치의 상당 부분을 퍼내어 먼저 생태계 보전 부문으로 투입하고, 그 나머지를 전통적인 생산과 소비 영역으로 투입하면 될 것이다. 자본재와 소비재 생산의 절대량이 줄지 않고, 임금이 삭감되지 않아 경제 활동이 생태계에 가하는 부담이 여전히 크겠지만, 생태학적 재화와 생태계 보전을 위한 자본재와 소비재가 증가하여 생산과 소비의 생태 친화적

43 생태학적 재화는 소비재나 자본재와는 달리 화폐로 측정하기 어려운 성질을 갖는다. 시장경제에서 소비재나 자본재는 모두 상품이고 노동이 산출한 가치의 구현체이다. 노동가치는 화폐로 표현되어 가격을 갖는다. 소비재나 자본재는 그 가격에 따라 시장에서 상품으로 거래된다. 생태학적 재화는 소비재 상품이나 자본재 상품과는 달리 노동이 전적으로 생산한 재화가 아니다. 물론 생태학적 재화를 형성할 때 노동이 이바지한 몫이 없다고 말할 수는 없다. 간벌, 하천 관리, 연안 관리, 오염 물질 배출 감소 등 생태계 보전을 위한 노동은 생태학적 재화를 더 쓸모 있게 만드는 데 이바지한다. 그러나 생태학적 재화의 상당 부분은 자연이 창조한 것이라고 보아야 할 것이다. 그런 점에서 생태학적 재화는 부분적으로만 화폐될 수 있고, 대부분은 화폐화될 수 없다. 비록 생태학적 재화가 화폐화되지 않는다고 해도, 그것이 사람에게 가져다주는 사용가치와 풍요는 이루 말할 수 없을 만큼 클 것이다. 생태학적 재화는 소비재나 자본재와는 달리 상품화를 거치지 않고도 향유의 대상이 될 수 있다.

성질을 어느 정도 강화하는 효과가 나타날 것이다.

중요한 것은 생태계 보전을 위해 잉여가치를 크게 할당해도 생산과 소비의 거시균형을 이루는 데는 아무런 문제가 없다는 것이다. 그것은 생태계 보전을 위한 잉여가치의 할당이 거시경제 운영의 필수 불가결한 일부가 될 수 있다는 뜻이다. 일찍이 오타 씨크는 그러한 통찰을 아래의 명제에 담았다.

"생태계의 추이와 경제의 추이 사이에 나타나는 연관은 애초부터 (거시균형계획에서) 고려될 수 있다. 물론 그렇게 한다고 해서 환경(과 경제)의 갈등을 완전히 해결할 수는 없을 것이다. 그러나 미래의 발전에 관해 시기 적절한 토론을 할 수 있을 것이고, 요즈음 환경정책에서 왕왕 볼 수 있는 소방정책과 같은 조치를 배제할 수 있을 것이다. 더 나아가 생태학적 요구를 거시계획에 받아들일 수 있다. 왜냐하면 물질적인 욕망 충족, 환경보호 조치, 성장 속도, 노동시간, 완전고용 사이의 연관관계는 계측될 수 있고, 거시적으로 계획될 수 있고, 경제정책을 통해 규율될 수 있기 때문이다."[44]

문제는 생태계 보전을 위한 잉여가치의 할당 비율을 얼마로 정할 것인가가 아니라 생태계 보전을 위해 할당한 잉여가치를 생산적 활동과 비생산적 활동에 어떻게 배분해야 거시경제 차원에서 생산과 소비의 균형을 유지할 수 있는가이다.

---

44 O. Šik, "Dritter Weg und grüne Wirtschaftspolitik," *Grüne Wirtschaftspolitik: Machbare Utopie*, mit einem Vorwort von O. Schilly, hg. von F. Beckenbach u. a. (Köln: Kiepenheuer & Witsch, 1985), 361.

3.2. 거시경제 계획의 핵심적 고려 사항

거시경제 차원에서 소득분배정책에 관한 사회적 합의가 이루어지면 경제성장의 속도가 결정되고, 생태계 보전과 경제발전의 조화, 내수와 수출의 균형, 성장과 복지의 조화, 물가안정 등과 같은 거시경제 운영 목표를 설정하고 거시경제 운영 계획을 수립할 수 있다. 그러한 거시경제 계획을 수립하는 책무는 경제민주주의위원회가 맡는다. 그것은 소득분배정책과 마찬가지로 거시경제 계획도 사회적 합의의 대상이 되어야 하기 때문이다. 이미 앞에서 말한 바와 같이 거시경제 계획의 구체적 내용을 제시하는 것은 이 장의 과제가 아니다. 여기서는 우리나라 현실에서 거시경제 계획의 목표와 관련해서 핵심적으로 고려해야 몇 가지 사항을 짚는 것으로 족할 것이다.

3.2.1. 거시경제 계획의 성격

거시경제 계획은 그 성격과 실행 방식에 관해 몇 가지 설명할 필요가 있는 개념이다. 거시경제 계획은 지난날 사회주의 사회에서 널리 시행되었던 중앙관리경제나 우리나라 군사정권이 추진했던 국가 주도적 경제개발5개년계획을 떠올리게 하기에 많은 경우 부정적인 의미로 받아들여지는 낱말이다. 따라서 여기서 거시경제 계획이라는 개념을 긍정적인 의미로 사용하려면, 그것이 중앙관리경제의 경제 계획이나 군사정부의 경제 계획과 어떤 점에서 다른가를 보일 필요가 있다.

중앙관리경제는 단일한 중앙 계획 당국이 생산과 소비 계획을 수립하고 그 계획을 실행하여 생산과 소비의 거시균형을 실현하는 방식으로 경제를 운영했다. 중앙 계획 당국이 수립한 생산 계획은 그 계획을 실행하는 기업에 생산 명령의 형식으로 하달되었고, 각 기업은 그 명령을 이행하는 방식으로 생산했다. 중앙 계획 당국의 명령에 따라 생산되는 소비재는 소비자의 끝없이 다양화하는 욕망을 충족시키지 못했고, 때로는 배급 형태로 공급되기까지 했다. 따라서 중앙관리경제에서 기업과 가계가 각각 생산 계획과 소비 계획의 주체가 되어 가격의 신호에 따라 생산과 소비를 조절하는 시장의 자율성은 설 땅이 없었다. 중앙관리경제는 그 경제체제의 조직과 운영 원리상 재화와 서비스의 희소성을 반영하는 가격 장치가 작동할 수 없었기에 자원의 낭비가 많았고 극도의 비효율성을 보일 수밖에 없었다. 따라서 중앙관리경제의 중앙 계획과 명령경제는 시장경제체제의 규율 방식으로 수용될 수 없다.

우리나라에서 시행된 경제계획5개년계획은 정부가 총 자본가로서 수출주도형 경제발전 계획과 이를 뒷받침하는 재정정책, 무역정책, 산업정책, 국토개발정책, 노동시장정책 등 핵심 정책을 수립하고, 자원을 배분하고, 저임금·저곡가정책 등 자본축적의 조건을 규정하고, 물가를 통제하고, 외환시장에 개입하는 등 전방위적인 국가 개입 방식으로 관철되었다. 개발 연대의 한국 경제는 국가 주도적 발전주의 모델의 전형을 보여주었고, 매우 빠른 경제성장과 내립 경제가 결합하는 특징을 보였다. 시장경제체제는 유지되었으나, 시장의 자율성은 크게 제약되었고, 자원을 할당하고 정책을 수립하는 관료와 산업자본의 유착과 부패가 심했으며, 노동과 자본은 적대적 관계로 점철되었다. 경제개발5개년계획은 사회적 합의 없는 거시경제 계획의 전형이었다. 그러한 거시경제 계획은 시장 자유화의 압력과 계급 대립과 갈등으로 인해 침식될 수밖에 없기에 지속될 수 없다.

경제민주주의의 관점에서 수립되는 거시경제 계획은 시장경제체제의 조직 원리와 운영 원리에 충실하다는 점에서 중앙관리경제의 경제 계획과는 근본적으로 다르다. 이념형적으로 보면 시장과 중앙 계획의 관계는 시장이 중심이 되고 중앙 계획이 시장을 보완하는 방식이거나 중앙 계획이 중심이 되고 시장이 중앙 계획을 보완하는 방식일 수밖에 없다. 이 두 가지 방식 가운데 시장이 중앙 계획을 보완하는 방식은 실패한다. 시장이 중앙 계획을 보완하는 방식은 중앙 계획의 중심 바깥에 무수히 많은 탈중심화된 계획 주체를 허용하는 형국인데, 그러한 경제 운영은 필연적으로 중앙 계획의 명령경제적 성격으로 인해 탈중심화된 계획이 고사하든지, 탈중앙화된 계획이 중앙 계획을 무력화해서 중앙 관리경제를 해체하는 결과를 빚을 것이다.[45] 소련과 동구 사회주의 국가들에서 시장을 육성하여 중앙관리경제를 보완하고 더 나아가 중앙관리경제를 개혁하려는 시도가 성공할 수 없었던 것은 바로 그 때문이다. 그렇다면 거꾸로 중앙 계획을 통해 시장을 보완하려는 시도는 성공할 수 있는가? 그러한 시도가 성공할 유일한 가능성은 논리적으로 중앙 계획이 명령경제 방식으로 관철되지 않는 경우다. 그것은 정부가 자본주의 동학에서 발생하는 시장 교란을 사전에 방지하거나 사후에 해소하기 위해 다양한 정책 수단을 개발하여 시장에 개입하되, 시장의 자율성을 근본적으로 해치지 않는 방식으로 나타난다. 국가개입주의가 그 실례다. 국가개입주의는 정부가 목적의식을 갖고 정책을 수립하여 사회적으로 조율되는 시장경제를 운영하는 방식인 만큼 낮은 수준에서나마 중앙 계획을 통해 시장을 보완하려는 시도였다고 볼 수 있다. 경제민주

---

45 이에 관한 알기 쉬운 설명으로는 아르투르 리히/강원돈 옮김, 『경제윤리 2: 사회윤리의 관점에서 본 시장경제, 계획경제, 세계경제』, 323-343을 보라.

주의의 관점에서 구상되는 거시경제 계획은 자본주의의 동학을 제어하는 방식으로 시장에 개입하기에 전통적인 국가개입주의에서 나타나는 계획보다 훨씬 더 철저한 성격을 띨 것이지만, 그 계획은 명령경제 방식으로 관철되어서는 안 된다. 거시경제 계획은 시장 주체들의 계획을 뒷받침하는 권고 지침의 성격을 띤다.[46]

우리나라의 경제개발5개년계획과 그 실행은 정부의 경제계획과 시장 개입이 갖는 위력을 실감하게 하는 학습 효과가 있었다. '한강의 기적'이 여전히 사람들의 입에 오르내리는 것을 보면, 경제개발5개년계획이 오랜 가난을 떨쳐내고 경제발전의 바탕을 마련하였다는 것을 부인할 수 없다. 경제민주주의의 관점에서 수립되는 거시경제 계획이 성공하려면 경제개발5개년계획의 유산을 비판적으로 성찰하는 데서 출발해야 한다. 거시경제 계획은 정부가 노동과 자본에 군림하는 방식으로 수립되어서도 안 되고, 자본 친화적이고 노동 억압적인 성격을 띠어서도 안 되고, 규제 일변도의 시장 통제를 일삼아서도 안 된다. 거시경제 계획은 그 계획의 실행에 이해관계를 갖는 당사자들의 민주적 합의에 바탕을 두고 수립되어야 하고, 생산과 소비의 거시균형, 성장과 복지의 조화, 내수와 수출의 균형, 생태계 보전 등을 실현하는 최적의 조건을

---

46 이에 관한 상세한 고찰은 Won-Don Kang, *Zur Gestaltung einer human, sozial und ökolo-gisch gerechten Arbeit, Wissenschaftliche Beiträge Band 26, Schriftenreihe der Missionsakademie an der Universität Hamburg*, hg. von Prof. Dr. Theodor Ahrens (Ammersbeg bei Hamburg: Verlag bei Lottbeg, 1988), 517-519를 보라. 오타 씨크는 거시경제 계획이 "정부의 경제정책에 방향을 제시하는 구속력 있는 계획"이지만, 기업들을 구속하지 않는 일종의 가이드라인이라고 말한다. "거시경제 계획은 국가가 확정한 목표와 정부의 경제정책 방향에 관한 정보로서 기업들에 전달되고, 기업들이 시장을 조사하고 미래를 위한 의사결정을 내릴 때 그 정보를 보충적으로 참고하되 구속되지 않을 경우만 기업들에 도움이 될 수 있다." O. Šik, *Der dritte Weg: Die marxistisch-leninistische Theorie und die moderne Industriegesellschaft*, 211.

제시하되, 시장의 자율성을 촉진해야 한다.

3.2.2. 거시경제 계획의 중점

거시경제 계획은 매우 다양한 정책 조합으로 나타나고, 그 조합을 구성하는 개별 정책들은 매우 방대한 내용을 가진다. 여기서 그러한 정책 조합과 개별 정책들을 다룰 수 없다는 것은 이미 앞에서 몇 차례 말한 바와 같다. 다만 사회적이고 생태학적인 경제민주주의의 관점에서 우리나라 경제를 개혁하고 발전시키기 위해 거시경제 계획에서 중점을 두어야 할 몇 가지 정책을 지적하는 것은 의미가 있을 것이다.

3.2.2.1. 생산과 소비의 거시균형

거시경제 운영 목표 가운데 하나인 생태계 보전과 경제발전의 조화는 이 책의 제IV부에서 충분히 논의하였으므로, 여기서는 무엇보다도 먼저 국민경제 차원에서 생산과 소비의 거시균형이 거시경제 계획의 주요 목표로 설정해야 한다는 점을 강조하고 싶다. 이제까지 생산과 소비의 거시균형이 거시경제 운영의 핵심이라는 점, 그 균형이 깨어질 때 공황이나 인플레이션, 때로는 스태그플레이션 등이 나타난다는 점, 생산과 소비의 거시균형에 소득분배가 결정적이라는 점 등을 앞에서 누누이 강조했기에 거시경제 계획의 주요 목표가 생산과 소비의 거시균형이라는 언급이 진부하게 느껴질는지 모른다. 그렇지만 생산과 소비의 거시균형은 거시경제의 견실한 운영의 조건에 그치는 것이 아니라 성장과 복지의 조화, 내수와 수출의 균형과도 심원한 관계를 갖기에 그 중요성을 거듭 강조할 필요가 있다.

생산과 소비의 거시균형은 경제성장의 속도를 조절하면서 성장과 복지의 조화를 이루는 길이지만, 무역과 직접 투자가 급증하고 있는 오늘의 개방경제체제에서 그것을 유지하기가 매우 어렵다. 따라서 거시경제 계획에서 생산과 소비의 거시균형은 한편으로 성장과 복지의 조화, 다른 한편으로 내수와 수출의 균형과 서로 밀접하게 결합해서 추구해야 할 정책 과제이다. 아래에서는 성장과 복지의 조화, 내수와 수출의 조화에 관해 조금 더 깊이 생각해 본다.

3.2.2.2. 성장과 복지의 조화

성장과 복지의 조화는 경제성장에 투입될 자본을 퍼내어 복지를 위해 지출하는 양상이니 소득분배를 전제한다. 적절한 소득분배는 생산과 소비의 거시균형 조건이고, 성장의 속도를 결정한다. 따라서 성장과 복지의 조화는 생산과 소비의 거시균형이 갖는 사회적 성격을 보여주고, 목적의식에 따라 성장의 속도(=성장률)를 조정하는 메커니즘임을 드러낸다. 그러한 연관을 놓고 생각해 보면 거시경제 계획에서 성장률 목표를 설정하는 것은 매우 중요한 의미가 있다. 거시경제의 성장률 목표를 설정하는 것은 경제 당국이 경제성장의 속도 조절을 시장에 맡겨두지 않겠다는 뜻이고, 자본주의 동학에서 발생하는 경제 순환의 무정부성과 파괴성을 예방하겠다는 의지를 가졌다는 뜻이다. 그것이 성장률 목표 설정의 소극적 측면이다. 성장률 목표 설정의 적극적 측면은 국민소득 가운데 미래를 위한 투자의 규모와 현재의 복지를 위한 지출의 규모를 결정하고, 경제성장을 위한 투자계획과 복지 향상을 위한 지출계획을 수립한다는 데 있다.

미래를 위한 투자 규모와 방향은 거시경제 계획에서 투자정책과 산업정책으로 명시된다. 그 정책들에 관해서는 재정과 금융의 민주화를 다루는 본서 제VIII부에서 다룰 것이니만큼, 여기서는 단지 두 가지를 원칙적으로 강조하는 것으로 그치고자 한다. 하나는 생태학적이고 사회적인 시장 규율의 관점에서 정부가 투자정책과 산업정책을 과감하게 수립해야 한다는 것이고, 다른 하나는 장기적인 관점에서 연구개발 사업을 위한 대담한 투자에 나서야 한다는 것이다. 한두 가지 예를 들자면, 정부는 에너지-물질의 경제계 투입을 최소화하고 폐기 에너지와 폐기 물질의 생태계 방출을 최소화하는 기술개발과 보급을 산업정책의 한 목표로 설정하고 투자 규모를 결정할 수 있을 것이다. 또는 생산과 소비의 기반이 되는 플랫폼의 안정성과 공공성을 획기적으로 향상하는 데 필요한 최첨단기술 개발 등을 지원하기 위해 대담한 투자를 할 수도 있을 것이다.

현재의 복지 수준을 높이기 위한 지출계획을 세우고 그 규모를 결정하는 일은 사회복지학과 복지경제학이 전문적으로 논의해야 할 주제이고, 본서에서 깊이 들어가기 어렵다는 점을 말할 수밖에 없다. 여기서는 다만 복지정책과 사회정책이 소득재분배와 맞물리는 측면이 있다고 하더라도, 그 정책의 대강을 소득재분배 차원이 아니라 소득분배 차원에서 수립하여야 한다는 점을 강조하고 싶고, 따라서 거시경제적 소득분배 차원에서 기본소득정책을 수립하는 것이 중요하다는 점을 언급하고 싶다. 이에 관해서는 아래 3.2.2.6에서 따로 언급할 것이다.

3.2.2.3. 내수와 수출의 균형
내수와 수출의 균형은 생산과 소비의 거시균형을 위한 필요조건이다. 문제는 그 조건을 충족하기가 매우 어렵다는 것이다. 우리나라와 같이 수출입국을 통해 경제성장을 추구해 온 국민경제에서는 더더욱 그렇다. 무역과 직접 투자를 통해 긴 가치생산 사슬이 형성된 지구화 시대에 세계의 거의 모든 나라는 우리나라처럼 수출주도형 경제성장의 길을 택하고 있다. 수출주도형 경제성장이 내수와 수출의 균형을 이룩하기 어려운 까닭은 여러 가지가 있다. 첫째는 내수 부문과 수출 부문의 불균형 확대 때문이다. 둘째는 내수와 수출의 복잡한 연관 때문이다. 셋째는 수출주도 경제가 산업 부문과 지역 경제의 유기적 연관을 파괴하기 때문이다. 넷째는 외환 보유 강제가 해외 저축을 촉진하기 때문이다.

첫째, 수출주도형 경제성장은 수출 부문을 비대하게 만들고 내수 부문을 위축시킨다. 그것은 수출주도형 경제성장 전략을 채택하고 있는 대부분의 나라들에서 국민총생산에서 수출과 수입이 차지하는 비율이 매우 높다는 데서 단적으로 드러난다.[47] 수출경제는 세계적 수준의 경쟁력을 확보하기 위해 방대한 투자가 필요하고, 그 투자를 위해서는 내수경제에서 사용되어야 할 자원까지도 끌어들여야 한다. 수출경제 부문에서 생산되는 자본재와 소비재는 내수 부문에서 소비되지 않기에, 설사 내수 부문에서 자본재 수요와 소비재 수요가 적더라도 문제가 되지 않는다. 그것은 국민경제 차원에서 과잉생산과 과소소비가 일어나고, 수출경제가 과잉생산과 과소소비의 모순을 해소하는 형국이다. 만일 긴 가치생산 사슬이 교란되거나 끊어진다면 그 모순은 국민경제를 파국으로 몰아넣을 가능성이 크다. 물론 수출경제가 작동하는 조건에서는 국민총생산이 늘어나고 자본 투자가 늘어난다. 그러나 그것은 수출경제에서 일어나는 일일 뿐 내수경제에서는 투자 부진이 지속되고,

---

47 국민총생산에서 수출과 수입이 차지하는 비율을 국민경제의 해외의존도라고 한다. 국민경제의 해외의존도가 높은 수출주도형 국가를 꼽는다면 대한민국, 독일, 네덜란드 등이다.

임금 상승이 강력하게 억제될 수 있다.

그렇다면 국민의 실질적인 욕망을 충족하는 데 사용하지도 않을 자본재와 소비재를 생산하기 위해 수출경제 부문에 엄청난 규모의 투자를 할 까닭이 어디 있는가를 물어야 한다. 수출경제 부문에서 엄청난 투자를 위해 축적된 이윤(=잉여가치)을 내수경제 부문의 자본과 노동에 배분해서 생산과 소비를 늘리면 국민복지 수준이 향상되고 경제발전이 일어나지 않겠는가? 많은 사람은 국내에 부족한 에너지와 광물을 사들이기 위해 수출을 해서 외화를 벌어들여야 한다고 말하지만, 그것도 정도 나름이다. 우리나라 국민이 사용하지도 않을 자본재와 소비재 생산을 위해 수출경제 부문에 엄청난 에너지와 물질이 투입되고, 그 결과 엄청난 폐기 에너지와 폐기 물질이 발생한다는 점, 그러한 폐기 에너지와 폐기 물질이 일으키는 환경오염을 제거하기 위해 엄청난 자원이 낭비된다는 점을 고려한다면, 수출입국을 통한 경제성장의 신화를 깨뜨려야 할 것이다. 긴 가치생산 사슬의 교란이나 단절로 인해 엄청난 투자가 물거품이 되는 경우까지도 고려한다면, 그 신화는 더는 견인력이 없다. 수출경제의 규모를 줄이고 내수경제의 크기를 늘리는 것이 거시경제 운영의 바람직한 방향이다.

둘째, 내수와 수출의 복잡한 연관을 들여다보면 수출지상주의가 비판적으로 극복되어야 한다는 점을 더 분명하게 인식할 수 있다. 수출경제와 내수경제는 서로 결합하는 측면이 있고, 서로 분리되는 측면이 있다. 한편으로 수출경제와 내수경제는 투자와 소비 측면에서 밀접하게 결합한다. 수출경제에 투입되는 자본재와 중간재의 많은 부분은 국내에서 생산되고, 따라서 많은 투자가 이루어진다. 수출경제 부문에서 일하는 사람들의 임금은 대부분 국내로 환류되고 소비를 증가시킨다. 수출경제의 경쟁력을 높이기 위한 연구 개발 투자의 일부분도 국내에서 이루어지고, 이를 통해서도 국내 투자와 소비는 증가한다. 따라서 수출경제의 발전은 내수경제의 발전을 촉진하는 효과가 있다.

다른 한편으로 수출경제와 내수경제는 따로 놀기도 한다. 수출 부문에서 생산된 자본재와 소비재는 국내 소비와 단절된 채 해외 수요를 찾아 국외로 방출되고, 수출경제 부문에 필요한 자본재와 중간재의 상당 부분은 국외에서 수입된다. 그러한 수출경제와 내수경제의 분리는 바로 앞에서 분석한 바 있는 수출경제와 내수경제의 불균형 문제만이 아니라 그것과 다른 차원의 심각한 문제도 불러들인다. 수출경제가 자본재와 중간재를 수입할 때도 그렇지만, 수출경제의 경쟁력을 세계적인 수준에서 확보하기 위해 해외 기술을 도입하면, 자본은 해외로 유출되어 국내 생산과 소비에 그 어떤 효과도 미치지 못하게 된다. 해외 기술 도입을 통해 수출경제의 시장 기회가 많아지는 효과를 부인할 수 없지만, 문제는 기술 로열티가 수출로 벌어들이는 이익의 상당 부분을 잠식한다는 데 있다. 최근에는 해외 시장 확보를 위해 그 시장이 있는 나라에 직접 투자하여 그곳에서 자본재와 소비재를 생산하는 경우가 증가하고 있다. 그렇게 되면 설사 해외 직접 투자에서 발생한 자본소득 일부가 국내 모기업에 환류되어 축적되기도 하겠지만, 해외 생산기지를 둔 수출경제 부문은 내수경제 부문과 분리된 것으로 보아야 할 것이다. 그러한 해외 직접 투자는 개별 자본에는 이윤 추구의 기회가 되겠지만, 국민경제의 발전에는 크게 이바지하지 못한다.

수출경제 부문과 내수경제 부문의 복잡한 연관을 고려한다면, 국민경제는 개방적 국민경제로 운영되어야 하지만, 개방적 국민경제의 운영은 조심스러워야 한다고 말해야 한다. 앞서 말한 대로 개방적 국민경제는 수출경제의 규모를 줄이고 내수경제의 규모를 확대하는 방향을 취해야 하거니와, 수출경제와 내수경제의 결합을 강화하고 그 분리를 최소화하는 방향으로 운영되어야 한다. 개별 자본은 해외로부터 더 많은 자본재와 중간재를 수입하고 해외 직접 투자를 늘려서라도 해외 시장 기회를 더 많이 얻고 더 많은 이윤을 추구하면 된다는 수출지상주의에 사로잡힐 수 있지만, 거시경제 차원에서는 가치생산의 산물인 자본이 해외로 유출되는 것을 절제 있게 통제할 필요가 있다. 물론 개방적 국민경제에서는 해외 직접 투자를 꾀하는 자본의 해외 유출이 불가피한 측면이 있다. 그러나 수출경제가 내수경제에 미치는 영향을 고려한다면 자본의 해외 유출은 내수경제에서 생산과 소비의 거시균형을 깨뜨릴 정도로 이루어져서는 안 되고, 자본의 국내 유치와 가급적 균형을 유지하여야 한다.

셋째, 수출경제는 수출에 유리한 산업 부문들과 수출에 특화한 지역경제를 발전시키고, 그렇지 않은 산업 부문과 지역경제의 발전을 가로막는다. 수출주도형 경제성장 전략을 실행해 온 우리나라에서 반도체, 통신기기, 자동차, 중화학, 중공업 부문의 발전은 두드러지지만, 농축산업을 위시해서 다른 산업 부문의 발전은 더디게 이루어지고, 수출기업이 집중된 클러스터를 중심으로 지역경제가 발전하지만 다른 지역에서는 경제 침체와 인구 감소가 가속하고 있다.

마지막으로 넷째, 수출주도형 경제는 무역수지가 적자인 경우도, 무역수지가 흑자인 경우도 국민경제 운영에 부담을 준다. 무역수지 적자가 계속되면 무역결제 수단이 고갈되기에 이를 회피하기 위해서는 수출을 늘리고 수입을 줄이는 정책이 강화되어야 하고, 그 결과 국민경제에는 가혹한 내핍이 강요된다. 그것을 보여주는 구체적인 실례는 1997

년 외환위기 때 IMF의 경제신탁 아래서 강제된 내핍 경제다. 그 당시 내핍 경제가 가져온 대량 실업, 소득 감소, 가계 파산, 내수경제 위축 등은 수출주도형 경제의 실패가 생산과 소비의 거시균형을 어떻게 파괴하는가를 보여주었다. 거꾸로 무역수지 흑자가 지속되는 경우 그 흑자는 인플레이션을 유발하고 원화 가치를 상승시키기에 중앙은행을 통해 불태화되거나 외국채, 특히 가장 안전한 자산으로 믿어지는 미 국채를 매입하여 외환보유고의 형태로 쌓인다. 따라서 무역수지 흑자는 국내의 투자와 소비를 늘리는 방식으로 사용되지 않고, 많은 경우 지구적 차원에서 진행되는 거대한 달러 리사이클링(dollar recycling)의 틀에서 미 국채와 교환되어 미국으로 흘러 들어간다.[48] 만일 국내에서 생산된 자본재와 소비재가 미국 시장의 문턱을 넘기 위해 상대적으로 낮은 가격으로 수출되고, 거기서 벌어들인 달러가 결국 달러 리사이클링을 통해 미국으로 되돌아간다면, 우리나라 수출경제는 이중적 측면에서 미국에 수탈당하는 위치에 놓인다고 말할 수 있다.

위에서 살핀 바로부터 얻을 수 있는 결론은 수출지상주의는 더는 용인되어서는 안 된다는 것이다. 그것은 국민경제를 대외적으로 폐쇄하자는 말이 아니다. 수출경제 부문의 발전은 내수경제 부문의 발전을 촉진하는 효과가 있다. 국민경제 운영에 필요한 에너지와 자연 자원, 자본재와 소비재를 수입하기 위해서는 수출을 통해 수입 상품의 결제 수단인 외화를 벌어들여야 한다. 따라서 국민경제는 개방적으로 운영될 수밖에 없다. 문제는 수출주도형 경제 운영이다. 수출주도형 경제는 거시균형의 관점에서 볼 때 항구적인 투자 과잉과 생산 과잉의 상태에 있다.

---

48 달러 리사이클링에 관해서는 본서 제IX부 3장을 보라.

수출경제 부문에서 자본재와 소비재의 생산을 위한 투자 과잉은 내수경제의 위축을 가져온다. 수출경제 부문의 생산 과잉은 사회적 내핍을 동반하고 생태학적 재앙을 불러들인다. 수출주도형 경제는 거시경제 차원에서 자본의 절제 있는 사용을 매우 어렵게 한다. 수출주도의 경제성장 전략은 산업 부문의 유기적 결합을 해체하고 지역경제의 균형 발전을 가로막는다. 무역수지 흑자는 수출주도형으로 편제된 국민경제를 이중의 수탈에 노출한다. 긴 가치생산 사슬의 불안정성과 붕괴를 고려한다면 수출주도형 국민경제는 과잉생산과 과소소비의 모순을 견디기가 매우 어렵다.

이 모든 점을 고려한다면 수출경제의 규모를 줄이고 내수경제의 크기를 늘리는 것이 마땅하다. 내수와 수출의 균형은 수출과 수입의 균형, 자본의 해외 유출과 국내 유입의 균형, 수출경제와 내수경제를 아우르는 생산과 소비의 거시균형을 유지하는 방식으로 이루어져야 할 것이다. 수출경제와 내수경제가 균형을 이루면 산업 부문의 유기적 결합과 지역 균형 발전의 수준이 높아진다. 따라서 거시경제 계획은 내수와 수출의 균형을 촉진하는 정교한 정책들을 담아야 한다.

한 나라의 무역정책은 세계무역기구(WTO)의 무역 규범과 우리나라가 여러 나라들과 체결한 자유무역협정(FTA)의 무역 규범의 규율을 받는다. 그 규범들은 수출지상주의를 조장하는 성격이 있어서 근본적인 검토와 개정이 필요하다. WTO 무역 규범에는 사회적이고 생태학적인 관점에서 무역을 규율하는 조항이 거의 없고, 일부 FTA에는 사회적 무역 규범과 생태학적 무역 규범이 마련되어 있으나 더 보강될 필요가 있다. 국제적인 무역 규범의 문제와 그 해결 방안은 본서 제XI부에서 논할 것이다.

3.2.2.4. 지대추구 경제의 억제

우리나라 경제는 지대추구 행위로 인해 몸살을 앓고 있다. 지대추구는 사회적으로 용인되는 소득이나 이득을 초과하는 이익을 추구하는 행위를 가리킨다. 그러한 의미의 지대는 경영자 보수, 독점 이윤, 부동산 소유에서 발생하는 자본소득과 자본이득, 그림자금융[49]에서 발생하는 자본이득 등의 형태를 취한다.

지대추구 경제는 소득분배를 극도로 왜곡하고, 사회적 양극화를 가속하고, 국민경제를 불안정하게 만든다. 예를 들면 경영자 보수가 평균적인 임금의 수십 배에서 수백 배에 이르게 되면, 기업에서 미래를 위한 투자의 몫과 노동자들의 몫은 줄어들 것이다. 공급 독점과 수요 독점의 지위에 있는 대기업이 지대를 추구하게 되면, 소비자와 납품업자는 수탈당하는 처지에 몰린다. 부동산 임대소득과 부동산 거래에서 발생하는 자본이득은 궁극적으로 부동산을 소유하지 못한 사람들의 소득에서 나온 것이기에 사회적 양극화를 극도로 악화한다. 그림자금융은 파생금융상품 거래를 통해 천문학적인 자본이득을 추구하지만, 1920년대 말의 대공황, 1999년의 롱텀캐피털매니지먼트 사태, 2007년의 미국발 글로벌 금융공황 등에서 보듯이 자본시장을 교란하고 상업은행을 부실화시켜 국민경제 전체를 파국에 이르게 할 수 있다. 지대추구 경제는 금융화 과정을 통해 자산시장에 화폐가 몰려듦으로써 더 강화되었다.

지대추구 경제는 억제되어야 하고 근절되어야 한다. 경영자 보수는

---

49 그림자금융은 자본시장에서 파생된 금융시장을 가리킨다. 그림자금융은 자산 및 채권 담보부 증권 발행, 선물, 옵션, 스와프, 공매도 등의 금융기법 혹은 그러한 금융기법의 결합을 통해 자본시장의 규모를 키우고 천문학적인 자본이득을 추구한다. 그림자금융은 화폐를 창조하고 파괴하는 상업은행의 협력을 받아 화폐자본 운영 규모를 키운다. 그림자금융과 그 문제에 관한 상세한 분석은 본서 제X부 2장 2.3을 보라.

공장과 기업 차원의 공동결정제도를 통해 억제될 수 있고, 독점 이윤의 문제는 경쟁법(공정거래법)을 정비하고 엄격하게 시행함으로써 해결될 여지가 있다. 부동산 소유와 그림자금융에서 나타나는 지대추구는 기업 거버넌스나 경쟁법을 통해서는 해결되지 않는다. 그러한 지대추구 행위는 한편으로 거시경제 계획의 틀에서 그 억제 방안이 나와야 한다. 생산과 소비의 거시균형 조건에서는 잉여가치에서 '이자 낳는 자본'이 나올 여지가 없고, 기왕에 형성된 '이자 낳는 자본'에서 비롯된 소득과 이득은 환수되어 사회적이고 생태학적인 생산과 소비를 위한 재원으로 쓰이는 것이 옳다. 다른 한편으로 그림자금융은 지구적 차원에서 진행되는 금융화의 한 축이기에 한 나라의 국민경제를 규율하는 방식으로 해결되지 않는 측면이 있다. 그림자금융을 제어하려면 금융화에 제동을 걸어야 한다. 부동산 소득과 이득의 문제에 관해서는 토지공개념의 원칙에 서서 부동산정책을 다루는 본서 제VI부에서, 그림자금융과 금융화에 제동을 거는 방안에 관해서는 본서 제X부에서 상세하게 논할 것이다.

3.2.2.5. 노동시장정책과 공공부문의 일자리 공급정책

거시경제 계획에서 노동시장정책과 공공부문의 일자리 공급정책은 매우 큰 비중을 차지한다. 먼저 노동시장정책에 관해 이야기한다면, 노동시장정책의 핵심 사항은 일자리 나누기, 직업교육, 비정규직 노동의 축소다. 일자리 나누기는 '고용 없는 성장'에 대응하는 정책이다. 잉여가치가 큰 규모로 축적하고 그 가운데 상당 부분이 투자되는 현대 시장경제에서는 노동생산성이 빠른 속도로 향상되고, 그 결과 사회적으로 필요한 노동시간은 크게 줄어든다. 노동생산성 향상은 치열한 시장경쟁 조건 아래에서 제도적 강박으로 자리 잡았다고 말할 수 있을 정도여서 새로운 일자리를 창출하는 것은 거의 불가능하다고 여겨지고 있다. 그러한 사태가 그대로 방치된다면 '고용 없는 성장'이 정착하여 대량 실업을 피할 수 없을 것이고, 사회적 총수요가 크게 줄어들어 생산과 소비의 거시균형이 쉽게 깨진다. 그러한 대량 실업 사태에 대응하기 위해서는 새로운 노동시간정책을 통하여 일자리 나누기를 실천할 필요가 있다. 노동 능력이 있고 노동 의욕이 있는 사람들은 '좋은 일자리'[50]를 요구할 권리가 있다. 일자리 공급이 줄어들고 일자리를 요구하는 사람들이 많은 상황에서는 기존의 일자리를 쪼개는 방식으로 일자리를 나누는 것이 합리적이다. 그것은 노동시간 단축을 통해서 실현될 것이다. 우리나라는 OECD 국가들 가운데 노동자 1인당 노동시간이 가장 긴 나라들 가운데 하나여서 노동시간 단축을 통해 일자리를 나눌 여지가 있다.[51] 노동시간 단축은 임금 조정과 함께 이루어져야 하지만, 노동시간 단축에 따르는 비례적 임금 조정이 능사는 아니다. 노동생산성 향상과 노동시간 단축은 자본 투자의 효과인 만큼, 그 효과로 인해 적게 일한 노동자가 적은 임금을 받을 이유가 없다.

---

50 '좋은 일자리'는 노동하는 사람의 인간적이고 문화적인 욕구의 충족을 충분히 보장하는 소득, 안정된 고용관계, 인간의 존엄성과 노동권에 부합하는 노동조건들을 갖춘 일자리를 가리킨다. 이러한 '좋은 일자리'는 만인에게 보장되어야 한다. 이에 관해서는 Hartmut Meine · Uwe Stoffregen, "Wirtschaftsdemokratie als gewerkschaftliche Alternative zum Finanzmarktkapitalismus," *Mehr Wirtschaftsdemokratie wagen!* hg. von Hartmut Meine u. a. (Hamburg: VSA, 2011), 19ff.를 보라.

51 김민섭은 우리나라 노동자의 연 노동시간이 1,910시간으로 OECD 30개국의 1,646시간보다 264시간이 더 길다고 분석한다. 우리나라에서 자영업자 비중이 시간제 노동자보다 크고, OECD 국가에서 그 비중이 비슷한 것을 고려해서 노동시간을 조정하면 우리나라 노동자의 연 노동시간은 1,829시간이고 OECD 30개국의 1,648시간보다 181시간이 더 길다고 한다. 이에 관해서는 김민섭, "OECD 연간 근로시간의 국가 간 비교분석과 시사점," 「KDI FOCUS」 128(2023), 7과 [그림 4]를 보라.

직업교육과 일자리 알선은 적극적 노동시장정책의 한 축이다. '고용 없는 성장'이 가져오는 미취업 사태와 실업 사태는 사회 급여 지급과 같은 소극적 노동시장정책을 통해서는 장기적으로 해결하기 어렵다. 제4차 산업혁명과 자동화가 빠른 속도로 전개하는 상황에서는 사라지는 일자리와 새로 생성되는 일자리를 고려하면서 새로운 직무 능력 습득을 중심으로 직업교육을 체계적으로 시행하고, 일할 능력을 갖추고 일할 의사가 있는 사람에게 일자리를 알선하는 것이 중요하다. 새로운 직무 능력을 습득하는 데 들어가는 비용과 직업교육을 받을 동안의 생계비는 국가가 지급하여야 할 것이다. 우리나라에는 그러한 직업교육 제도가 아직 구축되어 있지 않다.

노동시장정책의 또 다른 핵심 목표는 노동시장 분단을 극복하는 것이다. 우리나라 노동시장은 노동계약 체결 방식의 차이, 성차별, 인종차별 등으로 인하여 심각하게 분단되어 있다. 비정규직 노동자가 노동인구의 50%가량에 이르고, 여성 노동자가 남성 노동자 임금의 평균

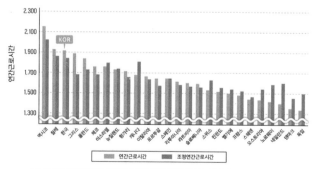

취업형태 구성을 조정한 연간 근로시간(2021년 기준)

주: 조정 연간 근로 시간은 국가 간 자영업자 및 시간제 근로자 비중을 평균 수준으로 동일하게 조정하였을 때의 연간 근로시간임. 최근 연도인 2021년 자료가 가용하지 않은 국가들은 그림에서 제외함.
자료: OECD Stat, 2010~21(검색일: 2023. 6. 5)

67%가량을 받고, 외국인 노동자가 비정상적인 노동 허가제와 인종차별에 노출되는 것이 노동시장 분단의 현주소다. 노동시장 분단은 자본의 이익을 극대화하기 위한 전략이고, 필연적으로 노동자들이 굴욕과 비참을 느끼게 하고, 노동자들의 연대와 단결을 해치고, 마침내 노동과 자본의 사회적 협력관계를 파괴한다. 우리 사회에서 노동시장 분단은 동일노동 동일임금의 원칙 혹은 더 전문적으로는 동일 직무 동일 임금의 원칙에 따라 해체되어야 할 장벽이다. 노동자 개인의 사정에 따라 비정규직 노동을 택한다고 해서 임금 차별과 사회 급여 수급 차별을 받을 까닭이 어디 있는가?

오늘의 대량 실업과 미취업 사태를 해결하기 위해서는 공공부문에서 일자리를 제공하는 것도 필요하다. 노동시장에서 일자리가 사라지는 현상은 제4차 산업혁명과 자동화로 인해 노동생산성이 크게 향상되어 나타난 것이기에 일자리 고갈 문제를 노동시장만을 통해서는 해결하기 어렵다. 그러한 문제를 해결하기 위해서는 정부가 나서야 한다. 정부는 대량 실업과 미취업 사태에 대응하기 위해 공공 서비스 공급을 확대하여 일자리를 창출하는 것이 바람직하다. 만일 오늘의 구조적 실업 문제를 해결하기 위해 정부가 좀 더 적극적인 역할을 하고자 한다면 정부는 교육, 보건, 돌봄, 생태계 보전 분야에서 정부의 투자를 늘리고 교육 서비스, 보건 서비스, 돌봄 서비스, 생태계의 안정성과 건강성을 보전하기 위한 공공 서비스 등을 획기적으로 확충하는 장기적인 공공 서비스 사업을 기획할 필요가 있다. 그렇다고 해서 정부가 '최종적인 고용 보장자'[52]가 되어야 한다는 것은 다소 과도한 요구인 듯하다. 인공지

---

52 정부가 '최종적인 고용 보장자'의 역할을 맡아야 한다는 주장에 관해서는 파블리나 R. 체르네바/전용복 옮김, 『일자리보장: 지속가능한 사회를 위한 제안』 (서울: 진인진, 2021), 21f.를 보라.

능과 자동화의 확산에 따라 구조적 실업이 심화하는 상황에서 정부의 공공 일자리 공급이 경기 불황과 호황에 대응하는 자동안정화 장치의 기능을 발휘해야 한다고 요구하는 것은 무리일 것이다.

위에서 말한 바를 정리하면, 거시경제 계획은 자본의 투자가 큰 규모로 이루어져서 노동생산성이 고도화되는 상황에서 일자리 고갈에 대응해서 네 가지 정책을 담아야 한다. 첫째는 노동시간 단축 및 일자리 나누기정책과 그것에 연계된 임금 조정정책을 수립하는 것이다. 거시경제 계획의 틀에서는 노동시간의 길이와 상관없이 노동의 이해관계(임금)와 자본의 이해관계(투자)를 조율하여 생산과 소비의 거시균형에 이바지하는 임금정책을 수립하는 것이 핵심이다. 둘째는 적극적 노동시장정책의 틀에서 정부가 재정적 책임을 지는 직업교육제도를 구축하고 일자리 알선과 연계하는 것이다. 셋째는 '동일노동 동일임금'의 원칙 혹은 더 전문적으로는 '동일직무 동일임금'의 원칙에 따라 노동시장 분단을 해소하는 것이다. 넷째는 공공 서비스 공급을 확대하기 위해 공공 일자리 공급을 늘리고, 이를 위한 투자를 확대하는 것이다.

3.2.2.6. 기본소득정책

거시경제 계획이 망라하는 노동시간정책과 일자리 나누기정책, 노동시간 단축에 따른 임금 조정정책, 직업교육과 일자리 알선정책, 공공부문 일자리 공급정책 등은 매우 강력한 내용을 담고 있으나, 시장과 국가가 제4차 산업혁명과 자동화로 인해 침식되는 일자리와 임금 소득 문제를 완벽하게 해결하기는 어렵다. 시장과 국가가 제공하는 일자리보다 제4차 산업혁명과 자동화로 인해 사라지는 일자리가 더 많으리라고 예상되기 때문이다. 그렇다면 노동 업적과 소득을 연계하는 노동사

회의 원칙, 노동의 의무와 복지 수급의 권리를 결합하는 노동연계복지
(workfare)의 원칙 등은 더는 작동할 수 없을 것이다. 일자리가 없는데
도 일자리를 가져야 소득 기회와 복지 수급 기회를 주겠다는 것은 억지
주장에 지나지 않을 것이기 때문이다.

그런 상황에 대응하기 위해서는 거시경제 계획에 기본소득정책을
담을 필요가 있다. 기본소득은 중앙 정부나 지방 정부 같은 정치 공동체
가 그 공동체에 속한 모든 구성원에게 고용, 소득, 재산 등을 따지지 않
고 무조건 개인별로 현금으로 지급하는 급여이다.[53] 기본소득을 주장
하는 사람들은 기본소득정책을 집행하는 데 엄청난 규모의 재원이 필
요하기에 기본소득의 급여 수준을 낮게 책정하는 경향이 있지만, 그것
은 타당하지 않다. 그렇게 판단하는 이유는 두 가지다. 첫째, 기본소득
이 일자리 고갈 사태에 대응하는 정책이라면, 기본소득의 급여 수준은
일자리가 없어서 소득이 없는 사람에게 인간의 존엄성을 유지하며 살
아가는 데 충분한 정도가 되어야 한다. 둘째, 기본소득은 국민소득의
분배 차원에서는 소비에 돌아갈 몫의 한 부분이기에 그 재원을 굳이 적
게 설정할 까닭이 없다. 논리적으로 기본소득은 국민소득에서 소비로
돌아갈 몫을 노동소득과 기본소득으로 나눔으로써 확보된다. 만일 자
본소득과 자본이득 가운데 생산적으로 투자되지 않는 부분을 기본소득
의 기금으로 모은다면, 기본소득은 더 많이 지급될 수 있을 것이다. 노
동소득과 기본소득의 비율을 어떻게 하는 것이 적절한가는 사회적 합
의에 맡길 문제이다.

국민소득의 분배 차원에서 기본소득정책을 수립하는 일에 관해서는

---

53 기본소득에 대해서는 강원돈, "기본소득 구상의 기독교윤리적 평가," 「신학사상」 150(2010):
    177-215를 보라.

본서 제VII부에서 상세하게 논할 것이다.

3.2.2.7. 재정과 금융의 민주적 통제

거시경제 계획은 국민경제 운영에서 매우 큰 역할을 하는 정부 재정과 은행 금융을 규율하는 원칙과 지침을 담아야 한다. 나라에 따라 그 규모가 다르지만, 정부는 국민소득의 3분지 1에서 2분지 1에 달하는 엄청난 재원을 지출하여 투자와 소비에 결정적인 영향을 미친다. 상업은행은 경제 활동에 필요한 화폐를 창조하고 파괴하는 역할을 하고, 중앙은행은 상업은행의 지급을 보장하는 '최종 대부자'로서 기능을 수행한다. 여기까지는 누구나 알고 있고 당연하다고 여기는 내용이다. 그러나 위에서 말한 내용에서 당연한 것도 없고 자명한 것도 없다.

금융화의 첫 시작은 재정정책과 화폐정책을 분리하는 것이었고, 정부의 규율로부터 금융시장을 자유화하는 것이었다. 중앙은행이 독립하면서 정부는 화폐 발행자의 지위를 상실하거나 상실의 위협에 노출되고, 상업은행과 투자은행의 분리, 자본 해외 거래의 통제 등을 핵심으로 하는 '관리된 금융제도'는 해체되었다. 그러한 변화된 조건 아래에서 화폐자본은 굴레를 벗은 채 자유롭게 움직이며 이익을 추구했다. 생산과 소비를 중심으로 하는 실물경제에서 이탈한 화폐자본은 기업과 가계를 지배하고 수탈하는 것은 물론이고, 정부의 채권 발행에 관여하면서 정부를 화폐자본의 권력 아래 종속시킬 정도가 되었다. 화폐 발행자의 지위에서 화폐 사용자의 지위로 격하되거나 격하되다시피 한 정부는 세수에 세출을 긴박하고 재정적자를 줄여야 한다는 재정건전성 압력 아래 놓였다. 반면에 상업은행은 실질적인 화폐 발행자로서 화폐의 창조와 파괴를 통해 엄청난 시뇨리지를 챙기고, 그림자금융에 화폐를 공급하고 거기서 발생하는 이익과 손실을 공유한다. 이 모든 일은 금융화 과정에서 마치 정상적인 것처럼 여겨지게 되었지만, 어느 것 하나 당연한 것이 아니다.

화폐자본의 이익을 극대화하는 방식으로 운영되는 은행 금융을 그대로 내버려 둔다면, 생산과 소비의 거시균형을 핵심 목표로 삼는 거시경제 계획은 아무 쓸모가 없을 것이다. 화폐자본이 생산자본과 가계소득을 수탈하고 '이자 낳는 자본'을 늘리는 데 집중한다면, 생산과 소비의 거시균형도, 성장과 복지의 조화도 이룰 수 없다. 정부의 공공정책 수립과 집행도 화폐자본의 권력 아래서 제약된다. 따라서 은행제도와 금융제도를 개혁하고 화폐자본을 생산자와 소비자와 정부의 민주적 통제 아래 두는 것은 거시경제 운영에서 매우 중요한 과제가 된다. 그러한 민주적 통제의 구심점은 경제민주주의위원회다.

정부의 재정정책과 그 집행도 민주적으로 통제되어야 한다. 정부 재정은 공공정책을 위한 재원이고, 공공정책의 수립과 집행은 그 정책의 영향 아래 있는 계급과 계층의 권익에 결정적인 영향을 미친다. 따라서 공공정책과 이를 뒷받침하는 재정정책의 수립과 그 집행에 이르기까지 모든 과정은 여러 계급과 계층을 대표하는 사람들이 참여하는 위원회에서 숙의하고 통제하는 방식으로 진행되는 것이 마땅하다. 따라서 정부의 공공정책과 재정정책은 경제민주주의위원회의에서 결정되어야 한다.

재정과 금융의 민주화는 전문적인 논의가 필요한 매우 복잡한 사안이다. 금융의 민주화는 지구적 차원에서 진행되는 금융화의 대안을 모색하는 일과 결합해 있다. 이에 관해서는 본서 제VIII부와 제X부에서 상세하게 논할 것이다.

4. 소결

5장에서 필자는 사회적 경제민주주의의 관점에서 국민경제를 규율하는 방식과 그 이치를 탐구했고, 아래와 같은 핵심 주장을 펼쳤다.

첫째, 사회적 경제민주주의는 사회적 조합주의와 유사한 점도 있지만, 몇 가지 점에서 크게 다르다. 사회적 조합주의의 역사와 경험에 대한 성찰은 사회적 경제민주주의의 원칙과 지향을 뚜렷이 각인하도록 돕는다.

사회적 조합주의는 역사적으로 국가조합주의를 탈피하려는 시도였고, 노동과 자본의 사회적 합의를 중시했다. 사회적 조합주의는 노동과 자본 그리고 정부의 대표로 구성되는 노사정위원회로 제도화된다. 사회적 조합주의는 유럽 여러 나라에서 케인즈주의적 계급 타협에 바탕을 둔 사민주의적 유형으로 나타났다가 지구화가 경제 운영에 강한 충격을 가했던 1980년대 초 이후로는 노동시장 유연화와 고용보장을 서로 교환하는 신자유주의적 유형으로 나타났고, 남아프리카공화국, 브라질, 한국 등과 같은 비유럽 국가들에서는 경제민주주의에 가까운 유형으로부터 신자유주의 유형에 이르기까지 다양한 모습을 보였다. 사회적 조합주의는 전쟁, 경제위기, 전면적인 경제 구조조정 등에 대응하기 위해 일시적으로 운영되는 경향이 있었다. 사회적 조합주의가 성공하기 위해서는 사회단체들의 전국적 조직, 사회단체들의 정상 기구가 갖는 조직 장악력과 의사 관철 능력, 사회단체들에 대한 국가의 승인 등의 구조적 요건이 충족되어야 하고, 사회단체들의 합의가 정책 협력의 형태를 취하는 만큼 사회단체들이 냉정한 손익 계산에 따라 전략적 선택을 할 역량을 갖추어야 한다. 사회적 조합주의의 성공 요인은 사회적 경제민주주의를 실현하기 위한 최소한의 조건이다.

사회적 경제민주주의는 사회적 조합주의와 마찬가지로 사회적 합의를 중시하지만, 그것은 단순한 계급 타협과 계급 협력에 바탕을 둔 것이 아니다. 사회적 경제민주주의는 자본 '독재'의 해체, 노동자 자주성의 실현, 인간의 존엄성 보장 등을 강조한다는 점에서 뚜렷한 반자본주의적 성격을 띤다. 사회적 경제민주주의는 사회적 조합주의가 대응적 기구를 조직하는 데 반해 높은 수준의 제도화를 추구한다. 사회적 경제민주주의는 국민경제 수준의 소득분배에 근거하여 거시경제 계획을 수립하는 것을 중시하기에 장기적인 관점에서 일관성 있게 국민경제를 규율할 수 있는 기구가 필요하다. 그 기구는 노동권과 소유권의 상호 불가침성과 상호 제한성을 인정하는 헌법 규범에 바탕을 두고 항구적인 헌법 기구의 위상을 갖는 것이 바람직하다.

둘째, 국민경제의 규율은 생산과 소비의 거시균형, 성장과 복지의 조화, 내수와 수출의 균형, 지역 균형 발전, 물가안정 등과 같은 경제적인 사안에 관련되는 데 그치지 않고 생태계의 안정성과 건강성을 보전하는 과제와도 맞물려 있다. 그것은 국민경제가 생태계와 경제계의 에너지-물질 순환에서 큰 규모의 경제 단위를 이루고, 그 안에서 생산과 소비가 순환을 이루는 시스템으로 구성되어 있기 때문이다. 그러한 생태학적 경제학의 관점에서 볼 때 국민경제는 사회적 경제민주주의와 생태학적 경제민주주의를 통합하는 사회적이고 생태학적 경제민주주의의 원칙에 따라 규율되어야 한다. 그러한 규율을 책임지는 기구를 사회적이고 생태학적인 경제민주주의위원회(이하, 경제민주주의위원회)로 부르기로 한다.

경제민주주의위원회는 사회적 경제민주주의 기구와 생태학적 경제민주주의 기구를 두 개의 중심으로 갖는 타원형 구조를 이룬다. 경제 활동의 생태학적 제약을 염두에 둔다면 경제민주주의위원회의 의사결정은 먼저 생태학적 경제민주주의 기구에서 의사결정을 하고 나서, 그다음에 사회적 경제민주주의 기구가 의사결정을 하는 순서로 나아가야 한다. 그러한 의사결정의 순서는 사전의 순서처럼 반드시 준수되어야 한다.

셋째, 경제민주주의위원회의 한 축인 사회적 경제민주주의 기구는 1심 위원회와 2심 위원회의 이원 구조를 이룬다. 1심 위원회는 노동과 자본의 사회적 합의에 따라 소득분배와 거시경제 계획을 수립한다. 2심 위원회는 생산과 소비의 거시균형, 성장과 복지의 조화, 지역 균형 발전, 물가안정 등의 기준에 따라 1심의 결정을 심의하고 인준한다. 1심 위원회와 2심 위원회는 그 과제를 수행하도록 최적으로 구성되고 운영되어야 한다.

넷째, 생태학적 경제민주주의 기구와 마찬가지로 사회적 경제민주주의 기구 역시 헌법 기구의 위상을 갖는 것이 이상적이다. 그것은 두 기구를 아우르는 경제민주주의위원회도 마찬가지이다. 중요한 것은 경제민주주의위원회와 두 기구의 조직과 운영에 관련된 법률이 입법부 재적의원의 3분지 2의 동의 없이는 개정될 수 없도록 규정하는 것이다. 아울러 경제민주주의위원회와 두 기구가 국민경제의 조율과 거시경제 계획에 관해 사회적으로 합의한 사항은 입법의 전제 조건에 그치지 않고 입법의 길을 가야 한다.

다섯째, 경제민주주의의 관점에서 국민경제를 규율하는 핵심 사안은 소득분배와 거시경제 계획에 관한 사회적 합의를 이루는 것이다. 소득분배는 국민소득을 노동과 자본에 배분하는 과정이고, 생산과 소비의 거시균형에 결정적인 영향을 미친다. 거시경제 계획은 생산과 소비의 거시균형을 유지하는 가운데 내수와 수출, 성장과 복지, 지역 균형 발전, 물가안정, 생태계 보전 등을 목표로 거시경제를 운영하는 방침을 정하는 것이다. 따라서 거시경제 계획의 출발점은 소득분배정책이다.

여섯째, 소득분배는 소득재분배와 구별되는 개념이다. 소득재분배는 시장을 통한 소득분배를 전제하고, 정부가 조세정책, 재정정책, 사회정책, 복지정책 등을 결합하여 소득분배의 경사를 차후에 교정하는 과정이다. 경제민주주의 핵심 문제는 소득재분배가 아니라 소득분배다. 자본주의체제에서 소득분배는 자본의 노동 포섭으로 인해 근본적으로 왜곡되었다. 따라서 경제민주주의는 자본주의 경제에서 잉여가치의 귀속과 배분을 결정해 왔던 자본의 독재를 해체해야 비로소 소득분배를 본격적으로 논의할 수 있다는 데서 출발한다. 소득분배 이론의 단서는 일찍이 마르크스가 제시한 자본의 재생산 도식에서 찾을 수 있다.

마르크스는 생산된 상품이 유통을 통해 남김없이 판매되어야 생산에 투입된 자본이 회수되어 다시 생산에 투입될 수 있다고 생각했다. 그는 상품의 생산을 자본재 생산과 소비재 생산으로 구분하고, 각각의 생산 부문에 투입되는 불변자본과 가변자본 그리고 잉여가치의 투입량을 고려하여 자본의 재생산 도식을 만들었다. 마르크스가 자본의 단순재생산 도식에서 얻은 $C2=V1$의 등식은 생산에 투입되는 불변자본과 가변자본의 비율이 적절해야 생산과 소비의 균형 조건이 마련되어 자본이 재생산될 수 있다는 것을 뜻한다. 마르크스의 자본의 확대재생산 도식에서 확인되는 $V1+mV1+mR1=C2+mC2$의 등식은 잉여가치가 생산적 투자와 비생산적 지출로 적절하게 배분되지 않으면 자본의 재생산을 위한 거시균형 조건이 충족될 수 없다는 것을 가르친다.

일곱째, 오타 씨크는 마르크스의 자본의 재생산 도식을 국가가 경제에 개입하고 경제적 행위를 하는 현대 자본주의 경제에 적용했다. 그는 오늘의 시장경제에서처럼 기업이 엄청난 잉여가치를 축적하고 대규모로 생산적 투자에 나서고 있는 상황에서 국가가 생산적 투자에 나설 필요가 없다고 전제하고서 마르크스의 자본의 확대재생산 도식을 해석해서 다음과 같은 결론에 이르렀다.

> 거시생산구조와 거시소득분배 사이에 객관적인 연관이 있다는 것과 거시소득분배 안에서 잉여가치가 X(소비)와 S(저축)로 나누어진다는 것은 논란의 여지가 없다. 그리고 (잉여가치의 적정 배분에) 필요한 비율을 지키지 않는 데서, 특히 결정적인 거시균형 조건, 곧 V1+X1=C2+J2를 지키지 않는 데서 끊임없이 등장하는 시장 교란의 고유한 원인을 찾을 수 있다.[54]

여덟째, 잉여가치의 귀속과 배분은 노동과 자본의 이해관계가 첨예하게 충돌하는 영역이고, 자본주의의 근본 모순이 드러나는 자리다. 그러한 대립과 모순 가운데서 잉여가치를 투자와 소비로 적절하게 배분하기 위해서는 노동과 자본의 기능적 합의를 핵심으로 하는 사회적 합의가 필요하다. 자본의 핵심 기능은 투자를 위해 자본을 축적하는 것이고, 그 기능은 설사 노동이 자본을 압도하는 권력을 행사하는 위치에 있더라도 인정되어야 한다.

잉여가치의 분배에 관한 노동과 자본의 기능적 합의는 잉여가치를 노동과 자본의 권력관계에 따라 배분함으로써 나타나는 경제 교란과 파국을 예방하는 데 이바지한다. 자본이 자신의 이해관계를 과도하게

---

54 O. Šik, *Der dritte Weg: Die marxistisch-leninistische Theorie und die moderne Industriegesellschaft*, 321 (괄호 안의 문구는 필자 보충).

관철하여 불변자본의 비율을 턱없이 높이게 되면 국민경제 차원에서 투자와 소비의 균형은 깨지고 말 것이고, 결국 자본 그 자체마저 재생산되지 못할 것이다. 거꾸로 노동이 자신의 이해관계를 과도하게 실현한다면 수요 인플레이션과 경기침체가 결합하는 스태그플레이션을 피할 수 없을 것이다.

그러한 두 가지 상황을 회피하는 길은 사회 세력들이 노동의 이해관계와 자본의 이해관계가 상대방의 일방적 희생을 강요하며 관철될 수 없다는 것을 인식하고, 잉여가치를 투자와 소비로 적절하게 배분하는 데 합의하여 생산과 소비의 거시균형 조건을 마련하는 것이다. 그러한 합의는 단순한 계급 타협이 아니라 잉여가치의 귀속과 분배에 관한 노동과 자본의 기능적 합의이다. 노동과 자본이 바로 그러한 기능적 합의를 사회적 합의의 형식과 내용으로 실현하는 것이 경제민주주의가 추구하는 목표들 가운데 하나이다.

아홉째, 잉여가치의 귀속과 배분과 관련해서는 두 가지를 더 고려할 필요가 있다. 1) 생태계의 안정성과 건강성의 보전은 국민경제의 필수불가결한 일부이기에 잉여가치 가운데 일부분은 생태계 보전의 몫으로 할당되어야 한다는 것이다. 생산과 소비의 거시균형은 그러한 생태계 보전의 몫을 전제하는 조건 아래에서 추구될 수 있어야 한다. 2) 잉여가치가 엄청난 규모로 발생하고 민간 부문의 이윤율이 높은 현대 시장경제에서는 민간 부문이 이윤율만큼 투자하기보다는 국가가 잉여가치의 상당 부분을 퍼내어 공공정책에 투입하는 것이 바람직하다는 것이다. 그렇게 되면 공공 서비스 공급이 크게 늘고, 장기적이고 일관성 있는 공공투자가 증가할 수 있다.

열째, 앞의 8과 9에서 말한 잉여가치의 귀속과 배분에 관한 원칙을 고려해서, 경제민주주의위원회는 소득분배와 관련해서 먼저 생태학적 경제민주주의 기구를 통해 잉여가치 가운데 생태계 보전에 할당할 몫을 결정한다. 그다음에 잉여가치 가운데 국가의 공공정책에 돌아갈 몫을 결정한다. 끝으로 생태계 보전과 공공정책에 할당된 몫을 공제한 잉여가치의 나머지를 자본과 노동에 어떻게 배분할 것인가를 결정한다. 잉여가치의 사회적 배분은 생태계 보전에 할당된 잉여가치와 공공정책에 할당된 잉여가치가 각각 생산과 소비로 배분되는 비율을 전제하고 이루어져야 한다. 따라서 잉여가치의 귀속과 배분에서 여전히 가장 중요한 사안은 노동의 이해관계와 자본의 이해관계를 조율해서 생산과 소비가 거시균형을 이루는 잉여가치의 배분 비율에 관한 노동과 자본의 기능적 합의를 체결하는 것이다.

열한째, 거시경제 차원에서 소득분배정책에 관한 사회적 합의가 이루어지면 경제성장의 속도가 결정되고, 생태계 보전과 경제발전의 조화, 생산과 소비의 균형, 성장과 복지의 조화, 내수와 수출의 균형, 지역균형 발전, 물가안정 등과 같은 거시경제 운영 목표를 설정하고, 거시경제 운영 계획을 수립할 수 있다. 그러한 거시경제 계획을 수립하는 책무는 경제민주주의위원회가 맡는다. 그것은 소득분배정책과 마찬가지로 거시경제 계획도 사회적 합의의 대상이 되어야 하기 때문이다.

열두째, 거시경제 계획은 그 성격과 실행 방식에 관해 몇 가지 설명할 필요가 있는 개념이다. 경제민주주의의 관점에서 수립되는 거시경제 계획은 시장경제체제의 조직 원리와 운영 원리에 충실하다는 점에서 중앙관리경제의 경제계획과는 근본적으로 다르다. 거시경제 계획은 자본주의의 동학을 제어하는 방식으로 시장에 개입하기에 전통적인 국가개입주의에서 나타나는 계획보다 훨씬 더 철저한 성격을 띨 것이지만, 그 계획은 명령경제 방식으로 관철되지 않는다. 거시경제 계획은 시장 주체들의 탈중앙화되고 분산된 계획을 뒷받침하는 권고 지침의 성격을 띤다.

거시경제 계획은 우리나라에서 국가 주도적 경제발전을 뒷받침했던 경제개발5개년계획을 비판적으로 넘어서야 한다. 따라서 거시경제 계획은 그 계획의 실행에 이해관계를 갖는 당사자들의 민주적 합의에 바탕을 두고 수립되어야 하고, 생산과 소비의 거시균형, 성장과 복지의 조화, 내수와 수출의 균형, 생태계 보전 등을 실현하는 최적의 조건을 제시하되, 시장의 자율성을 촉진해야 한다.

열셋째, 거시경제 계획은 장기적인 관점에서 일관성 있게 국민경제를 규율하는 데 필요한 목표와 과제를 설정하는 측면과 우리나라 사회와 경제가 직면한 도전과 문제를 해결하는 데 초점을 맞추는 측면이 있다.

거시경제 계획의 항구적인 목표와 과제는 1) 생태계를 보전하면서 경제발전을 추구하기 위해 국민경제를 생태학적으로 재구성하는 방안을 제시하는 것, 2) 생산과 소비, 성장과 복지, 내수와 수출의 균형을 체계적으로 유지하는 것, 3) 국가가 공공정책을 펼쳐서 공공 서비스 공급과 공공투자를 펼치는 것, 4) 정부의 화폐 발행자 지위를 회복해서 재정과 금융을 민주적으로 통제하는 것이다. 특히 생산과 소비의 거시균형, 성장과 복지의 조화, 내수와 수출의 균형은 서로 유기적으로 연관되어 있기에 거시경제 계획은 이 셋을 따로따로 규율하지 않고 종합적으로 규율하는 방안을 찾아야 한다.

열넷째, 거시경제 계획은 우리 시대의 사회경제적 도전을 식별하고 그에 대응하기 위한 정책을 장기적인 관점에서 일관성 있는 논리에 따라 수립해야 한다. 제4차 산업혁명과 자동화의 도전, 금융화 과정에서 구조적으로 진행되는 지대추구 행위의 문제 등은 우리 시대의 가장 큰 도전일 것이다. 제4차 산업혁명과 자동화가 가져오는 대량 실업, 미취업, 비정규직 확산 등에 대응해서 노동시장정책과 공공부문 일자리 공급정책을 중심으로 거시경제 계획을 마련해야겠지만, 노동 기회가 극적으로 줄어드는 상황에 대응해서 노동 업적과 소득을 연계하는 노동 사회를 해체하고 누구나 인간의 존엄성을 누리며 살아가는 데 필요한 기본소득을 보장하는 정책을 거시경제 계획에 담는 것도 중요하다. 거시경제 계획이 지대추구 행위를 억제해서 소득 불평등을 획기적으로 해소하는 정책을 명시하는 것은 지극히 당연하다.

맺음말

제V부에서 필자는 사회적 경제민주주의의 관점에서 시장경제를 규율하는 방안을 제시하고자 했다. 그것은 작업장, 사업장과 기업, 산업부문, 국민경제 차원에서 자본의 독재를 해체하고 노동과 자본의 민주적 관계를 실현하는 구체적인 방안을 제시하는 일이다.

제V부는 다섯 장으로 이루어졌다. 각 장에서 논의한 내용은 각 장의 소결에서 비교적 상세하게 요약했으므로 여기서는 그 내용을 일별하는 정도로 최대한 간략하게 정리한다. 1장에서는 사회적 경제민주주의의 실현 조건을 두 가지로 논했다. 하나는 노동권과 소유권의 상호 불가침성과 상호 제한성을 인정하는 헌법 규범을 확립하는 것이고, 다른 하나는 노동의 권력이 자본의 권력을 압도하거나 최소한 두 권력이 균형을 이루는 것이다.

2장에서는 자본의 독재가 업무 지시권과 노무감독권으로 관철되는 작업장을 민주화하고 인간화하는 방안을 제시하고자 했다. 그 방안은 포드주의적 노동체제, 포스트-포드주의적 노동체제, 인공지능과 자동화가 실행되는 노동체제에서 각기 다르게 모색되어야 한다. 그 핵심은 노동자가 그 어떤 노동체제에서든 존엄한 인간으로서 자주적이고 주체적으로 일할 수 있어야 한다는 것이다.

3장에서는 사업장과 기업 차원에서 노동과 자본의 공동결정을 제도화하는 방안을 다루었다. 노동권과 소유권의 상호 불가침성과 상호 제한성을 노동조건에 관한 노동과 자본의 공동결정과 관련하여 정교하게 설계하는 작업을 하기 위해 세계에서 가장 탁월한 모범을 보였다고 평가되는 독일의 노사결정제도를 분석·평가하고, 우리나라에서 이루어진 노동의 경영참가와 노사협력에 관한 논의와 그 법제화를 분석하고 평가했다. 사회적 경제민주주의의 관점에서 제안되는 노사 공동결정제도의 핵심은 노동과 자본의 사회적 파트너 관계를 확립하고 경영에 대한 노동의 실질적 감독과 통제를 실현하는 것이다. 그것은 기업의 사회정책에 관한 노동과 자본의 완전한 공동결정, 인사정책에 관한 공동관여, 경제정책에 관한 사전 동의와 사회계획에 관한 공동결정으로 실현될 것이다.

4장에서는 산업 부문에서 사회적 경제민주주의를 실현하는 방안을 다루었다. 그 핵심은 이해관계를 놓고 첨예하게 대립하는 노동과 자본의 계급투쟁을 제도적으로 전개하는 산별교섭제도이다. 노동자들은 산별 노동조합을 통해 자본의 권력에 맞서거나 자본의 권력을 압도할 수 있을 때 비로소 장기적인 관점에서 일관성 있게 노동조건에 관한 협상을 이끌어갈 수 있다.

5장은 사회적 경제민주주의의 관점에서 국민경제를 규율하는 방안을 다루었다. 국민경제를 규율하는 방식에서 사회적 경제민주주의는 사회적 조합주의의 실현 조건을 최소한의 필수조건으로 삼지만, 국민경제를 규율하는 규율 기구의 구성과 규율 방식에서 사회적 조합주의와 다르다. 국민경제는 생태계와 경제계의 에너지-물질 순환 과정에서 매우 큰 경제 단위를 이루고, 국민경제의 규율이 노동과 자본의 사회적 관계뿐만 아니라 생태계에 미치는 영향이 엄청나기에 국민경제의 규율에서는 사회적 경제민주주의와 생태학적 경제민주주의를 통합해서 경제민주주의 기구를 구성하고, 그 기구를 중심으로 국민경제를 규율하는 방안을 모색하여야 한다. 사회적 경제민주주의의 관점에서 국민경제를 규율하는 핵심 과제는 생산과 소비의 거시균형 조건을 결정하는 소득분배에 관한 노동과 자본의 사회적 합의와 그러한 사회적 소득분배에 바탕을 둔 거시경제 계획이다. 소득분배의 이론적 근거는 마르크스가 제시한 자본의 재생산 도식과 그 도식에 대한 오타 씨크의 해석이다. 거시경제 계획은 장기적인 관점에서 일관성 있게 국민경제를 규율하는 정책 조합으로 나타난다. 생태계 보전과 경제발전의 균형, 성장의 속도 조절, 성장과 복지의 조화, 내수와 수출의 균형, 물가안정, 재정과 금융의 민주적 통제 등은 거시경제 계획의 핵심 부분이고, 경제의 금융화에 편승한 지대추구 경제의 억제정책, 제4차 산업혁명과 일자리 소멸에 대응하는 정부의 공공투자 확대와 기본소득정책 등은 거시경제 계획의 주요 부분이 될 것이다.

제V부에서는 지대추구 경제의 억제, 기본소득정책, 재정과 금융의 민주적 통제 등은 자세하게 다루지 않고 주제별로 부(部)를 달리해서 상세하게 논하리라고 밝혔다. 다음 제VI부에서는 부동산 투기 억제에 초점을 맞추어 지대추구 경제의 억제 방안을 다룬다. 제VII부에서는 기본소득정책을 제시하고, 제VIII부에서는 재정과 금융의 민주적 통제 방안을 논한다.

제VI부

토지공개념과 지대공유경제

1장 한국 사회에서 부동산 소유의 불평등

2장 부동산 불로소득의 문제

3장 성서의 희년 정신과 토지공개념

4장 토지공개념 3법을 통한 부동산 불로소득의 환수 실험

5장 부동산 불로소득의 환수와 균분(均分)

6장 공공주택 공급을 통한 주거 안정과 복지의 실현

머리말

시장경제의 사회적 규율에서 지대추구 행위의 억제는 거시경제 계획의 한 축을 이루는 공공정책의 핵심 과제다. 우리나라에서 지대추구 행위는 주로 부동산 투기와 부동산 불로소득의 획득으로 나타나고 있다. 부동산 불로소득은 기생적 성격과 수탈적 성격을 띠고 있기에 많은 사람에게서 삶의 기회를 빼앗고 국민경제의 건전한 발전을 가로막는다. 이 문제를 어떻게 해결해야 할까?

누구나 잘 알다시피 땅과 토지는 사람들이 주거생활을 펼치고 경제활동을 꾸리는 데 없어서는 안 되는 재화다. 땅과 토지는 주거지와 도시 지역, 상업지역, 공장용지, 공원, 농경지, 축산 단지, 임업 단지, 도로, 철도, 항만, 비행장 등의 용도로 경제적으로 활용되고, 습지, 하천유역, 연안 갯벌 등 보유지로 관리된다. 땅과 토지는 공급이 제한된 재화여서 경합성을 띠는 경우가 흔하다.

땅과 토지에 대한 소유권이 확립되면 땅과 토지는 '부동산'이라는 이름을 갖는다. 하늘 아래 펼쳐진 땅과 토지를 바라보고 감상할 때 그 땅과 토지를 부동산이라고 지칭하지는 않는다. 땅과 토지에 대한 소유권을 확립하고 그것을 등기부에 기록하면 그 땅과 토지는 '자연'과는 전혀 다른 성질을 갖는다. 땅과 토지의 소유권은 땅과 토지의 사용권, 수익권, 처분권을 통합하는 권한이고, 바로 그 권한이 부동산에서 발생하는 지대 수익과 자본이득의 원천이 되고, 부동산소유자가 부동산 소득을 독차지하도록 하는 제도적 바탕이 된다.

부동산은 단지 땅과 토지의 소유권을 지칭하는 데 그치지 않고 땅 위에 세워진 건축물과 시설들을 포함하는 개념으로도 쓰인다. 예를 들면 주택과 택지는 모두 부동산으로 불리고, 국가 등기부도 그러한 부동산 개념을 전제한다. 땅과 토지 위에 세워진 건물과 시설물의 소유권이 명확하게 확립되면 그 부동산의 소유자는 그 부동산의 사용과 수익과 처분의 전권을 주장할 수 있다.

오늘 한국 사회에서 부동산은 심각한 사회 문제의 핵심을 이루고 있다. 그것은 부동산이 소득 양극화를 악화시키고 사회적 불평등을 심화하는 결정적인 요인이 되었기 때문이다. 부동산에서 발생하는 지대와 자본이득이 엄청나게 크다 보니 부동산은 투기의 대상이 되었다. 부동산 소득의 천문학적 규모로 인해 자본소득이 노동소득을 크게 앞서다 보니 자본수익률이 경제성장률을 크게 넘어서게 되었다. 부동산 증여나 상속을 통해 이루어지는 부의 세습은 계급사회를 공고하게 구축하는 데 크게 이바지했다. 토마 피케티가 언급한 세습 자본주의 사회가 우리 사회에 자리를 잡았다고 말할 정도가 된 것이다.[1] 지난 몇십 년 동안 한국 사회가 세습적 계급사회가 된 것은 영국, 프랑스, 독일 등과 같이 토지 귀족과 그 후예들이 수 세기에 걸쳐 부동산 세습사회를 유지한 것과 비교하면 매우 특이한 사례다. 그만큼 한국 사회에서 부동산 소득이 가져온 사회적 불평등은 매우 심각하다.

부동산 소유의 불평등과 부동산 소득의 편중 그리고 그 결과인 심각한 자산 격차는 한국 사회의 질곡이 되었다. 그 질곡에서 벗어나지 않고서는 한국 사회의 진보와 미래를 말할 수 없게 되었다. 한국 사회의 핵

---

1 토마 피케티/장경덕 외 옮김, 『21세기 자본』(파주: 글항아리, 2014), 292ff.

심 문제로 떠오른 부동산 문제를 정의롭게 해결하는 방안을 찾는 것은 우리 시대의 큰 과제가 되었고, 경제윤리와 공공정책의 최우선 과제가 되었다.

그 과제를 수행하기 위해 필자는 먼저 한국 사회에서 부동산 소유의 불평등과 부동산 소득의 규모를 분석하고 부동산 소득을 불로소득으로 규정하는 까닭을 밝힌다. 그다음에 성서의 희년 사상에 나타난 토지공개념을 바탕에 두고 땅과 토지의 소유권을 개혁하는 방안을 제시한다. 끝으로 토지공개념에 근거해서 지대공유제도를 설계하고 주거 안정과 복지를 높은 수준에서 보장하는 부동산정책의 원칙을 제시한다.

1장
한국 사회에서 부동산 소유의 불평등

우리나라에서 사회적 불평등은 매우 심각하다. 그것은 '피케티 지수'[1]가 계속 상승하는 데서 분명히 확인된다. 피케티 지수는 2017년 7.9, 2018년 8.1, 2019년 8.6으로 올랐다. 우리나라의 피케티 지수는 선진국 가운데 가장 높다. 선진국의 피케티 지수를 보면, 2019년 현재 독일이 4.4였고, 미국 4.8, 프랑스 5.9, 영국 6.0, 일본 6.1, 스페인 6.6 등이었다. 피케티 지수가 높다는 것은 한 사회에서 평균적인 소득을 올리는 사람들이 부를 축적하는 데 오랜 시간이 걸린다는 것을 뜻하고, 그만큼 불평등이 심각하다는 것을 의미한다.

사회적 불평등은 자산 불평등과 소득 불평등에서 비롯된다. 특히 부동산 소유에서 발생하는 자산소득과 자본이득은 사회적 불평등을 크게 악화시킨다. 부동산의 자산 가치 규모는 엄청나다. 명목 GDP 대비 토지자산의 비율은 2014년 현재 4.1이었다가 2019년 현재 4.6으로 증가했다.[2] 주택 자산까지 포함한다면 명목 GDP 대비 부동산 자산 비율은

---

1 피케티 지수는 국민순자산을 국민순소득으로 나눈 값이다. 토마 피케티, 『21세기 자본』, 201ff.
2 2021년 8월 4일 국회의원 용혜인 의원실이 한국은행 국민대차대조표 자료를 재구성하여 얻은 수치임.

훨씬 더 높아질 것이다.[3]

한국 사회에서 부동산 소유에서 비롯되는 자산소득과 자본이득의 규모가 크다 보니 부동산은 투기의 대상이 되었고, 부동산 불평등은 걷잡을 수 없을 만큼 악화하였다. 아래서는 이를 조금 더 자세하게 살핀다.

1. 부동산 투기

부동산 투기는 부동산이 지대추구의 원천이 되기에 발생하는 현상이다. 부동산에서 발생하는 자산소득(지대, 임대료)과 자본이득(부동산 양도소득)이 노동소득, 자본투자수익, 이자소득, 금융 투자수익 등등보다 많을 경우 부동산을 통한 지대추구 행위는 극성을 부리기 마련이다. 심지어 기업들조차 부동산 투기에 나서서 미래를 위한 투자에 써야 할 기업의 저축을 탕진한다.[4]

우리나라에서 부동산 투기는 정부 주도적 경제개발이 본격적으로 추진되던 1960년대 말부터 거세게 일어났다. 경제개발이 추진되는 곳에는 공장용지와 산업단지가 공급되고, 인구 증가에 대응해서 주택용

---

3 김용창은 통계청 자료에 근거하여 2019년 말 현재 토지자산과 건설자산이 GDP 대비 각각 4.6배 및 2.8배이고, 두 자산의 합계는 약 7.36배에 해당한다고 분석했다. 김용창, "부동산 불로소득 자본주의체제와 탈취에 바탕을 둔 축적의 특성," 『마르크스주의 연구』 18/3(2021), 56.

4 기업의 부동산 투기를 보여주는 사례들은 무수히 많지만, 가장 극적인 사례는 아마도 현대차그룹이 2014년 서울 삼성동 한국전력 부지(79,342㎡)를 경쟁입찰을 통해 10조 5천 5백억 원에 매입한 경우일 것이다. 현대자동차그룹이 써낸 입찰가격은 토지 및 건물 공시가격의 5배 이상이었고, 감정가격의 3배 이상이었다. 이 부동산의 땅값은 2021년 현재 22조 원으로 평가된다. 부동산 투기에 따른 이득이 엄청난 셈이다. 현대자동차그룹이 이 부지를 매입할 때 자동차 기술개발에 투입해야 할 자본을 부동산 투기에 쏟아붓는다는 비판이 거셌다.

지가 공급되었다. 경제개발을 뒷받침하기 위해 도로, 철도, 항만, 공항 등의 대규모 인프라도 구축되었다. 그러한 개발은 개발 지역뿐만 아니라 인근 지역의 부동산 가격을 끌어올렸다. 문제는 개발 정보를 미리 입수한 사람들이 개발 예정 지역과 개발 인근 지역에서 부동산을 매입하여 큰 이익을 거둘 수 있었다는 데 있다. 개발 정보는 경제개발과 국토개발, 도시개발과 택지개발, 사회 인프라 개발 등에 관한 정책을 수립하고 개발 계획을 세우는 관료들이 독점했다. 부동산 투기로 이익을 보려는 세력은 그러한 관료를 매수하여 개발 정보를 입수했다. 부동산 투기는 관료적 부패와 천민 자본이 결합한 부패 자본주의의 전형을 보여주었다. 그러한 부동산 투기가 일찍부터 극성을 부린 지역을 예로 들면 1970년대 초부터 한남대교 건설, 경부고속도로 건설, 도시개발 등이 집중되었던 오늘의 서울 강남을 꼽을 수 있다.

부동산 투기는 한국 사회에서 부동산 소유를 양극화시켰고, 땅과 주택의 소유를 둘러싸고 한국 사회를 지극히 불평등한 사회로 퇴행시켰다. 1948년 대한민국 정부가 수립된 직후에 토지개혁을 전면적으로 실시했을 때만 해도 우리나라는 토지 평등소유권 사회에 가까웠다. 토지개혁이 식민지 지주제를 해체하고 경자유전의 원칙에 따라 땅과 토지를 분배하고, 토지 소유 상한선을 1인당 3정보로 제한했기 때문이다. 그러나 불과 한 세대가 지나가는 사이에 한국 사회는 부동산 투기가 극성을 부리고 부동산 불평등이 극심한 사회로 바뀌었다. 부동산 투기는 토지구획사업이나 택지개발 사업이 펼쳐진다든지, 도시 재개발이나 신도시 건설이 벌어진다든지, 길이 뚫린다든지, 공단이 들어선다든지, 지하철이 개설된다든지, 그밖에 다양한 개발 호재가 나타나는 지역에 어김없이 불어닥쳤다.

서울 강남 지역처럼 투기 수익이 오랜 기간에 걸쳐 실현되어 '부동산 불패 신화'가 구축된 지역에서는 부동산을 매입하고자 하는 화폐자본이 끝없이 몰려들어 부동산 가격이 천정부지로 뛰었다. 아래 도표에서 볼 수 있듯이 1987년부터 2017년까지 서울 강남 지역 아파트 가격은 평균 16배 올랐다. 그 시기의 임금 상승률이 평균 6.7배였으니, 아파트 가격 상승률이 임금 상승률보다 2.3배가량 높았던 셈이다. 그처럼 부동산 가격이 폭등하는 상황에서 화폐자본을 움직이거나 화폐자본을 조달할 능력이 있는 사람들이 황금알을 낳는 투기를 어떻게 외면하겠는가?

1987년 이후 서울 아파트값 변화 분석[5]

자료: 노동부, 2000년도 임금실태 조사(2000년 이전)
한국노동사회연구소, 비정규직 규모와 실태(2000년 이후)
주1) 88년 노동자임금(연간 430만원, 월 36만원) = 1.0

---

5 경제정의실천연합, "1987년 이후 서울 아파트값 변화 분석," 출처: http://ccej.or.kr/30604 (2021년 6월 28일 다운로드). 도표는 1988년 노동자 임금을 기준으로 해서 노동자 임금과 아파트값을 비교한다.

부동산 투기가 집중되는 지역의 부동산 시장은 화폐자본이 더 많이 투입되면 투입될수록 더 쉽게 과열된다. 상업은행들로서는 부동산 시장이 큰 이익을 거둘 수 있는 시장이다. 은행은 부동산을 담보로 잡고 신용을 제공하여 이자를 받을 수 있고, 원리금 상환이 안 되면 담보로 잡은 부동산을 강제 처분하여 신용을 청산할 수 있으니 부동산 시장은 매우 안정적인 수익원이 된다.

2. 부동산 소유의 불평등 현황

한국 사회에서 부동산 불평등이 심각하다는 것은 통계 자료들을 통해 쉽게 파악할 수 있다. 2016년 8월 31일 김영주 의원실이 발표한 "2008년~2014년 기업과 개인의 100 분위별 부동산 소유 현황"[6]에 따르면, 개인의 토지 소유는 극심한 불평등을 보인다. 2014년 현재 면적 단위 기준으로 인구의 1%가 개인 토지의 55.2%를 차지하고 있고, 인구의 10%가 97.6%를 소유하고 있다. 평가금액으로 따지면 2014년 현재 부동산소유자 상위 10%의 부동산 소유 금액은 하위 10%의 그것에 비해 127배나 많다. 반면에 토지를 전혀 소유하지 못한 세대는 2012년 현재 40.1%에 이른다. 법인의 토지 소유는 개인의 경우보다 더 극심하다. 2014년 현재 상위 10대 기업이 면적 단위 기준으로 전체 법인 소유 토지의 35.3%를 차지하고 있고, 평가금액으로는 상위 1%의 법인이 전체 법인 소유 부동산의 76.2%를 차지하고 있다. 이러한 토지 소유 편중

---

6 2016년 8월 30일 김영주 의원은 국세청과 안전행정부로부터 제출받은 "2008년~2014년 기업과 개인의 100분위별 부동산 소유 현황"을 분석한 결과를 보도자료로 발표했다.

은 날이 갈수록 더 커지고 있다. 주택 소유 편중도 마찬가지로 심각하다. 2015년 현재 무주택가구의 비율은 44%에 이른다. 2014년 현재 주택보급률이 전국적으로 103%, 서울의 경우 97%였음을 고려하면, 다주택자들의 주택 소유가 엄청난 규모임을 짐작할 수 있다.

경제정의실천연합이 2019년 9월 24일에 발표한 "다주택자 상위 1% 주택소유 현황 발표"[7]에 따르면, 2008년부터 2018년까지 주택은 490만 채 증가했는데, 그 가운데 다주택자들이 사재기 방식으로 매입한 주택은 250만 채였으며, 그 비율은 무려 51%에 달했다. 다주택자의 소유 주택은 2008년 현재 452만 채에서 2018년 현재 700만 채로 248만 채 증가했다. 이를 조금 더 자세히 들여다보면 상위 1%에 속하는 다주택자의 주택 소유는 2008년 현재 3.5채에서 2018년 현재 7채로 두 배가 늘었고, 상위 10%의 주택 보유는 2.3채에서 3.5채로 1.5배가량 증가했다. 평가금액으로 본 집값은 2008년 현재 2,929조 원에서 2018년 현재 6,022조 원으로 2배 이상 뛰었다. 주택을 한 채라도 가진 사람들이 차지하고 있는 1인당 주택 가격은 2008년 현재 평균 2억 8천만 원에서 2018년 현재 평균 4억 6천만 원으로 1억 8천만 원 증가했다. 반면에 주택 소유 상위 1%의 집값은 같은 기간에 1인당 24억 5천만 원에서 1인당 35억 7천만 원으로 11억 2천만 원 올랐고, 상위 10%의 경우에는 1인당 10억 2천만 원에서 1인당 15억 원으로 4억 8천만 원 올랐다. 주택소유자들 사이에서도 집값 편중이 매우 심각하다는 것을 알 수 있다.

부동산 소유의 불평등은 부동산에서 발생하는 이익이 소수에게 집중되도록 만든다. 그 이익은 불로소득으로 여겨지고, 사회적 통합을 저

---

7 경제정의실천연합, [기자회견] 다주택자 상위 1% 주택소유 현황 발표 (2019.09.24.), 출처: http://ccej.or.kr/55980 (2021년 6월 28일 다운로드).

해하고 사회적 박탈감을 증폭시키는 요인으로 생각된다.

3. 부동산 불로소득의 규모

부동산에서 발생하는 소득은 지대와 임대료 같은 부동산 자산소득과 부동산 양도소득 같은 자본이득으로 구성된다. 이러한 부동산 소득은 노동소득이나 자본소득과는 달리 노동이나 경영 활동 같은 노력이 동반되지 않는 소득이어서 불로소득으로 지칭되곤 한다.[8]

우리나라 경제학계에서 부동산 불로소득의 규모를 추산하려는 노력은 1990년대 초로 거슬러 올라간다. 그것은 1980년대에 벌어진 극심한 부동산 투기 문제를 제대로 인식하려는 노력의 일환이었다. 부동산 투기에 관한 최초의 연구를 수행한 이정우는 한국 사회에서 부동산 소유가 편중되어 있고, 거기서 발생하는 자산소득 격차가 부의 불평등을 확대하며, 부동산 거래에서 '실현된 자본이득'이 소득 불평등을 크게 악화시켰다고 분석했다.[9] 그는 국토개발연구원, 경제기획원, 한국주택은행 등의 자료를 분석하여 1980년에서 1989년까지 10년 동안 토지 매매차익이 연평균 GNP의 23.6%에 달한다고 추산했고, 토지투기가 극성을 부렸던 1989년에는 GNP의 37.7%, 1990년에는 GNP의 43.4%에

---

8 물론 부동산 소득이 어떤 의미에서 불로소득인가를 규명하려면 전문적인 논의가 필요하다. 필자는 바로 다음 절에서 부동산 불로소득 개념을 논할 생각이다. 그러나 부동산 불로소득은 우리나라 학계에서 토지경제학을 연구하는 학자들에게서 널리 사용되는 관용어가 되었다. 부동산 불로소득의 경제학적 이해에 관해서는 아래의 2장을 보라.

9 이정우, "韓國의 富, 資本利得과 所得不平等," 「경제논집」 30/3(1991), 334. 그는 토지공개념위원회의 1989년 자료에 근거해서 부동산 소유 최상위 5%가 민유지의 65.2%를 점유하고 있다고 확인했다.

달했다고 추정했다.[10] 이정우의 연구는 후속 연구를 자극했는데, 그 가운데 주목되는 것은 남기업 외의 연구이다.

남기업 외는『지방세정연감』의 취득세 자료와 한국은행의 국민계정 자료를 분석하여 2007년부터 2015년까지 실현 자본이득에 순임대소득을 더한 부동산 불로소득이 GNP에서 차지하는 비율을 추산했다. 남기업 외의 분석이 의미가 있는 것은 국세청이 2007년부터 부동산 취득세 산정 기준을 실거래가로 정하므로 부동산 양도소득을 비교적 정확하게 추정할 수 있게 되었기 때문이다. 남기업 외에 따르면, GNP에서 부동산 불로소득이 차지하는 비율은 2007년 26.8%, 2009년 24.0%, 2009년 27.8%, 2010년 26.3%, 2011년 24.4%, 2012년 23.1%, 2013년 22.9%, 2014년 21.7%, 2015년 22.1%에 달했다.[11]

부동산 불로소득은 더 큰 임대소득과 자본이득이 발생하는 영역으로 흘러 들어가는 속성을 가진다. 부동산 불로소득이 다시 부동산 시장으로 흘러 들어가면 지가와 주택 가격을 끌어올리고 임대료를 인상하는 효과가 나타난다. 위에서 살펴본 바와 같이 토지를 전혀 소유하지 못하고 있는 세대가 전체의 40.1%에 달하고, 무주택가구의 비율이 44%에 이른다는 점을 고려하면, 부동산 소유자들과 무소유자들 사이의 소득 격차는 엄청나게 벌어질 수밖에 없다. 더구나 부동산을 소유하지 못한 사람들의 소득은 임대료 등의 형태로 부동산 소유자들에게로 일방적으로 옮겨가기 때문에 부동산 소유로 인한 빈부격차는 상상을

---

10 이정우, "韓國의 富, 資本利得과 所得不平等," 338.
11 남기업 외, "부동산과불평등 그리고 국토보유세,"「사회경제평론」54(2017), 124. 남기업 외는 실현 자본이득과 순임대소득에서 해당 부동산 매입 자금의 평균 수익률을 공제한 부분을 부동산 불로소득으로 간주한다. 순임대소득은 현임대가치에서 매입가액의 이자를 공제한 나머지다.

초월할 정도로 커진다.[12]

한국 사회에서 부동산 소유는 극도로 편중되어 있고, 부동산에서 발생하는 자본이득과 자산소득의 규모는 2007년부터 2015년에 한정해서 살펴본다 해도 GDP의 25% 선을 오르내릴 정도로 엄청나게 많다. 부동산은 한국 사회에서 자산 격차와 소득 격차를 크게 해서 사회적 불평등을 악화시키는 결정적인 요인이다. 문제는 부동산 소득이 불로소득적 성질을 띠고 있다는 것이다. 불로소득은 누군가 노력을 기울여 형성한 소득을 빼앗고 각종 개발에서 발생한 이익을 수탈하는 성질을 띠고 있기에 사회적으로나 정치적으로 큰 문제가 된다. 이에 대해서는 절을 바꾸어 논하기로 한다.

---

12 그런 점을 들어서 남기업은 '불로소득 유발형' 부동산체제가 자리를 잡았다고 주장한다. 남기업, 『불로소득 환수형 부동산체제론』(일산: 도서출판 개마고원, 2021), 87. 남기업보다 훨씬 더 날카롭게 김용창은 프루동의 임차인 착취 개념에 기원을 둔 '이차적 착취' 개념과 인클로저 개념을 확대한 데이비드 하비의 탈취 개념을 원용하여 한국 자본주의가 '부동산 기반 불로소득'이 축적되는 자본주의체제로 퇴행했다고 분석하고, 그 특징을 다음과 같이 설명했다. "즉 경제성장 및 노동성과의 열매가 공간상의 투자와 부동산 가치로 축적되고, 단순한 부동산 소유권 거래를 통해 경제성장의 과실을 이들 소유권 거래 집단이 대부분 가져간다는 것이다. 그에 비해 노동소득의 증가는 상대적으로 크지 않다고 보면, 자산 거래를 통해서 한 국가의 경제성장 성과 대부분을 특정 계층이 전유한다는 것은 생산 이후 노동 성과물의 재배분 영역에서 부동산 자산을 매개로 하는 상대적 소득이전(이차적 착취)이 만연하고 있다고 해석할 수 있다"(김용창, "부동산 불로소득 자본주의체제와 탈취에 바탕을 둔 축적의 특성," 66).

2장
부동산 불로소득의 문제

부동산에서 발생하는 소득은 두 가지 측면에서 불로소득적 성질을 띠고 있다. 하나는 부동산 소득이 지대의 성격을 띠고 있는 측면이다. 지대는 전형적인 불로소득이고, 소득분배를 왜곡한다. 또 다른 하나는 부동산 소득이 공유지 수탈의 성격을 띠고 있는 측면이다. 공유지 수탈이라는 개념은 도시개발 이익에서 발생하는 불로소득을 분석하는 데 유용한 관점을 제공한다.

1. 부동산 소득의 지대적 성격

지대가 불로소득적 성질을 띤다는 것은 아담 스미스에 의해 국민경제학이 성립될 때부터 줄곧 제기되었던 주장이다. 국민경제학은 상품 생산에 투입되는 생산요소를 자본, 노동, 토지의 3대 요소로 분류했고, 생산된 가치를 생산요소별로 배분하여 이윤, 임금, 지대의 3대 소득 유형으로 나누었다. 스미스는 이윤과 임금이 가치를 생산하는 데 직접 이바지하지만, 토지를 소유했다는 단순한 사실로 인해 토지 소유자에게 귀속되는 지대는 그렇지 않다고 생각했다. 토지 소유자의 지대는 가치의 생산과는 무관하고, 토지의 공급이 한정된 데서 비롯되는 토지 가격을 반영하고 있을 뿐이다. 토지매입가격과 토지판매가격의 차이인 자본이득 역시 토지 소유자의 노력 없이 발생하는 이익이다. 스미스는 이 두 가지 점을 들어서 지대를 불로소득으로 규정했고, 지대 수취자가 무위도식을 일삼고 공공사회의 요구를 외면하는 자라고 비난했다.[1] 스미스가 살던 시대에 영국의 토지는 2천 명 정도의 지주에게 독점되어 있었고, 지대가 국부에서 차지하는 비중은 엄청나게 컸다. 지대가 크면 클수록 생산에 투입되는 자본과 노동의 양은 그만큼 줄어들 수밖에 없으니 지대는 생산과 소비의 순환을 교란하고 경제발전을 가로막는 장애물로 여겨졌다.

아담 스미스의 지대론은 데이비드 리카도의 차액지대론으로 정교하게 가다듬어졌다. 리카도의 차액지대론은 그 내용만 놓고 보면 단순하다. 토지 비옥도나 토지 접근성 혹은 토지 활용도에서 가장 쓸모가 없다고 여겨지는 토지 A에서 발생하는 지대를 0이라고 간주하면, 그것은 토지 A에서 발생하는 가치에 토지가 이바지한 바가 없다는 것을 의미하고, 그 토지에서 발생한 가치는 순전히 노동이나 자본의 투입에서 발생했다는 것을 뜻한다고 한다. 만일 토지 비옥도나 토지 접근성 혹은 토지 활용도가 더 나은 토지 B에 같은 양의 자본과 노동을 투입하여 생산한 가치가 토지 B에서 얻은 가치보다 많다면, 그 가치의 차이는 토지 B의 기여에서 비롯되었다고 한다. 그 경우 토지 B의 소유자는 토지 B와 토

---

1 아담 스미스/최호진 · 정해동 역, 『국부론』 상 (서울: 범우사, 1992), 323.

지 A에서 발생한 액면 가치의 차이를 지대로 수취할 수 있다고 한다. 리카도는 그 지대를 차액지대로 규정했다.[2]

　리카도의 지대론은 언뜻 보면 지대를 정당화하는 것 같지만, 조금 더 깊이 들여다보면 지대 요구의 정당성을 부인하기 위해 고안된 이론이다. 그것은 두 가지 점에서 그렇다. 첫째, 리카도는 스미스와 마찬가지로 생산된 가치가 임금과 이윤과 지대로 분배된다고 생각했다. 토지 소유자는 노동자와 자본가와는 달리 가치생산에 이바지하지 않았는데도 단지 토지를 소유했다는 사실에 근거해서 지대를 수취한다. 바로 그 점에서 지대는 불로소득이다. 토지에서 발생하는 불로소득이 많으면 많을수록 이윤과 임금의 몫은 더욱더 줄어든다. 토지 불로소득은 사회 세력들 사이의 갈등과 대립을 격화시킨다. 그러한 불로소득은 정당성이 없다. 둘째, 리카도는 차액지대가 결국 소멸해서 지대는 존속하지 못하리라고 생각했다. 차액지대는 토지 비옥도의 차이에서 비롯된다. 토지를 사용하면 사용할수록 토지 비옥도는 더욱더 떨어진다. 토지 비옥도를 유지하기 위해 자본과 노동의 투입을 늘리면 늘릴수록 토지 사용에서 발생한 가치 가운데 지대의 몫은 점점 더 줄어든다. 만일 토지의 지속적 사용으로 인해 토지 비옥도의 차이가 마침내 사라진다면 차액지대는 사라질 것이다. 리카도의 지대 이론, 특히 지대가 불로소득의 성질을 갖는다는 생각은 헨리 조지(Henry George)의 지대공유론에 영향을 미쳤다.

　그런데 리카도의 지대론은 심각한 문제를 안고 있다. 그는 지대가 토지 비옥도 같은 토지의 성질에서 발생한다고 보는 자연주의적 관점을

---

2 데이비드 리카도/권기철 옮김, 『정치경제학과 과세의 원리에 대하여』, 개정 1판 2쇄 (서울: 책세상, 2020), 77.

견지했다. 그렇게 되면 지대는 토지에서 발생하는 소득이라고 이해되어 초역사적 성격을 띠게 된다. 그러한 자연주의적이고 초역사적인 관점을 취하면, 지대가 자본주의 사회에서 어떻게 발생하는가를 철저하게 분석할 수 없다. 그 점을 날카롭게 포착한 이론가는 마르크스였다.

마르크스는 자본주의적 상품생산에서 오직 노동만이 가치와 잉여가치를 생산한다고 보았다. 자본과 토지는 새로운 가치를 생산하는 데 이바지한 것이 없다. 따라서 자본가와 토지 소유자는 노동이 생산한 가치에서 그들의 몫을 요구할 여지가 없다. 그런데 상품의 가치가 유통을 통해 실현되면, 잉여가치는 자본가와 토지 소유자가 독차지한다. 마르크스는 자본주의적 생산의 총체적 과정을 서술하는 『자본』 제3권에서 자본가가 생산된 상품을 시장에 내다 팔아 생산 원가와 마진을 회수하면 잉여가치가 이윤으로 바뀌고, 그 이윤은 다시 자본가의 이윤과 토지 소유자의 지대로 분해된다고 분석했다.[3] 그러한 잉여가치의 배분은 자본주의적 생산관계를 매개로 해서 이루어진다. 자본주의적 생산관계는 한편으로는 노동자에 대한 자본가의 권력, 다른 한편으로는 한정된 토지를 지배하는 토지 소유자의 권력에 의해 규정된다. 그러한 자본주의적 생산관계에서 자본가는 잉여가치를 착취하고, 토지 소유자는 잉여가치 일부를 수탈한다.[4] 따라서 토지는 저절로 지대의 원천이 되지 않는다. 지대는 잉여가치 일부가 자본주의적 생산관계의 한 축을 형성하는 토지 소유를 매개로 해서 토지 소유자에게 귀속된 것이다. 그러한 분석을 통해서 마르크스는 지대에 대한 자연주의적이고 초역사적인 관념을 부정했다. 만일 자본주의적 생산관계가 폐지된다면, 잉여가치가

---

3 K. Marx, *Das Kapital 3*, 659-662.

4 K. Marx, *Das Kapital 3*, 651.

이윤의 형태로 자본가에게 귀속되지 않을 것이고, 그 이윤의 일부가 토지 소유자에게 떨어져 나가는 일도 없을 것이다.[5]

마르크스는 차액지대와 절대지대를 구별했다. 먼저 마르크스의 차액지대는 리카도의 차액지대와 비슷한 외양을 갖지만, 한 가지 점에서 결정적으로 다르다. 마르크스는 차액지대가 최열등지에서 생산된 생산물의 생산가격과 상대적 우량지에서 생산된 생산물의 '생산가격'의 차이에서 발생하는 초과이윤이 토지 소유자에게 귀속되는 지대의 형태라고 설명했다.[6] 여기까지는 마르크스의 설명이 리카도의 차액지대론과 흡사하다. 그러나 바로 다음 대목에서 리카도와 마르크스의 결정적인 차이가 드러난다. 마르크스는 그러한 초과이윤이 공급이 제한된 우량지의 소유에서 발생했다는 점과 그러한 소유는 자본간 경쟁을 통해 변경되지 않는다는 점을 지적했다. 그것은 우량지 소유가 자본주의적 생산관계에서 발휘하는 권력이 우량지에서 발생하는 초과이윤을 결정한다는 뜻이다.[7]

---

5 K. Marx, *Theorien des Mehrwerts 2, MEW 26/2*, 97-100.

6 마르크스가 지대론을 펼치는 『자본』 제3권에서 사용하는 '생산가격'이나 '평균이윤' 등의 용어들은 『자본』 제2권에서는 사용되지 않는다. 가치의 가격으로의 형태 변화에 관한 마르크스의 설명에 대해서는 그동안 많은 논의가 있었다. 그 문제의 성격에 관해서는 정이근, "전형 문제의 검토," 「마르크스주의 연구」 17/3(2020): 162-164를 보라. 필자는 마르크스가 『자본』 1권에서 3권에 이르기까지 자본의 운동을 '이념적 평균의 수준에서' 서술하고 있다는 점을 고려하면서 가치의 가격으로의 형태 변화에 관한 마르크스의 설명을 이해할 필요가 있다고 생각한다. 가치의 화폐적 표현 형태가 가격이라고 본 마르크스는, 당대의 현실에서 설사 화폐의 가치가 변동되어 가치와 가격의 편차가 나타난다고 하더라도, 가치와 가격이 서로 수렴한다고 생각했을 것이다. 마르크스가 사용하는 '평균이윤'이라는 용어도 실현된 잉여가치의 수준을 '이념적 평균의 수준에서' 지칭한다고 보아야 할 것이다. 그것은 개별적인 자본이 구체적인 생산조건과 유통조건 아래에서 실현하는 각기 다른 이윤들의 평균값을 의미하는 것이 아니다.

7 마르크스는 차액지대를 차액지대 I과 차액지대 II로 세분하였다. 차액지대 I은, 본문에서 설명한 바와 같이, 자본 간 경쟁을 통해서 쉽게 해소되지 않는 상대적 우량지 소유를 매개로 해서 나타나는 자본주의적 지대이다. 차액지대 II는 토지 소유자로부터 토지를 임대한 차지농이 임차 기간에 해당하

그다음 마르크스는 최열등지 생산물의 시장가격이 그 생산물의 '생산가격'보다 더 높은 시장 상황에서 발생하는 지대를 절대지대라고 규정했다. 절대지대는 토지 소유자가 토지를 소유했다는 단순한 사실 이외에 달리 설명할 수 없는 지대이다. 절대지대는 농업생산 분야에서 자본을 투입하여 토지를 개량할 수 있는 임계치이고, 궁극적으로는 토지의 경제적 사용을 가로막는 족쇄의 역할을 한다.[8] 그러나 농업생산과 무관한 유통경제나 서비스 사업 분야에서 토지 소유자는 토지의 성질과는 상관없이 마르크스적 의미의 절대지대를 수취하는 위치에 설 수 있다.

마르크스는 자본주의적 생산관계에서 토지 소유자가 가치와 잉여가치의 생산에 이바지한 것이 전혀 없는데도 잉여가치 일부가 토지 소유자에게 지대로 귀속되는 과정을 분석했다. 지대는 자본가의 이윤 가운데 일부를 가로챈 것이지만, 더 깊이 따지고 보면 노동이 생산한 잉여가치 일부를 수탈한 것이다. 토지 소유자가 단지 토지를 소유했다는 사실 덕분에 자본주의적 생산관계를 매개로 해서 차지하는 지대는 본질적으로 기생적 성격과 수탈적 성격을 띠는 불로소득이다.

2. 공유지 수탈과 지대추구

역사적으로 지대추구는 공유지 수탈을 통해 이루어져 왔고, 그것은

는 토지 임대료를 납부한 뒤에 토지의 집약적 활용을 통해 초과이윤을 거둘 때 성립되는 지대이다. 차액지대 II는 토지의 집약적 활용을 위해 투입하는 자본의 이윤으로 볼 수 있다. 이에 대해서는 K. Marx, *Das Kapital 3*, 689를 보라.

8 K. Marx, *Das Kapital 3*, *MEW 25*, 770, 772.

현대 사회에서도 마찬가지이다. 공유지 수탈은 공유지에 울타리를 친 토호 세력이 그 안에 있던 사람들을 울타리 바깥으로 내쫓고 울타리 안에서 배타적으로 이익을 추구하는 행위이다. 그렇게 해서 공유지는 토호 세력에 점유되고 사유화된다. 그러한 공유지 수탈은 중세 말기와 근대 초기에 영국을 위시해서 유럽 대륙의 여러 지역에서 벌어진 인클로저 운동에서 전형적으로 나타났다. 중세 말기에 플랑드르 지방에서 모직공업이 발전하면서 양털 생산이 커다란 수익을 가져다주자, 여러 지역의 토호 세력은 공유지를 무단으로 점유하여 울타리를 치고, 그곳에 살던 사람들을 내쫓고, 그 사람들이 살던 집과 농경지를 모조리 파괴한 뒤에 울타리 안에 초지를 조성하고 양을 키웠다. 공유지 수탈은 거대한 지대추구의 발판이 되었다. 그러한 인클로저 운동이 한창일 때, 토머스 모어는 양이 사람을 잡아먹는다고 개탄했다.[9] 인클로저 운동을 '자본의 원시적 축적'으로 파악한 마르크스는 울타리 안에 있는 집과 농장과 마을을 파괴하고 사람들을 울타리 밖으로 내쫓는 인클로저 과정의 폭력성을 세밀하게 묘사한 뒤에 "자본은 머리끝에서 발끝까지 모든 털구멍에서 피와 오물을 흘리면서 이 세상에 나온다고 말해야 한다"[10]는 섬찟한 말을 남겼다.

공유지 수탈은 까마득한 옛날에 벌어지고 종결된 역사적 사건이 아니라, 데이비드 하비가 적절하게 지적한 바와 같이, 지금도 끊임없이 되풀이되고 있다.[11] 요즈음 '공유지 수탈'은 모든 사람에게 속하고 모든

---

9 토머스 모어/박문재 옮김, 『유토피아: 최상의 공화국 형태와 유토피아라는 새로운 섬에 관하여』 (파주: 현대지성, 2020), 44f.: "그 양들은… 사람들과 농장과 집과 마을을 집어삼켜 초토화하고, 사람들이 살 수 없게 만들어버린다고 합니다."

10 K. Marx, *Das Kapital 1*, 788.

11 D. Harvey, *Rebel Cities* (London: Verso, 2012), 78f.

사람에게 이익이 되어야 할 것이 특정한 사람들에게 과도한 이익을 가져다주는 것을 가리키는 전문적인 용어로 쓰인다. 공유지 수탈이 벌어지는 곳에서는 천문학적인 지대 수익이 발생한다. 그러한 공유지 수탈은 도시에서 흔히 벌어진다. 어떤 건축용지를 가진 사람은 그 주변 지역이 개발되면 개발의 외부효과로 인해 큰 이익을 본다. 건축용지가 도시개발 지역 안에 있게 되어 좋은 입지에 놓인 건축용지에는 독점가격이 형성되고, 이를 반영해서 높은 수준의 주택 임대료를 거둘 수 있기 때문이다. 일찍이 마르크스는 이를 '건축용지 지대'로 지칭했다.[12] 그 지대는 순전히 도시개발 인근 지역에 있다는 사실에서 발생한 것일 뿐 건축용지 소유자의 노력이나 자본 투입 없이 발생한 것이다. 조금 더 면밀하게 들여다보면 토지개발에서 발생한 공적인 이익이 그 인근 지역의 주택용지 소유자에게 돌아가 사적인 이익의 형태로 쌓이게 된 것이다. 바로 그것이 공유지 수탈이다. 그 경우 공유지는 개발 지역, 개발 인접 구역 같은 유형물 형태의 땅을 가리키지 않고 공유되어야 할 무형의 이익을 가리킨다.

그러한 공유지 수탈의 예는 무수히 많지만, 몇 가지만을 들어본다. 정부가 공적인 자금을 투입하여 도로를 건설할 때 그 주변에 땅과 토지를 가진 사람들은 도로개설에 따른 개발이익을 터무니없이 차지한다. 그처럼 공적인 손을 통해 발생한 개발이익을 사유화하는 것이 공유지 수탈이다. 공유지 수탈은 땅과 토지를 가진 사람들이 아무런 노력도 하지 않고 자본을 투입하지도 않았는데, 그 주변에 인구가 몰려들고, 시가지가 형성되고, 도로, 지하철역, 공원, 도서관, 학교 등이 들어서서 엄청

---

12 K. Marx, *Das Kapital 3*, 781.

난 경제적 이익을 얻을 때도 벌어진다. 지방정부가 도시계획을 수립하고, 어느 지역의 용적률, 건폐율, 건축물의 높이 등을 조정할 때 발생하는 천문학적인 이익도 공유지 수탈의 대상이 된다.

우리나라에서는 공유지 수탈이 부동산 투기와 결합해서 나타났고, 그 결과 부동산 불평등은 상상을 초월할 정도로 심해졌다. 국토개발, 도시개발, 사회 인프라 구축 등이 이루어지는 개발 지역이나 그 인근 지역에 토지를 갖고 있거나 토지를 매입한 사람이 개발이익을 사유화함으로써 엄청난 불로소득이 발생했고, 그러한 불로소득을 좇는 지대 추구 행위, 곧 투기가 성행했다.

3. 신고전파 지대론의 오류

정치경제학과 정치경제학 비판의 틀에서 발전한 지대론은 신고전파 경제학의 도전을 받았고, 지대가 불로소득이라는 주장은 부정되기까지 했다. 신고전파 경제학자들은 지대가 시장청산가격이라는 점을 강조했다. 지대는 시장에 의해 효율적으로 결정된 것이기에 불로소득으로 돌아갈 잉여가 있을 수 없다는 뜻이다.

그러나 그러한 주장은 토지와 지대가 가진 두 가지 성질을 무시한 것이다. 하나는 토지가 무한정 공급되는 재화가 아니라는 것이다. 토지는 그 공급이 제한되어 있고 그 용도와 성질의 차이 때문에 경합재의 성격을 강하게 띤다. 그러한 토지를 독점한 자는 부동산 시장에서 특권을 갖는다. 그러한 토지독점과 특권은 시장의 효율성이 전제하는 자유 경쟁을 부정한다. 또 다른 하나는 토지는 기업 경영에서는 매몰 비용으로 처리된다는 점이다. 기업이 생산과 경영을 위해 확보한 토지는 생산이나 경영을 축소하려고 할 때 쉽게 처분되지 않는다. 그것은 토지의 가격을 반영하는 지대가 신고전파가 중시하는 한계생산비에 의해 결정될 수 없다는 뜻이다.[13]

신고전파 경제학은 지대의 시장청산가격론을 내세워 정치경제학과 정치경제학 비판이 부각한 지대의 불로소득적 성질을 은폐하고자 했으나 성공하지 못했다. 지대의 기생적 성격과 수탈적 성격은 이론적으로 부정되지 못했다. 도리어 부동산 불로소득은 소득분배를 극도로 왜곡해서 빈부격차를 하늘과 땅처럼 벌리는 경제 현실을 통해 확실하게 검증되었다. 아담 스미스와 데이비드 리카도의 지대론을 비판적으로 가다듬은 마르크스의 지대론과 공유지 수탈론은 우리 시대의 지대추구 경제를 해부하고, 특히 국토개발, 도시개발, 사회경제적 인프라 구축 등에서 발생하는 이익의 사유화와 독점을 분석하고 이를 근절하는 방안을 모색하는 데 유용한 개념적 도구를 제공한다.

---

13 신고전파의 지대론의 문제점에 대해서는 이정전, 『토지경제학』 전면개정판 (서울: 박영사, 2019), 324, 327f.를 보라.

3장
성서의 희년 정신과 토지공개념

    토지 불로소득은 토지 소유를 매개해서 토지 사용에서 발생하는 이익과 공유지 수탈을 통해 공익을 사유화한 것이다. 토지 불로소득은 사회 통합과 사회발전을 가로막기에 불로소득의 원천을 해체하거나 불로소득을 환수하는 조치가 취해져야 한다. 오래전부터 부동산 소유와 공유지 수탈에서 비롯되는 불로소득의 문제를 해결하고자 할 때 중시되어 온 개념은 토지공개념이었다.

    토지공개념은 멀리 성서의 희년법으로 거슬러 올라가는 오랜 구상이다. 희년법에 담긴 토지공개념은 고대로부터 근대에 이르기까지 토지소유권 사상을 비판적으로 검토하는 관점을 제공해 왔다. 현대 사회에서 격화하는 부동산 불평등 문제와 불로소득 문제를 해결하기 위해 토지공개념을 가다듬고자 할 때도 희년법은 새로운 통찰의 원천이 된다.

    그런 점을 고려하여 아래서는 먼저 성서의 희년법에 깃든 토지공개념을 분석한다. 그다음에 전통적인 토지소유권 사상과 법제의 문제를 분석한다. 끝으로 현대 사회에서 부동산 문제를 해결하는 데 적합한 내용과 형식으로 토지공개념을 가다듬는다.

1. 성서의 희년법에 담긴 토지공개념

성서의 희년법은 레위기 25장 8-17절, 23-55절에 수록되어 있다. 희년법은 희년이 되면 토지와 주택을 잃은 사람들에게 토지와 주택을 되돌려주고 노예가 된 사람을 해방하라는 내용을 담고 있다. 그러한 희년법이 이스라엘 역사에서 시행된 적이 있는가는 전문적인 검토가 필요한 주제이지만, 희년법의 내용이 출애굽 전승에 뿌리를 두고 있는 관습법을 정리한 것임에는 의문의 여지가 없다.[1]

1.1. 성서의 희년법에 담긴 핵심 내용

희년법의 정신은 그 전문을 이루는 레위기 25장 8-17절에 잘 나타

---

1 출애굽 전승은 하나님이 작은 자들 편에 서서 그들을 억압과 수탈과 차별과 배제로부터 건져내심으로써 그분이 정의로우신 분임이 드러났다는 확신이 그 핵심이다. 히브리인들은 그러한 믿음을 갖고서 하나님의 백성이 자주적이고 평등한 삶을 살아가는 원시 이스라엘을 수립했다. 원시 이스라엘에는 왕권이 없었고, 땅은 가문 단위로 배분되어 세습적으로 사용되었으며, 소유권은 인정되지 않았다. 원시 이스라엘이 무너지고 왕국이 세워진 뒤에 토지 겸병과 채무 노예 등이 발생하여 자주적이고 평등한 삶이 위협을 받았을 때, 예언자들은 출애굽 전승에 호소하면서 왕국의 현실을 비판했다. 왕국이 멸망하고 바빌론 포로기를 겪은 뒤에 히브리인들은 정의로운 하나님의 뜻에 따라 새로운 이스라엘을 구축하고자 했다. 희년법은 바로 이러한 출애굽 전승에 굳게 서 있다.
희년법의 역사성은 그 법이 이스라엘 역사에서 정부에 의해 시행된 적이 있는가에 따라 판단될 문제라기보다는 희년법의 역사적 맥락과 관습법적 성격에 비추어 판단되어야 할 문제이다. 희년법의 핵심을 이루는 내용은 이미 출애굽 전통에 충실한 노예해방 법, 채무면제 법(출애 21장; 신명기 15장 등), 안식년 법(출애 23:11) 등에 담겨 있었다. 땅을 아예 팔지 못한다는 희년법 규정은 땅을 다른 지파에 넘기지 못하게 하는 관습법에 반영되었고(민수 36:1-9), 나봇의 포도원 사건처럼 남의 땅을 빼앗아 자신의 소유로 삼거나(왕상 21: 1-10), 다른 가족이 경작하는 땅을 침범하는 일을 엄격하게 금지하는 고대 히브리 관습법(잠언 23:10)에 근거하고 있다. 또한 희년법의 정신은 가난한 사람들을 채무 노예로 만들고, 그들의 땅을 빼앗고, 그들이 입는 옷을 저당으로 잡는 일이 다반사로 일어났던 당대 사회 현실에 대한 예언자들의 날카로운 비판을 통해 표출되었다(아모 2:6-8; 8:4-6; 미가 2:1-2 등).

나 있다. 전문에는 희년을 계수하는 방법, 희년의 성격, 희년에 실행하여야 할 일들과 그렇게 해야 하는 이유들이 명시되어 있다. 희년은 7년 주기의 안식년이 일곱 번 지난 뒤 50년째 되는 해이고, 대사면의 해라는 성격을 갖는다. 희년에 숫양의 뿔(요벨)을 불게 한 것은 희년이 대사면의 해라는 점을 나타내기 위한 것이다.

희년에는 반드시 두 가지를 실행하여야 한다. 하나는 그 땅에 거주하는 모든 사람에게 해방을 선포하는 것이고, 또 다른 하나는 그 땅에 사는 모든 사람이 본래 분배받은 땅으로 돌아가고 저마다 가족에게로 돌아가게 하는 것이다(레위 25:10). 먼저 그 땅에 사는 모든 사람에게 해방을 선포하라는 말씀은 가난과 빚 때문에 종이 된 사람들을 해방하여 자유민으로 살아가게 하라는 뜻이다. 사람의 몸은 사람이 자유롭게 공동체를 이루며 살아가도록 하나님으로부터 받은 유산(아훗짜)인데, 이 유산이 빚 때문에 타인의 지배 아래 놓여 있는 상태를 종식해서 원상을 회복하게 하여야 한다는 것이다. 그러한 노예해방은 채무면제를 전제하지 않으면 안 되기 때문에 그 땅에 사는 모든 사람에게 선포되는 해방은 채무탕감의 성격을 띤다.

그다음에 희년에는 빚으로 인하여 빼앗겼던 땅을 되찾게 해서 사람들이 가족을 이루며 살아가도록 하나님으로부터 받은 본래의 유산(아훗짜)을 회복해야 한다. 고대 이스라엘에서 땅은 생존과 생활을 위한 필수불가결한 생산수단이었다. 그 생산수단이 없으면 자주적인 삶의 기회를 상실한다. 또한 희년에는 흩어졌던 가족들이 다시 모여 살아갈 수 있도록 빼앗겼던 주택을 되찾게 해야 한다. 주택도 사람이 가족을 이루며 살아가는 데 꼭 필요한 것이니 하나님으로부터 받은 유산(아훗짜)으로 여겨졌다.

한마디로 희년은 그 땅에 사는 사람들이 하나님으로부터 허락받은 유산, 곧 자주적으로 살아가는 데 꼭 필요한 몸과 땅과 주택을 되찾아 원래의 상태를 회복하는 해방의 원년이다. 그러한 원상회복이 이루어 져야 하는 까닭은 두 가지로 명시된다(레위 25:17). 하나는 형제를 억누르지 말라는 것이고, 또 다른 하나는 야훼를 두려워하라는 것이다. 형제를 억누른다는 것은 형제에게 폭력을 행사하여 부당한 이익을 취한다는 뜻이니, 사람들 사이에서 올바른 관계를 깨뜨려 사회를 적대적인 관계로 전락시키는 중대한 죄악이다. 그러한 죄악은 관행과 제도를 통하여 공고한 구조를 갖춘다. 그러한 구조악에 사로잡혀 죄악을 범하는 사람들은 야훼가 눌리고 빼앗기는 사람들 편에 서서 그들을 대신하여 복수하시는 분이라는 것을 알지 못하고, 야훼를 두려워하지 않는 사람들이다. 따라서 야훼를 두려워하고 형제를 억누르지 말라는 분부는 출애굽 사건에서 드러났듯이 작은 사람들 편에 서서 그들을 압제와 착취와 강제노역에서 해방하는 야훼의 정의에 따라 사람들 사이에서 정의와 평화를 수립하라는 권고이다.

희년법의 전문은 원상회복과 관련해서 두 가지를 더 말한다. 하나는 희년에 경작과 추수를 금한다는 것이다. 그것은 땅이 본래의 상태를 회복하도록 하려는 배려의 조치다.[2] 다른 하나는 땅을 무를 때 땅값을 정하는 일과 관련된 조치다. 고대 히브리 사회에는 동족이 빚으로 인하여 하나님으로부터 받은 땅을 다른 사람에게 넘겼을 경우 땅을 잃은 사람

---

2 땅의 원상회복에 관한 배려는 출애굽기 23장 11절과 레위기 25장 1-7절의 안식년 법에도 나타난다. 사람이 경작하지 않아도 땅에서 맺힌 곡식과 열매는 가난한 사람들과 동물들이 취하게 하였다. 안식년 법은 자연에 대한 인간의 개입을 최소화하여 인간과 자연이 공생과 상생의 질서를 이루어야 한다는 원칙과 가난한 사람들을 배려하는 정신을 담고 있다. 이러한 안식년 정신은 희년법에도 오롯이 담겨 있다.

이 직접 나서거나 그 사람의 친족이 나서서 땅을 되찾도록 하는 관습이 있었다. 땅을 무르는 일은 땅을 다른 사람에게 넘겨도 땅을 아예 처분할 수 없도록 한 관습법이 있었기에 가능했다. 땅을 무르게 하려면 땅값을 정해야 한다. 그 땅값은 희년까지 남은 기간에 그 땅에서 얻을 수 있는 소출의 양을 기준으로 해서 정했다.3

위에서 살핀 바와 같이 희년법은 사람들이 자주적으로 공동체를 이루며 살아가는 데 꼭 필요한 자유와 땅과 주택을 모든 공동체 구성원에게 보장하라는 요구를 그 핵심 내용으로 삼는다. 사람의 자유와 땅과 주택은 누구도 함부로 건드릴 수 없고 본질적으로 침해할 수 없는 것으로 여겨졌다. 희년법은 그러한 생각을 하나님의 '아홋짜'라는 개념에 담았다.

1.2. 성서의 희년법이 전제하는 토지공개념

희년법에서 땅의 원상회복을 촉구하는 부분은 "땅을 아주 팔지는 못한다. 땅은 나의 것이다. 너희는 다만 나그네이며, 나에게 와서 사는 임시 거주자일 뿐이다"(레위 25:23)라는 하나님의 장엄한 선언으로 시작한다. 땅에 대한 주권이 야훼에게 있으니 그 어떤 사람도 땅에 대한 소유권을 주장할 수 없다는 뜻이다. 따라서 그 누구도 땅에 대한 소유권을 주장하면서 이를 임의로 처분할 수 없다. 야훼의 주권 아래서 사람에게

---

3 그 당시 사람들은 사람의 노동이 소출에 기여한 부분, 땅이 소출에 기여한 부분, 접근로나 기후 환경 등이 소출에 기여한 부분 등이 있다고 생각했다. 땅이 소출에 기여한 부분을 계산한 다음에 희년까지 남은 햇수를 곱하여 땅값을 산정하는 방식은 후대에 헨리 조지가 주장한 지대 과세론의 모델이 되었다.

허락되는 권리는 오직 땅을 경작하고 활용하는 권리뿐이었다. 고대 이스라엘에서 그 권리는 세습되었다. 가문 단위로 분배된 땅은 가문의 생활을 보장하는 기반으로 여겨졌기 때문이다.

희년법이 전제하는 토지의 점유사용권 사상은 땅을 점유하고 사용해서 삶의 기회를 누릴 권리를 모든 사람에게 인정해야 한다는 것을 전제한다. 희년법은 사람이 살아가는 데 꼭 필요한 것을 하나님의 것으로 선언해서 누구도 그것을 함부로 건드릴 수 없게 했다. 하나님의 것은 그 누구도 소유하거나 독점할 수 없다. 그것은 공적인 것이다. 그것이 희년법의 핵심 사상이다. 레위기 25장 23절이 더할 나위 없이 장엄하게 선포하는 희년법은 토지공개념을 근간으로 한다.

그러한 희년법의 정신에 따르면 어떤 사람이 살아가는 데 꼭 필요한 땅이 빚이나 기타 구차한 사정으로 인해 일시적으로 다른 사람에게 넘어갔다고 하더라도 그 땅을 일시적으로 차지한 사람은 그 땅의 소유자임을 자처할 수 없다. 왜냐하면 그 땅은 하나님의 소유이기 때문이다. 그 하나님이 그 땅을 본래 차지하고 있었던 사람에게 삶의 기회로 부여하였기 때문에 그 땅은 언제든 그 사람에게 되돌아갈 수 있어야 한다. 그러한 희년법의 원칙은 빚으로 잃은 땅을 무르게 해서 되찾게 하는 논거가 되는 것은 물론이고, 하나님으로부터 받은 '아훗짜'인 땅을 희년에 무조건 원상회복하라는 강력한 요구의 논거로 제시된다.

그러한 원칙은 주택의 원상회복에도 적용된다. 땅이 사람이 살아가는 데 필요하듯이, 주택도 사람이 살아가는 데 없어서는 안 되는 재화이다. 땅이 하나님의 '아훗짜'라면, 주택도 하나님의 '아훗짜'이다. 따라서 주택을 잃은 사람에게는 이를 되찾을 기회가 주어졌다. 희년법은 농촌 지역의 주택의 경우, 성곽 구역에 속한 주택의 경우, 레위인의 주택과 부속토지의 경우 등 여러 경우를 구별해서 주택을 무르는 기한과 조건을 구별하고 있다. 레위인의 주택과 부속 토지는 하나님이 레위인의 것으로 성별한 것이기에 아예 건드리지 못하는 것이지만, 설사 그것이 타인에게 넘어간 경우에도 언제든 무를 수 있고, 희년이 되면 원주인에게 되돌아가야 한다. 농촌 지역의 주택은 그 주변의 땅에서 경작과 목축에 종사하는 사람들에게 꼭 필요한 것으로 여겨졌기에 기한의 정함이 없이 형편에 따라 무를 수 있게 하였고, 희년이 되면 그 주택을 무조건 되찾을 수 있게 규정하였다. 성곽 안에서 상업용으로 사용되는 집은 1년 기한을 정하여 그 안에 무를 수 있게 하였고, 그 이후에는 그 집을 차지한 사람에게 귀속되는 것으로 간주하였다. 그 집은 희년의 원상회복 대상에서도 제외하였다. 그것은 고대 이스라엘에서 상업용 집을 사용하는 사람들이 대개 이방인들이었기에 그들의 상업용 부동산 소유가 고려된 조치로 보인다.

위에서 본 바와 같이 희년법은 땅에 대한 하나님의 주권으로부터 토지공개념을 이끌어 냈다. 땅은 하나님의 것이니, 소유와 독점의 대상이 아니다. 사람이 살아가는 데 필수 불가결한 땅은 그 사람에게 하나님이 허락한 '아홋짜'이기에 그 땅은 다른 사람에게 침탈되어서는 안 된다. 그러한 관념은 주택에도 적용되었다. 주택도 사람이 살아가는 데 꼭 필요한 재화이고, 따라서 타인이 함부로 건드려서는 안 되는 하나님의 '아홋짜'이다.

그러한 독특한 '아홋짜' 관념은 고대로부터 근대에 이르는 토지소유권 사상에 큰 도전이 된다. 이에 대해서는 절을 바꾸어 고찰하기로 한다.

2. 고대로부터 근대에 이르기까지 발전한 토지소유권 사상과 법제에 대한 검토

고대로부터 근대에 이르기까지 토지는 사유화되고 독점되었으며, 이를 정당화하는 사상과 법제가 발전했다. 그런 점에서 희년법의 토지공개념은 매우 독특한 토지 관념이다. 희년법의 토지공개념은 토지소유권 사상을 비판하는 논거로 소환되기도 했지만, 오랫동안 망각되기도 했다. 희년법의 토지공개념을 근대에 들어와 공론의 장에 본격적으로 소환한 것은 헨리 조지의 지대공유제였다.

2.1. 고대로부터 중세 말기까지의 토지소유권 사상과 희년법의 토지공개념

희년법의 토지공개념은 고대 사회에서 독보적이었다. 히브리인들이 정착한 고대 가나안 지역에서는 토지가 매매의 대상이었다. 거기서는 토지 소유자가 토지에 대한 처분권을 행사했다. 출애굽 공동체가 추구하는 토지공개념과 가나안 토착 공동체의 토지 소유 관념은 서로 큰 충돌을 일으켰다. 출애굽 전통을 이어받은 예언자들은 빚에 몰린 농민의 토지가 소수의 고리대금업자들의 수중에 집중되어 대토지소유제가 자리를 잡아가는 당대의 현실을 강력하게 비판했다.

고대 가나안의 토지소유권 사상도 그렇지만, 고대 로마의 물권법은 소유자의 소유 대상에 대한 이용(uti), 수익(fruti), 처분(abuti)의 배타적 권리를 인정하고 있다. 그 핵심은 내 것은 내 마음대로 처분할 수 있다는 관념이다. 물권법은 소유의 대상을 물건으로 한정했다. 따라서 인간은 물권의 대상이 아니었다. 물권은 물권이 전제하는 처분권 덕분에 타인의 간섭을 배척하는 배타적이고 절대적인 권리였다. 물권은 오직 그 물권의 행사가 타인의 물권을 침해할 경우만 교환적 정의(justitia commutativa)의 원칙에 따라 제약이 따랐을 뿐이다. 따라서 고대 로마의 물권법은 소유물의 귀속 관계를 둘러싸고 인간과 인간이 맺는 관계를 도외시하는 특징이 있다. 그러한 물권법에 바탕을 두고 고대 로마제국에서는 토지의 사유화와 독점이 광범위하게 진행되었고, 대토지소유제 (latifundium)가 확립되었다. 대토지소유제는 본시 정복으로 얻은 땅을 군사적 정복자가 점유하고 그 땅을 포로로 잡은 노예들이 경작하게 하면서 나타났는데, 정복지의 점유권은 물권법에 따라 곧 소유권으로 바뀌었다.

대토지소유제에 기반을 둔 로마제국에서 교부들은 땅과 땅 위의 모든 것이 하나님에게 속한 것이어서 이를 사유화하거나 독점해서는 안 된다고 가르쳤다. 그러한 가르침은 구약의 희년법에 담긴 토지공개념에 뿌리를 박고 있다. 대 바실리우스(Sanctus Basilius Magnus)는 땅을 독차지하는 것을 '도둑질'로 규정했다. 암브로시우스(Sanctus Ambrosius)는 소수가 토지를 지배함으로써 얻는 부는 가난한 사람들에게 '반환'되어야 한다고 주장했다. 요한네스 크리소스토모스(Johannes Chrisostomos)는 소수가 독점한 땅에서 엄청난 부를 획득하고 무수히 많은 사람을 가난에 허덕이게 하는 것을 '살인죄'에 버금가는 죄악으로 선언했다.[4]

교부들은 로마제국에서 대토지소유제를 뒷받침한 물권법을 자연법으로 보지 않고 인정법(人定法)으로 격하시켰다. 자연법이 영원히 변치

---

4 찰스 아빌라/김유준 옮김, 『소유권: 초대 교부들의 경제사상』 (서울: 기독교문서선교회, 2008), 92, 112, 143.

않는 이치에 따르는 법이라면, 인정법은 사람들이 사회생활을 하기 위해 편의상 정한 법이다. 인정법은 자연법 아래 있고 자연법의 요구에 충실해야 한다. 대 바실리우스, 암브로시우스, 요한네스 크리소스토모스 같은 교부들은 자연법에 대한 신학적 해석에 바탕을 두고 인정법의 위상을 갖는 물권법의 절대성 주장에 제동을 걸고자 했다. 하나님이 모든 사람에게 맡긴 땅과 토지를 소수가 독차지해서 거기서 나오는 부를 배타적으로 향유하는 것은 자연법에 배치된다는 것이다.

이처럼 소유권의 절대성 주장에 제동을 걸려는 노력은 중세 교회에서도 나타난다. 아퀴나스의 토마스와 오캄의 윌리엄 같은 뛰어난 신학자들 역시 소유권이 인정법의 위상을 갖는다고 생각했다. 인정법이 사회적 대립과 갈등을 조정하기 위해 제정된 법이라면, 자연법은 자연의 이치에 따라 사람의 생명을 지키기 위해 마땅히 해야 할 일을 정한 법이다. 자연법은 인정법보다 높은 위상을 갖는다. 인정법이 자연법에 부합하지 않는다면, 인정법은 자연법의 요구에 따라 제한되거나 개정되어야 마땅하다. 소유권도 마찬가지다. 소유권이 인정법인 한, 그것은 자연법의 규율을 받아야 한다. 그러한 추론에 바탕을 두고서 아퀴나스의 토마스는 굶주린 사람이 배고픔을 면할 방법을 달리 찾을 수 없는 한, 다른 사람의 빵에 손을 대고 그것을 입에 넣을 수 있는 권리를 인정하여야 한다고 주장했다.[5] 그것이 자기보존의 권리를 인정하는 자연법의 요구이다. 인정법은 다른 사람의 빵에 손을 댄 굶주린 사람을 처벌할 것을

---

5 Saint Thomas Aquinas, *Summa theologiae: secunda secundae, 1-91*, tr. by Fr. Laurence Shapcote, O.P. (Lander, Wyoming: The Aquinas Institute for the Study of Sacred Doctrine, 2012), 66, 7, c. 이에 관해서는 손은실, "토마스 아퀴나스의 정의론: 사적 소유권의 한계와 빈민의 권리를 중심으로," 「韓國敎會史學會誌」 42(2015), 23f.를 보라.

요구하겠지만, 인정법이 자연법의 요구를 거스를 수는 없다. 그런 점에서 소유권과 그 행사는 절대적인 권한이 아니라 상대적인 권한이다.

오캄의 윌리엄은 토마스보다 한 걸음 더 나아갔다. 면도날처럼 예리한 분석력을 갖추었던 윌리엄은 자연법을 세 가지 수준에서 구별했다. 하나는 신법과 이성법이 일치하는 절대적 자연법이다. 다른 하나는 타락 이전의 자연상태를 규율하는 이상적 자연법이다. 마지막 하나는 타락 이후에 분쟁과 갈등이 벌어지는 사회를 규율하는 규범인 조건적 자연법이다.[6] 그렇게 자연법을 구별한 뒤에 윌리엄은 소유권을 고찰했다. 그는 소유권을 사용권과 소유권으로 세분하고 나서 사용권은 이상적 자연법이 모든 사람에게 허용하는 권리라고 판단했고, 소유권은 타락 이후에 인간 사회에서 서로 맞서는 이해관계를 조정하기 위해 그때그때 사람들 사이의 동의와 협약에 근거하여 실정법을 통하여 정한 인정법적 권리라고 생각했다. 그러한 권리는 조건적 자연법이 허용하는 권리에 지나지 않는다. 따라서 이상적 자연법이 허용하는 사용권이 조건적 자연법이 허락하는 소유권에 앞선다.[7] 이와 같은 윌리엄의 소유권 해석은 소유물의 인적 귀속 관계를 매개로 해서 사람과 사람 사이에 맺어지는 관계를 중시하는 현대적인 소유권 해석에 맞닿아 있다.[8]

---

6 임성철, "오캄의 정치 철학에 나타난 '권력'의 본질 규정의 사상적 배경과 근거," 「인문학연구」 (2003), 255ff.

7 오캄의 윌리엄은 교황이 교회 재산의 소유권을 옹호하는 것을 강력하게 비판하였다. 그는 교황이 타락 이전의 이상적 자연법의 질서에 따라 교회의 재산을 포기하지 않고, 타락 이후의 조건적 자연법의 질서에 따라 교회 재산의 소유권을 고집하는 것은 이단적 주장이라고 맹비난했다. 윌리엄은 교회 재산의 소유권을 주장하는 교회법이 타락 이후의 조건적 자연법에 고착된 것이라고 보았다.

8 이에 관해서는 본서 제V부 1장 2.1.3을 보라.

2.2. 근대 사회에서 소유권이 절대화된 경위

근대에 들어와서 소유권은 그 어떤 제한도 받아들이지 않는 방식으로 절대화되어 갔다. 소유권의 절대화는 서로 성격을 달리하는 세 과정을 통하여 확립되었다. 하나는 공유지의 약탈 및 사유화 과정이고, 다른 하나는 소유권이 자유권의 위상을 차지하는 과정이며, 마지막 하나는 소유권 이해의 물권 편향성이다.

첫째, 공유지의 약탈과 사유화를 살피기로 한다. 유럽에서 공유지 약탈은 인클로저 운동을 통해 광범위하게 진행되었다. 지역 토호 세력이 폭력적으로 점유한 인클로저 공유지는 인클로저법에 따라 사유화되었다. 인클로저 공유지와 대여 토지의 소유권은 1648년과 1649년에 크롬웰 정부에 의해 확립되었다. 1660년 왕정복고 이후 인클로저 운동은 더 강력하게 진행되었고, 18세기에 들어와서는 공유지 인클로저법이 제정되었다.9 이러한 폭력적인 공유지 약탈과 사유화 과정이 가져온 가장 주목할 만한 결과는 자연법의 무력화다. 한때 자연법이 인정법을 규율한다는 주장을 내세워 소유의 정당성을 따지는 사람들은 사라졌다.

그러한 맥락에서 존 로크의 소유론이 갖는 독특한 의미를 짚을 필요가 있다. 로크는 공유지 인클로저를 정당화하고 근대적 소유권 이론의 토대를 놓은 사상가였다. 그는 이신론자답게 신이 땅을 창조하여 모든 사람이 사용하도록 허락했다는 주장에서 출발했다. 그러나 그렇다고

---

9 甲斐道太郎 외/강금실 역, 『소유권 사상의 역사』 (서울: 돌베개, 1984), 61: "이 농민으로부터의 토지 수탈을 수반하면서 이루어진 자본의 원시적 축적의 모든 과정은 시민혁명 전야에 사실상 결정되었고, 혁명 후에 승인된 이러한 토지법의 전체적인 재편성에 의하여 주도되고 강제되고 추진되었다고 볼 수 있다."

해서 땅이 개인의 소유가 되지 않는 것은 아니다. 땅을 개간한 사람은 그 땅에 대한 소유권을 갖는다. 그것은 인간의 노동이 그 노동의 산물에 대한 소유권을 확립한다는 로크의 노동 소유권 이론에서 도출되는 논리적 결론이다.[10] 노동 소유권 이론은 소유의 정당성이 자연법에 근거한다는 주장을 완전히 퇴출했다. 그는 인클로저를 통해 대토지를 소유한 자가 마치 토지 개간이라는 직접적인 노동을 통해 그 토지를 소유한 듯이 서술했으며, 그러한 소유가 정당하다고 주장했다. 그의 소유권 이론에서 보면, 그 당시 인클로저 운동에서 발생한 토지 소유자와 무소유자 사이의 갈등을 해결하는 데 정부가 관심을 가질 이유가 없었다.

둘째, 프랑스 혁명을 통해 소유권이 자유권의 위상을 갖게 되면서 소유권의 절대화는 헌법적 근거를 갖게 되었다. 그것은 영국 시민혁명을 뛰어넘는 역사적 성취였다. 영국에서 토지소유권은 시민혁명을 통해 확립되어 갔으나, 그것은 어떤 경로를 통해서든 이미 확립된 토지 소유관계를 보통법 차원에서 확정하는 과정에 불과했다. 프랑스 혁명 이후에 채택한 「인간과 시민의 권리에 대한 선언」(1789)은 제17조에서 소유권이 자유권적 기본권들 가운데 하나임을 확인하고 그것에 '신성불가침'의 성격을 부여했다. 소유의 신성불가침은 국가가 개인의 자유를 뒷받침하는 재산을 침탈할 수 없다는 뜻을 담은 선언이었다. 만일 국가가 개인의 자유롭고 자주적인 삶의 형성에 꼭 필요한 재산을 침탈하고

---

10 로크에게서 노동을 통한 소유의 정당화는 다음과 같은 단순한 구조로 되어 있다. 1) 각 사람은 생명을 유지하고 삶을 영위하려면 무엇인가를 획득해야 한다. 2) 무엇인가를 자기 것으로 얻기 위해서는 일해야 한다. 3) 일을 해서 얻은 것은 그 일을 한 사람의 소유이다. 로크는 사람이 노동을 통해 소유로 삼는 것을 생활필수품에 국한하지 않고 생산수단까지 포함했다. 사람은 경작되지 않는 땅을 개간함으로써 자신의 소유물로 만들고, 노동을 위한 수단으로 그 땅을 지배한다. J. Locke, *Zwei Abhandlungen über die Regierung*, hg. u. einl. von W. Euchner (Frankfurt am Main/Wien: Europ. Verlagsanst., 1967), Bd. 2, § 35.

자유로운 소유권 행사를 억압한다면, 그러한 처지에 놓인 사람은 국가에 예속될 수밖에 없을 것이다. 따라서 소유권은 응당 자유권적 권리로 천명되어야 하고, 국가는 소유를 보호하는 의무를 받아들여야 한다고 생각되었다.[11]

셋째, 소유권의 절대화는 소유권의 물권 편향적 해석을 통해 공고화되었다. 소유권이 자유권으로 확립되자 소유계급은 제3자의 개입을 배척하면서 소유권을 자유롭게 행사하고자 했고, 이를 정당화하기 위해 고대 로마법의 물권 개념을 끌어들였다. 고대 로마법에서 물권은 물건의 인적 귀속 관계를 매개로 해서 소유자가 물건에 대하여 행사하는 일원적, 배타적 지배권을 뜻했고, 그러한 물권의 대상은 동산과 부동산을 포함했다. 로마의 물권법에 바탕을 둔 소유권 개념은 1804년의 나폴레옹 법전에 수용되었다. 나폴레옹 민법전 제544조는 "소유는 법률이나 규칙을 통하여 금지된 사용이 아닌 한, 절대적인 방법으로 물건을 수익, 처분하는 권리"로 규정하였다. 그 조항은 소유권을 사용권과 수익권과 처분권으로 규정하고 그 권한의 절대성을 강조했다는 점에서 근대 소유권 질서를 최초로 확립하였다고 평가되고 있다. 근대적 소유권의 3대 속성은 절대성, 배타성, 영구성이다. 이 세 가지 속성은 나폴레옹 민법전에 모두 명시되지 않았지만, 나폴레옹 민법전은 소유권의 절대성을 앞세움으로써 근대적 소유권의 3대 속성을 사실상 모두 아울렀다고 볼 수 있다.[12] 나폴레옹 민법전은 부동산에 대한 세밀한 규정을 많이 두어

---

11 「인간과 시민의 권리에 대한 선언」 제17조는 소유의 신성불가침을 명시한 뒤에 소유는 "공공의 필요가 명백하게 요구하는 경우가 아니면 침탈될 수 없다"라는 단서를 달았고, 소유 침탈에 대해서는 사전 보상이 있어야 한다고 규정했다. 그러한 단서 조항은 소유권의 절대화에 제동을 걸지 못했다.
12 甲斐道太郎 외, 『소유권 사상의 역사』, 114.

서 부동산도 일반 상품과 마찬가지로 교환경제에 포섭될 수 있도록 하였다. 그러한 나폴레옹 법전은 나폴레옹 전쟁을 통하여 유럽의 여러 나라에 이식되었다. 그러한 소유권 개념과 법제는 우리나라 헌법과 민법전에도 나타난다. 그것은 우리나라 소유권 법제가 일본으로부터 계수되었고, 일본의 소유권 법제는 독일 민법전 체계를 계수한 것이고, 독일 민법전 체계는 나폴레옹 민법전의 영향 아래서 로마 물권법을 계수한 것이기 때문이다.

위에서 분석한 바와 같이 근대의 소유권은 지방호족의 폭력적인 공유지 수탈과 이를 사후적으로 인정한 점유지의 사유화 입법, 프랑스 혁명 이후 소유권의 자유권적 위상 부여, 물권 편향적 소유권 이해의 법제화 등을 통해 절대화되었다. 그러한 소유권 개념과 법제는 소유계급의 사회적 지배와 정치적 지배체제를 공고히 했고, 소유계급이 무산자 계급을 지배하고 수탈하고 착취하는 바탕이 되었다.

3. 소유의 사회적 책임에 대한 각성

근대 세계에서 소유권의 절대화가 날카롭게 비판되고 극복되어야 할 대상이 된 것은 그것이 가져온 폐단이 너무나도 컸기 때문이다. 절대화된 소유권은 토지 소유계급과 자본 소유계급의 지배를 공고히 했고, 소득분배를 양극화했고, 사회적 가난과 계급적 적대를 확산했다. 그러한 정치적·사회적 문제를 해결하고자 하는 노력은 크게 두 갈래로 나타났다. 하나는 사적 소유를 폐지하고자 하는 급진적인 공산주의적 방안이고, 다른 하나는 소유의 사회적 책임을 강화하려는 사회적이고 민주주의적인 방안이다.

3.1. 사적 소유의 폐지 방안

사적 소유를 폐지하고 재산 공유제를 추구하려는 노력은 역사적 뿌리가 깊다. 공적인 정치와 사적인 경제를 엄격하게 구분했던 플라톤이 정치에 참여하는 계급의 사적 소유 금지를 요구한 것이 그 실례이다. 플라톤의 요구는 스파르타에서 실현되기도 했다. 신약성서에는 성령을 받아 한마음과 한뜻을 품은 신도들이 재산을 팔아 마련한 재화를 공유하는 재화 공산주의를 실천했다는 기록이 있다. 기독교 세계에서 공산주의는 제도 교회 바깥에서 활동했던 소종파들의 이상이었다. 중세 말기에 공산주의적 소종파들은 지상에 천년왕국을 수립하고자 했다. 공산주의적 천년왕국 사상을 앞세운 토마스 뮌처(Thomas Münzer)는 봉건적 토지 소유를 해체하고 수탈당한 공유지의 원상회복을 추구하는 농민전쟁을 이끌었다. 크롬웰 정권하에서 평등파와 디거파는 토지공유제에 바탕을 둔 새로운 사회를 꿈꾸었다. 프랑스 혁명을 통해 부르주아 계급이 자유권적 권리들과 소유권을 확립한 데 맞서서 바뵈프는 모든 민중의 경제적 평등을 이루려면 소유권의 뿌리를 뽑아내야 한다고 주장했다. 산업혁명이 확산하면서 초기 사회주의자들과 공산주의자들은 생산수단의 공유와 민주적 통제에 바탕을 둔 공유경제를 지향했다.

사적 소유 폐지의 정당성을 논증한 이론가는 단연 마르크스였다. 그는 사적 소유가 소외된 노동의 결과라고 분석했다. 따라서 사적 소유의 폐지를 의미하는 공산주의는 소외된 노동의 극복이고, 인간의 본질과 실존을 하나로 통합하여 진정한 인간성을 실현하는 길이라고 마르크스는 주장했다.[13] 그는 사적 소유의 폐지와 관련해서 생산수단의 사회화를 주장했고, 토지의 국유화를 강조했다. 그는 프랑스에서 소규모로 분할된 농지에 대한 농민적 소유관계에 근거한 소농체제의 보수적 성격을 비판하고, 이를 개선하기 위해 제시된 토지의 협동조합적 소유에 대해서도 단호하게 반대하면서 오직 토지국유화만이 노동과 자본의 관계를 완전히 변화시키고 공업뿐만 아니라 농업에서도 자본주의적 생산을 완전히 폐지할 것이라고 주장했다.[14] 토지국유화는 러시아 혁명을 이끈 볼셰비키의 기본 노선이었다. 농촌과 농민을 봉건적 관계로부터 완전하게 해방하기 위해서는 "토지의 국유화, 사적 토지 소유의 폐지, 모든 토지의 국가 소유로의 이전"이 필요하고, 그것이 경제적 필연성이라는 것이다.[15]

특별히 프리드리히 엥겔스는 일찍부터 영국과 스코틀랜드 등지의 대도시에서 빈민과 노동자 계급이 처한 열악한 주거환경에 관심을 두고 이를 심층적으로 분석했고,[16] 도시 빈민과 노동자 계급의 주거 문제 해결을 위해 획기적인 대책을 모색했다. 그는 정부가 공급하는 주택을

---

13 K. Marx, *Ökonomisch-philosophische Manuskripte aus dem Jahr 1844, MEW 40 (Ergänzungsband)*, 536.

14 K. Marx, "Über die Nationalisierung des Grund und Bodens," *MEW 18*, 62.

15 1905~1907년의 제1차 러시아 혁명 시기에 레닌은 농민을 봉건적 예속 관계에서 해방하는 부르주아 혁명 단계에서 토지의 국유화를 사회민주주의적 농업강령의 핵심으로 꼽았다. 이에 대해서는 V. I. Lenin, "1905-1907년 제1차 러시아 혁명기의 사회민주주의 농업강령," 『마르크스 엥겔스 주택문제와 토지국유화: 서민·노동자들의 주택 문제 해소와 토지공개념을 제시한 최초의 저서』, 카를 마르크스·프리드리히 엥겔스 외/김대용 옮김 (서울: 노마드, 2019), 225를 보라.

16 프리드리히 엥겔스는 자신의 직접 관찰과 신빙성 있는 문헌 자료에 근거하여 영국과 스코틀랜드 등지의 대도시에서 살아가는 노동계급의 주거환경을 60쪽에 걸쳐 생생하게 분석했다. Friedrich Engels, *Die Lage der arbeitenden Klasse in England: Nach eigner Anschauung und authentischen Quellen, MEW 2*, 269-305.

임대하여 집세를 내는 방식으로는 노동 대중의 주택문제를 해결할 수 없다고 주장했다. 집세는 "임차인이 자본의 영원한 권리에 지급하는 공납"이다. 그러한 집세를 인정하게 되면, "집은 전혀 영원한 것이 아닌데도 집세를 요구하는 영원한 법률적 근거로 바뀐다"는 것이다.[17] 그 대안으로서 엥겔스는 노동수단 전체의 '사실상의 점유', 곧 노동 인민의 산업 전체에 대한 소유를 제시했고, 주택도 노동 인민의 총체적 소유의 대상이 되어야 한다고 보았다.[18] 그러한 엥겔스의 입장은 볼셰비키 혁명 이후 러시아에서 공공주택 공급정책의 기조를 이루게 되었다.

마르크스 이후 사회주의자들이 옹호한 사적 소유의 폐지, 토지국유화, 공공주택 공급 등은 부르주아적 소유권 질서에 큰 도전이 되었고, 부르주아 헌정 질서를 갖춘 여러 나라에서 소유의 사회적 책임을 성찰하는 계기가 되었다.

3.2. 소유의 사회적 책임

사적 소유의 폐지를 앞세운 사회주의자들의 공격은 부르주아적 소유권 질서와 그 폐해를 검토하도록 자극했고, 소유권에 대한 새로운 해석을 촉진하였다. 앞의 절에서 분석하였듯이 소유권은 자유권의 위상을 갖게 되고 고대 로마법에 바탕을 둔 물권으로 해석되면서 절대화되었다. 소유권이 절대화하면서 소유계급의 지배와 빈부격차는 견딜 수 없게 커졌다. 그러한 상황을 극복하려면 소유권을 상대화하고 소유의 사회적 책임을 확립하여야 했다.

---

17 Friedrich Engels, "Zur Wohnungsfrage: Dritter Abschnitt," *MEW 18*, 272f.
18 Friedrich Engels, "Zur Wohnungsfrage: Dritter Abschnitt," 281f.

그러한 기획은 소유권의 물권 편향성을 해체하기 위해 소유권의 본질과 소유권의 실체를 구별하는 데서 출발한다. 소유권의 본질과 소유권의 실체를 구별해서 소유의 사회적 책임을 확립하는 논증 과정은 이미 본서 제V부 1장 2.1.3에서 상세하게 펼쳤으므로 여기서는 그 결론만을 확인하기로 한다. 고대 로마법의 물권은 물건의 소유자에 대한 귀속 관계에 근거하여 소유자가 물건에 대한 배타적 사용권, 수익권, 처분권을 주장하는 것을 그 핵심으로 삼는다. 그러한 물권은 물건의 인적 귀속 관계를 매개로 해서 사람과 사람이 맺는 관계를 완전히 도외시한다. 그러나 엄밀하게 분석하면 소유권은 물건의 인적 귀속 관계와 그 귀속 관계를 매개로 해서 맺어지는 사람과 사람의 관계라는 두 계기를 포함한다. 앞의 것을 소유권의 본질이라고 하고, 뒤의 것을 소유권의 실체라고 한다. 소유자가 다른 사람의 간섭 없이 자신에게 속한 물건에 대한 처분권을 행사한다고 가정해 보자. 그러한 처분권은 한편으로는 물건의 사람에 대한 귀속을 전제하지 않고서는 성립되지 않으며, 다른 한편으로는 제3자가 물건 소유자의 물건 처분권을 인정하고 그 권리의 행사를 간섭하거나 침해하지 않을 의무를 받아들이는 규범 없이는 확립될 수 없다. 이처럼 소유권의 본질과 실체를 일단 구별하고 난 뒤에 양자의 통일로 나아가는 방식으로 소유권을 이해하면, 소유권은 물권으로 축소될 수 없고, 사회적 동의에 근거하여 규범적으로 인정되는 권능임을 쉽게 알 수 있다. 그러한 소유권은 국가가 정한 법률을 통해 규율되어야 할 권능이다. 그것이 소유권의 법리이다.

그다음에 위에서 말한 소유권의 법리를 놓고 보면, 소유권이 자유권적 기본권이라는 주장은 상대화되어야 한다. 소유권은 인간의 존엄성 보장처럼 절대적 의미를 지닌 기본권이 아니다. 소유권이 「인간과 시민의 권리들에 대한 선언」(1789)에서 신성불가침의 권리로 수용된 것은 소유가 인간과 시민의 자유를 실현하기 위한 수단으로 인정되었기 때문이다. 그것이 시민사회의 요구였다. 소유가 인간과 시민의 자유를 뒷받침하는 물질적 근거이기에 국가조차도 그 소유를 함부로 침해하지 못하도록 별도로 보호해야 한다는 것이 소유권에 자유권의 위상을 부여한 논거였다. 그렇다면 두 가지를 분명히 짚어야 한다. 하나는 국가가 자유의 물질적 기반이 되도록 따로 보호해야 할 소유는 자유의 주체인 자연인의 소유라는 것이다. 다른 하나는 자연인의 자유를 물질적으로 보장하는 소유가 무제한적이지 않고, 동시대인들의 사회규범이 허용하는 한계 안에 머물러야 한다는 것이다. 자연인의 소유에 부여되는 특권과 한계는 자연인이 소유에 따르는 권리와 의무를 갖는다는 것을 뜻한다. 한편으로 자연인의 소유는 그것이 자연인의 자유를 뒷받침하는 물적인 근거인 한, 국가가 확인하고 보호하여야 할 자연인의 권리다. 다른 한편으로 자연인의 소유는 공동체의 이익에 이바지하고 공동체의 이익과 조화를 이루어야 할 의무가 있다. 자연인의 소유권 행사는 공익에 부합되어야 할 뿐만 아니라, 자연인의 소유에서 비롯되는 이익이 자연인에게 독점되지 않고 그 이익의 상당 부분이 공동체를 위해 환수될 수 있어야 한다.

소유에 따르는 권리와 의무는 자연인의 경우보다 법인의 경우 더 엄격하게 규정되어야 한다. 법인은 자연인과 두 가지 점에서 결정적으로 구별된다. 하나는 법인의 불사성(不死性)이고, 다른 하나는 소유의 무제한적 추구이다. 상법, 민법, 공법, 디지털 법 등에 근거하여 법률적으로 구성되는 법인은 자연인과는 달리 죽지 않는 특성을 가졌고, 따라서 법인의 소유는 이론적으로 그 한계가 없다. 그러한 법인의 소유를 자연인의 경우처럼 자유의 이름으로 조건 없이 보호한다면, 법인이 소유권에 근거하여 행사하는 권력은 거의 통제할 수 없을 만큼 커질 것이다. 그러한 일은 법인이 추구하는 영업의 자유와 사익 추구의 자유를 절대적 권리로 인정하고 보호하는 신자유주의적 경제 레짐에서 두드러지게 나타났고, 거기서 비롯되는 사회적 폐해와 생태학적 폐해는 이 책의 여러 곳에서 누누이 분석한 바와 같다. 이런 점을 고려한다면 법인이 상법, 민법, 공법, 디지털 법 등의 허용 범위 안에서 권리 능력과 의무 능력을 행사하도록 통제되어야 하는 것은 물론이고, 특히 소유권 행사가 법인의 사익과 공익의 균형을 이루도록 체계적으로 규율되어야 한다는 점을 강조할 필요가 있다.

위에서 말한 바와 같이 소유권의 물권 편향성을 해체하고 소유권이 절대적 자유권이 아니라는 점을 인정한다면, 소유권이 사회적 인정과 규율 아래 놓인다는 원칙이 확립될 수 있다. 그렇게 되면 소유권 행사는 책임을 지며, 그 책임은 법률을 통해 부과된다는 규범이 확립될 수 있다. 그러한 소유권 개념을 받아들인 바이마르공화국 헌법은 세계 헌정사에서 최초로 소유권의 사회적 책임을 명문화했고,[19] 그러한 헌법 규범은 제2차 세계대전 이후 재건된 독일 기본법에 계수되었다.[20] 토지소유권과 관련해서 소유의 사회적 책임을 논한다면, 토지소유권이 토지의 소유자에 대한 귀속 관계를 부정할 수 없도록 확정한다고 하더라도 그 토지에 대한 사용·수익·처분의 권능, 곧 소유권의 행사는 그로 인해

19 바이마르 제국헌법 제153조 3항: "재산은 책임을 진다. 그 사용은 동시에 공동의 최선에 이바지하여야 한다."
20 독일연방공화국 기본법 제14조 2항: "재산은 책임을 진다. 그 사용은 동시에 만인의 복리에 이바지하여야 한다."

사람들 사이에서 발생하는 효과를 고려해야 하고, 따라서 사회적으로 승인받아야 한다.

역사적으로 볼 때 토지 지배를 매개로 한 봉건적 지배 관계가 철폐된 것은 그것이 사회적으로 더는 용납될 수 없었기 때문이다. 대한민국이 수립된 뒤에 토지개혁을 시행하면서 경자유전의 원칙에 따라 토지 수용과 배분이 이루어진 것도 똑같은 이치이다. 부동산 투기로 인한 부동산 가격 폭등과 터무니없는 지대 수취로 인해 빈부격차가 확대되고 사회적 약자의 생활권과 주거권 그리고 영업권이 심각한 위협을 받는 오늘의 상황에서 부동산 소유자가 소유권 행사에 따르는 의무와 부담을 받아들이지 않겠다는 것은 사회규범에 어긋나는 일이고 사회적으로 용인될 수 없는 일이다.

4. 토지공개념의 확장과 강화

땅과 토지의 소유는 단지 사익 추구의 원천이 되어서만은 안 되고, 공익을 최대한 실현하도록 규율되어야 하고, 사람이 자주적으로 살아가는 데 꼭 필요한 재화로서 그것을 필요로 하는 사람들에게 적절하게 배분되어야 한다. 그렇게 하려면 토지공개념이 제대로 정립될 필요가 있다. 토지공개념은 문자적으로는 토지공유를 지향한다. 토지가 모든 사람에게 주어진 공공재이기에 누구나 그 토지를 사용할 권리가 인정되어야 하고, 누군가에 의해 독차지되어서는 안 된다는 뜻이다. 그러나 토지가 이미 소유의 대상이 되어 있는 현실에서는 그 토지에 대한 소유권의 행사가 다른 사람들에게 피해를 주지 않고 공익에 이바지하도록 해야 한다. 그렇게 하는 것도 넓은 의미에서 토지공개념을 확립하는 일이다.

우리 사회에서 토지공개념은 낯설지 않다. 그린벨트 설치와 운영은 토지공개념이 실현된 매우 중요한 실례이다. 그린벨트제도는 1971년 수립되었다. 비록 그린벨트제도가 억압적인 방식으로 도입되었고, 그린벨트 해제가 개발 압력에 밀려 행정당국의 자의에 따라 이루어지는 경우가 왕왕 있기는 하지만, 그린벨트의 설치와 운영은 소유권이 공익을 위해 제한될 수 있음을 잘 보여준다.

토지공개념은 우리나라 헌법 제122조에 나름대로 명문화되어 있다.[21] 이 헌법 규정에 따라 중앙정부와 지방자치단체는 "국토의 효율적이고 균형 있는 이용·개발과 보전을 위하여" 법률이 정하는 바에 따라 재산권과 그 행사에 제한과 의무를 부과할 수 있는 광범위한 재량권을 행사할 수 있다.[22] 헌법 제122조는 헌법 제23조 3항(재산권의 수용·사용 또는 제한)에 의해 뒷받침되고 있다. 이 두 헌법 조문에 근거하여 국가는 법률이 정하는 바에 따라 보상을 한 토지와 땅을 국가의 판단에 따라 이용하거나 개발하거나 보존할 수 있다. 그것은 재산권이 절대적인 권리가 아니고, '효율적이고 균형 있는 국토개발'을 위해 제한될 수 있는 상대적 권리임을 잘 보여준다.

그동안 학계에서는 헌법 제122조가 규정하는 토지공개념이 지나치게 국가주의적으로 규정되었다고 지적하곤 했다. 헌법 제122조는 토지

---

21 대한민국 헌법 제122조 "국가는 국민 모두의 생산 및 생활의 기반이 되는 국토의 효율적이고 균형있는 이용··개발과 보전을 위하여 법률이 정하는 바에 의하여 그에 관한 필요한 제한과 의무를 과할 수 있다."

22 우리나라 헌법은 소유권 대신에 '재산권'이라는 개념을 사용한다. 소유권과 재산권이 모두 영어로는 property, 독일어로는 Eigentum으로 표현되기에 필자는 두 용어를 동일어로 사용한다. 아래에서 우리나라 헌법을 놓고 소유권을 논할 때 '소유권'은 '재산권'으로 표기한다.

의 공공성을 실현하는 주체를 국가로 한정하고 있고, '효율적이고 균형 있는 국토개발'의 목표 아래 토지의 공공성을 설정하고 있다. 더구나 그 목표를 달성하는 방안은 전적으로 국가에 일임되어 있다. 그와 같이 토지공개념이 국가주의적 성격을 강하게 띠고 있는 것은 매우 심각하고 중대한 문제이다. 물론 국가가 국토개발을 주도하여 공익을 실현하는 데 이바지한 것도 사실이다. 그러나 성장주의 이데올로기에 사로잡힌 국가가 국토개발의 청사진을 제시하고 국토개발을 주도함으로써 재벌이나 주택개발업자, 투기꾼들의 이익을 극대화하기도 했다. 그러한 폐단은 극복되어야 하고, 그렇게 하려면 토지공개념을 새롭게 정립해야 한다.

부동산 투기와 부동산 불로소득으로 인해 사회적 양극화가 심각한 우리나라에서는 토지공개념이 더 강화되고 확장되어야 한다. 국가주의적인 토지공개념의 프레임은 국민을 토지의 공공성을 실현하는 주체로 세우는 프레임으로 전환되어야 한다. 토지와 땅은 모든 사람의 이익을 위해 사용되어야 하는 공유재의 성격을 띠고 있기에 원칙적으로 사유화의 대상이 될 수 없다. 그런 원칙을 명확히 하고 나서 개인이나 생활공동체가 자주적인 삶을 살아갈 수 있도록 땅과 토지에 대한 소유권과 사용권을 인정하되 사회규범이 용인하는 한도 안에서 그 규모를 법률로 정하도록 한다면, 국민이 참여하는 토지공개념을 구현하는 데 이바지할 수 있을 것이다. 따라서 헌법 제122조는 국가의 행위에 관한 문언만을 포함하는 데 그쳐서는 안 되고, 국민의 땅과 토지에 대한 소유는 토지의 공공성을 구현하는 데 이바지하여야 하고, 자주적인 삶을 실현하는 데 필요한 한도에서 허용되며, 그 내용은 법률로써 정한다는 문언을 포함할 필요가 있다.

그러나 토지공개념은 헌법 제122조를 확대한다고 해서 충분히 구현되지 않는다. 토지공개념은 재산권의 사회적 규율에 바탕을 둘 때 제대로 실현될 수 있다. 재산권의 사회적 규율이 가능해지려면 재산권을 규정하는 헌법 제23조가 반드시 전면적으로 개정되어야 한다. 우리나라 헌법은 제23조 1항에서 재산권의 자유권적 성격을 분명히 함으로써 국가가 재산권을 법률로써 보호할 책무를 천명하고 있다. 그런 다음에 헌법 제23조 2항은 재산권 행사가 "공공복리에 적합하도록 하여야 한다"고 명문화하고 있다. 더 나아가 헌법 제23조 3항은 법률을 통한 정당한 보상을 전제로 해서 "공공필요에 의한 재산권의 수용·사용 또는 제한"을 규정하고 있다.[23] 언뜻 보면 우리나라 헌법은 재산권의 사회적 규율을 지지하는 것 같다. 그러나 깊이 들여다보면 그렇게 판단하기 어려운 점이 많다.

먼저 재산권을 자유권으로 규정하는 헌법 제23조 1항은 재산권의 본질과 실체를 개념적으로 구별하지 않은 채 '재산권의 내용과 그 한계'를 법률로써 정한다고만 규정하고 있다. '재산권의 내용과 그 한계'를 법률로써 정한 민법은, 다 아는 바와 같이, 물권 편향적으로 규정되어 있다. 그다음에 헌법 제23조 2항의 규정은 재산권이 사회적으로 규율되어야 한다는 당위를 선언하는 데 그칠 뿐 재산권의 사회적 규율을 법률로써 뒷받침할 수 있는 근거를 마련하고 있지 않다. 재산권의 사회적 규율은 헌법의 재산권 규범만으로는 실효성을 얻기 어렵게 되어 있다. 끝으로 재산권의 '제한'을 명시한 헌법 제23조 3항은 헌법 제37조 2항

---

23 대한민국 헌법 제23조 ①모든 국민의 재산권은 보장된다. 그 내용과 한계는 법률로 정한다. ②재산권의 행사는 공공복리에 적합하도록 하여야 한다. ③공공필요에 의한 재산권의 수용·사용 또는 제한 및 그에 대한 보상은 법률로써 하되, 정당한 보상을 지급하여야 한다.

에 근거하는데, 헌법 제37조 2항을 재산권에 적용해서 읽으면 헌법은 '국가안전보장·질서유지 또는 공공복리' 등 공공의 필요가 있을 때 재산권을 법률로써 제한할 수 있도록 규정하지만, 재산권의 '본질'을 침해할 수 없도록 하고 있다. 헌법 제37조 2항이 재산권의 '본질'을 따로 규정하지 않았으므로 재산권의 '본질'에 관한 규정은 헌법 제23조 1항이 법률로써 규정하도록 한 재산권의 '내용과 그 한계'에 관한 해석에 따라 결정될 수밖에 없다. 우리나라 법 현실에서 헌법 제23조 1항이 규정하는 재산권의 자유권적 성격이 어떻게 판단되는가는 대한민국 헌법 제23조에 관한 대법원 판례 64건, 헌법재판소 결정례 454건을 살펴보면 알 수 있다. 대법원 판례와 헌법재판소 결정의 핵심 논거는 국가의 행위가 재산권의 '본질'을 침해하였는가에 관한 판단이다. 그것은 대법원과 헌법재판소가 재산권의 자유권적 성격을 판단의 출발점으로 삼는다는 뜻이다. 헌법재판소는 우리나라 헌법에서 '재산권의 내용과 한계'는 법률로써 형성되어야 할 대상으로 여겨지고 있지만, "그 법률은 재산권을 제한한다는 의미가 아니라 재산권을 형성(形成)한다는 의미를 갖는다"라고 확실하게 결정한 바 있다.[24]

위에서 분석한 내용을 고려할 때 재산권의 사회적 규율이 가능하기 위해서는 재산권이 자유권으로 규정되지 않고 사회적 권리로 재규정되어야 한다. 재산권은 무조건 보호되어야 할 권리가 아니라 사회적으로 승인되고 인정되어야 할 권리이다. 재산권을 사회권으로 규정한다고 해서 국가가 사람의 자주적인 삶을 보장하는 데 필요한 재산을 보호할 책무가 사라지지 않는다. 자연인의 재산권은 국가의 특별한 보호 대상

---

24 헌법재판소 전원재판부 1993. 7. 29. 92헌바20.

이 되어야 한다. 그러나 자연인의 재산 규모는 사회규범이 용인하는 범위 안에서 법률을 통해 규정되어야 한다.

이미 앞에서 상세하게 살핀 바와 같이 재산권의 본질과 재산권의 실체를 구별하고 둘을 통일하는 전체로서 재산권을 규정한다면, 재산권의 사회적 규율은 법률로써 충분히 이루어질 수 있다. 만일 재산권의 사회적 규율을 헌법에 명문화할 수 있다면 토지공개념을 규정하는 헌법 제122조를 따로 둘 필요 없이 헌법 제23조에 병합하는 것이 가장 이상적이다. 헌법 제23조와 제122조를 병합하여 다음과 같이 정식화한다면 토지공개념을 가장 완벽하게 실현할 수 있을 것이다. 그것은 성서의 희년법 정신을 근사치적으로 구현하는 방안이라고 생각한다.

① 재산권은 인정된다. 그 본질과 실체[25]와 한계는 법률로 정한다.
② 재산권의 행사는 공공복리에 적합하여야 하고, 사회적 책임을 다하여야 한다. 재산권 행사에 관해서는 법률을 통해 특별한 제한과 부담과 의무가 부과된다.
③ 공공의 필요에 의한 재산권의 수용·사용 또는 제한 및 그에 대한 보상은 법률로 정하되, 재산권자의 이익과 공공의 이익이 균형을 유지하도록 하여야 한다.
④ 국민의 땅과 토지에 대한 소유는 땅과 토지의 공공성을 구현하는 데 이바지하여야 하고, 사람의 자주적인 삶을 실현하는 데 필요한 한도에서 허용되며, 그 내용은 법률로써 정한다.

---

25 만일 현행 헌법 제23조 1항 규정에 나오는 재산권의 '내용'이 재산권의 본질과 실체를 의미한다면 그렇게 써도 무방할 것이다. 그러나 우리나라 헌법과 민법이 대륙법의 영향 아래 있다는 것을 고려한다면, 재산권의 '내용'을 그 '본질과 실체'로 보완하는 것이 적절하다.

4장
토지공개념 3법을 통한
부동산 불로소득의 환수 실험

앞의 3장에서 살핀 바와 같이 성서의 희년법은 사람들이 인간의 존 엄성을 유지하면서 자유롭게 살아가는 데 꼭 필요한 것을 하나님의 '아 홋째'로 간주하여 소유와 독점의 대상이 될 수 없도록 했고, 하나님이 모든 사람에게 생활의 터전으로 허락하신 땅과 토지가 공익을 최대한 실현하는 방식으로 사용되어야 한다는 것을 되풀이해서 일깨워 준다. 그러한 희년법 정신은 소유의 절대화를 비판하는 거점이 되고, 현대 사 회에서 토지공개념을 구상하도록 자극하는 영감의 원천이 된다.

토지공개념은 이미 한국 사회에 수용되어 법제화된 바 있다. 1980 년대 후반에 부동산 투기가 극성을 부리고 부동산 불로소득이 터무니 없이 커지자 정부와 국회가 이에 대응하여 토지공개념에 바탕을 두고 입법에 나섰다. 그 입법이 토지공개념을 어느 만큼 실현했는가는 별도 로 치더라도 토지공개념이 법제화되었다는 것은 큰 의미가 있다.

토지공개념을 실현하는 방식에는 여러 가지가 있다. 토지국유제, 공 공임대제, 공익을 위해 토지 소유를 규율하고 개발이익을 환수하는 방식 등이 그것이다. 아래서는 그러한 토지공개념의 실현 방식을 살피고, 우리나라가 선택한 토지공개념에 바탕을 둔 토지공개념 법률의 입법 취지와 그 한계를 분석한다.

1. 토지공개념을 실현하는 방식

토지공개념을 실현하는 방식은 크게 보아 세 가지이다. 하나는 토지 공개념을 문자적으로 실현하기 위해 땅과 토지에 대한 사적 소유를 금지하고 국가가 땅과 토지의 소유권을 행사하는 방식이다. 그것이 마르크스 이래 사회주의 세력이나 공산주의 세력이 추구해 왔던 토지국유제이다. 소련은 토지국유제를 실현한 최초의 국가였고, 소련의 뒤를 이어 사회주의 혁명에 성공했거나 소련의 영향 아래 사회주의적 개혁에 나섰던 나라들이 토지국유제를 도입했다. 토지국유제는 부동산 소유계급의 불로소득을 원천적으로 차단하는 강력한 제도이지만, 국가가 소유의 주체로서 땅과 토지에 대한 전권을 행사함으로써 여러 가지 문제를 낳기도 했다. 예를 들면 소련을 위시해서 많은 사회주의 국가들에서는 국가의 개발 행위로 인해 광범위한 환경파괴가 일어났고, 국가가 관료주의적으로 추진한 사회주의적 집합주택 보급으로 획일적인 주거환경이 조성되었다. 그런 점을 고려할 때 엄격한 토지국유제는 국가가 고도의 사회적 안목과 생태학적 안목을 갖고서 계획적으로 국토개발과 주택 보급에 나설 능력이 있을 때 지지를 받을 수 있다고 지적할 필요가 있다.

또 하나는 땅과 토지에 대한 공공임대제도이다. 공공임대제도는 국가가 소유한 국·공유지를 국가로부터 임대하여 그 땅과 토지를 사용하는 자가 그 대가로 국가에 임대료를 지급하는 제도이다. 땅과 토지에 대한 사용권을 다른 사람에게 매각하거나 양도하거나 재임대할 수 있도록 규정할 수도 있다. 공공임대제도는 중국이나 베트남처럼 사회주의적 토지국유제를 시행했던 나라들에서 널리 활용되고 있으며, 국·공유지가 충분히 공급되는 나라들에서도 얼마든지 시행될 수 있다. 공공임대제도가 성공하려면 국가로부터 임대받은 땅과 토지의 사용료, 곧 전통적인 의미의 지대가 정확하게 산정되어야 한다. 그렇지 않으면 좋은 입지의 땅과 토지를 헐값의 임대료를 지급하고 사용하는 경우나 그 반대의 경우가 나타나 공공임대제도가 관료적 부패가 성행하고 특권이 형성되는 복마전으로 전락할 수 있다.

마지막 하나는 조세정책과 규제정책을 통해 부동산 불로소득을 환수하는 방식이다. 부동산 개발 이익 환수, 부동산 거래에서 발생하는 자본이득 환수, 지대공유제, 부동산 보유세 등은 토지공개념을 실현하는 유력한 방안들이다. 그 방안들 가운데 특히 지대공유제는 우리나라에서 여전히 낯선 개념이다. 지대공유제의 핵심은 땅과 토지에서 발생하는 지대를 환수하여 모든 국민에게 나누어 주거나 모두에게 이익이 되도록 공적으로 사용하는 것이다. 부동산 불로소득을 환수하는 다양한 제도적 방안들에 대해서는 나중에 더 자세히 들여다볼 것이다.

위에서 말한 세 가지 토지공개념 구현 방식들 가운데 우리나라에서 채택할 수 있는 방식은 어떤 것일까? 일단 우리나라에 토지국유제를 도입하기는 어려울 것이다. 우리나라에서는 땅과 토지에 대한 사적 소유와 독점이 크게 진전되었다. 그러한 상황에서 토지국유제를 실시하려면 부르주아적 소유권을 소멸시키는 혁명적인 조치를 시행하거나 유상

몰수 조치를 해야 한다. 오늘의 정세에서 탈(脫)부르주아적 혁명을 성공시키기는 쉽지 않다. 정부가 공익을 위해 유상몰수를 시도할 수 있지만, 그 비용은 천문학적 규모에 이를 것이다.

공공임대제는 어떨까? 우리나라에서 공공임대제는 물론 가능하다. 그러나 그 규모는 매우 제한적일 것이다. 공공임대의 대상은 국·공유지인데, 그 규모는 전 국토의 30%를 조금 넘는다. 우리나라에서 국·공유지는 산림, 하천, 강, 호수, 해안 등에 편중되어 있고, 경제적으로 활용할 수 있는 땅은 이미 도로, 항만, 철도, 비행장 등과 같은 사회간접자본과 도시 기반 인프라 등에 상당히 많이 편입되어 있다. 주거용 택지와 농경지, 목축지, 공단 등 산업 용지로 사용할 수 있는 토지를 공공임대 형태로 더 많이 공급하려면, 국가가 장기간에 걸쳐 민간으로부터 토지를 대규모로 매입해야 하는데, 그 비용 역시 천문학적일 것이다.

토지국유제나 공공임대제에 비하면 부동산 개발 이익 환수, 부동산 양도차익 환수, 지대공유제, 부동산 보유세 등은 토지공개념을 실현하는 수준이 가장 낮다. 그러나 그 제도를 수립하는 데 들어가는 비용은 가장 적다. 지대공유제의 정신에 따라 부동산 불로소득을 거두어 모든 사람의 이익을 실현하는 방식으로 부동산 보유세제를 설계하여 운영하면 그 제도를 도입하는 데 큰 저항이 일어나지 않을 공산이 크다. 우리나라는 대체로 낮은 수준의 토지공개념을 도입하고 법제화했다. 토지공개념 입법이 이루어질 당시만 해도 지대공유제나 토지보유세 등은 정부나 입법부가 전혀 염두에 두지 않았기에 더더욱 그러했다.

2. 우리나라에서 시도된 토지공개념의 법제화

우리나라에서 토지공개념은 부동산 투기가 극성을 부리던 1980년 대 말에 법제화되기 시작했다. 1988년 정부는 「8·10 부동산 대책」을 통해 "토지공개념에 바탕을 둔 토지제도의 근본적인 개선 방침"을 제시했다. 1989년 12월 국회는 토지공개념이 "토지의 개인적 소유권 그 자체는 인정하되, 그 이용을 공공복리에 적합하게 규제하여야 한다는 뜻"으로 정의하고, 택지 소유의 상한을 설정하고, 토지초과이득을 환수하고, 개발부담금을 징수하는 것을 골자로 하는 토지공개념 법률을 제정했다. 「토지소유상한에 관한 법률」, 「토지초과이익세법」, 「개발이익환수에 관한 법률」 등이 그것이다. 그러한 토지공개념 입법은 토지제도를 획기적으로 변화시키고자 하는 취지를 담고 있었다. 그러나 그 법률들은 헌법재판소에 의해 위헌 결정을 받아 폐지되는 등 제대로 시행되지 못했다.

2.1. 「토지소유상한에 관한 법률」과 이에 대한 위헌 결정

택지소유상한법은 자연인의 토지 소유가 사회규범에 따라 용인될 수 있는 한계를 가져야 한다는 소유의 사회적 책임 계명을 반영한 법제이고, 재산권의 '한계'를 법률로써 정한다는 헌법 제23조 1항 규정에 부합한다고 볼 여지가 있는 법률이다. 자연인이 인간의 존엄성에 부합하는 삶을 살아가는 데 필요한 땅과 토지를 확보하여 자신의 삶을 자유롭게 형성할 권리는 마땅히 존중되어야 하지만, 자연인의 과도한 땅과 토지의 소유는 불로소득의 원천이 되어 사회규범상 수용되기 어렵다. 따라서 이를 억제하는 것은 토지공개념의 취지에 부합한다고 볼 수 있다.

그러나 헌법재판소는 1999년 4월 「택지소유상한에관한법률 제2조 제1호 나목 등 위헌소원」에서 택지소유상한법을 위헌으로 결정했다. 위헌 결정의 논거로는 택지소유상한법이 택지 소유의 목적이나 택지 기능을 전혀 고려하지 않고 6대 도시(특별시, 직할시)에서 일률적으로 택지 상한을 660㎡로 정해 헌법상의 재산권을 과도하게 침해한다는 점, 법 시행 이전에 택지를 소유한 사람에게도 택지 소유의 경위나 목적을 묻지 않고 택지 상한을 일률적으로 적용하고 있다는 점, 기한을 정하지 않고 매년 택지가격의 4%에서 11%의 초과 소유 부담금을 징수해서 재산을 무상으로 몰수하는 효과를 낸다는 점 등이 거론되었다.[1]

그런데 1998년 9월 19일 국회는 택지소유상한법에 관한 헌법재판소의 결정이 내려지기도 전에 외환위기로 IMF 경제신탁을 받는 어려운 경제 형편을 고려하여 이 법을 폐지하였다. 그것은 경제 상황 개선이나 경제성장 목표 달성을 위해 토지공개념을 언제든 포기할 수 있다는 것을 보여준 나쁜 선례라고 평가할 수 있다.

2.2. 「토지초과이익세법」과 이에 대한 위헌 결정

토지초과이득세는 개발 토지 인근의 토지에서 발생하는 지가 상승이 정상적인 땅값 상승을 초과하였을 경우 지가 상승의 초과분에 과세하여 초과이득을 환수하는 제도이다. 토지개발의 인근 효과로 지가가 상승하여 거둘 이득을 토지 소유자가 독차지한다면, 그것은 앞의 2장

---

1 헌법재판소 전원재판부 1999. 4. 29. 94헌바37.

2에서 밝힌 바 있는 '공유지 수탈'에서 비롯된 불로소득을 내버려 두는 일이 될 것이다. 토지초과이득을 세금으로 환수하는 것은 불로소득 환수를 통해 공익에 이바지하도록 하는 조치여서 토지공개념에 부합하는 제도로 평가할 수 있다.

그런데 토지초과이득은 평가하기가 쉽지 않고, 토지를 처분하지 않을 때는 미 실현 자본이득의 성격을 갖는다. 이런 몇 가지 특징 때문에 토지초과이득세는 그 도입 과정에서 심한 저항에 부딪혔고, 헌법 소원의 길을 걸었다. 1994년 헌법재판소는 「토지초과이득세법 제10조 등 위헌소원」에서 토지초과이득세법 자체를 위헌으로 보지는 않았다. 그것은 토지초과이득의 판정 기준이나 미 실현 자본이득에 대한 과세가 위헌 결정을 받지 않았다는 뜻이다. 이 점은 매우 중요하다. 다만 헌법재판소는 토지초과이득에 대한 세율을 법률로써 명시하지 않고 하위법령에 위임한 것이 위헌이라고 결정했다.[2] 1998년 12월 토지초과이득세법은 결국 폐지되었다. 토지초과이득세법의 폐지 역시 IMF 경제신탁 시기의 어려운 경제 상황에서 건설 경기를 끌어올리려는 정부의 의지가 반영된 것이라고 볼 수 있다.

2.3. 「개발이익환수에 관한 법률」의 문제

개발이익환수법은 토지개발자가 토지개발에서 얻는 이익 가운데 일

---

2 "토초세법상의 기준시기는 국민의 납세의무의 성부(成否) 및 범위와 직접적인 관계를 가지고 있는 중요한 사항이므로 이를 하위법규에 백지위임하지 아니하고 그 대강이라도 토초세법 자체에서 직접 규정해 두어야만 함에도 불구하고, 토초세법 제11조 제2항이 그 기준시기를 전적으로 대통령령에 맡겨 두고 있는 것은 헌법상의 조세법률주의 혹은 위임입법의 범위를 구체적으로 정하도록 한 헌법 제75조의 취지에 위반"된다는 것이다(헌법재판소 전원재판부 1994. 7. 29. 92헌바49.).

부를 부담금으로 내도록 하는 제도이고, 이때 개발부담금은 조세의 성격을 갖지 않고 준조세의 성격을 띤다. 개발이익환수법은 IMF 경제신탁 기간에 어려운 경제 상황을 고려해서 1999년 9월 19일 부칙 신설을 통해 잠정적으로 중단되기도 하였으나 오늘에 이르기까지 유지되고 있는 유일한 토지공개념 법률이다. 개발이익환수법은 그동안 무수히 개정되었고, 개정될 때마다 점점 더 개발이익을 실효성 있게 환수하지 못하게 되었다고 평가된다.

「개발이익 환수에 관한 법률」은 토지개발로 인해 발생하는 이익을 평가하여 일정 비율에 따라 개발부담금을 부과하고, 개발부담금의 절반을 개발사업 인허권자에게 돌아가도록 규정하고 있다. 따라서 법률 자체만 보면 그 법률은 토지공개념을 구현하도록 설계되어 있다는 인상을 준다. 같은 법 제8조는 개발부담금의 부과 기준인 개발이익을 최종 지가에서 개발비용과 정상지가상승분을 뺀 나머지 부분으로 규정하고, 개발비용에는 양도소득세가 포함되어 있다. 그러나 개발이익에서 개발부담금이 차지하는 비율, 개발부담금의 면제 및 감면, 기부채납에 의한 개발부담금 대체 등을 규정하고 있는 조항들은 많은 문제점을 안고 있다.

무엇보다도 먼저 개발이익환수법 제13조는 개발이익의 최고 25%를 개발부담금으로 내도록 규정하고 있다. 개발이익의 나머지 75%는 합법적으로 개발사업자에게 돌아가게끔 되어 있다. 대규모 부동산 개발에 따른 개발이익이 수조 원에 달하는 경우 개발사업자는 개발이익환수법이 보장하는 천문학적 이익을 거둔다.

그다음에 개발이익환수법 제7조 1항은 "국가가 시행하는 개발사업과 지방자치단체가 공공의 목적을 위하여 시행하는 사업으로서 대통령령으로 정하는 개발사업에는 개발부담금을 부과하지 아니한다"라고 규정하고, 제7조 2항 2목은 공공기관과 지방공기업 등이 시행하는 개발사업은 개발부담금의 50%를 감면하도록 규정하고 있다. 중앙정부와 지방자치단체, 공공기관, 지방공기업이 택지 개발사업에서 차지하는 비중이 압도적이라는 점, 이러한 공공부문의 부동산 개발에서도 엄청난 규모의 개발이익이 발생하고 있다는 점 등을 고려한다면, 개발이익 환수법은 개발이익을 환수하지 못하도록 무력화되었다고 말해도 무방할 정도이다.

끝으로 토지개발을 한 민간 사업자는 공공시설을 건설하여 개발사업 인허가권자인 공공부문에 무상으로 증여하는 기부채납의 형식으로 개발부담금을 갈음하기도 한다.[3] 법률이 개발부담금을 기부채납으로 대체하도록 허용하였기에 개발사업 인허가권자와 개발사업자는 불투명한 협상을 통해 기부채납액을 결정할 수 있다. 이를 보여주는 사례가 대장동 택지개발 및 주택공급 사업(이하 대장동 사업)일 것이다. 대장동 사업의 문제에 대해서는 아래의 보론에서 간략하게 다룬다.

보론: 대장동 택지개발 및 주택공급 사업에서 나타난 개발이익 환수의 문제

대장동 사업은 2008년에 개정된 도시개발법에 따라 지방자치단체인 성남시가 도시개발구역을 지정함으로써 시작되었다. 사업 주체인

---

3 「개발이익 환수에 관한 법률」 제11조 2항 가목은 개발부담금에서 "납부 의무자가 국가나 지방자치단체에 공공시설이나 토지 등을 기부채납(寄附採納)하였을 경우에는 그 가액"을 공제하도록 규정하고 있다.

성남시는 성남도시개발공사를 설립하여 사업 진행을 맡겼고, 사업 자금 부족의 애로를 타개하기 위해 민간 사업자를 끌어들여 민관 공동사업의 형식으로 사업을 본격적으로 추진했다. 민간 사업자의 허브는 신용을 창출하여 공급하는 은행 컨소시엄이었다. 성남시의 도시개발구역 지정은 인·허가권자가 자기가 지정한 사업자인 성남도시개발공사에 개발사업의 인·허가를 내준 사업이고, 해당 지역의 용적률, 건폐율, 층고에 대한 규제를 완화하고 토지형질을 변경하였기에 애초부터 도시개발 사업과 주택공급을 통해서 천문학적 이익을 거둘 수 있다고 기대되었던 사업이다.

그 사업의 내용을 들여다보면 그것이 전형적인 공유지 수탈에 기반을 둔 사업임을 곧바로 알 수 있다. 대장동 사업은 지역 주민들로부터 토지를 수용하고, 이를 택지로 개발하여 주택을 공급하는 사업이었다. 토지 수용에 따른 보상이 이루어졌더라도 그 사업은 사실상 토지에 울타리를 쳐서 지역 주민들을 내쫓고, 그 울타리 안으로 들어와 택지와 주택을 얻고자 하는 사람들에게 그 대가를 치르게 해서 돈을 버는 수익 모델이 핵심이었다. 아마 울타리 안으로 들어오기 위해 주택 한 채당 토지조성 원가보다 1억 원 이상의 돈을 더 낸 사람들은 그동안 땅값이 올라서 이익을 보았으니 큰 손해를 보지 않았다고 생각할는지 모르겠다. 그들은 그 땅값 상승이 공유지 수탈에서 비롯되었다고 인식하지 못했을 수도 있다. 토지 수용과 울타리 치기, 울타리 안으로 들어와 개별적인 시세 차익 실현하기 등에서 발생하는 이익과 그 분배는 그동안 민간 공급자가 중심이 된 사업이든, 공공 공급자가 중심이 된 사업이든, 민관 공급자가 중심이 된 사업이건 차이가 없었다.

물론 성남시가 추진한 대장동 사업은 공공적 성격을 띠는 것이어서

도시개발구역 지정과 사업 추진에서 거둔 이익 일부가 기부채납과 성남도시개발공사 출자액에 따른 배당금으로 환수되어 공익을 위해 쓰였다. 대장동 사업의 관리와 감독의 책임을 졌던 당시 성남 시장이 '단군 이래 최대 공익 환수'라고 내세울 만큼 공익 환수액은 그 어느 개발사업보다도 많았다. 공익 환수액 5,503억 원 가운데 1,882억 원은 출자 배당금이었고, 나머지 3,621억 원은 기부채납액이었다. 기부채납액은 신흥동 제1공단 공원화 사업비와 인근 지하 통로 사업비 그리고 도시개발구역 외부의 교통 기반 시설비로 투입되었다.

그러나 기부채납은 일종의 '대가성 증여'의 성격을 띤다는 점도 유의해야 한다. 기부채납액이 크면 클수록 그 대가로 개발사업자에게 더 큰 특혜가 주어지는 것이 상례이고, 기부채납제도의 운영과 관리의 규정이 모호해서 기부채납의 적정성을 판단할 때는 많은 주의를 기울여야 할 필요가 있다.[4] 대장동 사업에서 발생한 이익 가운데 절반가량이 민간 사업자의 수중에 떨어졌다는 것은 공유지 수탈이 엄청나게 벌어졌다는 것을 뜻한다.

---

4 기부채납이 '대가성 증여'의 성격을 띤다는 점에 대해서는 조혜경, "도시개발의 공적 성격과 민관 공동 개발사업의 제도적 문제점: 성남 대장동 개발사업 논란이 남긴 숙제," *Alternative Issue Paper* 23(2022), 6f.를 보라. 여기서 조혜경은 기부채납의 법적 성격을 규정한 대법원 판례(대법원 92다 4031, 1992.12.8. 선고)를 인용한다. 기부채납의 법적 성격은 기부자가 그의 소유재산을 지방자치단체의 공유재산으로 증여하는 의사표시를 하고 지방자치단체는 이를 승낙하는 채납의 의사표시를 함으로써 성립하는 증여계약이라는 것이다.

3. 토지공개념 3법의 재정비 방향

위에서 살핀 바와 같이 우리나라에서 토지공개념을 구현하기 위해 제정된 「토지소유상한에 관한 법률」, 「토지초과이익세법」, 「개발이익 환수에 관한 법률」 등 세 가지 법률 가운데 앞의 두 가지는 폐지되었고, 개발이익환수법은 거의 무력화되었다. 부동산 투기와 불로소득이 우리 나라 경제를 속속들이 병들게 했다는 것을 고려한다면, 그것은 매우 유 감스러운 사태가 아닐 수 없다. 2010년대 후반 이후에 부동산 투기가 다시 극성을 부리고 부동산 불로소득이 천문학적 규모에 이르자 시민 사회와 정치권은 토지공개념의 활성화와 새로운 법제화를 강력하게 요 구하고 나섰다. 토지공개념 3법은 앞으로 그 취지를 되살려 재정비하는 입법의 길을 가야 할 것이다. 아래서는 토지공개념의 새로운 입법과 관 련해서 유념할 점을 몇 가지 생각한다.

첫째, 헌법재판소가 「토지소유상한에 관한 법률」에 대해 위헌 결정 을 내린 이유를 돌이켜본다면, 앞으로 토지소유상한법 같은 토지공개 념 법률을 다시 제정하려면 헌법의 재산권 규정을 적극적으로 재해석 하든가, 이를 개정할 필요가 있다. 헌법 제23조 1항은 재산권의 '내용과 그 한계'를 법률로써 규정하도록 했고, 헌법재판소는 재산권의 '내용'을 법률로써 규정한 민법에 따라 재산권을 물권으로 좁게 해석하는 편향 을 보였다. 한마디로 헌법재판소는 재산권의 '내용'을 재산권의 본질과 실체로 개념적으로 구별해서 인식하지 않았고, 헌법 제37조 2항의 '본 질' 개념을 끌어들여 재산권의 '본질'을 물권으로 굳힌 것이다. 그러한 헌법재판소의 해석과 편향은 극복되어야 한다. 만일 재산권의 '내용'을 재산권의 본질과 실체로 구분하고 재산권이 그 본질과 실체를 통일하는 권리라고 해석된다면, 재산권의 사회적 책임이 명확하게 드러나고 그것을 법률로써 규정하여야 한다는 것이 뚜렷하게 인식될 것이다. 재산권의 '내용'이 그렇게 해석된다면, 사회규범에 따라 허용될 수 있는 규모를 초과하는 택지의 소유는 당연히 억제되어야 한다. 만일 헌법재판소가 그와 같이 재산권의 '내용'을 적극적으로 해석하지 않는다면, 헌법 제23조의 재산권 규정은 개정의 길로 가야 한다.

그밖에 토지소유상한법 같은 법률을 다시 제정하고자 한다면, 구 (舊) 「토지소유상한에 관한 법률」에 근거한 초과 소유부담금이 재산권을 무상으로 몰수하는 효과가 있어서 위헌이라는 헌법재판소의 결정을 고려할 필요가 있다. 초과 소유부담금은 보유세로 바꾸되, 택지 소유 기준을 넘어선 택지 부분에 대해서는 특별 보유세를 부과하는 방식을 취하면, 제도 도입에 대한 저항을 줄이고 헌법이 금지하는 재산권의 무상 몰수 시비를 피할 수 있을 것이다.

둘째, 「토지초과이익세법」에 관해서는 헌법재판소가 실현되지 않은 부동산 자본이득에 관한 과세를 목표로 했던 그 법률 자체를 위헌으로 판단하지 않았다는 것이 중요하다. 헌법재판소는 단지 초과이득에 대한 세율을 법으로 규정하지 않았다는 것을 이유로 들어 해당 조항에 대해 위헌 결정을 내렸을 뿐이다. 따라서 「토지초과이익세법」은 세율 조항을 기술적으로 보완하기만 하면 언제든 부활시킬 수 있는 법률이다. 그러한 「토지초과이익세법」을 개정하지 않고 어려운 경제 형편을 핑계로 폐지한 것은 국가가 토지공개념을 구현할 의지가 없었다는 것을 보여줄 뿐이다.

셋째, 「개발이익환수에 관한 법률」은 공유지 수탈 방식의 토지개발 사업에서 발생하는 천문학적 개발이익을 제대로 환수하기 위해 전면적으로 개정되어야 한다. 「개발이익환수에 관한 법률」의 결정적인 문제점은 개발이익을 개발부담금으로 환수하는 데 있다. 개발부담금은 세금이 아니다. 만일 개발이익을 국세로 징수하고, 중앙정부가 개발이익 세수를 모아 기금을 조성하여 국가 차원에서 공익을 위해 사용하거나 모든 국민에게 균분한다면, 개발이익의 환수와 배분은 훨씬 더 투명하게 이루어질 것이다. 개발이익을 국세로 환수할 경우, 기부채납으로 개발이익세를 대체하는 일은 저절로 종식될 것이다. 개발이익세는 개발 사업자의 적정 이윤을 넘어서는 개발이익을 완전히 환수하는 것을 목표로 하여야 한다. 따라서 개발이익세의 기준과 세율을 법률로써 엄격하게 정하고, 개발이익세의 면제나 감면이 허용되어서는 안 된다.

우리나라에서 입법화되고 시행되었던 토지공개념 3법은 지대공유제와 토지보유세를 중시하지 않은 채 설계되었다. 그것은 토지공개념 3법의 한계다. 지대공유제와 부동산 보유세를 도입하면 부동산 불로소득을 환수하는 효과가 매우 클 것이다. 이에 대해서는 절을 바꾸어 고찰하기로 한다.

5장
부동산 불로소득의 환수와 균분(均分)

　　부동산 불로소득의 환수는 지대공유제의 정신에 따라 기존의 토지 공개념 3법의 한계를 넘어서는 방식으로 설계될 수 있다. 본래 지대는 땅과 토지의 임대에서 발생하는 자산소득을 뜻했지만, 요즈음 지대는 특권에서 발생하는 소득이나 이득을 통칭한다. 따라서 지대는 땅과 토지의 소유가 특권화되면서 발생하는 자산소득과 자본이득을 가리키고, 앞의 2장에서 분석한 바와 같이 많은 경우 불로소득의 성격을 띤다. 지대공유제는 이러한 불로소득을 환수하여 균분하는 제도이다. 지대공유제는 일찍이 토마스 페인(Thomas Paine)에 의해 구상되었으며, 그의 구상을 수용한 헨리 조지(Henry George)에 의해 가다듬어졌다. 아래서는 먼저 토마스 페인과 헨리 조지의 지대공유 사상을 살피고, 그다음에 지대공유제를 구현하는 몇 가지 제도적 방안을 고찰한다.

1. 토마스 페인과 헨리 조지의 지대공유 사상

토마스 페인은 1795년에 작성한 『토지 정의』라는 팸플릿에서 지대 공유에 관한 구상을 밝혔다. 그는 땅이 만인의 공유재산이라고 생각했다. 땅은 소유의 대상일 수 없고, 땅을 독점한다는 것은 더더욱 생각할 수 없는 일이다. 어떤 사람이 땅을 개간하였을 때, 그가 개간해서 이익을 얻었다면 그 이익만큼은 개간자에게 돌아가야 마땅하지만, 그가 개간한 땅이 공유재산이라는 사실이 변하지 않는다는 것이다. 그가 개간한 땅의 소유권을 주장하여 거기서 거둔 모든 소득을 독차지하는 것은 모든 사람에게 돌아갈 몫을 가로채는 것이어서 부당하다는 것이다.[1] 따라서 그가 개간을 통해 이바지한 몫을 공제한 나머지 소득은 세금으로 돌려받아 만인의 이익을 위한 기금으로 조성되어야 하고, 만인은 그 기금에서 자신의 몫을 받을 자격과 권리가 있다는 것이다. 그런 점에서 페인은 지대공유에 근거한 시민 배당을 주장한 최초의 사상가로 꼽힌다.

19세기 말에 헨리 조지는 페인의 사상을 가다듬어 지대를 모조리 환수하여 모든 사람의 이익을 위해 사용하자는 지대공유제를 주장했다. 그는 미국을 위시한 당대 세계에서 지대 수취에서 비롯되는 폐해의 심각성을 인식하고 그 해법을 찾기 위해 고심했다. 문명이 진보하는 데도 빈곤이 확산하는 까닭은 토지 소유자가 지대를 수취하고 독점하기 때문이다. 땅은 하나님의 것이고 하나님은 사람들이 삶을 영위하도록 모든 사람에게 그 땅의 사용을 허락하였다는 성서의 희년법 정신을 잘 알고 있었던 헨리 조지는 리카도의 지대론[2]을 가다듬어 지대 수취가 정당

---

1 토마스 페인/정균승 옮김, 『토지 분배의 정의: 혁명인가 상식인가』 (서울: 프롬북스, 2023), 15ff.
2 리카도의 지대론, 특히 차액지대론에 관해서는 앞의 2장 1을 보라.

하지 않다는 결론을 내렸고, 지주들이 수취한 지대를 공유하여 사회발전을 위해 사용해야 한다고 생각했다. 그렇게 한다면 문명의 진보를 촉진하면서 빈곤을 퇴치할 수 있다는 것이다. 그는 그 생각을 다음과 같이 알기 쉽게 정리했다.

> 내가 주장하는 것은 사유 토지의 매수도 환수도 아니다. 매수는 정의롭지 못한 방법이고, 환수는 지나친 방법이다. 현재 토지를 갖고 있는 사람은 그대로 토지를 갖게 한다. 각자가 보유하는 토지를 지금처럼 자기 땅이라고 불러도 좋다. 토지를 사고파는 것도 허용하고, 유증과 상속도 할 수 있게 한다. 알맹이만 얻으면 껍질은 지주에게 주어도 좋다. 토지를 환수할 필요는 없고 단지 지대만 환수하면 된다. 이 제도는 지대를 징수해 공공경비에 충당하면 그만이므로 정부가 토지 임대 문제에 신경 쓸 필요가 없다. … 토지 소유자에게 지대의 적은 부분을 남겨 두고… 기존의 기구를 활용해서 지대를 징수해 공공경비에 충당한다면 잡음이나 충격 없이 토지에 대한 공동의 권리를 확립할 수 있다.[3]

헨리 조지의 생각은 단순하면서도 설득력이 있다. 토지 소유제가 확립된 역사적 조건들 아래서 그의 아이디어를 실현하는 제도는 문자 그대로 지대공유제이다. 그는 지대공유를 통하여 토지공개념을 실현할 수 있다고 보았다. 땅과 토지에서 발생한 지대를 세금으로 환수하여 모든 사람의 이익을 위하여 사용하면, 땅과 토지에 대한 소유는 명목일 뿐 땅과 토지의 보유에서 발생하는 이익은 모든 사람에게 공유되기 때

---

3 김윤상·박창수,『헨리 조지, 진보와 빈곤』(서울: 살림, 2007), 186f.

문이다.

지대공유제의 핵심은 지대에 매기는 세금이다. 지대를 세금으로 징수하여 공익을 위해 사용하면 국민소득 가운데 지대로 빠지는 것이 사실상 사라지기 때문에 국민소득은 노동소득과 자본소득으로 분배되어 두 가지 소득이 모두 증가하는 효과를 거두게 된다. 자본소득이 증가하면 경제 활력이 강해지고, 노동소득이 증가하면 구매력이 강화되고 복지가 향상될 것이다.

정부의 경제 개입을 최소화하는 것이 바람직하다고 생각하였던 헨리 조지는 지대세 이외의 모든 세금을 폐지하는 것이 바람직하다고 생각했고, 자본소득과 노동소득에서 세금을 거두는 것은 결코 용인해서는 안 된다고 주장했다. 자본소득세와 노동소득세 징수는 생산 활력과 소비 능력을 저하하여 국민경제의 선순환을 가로막기 때문이라는 것이 그 논거였다. 그는 지대가 발생하지 않는 국민경제에서는 노동소득과 자본소득의 발생을 그대로 두어도 자본주의 경제는 원활하게 돌아가리라고 생각했다. 바로 그 점에서 헨리 조지는 리카도의 충실한 제자였다. 그러한 생각은 자본주의 경제에서 노동소득과 자본소득의 성격에 관한 몰이해에서 비롯된 것이어서 그 한계는 마땅히 비판되어야 한다.[4]

---

4 헨리 조지는 리카도와 마찬가지로 자본주의 경제에서 결정되는 노동소득과 자본소득의 정당성을 인정했다. 리카도는 노동력과 노동을 개념적으로 구별하지 못해서 자본주의 경제에서 합법의 가면을 쓰고 자행되는 노동력 수탈을 인식하지 못했고, 임금(노동소득)이 노동시장에서 공정하게 교환된 '노동'의 대가라는 허위의식에 매몰되어 있었다. 그런 점에서 리카도의 가치론에 따라 노동소득과 자본소득의 정당성을 그대로 인정하고 있는 헨리 조지의 견해는 비판받아야 마땅하다. 지대에 대한 과세가 제대로 이루어지면 노동소득이나 자본소득에 대한 과세를 폐지해도 좋다는 조지의 주장은 자본주의적 소득분배에 관한 몰이해에서 비롯된 것이어서 기각되어야 한다. 지대의 공유를 전제하더라도, 자본의 이해관계와 노동의 이해관계를 조화시켜 국민경제의 거시균형을 달성하는 방법을 마련하려면 리카도와 헨리 조지의 이론을 뛰어넘어야 한다.

2. 부동산 불로소득의 환수

헨리 조지의 이론이 갖는 한계를 지적한다고 해서 그가 주장한 지대 공유제가 빛이 바래는 것은 아니다. 물론 그는 땅과 토지에서 발생하는 전통적인 의미의 지대를 세금으로 거두는 것을 생각했을 뿐이다. 그러나 땅과 토지의 가격이 상승한 뒤에 이를 거래하여 얻는 자본이득이나 마르크스의 '도시지대' 개념이나 데이비드 하비(David Harvey)의 확장된 '공유지 수탈' 개념이 시사하는 바와 같이 도시개발, 택지개발, 건축 규제 완화, 공공 인프라 구축 등에서 엄청난 지대가 발생한다는 점도 고려해야 한다. 우리나라에서는 특히 땅과 토지의 소유가 상위 1% 혹은 상위 10%에 집중되어 있어서 부동산 보유가 특권을 형성하고 부의 세습을 이루는 통로의 역할을 한다는 점도 중시되어야 한다.

이러한 점들을 고려하면서 부동산 불로소득을 환수하는 방안을 다양하게 마련할 필요가 있다.

2.1. 부동산 임대소득과 양도차익에 대한 징세

땅과 토지의 소유로 인하여 발생하는 이익은 실로 다양하다. 토지 임대료, 건물 임대료 등과 같은 전통적인 의미의 지대는 그 이익들 가운데 하나이다. 도시와 산업이 발전하면서 주택과 부속 토지, 공장과 부속 토지 등 부동산 소유로 인해 발생하는 이득이 커졌고, 그 이득의 실현 형태도 다양해졌다. 단순히 부동산을 보유하고 있기만 해도 부동산 가치가 상승하여 부동산 거래를 통해 자본이득이 발생한다. 도시개발과 국토개발에서 발생하는 '공유지 수탈'의 경제적 이득은 엄청나다. 증여,

상속 등에서 발생하는 자본이득도 막대하다. 주목할 것은 도시 구역과 공장 구역에서 임대소득이 차지하는 비중이 오랫동안 매매차익 실현보다 적은 편이었지만, 2014년 이후에는 매매차익을 조금씩 앞지르고 있다는 점이다.

앞의 1장에서 밝힌 바 있듯이 2007년부터 2015년까지 부동산 불로소득의 규모는 연평균 GNP의 25%에 달했다. 이러한 불로소득을 모조리 환수하여 모든 국민에게 배분했다면, 2007년부터 2015년까지 국민총소득이 달러 기준으로 평균 2만 8천 달러였다고 계산할 경우 국민 한 사람에게는 연평균 약 7천 달러의 소득이 증가하는 효과를 냈을 것이다.

우리나라의 현행 부동산세제는 부동산 보유에서 발생하는 불로소득을 환수하는 역할을 제대로 수행하지 못하고 있다. 현행 부동산세제에서는 최고 12%에 이르는 취득세나 등록세 같은 거래세의 비중이 높은 편이고, 양도소득세, 증여세, 상속세 등 부동산 양도소득이나 종합부동산세 등과 같은 보유세는 실효성이 떨어지며, 부동산 임대소득에 대한 과세는 제도 자체가 성숙하지 않은 편이다. 재산세는 부동산이 위치한 지역의 행정 비용이나 인프라 구축 비용을 충당하기 위해 거두는 지방세제이고, 부동산 소유에서 발생하는 자산소득이나 자본이득과는 성질이 다른 세금이니 부동산 불로소득을 다루는 맥락에서 따로 다룰 필요가 없다. 아래서는 부동산 임대소득, 부동산 자본이득, 부동산 보유세의 문제를 살핀다.

첫째, 부동산 임대소득은 부동산 소유를 매개로 해서 발생하는 자산소득이지만, 그동안 부동산 임대소득에 대한 과세는 제대로 이루어지지 않았다. 2017년 부동산 임대사업자 등록제가 활성화된 이래 임대소득 신고가 체계적으로 이루어지기 시작하였으니 앞으로 사정은 나아질 것이다. 부동산 임대소득에 대한 과세는 모든 임대소득을 신고하도록 강제하는 시스템을 구축하는 것이 중요하다. 부동산 임대소득에 대한 과세는 명목 임대소득에서 부동산 자산 매입 자금에 대한 시장이자, 부동산 관리 비용, 부동산 거래비용 등을 공제한 나머지 소득에 대해 적정 세율로 과세하여 부동산 소유자가 불로소득을 독차지할 수 없게 해야 한다. 부동산 소유자가 부동산 가격 상승을 반영하여 부동산 매입 자금을 경정하는 절차를 밟도록 하는 것도 당연히 고려되어야 한다.

둘째, 부동산 양도소득은 보유 부동산의 가치상승에서 비롯된 것이고, 그 가치상승에 부동산 보유자가 특별히 이바지한 것이 없기에 전형적인 불로소득의 성격을 띤다. 그러한 불로소득은 예외 없이 세금으로 징수되어야 한다. 이 경우 세무 당국은 양도차익에서 부동산 취득에 투입된 자금에 대한 시장이자, 부동산 건물의 감가상각비용, 관리 및 수리 비용, 부동산 거래비용 등을 공제한 불로소득 금액을 정확하게 계산하여 세금으로 징수하면 된다. 현재 부동산 양도소득에 대한 과세는 많은 예외 조항이 있어서 실효성 있는 과세가 이루어진다고 보기 어렵다.

1가구 1주택자는 실거주 요건을 충족하기만 하면 양도소득세를 면제받는다. 그러한 조치는 서울 강남 지역처럼 부동산 투기가 극성을 부리는 곳에서 부동산 투기의 유인이 된다. '똘똘한 집 한 채'를 통하여 몇억, 십몇억, 몇십억의 자본이득을 실현하면서도 세금을 한 푼도 내지 않는다면, 불로소득을 얻기 위한 투기판은 끝 간 데 없이 달구어질 것이다. 반면에 정부가 지정하는 특정 지역에서 2주택자와 3주택 이상 소유자에게 양도소득 기본세율에 각각 10%와 20%의 가산세율을 부여하는 징벌적 과세를 적용하면, 주택 소유자가 매물을 내놓지 않아 부동산 거래가 제대로 이루어지지 않을 것이고, 주택 가격 형성이 크게 왜곡될 것이다. 이런 점들을 고려할 때 양도소득세는 1가구 1주택자를 포함하여 주택 보유 수효에 상관없이 모든 부동산 거래에서 발생하는 불로소득을 남김없이 환수하도록 설계되어야 할 것이다.

셋째, 부동산 상속과 증여에 대한 과세는 부동산을 통한 부의 세습 효과가 나타나지 않도록 엄격하게 운용되어야 할 것이다. 부동산 상속이나 증여를 통해 얻는 자본이득의 80%를 세금으로 환수한다면, 불로소득을 통해 치부하는 일은 근절될 것이고, 국가가 불로소득을 환수하여 공익을 위해 사용할 기회가 늘어날 것이다.

2.2. 부동산 보유세의 강화

부동산 보유세는 과세에 따른 경제적 효율성에 대한 부정적 영향이 가장 적은 효율적인 세금이고, 소득재분배를 통해 소득 불평등을 완화하고 부동산 가격을 하락시키는 효과가 우수한 세금이다.[5] 따라서 부동산 보유세는 부동산 투기를 억제하고 부동산 소유에서 발생하는 지대를 환수하는 강력한 조세제도로 설계할 만한 가치가 있다. 우리나라에서 부동산 보유세의 성격을 갖는 부동산 과세는 종합부동산세. 종합부동산세가 과연 보유세의 성격을 제대로 갖추고 있는가에 대해서는 여러 가지 의문이 있다. 따라서 종합부동산세의 문제를 드러내고 본격적인 부동산 보유세를 도입하는 방안을 생각해 볼 필요가 있다.

참여정부는 부동산 투기를 억제하고 불로소득을 환수하기 위하여 다주택 소유자나 고가주택 소유자에게 재산세 부담을 가중하는 정책을

---

5 이선화 · 황상현 · 김미림 · 김행선, "경제적 불평등의 특성과 조세정책의 과제: 부동산 보유세를 중심으로,"『국회미래연구원 연구보고서』20-36(2020), 56, 102f., 121f.

펼치고자 했으나, 일부 지방자치단체가 이를 거부했다. 이에 대응해서 참여정부는 종합부동산세를 국세로 징수하고 그 세수를 지방자치단체에 교부금으로 나누어 주는 세제를 설계하고, 2006년 종합부동산세법을 법제화하는 데 성공했다. 그렇기에 종합부동산세는 한편으로는 부동산 보유에 따른 부담을 늘려서 부동산 투기와 불필요한 부동산 보유를 억제하고, 다른 한편으로는 지방재정의 균형 발전을 추구하겠다는 취지로 제정되었다고 볼 수 있다. 한마디로 종합부동산세는 보유세와 재산세의 성격을 혼합한 세제였다.[6]

더구나 참여정부는 가구 단위로 부동산 보유 수효를 합산하여 가구별로 종합부동산세를 누진적으로 부과하도록 제도를 설계하였다. 그것은 다주택 보유가 가구 단위로 성행해서 가구 구성원들이 각각 별도의 주택을 소유하는 현실을 반영한 제도였다. 가구별 합산에 따른 종합부동산 과세에 관해서는 2008년 헌법재판소가 헌법 제36조 1항의 혼인과 가족의 보호 계명 등에 어긋난다고 보아 위헌 결정을 내렸고,[7] 이로써 보유세 강화를 통해 다주택 보유를 억제하려는 종합부동산세는 거의 무력화되다시피 했다.[8] 그 뒤에 종합부동산세는 법 개정을 통해 개

---

6 바로 이 점이 종합부동산세의 내적 모순으로 지적되곤 한다. 이에 대해서는 백수원, "현대적 의미에서의 종합부동산세법에 관한 헌법적 쟁점 검토," 「미국헌법연구」 31/3(2020), 216f.를 보라. 이외는 조금 다른 관점에서 종합부동산세가 부유세, 포괄적 소득세, 전통적 재산세의 성질을 가졌다는 분석도 있다. 이선화·황상현·김미림·김행선, "경제적 불평등의 특성과 조세정책의 과제: 부동산 보유세를 중심으로," 43.

7 「구 종합부동산세법 제5조 등 위헌소원」(헌법재판소 전원재판부 2008. 11. 13. 2006헌바112)에서 헌법재판소는 "종합부동산세법의 세대별 합산규정은 혼인과 가족생활의 보장에 관한 헌법 제36조 제1항에 위반되고, 주택분 종합부동산세 부과규정은 종합부동산세의 납세의무자 중 적어도 주거 목적으로 한 채의 주택만을 보유하고 있는 자로서, 그중에서도 특히 일정한 기간 이상 이를 보유하거나 또는 그 보유기간이 이에 미치지 않는다 하더라도 과세대상 주택 이외에 별다른 재산이나 수입이 없어 조세지불능력이 낮거나 사실상 거의 없는 자 등에 대하여 그들의 헌법상 기본권인 재산권을 침해하여 위헌임을 면할 수 없다 할 것"이라고 위헌 결정을 내렸다.

인별 합산과세 방식으로 변경되었으나, 부동산 소유계급은 종합부동산세를 '세금 폭탄'으로 비난하면서 계속 격렬하게 저항했고, 마침내 이명박 정부와 박근혜 정부에서는 그 시행이 전면 유보되었다. 부동산 투기와 불로소득을 근절하고자 한 문재인 정부가 2018년 12월 이래 수차례에 걸쳐 종합부동산세법을 개정하여 강력하게 시행하면서 과세기준과 세율을 크게 높이고 다주택자에 대한 징벌적 과세에 나서자[9] 이에 대한 저항이 더욱 심해졌다. 2022년 3월 대통령선거에서 정권이 교체된 것은 그러한 저항 때문이었다고 보는 시각도 있다.

종합부동산세가 이처럼 큰 저항에 부딪힌 것은 종합부동산세 설계와 시행에 몇 가지 문제가 있었기 때문이라고 지적된다. 하나는 문재인 정부의 종합부동산세 과세 방식에서 드러났듯이, 다주택 소유에 대한 징벌적 과세의 부담이 너무 컸기 때문이라고 한다. 둘째는 종합부동산세가 미 실현 자본이득에 대한 과세의 성격을 가져서 거부감이 컸기 때문이라고 한다. 마지막 하나는 종합부동산세를 내는 사람과 그 혜택을 입는 사람이 분리되었기 때문이라고 한다. 물론 그러한 지적은 일리가 있다. 재산권에 관련된 과세에서는 누구나 받아들일 수 있는 단순하고

---

8 문병호는 헌법재판소가 민법상의 부부별산제까지 끌어들여 가구별 종합부동산세 부과를 위헌으로 판단하여 종합부동산세를 무력화했다고 지적한다. 문병호, "헌법재판소의 종합부동산세 세대별 합산과세의 위헌결정에 대한 비판," 「민주법학」 39(2009), 244: "결정적으로 헌법재판소는 헌법을 기준으로 판단해야 함에도 불구하고 민법 등을 기준으로 위헌성을 판단하는 잘못을 저지르고 있다. 헌법의 다른 규정이나 헌법원리 등에 대해서는 언급이 없고 민법의 부부별산제를 근거로 세법의 세대별 합산과세가 부적합하다는 논리를 형성하고 있다."

9 문재인 정부는 종합부동산세 인상 조치를 통해 다주택자에 대한 징벌적 과세의 성격을 강화했다. 3주택 이상 보유자와 조정대상지역의 2주택 보유자는 현행 세율보다 0.1~1.2% 더 높은 세율로 종합부동산세를 내야 했고, 조정대상지역 바깥에 소재한 2주택 소유자와 고가의 1주택 보유자에 대한 세율도 인상했다. 세 부담 상한도도 조정대상지역 2주택자와 3주택 이상 보유자에 대해 기존 150%였던 연간 상한 기준을 300%로 높였다. 그밖에 공시지가 현실화 계획에 따라 종합부동산세를 부담하는 가구의 수는 크게 늘었다.

보편적인 과세 방식이 징벌적 과세 방식보다 더 낫다. 종합부동산세가 국세로 징수된 다음, 지방자치단체에 교부금으로 지급되는 방식으로 운용되어 세금 납부자와 세금 수혜자가 분리되자 조세 저항이 커진 것도 사실이다. 그러나 미 실현 자본이득에 대한 과세이기에 종합부동산세를 받아들일 수 없다는 주장은 수용되기 어렵다. 헌법재판소가 「토지초과이득세법」에 대한 위헌 심사를 하면서 미 실현 자본이득에 대한 과세가 위헌이라고 판단하지 않았다는 점을 상기할 필요가 있다.

종합부동산세의 가장 결정적인 문제는 그 제도가 재산세와 보유세를 혼합했다는 데서 찾을 수 있다. 재산세와 보유세는 엄연히 다른 성질의 세금이다. 재산세가 지방행정 비용과 지방 인프라 구축 비용을 충당하기 위한 지방세라면,[10] 보유세는 부동산 과다 소유를 억제하고 부동산 소유에서 발생하는 불로소득을 환수하기 위해 고안된 세금이다. 그렇다면 재산세와 보유세를 결합하여 혼란을 자초하는 종합부동산세를 폐지하고 재산세와 보유세를 세금의 성질에 따라 서로 선명하게 분리하여 각각 별도의 세제로 발전시키는 것이 좋다. 재산세를 지방세로 더 실효성 있게 발전시키고, 보유세를 국세로 더 완벽하게 제도화하자는 것이다.

재산세는 부동산이 소재하는 지역의 지방자치단체에 내는 지방세이고, 재산 가치를 유지하는 지방자치단체의 행정 비용과 인프라 구축 비용을 충당하기 위한 세금이다. 그러한 성질의 재산세는 주택별·토지별

---

10 재산세가 용익세의 성질을 띤다는 점에 대해서는 이영성·이정전, "토지세와 재산세 운용에 관한 小考," 「環境論叢」 45(2007), 86f.를 보라. 앵글로-색슨계 국가들에서는 토지에 관한 재산세를 용익세로 보는 관점이 널리 수용되고 있다. 단, 주택세는 주택이 제공하는 서비스 가치에 대한 과세, 곧 일종의 소비세로 본다. 이에 대해서는 Institute for Fiscal Studies(IFS), 「조세설계」, 한국조세재정연구원 옮김 (서울: ㈜시그마프레스, 2015), 398, 407을 보라.

로 부과하면 충분한 것이고, 개인별로 보유 주택과 토지 필지의 수효를 합산해서 누진적으로 과세할 특별한 이유가 있다고 할 수 없다.

부동산 보유세는 미 실현 자본이득을 포함해서 부동산 보유에서 발생하는 지대 등 불로소득을 환수하는 장치로 정교하게 고안되어야 한다. 부동산 보유세는 지방세가 아니라 국세로 징수되어야 마땅하다. 땅과 토지에서 나온 이익이 그 땅과 토지에 쏟아부은 자본과 노동력에 대한 대가보다 훨씬 더 커서 누군가에게 불로소득으로 독점되지 않게 하려면 국가가 그 불로소득을 환수하여 모든 국민의 이익을 위해 사용하는 것이 공평한 일이기 때문이다. 부동산 보유세를 설계할 때는 그 세금의 성질과 관련해서 몇 가지 세심한 주의를 기울일 필요가 있다. 우선 주택은 감가상각의 대상이기에 부동산 보유세의 대상이 아니다. 부동산 보유세는 땅과 토지에 부과될 뿐이다. 그다음에 미 실현 자본이득에 대한 과세를 포함해서 적정한 수준의 보유세를 부과하기만 해도 과세대상이 되는 땅과 토지의 보유는 강력하게 억제될 수 있다. 따라서 개인별로 보유한 모든 토지 필지를 합산해서 과도한 누진세를 징벌적으로 부과할 필요는 없다. 그러한 과도한 누진 보유세는 조세 저항을 불러들일 뿐이다.

땅과 토지는 경제발전에 따라 희소성이 더하여져서 그 값이 뛰는 경향이 있다. 땅과 토지의 가격은 거래가 이루어지지 않는 한 결정되지 않는다. 거래되지 않는 땅과 토지의 가격은 단지 평가액일 뿐이다. 국가는 세금을 매기기 위해 땅과 토지의 경제적 가치를 가늠하여 평가액을 정하여 이를 공시한다. 그것이 공시지가이다. 공시지가는 땅과 토지의 보유세를 결정하는 기준이다. 땅과 토지에 대한 보유세는 토지 소유의 양이나 토지의 용도나 유형 등에 따르는 차이나 예외를 두지 않고 공시지가를 기준으로 일률적으로 매기는 것이 바람직하다. 1평의 땅을 가진 국민이라면 모두 보유세를 내야 하고, 논밭, 임야, 산림, 주택 부속 토지, 공장 부속 토지 등을 구별하지 말고 똑같은 기준을 적용해야 한다.

우리나라에서 부동산 보유세는 강화되어야 한다. 그것은 부동산 보유세를 통해 부동산 불로소득을 환수하는 비율이 우리나라에서 지극히 미미했기 때문이다. 부동산 보유세는 종합부동산세라는 혼란스러운 형태로 존속해서 조세 저항으로 인한 침식이 심했고, 부동산 관련 세금 총액에서 종합부동산세가 차지하는 비중도 매우 작았다. 2017년 현재 GDP에서 차지하는 보유세의 비율은 0.8%에 그치고 있다. 그것은 2017년 현재 관련 통계를 내놓는 OECD 15개국의 평균 0.91%에 밑돈다. 부동산 시가총액을 기준으로 한 보유세 실효세율을 놓고 보면, 관련 통계를 내놓는 OECD 15개국 평균이 0.435%인데 비해, 땅값이 세계에서 가장 비싼 축에 속하는 우리나라는 0.156%에 불과하다.[11] 미국이나 캐나다의 부동산 보유세 실효세율이 1%에 달한다는 점을 고려하면 우리나라의 부동산 보유세 실효세율이 턱없이 낮다는 것을 알 수 있다. 한때 문재인 정부는 부동산 보유세율을 GDP의 1% 수준으로 높이는 것을 목표로 삼았지만, 이미 2013년 IMF는 부동산 보유세가 낮은 수준에 머물러 있는 선진국에 부동산 보유세율을 GDP의 2% 수준으로 높일 것을 권고한 바 있다.[12]

만일 우리나라에서 부동산 보유세율을 GDP의 2% 수준이나 OECD

---

11 이선화, "부동산 보유세제 개편의 쟁점과 기본 방향," 「지방세포럼」 54(2020), 30.
12 IMF는 그렇게 권고하면서 부동산 보유세가 부동산 투기 억제, 집값 안정, 과세 공정성 향상, 경기 안정화 효과 등의 장점이 있다고 지적했다. John Norregaard, "Taxing Immovable Property: Revenue Potential and Implementation Challenges," *IMF Working Paper*, *WP/13/129*(2013), 36, 출처: https://www.imf.org/external/pubs/ft/wp/2013/wp13129.pdf (2021년 10월 9일 다운로드).

의 평균 부동산 실효세율 수준으로 높인다면, 부동산 투기가 강력하게 억제되고, 부동산 불로소득이 장기간에 걸쳐 환수되는 강력한 효과가 나타날 것이다. 부동산 보유에 따르는 세금 부담이 피부에 와 닿을 정도로 커지면, 많은 사람이 부동산 보유 자체에 부담을 느끼게 될 것이고, 보유 부동산을 매각하려고 들 것이다. 물론 그러한 사태 발전에 맞서서 부동산 보유세 강화를 좌절시키려는 강력한 저항이 나타날 가능성이 매우 크다. 그러나 그러한 저항은 분쇄될 수 있어야 한다.

2.3. 부동산 보유세의 균분

부동산 보유세를 통해 부동산 불로소득을 환수하고 이를 모든 국민에게 균분하는 것은 부동산 보유세 도입에 대한 저항을 누그러뜨리고 이를 분쇄하는 방안으로 제시되곤 했다. 한마디로 그것은 부동산 보유세를 낸 사람들이 직접 그 세금의 혜택을 받도록 하자는 방안이다. 전강수와 강남훈은 땅과 토지를 소유한 사람들에게서 보유세를 거두어 이를 모든 국민에게 균분하는 '토지배당'을 도입하자고 제안했다.[13] '국토보유세'와 '토지배당'을 서로 연계하는 방안의 효과를 측정하기 위하여 전강수는 노무현 정부 시절의 종합부동산세 세율을 적용하여 국토보유세 징수액과 토지배당 액수를 추정하는 시뮬레이션 작업을 수행했다. 그 결과를 보면 2018년 현재 국토보유세로 거두는 세수는 약 15조 5천억 원으로 추정되고, 이를 인구수로 나누면 1인당 30만 원의 토지배당

---

13 전강수·강남훈, "기본소득과 국토보유세: 등장 배경, 도입 방안 그리고 예상 효과,"「역사비평」 120(2017), 260: "국토보유세와 기본소득을 결합하여, 전국에 소유하고 있는 토지를 인별 합산하여 누진세율로 과세하고 세수 순증분을 모든 국민에게 1/n씩 토지배당으로 분배한다."

이 이루어질 수 있다고 한다. 국토보유세를 거두어 이를 균분하면 부동산을 보유한 사람들을 포함하여 전체 가구의 94%가 부동산 보유세 도입으로 인하여 경제적 부담을 지지 않고 도리어 이익을 얻을 것이라고 한다.[14] 그렇게 되면 부동산 보유세 강화에 반발하는 세력은 국민의 대다수로부터 지지를 얻지 못하게 될 것이다.

세금 납부와 그 혜택을 직접 결합하도록 설계된 부동산 보유세는 부동산 양도소득을 기대할 수 없게 만들 것이다. 부동산 단기 매매의 경우 부동산 양도소득세에서 부동산 보유세를 공제하더라도 세금 부담은 클 것이다. 부동산 장기 보유의 경우 부동산 보유세가 양도소득세를 초과하게 될 것이고, 양도소득 그 자체가 무의미해질 것이다.

---

14 전강수, 『부동산 공화국 경제사』 (서울: 여문책, 2019), 234.

6장
공공주택 공급을 통한 주거 안정과 복지의 실현

성서의 희년법은 주택이 인간의 존엄한 삶에 필요한 재화라는 점을 인정하여 그 누구도 침탈할 수 없는 '하나님의 아홋짜'로 여겼다. 설사 성서의 희년법 정신을 끌어들이지 않더라도, 현대의 사회국가는 누구에게나 인간의 존엄한 삶과 행복 추구권을 보장하기 위해 충분한 주택을 공급하여 모든 사람의 주거 안정과 복지를 실현할 책무를 짊어져야 한다고 여겨지고 있다.

그동안 정부가 주거 안정과 복지 향상을 위해 공공주택 분양과 임대주택 공급에 나서지 않은 것은 아니지만, 그 규모는 보잘것없었다. 대규모로 공공택지개발을 하더라도 거기에 공공주택을 지어 분양하거나 임대하는 대신 민간주택사업자에게 공공택지를 팔아넘기기에 급급했다. 정부는 주택문제 해결을 개인들에게 떠넘겼다. 개인들은 상업은행에서 융자를 얻어 주택을 매입할 수는 있었지만, 정부의 담보대출비율(LTV)과 총부채상환비율(DTI) 규제로 인해 소득 능력과 신용 능력이 있을 때만 융자를 얻을 수 있었다. 그렇지 못한 사람들은 전세보증금을 대출받아 주택을 임대하거나 그것조차 어려운 사람들은 월세로 살아야 했다.[1]

한마디로 정부는 모든 사람의 주거 안정과 복지를 실현해야 할 사회국가의 책무를 내팽개치고, 특히 무주택자의 심각한 주거 불안정 문제와 열악한 주거복지 문제를 외면했다.

한국 사회에서 무주택자들의 비율은 매우 높고, 그들의 임대료 부담은 매우 무겁다. 통계청의 「2018년 주택소유 통계」에 따르면, 주택 소유 가구와 무주택가구의 비율은 전국적으로는 56.2% 대 43.8%이고, 서울의 경우에는 무주택가구의 비율이 더 커져서 50.1% 대 49.9%로 나타난다. 이를 가구 수로 나타내면 전국적으로 874만 가구 이상, 서울에서는 195만 가구 이상이 무주택가구이다. 우리나라에서 공공임대주택 재고는 2017년 현재 전체주택의 6.7%에 불과하며, 무주택자들은 민간 임대업자들에게 감당하기 어려울 정도로 많은 임대료를 지불한다. 임차 가구의 월 소득 대비 월임차료 비중은 2019년 현재 전국 평균 16.1%에 달했고, 수도권에서는 20.0%에 이르렀다. 세금과 공과금을 뺀 월 실질소득을 기준으로 할 때 임차료 비중은 훨씬 더 높을 수밖에 없다. 더구나 임대인들은 계약을 갱신할 때마다 전세보증금이나 월세를 터무니없이 올려 거의 약탈에 가까운 지대추구 행위를 일삼는다.

그러한 문제를 해결하려면 국가가 나서서 공공택지를 개발하여 양질의 임대주택이나 토지임대부 분양주택을 대량으로 공급할 필요가 있다.[2] 그것은 공유지 수탈에 바탕을 둔 택지개발 및 주택공급 사업 모델

---

1 그런 점에서 "한국의 사례는 자가 부문의 규모가 작은 편이면서, 공공임대 부문 역시 매우 작은 특이한 사례다." 이에 관해서는 신진욱·이은지, "금융화 시대의 주택체제 변동의 네 가지 경로: 국제 비교 관점에서 본 한국 주택불평등 구조의 특성," 「경제와사회」 95(2012), 239ff.를 보라.
2 남기업도 토지임대부 분양주택, 토지임대부 분양상가와 토지임대부 산업단지, 재개발·재건축 지역의 공공 수용, 토지저축은행 설립, 저소득층을 위한 공공임대주택 공급 등을 대안적인 부동산 개발 및 공급 정책으로 제시한다. 남기업, 『불로소득 환수형 부동산체제론』, 192-208.

을 폐기하는 것을 뜻한다. 정부의 공공택지 개발과 공공주택 공급은 몇 가지 원칙에 따라야 한다. 첫째, 토지개발 공공기관이 공공택지를 조성하고, 공공택지는 조성원가와 기관 비용을 반영한 정도의 가격으로 주택공급 공공기관에 공급한다. 둘째, 주택공급 공공기관은 공공택지를 매각하지 않고 임대한다.3 셋째, 주택공급 공공기관은 그 기관이 소유한 토지에 임대주택이나 토지임대부 분양주택을 지어 공급한다. 넷째, 임대주택은 영구 임대주택으로 명토를 박아야 하고, 일정 기간이 지난 뒤에 매각하는 일이 있어서는 안 된다.4 다섯째, 토지임대부 분양주택은 임대조건부 토지에 지은 것이니 주택 부분에 대한 매매만 허용하고, 그것도 환매조건부 매매의 형식을 취한다. 여섯째, 공공택지 개발과 공공주택 공급에 투입하는 사업비는 공채를 발행해서 마련하고, 그 공채는 도시개발·주택공급에 특화된 공공은행을 설립하여 그 은행이 매입하게 한다. 그러한 공공은행의 지급 능력은 당연히 중앙은행이 보장한다.

공공임대주택단지는 좋은 생활 입지에 일반주택과 같은 공간에 자리 잡도록 하여 사회 통합과 연대의 정신을 구현하도록 한다. 이제까지 공공임대주택단지는 시내에서 멀리 떨어진 외딴곳에 거의 격리단지처럼 조성되었고, 공공임대 아파트는 아파트단지의 격리된 구역에 배치

---

3 이제까지 공공부문은 국유지나 공유지 혹은 수용 토지를 택지로 개발하여 이를 매각하는 정책을 주로 시행해 왔는데, 그것은 공공부문이 개발이익 일부만을 차지하고, 택지를 사들인 주택공급 사업자에게 개발이익 대부분을 넘겨주는 어리석은 정책이다.

4 공공임대주택이 많이 보급된 네덜란드, 오스트리아, 덴마크, 영국 등지에서는 공공임대주택이 전체 주택의 20%를 넘지만, 우리나라의 공공임대주택 재고는 2017년 현재 전체주택의 6.7%에 불과하다. 이처럼 공공임대주택이 적은 것은 영구 임대주택 혹은 50년 정도 장기간 임대하는 주택을 많이 짓지 않고, 일정 기간(대개 10년) 임대 후 분양 조건으로 공공 임대주택을 공급했기 때문이다. 그것은 정부가 공공 임대주택의 공급과 관리의 부담을 지지 않고 주택단지를 개발하거나 주택을 건설한 뒤에 가급적 이를 매각하여 투자 원금을 회수하고 개발이익을 독점하는 정책을 취했기 때문에 나타난 현상이다. 이러한 정책은 더는 시행되어서는 안 될 것이다.

되어 사회적 통합과 연대를 해쳤다. 공공임대주택단지를 좋은 생활 입지에 조성하려면 그 입지의 용적률을 높이는 방식을 취함으로써 거기서 발생하는 공유지를 공익에 적합하게 사용하는 방식을 택할 수 있다.

공공임대주택의 대량 공급은 주택 임대 시장을 안정시키고, 장기적으로는 주택 가격을 하락시킬 것이다. 주택거래 가격은 결국 주택의 사용가치를 반영하는 임대료가 결정할 것이기 때문이다. 민간주택 임대업자들은 공공임대주택의 임대료를 무시하고 터무니없는 지대추구 행위에 나서지 못할 것이고, 좋은 입지에서 공공임대주택을 임차한 사람들은 부채를 짊어지면서까지 민간주택을 매입하고자 하는 절실한 욕망을 갖지 않을 것이다.

맺음말

한국 사회에서 부동산 투기를 근절하고 부동산 불로소득을 환수하여 모든 사람의 이익을 위해 사용하는 것은 각자에게 각자의 몫을 주라는 정의의 원칙에 부합하고, 시장경제의 질서를 바로잡는 중대한 조치이다.

우리나라에서 부동산 소유에서 발생하는 불로소득의 규모는 천문학적이고, 불로소득의 양태는 실로 다양하다. 전통적 의미의 지대와 부동산 임대소득 같은 자산소득, 부동산 거래에서 발생하는 자본이득, '공유지 수탈'에서 발생하는 개발이익, '공유지 수탈'에서 발생하는 토지초과이득, 상속과 증여를 통한 자본이득 등이 그것이다. 부동산 불로소득의 규모가 크다 보니 부동산 지대추구 행위는 시장경제를 퇴행시키고 세습 자본주의를 공고히 하는 효과를 자아내고 있다.

그러한 심각한 문제를 해결하려면 토지공개념을 바탕에 두고 부동산 소유와 그 행사를 규율하여 불로소득을 환수하고, 공익을 위해 사용할 수 있어야 한다. 토지공개념은 성서의 희년법 정신에 아로새겨져 있다. 희년법 정신은 인간의 존엄한 삶에 필요한 땅과 주택과 신체를 하나님의 것으로 선언하여 그 누구도 그것을 임의로 지배하거나 처분할 수 없도록 했고, 땅과 토지에 대한 소유권을 부정했다. 그러한 희년법 정신은 역사적으로 소유권을 절대화하는 경향을 비판하고 그 대안을 모색하도록 자극했다. 19세기 말 이래 소유권의 물권 편향성을 극복하기 위해 소유권의 본질과 실체를 구별하여 소유권의 사회적 책임을 강화하려는 새로운 소유권 이해는 성서의 희년법 사상을 완전히 실현한 것이라고 볼 수 없지만, 성서의 희년법 사상이 실현하고자 하는 대안적 소유권 질서에 접근하고 있다고 평가할 수 있다.

1980년대 말 우리나라에서 토지공개념은 「토지소유상한에 관한 법률」, 「토지초과이익세법」, 「개발이익환수에 관한 법률」 등 세 가지 법률로 실현되었다. 앞의 두 가지 법률은 헌법재판소의 위헌결정 혹은 부분 위헌결정을 받았고, 위헌결정과 무관하게 경제위기에 대처하는 데 필요하다는 평계로 폐지의 길을 걸었다. 마지막 법률은 개발이익 환수라는 목표를 제대로 달성할 수 없을 정도로 개악된 채 명맥을 유지하고 있다. 「토지소유상한에 관한 법률」, 「토지초과이익세법」, 「개발이익환수에 관한 법률」 등 토지공개념 3법은 부동산 투기를 억제하고 부동산 불로소득을 환수하는 데 꼭 필요한 법률이기에 헌법의 재산권 규정을 적극적으로 해석하여 새로운 입법의 길을 가야 한다. 새로운 입법에 필요하다면 재산권의 본질과 실체를 구별하고, 그 둘을 법률적으로 정할 수 있도록 헌법의 재산권을 재규정하는 절차를 거쳐야 한다.

우리나라에서는 아직 시도되지 않았지만, 토지공개념은 지대공유의 정신에 따라 부동산 보유세를 징수하여 모든 국민에게 균분하는 방식으로 법제화될 수 있다. 부동산 보유세는 부동산 소유에서 발생하는 지대와 미 실현 자본이득에 과세하는 강력한 세제이다. 그러한 부동산 보유세를 도입하여 GDP의 2% 수준의 보유세를 거둘 수 있도록 운용된다면, 실효성 있게 부동산 투기를 억제하고 장기적으로 부동산 불로소득을 남김없이 환수하는 효과를 거둘 수 있을 것이다. 그동안 부동산 보유세의 성격을 가졌던 종합부동산세는 그 제도 자체가 매우 혼란스럽게 설계되었기에 일단 폐지하고, 본격적인 부동산 보유세를 설계하여 입법의 길로 가야 한다.

주택은 인간의 존엄한 삶에 필요한 재화이고 특별한 보호의 대상이 되어야 한다. 국가는 인간의 존엄성을 보장하고 모든 사람의 행복 추구권을 보장하기 위해 모든 사람의 주거 안정과 복지를 높은 수준에서 실현할 의무가 있다. 그러한 국가의 과제는 공공택지를 개발하고 양질의 임대주택이나 토지임대부 분양주택을 대량으로 공급함으로써 달성될 수 있다. 그러한 방식의 택지개발과 주택공급은 공유지 수탈에 바탕을 둔 도시개발 및 주택공급 사업 모델을 폐지하는 효과가 있다.

끝으로 공유지 개발의 인근 효과로 발생하는 토지초과이득은 해당 토지의 공시가격을 반영하는 부동산 보유세를 부과하여 확실하게 환수할 수 있다.

제VII부

사회적이고 생태학적인 기본소득 구상

1장 기본소득 구상에 대한 이해

2장 기본소득 구상의 정당성

3장 사회적이고 생태학적인 기본소득 구상

4장 생태계 보전과 기본소득의 연계를 위한 국민소득분배의 모의실험

머리말

사회적이고 생태학적인 경제민주주의의 관점에서 볼 때, 기본소득은 자본주의 경제체제가 불러들이는 사회적 가난과 생태계 위기를 동시에 해결하는 가장 유력한 정책들 가운데 하나이다. 필자는 제VII부에서 기본소득의 사회적 연관과 생태학적 연관을 체계적으로 통합하여 생태학적 지향을 갖는 기본소득 구상을 제시하고, 이를 실현하는 방안을 제시하고자 한다.

이제까지 기본소득은 인간이 존엄한 삶을 꾸려나가는 데 필요한 자원을 모든 사람에게 보장하는 정책으로 논의되어 왔다. 기본소득은 인간에게서 기본욕구의 충족, 자유, 자율, 사회적 유대, 정치적 참여, 문화적 향유 등을 누릴 기회를 앗아가는 사회적 가난에 대항하는 대담하고 급진적인 프로젝트이다. 그러한 기본소득의 사회적 연관에 관한 논의는 앞으로도 계속 활성화되고 치밀하게 전개되어야 마땅하다. 그러나 기본소득 논의에서 기본소득의 생태학적 연관은 크게 주목되지 않았고, 그와 관련된 논의도 크게 활성화되지 못했다. 탄소세나 환경세를 거두어 기본소득의 재원으로 삼자는 의견이 제시되기는 했으나, 그러한 의견은 '자연으로 돌아가야 할 몫'을 왜 사람에게 기본소득으로 배분해야 하는가 하는 반문을 이겨내기 어렵다. 기본소득의 생태학적 연관은 무엇보다도 기본소득이 사람들을 성장 강박과 노동 강박에서 해방하고 공동체적이고 생태 친화적인 삶으로 나아가게 한다는 점에서 드러난다. 기본소득의 사회적 연관과 생태학적 연관은 사회적 가난을 확산하는 자본의 축적과 팽창 메커니즘이 생태계 위기를 불러들인다는 인식, 곧 시장경제의 근본적인 이중모순에 대한 인식에서 보면 서로 유기적으로 결합할 수밖에 없다. 기본소득은 사회적 가난으로부터 사람을 해방하는 유력한 방안인 동시에 생태계 보전을 위한 강력한 전제 조건이다. 생태계 보전은 자본의 축적과 팽창 메커니즘을 억제하고자 하는 반자본주의적 프로젝트이며, 사회적 가난의 퇴치와 함께 간다. 그것이 생태학적 지향을 갖는 기본소득을 구상하고 그 구상을 실현하는 방안을 제시하는 관점이다.

아래에서 필자는 첫째, 기본소득 개념의 특징과 그 개념의 사상사적 배경을 살피고 기본소득 구상이 사회국가를 급진적으로 개혁하고 생태계 위기와 기후 파국에 대응하는 방안으로서 제시된 배경을 분석한다. 둘째, 기본소득 구상의 정당성에 관한 그간의 논의를 분석하고 그 한계를 밝힌다. 셋째, 사회적이고 생태학적인 기본소득 구상을 제시한다. 넷째, 거시적 소득분배에 바탕을 두고 사회적이고 생태학적인 기본소득 구상의 실현 방안을 제시한다.

1장
기본소득 구상에 대한 이해

기본소득은 매우 오랜 개념적 진화 과정을 거쳤으며, 현대적 기본소득 개념은 1986년에 설립된 기본소득유럽네트워크(Basic Income European Network, BIEN)에서 가다듬어지기 시작했다. 2004년 기본소득유럽네트워크는 기본소득지구네트워크(Basic Income Earth Network)로 확대되었고, 기본소득지구네트워크는 2006년 「기본소득 연구」(Basic Income Studies)를 창간하여 기본소득에 관한 논의를 활성화하였다. 기본소득 구상은 2003년부터 우리나라에 소개되기 시작했고,[1] 2007년 사회당

---

[1] 2003년 기본소득이 소개될 때부터 2009년 기본소득한국네트워크가 설립되기까지 진행된 연구 성과를 일별하자면, 성은미, "비정규노동자에 대한 새로운 사회적 안전망," 「비판과 대안을 위한 사회복지학회 2003년 춘계학술대회 발표논문집」(2003): 273-306; 윤도현, "신자유주의와 대안적 복지정책의 모색," 「한국사회학」 37/1(2003): 51-66; 이명현, "복지국가 재편을 둘러싼 새로운 대립축: 워크페어(Workfare) 개혁과 기본소득(Basic Income) 구상," 「사회보장연구」 22/3 (2006): 53-76; 이명현, "유럽에서의 기본소득(Basic Income) 구상의 전개 동향과 과제: 근로안식년(Free Year)과 시민연금(Citizen's Pension) 구상을 중심으로," 「사회보장연구」 23/3(2007): 147-169; 곽노완, "기본소득과 사회연대소득의 경제철학," 「시대와 철학」 18/2(2007): 183-218; 서정희·조광자, "새로운 분배제도에 대한 구상: 기본소득(Basic Income)과 사회적 지분급여 (Stakeholder Grants) 논쟁을 중심으로," 「사회보장연구」 24/1(2008): 27-50; 박홍규, "기본소득 (Basic Income) 연구," 「민주법학」 36(2008): 123-147; 김교성, "기본소득 도입을 위한 탐색적 연구," 「사회복지정책」 36/2 (2009): 33-57 등이 있다.

대통령 후보로 나선 금민은 기본소득 도입을 대표 공약으로 내세웠다. 2009년 기본소득한국네트워크가 설립되어 활동하기 시작했고, 그 창설자 가운데 한 사람인 강남훈은 바로 그해에 민주노총과 함께 기본소득에 관한 최초의 제안서를 내어놓았다.[2] 우리나라에서 기본소득 구상은 2020년 코로나 팬데믹 상황에서 국가가 보편적 재난지원금을 지급하여야 한다는 논의가 터져 나오면서 국민적 관심사로 떠올랐다.[3]

그렇다면 기본소득은 개념적으로 어떻게 규정되고, 그 핵심 내용은 무엇인가? 기본소득은 어떤 역사적 배경을 갖는 구상인가? 오늘날 기본소득 구상이 큰 관심을 불러일으키는 까닭은 무엇인가?

1. 기본소득의 개념과 그 내용

기본소득은 소득분배정책이나 사회보장정책 혹은 불평등 교정정책의 성격을 띠고 있지만, 모든 인간에게 존엄한 삶을 누릴 기회를 보장해야 한다는 기본 이념에 바탕을 두고 있다. 그러한 이념은 모든 인간에게

---

2 강남훈·곽노완·이수봉, 『즉각적이고 무조건적인 기본소득을 위하여: 경제위기에 대한 진보의 대안을 말한다』(서울: 매일노동뉴스, 2009).

3 보편적인 재난지원금을 지급한 뒤인 2020년 6월 11일 한길리서치가 국민기본소득제에 대한 의견을 조사한 결과, 도입에 찬성하는 의견이 적극 찬성 23.5%, 다소 찬성 27.6% 등 51.2%에 달했다. "[한길리서치] 기본소득제 도입 '찬성' 51.2%, 증세 '반대' 58.3% (2020.06.11.)," 출처: http://www. polinews.co.kr/news/article.html?no=465611 (2020년 6월 15일 다운로드). 그러나 보편적 재난지원금 논쟁이 벌어지기 전만 해도 기본소득의 인지도는 높지 않았다. 2019년 1월과 2월에 실시한 한국리서치의 웹 조사에서 응답자의 3%가 기본소득을 잘 알고 있다고 했고, 29%는 기본소득을 들어본 적이 있다고 응답했다. 68%의 응답자는 기본소득 개념을 몰랐다고 대답했다. 이에 관해서는 정한울, "보편적 기본소득제에 대한 한국인의 정책선호: 웹 서베이 실험을 통한 프레임 효과 분석," 「비교민주주의연구」 15/1(2019): 46, 60을 보라.

실질적 자유를 보장해야 한다든지, 모든 사람에게 기본욕구를 충족하고, 자유롭고 자주적으로 살아가고, 사회적 유대를 맺고, 정치에 책임 있게 참여하고, 문화를 누릴 기회를 보장해야 한다는 주장으로 나타난다. 기본소득은 인간의 존엄성 보장이라는 윤리적 계명에 충실한 구상이다.

기본소득의 개념은 논자들에 따라 조금씩 다르게 규정되고 있으나, 필리프 반 빠레이스(Philippe Van Parijs)의 기본소득 규정이 표준으로 받아들여지고 있다. 그에 따르면, "기본소득은 자산조사나 근로조건 부과 없이 모든 구성원이 개인 단위로 국가로부터 지급받는 소득이다."[4] 그 규정에는 기본소득 개념을 구성하는 다섯 가지 요건이 명료하게 제시되어 있다. 1) 기본소득은 국가나 지방자치단체 같은 정치 공동체에 의해, 2) 정치 공동체의 모든 구성원에게 개인적으로, 3) 가난의 증명 같은 자격 요건에 대한 심사 없이, 4) 그 어떤 반대급부도 요구하지 않고, 5) 현금으로 지급된다는 것이다.

반 빠레이스는 그 요건들을 하나하나 상세하게 설명한다.[5] 첫째, 기본소득을 지급하는 정치 공동체는 많은 경우 국민국가를 뜻하지만, 국민국가보다 하위에 있는 지방정부나 국민국가를 초월하는 유럽연합이나 UN 같은 기구도 기본소득제도를 운용할 수 있다.

둘째, 기본소득을 받는 사람들은 시민권자로 한정될 필요는 없고, 국

---

4 반 빠레이스, "기본소득: 21세기를 위한 명료하고 강력한 아이디어," 브루스 액커만·앤 알스톳·필리페 반 빠레이스 외/너른복지연구모임 번역, 『분배의 재구성: 기본소득과 사회적 지분급여』(서울: 나눔의집, 2010), 22; Yannik Vanderborgt/Philippe Van Parijs, *Ein Grundeinkommen für alle? Geschichte und Zukunft eines radikalen Vorschlags. Mit einem Nachwort von Claus Offe* (Frankfurt/New York: Campus, 2005), 37.

5 Yannik Vanderborgt/Philippe Van Parijs, 앞의 책, 37-60; 반 빠레이스, 앞의 글, 22-36.

가 영토에 체류 허가를 받고 살거나 납세의 의무를 다하는 외국인까지 포함된다.6 교도소 수감자들은 그들을 위해 이미 수감 비용이 지급되고 있기에 기본소득 지급에서 제외된다. 기본소득의 지급 액수는 수급자의 나이나 지역 생활비 편차 혹은 수급자의 건강 상태나 장애 정도에 따라 차등화될 수 있다. 기본소득은 수급자가 혼자 살든지 가족과 함께 살든지 엄격하게 개인 단위로 지급된다.

셋째, 기본소득은 가난에 대한 심사 없이 지급된다는 점에서 무조건 적이다. 그런 점에서 기본소득은 기존의 기초보장제도7와 다르다. 기초 보장제도를 운용하기 위해서는 가구 유형에 따르는 최저소득수준을 먼저 정하고, 노동소득, 사회급부, 부동산 소유에서 발생하는 임대소득, 연금 등으로 구성되는 각 가구의 총소득을 조사한 뒤에 최저소득 기준에서 총소득을 공제한 차액을 지급한다. 기본소득은 그와 같은 자산조사나 소득조사 없이 무조건 지급된다.

넷째, 기본소득은 근로 의무를 부과하지 않는다는 점에서 무조건적 이다. 기초보장제도는 노동연계복지 개념(workfare concept)에 따라 수급자에게 일자리를 찾거나 일자리가 제공될 때 이를 받아들여야 한다는 노동 강제를 조건으로 급여를 지급하지만, 기본소득은 노동 의지나 노동 수행과 무관하게 지급된다. 그것은 기본소득 구상이 노동과 소득을 분리하고 시민권, 영주권, 경제적 시민권을 가진 모든 사람에게 소득

---

6 페터 울리히는 기본소득을 받을 자격이 있는 사람들을 경제적 시민권을 가진 사람들로 규정할 것을 제안한다. 경제적 시민권을 가진 사람들은 한 나라 영토에서 노동 허가와 체류 허가를 받고 거주하면서 세금을 납부하는 모든 사람을 가리킨다. Peter Ulrich, "Das bedingungslose Grundeinkommen: ein Wirtschaftsbürgerrecht?," 2. deutschsprachiger Grundeinkommenskongress, 5-7. Oktober 2007 in Basel, 1. 출처: http://www.archiv-grundeinkommen.de/ulrich/20071007-PUlrich-Basel.pdf (2010년 3월 11일 다운로드).

7 우리나라에서는 '국민기초생활보장제도'라는 이름으로 시행되고 있다.

에 대한 권리를 인정한다는 뜻이다. 그런 점에서 반 빠레이스는 앤소니 앳킨슨(Sir Anthony Barnes Atkinson)이 제안한 '참여소득' 구상을 거부한다.[8] 참여소득은 영아 보육, 노인 수발, 장애인 보조, 등록 협회가 알선하는 자원봉사 등 공동체에 유익을 주는 사회적 기여에 근거한 이전소득이다. 그러한 사회적 기여를 조건으로 해서 급여를 시행하려면 행정 당국이 그 기여를 일일이 점검해야 하기에 행정 비용이 들 뿐만 아니라 사생활에 대한 공권력의 개입을 불러일으킬 수 있다.[9]

다섯째, 현금 지불 원칙은 현물 지급이 갖는 용도의 제한이나 사용 기한의 제한을 피하기 위한 것이다. 그렇다고 해서 교육, 의료, 기타 공공 서비스 차원의 인프라 구축과 같은 현물 제공이 보편적인 복지를 향상한다는 점을 도외시한다는 뜻은 아니다. 현금 지급의 액수는 실질적 자유를 누리는 데 충분할 정도가 되어야 하지만, 처음 제도가 도입될 때부터 정할 필요는 없다고 본다.

위에서 본 바와 같이 반 빠레이스의 기본소득 규정과 그 내용에 관한 설명에서는 기본소득의 사회적 연관이 뚜렷하게 드러나지만, 기본소득의 생태학적 연관은 전혀 드러나지 않는다. 그것은 기본소득 구상이 대량 실업으로 인해 삶의 기회를 박탈당한 사람들을 위한 방안으로 기획된 것과 무관하지 않다. 기본소득의 생태학적 연관은 기본소득의 자원

---

8 참여소득에 관해서는 A. B. Atkinson, "The Case for a Participation Income," *The Political Quaterly* 67/1(1996), 67-70을 보라. — 독일에서 기본소득 논의를 주도하고 있는 로날드 블라이슈케도 기본소득이 "노동의 강제와 의무 없이 그리고 활동의 강제와 의무 없이" 지급되어야 한다고 규정함으로써 기본소득과 참여소득의 차이를 명확하게 지적한다. Ronald Blaschke, "Warum ein Grundeinkommen? Zwölf Argumente und eine Ergänzung"(2005), 1. 출처: http://www.archiv-grundeinkommen.de/blaschke/warum-ein-grundeinkommen.pdf (2010년 3월 11일 다운로드).

9 Yannik Vanderborgt/Philippe Van Parijs, 앞의 책, 60.

에 관한 고찰에서 서서히 싹트기 시작했다. 그 점에서 기본소득한국네트워크의 기본소득 규정은 주목할 만하다.

기본소득한국네트워크의 기본소득 규정은 표준적인 기본소득 규정에 충실하면서도 그것을 넘어서고 있다. 기본소득한국네트워크는 출범이래로 2019년 초까지 기본소득을 "국가 또는 지방자치체(정치 공동체)가 모든 구성원 개개인에게 아무 조건 없이 정기적으로 지급하는 소득"으로 규정해 왔고, 그 규정은 반 빠레이스가 정의한 기본소득 규정과 본질적인 차이가 없었다. 2019년 1월 26일 총회에서 기본소득한국네트워크는 기본소득을 재규정하고, 이를 정관 1장 총칙 제2조(목적)에 "기본소득이라 함은 공유부에 대한 모든 사회구성원의 권리에 기초한 몫으로서 모두에게, 무조건적으로, 개별적으로, 정기적으로, 현금으로 지급되는 소득을 말한다"라고 명시했다.[10] 기본소득한국네트워크는 기본소득을 '공유부에 대한 모든 사회구성원의 권리에 기초한 몫'으로 규정함으로써 기존의 기본소득 개념에서 모호하게 남아 있던 기본소득의 정당성과 재원 확보 방안을 명확하게 밝혔다. 그와 같이 기본소득 개념을 규정한 이상, 기본소득한국네트워크는 공유부를 개념적으로 어떻게 규정할 것인가, 공유부를 모든 사람의 몫으로 배분할 수 있도록 어떻게 법제화할 것인가 하는 과제를 안게 되었다. 그러한 과제를 해결하는 과정에서 자연적 공유부를 누리는 주체를 사람으로 한정할 수 있는가 하는 문제가 제기되는 것은 당연하다. 자연적 공유부를 향유할 권리는 사람만이 아니라 자연에 속한 모든 생명체와 무생물체에도 있다고 보아야 할 것이기 때문이다.[11] 그런 점에서 기본소득한국네트워크의 기본

---

10 「기본소득한국네트워크 정관」, https://basicincomekorea.org/articlesofassociation/ (2021년 2월 15일 다운로드).

소득 규정은 기본소득의 생태학적 연관을 본격적으로 논의할 수 있는 발판을 놓았다고 볼 수 있다.

기본소득 개념의 생태학적 확장과 재구성이 앞으로의 과제로 남아 있기는 하지만, 기본소득은 우리 시대에 주목받는 구상으로 떠올랐다. 그러한 기본소득 구상은 우리 시대에 갑자기 떠오른 착상이 아니라, 역사적으로 깊은 뿌리와 갈래를 갖고 있다. 생태학적 기본소득의 단서도 기본소득 구상의 진화 과정에 배태되어 있다.

2. 기본소득 구상의 역사적 배경

기본소득 구상은 르네상스 휴머니즘 시대에 고전적 유토피아 이론가였던 토마스 모어(Thomas More)에게 거슬러 올라갈 정도로 오랜 역사를 가졌고, 세계 여러 나라에서 다양하게 발전되었다. 기본소득 개념의 역사를 연구한 반 빠레이스와 반데르보흐트에 따르면,[12] 기본소득 구상은 역사적으로 세 가지 유형을 보였다고 한다. 하나는 국가가 최소소득을 보장할 것을 요청하는 유형이고, 또 하나는 기본소득이 시민의 당연한 요구임을 주장하는 유형이고, 나머지 하나는 이 둘을 결합한 유

---

11 그러한 인식은 기본소득한국네트워크에서 중추적인 역할을 맡고 있는 안효상에게서 또렷하게 나타난다. 안효상, "생태학적 전환 속의 기본소득," 기본소득한국네트워크, 『기본소득이 있는 복지국가: 리얼리스트들의 기본소득 로드맵』 (고양: 박종철출판사, 2021), 51.

12 기본소득 구상의 역사적 발전에 대해서는 Yannik Vanderborgt/Philippe Van Parijs, 앞의 책, 15-36; 필리프 판 파레이스·야니크 판데르보흐트/홍기빈 옮김, 『21세기 기본소득』 (서울: 흐름출판, 2020), 3장과 4장을 보라. Yannik Vanderborgt와 Philippe Van Parijs의 음역은 역자마다 조금씩 차이가 있는데, 필자는 가장 오래된 번역본의 음역을 따라 야닉 반데르보흐트, 필리프 반 빠레이스로 적는다.

형이다.

국가가 소득 없는 사람들에게 최소한의 소득을 보장하여야 한다는 것은 토마스 모어가 처음 내건 주장이다. 그는 인클로저로 인해 생활수단을 잃고 부랑하는 사람들에게 생존 소득이 부여되어야 한다고 생각했다. 모어의 주장은 요한네스 루도비쿠스 비베스(Johannes Ludovicus Vives)에게서 다시 나타났다. 그는 공적인 손이 가난한 사람들을 도와야 할 이유를 조목조목 밝히면서 최소소득 보장을 제도화할 것을 주장하였다. 모어와 비베스는 영국에서 구빈법을 제정하는 데 사상적 기초를 제시하였다고 평가된다.

기본소득이 공유부에서 시민에게 돌아갈 몫을 청구할 시민적 권리에 근거한다는 발상은 17세기 말에 싹텄다. 미국의 토마스 페인(Thomas Paine)은 가난을 퇴치하는 수단으로서 지대를 분배할 것을 주장했다. 땅은 본래 모든 사람에게 주어진 것이다. 어떤 사람이 땅을 개간하였을 경우 그 사람이 땅을 개간하는 데 들어간 자본과 노동력의 몫에서 발생한 이익을 차지하는 것은 마땅하지만, 땅 자체에서 발생하는 이익은 여전히 만인의 것이다. 그러한 논거에 바탕을 두고 페인은 지대에 대한 시민의 청구권을 주장하였다. 지대는 기금으로 흘러 들어가야 하고, 모든 시민은 일정한 나이에 이르렀을 때 자신의 몫을 일시금으로 받아야 한다는 것이다. 페인의 사상은 공유지를 원상회복할 것과 만인에게 토지배당을 지급할 것을 주장한 영국의 토마스 스펜서(Thomas Spencer)에게서 급진화되었고, 지대공유 사상을 펼친 헨리 조지(Henry George)에게 큰 영향을 주었다. 프랑스의 샤를 푸리에(Charles Fourier)와 그 제자 빅톨 꽁시데랑(Victor Considérant)은 국민에게 최저 보장을 지급할 것을 주장하였고, 벨기에의 조셉 샤를리예(Joseph Charlier)는 그 주장을 관철하기 위한 방책으로 '토지수익배당' 제도를 제안하였다. 영국의 존 스튜어트 밀(John Stuart Mill)도 푸리에의 사상을 받아들여 노동 업적과 무관하게 최저 보장을 지급하고, 최저 보장을 위한 몫을 공제한 나머지 국민총생산을 지대, 임금, 이윤으로 분배할 것을 주장하였다.

앞에서 간략하게 살펴본 바와 같이 국가가 가난한 사람들의 소득을 보장해야 한다는 주장과 시민이 공유부의 몫에 근거하여 소득을 청구할 권리가 있다는 주장은 기본소득 구상의 원초적 이념인데, 그 두 가지 주장은 제1차 세계대전 이후 대영제국에서 노동당의 기본소득 논의로 수렴되었다. 그 논의의 스펙트럼은 매우 넓었다. 버트런드 러셀(Bertrand Russell)은 1918년 사회주의와 무정부주의를 아우르면서 노동과 소득을 분리하고, 노동 강제를 배제하는 원칙에 입각한 기본소득 구상을 제시했다. 같은 해에 데니스 밀너(Dennis Milner)는 국가가 국민총소득 가운데 일부를 국가 보너스(state bonus)로 지급하여 가난한 사람들의 생존을 보장하는 방안을 제시하였다. 클리포드 더글러스(Clifford H. Douglas)는 전쟁 뒤에 마비된 소비를 끌어올리기 위해 국가가 사회적 신용(social credit)을 창출하여 매달 모든 가구에 국민배당(national dividend)을 실시하는 방책을 제안하였다. 1929년 길드사회주의자 조지 콜(George D. H. Cole)은 반대급부 없이 국가가 모든 시민에게 이전소득을 지급하는 제도를 도입하자고 주장하고, 이를 사회배당(social dividend)으로 명명하였다. 1943년 자유주의자 줄리엣 리스-윌리엄스(Juliet Rhys-Williams)는 사회배당 개념을 다소 수정하여 기본소득 개념으로 가다듬고, 이를 '새로운 사회협약'의 핵심 내용으로 삼자고 제안하였다. 그는 그 구상에 바탕을 두고서 비버리지 계획(Beveridge Program)을 비판했다. 독일의 질비오 게젤(Silvio Gesell)은 화폐의 퇴장으로 인해 경제순환

이 제대로 이루어지지 않는 문제를 해결하기 위해 '국가통화국'이 감가
상각이 일어나는 화폐를 발행할 것을 제안하고, 재무부가 '국가통화국'
에서 화폐를 인수하는 바로 그만큼 세금을 감면하자고 주장했다.[13] 게
젤의 아이디어는 국가가 주권화폐를 발행하여 얻는 시뇨리지를 국민에
게 기본소득으로 배당하자는 주장으로 발전될 여지가 있다.

미국에서 기본소득 개념은 마이너스 소득세 개념과 결합했다. 1962
년 미국에서 마이너스 소득세(negative income tax) 구상을 제시한 학자
는 보수적인 화폐 이론가인 밀턴 프리드먼(Milton Friedman)이었다. 그
는 마이너스 소득세를 도입할 경우 복잡하기 짝이 없는 미국의 사회보
장제도를 단순화하면서도 시장이 마찰 없이 제 기능을 수행하리라고
확신했다. 로버트 테오발드(Robert Theobald)와 제임스 토빈(James Tobin)
은 마이너스 소득세를 도입하여 소비를 안정시키고 가난을 퇴치할 수
있다고 보았으며, 특히 토빈은 모든 시민에게 조건 없이 지급하는 시민
보조금(demogrant)을 구상하였다. 그 이론가들의 논의에 힘입어 미국
행정부는 1968년부터 마이너스 소득세를 시행하는 실험을 단행하였고
근로장려세제(Earned Income Tax Credit: EITC)를 법제화하였다.

1984년 독일에서 요아힘 미츄케(Joachim Mitschke)는 마이너스 소득
세 개념을 도입하여 복잡한 조세제도와 사회보장제도를 개혁하고, 그
개혁의 틀에서 시민수당(Bürgergeld)을 도입할 것을 주장했다.[14] 그 개
념은 사회국가의 위기에 대한 논의가 막 시작되는 시점에서 자유당과

13 질비오 게젤/질비오게젤연구모임 옮김, 『자유토지와 자유화폐로 만드는 자연스러운 경제 질서』
   (서울: 출판사 클, 2021), 405.

14 Joachim Mitschke, *Steuer- und Transferordnung aus einem Guß: Entwurf einer
   Neugestaltung der direkten Steuern und Sozialtransfers in der Bundesrepublik
   Deutschland* (Baden-Baden: Nomos-Verl.-Ges., 1985).

기독교 보수당 일각에서 사회국가의 대안 개념으로 수용되었다. 1984
년 최저소득 방안과 최저임금 문제를 다룬『잘못된 노동으로부터의 해
방』15이 발간되면서 좌파 대안 세력과 녹색당 세력은 국가가 보장하는
최저소득 구상을 놓고서 격렬한 논쟁을 벌였다. 그 논쟁에서 두드러진
역할을 한 이론가들은 미하엘 오필카(Michael Opielka)와 게오르크 포브
루바(Georg Vobruba)였다.16 포브루바는 '노동과 소득의 분리' 원칙에
따라 기본소득제도를 구상했다.17 그와 유사한 논의는 영국, 덴마크, 네
덜란드에서도 활발하게 진행되었고, 약간의 시차를 두고 프랑스에서도
전개되었다.

　기본소득의 개념사에서 기본소득과 생태계 보전을 적극적으로 연결
해서 사유한 사상가는 프랑스의 생태 사회주의자 앙드레 고르(André
Gorz)였다.18 그는 경제적 이성에 따르는 자본주의적 대량생산과 대량
소비가 생태계와 양립할 수 없다고 생각했다. 그는 생태학적 이성에 따
라 성장 강박과 소비 강박에서 벗어난 사회를 형성하고자 했고, 자본주
의 경제체제에서 생산성이 고도로 향상하면서 노동사회를 해체하는 경
향에 주목했다. 그는 노동사회의 해체에 대응해서 처음에는 노동시간

---

15 *Befreiung von falscher Arbeit: Thesen zum garantierten Mindesteinkommen*, hg. von
　Thomas Schmid (Berlin: Wagenbach, 1984).

16 *Das garantierte Grundeinkommen: Entwicklung und Perspektive einer Forderung*, hg.
　von Michael Opielka · Georg Vobruba (Frankfurt am Main: Suhrkamp, 1986).

17 Georg Vobruba, *Entkoppelung von Arbeit und Einkommen: Das Grundeinkommen in
　der Arbeitsgesellschaft*, 2. erweiterte Auflage (Wiesbaden: Verlag für Sozialwissen-
　schaften, 2007).

18 권정임은 사회적 생태론자인 앙드레 고르(André Gorz)의 기본소득론을 비판적으로 검토하면서
　생태계 보전과 기본소득의 연관을 시사한 바 있다. 이에 대해서는 권정임, "생태사회와 기본소득:
　고르츠의 기본소득론에 대한 비판과 변형," 강남훈 · 곽노완 외,『기본소득의 쟁점과 대안사회』
　(서울: 박종철출판사, 2014), 204를 보라.

단축과 실질 임금 보전 그리고 일자리 나누기를 대안으로 제시했을 뿐 기본소득을 지지하지는 않았다.[19] 그러나 디지털 혁명을 통해 노동사회가 마침내 종식하였다고 생각한 말년의 고르는 노동 업적과 소득의 분리가 정당하다고 판단하고 기본소득 개념을 전면적으로 수용했다. 그는 기본소득이 노동사회 이후의 세계에서 사람들이 자율성과 공동체 의식을 갖고 생태 친화적인 삶을 살아갈 바탕을 이룬다고 보았다.[20]

기본소득 개념의 역사에서 주목되는 것은 기본소득 구상이 국가(나 정치 공동체)에 의한 보장, 소득에 대한 시민의 청구권, 소득과 노동의 분리 등의 핵심 개념을 통합해 갔다는 것이고, 기본소득과 생태계 보전을 결합하려는 시도도 발견된다는 점이다.

3. 사회국가의 급진적 개혁 방안으로서의 기본소득 구상

20세기가 거의 끝날 때까지 기본소득 구상은 주로 이론가들 사이에서 논의되었을 뿐, 정치적이고 시민적인 공론의 장에 큰 영향을 미치지는 못했다. 그러나 20세기 말과 21세기 초에 이르자 기본소득 구상은 제 기능을 발휘하지 못하는 사회국가의 강력한 대안으로 부상하였다.

---

19 André Gorz, *Kritik der ökonomischen Vernunft: Sinnfragen am Ende der Arbeitsgesell-schaft*, aus dem Französischen von Otto Karlscheuer (Hamburg: Rotbuch, 1994), 297: "문제는 생산 과정에서 배제되는 사람들에게 기본소득을 보장하는 것이 아니라, 그러한 배제의 조건들을 제거하는 것이다."

20 André Gorz, "Enteignung und Wiederaneignung der Arbeit," *Gewerkschaftliche Monats-hefte 6-7*(1998), 351.

그것은 신자유주의적 노동연계복지 모델에 따라 운영되는 사회국가의 위기가 그만큼 심각하다는 뜻이다.

아래서는 신자유주의적 노동연계복지 모델의 문제점을 분석하고, 기본소득 구상이 사회국가의 급진적 개혁 방안이라는 점을 밝힌다.

3.1. 신자유주의적 노동연계복지 모델의 문제

노동연계복지 모델은 본래 케인즈주의적 복지 모델에 근거한 전통적인 사회국가의 위기에 대한 대응으로 강구되었다. 완전고용의 이상을 더 이상 추구할 수 없게 된 1970년대 초 이래로 고용과 사회보장을 서로 결합하였던 케인즈주의적 사회국가는 대량 실업으로 인한 실업급여 증가와 세수 감소로 인해 더는 제 기능을 발휘할 수 없었다.[21] 1980년을 전후로 영국과 미국에서 집권한 대처와 레이건은 그와 같은 사회국가의 위기에 대응하기 위하여 신자유주의정책을 강력하게 추진하면서 케인즈주의적 사회국가의 복지(welfare) 개념을 신자유주의적 사회국가의 노동연계복지(workfare) 개념으로 전환했다.

노동연계복지 모델은 기본적으로 "일하지 않는 자는 먹지도 말라"는 강령에 근거하고 있다. 그 운영 원칙은 두 가지이다. 하나는 복지급여와 노동 의무를 결합하는 것이다.[22] 복지가 모든 시민의 권리라면, 그 권리에는 반드시 반대급부가 따라야 하고, 그것이 노동의 의무라는 것이다. 다른 하나는 앞의 원칙에서 도출되는 원칙으로서 복지 수급자의 자격

---

21 케인즈주의적 사회국가의 해체 배경에 대해서는 본서 제II부 2장 2를 보라.

22 김종일, 『서구의 근로연계복지: 이론과 현실』 (서울: 집문당, 2006), 60: "복지 급여를 받기 위한 조건으로 근로 의무를 이행하는 제도."

을 엄격하게 심사하여 무임승차자를 철저하게 가려내는 것이다. 복지 수급 자격은 법정 노동 연령에 해당하는 노동 능력이 있는 사람들 가운데 노동 의지와 노동 의무의 수행이 확인되는 사람에게만 인정된다. 그것은 복지 수급이 시민에게 인정되는 무조건적인 권리가 아니라, 국가와 개인의 계약에 따르는 조건부 권리라는 것을 의미한다.[23] 그와 같은 신자유주의적 노동연계복지 모델은 미국과 영국만이 아니라 스칸디나비아 국가들 같은 전통적인 사회국가에도 도입되었으며,[24] 우리나라에서는 국민의 정부가 '생산적 복지'라는 개념으로 포장된 노동연계복지 구상에 바탕을 두고서 국민기초생활보장제도를 창설하였다.

신자유주의적인 노동연계복지제도는 많은 문제를 안고 있다. 첫째, 노동연계복지는 현대 자본주의 경제의 가장 심각한 문제인 대량 실업에 대한 효과적인 대응일 수 없다. 현대 자본주의 경제에서 대량 실업은 자본 투입을 늘려서 노동력을 절약하기 위한 노동합리화 전략에서 비롯된 것이기 때문에 대량 실업은 급속한 노동생산성 향상에서 비롯된 구조적인 현상이다. 금융 축적체제가 자리 잡은 신자유주의적 시장경제에서 노동합리화 전략은 기업 이윤의 극대화와 주주 이익의 극대화를 실현하는 중요한 장치로 자리를 잡았다. 그 결과는 '고용 없는 경제 성장'이다. 그러한 상황에서 "일하지 않는 자는 먹지도 말라"는 노동연계복지 강령은 노동시장에서 밀려난 사람들에게 생존에 대한 불안을 확산시킨다.

---

23 김종일, 앞의 책, 60f., 76f.
24 미국, 영국, 스웨덴, 덴마크 등에 도입된 노동연계복지 모델에 대해서는 이명현, "복지국가 재편을 둘러싼 새로운 대립축: 워크페어(Workfare) 개혁과 기본소득(Basic Income) 구상," 59-62를 보라.

둘째, 노동연계복지는 복지 수급에 대한 반대급부로서 노동의 의무를 요구하기 때문에 복지 수급자들은 임금 수준이나 고용 형태 혹은 노동조건 등을 따지지 않고서 굴욕적이고 위험하고 불안정한 일자리를 찾게 되고, 그러한 일자리를 받아들이라는 강제 아래 놓인다. 노동연계복지가 자리를 잡은 나라들에서는 복지 수급자가 행정당국이 알선한 '적절한' 일자리를 받아들일 것을 약정하게 하고, 알선된 일자리를 정당한 이유 없이 거부할 수 없게 한다.[25] 한마디로 노동연계복지 모델은 공공연한 노동 강제를 내포한다. 그것은 헌법이 기본권으로 선언하는 직업선택의 자유를 침해하는 매우 심각한 인권 유린이라고 볼 수 있다.[26]

셋째, 노동연계복지는 가난의 함정에서 벗어나는 일을 어렵게 만든다. 노동연계복지 개념에 바탕을 두고 설계되는 기초생활보장제도에서 기초보장 급여는 최저임금보다 적어야 한다는 계명이 통용되기 마련이다. 따라서 그 급여 수준은 생존을 가능하게 하는 정도에 머문다. 수급권자의 노동 의무를 달성하기 위해 공적인 손이 마련하는 일자리는 보잘것없다.[27] 기초보장 수급자가 일자리를 얻어 노동소득을 취할 경우,

---

25 독일의 경우 사민당-녹색당 연정이 2004년에 법제화하여 시행한 '구직자를 위한 실업급여'제도 (Hartz IV)는 구직자가 노동 센터에 등록할 때 '노동시장 배치 약정서'를 작성할 것을 의무화했다. 그 약정서를 작성하지 않으면 실업급여의 30%가 삭감되고, 특히 25세 이하의 청년이 약정서를 작성하지 않는 경우 3개월간 실업급여가 전액 삭감된다. 약정서를 작성한 뒤에는 어떤 일자리가 제공되든 이를 3회 이상 거부할 수 없다. 이에 관해서는 김종일, 앞의 책, 267을 보라. ― 우리나라에서는 기초생활보장 수급 자격과 자활사업 참여를 연계하고 있다. 「국민기초생활 보장법」 제9조 5항은 "근로능력이 있는 수급자에게 자활에 필요한 사업에 참가할 것을 조건으로 하여 생계급여를 실시할 수 있다"고 규정하고, 제30조 2항은 "근로능력이 있는 수급자가 제9조제5항의 조건을 이행하지 아니하는 경우 조건을 이행할 때까지… 근로능력이 있는 수급자 본인의 생계급여의 전부 또는 일부를 지급하지 아니할 수 있다"고 규정한다.

26 대한민국 헌법 제15조 "모든 국민은 직업선택의 자유를 가진다."

늘어난 소득만큼 기초보장 급여가 삭감된다. 따라서 수급자는 기초보장 급여 수준 이상의 삶을 누릴 수 없고, 가난의 함정에서 벗어날 수 없다.[28] 가난의 함정을 벗어날 수 있는 경우는 수급자가 기초보장 급여를 훨씬 넘어서는 노동소득을 얻는 경우뿐인데, 그것은 오늘의 고용 상황에서 기대하기 어려운 일이다.

넷째, 노동연계복지와 결합한 기초보장제도를 운용하기 위해서는 엄청난 행정 비용이 들 수밖에 없다. 기초보장 수급 자격이 있는 사람을 가려내려면 수급 대상이 되는 개인이나 가구의 재산과 소득원을 일일이 조사하여야 하기 때문이다. 독일의 경우 노동연계복지제도를 운영하는 데 들어가는 행정 비용이 연간 1천억 유로에 달한다.[29]

다섯째, 앞서 말한 번거로운 자산조사와 소득조사를 한다고 할지라도 수급을 받아야 마땅한 사람이 수급을 받지 못하는 광범위한 사각지대가 발생하기 쉽다.[30] 우리나라처럼 가족 부양 의무가 복지제도 운용의 전제로서 공공연히 인정되는 나라에서는 사각지대는 더 넓어진다. 예를 들면 자식의 부양을 전혀 받지 못하는 사람이 자식과 연락이 끊겨 이를 입증하지 못하는 경우 수급 자격이 부여되지 않는다.

그런 점들을 고려할 때 노동연계복지제도는 현대사회의 사회적 요

27 우리나라의 경우에는 국민기초생활보장제도를 창설한 이래로 기초생활수급권자와 차상위계층을 위한 자활사업이 조직되었고, 청년층을 대상으로 한 신규 일자리 창출 사업, 녹색 뉴딜을 통한 일자리 창출 사업, 고용유지 사업, 사회적 일자리 창출 사업 등 다양한 일자리 창출 사업이 마련되었다. 자활사업은 성공률이 극히 낮고, 일자리 창출 사업은 불안정한 저임금 일자리를 양산하기만 한다는 비판이 따랐다. 이에 대해서는 김교성, 앞의 논문, 38f.를 참조하라.

28 Ronald Blaschke, "Bedingungsloses Grundeinkommen versus Grundsicherung," *standpunkte* 15/2008(2008), 7f.

29 Götz W. Werner, *Ein Grund für die Zukunft: Das Grundeinkommen; Interviews und Reaktionen*(Stuttgart: Freies Geistesleben, 2006), 41.

30 이에 대해서는 김교성, 앞의 논문, 37을 보라.

구를 충족하지 못하는 복지제도이고, 인간의 존엄성과 자유를 존중하는 것과는 거리가 먼 제도다. 기본소득 구상은 그와 같은 노동연계복지 모델을 비판하고 그 대안을 모색하는 과정에서 힘을 얻고 있다.

3.2. 사회국가의 급진적 개혁을 위한 기본소득 구상의 의의

기본소득 구상은 사회국가의 급진적 개혁을 위한 방안이다. 오늘의 사회국가는 케인즈주의적 복지 모델로 되돌아갈 수도 없고, 노동연계 복지 모델에 계속 머물러 있을 수도 없게 되었다. 기본소득 구상은 그 두 가지 모델을 넘어서는 의미 있는 방안들을 포함하고 있다.

우선 기본소득 구상은 노동연계복지가 전제로 하는 국가와 개인의 계약에 근거한 조건부 복지 수급권의 개념을 깨뜨리고, '풍족하지는 않지만 적당한 생활 수준을 위해 충분한 수준의 기본소득'에 대한 요구를 시민의 무조건적 권리라는 데서 출발한다.[31] 정의로운 국가는 그러한 시민의 무조건적 권리를 보장하여야 할 책임이 있다. 기본소득에 대한 요구를 시민권으로 보는 관점에 대해서는 뒤에서 상론하겠지만, 필자는 그것이 사회국가의 급진적 개혁을 위한 기본소득 구상의 핵심이라고 본다.

둘째, 엄청난 규모로 축적된 자본이 투하되어 노동생산성이 급속히 향상되고 인공지능이 인간의 노동을 빠른 속도로 대체하기 시작한 오늘의 상황에서는 노동시장이 흡수할 수 없는 무수한 사람들이 일자리를 포기하는 대신에 기본소득을 받아 생활하도록 하는 '노동과 소득의

---

31 캐롤 페이트만, "시민권의 민주화: 기본소득의 장점," 브루스 액커만·앤 알스톳·필리페 반 빠레이스 외, 『분배의 재구성: 기본소득과 사회적 지분급여』, 162.

분리'가 현실에 부합한다. 기본소득은 노동시장에 투입되는 노동력의 양을 줄일 수 있기에 노동시장에 걸리는 부하를 획기적으로 완화할 수 있다.[32]

셋째, 기본소득은 소득을 위해 원하지 않는 일을 하지 않을 수 있는 자유를 보장하기 때문에 노동력을 '탈상품화'[33]하는 효과를 거둘 수 있다. 그렇게 되면 "취약계층이 매력적이거나 발전 가능성이 있는 일자리와 형편없는 일자리를 구분할 수 있도록 협상력을 확산시킬 수 있다."[34]

넷째, 기본소득 구상은 기본소득 수급자가 노동소득이나 기타소득을 별도로 취득할 기회를 열어 놓기에 기본소득 수급자는 '가난의 함정'에서 쉽게 빠져나올 수 있다.[35]

다섯째, 기본소득은 사회국가의 억압적이고 관료주의적인 통제로부터 시민을 해방하고, 사회국가 운영을 위한 천문학적인 비용을 절약할 수 있게 한다. 만일 실업보험, 아동수당, 노령연금, 연금 등을 기본소득으로 통합하여 운영한다면, 사회국가를 매우 효율적으로 운영할 수 있을 것이고, 사회국가의 관료주의적 비대화 문제를 쉽게 해결할 수 있을 것이다.[36] 더 나아가 모든 시민이 기본소득의 수급자이기 때문에 전통적인 복지급여제도의 고질이었던 낙인 효과가 사라진다.[37]

---

32 Georg Vobruba, 앞의 책, 37.

33 반 빠레이스, "기본소득과 사회적 지분급여: 재분배의 새로운 디자인으로서 무엇이 더 적합한가?," 브루스 액커만·앤 알스톳·필리페 반 빠레이스 외, 『분배의 재구성: 기본소득과 사회적 지분급여』, 293f.

34 반 빠레이스, "기본소득: 21세기를 위한 명료하고 강력한 아이디어," 39.

35 Georg Vobruba, 앞의 책, 178.

36 기왕 연금 기여금을 납부한 사람들에게 그 기여금에 따르는 혜택을 부여하는 것은 피할 수 없다. 따라서 연금과 기본소득을 결합하는 잠정적인 제도를 설계할 필요가 있다. 장애인같이 특별한 보상이 필요한 사람들에게는 기본소득 이외에 별도의 보조금을 지급한다.

여섯째, 기본소득은 개인별로 지급되기 때문에 케인즈주의적 복지 모델이나 노동연계복지 모델이 전제하는 가부장적 복지의 굴레[38]로부터 여성을 해방한다. 가정에서 여성의 경제적 의존은 줄어들거나 사라지고 여성의 자율성은 커진다. 기본소득을 개인별로 지급하는 방식은 "공동생활을 장려하고 가족해체 함정을 없앤다."[39] 왜냐하면 다수가 공동으로 가계를 꾸리는 것이 혼자 가계를 꾸리는 것보다 비용이 덜 들기 때문이다.

일곱째, 노동과 연계되지 않은 기본소득이 보장되면 시민들은 돈벌이 노동에 묶이지 않는 자유시간을 활용하여 자신의 발전을 도모하고 공동체에 참여하여 공동체 발전에 이바지하는 다양한 활동을 펼칠 수 있다. 일찍이 랄프 다렌도르프가 예견했던 바와 같이, 임노동에 바탕을 두고 조직된 노동사회는 일자리 자체를 파괴하는 자본의 운동으로 인하여 '생존을 보장하는 활동 사회'로 전환할 수밖에 없다.[40] 그러한 논리의 연장선상에서 노동사회를 넘어서는 대안이 활발하게 모색되고 있

---

37 Georg Vobruba, 앞의 책, 39f.; Manfred Füllsack, "Einleitung: Ein Garantiertes Grundeinkommen; was ist das?," *Globale soziale Sicherheit*, hg. von Manfred Füllsack (Berlin: Avinus-Verl., 2006), 15f.

38 시장경제는 돈벌이 노동과 가사노동을 이분법적 공사 구분에 따라 서로 분리하고 이를 성별 분업체계로 고정하는 경향을 띠었다. 여성은 설사 돈벌이 노동을 하는 경우라 해도 임금 수준이나 승진에서 차별받았다. 그러한 전제 위에서 조직된 전통적인 복지 모델은 여성 차별적이거나 여성 배제적인 성격을 띨 수밖에 없었다. 이에 관해서는 오장미경, 『여성노동운동과 시민권의 정치』 (서울: 아르케, 2003), 163ff.; Manfred Füllsack, *Leben ohne zu arneiten? Zur Sozialtheorie des Grundeinkommens* (Berlin: Avinus-Verl., 2002), 159ff.를 보라.

39 반 빠레이스, "기본소득: 21세기를 위한 명료하고 강력한 아이디어," 29.

40 Ralf Dahrendorf, "Wenn der Arbeitsgesellschaft die Arbeit ausgeht," *Krise der Arbeitsgesellschaft? Verhandlungen des 21. Deutschen Soziologentages in Bamberg 1982*, hg. im Auftrag der Deutschen Gesellschaft für Soziologie von Joachim Matthes (Frankfurt am Main/New York: Campus Verl, 1983), 37.

다. 몇 가지 예를 들자면 해리 데 랑에와 밥 후즈바르는 공동체를 위한 시민활동을 조직하는 사회(transduktive Gesellschaft)를 구상하고, 제레미 리프킨은 국가 부문과 시장 부분을 넘어선 제3섹터의 확장을 제안하고, 울리히 벡은 시민노동 사회를 구상하고 있다.[41] 기본소득이 자유로운 활동의 근거가 된다면, 자유로운 활동이 참여소득의 근거로 주장될 필요가 없다.

여덟째, 기본소득은 급진적인 노동시간 단축정책이나 일자리 나누기정책을 쉽게 도입할 수 있게 한다. 이 두 가지 정책은 일할 능력이 있고 일할 의사가 있는 모든 사람에게 사회적으로 필요한 노동시간을 공평하게 나눔으로써 한편으로는 대량 실업을 극복하고, 다른 한편으로는 노동에서 벗어난 생활 활동 시간을 획기적으로 늘리는 효과를 발휘한다. 그동안 기업들은 고용에 따르는 사회비용이 크다는 이유로 이 두 정책의 도입에 저항했는데, 기본소득은 이러한 저항을 누그러뜨려서 고용을 촉진하는 효과를 가질 것이다.[42]

4. 기본소득의 생태학적 효과에 관한 논의의 시작

위에서 본 바와 같이 기본소득의 사회적 연관은 그동안 복지국가의 급진적 개혁의 틀에서 활발하게 논의되었지만, 기본소득의 생태학적

---

41 Bob Goudzwaard · Harry de Lange, *Weder Armut noch Überfluss: Plädoyer für eine neue Ökonomie* (München: Kaiser, 1990), 56; J. Rifkin, *Das Ende der Arbeit und ihre Zukunft* (Frankfurt/New York: Campus, 1995), 180f., 191ff.; 울리히 벡/홍윤기 옮김, 『아름답고 새로운 노동세계』 (서울: 생각의나무, 1999), 220f.

42 Ronald Blaschke, 앞의 글, 9.

연관에 관한 논의는 이제 막 시작되었을 뿐이다. 그 논의의 핵심은 생태계 위기와 기후 파국이 심각한 상황에서 생태계 보전에 이바지할 수 있도록 기본소득을 설계하자는 것이다. 이제까지 그러한 논의는 크게 세 갈래로 펼쳐졌다.

첫째는 생태계 위기와 기후 파국에 대응하는 조치로 도입되는 환경세와 탄소세를 기본소득의 재원으로 활용하자는 논의의 형태를 취한다. 그러한 주장을 펼치는 국내외 학자들은 강남훈, 곽노완, 권정임, 금민, 부실라키(G. Busilacchi), 필자크(M. Füllsack) 등이다.[43] 환경세와 탄소세가 환경오염과 기후 파국에 맞서서 생태계를 보전하는 효과가 있고, 탄소세와 환경세는 온전한 생태계를 향유할 권리가 있는 모든 사람에게 환경오염과 기후 파국에 따르는 손실을 보상하는 취지를 가진 것이니, 환경세와 탄소세를 재원으로 삼아 기본소득을 지급하는 방안은 기본소득과 생태계 보전을 결합하는 모델이 될 수 있다는 것이다. 금민은 탄소세를 탄소 배당의 형태로 배분하면 탄소세 도입이나 탄소세 인상에 대한 시민의 저항을 줄일 수 있기에 고율의 탄소세 도입을 통해 기후 파국을 예방하는 효과가 클 것이라고 논증하고, 스위스의 탄소 배당제도를 그 예로 들고 있다.[44] 강남훈은 GDP의 5%를 환경세로 거두

---

[43] 이에 관해서는 권정임, "생태공유지의 정의론과 기본소득," 「인문사회 21」 10/2(2019), 1565-1580을 보라.

[44] 금민, "녹색 기본소득은 가능한가," 『모두의 몫을 모두에게: 지금 바로 기본소득』 (서울: 동아시아, 2020), 362f.; 금민, "기본소득형탄소세," 기본소득한국네트워크, 『기본소득이 있는 복지국가: 리얼리스트들의 기본소득 로드맵』, 147f. 조혜경은 탄소세를 시민배당으로 나누는 방안에는 동의하지만, 탄소세가 한시적인 세원이라는 점을 들어 탄소세 도입과 기본소득을 연계하는 데 대해서는 유보적이다. 이에 관해서는 조혜경, "탄소배당 연계 탄소세 도입의 필요성 및 기본 방향," Alternative issue Paper 22(2020), 27, 출처: https://alternative.house/alternative-issue-paper-no22/ (2021년 2월 10일 다운로드)를 보라.

어 그 가운데 절반은 환경보호를 위해 지출하고, 나머지 절반은 기본소득으로 지급하자고 제안했다.[45]

둘째는 모두의 몫인 자연적 공유부를 모두에게 나누자고 주장한 토마스 페인, 토마스 스펜서, 헨리 조지의 생각을 발전시켜 기본소득과 생태계 보전을 결합하려는 발상이다. 물론 그들에게는 아직 생태학적 의식이 없었고, 자연적 공유부는 지대의 원천으로 여겨졌을 뿐이다. 그러나 자연을 생산수단인 토지와 땅으로 축소하지 않고 자연이 품고 있는 생태학적 부를 중시한다면, 지대공유를 기본소득 재원의 일부로 삼는 방식으로 기본소득을 설계하는 데 그치지 않고 생태학적 부를 유지하고 관리하는 기금을 조성하여 그 기금의 수익을 재원으로 삼는 기본소득제도를 설계할 수도 있을 것이다. 최근 그러한 논의를 적극적으로 펼치는 학자는 가이 스탠딩(Guy Standing)이다.[46]

셋째는 자연적 공유부의 향유 주체를 인간으로 국한하지 말고 자연까지 포함해서 자연에 돌아갈 몫을 고려하는 방식으로 기본소득을 설계하려는 구상이다. 그러한 구상을 제안한 안효상은 기본소득이 성장 강박과 소비 강박으로부터 사람을 해방하는 효과에 주목한다. 그러한 효과는 자본주의 경제의 심부에서 작동하는 성장주의와 소비주의를 무력화하는 탈자본주의적 방식으로 기본소득을 설계할 수 있는 안목을 넓힐 수 있다.[47]

45 강남훈, "생태세와 생태기본소득으로 원자력발전에서 벗어나자," 김상곤 엮음, 『더불어 행복한 민주공화국』 (서울: 폴리테이아, 2012), 368.

46 최근에 그러한 구상을 제시한 학자는 가이 스탠딩이다. 가이 스탠딩/안효상 옮김, 『공유지의 약탈: 새로운 공유 시대를 위한 선언』 (파주: 창비, 2021), 386.

47 가이 스탠딩, 앞의 글, 52f.

앞에서 본 바와 같이 기본소득 구상은 사회국가의 위기에 대응하면서 사회국가를 급진적으로 개혁하는 데 그치지 않고 생태계 위기와 기후 파국에 대응해서 사회를 재구성하는 방안으로 논의되고 있다. 사회국가를 재건하고 생태계를 보전하는 데 기본소득 구상이 필요하다는 것은 충분히 인정될 수 있다. 그러나 기본소득 구상이 필요하다고 해서 그 구상의 정당성이 저절로 입증되었다고 말할 수는 없다. 기본소득 구상은 정당한가? 그것은 장을 바꾸어 논할 주제이다.

2장
기본소득 구상의 정당성

기본소득 구상의 정당성은 한마디로 일하지 않는 사람이 소득을 청구할 권리가 있는가에 달렸다. 기본소득 구상은 자유주의적 헌정 질서의 근간인 권리와 의무의 상호성을 깨뜨리고, 업적사회에서 분배의 전제가 되는 노동과 소득의 결합을 해체하기에 정당성이 없다는 비난에 직면한다. 이제까지 기본소득의 정당성은 세 가지 측면에서 주장되었다. 하나는 소득에 대한 시민의 권리에 근거한 정당화이고, 다른 하나는 기본소득이 정의의 요구에 합치한다는 논지의 정당화이고, 나머지 하나는 공유부를 배분할 모든 시민의 권리에 입각한 정당화이다.

1. 기본소득의 권리론적 정당화

역사적으로 기본소득이 시민의 권리라는 주장은 기본소득 구상의 한 축을 이루어 왔지만, 우리 시대에 그 점을 분명하게 천명한 사상가는 에리히 프롬(Erich Fromm)이다. 그는 자본주의 사회에서 소득이 보장되지 않는 한 노동자들이 '불안'에서 헤어 나올 수 없고, 자신의 몸밖에 가진 것이 없는 노동자가 자신의 의지에 반하여 자본의 지배 아래서 일하도록 강제된다고 분석했다. 프롬은 소득의 보장이 자유를 실현하는 전제 조건임을 분명히 하고, 소득 보장의 요구가 인간의 권리임을 다음과 같이 강조한다.

소득이 보장된다면 자유는 현실이 될 것이다. 그렇게 된다면 서구의 종교적 전통과 휴머니즘 전통에 깊이 뿌리를 박고 있는 원칙, 곧 인간은 그 어떤 상황에서든 살 권리가 있다는 원칙이 옳다는 것이 확인될 것이다. 생명, 음식, 주택, 의료, 교육 등에 대한 이 권리는 인간의 천부적인 권리이며, 이 권리는 그 어떤 상황에서도 제한되어서는 안 된다. 어떤 사람이 사회에 '쓸모'가 있는가를 본 뒤에 그 사람의 권리를 제한해서는 결단코 안 된다.[1]

프롬은 근대 세계에서 확립된 자유권적 기본권을 사회적 기본권을 통하여 실질적으로 실현하고자 하였다. 프롬은 사회적 기본권의 핵심을 소득 보장이라고 보았고, 어떠한 반대급부도 요구하지 않는 무조건적 소득 보장을 옹호하였다. 그런 관점에서 '권리와 의무의 비대칭성'이나 '노동과 소득의 분리'는 프롬에게서 논란의 대상이 될 수 없었다.

소득 보장의 요구가 시민의 무조건적 권리라는 프롬의 주장은 기본소득 구상을 명료한 형태로 가다듬은 반 빠레이스에게 수용되었다. 그는 근대 사회에서 확립된 자유는 자기가 자신을 소유한다는 것과 자신

---

1 Erich Fromm, "Psychologische Aspekte zur Frage eines garantierten Einkommens für alle (1966)," *Erich Fromm Gesamtausgabe in zwölf Bänden, Bd. V*(München: Deutsche Verlags-Anstalt und Deutscher Taschenbuch Verlag, 1999), 311.

을 안전하게 보호하여야 한다는 것을 핵심으로 삼지만, 그 자유가 실질
적 자유(real freedom)가 되기 위해서는 인간이 하고 싶은 것을 무엇이
든 할 수 있는 기회와 그 기회를 실현할 수단을 확보해야 한다고 생각했
다. 따라서 한 사람이 얼마나 자유로운가는 그가 그 자유를 실현하는
데 필요한 내적인 자원과 외적인 자원을 얼마나 확보하는가에 따라 판
단된다. 인간은 자기가 생각하는 '좋은 삶'을 실현하는 데 필요한 일정
한 몫의 자원을 국가에 요구할 권리가 있으며, 국가는 모든 시민에게
각자 자신이 생각하는 '좋은 삶'을 실현할 수 있는 동등한 자유를 보장하
여야 한다.[2] 그런 점에서 실질적 자유의 실현은 각 시민이 국가에 청구
할 수 있는 권리이다.

기본소득이 개인의 실질적 자유를 보장하는 수단이라면 모든 시민
은 국가에 기본소득을 보장할 것을 요구할 권리가 있다. 왜냐하면 모든
시민에게 실질적 자유의 기회와 그 수단을 동등하게 부여하는 것은 정
의로운 국가의 과제이기 때문이다. 그렇기에 캐롤 페이트만은 기본소
득이 '완전한 시민권의 상징'이고 '민주적 권리'라고 역설한다.[3]

2. 기본소득의 정의론적 정당화

기본소득 구상은 정의의 관점에서도 정당성을 갖는가? 기본소득 구

---

2 Philippe Van Parijs, *Real Freedom for All: What (If anything) can Justify Capitalism?*(New York: Clarendon Press; Oxford: Oxford University Press, 1995), 22f.

3 캐롤 페이트만, 앞의 글, 162: "기본소득은 완전한 시민권의 상징이고, 그러한 정치적 지위를 유지하는 데 필요한 안전을 보장한다. 달리 말하면 민주적 권리로서의 기본소득은 정치적 자유를 의미하는 자치와 같은 개인의 자유를 위해 필요하다."

상의 정당성을 논하는 정의론은 크게 두 갈래다. 하나는 평등주의적 정의론이고, 또 다른 하나는 비평등주의적 정의론이다.[4]

평등주의적 관점을 대표하는 학자는 반 빠레이스이다. 그는 존 롤즈가 가다듬은 정의의 원칙인 차등의 원칙을 원용하여 기본소득을 정당화하려고 했다. 일찍이 롤즈는 한 사회를 구성하는 개인들이 누구나 받아들일 수 있도록 불평등을 규율하는 원칙을 찾고자 했다. 자신이 다른 사람보다 사회적 재화를 덜 분배받더라도 그러한 불평등을 기꺼이 받아들일 수 있는 사회의 기본구조가 마련되지 않는다면 그 누구도 사회적 재화의 배분에서 나타나는 불평등을 수용하지 않을 것이다. 롤즈는 그 문제를 공정하게 해결하려고 하는 합리적인 사람들은 최소 수혜자가 최대 이익을 볼 수 있도록 사회적 재화가 차등적으로 분배되는 것을 받아들이고, 그 원칙에 따라 사회의 기본구조를 형성하는 것을 의무로 받아들이리라고 추론했다. 따라서 가장 열악한 처지에 있는 사람들의 처지를 더 향상하도록 배분하여 사회적 재화의 격차를 줄이는 평등 지향적인 차등의 원칙 혹은 최소 수혜자 최대 이익의 원칙(maximin principle)이 정의의 한 원칙으로 수립된다고 롤즈는 생각했다.[5]

반 빠레이스는 롤즈의 원칙을 가다듬어 열악한 사회 계층들의 순서를 정하고, 이 순서를 사전의 순서처럼 엄격하게 따르면서 더 열악한 처지에 있는 사람들에게 더 많은 것을 차등 배분하여 자원의 격차를 줄이는 분배의 원칙을 제시했고, 이를 '사전적 순서에 따르는 최소 수혜자

---

4 평등주의적 정의론과 비평등주의적 정의론에 관해서는 강원돈, "존 롤스와 앙엘리카 크렙스의 정의론에 대한 신학적-윤리적 평가: 평등주의 논쟁을 중심으로," 「신학과교회」 17(2022): 407-458을 보라.

5 존 롤즈/황경식 옮김, 『사회정의론』, 수정 제1판 제1쇄 (서울: 서광사, 1985), 316f.

최대 이익의 원칙'(leximin principle)이라고 명명했다.6 그는 기본소득이 그 원칙을 가장 잘 구현한다고 생각했다.

비평등주의적 정의론을 펼치는 앙엘리카 크렙스(Angelika Krebs)와 토마스 슈라메(Thomas Schramme)는 평등주의자들과는 전혀 다른 논리로 기본소득 구상을 지지한다. 그들은 정의와 평등이 같은 개념이 아니고 평등이 보편성과 같은 의미가 아니라는 데서 출발한다. 사람들이 지닌 자원이나 기회의 차이를 비교해서 자원과 기회를 가능한 한 똑같이 만드는 것이 정의의 실현이라고 보는 평등주의자들은 "평등은 그 자체가 좋다"고 생각한다. 그것은 평등이 정의의 내재적 가치라는 뜻이다.7 평등주의자들은 정의와 평등이 같은 개념이라고 착각하는 데 그치지 않고, 모든 사람이 평등해야 한다고 주장함으로써 평등을 보편성과 혼동하고 있다. 그 점을 날카롭게 지적한 크렙스는 모든 사람에게 '보편적으로' 적용할 수 있는 절대적인 정의의 기준을 찾는 것이 정의론의 과제라고 주장했다. 그는 그러한 보편적인 정의의 기준을 찾기 위해 인간의 존엄성이라는 절대적 개념으로부터 출발한다.8

그러한 휴머니즘적 관점에서 볼 때 "정의의 필수적인 기준들은 모든 사람에게 인간의 존엄성에 부합하는 삶의 조건들을 보장"하는 것이다.9

---

6 Philippe Van Parijs, 앞의 책, 27.

7 Derek Parfit, "Equality and Priority?," *Ratio 10/3*(1997), 219; Thomas Schramme, "Verteilungsgerechtigkeit ohne Verteilungsgleichheit," *Analyse & Kritik 21*(1999), 174f.

8 Angelika Krebs, "Einleitung: Die neue Egalitarismuskritik im Überblick," *Gleichkeit oder Gerechtigkeit: Texte der neuen Egalitarismuskritik*(Frankfurt am Main: Suhrkamp, 2000), 28.

9 Angelika Krebs, *Arbeit und Liebe: Die philosophische Grundlagen sozialer Gerechtigkeit* (Frankfurt am Main: Suhrkamp, 2002), 120. 슈라메는 모든 사람이 "좋은 삶을 영위할 수 있는 가능성에 대한 동등한 권리"를 갖는다고 말한다. Thomas Schramme, 앞의 글, 182.

그러한 조건들에는 음식, 주택, 의료 혜택, 개인적인 자율성과 정치적인 자율성의 보장, 사회적 참여, 프라이버시와 친밀한 이웃 관계의 유지 등을 누릴 권리 등이 포함된다. 만일 인간의 존엄성에 부합하는 기본적인 삶의 조건들을 모든 사람에게 보장하는 원칙, 곧 기본 보장의 원칙이 정의의 한 원칙으로 확립된다면, 마이클 왈쩌가 주장하는 바와 같이[10] 업적의 원칙, 자격의 원칙, 교환의 자유의 원칙 등과 같은 다원적인 정의의 원칙들이 사람들의 공동생활을 규율하는 규범으로 자리를 잡게 될 것이다. 중요한 것은 기본 보장의 원칙이 다른 정의의 원칙들에 앞선다는 것이다. 인간이 '인간으로 현존한다는 바로 그 사실 때문에'(qua Menschsein) 인간의 존엄성에 부합하는 삶을 보장해야 한다는 논거는 기본소득에 대한 만인의 권리를 휴머니즘적 관점에서 정당화한다.[11] 그런 점에서 기본소득에 대한 비평등주의자들의 정의론적 정당화는 기본소득의 권리론적 정당화로 수렴된다.

3. '공유부에 대한 모든 사회구성원의 권리에 기초한 몫'으로서의 기본소득

기본소득의 권리론적 정당화와 정의론적 정당화는 그 나름의 설득력이 있지만, 어떤 자원을 기본소득으로 배분하는 것이 정당한가 하는

---

10 Michael Walzer, *Sphären der Gerechtigkeit* (Frankfurt am Main/New York: Campus-Verl., 1992), 34ff.

11 Angelika Krebs, "Why Mothers Should Be Fed: Eine Kritik am Van Parijs," *Analyse & Kritik 22*(2000), 174.

문제를 해결하지 않은 채 남겨 두고 있다. 기본소득을 정의론적으로 정당화하고자 한 반 빠레이스는 이 문제의 심각성을 예리하게 의식했다. 그도 그럴 것이 그가 참조한 롤즈의 정의론에서는 기본소득의 자원이 사회적 분배의 대상인 사회적 재화일 수 없기 때문이다. 사회적 재화는 사회적 협동과 사회적 상호의존의 산물이다. 그러한 사회적 재화는 사회적 업적과 상호성을 전제하지 않는 무조건적 기본소득의 자원이 될 수 없다. 그런데 사람들에게 배분되어야 할 자원은 사회적 재화만 있는 것이 아니다. 그 누구의 것으로도 특정할 수 없는 자원도 있다. 반 빠레이스는 그러한 자원이 기본소득으로 분배되는 자원이라고 생각했다. 그것은 '선물'과 같은 성질을 갖는 자원들이다. 예를 들면 자연, 상속재산, 땅과 토지, 자신에게 우연히 부여된 능력이나 성질에서 얻은 결과 등은 그 누구의 것으로도 돌릴 수 없는 자원들이다. 그러한 자원들은 기본소득으로 배분되어도 무방할 것이다.[12] 거기서 한 걸음 더 나아가 반 빠레이스는 일자리에서 발생하는 고용지대도 기본소득의 자원이 될 수 있다고 주장했다. 고용지대는 내부 노동시장과 외부 노동시장에서 결정되는 임금의 차이, 곧 효율성임금과 시장청산임금의 차이다. 그러한 고용지대는 일자리를 구축하는 효과가 있다. 따라서 그러한 고용지대를 회수하여 기본소득의 자원으로 사용되는 것이 마땅하다는 것이다.[13] 그러나 아쉽게도 반 빠레이스는 기본소득으로 배분될 수 있는 자원이 공유부의 성질을 띤다는 점을 분명하게 지적하지 못했다.

금민은 기본소득의 자원이 공유부라고 분명히 밝힘으로써 반 빠레이스보다 한 걸음 더 나아갔다. 그는 토마스 페인이 주장한 공유부의

---

12 Philippe Van Parijs, *Real Freedom for All: What (If anything) can Justify Capitalism?*, 59.
13 Philippe Van Parijs, 앞의 책, 121ff.

분배에 대한 시민의 권리를 날카롭게 가다듬어 '모두의 몫을 모두에게' 나눈다는 원칙을 확립했고, 그 원칙에 따라 기본소득의 정당성을 입증했다. 그는 공유부의 범주에는 자연적 공유부만이 아니라 인공적 공유부도 포함된다고 보았다. 토지 그 자체, 천연자원, 생태환경 등은 모두의 것이며, 설사 토지의 활용, 천연자원 채굴, 생태환경 개발 등을 위해 자본과 노동력이 투입되었다고 하더라도 거기서 비롯된 수익의 상당부분은 모두에게 돌아가야 할 '자연적 공유부'이다. 금민은 이전 세대에 의해서 축적된 지식, 현세대가 협동을 통해 생산하는 지식, 디지털 데이터 등을 인공적 공유부로 꼽았다. 그러한 자연적 공유부와 인공적 공유부는 모두의 몫이기에 모두에게 기본소득으로 분배하는 것이 정의의 원칙에 부합한다는 것이다.

인공적 공유부는 도시계획과 국토개발의 효과로 엄청난 규모로 발생하기도 한다. 그것이 도시 공유부이다. 기업의 업적이나 노동의 업적도 지식과 기술과 제도에 힘입은 것인 한, 상당 부분 인공적 공유부에 속한다. 국가와 지방자치단체의 공적 소유에서 비롯되는 수익도 공유부로 전환될 수 있고, 화폐 발행 특권에서 발생하는 화폐 발행 수익(시뇨리지)도 공유부의 한 원천이 될 수 있다.[14] 환경세와 탄소세도 공유부로 간주될 수 있다. 모두에게 속하는 생태환경이 개발이나 경제적 활용으로 인해 파괴되었을 때 그것에 책임져야 할 자가 납부하는 환경세나 탄소세는 온전한 환경을 향유할 권리가 있는 모든 사람에게 보상이나 배상의 형태로 귀속되어야 할 것이기 때문이다. 인공적 공유부의 목록은

---

14 기본소득론자들 가운데 그 점을 가장 명확하게 짚은 학자는 유승경이다. 유승경, "기본소득의 또 다른 재원, 화폐발행이익," 기본소득한국네트워크, 『기본소득이 있는 복지국가: 리얼리스트들의 기본소득 로드맵』, 202.

앞에서 언급한 예들로 끝나지 않는다. 인공적 공유부는 계속 생성될 수 있고, 새롭게 발굴될 수 있다.

모든 시민이 공유부를 분유할 자격과 권한이 있다는 주장은 기본소득한국네트워크의 기본소득 규정의 바탕을 이룬다. 기본소득한국네트워크는 기본소득을 '공유부에 대한 모든 사회구성원의 권리에 기초한 몫'으로 규정함으로써 기본소득의 정당성뿐만 아니라 그 재원의 정당성까지도 명확하게 밝히고 있다. 앞에서 이미 밝힌 바와 같이 기본소득의 정당성을 공유부에 대한 모든 사람의 권리에서 찾으려는 시도는 기본소득과 생태계 보전을 연결하여 사유할 수 있는 실마리를 제공한다.

그러나 기본소득의 생태학적 연관과 관련해서는 이제까지 환경세와 탄소세를 인공적 공유부로 설정하여 기본소득의 재원으로 활용하거나 생태학적 공유부의 유지와 관리를 위한 기금을 조성하여 그 수익을 기본소득의 재원으로 활용하는 소극적인 방안이 논의되는 데 그쳤다. 앞으로는 자연적 공유부에서 사람의 몫과 자연의 몫을 구별할 뿐만 아니라 사회적 가난과 생태학적 위기를 동시에 불러들이는 자본의 축적과 팽창 메커니즘에 제동을 가하는 방식으로 기본소득을 설계할 필요가 있다. 그것은 국민경제 차원의 소득분배에 바탕을 둔 사회적이고 생태학적인 기본소득 구상의 형태를 취할 것이다. 이에 대해서는 다음 장에서 논할 것이다.

3장
사회적이고 생태학적인 기본소득 구상

사회적이고 생태학적인 경제민주주의의 관점에서 시장경제를 규율하는 강력한 방안들 가운데 하나는 소득분배의 규칙을 바꾸어서 생태계 보전을 위한 지출을 늘리고, 돈벌이 노동과 생활 활동을 사회적으로 새롭게 조직하기 위하여 기본소득을 전면적으로 도입하는 것이다. 생태계 보전을 위한 지출과 기본소득의 도입은 언뜻 보면 별개의 사항처럼 보일 수도 있다. 그러나 사회적 가난과 생태학적 위기를 동시에 불러들이는 시장경제 심부의 이중적인 모순을 들여다본다면 그 둘이 같은 동전의 양면처럼 결합해 있다는 것을 인식하게 될 것이다. 사회적 가난을 극복하려는 사회정의의 실천과 생태계 위기를 극복하고자 하는 생태학적 정의의 실천은 함께 간다. 생태계 위기와 사회적 가난을 동시에 극복하고자 하는 기본소득 구상은 기본소득의 사회적 연관과 생태학적 연관을 통합하는 구상으로 가다듬어져야 한다.

아래에서 필자는 먼저 생태학적 경제학의 관점에서 사회적 가난과 생태계 위기가 자본의 축적과 팽창 메커니즘을 매개로 해서 결합한다는 점을 확인하고, 사회정의와 생태학적 정의가 동시에 실현되어야 한다는 점을 입증한다. 그다음에 사회적이고 생태학적인 경제민주주의의 관점에서 생태계 보전과 기본소득을 서로 연계하는 방안을 제시한다.

1. 생태학적 정의와 사회정의의 관계

사회정의와 생태학적 정의가 같은 동전의 양면처럼 결합해 있다는 주장은 우리나라에서도 그렇지만, 세계 여러 나라에서도 여전히 낯설다. 독일의 원자력발전소 노동자들이 사회정의를 내세우면서 원자력발전소의 폐쇄를 결사적으로 반대한 일은 잘 알려져 있다. 그들은 원자력발전소 사고가 생태계를 큰 위험에 빠뜨리기에 생태학적 정의의 이름으로 원자력발전소의 폐쇄를 요구하는 환경단체들과 함께 할 수 없었다. 그러한 극단적인 예를 들지 않더라도 실제로 사회정의를 앞세우는 노동자들은 생태계의 안정성과 건강성을 유지해야 한다는 생태계 보전 운동에 별 관심이 없고, 생태학적 정의를 실현하고자 하는 시민단체들은 더 많은 사회정의를 요구하는 노동자들의 운동에 크게 상관하지 않는다. 그러나 에너지-물질의 순환 관계를 중심으로 생태계와 경제계의 관계를 파악하고, 에너지-물질의 변형과 그 소비가 이루어지는 경제계 안에서 노동과 자본이 맺는 정치사회적 관계를 들여다본다면, 사회정의가 이루어지지 않고는 생태학적 정의가 실현될 수 없고, 생태학적 정의가 실현되지 않고는 사회정의의 기반이 유지될 수 없다는 것을 깊이 통찰하게 될 것이다.

이미 본서 제II부 3장 1.2에서 생태학적 경제학의 관점에서 분석한 바와 같이 자원의 고갈과 생태계 위기는 생태계로부터 에너지-물질을 경제계로 끌어들여 활용한 뒤에 폐기 에너지와 폐기 물질의 형태로 생태계로 방출하는 대량생산과 대량소비의 결과이고, 그 대량생산과 대량소비를 추동하는 힘은 자본의 축적과 팽창 메커니즘이다. 자본의 축적과 팽창은 사회적 가난을 확산한다. 그런 상황에서 대량생산과 대량소비가 서로 맞물려 돌아가게 하는 것은 끝없이 증가하는 부채다. 부채는 미래 세대로부터 생태학적 부를 빼앗아 오늘의 생산과 소비를 위해 탕진하게 만든다. 여기서 분명하게 확인되는 것은 생태계 위기와 사회적 가난은 자본의 축적과 팽창의 메커니즘을 매개로 해서 서로 결합한다는 것이다. 사회적 가난과 생태계 위기는 별개의 사안이 아니라, 같은 동전의 양면처럼 결합해 있다. 사회적 가난을 확산하는 자본의 축적과 팽창 메커니즘이 생태계 위기와 기후 파국을 불러들인다. 그런 점에서 자본주의적 생산이 "모든 부의 원천인 지구와 노동자를 동시에 무덤에 쓸어 넣는다"[1]는 마르크스의 경구는 의미심장하다.

본서 제V부 1장과 5장에서 밝힌 바와 같이 자본의 축적과 팽창 메커니즘을 제어하는 가장 결정적인 제도적 장치는 노동이 자본의 권력을 압도하거나 노동과 자본의 권력관계를 균형에 이르게 하는 것이다. 오직 그런 권력 균형의 제도적 조건 아래서만 과도한 자본축적을 억제할 수 있을 것이고, 사회적 가난과 생태계 위기를 동시에 해결할 수 있는 전망을 세울 수 있다. 그 전망의 핵심은 축적된 자본의 상당 부분을 퍼내어 한 편으로는 사회적 가난을 해소하고, 다른 한편으로는 생태계 위기를 극복하는 데 투입하는 것이다. 생태계와 경제계의 에너지-물질 순환과정에 대한 인식은 생태계의 안정성과 건강성을 유지하지 않고서

---

1 K. Marx, *Das Kapital 1*, 529f.

는 그 어떤 경제체제도 지속될 수 없다는 통찰로 이끈다. 지속 가능한 경제는 생태계의 안정성과 건강성을 유지하기 위해 경제적 성과의 상당 부분을 지출하는 경제이다.

따라서 자본과 노동의 관계를 바르게 규율하여 사회정의를 세우지 않으면 생태학적 정의가 실현될 수 없고, 생태계를 구성하는 생명체들과 무생물체들의 네트워크를 온전히 보존하는 생태학적 정의가 수립되지 않으면 사회생활의 자연적 기반이 붕괴하여 사회정의를 논하는 것 자체가 무의미해질 것이다. 여기서 사회정의와 생태학적 정의는 정의 개념의 가장 근본적인 의미인 바른 관계의 두 형식이다.2 자본의 노동 포섭에서 나타나는 노동자의 대상화, 지배, 수탈, 차별 등이 바른 관계가 아니고, 정의에 합치하지 않는다고 말해야 하듯이, 생태계와 경제계의 에너지-물질 순환을 교란하여 생태계의 현실을 이루는 관계들의 망상구조를 무너뜨리는 것은 불의라고 지적해야 한다. 오늘의 세계에서 사회정의가 자본의 노동 포섭을 해체하여 자본과 노동의 바른 기능적 관계를 형성할 때 실현될 수 있다면, 생태학적 정의는 생태계를 구성하는 삼라만상이 제각기 자기가 거하는 자리에서 서로 바른 관계를 맺으며 현존할 권리를 인정받을 때 비로소 생태계 전체의 안정성과 건강성을 구현하는 방식으로 실현될 것이다.

기본소득은 사람을 사회적 가난으로부터 해방하고, 생태계 보전에 이바지하는 방식으로 설계되어야 한다. 그것이 인간 존엄성 존중의 원칙과 생태계 보전의 원칙에 충실한 기본소득의 기본 구상이다. 인간 존엄성 존중의 원칙에 따른다면, 정치 공동체가 나서서 모든 시민에게 인

2 이에 관해서는 이 책의 제I부 3장 3.2. "정의의 원칙"을 보라.

간의 존엄한 삶을 보장하는 데 필요한 기본소득을 무조건 지급하는 것이 사회정의에 부합한다고 말해야 한다. 모든 시민이 인간의 존엄성을 지키며 살아가려면 기본욕망을 충족하고, 자주적으로 살아가고, 사회적 유대를 형성하고, 정치적 참여와 문화적 향유를 하는 데 필요한 자원이 모든 시민에게 보장되어야 한다. 그것이 사회적 가난에서 해방된 삶의 가능성이다. 생태계 보전의 원칙에 따른다면, 경제 활동은 생태계의 안정성과 건강성을 유지하는 한도 안에서 이루어져야 마땅하다. 그것이 생태계의 안정성과 건강성을 속속들이 파괴하는 대량생산과 대량소비에서 벗어나고, 대량생산과 대량소비가 서로 맞물리게 하는 자본의 강제에서 벗어난 경제 활동이다. 그러한 경제 활동이 생태학적 정의에 합치한다. 그러한 경제 활동이 가능한 제도적 조건은 본서 제IV부와 제V부 5장에서 사회적이고 생태학적인 경제민주주의의 관점에서 구체적으로 밝혔으니 여기서 더 언급할 필요는 없다. 다만 그러한 경제 활동의 주관적 조건은 모든 사람이 자본이 주입한 노동 강박과 소비 강박에서 해방하고, 더 많은 시간을 자기 자신과 공동체를 위하여 활동하고 생태학적 부를 누릴 기회를 가질 수 있도록 하는 것이다. 기본소득은 바로 그러한 삶의 물질적 근거로서 지급되어야 한다.

위에서 말한 바와 같이 기본소득이 생태계 보전의 원칙과 인간 존엄성 존중의 원칙에 충실하게 설계된다면, 기본소득은 사회적이고 생태학적으로 풍요로운 사회로 이행하는 과정을 촉진하는 역할을 할 것이다. 그러한 기본소득은 생태학적 전망을 갖는 기본소득이라는 이름을 가질 것이다.

2. 생태계 보전과 기본소득의 결합

생태계 보전의 조건 아래서 사람들을 사회적 가난에서 해방하는 제도는 사회적이고 생태학적인 경제민주주의의 관점에서 시장경제를 규율하는 방식으로 실현된다. 그 요체는 노동과 자본의 민주적 권력관계와 그것에 바탕을 둔 기능적 합의를 촉진하고 '자연의 권리'의 헌법적 승인에 바탕을 두고 생태계와 경제계의 이익 균형을 이루는 것이다. 그러한 관점에서 시장경제를 규율하는 핵심 정책은, 본서의 제IV부와 제V부 5장에서 밝힌 바와 같이, 거시균형의 조건을 규정하는 거시적인 소득분배의 방침을 정하고 거시경제 계획을 수립하는 것이다. 기본소득정책은 거시적인 소득분배와 거시경제 계획의 틀에서 설계되어야 한다. 그럴 때 비로소 생태학적 전망을 갖는 기본소득의 윤곽이 드러날 것이다.

아래서는 기본소득정책이 먼저 잉여가치의 적절한 배분을 핵심으로 한다는 점을 밝히고, 그다음에 잉여가치가 표시되지 않는 한국은행 국민계정, 국세청 양도소득세 통계, 『지방세정연감』 취득세 통계 등을 활용하여 생태학적 전망을 갖는 기본소득을 설계한다.

2.1. 잉여가치의 사회적 · 생태학적 분배

생태계 보전과 기본소득의 연계 모델의 핵심은 엄청난 규모로 축적되는 잉여가치의 상당 부분을 퍼내어 한편으로는 생태계 보전을 위해, 다른 한편으로는 인간의 존엄성을 보장하는 생활을 위해 사용하도록 하는 것이다. 달리 말하면 생태계로부터 에너지와 물질을 경제계에 끌어들여 인간의 욕망을 충족시키는 데 알맞은 형태로 변형시키는 생산에 자본을 투입하는 것을 획기적으로 줄이고, 생태계와 사람의 생명과 복지를 돌보기 위해 자본 투입을 획기적으로 증가시키는 것이다. 그렇게 되면 자본주의적 경제의 산물인 잉여가치는 그 일부가 생태계 보전 영역으로 배분되고, 나머지 일부는 사람들의 복지 영역으로, 마지막 일부는 자본의 관심사인 미래를 위한 투자 영역으로 흘러 들어갈 것이다.

2.2. 자본소득, 자산소득, 자본이득의 구별

주류 경제학에서 금기로 여기는 잉여가치 개념을 사용해서 그렇지, 앞에서 말한 것은 전혀 복잡하지 않은 이야기이다. 잉여가치 개념이 나타나지 않는 국민계정을 놓고 설명한다면 더 이해하기 쉽다. 국내총생산(GDP)은 자본비용과 노동비용과 국민저축의 합이다. 케인즈주의자들은 국민저축의 사회경제적 성격과 계급적 성격을 굳이 따지려 하지 않지만,[3] 국민저축은 미래의 투자를 위한 기업저축(자본축적)과 미래의 소비를 위한 가계저축으로 구성된다. 물론 전자가 후자보다 상상을 초월할 정도로 많다.

자본에 돌아가는 몫은 흔히 자본의 감가상각 보전비용과 이윤으로

---

3 케인즈가 저축의 사회경제적 성격과 계급적 성격을 무시하고 단지 유동성 선호와 유예된 소비의 보상을 중심으로 저축의 사회심리학을 강조한 결정적인 이유는 잉여가치 개념을 한사코 인정하려 들지 않았기 때문이다. 케인즈는 저축률=투자율이라는 등식을 제시했지만, 그는 잉여가치의 귀속과 배분을 결정하는 정치사회적 조건을 고려하지 않고 모든 저축이 투자로 이어진다고 무차별적으로 가정했기에 국민경제의 거시균형 조건을 제대로 설명할 수 없었다. G. M. Keynes, *Allgemeine Theorie der Beschäftigung, des Zinses und des Geldes*(1936년 판본의 영인본) (Berlin: Duncker & Humblot, 2000), 154. 이에 대한 신랄한 비판으로는 O. Šik, *Der dritte Weg: Die marxistisch-leninistische Theorie und die moderne Industriegesellschaft* (Hamburg: Hoffmann und Campe, 1972), 264ff.를 보라.

분류되지만, 땅과 토지가 '설비자본'으로 여겨지고 있기에 지대도 중시되어야 한다. 따라서 이윤은 영업이익과 지대로 분해되고, 영업이익에 대한 과세 이후에 영업잉여의 형태로 사내보유금으로 축적된다. 사내보유금 가운데 일부는 '이자 낳는 자본'의 성격을 띠는 유휴자본으로 퇴장하여 자본소득(배당 등), 자산소득(소유자산의 운용에서 발생한 소득), 자본이득(양도차익)의 원천이 되기도 한다. 더 나아가 가계귀속소득 가운데 금융소득, 임대소득, 양도차익, 상속, 증여 등 자산소득과 자본이득의 비중이 커지고 있는 점도 고려할 필요가 있다. 기업과 가계에서 자산소득의 비중이 커지는 것은 금융화의 영향 때문이다.

자본소득, 자산소득, 자본이득 등을 면밀하게 살피기 위해서는 한국은행 국민계정, 국세청 양도소득세 통계, 『지방세정연감』 취득세 통계 등을 참고하여야 한다.

2.3. 국민경제 수준에서 소득분배 계획의 기본 방침

이제 국민총생산의 사회경제적 성격을 고려하면서 소득분배의 기본적인 틀을 구상한다. 그 이론적 전제는 마르크스의 재생산 도식이다. 이 재생산 도식에서 얻을 수 있는 중요한 결론은 잉여가치가 지나치게 자본축적으로 흘러 들어가면 생산 과잉과 수요 위축의 문제를 풀 수 없고, 과도하게 임금 상승으로 흘러 들어가면 투자 위축과 수요인플레이션의 문제를 피할 수 없다는 것이다. 따라서 잉여가치를 적절하게 분배하여 자본축적과 임금 상승의 균형을 유지하는 것이 국민경제에서 생산과 소비의 거시균형을 역동적으로 달성하는 요체가 된다.[4] 중요한 것은 생태계 보전을 위해 잉여가치의 일부를 먼저 할애하고 나서 그 나머

지를 자본의 몫과 노동의 몫으로 나누어도 국민경제의 거시균형을 이루는 데 지장이 없다는 것이다.[5]

먼저 국민저축, 특히 자본축적의 상당 부분을 생태계 보전을 위한 지출을 위해 따로 떼어놓기로 한다. 그것은 경제 활동이 생태계에 미치는 부정적인 외부효과를 축소하거나 제거하기 위하여 에너지-물질의 투입과 폐기 에너지-폐기 물질의 방출을 억제하는 데 들어가는 비용이 확보되도록 국가가 잉여가치 축적에 개입한다는 뜻이다. 에너지세, 환경부담금, 탄소세, 오염세 등을 징수하고, 탄소배출권 거래가격을 적정 수준에서 유지할 수 있게 하고, 국토개발세, 국토개발 부담금, 연안 개발세와 연안 개발 부담금, 광산 채굴 인가와 채굴 부담금 등 적정 규모의 생태계 보전 기금의 조성과 운영을 위해 기여금을 징수한다면, 잉여가치의 축적은 당연히 줄어든다.

그다음에 자본소득의 나머지 부분을 국민경제 차원에서 생산과 소비의 거시균형을 이루도록 배분한다. 앞에서 언급한 대로 현대 시장경제에서 자본소득은 자산소득과 자본이득으로부터 분리해서 논하기 어렵다는 점을 고려한다면, 그것은 공적인 손이 생산수단의 소유, 부동산 소유, 금융자산 소유 등에서 비롯되는 소득으로부터 세금을 징수하여 그 가운데 상당 부분을 가계의 몫으로 이전한다는 뜻이다. 그렇게 되면 가계에 돌아가는 몫은 국민계정에서 노동의 몫으로 산정되었던 것보다 훨씬 더 커진다. 난방, 교통, 쓰레기 배출 등 가계 활동이 생태계에 전가

---

4 마르크스의 자본의 재생산 도식과 그것이 현대 시장경제에 갖는 함의에 관해서는 본서 제V부 5장 2.2와 2.3을 보라.

5 O. Sik, "Dritter Weg und grüne Wirtschaftspolitik," *Grüne Wirtschaftspolitik: Machbare Utopien*, mit einem Vorwort von O. Schilly, hg. von F. Beckenbach u. a. (Köln: Kiepenheuer & Witsch, 1985), 361.

하는 부담을 제거하기 위한 비용은 당연히 가계소득으로부터 공제되고, 그 일부는 생태계 보전을 위한 기금으로 돌릴 수 있다.

생태계 보전 기금은 경제 활동이 생태계에 가하는 부담을 줄이기 위해 기술의 개발과 투입 등에 쓰일 수도 있고, 생태계 보전을 위한 서비스에 지출될 수도 있으므로 국민경제 수준의 생산과 소비에 영향을 미친다. 그러나 생태계 보전 부문에서 이루어지는 생산과 소비는 생태 친화적 성격을 띤다.

2.4. 기본소득과 시장소득의 배분

이제 국민계정에서 최종적으로 가계에 돌아간 몫을 먼저 각각의 가계를 구성하는 개개인에게 기본소득으로 분배하고, 그런 조치가 취해진 다음에 비로소 가계에 돌아간 몫의 나머지를 노동시장에 참여하는 사람들에게 각각 일한 만큼 그 대가를 시장 임금으로 배분한다고 가정해 보자. 기본소득과 노동소득으로 배분하는 비율을 1:1 정도로 설정하는 것이 바람직하겠지만, 그 비율을 어떻게 정할 것인가는 사회적 합의와 정치적 합의에 맡긴다고 생각하기로 한다. 그러한 합의 과정에서는 기본소득이 인간의 존엄성을 지키며 살아가는 데 충분한 정도가 되어야 한다는 점을 고려해야 한다. 기본소득분배율이 너무 낮아서는 안 된다는 뜻이다. 기본소득의 한계소비성향이 높으리라고 가정한다면, 국민경제 차원에서 생산과 소비의 거시균형을 달성하기 위해서라도 기본소득분배율의 적정 수준을 유지하는 것이 바람직하다. 그러한 조건 아래서 시장에서 일자리를 얻는 사람들은 기본소득과 시장소득을 합한 만큼의 복합소득을 얻게 될 것이고, 일자리를 갖지 않는 사람은 기본소득밖에는 얻지 못할 것이다. 그러나 기본소득만을 받는 사람들은 자기 자신과 공동체를 돌보는 생활 활동 시간을 누리며 시장이 공급하지 않는 재화와 서비스를 누릴 기회를 얻게 될 것이다.

2.5. 소득분배의 위상과 성격

사회적이고 생태학적인 경제민주주의의 관점에서 규율되는 국민경제에서 소득분배는 소득재분배와 다른 점도 있고, 비슷한 점도 있다. 소득재분배는 시장을 통해서 이루어지는 소득분배를 조세정책, 재정정책, 사회정책, 복지정책 등을 통해서 추후적으로 교정하는 과정이지만, 소득분배는 민주적으로 구성된 권위 있는 분배 계획 기구의 사전 조정을 중시한다. 사회적 공론화 과정을 거쳐서 그 분배 계획 기구는 먼저 생태계 보전 목표를 설정하고 이를 달성하는 데 필요한 재원을 계산한다. 그러한 전제를 확립한 다음에 기술개발 속도를 고려하는 가운데 성장의 적정 속도를 설정하여 국민경제 차원에서 생산과 소비의 거시균형을 이루도록 자본의 몫과 노동의 몫을 계산한다. 마지막으로 노동의 몫을 다시 시장소득과 기본소득으로 배분하는 적정 비율을 계산한다. 이 모든 분배 계획은 최종적으로 정치적 합의 과정에 넘겨져서 확정된다.

그러한 분배 계획은 국민경제 수준에서 잉여가치의 분배에 초점을 맞춘 것이고, 공공부문과 민간 부문의 부채 증가를 전제하지 않는다. 소득분배의 목표는 생태계 보전, 경제발전, 충분한 가계소득 보장 등을 통합적으로 관리해서 사회적이고 생태학적으로 규율되는 국민경제를 형성하고, 국민경제 차원에서 생산과 소비의 거시균형을 달성하는 것이다.

중앙관리경제에서와는 달리 시장경제에서는 국가가 국민총소득의 처분권을 갖지 않고, 경제 주체들의 합리적 선택을 행정명령으로 대체할 수 없다. 국가는 분산된 시장 주체들의 경제 활동과 소득 활동을 제도적으로 보장하는 위치에 서기 때문에 설사 권위 있는 분배 계획을 수립한다고 하더라도, 그것은 어디까지나 가이드라인의 성격을 띤다. 시장경제의 역사적 조건들 아래서 분배 계획은 사전에 조정된 분배 가이드라인에 가장 충실한 방식으로 세금 명목과 세목의 세율을 정하고 그렇게 모은 재정 수단을 배분하는 외양을 취할 수밖에 없다. 이 점에서 소득분배 계획은 어쩔 수 없이 소득재분배의 모습을 취하게 된다.

4장
생태계 보전과 기본소득의 연계를 위한
국민소득분배의 모의실험

앞의 3장에서 제시한 지침에 따라 생태계 보전과 기본소득을 통합하는 국민소득분배에 관한 모의실험을 해 보자.

1. 생태계 보전을 위한 국민소득의 우선 할당

먼저 생태계 보전을 위해 국민총소득의 6%를 할애한다고 가정해 보자. GDP의 6%를 생태계 보전을 위해 쓰자는 것은 엄청난 제안이라고 여겨질 것이다. 그 규모를 2021년도 신재생 에너지 관련 그린뉴딜 예산과 비교해 보면 그것이 얼마나 큰 규모인가를 짐작할 수 있을 것이다. 2021년도 예산으로 잡힌 신재생 에너지 관련 그린뉴딜 예산은 1조 6,710억 원이다. 그것도 2020년도 예산 1조 2,226억 원에서 약 36% 증가한 규모이다. 그 예산 규모는 2021년도 예상 명목 GDP의 0.32%에 달하는 미미한 수준이다. GDP의 6%를 생태계 보전 영역에 투입한다고 하면 엄청나다고 하겠지만, 생태계의 안정성과 건강성을 보장하는 에너지 전환과 에너지 사용 효율화, 폐기물 처리, 오염물질과 미세먼지 제거, 생태계의 고유한 가치의 보전(일종의 생태계 고정자본의 실체 보전)을 위한 기금 조성, 파괴된 생태계 연결망의 복원, 생태계의 미학적 경관의 복원과 보전, 생태학적 요구에 따르는 국토 공간 배치, 도시 밀도 감축, 인구 분산, 교통 혼잡 완화, 생태학적 농업 진흥 등 생태계 보전과 복원을 위한 사업에 투입하여야 할 재원을 충당하기에 부족할 것이다. GDP 6%의 재원 확보는 첫 시작에 불과하다.

생태계 보전을 위한 재원은 크게 두 가지 범주로 구성된다. 하나는 국민소득의 2%에 해당하는 잉여가치를 모든 산업 부문으로부터 생태계 보전세로 징수하는 것이고, 다른 하나는 경제 활동이 생태계에 미치는 외부효과에 대해 세금과 부담금을 부여하되 그 규모는 국민소득의 최소한 4%에 달하도록 하는 것이다. 경제 활동의 생태학적 외부효과에 대한 세금과 부담금 부여는 세 측면에서 마련되어야 한다. 한 측면은 생태계에서 경제계로 투입되는 에너지와 물질에 대한 과세와 부담금이다. 에너지세, 국토개발세, 국토개발 부담금, 연안 개발세와 연안 개발 부담금 등이 그 전형이다. 다른 측면은 경제계에서 생태계로 방출되는 폐기 에너지와 폐기 물질에 대한 과세와 부담금이다. 탄소세, 미세먼지세, 환경오염물질세, 쓰레기 처리세 등이 대표적이다. 셋째 측면은 도시 생태계에서 나타나는 공간 밀도와 교통 혼잡에 대한 과세와 부담금이다. 교통혼잡 세금과 부담금 등을 고려할 수 있다. 우리나라에서는 에너지세, 환경개선부담금, 지역개발세, 광업권 허가 등 기왕에 시행되고 있는 세금 및 부과금제도와 로열티제도가 있으나, 그 용도가 생태계 보전과 복원으로 확정되어 있지 않기에 정비할 필요가 있고, 탄소세,

미세먼지세 등 환경오염세, 도시교통혼잡세, 쓰레기 배출세 등과 같이 새로운 세제를 창설해야 할 경우도 있다. 위에서 언급한 여러 종류의 환경부담금, 특히 국토개발, 연안 개발, 광물자원 채굴 등에 부과하는 부담금은 전적으로 생태계의 고유한 가치를 보전하는 기금을 조성하기 위해 별도로 취급해야 한다. 생태계의 경제적 활용은 생태계의 고유한 가치를 당대의 사람들이 전유하는 결과를 빚으므로, 그 가치를 보전하기 위한 기금을 조성하여 후대에 물려주는 것이 마땅하다. 그것은 생태계 고정자본의 감가상각비용을 충당하는 것으로 볼 수 있다.

몇 가지 재원에 대해서는 조금 더 자세하게 살필 필요가 있다. 2019년 현재 에너지세 세수는 14조 원에 달한다. 만일 탄소세를 도입한다면 탄소세 세수는 얼마나 될까? 조혜경이 탄소 배출의 사회적 비용에 해당하는 이산화탄소 1톤당 26,600원의 탄소세를 적정세율로 가정하고 가계와 전 산업 부문의 에너지원에 적용해서 추정한 탄소세 세수는 17조 원에 달한다. 이 두 가지 세수는 총 31조 원으로 2019년 명목 GDP 1,919조 원의 약 1.6%에 해당한다.[1] 에너지세와 탄소세에 대해서는 두 가지를 유념해야 한다. 1) 우리나라는 값싼 에너지 공급정책을 산업정책의 기조로 삼고 있기에 난방 산업, 발전 산업 등 1차 에너지 공급에서는 세금이 부과되지 않는다. 이것은 값싼 에너지 공급정책을 유지하기 위한 조세정책이다. 만일 비싼 에너지 공급정책으로 전환해서 우리나라의 총 에너지 소비량의 56.7%를 차지하는 에너지 산업 분야[2]에 통상적인 에너지세율을 적용한다면, 에너지 세수는 20조 원가량 증가한다.

---

1 조혜경, "탄소배당 연계 탄소세 도입의 필요성 및 기본 방향," *Alternative Issue Paper 22*(2020), 37, https://alternative.house/alternative-issue-paper-no22/ (2021년 9월 20일 다운로드).
2 출처: 에너지경제연구원 「연간 에너지밸런스」 (2019).

2) 탄소세는 도입할 때는 적게 거두지만 2050년 탄소 배출 네트 제로 목표를 달성하기 위한 로드맵이 정해지면 점차 더 많이 거두게 될 것이다.

탄소배출권 거래제는 탄소세와 서로 연동하도록 재설계한다.[3] 탄소배출권을 거래하는 기업에는 탄소세를 면제한다. 2050년 탄소 네트 제로 목표에 맞추어 탄소 배출 총량을 급진적으로 줄이고, 탄소배출권 거래 하한가가 탄소세보다 많도록 탄소배출권 거래 시장이 규율된다면, 탄소배출권 가격은 높은 수준에서 형성될 것이다. 탄소배출권 가격이 높게 형성되면 탄소세를 인상할 유인이 저절로 주어지는 효과도 있다. 발전, 난방, 시멘트, 철강, 제조업, 수송 등 산업 분야의 대기업들이 탄소배출권을 매입하기 위해 지출하는 비용은 탄소세를 능가할 것이고, 탄소배출권 거래 시장이 성숙함에 따라 그 비용은 증가할 것이다. 발전, 난방, 시멘트, 철강, 제조업, 수송 등 산업 분야에서 발생하는 탄소는 우리나라 탄소 배출 총량의 90%에 달한다.[4]

위에서 말한 바와 같이 모든 산업 부문에서 예외 없이 에너지세와 탄소세를 징수한다고 가정하면, 생태계 보전에 투입할 수 있는 재원은 2019년 기준 명목 GDP의 2.7%에 이를 것으로 추정된다. 그것은 에너지세율과 탄소세율을 낮게 잡았기 때문에 나타난 수치인데, 만일 시장 경제의 생태학적 규율의 관점에서 에너지 투입량과 탄소 배출량을 획기적으로 줄이겠다는 정치적 의지에 따라 탄소세와 에너지세율을 높인

---

3 이 중요한 제안에 대해서는 조혜경. "정의로운 생태 전환과 탄소배당." 경기도, 제3회 경기도 기본소득 국제컨퍼런스(2021년 4월 28일) 발표문, 1을 보라.

4 출처: 국가에너지통계종합정보시스템 「온실가스 배출량: 연료연소 및 탈루」 2018년 통계치. 특이하게도 우리나라에서는 1차 에너지 공급 분야에 속하는 발전 부문과 난방 연료의 생산 부문 그리고 최종에너지 소비 분야로 분류되는 교통 부문은 온실가스 및 에너지 목표 관리제도의 틀에서 별도로 관리된다. 이러한 특혜적 조치는 폐지되어야 한다. 그러한 특혜가 유지되는 한, 탄소세 도입이나 탄소배출권 시장 확대 조치는 소기의 목표를 달성할 수 없게 될 것이다.

다면 그만큼 생태계 보전 재원은 늘어날 것이다.5 시장에서 형성되는 탄소배출권 가격 부담 때문에 기업이 탄소 배출 감소를 위한 지출을 증가시키면 그것도 GDP에서 생태계 보전을 위한 몫을 증가시킨다는 점을 별도로 고려할 필요가 있다. 앞에서 언급한 각종 개발 세금과 부담금, 각종 오염 배출에 대한 세금과 부담금, 쓰레기 배출세, 도시교통혼잡세 등을 크게 늘려서 재원을 확보한다면 에너지세, 탄소세, 탄소배출권 거래 등과 합해서 GDP의 4%에 해당하는 생태계 보전 재원을 마련할 수 있을 것이다.

그렇게 되면 생태계 보전세(국민소득의 2%)와 경제 활동의 생태계에 대한 외부효과에 부과하는 세금과 부담금(국민소득의 최소 4%)을 합해서 국민소득의 6%를 생태계 보전을 위한 재원으로 확보할 수 있다.

2. 나머지 국민소득에서 노동과 자본이 차지할 몫의 할당

생태계 보전을 위해 공제한 뒤에 남는 국민소득은 국민경제의 발전 방향과 성장 속도를 충분히 고려해서 노동 측과 자본 측이 6:4로 나누기로 합의하고,6 기업과 가계의 자산소득과 자본이득은 예외 없이 정액

---

5 참고로 탄소세율과 탄소 배출 목표 달성을 연계하고 있는 스위스에서는 탄소세를 도입한 첫해인 2008년에는 탄소세율이 CO2 1톤당 12프랑이었지만, 2018년에는 1톤당 96프랑(약 115,000원)으로 올랐다.

6 「한국은행경제통계시스템, 국민계정」에서 2015년 노동소득분배율은 63.2%에 달하지만, 그것은 자영업자 소득에서 고정자본 소득을 공제한 것을 노동소득으로 포함하였기에 나타난 수치다. 취업자 대비 피용자 비중에 따라 조정된 노동소득분배율은 51% 남짓이다.

세 30%를 부과하여 이를 기본소득의 재원으로 돌린다고 가정한다. 한국은행 국민계정, 국세청 양도소득세 통계, 『지방세정연감』 취득세 통계 등에 근거하여 추산하건대, 자산소득과 자본이득에 대한 과세로 거두는 세수는 낮게 잡아도 GDP의 7%에 달할 것으로 추정된다.[7] 그럴 경우 노동소득과 기본소득 재원의 합계는 명목 GDP의 63.4%에 달할 것이다. 이를 임금소득과 기본소득으로 나누되, 그 비율을 1:1로 한다고 가정한다. 그렇게 되면 기본소득을 위한 재원은 국민소득의 31.7%에 달하고, 2019년 명목 GDP 1,919조 400억 원[8]을 기준으로 계산한다면 국민 1인당 월 기본소득은 2019년 현재 97만 원 정도 되리라고 추정된다.

3. 국가의 몫

국가 부문이 차지하는 몫은 국민소득의 분배 이후에 조세와 공과금

---

7 국세청 내부 행정 자료 양도소득세 부과 현황에 따르면, 2018년의 양도소득세 총액은 24조 6,250억 원에 달했다. 양도소득세는 면제와 감면 혜택이 많고, 해마다 변동이 있지만, 국세 세원으로서는 큰 규모이다. 주식 양도소득에 대한 세율을 높이고, 부동산 양도소득에 대한 감면 및 면제 조치를 폐지하고, 모든 부동산 거래에 대해 30%의 정률제 양도소득세를 부여한다면, 양도소득세의 총액은 많이 증가할 것이다. 2007년부터 국세청이 부동산취득세 산정 기준을 실거래가로 정했기 때문에 양도소득의 규모는 비교적 정확하게 추정될 수 있게 되었다. 만일 부동산 임대소득의 규모까지 정확하게 파악될 수 있다면, 부동산에서 발생하는 자본이득(양도소득)과 자산소득(임대소득)에 대한 적정 과세가 이루어질 것이고, 세수는 큰 폭으로 증가할 것이다. 참고로, 본서 663쪽에서 언급한 바와 같이, 부동산 불로소득은 2007년부터 2015년까지 약간의 진폭이 있기는 하지만, GNP에서 평균 24%를 차지할 정도로 컸다. 이제까지 부동산 보유세를 통해 기본소득의 재원을 마련하는 방안이 연구되어 왔지만, 앞으로는 부동산 양도소득과 임대소득에 대한 정률 과세를 통해 기본소득의 재원을 확충하는 방안을 더 적극적으로 정교하게 설계할 필요가 있다.

8 출처: 한국은행 국민소득 통계 (2019).

등의 형태로 징수하고, 건강보험과 상해보험 기여금 등 기본소득 도입 이후에도 존속하는 사회적 안전망 유지 비용도 국민소득분배 이후에 갹출한다고 가정한다. 기본소득도 당연히 과세와 기여금 부담의 대상이 된다. 국민소득의 지출에서 국가 부문이 차지하는 몫이 커지고, 국가의 지출 가운데 투자를 위한 지출이 소비를 위한 지출보다 커지면 국민경제에서 생산과 소비의 거시균형이 깨질 수 있으므로, 그렇게 되지 않도록 유념해야 한다. 교육, 의료, 문화, 생태계 보전 등에 국가 지출이 커지면 기본소득과는 다른 경로로 모든 국민에게 현물을 지급하는 효과를 발휘할 수 있다. 충분한 기본소득이 지급되면 사회복지제도를 운영하는 데 들어가는 행정 비용이 획기적으로 줄어들 것이다. 국민소득의 2.5% 정도에 달하는 군사비 지출의 특수성도 고려할 필요가 있다. 건강보험과 상해보험 등은 당연히 가계소득을 보전하는 효과가 있다.

4. 기존의 기본소득 재원 확보 방안에 대한 검토

기본소득한국네트워크가 창설된 이후로 기본소득의 도입에 찬성하는 학자들이 기본소득의 재원을 어떻게 확보할 것인가를 놓고 다양한 의견을 펼쳐왔다. 소비세, 디지털세, 국토보유세, 탄소세, 근로소득세, 법인세, 기본소득 목적세, 국가 화폐 발행 시뇨리지 등이 그것이다. 그러한 재원 확보 방안들은 생태학적 지향을 가진 기본소득 모델에 대해서도 많은 시사점을 준다.

4.1. 소비세를 통한 기본소득 재원 확보

소득세를 점차 폐지하고 소비세율(부가가치세율)을 차차 100%에 이르게 해서 기본소득을 위한 재원을 확보하자는 방안이다. 본래 이 방안은 독일기본소득당을 창설한 괴츠 베르너(Götz Werner)가 제시하였다.[9] 우리나라에서는 기본소득 논의가 막 시작되었을 때 강남훈과 곽노완이 "농산물 및 생필품을 제외한 품목의 부가가치세율을 현행 10%에서 20%로 인상"하여 기본소득 재정의 일부로 투입할 것을 주장한 적이 있었으나,[10] 오랫동안 더는 논의되지 않았다.

부가가치세는 상품의 최종적 소비자가 부담한다. 공급자가 매입하는 중간재는 부가가치세의 대상이 되지 않는다. 시장경제에서 소비의 주체는 가계이고, 가계 지출의 근거는 노동소득과 이전소득이다. 노동소득분배율을 60% 정도로 잡고, 2019년 기초생활보장 예산 12조 8천억 원,[11] 2019년 실업급여 지급액 8조 원[12] 등 소비지출에 직접 이바지하는 가계소득 보전비를 GDP의 1%로 잡으면,[13] 가계의 가처분소득은 GDP의 61%에 이르는 것으로 추정된다. 일단 그것이 모두 소비를 위해

---

9 그는 부가가치세로 확보한 재원과 복지행정 비용을 절약한 재원을 합해서 모든 독일 시민들에게 월 1,500유로(한화로 약 200만 원)의 기본소득을 개인 단위로 지급할 수 있다고 계산한다. Götz W. Werner, *Ein Grund für die Zukunft: das Grundeinkommen; Interviews und Reaktionen*, 41.

10 강남훈·곽노완, "국민 모두에게 기본소득을!" 민주노총 정책연구원 자료집(2009. 1. 11.), 36.

11 출처: 기획재정부(2019), 「열린 재정 — 세출/지출 세부사업 예산편성현황(총지출 및 추정 포함)」.

12 출처: 「고용보험원 2019년 고용보험통계 현황 자료」. 2020년 고용보험통계를 종합하면, 코로나 팬데믹의 영향으로 실업자가 급증한 2020년에는 실어급여 총액이 11조 원에 달했다.

13 참고로 사회지출 예산이 명목 GDP에서 차지하는 비율은 12.2%에 달한다. 출처: OECD Social Expenditure Database (2019. 01).

지출된다고 가정하면, 국민소득의 61%가 상품을 소비하는 데 사용되는 것이니, 100% 세율 부가가치세의 규모는 국민소득의 30.5%가 될 것이다. 우리나라의 명목 GDP는 2019년 현재 1경 919조 400억 원이고, 인구는 5,200만 명이니, 1인당 연 1천 1백 25만 원 정도의 기본소득을 받을 수 있다. 소비세 세수는 기본소득으로 지급되어 가계소득으로 환류되므로 소비세로 인해 소비에 지출되는 가계소득의 절대 규모는 줄지 않고, 절대 소비량도 줄지 않는다(아래 도표).

[도표] 소비세율 100%일 경우의 기본소득과 소비량

소득	단위	부가가치세율 0%일 경우의 상품소비량	부가가치세율 100%일 경우의 상품소비량	기본소득 단위
소비로 지출되는 본래의 가계소득	100	100	50	50(A)
기본소득	50(A)		25	25(B)
기본소득	25(B)		12.5	12.5(C)
기본소득	12.5(C)		6.25	6.25(D)
기본소득	6.25(D)		3.125	3.125(E)
기본소득	3.125(E)		1.5625	1.5625(F)
기본소득	1.5625(F)		0.78125	0.78125(G)
기본소득	↓		↓	↓
계	200	100	100	100

다만 소비로 지출되는 본래의 가계소득이 소비세를 매개로 하여 기본소득으로 환류하는 과정에서 명목 가계소득의 규모는 두 배로 늘기에 물가는 두 배로 올라간다. 물가 상승은 소득이 적은 가계에 타격을 입히고 기본소득의 효과를 반감시킬 수 있다. 더구나 소비세에 바탕을 두고 기본소득을 도입한다면 사회적 가난을 해소하는 데 이바지하기는 하겠지만, 생태계 보전 효과는 전혀 나타나지 않을 것이다. 기본소득의

도입은 상품의 생산과 소비에 본질적인 변화를 일으키지 않는 데다가 기본소득을 받는 저소득 가계는 높은 한계소비성향을 보여 소비를 더 많이 할 수도 있다. 그렇게 되면 대량생산과 대량소비가 서로 맞물려 돌아가면서 발생하는 생태계 파괴와 위기의 문제는 그대로 남는다.

4.2. 디지털세를 통한 기본소득 재원 확보

디지털 기술과 인공지능에 바탕을 둔 플랫폼 기업의 수익에 과세해서 기본소득을 위한 재원의 일부를 확보하는 방안이다.[14] 플랫폼 기업은 데이터를 수집하고 인공지능 알고리즘을 통해 이를 가공하여 창출한 빅데이터로 네트워크 효과를 일으켜 엄청난 이익을 거둔다. 데이터는 플랫폼 기업이 무상으로 얻어 서버에 저장한 것이어서 사실상 그 기업에 본래 속하지 않았던 것을 포획한 뒤에 기업의 것인 양 울타리(enclosure)를 쳐서 독점한 것이므로, 기업의 수익 가운데 데이터를 생산하는 데 이바지한 몫을 데이터 생산에 참여한 시민들에게 돌려주어야 마땅하다. 국가가 그 몫을 디지털세로 거두어 국민에게 균분하는 방식을 취하면 디지털세는 기본소득의 재원으로 활용될 수 있을 것이다.

디지털화가 진척되고 플랫폼 생태계가 형성되면 그것을 매개하지 않는 경제 활동은 상상할 수 없게 될 것이다. 플랫폼 기업으로부터 디지털세를 징수하고, 플랫폼 생태계를 매개로 한 상품생산에 과세하면 그 세수의 규모는 엄청날 것이다. 인공지능 기계가 인간의 노동을 대부분 대체하는 사회에서는 디지털세가 갖는 중요성은 매우 클 것이다. 그러

---

14 금민, 앞의 책, 175.

나 그렇게 하려면 세금을 물리는 근거가 명확해야 하고, 징세 방법이 세련되어야 한다. 데이터를 인공지능 알고리즘에 의해 가공해야 빅데이터와 네트워크 효과가 창출되는 것이기 때문에 플랫폼 기업에 돌아갈 몫과 원래의 데이터 생산에 참여한 사람들의 몫을 정확히 나누기가 까다롭지 않을 수 없다.

4.3. 토지보유세를 통한 기본소득 재원 확보

토지보유세를 신설하여 기본소득의 재원으로 삼자는 방안이다. 현행 세법에서는 건물분에 대해서는 재산세를, 토지분에 대해서는 종합토지세를 징수하는데, 토지 위에 세워진 건물이나 시설은 감가상각의 대상이기에 제외하고 토지에 대해서만 보유세를 걷는 방식으로 세제를 개혁한다. 토지보유세는 토지 소유의 양, 토지의 용도나 유형 등에 따르는 차이나 예외를 두지 않고 공시지가를 기준으로 일률적으로 매기도록 한다. 우리나라에서 토지보유세는 2017년 현재 GDP의 0.8% 수준이고, 그것은 OECD 평균 0.91%에 밑돈다. 부동산 시가총액을 기준으로 하면 보유세 실효세율은 OECD 평균이 0.435%인데 반해, 우리나라는 0.156%에 불과하다. 2018년 현재 토지보유세로 추정되는 세수는 약 15조 5천억 원가량이고, 이를 인구수로 나누면 1인당 연 30만 원의 토지배당이 이루어질 수 있다. 그렇게 되면 부동산을 보유한 사람들을 포함하여 전체 가구의 94%가 부동산 보유세 도입으로 인하여 이익을 얻는다.[15] 만일 토지보유세 실효세율을 1%나 2%로 높이고, 공시지가

---

15 전강수, 『부동산 공화국 경제사』 (서울: 여문책, 2019), 234.

를 실거래가에 근접하도록 상향 조정한다면 토지보유세는 기본소득 재원의 역할을 톡톡히 할 수 있을 것이다.

토지보유세와 토지배당은 우리나라 자본수지계정에서 토지에서 발생하는 불로소득 규모가 GDP의 20% 안팎일 정도로 엄청나기에 불로소득을 환수하여 이를 국민에게 균분한다는 명분과 정당성을 갖는 유력한 방안이다. 토지를 매개로 한 불로소득이 궁극적으로 이윤을 수탈한 몫임을 고려한다면 불로소득에 대한 과세는 두 가지 효과가 있다. 첫째, 토지가격을 안정시키거나 떨어뜨려서 장기적으로 토지에서 발생하는 지대의 절대액을 줄이는 효과가 있다. 둘째, 지대가 줄면 소득분배가 개선된다. 지대로 빼앗기는 부분이 줄어들기에 생산자본이 노동의 몫을 더 착취할 유인이 적어진다.

불로소득 환수의 정당성에 대해서는 이미 본서 제VI부에서 다룬 바 있다.

4.4. 탄소세를 통한 기본소득 재원 확보

탄소세를 신설하여 그 세수를 탄소배당의 방식으로 국민에게 균분하자는 방안이다. 탄소세는 탄소 배출량을 줄이기 위해 정부가 시장가격 형성에 개입하는 정책 수단이고, 교정세의 성격을 갖는다. 탄소세는 탄소 배출량이 제로가 되면 사라지는 한시적인 세금이고, 탄소 배출량이 줄어들면 세수도 줄어들게 되어 있다. 그러나 탄소 중립이나 탄소 제로에 도달하기까지 최소한 한 세대 이상 걸릴 것이라고 예상되고, 탄소세 도입 이후 탄소세율을 높이는 방식으로 세수를 증가시킬 수 있으므로 탄소세를 한시적인 기본소득 재원으로 삼는 것을 고려할 수 있다.

에너지경제연구원의 추정에 따라 온실가스의 사회적 비용(26,600원/tCO2)을 탄소세율로 삼고, 가계 부문을 포함하여 경제의 모든 부문에서 최종에너지 소비에 탄소세율을 적용하면 2018년 현재 GDP의 0.9%에 달하는 17조 원을 탄소세로 징수할 수 있고, 이를 균분하면 국민 1인당 년 326,400원이 돌아간다.16

탄소세 세수를 탄소배당으로 균분하는 방안은 탄소세 도입을 용이하게 하는 효과가 있으나, 근본적으로 검토할 문제가 남아 있다. 탄소세는 경제 활동으로 인하여 발생하는 탄소 배출이 생태계에 미치는 외부효과를 줄이도록 가격 장치를 보완하는 조치에 그치지만은 않는다. 탄소세로 거둔 재원을 투입하여 탄소 배출을 직접 줄일 수 있는 프로그램을 지원할 수도 있다. 그런 점을 고려한다면 탄소세를 탄소배당으로 국민 개개인에게 즉각 균분하지 않고 생태계 보전 기금으로 조성할 수도 있다. 세계에서 처음으로 탄소세와 탄소배당을 결합한 스위스에서도 탄소배당은 탄소세 세수의 80%가량이고, 나머지는 기금으로 조성하여 에너지 절약 프로그램을 지원하는 데 사용한다.

4.5. 근로소득세 인상을 통한 기본소득 재원 확보

근로소득세 인상을 통해 기본소득의 재원을 확보하자는 방안은 기본소득을 주창한 반 빠레이스와 반데르보흐트의 기본적인 구상이었다. 이 방안은 국민경제 수준의 소득분배 차원에서 노동소득을 시장소득과 기본소득으로 1:1로 나누자는 필자의 방안과 부합하는 측면이 있다.

---

16 조혜경, "탄소배당 연계 탄소세 도입의 필요성 및 기본 방향," 31.

최근에 최한수는 근로소득세 공제 폐지, 기존 급여 대체 등을 전제하고, 소득세 명목세율을 1) 0% 인상, 2) 10% 인상, 3) 20% 인상, 4) 30% 인상 등 네 가지 시나리오를 설정하고, 시나리오별 기본소득 지급이 가구구성원 변수에 따라 가구별 소득비율에 미치는 효과를 측정하고, 그 결과를 기존의 이전소득 효과와 비교하는 모의실험을 한 바 있다. 소득세 명목세율을 10% 인상하는 시나리오 2의 경우, 근로소득세 공제 폐지, 기존 급여 대체 등을 전제하면 총 130.3조 원의 재원을 확보하여 국민 1인당 연간 253만 원을 기본소득으로 지급할 수 있다고 추정한다.[17] 이 시나리오에 따르면 고소득자의 경우 세금 부담이 기본소득으로 돌려받는 금액보다 크지만, 가구 구성에 따라 세금 부담과 기본소득의 격차가 적어진다.

4.6. 기본소득 목적세를 통한 기본소득 재원 확보

기본소득의 재원을 마련하기 위하여 기본소득 목적세를 징수하자는 방안이다. 기본소득이 사회적 연대를 강화하는 취지를 갖고 있으니만큼 보기에 따라서는 가장 알기 쉬운 해법이다. 이를 제안한 강남훈은 기본소득 목적세를 '시민소득세'로 지칭한다. 기본소득 목적세는 가계귀속소득을 대상으로 하고,[18] 국민개세주의 원칙에 따라 소득이 있는 모든 자연인에 부과되고, 그 부과 방식은 고정세(fiat tax)로 할 수도 있고, 누진세(progessive tax)로 할 수도 있다.[19] 강남훈이 2017년의 국민

17 최한수, "세금-편익 모형을 이용한 기본소득 모의실험," 「재정포럼」 261(2018): 6-39, 특히 21.
18 가계귀속소득은 근로소득, 사업소득 등의 가계본원소득과 이자, 배당, 임대료, 증권투자 수익, 부동산 매매 차익, 상속, 양도 등 가계자산소득을 포함한 것이다.

소득계정과 유승희 의원실이 수집한 2017년 귀속 양도소득과 금융소득에 바탕을 두고 추정한 결과, 가계와 비영리단체의 총 본원소득 잔고는 1,061조 원이고, 그것에 10% 고정세율을 적용하면 기본소득 재원으로 확보되는 재원은 106조 원가량(명목 GDP 1,730조 원의 약 6.1%)이 된다. 가계자산소득 가운데 부동산 양도차익 84.8조 원, 배당소득 19.6조 원, 주식양도소득 17.4조 원, 이자소득 13.8조 원 등 불로소득의 총계는 136조 원이었고, 그것에 정률세 10%를 징수하면 기본소득 재원으로 13.6조 원을 마련할 수 있다. 대한민국 인구가 5천 200만 명으로 추정되니, 그 기본소득 재원으로 국민 1인당 월 20만 원 정도의 기본소득을 지급할 수 있다.

만일 근로소득 감면제도를 통해 2017년도에 발생한 근로소득세 환급액 55.8조 원을 기본소득 재원으로 합친다고 가정하면 기본소득 재원은 175.4조 원으로 증가하고, 국민 1인당 월 28만 원의 기본소득을 지급할 수 있다. 고정세율 10%의 기본소득 목적세를 징수하여 이를 전 국민에게 기본소득으로 나누어줄 경우 소득 상위 85%까지는 목적세를 낸 것보다 기본소득으로 돌려받는 것이 더 많다고 추정되고, 가구원 수가 많은 경우에는 소득 상위 97%까지도 혜택을 받는다고 추정된다. 고정세율을 높이거나 누진세율을 적용한다면 당연히 국민 1인당 월 기본소득액을 늘릴 수 있다.

기본소득 목적세는 가계에 귀속되는 본원소득과 불로소득의 성격을 띠는 자산소득과 자본이득을 목적세의 대상으로 삼았다는 점이 주목되며, 충분히 설득력이 있다. 기본소득 목적세를 도입한 첫 단계에서는

---

19 강남훈은 재정환상을 깨뜨리고, 정치적 실현 가능성을 높이려는 실용적 고려에서 누진세율보다는 고정세율(동일세율)을 선택한다. 강남훈, 『기본소득의 경제학』(고양: 박종철출판사, 2019), 163.

낮은 수준의 정률세를 고려할 수 있겠지만, 그 제도가 성숙하는 과정에서는 국민경제의 적정 소득분배를 고려하면서 가계본원소득과 자산소득 및 자본이득에 대한 차별적인 세율 적용과 대폭적인 세율 인상을 고려할 수 있을 것이다.

4.7. 종합적인 기본소득 재원 확보

앞서 말했던 소비세 연계 기본소득 방안, 디지털세 연계 기본소득 방안, 토지보유세 연계 기본소득 방안, 근로소득세 연계 기본소득 방안, 기본소득 목적세 등 단일세 연계 모델들을 적절하게 조합하여 조세 기반형 기본소득 재원을 마련하는 가장 포괄적인 방안이다. 그 방안은 이미 앞에서 단일세 연계 방안을 논의할 때 언급한 바 있는 재정 구조조정 및 연기금 재정 운영 구조조정 제안과 결합하는 경향을 보인다. 근로소득세 감면제도를 폐지하고, 국방비 감축 등을 적극적으로 고려해서 재원을 더 확보하고, 실업급여, 아동수당, 노령연금 지급 등을 기본소득 지급으로 대체하여 복지행정 비용을 절약하자는 것이다. 재정 구조조정과 관련해서 유종성은 한 걸음 더 나아가 근로소득세, 자산소득세, 법인세, 부가가치세 등에서 나타나는 공제, 감면 등 역진적 성격을 띠는 조세제도를 전면적으로 폐지하거나 축소할 것을 제안하고, 기본소득을 지급할 때 기본소득에 대해서도 과세할 것을 주장한다.[20]

---

20 유종성, "기본소득의 재정적 실현가능성과 재분배효과에 대한 고찰," 「한국사회정책」 25/3(2018), 9: "포괄적 소득세제(comprehensive income tax)를 확립하여 근로소득보다 훨씬 더 상위층에 편중된 이자, 배당소득과 주식 양도차익 등에 대한 저율 분리과세와 비과세 등을 모두 폐지하고, 사업소득뿐만 아니라 주택임대소득, 연금소득, 일용근로소득, 기타소득 등을 모두 포함해 종합과세하되 개인소득세에 대한 광의의 조세지출을 전면 폐지 또는 대폭 축소하면, 조세의 형평성과

기본소득의 재원으로 다양한 세원을 포착하려는 노력은 기본소득 논의가 시작될 때부터 뚜렷하게 나타났다. 2009년에 강남훈과 곽노완은 소득세, 상속증여세, 부가가치세, 환경세, 증권 양도소득세, 이자·배당 과세, 토지세, 고소득 자영업자 세원 포착 확대 등을 세원으로 잡았고, 국방비 30% 절감, 연금·공공부조 대체 등을 고려했다.

기본소득의 다양한 재원에 대한 논의는 부가가치세 포함 여부,[21] 지하경제 세원 포착, 국가 화폐 발행 시뇨리지,[22] 법인세 포함 여부 등과 관련하여 학자들 사이에서 편차가 나타난다. 기본소득에 관한 오랜 연구를 진행한 강남훈의 여러 저작에서도 재원 항목은 그때그때 조금씩 차이가 나타난다. 최근 강남훈과 전강수는 기본소득 재원 확보 모형 II에서 기본소득의 재원을 토지세, 환경세, 시민세, 기존 급여 대체 등으로 범주화하고 있다.[23] 가계본원소득과 가계자산소득이 모두 시민세의

소득재분배 기능이 획기적으로 강화됨과 아울러 기본소득을 위한 상당한 재원 마련이 가능하게 된다. 나아가서 대기업에 더 많은 혜택을 주는 법인세와 부가가치세의 조세지출을 모두 폐지 또는 축소하면 세율을 올리지 않고서도 상당한 정도의 기본소득 재원을 마련할 수 있을 것이다. … 기본소득을 과세소득화함으로써 순비용을 크게 줄이는 것이다."

21 2009년 민주노총 정책연구원에서 발표한 논문에서 강남훈은 부가가치세를 기본소득 재원으로 고려했지만, 2012년에는 이를 제외했다. 강남훈, "2012년 기준 기본소득 모델들과 조세개혁," 강남훈·곽노완 등 지음, 『기본소득의 쟁점과 대안사회』(고양: 박종철출판사, 2014), 281.

22 전통적으로 시뇨리지는 화폐의 액면가치와 화폐 발행 비용의 차이를 가리킨다. 금화나 은화 같은 주화를 제작할 때 국가는 주화로 제작할 금이나 은에서 일정량을 떼어낸 뒤에 본래의 무게에 해당하는 주화의 액면가를 찍었는데, 국가가 금속에서 떼어내는 양이 시뇨리지였다. 시뇨리지는 중앙은행이 발행하는 화폐에서도 발생한다. 유승경은 주권화폐체제를 구축한다고 가정한 뒤에 2008년부터 2019년까지 연평균 본원통화 증가량이 약 91.6조 원이라고 추정하였고, 여기서 화폐의 제조 및 유지 비용을 뺀 나머지 곧 시뇨리지를 기본소득으로 배분할 경우 "2008년의 인당 기본소득 추정액은 약 97만 원이며, 매년 약 4.6%씩 증가하여 2019년의 추정액은 약 189만 원(월 16만 원)이다"라고 말한다. 이에 대해서는 유승경, 앞의 글, 202를 보라.

23 전강수·강남훈, "기본소득과 국토보유세: 등장 배경, 도입 방안 그리고 예상 효과," 「역사비평」 120(2017), 271.

대상이므로, 구체적으로 들여다보면 세원의 목록은 매우 길다.[24]

기본소득 재원으로 고려할 수 있는 것은 더 많다. 이제까지 금융거래세(일종의 토빈세)는 기본소득 재원으로 전혀 고려되지 않았는데, 이 세금을 도입하면 금융시장을 혼란에 빠뜨리는 파생상품 거래를 제어하는 효과가 있고, 상당한 기본소득 재원을 마련할 수 있기에 앞으로 그 도입을 고려할 필요가 있다. 금융거래가 이루어지는 금융 네트워크는 공유자산이기에 금융거래세 징수는 명분과 정당성을 갖는다.

기본소득 재원을 종합적으로 고려한다고 해도 당장 충분 기본소득의 재원을 마련할 수 없는 경우에는 부분적 기본소득이나 범주적 기본소득 혹은 둘 다 도입하여 단계적으로 지급액을 높여나가는 전략을 취할 수밖에 없을 것이다. 어떤 시나리오를 도입하든 충분 기본소득 수준에 이르기 전까지는 기존 사회복지제도를 조정하면서 존치할 수밖에 없기에 기본소득 도입과 사회복지제도를 연계시키는 까다로운 작업을 수행하는 것은 불가피하다.[25]

5. 기존의 기본소득 재원 확보 방안에 대한 생태학적 지향을 가진 기본소득의 재원 확보의 차별성

위의 4에서 살핀 바와 같이 그동안 기본소득의 재원에 관련해서 많

---

24 전강수 · 강남훈, "기본소득과 국토보유세: 등장 배경, 도입 방안 그리고 예상 효과," 271: "국내 모든 소득에 소득공제나 세액공제 없이 10% 세율로 과세하는 비례세를 신설한다. 가계본원소득, 모든 유형의 증권과 부동산의 양도소득, 상속 · 증여소득 등 모든 소득이 과세 대상이다."

25 유종성은 이에 관해 가장 포괄적이고 치밀한 구상을 선보이고 있다. 유종성, "기본소득과 사회보장 재정의 개혁,"「월간 공공정책」184(2021): 14-16.

은 연구가 이루어져 왔다. 아마도 기본소득의 재원으로 삼을 만한 것을 거의 모두 발굴하지 않았을까 하는 생각이 든다. 최근에 기본소득 재원 마련과 관련하여 주목되는 것은 재원 정당성에 관한 고려이다. 이미 앞에서 언급한 바와 같이 기본소득한국네트워크는 공유부의 공정한 분배에 근거하여 기본소득을 설계하는 방안을 제시했다. "모두의 몫을 모두에게" 균분하자는 주장은 디지털세, 탄소세, 국토보유세 등을 기본소득의 재원으로 부각하는 효과를 발휘하고 있다. 아래에서 조금 더 자세하게 살피게 되겠지만, 그러한 주장을 더 날카롭게 가다듬으면, 기업 활동과 노동 활동의 업적이 공유부에 크게 의존한 것이기에 법인세와 근로소득세에 대한 과세로 기본소득의 재원을 마련하는 것이 정당하다는 주장으로 자연스럽게 이어질 수 있다. 공유부의 공정한 분배를 전면에 내세우게 되면 자본소득이나 노동소득이 있는 사람들이 기본소득의 도입과 제도화에 반대할 명분이 사라진다. 일단 공유부에 근거하여 소액의 기본소득을 모든 국민에게 지급하는 제도를 출범시키면 인간의 자유와 존엄성을 보장하는 수준으로 기본소득을 높이기 위해 다양한 재원을 찾고 증세를 할 수 있을 것이다.

그런데 이제까지 기본소득 재원 확보와 관련하여 제시된 방안들은 한편으로 생태학적 연관이 뚜렷하게 드러나지 않는다. 탄소세를 거두어 탄소 배당을 하자는 방안은 그나마 탄소 배출을 줄이는 생태학적 효과가 있기는 하지만, 탄소세 세수는 기본소득보다는 생태계에 미치는 부정적인 외부효과를 제거하는 데 사용하는 것이 사리에 맞다. 다른 한편으로 기존의 재원 확보 방안은 국민경제의 거시균형을 거의 고려하지 않는다. 기본소득의 재원을 어떤 원천에서 확보하든지, 그 재원에서 지급된 기본소득은 거의 100% 소비 부문으로 흘러 들어갈 것이기에 인플레이션을 일으킬 수 있다. 따라서 기본소득은 인플레이션을 일으키지 않고, 생태계 보전과 사회적 가난의 극복에 이바지하고, 국민경제의 거시균형을 이루도록 설계하는 것이 중요하다.

그렇기에 필자는 사회정의와 생태학적 정의의 관점 아래서 국민경제 차원에서 소득분배의 가닥을 확실하게 잡는 것이 가장 중요하다고 생각한다. 기본소득제도는 가장 포괄적이고 본격적인 소득분배의 틀이 마련되어야 제대로 설계될 것이다. 앞에서 말한 바와 같이 그것은 국내총생산을 생태계의 몫, 미래를 위한 저축, 자본의 감가상각비용, 임금소득, 기본소득 등 다섯 개의 큰 항목으로 알기 쉽게 나누고, 그 비율을 사회적 합의와 정치적 합의를 통해 결정하는 방식이다.

국민경제 수준에서 사전에 조정된 소득분배 계획의 틀에서 기본소득은 자본과 자산에서 얻는 소득에 대한 과세뿐만 아니라 노동소득에 대한 증세를 통해서도 충당되어야 한다. 자본소득, 자산소득, 자본이득 등을 취하는 사람들의 반발도 매우 크겠지만, 그들은 그 소득의 정당성에 대한 공격에 주로 방어적인 태도를 보일 것이다. 문제는 노동소득자들의 반발이다. 노동소득자들은 힘든 노동을 해서 번 돈을 일하지 않는 사람들의 기본소득을 위해 세금으로 더 많이 지출해야 하는 상황을 쉽게 받아들이지 못할 것이다. 기본소득이 노동자의 임금을 착취하는 효과를 낸다고 생각할 수도 있다.[26] 노동소득자가 자신의 소득이 강탈당

---

[26] 자발적 실업자에게 무조건적 기본소득이 제공되고 기본소득 재원 마련을 위해 노동소득세를 인상한다면, 그것은 수혜에 상응해서 사회적 기여가 있어야 한다는 '상호성'의 원칙을 무시한 것이고, 심지어 임금을 착취하는 효과를 낸다는 비판도 제기된다. 이에 관해서는 Stuart White, "Liberal equality, exploitation, and the case for an unconditional basic income," *Political Studies* Vol. 45 Issue 2(1997): 312-326; Gijs van Donselaar, "In Company of the Funny Sunny Surfer off Malibu: A Response to Michael Howard (and Some Others)," *Analyse & Kritik* Vol. 37, No. 1/2(2015): 305-317를 보라. 그밖에 김창근은 자본에 대한 과세를 회피하면서 노동소

한다고 느낀다는 것은 충분히 이해되지만, 두 가지 점에서 그렇게 생각할 일이 아니다.

첫째, 한 노동자가 이룩한 노동 업적 가운데 그 노동자에게 돌아갈 몫이 얼마큼 되는가를 따져보면, 그 업적 가운데 상당 부분이 공유부에서 비롯되었다고 인정하지 않을 수 없다. 그 노동자가 노동하기 위해 사용하는 지식과 기술과 제도 등은 그 자신이 창조한 것이 아니라, 그에게 제공된 선대와 동시대인의 업적이다. 그것은 엄연한 공유재의 성격을 갖는다.[27] 그러한 지식과 기술과 제도 등이 없었다면 노동자의 노동 업적도 성립되지 않았을 것이다. 따라서 노동 업적 가운데 공유부로 돌아갈 몫을 따로 떼어내어 그것을 모든 사람에게 돌려주는 것이 정당하지 않을 리가 없다.

둘째, 반 빠레이스가 기본소득의 재원으로 지목한 고용지대의 의미를 생각할 필요가 있다. 오늘의 경제에서도 그렇지만, 4차 산업혁명이 본격화될 미래의 경제에서 일자리는 점점 더 적어질 것이고, 일자리를 얻어 임금을 받는 것 자체가 특권이 될 것이다. 그렇게 되면 일자리가 지대를 창출하는 효과를 발휘한다.[28] 그러한 지대 가운데 일부가 공적

득세 인상을 주장하는 반 빠레이스의 기본소득 재원 마련 전략이 '친·자본·반·노동적 성격'을 띤다고 지적한다. 이에 관해서는 김창근, "좌파 자유지상주의의 공산주의와 기본소득 이론에 대한 비판적 평가: 친·자본·반·노동적 성격 비판," 「마르크스주의 연구」 17/3(2020), 99f.를 보라.

27 허버트 사이먼은 소득의 90%가량은 이미 축적된 지식 같은 '사회적 자본'을 활용한 데서 비롯되었다고 추정한다. H. A. Simon, "Universal basic income and the flat tax," *Boston Review* 25/5 (2000), 10.

28 물론 반 빠레이스가 고용지대를 효율성임금과 시장청산임금의 차이로 규정한 것은 비판받을 여지가 있다. 효율성임금은 신고전파의 완전경쟁시장을 전제할 때 성립한다. 일단 그러한 시장은 없다. 효율성임금은 노동자 이직에 따른 비용을 절약하기 위한 고용자의 전략으로 볼 여지가 있고, 노동자들이 수행하는 노동의 강도와 숙련의 차이에 따른 임금 격차로 볼 수도 있다. 그러한 효율성임금에 대한 과세는 노동자 이직을 촉진하고 노동강도를 떨어뜨리기에 지속성이 없다. 이에 관해서는

인 손에 의해 회수되어 일자리를 갖지 못하는 사람들에게 배분됨으로써 그 사람들이 인간의 존엄성과 위엄을 지키며 살아갈 수 있도록 이바지할 때 비로소 사람들 사이에 사회적 평화와 연대가 싹틀 것이다.

김창근, "좌파 자유지상주의의 공산주의와 기본소득 이론에 대한 비판적 평가: 친·자본반·노동적 성격 비판," 90ff.를 보라. 그러나 그러한 비판을 받아들인다고 해도 일자리가 희소해져서 일자리 획득이 특권이 되는 상황에서 노동 임금이 고용에서 비롯되는 지대의 성격을 띤다는 것을 아예 부인할 수는 없다.

맺음말

제VII부에서 필자는 사회적이고 생태학적인 기본소득 구상을 제시했다. 기본소득은 인공지능의 발달과 자동화의 확대를 가져오는 제4차 산업혁명으로 일자리가 빠른 속도로 소멸하는 현실에 대응하는 방안이고, 우리나라 사회와 경제를 생태학적으로 전환하는 과정을 사회 친화적으로 촉진하는 방안이다. 생태계 보전 없는 경제는 지속할 수 없고, 기본소득 없는 사회는 연대와 평화를 유지할 수 없다. 생태계 보전과 기본소득은 함께 가야 한다. 생태학적 정의와 사회정의가 같은 동전의 양면처럼 서로 결합할 때 사람과 생태계가 건강하고 안정적인 생명공동체를 이룰 수 있다.

사회적이고 생태학적인 기본소득 구상의 핵심은 사회적이고 생태학적인 경제민주주의의 틀에서 이루어지는 소득분배이다. 먼저 국민소득 가운데 6%를 생태계 보전을 위해 따로 떼어놓은 뒤에 생산과 소비의 거시균형 조건을 충족할 수 있도록 국민소득의 나머지 부분을 노동과 자본의 몫으로 분배한다. 노동의 몫은 다시 시장소득과 기본소득으로 나누고, 그 비율은 사회적 합의를 거쳐 결정한다. 필자는 잉여가치 개념을 수용하지 않는 국민계정, 지방세 연감, 국세청 자료 등을 활용해서 국민소득을 생태계의 몫과 노동의 몫과 자본의 몫으로 적절하게 배분하는 방법을 마련하는 것이 어렵기는 하지만 불가능하지 않다고 보고, 이를 추정하는 작업을 수행했다.

생태계 보전과 기본소득이 서로 결합하면 우리 사회와 경제를 운영하는 프레임은 확실하게 바뀔 것이다. 생태계의 안정성과 건강성은 크게 향상되고, 경제성장의 속도는 늦어지고, 노동력의 상품화 압력은 약화할 것이다. 이제까지 시장에서 보상받지 못했던 가계 노동이 사회적으로 인정되고, 여성들은 가부장제의 굴레로부터 손쉽게 벗어날 것이다. 사람들은 좀 더 쾌적한 생활환경 속에서 느긋하게 살아가면서 서로를 존중하고 배려하는 공동체 생활을 발전시킬 것이다. 기후 파국에 대응하기 위하여 사회적 합의와 정치적 결정을 통하여 생산과 소비를 급진적으로 축소하는 내핍의 경제를 선택할 수도 있다. 사회적이고 생태학적인 경제민주주의가 작동하는 사회에서는 그러한 합의가 큰 마찰 없이 진행될 것이다. 엄청난 에너지와 물질을 투입하여 밀집 공간을 확장하고, 기동성을 가속화하고, 자본의 이익을 극대화하기 위해 인간과 생태계를 들들 볶는 일은 옛일이 될 것이다. 기본소득은 사람이 존엄한 삶을 유지하는 데 필요한 물질적 조건을 충족하면서 자율, 연대, 협동, 참여의 삶을 가꾸고 생태학적 부를 누리는 사회로 가는 징검다리의 역할을 할 것이다.

제VIII부

재정과 금융의 민주적 통제

1장 화폐의 기원과 본성

2장 자본주의적 신용화폐제도

3장 자본주의적 신용화폐제도에서 정부와 은행의 적절한 관계

4장 통화정책, 재정정책, 고용정책, 투자정책, 소득분배정책 등의 연관

5장 재정과 금융의 민주적 규율

머리말

재정과 금융의 민주적 통제는 우리 시대의 최대 과제다. 그 과제의 핵심은 재정과 금융을 민주적으로 규율하여 공공의 이익을 최대로 실현하도록 하는 것이다. 사회적이고 생태학적인 경제민주주의의 관점에서 시장경제를 규율할 때 그 핵심이 되는 소득분배와 거시경제 계획은 재정과 금융의 민주적 통제를 필요조건으로 삼는다.

재정과 금융의 민주적 통제에서 중요한 것은 둘을 따로 다루지 않고 함께 다루는 것이다. 그러한 기획은 정책 당국과 그들에게 논리를 제공하는 주류 경제학에 당혹스러운 일일 뿐만 아니라 경제에 관심이 있는 언론이나 시민사회, 일반 대중에게도 낯설 것이다. 재정은 정부의 영역이고, 금융은 은행의 영역이라는 생각이 사람들 마음에 깊이 뿌리를 내렸기 때문이다. 재정정책과 통화정책은 기획재정부와 한국은행에 각각 맡겨져 왔고, 두 기관의 제도적 분리는 당연한 것으로 여겨져 왔다. 중앙은행의 독립과 자율성은 현대 국가의 제도적 특징인 양 생각되어 온 것이다. 그러나 그것은 1970년대 후반에 미국과 영국을 위시해서 세계 여러 나라에서 확립된 관행이었을 뿐이다. 중앙은행의 독립은 그 이전만 해도 낯선 개념이었다. 우리나라에서 정부 주도적 경제개발이 한창이었을 때에는 '관치금융'이 뿌리 깊게 자리 잡았고, 브레턴우즈체제가 붕괴하기 이전만 해도 미국을 위시한 선진 경제에서 금융제도는 행정부에 의해 총체적으로 '관리'되었다. 재정과 금융의 역사를 더 거슬러 올라가면 현대 중앙은행제도의 효시라 할 수 있는 1844년 잉글랜드은행법에서 재정과 금융은 서로 불가분리의 관계에 있었다. 잉글랜드은 행법의 골자는 은행들의 은행인 중앙은행의 발권과 최종대부자 역할을 규정하고, 정부부채의 화폐화 절차를 규정하는 것이었다. 그것은 정부 의 채권 발행과 중앙은행의 발권이 제도적으로 분리되지만, 화폐 발권 에서는 재무부와 중앙은행이 협력체제를 구축한다는 뜻이다.

재정과 금융을 따로 다루지 않고 함께 다루어야 하는 까닭은 자본주 의적 신용화폐제도에서 화폐 발행 권한이 정부와 은행 사이에서 배분 되는 방식이 갖는 결정적인 중요성 때문이다. 잉글랜드은행법처럼 은 행이 화폐 발행의 권한을 행사하고 정부가 시중은행을 통해 부채를 화 폐화하는 제도는 영국에서 화폐 발행 권한을 둘러싸고 정부와 은행 사 이에서 오랜 기간에 걸쳐 벌어진 권력 투쟁의 역사적 산물이었고, 정부 와 은행 사이의 타협에 근거한 제도였지, 어떤 불변의 원칙에 따라 확립 된 제도가 아니었다. 화폐 발행의 권한은 잉글랜드은행법과는 전혀 다 르게 설정될 수도 있다. 이를테면 현대화폐이론(Modern Monetary Theory, 이하 MMT)이 주장하는 바와 같이 정부와 중앙은행을 유기적 통일체로 보고 재정정책과 통화정책을 통합적으로 운영하는 방안을 고려할 수도 있고, 주권화폐 이론가들이 역설하는 바와 같이 정부가 직접 화폐를 발 행하여 공급하는 방안도 생각할 수 있다.

화폐 발행의 권한이 누구에게 있는가, 화폐 발행의 권한을 어떻게 행 사해야 하는가 하는 질문을 던지는 것은 그 권한의 배정과 그 권한의 행사가 적절하지 않다는 인식이 있기 때문이다. 오늘의 현실에서 중앙 은행과 상업은행은 화폐 발행자의 지위를 행사하고 있는 반면에, 정부 는 화폐 사용자의 지위로 격하되고 있다. 은행과 화폐자본의 권력은 날 로 커지고 있는데, 정부는 예산의 제약 아래에서 공공정책을 제대로 수립하고 집행하지 못하고 있다. 은행과 화폐자본의 막강한 권력은 정부 부채가 상업은행을 통해서 화폐화된다는 점, 금융이 중립성을 잃고 계급적 성격을 강하게 띠는 점, 그 결과 재정과 금융이 공공의 이익에 충실하지 않은 점 등에서 또렷하게 드러난다. 재정과 금융이 공공성을 상실하였다는 가장 강력한 증거는 신자유주의적 시장경제에서 추진된 재정 긴축과 민간 부채의 극적인 증가, 화폐자본이 실물경제를 수탈하는 금융체제의 확립 등에서 찾을 수 있다. 그러한 재정과 금융의 운영은 자산가 계급의 부를 극적으로 팽창시키고, 무수한 사람들을 가난과 절망의 구렁텅이로 빠뜨렸다. 바로 그것이 재정과 금융의 민주적 통제를 강력하게 요구하는 시대적 배경이다.

재정과 금융을 민주적으로 통제할 방안을 찾으려면 그동안 주류 경제학에 굳건하게 자리를 잡았던 화폐에 관한 정형화된 통념을 흔들고 화폐의 발행과 사용에 관한 규범을 새롭게 확립할 필요가 있다. 그러한 작업은 화폐의 기원과 본성에 관한 통념을 교정하는 데서 출발하여 자본주의적 신용화폐제도의 근본 문제인 화폐의 외생성과 내생성의 관계를 규율하는 원칙을 세우고, 그 원칙에 따라 재정과 금융을 민주화하는 방안을 제시하는 데까지 나아가야 한다.

이를 위해 1장에서는 화폐의 기원과 본성을 다룬다. 2장에서는 자본주의적 신용화폐제도의 역사적 발전을 분석한다. 3장에서는 자본주의적 신용화폐제도에서 정부와 은행의 관계를 어떻게 설정하는 것이 바람직한가를 논한다. 4장에서는 통화정책, 재정정책, 고용정책, 투자정책, 소득분배정책 등의 연관을 다룬다. 5장에서는 재정과 금융의 민주화에 관한 몇 가지 원칙을 제시한다.

1장
화폐의 기원과 본성

화폐는 사회적 관계의 응결체이고, 경제공동체와 정치 공동체를 움직이는 동인이고 그 매개체다. 화폐는 계산 단위로서의 개념적 화폐, 부채증서, 신용화폐, 금속화폐, 국정화폐 등 여러 형태로 나타나고, 가치척도, 지불 수단, 교환 수단, 축장 수단, 세계화폐 등 다양한 쓰임새를 갖는다. 화폐는 사회생활과 경제생활의 전 영역에서 엄청난 힘을 발휘하기에 화폐를 어떻게 다룰 것인가는 사회와 국가의 큰 과제가 된다. 화폐를 제대로 다루려면 화폐의 기원과 본성을 알아야 한다. 화폐의 기원과 본성에 대해서는 여러 가지 견해가 서로 대립하고 있다.

아래서는 먼저 화폐의 기원과 본성에 관한 여러 가지 이론의 계보를 개관한다. 그다음에 상품화폐론의 허구성을 비판하고 화폐가 부채를 기록하기 위한 계산화폐로 발명되었다는 점을 밝힌다. 끝으로 금속화폐의 발전과 그 결과를 살피면서 상인의 신용화폐와 군주의 금속화폐가 서로 결합하여 자본주의적 신용화폐제도의 조건이 마련되어 간 경위를 살핀다.

1. 화폐의 기원과 본성에 관한 몇 가지 견해

화폐의 기원과 본성에 관해서는 몇 가지 견해들이 서로 맞서고 있다. 주류 경제학은 물물교환에서 화폐가 파생하였다고 보지만, 비주류 경제학은 화폐가 부채를 기록하기 위한 단위로 고안되었다고 주장한다. 전자로부터는 상품화폐론이 발전하고, 후자로부터는 계산화폐론이 구축된다.

화폐에 대한 고찰은 금속화폐가 교환 수단으로 발명되었다고 본 아리스토텔레스에게까지 거슬러 올라간다. 화폐는 고대와 중세 그리고 근대 초기에 이르기까지 철학자들과 윤리학자들이 즐겨 다루는 주제였다. 근대에 들어와 화폐는 논쟁의 초점이 되었다. 국정화폐와 신용화폐, 금속주의와 명목주의, 화폐의 외생성과 내생성, 화폐의 수요와 공급 등에 관한 논쟁이 그것이다. 슘페터(Joseph Alois Schumpeter)는 화폐 이론을 상품화폐 이론과 신용화폐 이론으로 유형화했다.[1] 그의 유형 구분은 화폐의 역사를 고찰할 때 좋은 길잡이가 되지만, 화폐의 기원과 본성을 놓고 조금 더 엄밀하게 따진다면 신용화폐는 논리적으로 부채를 기록하기 위해 부채의 크기를 표시하는 척도, 곧 계산화폐를 전제하기 때문에 상품화폐와 신용화폐의 유형 구분보다는 상품화폐와 계산화폐의 유형 구분이 더 적절하다.[2]

---

[1] 슘페터는 화폐와 신용의 발전 과정에서 경제학자들이 펼친 화폐 이론과 신용 이론을 빠짐없이 면밀하게 분석한 경제학자로 유명하다. 그는 화폐 이론을 상품화폐 이론과 신용화폐 이론('화폐에 관한 신용 이론')으로 유형화했다. 조지프 슘페터/김윤·성낙선 외 옮김, 『경제분석의 역사』 2 (파주: 한길사, 2013), 540, 569.

[2] 슘페터는 초기 연구 단계에서는 '계산화폐' 관념을 알지 못했다. 그는 가치척도와 교환 수단을 엄격하게 구별해야 한다고 생각했지만, 가치척도가 다른 재화들의 가치를 비교하는 기준이 되려면 그 자체가 가치를 가져야 한다고 주장함으로써 상품화폐 이론에서 벗어나지 못했다. 이에 관해서는

먼저 상품화폐론의 계보를 살펴본다.[3] 상품화폐론은 아담 스미스가 적극적으로 주장했다. 그는 로크와 흄이 펼친 화폐 이론을 수용하면서 상품 교환에서 '욕망의 이중적 일치'의 문제를 해결하기 위해 화폐가 보편적 등가물로 고안되었다고 주장했다. 스미스의 상품화폐론은 데이비드 리카도를 거쳐 정치경제학의 기본 이론으로 자리를 잡았다. 상품화폐론은 한계효용 학파의 전제였고, 신고전파 경제학에 이르러서는 어빙 피셔(Irving Fisher)의 화폐수량설로 가다듬어졌다. 피셔의 화폐수량설은 밀턴 프리드먼(Milton Friedman)의 통화주의로 이어졌으니, 상품화폐론의 전통은 오늘에 이르기까지 큰 영향을 끼치고 있는 셈이다. 한 가지 주목할 것은 마르크스도 상품화폐론을 펼쳤다는 점이다. 그는 금을 화폐 상품으로 전제하고, 금이 '상품 세계에서 가치표현의 물체'로서 '보편적인 가치척도'의 기능을 맡는다고 생각했다. 그런 뒤에 그는 화폐를 가장 먼저 교환 수단(유통수단)으로 규정하고, 그다음에 축장 수단, 지급수단, 세계화폐 등으로 규정했다.[4]

그다음에 계산화폐론은 상품화폐론과는 계열이 다른 신용화폐론 혹은 청구권 이론의 맥락에서 선을 보였다.[5] 존 휴이트(John Hewitt)는 파

Joseph Alois Schumpeter, *Das Wesen und der Hauptinhalt der theoretischen Nationalökonomie* (Leipzig: Verlag von Dunker & Humbolt, 1908), 288f., 특히 292를 보라. 후기 연구 단계에 이르러서야 슘페터는 제임스 스튜어트 경(Sir James Steuart)이 계산화폐 개념을 제시한 것에 주목했다. 이에 관해서는 조지프 슘페터/김윤·성낙선 외 옮김, 『경제분석의 역사』 1 (파주: 한길사, 2013), 528f.를 보라.

3 상품화폐론의 계보에 관해서는 제프리 잉햄/홍기빈 옮김, 『돈의 본성』 (서울: 삼천리, 2011), 39ff.를 보라.

4 K. Marx, *Das Kapital 1*, 108, 118f. 마르크스에게 화폐가 계산 단위라는 관념, 곧 화폐가 계산화폐라는 관념은 나타나지 않는다.

5 계산화폐론 혹은 청구권 이론의 계보에 관해서는 제프리 잉햄/홍기빈 옮김, 『돈의 본성』, 89ff.를 보라.

운드나 리브르가 그것에 해당하는 주화의 형태를 취하지 않고서도 화폐의 기능을 하는 데 주목했다. 휴이트가 포착한 관념상의 화폐는 명목주의 화폐 이론의 맹아를 형성했고, 제임스 스튜어트 경(Sir James Steuart)은 화폐의 원초적인 기능이 부채를 기록하고 청산하는 데 필요한 회계단위, 곧 계산화폐라는 주장을 펼쳤다. 그러한 주장은 독일 역사학파가 화폐의 기원과 본성에 관한 연구를 통해 상품화폐론의 도그마를 깨는데 이바지했다. 독일 역사학파는 화폐가 금속 같은 보편적 등가물로 통용되기 훨씬 이전에 사회적 관계를 표시하는 도구로 탄생하였고, 그 사회적 관계의 핵심은 채무 관계였다고 주장했다. 독일 역사학파의 화폐이론은 게오르크 프리드리히 크나프(Georg Friedrich Knapp)의 화폐의 국가 이론의 주춧돌을 놓았고, 게오르크 지멜(Georg Simmel)과 막스 베버(Max Weber)의 화폐 이론으로 가다듬어졌다. 특히 크나프는 조세의 형태로 국가가 국민에게 부과하는 채무가 국정화폐를 통용하는 힘의 원천이라는 점을 명확하게 밝혔다.[6] 화폐의 역사와 특히 미국 달러를 깊이 연구한 영국의 알프레드 미첼-인네스(Alfred Michel-Innes)는 화폐의 신용 이론을 펼치면서 모든 형태의 정부화폐는 정부부채이지만 정부가 그 부채를 세금으로 청산할 수 있기에 국민에 의해 화폐로 받아들여진다고 주장했다.[7]

계산화폐 개념을 전제하는 청구권 이론과 국정화폐론은 존 메이너

---

[6] 크나프는 화폐의 종류가 다양하고 발행 주체가 다수라고 하더라도 "국정화폐는 그것이 국가에 의해 받아들여지기에 인정된다"는 유명한 명제를 남겼다. 국민이 국가가 정한 화폐를 받아들이는 것은 국가가 그 화폐를 세금, 벌과금 등의 지불 수단으로 받아들이기 때문이다. Georg Friedrich Knapp, *Staatliche Theorie des Geldes*, 2. Aufl., durchges. und verm. (München [u.a.], Duncker & Humbolt, 1918; Electronic Edition – Aachen: semantics, 2015), 86.

[7] Alfred Mitchell Innes, "The Credit Theory of Money," *The Banking Law Journal 31*(1914), 161.

드 케인즈의 초기 화폐 이론에 수용된 바 있으나, 그는 나중에 고용, 이자, 화폐에 관한 일반이론을 전개할 때 계산화폐 개념을 뒷전으로 돌리고 신고전파 화폐 이론과 신용화폐론을 절충하였다. 화폐의 외생성과 내생성에 대한 논의는 자본주의적 신용화폐제도를 논의하는 맥락에서 따로 언급할 것이다.

2. 상품화폐론의 허구성

대부분의 주류 경제학 교과서는 교환이 가장 원초적인 사회적 관계이고, 화폐가 교환의 매개 수단으로서 발명되었다는 주장을 기정사실로 받아들이고 있다.[8] 주류 경제학에 따르면 교환의 가장 원초적인 형태는 물물교환이라고 한다. 물물교환은 '욕망의 이중적 일치'가 성립되는 조건에서 이루어진다고 한다. 욕망의 이중적 일치는 각기 다른 물건을 가진 사람들이 교환에 나설 때 내가 가진 것을 상대방이 원하고 상대방이 가진 것을 내가 원할 때 거래가 성사된다는 뜻이다. 그러한 욕망의 이중적 일치는 언제든 일어나는 것이 아니다. 거래를 위해 물건을 들고 다니는 것도 힘든 일이다. 그러한 애로를 타개하기 위해 사람들은 모든 것과 교환될 수 있는 상품을 교환의 매체로 선택하였고, 그것이 결국 화폐의 구실을 하게 되었다는 것이다. 또한 물건을 화폐로 바꾸고, 그 화폐를 갖고서 다른 물건을 구매하는 과정이 이어지다 보니 화폐는 거

---

8 그러한 주류 경제학의 도그마는 아담 스미스의 논증 방식을 그대로 따르고 있다. 스미스는 상품화폐론의 정당성을 주장하기 위해 교환관계가 가장 원초적인 인류학적 사실인 것처럼 서술하고 있다. 이에 대해서는 아담 스미스/최호진·정해동 역, 『국부론』 상 (서울: 범우사, 1992), 41-43을 보라.

래 물건의 가치를 측정하는 가치척도의 구실을 하게 되었고, 가치를 저장하는 축장 수단으로도 쓰이게 되었다는 것이다. 화폐는 모든 사람이 갖고 싶어 하고 모든 것과 교환될 수 있는 상품이며, 그 자체 안에 가치가 내장된 물품이라는 것이다. 그러한 상품으로 선호된 것은 귀중품으로 여겨지는 금속이었다는 것이다. 금, 은, 구리 같은 금속은 보편적 등가물 구실을 하는 화폐로 자리 잡아갔고, 휴대하기에도 간편해서 상품거래를 활성화하는 효과를 발휘하였다는 것이다. 그러한 주류 경제학의 화폐 이론은 매끄러운 스토리텔링이기에 누구나 고개를 끄덕일 만하다.

그러나 주류 경제학의 화폐의 기원과 본성에 대한 설명은 논리적으로 어설프고 역사적 증거에 부합하지 않는다. 금속화폐는 기원전 7세기경에 소아시아 리디아 지방에서 처음 사용되었다고 하지만, 그 이전에 여러 지역에서 화폐로 사용되었던 조개껍데기, 점토 문양, 깃털 같은 것은 상품화폐로서 어떤 가치를 지니고 있었을까? 소를 조개껍데기와 바꾸고, 그 조개껍데기를 갖고 과연 말을 살 수 있었을까? 조개껍데기가 '욕망의 이중적 일치'의 문제를 일거에 해결할 수 있는 보편적 등가물의 성격을 띠는 상품이었을까? 그러한 의문은 금속화폐 이전에 화폐의 구실을 했다고 여겨지는 모든 대상물에 대해서도 제기된다.

3. '원초적 부채'와 계산화폐, 세금과 국가 화폐

화폐는 이미 기원전 3천 년경의 메소포타미아 지역에서 널리 활용되었다. 그 지역에서 출토된 점토판에 설형문자로 적힌 품목과 숫자는 부채의 기록으로 판독되었다.[9] 부채는 신전이나 국가에 납부해야 할 세금이거나 외상 거래의 기록이었다. 세금이나 신용이 청산되면 부채를 기록한 점토판은 깨졌다. 그 점토판은 직접 교환의 매체로 사용되지 않았다. 거래는 전적으로 신용거래였고, 신용거래는 기록되고 나중에 거래 파트너들 사이에서 상계 처리하는 방식으로 정산되었기에 교환 수단이 굳이 매개될 필요가 없었다. 신전, 국가, 상거래 등을 매개로 한 부채 경제에서 화폐는 본래 부채나 신용을 기록하기 위해 고안된 계산 단위였고, 그것은 부채의 크기를 재는 척도였다. 계산 단위는 금속 본위의 외형을 취했고, 일상생활에서 가장 필수적인 품목을 기준으로 그 가치의 크기를 체현하였다. 계산의 기본단위는 은 세겔이었다. 은 1세겔은 60미나였고, 은 1세겔은 보리 1부셀의 가치를 가졌다. 한 노동자가 신전에서 노동하면 일정한 양의 보리를 보수로 받았는데, 그 보리의 양은 은 세겔 단위로 환산되었다. 그러나 은 세겔은 계산 단위였기에 노동에 대한 보수로 은이 지불되는 일은 없었다.[10]

위와 같은 내용은 메소포타미아에서 발굴된 점토판의 기록으로부터 재구성된 것인데, 그 점토판의 기록은 화폐의 기원과 본성을 인식하는 데 길잡이가 되는 결정적인 단서를 제공한다. 논리적으로 볼 때 화폐는 물질적 형태를 취하기 이전에 계산 단위라는 개념의 형태로 고안되었고, 길이나 면적이나 부피를 재는 도량형처럼 부채나 신용의 크기를 재는 척도로 쓰였다. 바로 여기서 화폐의 기원이 부채이고, 그 본성은 계산 단위임이 드러난다. 화폐의 원초적 형식은 계산화폐였다. 그 계산화

---

9 그런 점에서 글자와 부채와 화폐가 동시에 태어났다는 바루파키스의 지적은 정곡을 찔렀다. 야니스 바루파키스/정재윤 역, 『작은 자본론』 (서울: 내인생의책, 2017), 15f.

10 데이비드 그레이버/정명진 옮김, 『부채, 첫 5,000년의 역사: 인류학자가 고쳐 쓴 경제의 역사』 (서울: 부글, 2021), 75.

폐를 단위로 해서 작성된 기록은 실무적으로 화폐의 기능을 갖는데, 그 것은 교환의 매개체가 아니라 부채의 기록, 곧 채무증서였다. 그 채무증 서를 가진 자는 채권자로서 채무증서를 발행한 자, 곧 채무자에게 채무 의 이행을 청구하는 권한을 갖는다. 바로 여기서 화폐의 이중적 측면이 드러난다. 한편으로 화폐는 계산 단위이고, 다른 한편으로는 부채증서 이다. 화폐의 가장 중요한 실무적 기능은 지불 수단, 곧 부채나 신용의 청산이고, 오직 그러한 기능을 전제할 때만 화폐가 교환의 매체로 쓰일 수 있다. 신용거래는 물건을 구매한 자가 판매자에게 부채를 짊어지는 것을 전제하고, 그 구매자가 자신의 물건을 다른 사람에게 팔아서 얻은 부채증서를 갖고서 원 판매자에게 진 부채를 청산하는 일련의 과정을 거친다. 그러한 부채의 순환은 그 순환의 고리를 이루는 부채가 현물이 나 채무자의 노동력 제공으로 청산되면서 종결되었고, 금화, 은화, 주 화 같은 화폐 물질이 통용되기 시작했던 후대에는 현금으로 청산되면 서 종료되었다.

화폐가 계산 단위인 동시에 부채증서라는 이 이중적 규정은 화폐의 역사에서 되풀이해서 확인된다. 부채는 인류의 역사에서 '원초적인' 사 실이기에 부채의 기록 혹은 부채의 기억은 인류의 역사와 더불어 시작 하였다고 볼 수 있다.[11] 인류의 존속에 결정적인 영향을 미친다고 여겨 지는 우주의 힘에 빚지고 있다는 느낌, 인간의 삶과 죽음, 안녕과 재앙 을 주재한다고 믿어지는 신에 대한 부채 의식, 낳아주고 길러준 부모의

---

11 부채가 인류의 역사에서 원초적 사실이라는 것을 나타내기 위해 '원초적 부채'라는 개념이 사용되기 도 한다. 이 개념은 화폐의 기원을 부채에서 찾는 미셸 아글리에타(Michel Aglietta), 앙드레 오를레 앙(Andre Orléans) 등의 '원초적 부채 이론'에서 전문적인 용어로 사용되었다. 화폐가 부채에서 기원했다는 주장에 관한 알기 쉬운 설명으로는 데이비드 그레이버/정명진 옮김, 『부채, 첫 5,000년 의 역사: 인류학자가 고쳐 쓴 경제의 역사』, 102ff.를 보라.

은혜에 대한 부채, 종족의 번식에 필요불가결한 결혼 배우자를 다른 씨족에게서 획득할 때 그 배우자를 잃은 씨족에게 지는 부채, 살인이나 상해가 일어날 때 죽임을 당한 가족과 씨족 혹은 상해를 입은 본인에게 가해자가 짊어지는 부채, 개인의 존속과 안전과 발전을 뒷받침하는 공동체에 대한 부채 등등은 부채가 다양한 방식으로 인류의 생활사에 출현하였고, 사람들은 그 부채를 청산하기 위해 다양한 제의적, 경제적, 사회적, 행정적, 법률적 행위 등을 관습적으로 수행했음을 시사한다.

예를 들면 신전이 신앙 공동체에 속한 사람들에게 요구하는 봉헌은 그 사람들에게 부과되는 부채이며, 그 부채는 당연히 화폐로 표시된다. 화폐 물질이 따로 발명되어서가 아니라 그 부채의 기록이 곧 화폐이기 때문이다. 따라서 신전이 신에 대한 부채의 청산 수단으로 정한 것은 그 외양이 무엇이든 화폐의 구실을 할 수 있었다. 귀금속이 채굴되고 사용되자 귀금속은 신의 신성함에 대응하는 최고의 봉헌물로 간주되었다.

화폐는 방어 공동체에 의해서도 제정되었다. 다른 씨족이나 부족 혹은 외적에 맞서는 방어 공동체는 오랜 시간에 걸쳐 국가로 발전되어 갔지만, 방어 공동체가 어떤 역사적 단계에 있든지 간에 그 공동체는 그 구성원들에게 방어 비용을 분담하도록 했고, 그 비용 분담은 공동체 구성원들에게 부채, 곧 세금의 형태로 부과되었다. 국가가 탄생한 뒤에는 국가가 구성원들에게 부과하는 부채가 더 명확해졌다. 국가는 세금, 수수료, 벌금 등을 국가 구성원들에게 부채로 부과했고, 국가 구성원들은 부채 청산 수단을 얻기 위해 일해야 했다. 왜냐하면 오직 그 수단을 얻을 때만 비로소 그들에게 부과된 세금이나 수수료나 벌금 등을 내서 부채를 청산할 수 있었기 때문이다. 국가가 부과한 부채를 청산하지 않은 사람은 자유형 같은 가혹한 형벌로 다스려졌고, 세금 납부 거부를 선동하는 사람은 반역죄로 다스려져 목숨을 잃었다. 따라서 국가가 그 구성원들에게 부과한 부채의 청산 수단으로 정한 것은 깃털이든, 조개껍데기든, 나무토막이든, 점토판이든, 금속이든, 금속화폐든, 그 어떤 외양을 취하든지 간에 화폐가 되었다.

아마 국가가 세금, 수수료, 벌금 등을 내는 지불 수단으로 정한 것이 무엇이든 화폐로 통용되었음을 보여주는 가장 잘 알려진 실례는 톨리 막대(tally stick)일 것이다. 톨리 막대는 영국 군주가 세금 징수 수단으로 발행하였고, 나무토막을 둘로 쪼개어 서로 짝을 맞추도록 제작되었다. 톨리 막대를 제작한 군주가 가진 부분을 스톡(stock)이라 하고, 군주가 물자를 매입하기 위해 시중에 유포한 막대의 다른 부분을 스텁(stub)이라고 불렀다. 세금을 내는 자는 스텁을 구해야 했고, 이를 재무부로 가지고 와서 그 스텁에 해당하는 스톡과 맞추게 되면 세금을 낸 것으로 간주하였다. 스톡과 스텁을 결합한 나무막대는 불태워지는 방식으로 파괴되었다. 톨리 막대는 국가가 발행하는 화폐가 갖는 세 측면을 잘 보여준다. 첫째, 톨리 막대는 그 제작에 비용이 들었을지 모르지만, 그 자체에 가치를 내장하고 있지 않다. 둘째, 톨리 막대는 국가가 화폐를 어떻게 창조하고 파괴하는가를 보여준다. 국가가 창조하는 화폐는 그 소임이 끝나면 결국 파괴된다. 국정화폐는 창조와 파괴의 순환 속에 있다. 셋째, 국가가 발행하는 화폐가 국가 구성원들에게 수용되도록 하는 장치는 조세제도다. 세금은 국가 화폐를 추동하는 힘이다.[12]

국가 화폐에 대해서는 나중에 다시 상론하게 되겠지만, 여기서는 화폐가 상품화폐로 탄생하지 않았다는 것을 다시 한번 짚고 넘어갈 필요

---

12 L. 랜덜 레이/홍기빈 옮김, 『균형재정론은 틀렸다: 화폐의 비밀과 현대화폐이론』(서울: 책담, 2017), 50f., 555.

가 있다. 화폐의 기능은 본질적으로 부채의 기록이고, 화폐는 부채를 기록하기 위한 계산 단위로서 발명된 것이다. 화폐가 애초에 계산화폐로서 발명되었다는 것을 보여주는 좋은 증거는 로마제국 멸망 이후 제국의 화폐들이 더는 통용되지 않았던 중세 초기에 로마의 화폐 단위가 여전히 지급 관계에서 사용되었다는 것이다. 화폐 단위와 지불 수단이 서로 분리된 채 화폐 단위만이 사용되었다는 것은 화폐의 본질이 부채나 신용의 크기를 측정하는 척도라는 것을 뜻한다. 프랑크 왕국이 세워진 뒤에 칼 대제(Karl der Große)는 파운드, 실링, 펜스 등을 화폐 단위로 제정했는데, 실링과 펜스에 대응하는 화폐 물질은 있었지만, 파운드에 해당하는 화폐 물질은 없었다. 파운드를 표시한 주화가 없었다는 뜻이다. 그것은 파운드가 오직 계산 단위로만 사용되는 계산화폐였다는 의미이다. 계산화폐가 화폐 물질과 분리되어 사용된 실례는 매우 많다.[13]

4. 금속화폐의 등장과 그 결과: 상인의 신용화폐와 군주의 금속화폐의 결합

계산화폐라는 관념은 금화, 은화, 동화 같은 화폐 물질이 '화폐'로서 통용되는 관행이 자리를 잡고, 화폐 물질이 지불 수단과 교환의 매체로 널리 사용되면서 뒷전으로 물러나게 되었다. 화폐 물질 그 자체가 가치 척도의 구실을 하게 되면서 계산화폐라는 개념은 시나브로 사람들의 의식에서 사라지게 되었다. 화폐가 부채의 기록이고, 부채나 신용 청산

---

13 이에 대해서는 제프리 잉햄/홍기빈 옮김, 『돈의 본성』, 231ff.를 보라.

의 수단으로 발명되었다는 사실도 사람들의 의식에서 희박해졌다. 금속화폐 같은 화폐 물질은 그 물질을 누가 발행하였든 상관없이 그것을 가지고 있는 사람에게 교환 수단과 지불 수단의 구실을 다했고, 이방인이나 원격지 상인처럼 신용관계를 맺지 않는 사람들 사이에서는 최적의 교환 수단과 지불 수단이 되었다. 화폐의 역사에서 금속화폐가 널리 사용되도록 한 결정적인 계기는 두 가지를 꼽을 수 있다. 하나는 전쟁과 약탈이고, 또 다른 하나는 중세 말기부터 시작된 은과 금 같은 귀금속의 대량 유입이다.

먼저 금속화폐가 전쟁과 약탈의 시기에 널리 통용되었다는 측면을 조금 더 살피기로 한다. 통치자는 점령 지역을 약탈하여 귀금속을 독점하였고, 그 귀금속을 잘게 쪼개서 전쟁 비용을 치르는 데 사용하였으며, 군인들에게는 봉급으로 지급하였다. 신용거래가 안정적으로 유지될 때 별 소용이 없었던 금속화폐가 전쟁과 약탈의 시기에 이를 대신하게 된 것이다.[14] 통치자는 귀금속을 화폐 물질로 사용하고, 그것을 세금으로 납부할 수 있게 함으로써 금속화폐는 널리 통용되었다. 금속화폐는 군사 행동에 필요한 군수품을 조달하고, 군인들과 그 가족들의 생활에 필요한 물자를 구매하는 데 쓰였다. 그렇게 해서 금속화폐는 군대를 중심으로 형성된 거대한 경제공동체가 작동하도록 하는 결정적인 매체가 되었다. 그것은 금속화폐가 발명된 중국 황하 유역의 대평원, 인도 갠지스강 유역, 에게해 연안 지역 등에서 공통으로 나타났던 현상이다. 로마 제국에서 금속화폐는 제국 전체에서 통용되었는데, 그것은 전쟁을 통한 식민지 개척, 제국 본토와 식민지 사이에 구축되었던 약탈적인 공납

---

14 데이비드 그레이버/정명진 옮김, 『부채, 첫 5,000년의 역사: 인류학자가 고쳐 쓴 경제의 역사』, 389: "전쟁과 약탈이 특징인 시기에는 신용 시스템이 귀금속으로 대체된다."

체제에서 비롯된 필연적인 결과였다. 로마제국의 식민지는 황제의 초상이 새겨진 금속화폐로 제국에 세금을 내야 했고, 그 금속화폐를 획득하기 위해 식민지에서 생산된 재화를 본국에 팔아야 했다. 본국에서 식민지로 화폐가 흘러가고 식민지에서 본국으로 화폐가 되돌아오는 순환과정을 통하여 식민지에 대한 거대한 규모의 약탈이 공납체제의 틀에서 이루어졌다.15

그다음 중세 말기부터 시작된 은과 금의 대량 유입과 그 재무적 활용을 살펴보자. 잘 알려져 있다시피 14세기부터 유럽 여러 지역에서 은이 대량으로 채굴된 것은 원격지무역의 거래 수단을 확보하려는 노력이었지만, 그것은 군주들의 은화 제조를 추동하는 계기이기도 했다. 15세기 이래 신대륙에서 금과 은이 대량으로 유입되자 유럽 전 지역의 크고 작은 군주국들은 금과 은으로 주화를 제작하여 이를 유통하는 독점적인 권한을 행사했다. 군주의 화폐 발행 권한을 침해하거나 위조 화폐를 제작하여 유통하는 자는 반역죄에 해당하는 극형으로 다스려졌다. 은화와 금화가 필요한 사람들은 군주의 조폐창에 이를 가져와 군주의 문양이 새겨진 화폐의 제작을 주문했고, 군주는 이를 허용하는 대가로 금과 은의 일부를 떼어내어 화폐 발행 수익(시뇨리지, seigniorage)을 챙겼다. 주화가 널리 사용되기 시작하면서 군주는 주화 발행권을 독점함으로써 다양한 이익을 취했다. 정상적인 시뇨리지는 말할 것도 없고, 금과 은의 함량이 적은 악성 주화를 제작해서 추가적인 시뇨리지를 취득하기도 했고, 주화의 실물 가치를 임의로 높이거나 내리는 방식으로 이익을 보기도 했다. 군주가 주화를 많이 확보하였을 때는 주화 가치의 절상이

---

15 K. Hopkins, *Conquerors and Slaves* (Cambridge: Cambridge University Press, 1978), 94.

이익을 가져다주고, 채무가 많을 때는 주화 가치의 절하가 막대한 이익을 가져다주었다.

그러나 이보다 더 결정적으로 중요한 것은 군주가 찍어내는 주화가 교환 수단뿐만 아니라 신용 청산 수단으로 널리 활용되었다는 것이다. 상업 자본주의는 상거래에 필수적인 화폐의 창조와 공급을 요구한다. 상거래에 필요한 화폐는 상거래 그 자체에서 파생되는 속성을 갖는다. 상거래가 신용거래에 바탕을 두는 한, 신용거래에 필요한 화폐는 신용화폐이다. 신용화폐는 상품 교환을 매개로 해서 짜인 경제 영역 내부에서 발생하는 화폐이기에 내생적 화폐이며, 그것은 군주의 주화와는 다른 성격을 가졌다. 군주의 주화는 경제 영역 바깥에서 경제 영역 안으로 투입되는 것이기에 외생적 화폐로 규정된다. 신용화폐를 대표하는 것은 약속어음이었다. 그것은 까마득한 옛날 메소포타미아 지역에서 발생한 신용화폐, 곧 채무증서와 그 성격이 같다. 바로 아래서 보겠지만 신용화폐는 환어음과 은행권으로 진화하면서 상당히 넓은 지역에서 통용되었으나, 문제는 채무를 청산하는 지불 수단을 신용화폐의 유통 영역 안에서는 구할 수 없었다는 것이다. 따라서 군주가 발행하는 주화는 신용 청산 수단으로서 필수 불가결했고, 자본주의적 상업이 발전하는 오랜 기간에 주화와 신용은 서로 병존하면서 신용의 주화에 대한 종속이 유지되었다.

금속화폐가 교환 수단과 지불 수단으로서 널리 활용되면서 화폐에 대한 이해는 크게 변했다. 금속화폐는 그 자체에 가치가 내장된 자연물인데다가 모든 사람이 갖고 싶어 하고 모든 것과 바꿀 수 있는 상품의 지위를 누렸다. 금속이 보편적 교환의 매체로 쓰이자 화폐가 보편적 등가물의 지위를 갖는 것은 불변의 자연법칙에 따른 것이라는 관념이 자리를 잡았다. 화폐가 부채를 매개로 해서 맺어지는 사람들 사이의 사회적 관계라는 측면이 도외시되고 화폐가 애초부터 보편적 교환의 매체로서 탄생하였다는 '화폐 이데올로기'가 탄생한 것이다.16 금속화폐가 가치척도로 자리 잡으면서 계산화폐 개념은 희박해졌고 시나브로 잊히기까지 했다. 그것은 금속화폐가 군주에 의해 제작되든, 군주가 그 제작을 다른 기관에 위임하든 상관없이 나타난 화폐 관념의 변화였다.

금속화폐의 지배적인 지위는 은행제도의 발달에도 결정적인 영향을 미쳤다. 본래 은행제도는 신용거래에 바탕을 두고 발전한 제도였다. 신용거래를 하는 사람들이 주고받는 채무증서는 부채의 크기와 부채 이행 시기를 명시하는 데 그치지 않고 그 증서를 발행하는 사람의 채무 이행의 책임을 아울러 명시하는 문서였다. 따라서 그 부채증서는 그 증서를 발행한 사람의 신용도를 평가하고 인정하는 사람들의 범위를 넘어설 수 없었다. 부채증서의 양도, 곧 환어음의 발행도 그 범위를 크게 벗어나지 못했다. 그런데 은행이 나서서 그 부채증서를 인수하고 이를 할인하여 은행권으로 바꾸어주면 그 은행권은 개인의 부채증서와는 달리 이서(裏書) 없이, 곧 인적 종속성을 띠지 않은 채 광범위하게 유통된다. 이처럼 은행권이 실현한 부채의 탈개인화(depersonalization)는 자본주의적 신용화폐제도에서 결정적인 의미가 있다.17 물론 은행권 역시 채무증서이기에 채무 이행의 고리가 깨지면 언제든 휴지가 될 위험이 있었다. 그러나 금속화폐의 등장과 유통은 이러한 은행권의 지위를

---

16 문화인류학자 메리 더글러스는 금속화폐의 등장과 더불어 화폐의 사회적 관계가 은폐되고, 화폐가 불안정한 사회적 관계로부터 벗어나서 영원히 변하지 않는 그 무엇에 근거한 것인 양 여겨지게 되었다고 지적한다. 이와 같은 화폐의 자연화는 화폐 이데올로기의 핵심을 이룬다. 이에 대해서는 Mary Douglas, *How Institutions think?* (London: Routridge, 1986), 47f.를 보라.
17 제프리 잉햄/홍기빈 옮김, 『돈의 본성』, 252f.

공고하게 했다. 은행권을 가진 사람이 이를 은행에 가지고 오면 현금으로 바꿀 수 있고, 그러한 태환이 안정적으로 유지될 경우 은행권은 현금과 똑같은 기능을 수행할 수 있었다. 은행은 은행권을 금속화폐로 태환한다는 약속을 바탕으로 마치 무에서 유를 창조하듯이 신용화폐인 은행권을 창조하여 유통하였다.[18] 물론 은행이 신뢰를 잃어 은행에 유치된 현금이 일거에 인출된다면 은행은 도산하고 은행권을 매개로 해서 구축된 신용제도는 붕괴할 위험이 있었다. 그러한 사태를 방지하기 위해 도입된 제도가 중앙은행제도인데, 이에 대해서는 다음 절에서 다루기로 한다.

5. 소결

화폐의 기원과 본성에 관해서는 상품화폐론과 계산화폐론, 금속주의와 은행주의, 화폐의 외생성과 내생성 등 여러 가지 의견이 있으나, 화폐가 본시 부채의 크기를 표시하는 계산 단위로 고안되었고, 종교, 국가, 상거래 영역 등에서 부채를 기록한 증서로 통용되기 시작했다는 것은 화폐의 역할을 이해하는 데 결정적으로 중요하다. 그러한 인식이 명확하다면 화폐가 사회적 관계의 응결체이고, 경제공동체와 정치 공동체를 움직이는 동인이고 매체라는 것도 분명해질 것이다. 정부가 신

---

18 신용화폐 이론의 토대를 놓은 슘페터는 "금 세공업자가 실제로 예탁한 금에 대한 영수증이었던 은행권(notes)은 실질적으로 돈을 취급하는 데 안정성과 편의성을 증진시키기 위한 도구일 뿐"이었으나 16세기에 들어와 "은행권을 이용하는 관행이 주요 수단이 되었다는 점 그리고 그 결과 은행권이 중요성을 획득하게 되었다는 점은 새로운 것"이라고 썼다. 조지프 슘페터, 『경제분석의 역사』 1, 563.

민이나 국민에게 부과하는 조세에 바탕을 두고 화폐를 발행하고 이를 통용할 수 있게 하는 힘은 그 조세가 신민이나 국민이 정부에 갚아야 하는 부채이기에 성립된다.

금속화폐가 널리 통용되고 군주가 화폐 주조권을 독점하면서 계산 화폐 개념은 거의 잊혔으나, 군주가 발행하는 화폐와 상거래의 필요에서 발생한 신용화폐가 서로 병존하면서 군주의 화폐로 신용화폐를 청산하는 제도가 확립됨으로써 자본주의적 신용화폐제도의 토대가 마련되었다는 것은 특기할 일이다. 국정화폐와 은행화폐, 외생화폐와 내생화폐가 제도적으로 맞물리면서 자본주의적 신용화폐제도가 발전하게 된 것이다.

2장
자본주의적 신용화폐제도

자본주의적 신용화폐제도는 화폐 발행 권한을 둘러싼 정부와 은행의 오랜 투쟁의 산물이지만, 그 투쟁의 역사를 들여다보기 전에 그 제도의 독특한 점을 먼저 식별할 필요가 있다.

1. 자본주의적 신용화폐제도의 특징

자본주의적 신용화폐제도는 상품 교환 경제 내부에서 발생하는 신용화폐를 국정화폐와 태환하는 것을 골자로 하는 제도다. 상품경제 안에서 발생하는 신용화폐와 그 바깥에서 주어지는 국정화폐, 곧 내생적 화폐와 외생적 화폐를 서로 유기적으로 연계시키는 것이 자본주의적 신용화폐제도의 가장 본질적인 특성이다. 더구나 성격을 달리하는 이두 가지 화폐가 화폐 발행 권한을 독점하는 독특한 위상의 중앙은행을 통하여 서로 매개되는 것은 요즈음 거의 모든 사람에게 '원래 그런 것'이라는 생각이 들 정도로 당연시되지만, 곰곰이 따져보면 매우 특이한 제도임이 분명하다. 왜냐하면 신용화폐가 아니라 현금처럼 지불 수단의 구실을 하는 화폐의 발행은 자본주의적 신용화폐제도가 자리를 잡기 이전만 해도 군주나 정부의 독점적 권한이었기 때문이다. 그렇기에 어떻게 해서 자본주의적 신용화폐제도에서 군주나 정부가 화폐를 직접 발행하지 않고 중앙은행이 화폐를 발행하게 되었는가는 특별히 규명해야 할 연구 대상이 된다. 물론 자본주의적 신용화폐제도가 자리 잡은 뒤에도 정부가 직접 화폐를 발행하는 경우가 없었던 것은 아니다. 미국 남북전쟁 시기에 링컨 행정부가 발행한 그린백 지폐 등이 그 두드러진 실례다. 그러나 그것은 어디까지나 예외적인 경우였을 뿐이다. 거의 모든 나라에서 자본주의적 신용화폐제도는 군주나 정부가 화폐를 발행하지 않고 중앙은행이 화폐 발행 특권을 행사하면서 신용화폐와 국정화폐를 결합하는 방식으로 운영된다. 따라서 그것은 군주나 정부의 화폐 발행 특권이 은행으로 이양되었음을 전제하는 제도다.

그러한 화폐 발행 권한의 이동은 그 권한을 둘러싼 이해 당사자들 사이의 권력 투쟁과 거기서 비롯된 타협의 결과였기에 그 권한 이양의 역사적 경과를 이해하지 않고서는 자본주의적 신용화폐제도의 성격과 문제를 제대로 파악할 수 없다.

2. 자본주의적 신용화폐제도의 성립 과정

자본주의적 신용화폐제도는 중세 말기부터 정부와 은행의 관계에서 나타난 변화의 연장선에서 구축되었다. 앞의 1장 4에서 간략하게 개관한 은행제도의 발전을 전제한다면 정부와 은행의 관계에서 무엇보다도 먼저 주목해야 할 것은 정부가 은행의 공공성을 요구하고 이를 감독하였다는 것이다. 14세기부터 베네치아, 제노아, 피렌체 등 이탈리아 도시국가들에서 정부는 은행업 허가를 내주고 그 대가로 은행에 신용 질서의 건전성을 유지하는 것과 같은 공공 책무를 부여하고, 그 책무 수행에 관한 기록에 근거하여 은행 업무를 감독하였다. 그 연장선에서 15세기 초에는 바르셀로나와 제노아에서 공공은행이 설립되었고, 그 제도는 유럽 여러 지역에 전파되었다. 공공은행은 정부 재정과 직접 관련되는 업무를 수행하는 은행이었고, 그 은행의 가장 중요한 업무는 정부부채의 화폐화였다. 정부가 공공은행을 통해 채권을 화폐화하면서 정부와 화폐 자본가는 일종의 동맹을 형성하기 시작했고, 자본주의적 신용화폐제도를 향한 길을 열었다. 정부부채의 화폐화제도는 네덜란드를 거쳐 17세기 말 영국에 도입되었고, 그곳에서 가장 체계적으로 구현되었다. 그것도 그럴 것이 이미 영국에서는 주권적 화폐 공간이 구축되어 있었고, 화폐 발행 권한을 둘러싼 왕과 부르주아의 투쟁에서 왕이 결국 부르주아에게 굴복하였기 때문이다. 이를 조금 자세하게 들여다보기로 하자.

영국에서 주권적 화폐 공간은 외국 주화의 유통을 금지한 엘리자베스 1세 시대에 구축되었고, 왕은 금속 본위의 통화 주권을 확립했다. 왕의 화폐 발행권은 도전을 허용하지 않을 만큼 공고했다. 그러나 왕이 발행하는 주화는 상업상 거래의 수요를 충당하지 못했고, 상인들은 그들의 신용거래에서 이미 사용해 왔던 신용화폐와 주화를 결합하여 상거래에 필요한 지불 수단과 교환 수단을 충분히 확보하기를 갈망했다. 만일 왕이 자신의 화폐 주권을 배타적으로 고집한다면 상인들의 요구는 결코 충족되지 못할 것이다. 상거래를 중심으로 한 경제의 발전에 필요한 만큼 화폐를 창출하여 경제 활동이 펼쳐지는 구석구석에 화폐를 공급할 수 없게 되는 것이다. 따라서 왕에게서 화폐 발행권을 빼앗거나 화폐 발행의 권한을 왕과 나누어 갖는 것은 신흥 부르주아에게는 사활이 걸린 문제였다.

은행이 왕의 화폐 발행 권한을 흔들기 위해서는 은행의 권력이 강화되지 않으면 안 되었다. 그 기회는 왕이 세수보다 더 많은 지출을 하여 은행들에 빚을 짐으로써 찾아왔다. 마침내 왕이 그 자신이 발행한 톨리막대의 청산에 필요한 지불 수단을 확보하지 못해 신뢰를 상실하게 되었고, 그것은 은행과 화폐 자본가들에게 결정적인 기회였다. 1672년 네덜란드와 벌인 전쟁으로 인해 재정 고갈에 직면한 찰스 2세는 지급불능을 선언할 수밖에 없었다. 그 사건은 1688년 부르주아가 절대주의 왕정을 거부하고 명예혁명을 일으키는 도화선이 되었다. 명예혁명으로 영국 왕이 된 윌리엄 공은 1689년 권리장전에 따라 의회의 동의 없이 세금을 부과할 수 없다는 원칙을 받아들였고, 의회가 동의한 세수로 충당할 수 없는 재정 수단을 은행 차입으로 해결하고자 했다. 의회는 정부의 정상적인 지출에도 미치지 못하는 수준으로 세수 규모를 정했기 때문에 재정적자는 해가 갈수록 늘어났다. 그 재정적자를 해결하기 위해서는 정부부채를 화폐화하여야 했고, 세수 통제에 집중한 의회는 정부가 빚을 지고 그 빚에 대한 이자를 세수로 지급하는 것에 반대하지 않았다.

정부부채를 화폐화하려면, 이를 전담하는 은행이 필요했다. 그 필요에 따라 1694년에 설립된 것이 잉글랜드은행이었다.[1] 특이하게도 잉글랜드은행은 이탈리아, 스페인, 프랑스, 네덜란드 등에서 세워진 것과

---

1 잉글랜드은행의 설립과 화폐 특권의 획득 과정에 대한 상세한 서술은 제프리 잉햄/홍기빈 옮김, 『돈의 본성』, 268-278을 보라.

같은 공공은행이 아니었다. 잉글랜드은행은 화폐 자본가들이 120만 파운드의 자본금을 모아 창설하였기에 공공은행이라기보다는 영리법인이었다. 그 은행은 단지 정부부채의 화폐화를 도맡았기에 공공적 성격을 아울러 가졌을 뿐이다. 사적 소유에 기반을 두고서 공적 업무를 수행하게 된 이 독특한 은행은 조세 일부를 담보로 잡고 왕과 정부에 대출하면서 연 8%의 이자를 받았다. 그것이 정부 채권을 화폐화하는 절차였다. 그것은 오늘에 이르기까지도 거의 모든 국가에서 정부부채를 화폐화하는 전형적인 절차로 남아 있다. 잉글랜드은행은 정부로부터 그 과정을 관리하는 비용을 따로 받았다. 정부부채를 화폐화하는 것에 대한 대가로 잉글랜드은행은 귀금속을 거래하고, 계좌를 개설하여 은행권을 발행하고, 다른 은행들이 발행한 은행권과 환어음을 할인하는 특권을 부여받았다. 1697년 잉글랜드은행에 하사한 왕실 헌장에 따라 잉글랜드은행은 자본금을 증액하는 만큼 은행권을 추가로 발행할 수 있는 권한까지 확보했다. 잉글랜드은행에 부여된 이 네 가지 특권은 영국이라는 주권적 화폐 공간에서 자본주의적 신용화폐제도를 창설하는 데 결정적으로 이바지했다. 첫째, 정부부채의 화폐화는 미래의 세금을 담보로 해서 정부가 은행을 통해 지불 수단을 창조할 수 있게 되었다는 것을 의미한다. 둘째, 귀금속 거래의 특권을 확보하였다는 것은 잉글랜드은행이 금속 본위제를 관철할 수 있는 물적 토대를 갖추었음을 뜻한다. 셋째, 계좌 개설과 은행권 발행의 권한을 확보하였다는 것은 잉글랜드은행이 사실상 무로부터 은행화폐를 창조하는 권한을 확보하였다는 것을 뜻한다. 마지막으로 넷째, 잉글랜드은행이 다른 은행들이 발행한 은행권과 환어음을 할인하는 권한을 확보하였다는 것은 은행권과 환어음을 현금과 교환함으로써 영국에 통일적인 신용화폐제도의 토대를 구축

하였다는 것을 의미한다.[2]

이러한 여러 가지 권한을 확보함으로써 잉글랜드은행은 신용화폐와 지불 수단을 서로 결합하였고, 경제 활동의 발전에 대응해서 통화를 충분히 공급할 수 있는 능력을 갖추었다. 신용화폐는 경제의 필요에 따라 경제 영역 안에서 은행의 대출 계좌 개설을 통해 창조되어 공급되었고, 그 신용화폐는 그것을 발행한 은행의 계좌로 상환되어 소멸하거나 정부로부터 화폐 발행의 특권을 부여받은 잉글랜드은행의 화폐(잉글랜드은행권)에 의해 최종적으로 청산되었다. 그러한 화폐의 창조와 파괴 그리고 그 핵심을 이루는 신용의 청산은 오늘날에도 은행제도의 기본 골격을 이룬다.[3]

그런데 잉글랜드은행의 특권과 위상은 거기서 끝난 것이 아니었다. 자본주의적 신용화폐제도에서 은행들은 번번이 지불 수단 고갈에 직면했고, 그 위기를 극복하지 못하면 은행 파산은 말할 것도 없고 신용제도의 교란과 심지어 붕괴까지도 불가피했다. 그러한 심각한 문제를 해결하기 위해서는 은행들이 지급준비 능력을 갖추도록 외부로부터 은행들에 지불 수단을 공급하는 장치를 마련하여야 했다. 만일 잉글랜드은행

---

2 막스 베버는 잉글랜드은행이 취득한 특권들 가운데 어음거래의 권리가 갖는 의미를 특히 중시했다. 막스 베버/조기준 옮김, 『사회경제사』 (서울: 삼성출판사, 1976), 286: "특히 어음거래의 권리는 대단히 중요한 것이었다. 이것은 은행권의 발행권과 관련되어 있기 때문이다. 뒤에 은행이 그 할인정책에 의하여 이 권리를 어떻게 행사할 것인가에 대하여서는 물론 누구도 예지할 수 없었다. 그러나 여하튼 체계적으로 어음을 매매하기 시작하고, 이로써 상인과 생산자에게 은행이 만기 전에 어음을 미리 할인함으로써 최종 생산물이 최종 소비자에 이르기까지의 긴 자본회전 기간을 단축하게 된 것은 이 은행이 처음이었다." 베버는 어음 할인을 통해 화폐가 창출되어 신용화폐가 지불 수단과 결합되는 과정이 잉글랜드은행에 의해 최초로 제도화된 것을 주목한 것이다.

3 신용화폐가 경제의 필요에 따라 대출을 통해 창조되었다가 상환을 통해 소멸하는 과정은 화폐의 내생성과 순환성을 잘 보여준다. 그러한 화폐의 내생성과 순환성은 100%의 금태환본위제에서도 나타난다. 그것이 자본주의적 신용화폐제도에서 신용화폐가 갖는 고유한 특성이다.

이 그러한 최종적인 대부자의 역할을 맡고 국가가 이를 법으로 뒷받침한다면, 따라서 국가가 신용화폐제도의 유지에 필요한 지불 수단의 공급을 보장한다고 법으로 약속한다면, 잉글랜드은행은 은행들의 은행, 곧 중앙은행의 지위를 갖게 될 것이다. 바로 그러한 지위를 잉글랜드은행에 부여한 것이 1844년의 잉글랜드은행법이었다.[4]

1844년의 잉글랜드은행법은 두 가지 핵심 조항을 갖고 있었다. 하나는 잉글랜드은행을 제외한 다른 은행들의 은행권 발행을 금지하는 조항이고, 다른 하나는 100% 금태환본위제를 규정하는 조항이다. 먼저 잉글랜드은행의 은행권 독점 발행의 의미를 살펴보자. 잉글랜드은행은 은행권 발행을 독점함으로써 다른 은행에 화폐를 공급하는 특권적 지위를 얻게 되었다. 그것은 잉글랜드은행이 은행들의 지불 수단 고갈에 대응하여 최종적인 대부자의 역할을 맡았다는 것을 뜻한다. 그러한 역할을 맡은 잉글랜드은행은 다른 은행들이 지급준비 능력을 유지하도록 감독하고, 자본금을 잠식할 정도로 지급준비 능력을 갖추지 못한 은행들을 파산 처리하거나 회생을 지원할 수 있는 막강한 권한을 행사했다. 이로써 잉글랜드은행법은 중앙은행제도의 기본적인 틀을 확립하였다. 그 제도는 거의 모든 현대 국가에서 중앙은행제도의 기본 모델로 자리 잡았다.

그다음 100% 금태환본위제는 잉글랜드은행권의 가치와 안정성을 보장한다는 취지로 법제화되었다. 그 제도는 본질적으로 금을 보유한

---

4 마르크스는 1844년의 잉글랜드은행법과 관련해서 사적 소유에 바탕을 둔 잉글랜드은행이 '런던에서 가장 강력한 자본 권력'인 동시에 '절반은 국가기구로' 행세하게 되었고, '국가의 보호 아래 있고 국가로부터 특권을 부여받은 공적인 기구'의 위상을 갖게 되었다고 지적했다. 이에 대해서는 K. Marx, Das Kapital 3, 557, 559를 보라. 마르크스는 잉글랜드은행이 정부와 자본의 동맹을 보여주고 정부가 자본의 한 위원회로 전락하였음을 보여주는 실례라고 생각했다.

계층의 이해관계를 정치적으로 관철한 것으로 볼 수 있다. 100% 금태환본위제는 화폐의 유통량을 줄여서 화폐의 가격, 곧 이자율을 높인다. 그것은 생산과 유통의 필요에 따라 화폐를 싼 가격에 충분히 공급하여야 한다는 상공업자와 상업은행의 이해관계에 배치된다. 사실 잉글랜드은행권 발행액이 금 보유량을 일치하여야 한다는 법 규정은 자본주의적 신용화폐제도에서 이루어지는 화폐의 창조와 파괴의 과정을 놓고 볼 때 애초부터 구실을 다 할 수 없는 억지 규정에 지나지 않았다. 화폐 공급의 실무 차원에서 보면 금 보유량은 단지 지급준비금의 구실을 할 뿐이다. 상업은행들은 잉글랜드은행의 지급준비금 보장에 기대어 지급준비금의 몇 배에 달하는 화폐를 창조하여 시중에 공급하였다. 그 비결은 은행 계좌상의 화폐 곧 은행화폐를 창조하는 것이었다.[5] 그것은 신용화폐와 지불 청산 화폐가 병존하고 서로 유기적으로 결합한 자본주의적 신용화폐제도에서 언제나 일어나는 일이었다. 잉글랜드은행의 금 보유고는 자본주의적 신용화폐제도에서 통용되는 화폐량에 미치지 못했고, 인플레이션 효과로 인해 잉글랜드은행권으로 표시한 금의 명목 가격과 시중 가격은 일치할 수 없었다. 따라서 잉글랜드은행권을 들고 가서 금으로 태환할 것을 요구할 경우 잉글랜드은행은 그 요구에 응할

---

5 잉글랜드은행법(Bank Charters Act, 은행헌장법)은 은행권 발행에 대해서만 100% 금태환보장제를 규정하고 계좌상의 화폐인 은행화폐에 대해서는 그렇게 하지 않았다. 이에 관한 조세프 후버의 분석은 주목할 만하다. "은행헌장법이 그 효력을 유지하는 데 실패한 주된 이유는 계좌상의 은행화폐를 지불 수단으로 선호하여 채택하는 경우가 계속해서 늘어난 것이었다. 은행헌장법은 은행부문의 신용과 예금 창조를 규제하지 않고 놔두었기 때문에 이후에는 '수표 시스템'(check system)이라 불리게 되었다. 요구불 예금이 19세기 내내 은행권과 병행되어 사용되면서, 어떤 의미에서는 은행권의 그림자가 되어서 기업, 정부기관, 부유한 가계 및 은행 간에 이루어지는 은행 관리 청산 절차의 정규적인 무현금 결제 수단이 되었다." 조세프 후버/유승경 옮김, 『주권화폐: 준비금 은행제도를 넘어서』 (과천: 진인진, 2023), 90.

수 없었다. 더구나 대규모의 금 태환 요구가 쇄도하는 경우 잉글랜드은
행은 금 태환 중지나 금태환본위제의 폐기 이외에 다른 방안을 찾을 수
없었다. 실제로 개인의 금 태환은 허용된 바 없고, 금 태환 중지는 1847
년, 1857년, 1866년 금융공황이 일어날 때마다 주기적으로 시행되었다.

금태환본위제는 영국에 이어 프랑스, 독일, 이탈리아 등 유럽 국가들
이 대부분 채택하였고, 미국도 그 제도를 도입하였다. 금태환본위제는
각 나라가 전비 마련에 급급했던 제1차 세계대전 때 장기간 중지되었다
가 전쟁 이후 부활하였다. 금태환본위제는 1929년의 대공황을 거쳐
1930년대 초에 공식적으로 폐기되었으나 브레턴우즈체제에서 미국 달
러를 환거래의 기축통화로 삼고 그 가치를 금에 고정하는 형태로 부활
했다. 그 당시 미국은 전 세계 금 보유고의 63%를 차지하였기에 그 무
모한 계획을 실행에 옮겨서 달러 패권체제를 구축했다. 달러의 가치는
금 1온스당 35달러로 고정되었다. 그러나 미국 경제의 발전에 따른 달
러 수요의 증가, 미국의 빈번한 전쟁 개입에 따른 전쟁 비용의 증가, 국
제무역의 팽창에 따르는 달러 공급의 증가 등으로 인해 달러 발행이 엄
청나게 늘어나자 달러의 가치는 곤두박질쳤고, 달러로 표시되는 금의
명목 가격과 시중 가격의 격차는 크게 벌어졌다. 무역흑자로 달러를 비
축한 국가들이 달러의 금 태환을 요구하자 미국은 이에 응할 수 없었다.
마침내 1971년 미국은 금 태환 중지를 선언했다. 이로써 달러의 금 태
환 보장에 근거했던 브레턴우즈체제는 붕괴했다.

3. 잉글랜드 모델에 따른 자본주의적 신용화폐제도의 문제

영국에서 역사적으로 실현된 자본주의적 신용화폐제도는 정부와 은행의 긴밀한 협력을 전제하고, 화폐 발행의 권한을 정부와 은행이 함께 나누는 것이 그 특징이다. 그 제도에는 여러 가지 문제들이 내장되어 있다. 자본주의적 신용화폐제도의 설계에서 비롯되는 문제도 심각하지만, 그 제도와 역사적으로 결합한 금태환본위제의 문제도 만만치 않았다. 먼저 금태환본위제의 문제부터 들여다보자. 금태환본위제는 그 제도 자체가 전 세계적으로 폐지되었기에 이제는 고고학적 관심거리밖에 되지 않는다. 그러나 그 제도는 자본주의적 신용화폐제도의 계급적 성격을 잘 보여주기 때문에 깊이 들여다볼 필요가 있다.

17세기 말에 자본주의적 신용화폐제도가 확립되고, 19세기 중엽에 최종적인 대부자제도가 확립되었음에도 금태환본위제가 제정된 까닭은 따로 있다.6 이미 앞에서 지적한 바와 같이 금태환본위제는 금융공황을 예방하거나 극복하는 장치가 되지 못했다. 금융공황은 잉글랜드은행이 금 태환을 중지하는 동시에 잉글랜드은행권을 지불 수단으로

---

6 금태환본위제는 중앙은행의 최종적인 대부자 역할이 보장되는 한 불필요한 제도이다. 금과 화폐의 태환이 보장되어야 화폐의 가치와 안정성이 확보된다는 것은 미신에 불과하다. 화폐의 가치와 안정성은 중앙은행의 통화관리 능력에 의존하는 것이지 금 태환에 근거하지 않는다. 금 보유량에 화폐 발행의 양을 맞추어야 한다는 것은 전형적인 화폐수량론의 신조일 뿐이고, 그 신조는 자본주의적 신용화폐제도의 작동 원리에 전혀 부합하지 않는다. 자본주의적 신용화폐제도에서 화폐는 기본적으로 내생화폐이고, 국가가 중앙은행을 통해 발행하는 현금, 곧 외생화폐는 오직 신용 청산 수단, 곧 지불 수단으로서 공급되면 충분하다. 현금 사용이 거의 이루어지지 않고, 신용카드만으로 상품을 매입하고, 신용 결제가 가능한 현대사회에서 살아가는 사람들은 자본주의적 신용화폐제도에서 통용되는 통화량이 엄청나게 많지만 정작 지불 수단으로서의 현금은 통화량의 2%에 불과하다는 것에 의아해하지 않는다.

충분히 공급한다고 약속함으로써 빠른 속도로 종식되곤 했다. 금태환본위제가 법제화된 것은 단지 화폐 발행을 둘러싸고 금속주의자들과 은행주의자들 사이에서 벌어진 권력투쟁에서 금속주의자들이 승리했음을 의미할 뿐이다. 은행주의자들은 신용화폐를 충분히 공급해서 생산과 교환 영역에 화폐를 싼 이자로 공급해야 경제발전이 이루어진다고 주장했다. 금속주의자들의 입장은 정반대였다. 그들은 화폐 가치를 안정시키는 것이 통화정책의 핵심이 되어야 하고, 귀금속만이 유일한 신용 청산 수단이라는 입장을 굽히지 않았다. 금속주의자들이 권력투쟁에서 승리하자 금태환본위제가 법제화되었고, 신용화폐를 발행하는 은행은 귀금속을 소유한 자산가 계급의 지배 아래 들어갔다. 금태환본위제는 여러 가지 경로로 자산가 계급의 이익 증대에 이바지했다. 첫째, 금태환본위제는 지급준비금과 신용화폐의 발행을 연동시킴으로써 화폐의 공급에 제약을 가했고, 화폐의 희소성 조건 아래서 화폐자본을 소유한 계급이 높은 이자율의 혜택을 얻게 했다. 둘째, 금태환본위제에서도 금보유고로 덮을 수 없을 만큼 많은 신용화폐가 발행되었다. 그러한 신용화폐 가운데 일부는 생산과 교환 영역 바깥으로 퇴장하여 '이자 낳는 자본'(K. Marx)으로 둔갑해서 화폐 자본가들이 이익을 추구하는 발판이 되었다.7 셋째, 금태환본위제는 자본주의의 동학과 불안정에서 비롯되는 금융공황이 닥치면 중지되었고, 중앙은행은 금보유고를 전혀 고려하지 않고 화폐 공급을 늘렸다. 그러한 화폐 공급은 귀금속 가격의 폭등을 유발하였기에 귀금속을 소유한 자산 계급에는 엄청난 이익을 거둘 기회가 되었다. 그런 점들을 놓고 보면 금태환본위제는 상품생산

---

7 마르크스는 이 점을 날카롭게 지적했다. K. Marx, *Das Kapital 3*, 557.

과 교환의 영역 바깥에 귀금속을 위시해서 거대한 자산을 쌓아놓은 자산가 계급의 이익을 보장하는 제도였음이 분명하다.

그다음에 잉글랜드 모델에 따라 확립된 자본주의적 신용화폐제도에 내장된 문제를 살피기로 한다. 이미 살핀 바와 같이 잉글랜드은행을 통해서 확립된 자본주의적 신용화폐제도는 본시 정부와 은행의 권력관계에서 은행이 정부에 대해 우위에 선 제도다. 그 제도에서 정부는 이중적 제약 아래 놓인다. 첫째, 정부는 부채를 통해 화폐를 창출할 수 있지만, 그것은 어디까지나 화폐 자본가인 은행이 정부 채권을 매입하기로 할 때나 가능한 일이다. 정부부채에 부과되는 이자율은 전적으로 채권자의 처분에 달렸다. 정부는 화폐 자본가에게 이자를 무는 것을 감수하고서야 비로소 조세권을 담보로 채권을 발행하여 상업은행으로부터 화폐를 얻을 수 있다. 그것은 화폐 발행 권한이 본래 정부에 있었다는 점을 생각해 보면 어처구니없는 일이다. 둘째, 국가는 중앙은행이 최종적인 대부자로서 신용화폐제도를 유지하는 데 필요한 만큼 지불 수단을 공급하는 것을 법으로 허용하지 않으면 안 된다. 고전적인 표현을 빌려 말하자면 신용공황이 벌어졌을 때 상업은행이 지급준비 능력을 상실하지 않도록 중앙은행은 화폐를 대규모로 찍어내어 상업은행에 공급하여야 한다. 지급준비 능력을 상실한 상업은행을 파산시키지 않고 이를 존속시키려면, 중앙은행은 상업은행에 충분한 지급준비금을 공급하여야 한다. 그러한 제도가 수립될 수 있는 것은 중앙은행의 지급보증 배후에 국가의 조세권이 버티고 있기 때문이다.

이 두 가지 대목에서 영국에서 확립된 신용화폐제도와 중앙은행제도의 문제가 또렷이 드러난다. 잉글랜드 모델의 금융제도는 화폐자본과 생산자본과 유통자본을 소유한 부르주아 계급이 신용화폐의 창출을 통해 이익을 얻게 하면서도 정작 신용화폐제도가 동요하거나 붕괴 위험에 직면할 때는 거기서 발생하는 손실을 국가에 전가하고, 마침내 그 손실을 납세자들에게 떠넘기는 효과를 낸다. 이러한 이익의 사유화와 손실의 사회화는 잉글랜드 모델의 금융제도에서는 불가피하다. 잉글랜드 모델에 따라 세계 곳곳에 정착한 자본주의적 신용화폐제도의 이 근본적인 문제는 궁극적으로 그 제도 자체가 화폐자본이 정부에 대해 우위를 유지할 수 있도록 설계되었기 때문에 나타난 것이다. 그 점을 인식한다면 자본주의적 신용화폐제도에서 정부와 은행의 관계를 어떻게 재정립할 것인가를 묻지 않을 수 없다. 그 중대한 과제는 오늘에 이르기까지 해결되지 않은 채 남아 있다. 그 과제의 해결 방안은 아래의 3장에서 다루게 될 것이다.

자본주의적 신용화폐제도는 위에서 말한 바와 같이 그 제도 자체에 내장된 근본 문제를 해결하지 못했지만, 신용화폐를 공급하면서 화폐의 가치와 안정성을 유지하기 위해 금융시장 규제, 관리통화제도 등 여러 가지 실험을 해 왔다. 그 실험들 가운데는 자본주의적 신용화폐제도의 재구성을 고찰하는 맥락에서 참고할 만한 것이 있기에 이에 대해서는 항을 바꾸어 따로 논하고자 한다.

4. 자본주의적 신용화폐제도의 발전

영국에서 발전한 자본주의적 신용화폐제도는 전 세계로 확산하여 신용화폐제도의 표준적인 모델로 자리 잡았다. 아마 그것은 영국이 한때 세계적 패권 국가였기 때문에 가능했을 것이다. 1929년의 대공황은

정부와 은행의 권력관계를 역전시켰지만, 잉글랜드 모델의 신용화폐제
도를 근본적으로 변화시키지는 못했다. 잉글랜드 모델의 중앙은행제도
는 건재했고, 상업은행을 매개하는 정부부채의 화폐화 방식도 존속했
다. 다만 미연방 정부는 대공황을 불러들인 원흉으로 지목된 상업은행
과 투자은행의 겸업을 폐지하는 등 금융시장을 적극적으로 규제하였
고, 미연방 중앙은행은 화폐의 가치와 안정성을 유지하는 관리통화제
도를 발전시켰다. 아래에서는 이를 차례대로 살피기로 한다.

4.1. 금융시장의 규제와 관리

대공황이 자유주의 시장경제를 종식하고 국가개입주의를 촉진하였
다는 것은 본서 제II부 2장 2.3에서 비교적 자세하게 설명한 바와 같다.
금융영역에 관한 한, 그 당시 국가의 개입은 상업은행의 신용 창출이
금융 투기로 흘러 들어가지 못하게 막고 화폐자본이 생산과 교환의 영
역에서 퇴장하는 것을 억제하는 데 초점을 맞추었다. 그것은 19세기 후
반에 증권시장과 채권시장이 팽창하면서 생산과 교환의 영역에서 퇴장
한 '이자 낳는 자본'이 대규모로 형성되고, 화폐자본이 더 큰 이익을 얻
기 위해 투기마저 서슴지 않았기 때문이다. 제1차 세계대전 이후 미국
과 유럽 여러 나라에서 경제가 회복되자 자산시장은 거품을 일으킬 정
도로 달아올랐다. 평범한 사람들조차 돈이 있기만 하면 증권이나 채권
을 사러 나설 정도가 되었다. 상업은행을 통해 창출된 신용화폐는 투자
은행으로 흘러 들어갔고, 투자은행은 증권과 채권을 거래하는 데 그치
지 않고 선물, 옵션, 스와프 등 미래 수익 기회를 놓고 내기를 걸었다.
심지어는 투기를 넘어서서 높은 수익을 보장한다는 것을 미끼로 내세

위 돈을 끌어모으는 폰지 금융 같은 사기 행각마저 성행할 정도였다. 1920년대 초중반기의 경제 붐은 과잉투자를 유도했고, 1920년대 말에 실물경제의 침체가 시작되자 미래 수익에 대한 전망이 어두워졌다. 주식 가격의 등락에 예민하게 반응하는 화폐자본이 썰물처럼 시장에서 빠져나오자 금융시장은 일거에 무너졌다. 대공황이 폭발한 것이다.

대공황을 수습하는 데 신고전파 화폐 이론은 아무 쓸모가 없었다. 중앙은행이 상업은행의 지급준비율을 높여 신용화폐를 회수하라는 신고전파의 처방은 사태를 도리어 더 악화시켰다. 실물경제의 불황과 금융시장의 붕괴를 막는 데 필요한 잠정적인 해법의 열쇠는 존 메이너드 케인즈가 쥐고 있었다. 그는 고용과 이자와 화폐의 상관관계에 관한 일반 이론을 전개하여 신고전파와는 전혀 다른 방식으로 거시경제를 운영하는 방법을 제시했다. 유효수요, 자본의 한계효율과 투자승수, 유동성 선호 ― 바로 이 셋이 케인즈 이론의 핵심이었다.[8] 무엇보다도 먼저 금융정책과 관련해서 그가 중시한 정책은 두 가지였다. 하나는 화폐자본의 투기적 게임에 '규칙과 제약조건'을 부여하여 그 게임을 통제하는 것이고,[9] 다른 하나는 유동성 선호에 따라 생산과 교환의 영역에서 화폐가 퇴장하는 것을 방지하고 낮은 이자율을 유지하는 방안을 마련하는

---

8 케인즈는 이 세 가지 개념이 신고전파 경제학의 대안으로 제시되는 자신의 경제학의 핵심 이론임을 다음과 같이 강령적으로 표현했다. "이처럼 소비성향에 대한 분석, 자본의 한계효율에 대한 정의, 이자율에 대한 이론은 우리의 기존 지식에 존재하는 세 가지 주된 빈틈이며, 이 빈틈은 메워져야 할 필요가 있을 것이다." 존 메이너드 케인즈/이주명 옮김, 『고용, 이자, 화폐의 일반이론』 (서울: 필맥, 2009), 49.

9 존 메이너드 케인즈/이주명 옮김, 『고용, 이자, 화폐의 일반이론』, 456ff. 케인즈는 상업은행과 투자은행의 제도적 분리를 명시적으로 언급하지는 않았지만, 그것을 충분히 암시했다. 케인즈는 화폐가 실물 부문으로부터 퇴장하여 '자본주의의 금리생활자적 측면'이 강화되면, 투자 증대와 완전 고용을 방해한다고 생각했고, 자본의 한계효율이 제로가 되는 지점에서 '금리생활자와 기능을 상실한 투자자의 안락사'가 일어날 것이라고 기대했다.

것이다.[10]

케인즈 이론을 받아들여 '뉴딜정책'을 구상한 프랭클린 루즈벨트는 무엇보다도 먼저 화폐자본이 신용화폐를 끌어들여 투기를 일삼는 것을 방지하기 위하여 상업은행과 투자은행의 제도적 분리를 추진했고, 연기금의 주식투자를 금지하기로 마음먹었다. 그것이 1933년에 제정된 글래스-스티걸법의 핵심이다. 물론 미국이 이러한 제도적 분리를 추진했다고 해서 다른 나라들도 일제히 미국의 새로운 금융 모델을 도입한 것은 아니다. 지역경제와 국민경제 수준에서 은행이 지급 업무와 투자 업무를 동시에 수행했던 독일 등지에서는 상업은행과 투자은행의 겸업이 계속 유지되었다. 그러나 미국에서 시도된 상업은행과 투자은행의 제도적 분리는 자본주의적 신용화폐제도의 운영에 큰 변화를 가져왔다. 생산과 유통의 필요에 따라 창조된 신용화폐는 바로 그 영역에서 움직이다가 파괴되어야 마땅하므로 상업은행과 투자은행의 분리는 신용화폐가 본래의 궤도를 찾게 하는 첫걸음이라고 볼 수 있다.

그다음에 루즈벨트는 이자율을 낮게 유지하여 화폐자본이 생산자본에 종속하도록 금융정책을 운용하고자 했다. 낮은 이자율이 통화정책의 목표로 정해지면 화폐의 퇴장은 줄어들고 저축은 투자될 것이다. 물론 이자율이 정부의 명령으로 낮게 유지될 수는 없다. 저축이 투자로 움직이려면 경제 전망이 밝아야 하고 미래의 수익과 이윤에 대한 기대가 커지지 않으면 안 된다. 따라서 이자율정책은 고용정책과 투자정책

---

10 바로 이것이 케인즈의 일반이론이 도달하고자 하는 화폐적 생산경제의 이상적인 상황이다. 자본의 한계효율이 낮아짐에 따라 이자율이 낮아지는 것은 당연하다. 케인즈는 자본의 한계효율이 낮아지고 완전고용이 근사치적으로 실현되면 화폐적 생산경제가 안정적으로 발전하리라고 생각했다. 이에 대해서는 존 메이너드 케인즈/이주명 옮김, 『고용, 이자, 화폐의 일반이론』, 301ff., 304를 보라.

그리고 이를 뒷받침하는 재정정책과 함께 가야 한다. 케인즈가 대공황에서 벗어나기 위해 제시한 방안은 신고전파의 사고유형을 거꾸로 뒤집은 것이었다. 그는 신고전파 경제학자들이 고수했던 '자연실업률'의 교리를 깨뜨리고,[11] 완전고용의 목표 아래서 임금 상승을 촉진하고 유효수요를 확대해야 한다고 주장했으며, 이와 동시에 경제 불황을 타개하기 위해 공공부문이 선제적 투자에 나서서 민간 부문의 투자를 활성화하여야 한다고 역설했다. 케인즈의 유효수요 이론과 투자승수 이론은 정부가 대규모 인프라 투자 사업을 벌여 투자와 고용 확대를 꾀한 뉴딜정책의 바탕이 되었다. 이러한 정책 패키지는 오직 재정정책의 확대를 통해서만 실현될 수 있었다. 신고전파 경제학으로서는 결코 용인할 수 없는 대규모 재정적자가 고용과 투자를 활성화하고 이자율을 낮게 유지하는 방책이 된 것이다. 케인즈의 이론과 뉴딜정책은 최소한 통화정책이 재정정책과 분리될 수 없다는 것을 전제했고, 좀 더 적극적으로 말한다면 통화정책이 재정정책의 종속변수가 되어야 한다는 것을 뜻했다. 재정정책의 통화정책에 대한 우위는 '뉴딜정책'이 선보인 국가 개입주의의 바탕이었다. 통화정책을 위해 재정정책을 희생시키고, 이

---

11 '자연실업률'은 마찰적 실업, 구조적 실업 등으로 인해 경제 활동 인구 가운데 일정 비율이 실업 상태에 있는 것이 정상이라는 함의를 갖는 개념이다. 5% 이상의 자연실업률이 유지되면 노동자들의 교섭력은 약화하고 임금은 시장청산임금에 가까워진다. 신고전파 경제학은 경제 불황 시기에는 실업률이 높아져서 임금 비용이 줄어들어 경제 회복의 계기가 마련된다고 주장했다. 따라서 '자연실업률'은 시장의 자동조절 능력을 철석같이 믿는 신고전파 경제학의 핵심을 이루는 개념들 가운데 하나였다. 케인즈는 그러한 신고전파의 이론을 논파하고 그와 정반대 주장을 펼쳤다. 불황기에는 도리어 고용을 유지하고 임금을 높여서 유효수요를 창출해야 기업이 미래 수익을 기대하고 투자에 나설 것이고, 그래야 경제가 불황에서 벗어날 수 있다는 것이다. 케인즈는 피구(Arthur Cecil Pigou)가 신고전파 경제학의 틀에서 '자연실업률'을 전제하고 펼친 실업 이론을 날카롭게 비판했다. 이에 대해서는 존 메이너드 케인즈/이주명 옮김, 『고용, 이자, 화폐의 일반이론』, 제19장 "추가 논의: 피구 교수의 '실업의 이론'"을 보라.

를 재정건전성 교리로 정당화했던 금태환본위제 시대의 통화주의 이데올로기는 무너졌다. 자본주의적 신용화폐제도의 운영에서 정부의 역할은 확대되었다.

4.2. 관리통화제도

대공황의 여파로 금태환본위제가 붕괴하면서 중앙은행의 통화정책도 큰 변화를 겪었다. 그 변화의 핵심은 관리통화제도의 도입이었다. 이미 앞에서 본 바와 같이 금태환본위제는 화폐수량설의 교리에 따라 지급준비금과 신용화폐 창출을 연계하여 신용화폐 발행을 억제하였고, 그 제도는 창설 이래로 경제공황과 그 여파로 닥친 금융공황을 극복하는 데 아무 쓸모가 없었다. 금 태환은 중지되기 일쑤였다. 그것은 금태환본위제에서 통화관리를 할 수 있는 장치가 제대로 작동하지 않았다는 뜻이다. 지급준비금의 역할을 하는 금의 보유가 화폐의 가치와 통화량을 자동으로 제어할 것이라는 교리가 지배했던 시대에 통화관리 기법이 발전할 리 만무했다. 잉글랜드 모델의 신용화폐제도에서도 정부 채권의 화폐화가 제도화되어 있었으나, 정부 채권을 활용해서 통화를 관리하는 기법은 적어도 영국에서는 금태환본위제가 유지되는 기간에 활용되지 않았다.

그 점에서 미국은 영국과 달랐다. 미국은 금태환본위제가 유지되는 동안에도 통화를 관리하여 화폐의 가치와 안정성을 유지하는 방법을 독특하게 발전시켰다. 미국은 1913년 연방준비제도라는 독특한 성격의 중앙은행제도를 창설한 뒤에 공개시장조작과 재할인 창구 운영에 바탕을 둔 진일보한 통화정책을 선보였다. 공개시장조작은 정부 채권과 통화안정증권 등을 활용하여 상업은행의 신용화폐 창출을 조절하는 장치이다. 그 방법은 매우 간단하다. 상업은행이 정부 채권을 매입하면 지급준비금이 줄어들어 신용화폐 발행이 줄어들 것이다. 가계와 기업 등 민간 부문이 사용할 통화량이 감소하는 것이다. 그때 중앙은행이 상업은행으로부터 정부 채권을 사들인다면 중앙은행으로부터 상업은행으로 지급준비금이 방출되어 상업은행의 신용화폐 창출 여력은 커질 것이다. 중앙은행이 정부 채권을 상업은행에 되팔면 현금의 흐름은 정반대로 나타난다. 정부 채권이 공개시장조작을 하는 데 충분하게 공급되지 않는다면 중앙은행이 통화안정증권을 발행하여 공개시장조작을 할 수도 있다. 중앙은행이 상업은행에 통화안정증권을 발행하면 상업은행으로부터 지급준비금이 중앙은행으로 흘러 들어가게 되고, 통화안정증권을 회수하면 화폐의 흐름은 정반대로 일어난다. 재할인 창구 운영도 단순하다. 그것은 상업은행이 지급준비금을 확보하기 위해 그 자산을 중앙은행에 가지고 가서 환매 조건을 내걸고 할인 가격으로 파는 제도이다. 중앙은행은 간단한 복식 회계 장부 기록을 통해 화폐를 창조해 내는 발권은행이기에 공개시장조작과 재할인 창구 운영을 통하여 경제 활동에 필요한 통화를 적절하게 공급할 수 있다.

1980년대 초에 중앙은행의 통화관리는 목표 이자율을 정하는 방식으로 변화되었다.[12] 그것은 지급준비율 조정을 통해 통화량을 조정하고자 한 레이건 행정부의 시도가 실패한 뒤에 취해진 조치였다. 1970년대에 미국과 유럽 여러 나라가 연 10%를 넘나드는 극심한 인플레이션에 시달렸을 당시, 한때 레이건 행정부는 통화주의 이론에 따라 통화량

---

12 이에 대한 알기 쉬운 설명으로는 L. 랜덜 레이/홍기빈 옮김, 『균형재정론은 틀렸다: 화폐의 비밀과 현대화폐이론』, 194-197을 보라.

을 조절하여 인플레이션을 잡으려는 정책을 펼쳤으나 다양한 신용화폐가 대규모로 통용되는 현실을 무시한 통화주의정책은 실패하고 말았다. 그 뒤에 채택된 목표 이자율정책은 중앙은행이 설정한 수준 이상의 인플레이션이 나타나지 않는 한 상업은행의 화폐 공급을 이론적으로 제한 없이 허용하는 것이 그 골자다. 그 목표를 달성하기 위하여 중앙은행은 정부 채권, 통화안정증권, 재할인 창구 운영 등 관리통화제도의 전통적인 방법을 계속 사용할 뿐만 아니라 훨씬 더 세련된 금융기법도 활용하고 있다. 그러한 금융기법 역시 전통적인 방법처럼 간단한 원리에 바탕을 두고 있다. 상업은행이 지급준비금을 항상 충족할 수 있도록 중앙은행이 지급준비금을 언제든 충분히 공급하고, 지급준비금을 매입하는 데 드는 비용, 곧 이자율을 목표 이자율에 맞추는 것이다. 그것은 지급준비금 부족을 겪는 상업은행이 다른 은행으로부터 이를 매입할 때 이자율(은행 간 거래 이자율, 이른바 리보금리)이 높아지는 것을 방지하는 조치다. 이 조치의 핵심은 중앙은행이 상업은행에 일종의 마이너스 통장 같은 것을 제공해서 지급준비금 부족을 자동으로 메워주는 것이다. 마이너스 통장 대출은 영업일 종료 시점부터 다음 영업일 개시까지 하룻밤 동안의 대출에 불과한 초단기 대출이지만, 그러한 '익일 당좌대월' 제도를 통해 공급되는 지급준비금은 미국의 경우 1분당 5백억 달러에서 1천 5백억 달러에 달할 정도로 엄청난 규모다.

그밖에 이자율 변동을 방지하기 위해 중앙은행은 상업은행의 정부 채권 매입에 개입한다. 정부 채권 매입은 상업은행의 지급준비금 부족을 불러일으키고 은행 간 거래 이자율을 높이기에 중앙은행은 채권 딜러 역할을 하도록 지정된 상업은행에 환매조건부로 채권을 매입한다고 약속하고 상업은행의 정부 채권 매입에 필요한 지급준비금을 마련해

준다. 그것은 중앙은행이 상업은행에 정부 채권 매입 비용을 빌려주고 그 매입채권을 담보로 잡는 것을 뜻한다. 그렇게 하면 정부 채권이 발행되는 시장을 통해서 이자율 변동이 일어날 까닭이 없다.

5. 소결

자본주의적 신용화폐제도는 국정화폐에 의한 신용화폐의 청산을 전제로 해서 발전하기 시작했다. 그 제도의 관건은 국정화폐가 상거래에 필요한 만큼 충분히 발행되어야 한다는 것이었다. 그렇지 않으면 화폐 제약으로 인해 신용 청산이 제대로 이루어질 수 없다. 그러한 애로를 타개하기 위해 화폐 발행 권한을 정부로부터 은행으로 옮겨오기 위한 투쟁이 정부와 은행 사이에서 격렬하게 전개되었다. 근대적 화폐 주권 공간이 확립된 영국에서는 그 투쟁의 결과로 정부와 은행이 화폐 발행권을 공유하되 정부가 은행을 통해 부채를 화폐화하는 제도를 확립함으로써 은행의 정부에 대한 우위가 확립되었다. 상업은행의 지급 능력을 보장하기 위해 중앙은행이 최종적인 대부자의 역할을 하는 제도도 은행의 정부에 대한 우위를 잘 보여준다. 그것이 잉글랜드 모델이고, 대영제국의 패권 아래서 세계 곳곳에서 표준 모델로 자리를 잡았다.

대공황 이후 미국에서는 정부가 은행을 강력하게 규제하는 입법을 통해 정부의 은행에 대한 우위를 실현한 바 있으나, 정부부채의 화폐화라는 잉글랜드 모델을 해체하고 대안적인 모델을 확립하지는 못했다. 다만 미국에서는 통화관리와 관련된 금융기법이 개발되었고, 그것은 금태환제의 틀에서 화폐수량설에 매몰되어 있었던 잉글랜드 모델의 통화관리를 크게 뛰어넘는 선진적이고 현대적인 금융기법이었다는 것을 지적할 필요가 있다.

미국에서 발달한 자본주의적 신용화폐제도는 정부와 은행의 유기적 관계를 한층 더 강화하였으나, 영국에서 확립된 신용화폐제도의 본질적인 문제, 곧 정부가 오직 은행을 통해서만 화폐를 발행하는 문제는 해결되지 않은 채 남아 있다. 논리적으로 볼 때 정부는 미래의 조세 수입을 전제하여 예산을 편성하지만, 그 조세 수입이 아예 없는 상태에서 지출해야 하기에 정부 지출은 외부로부터 화폐를 조달받는 방식으로 이루어질 수밖에 없다. 정부와 상업은행과 중앙은행의 삼각관계 안에서 이루어지는 정부의 화폐 조달은 이자를 부담하는 조건 아래서 이루어진다. 상업은행은 채권 발권 시장에서 정부부채에 높은 이자율을 부과하여 정부를 궁지에 몰아넣을 수도 있다. 정부가 공공정책을 펼치는 데 필요한 재정 수단을 마련하기 위해 사적 소유에 바탕을 둔 상업은행에 이자를 지급하는 것은 공공성이 사적 이익에 재갈이 물려 있는 형국이라고 볼 수 있다.

화폐 창출과 관련해서 정부와 은행이 맺고 있는 이 관계를 어떻게 변화시켜야 할 것인가는 다음 장에서 다루어야 할 중요한 과제다.

3장
자본주의적 신용화폐제도에서
정부와 은행의 적절한 관계

　자본주의적 신용화폐제도에서 정부와 은행의 관계를 어떻게 설정할 것인가는 매우 까다로운 주제이다. 역사적으로 그 관계를 결정하는 핵심 요소는 정부와 은행의 권력관계였다. 잉글랜드 모델이 은행의 정부에 대한 우위에 바탕을 두었다면, 대공황 이후 미국의 '관리된 금융체제' 모델에서는 정부의 은행에 대한 우위가 두드러졌다. 지구적 차원에서 전개되는 금융화와 맞물려 있는 신자유주의적 금융체제[1]에서 은행은 정부에 대한 우위를 재탈환했고 그 어느 시대보다 더 공고하게 구축했다. 따라서 정부와 은행의 관계는 어느 한 유형으로 고정된 것이 없고 정부와 은행의 권력관계에 따라 다양하게 나타났다고 볼 수 있다.

　정부와 은행의 관계에서 결정적인 문제는 누가 화폐 발행 주권을 어떻게 행사하는가이다. 은행이 화폐 발행 주권을 행사하고 정부가 화폐

---

1 달러 패권체제 아래서 지구적 차원에서 진행되는 신자유주의적 금융화는 제X부에서 본격적으로 다루고자 한다. 여기서는 국민경제의 틀에서 금융의 민주적 규율을 다루는 데 필요한 만큼 제한적으로 금융화를 언급할 것이다.

사용자의 지위를 가져야 하는가, 정부와 은행이 화폐 발행 주권을 공유할 것인가 아니면 정부가 화폐 발행 주권을 독점할 것인가? 그 질문이 결정적으로 중요한 것은 화폐 발행 주권의 향배에 따라 재정과 금융을 운용하는 방식이 크게 달라질 것이기 때문이다. 아래서는 정부의 화폐 사용자 지위를 강조하는 통화주의, 정부와 은행의 화폐 발행 주권의 공유를 주장하는 현대화폐이론(Mdern Monetary Theory, MMT), 정부의 화폐 발행 권한의 독점을 주장하는 주권화폐론을 차례대로 검토하면서 정부와 은행의 최적 관계를 모색한다.

1. 통화주의: 화폐 사용자로서의 정부

통화주의의 뿌리는 매우 깊다. 영국에서 확립된 금태환제는 금 보유량에 맞추어 통화량을 조절하는 것을 목표로 했고, 심지어 금 보유량과 통화량을 1:1로 맞추어야 한다는 극단적인 주장이 나오기도 했다. 신고전파의 거장 어빙 피셔는 그러한 생각을 화폐수량설로 가다듬었고, 중앙은행의 지급준비율 조정을 통해 상업은행의 화폐 공급량을 통제하여 화폐의 가치와 안정성을 유지할 수 있다는 이론을 펼쳤다. 그러한 통화주의는 대공황에 대처하는 데 아무 소용이 없다는 것이 판명되었고, 정부의 재정정책을 중시한 케인즈의 통화이론에 떠밀려 폐기되다시피 했다. 그것을 보여주는 상징적인 사건은 루즈벨트 행정부가 1933년 통화주의자들이 100% 지급준비금제도를 핵심으로 해서 제시한 시카고 플랜(Chicago Plan)을 수용하지 않은 것이다.[2]

그러한 통화주의는 1970년대 말 미국에서 극적으로 부활했다. 그 당시 미국은 1960년대 말부터 미국 경제를 강타한 스태그플레이션에 시달렸고, 1973년 오일쇼크로 인해 인플레이션이 10%를 넘어설 만큼 악성화되었다. 경기침체로 인해 실업률이 높은 상황에서 이미 정부가 세수 부족과 재정지출 증가로 부채의 늪에 빠진 데다가 악성 인플레이션이 덮친 상황에서 정부는 더는 케인즈주의적 처방에 매달리기 어려웠다. 그 틈을 파고든 것이 낡은 통화주의였다. 어빙 피셔의 화폐수량설을 이어받은 밀턴 프리드먼은 정부가 통화의 가치를 안정시키기 위해 통화량 조절을 하는 것을 제외하고는 금융시장에 개입하지 않아야 하고, 세수에 맞추어 예산을 집행해야 한다고 단호하게 주장했다. 그는 정부의 채권 발행이 인플레이션을 악화시키므로 억제되어야 하고, 이미 정부가 발행한 채권은 회수되어 파괴되어야 마땅하다고 역설했다. 루즈벨트의 금융개혁 이후에 줄곧 강력하게 유지되었던 '관리된 금융체제'에서 정부의 금융 규제와 이자율정책에 큰 불만을 품었던 연기금과 상업은행 같은 화폐자본은 프리드먼의 금융 규제 철폐 주장에 환호했고 스태그플레이션과 부채의 늪에 빠진 정부는 이에 저항할 수 없었다.3 통화주의는 1979년 미연방준비제도 총재 폴 폴커(Paul Volcker)의 극적인 금리 인상으로 실현되기 시작했고, 1981년에 레이건 행정부가

---

2 시카고 플랜(Chicago Plan)은 대공황에 대응하는 적절한 수단을 제시하지 못했던 통화주의자들이 대공황이 가라앉은 1933년 통화주의적 금융정책을 담은 제안서이다. 통화주의자들은 대공황 이전의 신용 팽창이나 대공황기의 극단적 신용경색 같은 통화 공급의 불안정성을 방지하려면 상업은행이 터무니없는 신용 공급을 하지 못하도록 막아야 한다고 생각했다. 그러한 생각을 담은 시카고 플랜의 핵심은 당좌예금에 100% 지급준비율을 적용하여 사적 대출을 억제하는 것이었다. 이에 관해서는 R. J. Phillips, *The Chicago Plan and New Deal Banking Reform* (Armonk, NY.: M.E. Sharpe, 1995), 63을 보라.
3 미국의 '관리된 금융체제'는 브레턴우즈체제의 붕괴로 인해 그 기반을 크게 침식당했다. 이에 관해서는 달러 패권체제와 신자유주의적 금융화를 다루는 이 책의 제IX부와 제X부에서 상세하게 설명할 것이다.

수립된 뒤에는 미연방 정부가 추진하는 신자유주의정책의 기반이 되었다.

통화주의는 정부와 은행의 관계에서 두 가지 제도를 확립하는 데 큰 영향을 미쳤다. 하나는 중앙은행의 독립이고, 다른 하나는 정부의 재정 건전성 준칙이다. 첫째, 중앙은행의 독립은 정부부채의 화폐화를 금기시하는 통화주의 교리의 제도적 구현이라고 볼 수 있다. 은행의 정부에 대한 우위를 구현한 잉글랜드 모델만 해도 정부와 은행이 화폐 발행권을 공유하는 것을 전제했으나, 통화주의는 정부가 통화정책에서 아예 손을 떼고 화폐 발행자의 지위를 포기할 것을 요구했다. 그것은 정부가 화폐 사용자의 지위를 받아들이고 세수 범위 안에서 예산을 운용하는 데 그쳐야 한다는 주장이니, 화폐의 역사를 새로 쓸 만큼 매우 급진적인 주장이었다. 그러한 통화주의의 요구는 카터 행정부의 반대를 무릅쓰고 폴 볼커가 이자율을 20퍼센트 가까운 수준으로 급속히 올림으로써 미연방 재무부로부터 미연방 준비제도의 독립을 관철하는 방식으로 극적으로 실현되었다. 미국에서 확립되기 시작한 중앙은행의 독립은 신자유주의정책을 급진적으로 추진한 영국, 전통적으로 재정 규율을 중시했던 독일과 오스트리아 등 유럽 여러 나라에 빠르게 수용되었고, 미국의 금융 패권 아래서 세계 곳곳으로 급속히 퍼져나갔다. 오랫동안 관치금융 아래서 국가 주도의 경제개발을 추구했던 우리나라도 1980년대 초에 강력한 인플레이션 억제를 명분으로 중앙은행의 독립을 수용하고 민간 주도 경제개발 논리를 펼치기 시작했다.

그다음에 정부가 화폐 발행자의 권한을 포기하고 화폐 사용자의 지위를 수용하게 되면, 정부는 세수에 맞추어 예산을 수립·집행하여야 하고, 어쩔 수 없이 재정 긴축 노선을 취하지 않을 수 없다. 그것은 정부가 소득의 제약 아래서 지출하는 가계와 똑같은 위상에 놓이고, 예산 제약을 숙명으로 받아들여야 한다는 뜻이다. 그러한 태도는 통화주의를 교조화하면서 신자유주의정책을 강력하게 추진한 마거릿 대처(Margaret Hilda Thatcher)의 1983년 영국 의회 연설에서 분명하게 표현되었다.[4] 통화주의는 국가 재정의 건전성을 금과옥조로 삼았고, 그 교리는 정부 재정 운영 준칙으로 자리 잡았다. 1990년 미국에서는 정부사업 예산을 짤 때 그 사업 비용을 충당하는 세수 확보 계획을 제출하는 페이고(PAYGO) 원칙이 확립되었고, 재정적자를 줄이는 것이 정부의 목표가 되다시피 했다.[5]

정부가 화폐 발행자의 권한을 포기하고 화폐 사용자의 위상에 머물며 건전재정 혹은 재정 긴축 노선을 고집하게 되면 정부는 치안과 국방 등 전통적인 역할에 집중하는 '작은 정부'를 표방하게 되고, 교육, 주택, 사회서비스 등 시민의 사회적 청구권에 적극적으로 대응하는 '큰 정부'를 포기하게 된다. 그 결과는 가계부채의 극적인 증가이다. 클린턴 행정부는 페이고 원칙에 충실했을 뿐만 아니라 정부부채를 조기에 상환하는 초긴축 재정을 펼침으로써 가계부채를 극적으로 증가시켰고, 그것이 2008년 금융공황을 불러들인 여러 원인 가운데 하나로 지적된다.[6]

---

4 마거릿 대처는 1983년 영국 의회에서 "국가에는 시민이 번 돈 외에 다른 자금원이 없습니다. 만약 국가가 돈을 더 쓰고자 한다면, 여러분이 저축한 돈을 빌리거나 세금을 더 걷을 수밖에 없습니다"라고 말했는데, 그것은 정부와 가계가 똑같이 수입의 제약을 받아들여야 한다는 뜻이다. 대처의 말은 정부가 필요한 화폐를 스스로 발행하는 화폐 발행자라는 사실을 부정하는 발언이다. 이에 대해서는 스테파니 켈튼/이가영 옮김, 『적자의 본질: 재정적자를 이해하는 새로운 패러다임』 (서울: 비즈니스맵, 2020), 30을 보라.

5 미국에서 페이고 원칙은 테러와의 전쟁이 선포된 미국에서 2002년에 폐기되었다.

6 현대화폐이론을 펼치는 학자들은 이미 1990년대 말에 그 점을 내다보았다. 이에 관해서는 아래를 보라.

정부의 재정건전성을 교리의 수준에서 고수하는 우리나라에서도 가계부채는 2022년 1분기 현재 GDP의 104% 달하여 세계 최고 수준이다. 그것은 우리나라 정부가 건전재정의 기치 아래 일관성 있게 주택, 교육, 사회복지 분야에서 재정지출을 억제해 왔기에 나타난 결과이다.[7]

　　정부의 긴축과 가계부채의 팽창은 가계의 금융 포섭, 곧 가계를 금융화의 소용돌이 속으로 끌어들이는 결정적인 요인이 되었다. 그런 점을 고려할 때 정부의 화폐 발행자 지위를 부정하고 정부를 재정건전성의 프레임에 가두는 통화주의는 정부가 그 본분을 다하지 못하게 하고 금융화의 틀에서 화폐자본의 이해관계를 은폐하는 이데올로기라는 점을 지적할 필요가 있다.[8]

2. 현대화폐이론: 화폐 발행자로서의 정부의 중요성

　　현대화폐이론은 정부를 화폐 사용자의 지위로 격하하고 재정 긴축과 가계부채 증가를 가져온 통화주의를 비판하고, 정부의 화폐 발행자 지위를 중시하는 이론을 펼친다. 특히 2008년의 지구적 금융공황 이후 정부와 은행의 관계, 재정정책과 통화정책의 관계를 새롭게 모색하고자 하는 사람들에게 많은 시사점을 던지고 있다.

　　아래서는 정부 재정의 위상과 기능에 대한 현대화폐이론의 핵심 주장을 살핀 뒤에 그 주장의 타당성을 검토한다.

---

7 정부는 코로나 감염 상황에 대처하는 상황에서도 적절한 긴급재난지원을 회피하고, 심지어 정부의 법적 의무인 손실보상마저 외면했다.
8 금융화에 관해서는 본서 제X부에서 상세하게 논할 것이다.

2.1. 정부 재정의 위상과 기능에 대한 현대화폐이론의 핵심 주장

현대화폐이론은 자본주의적 신용화폐제도에서 정부 재정의 위상과 기능을 있는 그대로 서술함으로써 정부가 화폐 발행자로서 예산 제약 없이 공공정책을 수행할 수 있는 충분한 재원을 마련할 수 있다고 주장한다. 그 주장은 화폐의 기원과 본성 그리고 자본주의적 신용화폐제도의 역사에 관한 연구에 바탕을 둔 것이다. 현대화폐이론은 상품화폐론을 취하지 않고 화폐가 부채 청산을 위한 계산 단위로 발명되었다는 계산화폐론을 받아들인다. 계산화폐론의 수용은 두 가지 함의를 갖는다. 하나는 분석 대상에 관한 함의이고, 다른 하나는 분석 방법에 대한 함의이다. 현대화폐이론은 계산화폐로 표시되는 부채의 발생과 청산 과정에서 나타나는 지불 수단의 유량(flow)과 저량(stock)을 서로 연결하여 분석하는 데 초점을 맞추고 있으며, 그 분석의 방법으로 채택된 것이 거시회계학이다.[9] 현대화폐이론은 상품화폐론에서 파생된 화폐수량설과 그것의 현대적 버전인 통화주의에 단호하게 반대하고 케인즈의 화폐 이론과 이를 발전시킨 하이먼 민스키(Hyman Philip Minsk) 등의 포스트-케인즈주의적 화폐 이론,[10] '기능적 재정 운영' 개념을 창안한 아바

---

9 이러한 거시회계학의 이론을 정교하게 제시한 학자는 윈 고들리(Wynne Godley)다. 그는 정부 부문과 민간 부문 사이의 화폐 플로우(유량)와 스톡(저량)을 연결하여 분석하는 플로우-스톡 일관 모델을 통해 부문균형론을 제시했다. 그 모델에 대한 간략한 설명으로는 Wynne Godley, *Seven Unsustainable Process: Medium-Term Prospects and Politics for the United States and the World* (Annaadale-on-Hudson, New York: The Jerome Revy Institute of the Bard College Blithewood, 1999), 23-25를 보라.

10 하이먼 민스키는 케인즈 이론의 핵심 주장들을 수용하면서도 이를 수정하고 확대했다. 화폐 이론에서 주목할 만한 점을 꼽는다면, 민스키는 유동성 선호 동기를 이자율에 연동시킨 케인즈의 주장에 머물지 않고 자산 구성과 그것에 따르는 비용을 고려해야 비로소 현금 흐름으로 나타나는 유동성 선호 동기를 제대로 설명할 수 있다고 생각했다. 경제 주체들의 총수입, 채무액, 보험과 금융상품

러너(Abba Psachia Lerne)의 이론11 등을 서로 결합하여 독특한 정부 재정 이론을 펼치고 있다.

정부 재정에 대한 현대화폐이론의 핵심 주장은 한 문장으로 요약된다. 정부는 화폐 발행자이지 화폐 사용자가 아니라는 것이다. 지방자치단체나 기업이나 가계는 화폐 사용자의 지위에 있기에 수입의 한도 안에서 지출해야 하지만, 화폐 발행자인 정부는 필요한 만큼 화폐를 발행하여 지출할 수 있기에 예산 제약을 받지 않는다는 것이다. 정부는 세수에 근거해서 지출하는 것이 아니라 정부가 수행하는 공공사업의 필요에 따라 먼저 화폐를 발행하여 지출하고 사후 정산을 한다는 것이다. 정부가 국민에게 세금을 부과하는 일차적인 목적은 정부가 지정한 화폐를 통용시키기 위한 것이지 그 세금을 거두어야 지출을 할 수 있기 때문이 아니라고 한다.

화폐 발행자로서의 정부는 재무부와 중앙은행으로 구성된다. 중앙은행은 정부로부터 화폐를 발행하도록 위임받은 기관이고 의회의 통제 아래 있기에 정부 기관으로 여겨진다.12 재무부와 중앙은행이 기능적

등의 보유 등을 고려하지 않고서는 현금 보유 동기와 이자율의 관계를 파악할 수 없다는 뜻이다. 이에 대해서는 하이먼 민스키/신희영 옮김, 『포스트 케인스주의 경제학자 하이먼 민스키의 케인스 혁명 다시 읽기』(서울: 후마니타스, 2014), 148ff.를 보라.

11 아바 러너가 주장한 '기능적 재정 운용'의 핵심 주장은 한 명제로 요약될 수 있다. 화폐 발행자인 정부는 인플레이션을 자극하지 않는 범위에서 완전고용 달성을 위해 재정적자를 감수할 수 있어야 한다는 것이다. 이에 대해서는 Abba P. Lerner, "Functional Finance and the Federal Dedt," *Social Research* 10(1943): 38-51을 보라.

12 잉글랜드은행을 위시해서 세계 곳곳의 중앙은행들은 법률을 통해 정부의 화폐 발행권을 위임받은 국가기관으로 세워진다. 그것은 우리나라의 중앙은행도 마찬가지이다. 그런 점에서 미연방 준비제도는 특수하다. 미연방 준비제도는 지역 단위의 준비제도들로 구성된 컨소시엄이고, 지역 단위의 준비제도는 민간은행들의 컨소시엄이다. 따라서 미연방 준비제도는 국가기관이 아니다. 그러나 연방준비제도는 법률을 통해 화폐를 발행할 권한을 부여받았고, 연방준비제도의 위원장은 대통령의 지명으로 의회의 동의를 받아 대통령에 의해 임명되고 의회의 질문에 답변해야 할 의무를 지고

으로 분화되어 있다고 하더라도 두 기관은 유기적으로 결합한 하나의 실체라는 것이다. 현대 화폐제도에서는 재무부가 발행한 채권을 중앙은행이 인수하여 화폐화하는 것이 금기시되거나 금지되어 있고,[13] 재무부의 채권은 상업은행을 통하여 화폐화되지만, 재무부와 중앙은행이 유기적으로 결합하여 정부가 화폐를 발행한다는 사실에는 변함이 없다는 것이다. 재무부의 채권 발행이 상업은행의 지급준비금을 흡수하여 화폐 유통량을 줄이고 이자율을 높인다는 통화주의자들의 주장에 대해서는 중앙은행이 상업은행의 지급준비금 부족을 즉각 메워주고, 심지어 정부 채권을 매입하는 데 필요한 지급준비금을 상업은행에 빌려주기 때문에 그런 일은 일어나지 않는다고 응수한다.

현대화폐이론은 정부 부문과 민간 부문 사이에서 일어나는 화폐의 플로우와 스톡을 거시회계학적으로 일관성 있게 분석한다. 거시회계학의 기본 원리는 복식부기이고, 복식부기는 화폐의 입금과 지출을 대변과 차변, 곧 자산과 부채로 동시에 기재하는 회계 장부 작성 기법이다. 따라서 복식부기는 화폐의 플로우와 스톡을 한눈에 알 수 있게 하고, 일정한 회계 정산 시점에서 스톡을 확인할 수 있게 한다. 거래 쌍방이 복식부기로 작성한 재무제표를 연결해서 살핀다면 거래 쌍방 사이에서 일어나는 화폐의 플로우와 스톡을 확인할 수 있고, 일정한 회계 시점에서 거래 쌍방의 재무제표에 적힌 스톡을 파악할 수 있다. 거시회계학은

있다. 그런 점에서 연방준비제도는 단순한 민간은행 협회의 지위에 머물지 않는다.

13 미국은 재무부가 중앙은행을 통하여 부채를 화폐화하지 못하도록 법률로써 금지하고 있고, 재정건전성을 중시하는 독일 등 많은 나라가 그런 법제를 채택하고 있으나, 우리나라와 일본은 이를 법률로 허용하고 있다. 현대화폐이론가들은 재무부 채권의 중앙은행을 통한 화폐화 금지 조항은 사실상 '스스로 강제한 제약들'에 불과하다고 본다. 의회가 법으로 그 제약들을 부과하였으니, 필요할 경우 의회의 동의로 폐지하면 된다고 본다. 이에 대해서는 L. 랜덜 레이/홍기빈 옮김, 『균형재정론은 틀렸다: 화폐의 비밀과 현대화폐이론』, 225, 230을 보라.

정부 부문과 민간 부문 사이에서 벌어지는 화폐의 플로우와 스톡을 연결해서 분석한다. 그 분석의 결과를 한마디로 요약하면 일정한 회계 시점에서 정부 부문과 민간 부문의 스톡의 합은 제로라는 것이다. 그것은 정부 부문이 흑자를 보면 민간 부문에 적자가 쌓인다는 뜻이고, 그 역도 성립한다.

개방적인 국민경제에서는 해외 부문도 중요하다. 해외 부문은 대외 교역을 통해 발생하는 화폐의 플로우와 스톡을 가리킨다. 해외 부문의 흑자는 무역적자로 인해 화폐가 해외로 빠져나갔음을 뜻하고, 해외 부문의 적자는 무역흑자로 해외로부터 화폐가 들어와 스톡으로 쌓였음을 의미한다. 그렇다면 정부 부문과 민간 부문과 해외 부문을 연결하여 플로우와 스톡을 분석하면 어떤 결과를 얻게 될까? 거시회계학의 분석 결과에서 확인되는 것은 일정한 회계 시점에서 정부 부문과 민간 부문과 해외 부문의 스톡의 합이 제로라는 것이다. 개방적 국민경제에서 해외 부문이 적자면, 정부 부문과 민간 부분은 둘 다 흑자이거나 둘 중 하나가 흑자일 것이다. 만일 해외 부문이 흑자면 정부 부문과 민간 부문 모두 적자이거나 둘 중 하나는 적자일 것이다. 그것은 일정한 회계 시점에 스톡을 중심으로 성립하는 거시회계 항등식, 곧 정부 부문+민간 부문+해외 부문=0이라는 항등식에서 세 부문 모두 흑자인 경우는 없다는 뜻이다. 현대화폐이론가들은 그러한 거시회계 항등식이 완전 변동환율제도를 채택하는 나라들에서는 어김없이 나타난다고 강조한다.[14]

---

14 정부 부문과 민간 부문과 해외 부문의 스톡에서 성립하는 거시회계 항등식에 대한 알기 쉬운 설명으로는 스테파니 켈튼/이가영 옮김, 『적자의 본질: 재정적자를 이해하는 새로운 패러다임』, 182ff.; 전용복, 『나라가 빚을 져야 국민이 산다: 포스트 코로나 사회를 위한 경제학』, 150-154를 보라. 그러한 거시회계 항등식은 화폐 주권을 포기하고 외화인 유로화를 내부 화폐로 쓰는 유로존 국가들에서는 성립될 수 없다.

우리나라와 같은 개방경제에서 금융시장이 완전히 자유화되어 있고 무역흑자로 쌓이는 외화가 대부분 중앙은행을 통해 불태화(sterilization) 된다고 가정한다면, 정부의 재정 긴축은 정부 재정의 균형이나 재정 흑자를 가져올 수 있을 것이고, 그것은 민간 부문의 자산이 늘어나지 않거나 민간 부문에 적자가 쌓인다는 것을 의미한다. 신자유주의적 시장경제에서 화폐자본의 권력이 강제한 정부의 재정 긴축이 복지, 의료, 교육 등의 분야에서 정부 지출을 삭감하여 그 부담이 가계에 고스란히 전가되었고, 그 결과 가계부채가 증가하였다는 것은 거시회계 방정식에 그대로 반영된다.[15]

현대화폐이론은 정부 재정의 기능에 대해서도 주목할 만한 견해를

---

15 이에 대해서는 L. 랜덜 레이/홍기빈 옮김, 『균형재정론은 틀렸다: 화폐의 비밀과 현대화폐이론』, 104-107을 보라. 특히 레이가 제시하는 아래의 그래프는 미국에서 정부적자와 가계부채 혹은 정부적자와 가계흑자가 정확하게 거울의 이미지처럼 대칭을 이룬다는 것을 보여준다.
그래프 출처: L. 랜덜 레이/홍기빈 옮김, 『균형재정론은 틀렸다: 화폐의 비밀과 현대화폐이론』, 106.

GSP의 백분율로 표시한 각 부분별 금융잔고(1952년 1분기부터 2010년 4분기까지)

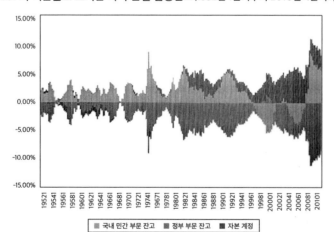

밝힌다. 화폐 발행자의 지위를 갖는 정부는 예산 제약의 굴레에 묶일 필요가 없고, 아바 러너가 제시한 '기능적 재정 운영' 개념에 따라 정부가 공공정책을 펼치는 데 필요한 재정 수단을 충분히 확보해야 하며, 때로는 큰 폭의 재정적자까지도 감수해야 한다는 것이다. 화폐 발행자인 정부는 재정적자 규모가 아무리 커도 파산하지 않는다. 정부 재정의 기능은 공공정책을 달성하는 것인데, 정부의 공공정책 가운데 최우선적인 목표는 완전고용의 달성이다. 완전고용은 경제에 투입할 수 있는 인적 자원과 물적 자원을 최대한 가동해서 경제성장과 복지를 달성하는 상태를 가리킨다.

물론 정부가 공공정책에 필요한 재원을 마련하기 위해 무한정 화폐를 발행하도록 허용될 수 있는 것은 아니다. 거기에는 두 가지 제약이 따른다. 하나는 정부의 화폐 발행이 인플레이션을 일으켜서는 안 된다는 것이다. 인플레이션을 일으키는 요인은 여러 가지이지만, 생산 설비의 가동률이 100%에 가까워지고 있는데 정부가 돈을 풀면 인플레이션은 불가피할 것이다. 또 다른 하나는 정부 예산의 규모와 신규 부채 한도가 의회의 동의를 받아 확정된다는 것이다. 의회의 동의 절차는 정부 재정을 민주적으로 통제할 수 있는 중요한 장치들 가운데 하나이다.

아바 러너의 '기능적 재정 운영' 개념을 받아들인 현대화폐이론가들은 자본주의적 경제순환에서 정부 재정이 갖는 자동안정화장치 기능을 중시했고, 정부가 최종적인 고용 보장자의 역할을 해야 한다고 주장했다. 첫째, 자동안정화장치는 정부의 사회복지 예산, 특히 실업급여가 경기침체 국면에서 재정적자를 자동으로 늘리게 해서 민간 부문을 지원하는 효과를 내고, 경기가 호황일 때에는 재정적자를 자동으로 줄이는 방식으로 작동한다. 따라서 정부의 사회복지 재정이 크면 클수록 자본주의적 경제순환에 대처할 수 있는 정부의 능력은 더 강화한다. 경기가 호황 국면에서 침체 국면으로 전환할 때도 자동안정화장치는 불황이나 공황의 발생 가능성을 크게 줄인다.[16] 둘째, 정부는 현대 자본주의 경제에서처럼 구조적 실업이 심각한 상황에서 최종적인 고용 보장자로 나서야 한다. 그러한 정부의 활동은 새 일자리를 찾지 못하거나 저임금 불안정 고용에 시달리는 사람들을 고용해서 공공 프로그램에 종사하게 하는 정책을 통해 나타난다. 특히 경기침체로 접어드는 국면에서 민간 부문이 고용을 줄이면 경기침체는 장기화하고 악성화하기 쉽기에 정부가 최종적인 고용 보장자로서 역할을 하는 것이 중요하다.[17] 경기가 회복되어 활성화되기 시작하면 정부에 고용된 사람들은 좋은 일자리를 찾아 나설 것이고 정부 고용은 줄어들 것이다. 정부가 최종적인 고용 보장자로서 공공 프로그램에 취업한 사람들에게 지급하는 임금은 최저 생계비를 넘어서서 인간의 존엄성을 지키며 생활하도록 보장하는 수준의 임금이어야 한다. 그것을 가리켜 '기본임금'이라고 한다. 기본임금은 최저임금 책정의 가이드라인 역할을 한다.[18]

---

16 자동안정화장치에 대해서는 스테파니 켈튼/이가영 옮김, 『적자의 본질: 재정적자를 이해하는 새로운 패러다임』, 331ff.를 보라.

17 정부가 최종적인 고용 보장자 역할을 해야 한다는 발상은 케인즈에게서 비롯되었다. 케인즈에 따르면, 정부의 가장 중요한 책무들 가운데 하나는 완전고용을 달성하는 것이다.

18 일자리 보장제의 개념, 기본임금 기준, 최종적인 고용 보장자로서 정부가 수행해야 할 역할 등에 대해서는 파블라나 R. 체르네바/전용복 옮김, 『일자리보장: 지속가능한 사회를 위한 제안』 (서울: 진인지, 2021), 21f., 87ff., 120ff.를 보라.

2.2. 정부 재정에 대한 현대화폐이론의 핵심 주장에 대한 검토와 몇 가지 유보

현대화폐이론은 자본주의적 신용화폐제도에서 정부 재정의 위상과 기능에 대한 거시회계학적 서술을 통해 신자유주의자들이 금과옥조처럼 주장하는 균형 재정이나 재정건전성 교리를 뒤흔들었다. 정부는 화폐 발행자의 위상을 갖고 예산 제약에 속박되지 않고 공공정책을 수행할 역량을 발휘할 수 있고, 그것이 자본주의적 경기순환에 대처하여 경제성장과 복지를 동시에 보장하는 유력한 방안이라는 것이다. 그러나 미국 학자들이 디자인한 현대화폐이론은 몇 가지 점에서 미흡한 점이 있고, 우리나라 상황에 그대로 적용하기에 어려운 점이 있다. 아래서는 이를 하나하나 지적한다.

첫째, 현대화폐이론은 1844년 잉글랜드은행법으로 거슬러 올라가는 재무부와 중앙은행의 협력 모델을 '이미 주어져 있는 것'으로 전제하는 이론이다. 따라서 정부가 상업은행을 통해 채권을 발행하고 중앙은행이 상업은행으로부터 그 채권을 매입하여 지급준비금을 다시 채워주는 방식을 당연한 것으로 간주한다. 재무부와 중앙은행을 유기적으로 결합한 하나의 실체로 본다고 해서 두 기관이 제도적 분립의 기초 위에서 기능적 협력을 한다는 사실이 불식되는 것은 아니다.[19] 화폐의 역사에서 화폐 발행 주권의 귀속 문제는 정부와 은행의 권력관계에 따라 변동되었다. 잉글랜드 모델은 은행이 정부에 대해 힘의 우위에 섰기에 성

---

19 나원준은 현대화폐이론이 재무부와 중앙은행의 제도적 분리를 무시하는 비현실적 이론이라고 비판하고, 정부의 화폐가 중앙은행의 화폐와 그 본질이 다르다고 주장한다. 나원준, "현대화폐이론(MMT)의 의의와 내재적 비판," 『MMT 논쟁』, 나원준 외 지음 (과천: 진인진, 2021), 62f.

립된 모델일 뿐이지 불변의 모델이 아니다. 만일 정부가 화폐 주권을 갖는다면, 정부는 채권을 발행할 때 들어가는 비용을 부담하지 않고 화폐 발행 수익(시뇨리지)을 챙길 수 있으며, 화폐 권력에 대해 초월적인 지위를 가질 수 있다.[20] 그러나 현대화폐이론은 정부가 직접 화폐를 발행하는 방식을 전혀 고려하지 않는다.

둘째, 현대화폐이론은 미국 달러 패권체제 역시 '주어진 것'으로 전제한다.[21] 엄청난 무역흑자가 장기적으로 지속되고, 거기 더하여 천문학적인 재정적자가 누적되고 있는데도 미국 경제가 유지되는 것은 달러 패권체제 때문이다. 미국은 전 세계에 지불 수단인 달러를 공급하는 위치에 서 있기에 무역적자를 감수해야 하지만, 자본수지 균형을 맞추기 위해 재무부 채권을 발행하여 외부로 유출된 달러를 회수하여야 한다. 재무부 채권은 가장 안전한 자산으로 여겨지기에 그 채권은 전 세계 곳곳에서 달러를 보유하고 있는 기관이 가장 선호하는 자산이다. 외국 상품을 수입하여 달러로 대금을 지급하고 재무부 채권을 발행하여 그 달러를 다시 회수하는 이 거대한 달러 순환(dollar recycling)[22]은 불태환 화폐인 달러와 미 재부무 부채증서를 매개로 해서 미국을 정점으로 거대한 공납체제가 구축되었음을 의미한다. 그런데 현대화폐이론은 그러한 현실에 아랑곳하지 않고 미국의 천문학적인 무역적자와 재정적자가 유지되는 것은 효율적인 채권시장 덕분이라고 설명하고, 달러 패권체제는 중장기적으로 변동 없이 유지될 것이라고 주장한다.[23] 그러한 설

---

20 이 중요한 이슈는 아래 3에서 논할 것이다.

21 달러 패권체제는 이 책의 제IX부에서 본격적으로 다룰 핵심 주제이다. 여기서는 현대화폐이론을 비판적으로 검토하는 데 필요한 만큼만 달러 패권체제를 언급한다.

22 지구적 차원에서 일어나는 달러 순환(dollar recycling)에 관해서는 본서 제IX부를 보라.

23 L. 랜덜 레이/홍기빈 옮김, 『균형재정론은 틀렸다: 화폐의 비밀과 현대화폐이론』, 433ff. 현대화폐

명과 주장은 현대화폐이론이 달러 패권체제를 기정사실로 받아들인 채 달러 제국주의를 옹호하는 이론이라는 이데올로기적 의혹을 받게 한다.[24]

셋째, 현대화폐이론의 부문 균형 항등식은 정부 부문의 적자나 흑자가 민간 부문의 흑자나 적자로 나타난다는 것을 입증하지만, 그것은 거시회계학적 상황을 서술한 것일 뿐 민간 부문의 부채 증가나 자산 증가의 정치경제학적 성격을 드러내지 못한다. 현대화폐이론가들은 정부의 긴축정책이 '사회적 임금'을 줄여 노동소득과 가계소득을 실질적으로 줄이는 효과를 낸다고 지적하고 있기는 하지만, 정부의 공적 자금 투입이나 중앙은행의 양적완화 등 정부 부문의 부채 증가가 불러들이는 자산 효과, 곧 정부 부문의 부채 증가가 금융자산을 소유하고 있는 계층에

이론가들이 전제하는 채권시장의 효율성은 수긍하기 어려운 점이 많이 있다. 무엇보다도 미국 달러의 지구적 순환을 뒷받침하는 채권시장의 효율성이 무역흑자로 엄청난 규모의 외환보유고를 쌓아놓고 있는 한국, 일본, 중국 같은 나라들의 희생 위에서 실현되고 있다는 점을 지적할 필요가 있다. 거기 더해서 한국, 일본, 중국 같은 무역흑자국은 효율적인 채권시장의 혜택을 받지 못하기도 한다. 무역흑자국의 화폐경제에서 채권 거래는 두 가지 측면이 있다. 하나는 외환을 불태화하기 위해 미 재무부 채권을 매입하는 측면이고, 다른 하나는 자국 화폐로 표시된 채권을 팔아 외국인의 달러를 흡수하는 측면이다. 문제는 국제 화폐시장이 경색될 때 발생한다. 그럴 경우 한편으로는 자국 화폐로 표시된 채권은 투매 현상에 직면하고, 달러가 급속히 유출된다. 다른 한편으로는 외화를 불태화하기 위해 확보한 미 재무부 채권을 팔지 못해서 결제 수단을 확보하기 어려워진다. 예를 들면 지구적 금융공황의 직접적인 영향 아래 있었던 2008년 여름부터 2009년 5월까지 우리나라는 외환보유고의 상당 부분을 투입하여 환율 방어에 나섰으나 환율은 달러당 1천 원에서 1천6백 원으로 절상되었다. 그 당시 우리나라 기업의 단기 외채는 1천 8백억 달러에 육박했고, 그 가운데 금융기관이 진 부채는 8백억 달러에 달했다. 채무 연장이나 상환을 위해 달러 표시 채권을 발행하는 비용은 60%나 폭등했다. 위에서 말한 모든 것은 채권시장의 효율성 가설에 의문을 표시하게 만든다. 이에 관해서는 애덤 투즈, 『붕괴: 금융위기 10년, 세계는 어떻게 바뀌었는가』, 370f.를 참조하라.

24 이러한 주장은 이미 Gerald Epstein, "Is MMT 'American First' Economics?," *Institute for New Economic Thinking Blog* (March 20, 2019)에서도 제기되었다. 출처: https://www.ineteconomics.org/perspectives/blog/is-mmt-america-first-economics (2023년 7월 15일 다운로드).

게 이익을 가져다주고 생산과 유통과 노동에 종사하는 계층에 실질적 도움을 주지 못하는 문제를 제대로 다루지 못한다.[25] 그들은 그 복잡한 문제를 덮어버리고 중앙은행의 재할인 창구를 투자은행들에도 개방하여 금융시장의 안정화를 시도해야 한다는 민스키의 이론을 수용하기까지 한다.[26] 더구나 민간 부채의 증가는 단순히 정부 흑자 때문만은 아니다. 민간 부채는 기업부채와 가계부채로 크게 구별된다. 기업부채는 미래 수익에 대한 밝은 전망을 두고 투자할 때나 '기업사냥'을 할 때 증가할 수 있다. 반면에 가계부채는 근본적으로 자본의 노동 포섭 아래에서 잉여가치가 자본에 귀속되는 자본주의 특유의 소득분배와 밀접하게 관련되어 있다. 그것은 정부의 긴축으로 인해 소득재분배 규모가 줄어들어서 나타나는 가계부채의 증가와는 전혀 다른 성격을 갖는다. 현대화폐이론에서는 이에 관한 분석과 설명이 없다.

그렇다면 자본주의적 신용화폐제도에서 정부와 은행의 관계를 어떻게 정립하는 것이 바람직한가?

3. 자본주의적 신용화폐제도에서 정부와 은행의 관계 재정립

현대화폐이론은 정부와 중앙은행이 제도적으로 분립해 있다고 하더

---

25 신희영도 국가의 화폐 발행자 지위를 강조하는 현대화폐이론이 '현대 자본주의 국가에 역사적으로 구조화된 계급 편향적 속성'을 등한시한다고 지적한다. 신희영, "현대화폐이론에 대한 비판과 제언," 『MMT 논쟁』, 135.

26 Hyman P. Minsky, *Stabilizing an Unstable Economy* (New Haven: Yale University Press. 1986), 325.

라도 유기적 일체를 이룬다는 점을 서술했다. 그러한 서술은 정부와 은행의 분리를 전제하고서 정부의 은행에 대한 예속을 정당화하는 통화주의 이데올로기를 깨뜨리는 데 결정적으로 이바지했다. 그러나 현대 화폐이론은 정부와 은행의 분립, 정부의 화폐 발행권의 은행 이양, 중앙은행의 최종대부자 역할의 법제화 등에 바탕을 둔 잉글랜드 모델을 당연한 것으로 전제하는 데 머무르고 있다. 정부와 은행의 분립을 전제한 정부와 은행의 기능적 결합은 두 가지 점에서 여전히 문제를 안고 있다. 하나는 정부 채권의 발행이 제도적으로 상업은행을 매개로 해서 이루어지기에 은행 권력이 정부 권력을 압도할 만큼 강력하게 발휘될 수 있다는 점이고, 또 다른 하나는 중앙은행의 기준금리 조정 권한과 최종적인 대부자 역할이 기본적으로 상업은행을 통한 신용화폐 창출을 보장하는 은행 친화적인 제도라는 점이다.

바로 이 두 가지 점에서 정부와 은행의 관계는 재정립되어야 하고, 그 출발점은 정부의 화폐 주권의 회복이어야 한다. 정부의 화폐 주권을 회복하는 유력한 방식은 정부가 직접 화폐를 발행하는 것이다. 먼저 정부의 직접적인 화폐 발행은 은행을 통한 정부부채의 화폐화에서 비롯되는 문제를 해결할 수 있다. 잉글랜드 모델에서 정부는 상업은행과 중앙은행의 협조를 받아 복잡한 절차를 거쳐 부채의 화폐화를 달성할 수 있고, 오직 그러한 방식으로만 화폐 발행자 지위를 지킬 수 있다. 그 대가는 화폐 발행 시뇨리지의 포기와 정부 채권 발행에 따르는 이자의 지급이다. 정부가 화폐 발행권을 은행에 이관하였으니, 시뇨리지는 은행의 차지가 되었다. 정부가 공공정책에 필요한 재원을 마련하기 위해 조세권을 담보로 은행에서 화폐를 꿔야 하고, 거기 더하여 이자까지 지급해야 하는 것이다. 현행 제도가 그렇게 되어 있어서 사람들은 그것을 당연한 듯이 생각하지만, 그것은 전혀 당연한 일이 아니다. 2008년부터 2020년까지 우리나라에서는 연평균 90조 원의 본원 화폐가 발행되었기에 시뇨리지는 막대하다.[27] 채권 발행에 따르는 이자 지급액도 적지 않다. 물론 정부 채권은 중앙은행의 발행시장 개입이나 공개시장조작을 통해 중앙은행으로 옮겨지고, 중앙은행이 정부 채권을 담보로 상업은행에 지급한 준비금의 이자는 대부분 중앙은행의 수지결산을 통해 중앙은행의 잉여로 처리되어 결국 재무부의 계좌로 입금되기는 한다. 그러나 정부가 직접 화폐를 발행한다면, 달리 말해서 상업은행을 매개하지 않고 정부의 한 기관인 중앙은행을 통하여 명령화폐를 발행한다면, 정부는 은행 권력에 전혀 구애받음 없이 화폐를 발행할 수 있을 것이고, 화폐 발행에 따르는 이자를 부담할 필요도 없을 것이며, 화폐 발행 수익을 챙길 수도 있다. 그러한 조치를 통해서 정부는 화폐 발행자의 지위를 완전히 회복하고 공공정책을 수행하는 데 들어가는 재원을 늘릴 수 있다.

그다음에 정부가 직접 화폐를 발행함으로써 은행제도와 금융체제에 대한 정부의 통제권을 확실하게 구축할 수 있다. 잉글랜드 모델에서 중앙은행은 화폐의 가치와 안정성을 유지하고 상업은행의 지급준비를 보

---

27 2008년부터 2019년까지 12년 동안 우리나라에서 발생한 시뇨리지가 연평균 91조 원을 넘을 것이라는 추정에 관해서는 유승경, "기본소득의 또 다른 재원, 화폐발행이익," 기본소득한국네트워크, 『기본소득이 있는 복지국가: 리얼리스트들의 기본소득 로드맵』(고양: 박종철출판사, 2021), 202를 보라. 시뇨리지는 화폐 발행 한 단위의 명목 가격과 화폐 발행 비용의 차이이며, 화폐를 발행할 때 발행자가 거두는 수익이다. 물론 정부가 법정화폐를 발행하는 비용은 종이에 숫자를 적고 물감을 칠하는 정도에 그치는 것은 아니다. 화폐 주권을 지키고 화폐의 가치와 안정성을 유지하는 데 들어가는 비용도 포함된다. 그러나 그 비용이 많이 드는 것은 아니다. 한국은행의 시뇨리지 창출 구조에 대해서는 洪承濟·咸貞鎬, "우리나라의 시뇨리지 변동추이와 정책과제," 「경제분석」 10/4(2004): 157-159를 보라.

장하는 특권적 은행이고, 상업은행의 신용 창조와 할당을 규율하는 책무를 진다.[28] 그러한 중앙은행의 책무 수행과 금융체제의 규율은 은행이 은행을 규제하는 형국이어서 은행제도와 금융체제는 은행 친화적 규제의 프레임 안에 머물게 된다.[29] 그러나 금융체제는 상품의 생산과 유통과 소비가 이루어지는 실물경제에 의존하고 있기에 은행제도와 금융체제의 규율은 은행 친화적인 성격만을 띠어서는 안 되고, 시장경제의 규율이라는 전체적인 구도에서 이루어져야 한다. 때때로 그 규제는 금융시장의 논리를 거스르는 시장 부정적 규제의 성격을 띨 수 있어야 한다. 시장 부정적 규제의 주요 실례들은 상업은행과 투자은행을 분리한 글래스-스티걸법과 브레턴우즈체제에 바탕을 둔 '관리된 금융제도'일 것이다. 정부가 은행제도와 금융체제에 대해 초월적인 지위를 갖고서 공공선을 더 많이 실현하기 위해 은행제도와 금융체제를 규율하는 제도를 창설한다면, 그러한 규제는 은행제도와 금융체제의 관점에서 외생적 규제의 성격을 띠게 될 것이다. 그러한 외생적 규제를 실현하는 결정적인 발판은 정부가 화폐자본의 권력에 대항해서 화폐를 발행하는 전권을 회복하는 것이다.

위에서 말한 두 가지 요건을 중시하는 화폐 이론은 주권화폐 이론의 이름을 갖는다. 주권화폐 이론은 계산화폐론에서 출발하여 국가가 화폐 단위를 정하고, 국정화폐를 결정하고 발행할 권한이 있음을 일관성

---

28 조세프 후버는 중앙은행이 '특권을 가진 상업은행'이 되었다고 혹평하고, 상업은행이 발행하는 은행화폐는 '국가후원 은행화폐'(state-backed bankmoney)가 되었다고 진단했다. 조세프 후버 /유승경 옮김, 『주권화폐: 준비금 은행제도를 넘어서』, 95ff.

29 은행 친화적 규제의 가장 큰 문제는 은행이 은행을 규제한다는 데 있다. 규제를 받는 자가 규제를 하는 자로 나서는 형국이어서 규제를 받는 자의 의지가 관철되는 기이한 규제가 되기 쉽다. 이 책의 제X부에서 자세히 살피겠지만, 그러한 기이한 규제는 2008년 금융공황 이후에 금융개혁을 위해 마련된 도드-프랭크법에서 뚜렷이 드러났다.

있게 주장한다. 화폐 발행 수익을 챙기는 것도 당연히 정부다.[30] 그렇게 되면 정부는 은행을 통해서 화폐를 발행하지 않고 시민공동체와 정치공동체의 민주적인 의견 수렴을 통해 확정한 공공정책의 필요에 따라 직접 화폐를 발행하는 권능을 확보할 것이다. 바로 그 권능이 정부가 은행제도와 금융체제에 대해 초월적인 지위를 갖추는 물적인 기반이다. 정부가 은행으로부터 화폐 발행권을 전면적으로 회수하고 독점적인 화폐 발행 권한을 행사하는 것은 은행제도와 금융체제를 민주적으로 통제하고 혁신하기 위해 가장 먼저 취해야 할 조치이다. 주권화폐에 발판을 두고 은행제도와 금융체제를 민주적으로 규율하는 방안에 관해서는 아래의 5장에서 다룰 것이다.

4. 소결

정부와 은행의 관계와 관련해서 통화주의와 현대화폐이론을 살핀 결과, 통화주의는 잉글랜드 모델이 전제하는 정부와 은행의 공동 화폐 발행권마저 무너뜨리고 정부의 화폐 발행권을 부정하고, 중앙은행의 독립과 정부의 재정건전성 준칙 준수를 관철하였다. 그러한 통화주의의 성취는 동시에 통화주의의 실패이기도 하다. 통화주의의 결정적인

---

30 주권화폐론의 뿌리가 중세 말기부터 성행하였던 군주의 주화 제작에 있다는 것은 더 말할 것이 없다. 20세기에 들어와 주권화폐론을 체계적으로 제시한 학자는 게오르크 프리드리히 크나프였다. 그 뒤를 이은 베르너 좀바르트 등은 히틀러 정권의 명령화폐제도를 이론적으로 뒷받침했다. 최근 주권화폐론을 강력하게 주장하는 학자는 조세프 후버다. Joseph Huber, "Reform der Geldschöpfung: Wiederherstellung des staatlichen Geldregals durch Vollgeld," *Zeitschrift für Sozialökonomie 142*(2004): 13-21; 조세프 후버/유승경 옮김, 『주권화폐: 준비금 은행제도를 넘어서』, 231-234.

실패는 정부를 화폐 사용자의 지위에 고착시켜서 화폐자본의 권력에 종속시키고 예산 제약 아래서 정부의 공공정책을 제대로 집행하지 못하게 가로막았다는 데서 찾을 수 있다.

그러한 통화주의를 비판하고 나선 현대화폐이론은 정부와 은행의 화폐 발행권 공유라는 잉글랜드 모델에 따라 정부의 화폐 발행자 지위를 회복하고자 했다. 현대화폐이론은 정부와 중앙은행이 제도적 분립에도 불구하고 상호 유기적 협력 관계를 맺으며 하나의 실체를 이룬다는 점을 강조했고, 정부가 화폐 발행자로서 완전고용 달성 같은 공공정책에 필요한 화폐를 스스로 만들어 사용할 수 있다고 역설했다. 현대화폐이론이 재정정책과 통화정책이 불가분리의 관계에 있음을 재확인해서 통화주의의 근거를 무너뜨린 것은 중요한 공헌이다. 그러나 현대화폐이론은 잉글랜드 모델과 미국 달러 중심의 국제 통화금융체제를 '이미 주어져 있는 조건'으로 수용하는 이론이고, 부채의 정치경제학을 제대로 분석하지 못하는 한계가 있다.

정부가 은행을 매개로 하지 않고 화폐를 발행하여 사용하는 것을 골자로 하는 주권화폐 이론은 통화주의의 실패와 현대화폐이론의 한계와 제약을 넘어서는 이론이다. 주권화폐 이론은 화폐의 기원과 본성에 충실한 이론이다. 주권화폐의 기반은 조세국가다.[31] 주권화폐 이론은 화폐 발행자인 정부가 한편으로는 재정을 은행에 대한 예속에서 해방하고, 다른 한편으로는 은행에 대해 초월적 위치에 서서 은행을 규율하는

---

31 정부의 통화 주권과 관련해서는 주권화폐의 통용 영역과 조세 징수 영역이 일치하여야 한다는 점, 통화정책과 재정정책이 서로 밀접한 관계를 맺는다는 점을 강조할 필요가 있다. 그런 점에서 유럽통화동맹이 통화정책과 재정정책을 분리하는 실험을 해 온 것과 미국의 국가 화폐를 세계화폐로 통용하여 달러 패권체제를 구축하고 유지해 온 것은 매우 기괴한 일이다. 유럽통화동맹과 달러 패권체제의 문제는 본서 제IX부와 제X부에서 상세하게 논할 것이다.

강력한 권한을 행사할 수 있게 한다. 주권화폐가 회복되면 재정과 금융의 민주적 규율에 관한 논의의 폭이 크게 확장된다.

아래서는 재정과 금융의 민주적 규율을 본격적으로 논하기 전에 통화정책과 재정정책, 더 나아가 거시경제 규율의 핵심을 이루는 소득분배정책, 고용정책, 투자정책 등의 연관을 살핀다. 그러한 연관을 밝히면 재정과 금융의 민주적 규율의 필요성과 그 방향을 인식할 수 있다.

4장
통화정책, 재정정책, 고용정책, 투자정책, 소득분배정책 등의 연관

자본주의적 신용화폐제도에서 통화정책을 중앙은행의 고유한 정책으로 자립화하려는 시도가 끊임없이 일어났지만, 앞의 3장에서 논증한 바와 같이 통화정책은 재정정책과 맞물려 있고, 거기서 더 나아가 소득분배정책, 고용정책, 투자정책 등과 연관해서 긴밀하게 조율되어야 한다. 그것은 화폐의 창조와 파괴가 실물경제와 맞물려 있기 때문이다. 신고전파와 통화주의는 통화정책을 고립시켜서 화폐의 수요와 공급을 관리하는 데 초점을 맞추었지만, 이미 앞에서 고찰한 바와 같이 그러한 사고방식은 논리적으로 타당하지도 않고, 현실에 부합하지도 않는다.

자본주의적 신용화폐제도에서 재정정책과 통화정책이 정부부채의 화폐화를 매개로 해서 서로 밀접하게 결합하였다는 것은 앞의 2장과 3장에서 충분히 설명하였기에 여기서 더 덧붙일 것이 없다. 주류 경제학에서 통화정책이 실물경제를 규율하는 정책, 즉 소득분배정책, 고용정책, 투자정책 등과 맞물려야 한다는 인식은 뒤늦게 싹텄다. 그것은 신용화폐가 실물경제에서 파생하고 실물경제에 의존한다는 점을 고려하면

기이한 일이다. 그러한 인식을 명료하게 제시한 주류 경제학자는 케인즈로 알려져 있다. 케인즈가 신고전파 화폐 이론의 프레임을 깨뜨리고 통화정책을 고용정책과 투자정책에 연결한 것은 주류 경제학에서는 혁명적 발상이었다고 평가되곤 한다. 그러나 주류 경제학 바깥으로 눈을 돌려보면 그러한 접근이 케인즈에게서 처음 시작되지 않았다는 것을 금방 알 수 있다. 그러한 접근의 고전적인 모델은 마르크스에게서 찾을 수 있다. 마르크스는 신용화폐제도를 자본주의의 동학과 연결하여 체계적으로 고찰했다. 자본주의 국가가 통화정책을 어떻게 수립해야 하는가는 결코 마르크스의 관심사가 아니었지만, 그는 화폐정책을 수립하는 데 반드시 고려해야 할 점들을 시사하고 있다.

아래서는 자본주의적 신용화폐제도의 불안정성에 대한 마르크스의 견해를 실마리로 삼아 화폐정책이 고립된 정책일 수 없고, 오히려 재정정책, 소득분배정책, 투자정책, 고용정책 등과 밀접한 연관 속에서 조율되어야 한다는 것을 논증한다. 그러한 논증 과정에서 통화정책이 케인즈주의적 정책 조합의 한계를 넘어서서 거시경제 계획의 틀에서 수립되어야 한다는 것이 밝혀질 것이다.

1. 마르크스: 자본주의적 신용화폐제도의 불안정성과 자본의 재생산 조건

마르크스는 화폐 이론과 금융이론의 역사에서 양가적인 평가를 받는다. 첫째, 마르크스는 상품화폐론에서 출발하고 금태환본위제를 '주어진 것'으로 전제했다는 점에서 화폐에 대한 이해가 좁았다는 평가를 받는다. 그러나 그의 상품화폐론은 물물교환의 애로를 타개하기 위해 화폐가 발명되었다는 아담 스미스와 리카도의 상품화폐론과는 질적으로 다르다. 마르크스의 상품화폐론은 상품에 대한 통찰에 바탕을 두고 있다. 그에 따르면, 상품은 자본주의 사회의 모든 관계를 아우르는 가장 단순한 추상이다. 상품은 교환의 대상으로 나타나지만, 상품생산을 둘러싼 사람들 사이의 관계들을 응축하고 있다. 상품에서 이를 읽어내지 못하고 상품의 사물적 현상 형태만을 보게 되면 '상품의 물신성'[1]에 사로잡히고 상품의 가치 형식에서 비롯되는 상품사회의 문제를 드러낼 수 없다. 마르크스는 그러한 상품 이론을 전개한 뒤에 비로소 화폐 이론을 전개했다. 한 상품의 가치는 그 상품의 생산에 투입된 노동의 양에 의해 결정되고, 상품의 가격은 그 가치의 화폐적 표현이다. 화폐는 논리적으로 상품의 교환과 동시에 등장하는 것이고, 상품의 교환과 분리해서는 고찰될 수 없다. 화폐는 일차적으로 교환 수단이고, 그 자체는 현금의 속성을 갖는다. 그것이 마르크스의 상품화폐론의 핵심 내용이다.[2] 마르크스는 상품화폐 관념으로부터 가치척도, 유통수단, 축장 수단, 지불 수단, 세계화폐 등의 개념을 도출하고 있으나, 계산 단위로서의 화폐를 전제하고 있지는 않다. 그는 당대의 자본주의적 화폐경제가 금태환본위제라는 것을 확인하고 있을 뿐 다른 화폐제도를 염두에 둔 적도 없다.

둘째, 마르크스는 상품화폐론과 금태환본위제의 틀에 머물러 있었음에도 불구하고 자본주의적 신용화폐제도의 문제를 세 가지 점에서 날카롭게 인식하고 있었다. 1) 그는 신용화폐의 순환이 영원히 계속될 수는 없고 언젠가는 현금의 역할을 하는 화폐에 의해 청산되어야 한다

---

1 K. Marx, *Das Kapital 1*, 85ff.
2 K. Marx, *Das Kapital 1*, 62f.

는 점을 인식했고, 바로 그것이 신용과 화폐가 결합하는 자본주의적 신용화폐제도가 탄생한 이유임을 분명히 밝혔다. 그는 상업신용으로부터 은행신용으로 발전되는 신용제도의 역사에서 은행화폐가 보편적으로 통용되는 부채증서라는 점을 또렷하게 파악했고, 그 은행화폐가 창조되고 파괴되는 과정을 명확하게 인식했다. 바로 이 점에서 마르크스는 내생적 화폐 이론의 선구자라고 볼 수 있다.3 2) 그는 자본주의적 생산과 유통이 자본주의적 신용제도와 맺는 역동적인 관계를 파악함으로써 자본주의의 역동적 성격과 파국적 성격을 동시에 규명하는 데 필요한 실마리를 제공했다. 3) 그는 '생산적' 자본과 '이자 낳는 자본'을 구별하고, '이자 낳는 자본'이 주식회사제도와 금융시장을 통해 점차 더 큰 권력을 장악해 가고 있지만 그 자체는 '생산적 자본'에 기생한다는 점을 명확하게 인식했다. 마르크스의 이 세 가지 통찰은 자본주의적 신용화폐제도를 이해하는 데 결정적인 의미가 있다.

마르크스는 정치경제학 비판의 전문적인 관점에서 자본주의 경제에서 이루어지는 생산과 소비의 순환을 생산과 유통의 틀에서 고찰하고 있다. 상품생산 과정에서 가치와 잉여가치의 생산에 초점을 맞춘 마르크스는 유통 과정에서는 가치와 잉여가치의 실현에 관심을 기울였다.

---

3 마르크스의 상품화폐론을 해석하는 유파들 가운데 자본순환 학파는 기업이 상품생산과 유통 과정에서 은행으로부터 화폐를 차입하고 이를 청산하는 과정에서 신용화폐가 창조되고 파괴된다고 보고, 마르크스도 자본의 유통 국면을 분석할 때 그 관점을 취했다고 본다. 마르크스의 화폐 이론에 관한 자본순환 학파의 해석으로는 Reccardo Bellofiore/Riccardo Realfonzo, "Money as Finance and Money as Universal Equivalent: Re-reading Marxian Monetary Theory," *Modern Theory of Money: The Nature and Role of Money in Capitalist Economies*, ed. by L. Rochon/S. Rossi (Cheltenham: Edward Elgar, 2003), 198-218; Augusto Graziani, "The Marxist Theory of Money," *International Journal of Political Economy* 27/2(1997): 26-50 을 보라.

자본주의 경제에서는 화폐가 상품으로 전환되는 상품생산 국면과 상품
이 화폐로 전환되는 상품 유통 국면이 분할되고, 그러한 생산과 유통의
국면적 분할이 화폐와 신용의 독특한 기능이 발현되는 계기가 된다. 이
를 조금 더 자세하게 들여다보자. 자본가는 상품을 생산하기 위해 화폐
를 조달한다. 상품을 생산하기 이전의 영점 국면에서 자본가는 화폐를
조달하기 위해 빚을 진다.[4] 그 국면에서 화폐는 신용을 통해 조달된다.
자본가는 화폐를 지출하여 불변자본(생산 설비+원료)과 가변자본(노동력)
을 확보하고 상품을 생산한다. 그 과정을 거쳐 자본가의 화폐는 상품으
로 구현된다. 그다음 자본가는 상품을 유통하여 원금을 회수하고 이익
을 챙기고자 한다. 만일 그러한 생산과 유통이 매끄럽게 순환한다면 자
본가는 신용을 청산하고, 거기 더하여 이윤을 축적하여 더 많은 상품을
생산할 능력을 얻게 될 것이다. 그러나 생산된 상품이 제대로 유통되지
않을 경우는 어떻게 되는가? 자본가는 이익은 고사하고 상품생산에 투

---

4 물론 마르크스는 화폐가 자본으로 전환되고, 그 자본이 자본가의 수중에서 자본관계를 구현하는
측면을 강조했다. 그는 자본가를 자본의 소유자로 상정했다. 그것은 자본가가 상품생산을 통해
이윤을 창조하기 위해 자본을 운용할 권한을 행사한다는 뜻이다. 그러나 그 자본이 자본가가 본래
가지고 있던 것이든, 차입한 것이든 그 자본이 생산 과정에서 자본관계로 구현된다는 데는 다를
것이 없다. 다만 차입 자본의 경우에는 그 자본이 '이자 낳는 자본'의 성격을 띠고 자본가의 이윤
가운데 일부를 이자의 형태로 챙긴다. 조복현은 일단 마르크스의 상품화폐론의 틀에서 화폐의 이중적
인 측면, 곧 그 자체에 가치를 내장한 일반적 등가물로서 사회적으로 승인된 상품화폐적 측면(교환
수단 및 지불 수단)과 '이자 낳는 자본'처럼 미래의 청구권으로 기능하는 신용화폐적 측면을 구별했다.
그렇게 한 뒤에 그는 상품의 생산 국면에서는 미래의 예상 수익을 기대하고 화폐를 투입하는 측면이
중시되고, 상품의 유통 국면에서는 상품의 현재 가치대로 상품을 매입하여 대금을 지급하는 측면이
중시된다는 점을 강조했다. 그것은 화폐가 상품화폐의 형태를 띠는가, 신용화폐의 형태를 띠는가가
중요한 것이 아니라 생산 국면과 유통 국면에서 화폐가 어떤 기능을 맡는가에 초점을 맞추어야
한다는 뜻이다. 그런 관점에서는 자본가가 상품생산과 유통에 나설 때 자기자본을 갖고 시작하든,
차입자본을 갖고 시작하든 상관이 없고, 자본가가 생산 국면과 유통 국면에서 사용하는 화폐의
기능과 성격이 무엇인가를 식별하는 것이 중요할 뿐이다. 이에 대해서는 조복현, "마르크스주의
화폐이론의 재구축: 화폐와 신용의 결합," 「사회경제평론」 29/2(2007), 155를 보라.

입한 화폐를 제대로 회수하지 못할 것이며, 결국 신용을 청산할 수 없을 것이다. 그것은 생산과 유통이 국면적으로 분할된 자본주의 경제에서 화폐의 공급과 신용의 청산이 안정적 기반을 가질 수 없다는 뜻이다.[5]

자본주의 경제에서는 경기가 순조롭게 풀려 호황을 누리게 되면 상품의 생산과 유통이 늘어나고, 이에 발맞추어 화폐의 공급도 늘어난다. 그 국면에서는 화폐의 공급자도, 화폐의 수요자도 신용 청산 문제를 걱정할 필요가 없고, 이자와 이윤을 챙길 수 있다. 그러다가 상품생산 과잉, 상품 소비 포화, 상품 경쟁 심화, 유통 비용 증가 등 상품 유통에 애로가 발생하고, 생산 설비 노후화, 감가상각비용 증가 등 상품생산 애로가 겹치게 되면 경기는 예고 없이 가라앉기 시작한다. 그러한 경기침체 국면이 전개되면 수많은 자본가가 상품을 팔지 못해 화폐를 회수하지 못하게 되고 신용을 청산할 수 없게 된다. 자본가들이 화폐를 구하려고 애쓰지만, 화폐를 공급하는 자는 문을 걸어 잠그고 기왕에 빌려준 화폐마저 회수하겠다고 나선다. 만일 화폐를 공급한 은행이 화폐를 회수하지 못하여 지급불능 상태에 빠지면 자본주의적 신용화폐제도는 요동치게 될 것이고, 때에 따라서는 붕괴 위기에 직면하게 될 것이다. 그와 같이 마르크스는 자본주의의 동학이 상품의 생산 국면과 유통 국면의 분할에 내재한 신용 청산의 불안정성을 매개하여 파국으로 치달을 가능성을 '이념적 평균의 수준에서'[6] 서술하고 있다. 여기서 주의할 점은 상품의 생산 국면과 유통 국면의 분할이 신용화폐제도의 불안정성을 내

---

5 마르크스가 자본의 생산 국면과 유통 국면에서 신용이 갖는 역할에 대해 고찰한 내용은 나중에 케인즈가 발전시킨 '화폐적 생산이론'에서도 나타난다.

6 마르크스가 『자본』에서 자본의 운동을 '이념적 평균의 수준'에서 서술한다는 것에 관해서는 본서 제V부 5장 2.2를 보라.

포하고 있다 하더라도, 신용화폐제도의 불안정성 때문에 자본주의 동학이 회복에서 활성화와 호황을 거쳐 불황이나 공황으로 국면 전환을 하는 것이 아니고, 거꾸로 그러한 국면 전환이 신용화폐제도의 불안과 위기를 촉발하고 신용화폐제도의 불안이 자극되면 그 제도의 과민성으로 인하여 생산과 유통이 파국으로 치달을 가능성이 커진다는 것이다. 물론 자본주의적 동학이 그때그때 국면을 전환하는 이유를 파악하려면 '이념적 평균의 수준에서' 그 이유를 추정하는 것으로 그쳐서는 안 되고, 국면 전환을 불러일으키는 구체적인 요인들과 그 요인들의 상호작용을 면밀하게 분석하지 않으면 안 된다.

　마르크스가 분석한 자본주의에서는 자본들 상호 간의 경쟁이 치열했고, 독점이 형성되기 시작하였으나 아직 독점자본주의 단계는 아니었다. 국가독점자본주의 같은 것은 마르크스의 사고 속에 있을 수가 없었다. 마르크스가 이론가로서 활동하던 당시에 화폐제도의 근간은 금태환본위제였고, 중앙은행의 금 보유량과 발권이 일치해야 한다는 금속주의자들의 주장이 관철되고 있었다. 따라서 중앙은행의 최종적인 대부자 역할이 발동되기는 쉽지 않았고, 그 역할을 하려면 금태환본위제의 일시 정지 형식을 취하지 않을 수 없었다. 마르크스가 자본의 유통 국면과 신용화폐제도에 관한 원고를 집필하였던 시기만 하더라도[7] 자본주의의 동학에 의해 신용화폐제도가 요동치고 거대 은행이 파산하는 경우가 드물지 않았다. 그러한 상황은 국가가 시장에 개입하여 자본주의의 동학이 파국으로 치닫지 않도록 임금 교섭제도, 사회적 안전망 등

---

[7] 자본의 유통 국면을 서술한 『자본』 2권의 원고는 1867년에 집필되었고, 신용제도에 대한 분석이 펼쳐지는 『자본』 3권의 주요 원고들은 1863년부터 1865년에 쓰였다. 그 원고들은 마르크스가 사망한 뒤에 엥겔스에 의해 편집되어 출판되었다.

생산과 소비의 순환에 여러 가지 안정화 장치를 설치하고, 중앙은행이 공개시장조작과 재할인 창구 등을 운용하여 이자율 조정과 신용경색 완화를 시행하고, 최후의 수단으로 최종적인 대부자 역할을 맡는 국가독점자본주의 시대의 상황과는 크게 달랐다.

당대의 상황에서 마르크스는 자본주의가 그 자체의 고유한 동학을 통해 공황과 위기로 치닫고, 그러한 동학의 파국적 성격이 신용화폐제도를 매개로 해서 증폭된다는 것을 충분히 이해하고 있었다. 그렇다면 자본주의 동학이 파국으로 치닫지 않는 조건이 있을 수 있을까? 그것은 물론 현실적인 자본의 운동을 구체적으로 서술하는 맥락에서 제기되는 질문이 아니라, 자본의 운동을 논리적 추상 수준에서 서술할 때 제기될 수 있는 이론적인 문제이다. 그 핵심은 자본의 생산 국면과 유통 국면이 분할된 자본주의 경제에서 자본의 재생산이 가능한 이상적인 조건이 무엇인가를 묻는 것이다. 자본의 재생산은 생산된 상품이 유통하여 생산에 투입된 화폐를 회수하여 다시 상품생산에 나설 수 있게 되는 과정이다. 따라서 자본의 재생산은 상품의 생산과 소비가 균형을 이루는 조건에서 실현될 것이다. 그 조건은 궁극적으로 잉여가치를 생산과 소비로 적절하게 배분하는 소득분배가 이루어질 때 충족될 것이다. 그러한 마르크스의 생각은 자본의 유통 국면을 서술한 『자본』 제2권의 자본의 재생산 도식에 담겨 있다.[8]

마르크스의 자본의 재생산 도식이 현대 자본주의 경제에 갖는 함의를 적극적으로 파악하고자 했던 주목할 만한 경제학자들은 미하우 칼레츠키(Michał Kalecki)와 오타 씨크(Ota Šik)다. 칼레츠키는 현대 자본주

---

[8] 마르크스의 자본의 재생산 도식과 그 해석에 관해서는 본서 제V부 5장 2.2-2.4를 보라.

의에서 이윤이 기업의 저축으로 축적되기만 하는 것이 아니라 자본가의 소비와 노동자의 임금으로 이전되는 경향이 있음을 주목했고, 자본가의 투자가 자기자본 이외에 금융시장으로부터 조달된 자본에 의해 확장되고 유효수요의 증가를 통해 촉진된다는 점을 인식했다. 마르크스가 살던 시대보다 훨씬 더 복잡한 현대 자본주의 경제에서 그는 자본재 생산, 자본가를 위한 소비재 생산, 노동자를 위한 소비재 생산이 서로 맞물리며 발전하는 과정에서 민간 총소득이 투자와 소비로 분해되는 비율의 중요성을 강조했다. 그러한 관점에서 칼레츠키는 자본축적과 소득분배의 동학에 초점을 맞추어 자본주의의 경기순환을 설명하고자 했다.[9]

소득분배와 관련해서 오타 씨크는 칼레츠키보다 훨씬 더 명료한 견해를 제시했다. 본서 제V부 5장 2.3에서 상세하게 논한 바와 같이 씨크는 잉여가치를 노동의 몫과 자본의 몫, 소비의 몫과 투자의 몫으로 적절한 비율로 배분할 때 생산과 소비의 거시균형 조건이 충족되어 자본의 재생산이 가능하다고 논증했다. 그는 잉여가치의 배분을 통해 생산과 소비의 거시균형을 이루는 적정 투자율을 분석해 냄으로써 디플레이션과 인플레이션, 특히 스태그플레이션에 빠지지 않고 시장경제가 역동적으로 발전할 방안을 제시했다.[10] 만일 국민경제의 바람직한 성장 속도를 고려하면서 생산과 소비의 거시균형을 이룰 수 있는 적정 투자율

---

9 아마 그러한 관점이 잘 정리된 칼레츠키의 글은 "이윤의 결정 요인"과 "국민소득과 소비의 결정"일 것이다. 이 두 편의 글은 미하우 칼레츠키/조복현 옮김, 『자본주의 경제 동학 에쎄이 1933-1970』 (서울: 지식을 만드는 지식, 2010)에 수록되어 있다. 유효수요를 강조한 칼레츠키 이론의 특성에 대해서는 조복현, "자본축적과 유효수요, 소득분배: 마르크스주의와 칼레츠키주의 모형의 비교," 「마르크스주의 연구」 13/1(2016), 특히 218ff.를 보라.

10 Ota Šik, *Der dritte Weg: Die marxistisch-leninistische Theorie und die moderne Industriegesellschaft* (Hamburg: Hoffmann und Campe, 1972), 321.

을 제시할 수 있다면, 국민경제 수준에서 자본과 노동 사이에서 소득을 배분하는 적절한 비율 역시 결정할 수 있을 것이다. 그 비율을 정하는 이치는 경제성장을 아예 전제하지 않는 단순재생산의 경우나 경제성장을 전제하고 심지어 그 속도를 높이고자 하는 확대재생산의 경우나 차이가 없다.

마르크스의 자본의 재생산 도식에 대한 현대적 해석에서 얻는 시사점을 간략하게 다시 정리하면 다음과 같다. 잉여가치가 엄청나게 축적되는 현대 경제에서 그 잉여가치의 상당 부분을 퍼내어 소비 부문으로 돌린다면 시장경제는 성장과 복지의 조화 속에서 생산과 소비의 거시 균형을 이루며 안정적으로 발전할 것이다. 잉여가치가 자본과 노동에 배분되는 적정 비율이 결정되면 투자율과 성장률이 결정된다. 소득분배율과 적정 성장률이 주어진 조건에서는 고용률과 노동시간 조율을 중심으로 고용정책과 노동소득분배정책을 수립할 수 있다.[11] 신용제도는 그러한 시장경제의 발전에서 상품의 생산 국면과 유통 국면의 시간적 간격에서 비롯되는 문제를 해소하는 역할에 충실하게 될 것이다. 소득분배와 자본축적에 관한 사회적 합의가 이루어지면 자본주의적 동학에서 비롯되는 불안정성과 무정부성이 완화될 것이고, 거시경제 계획의 틀에서 적절한 통화·금융정책이 수립되고 집행될 수 있을 것이다.[12]

---

11 고용률의 목표와 노동시간정책은 노동사회와 포스트-노동사회에서 다를 것이며, 소비에 할당되는 소득을 노동자와 시민에게 배분하는 방식도 달라질 것이다. 임노동 본위의 노동사회가 지속하는 한, 노동소득의 분배에서 고려되는 사항은 취업률과 실업률, 노동력의 재생산 비용, 이전소득, 연금 기여율 등이다. 기술 발전을 통해 사회적으로 필요한 노동시간이 획기적으로 줄어들고 일자리가 귀해지는 포스트-노동사회에서 소득분배는 노동 업적에 따라 이루어질 수 없기에 소비에 돌아갈 몫을 어떻게 배분할 것인가는 새롭게 연구될 필요가 있다. 기본소득, 참여소득 등은 포스트-노동사회에서 고려될 수 있는 특수한 소득분배 유형들이다.

12 소득분배와 거시경제 계획에 관해서는 본서 제V부 3장을 보라.

생산과 소비가 거시균형을 유지하며 확대재생산을 하는 경우 경제성장률에 대응해서 화폐가 추가로 공급되어야 할 것이고, 적정 이자율도 그것에 맞추어 결정될 것이다.

2. 통화정책의 위상과 다른 정책들과의 연관

통화정책이 별개의 정책으로 독립하여 자기 완결적인 성격을 띨 수 없다는 것은 자본주의적 신용화폐제도의 조직 원리와 운영 원리에서 보거나 자본주의적 동학과 신용제도의 관계를 놓고 보거나 자명하다. 그것은 마르크스의 자본의 재생산 도식에 대한 현대적 해석에 의해서도 강력하게 뒷받침된다. 마르크스의 자본의 재생산 도식과 그 현대적 해석이 정부의 경제정책과 사회정책 구상에 주는 통찰은 거시경제학적 정책 조합에 관한 케인즈의 발상과 비교해서 그 의의를 평가할 필요가 있다.

자본의 재생산 도식으로부터 도출되는 소득분배, 자본축적, 고용률, 이자율 등에 관한 시사점은 케인즈의 거시경제학의 골간을 이루는 투자율, 고용률, 이자율의 유기적인 3항 관계(triad)와 공통점도 있고 차이점도 있다. 케인즈의 3항 관계에 관한 이론은 자본의 재생산 도식과 마찬가지로 생산과 소비의 거시균형 조건에 관한 이론이다. 케인즈의 거시경제학은 미국의 루즈벨트 행정부가 자본주의적 국면 전환의 파국성을 회피하기 위해 자본주의적 경기순환을 조절하는 정책 조합을 마련할 수 있도록 도왔다. 유효수요 이론을 앞세워 자연실업률 교리를 깨뜨리고 완전고용과 높은 임금 수준 유지를 실행하도록 권고한 것, 투자승수를 내세워 공공투자를 경기회복의 마중물로 삼게 한 것 등은 케인즈가 20세기 자본주의 경제의 관리에서 이룩한 공헌으로 꼽힌다.

그러나 케인즈의 3항 조합은 놀랍도록 심리학적 추론에 기울어져 있다. 케인즈는 기업가가 상품의 생산과 유통을 거치며 자본을 재생산하는 긴 시간 속에서 겪는 불확실성을 고려하였고, 화폐가 투자와 소비에서 발휘하는 역할을 중시했다. 그러한 케인즈의 생각은 '화폐적 생산이론'으로 표현되었다. 그는 기업가가 화폐를 조달하여 투자하고, 그 투자의 원금과 이윤을 회수하는 상품의 유통 과정에서 구매력이 화폐로 표출된다는 점에 주목했다. 화폐는 생산과 유통에 충분히 공급되어야 하지만, 생산 영역과 소비 영역에서 퇴장하기 쉽다. 그 때문에 그는 유동성 선호 동기와 미래 수익에 대한 불안 등과 같은 심리학적 요인을 중시했고, 그러한 심리가 저축, 소비, 투자 등에 미치는 영향을 추론했다.[13]

그러한 심리학적 추론은 하이먼 민스키의 금융적 투자 이론에서도 나타난다. 민스키는 현대 자본주의 경제에서 투자가 금융 관계를 통해 외부조달의 방식으로 이루어진다는 데서 출발하여 기업의 부채구조와 금융 불확실성의 상관관계를 고찰했다. 기업의 부채구조는 크게 세 가지 유형으로 구별된다. 기업의 수익이 기업의 부채 부담을 충분히 해결하는 헤지(hedge) 유형의 자금 조달, 단기적으로 기업의 수익이 채무상환 약정에 미치지 못하는 투기적 유형의 자금 조달, 장기적으로 기업의 수익이 부채에 대한 이자 지급마저 불가능한 폰지 유형의 자금 조달이 그것이다. 문제는 기업 내부자가 기업의 부채구조를 잘 알고 있어도 대출자는 그렇지 못하다는 데 있다. 따라서 금융시장의 불확실성은 대출

---

13 케인즈의 경제심리학적 고찰은 투자의 심리학과 소비의 심리학에서 모두 나타난다. 이에 대해서는 존 메이너드 케인즈/이주명 옮김, 『고용, 이자, 화폐의 일반이론』, 제9장 "소비성향: II 주관적 요인들", 제15장 "유동성을 선호하게 하는 심리적 요인과 사업적 유인"을 보라.

자가 주관적으로 위험을 판단할 수밖에 없고, 심리적 편향에 영향을 받기 쉬운 금융시스템에 내장되어 있다고 볼 수 있다.[14] 민스키는 금융불확실성이 누적되면 결국 금융공황이나 금융위기로 치달을 수 있다고 우려했다.

마르크스의 자본의 재생산 도식을 현대적으로 해석하는 경제학자들은 케인즈나 포스트-케인즈주의자인 민스키와 매우 다른 사고 유형을 보인다. 그들은 저축의 심리학보다는 저축의 사회경제적 성격을 냉정하게 인식하고, 투자와 소비의 거시균형 조건에 영향을 미치는 사회정치적 · 경제적 · 기술적 변수들을 분석한다. 미하우 칼레츠키가 케인즈의 관심사를 공유하면서도 자본축적과 소득분배의 정치경제학을 중시한 것이 그 좋은 실례다. 칼레츠키는 자본축적과 소득분배를 결정하는 주요 요인이 기술 발전을 위한 투자 수준과 노동자들의 교섭력 등이라고 보고 그 요인들의 상호작용을 치밀하게 연구했다. 오타 씨크는 케인즈와 포스트 케인즈주의자들과는 전혀 다른 마르크스-레닌주의적 관점에서 시장경제를 규율하는 거시경제정책과 미시경제정책의 패키지를 구상했다.[15]

자본주의적 신용화폐제도에서 화폐는 상품의 생산과 유통과 소비에 따라 창조되고 파괴되는 특성을 갖는다. 그것이 바로 화폐의 내생성과 순환성이다.[16] 그러한 특성을 가진 화폐는 그 가치를 안정적으로 유지

---

14 민스키/신희영 옮김, 『포스트 케인즈주의 경제학자 하이먼 민스키의 케인스 혁명 다시 읽기』, 199f.: "대출자가 인식하는 위험은 주관적인 것이다. 대출자의 위험은 체결된 계약서에 나타나지 않는다. 그리고 이 대출자의 위험이야말로 불확실성을 입증하는 '매우 중요한 지표'이자 고도로 높은 동물적 투자 감각의 '경이'를 표현한다."

15 그런 점에서 오타 씨크가 자신의 관점과 방법 그리고 정책 제안을 '제3의 길로 명명한 것은 의미심장하다. 그것은 사회주의 경제와 자본주의 경제의 어설픈 절충이 아니라 마르크스-레닌주의적 관점에서 시장경제를 근본적으로 새롭게 재구성하는 방안이다.

하여야 하고, 그 화폐를 사용하는 사람들에게 중립적이어야 한다. 그 두 가지 과제를 해결하는 것이 자본주의적 신용화폐제도에서 통화정책에 부여된 계명이다. 화폐는 생산과 유통과 소비의 필요에 따라 충분히 공급되어야 하지만, 그렇게 공급되는 화폐의 가격(이자)은 비쌀 때도 있고 쌀 때도 있다. 화폐의 조달가격이 높으면 비싼 화폐는 당연히 화폐자본가에게 이익을 가져다주지만, 화폐를 조달하여 생산과 유통에 나서는 생산자본가와 유통자본가에게는 손실을 준다. 이자가 이윤을 크게 잠식할 경우는 화폐를 조달하여 투자하는 것을 포기할 수도 있다. 이자율이 높으면 노동소득자와 가계에는 저축의 유인이 커지지만, 소비를 줄이는 효과로 인해 유통과 생산에 악영향을 미친다. 그러한 상황이 지속되면 디플레이션이 발생하여 날로 악화할 수 있다. 그 반대로 화폐의 조달가격이 낮으면 이자 낳는 자본은 투기자본으로 바뀌기 쉽고, 생산과 유통은 확장하고, 고용이 증가하고 소비도 늘어난다. 그러다가 설비가동률과 고용률이 어느 임계점을 넘어서면 인플레이션이 시작하고 가속적으로 악화한다. 그 모든 점을 고려한다면 화폐 조달가격은 화폐자본, 생산자본, 유통자본, 노동계급, 가계 등이 가지는 각기 다른 이해관계와 무관할 수 없고, 각기 다른 이익을 주장하는 계급과 계층의 권력관

---

16 화폐의 내생성과 순환성은 조안 로빈슨(Joan Robinson), 니콜라스 칼도(Nicholas Kaldor), 바질 존 무어(Basil John Moore) 등이 펼친 포스트-케인즈주의적 내생 화폐 이론의 핵심을 이룬다. 자본주의적 신용화폐제도에서 신용화폐는 생산과 유통과 소비의 필요에 따라 부채의 형태로 창조되고, 상환의 절차를 거쳐 파괴된다. 무어는 거기서 한 걸음 더 나아가 중앙은행이 민간은행의 지급준비금 요구를 수용할 수밖에 없으므로 중앙은행의 지급준비금조차 내생 화폐의 범주에 들어간다고 주장한다. 중앙은행은 다만 이자율을 결정함으로써 민간은행의 화폐 발행에 외생적 제약을 가할 뿐이다. 이에 대해서는 B. J. Moore, *Horizontalists and Verticalists: The Macroeconomics of Credit-Money*(Cambridge: Cambridge University Press, 1988), 18을 보라. 포스트-케인즈주의적 내생 화폐 이론에 대한 알기 쉬운 안내로는 박만섭, 『포스트케인지언 내생화폐이론』, 대우학술총서 627(파주: 아카넷, 2020), 5장을 보라.

계에 따라 조절된다고 말해야 한다. 한마디로 이자율은 화폐의 수요와 공급에 따라 자동으로 결정되는 것이 아니라 사회 세력들의 권력투쟁에 의해 결정된다고 보는 것이 적절하다.

화폐의 가치와 안정성 그리고 중립성 유지에 대한 요구가 엄중하다는 것을 인식한다면 통화당국이 투자율, 고용률, 소득분배율, 임금 상승률, 부도율, 국민소득에서 이전소득이 차지하는 비율, 물가 동향 등에 민감하게 반응할 수밖에 없는 까닭을 쉽게 이해할 수 있다. 그것은 통화정책이 사회적 권력관계의 정세 안에서 자본축적과 소득분배, 상품 유통, 사회보장 등과 관련된 정책들과 유기적 연관을 이루며 신중하게 조율되어야 한다는 뜻이다. 물론 중앙은행은 거시경제 운영에 관련된 방대한 조사를 상시로 수행하고, 그 조사 결과에 따라 통화정책을 수립하기는 한다. 그러나 통화정책과 사회경제적인 정책들을 조율하는 것은 전혀 다른 차원의 과제다. 물가안정, 경제성장, 고용보장 등은 서로 길항관계(拮抗關係)를 갖는 거시경제 목표들이다. 케인즈주의적 사회국가가 여전히 힘을 발휘하고 있을 때만 해도 그러한 거시경제 목표들을 조율하는 것은 정부의 과제로 인식되었다.[17] 그러한 정부의 과제는 신자유주의적 시장경제에서 거의 잊힌 의제가 되었다. 만일 정부가 물가안정, 경제성장, 고용보장 등의 거시경제 목표들을 조율하는 과제

---

17 이를 잘 보여주는 법률은 독일연방공화국(구 서독)이 1967년 6월 8일 제정한 「경제 안정과 성장을 진흥하기 위한 법률」(Gesetz zur Forderung der Stabilitat und des Wachstums der Wirtschaft)이다. 그 법률의 제1조는 연방과 주(州)들이 "시장질서의 틀 안에서 지속적인 적정 경제성장을 이루어 가면서 물가안정, 높은 고용수준, 대외경제 균형을 동시에 달성하는 조치들을 취해야 한다"고 명시하고 있다. 경제성장, 물가안정, 높은 고용 수준, 무역수지 균형 등 네 가지 정책 목표들은 '마(魔)의 사각형'을 이룬다고 여겨질 만큼 서로 조율하기 어렵다고 알려져 있다. 그러한 정책 목표들을 동시에 달성하기 위해서는 노동과 자본 사이의 적정 소득분배에 근거한 거시경제 계획이 필요하다.

를 책임 있게 수행하고자 한다면 통화정책을 초월적 위치에 올려놓고 다른 정책들을 그 아래 복속시키는 통화주의체제를 무너뜨려야 하고, 정부의 정책 조율 과정에서 사회 세력들의 의견을 수렴해서 재정과 금융의 민주적 통제를 이룩하는 발판을 마련하여야 한다.

3. 소결

자본주의적 신용화폐제도에서 재정정책과 통화정책은 화폐를 공급하고 관리하는 차원에서 서로 밀접한 관계를 유지할 수밖에 없다. 자본주의적 신용화폐제도가 자본주의적 동학에 근거하고 있는 이상, 통화정책은 실물경제를 규율하는 다양한 정책들, 특히 소득분배정책, 고용정책, 투자정책 등과 맞물려서 조율되지 않을 수 없다.

그러한 조율의 이치는 일찍이 마르크스의 자본의 재생산 도식에서 시사되었고, 마르크스의 관점을 가다듬은 미하우 칼레츠키, 오타 씨크 등에 의해 정교하게 제시되었다. 마르크스의 자본의 재생산 도식의 해석으로부터 도출되는 통화정책과 여타 정책들의 연관성은 케인즈가 펼친 투자율, 고용률, 이자율의 3항 관계에 관한 이론과 유사성을 띠지만, 전자가 저축의 사회경제적 성격과 계급적 성격을 중시하는 데 반해 후자가 저축의 심리적 성격에 주목한다는 점에서 큰 차이를 보인다. 그러한 이론적 차이는 통화정책, 재정정책, 소득분배정책, 고용정책, 투자정책 등을 조율하는 관점과 방법의 차이를 가져올 수밖에 없다. 통화정책과 재정정책 그리고 여타 주요 정책들의 조율을 위해서는 재정과 금융의 민주화가 필요하다.

5장
재정과 금융의 민주적 규율

    재정과 금융을 민주적으로 규율하기 위해서는 정부의 화폐 발행자 지위를 부정하고, 정부를 화폐 사용자의 지위로 격하하는 통화주의를 기각하고, 정부의 화폐 발행자 지위를 옹호하면서도 잉글랜드 모델과 달러 패권체제를 '주어져 있는 것'으로 전제하는 현대화폐이론을 넘어서서 주권화폐 이론으로 나아가야 한다. 주권화폐제도가 수립한다고 해서 자본주의적 생산과 소비의 연관에 바탕을 두는 신용거래와 금융거래가 사라지지 않을 것이지만, 자본주의적 신용화폐제도는 이제까지와는 다르게 규율될 것이다. 주권화폐제도 아래서도 통화정책과 재정정책은 긴밀하게 결합할 것이고, 다른 사회경제적 정책들과 긴밀하게 조율되어야 할 것이다.

    이를 전제하면서 아래서는 재정과 금융의 민주화와 관련해서 몇 가지 고려할 원칙을 말하고자 한다.

1. 주권화폐체제에서 정부의 금융체제 규율의 기본 원칙

주권화폐는 정부가 계산화폐의 단위를 정하고, 법정화폐를 결정하고 발행하는 권한을 독점적으로 행사할 때 확립된다. 정부는 더는 화폐 발행의 권한을 은행과 공유하거나 은행을 통해 정부부채를 화폐화하는 방식으로 화폐를 공급하지 않는다. 정부는 화폐를 창조하여 공급하는 유일한 원천으로서 화폐 발행 수익을 독점한다. 정부가 발행하는 화폐는 현금이며, 그 성질은 예금, 지급, 신용 청산, 금융 투자 등 그 어떤 쓰임새에도 변하지 않는다. 정부는 화폐 발행자로서 화폐자본에 대해 초월적 지위를 갖고 금융체제를 규율할 수 있는 권능을 행사한다.

아래서는 정부의 금융체제 규율의 기본 원칙을 몇 가지 제시한다.

1.1. 중앙은행의 규율

정부가 유일한 화폐 발행자의 지위를 갖는 한, 정부는 화폐 발행 권한을 중앙은행에 위임할 수 있고, 위임하는 것이 마땅하다. 화폐는 중립적이고 안정적이어야 한다. 정부는 자신의 과제에 충실하게 예산을 확보하고 집행하는 데 일차적인 이해관계를 가지고 있다. 그러한 이해관계를 갖는 정부가 아무런 제약 없이 자신의 필요에 따라 화폐를 발행할 권한을 행사한다면 화폐의 중립성은 보장되지 않을 것이다. 선거를 통해 선출되는 정부의 이념적 성향과 정책에 따라 재정 긴축이나 재정 확대가 나타날 수 있고, 심지어 포퓰리즘정책에 따라 정부의 지출이 과도하게 증가할 수도 있다.[1] 그렇게 되면 정부의 화폐 발행이 화폐의 안정성을 해칠 것이다. 따라서 화폐의 중립성과 안정성을 보장하려면 정부가 직접 화폐를 발행하지 않고 중앙은행을 화폐 발행 대행 기관으로 세우고 화폐의 중립성과 안정성을 실현할 수 있는 제도적 장치를 마련해야 할 것이다.

중앙은행이 화폐 발행을 대행하는 독점 기관으로 세워진다면, 중앙은행의 화폐 발행과 관련해서 몇 가지 원칙을 정할 필요가 있다. 첫째, 중앙은행은 화폐 발행을 독점하므로 막대한 시뇨리지를 얻는다. 그 시뇨리지는 정부의 예산으로 흘러 들어갈 수도 있고, 모든 국민에게 똑같은 크기로 배분될 수도 있다.[2] 시뇨리지를 어떻게 사용하는 것이 적합한가에 관해서는 사회적 합의가 필요하겠지만, 중요한 것은 시뇨리지의 사용을 법률로써 정해야 한다는 것이다.

둘째, 중앙은행의 화폐 발행은 제V부 5장에서 논한 '소득분배에 바탕을 둔 거시경제 계획'의 틀에서 합의된 성장률을 고려하면서 탄력적으로 이루어져야 한다. 그것은 앞의 4장에서 논한 바와 같이 통화정책이 고립된 정책이 아니라 재정정책, 소득분배정책, 투자정책, 고용정책 등과 연관해서 조율되어야 하는 정책이기 때문이다.[3]

---

1 주권화폐 이론에서는 경제학자들도 정부가 직접 화폐를 발행하는 것에는 깊은 우려를 표명한다. 조세프 후버는 정부가 사치, 전쟁, 복지 등을 위해 필요한 수단 이상 과도한 지출을 하는 경향이 있다고 지적한다. 아데아 터너는 정부가 선거 때 선심을 쓰기 위해 지출하고 세금과 공공지출 사이에서 골치 아픈 선택을 하지 않고 영구적인 재정적자의 길을 걷는다고 경고하고, 그것을 '악마의 유혹'이라고 지칭했다. 조세프 후버/유승경 옮김, 『주권화폐: 준비금 은행제도를 넘어서』, 233f.; 아데아 터너/우리금융경영연구소 옮김, 『부채의 늪과 악마의 유혹 사이에서: 통화, 신용 그리고 글로벌 금융』 (서울: 해남, 2017), 390.

2 유승경은 시뇨리지를 기본소득의 재원으로 삼아 모든 국민에게 n분지 1로 나누자고 주장한다. 유승경, "기본소득의 또 다른 재원, 화폐발행이익," 200. 후버는 그런 제안이 '과도'하다고 본다. 조세프 후버/유승경 옮김, 『주권화폐: 준비금 은행제도를 넘어서』, 221f.

3 후버는 통화정책을 재정정책과 연계하는 발상에 부정적이다. 그 점에서 그는 통화정책과 재정정책의

셋째, 주권화폐체제에서 화폐는 부채와 무관한 화폐이기에 정부부채의 화폐화는 허용되지 않는다. 그러나 정부는 전쟁, 재난, 경제위기 등에 직면할 때 큰 폭의 재정적자를 감수해야 한다. 그런 경우 정부 재정의 화폐화가 예외적으로 인정되어야 할 것이다. 세계의 거의 모든 나라에서는 중앙은행을 통해 화폐적 재정 조달을 할 수 없도록 법률로써 금지하고 있지만, 우리나라는 「한국은행법」 75조 규정에 따라 중앙은행이 국채를 직접 매입할 수 있도록 허용하고 있다. 주권화폐체제에서는 중앙은행이 정부 채권을 매입하지 않고 화폐적 재정 조달을 할 수 있는 방안을 마련하기가 어렵지 않다. 그것은 정부가 국회의 동의를 얻어 중앙은행이 정부에 화폐를 직접 공급하도록 요구하는 경우와 그 규모를 법률로써 엄격하게 규정함으로써 이루어질 수 있는 일이다. 중앙은행을 통한 정부 재정의 화폐화가 법률을 통해 엄격하게 규율되어야 하는 까닭은 그것이 화폐의 안정성과 중립성에 심대한 영향을 미치는 조치이기 때문이다.

넷째, 중앙은행은 공공은행과 상업은행에 화폐를 공급하고 회수하는 위치에서 적정 이자율과 통화안정화증권4의 적정 할인율을 결정하여야 한다. 중앙은행의 이자율 역시 고립된 통화정책의 틀에서 결정될 수 없고, 중앙은행의 이자율 결정에 영향을 받는 화폐자본, 생산자본, 유통자본, 노동계급, 가계 등 다양한 계급과 계층의 이해관계를 조율하는 과정을 거칠 수밖에 없다. 따라서 중앙은행의 이자율을 결정하는 통

결합을 중시한 케인즈주의를 비판하고 통화주의적 관점을 취한다. 주권화폐를 도입하고 상업은행의 신용 창조를 폐지하면 화폐를 독점적으로 공급하는 중앙은행이 통화량 조정을 제대로 할 수 있다는 것이다. 조세프 후버/유승경 옮김, 『주권화폐: 준비금 은행제도를 넘어서』, 250f., 287.

4 주권화폐체제에서는 정부가 더는 채권을 발행하지 않기 때문에 공개시장조작에 사용되는 매체는 정부 채권이 아니라 중앙은행이 발행하는 통화안정화증권이다.

화위원회는 다양한 계급과 계층의 대표들이 참여하여 함께 결정을 내리는 방식으로 조직되고 운영되어야 할 것이다.5

1.2. 상업은행과 투자은행의 규율

주권화폐체제는 정부가 직접 혹은 중앙은행을 통해 간접적으로 화폐를 발행하는 유일한 원천이므로 상업은행의 화폐 창조는 허용되지 않는다. 따라서 상업은행이 부분 지급준비금을 확보하고 대출을 통해 신용을 창출하는 방식으로 신용화폐를 시중에 공급하는 제도는 폐지된다.6 상업은행은 예금과 대출 업무, 지급 결제 업무 등을 계속한다. 중앙은행이 화폐를 공급하는 위치에 있다고 하더라도, 중앙은행이 상업은행이 할 일을 대신하지 않고 상업은행의 네트워크를 활용해서 시중에 화폐를 공급하는 편이 바람직하다. 상업은행의 업무에 필요한 화폐는 중앙은행으로부터 조달하거나 개인 고객이나 연기금 등 금융기관이 맡긴 예탁금을 활용한다.

고객은 상업은행에 화폐 계좌를 개설하고 그 계좌를 활용하여 예금과 대출, 이체와 지급 등의 업무를 본다. 화폐 계좌는 종래의 은행 계좌

---

5 주권화폐체제에서 통화정책의 고유성을 중시하는 후버는 통화정책의 민주적 결정이라는 발상을 받아들이지 않는다. 조세프 후버/유승경 옮김, 『주권화폐: 준비금 은행제도를 넘어서』, 240: "통화정책에 대의적이고 참여적인 민주주의 사상을 적용하는 것은 논점을 비켜 가는 것이다." 후버는 몽테스키외의 권력 분립론에 따라 통화당국이 정부와 의회에서 완전히 독립한 제4부의 지위를 갖는 것만이 민주주의에 부합한다고 본다. 그러나 중앙은행이 대차 대조표에 자산과 부채를 기재하는 방식으로 화폐를 탄력적으로, 재량적으로 창조하여 공급할 수 있다고 전제하는 후버가 중앙은행의 화폐 발행을 민주적으로 통제할 수 없다고 주장하는 것은 받아들이기 어렵다.

6 그런 점에서 후버는 "주권화폐의 도입을 위해서 은행화폐의 종언을 고하는 것은 아주 위대하고 중요한 도약이다"라고 말하는데, 그 말은 정곡을 찔렀다. 조세프 후버/유승경 옮김, 『주권화폐: 준비금 은행제도를 넘어서』, 273.

나 당좌 계좌와는 전혀 다른 성격을 갖는다. 화폐 계좌는 중앙은행이 발행한 현금의 출납 계좌이며, 상업은행의 대차 대조표와는 무관한 계좌다. 이제까지 고객이 현금을 은행 계좌나 당좌 계좌에 맡기면 그 현금은 더 이상 고객의 소유가 아니고, 은행의 대차 대조표에 은행의 부채로 기록되었다. 현금을 은행에 맡긴 고객은 은행 계좌나 당좌 계좌를 통해 현금이나 수표를 청구하거나 이체를 청구할 권리를 가질 뿐이었다. 은행이 파산하면 그 은행에 대한 청구권도 아울러 소멸했다. 그러나 화폐 계좌에 예탁된 화폐는 어디까지나 중앙은행이 발행한 현금이고 은행이 파산한다고 해도 화폐 계좌에 담긴 화폐는 현금으로서 고스란히 살아 있다. 따라서 상업은행은 중앙은행이 고객에게 개설한 화폐 계좌를 관리한다고 해서 지급준비금을 따로 마련해 둘 필요가 없다.

상업은행이 신용화폐를 창조하고 파괴하는 활동을 멈추게 되면 상업은행으로부터 도매 금융시장을 거쳐 투자은행으로 천문학적인 자금이 이동하는 일은 사라질 것이다. 상업은행과 투자은행의 겸업은 허용되지 않는다. 상업은행이 고객의 예금을 투자은행으로 이전하는 것과 상업은행이 금융중개를 한다는 것은 전혀 다른 개념이다.

주권화폐체제에서 투자은행을 육성하는 것은 매우 중요하다. 민간 부문에서 증권과 채권을 발행하고 거래하는 일은 전적으로 투자은행의 업무 영역에 속한다. 증권 발행과 거래는 주식회사의 설립과 경영을 매개로 한 금융 투자의 영역이고, 상장 조건과 감독에 관한 규율이 마련되어 있다. 민간 채권의 발행과 거래는 본래 자본주의적 신용화폐제도의 핵심이었고, 생산과 유통의 시간 격차에 따르는 신용의 필요로 인해 사라질 수 없다. 신용과 화폐는 다르다. 신용수요를 상업은행의 화폐 창조와 파괴를 통해 충족하는 제도를 폐지한 이상, 모든 민간 채권의 발행과 거래는 투자은행을 통해서 이루어져야 한다. 그것이 자본주의적 생산과 유통에서 필연적으로 발생하는 청구권 사슬이 악성 민간 채권의 발행과 거래를 통해 취약해지지 않도록 방지하는 방법이다.[7] 실물경제로부터 퇴장한 '이자 낳는 자본'이 큰 규모로 남아 있는 상황에서 '그림자금융'을 규율하는 일은 여전히 큰 과제로 남는다.[8]

1.3. 주권화폐체제로 이행하는 과정의 관리

정부와 은행이 화폐 발행권을 공유하는 잉글랜드 모델로부터 정부의 화폐 발행권 독점 모델로 이행하는 과정은 이론적으로 별다른 어려움이 없다. 주권화폐체제를 도입하기로 정치적으로 결정하면 주권화폐체제를 법제화하고, 주권화폐체제로 이행하는 과정을 법률적으로 규정하면 될 일이다. 주권화폐체제의 법률적 규정의 핵심은 위의 1.1, 1.2에서 논한 내용이 될 것이다. 주권화폐체제로 이행하는 과정에서 유념할 몇 가지 내용은 아래와 같다.[9]

첫째, 주권화폐체제가 법제화되는 순간, 상업은행의 지급준비금은 중앙은행이 상업은행에 빌려준 화폐로 명목과 실질이 바뀐다.

둘째, 상업은행 고객의 은행 계좌와 당좌 계좌는 화폐 계좌로 바뀌

---

7 생산과 유통의 필요에 따라 신용이 그때그때 창조되었다가 파괴되는 것이 필연적이라면, 오직 그러한 목표와 한도 안에서 상업은행의 신용화폐 창조와 파괴를 주권화폐체제에서 허용하는 것이 더 낫다고 생각할는지 모르겠다. 상업은행의 신용화폐가 민간 부채증서보다 더 안전하다고 볼 수 있기 때문이다. 그러나 그것은 잉글랜드 모델 너머에서 기획되는 주권화폐 이론의 일관성을 깨뜨리기에 용인될 수 없는 주장이다. 주권화폐 이론에서 민간 신용의 창조와 파괴는 상업은행의 영역이 아니라 투자은행의 영역에 속한다.

8 '그림자금융'에 대한 상세한 고찰은 이 책의 제X장에서 이루어진다.

9 이에 관해서는 조세프 후버/유승경 옮김, 『주권화폐: 준비금 은행제도를 넘어서』, 266-272를 보라.

고, 은행 계좌와 당좌 계좌의 화폐는 중앙은행의 현금으로 바뀐다. 고객의 정기예금은 만기일에 중앙은행의 현금으로 바뀐다. 상업은행의 대차 대조표에서 해당 부채는 소멸한다. 중앙은행은 해당 현금의 발행을 중앙은행의 대차 대조표에 반영한다. 따라서 중앙은행의 발권은 일시에 대폭 증가하고, 시뇨리지 역시 대규모로 발생한다. 시뇨리지는 재정기획부에 귀속되고, 시뇨리지로 그동안 누적된 재정적자를 일시에 청산하든, 국가의 장기투자 기금을 조성하든, 국민 각자에게 균분하여 지급하든 그 처분은 거시경제 계획에 따른다.

셋째, 은행 계좌의 대출은 시차를 두고 상환되어 은행 대차 대조표에서 소멸한다.

넷째, 상업은행이 중앙은행이나 다른 상업은행에 진 부채의 상환은 주권화폐법 제정 이전의 은행법이 규정한 절차와 시한에 따라 점진적으로 이루어진다.

다섯째, 금융시장 결제를 위해 조성된 MMF(money market fund)는 그 성질상 상업은행의 예금과는 다르며, MMF 지분은 대용화폐로서 유통될 가능성이 크다. MMF 지분이 대규모로 유통되어 주권화폐와 경쟁하는 일이 방치될 수는 없다. 상업은행의 예금 금리가 MMF 수익률보다 높아진다면 MMF 규모는 빠른 속도로 줄어들 것이고, MMF 지분이 대용화폐로 사용되는 양과 빈도도 줄어들 것이다.

여섯째, 장차 중앙은행은 디지털화폐를 법정화폐로 유통하게 될 것이다. 그럴 경우 중앙은행의 화폐 공급과 회수 시스템, 상업은행의 지급결제 시스템에는 중앙은행의 디지털화폐 이외에 NFT(Non-Fungible Token, '대체 불가능한 토큰') 등 그 어떤 전자화폐도 진입하지 못하게 하는 것이 중요하다.

1.4. 공공은행의 화폐 조달

주권화폐체제에서 공공은행의 역할은 중앙정부 차원에서나 지역정부 차원에서 점점 더 커질 것이다. 공공은행의 역할은 상업적 이익보다 공공복리에 더 크게 이바지하는 사업에 자금을 지원하고, 자금 운용을 감독하는 일이다. 상업은행은 그러한 사업에 지원하지 않을 것이기에 공공은행이 나설 필요가 있다.

공공은행이 공익이 큰 사업을 지원하기 위해서는 자금을 마련하여야 한다. 공공은행이 자금을 마련하는 길은 주권화폐체제에서 중앙은행으로부터 화폐를 빌리는 방법이 가장 유력하다. 그것은 상업은행이 중앙은행으로부터 돈을 빌려와 배분하는 것과 마찬가지다. 공공은행의 화폐 조달과 관련해서는, 중앙은행이 공공은행에 공급하는 화폐의 가격이 상업은행에 공급하는 화폐의 가격보다 싸야 할 것이다.

최근 학계와 시민사회 일각에서는 공공은행도 화폐 발행의 권한을 가져야 한다는 주장이 있기에 그 점에 관해 몇 가지 짚고 넘어가고자 한다. 첫째, 지방정부가 설립한 지역 공공은행이 화폐를 발행한다는 주장은 성립될 수 없다. 지방정부는 화폐 사용자이지 화폐 발행자의 위치에 있지 않기 때문이다. 둘째, 공공은행이 화폐 발행권을 행사한다면 그것은 부분 지급준비금제도에서처럼 상업은행이 은행화폐를 창조해서 공급하는 방식일 수 없다. 그러한 화폐 창조는 주권화폐체제에서 엄격하게 금지되기 때문이다. 셋째, 공공은행의 화폐 발행은 오직 중앙정부가 중앙은행에 화폐 발행 권한을 위임하는 것처럼 공공은행에 화폐 발행 권한을 위임할 때만 성립할 것이다. 화폐 발행의 권한을 행사하는 공공은행은 화폐 발행자의 지위를 갖는 중앙정부의 공공은행이다. 중앙정부가 화폐 발행권을 위임하는 공공은행을 설립하여 운영하는 데는 이론적으로 문제될 것이 없다.

중앙정부가 화폐 발행의 권한을 갖는 공공은행을 설립한다는 것은 한마디로 중앙정부가 화폐 발행 기관을 다원화하고 특화한다는 뜻이다. 화폐 발행 기관의 다원화는 화폐 발행 권한을 독점하는 기관의 관료주의와 경직성을 불식하는 데 이바지할 수 있고, 화폐 발행 기관의 특화는 화폐 할당의 전문성을 높이는 데 공헌할 수 있다. 공공은행은 중앙정부가 역점을 두는 사업에 참여하는 민간 기업이나 단체의 자금 수요에 맞추어 적시에 화폐를 공급할 수 있고, 공공은행의 지방 분소는 지방정부가 지역경제 차원에서 추진하는 사업, 민간 기업이나 단체가 지역경제 육성을 위해 집중하고자 하는 사업 등의 타당성을 평가하고 그 사업에 자금을 적시에 공급할 수 있다.

그러나 공공은행의 화폐 발행과 관련해서는 두 가지를 신중하게 고려할 필요가 있다. 첫째, 화폐 발행 창구를 다원화하면 화폐의 중립성과 안정성을 좌우하는 화폐 공급량 조절과 이자율 조정을 일관성 있게 하는 데 어려움이 따른다. 화폐 공급량 조절과 이자율 조정은 거시경제 계획과 사회적 이해관계 조율의 틀에서 정교하게 이루어져야 한다. 중앙은행과 공공은행이 컨소시엄을 구성해서 화폐 발행을 조율할 수 있는가를 검토할 필요가 있지만, 아직 가 본 적이 없는 길이다. 둘째, 공공은행이 중앙정부로부터 화폐 발행 권한을 위임받기에 지역주의적 발전 요구에 종속될 우려가 적은 것은 사실이지만, 공공은행은 지역주의를 넘어서는 안목을 가져야 한다. 우리나라는 오랫동안 수출주도 성장정책을 추진한 결과 지역 불균등 발전이 심화하였고, 저발전 지역의 발전 요구가 매우 강하다. 그러한 지역의 경제발전을 추진하는 것은 좋지만,

지역주의에 갇혀 중복투자나 과잉투자가 일어날 염려가 크고, 그러한 일은 왕왕 일어났다. 지역경제 발전은 거시적인 균형 발전 계획의 틀에서 기획될 필요가 있다.

위에서 말한 두 가지 점을 고려한다면 공공은행의 발권을 허용하는 것보다는 중앙은행으로부터 공공은행이 사업에 필요한 화폐를 가져다 사용하는 것이 더 낫다고 본다. 그럴 경우 중앙은행과 공공은행 사이의 긴장과 갈등은 사라지지 않을 것이다. 중앙은행이 공공은행에 화폐를 원활하게 공급할 수 있도록 관료주의적 경직성을 타파하고, 공공은행이 대출의 공공성과 전문성을 구현하는 일은 주권화폐체제에서 중앙은행과 공공은행의 긴장과 갈등 관계에서 합리적으로 풀어나가야 할 숙제로 남을 것이다.

2. 정부 재정의 민주적 통제

정부는 화폐 발행자의 지위에 있기에 이론적으로 예산 제약을 받을 이유가 없다. 재정건전성 교리는 신기루에 불과할 뿐이다. 그러나 정부가 화폐를 남발할 수는 없다. 현대화폐이론의 주장에 유보적이더라도 정부의 화폐 발행이 화폐의 가치를 안정적으로 유지하여야 한다는 계명에 충실하여야 한다는 점과 공공정책의 필요를 충당하는 데 이바지해야 한다는 점에서 이중적 제약 아래 있다는 현대화폐이론의 주장은 충분히 받아들일 수 있다. 정부가 채권 발행을 통해 화폐 발행자의 역할을 한다는 점을 강조한 현대화폐이론을 폐기하고, 정부가 중앙은행을 통해 화폐를 발행하는 주권화폐론을 옹호한다고 하더라도, 화폐 발행이 두 가지 제약 아래 놓인다는 것에는 변함이 없다.

　정부가 인플레이션을 유발하지 않는 조건 아래서 공공정책을 위한 재원을 마련할 능력이 있다고 한다면 어떤 공공정책을 수립하여야 하는가, 그 공공정책에 어느 정도의 예산을 할당하여야 하는가는 단순히 재정 당국의 관심사를 넘어서서 사회 세력들과 시민사회의 뜨거운 논란 대상이다. 재정 당국이 화폐 발행자의 초월적 지위에서 사회경제적 요구들에 아랑곳하지 않고 재정 할당의 전권을 행사하는 독재적 태도는 용인될 수 없다.

　정부 주도적 경제개발 시대에는 정부가 사회 세력들과 시민사회를 억누르며 개발독재를 자행했다. 경제개발에 시동을 걸고 박차를 가하는 과정에서 정부는 경제개발의 방향을 설정하고, 산업정책과 기업 육성정책을 강력하게 펴나가기 위해 재원을 선택적으로 투입하고, 경제개발을 뒷받침하는 사회경제적 인프라를 구축하기 위해 재원을 쏟아부을 수밖에 없었다. 그러한 정책을 펼치는 정부는 복지 수준을 높이고 사회적 안전망을 넓고 두텁게 확립할 여력이 없었다. 정부의 개발독재는 정부가 총 자본가로서 갖는 계급적 성격을 뚜렷이 드러냈다. 그것은 정부가 모든 시민의 동등한 참여와 자유를 보장하는 공화주의적이고 민주주의적인 태도를 보일 것을 요구하는 헌법 규범에 어긋나는 일이었다.

　경제개발이 높은 수준에 도달하고 기업의 잉여가치가 엄청난 규모로 축적되는 단계에서는 정부가 더는 자본축적을 주도하거나 자본축적의 매개자가 될 필요가 없다. 오히려 정부의 과제는 서로 갈등하는 이해관계를 조정하여 공동의 이익을 최대화하는 방안을 마련하는 것이다. 그러한 방안은 공공정책의 우선순위와 자원 할당에 관한 결정에 영향을 받는 사람들이 참여해서 함께 결정하는 과정을 통해 가장 잘 마련될 것이다. 따라서 정부가 추진하는 공공정책과 이를 위한 자원의 할당은 사회 세력들과 시민사회가 참여하는 공론화 과정을 통하여 사회적 합의를 거친 뒤에 국민 대표 기관의 정치적 합의를 통해 확정하는 것이 옳다. 그것이 공화주의적 정부가 공공정책을 수립하고 재정을 집행하는 민주적인 절차이다. 그러한 절차는 본서 제V부 5장에서 논의한 사회적이고 생태학적인 경제민주주의 위원회와 그 산하의 생태학적 경제민주주의 기구와 사회적 경제민주주의 기구를 통해 이행될 것이다.

공공정책의 우선순위와 재정 할당이 사회적 합의와 정치적 합의를 거쳐야 한다는 원칙을 강조하더라도, 공공정책과 재정에 관해서는 몇 가지 강조할 것이 있다. 첫째, 공화국의 자유와 안전을 보장하기 위한 재정지출은 정부와 지방자치단체의 유지와 활동을 위해 지출하는 재정과 함께 최우선으로 고려된다. 다만 국방비를 위시해서 공권력을 유지하는 적정 비용과 공공 서비스의 적정 생산 비용을 책정하는 것은 공공정책과 재정을 다룰 때 가장 까다로운 주제라는 점을 덧붙여 말할 필요가 있다.

둘째, 경제개발 수준이 높고 기업의 잉여가치가 빠른 속도로 축적되는 상황에서 정부가 투자에 정책 우선순위를 둘 필요는 없다. 정부 주도적 경제개발 시대처럼 부문 산업 육성과 기업 육성 등에 중점을 두는 투자정책을 계속할 이유가 없는 것이다. 물론 정부는 국민경제와 산업이 발전할 방향을 내다보면서 국민경제와 산업의 발전을 뒷받침하기 위해 사회경제적 인프라와 문화적 인프라를 확장하는 투자를 계속해야 한다. 플랫폼 경제가 발달하고 있는 상황에서는 정부가 공공 플랫폼을 구축하여 이를 공유재로 활용할 수 있도록 대담한 투자를 할 필요가 있다.[10] 또한 바로 아래의 3에서 논하게 되듯이 투자 기간과 투자금 회수 기간이 길어서 시장과 기업이 감당할 수 없는 장기적인 연구·개발에 대담하게 투자해야 할 것이다. 그러나 기업의 투자가 활발하게 이루어지는 상황에서는 정부가 절제 있게 투자하는 것이 바람직하고, 정부의 투자가 집중되는 공기업 부문을 얼마큼 확장하는 것이 적절한가를 놓고서 끊임없이 철저한 검토를 해야 한다.

셋째, 앞에서 말한 것과 긴밀하게 연결되는 것이지만, 기술에 의한 노동력 대체가 빠른 속도로 이루어지는 상황에서 정부의 공공정책에서 중시되는 것은 고용정책과 복지정책일 것이다. 완전고용 실현과 사회복지 강화는 케인즈 혁명 이후 정부에 부여된 가장 큰 과제였다. 현대화폐이론이 아바 러너의 '기능적 재정 운용' 개념에 따라 강력하게 주장하는 정부의 최종적인 고용자 역할은 경청할 만하다. 임노동 본위로 조직된 사회가 지속하는 한, 고용을 늘리는 것이 사회적 안전망을 두텁게 펴는 것보다 더 중요한 공공정책이라고 볼 수 있다. 정부가 일할 능력이 있고 일할 의사가 있는 사람들을 고용하기 위해서는 정부 부문 안에서는 물론이고 지방자치단체의 공동체 프로그램의 틀에서, 곧 시장 부문 바깥에서 공동체에 필요한 활동을 광범위하게 조직하는 데 관여할 수 있을 것이다. 정부가 최종적인 고용 보장자로서 완전고용을 달성할 의무가 있다고 주장하는 현대화폐이론가들은 정부가 피고용자에게 부여하는 임금, 노동조건, 노동시간, 사회적 임금 수준 등은 노동시장에서 고용의 최저 수준을 결정하는 효과가 있다는 점을 강조하기까지 한다. 그러나 인공지능과 자동화가 광범위하게 도입되어 임노동 본위로 조직

---

10 닉 서르닉/심성보 옮김, 『플랫폼 자본주의』(서울: 킹콩북, 2020), 129f.

된 사회가 해체되어 포스트-노동사회로 전환하는 과정에서 공공 일자리 공급으로 일자리 소멸을 커버하는 데 한계가 있다는 것도 유념할 필요가 있다.

넷째, 포스트-노동사회로 전환하는 과정에서 기본소득 지급은 공공 정책의 우선 과제로 꼽힐 만한 정책이다. 기본소득정책은 본서 제VII부에서 본격적으로 다룬 바 있기에 여기서 자세하게 설명할 필요가 없다. 기본소득은 자산, 소득 등에 대한 사전 조사는 말할 것도 없고, 노동과 고용 여부에 상관없이 정치 공동체에 속한 모든 개인에게 인간의 존엄성을 누리며 살 기회를 보장하는 정책이다. 기본소득은 본질적으로 포스트-노동사회의 기획이고, 윤리적 최소한의 삶의 요구(ethisches Minimum forderni)를 충족시키려는 정책이다.

3. 공공은행의 육성

공공은행은 정부가 직접 혹은 중앙은행을 통해 화폐를 발행하는 주권화폐체제에서 꼭 필요한 기관이다. 우리나라에서는 정부가 주도하는 경제개발이 오랫동안 시행되었고, 그 과정에서 정부가 총 자본가로서 자본을 조달하고 할당하는 데 결정적인 권한을 행사했다. 따라서 정부가 자본을 운용할 창구로 쓸 은행이 필요했고, 그 은행을 가리켜 '국책은행'이라고 했다. 국책은행은 특별법에 의해 정부가 출연하여 설립한 은행이고, 수출지향적 경제개발과 기업 육성정책에 따라 장기간 저금리로 산업 부문과 기업을 지원하는 역할을 했다. (구)산업은행, 수출입은행, 중소기업은행 등이 우리나라의 대표적인 국책은행들이다.

공공은행은 중앙정부에 의해 설립되기도 하지만, 지방자치단체에 의해서도 설립된다. 공공은행의 역사를 들여다보면, 공공은행은 중세 말기에 바르셀로나, 제노아 등에서 도시 정부의 재정 운영의 필요에 따라 설립되었고, 그 뒤에 암스테르담, 함부르크, 런던 등을 거쳐 유럽 전역에 확산하였고, 신성로마제국의 제후국에서는 영방은행(Landesbank)의 형태로 창설되었다. 19세기 중엽에는 저축 금고 형태의 공공은행이 지역 단위에 설립되었다.

공공은행은 정부가 출연하여 설립한 은행이며, 시장 상황에 매이지 않은 채 공공의 필요에 따라 대출과 지급 결제를 수행한다.[11] 반면에 상업은행은 민간 자본을 모아서 설립된 영리 기업이고, 수익을 최대화하려는 목표를 중심으로 활동한다. 상업은행은 충분한 이자를 받아서 많은 이익을 얻을 수 없는 경우에는 설사 그것이 사회적으로 꼭 필요한 일이라 하더라도 대출하지 않을 것이다. 학자금 융자나 사회적 인프라 투자나 연구개발 사업처럼 저금리로 자금을 장기적으로 빌려주어야 하고, 자금의 회수도 오래 걸리는 사업을 위해 대출에 나서는 상업은행은 없을 것이다. 아무리 좋은 이상을 표방하더라도 대출금의 회수가 불확실한 사업에 위험을 무릅쓰고 대출하는 상업은행도 당연히 없을 것이다. 그와 같이 상업은행이 시장의 요구와 청산의 한계를 넘을 수 없기에 시장에 매이지 않고 공익을 위해 자금을 할당하고 배분하는 공공은행이 필요하다.

공공은행의 핵심 업무는 크게 보아 세 가지다. 하나는 공익을 위해 자금을 할당하고 배분하는 일이고, 다른 하나는 인내자본을 형성하는

---

11 공공은행이 사업에 필요한 자금을 조달하는 방법에 관해서는 이미 앞의 1.4에서 논한 바 있다.

일이고, 마지막 하나는 산업 발전과 기업 육성에 특화한 대출을 전문화하는 일이다. 첫째, 공익을 위한 자금의 할당과 배분은 상업은행이 관심을 두지 않는 사각지대이기에 공공은행의 개입이 절실한 분야이다. 아마 가장 대표적인 예를 든다면 사회적 경제 분야를 꼽을 수 있을 것이다. 사회적 경제는 지역경제의 발전 차원뿐만 아니라 사회경제적 관점과 생태학적 관점에서도 육성할 만한 가치가 있지만, 사회적 경제가 발달하지 못하는 결정적인 이유는 사회적 금융이 형성되기 어렵기 때문이다. 사회적 경제를 이루는 생산 단체나 유통 단체에 신용을 공급하는 사회적 금융은 소규모인 데다가 자금 조달 비용이 크기에 상업은행보다 낮은 금리로 사회적 경제가 필요로 하는 자금을 제공할 수 없다. 사회적 금융에 싼 자금을 충분히 공급할 능력을 갖춘 기구는 공공은행뿐이다. 한두 가지 예를 더 들어본다면 방대한 자본 투입이 필요하지만 큰 수익을 기대하기 어려운 사회적 주택공급이나 재생가능 에너지 공급 분야 등에도 공공은행이 개입할 필요가 있다.

둘째, 공공은행은 인내자본을 형성할 역량이 있다. 상업은행이 인내자본을 형성할 가능성은 거의 없다. 인내자본은 그 자본의 투입에 대한 성공이 보장되지 않고, 설사 성공한다고 하더라도 자본의 회수에 오랜 기간이 걸리는 특성이 있다. 상품생산과 유통의 속도를 높여서 자기 자신을 재생산하고 팽창하는 자본은 인내자본의 성질을 띠기 어렵다. 인내자본은 벤처 캐피털과는 다른 성질을 갖는다. 벤처 캐피털은 기술과 지식의 독점을 허용하는 제도를 활용하여 지대를 추구하는 자본이고, 성공 확률이 지극히 낮은 것을 감수하는 위험자본이다. 열 개의 벤처 기업 가운데 하나가 성공해도 그 성공으로 인한 이익이 실패가 가져다주는 손실을 크게 넘어서기에 벤처 캐피털이 활동한다. 인내자본은 벤처 캐피털과 유사한 점이 있지만, 지대를 추구하는 투기자본이 아니다. 인내자본은 벤처 캐피털보다 그 규모가 훨씬 크고, 기술의 상업화보다는 원천 기술의 개발과 기술 융합의 인프라를 구축할 필요에서 형성되는 자본이다. 그러한 인내자본을 형성할 수 있는 가장 적절한 주체는 기업이 아니라 정부이거나 정부가 출연하여 설립한 공공투자개발은행(가칭)일 것이다. 기업은 자본 투입과 회수의 단기주의적 성향을 벗어나기 어렵지만, 정부는 장기적인 전망에 따라 국가의 기술적 목표를 달성하기 위해 공공투자개발은행을 통하여 인내자본을 형성할 수 있다. 그러한 정부는 투자자로서의 국가로 나타난다.[12] 정부가 공공투자개발은행을 통하여 투자해서 창출한 기술과 지식은 공공투자개발은행의 자산이 된다. 이제까지 정부가 엄청난 자원을 들여 개발한 기술과 지식을 무상이나 헐값에 매각해서 그 기술과 지식을 차지한 기업이 엄청난 특혜를 얻었는데, 그런 일은 앞으로 없어야 할 것이다. 공공투자개발은행은 기술과 지식을 매각하는 조건으로 그 기술과 지식을 인수한 기업의 지분을 차지하고 그 지분에 따른 배당을 인내자본 기금에 흘러 들어가게 하는 것이 마땅하다.

셋째, 공공은행은 정부의 정책에 따라 산업 발전과 기업 육성에 필요한 자금을 저금리로 할당하고 자금 운용을 감독하는 전문적인 역할을 하여야 한다. 그러한 공공은행의 역할은 국가 주도적인 경제개발 연대에 (구)수출입은행과 중소기업은행이 수행했다. 민간 투자가 대규모로 이루어져서 정부가 대규모 투자를 주도할 필요가 없는 상황에서 정부의 투자는 거시경제 계획에 따라 절제 있게 이루어져야 한다. 정부의

---

12 투자자로서의 국가에 대해서는 마리아나 마추카토/김광래 옮김, 『기업가형 국가: 공공경제부분의 한계 극복 대안』 (서울: 매경출판, 2015), 301ff.를 보라.

투자는 목적의식에 따라 미래 산업의 발전을 제시하고 기업의 투자를 이끄는 전략적 투자의 성격을 띨 필요가 있다. 그러한 투자 자금은 산업 부문과 기업에 장기 저리로 할당되어야 할 것이다. 거시경제 계획에 따른 투자는 명령경제 방식으로 추진될 수 없고, 방향 제시와 동기부여, 확실한 자금 지원을 통해 구현될 수 있다. 그런 점에서 공공은행은 거시경제 계획을 추진하고 실현하는 데 매우 중요한 역할을 맡는다.

4. 화폐자본에 대한 규율

앞에서 금융체제의 규율 원칙을 논하면서 상업은행의 신용 창조 금지, 상업은행과 투자은행의 분리, '그림자금융'의 규율 등을 언급했지만, 금융의 자유화와 지구화가 실현된 세계에서 국경을 가로지르는 화폐자본의 운동은 한 나라 정부의 개입을 통해 규율하기 어렵다. 지구적 차원에서 이루어지는 '그림자금융'의 규율, 자본거래 속도의 조절, 조세 회피처 봉쇄 등은 한 나라 정부의 과제가 아니라 정부 간 협력과 지구적 거버넌스를 통해서 해결해야 할 과제이다. 따라서 그 과제는 신자유주의적 금융화와 거기서 비롯된 문제들을 면밀하게 분석한 뒤에야 비로소 제대로 수행될 수 있다. 그것은 본서 제X부에서 다룰 과제이다.

5. 소결

정부가 은행에 대한 예속에서 벗어나려면 독점적인 화폐 발행자의 지위를 회복하여야 한다. 정부의 독점적인 화폐 발행권을 실현하는 제도는 주권화폐체제이다. 주권화폐체제에서 정부는 화폐자본에 대해 초월적 지위에 서서 은행과 금융을 규율할 수 있다.

주권화폐체제에서 정부는 직접 화폐를 발행할 수도 있고, 화폐 발행권을 중앙은행에 위임할 수도 있다. 중앙은행에 화폐 발행 권한을 위임할 때 정부는 시뇨리지 처리, 거시경제 계획에 따른 화폐 공급 조절, 화폐적 재정 조달의 조건과 범위, 이자율과 할인율 결정 등 중앙은행이 준수하여야 할 네 가지 원칙을 확실하게 천명하여야 한다. 상업은행의 신용 창조와 파괴의 금지, 상업은행과 투자은행의 겸업 금지, 그림자금융의 규율, 공공은행의 화폐 조달 방식 등은 주권화폐체제에서 금융을 규율하는 핵심 요건이다.

정부의 재정정책과 일련의 공공정책은 사회 세력들과 시민사회가 참여하는 공론화 과정을 거쳐 거시경제 계획 위원회에서 사회적 합의를 거쳐 확정되고, 정치적 합의를 거쳐 실행되어야 한다. 그것이 재정의 민주화와 공공정책의 민주적 형성을 추구하는 방식이다.

정부는 공공은행을 설립하여 사회적 경제를 육성하고, 인내자본 형성을 통해 과학과 기술을 중심으로 투자자로서 활동하고, 거시경제 계획에 따른 투자정책을 장기적인 관점에서 일관성 있게 집행할 수 있다. 신자유주의적 금융화 과정에서 은행과 화폐자본을 어떻게 규율할 것인가는 매우 중대한 과제다. 이에 관해서는 신자유주의적 금융화와 그 문제를 분석하는 이 책의 제X부에서 논할 것이다.

맺음말

재정과 금융의 민주화는 우리 시대에 가장 큰 과제가 되었다. 신자유주의적 시장경제에서 화폐자본은 정부를 재정건전성의 족쇄에 묶고 생산자본과 노동과 가계를 전 방위적으로 수탈하는 날것의 권력으로 군림하고 있다. 화폐자본은 중앙은행의 독립과 자율성을 내세워 통화정책과 재정정책을 분리하고 정부를 화폐 사용자의 지위로 격하시켜 예산 제약 아래 놓았다. 예산 제약 아래서 정부는 완전고용, 교육, 사회복지, 건강과 의료, 생태계 보전 등 최우선적인 공공정책을 제대로 수용하지 못했고, 서로 갈등하는 사회적 이해관계들을 조정하여 공익을 최대한 실현하라는 공화주의적이고 사회국가적인 요구에 충실할 수 없었다. 신자유주의적 시장경제에서 정부의 재정 긴축이 가계의 부채를 극적으로 증가시킨 것이 그 단적인 예다. 그런데도 화폐자본과 금융체제에 대한 규제는 느슨하고, 그 규제마저도 은행 친화적인 성격을 띠고 있어서 한계가 분명하다. 재정과 금융의 민주화는 그러한 상황을 넘어서서 재정과 금융의 영향 아래 있는 모든 사람의 동등한 참여와 정의의 원칙에 따라 재정에 대한 민주적 통제와 금융에 대한 민주적 규율을 실현하려는 시도다.

재정과 금융의 민주화는 정부와 은행의 관계를 제대로 이해하는 데서 출발해야 한다. 정부와 은행, 재정정책과 통화정책을 별개의 영역으로 분리하는 것은 전혀 당연한 일이 아니다. 그것은 화폐자본의 이데올로기에 불과하다. 이러한 인식에 이르기 위해서는 재정과 금융의 공통분모를 이루는 화폐의 기원과 본성을 이해하고, 자본주의가 발전하면서 화폐와 신용이 어떤 관계를 맺으며 자본주의적 신용화폐제도로 발전하였는가를 파악하여야 한다. 1장에서 진행된 이 중요한 작업에서 밝혀진 것은 다음과 같다. 1) 화폐는 교환에서 탄생한 것이 아니라 부채를 중심으로 한 사회적 관계에서 비롯되었다. 화폐는 부채의 크기를 표시하기 위한 계산 단위로 고안되었고, 부채를 기록한 증서는 실무에서 화폐의 구실을 하였다. 2) 화폐는 국민에게 세금, 수수료, 벌금 등의 부채를 부과할 권한이 있는 정부가 부채의 청산을 위한 수단으로 만들었다. 조세권이 있는 정부는 화폐 발행자의 지위를 갖는다. 정부가 발행한 화폐가 통용될 수 있는 까닭은 정부가 그 화폐를 받아들인다는 데 있다. 국민은 국가에 대한 채무를 청산하기 위해 정부화폐를 얻기 위해 일해야 했다. 3) 민간 부문에서 거래는 정부화폐와는 별도로 어음 등과 같은 부채증서를 매개로 해서 이루어졌고, 그러한 신용제도로부터 은행제도가 탄생하여 발전하게 되었다. 은행은 민간어음을 할인하여 은행권으로 교환해 주었고, 은행권은 부채증서의 인적 속박을 깨뜨리고 광범위하게 유통되었다. 4) 은행권 역시 신용화폐였으므로 부채의 청산 수단, 곧 지불 수단이 필요했다. 정부의 화폐 발행 독점체제에서 그 지불 수단은 정부화폐였다. 신용과 화폐는 서로 결합하였고, 이로부터 자본주의적 신용화폐제도가 발전하였다.

2장은 자본주의적 신용화폐제도의 발전을 다루었다. 1) 자본주의적 신용화폐제도에서 은행은 생산과 유통에 필요한 풍부한 화폐를 갖고자 했다. 은행이 신용화폐 이외에 지불 수단의 구실을 하는 화폐를 만들어내기 위해서는 정부에게서 화폐 발행 권한을 빼앗거나 그 권한을 정부와 나누어 가져야 했고, 그것은 정부와 은행의 권력투쟁을 거쳐 결정될 사항이었다. 2) 그러한 권력투쟁을 거쳐서 화폐 발행권을 정부와 은행이 함께 나누는 체제가 17세기 말에 영국에서 처음으로 확립되었다. 그 체제에서 잉글랜드은행은 정부로부터 화폐 발행 특권을 위임받았고, 정부는 은행을 통해서 부채를 화폐화하는 절차를 밟았다. 3) 잉글랜드은행은 1844년 최종적인 대부자의 지위를 갖는 중앙은행으로 승격되었다. 그로써 중앙은행제도의 잉글랜드 모델이 완성되었고, 그 모델은 세계 여러 나라의 중앙은행제도로 이식되었다. 4) 잉글랜드 모델은 금태환본위제 시대에는 경직성을 띠었으나 관리통화제도로 이행하면서 유연해졌다. 1920년대 말의 대공황 이후에 국가독점자본주의 단계의 관리통화제도에서 재정정책과 통화정책의 결합은 공고해졌고, 정부의 은행 규제는 엄격해졌다. 상업은행과 투자은행의 신용제도적 분리가 그러한 규제의 성격을 보여준다. 정부와 은행의 밀접한 협력 관계는 정부 채권을 활용한 공개시장조작, 재할인 창구 운영, 중앙은행의 정부 채권 발행시장 개입 등 여러 제도들을 통해 뒷받침되었다. 5) 정부와 은행의 관계에 관한 잉글랜드 모델은 왕과 부르주아의 투쟁이라는 영국 역사를 반영하는 특수한 제도이고, 그 한계도 분명하다. 잉글랜드 모델에서 정부는 화폐 발행자의 지위를 유지하고 있기는 하지만, 은행을 통해 화폐 발행을 하면서 이자를 내야 한다. 시뇨리지는 은행의 몫이 되었다. 또한 중앙은행의 최종적인 대부자 역할은 은행의 실패에 따른 손실을 사회화하는 장치로 전락했다. 그러한 문제를 해결하기 위해서는 정부와 은행의 관계를 잉글랜드 모델과 전혀 다르게 디자인할 필요가 있다.

3장은 정부와 은행의 적절한 관계를 어떻게 정립할 것인가를 다루었다. 이를 위해 통화주의, 현대화폐이론, 주권화폐 이론을 다루었다. 1) 통화주의는 금본위제 시대와 신고전파 경제학의 화폐수량설을 가다듬은 이론이고, 본원 화폐가 시중 통화의 작은 일부만을 구성하고 있는 오늘의 상황에서는 비현실적인 주장이다. 2) 통화주의는 정부의 화폐 발행자 지위를 부정하고, 정부를 예산 제약에 묶어 정부의 공공 활동을 축소하고, 은행과 화폐자본의 정부에 대한 우위를 극단화하는 이데올로기다. 3) 현대화폐이론은 정부의 화폐 발행자 지위를 확인하고 재정 건전성의 신화를 깨뜨렸다. 현대화폐이론가들은 미국의 신용화폐제도에서 재정정책과 통화정책의 유기적 연관을 확인하고, 완전고용의 달성 같은 공공정책을 위해서는 재정적자를 감수하는 것을 마다할 필요가 없다고 역설한다. 4) 그러나 현대화폐이론은 잉글랜드 모델과 달리 패권체제를 당연한 듯이 전제하고 있고, 정부 부문과 민간 부문 사이의 화폐 플로우와 스톡에 대한 거시회계학적 서술에 그칠 뿐 정부부채와 민간 부채의 정치경제학에 대한 분석이 없다. 5) 주권화폐 이론은 화폐의 기원과 본성에 가장 충실한 이론이다. 주권화폐 이론의 핵심 주장은 정부가 계산화폐의 단위를 정하고 법정화폐를 결정하고 발행할 전권을 행사하여야 한다는 것이다. 화폐 주권을 확보한 정부는 은행과 화폐자본에 대한 초월적 지위에서 은행과 화폐자본을 규율하는 권력을 행사할 수 있다.

4장에서는 통화정책, 재정정책, 고용정책, 투자정책, 소득분배정책 등의 유기적 연관성을 고찰했다. 1) 통화정책, 재정정책, 투자정책, 고용정책, 소득분배정책 등의 유기적 연관에 대한 인식은 케인즈에 앞서서 마르크스의 자본의 재생산 도식에서 강력하게 시사되었다. 마르크스는 자본의 재생산이 가능한 조건을 '이념적 평균의 수준에서' 고찰한 바 있다. 2) 마르크스의 자본의 재생산 도식에 대한 미하우 칼레츠키와 오타 씨크의 해석은 통화정책, 재정정책, 고용정책, 투자정책, 소득분배정책 등의 통합적 조율의 필요성과 중요성을 명료하게 보여준다.

5장에서는 제4장의 이론적 검토에 바탕을 두고서 재정과 금융의 민주화를 논했다. 1) 주권화폐체제에서 정부는 독점적인 화폐 발행자의 권한을 행사하고, 은행과 화폐자본에 대해 초월적인 위치에 서서 은행제도와 금융체제를 규율한다. 2) 정부는 화폐 발행권을 중앙은행에 위임하고 시뇨리지 처리, 화폐 공급량 결정, 화폐적 재정 조달의 조건과 범위, 이자율과 할인율 등과 관련된 화폐 발행 4원칙을 천명한다. 3) 상업은행의 신용화폐 창조와 파괴는 금지되고, 상업은행과 투자은행은 엄격하게 분리되고, '그림자금융'은 규율된다. 4) 정부의 재정과 공공정책은 재정 운영과 공공정책 집행에 영향을 받는 사람들이 참여하는 공론화 과정을 거쳐 사회적 합의와 정치적 합의에 바탕을 두고 수립되어야 한다. 그것이 재정 운영과 공공정책을 민주화하는 방안이다. 5) 정부는 공공은행을 육성하여 사회적 경제 지원, 인내자본 형성과 투자자로서의 국가 활동, 거시경제 계획에 따르는 투자정책의 효과적인 실행 등의 업무를 수행하게 한다.

재정과 금융의 민주화는 국제통화체제, 금융시장, 세계무역체제 등의 민주적 규율과 맞물릴 때 그 의미가 더 뚜렷하게 드러난다. 그것은 한 나라의 재정과 금융을 다루는 맥락에서는 오직 간접적으로만 다룰 수 있을 뿐이다. 이에 대한 본격적인 논의는 달러 패권체제의 해체와 대안적 국제통화체제의 모색, 신자유주의적 금융화의 대안 모색, 세계무역체제의 민주적 규율 등을 다루는 이 책 제IX부, 제X부, 제XI부의 과제이다.

1장 화폐 권력과 달러 패권

2장 브레턴우즈체제에서 달러 패권

3장 포스트-브레턴우즈체제에서 달러 패권

4장 달러 패권의 지속가능성과 달러 패권에 대한 도전

5장 달러 패권체제의 종식

　　 ─ 정의롭고 공정하고 호혜적인 세계통화체제를 향하여

머리말

오늘의 세계경제와 국민경제들을 극도로 왜곡시키는 가장 큰 요인은 달러 패권체제이다. 달러 패권은 달러 금태환본위제에 입각한 브레턴우즈체제가 성립되면서 확고하게 자리를 잡았고, 달러 금태환이 폐지되고 난 뒤에 들어선 포스트-브레턴우즈체제에서 달러 본위제가 확립되면서 더욱더 견고해졌다. 미국의 법정화폐를 세계화폐로 공급하는 달러 패권체제는 근본적으로 잘못 설계된 불안정한 체제였다. 달러 패권체제가 성립된 이후에 지구적 차원에서 남북문제가 발생했고, 미국의 달러 공급과 환수 메커니즘을 통해 지구적 차원의 공납체제가 작동했다. 포스트-브레턴우즈체제가 확립되는 과정에서 강력하게 추진된 금융화는 월 스트리트의 금융기관들을 매개로 해서 금융자본의 수탈체제를 지구적 차원에서 확립했다.

그러한 달러 패권체제는 미국의 경상수지 적자와 재정수지 적자 같은 부채 경제를 바탕으로 하고 있기에 지속 가능성에 의문을 불러일으키고 있고, 끊임없이 지구적 차원의 금융 불안과 금융위기를 불러일으키고 있다. 이미 거대한 국민경제를 구축한 중국은 달러 패권 제제에 도전하면서 위안화 중심의 독자적인 통화권을 형성하려고 시도하고 있다. 만일 세계통화체제가 달러를 중심으로 한 통화 패권과 위안화를 중심으로 한 통화 패권으로 분열한다면, 화폐 블록 사이의 긴장과 갈등은 불가피할 것이고, 심지어 전쟁을 불러들일 수도 있다.

이처럼 달러 패권체제에서 비롯되는 심각한 문제들을 해결하려면,

달러 패권체제를 해체하고, 정의롭고 공정하고 호혜적인 국제통화체제를 수립하지 않을 수 없다. 그것이 본서 제IX부에서 다루고자 하는 주제다. 그 주제를 다루기 위해 아래서는 먼저 달러 패권체제를 이해하는 데 꼭 필요한 '화폐 권력' 개념을 분석한다. 둘째, 달러 패권체제를 뒷받침한 브레턴우즈 협정의 핵심 논리를 분석한다. 셋째, 포스트-브레턴우즈체제에서 지구적 차원의 무역 불균형과 달러 환류를 통해 달러 패권이 더 공고해지는 과정을 살핀다. 넷째, 달러 패권체제에 대한 중국의 도전을 분석하고 그 의의를 평가한다. 마지막으로 다섯째, 케인즈의 국제청산동맹 구상을 재소환하여 달러 패권체제를 종식하고 정의롭고 공정하고 호혜적인 국제통화체제를 수립하는 방안을 모색한다.

1장
화폐 권력과 달러 패권

달러는 미국의 법정화폐이지만, 세계화폐의 역할을 한다. 미국의 화폐가 국제적인 지급결제와 축장 수단으로 쓰이는 것은 그 화폐가 헤게모니를 갖는 화폐이기 때문이다. 그러한 화폐 현상은 '화폐 권력'이라는 개념에 의해 가장 잘 설명된다.

1. 달러 패권 현상

달러는 지구적 차원에서 작동하는 자본주의적 신용화폐제도에서 기축통화의 구실을 한다. '기축통화'(key currency)라는 개념은 국제통화제도에 관한 협정들에서 단 한 번도 공식적으로 사용된 적이 없는 개념이지만, 달러는 국제적인 지급결제의 기본통화로 인정되고 있고, 유로화, 위안화, 엔화, 원화 등 세계 여러 나라 통화의 가치를 결정하는 기준통화의 구실을 하고 있다. 바로 그런 점에 주목해서 사람들은 달러를 지구 경제의 '기축통화'로 부른다.

달러는 세계화폐로서 유통되고 있지만, 근본적으로는 미국의 법정화폐다. 달러는 미국 자본주의 경제체제에서 모든 청구권을 최종적으로 청산하는 권위를 가진 화폐이다. 무릇 자본주의적 신용화폐제도에서 화폐가 화폐로서 역할을 하도록 하는 것은 결정적으로 조세국가의 권력이다. 국가가 국민에게 세금을 부과하고 세금을 납부하도록 강제하는 권력이 화폐가 통용하도록 하는 제도적인 조건이다. 국가는 조세권력에 근거하여 화폐를 발행한다.[1] 국가가 화폐의 단위를 정하고 법정화폐를 공급하기 시작하면, 그 화폐는 곧바로 지급수단, 교환 수단, 축장 수단 등의 구실을 한다. 일반적으로 법정화폐는 국가 조세권이 미치는 범위 안에서 통용된다고 여겨져 왔고, 그러한 생각이 구현된 것이 베스트팔렌적 화폐 모델이다. 영토와 주권의 불가침성에 바탕을 둔 베스트팔렌적 국가는 화폐 주권의 구현체다.[2]

그러나 무역과 금융의 발달에 힘입어 국가가 발행하는 화폐는 조세국가의 관할 범위를 넘어서서 무역 거래와 금융거래의 지급수단으로 통용되었다. 그렇게 해서 국가의 화폐는 탈영토화하면서 세계화폐의 지위를 얻게 된다. 역사적으로 보면 17세기부터 19세기 중반까지 사용된 스페인 은화나 19세기 중반부터 20세기 초반까지 금태환을 바탕에 둔 여러 나라의 화폐가 세계화폐의 역할을 하였다. 오늘의 세계경제에서도 유로화, 일본 엔화, 중국 위안화, 영국 파운드화, 스위스 프랑화 등이 국제적인 무역결제와 금융결제의 수단으로 통용되고 있다. 달러도 그런 의미의 세계화폐다.

---

1 정부가 화폐 창조자로서 화폐를 발행하는 방식에 관해서는 본서 제VIII부 2장을 보라.
2 벤자민 J. 코헨/박영철 옮김, 『화폐와 권력: 다시 그리는 세계 경제지도』 (서울: 시유시, 1999), 74ff.

세계화폐들이 통용되는 범위와 규모를 놓고 볼 때 달러는 단연 독보적이다. 다른 나라의 화폐는 통용 범위와 규모가 한정되어 있고, 그 화폐들로 축적된 자산의 규모도 적다. 반면에 달러는 외환거래의 90%, 무역결제의 50%를 매개한다. 달러로 표시되는 자산의 규모를 보면 국제적으로 거래되는 채권 가운데 달러 표시 채권의 규모는 40퍼센트에 육박하고, 해외통화예금의 약 60%가 달러 표시 예금이며, 각 나라의 외환보유고에서 달러가 차지하는 비중은 70%에 육박한다.[3] 달러는 무역결제와 금융결제를 통해 촘촘하게 네트워크를 형성하고 있는 국제금융통화체제에서 가장 선호되는 화폐이고, 가장 안전한 자산으로 간주되고 있다. 오늘의 달러는 브레턴우즈체제에서처럼 금태환본위제를 방패로 내세우며 달러의 가치를 유지하는 일조차 내던진 채 문자 그대로 미 연방정부의 조세권에 바탕을 두고 미국 중앙은행이 지급보증을 약속한 신용화폐인데도 지구 경제에서 기축통화 구실을 하는 '독보적인' 화폐이다.[4]

그런 점에서 달러는 세계에서 통용되는 화폐들의 서열에서 '최정상 통화'(top currency)로 간주되고, 패권적인 위상을 갖는 화폐로 여겨진다.[5] 지구적 차원에서 무역과 금융에 종사하는 당사자들은 달러를 활용

3 이규철, "미국의 구조적 통화권력과 미-중 무역불균형의 정치경제," 「국제정치연구」 20/1(2017), 59, 각주 9.

4 벤자민 J. 코헨은 브레턴우즈체제가 붕괴한 이후에도 미국 달러가 여전히 "교환 수단, 계산 단위, 가치저장 수단 등 모든 화폐의 목적을 충족시킨다는 점에서 전 세계 곳곳에서 사용되는 독보적인 진정한 세계통화"라고 서술한다. Benjamin J. Cohen, "Global Currency Rivalry: Can the Euro Ever Challenge the Dollar?" European Union Studies Association Lecture, prepared for presentation at the eighth biennial international conference of the European Union Studies Association (Nashville, TN, 29 March, 2003), 4.

5 벤자민 J. 코헨/박영철 옮김, 『화폐와 권력: 다시 그리는 세계 경제지도』, 226.

한 지급결제를 어쩔 수 없는 일로 받아들이고, 달러를 통한 결제가 거래 비용을 줄이기에 이를 자발적으로 수용하고 있다. 달러가 세계화폐로 통용되는 것은 일종의 '자발적 강제' 현상이며, 그것은 동의와 강제를 통일하는 그람시적 의미의 헤게모니가 관철되는 현상이다. 한마디로 달러는 헤게모니를 행사하는 화폐이고, 지구 경제는 달러 패권 아래 있다.[6]

2. 화폐 권력

미국 달러가 지구 경제에서 패권적 지위를 갖는 화폐라는 사실은 어떤 정치경제학적 의미를 갖는 것일까? 이 문제는 주로 국제정치경제학[7]에서 다루어지는데, 국제정치경제학자들이 달러 패권을 설명할 때 사용하는 개념은 '화폐 권력'(monetary power)이다. 화폐와 권력의 문제를 체계적으로 다루기 시작한 학자는 수잔 스트레인지(Susan Strange)였다. 그는 기본적으로 베스트팔렌적 화폐 모델을 전제한 학자였다. 그는

---

6 이 점에서 이규철이 달러 패권을 '자발적으로 협력하도록 강제하는 메커니즘'으로 성격화한 것은 적절하다. 이규철, "미국의 통화패권과 미-중 불균형의 정치경제: 2008년 금융위기 대응 사례를 중심으로," 「국제정치연구」 22/4(2019), 8.

7 국제정치경제학은 Global Political Economy의 역어이다. 국제정치경제학은 정치와 경제의 밀접한 관계에 주목해서 개입주의 경제학을 구축한 케인즈 경제학에 뿌리를 두고 있다. 그렇기에 경제를 정치와 분리해서 경제학의 고유 영역과 논리를 추구한 신고전파 경제학에 대해 비판적인 입장을 취한다. 국제정치경제학은 국제 경제 질서를 이해하는 데 헤게모니, 국제 거버넌스, 국가정책의 자율성 등을 중시한다. 국제정치경제학의 관점과 방법에 관해서는 수잔 스트레인지/양오석 옮김, 『국가와 시장: 국제정치경제학 입문』 (서울: 푸른길, 2005), 2장; Robert Gilpin, *Global Political Economy: Understanding the International Economic Order* (Priceton and Oxford: Princetton University Press, 2001), 4장을 보라.

국제적인 통화금융체제가 구축되기 위해서는 화폐 주권을 가진 국가들이 함께 게임의 규칙을 제정해야 한다고 생각했다. 그러한 게임의 규칙을 결정할 역량이 있는 국가는 그 규칙을 통해 다른 국가에 영향력을 행사하여 자신의 정책을 관철하고 이익을 취할 수 있다. 바로 그러한 권력이 '구조적 권력'이다.[8] 미국은 제2차 세계대전을 통해 세계적인 패권 국가로 등장한 이래 브레턴우즈체제의 규칙을 제정하는 막강한 힘을 행사했고, 국제 통화금융체제의 규칙을 통해 세계의 거의 모든 나라들에 자신의 정책을 관철할 수 있었다. 그런 점에서 국제 통화금융체제는 구조적 권력이 가장 분명하게 관철되는 영역이다.

벤자민 J. 코헨(Benjamin J. Cohen)은 스트레인지의 구조적 권력 개념을 수용하면서도 영토 중심적인 베스트팔렌적 화폐 모델을 따르지 않고, 화폐의 탈영토화를 중시하는 '화폐 관계의 유량 중심적 모델'을 택했다. 그는 국제 통화금융체제에서 금융기관이 주도적인 역할을 하는 금융화 과정에 초점을 맞추어 미국이 통화금융 네트워크에서 행사하는 화폐 권력을 분석했다.[9] 그는 국제관계에서 권력을 '사건의 결과를 통제하거나 최소한 영향을 미칠 능력'으로 규정했고, 그러한 권력을 행사하는 국가는 국내외적으로 고도의 자율성을 누린다고 보았다. 영향력과 자율성은 권력의 두 측면이다. 그러한 권력의 가장 두드러진 실례가 화폐 권력이다. 화폐 권력은 국가들이 지급 균형을 통해 불가피하게 서로 연결되는 국제통화영역에서 두드러지게 나타난다. 그러한 화폐적

---

8 스트레인지는 그러한 구조적 권력을 관계적 권력과 구별했다. 관계적 권력은 한 국가가 다른 국가에 자신의 의지를 강제하기 위해 직접 행사하는 날 것의 권력이다. Susan Strange, "The Persistent Myth of Lost Hegemony", *International Organization* 41/4(1987); 수잔 스트레인지/양오석 옮김, 『국가와 시장: 국제정치경제학 입문』, 49-61.

9 벤자민 J. Cohen/박영철 옮김, 『화폐와 권력: 다시 그리는 세계 경제지도』, 35, 298ff., 313.

연결 관계에서 어떤 국가가 지속 불가능한 지급 불균형에 직면한다면, 그 국가는 정책의 독립성을 항구적으로 위협받는다. 지급 불균형을 조정하기 위해 핵심적인 국내 정책을 제대로 추진하지 못하게 되는 것이다. 그러나 화폐 권력을 가진 나라는 다르다. 그런 나라는 지급 불균형에도 불구하고 다양한 금융기법을 활용하여 지급 불균형 조정을 '연기' 하든지, 다른 나라들을 '희생'시켜 지급 불균형 조정 부담의 짐을 덜어낸다. 그 점을 주목한 코헨은 "통화 관계의 거시 수준에서 국가 권력의 토대는 지급 불균형이 요구하는 조정의 부담을 회피하는 역량"[10]이라고 규정하고, 그러한 역량이 화폐 권력의 핵심이라고 주장했다. 한마디로 "해외에서 권력을 행사하는 일과 관련해서 중요한 것은 국내에서 실제적인 행동의 자유를 확보하는 것"[11]이다. 화폐 권력은 국제적인 통화 관계에서 국가의 자율성을 확보하는 힘이다.

그러한 화폐 권력을 지닌 독보적인 나라는 미국이다. 미국은 천문학적인 무역수지 적자나 재정수지 적자 등과 같은 거시경제 불균형에 처해 있음에도 불구하고 통화정책과 금융정책 등을 상대적으로 자유롭게 채택하여 정책 목표를 달성하고 국방정책이나 사회정책 등과 같이 엄청난 예산이 투입되는 정책 목표들을 임의로 추진할 수 있다. 미국은 세계 여러 나라에서 상품을 수입하여 그 대금으로 달러를 유출한 뒤에 가장 안전한 자산으로 여겨지는 미국 재무부 채권을 발행하여 달러를 환수함으로써 무역적자와 재정적자의 함정에 빠지지 않은 채 거시경제를 운영한다. 미국이 무역적자와 금융적자 문제를 푸는 데 들어가는 비

---

10 Benjamin J. Cohen, "The Macrofoundation of Monetary Power," *EUI Working Paper RSCAS No. 2005/08*, 2.

11 Benjamin J. Cohen, "The Macrofoundation of Monetary Power," 3.

용은 미국에 상품을 수출해서 흑자를 내는 국가들, 이를테면 중국, 일본, 한국, 대만 등과 같은 국가들에 전가된다. 지구적 차원에서 발생하는 무역수지 불균형이 달러 환류(dollar recycling)라는 금융 메커니즘을 통해 해소되는 것이다. 바로 그것이 국제 통화금융체제에서 최정상 통화를 가진 미국이 행사하는 화폐 권력의 효과다.

그렇다면 그러한 달러 패권은 어떻게 형성되고 작동해 왔는가?

2장
브레턴우즈체제에서 달러 패권

달러 패권은 브레턴우즈체제가 확립되면서 견고하게 자리를 잡았다. 달러 패권의 확립을 이해하려면 브레턴우즈체제가 어떻게 설계되었는가를 분석해야 하고, 거기에 어떤 문제가 있었는가를 파악해야 한다. 아래서는 먼저 브레턴우즈체제의 설계안을 살피고, 그다음에 브레턴우즈체제의 근본적인 문제를 분석한다.

1. 브레턴우즈체제의 설계

본시 브레턴우즈체제는 제2차 세계대전의 도화선이 되었던 블록경제의 폐해와 국제적인 통화 관계의 무질서를 극복하기 위해 지구적 차원의 자유무역과 국제적인 통화 질서를 확립하기 위해 설계된 제도였다. 1944년 브레턴우즈에서 체결된 협정에 따라 무역 규범을 규정하는 관세와무역에관한일반협정(GATT), 국제수지 적자의 누적에서 비롯되는 지급 불균형 문제를 해결하기 위한 국제통화기금(International Monetary

Fund, IMF), 무역 불균형의 직접적인 요인이 되는 국가 간 경제사회 발전의 격차를 해소하기 위해 개발을 지원하는 세계은행(World Bank) 등과 같은 브레턴우즈 기구들이 창설되었다. 그 셋이 브레턴우즈체제의 핵심 기구들이다.

브레턴우즈 협정에서 가장 중요한 의제는 국제무역의 결제 수단, 곧 세계화폐를 정하고 세계화폐를 안정적으로 관리하는 제도를 마련하는 것이었다. 그 의제를 둘러싸고 대영제국을 대표하는 존 메이나드 케인즈(John Maynard Keynes)의 제안과 미연방 재무부의 해리 덱스터 화이트(Harry Dexter White)의 제안이 대립하였으나, 케인즈의 제안이 기각되고 화이트의 제안이 관철되었다. 케인즈의 제안은 중립적인 계산화폐인 방코르(bancore)를 세계화폐로 창설하고 국제청산동맹(International Clearing Union)을 결성하여 국제통화 질서를 확립하는 것을 그 골자로 했다. 반면에 화이트는 미국 달러에 세계화폐의 위상을 부여하고 안정화기금(Stabilization Fund)을 통해 국제통화제도의 안전성을 보장하자고 제안했다. 브레턴우즈 협정에서 화이트의 제안이 채택되었다는 것은 제2차 세계대전을 통해 지구 차원의 패권 국가로 등장한 미국이 쇠퇴의 길로 접어든 대영제국을 압도하면서 달러 패권을 확립하였다는 것을 뜻한다.

케인즈의 국제청산동맹 제안은 네 가지 핵심 내용으로 구성되어 있었다.[1] 첫째는 각 나라 거주자의 대외거래는 각국 중앙은행을 통해서 이루어지도록 하고, 거래 결과가 국제청산동맹에 개설한 각국 중앙은행 계좌에 복식부기 방식으로 기재하도록 한다는 것이다. 국제청산은

---

1 케인즈의 국제청산동맹 제안에 담긴 네 가지 핵심 내용은 정진영, "케인스, 국제통화체제, 세계금융위기: 케인스의 복수와 귀환," 「국제정치논총」 49/5(2009): 176-180에 알기 쉽게 정리되어 있다.

행은 지급결제 수단을 조성하고, 국제수지 적자국을 위한 결제 수단 인출과 국제수지 흑자국의 결제 수단 적립의 기준을 쿼터를 정한다. 한 나라의 인출 및 적립 쿼터는 그 나라의 '3년간 연평균 수출액과 수입액을 합한 연간 무역액의 절반' 정도가 적절하다. 둘째는 국제청산동맹의 지급수단을 동맹에 가입한 그 어떤 나라에 의해서도 좌지우지되지 않는 중립적인 계산화폐인 방코르로 정하고, 방코르의 가치를 금과 연동하여 정한다는 것이다. 각 나라 통화의 환율은 금이나 방코르와 교환되는 비율이다. 셋째는 국제수지 적자국과 흑자국이 국제수지 불균형을 조정하는 데 따르는 부담을 함께 떠맡게 한다는 것이다. 국제수지 흑자나 적자를 줄이기 위해 환율 조정, 자본 유출 조절, 임금 수준과 국내 수요 조절 등의 조처를 하는 것은 당연한 일이지만, 케인즈는 국제수지 흑자국이 더 큰 책임을 져야 한다고 강조했다. 국제수지 흑자국은 수입을 억제하는 장벽을 철폐해야 하고 국제수지 적자국에 자본을 관대하게 제공하여야 한다. 케인즈는 국제수지 불균형을 조정하기 위해 국제수지 적자국과 흑자국이 모두 적자나 흑자 규모에 따라 1~2%에 달하는 과징금을 국제청산동맹에 지급해야 한다고 주장했다. 넷째는 국제적인 자본 이동을 엄격하게 통제하여 투기가 일어나지 않도록 하는 것이다. 케인즈는 외환거래가 국제청산동맹에 개설한 각 나라 중앙은행의 계좌를 통해서만 이루어져야 한다고 주장했다.

그와 같은 케인즈의 국제청산동맹 구상은 두 가지 목표를 추구한 것으로 볼 수 있다. 하나는 계산화폐 방코르를 중심으로 정교한 조정 장치를 통해 국제통화 질서를 확립하는 것이다. 케인즈는 특정 국가의 화폐가 지배하는 국제적인 통화 관계는 지속할 수 없다고 생각했다. 다른 하나는 자유무역과 국제금융을 통해 서로 연결된 각 나라 국민경제의 자율성을 높은 수준에서 보장하는 것이다. 그러한 목표 설정은 케인즈가 이상적으로 생각한 국민경제 운영 방식과 부합한다. 케인즈는 내수 중심의 국민경제 운영을 중시하고, 수출과 수입이 국민경제에서 차지하는 비중을 줄이는 것이 적절하다고 생각했다. 따라서 케인즈의 국제청산동맹 구상은 내포적인 국민경제 운영, 국제적 자본 이동의 엄격한 규제, 국가 간 경제적·사회적 격차의 점진적 해소 등에 바탕을 두고 호혜적인 자유무역을 추구하고 국제통화 질서를 유지해야 한다는 케인즈 자신의 통찰과 확신에 바탕을 둔 것이라고 볼 수 있다. 그것은 전후 새로운 세계경제 질서를 수립하고자 한 혁신적인 제안이었다.

그러나 1944년 브레턴우즈 회의에서는 케인즈의 국제청산동맹안이 폐기되었고, 화이트의 안정화기금안이 채택되었다. 미국의 헤게모니가 지배하는 브레턴우즈 회의장에서 화이트는 미국의 법정화폐인 달러를 기본적인 국제 결제 수단으로 삼자는 제안을 관철했다.

2. 브레턴우즈 협정의 근본 문제

미국의 법정화폐를 세계화폐로 삼는다는 것은 미국이 전 세계에 달러를 공급하는 중추 국가가 된다는 것을 의미했고, 국제 결제 수단인 달러를 필요로 하는 국가들이 미국이 정한 조건에 따라 미국에 상품을 수출해야 한다는 것을 뜻했다. 그렇게 되면 세계화폐의 공급과 수요는 미국의 국민경제 운영에 종속되고, 전 세계에서 통용되는 달러의 가치는 미국 중앙은행의 통화관리 능력에 전적으로 맡겨진다.

그것만 해도 심각한 문제인데, 더 심각한 문제는 그러한 달러의 가치가 안정성을 가질 수 있는가였다. 달러의 수요와 공급에 영향을 미치는 다양한 요인들로 인해 달러의 가치가 안정화되기 어렵다는 것은 누가 보아도 분명했다. 그러한 우려를 잠재우기 위해 미국은 달러의 가치를 금에 연계하는 달러 금태환본위제를 내세웠다. 달러의 가치는 금 1온스당 35달러로 고정되었다. 각 나라의 통화는 미국 달러를 기준으로 교환 비율을 정하되 환율의 변동 폭은 1%로 제한되었다. 브레턴우즈 협상이 진행되던 시기에 미국은 세계 금보유고의 63%를 차지하고 있었기에 달러 금태환본위제는 언뜻 보면 그럴싸했다. 그러나 무역 규모가 커지면 달러의 공급량이 많아져야 하지만, 금은 충분히 공급될 수 없다. 그것은 달러 금태환이 필연적으로 무너질 수밖에 없다는 것을 뜻한다. 만일 금 보유량에 맞추어 달러의 공급을 제한하면, 미국의 국민경제뿐만 아니라 세계경제에는 화폐 제약의 족쇄가 채워질 것이다. 따라서 미국이 금태환본위제를 앞세워 달러를 세계화폐로 삼고자 한 것은 비현실적인 주장이었다. 그것은 단지 미국이 무역과 금융을 통해 전후 세계 자본주의 경제 질서를 지배하고자 하는 전략적 선택을 가리는 일종의 환각이었다.

미국이 케인즈의 국제청산동맹 안에 맞서 제시한 국제통화안정화기금 안도 심각한 문제를 안고 있었다. 미국은 국제수지 적자가 누적되어 외환이 고갈된 국가가 국제통화안정화기금 역할을 맡은 IMF로부터 긴급 지원을 받고 발전 부흥 자금을 제공하는 세계은행으로부터 융자를 받을 수 있도록 기획하였지만, 긴급 인출과 차관 제공에 따르는 부담은 전적으로 국제수지 적자국의 몫이었다. 케인즈의 국제청산동맹 제안에서 중시되었던 국제수지 흑자국의 책임과 부담은 전혀 고려되지 않았다. 그렇게 되면 국제수지 흑자국과 적자국의 경제적 격차는 고착된 채

시간이 갈수록 더 벌어질 수밖에 없다. 국제수지 흑자가 투자되어 경제력을 더 강화할 것이기 때문이다. 더 나아가 IMF 인출과 세계은행 차관을 받는 나라는 인출금과 차관의 상환 압력 아래서 달러를 획득하기 위해 국민경제를 수출지향적인 구조로 바꾸지 않을 수 없고, 미국을 정점으로 하는 국제적인 무역 네트워크와 금융 네트워크에 깊이 편입되어 하위 파트너 역할을 할 수밖에 없다. 바로 그런 이유 때문에 브레턴우즈체제는 개발도상국이 미국을 정점으로 하는 선진국에 종속되고 수탈당하는 남북문제를 불러일으키는 장본인이 되었다.[2]

브레턴우즈체제는 국제적인 자본 이동을 엄격하게 통제하는 장치를 두었다. IMF는 국경을 넘나드는 은행 간 자본거래를 각 나라의 특별 허가 사항으로 못 박는 방식으로 엄격하게 제한하고 오직 경상거래를 위해서만 자유로운 외환거래를 허용했다. 그러한 외환거래는 각 나라 중앙은행에 설치된 계좌를 통해 이루어지기에 각 나라는 엄격한 자본통제를 할 수 있었다. 그러한 자본통제 장치는 국제간 자본거래의 투기적 성격을 경계한 케인즈의 유산으로 간주되기도 하지만,[3] 달러 금태환본위제의 안정성과 지속성을 굳히려는 미국의 의도에 부합하는 제도라고 보는 것이 더 적절하다. 그러나 그러한 국제적인 자본 이동의 통제는 미국 바깥에 달러가 집적되고 국제적인 자본거래 시장이 형성된다면 무력화될 수밖에 없는 운명을 타고난 것이었다.

---

2 '남북문제'에 관해서는 본서 143쪽 각주 33을 보라. 1960년대에 라틴아메리카 사회과학자들은 남미 여러 나라의 저발전과 가난이 남북문제에서 비롯되었다고 보고 남북문제를 규명하기 위해 종속이론과 주변부 자본주의론을 전개했다. 종속이론과 주변부 자본주의론은 이매뉴얼 월러스틴의 세계체제론을 이론적 바탕으로 삼고 있다. 월러스틴의 세계체제론에 관해서는 이매뉴얼 월러스틴/이광근 옮김, 『월러스틴의 세계체제분석』 (서울: 도서출판 당대, 2005), 특히 1장을 보라.

3 정진영. "케인스, 국제통화체제, 세계금융위기: 케인스의 복수와 귀환," 181.

3. 소결

이제까지의 논의에서 분명히 밝혀졌듯이 브레턴우즈 협정은 달러 패권을 확실하게 구축했다. 브레턴우즈체제는 미국이 주도적으로 그 규칙을 부여한 국제통화체제였다. 미국 달러는 유일무이한 기축통화의 위상을 가졌고, 다른 나라의 통화는 달러와 교환되는 비율에 따라 그 가치가 결정되었다. 제2차 세계대전 이후 냉전체제가 자리를 잡은 뒤에 적어도 세계 자본주의체제는 달러를 공급하는 미국의 국민경제를 중심으로 편제되었고, 미국은 브레턴우즈체제의 규칙에 따라 지구 차원의 무역 질서와 금융 질서 형성에 막강한 영향력을 행사했다. 세계 자본주의체제는 달러 패권 아래서 미국의 이익을 거스르는 방식으로는 운영될 수 없었다. 브레턴우즈체제에서 기축통화를 가진 미국은 수잔 스트레인지가 정식화한 '구조적 권력'을 행사하는 위치에 서게 되었다.

그러나 브레턴우즈체제는 그 체제에 내장된 근본 문제들로 인해 지속될 수 없었다. 브레턴우즈체제는 1970년대 초에 붕괴하고 포스트-브레턴우즈체제로 대체되었다. 이에 관해서는 다음 장에서 깊이 살펴보겠다.

3장
포스트-브레턴우즈체제에서 달러 패권

    브레턴우즈체제는 그 체제에 내장된 근본 문제로 인해 무너질 수밖에 없었다. 브레턴우즈체제가 무너진 뒤에 들어선 포스트-브레턴우즈체제는 달러 금태환본위제를 버리고 달러 본위제를 확립했다. 포스트-브레턴우즈체제에서 달러 패권은 더욱더 강화했고, 거대한 달러 유출과 환류 시스템을 통해 미국을 정점으로 한 지구적 공납체제를 한층 더 강화했다.

    아래서는 첫째, 브레턴우즈체제의 붕괴를 약술한다. 둘째, 포스트-브레턴우즈체제의 작동 원리를 분석한다. 셋째, 달러 패권을 뒷받침하는 미국 지배하의 국제화폐거래 네트워크를 분석한다. 넷째, 포스트-브레턴우즈체제의 핵심인 달러 유출과 환류 시스템이 그 시스템이 편입된 나라들의 국민경제에 미치는 영향과 거기서 파생되는 문제를 분석한다.

1. 브레턴우즈체제의 붕괴

브레턴우즈체제는 미국 달러의 금태환본위제에 바탕을 두고 미국 달러를 기축통화로 설정한 바로 그 핵심 장치의 내적 모순 때문에 불안정한 체제였고, 언제든 붕괴할 수밖에 없는 체제였다. 미국은 세계 여러 나라로부터 상품을 수입하고 그 대가로 달러를 지불하는 방식으로 세계 곳곳에 세계화폐인 달러를 공급했다. 무역 규모가 커지고 결제 수단인 달러의 수요가 많아지면 미국은 국제수지 적자를 감내하면서까지 더 많은 달러를 공급하지 않을 수 없었다. 문제는 금태환본위제에서 달러 공급의 증가와 달러 가치의 안정이 서로 모순을 이룬다는 것이다. 그러한 모순이 트리핀 딜레마(Triffin's Dilemma)의 핵심이다. 트리핀 딜레마는 한 나라의 통화를 기축통화로 삼는 한 불가피하게 나타난다.[1] 트리핀 딜레마는 1960년대 초에 나타나기 시작했고, 미국이 국민경제의 필요에 따라 화폐 발행을 늘리고, 베트남 전쟁 비용을 충당하기 위해 달러 발권을 증가시키자 달러의 금태환에 근본적인 의문이 제기되기 시작했다. 프랑스 중앙은행이 달러를 금으로 바꾸어줄 것을 미국 재무부에 요구하고, 다른 나라 중앙은행들이 뒤따라 나서자 미국은 1971년 달러금태환본위제를 포기하고 변동환율제로 급선회하지 않을 수 없었다. 이로써 브레턴우즈체제의 핵심 장치는 사라졌다. 브레턴우즈체제가 붕괴한 것이다.[2]

---

1 이찬근, 『IMF 시대 투기자본과 미국의 패권』 (서울: 연구사, 1998), 118.

2 브레턴우즈체제를 붕괴시킨 결정적인 이유는 두 가지로 지적된다. 하나는 미국의 무역적자 증가로 인해 채권발행액 증가이고, 또 다른 하나는 '관리된 금융체제'에 담겨 있었던 통화 팽창 압력이었다. 이에 관한 상세한 분석으로는 전창환, "신자유주의적 금융화와 미국자본주의의 구조변화," 『미국 자본주의의 해부』, 김진방·성낙선 편 (서울: 풀빛, 2001), 23. 1971년 미국의 통화지급준비금은

브레턴우즈체제가 전면에 내세웠던 자본통제도 애초부터 유지될 수 없는 제도였다. 브레턴우즈체제는 경상거래를 위한 자유로운 외환거래가 허용된다고 하더라도 국제 결제 수단은 거래 시장에 의해 효율적으로 청산될 것이라는 이상적인 가정에 바탕을 두고 설계되었다. 브레턴우즈체제의 자본통제는 크게 보아 세 가지 요인으로 인해 작동할 수 없게 되었다. 첫째, 외환거래의 대상이 되는 기축통화는 거래 시간의 차이와 거래 절차 때문에 스톡으로 쌓이기 마련이었다. 대표적인 것이 석유 거래를 위해 대규모로 유통되는 오일 달러였다. 오일 달러는 미국의 통제 범위 바깥에서 천문학적 규모로 축적되었고, '유로달러'라는 이름을 얻게 되었다. 유로달러는 국제적인 자본거래의 매체가 되었고, 유로달러가 거래되는 시장은 시간이 갈수록 커졌다. 그것은 국제적 자본거래를 엄격하게 제한한 IMF의 규칙이 무력화되었다는 뜻이다. 둘째, 1960년대에 유례없이 증가한 다국적 기업들도 국제적인 자본거래를 활성화했다. 다국적 기업의 해외 투자와 기업 인수 합병의 전제는 자유로운 자본거래였다. 그러한 다국적 기업들의 자본거래는 날로 그 규모가 커졌다. 셋째, 미국은 미국대로 자본통제를 더는 유지할 수 없는 상황이었다. 국제간 자본 이동의 통제와 맞물려 강력하게 작동하였던 미국의 '관리된 금융체제'는 1970년 중반에 이르자 엄청난 해체 압력에 직면했다. 스태그플레이션의 덫에 물린 미국은 엄청나게 늘어난 국가부채에 발목이 잡혀 금융자본이 강력하게 요구한 금융 자유화 조치를 취하지 않을 수 없었다. 미국이 국경을 넘나드는 은행 간 자본거래의 자유화를 추진하자 브레턴우즈체제의 핵심 장치인 국제적 자본 이동의 통제는 완전

175억 달러였고, 그 가운데 금은 104억 달러에 불과했다. 반면에 미국의 단기 해외 채무는 477억 달러, 해외에서 유통되는 달러는 920억 달러에 달했다.

히 무너졌다.

놀라운 것은 브레턴우즈체제가 붕괴되었음에도 불구하고 달러 패권이 유지되었을 뿐만 아니라 더 공고하게 되었다는 것이다. 국제정치경제학자들은 달러 패권이 유지되고 브레턴우즈체제의 핵심적인 기구들인 GATT, IMF, 세계은행 등이 작동하고 있는 점에 주목하여 오늘의 세계통화체제를 '브레턴우즈체제 II'로 부르기도 하고, 브레턴우즈체제 이후에 들어선 체제임을 강조하여 '포스트-브레턴우즈체제'로 지칭하기도 한다.3 그렇다면 포스트-브레턴우즈체제에서 달러 패권은 어떻게 유지되고 강화되는 것일까?

2. 포스트-브레턴우즈체제의 작동 원리

포스트-브레턴우즈체제에서 가장 중요한 것은 미국의 달러가 금태환의 족쇄에서 벗어나 명목화폐(fiat money)로 불리게 되었다는 것이다. 달러를 금과 같은 화폐, 곧 현금으로 여기던 시대는 지나갔다. 미국은 달러를 금으로 바꾸어주어야 할 공식적인 의무를 벗어던진 채, 국민경제와 세계경제의 필요에 따라 달러를 임의대로 찍어내어 국내 통화와 세계화폐로 유통할 수 있게 되었다. 그러한 달러의 가치는 더는 금의

---

3 '브레턴우즈 II체제'라는 용어를 사용하는 이론가들은 주로 뉴욕 월스트리트의 금융기관에 속한 이론가들이나 그들에 가까운 자유주의 경제학자들이다. "워싱턴 컨센서스"를 중시하거나 그 개혁의 필요성을 역설하는 학자들도 그 용어를 주로 사용한다. 반면에 브레턴우즈가 해체된 뒤에 달러 본위제에 바탕을 두고 달러 패권체제가 작동하는 점을 비판적으로 보는 이론가들은 '포스트-브레턴우즈체제'라는 용어를 즐겨 사용한다. 이 책에서는 '포스트-브레턴우즈체제'라는 용어를 채택하겠지만, '브레턴우즈 II체제'라는 명칭을 사용하는 논자들의 논리를 검토하는 문맥에서는 그 용어를 그대로 사용한다.

가치에 견주어 결정되지 않고, 달러와 다른 나라 통화의 교환관계에 따라 그때그때 결정된다. 포스트-브레턴우즈체제에서 명목화폐에 불과한 달러가 세계화폐로 통용되는 현상을 놓고, 달러 금태환본위제가 '달러 본위제'(dollar standard)로 바뀌었다고 말하기도 한다.4 달러 본위제는 브레턴우즈 협정에 바탕을 둔 달러 금태환본위제와는 달리 그 어떤 구속력 있는 국제 협정에 근거한 체제가 아니다. 그렇기에 포스트-브레턴우즈체제는 체제라 할 수 없는 체제, 곧 '체제 아닌 체제'(non-system)이고, 그런 만큼 달러 패권을 앞세운 미국의 독주를 제어하기 어렵게 된 체제이다.5

그런데 이 대목에서 한 가지 반드시 짚고 넘어가야 할 것이 있다. 금태환본위제는 달러를 금으로 바꾸어준다는 미연방 정부의 약속에 근거한 제도였을 뿐이다. 금태환은 단 한 번도 이루어진 적이 없었고 미연방 정부 역시 그럴 의사가 없었으니, 금태환본위제는 제도구성적 가상6이

---

4 김정주, "세계경제 위기와 달러 헤게모니: 마법에 걸린 세계의 종언과 제국의 위기," 「마르크스주의 연구」 5/4(2008), 75. '마법에 걸린 세계'(the enchanted world)는 본래 프랑스 조절이론가인 알랭 리피에츠의 개념이다. A. Lipietz, *The Enchanted World: Inflation, Credit, and the World Crisis* (London: Verso. 1983).

5 포스트-브레턴우즈체제를 체제 아닌 체제(non-system)로 규정한 글로는 이규철, "미국의 구조적 통화권력과 미-중 무역불균형의 정치경제," 64를 보라.

6 제도구성적 가상이라는 개념은 위르겐 하버마스의 '구성적 가상'(konstitutiver Schein)이라는 개념에서 원용된 것이다. 지배와 강박에서 벗어난 의사소통공동체는 단지 가상에 불과하지만, 일상의 의사소통을 구성하고 규제하는 효과를 갖는다. 하버마스는 그러한 이상적 의사소통공동체를 구성적 가상으로 지칭했다. 달러 금태환본위제는 실제로 실행되지 않는 명목상의 제도였으나, 한때 미국 달러를 발행하고 유통하는 과정을 규제하는 효과를 발휘했다. 그런 점에서 달러 금태환본위제는 현실적인 화폐제도를 구성하고 규제하는 가상이었다고 볼 수 있다. 하버마스의 '구성적 가상' 개념에 대해서는 J. Habermas, "Vorbereitende Bemerkungen zu einer Theorie der kommunikativen Kompetenz," J. Habermas · N. Luhmann, *Theorie der Gesellschaft oder Sozialtechnologie: Was leistet die Systemforschung?* (Frankfurt am Main: Suhrkamp, 1971), 140f.를 보라.

였을 뿐이다. 금태환본위제에서도 미국 달러는 사실상 명목화폐에 불과했다. 미국은 금태환본위제를 내세웠지만, 필요에 따라 달러 화폐를 문자 그대로 임의로 '창조'하여 유통했다. 현대화폐이론가들이 적절하게 묘사한 바와 같이 화폐는 은행에서 복식부기 기법에 따라 무로부터 '창조'되어 유통된다. 그러한 신용 창조는 미연방 중앙은행에서도 이루어지고, 미연방 중앙은행이 지급을 보증하는 상업은행을 통해서도 언제든 이루어진다. 미연방 정부가 천문학적인 재정적자를 메우기 위해 발행하는 재무부 채권도 화폐를 창조하는 결정적인 수단이다. 따라서 미국 달러는 달러 금태환본위제의 존재 여부와는 무관하게 국가의 권위에 의해 발행되고 유통되는 명목화폐다.7

　　포스트-브레턴우즈체제에서 미국 달러가 여전히 세계화폐의 기능을 수행하는 메커니즘은 크게 보아 두 가지였다. 하나는 주요 유전지대에 대한 군사·정치적 통제에 바탕을 두고 달러를 석유 거래의 기본 결제 수단으로 삼게 하는 방식이고, 다른 하나는 미국으로부터 전 세계로 달러를 유출하고 전 세계로부터 미국으로 달러를 환류하는 방식이다. 먼저 달러를 석유거래의 기본 결제 수단으로 삼는 과정을 보자. 달러 금태환본위제가 파탄에 직면하자 1974년 미국은 세계 최대의 산유국인 사우디아라비아와 협정을 체결하여 사우디 왕정의 안정을 군사·정치적으로 뒷받침하는 대가로 달러를 사우디 원유 거래의 배타적 결제 수단으로 삼게 했다. 1975년 달러는 석유수출국기구(OPEC)의 공식적인 결제 수단으로 자리를 잡았다. 석유가 경제의 핵심 자원으로 자리를 잡은 시대에 석유를 수입하는 나라들은 달러를 확보하기 위해 경쟁하

<hr>

7 이영주, "포스트 브레턴우즈체제와 기축통화의 위상: 달러 순환 구조와 신증표화폐론(neo-chartalism)을 중심으로," 「한국정치학회보」 48/2(2014): 특히 145-149.

지 않으면 안 되었고, 그것이 브레턴우즈체제의 붕괴 이후 달러를 세계 화폐로 통용하는 장치였다. 미국의 패권 아래 있는 지역에서 미국 달러를 대신해서 다른 나라 화폐로 석유 대금을 결제하려는 시도는 이라크나 이란처럼 미국의 군사·정치적 응징을 받았다.[8] 미국의 군사·정치적 패권은 브레턴우즈체제 붕괴 이후에 달러가 세계화폐의 지위를 갖게 하는 힘의 원천이었다.

그다음 달러 유출(dollar outflow)과 달러 환류(dollar recycling)가 어떻게 이루어지는가를 살펴보자. 달러 유출은 미국이 전 세계로부터 상품을 수입하고 그 대금으로 달러를 지급하여 달러를 세계화폐로 공급하는 현상을 가리킨다. 그러한 달러 유출은 브레턴우즈체제에서도 일어났고, 포스트-브레턴우즈체제에서도 똑같이 일어난다. 미국의 법정화폐가 세계화폐 구실을 하는 국제통화체제에서 세계화폐를 공급하는 방법은 해외 직접 투자를 제외하고는 무역거래일 수밖에 없다.[9] 무역거래의 규모는 당연히 해외 직접 투자의 규모보다 월등히 크다. 문제는 한 나라의 화폐가 계속 유출되는 상황에서 어떻게 자본수지 균형을 이룰 수 있는가이다. 그 방법은 브레턴우즈체제와 포스트-브레턴우즈체제에서 서로 달랐다. 브레턴우즈체제에서 미국은 거대한 상품 수입 시장이었지만, 동시에 거대한 상품 수출 기지이기도 했다. 따라서 수입을 통해 달러가 유출되고 수출을 통해 달러가 환류하는 체제가 작동하면서 미국의 자본수지 균형은 어느 정도 맞추어질 수 있었다. 설사 무역적

8 Elmar Altvater, *Der grosse Krach oder die Jahrhundertkrise von Wirtschaft und Finanzen von Politik und Natur* (Münster: Westfälisches Dampfboot, 2010), 123.

9 해외 직접 투자 이외에 원조와 차관 제공도 달러를 국외로 유출하는 경우로 볼 수 있으나, 그 규모는 매우 작다. 원조와 차관으로 제공되는 달러는 반드시 미국으로 환류하도록 그 용처가 지정되는 것이 상례이다.

자가 쌓인다고 해도 미국의 방대한 해외투자에서 나오는 이익이 미국으로 환류하면서 자본수지 균형이 유지되었다. 그러나 포스트-브레턴우즈체제에서 미국의 무역수지 적자는 천문학적으로 늘었고, 그 규모는 해외투자 이익으로 상쇄할 수 없을 만큼 커졌다.[10] 무역수지 적자로 인해 자본수지 적자가 늘어나면 그 어떤 국가도 외환위기를 피할 수 없고, 이론적으로는 파산을 면할 수 없다.[11] 물론 세계화폐를 찍어내는 미국은 달러를 남발하여 일시적으로 자본수지 균형을 맞출 수 있을지도 모른다. 그러나 그런 화폐정책을 선택한다면 인플레이션은 불가피할 것이다. 미국은 그런 선택을 하지 않았다. 미국은 연방정부가 천문학적인 재정적자를 일으키고 미국 재무부 채권을 해외에 매각하여 달러를 환수하는 방식으로 자본수지 균형을 유지하는 방법을 택했다. 그런 점에서 미국의 재정적자는 연방정부의 세출 초과로 단순하게 설명될 수

---

10 아래의 표에서 보듯이 지구적 차원의 무역 불균형과 달러 환류가 본격적으로 벌어진 1990년부터 오늘에 이르기까지 미국의 상품수지 적자는 1999년 현재 3천2백억 달러였으나, 2006~2008년에는 8천2백억 달러, 2014~2016년에는 7천4백억 달러를 기록했다. 미국의 서비스수지는 흑자를 보이고 있지만, 상품수지 적자에 비해서 보잘것없다.

자료 출처: 김경훈·이준원, "미국 경상수지 적자의 구조적 원인과 시사점: 글로벌 임밸런스 논의를 중심으로," 「TRADE FOCUS」 35(2017), 4.

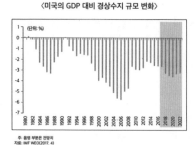

〈미국의 GDP 대비 경상수지 규모 변화〉

〈미국 경상수지 구성요소의 변화 추이〉

11 국가는 파산할 수 없으므로 국가의 지급 불능 사태는 '이론적 파산'으로 표시된다.

있는 것이 아니다. 오히려 미연방 정부의 재정적자는 미국의 거시경제 운영을 뒷받침하려는 목적으로 채택한 화폐정책과 재정정책의 소산이고, 미국의 군사·정치적 패권을 유지하기 위한 군사 케인즈주의를 통해 강화되는 측면이 있다. 그것은 미국의 재정적자가 미국 경제 운영의 구조적 특성으로 자리를 잡았다는 뜻이다. 아이로니컬하게도 미국은 급증하는 경상수지 적자와 재정수지 적자를 통해 자본수지 균형을 이루고, 달러를 세계 기축통화로 유통하는 것이다.[12]

미국의 경상수지 적자가 불러일으키는 지구적 차원의 무역 불균형이 달러 환류를 통해 지속적으로 조정되는 현상은 벤자민 J. 코헨이 분석한 미국의 '화폐 권력'을 전제하지 않고서는 설명되지 않는다. 화폐 권력을 가진 미국은 경상수지 적자에서 발생하는 지급 불균형 문제가 불거지지 않도록 그 문제 해결을 지연시키고 심지어 연방정부의 부채 증서를 경상수지 흑자국에 판매함으로써 지급 불균형 문제 해결에 따르는 비용을 흑자국에 전가하고 있다. 따라서 미국의 화폐 권력이 작동하는 방식과 그 조건을 규명하지 않고서는 달러 패권과 거기서 비롯되는 문제를 제대로 파악할 수 없다.

3. 미국이 지배하는 국제화폐거래 네트워크

미국의 화폐 권력은 국제화폐거래 네트워크를 통해 작동하고 있다. 국제정치경제학자들은 화폐의 기원과 본성에 관해 서로 다른 관점을

---

12 김수행, "1980년대 이후 미국 경제의 금융화," 「마르크스주의 연구」 2/1(2005), 165.

취하면서도 미국의 화폐 권력이 국제화폐거래 네트워크를 통해 관철된다고 똑같이 주장한다.[13] 본시 화폐는 사회적 관계이고, 그 사회적 관계를 촉진하는 것은 신뢰와 거래비용 절약이다. 화폐가 구실을 하려면 지금 통용되는 화폐가 미래에도 사용되리라고 기대하는 사람들이 화폐를 매개로 한 사회적 관계에서 호혜를 추구할 수 있다는 신뢰가 있어야 하고, 그들 사이에서 이루어지는 화폐 거래가 경제적이어야 한다. 그러한 두 가지 조건을 충족시키는 화폐거래 네트워크는 여러 관행과 규칙의 체계이며, 그러한 규칙은 국가만이 아니라 화폐거래에 참여하는 당사자들에 의해서도 제정된다. 화폐거래 네트워크가 커지면 거기서 발생하는 외부효과도 커지기에 화폐거래 네트워크에 참여하여 이익을 얻고자 하는 사람들은 화폐거래 네트워크의 관행과 규칙에 순응하기 마련이다. 오늘의 화폐거래 네트워크인 국제적인 통화금융체제의 규칙은 미국과 미국의 금융기관들에 의해 주도적으로 정해졌다. 그것은 미국이 전 세계에서 가장 큰 신뢰를 받는 '최정상 화폐'(벤자민 J. 코헨)인 달러를 세계경제가 필요한 만큼 풍부하게 공급할 뿐만 아니라 미국의 금융기관들이 가장 효율적이고 안정적인 거래를 관장할 역량이 있다고 평가되었기 때문이다.[14]

---

13 화폐의 기능을 교환 수단, 지급수단, 가치척도로 보는 전통적 관점으로는 벤자민 J. 코헨/박영철 옮김, 『화폐와 권력: 다시 그리는 세계 경제지도』, 33ff., 281ff; 화폐의 본성을 계산화폐로 보는 현대화폐이론(MMT)의 관점으로는 Eric Helleiner, "Political Determinants of International Currencies: What Future for the US Dollar?," *Review of International Political Economy 15/3*(2008): 354-378; 마르크스주의적 화폐 이론의 관점으로는 Elmar Altvater, *Die Zukunft des Marktes: Ein Essay über die Regulation von Geld und Natur nach dem Scheitern des "real existierenden Sozialismus,"* 2. Aufl. (Münster: Westfälisches Dampfboot, 1992), 특히 143ff.; Elmar Altvater, *Der grosse Krach oder die Jahrhundertkrise von Wirtschaft und Finanzen von Politik und Natur,* 107을 보라.

14 한영빈, "브레튼우즈(Bretton Woods) II의 특징과 메커니즘: 화폐의 제도·정치적 특성을 중심으

미국과 미국의 금융기관들은 미국의 화폐 권력이 물 샐 틈 없이 작동하도록 국제 통화금융 네트워크의 규칙들을 만들어 냈다. 전 세계에서 거래되는 거의 모든 달러 거래는 미연방 정부와 미국 금융기관들에 의해 감시되고 감독될 뿐만 아니라 그들이 정한 규칙을 지키지 않는 거래자는 거래 네트워크에서 퇴출당할 수도 있다. 그러한 달러 거래에 대한 감시, 감독, 통제 등이 가능한 것은 달러 지급결제 시스템이 고도로 중앙 집중화되어 있기 때문이다.[15] 미국 국내외에서 이루어지는 모든 달러 거래의 정점에는 미 연방준비제도의 결제 시스템(Fedwire)이 있고, 여기에는 미국 전역에 퍼져있는 1만여 개의 금융기관들이 전용 계좌를 설치하고 있다. 외국은행들은 미국 내 지점이나 미국 뉴욕의 환거래은행(Continuous Linked Settlement Bank International, CLS)을 통해 Fedwire에 연결된다. 바로 이 환거래은행을 통해서 또 하나의 달러 결제 시스템인 CHIPS(Clearing House Interbank Payment System, 은행 간 지급청산 시스템)가 Fedwire에 연결된다. CHIPS는 미국, 영국, 독일, 일본 등의 글로벌 상업은행 24개가 설립한 청산소(The Clearing House)의 결제 시스템이다. 국제적인 달러 거래의 95%는 CHIPS를 통해 이루어진다. CHIPS는 서열상 미국 중앙은행의 결제 시스템 바로 아래 위치하고, CHIPS에

로," 「정치정보연구」 15/1(2012), 316. 여기서 한영빈은 미국 금융기관들의 효율성이 여러 가지 요소들이 상호 작용하면서 실현된다고 분석한다. 미국 금융기관들은 "가령 전 세계적인 금융거래서비스망의 확보, 투명한 경영시스템, 최첨단 금융기법, 법적 장치의 뒷받침, 유능한 인적자본 소유 등을 통해 통화의 현재 및 미래가치를 가장 확실하게 보존하고 증식할 수 있는 안전성을 제공"한다는 것이다. 그러나 월가의 금융기관들이 불러일으킨 빈번한 금융 불안정과 2008년의 지구적 금융공황으로 인해 과연 미국 금융기관들이 효율적이고 안정적인 금융거래를 구현하는가에 대해서는 근본적인 의문이 제기되고 있다. 이에 대해서는 본서 제X부에서 상세하게 다룰 것이다.

15 달러 지급결제 시스템 및 달러 거래 감시·통제 시스템에 대한 상세한 분석으로는 이규철, "미국 달러 패권의 메커니즘과 중국의 대응전략," 「한국동북아논총」 26/4: 63-67을 보라. 아래의 서술은 이규철의 분석을 간추린 것이다.

연결되는 수많은 나라의 금융기관들이 그다음 서열을 이루고, 그 금융기관들을 통해 외화 송금 업무를 수행하는 고객들이 서열상 맨 밑바닥에 선다. 이 금융거래 시스템들을 연결하는 것은 국제은행간통신회사(Society for Worldwide Interbank Financial Telecommunication, SWIFT)이며, SWIFT의 모든 통신 내역은 미국 재무부 해외자산통제국(Office of Foreign Assets Contro, OFAC)에 전달된다. OFAC는 Fedwire, CLS, CHIPS 등을 '중요한 결제기관'으로 지정하여 감시하고 있고, 국제스왑딜러협회(International Swaps and Derivatives Association, ISDA)의 '마스터 협정' 조항을 통해 전 세계 금융기관들의 거래를 중단할 수 있는 무소불위의 권력을 행사한다. '마스터 협정' 조항은 "'어떤 거래행위가 과세당국의 제재를 받거나, 신뢰할 만한 사법 관할권의 법정에 기소된 경우' 회원 은행들은 해당 은행과의 금융거래를 단절해야 한다고 규정"하고 있다.16 따라서 관세, 금융, 대외거래 등에 관한 미국 국법에 위반된다는 혐의로 기소되기만 해도, 기소된 당사자들은 미국이 주도하는 국제통화금융 네트워크에서 퇴출당한다. 그런 점에서 미연방 재무부와 미국의 금융기관들이 선진국 거대 금융기관들의 협력을 얻어 주도적으로 제정한 통화금융거래 네트워크의 규칙은 미국의 화폐 권력을 지구적 차원에서 관철하는 제도적인 장치이고, 미국의 이익과 가치에 배치하는 금융기관들과 배후 국가들의 움직임을 강력하게 통제하는 권력의 원천이 된다. 국제 통화금융 네트워크에 자발적으로 가입한 금융기관들을 그 네트워크의 규칙에 따르도록 강제하는 그 권력이야말로 달러패권의 핵심이다.

---

16 이규철, "미국 달러 패권의 메커니즘과 중국의 대응전략," 67; ISDA, *Master Agreement*(New York: International Swaps and Derivatives Association, 2002), 9.

4. 달러 유출과 환류의 양상과 그 결과

　　그러한 달러 패권체제에서 달러 유출과 환류는 실제로 어떤 양상으로 벌어지고 있으며, 그것을 통해 미국과 세계 여러 나라에서는 어떤 일이 일어나는가? 달러 유출과 환류는 달러가 국제 통화금융 네트워크를 통해 거대한 순환을 이루고 있음을 보여준다. 달러 유출은 미국에 상품을 수출하는 국가들에 달러가 축적된다는 것을 의미하고, 달러 환류는 그 수출국들에 쌓인 달러가 미국으로 되돌아온다는 것을 뜻한다. 그 거대한 달러 순환은 수출국들의 외환보유 강박과 안전자산 선호라는 두 가지 계기를 빼놓고는 설명되지 않는다.

　　수출국들의 외환보유 강박은 1970년대 중반 이후 금융화가 가속하면서 빈번하게 일어난 외환위기 경험에서 비롯되었다. 특히 태국, 인도네시아, 말레이시아, 싱가포르, 한국 등 수출지향적 경제체제를 가진 국가들이 휩쓸려 들어간 아시아 외환위기는 외환보유고를 늘려서 외환위기에 대한 보험으로 삼아야 한다는 강박을 확산했다. 한국, 일본, 중국, 대만 등 미국에 수출을 많이 하는 국가들이 쌓아놓은 외환보유는 압도적으로 미국 달러로 이루어졌다. 그것은 대미 수출 대금이 달러로 결제되기 때문이지만, 미국 달러가 최고의 신뢰를 받는 화폐이기 때문이기도 하다.[17] 더구나 외환보유를 많이 쌓아놓는 나라는 인플레이션 압력이 커지기에 외환을 불태화하지 않을 수 없다. 그러한 불태화 방법으로 선호되는 것이 외환보유고로 쌓아놓은 달러로 최고의 안전자산으로 꼽히는 미국 재무부 채권을 매입하는 것이다.[18] 미국 재무부 채권이

---

[17] 1999년부터 2020년까지 세계 외환보유고의 통화별 구성 비율은 아래의 표와 같다. 세계 외환보유고의 달러 구성 비율은 2002년 74%에서 2020년 59%로 떨어졌으나 여전히 압도적으로 높다.

최고의 자산으로 꼽히는 까닭은 그것이 미연방 정부의 조세권을 담보로 하는 채무증서이기 때문이다. 미연방 정부의 조세권은 세계 총 GDP

1999년부터 2020년까지 세계 외환보유고의 통화별 구성 비율

세계 외환보유고에서 미국 달러의 비중은 2020년 4/4분기에 지난 25년간 최저 수준으로 떨어졌다. 그것은 단기적인 환율과 중앙은행의 장기적인 조치 등으로 인해 나타난 현상이다.

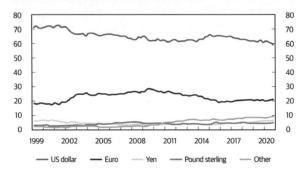

— US dollar — Euro — Yen — Pound sterling — Other

(세계 외환보유고에서 미국 달러의 비중, 퍼센트)　　　　　　(2006년 1월 미국 달러 지표 = 100)

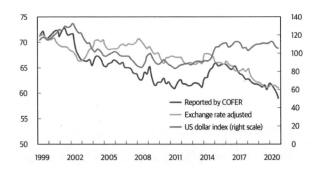

— Reported by COFER
— Exchange rate adjusted
— US dollar index (right scale)

※출처: IMF Currency Composition of Official Foreign Exchange Reserves (COFER), US Federal Reserve Board, and IMF staff estimates.
각주. '기타' 범주에는 차트에 표시되지 않은 오스트레일리아 달러, 캐나다 달러, 중국 위안화, 다른 나라 통화가 포함된다. 중국은 2015년과 2018년 사이에 COFER에 자료를 제공했다. 이 자료 변동은 통화 비중에 영향을 미칠 수 있지만, 그 영향은 점차 줄어들고 있다. (중략) 미국 달러 지표는 Federal Reserve's Advanced Foreign Economy Index에서 가져왔다. 아래에 있는 패널은 미국 달러 비중에 초점을 맞추기 위해 다른 스칼라를 사용했다.

18 대미 수출 흑자를 보고 있는 일본, 중국, 한국, 대만 등 아시아 4개국이 2001년부터 2013년까지 미국 재무부 채권을 보유한 현황은 아래의 표와 같다. 이 표는 이규철, "미국 달러 패권의 메커니즘과 중국의 대응 전략," 62에서 가져왔다.

의 25% 정도를 차지하는 거대한 미국 국민경제가 존속하는 한 강력하게 유지될 것이다. 그와 같이 미국 바깥으로 유출된 달러가 미국 재무부 채권을 매개로 해서 미국으로 환류하는 과정을 관장하는 것은 뉴욕 월가의 금융기관들이다. 그 금융기관들은 금융화 과정에서 지구적 금융거래 네트워크를 구축해서 누구도 넘볼 수 없는 금융공학적 거래 기법으로 달러의 거대한 순환을 관장하는 역할을 한다.

그러한 달러 순환은 미국의 국민경제를 체계적으로 왜곡시키는 문제19가 있기는 하지만 미국에 막대한 이익을 안겨준다. 첫째, 미국은 명목화폐에 불과한 달러를 주고 양질의 상품을 저렴하게 수입하여 왕성하게 소비하고, 그다음 미국 재무부가 갚겠다는 약속을 기록한 부채증서를 주고 달러를 환수해서 자본수지 균형을 맞춘다. 달러 유출과 환류

일본, 중국, 한국, 대만의 미 재무부 채권 보유 현황

(십억달러, 전년비 %)

	중국	일본	한국	대만	합계 (전년비 %)	총 외인 보유량
2001	78.6	317.9	32.8	35.3	464.6 (5.3)	1,057.2 (4.4)
2002	118.4	378.1	38.0	37.4	571.9 (23.0)	1,275.2 (18.9)
2003	159.0	550.8	50.9	63.1	823.8 (44.0)	1,670 (30.9)
2004	222.9	689.9	55.0	67.9	1,035.7 (25.7)	1,952 (16.8)
2005	310.0	670.0	69.0	68.1	1,117.1 (7.8)	2,082.1 (6.6)
2006	396.9	622.9	66.7	59.4	1,145.9 (2.5)	2,194.8 (5.4)
2007	477.6	579.9	39.2	38.2	1,134.9 (-0.9)	2,506.3 (14.1)
2008	626.0	727.4	31.3	71.8	1,456.5 (28.3)	3,265.7 (30.2)
2009	894.8	765.7	40.3	116.5	1,817.3 (24.7)	3,877.9 (18.7)
2010	1160.1	882.3	36.2	155.2	2,233.8 (22.9)	4,481.4 (15.5)
2011	1151.9	1058.1	47.3	177.3	2,434.6 (8.9)	5,145.1 (14.8)
2012	1220.4	1111.2	47.6	195.4	2,774.6 (5.7)	5,725.0 (11.2)
2013	1270.1	1182.5	54.0	182.2	2,688.8 (4.4)	5,948.3 (3.9)

※출처: US Department of the Treasury(http://ticdata.treasury.gov/Publish/mfh.txt)

19 미국이 전 세계에 달러를 공급하기 위해 무역적자를 감수하는 체제는 미국의 생산 기반을 잠식시키고, 미국의 국민경제를 근본적으로 왜곡시킬 수밖에 없다. 저렴한 수입 상품과 경쟁할 수 없는 제조업체들은 도산하거나 유리한 생산 입지를 찾아 외국으로 진출하게 되어 미국에서 제조업 공동화가 벌어지고, 녹이 슨 산업 지역에서는 백인 중산층이 붕괴하는 일이 벌어진다. 미국에서 일자리는 주로 서비스산업 부문에서 발생한다. 서비스산업 부문에서는 금융, 경영, 법률, 의료, 첨단기술 개발, 기술 컨설팅 등 일부 고임금 고용 부문을 제외하고는 저임금 불안정 고용이 일반적이다. 제조업 공동화와 서비스산업 부문의 저임금 불안정 고용의 팽창은 미국에서 사회적 가난이 만연하게 된 결정적인 이유이다.

라는 거대한 순환을 조직함으로써 미국은 전 세계 국민경제로부터 공납을 받는 국가로 우뚝 선다. 미국이 전 세계적인 공납체제로부터 얻는 천문학적 이익은 전적으로 달러 패권에서 비롯된 것이다. 둘째, 미국으로 환류된 달러는 월가의 금융기관들에 축적되고, 그 금융기관들은 첨단 금융거래 기법을 활용하여 국내외 금융 투자에 나서서 막대한 이득을 거둔다. 달러 발권국인 미국은 외환보유고를 쌓아놓을 필요가 없기에 환류한 달러를 해외에 투자하는 데 거리낌이 있을 까닭이 없다. 미국 금융기관들이 해외투자에서 얻는 이득은 미국의 경상수지 적자를 상쇄할 정도로 많다.[20] 셋째, 달러 순환 과정에서 필연적으로 일어나는 달러 가치의 등락에도 불구하고 미국은 이익을 보는 위치에 선다. 달러 가치가 내려가면 천문학적인 대외부채[21]에 대한 부담이 줄어드는 효과가 나타나지만, 수입 물가 상승은 미미하게 나타날 뿐이다. 미국 시장을 겨냥한 수출업자들의 가격 경쟁이 심하기 때문이다. 게다가 미국의 수입이 국민경제에서 차지하는 비중은 16% 정도이기에 수입 물가가 상승하더라도 미국은 이를 어렵지 않게 감내할 수 있다. 거꾸로 달러 가치가 상승하면 해외투자에서 얻는 이득은 훨씬 더 커진다. 미국의 방대한 해외투자가 대부분 현지 통화로 이루어져 있기 때문이다. 수입 물가가

---

20 김정주는 "IMF에서 발표하고 있는 IFS(International Financial Statistics) 통계를 보면, 지난 20여 년에 걸쳐 미국의 무역수지 적자는 미국 투자수지(Financial Account) 흑자에 의해 거의 정확히 상쇄되고 있다는 사실을 발견할 수 있다. 결국 미국의 무역수지 적자를 통해 유출된 달러가 정확히 미국으로 재유입되면서 이것이 미국의 금융적 패권을 뒷받침해 주는 중요한 수단이 되었던 것"이라고 분석한다. 김정주, "세계경제위기와 달러 헤게모니: 마법에 걸린 세계의 종언과 제국의 위기," 85, 각주 11. 미국 금융기관들이 금융화의 틀에서 벌이는 투자와 그 위험성 그리고 거기서 비롯되는 지구적 금융공황은 본서 제X부 3장에서 상세하게 분석된다.

21 국제결제은행(BIS)의 중앙은행 부채증권시장 통계에 따르면, 2021년 현재 미국의 대외부채 규모는 19조 달러에 육박한다. 자료: BIS, C2 Central government debt securities markets, https://stats.bis.org/statx/toc/SEC.html (2022년 7월 22일 다운로드).

떨어져 인플레이션 압력이 낮아지는 것도 미국으로서는 큰 이익이다. 넷째, 2008년 서브프라임모기지 부실화에서 비롯된 미국발 금융공황처럼 복잡한 청구권 관계로 얽혀 있는 국제 금융시스템이 위기에 직면할 때 미국은 더 큰 이익을 볼 기회를 얻는다. 그러한 금융공황 때에는 달러 표시 자산이 최고의 안전자산으로 여겨지고 이를 당장 대체할 수단이 없기에 달러 표시 자산 매입은 전 세계적으로 급증한다. 이를 통해 미국은 자신의 금융시스템에서 발생한 문제를 해결하는 데 필요한 비용을 거뜬히 충당한다. 미국 재무부는 공적 자금 투입을 위한 채권을 손쉽게 발행하고, 미국 금융기관들은 그 채권을 외국 중앙은행들과 금융기관들에 팔아서 막대한 달러를 환수할 수 있기 때문이다. 그것은 미국이 금융공황을 극복하는 데 들어가는 비용을 다른 나라들에 전가한다는 뜻이다.[22]

미국 달러의 전 세계적인 순환이 미국에 가져다주는 이익은 그 순환에 편입된 나라들에는 재앙과도 같은 손실이다. 첫째, 미국에 상품을 수출하는 국가들의 이익은 이중의 과정을 통해서 탈취된다. 하나는 자본과 노동이 투입되어 실질적인 가치가 내장된 상품이 그 자체로 보아서는 아무런 가치가 없는 명목화폐인 달러와 교환되는 과정이고, 또 다른 하나는 그렇게 해서 취득한 달러를 다시 미연방 정부의 채무증서와 교환하는 과정이다. 이 두 과정을 통해 대미 수출 흑자가 대부분 미국 재무부의 부채증서로 바뀐다. 이 '마법' 같은 일은 결코 마법이 아니다. 그것은 수출지향적 경제구조를 가진 국가들이 미국이 주도하는 국제 통화금융 네트워크에 편입되어 '종속적 금융화'의 길을 걸었기에 나타

---

22 2008년 금융공황과 이에 대한 미국의 대처에 대해서는 본서 제X부 2장에서 상세하게 다룰 것이다.

나는 필연적 결과이다.[23] 둘째, 대미 수출 초과로 달러를 벌어들인 국가들은 외환보유 강박 때문에 그 달러를 활용하여 내포적 경제발전을 위한 투자나 복지 증대에 나설 수 없다. 외환보유고를 확충하기 위해 내핍과 절약이 강박적으로 추구됨으로써 내수경제가 광범위하게 희생되고, 사회발전, 복지 확대, 생태계 보전 등에 본격적으로 나서기 어렵다. 수출주도적인 경제체제를 강화하기에 자국 시민들에게 필요하지 않은 상품생산을 위해 자원과 자본과 노동력이 탕진되고, 수출경제에 도움이 되지 않는 산업 부문과 지역 개발이 등한시되고, 수입 상품과 경쟁할 수 없는 산업 부문은 아예 내팽개쳐지기까지 한다. 그 모든 것은 수출주도 경제로 달러를 벌어들인 개발도상국들과 신흥시장국들이 국내 정책 수립의 자율성을 상실했기에 나타나는 현상이다. 미국이 천문학적인 대외부채를 지고도 국내 정책의 자율성을 높은 수준에서 유지하는 데비해, 채권국의 지위에 있는 나라들이 자주적으로 정책을 수립할 능력이 없다는 것은 아이러니가 아닐 수 없다. 그러한 아이러니는 대미 수출 초과 국가들이 미국의 화폐 권력에 종속한 데서 비롯되었다.[24] 셋째, 지구적 차원에서 금융공황이 벌어지기라도 하면 달러 표시 저축을 많이 한 국가들은 최고의 안전자산으로 여겨지는 달러 표시 자산 매입을 대폭 늘리지 않을 수 없고, 수출을 통해 어렵게 벌어들인 달러를 순식간에 달러 표시 채권과 교환하지 않을 수 없다. 설사 그 금융위기가 미국과

---

23 마르크스적 관점에서 금융화를 분석하는 코스타스 라파비차스는 그러한 결과가 개발도상국에서 진행된 '종속적 금융화'에서 비롯되었다고 보고, 그러한 금융화를 뒷받침한 "워싱턴 컨센서스"에 주목한다. 이에 관해서는 코스타스 라파비차스/송종운 옮김, 『생산 없는 이윤: 금융은 우리를 어떻게 착취하는가?』(서울: 서울경제경영, 2020), 310ff.를 보라.

24 커쉬너는 어떤 통화체제에 하위 파트너로 포섭된 국가가 그 체제를 지배하는 국가의 이익에 좌우되는 상황을 지칭해서 '포획'(entrapment)이라는 용어를 사용했다. J. Kirshner, "Money is Politics," *Review of International Political Economy 10/4*(2003), 646.

미국 금융기관들이 자초한 것일지라도, 외환보유액을 쌓아놓은 국가들이 그 금융위기의 극복 비용을 부담하는 일이 벌어지는 것이다.

위에서 본 바와 같이 포스트-브레턴우즈체제는 그 어떤 국제 협정에 의해서도 규율되지 않는 달러 본위제를 중심으로 짜인 체제이고, 국제적인 지급결제 네트워크를 통해 달러 패권을 공고하게 유지하는 체제다. 포스트-브레턴우즈체제에서 미국은 여전히 전 세계에 달러를 공급하고 환수하는 위치에 서 있다. 미국은 천문학적인 무역적자와 재정적자를 통해 지구적 차원의 무역 불균형과 달러 환류를 불러일으키면서 미국을 정점으로 하는 지구적 공납체제를 구축하고, 세계 여러 나라의 국민경제를 수탈하고 그 발전에 제약을 가하고 있다. 그러한 포스트-브레턴우즈체제는 지속될 수 있을까? 포스트-브레턴우즈체제의 대안은 무엇일까? 그것은 다음 장에서 다루어질 핵심적인 문제이다.

4장
달러 패권의 지속가능성과 달러 패권에 대한 도전

미국의 군사·정치적 패권 아래서 달러 유출과 환류에 바탕을 두고 작동하는 달러 패권체제는 지구적 차원의 수탈체제를 공고히 해 왔지만, 바로 그러한 달러 패권체제의 작동 방식으로 인해 그 지속가능성에 관해 근본적인 의문이 제기되고 있다. 달러 환류로 인해 큰 손실을 보는 중국 등 여러 나라가 달러 패권체제에 저항하고 도전하는 강도는 날로 거세지고 있다.

1. 달러 패권의 지속가능성

포스트-브레턴우즈체제에서 달러 패권이 작동하는 방식과 그것이 가져온 결과를 아는 사람은 그러한 달러 패권체제가 지속할 수 없다고 생각할 것이다. 달러 패권체제의 핵심 기제인 달러 유출과 환류는 화폐자본을 운영하는 금융기관들에 투자 이익을 확대할 기회를 주고 있고, 천문학적 규모의 금융 축적이 이루어지는 기반이 된다. 그러한 금융 축적은 본질적으로 지구적 차원에서 실물경제의 성과를 수탈하는 데서 비롯된다. 그러한 금융 축적은 이론적으로 분명한 한계가 있다. 실물경제 영역에서 생산자본 사이의 치열한 경쟁으로 인해 이윤율이 점차 하락하는 경향이 나타나는 데다가 자본의 이윤 가운데 상당 부분이 화폐자본에 수탈당하는 상황에서 생산자본과 실물경제가 발전하고 성장할 여지는 크게 줄어들고, 마침내 화폐자본의 이득 원천은 점차 고갈할 것이기 때문이다. 달러 유출과 환류에 기댄 거대한 금융 축적은 실제적으로도 지속하기 어렵다. 개발도상국들과 신흥시장국들에서 생산한 상품이 미국으로 흘러 들어가고, 그 상품을 팔아서 번 달러가 미국 국채와 교환되어 다시 미국으로 되돌아가는 데서 나타나는 이중의 수탈은 수출주도적인 경제성장을 추구하는 나라들에서 일부 수출 특화 기업들과 산업 부문들을 비대하게 발전시킬 뿐 여타 산업 부문과 기업들을 투자 부족 상태에 묶어 놓고 그 발전을 크게 억제한다. 그러한 상황에 국민이 반발하는데 어느 나라 정부가 그러한 이중적 수탈에 오불관언할 수 있겠는가? 그럴 수 없다는 것이 상식을 가진 사람들의 판단일 것이다. 그러나 화폐자본가들의 생각은 다르다.

국제 통화금융 네트워크에서 일하는 전문가들과 관련 학자들은 달러 패권의 지속가능성을 강변한다. 그러한 견해를 대표하는 전문가들인 산타크루즈 캘리포니아대학교 경제공학부 교수 마이클 둘리(Michael P. Dooley), 도이체방크 런던 지부의 다비드 폴케르츠-란다우(David Folkerts-Landau), 도이체방크 뉴욕 지부의 페터 가르버(Peter M. Garber)는 브레턴우즈체제와 브레턴우즈 II체제가 본질적으로 차이가 없다고 전제하고, 지난 30년 동안 비교적 안정적인 모습을 보인 브레턴우즈 II체제가 앞으로도 지속하리라고 전망했다. 그들은 그러한 전망의 근거를 주로 세 가지로 들었다. 첫째, 국제 통화금융체제가 여전히 중심부와 주변부로 나뉘어 있는 상황에서 주변국에 해당하는 개발도상국들과 신흥시장국들은 수출지향적인 경제구조를 견지하면서 외환보유고를 쌓으리라는 것이다. 둘째, 미국은 무역적자를 감수하면서 거대한 수출시장을 개방해서 주변부 국가들의 수출지향적인 성장 전략을 뒷받침하리라는 것이다. 셋째, 미국이 주도하는 국제 통화금융 네트워크의 효율성과 안정성이 유지되리라는 것이다.[1]

그러한 주장은 국제 통화금융 네트워크를 통해 엄청난 이익을 얻는 세력의 낙관주의를 반영한 것이고, 브레턴우즈체제와 브레턴우즈 II체제의 차이를 간과한 주장이다. 브레턴우즈체제의 근간인 달러 금본위 통화제가 강제한 자본통제는 '관리된 금융체제'의 바탕이 되었고, 화폐자본이 국경을 넘나들며 이익을 추구할 기회는 극도로 제한되어 있었다. 브레턴우즈체제에서 미국은 오랫동안 경상수지 흑자국이었고, 순채권국의 지위에 있었다. 브레턴우즈체제에서 이루어진 달러 유출과 환류는 주로 무역과 해외투자를 통해 이루어졌다. 그런 상황에서 지구적 차원의 무역 불균형과 이를 해소하기 위한 달러 환류가 나타날 리 없었다. 반면에 브레턴우즈 II체제는 달러 본위제와 금융의 지구화, 미국의 부채 경제에서 비롯된 천문학적 규모의 달러 유출과 환류, 금융공학을 앞세운 미국 금융기관들의 공격적인 이익 추구, 미국의 난폭한 군

---

1 Michael P. Dooley · David Folkerts-Landau · Peter M. Garber, *An Esssay on the Revived Bretton Woods System, Working Paper 9971* (Cambridge, MA.: National Bureau of Economic Research, 2003); Michael P. Dooley · David Folkerts-Landau · Peter M. Garber, *Bretton Woods II still defines the International Monetary System, Working Paper 14731* (Cambridge, MA.: National Bureau of Economic Research, 2009). 이들이 낸 2003년과 2009년의 연구 보고서는 그 내용이 대동소이하다.

사·정치적 개입 등을 그 특성으로 하는 불안정한 체제다.[2] 그 체제의 불안정성은 빈발하는 금융위기로 나타나고, 게다가 금융위기는 그 주기가 짧아지고 있다. 그러한 브레턴우즈 Ⅱ체제가 지속가능하다고 말하기는 어렵다.

거기 더하여 그러한 브레턴우즈 Ⅱ체제는 개발도상국들과 신흥시장국들, 특히 중국의 저항에 직면하고 있다.

2. 달러 패권체제에 대한 개발도상국들과 신흥시장국들, 특히 중국의 도전

달러 패권체제는 그동안 수출로 달러를 벌어들였다가 그 달러를 미국 재무부 부채증서로 바꿀 수밖에 없었던 신흥시장국들과 개발도상국들의 반발을 사고 있다. 특히 중국은 달러 패권체제에 강력하게 도전하고 있다.

중국은 2022년 현재 미국 GDP의 80%에 이르는 경제 대국이고, 경제발전과 기술발전의 속도도 매우 빠르다. 중국은 대미 수출 흑자로 2022년 3월 현재 3조 2천억 달러에 육박하는 외환보유고를 쌓아놓고 있으며, 2022년 3월 현재 1조 3천억 달러에 달하는 미국 재무부 채권을 보유하고 있다. 중국은 지구적 차원의 무역 불균형과 달러 환류의 중심

---

2 그것이 달러 패권체제의 지속불가능성을 주장하는 사람들의 주요 논거다. 이에 대해서는 Barry Eichengreen, *Global Imbalance and the Lessons of Bretton Woods* (Cambridge, MA: The MIT Press. 2010), 25ff.를 보라. 아이헨그린은 브레턴우즈 Ⅱ체제에서 유로화가 기축통화 지위를 놓고 미국 달러와 각축을 벌인다고 보았는데, 유로화가 조세국가적 토대가 없는 통화연합의 산물이라는 점을 놓고 볼 때 그러한 주장은 받아들여지기 어렵다.

에 서 있는 국가이며, 2008년 금융위기 때 미국 국채를 대량 매입하여 미국이 금융위기를 극복하는 데 필요한 달러를 공급한 국가이기도 하다.

중국은 달러 패권체제를 변경해야 할 절박한 이유와 분명한 의지가 있다. 만일 중국이 기축통화를 발행하는 국가였다면 중국은 외환보유고를 가질 필요가 없었을 것이고, 수출로 벌어들인 천문학적인 달러 스톡을 중국 내 낙후 지역을 개발하고 내수경제를 육성하는 데 투자할 수 있었을 것이고, 할인율이 턱없이 낮은 미국 재무부 채권 대신 훨씬 수익률이 높은 해외투자를 찾아 나설 수 있었을 것이다. 중국 정부가 그렇게 하지 못하고 외환보유고를 높이 쌓고 미국 재무부 채권을 매입한 것은, 앞에서 누누이 지적한 바와 같이, 달러 패권에 눌려 정책의 자율성을 유지할 역량이 없었기 때문이다. 따라서 중국은 달러 패권에 짓눌리는 궁벽한 처지에서 벗어나는 것을 국가 목표로 설정하지 않을 수 없다. 그동안 중국은 한편으로는 포스트-브레턴우즈체제에서 금융화의 길을 여는 데 결정적인 역할을 했던 IMF를 통해 달러 패권체제를 변경하고자 했고, 다른 한편으로는 위안화를 기축통화로 만드는 작업을 다각적으로 추진했다. 아래서는 이를 조금 더 자세하게 살펴본다.

먼저 중국은 2008년 미국에서 시작한 지구적 차원의 금융위기를 수습하기 위해 모인 제1차 G20 정상회의 석상에서 '공정하고 정의로우며, 포용적이고, 질서 있는 새로운 국제금융질서'의 수립을 내세움으로써 국제통화체제를 문제로 삼았다. 2009년 중국 중앙은행 총재는 미국의 법정화폐인 달러에 의존하고 있는 국제통화체제의 근본적인 문제를 지적하고, IMF의 특별인출권(SDR)을 초국적 통화로 사용할 것과 다수의 통화가 국제준비통화의 역할을 맡게 할 것을 요구했다. 포스트-브레턴우즈체제의 근본 문제, 곧 달러 패권체제의 문제를 제대로 건드린 것이다.3 물론 그러한 중국의 요구는 미국을 정점으로 한 국제통화체제의 중심 국가들의 벽을 넘지 못했다. 그러나 그 대신 중국은 2010년 G20 정상회의의 틀에서 추진한 IMF 지배구조 개선을 통해 중국의 IMF 쿼터를 2.2%에서 6.4%로 늘리는 데 성공함으로써 IMF 안에서 중국의 영향력을 강화했다. 더 나아가 IMF의 긴급인출권 바스켓에 처음으로 위안화가 편입되어 10.92%의 비중을 차지하게 되었다.4 그러나 앞에서 본 바와 같이 포스트-브레턴우즈체제에서 달러 패권체제는 그 어떤 국제법적 구속력을 갖는 협정에 근거한 체제가 아니라 달러 본위제에 바탕을 두고 국제 통화금융 네트워크를 통해 관철되는 체제 아닌 체제이기에 IMF를 통해 국제통화체제를 변경하려는 시도는 한계를 가질 수밖에 없다.

그다음 중국은 위안화를 기축통화로 통용하기 위해 큰 노력을 기울이고 있다. 그 가운데 주목되는 것은 네 가지다. 첫째, 중국은 2008년 지구적 금융위기 이후 30여 국가들과 '쌍무적 통화스왑협정'을 체결했다. 그것은 위안화를 중심으로 별도의 지급결제 시스템을 구축하려는 시도이다. 둘째, 중국은 2008년 상하이에 원유 선물시장을 설립하여 그동안 석유 거래를 매개로 해서 구축되었던 달러 중심의 지급결제 시스템 바깥에 별도로 위안화 중심의 지급결제 시스템을 구축했다. 러시아, 이란, 베네수엘라 등 미국의 금융 제재를 받는 산유국들이 페트로-위안화 지급결제 시스템에 적극적으로 참여하고 있고, 달러 패권체제를 우회하고자 하는 산유국들이 더 많이 참여할수록 달러 패권체제에

---

3 정진영, "중국의 부상과 국제통화·금융질서의 미래: 자유주의 국제질서가 붕괴될 것인가?," 「한국과 국제정치」 33/1(2017), 137.
4 이상환, "미국-중국 간 통화 패권경쟁과 국제정치경제 질서 전망," 「정치정보연구」 24/3(2021), 34.

는 큰 균열이 날 수 있다. 셋째, 중국은 미국이 주도하고 통제하는 SWIFT에 대응해서 위안화 중심의 은행 간 지급결제 시스템(중국국제은행간지급시스템, China Cross-border Interbank Payment System, CIPS)을 구축했다. 미국이 언제든 금융 제재 카드를 꺼내 중국을 SWIFT에서 퇴출할 수 있으므로 CIPS는 이에 대한 대비책으로 볼 수 있다. 넷째, 중국은 국제적 연결망을 갖는 개발은행과 위기대응기금을 창설하여 위안화의 국제화를 위한 교두보를 쌓고 있다. 중국은 BRICS 국가들(브라질, 러시아, 인도, 중국, 남아프리카공화국)5을 중심으로 '신개발은행'의 설립을 주도했고, 위기대응기금 역할을 하는 「BRICS 외환지원협약」(BRICS Contingent Reserve Arrangement)을 체결했다. 또한 중국은 유라시아와 아프리카 지역에서 인프라 투자를 촉진하기 위해 아시아인프라투자은행(Asian

---

5 BRICS는 2009년 브라질, 러시아, 인도, 중국 등 4개국으로 출범하였고, 2010년 남아프리카공화국이 가입하면서 5개국으로 늘었다. 2023년 9월 사우디아라비아, 아랍에미리트, 이란, 이집트, 에티오피아, 아르헨티나 등 6개국이 가입함으로써 BRICS는 11개국으로 확대되었다. 현재 BRIC에 가입하겠다고 신청한 국가들은 남미와 아프리카 대륙에서 20개국이 넘는다. BRICS 5개국은 이미 2022년에 구매력평가지수 기준으로 G7의 국민소득을 앞질렀고, 산업생산력 차원에서는 금융산업과 서비스 산업 중심의 G7 국가들을 압도하는 수준에 이르렀다고 평가된다. BRICS 11개국은 세계 인구의 45%에 이르는 36억 명의 인구 집단을 갖고 있고, 대부분 자원이 풍부한 나라들로 꼽힌다. 특히 석유는 세계매장량의 44.35%를 차지하고 있다. 베네수엘라와 볼리비아가 BRICS에 조만간 가입할 것으로 예상되는데, 만일 그렇게 된다면 BRICS 국가들은 세계석유매장량의 70%를 지배하게 된다. BRIC 국가들은 지정학적으로 북극해 항로, 러시아-이란-인도를 잇는 남북 회랑, 러시아-유러시아-중국을 잇는 동서 회랑, 페르시아만·홍해·수에즈 운하를 잇는 항로 등을 지배할 수 있는 위치에 있다.

　BRICS 국가들이 단일 통화체제를 구축할 것인가는 국제정치경제 차원에서 가장 큰 관심거리다. BRICS 단일통화체제는 존 메이너드 케인스가 제창했던 중립적인 화폐인 방코르 형태가 될 공산이 크다. 2023년 9월 BRICS 총회는 BRICS 단일 통화체제를 도입할 것을 결의하지 못했지만, BRICS 국가들 사이의 국제 결제에서 더는 달러화와 유로화에 의존하지 않고 위안화, 레알화, 랜드화 등 각 나라의 화폐를 사용하기로 결의했다. 그러한 결의만 해도 달러 패권체제와 달러에 종속되다시피 한 유로화체제를 뒤흔드는 효과가 있다. 그것은, 앞에서 본 바와 같이, BRICS 경제권이 이미 G7 국가들을 압도하는 규모인데다가 자원 부국들로 구성되어 있기 때문이다.

Infrastructure Investment Bank, AIIB)과 실크로드기금(Silk Road Fund)을 창설했다. 중국이 브릭스, 유라시아, 아프리카 등지의 국가들에서 대규모 인프라 투자를 하고 경제개발을 적극적으로 지원해서 위안화 경제권을 확대한다면, 위안화가 국제통화로 통용될 가능성은 그만큼 더 커진다.[6]

위에서 본 바와 같이 중국은 위안화를 국제화하기 위해 다각적으로 시도하고 있지만, 아직 미국의 달러 패권체제를 뒤흔들지는 못하고 있다. 중국이 법정화폐인 위안화를 국제화하기 위해서는 미국과 마찬가지로 경상수지 적자를 감수하여야 하고, 중국의 금융시장을 전면적으로 개방하여야 한다. 국제정치경제학자들은 중국이 가까운 장래에 그런 과감한 조처에 나서기 어려울 것이라고 본다. 그것은 무엇보다도 먼저 통화정책의 독립성, 환율 안정, 국제적으로 자유로운 자본의 이동 등 통화·금융정책의 3대 목표가 트릴레마(trilemma)를 이루기 때문이다. 오늘의 세계경제에서 그 어떤 중앙정부도 세 가지 목표를 동시에 달성할 수 없다. 셋 가운데 둘을 취하고 나머지 하나는 포기해야 한다.[7] 중국이 수출지향적인 성장정책을 고수하는 한, 국내 통화정책의 독립성과 환율 안정을 선택할 수밖에 없고, 자본의 자유로운 이동은 포기하지 않을 수 없다. 따라서 위안화의 국제화는 요원하다는 것이 국제정치경제학자들의 판단이다.[8] 그다음, 바로 앞에서 말한 내용과 긴밀하게 연관된 것이지만, 중국 공산당 정부가 금융시장의 완전 개방과 자유화

---

6 그러한 중국의 위안화 국제화 시도에 대해서는 이규철, "미국 달러 패권의 메커니즘과 중국의 대응전략," 72-75; 이상환, "미국-중국 간 통화 패권경쟁과 국제정치경제 질서 전망," 37f.; 정진영, "중국의 부상과 국제통화·금융질서의 미래: 자유주의 국제질서가 붕괴될 것인가?," 153-160 등을 보라.
7 그것이 바로 먼델-플레밍(Mundell-Fleming) 모델의 '불가능한 삼위일체'의 핵심 내용이다.
8 강선주, "미·중의 통화·금융 패권경쟁: 환율과 기축통화," 「주요국제문제분석」 2019/32(2019), 19.

를 선택할 수 없다는 것이다. 금융시장을 대외적으로 완전히 개방하고 자유화한다는 것은 경제 운영의 주도권을 국가에서 시장으로 대폭 넘긴다는 뜻이다. 그러한 조처는 중국 사회와 경제를 일관성 있게 규율하고 통제하고자 하는 중국 공산당 정부의 의지에 거슬린다는 것이다.[9]

그러나 그러한 국제정치경제학자들의 분석과 전망은 마치 현재의 중국 경제와 정치를 상수인 양 전제한 것이라고 볼 수 있다. 만일 중국이 미국의 달러 패권체제에서 벗어나서 브릭스, 유라시아, 아프리카 등을 아우르는 위안화 경제권을 구축하여 위안화를 그 경제권의 기축통화로 통용하는 것이 수출지향적인 성장정책을 추구하는 것보다 더 큰 이익을 가져다준다고 판단한다면, 중국은 기축통화의 발권국으로 나서기 위해 통화정책의 자율성, 환율 안정, 자본의 자유로운 이동의 트릴레마를 이제까지와는 전혀 다른 방식으로 풀 수도 있다.

문제는 중국이 달러 패권체제에 맞서서 위안화 중심의 통화금융체제를 구축할 때 세계경제와 세계 정치에 어떤 일이 일어날 것인가 하는 것이다. 중국이 달러 중심의 화폐 권력체제에 도전하면서 위안화 중심의 통화금융체제를 구축하는 과정에서조차 이미 미국의 군사·정치적 대응은 첨예해지고 있다.[10] 만일 세계경제가 위안화 중심의 국제 통화금융체제와 달러 중심의 국제 통화금융체제로 이원화된다면, 두 블록은 서로 날카로운 갈등 관계에 놓이는 데 그치지 않고 블록 내부 자원의

---

9 이왕휘, "세계금융위기 이후 미중 통화금융 패권 경쟁과 통화전쟁: 통화금융책략의 관점," EAI Special Report(동아시아연구원 2017/08), 20.

10 김열수는 바이든 행정부가 노골적으로 중국을 '악마화'하면서 신냉전정책을 추진하고 있다고 분석한다. 신냉전정책은 세계적 차원에서는 가치동맹의 구축, 군사동맹 강화 및 공고화, 신경제동맹 구축, 정보동맹의 확대 등을 통해 중국을 봉쇄하려는 전략이고, 인도·태평양 지역 차원에서는 QUAD와 AUKUS를 통해 중국을 봉쇄하려는 전략이라고 한다. 김열수, "미국의 반중 봉쇄정책과 신냉전기 한국의 전략," 「신아세아」 28/4(2021), 53.

한계를 넘어서려는 자본의 팽창 압력과 포섭 압력으로 인해 상대방의 영역을 침범하는 단계로 나아가게 될 것이며, 마침내 전쟁으로 치달을 수도 있다. 그러한 갈등과 전쟁의 불가피성은 식민지 재분할을 둘러싸고 서구 열강이 서로 충돌한 제1차 세계대전과 경제·통화 블록 사이의 긴장과 갈등이 전쟁으로 치달은 제2차 세계대전의 경험을 되돌아보면 충분히 짐작할 수 있는 일이다. 그러한 역사적 전철을 밟지 않으려면 통화금융체제의 블록화를 막아야 하고, 그러한 블록화를 대안적으로 추구하게 만드는 미국의 달러 패권체제를 종식해야 한다. 중국이 위안화 중심의 통화금융체제를 구축하려는 까닭을 이해 못 할 바는 아니지만, 중국의 법정화폐를 기축통화로 만들려는 시도는 또 다른 통화 패권을 형성하려는 시도에 지나지 않을 것이며, 따라서 찬성할 수 없다. 문제의 핵심은 달러 패권체제를 어떻게 극복할 수 있을까 하는 것이다. 이에 대해서는 장을 달리해서 다루고자 한다.

5장
달러 패권체제의 종식
— 정의롭고 공정하고 호혜적인 세계통화체제를 향하여

　달러 패권체제의 종식은 이중적인 과제다. 하나는 일국 화폐를 세계화폐로 사용하는 데서 비롯되는 화폐 권력체제를 해체하고, 정의롭고 공정하고 호혜적인 대안적인 세계통화체제를 구축하는 것이다. 다른 하나는 포스트-브레턴우즈체제에서 달러 패권체제의 진면목이라고 할 수 있는 금융화의 현실을 극복하는 대안적인 경제체제를 추구하는 것이다. 금융화는 금융 자유화와 금융시장 개방을 통해 강력하게 추진되었고, 달러 패권체제의 필연적 귀결인 지구적 차원의 무역 불균형과 달러 환류의 거대한 메커니즘을 통해 미국으로 흘러오는 값싼 달러를 활용하여 첨단 금융기법으로 국내외 투자에 나선 월스트리트 금융기관들에 의해 가속화되었다. 그러한 금융화는 실물경제로부터 자립화한 화폐자본이 실물경제를 지배하고 실물경제의 성과를 체계적으로 수탈하는 금융지배체제를 강고하게 구축하는 과정이었다. 그런데 달러 패권체제를 논하는 이 장에서는 금융화를 충분히 분석하지 않았으므로, 금융화를 분석하고 그 대안을 본격적으로 모색하는 과제는 본서 제X부의 과제로 넘기고, 여기서는 대안적인 국제통화체제를 구축하는 방안만을 논하고자 한다.

1. 케인즈의 국제청산동맹안의 재소환과 보완

달러 패권체제의 극복하기 위해 대안적인 국제통화체제를 모색하는 국제정치경제학자들은 미국의 군사·정치적 패권 아래서 브레턴우즈체제가 미국 재무부 안에 따라 설계됨으로써 달러 중심의 화폐 권력체제가 구축되었다는 문제의식에서 출발한다. 만일 케인즈의 국제청산동맹안에 따라 브레턴우즈체제가 구축되었다면 달러 패권체제는 형성되지 않았으리라는 것이다. 그러한 문제의식에서 출발하는 학자들은 미국의 달러 패권을 전제하고 구축된 브레턴우즈 기구들의 개혁 정도로는 달러 중심의 국제 통화금융체제의 문제를 풀 수 없다고 주장한다.

브레턴우즈 개혁안을 가장 강력하게 들고 나온 학자는 세계은행 수석부총재로 일한 바 있는 조지프 E. 스티글리츠(Joseph E. Stiglitz)였다.[1] 그는 IMF를 지구 차원의 중앙은행으로 격상시켜 세계 금융 규제와 조정의 중심 기구로 삼고, 이를 위해 긴급인출권(SDR)을 확충하고, IMF 지배구조를 개선하자고 제안했다. 그 제안에 대해 많은 국제정치경제학자들은 스티글리츠가 세계통화금융 질서를 체계적으로 왜곡시키는

---

1 스티글리츠의 브레턴우즈 기구 개혁안은 Joseph E. Stiglitz, *The Stiglitz report: reforming the international monetary and financial systems in the wake of the global crisis*(New York: New Press, 2010)에 집대성되어 있다. 스티글리츠의 브레턴우즈 기구 개혁안을 지지하는 학자들은 배리 아이헨그린, 제프리 삭스, 폴 크루그먼 등이다.

구조적인 문제를 도외시했다고 비판한다. 달러 중심의 기축통화제도로 인해 달러 발권국인 미국이 화폐 권력을 행사하는 것이 구조적인 문제의 핵심인데, 그 근본 문제의 해결을 전제하지 않는 브레턴우즈 기구의 개혁은 임시방편에 불과하다는 것이다.[2]

그렇기에 달러 패권체제의 대안을 추구하려면 IMF 개혁의 길을 갈 것이 아니라 새로운 국제 통화기구를 창설해야 한다는 주장이 제기되는 것이다.

1.1. 새로운 국제 통화기구 창설의 제안

케인즈의 국제청산동맹안을 적극적으로 발전시켜 국제 통화금융체제를 변혁하고자 하는 대표적인 국제정치경제학자는 폴 데이비슨(Paul Davidson)이다. 그는 국제 통화금융 질서를 관장하는 기구를 새로 창설할 것을 주장한다. 그러한 기구는 당연히 국제 협정에 근거해야 하고, 그 기구의 결정은 협정가입 국가들에 대해 국제법적 구속력을 가져야한다. 국제 협정에 바탕을 둔 새로운 국제통화기구는 케인즈의 제안에 따라 그 기구에 가입한 모든 국가의 국제수지 흑자와 적자를 복식부기 방식으로 기입하고, 부기에 필요한 계산 단위(score)를 정한다. 바로 그 계산 단위가 케인즈의 국제청산동맹안에서 계산화폐로 고안된 방코르에 해당한다. 일단 계산 단위 혹은 계산화폐가 결정되면, 국내 금융거래와 마찬가지로 국제적인 금융거래도 복식부기 방식으로 정리한다.[3] 각

---

2 김의동, "국제통화금융체제에 대한 케인스주의적 개혁 논의의 비교검토," 「무역연구」 7/2(2011), 118f.

3 P. Davidson, *Financial Markets, Money and the Real World* (Cheltenham, UK: Edward

나라의 국제수지 흑자와 적자를 국제통화기구의 회계장부에 기재하려면 각 나라 통화를 계산 단위로 표시해야 하는데, 그 비율은 화폐의 구매력을 기준으로 해서 정한다. 화폐의 구매력은 그 나라 국민경제의 생산성을 반영하도록 하고, 효율성임금(efficiency wage)의 증감에 따라 적절하게 평가하도록 한다. 그것이 각 나라 통화의 환율을 결정하는 방식이다.[4]

데이비슨은 새로운 국제통화기구가 이 두 가지 조건을 충족시킨다면 케인즈가 국제무역과 국제금융 질서를 확립하기 위해 추구했던 두 가지 목표를 달성할 길을 찾을 수 있다고 본다. 하나는 흑자국과 적자국이 무역수지 불균형을 조정하는 공동의 책임을 지도록 하는 것이고, 다른 하나는 국민경제의 역량에 따라 환율이 결정되도록 함으로써 각 나라의 정책 자율성을 보장하는 것이다. 데이비슨의 제안에서 결정적으로 중요한 것은 새로운 국제통화기구의 계산화폐가 정해지면 달러 같은 한 나라의 화폐를 국제적인 계산화폐로 사용할 필요가 없어진다는 점이다.

1.2. 세계의회 창설의 제안

'민주주의적인 세계화'의 길을 제시하고자 하는 조지 몬비오(George Monbiot)는 케인즈의 국제청산동맹 제안에 충실하게 새로운 세계통화기구를 창설하는 것은 물론이고, 거기서 한 걸음 더 나아가 세계경제를

Elgar, 2002), 231.

4 P. Davidson, "Reforming the World's International Money," *Real-World Economic Review* 48(2008), 20.

민주적으로 규율하는 세계의회의 창설을 역설했다.

먼저 국제청산동맹 안에 관한 몬비오의 생각을 살펴본다. 몬비오는 오늘의 세계에서 "국제청산동맹이나 이와 유사한 원칙에 기초한 단체가 그 어느 때보다 절실히 필요하다"고 역설했다.[5] 앞에서 본 바와 같이 케인즈는 국제수지 흑자국과 적자국이 국제청산동맹에 개설한 계좌를 연말까지 '청산'하는 단순한 규칙을 부여하여 무역흑자국과 적자국이 무역수지 불균형에 공동 책임을 지도록 하자고 제안했는데, 몬비오는 그것이 '케인즈가 이룬 주된 혁신'[6]이라고 평가했다. 그러한 몬비오의 평가는 미국 재무부, IMF, 세계은행 등이 주도한 "워싱턴 컨센서스"의 틀에서 채권국들이 IMF를 통해 외환위기에 몰린 무역수지 적자국들에 가혹한 구조조정과 채무 이행 프로그램을 강요했던 처절한 현실에 대한 성찰에서 나온 것이다. 케인즈의 국제청산동맹 같은 새로운 국제통화기구가 그러한 상황을 해결할 수 없다면, 채무국들은 힘을 모아 일제히 채무 불이행을 결의하여 채권국들을 막다른 골목에 처넣는 것이 낫다는 것이 몬비오의 생각이다. "이 무기(=채무 불이행, 필자)를 가장 잘 사용하는 길은 그것을 만들어 낸 체제를 파괴하는 것이다. 체제를 담보로 몸값을 청구함으로써 채무국은 IMF와 세계은행을 무역수지의 균형을 자동으로 확립해줄 장치로 교체하도록 요구할 수 있다."[7] 그런 점에서 몬비오는 케인즈의 국제청산동맹 제안으로부터 국제적 행동주의 강령을 끌어내고 있는 셈이다.

그다음 몬비오는 세계 곳곳의 민중이 참여하는 세계의회를 창설해

---

5 조지 몬비오/황정아 옮김, 『도둑맞은 세계화: 지구민주주의 선언』 (파주: 창비, 2006), 160.
6 조지 몬비오/황정아 옮김, 『도둑맞은 세계화: 지구민주주의 선언』, 154.
7 조지 몬비오/황정아 옮김, 『도둑맞은 세계화: 지구민주주의 선언』, 167.

서 미국이 주도하는 지구화에 맞설 것을 촉구했다. 그는 유권자 1천만 명당 1인의 대표를 선거로 선출하여 600명의 대의원으로 세계의회를 구성할 것을 제안했다. 세계의회는 세계 민중의 참여에 바탕을 두고 아래로부터 구성되는 기구이기에 미국의 패권에 맞서는 '도덕적 권위'를 갖는다.[8] 세계의회는 세계정부의 역할을 하지 않고 지구적 차원에서 통화금융체제, 무역체제 등을 관장하는 기구들의 결정을 검토하고 그 개선을 촉구하는 역할을 한다. 만일 국제청산동맹 같은 새로운 세계통화기구가 창설된다면 그 기구 역시 세계의회의 견제와 감독을 받아야 할 것이다. 몬비오의 제안은 지구화와 기후위기에 대항하는 지구적 NGO 활동을 세계의회로 발전시키고자 하는 기획으로 여겨지지만, 그는 세계의회의 결정이 국제 통화금융 기구들이나 각국 정부에 구속력을 갖도록 하는 방안을 논의하는 데까지 나아가지는 못했다. 그는 국제청산은행을 모델로 한 새로운 세계통화기구가 '자유통화'를 발행해서 무역 불균형을 해소하고, 세계 민중에게 혜택을 주는 프로그램에 투입하자고 제안했다. 자유통화는 세계의회 구성에 필요한 재정을 지원하기 위해서도 지출된다.[9] 새로운 세계통화기구의 '자유통화' 발행은 IMF의 SDR 모델을 참고한 것으로 보이지만, 발행 목적은 전혀 다른 셈이다.

그는 포스트-브레턴우즈체제에서 2조 달러를 넘어서는 주변부 국가들의 채무 위기와 그에 대응하는 브레턴우즈 기구들의 가혹한 조치에 초점을 맞추었을 뿐 지구적 차원의 무역 불균형과 달러 환류의 중심에 있는 달러 패권체제를 직접 다루지는 않았다.[10] 그런 점에서 몬비오

8 조지 몬비오/황정아 옮김, 『도둑맞은 세계화: 지구민주주의 선언』, 89f., 95.
9 조지 몬비오/황정아 옮김, 『도둑맞은 세계화: 지구민주주의 선언』, 164.
10 조지 몬비오/황정아 옮김, 『도둑맞은 세계화: 지구민주주의 선언』, 239f.

의 논의에서 달러 패권체제를 극복하는 데 참고할 만한 직접적인 내용을 찾기 어려운 것이 사실이다. 그러나 "워싱턴 컨센서스"에 맞서서 국제청산동맹 같은 기구를 시급히 창설하고 세계의회를 통해 그 기구를 감독하고 규율하자는 몬비오의 제안은 달러 본위제에 근거한 달러 패권체제를 종식하는 방안에 관한 논의의 출발점이 될 수 있다.

2. 정의롭고 공정하고 호혜적인 세계통화체제의 기본 원칙

달러 패권체제를 종식하고, 정의롭고 공정하고 호혜적인 세계통화체제로 나아가고자 한다면, 케인즈의 국제청산동맹안을 참조하여 새로운 국제통화체제를 수립하는 것이 적절하다. 이에 관련해서는 세계중앙은행의 창설과 세계화폐의 제정, 세계중앙은행의 거버넌스, 국제수지 흑자와 적자의 처리방식 등을 숙고할 필요가 있다.

2.1. 세계중앙은행의 창설과 세계화폐의 제정

새로운 세계통화금융 질서를 수립하려면 무엇보다도 먼저 국제법적 효력을 갖는 국제 협정에 근거하여 새로운 세계통화기구를 설립하고, 그 기구가 세계중앙은행의 역할을 맡게 하는 것이 중요하다. 세계중앙은행의 가장 핵심적인 역할은 중립적인 세계화폐를 창설하고 관리하는 것이다. 세계화폐는 각 나라의 통화가치를 결정하는 기준 화폐이며, 그 본질은 계산화폐이다. 계산화폐는 그 자체로서는 그 어떤 가치도 내장하지 않지만, 가치 단위 혹은 가치 표지의 역할을 한다. 주권 국가의 정부는 계산화폐의 가치 단위를 임의로 정하고 조세권을 발동하여 계산화폐를 강제로 유통할 수 있지만, 조세권이 없는 세계중앙은행은 계산화폐의 가치 단위를 달리 정하고, 계산화폐를 유통하는 권력을 달리 조직하여야 한다.

그렇다면 계산화폐의 가치 단위를 어떻게 정하는 것이 좋은가? 케인즈는 금의 가치를 기준으로 국제청산동맹의 계산화폐인 방코르의 가치를 정할 수 있다고 생각했다. 그러나 금의 양은 한정되어 있고, 그 가치는 시장 상황에 따라 끊임없이 변동한다. 세계중앙은행이 발행하는 계산화폐가 안정적인 가치의 표지자가 되어야 한다면, 그 계산화폐가 가리키는 가치는 마르크스의 노동가치론 비판의 핵심 아이디어에 따라서 '이념적 평균의 수준에서' 상품생산에 투입되는 평균적 노동자의 1시간 노동량으로 정하는 것이 적절할 수 있다.[11] 각 나라에서 상품생산에 투입되는 평균적 노동자의 1시간 노동량이 갖는 시장가격은 폴 데이비슨이 생각하는 바와 같이 각 나라의 산업생산성과 효율성임금 수준에 따라 적절하게 결정될 수 있을 것이다. 그것이 세계중앙은행의 계산화폐를 기준으로 각 나라 통화의 가치를 결정하는 방법이다.

일단 중립적인 세계화폐가 제정되면, 오늘의 달러 패권체제에서 보는 바와 같이, 각 나라 경제가 달러를 얻기 위해 경쟁할 까닭이 없을 것이고, 달러 결제 수단의 결핍을 두려워해서 외환보유고를 강박적으로 확대하고 달러로 표시된 채권을 매입할 필요가 없을 것이다. 또한 미국이 불러들이는 지구적 차원의 무역 불균형과 달러 환류가 멈출 것이고,

11 K. Marx, *Das Kapital I*, 54f.

값싼 달러를 확보하여 거대한 이익을 볼 기회를 독차지하다시피 하는 월스트리트 금융기관들의 특권이 더는 유지되지 않을 것이다.

2.2. 세계중앙은행의 거버넌스

세계중앙은행의 거버넌스는 총회 아래 집행기구와 집행감독기구의 이사회를 이원화하는 방식으로 구성한다. 세계중앙은행에서 가장 큰 권위는 총회가 행사하고, 총회는 세계화폐의 가치에 관한 규범을 수립하고, 그 규범의 이행을 감독하며, 집행기구와 집행감독기구 이사회를 선출하고 소환한다. 또한 총회는 세계중앙은행 산하에 두는 개발지원기금[12] 등의 운영 준칙의 인준, 개발지원기금 집행기구와 집행감독기구 이사회의 선출과 소환, 업무 감독 등의 권한을 행사한다. 총회는 세계중앙은행을 구성하는 모든 나라의 대표들로 구성하고, 모든 대의원은 동등한 투표권을 갖는다. 각 나라가 세계중앙은행의 자본금에서 차지하는 지분에 따라 나라별 투표권 비율이 정해지는 IMF와 세계은행의 투표권 배분 방식은 더는 통용되지 않는다. 그 대신 각 나라의 인구수에 따라 대의원의 수를 조정한다. 대의원 선출과 그 숫자에 관해서는 아마도 투표권을 갖는 성인 1천만 명당 1인의 대표를 뽑아 '세계의회'에 파견하자는 몬비오의 아이디어를 참고할 수 있을 것이다. 그것은 아래로부터 민중이 참여하는 방식으로 세계중앙은행의 최고 의사결정 기구를 구성하고 민중의 대표들이 그 기구에 참가해서 함께 결정을 내리자는

---

12 이 기구는 오늘의 세계은행에 해당하지만, 세계은행이 IMF에게서 독립된 별도의 기구인 데 반해, 필자의 구상에서는 세계중앙은행의 산하 기구의 위상을 갖는다. 이 기구에 대해서는 아래의 2.3을 보라.

뜻이다. 민중의 참여와 공동결정은 세계중앙은행을 통해 세계통화체제를 공정하고 정의롭게 형성하는 길이다. 그것은 참여와 공동결정이 정의 실현의 전제 조건이라는 기독교경제윤리와 일반 윤리의 정의 이해에 정확히 부합하는 방안이다.[13]

세계중앙은행 총회 산하에 두는 집행기구와 집행감독기구 이사회는 총회가 위임한 업무를 집행하고 그 업무를 감독한다. 집행기구와 집행감독기구에 관해서는 두 가지를 강조할 필요가 있다. 첫째, 총회는 집행기구와 집행감독기구 이사회를 선출하고 소환한다. 집행기구와 집행감독기구 이사의 인선은 총회가 인선위원회를 조직하여 집행기구와 집행감독기구 이사의 추천을 받는 방식을 취할 수 있다. 집행기구와 집행감독기구 이사회는 각각 15인으로 구성하되, 금융 전문가가 이사 정수의 3분지 1을 차지하고, 재정, 산업, 고용, 소득분배 등 여러 정책 부문의 전문가들이 이사 정수의 3분지 2를 채우며, 비금융 전문가들 가운데 고용과 소득분배 전문가들이 절반 이상이어야 한다. 그러한 거버넌스 구성 준칙은 통화정책, 재정정책, 투자정책, 고용정책, 소득분배정책 등

---

13 본서 제부 3장 1.1에서 밝힌 바와 같이 참여의 원칙은 기독교적 관점에서 윤리적 판단과 세계형성을 이끌어가는 핵심 원칙들 가운데 하나다. 참여의 원칙은 중요한 결정이 내려지는 곳에 그 결정의 영향을 받는 사람들이 참여해서 함께 결정해야 한다는 것을 그 내용으로 한다. 결정을 내리는 엘리트가 그 결정의 영향을 받는 민중을 대리할 수는 없다. 따라서 중요한 의사결정이 내려지는 곳에 민중이 참여하고 함께 결정하는 것은 사물들과 사람들의 관계를 바로 세우는 길, 곧 정의를 실현하는 길이다. 사회철학의 영역에서는 낸시 프레이저가 '동등한 참여의 원칙'을 정의의 기준으로 내세우고 있다. 그는 초국적 기구들의 의사결정에 '종속된 모든 사람'이 그 의사결정과정에 참여하여 그들의 입장과 요구를 관철하는 주체가 되어야 한다고 역설한다. 그는 그 주체가 지구적 스케일을 갖는 민중 포럼의 형식으로 조직될 수 있다고 생각했고, 그 구체적인 실례를 세계사회포럼(World Social Forum)에서 찾았다. 낸시 프레이저/김원식 옮김, 『지구화 시대의 정의 : 정치적 공간에 대한 새로운 상상』 (서울: 그린비, 2010), 117ff.; Nancy Fraser, Alfredo Gomez-Muller, Gabriel Rockhill, "Global justice and the renewal of critical theory: A dialogue with Nancy Fraser," *EUROZINE*, www.eurozine.com (2009년 4월 21일 다운로드).

의 유기적 연관에 관한 인식, 세계중앙은행의 계산화폐를 노동가치 중심으로 제정하고 그것의 각 나라 시장가격에 따라 각국 통화의 가치를 결정한다는 발상 등에 비추어 볼 때 당연하다고 할 것이다.

둘째, 집행기구의 모든 업무는 집행감독기구에 보고되고 집행감독기구의 감독 아래 놓인다. 집행감독기구는 집행감독의 결과를 총회에 보고하고 총회의 처분에 맡긴다. 그러한 거버넌스는 세계중앙은행의 운영을 투명하게 할 것이다.

2.3. 국제수지 흑자와 적자의 처리 준칙

새로운 국제 통화금융 질서가 오랫동안 정상적으로 유지되려면 국제수지 적자국과 흑자국이 무역 불균형 문제 해결의 공동 책임을 지도록 하자는 케인즈의 국제청산동맹안의 핵심 아이디어에 따라 국제수지 적자국의 부채 문제와 상대적 저개발 문제를 해결하는 것이 적절하다. 달러 패권체제 아래서는 수출지향적 국가들이 달러를 확보하기 위해 경쟁하기에 인근 궁핍화정책을 마다하지 않았고, 국민경제 간 호혜적인 협력을 파괴했다. 국제수지 불균형으로 인해 적자를 보는 국가가 빚을 끌어들여 적자를 보전하게 하는 IMF의 처방은 결국 채무 이행 프로그램을 통해 채무국 경제의 가혹한 구조조정과 민중 생활의 광범위한 파탄을 가져왔다. 국제수지 불균형 문제를 다룰 때 국제수지 적자와 국제수지 흑자가 같은 동전의 양면이고, 국제수지 불균형이 장기적으로 지속할 수 없다는 것을 잊어서는 안 된다.

국제수지 불균형 문제를 해결하려면 국제수지 흑자국이 무역흑자를 투자 자원으로 돌려서 자국 산업의 생산성을 고도화하기보다는 무역흑자의 상당 부분을 임금 상승과 복지 확충을 위해 지출하거나 국제수지 적자국을 재정적으로 지원하여 국제수지 적자국의 산업생산성을 높이고, 국제수지 적자국에서 더 많은 상품을 수입하는 방식으로 무역수지 불균형의 소지를 없애는 것이 마땅하다. 국제수지 적자국은 국제수지 적자국과 거울의 상처럼 반대칭을 이루는 조처를 성실하게 취해야 할 것이다. 그러한 방식으로 국민경제 간 선린 우호 관계를 촉진하기 위해 세계중앙은행은 두 가지 통화금융정책을 추진할 수 있다. 하나는 세계중앙은행 산하에 개발지원기금을 만들어서 국제수지 흑자국이 무역흑자의 일정 비율을 그 기금에 출연하도록 하고, 그 기금으로 국제수지 적자국의 경제개발과 사회개발을 지원하게 하는 것이다. 또 다른 하나는 세계중앙은행이 계산화폐 표시 채권을 발행하여 무역흑자국의 중앙은행이 이를 매입하게 하고, 무역흑자국의 채권 매입 자금을 무역수지 적자국 중앙은행을 통해 적절하게 배분하는 것이다. 채권할인율과 기금 이자율은 세계중앙은행과 개발지원기금의 해당 업무 처리 비용을 충당하는 수준에서 낮게 결정될 수 있을 것이다.

3. 대안적인 국제통화체제 형성의 절박성

케인즈의 국제청산동맹 구상을 바탕에 두고 새로운 국제통화체제를 창설하자는 제안에 대해 많은 국제정치경제학자들은 그 필요성을 인정하지만, 그것이 어느 정도 현실성이 있는가에 대해서는 소극적인 판단을 내린다. 그들은 케인즈의 시대보다 경제의 지구화와 금융화가 크게 진전된 오늘의 세계경제 상황에서 국제청산동맹 구상은 현실성이 떨어진다고 본다. 특히 포스트-브레턴우즈체제에서 달러 패권을 강화하는 금융화가 화폐자본이 실물경제로부터 독립하여 실물경제를 지배하고 수탈하는 체제 아닌 체제(non-system)를 견고하게 구축했기에 이를 되돌리기 어렵다는 판단도 힘을 얻고 있다.[14]

그러한 국제정치경제학자들의 판단이 일리가 없는 것은 아니지만, 달러 패권체제를 해체하고 새로운 국제 통화금융체제를 구축하는 것이 전 세계 민중에게 매우 절박한 과제가 되었다는 것을 잊어서는 안 된다. 개발도상국들과 신흥시장국들로부터 엄청난 부가 미국으로 이전되고, 금융위기가 빈발하는 데서 드러나듯이 달러 패권체제가 불러들이는 무질서와 혼란은 점점 더 커지고 있고, 달러 패권체제에 대항해서 위안화 중심의 화폐 권력이 등장하게 되면, 통화블록 간 긴장이 첨예화하면서 전쟁이 벌어질 수도 있다. 블록경제가 불러일으킨 제1차 세계대전과 제2차 세계대전에 뒤이어 통화블록 간 긴장과 갈등이 제3차 세계대전을 불러일으킨다면 그 피해와 후유증을 어떻게 극복할 수 있겠는가? 그러한 예측 가능한 파국을 피하기 위해서는 달러 패권체제로 인해 철저하게 왜곡된 국제 통화금융체제를 해체하고 새로운 세계통화금융 질서를 확립하기 위해 중심부와 주변부 정부들과 전 세계 민중이 머리를 맞대야 한다.

경제의 지구화와 금융화가 크게 진전되는 데 따라 국제적인 화폐거래 네트워크가 촘촘하게 짜이고, 그 화폐거래 네트워크에서 미국의 화폐 권력이 강화된 것은 숨길 수 없는 사실이다. 그러나 그것을 이유로 들어서 달러 패권체제를 종식하고 새로운 국제 통화금융체제를 구축하

---

14 정진영, "케인스, 국제통화체제, 세계금융위기: 케인스의 복수와 귀환," 189f.

기 어렵다는 의견에 대해서는 과연 그런가 하는 의문을 던질 필요가 있다. 그 의문은 결국 금융화와 그 문제를 체계적으로 분석하고 금융화를 규율하고 통제하는 체제를 어떻게 마련할 수 있는가를 충분히 다룰 때 비로소 풀릴 것이다. 이에 대한 논의는 본서 제X부의 과제로 넘긴다.

맺음말

제IX부에서 필자는 달러 패권체제의 형성, 작동 방식, 그 결과를 분석하고, 달러 패권체제를 대신하는 정의롭고 공정하고 호혜적인 세계통화체제를 수립하는 데 고려할 몇 가지 원칙을 제시했다. 그 내용을 간략히 정리하면 다음과 같다.

첫째, 달러 패권체제는 미국의 법정화폐인 달러를 무역결제와 금융결제의 기축통화로 설정하면서 미국의 화폐 권력이 국제 통화금융 질서를 규정하는 영향력을 행사하는 체제이다. 미국은 전 세계로부터 상품을 수입하고 그 대금으로 달러를 지불함으로써 전 세계에 달러를 공급하고, 상품 수출, 해외투자 이익 환수, 국채 발행 등을 통해 전 세계로부터 달러를 환수하여 자본수지 균형을 맞춘다.

둘째, 그러한 달러의 순환은 브레턴우즈체제와 포스트-브레턴우즈체제에서 기본적으로 같고, 두 체제 모두 미국의 압도적인 군사·정치적 패권의 뒷받침을 받는다는 점에서 동일하다. 그러나 두 체제는 두 가지 점에서 결정적으로 다르다.

1) 브레턴우즈체제는 국제법적 효력을 갖는 브레턴우즈 협정에 근거하여 금태환본위제를 근간으로 했고, 국제간 자본 이동을 엄격하게 통제하는 체제였다. 반면에 포스트-브레턴우즈체제는 국제 협정에 근거하지 않은 달러 본위제 중심의 체제 아닌 체제(non-system)이며, 화폐자본의 국제간 자유 이동에 바탕을 둔 촘촘한 화폐거래 네트워크체제다.

2) 브레턴우즈체제에서 미국은 자본을 수출했지만, 포스트-브레턴우즈체제에서 미국은 천문학적인 경상수지 적자와 재정수지 적자를 매개로 해서 지구적 차원의 무역 불균형과 달러 환류 메커니즘을 작동시켜 전 세계의 잉여저축을 끌어들인다.

셋째, 포스트-브레턴우즈체제에서 거대한 달러 순환을 작동하는 결정적인 매체는 외환위기에 대비하여 달러와 달러 표시 안전자산을 더 많이 확보하려는 수출지향 국가들의 강박이다.

넷째, 포스트-브레턴우즈체제에서 지구적 차원의 무역 불균형과 달러 환류를 통해 거대한 달러 순환이 일어난다는 것은 미국을 정점으로 지구적 공납체제가 구축되었다는 것을 의미한다. 지구적 공납체제에 깊숙이 편입된 수출지향적인 국민경제에서는 더 많은 외환보유고를 쌓기 위한 국민적 절약과 내핍, 임금 억제와 복지 동결, 수출과 무관한 산업 부문의 방기, 지역 불균형 발전 등이 나타날 수밖에 없고, 내수 중심의 내포적 균형 발전에 바탕을 두고 사회적 연대와 생태계 보전을 기하는 국민경제 형성의 기회를 살리기 어렵다.

다섯째, 그러한 달러 패권체제는 지속가능성이 없다. 미국과 미국 금융기관들의 이익을 위해 국제 통화금융 질서를 체계적으로 왜곡하는 달러 패권체제는 해체되어야 한다.

여섯째, 달러 패권체제가 해체된다면, 중국은 굳이 위안화 중심의 독자적인 통화 블록을 형성할 필요가 없을 것이다. 만일 달러 패권체제가 존속하고, 중국이 달러 패권체제에 맞서서 위안화 통화 블록을 형성한다면, 장차 달러 중심의 통화블록과 위안화 중심의 통화 블록 사이의 긴장과 갈등은 피할 수 없을 것이고, 통화블록 간 전쟁이 벌어질 수도 있다.

일곱째, 달러 패권체제는 정의롭고 공정하고 호혜적인 세계 화폐금융 질서로 대체되어야 한다. 그러한 대안적인 질서를 수립하는 기본적인 아이디어는 케인즈의 국제청산동맹 안에서 찾을 수 있다. 새로운 세계통화금융 질서를 만들려면, 국제적법적 효력을 갖는 국제 협정에 근거해서 세 가지 지침을 확립해야 한다.

제1 지침은 세계중앙은행을 설립하여 중립적인 세계화폐를 발행하고, 그 세계화폐를 기준으로 각 나라 통화의 가치를 결정한다는 것이다.

제2 지침은 민중의 참여와 공동결정을 바탕에 두고 세계중앙은행의 거버넌스를 조직해서 세계중앙은행을 민주화하고 그 업무를 투명하게 한다는 것이다.

제3 지침은 국제수지 적자국과 흑자국이 무역 불균형 해소에 공동책임을 지게 하는 제도를 정교하게 설계한다는 것이다. 그러한 제도의 핵심은 국제수지 흑자의 일정 비율을 출연하여 개발지원기금을 만들어 그 기금으로 국제수지 적자국을 지원하는 방안, 세계중앙은행이 발행한 채권을 국제수지 흑자국의 중앙은행이 매입하게 하고, 그 매입 자금을 국제수지 적자국에 대여하는 방안 등이다.

제X부

신자유주의적 금융화와 그 대안

1장 금융화에 대한 개념적 이해

2장 신자유주의적 금융화의 조건과 그 양상

3장 2008년의 지구적 금융공황

4장 유로존 위기

5장 지구적 금융위기에 휩쓸린 개발도상국들과 신흥시장국들

6장 신자유주의적 금융체제의 해체에 관하여

머리말

　오늘의 세계 경제와 각 나라 국민경제의 틀을 결정하다시피 하는 신자유주의적 금융화는 포스트-브레턴우즈체제에서 재정립한 달러 패권 아래서 강력하게 추진되었다. 신자유주의적 금융화는 달러 패권의 아성인 미국 재무부, 미연방 준비제도, 월스트리트 금융기관들의 동맹이 추진했고, IMF, 국제결제은행(Bank for International Settlements, BIS), G7 등의 강력한 지원을 받았다. 포스트-브레턴우즈체제에서 달러 패권과 신자유주의적 금융화는 같은 동전의 양면이다.

　신자유주의적 금융화는 1970년대 중반 이래 급속하게 진행된 금융의 자유화, 국제적 자본 이동의 전면적 자유, 지구적 차원의 거대한 달러 순환, 금융공학에 바탕을 둔 월스트리트 금융기관들의 공격적인 경영과 파생상품 시장의 극적인 확대 등에 힘입어 지구적 차원에서 화폐자본의 지배체제를 구축했다. 신자유주의적 금융화는 미국에서 시작하였으나 영국과 유럽 여러 나라가 그 뒤를 따랐고, "워싱턴 컨센서스"의 준칙에 따라 신흥시장국들과 개발도상국들에 이식되었다. 신자유주의적 금융화가 추진되는 곳에서는 예외 없이 화폐자본이 실물경제로부터 자립화하면서 실물경제를 체계적으로 수탈하는 체제가 확립되었다. 그 결과는 민중의 희생과 고통이었고, 참담한 금융위기였다. 신자유주의적 금융화는 1980년대 주변부 국가들의 외채위기, 1990년대 말의 아시아 외환위기, 2008년 미국에서 시작하여 전 세계로 확산한 지구적 금융위기와 그 여파인 2010년의 유로존 재정위기와 신흥시장국들의 경제위기 등을 불러일으켰다.

따라서 신자유주의적 금융화에 제동을 걸고 지구 경제와 국민경제 차원에서 금융을 민주적으로 규율하는 방안을 찾는 것은 우리 시대의 큰 과제가 되었다. 그 과제를 제대로 수행하기 위해 아래서는 첫째 금융화의 개념을 규정한다. 둘째, 신자유주의적 금융화의 조건과 전개 양상을 분석한다. 셋째, 신자유주의적 금융화가 불러들인 가장 큰 위기인 2008년의 미국발 세계 금융공황, 2010년의 유럽 재정위기, 신흥시장 국들의 경제위기 등을 차례로 분석한다. 마지막으로 넷째, 지구적 차원과 국민경제적 차원에서 금융거래를 민주적으로 규율하기 위해 고려할 원칙들을 제시한다.

1장
금융화에 대한 개념적 이해

금융화는 널리 사용되는 용어이지만, 금융화가 정작 무엇인가를 규정하기는 결코 쉬운 일이 아니다. 금융화라는 용어를 쓰는 학자들 사이에서도 금융화에 대한 합의된 견해가 없다. 아마도 그것은 금융이 그 자체에 물적 토대를 가지지 않고 가치생산에 기생하는 성격을 가졌고, 그로 인해 금융화의 이론적 추상화가 어려운 사정과 관련이 있을 것이다.

금융화의 이론적 추상화가 어렵다면, 비금융기업, 금융기업, 가계 등 경제 주체들이 금융을 매개로 해서 행동하는 방식에서 나타나는 변화의 경향과 특성을 귀납적으로 추론하는 것이 더 나을 것이다. 그것은 금융화의 주요 측면들을 구별하고, 그 측면들에서 나타나는 금융화의 경향과 다양한 제도적 실현 형태들을 역사적 맥락에서 분석하고, 그 분석에 바탕을 두고 금융화에 대한 종합적인 이해에 도달하는 방법이다.1

---

1 이처럼 금융화를 역사적으로 분석하고 논리적으로 서술하는 방식은 마르크스가 사용하였던 역사적-분석적 방법에 가장 가까울 것이다. 그는 구체적인 것으로부터 추상적인 것으로의 하강(분석)과 추상적인 것으로부터 구체적인 것으로의 상승(서술)이라는 방법을 사용하여 복잡한 사회현실을 설명하고자 했다. 그러한 마르크스의 연구 방법에 비교적 충실하게 금융화를 분석하고자 시도한 학자로는 코스타스 라파비챠스(Costas Lapavitsas)가 있다. 그는 금융화에 대한 이론적 추상화보다

만일 금융화를 비금융기업, 금융기업, 가계 등이 금융시장에 포섭되는 과정을 중심으로 금융화를 관찰해도 좋다면, 금융화는 오래전부터 비금융기업, 금융기업, 가계 등 각 부문에서 점진적으로 진행되어 왔다고 말할 수 있다. 역사적으로 볼 때, 금융화의 핵심 행위자는 화폐자본과 은행이었다. 화폐자본은 생산과 유통 영역에서 퇴장해서 자립화한 자본이고, 많은 이익을 찾아 고리대, 어음할인, 환거래, 기업 대부 등 실로 다양한 방식으로 활발하게 움직이는 속성을 가졌다. 일찍이 마르크스는 화폐자본을 '이자 낳는 자본'으로 성격화하고, 화폐자본이 대부자본으로 생산과 유통을 매개하며 이자를 수취하는 태도를 부각한 바 있다.[2]

주식시장과 채권시장이 발달하면서 화폐자본은, 힐퍼딩이 분석한 바와 같이, 대부자본에 머물지 않고 투자자본의 운동 형식을 취했다. 대부자본의 이익 원천이 이자 수취인 데 반해서, 투자자본의 수익은 자산소득(배당)과 자본이득(유가증권 양도소득)이다. 화폐자본은 한편으로 주식발행 시장에 참가하여 기업 자본금의 지분을 갖고 창업자 프리미엄에 해당하는 높은 수준의 자본이득[3]을 얻고, 다른 한편으로는 주식 유통시장에 참가해서 주주의 자격을 얻은 뒤에 기업이 자사주를 매입

는 금융화의 구체적인 측면을 분석하고 거기서 나타나는 금융화의 근본적인 경향을 분석하고, 그 경향이 자본주의 국가들에서 '역사적이고 제도적인 특성'을 통해 자리를 잡는 방식을 규명해서 금융화를 귀납적으로 설명하는 방법을 취했다. 그가 주목한 금융화의 세 가지 측면은 독점자본의 금융화, 상업은행의 투자은행화, 노동소득과 개인소득의 금융화이다. 그는 마르크스주의적 금융이론의 관점에서 금융이 기업의 이윤과 가계의 소득을 수탈하는 데 초점을 맞추어 금융화를 분석했다. 이에 관해서는 코스타스 라파비챠스/송종운 옮김, 『생산 없는 이윤: 금융은 우리를 어떻게 착취하는가』 (서울: 서울경제경영, 2020), 48f.를 보라.

2 K. Marx, *Das Kapital 3*, 369ff.

3 힐퍼딩은 이를 '창업자 이윤'으로 개념화했다. Rudolf Hilferding, *Das Finanzkapital: Eine Studie über die jüngste Entwicklung des Kapitalismus mit einem Vorwort von Fred Oelßner* (1910) (Berlin: Dietz Verlag, 1955 = Nachdruck der Neuausgabe von 1947), 149, 151, 181.

하도록 압박하여 주식 가치를 높이는 방식으로 많은 자본이득을 챙긴다. 기업은 자본금 조성을 위해 투자자본을 끌어들일 필요가 있고, 주식시장을 통해 기업 가치를 높이려는 유인을 갖기 때문에 기업의 직접금융은 주식회사의 발전에서 결정적인 의미가 있다. 더 나아가 기업은 상품을 판매하기 위해 은행과 제휴하거나 독자적으로 할부금융시스템을 구축하여 영업의 금융화를 추진한다. 그러한 영업의 금융화는 기업 영업잉여 일부가 화폐자본으로 독립하여 움직이고 있음을 의미한다. 비금융기업의 금융화는 화폐자본과 은행의 관점에서 보면 금융의 기업 포섭이다. 금융의 기업 포섭은 화폐자본의 생산자본에 대한 우위를 실현하는 방식이고, 화폐자본의 기업 이윤 수탈이 본격화하는 제도적 장치이다.

은행과 연기금 같은 금융기업들은 금융화의 주역으로서 금융화를 정교하게 발전시키는 역할을 한다. 예금 수탁자인 동시에 화폐 창조자의 지위를 갖는 은행은 적극적인 투자행위자로 나서거나 투자행위자에게 위험금리로 화폐를 대부하는 방식으로 이익을 취한다. 연기금은 기관투자자로서 금융시장의 가장 큰손이다. 미국에서 은행과 연기금이 투자행위자로 나서서 경제 활동의 전 부문을 금융화하는 힘을 발휘하게 된 것은 바로 그 행위를 금지했던 금융 규제가 1970년대 중반에 폐지되기 시작하면서부터이다.

화폐자본은 기업 포섭에 머물지 않고 가계 포섭으로 나아갔다. 그것은 화폐자본의 기업 포섭이 어느 정도 한계에 도달했기 때문에 나타난 현상이다. 여전히 기업의 직접금융이 이루어지고 있지만, 그 규모는 상대적으로 작아졌다. 기업의 투자가 기업저축에 바탕을 두고 이루어지는 경향이 강해졌기 때문이다. 이러한 상황에서 화폐자본은 가계 수탈에서 수익 기회를 찾기 시작했다. 가계에 대한 금융 수탈이 이루어지려면 가계소득이 가계소비를 충당할 수 없어서 가계가 부채의 함정에 빠져들어야 한다. 가계부채 증가와 가계의 금융화는 같이 간다.

위에서 본 바와 같이 금융화는 비금융기업, 금융기업, 가계 등이 금융시장을 통하여 촘촘하게 얽힌 그물망을 통하여 화폐자본이 막대한 이익을 실현하는 금융체제(financial regime)[4]가 구축되는 과정을 가리킨다. 생산과 유통에 종사하는 비금융기업들은 사내저축만이 아니라 금융시장에서 투자 자금과 운영 자금을 조달하는 방식으로 금융화 과정에 포섭되고, 가계는 노동소득과 개인소득을 은행을 거쳐 전달받을 뿐만 아니라 주택자금 융자, 상품 할부 구매, 학자금 융자 등 가계 소비 전반에 걸쳐 금융시장에 포섭된다. 은행은 전통적인 지불결제 시스템에 머물지 않고 적극적인 투자행위자나 투자지원자로서 금융시장에 참여한다. 연기금은 거대한 기관투자자로서 금융시장에서 결정적인 역할을 맡는다.

오랫동안 비금융기업, 금융기업, 가계 등은 부문별로 금융체제에 서서히 통합되었으나, 신자유주의적 금융화가 진행되면서 비금융기업과 금융기업과 가계 등은 금융체제에 전면적으로 포섭되었다. 그것은 비금융기업과 금융기업과 가계 등이 예외 없이 금융체제에 통합되고 화폐자본의 수탈이 본격화되었다는 뜻이다. 그러한 신자유주의적 금융화는 어떤 조건들 아래서 이루어졌을까?

---

4 여기서 '금융체제'는 영어의 financial regime을 가리킨다. regime은 국가가 제정한 법률이나 국제법 혹은 국제법적 효력을 지닌 국제 협정에 근거한 질서(order)나 제도(system)와는 구별된다. regime은 공적인 법률만이 아니라 사회적 결속에 바탕을 두고 이익 기회의 추구와 거래비용의 절약을 위해 오랜 세월에 걸쳐 형성된 거래 관습과 문화, 자본 분파들 사이의 권력관계 등에 영향을 받으면서 자리를 잡는다.

2장
신자유주의적 금융화의 조건과 그 양상

미국에서 비금융기업, 금융기업, 가계 등이 거대한 금융체제에 통합되어 화폐자본의 수탈에 여지없이 노출된 것은 화폐자본의 운동에 대한 정부의 규제가 속속 폐지되고 신자유주의적 시장경제체제가 구축되기 시작한 1970년대 중반 이후의 일이다. 그것이 신자유주의적 금융화의 조건이다.

금융 자유화와 국제적 자본통제의 철폐는 화폐자본의 권력을 급속히 강화했다. 화폐자본은 한편으로 정부를 통화주의 교리에 포박하고, 정부가 신자유주의적 긴축 노선을 받아들이게 했다. 그것은 화폐자본이 국민경제 차원에서 금융화를 전면적으로 전개할 기회였다. 또 다른한편으로 화폐자본은 달러 패권 아래서 이루어지는 거대한 달러 순환을 이용하여 지구적 차원에서 금융화를 급속히 펼칠 수 있었다. 화폐자본은 거칠 것 없이 수익을 최대화하기 위해 가능한 모든 수단과 방법을 동원했고, 일찍이 경험해 보지 못한 금융화의 양상을 연출했다.

아래서는 먼저 신자유주의적 금융화의 조건을 살피고, 그다음에 신자유주의적 금융화의 전개 양상을 분석한다.

1. 금융화의 조건

금융화는 브레턴우즈체제의 붕괴가 가져온 결과이다. 본서 제IX부 2장에서 브레턴우즈체제의 형성과 붕괴를 분석하였으므로, 여기서는 브레턴우즈체제의 붕괴가 가져온 두 가지 결과를 간략하게 약술한다. 하나는 국제적 자본통제의 해체이고, 다른 하나는 '관리된 금융체제'의 해체이다. 두 가지 모두 은행에 대한 정부 규제의 폐지를 그 핵심으로 한다.

첫째, 국제적 자본통제가 해체되는 과정을 살펴보자. 브레턴우즈체제는 국제간 자본 이동을 엄격하게 통제하는 체제였으나, 미국의 법정화폐를 세계통화로 삼는 기괴한 국제통화체제는 미국이 전 세계로 공급하는 달러가 미국 바깥에서 거대한 화폐시장을 형성하는 것을 억제하지 못했다. 대표적인 것이 유로달러시장이다. 달러는 국제 석유 거래의 배타적인 지불 수단으로 사용되었기에 달러는 산유국들에 모였다가 유로달러시장에 흘러 들어가 그곳에서 엄청난 규모의 스톡으로 쌓였다. 그것은 미연방 재무부나 미연방 준비제도가 직접 관리할 수 없는 달러였다. 그러한 대규모 달러 거래 시장의 발달은 달러의 역외 유출을 엄격하게 관리하는 미국의 화폐 관리체제와 브레턴우즈체제를 무력하게 만들었다.

그다음 브레턴우즈체제와 견고하게 맞물린 '관리된 통화제도'는 1960년대 말부터 미국 경제를 강타한 스태그플레이션(stagflation) 아래서 더는 유지하기 어려워졌다. 투자가 위축되고 경기침체가 심화하는 가운데 인플레이션이 극성을 부리는 상황에 대해 그 당시 거시경제정책의 열쇠를 쥐고 있었던 케인즈주의자들은 적절한 대응책을 마련할 수 없었다. 밀턴 프리드먼을 위시한 통화주의자들은 정부가 통화의 가치를 안정시키기 위해 통화량을 조절하는 것 이외에 금융시장에 개입하는 것을 단호하게 반대했다.[1] 그러한 통화주의자들의 주장은 연기금과 상업은행 같은 화폐자본가들의 호응을 받았고, 정부는 그들의 압력에 저항할 수 없었다. 왜냐하면 스태그플레이션이 촉발한 실업률 상승과 세수 감소 상황에서 재정수요가 급증한 미연방 정부와 주 정부는 금융시장을 통해 정부부채를 화폐화하기가 어려운 궁벽한 상황에 몰렸기 때문이다.

국제적으로 자유로운 자본 이동의 현실과 정부부채의 화폐화를 거부하는 화폐자본의 강화된 권력에 밀려서 미연방 정부는 '관리된 금융체제'의 핵심을 이루는 정부의 금융 규제를 풀었다. 주식거래 수수료 폐지, 해외투자자들을 향한 주식시장 개방, 자유로운 달러 해외거래 등을 허용하자 화폐자본은 수익을 찾아 지구적 차원에서 자유롭게 움직였다. 영국도 미국 못지않게 금융 자유화를 본격적으로 추진했다. 대서양을 사이에 둔 미국과 영국의 금융기관들은 빠른 속도로 금융 네트워크를 구축했다. 곧이어 그 금융 네트워크에 독일, 프랑스, 이탈리아, 호주 등이 올라탔다. IMF와 G7 국가들은 미연방 재무부의 주도 아래서 금융

---

1 놀랍게도 미국에서 스태그플레이션을 미국 자본주의의 축적 위기에서 비롯되었다고 보는 경제학자들은 거의 없었다. 주류 경제학자들은 스태그플레이션이 베트남 전쟁 비용의 급증이 가져온 인플레이션과 그것을 악화시킨 제1차 오일쇼크에서 비롯되었다고 피상적으로 설명했다. 그러나 경기침체와 인플레이션이 함께 일어나는 스태그플레이션은 미국 자본주의의 번영기를 성격화하였던 포드주의 체제의 축적 위기와 어두운 미래 수익 전망에서 비롯되었다고 보는 것이 정확한 설명일 것이다. 만일 스태그플레이션의 원인이 제대로 진단되었다면, 70년대의 스태그플레이션은 케인즈주의나 통화주의와는 전혀 다른 방식으로 해결되었을 것이다. 이에 대한 분석으로는 이 책의 제II부 3장; 강원돈, "포드주의적 축적체제에서 노동사회의 위기에 대한 기독교윤리적 연구," 「신학사상」 133(2006), 229ff.를 보라.

자유화를 지구적 차원으로 확산하기 위한 "워싱턴 컨센서스"를 마련했다.[2] 외환위기에 몰린 아시아와 라틴아메리카 국가들은 "워싱턴 컨센서스"에 따른 금융 자유화를 받아들일 수밖에 없었고, 지구적 금융 네트워크에 속속 접속했다.

미국에서 시작한 금융화는 천문학적인 화폐자본을 두 가지 경로로 조달할 수 있었던 월스트리트 금융기관들이 주도한 것이다. 월스트리트 금융기관들은 한편으로 1974년에 시작하여 1999년 글래스-스티걸법의 폐지에 이르기까지 미국에서 추진된 강력한 금융 자유화 조치가 가져온 기회를 활용했다. 금융 자유화 조치가 시작하자 처음에는 연기금이 주식시장, 채권시장, 파생상품 시장에서 대규모 투자에 나섰고, 나중에는 상업은행으로부터 투자은행으로 천문학적 규모의 신용화폐가 쏟아져 들어가게 되었다. 또 다른 한편으로 월스트리트 금융기관들은 미국에 대한 경상수지 흑자를 보는 개발도상국들과 신흥시장국들로부터 미국으로 흘러들어오는 천문학적 규모의 달러를 활용했다.

미국의 금융기관들은 위에서 언급한 두 가지 경로를 통해 금융시장에 흘러들어온 화폐자본을 투자하여 고수익을 달성하는 첨단 금융기법을 개발했다. 정보 기술의 발전은 금융화의 기술적 조건을 구축했다. 화폐자본은 수익을 좇아 빛의 속도로 국경을 넘나들며 움직였다.

---

2 1982년에 윤곽이 잡힌 "워싱턴 컨센서스"는 금융시장 개방, 자유무역, 노동시장 규제 완화, 공기업 민영화, 재정 건전성 강화 등을 그 핵심 내용으로 삼고 있다. "워싱턴 컨센서스"의 형성과 그 발전에 대해서는 안현효, "워싱턴 컨센서스에서 포스트 워싱턴 컨센서스로의 진화," 서울사회경제연구소 엮음, 『신자유주의와 세계화』 (파주: 한울아카데미, 2005), 75ff.를 보라. "워싱턴 컨센서스"에 응축된 신자유주의의 '금융적 축적'에 대해서는 박승호, "신자유주의와 자본의 '금융적 축적' 전략: '금융 지배적인 세계적 축적체제'론 비판," 『신자유주의와 세계화』, 115ff.를 보라.

2. 금융화의 양상

미국에서 추진된 금융화는 미국의 국민경제를 배경으로 한 것이기에 미국 특색의 금융화임이 분명하지만, 미국의 금융화 모델은 전 세계 여러 나라의 금융화에도 큰 영향을 미쳤다. 그것은 미국이 화폐 권력을 행사하는 국가로서 국제 통화금융체제의 형성에 결정적인 영향력을 행사할 수 있기 때문이고, 그 어느 나라의 금융거래도 지구적 차원에서 조직된 달러 중심의 금융거래 네트워크에서 벗어날 수 없기 때문이다. 미국의 금융기관들이 금융공학에 기반을 두고 개발한 금융기법은 전 세계 금융시장에서 '글로벌 스탠더드'로 받아들여졌다.

미국의 금융화는 정부의 긴축 노선, 화폐자본의 생산자본에 대한 우위, 금융시장의 확대와 그림자금융의 발달, 민간 부채의 급증과 민간 채권의 증권화 등을 통해 급속하게 진행되었다. 아래에서는 그러한 금융화의 양상을 차례로 분석한다.

2.1. 정부의 긴축 노선

미연방 정부의 긴축 노선은 언뜻 보면 포스트-브레턴우즈체제에서 달러 패권을 유지하는 핵심 메커니즘인 거대한 달러 순환의 관점에서는 이해하기 어려운 정책이다. 이미 달러 패권체제에 대한 제IX부의 분석에서 밝힌 바와 같이 거대한 달러 순환의 한 축은 미국의 천문학적인 재정적자이기 때문이다. 미연방 정부의 재정적자를 촉진하는 한 요인은 미국 국민경제의 프레임을 군사적 케인주주의이다. 미연방 정부는 달러 패권의 전제인 미국의 군사·정치적 패권을 유지하는 데 필요한 군사적 케인즈주의를 포기한 적이 없다.3 또한 미연방 정부는 재정적자 규모를 일정 수준 이상 유지하기 위해 대담한 감세정책을 감행하기까지 한다. 그것은 미국 연방정부의 재정적자가 달러 패권체제에서 일종의 상수로 자리를 잡았기 때문이다. 그렇다면 미연방 정부가 추진하는 긴축 노선은 국내용 정책이고, 전적으로 케인즈주의적인 '큰 정부'를 신자유주의적인 '작은 정부'로 전환하기 위한 정책 노선이라고 보는 것이 적절하다.

미연방 정부의 재정 긴축을 강력하게 요구한 것은 통화주의였다. 1970년대 중반까지 미국 경제를 위기로 몰아넣은 스태그플레이션의 해결책으로 등장한 통화주의는 정부의 금융 규제를 푸는 논거를 제시하는 데 그치지 않고 정부의 긴축 노선을 정당화하는 논거도 제시했다. 통화주의자들은 정부부채의 화폐화는 인플레이션을 불러일으키고 이를 악화시키기 때문에 정부지출은 세수에 속박되어야 하고, 기왕에 발행한 채권은 회수되어 파괴되어야 한다고 생각했다. 통화주의자들에게 그러한 생각은 교리적 위상을 갖는 확신이었다. 그 교리에 근거해서 통화주의자들은 두 가지를 주장했다. 하나는 중앙은행의 독립이고, 다른 하나는 재정 건전성 준칙의 제정이었다.4 한마디로 중앙은행의 독립은

---

3 미국의 군사 케인즈주의는 미국 경제를 "항구적인 전쟁경제"로 탈바꿈시켰고, 거대한 군산복합체를 구축하게 만들었다. "항구적인 전쟁경제" 개념에 대해서는 Seymour Melman, *The Permanent War Economy: American Capitalism in Decline* (New York: Simon & Schuster, 1985)을 보라. 1950년대 말과 1960년대 초에 냉전체제가 극에 달했을 때, 미국 연방정부 예산 가운데 국방비가 차지하는 비율은 50퍼센트가 넘었다. 이삼성, 『세계와 미국: 20세기의 반성과 21세기의 전망』 (서울: 한길사 2001), 237. 미국 경제에서 군수산업이 차지하는 압도적인 지위 때문에 미국은 군수품의 생산과 소비를 촉진하고, 군사 기술의 혁신을 이끄는 전쟁정책을 선택하지 않을 수 없었다. 미국에서 신자유주의적 금융화를 강력하게 추진한 레이건 행정부는 소련에 맞서 군비경쟁을 가속화하고, 특히 미사일 방어체제 구축을 위해 천문학적인 군사비를 지출했고, 그것이 미국 연방정부의 재정적자를 큰 폭으로 늘리는 효과를 냈다.

정부와 은행의 화폐 발행권 공유를 전제하는 잉글랜드 모델을 깨고 정부의 화폐 발행자 지위를 전면적으로 부정하는 주장이었고, 재정 건전성 준칙은 정부의 공공정책을 세수의 제약 아래 두라는 요구였다.

정부의 재정 긴축은 여러 가지 부정적 효과를 불러일으킨다. 국방, 치안, 법률 집행, 행정 등과 같이 공권력을 유지하고 관철하는 데 들어가는 예산은 경직성을 띠기에 줄이기 어렵다. 따라서 긴축재정의 부정적 효과는 정부의 사회 서비스에서 집중적으로 나타난다. 중앙정부와 지방정부의 사회 서비스 분야와 교육 분야에서 고용조정이 일어나고, 사회복지 지원과 교육 지원이 감소한다. 실업급여의 관대성은 사라지고, 실업급여 자격 조건이 까다로워지고, 그 액수는 줄어든다. 의료 보장 혜택이 줄어들고, 거주 안정을 위한 정부의 주택 매입 지원이나 공공주택 공급이 극적으로 축소된다. 긴축재정에서 비롯되는 부정적 효과를 일일이 나열하려면 아주 긴 목록을 작성해야겠지만, 긴축재정의 결과는 가계부채의 극적인 증가에서 두드러지게 나타난다. 긴축정책은 정부의 소득재분배 규모를 줄이기에 정부의 현물 지원이나 현금 지원이 줄어들고, 그만큼 가계소득이 줄어든다.

미국의 통화주의적 재정 긴축 노선은 신자유주의정책을 받아들인 다른 나라 정부들에서도 널리 수용되었다. IMF 경제신탁 과정에서 "워싱턴 컨센서스"의 준칙에 따라 신자유주의적 정책을 수용한 우리나라에서도 정부의 긴축재정정책은 사회복지, 교육, 공공주택 보급 등에서 정부지출의 GDP 비율을 낮게 유지하도록 해서 가계부채를 극적으로 증가시켰다.

---

4 이 두 가지 주장에 대해서는 본서 제VIII부 3장을 보라.

2.2. 화폐자본의 생산자본에 대한 우위: 자사주 매입과 기업사냥

신자유주의적 금융화는 화폐자본이 대규모로 실물경제에서 벗어나 자립화한 것과 깊은 관계가 있다. 화폐자본의 자립화를 촉진한 결정적인 계기는 1979년부터 1982년까지 미연방 준비제도가 인플레이션에 대응하기 위해 취한 극적인 고금리정책이었다. 고금리정책은 화폐자본이 생산과 유통에 투입되지 않고 이자 낳는 자본으로서 활동하며 훨씬 더 많은 자산소득과 자본이득을 추구하게 했다. 그것은 실물경제로부터 자립화한 이자 낳는 자본이 실물경제를 속속들이 지배하면서 실물경제를 수탈하는 위력을 발휘하는 위치에 서게 되었다는 뜻이다. 그러한 화폐자본의 지배와 수탈이 두드러지게 나타난 곳은 일차적으로 기업 영역이었다. 화폐자본은 기업의 지분을 확보하여 생산자본에 대한 우위를 확립한 뒤에 자사주 매입 강제와 기업사냥으로 기업을 본격적으로 수탈했다.

미국에서 금융 규제가 풀리자 화폐자본은 생산자본에 대한 우위를 곧바로 확립했다. 1933년 글래스-스티걸법과 1944년 브레턴우즈 협정의 국제간 자본 이동 통제의 계명 아래서 작동했던 '관리된 금융체제'에서 화폐자본이 생산자본에 억눌려 있었던 관계가 뒤엎어진 것이다. '관리된 금융체제'에서 상업은행의 투자활동은 금지되었고, 상업은행이 투자은행에 투자대금을 지원하는 것도 불가능했다. 연기금은 주식 투자를 하지 못하고 채권 투자만이 허용되었으며, 투자은행은 환거래에 나설 수 없었다. 그러한 족쇄를 차고 있었던 화폐자본은 대부자본으로 움직일 수밖에 없었고, 이자율은 낮게 유지되었다. 기업 경영자는 싼 이자로 화폐자본을 조달하여 투자 자금과 운영 자금으로 사용했다.

포드주의적 생산체제는 강력한 경영자가 지배하는 체제였다. 포드주의적 생산체제가 전성기를 구가하던 시기의 미국 자본주의는 경영자 자본주의라 불리기까지 했다. 화폐자본은 경영자의 권위에 도전할 엄두를 내지 못했다.

연기금의 주식투자가 허용되자 상황은 급변했다. 연기금이 주식 유통시장에서 매입한 주식 지분으로 지배주주나 대주주가 되면, 기업 이사회에 참여하여 기업 이익 가운데 배당으로 분배되는 비율, 곧 배당 성향을 높일 것을 요구하거나 자사주를 매입하여 주식의 가치를 높일 것을 요구한다. 경영자는 그러한 화폐자본의 요구에 굴복하지 않을 수 없다. 그렇지 않으면 그는 경영자의 지위를 내려놓아야 한다. 경영자 자본주의는 흔적도 없이 사라졌다. 금융시장의 자유화는 기업이 단기적인 이익을 최대화하려는 기관투자자들의 이해관계에 끌려다니게 했고, 기업 이윤의 상당 부분을 배당과 자사주 매입에 쓰게 했다. 그렇게 해서 기업은 화폐자본의 수탈에 꼼짝할 수 없이 노출되었다.

주식시장에 엄청난 규모로 흘러들어온 화폐자본은 적대적인 기업 인수·합병을 손쉽게 할 수 있는 힘을 발휘했다.[5] 기업사냥은 적대적인 기업 인수·합병이 날것 그대로 전개되는 방식이다. 주식시장에 상장된 기업의 재무 상태나 수익 전망이 나빠져 주식 가치가 떨어지면, 화폐자본은 그 기업의 주식을 대거 매입하여 지배주주가 되거나 다른 주주 분파들과 제휴하여 기업에 대한 지배력을 확보한 뒤에 가혹한 기업 구조

---

5 그것은 해외에서 유입된 화폐자본도 마찬가지였다. 크리스 하먼(Chris Harman)은 금융화 과정에서 해외직접투자가 증가했지만, 그것은 신규 투자가 아니라 기업 인수·합병에 집중되었다고 지적한다. 크리스 하먼/이정구·최용찬 옮김, 『좀비 자본주의: 세계경제 위기와 마르크스주의』 (서울: 책갈피, 2012), 344.

조정을 감행하여 기업 주식의 가치를 끌어올린다. 그렇게 한 뒤에 그 기업(주식)을 팔아 엄청난 자본이득을 챙긴다. 그것이 기업사냥의 전형적인 수법이다. 기업의 가혹한 구조조정은 자산과 부채의 구조조정, 고용조정 등을 포함한다. 기업사냥꾼들은 알짜 자산을 처분하여 지분대로 나누어 먹고, 기업의 부채를 최대한 늘려서 기업의 외적 규모를 키우고, 대량 해고를 통해 인건비를 줄임으로써 기업 채산성을 높인다. 그러한 전형적인 수법으로 기업사냥에 나서는 화폐자본은 투자은행의 자회사인 헤지펀드나 사모펀드의 형태로 조직되는 경우가 흔하다.

미국에서 벌어진 화폐자본의 생산자본에 대한 공격과 지배는 미국의 달러 패권을 전 세계에 확산시키는 기구로 전락한 IMF의 압력 아래서 금융시장을 개방한 나라들에서 예외 없이 나타났다. IMF의 경제신탁 아래서 금융시장을 자유화한 우리나라에서 공기업의 민영화 사업은 미국을 위시한 해외 화폐자본의 공격이 집중된 영역이었다. 삼성, 현대, LG, SK 등 굴지의 재벌 기업들의 지분은 해외 금융기관과 사모펀드로 대거 넘어갔다. 대우, 한라 등 부실 그룹의 기업들은 기업사냥의 대상이 되었다. 심지어 제일은행과 외환은행 등은 해외금융기관과 사모펀드의 지배 아래 들어갔다.

2.3. 금융시장의 확대와 그림자금융의 부상

금융화가 실물경제와 무관하게 혹은 거의 무관하게 자립화한 화폐자본의 노골적인 게임 양상을 보이는 영역은 금융시장이고, 그 가운데서도 특히 그림자금융이다. 거기서 화폐자본은 거대한 자본이득을 실현한다.

포스트-브레턴우즈체제에서 미국의 금융시장은 엄청난 규모로 확대되었다. 달러 패권체제에서 미국의 금융시장은 뉴욕 환거래은행 (CLS)과 국외 CHIPS가 관장하는 달러 결제 시스템을 통해 전 세계 금융시장과 촘촘하게 연결되었다. 미국의 금융시장은 전통적인 주식시장, 채권시장, 외환시장 이외에 그림자금융으로 지칭되는 파생상품 시장으로 이루어졌다. 뉴욕 주식시장은 전 세계 화폐자본을 끌어들이는 초거대시장이고, 미국 경제 동향, 기업 실적, 기술개발 역량 등을 가장 민감하게 반영하는 시장이다. 뉴욕 외환시장은 런던 외환시장에 뒤이어 세계 제2위의 규모를 이루고 있으며, 세계화폐인 달러를 기준으로 각 나라 통화의 가치가 결정되는 매우 중요한 시장이다. 외환시장에서 거래되는 외환의 규모는 실제 무역결제에 필요한 외환보다 수천 배나 더 크다. 그것은 외환거래 시차를 활용하여 차익 실현의 기회를 노리는 환투기가 극성을 부린다는 뜻이다. 환투기는 그림자금융을 통해 가속화되고 대규모화한다. 주식시장과 외환시장도 미국의 금융시장에서 큰 역할을 하지만, 그보다 더 결정적인 역할을 하는 것은 채권시장과 그림자금융이다.

미국의 채권시장은 민간 채권 시장과 공채시장으로 구성되어 있다. 민간 채권 시장은 그 나름의 특색을 고려하여 아래의 2.4에서 따로 다루겠고, 여기서는 공채시장 가운데서도 미국 연방 재무부 채권의 발매시장과 유통시장을 간략하게 살핀다. 미국 재무부 채권은 반드시 상업은행들이 참여하는 발매시장에서 발권된다. 재무부 채권의 발매시장에 참가하는 상업은행들은 미연방 준비제도의 인가를 받아야 한다. 미국 상업은행들은 발매시장에서 사들인 재무부 채권을 유통시장에 내어놓는다. 그 유통시장에서 활동하는 투자은행들은 뉴욕 월스트리트에 포진하고 있다. 그 은행들의 국적은 다양하다. 가장 큰 규모의 투자은행들을 예로 들어보면 골드만삭스, 모건-스탠리, 시티그룹, 리먼브러더스, 도이체방크, 작센 란데스방크, 버클레이, 노무라증권, BNP 파리바, 중신증권(中信證券), 미래에셋 등을 꼽을 수 있고, 그 은행들이 등록된 나라는 미국, 독일, 영국, 프랑스, 일본, 중국, 한국 등 실로 다양하다. 거대 투자은행들은 지구적 차원에서 거대한 달러 순환이 이루어지도록 하는 매개체이다. 월스트리트의 투자은행들은 전 세계 금융기관들에 미국 재무부 채권을 매각하여 미국으로 흘러들어오는 달러를 값싼 비용으로 조달하고 이를 국내외 금융시장에 투자하여 천문학적인 이득을 본다. 미국으로 환류하는 달러는 월스트리트 투자은행들을 통해 주식시장과 환시장으로 투입되고, 그림자금융 부문과 해외 금융시장에 투입된다.

그림자금융은 전통적인 상업은행의 지급결제나 투자은행의 전통적인 금융 투자와 성격을 달리하는 금융 행위, 곧 파생상품에 대한 거래가 벌어지는 금융시장을 가리킨다. 파생상품은 주식거래, 채권거래, 환거래 등에서 파생한 거래수법으로 만들어진 상품에 붙여진 이름이다. 전통적으로 주식시장, 채권시장, 외환시장 등에서 이루어지는 거래는 그 거래상품의 현재 가격을 중심으로 했지만, 그 시장들의 속성상 상품의 가격은 끊임없이 변동하기 때문에 미래의 상품 가격에 대한 예측을 상품으로 만들어 사고파는 일이 벌어지기 시작했다. 그러한 거래는 실물경제에서 불확실성이 증가하고 불확실성에 따르는 위험을 회피할 필요가 크기 때문에 필연적으로 발달할 수밖에 없는 측면이 있다.[6] 파생상품은 선물, 옵션, 스와프, 공매도 등 금융시장과 외환시장에서 미래에 대한 예측을 기반으로 개발한 거래상품이다. 파생상품 시장이 발달하

6 크리스 하먼/이정구·최용찬 옮김, 『좀비 자본주의: 세계경제 위기와 마르크스주의』, 372f.

면서 그러한 거래수법들을 서로 결합하여 섞어 놓은 상품도 다양하게 등장했다. 어떤 시점에서 신용 청산이 되지 않을 것을 예측하여 이를 스와프와 결합한 신용부도스와프 같은 것이 그 예가.될 것이다.

전통적인 금융상품과 파생상품의 결정적인 차이는 위험 확률의 차이이다. 전통적인 금융 투자도 주식이나 채권의 현재 가치를 제대로 평가하지 못해서 실패할 확률이 높다. 주식의 현재 가치는 미래의 기업 가치를 주식에 반영하는 '가공자본'(K. Marx)[7]의 성격을 띠고 있기에 그 예측이 어긋날 수 있다. 그러나 기업의 자산과 부채를 파악하고 미래 수익 전망에 바탕을 둔 주식의 현재 가치 분석이 허무맹랑한 것은 아니다. 채권의 현재 가치도 측정하기 어렵기는 하지만, 채권 이자율의 변동이 중장기적으로 안정될 것이라는 확신이 허망한 것은 아니다. 그러나 그림자금융에서 이루어지는 파생상품 거래는 거래상품의 현재 가치에 대한 평가에 근거해서 일어나는 거래가 아니라, 미래의 어느 시점에서 일어날 거래상품의 가격 혹은 미래의 어느 시점에 나타날 실적이나 손실 혹은 부도에 대한 예측에 근거해서 이루어진다.

선물거래를 예로 들어 그 거래의 성격을 살피면, 어떤 상품을 미래의 어떤 시점에 일정한 가격으로 사고팔기로 계약하면서 증거금을 건 거래 당사자들은 미래의 시점에 실제로 형성되는 상품의 가격에 따라 손해를 보기도 하고 이익을 보기도 할 것이다. 그러한 거래는 미래 가격에 대한 예측이 맞거나 틀리는 두 경우의 수가 있을 뿐이고, 예측이 맞으면 거래자의 한 편은 계약된 상품의 양만큼 큰 이익을 보고, 예측이 틀리면 큰 손실을 보게 된다. 예측의 경우 수는 둘이기에 예측의 결과에 따르는

---

7 K. Marx, *Das Kapital 3*, 413f., 485.

이익과 손실의 합은 제로이다. 선물거래의 규칙은 단지 그 양태만 다를 뿐 옵션, 스와프, 공매도 등에서도 똑같이 적용된다. 말하자면 파생상품 거래는 제로섬 게임이다. 누군가가 이익을 보면 누군가는 반드시 손실을 보게 되어 있다. 그림자금융의 거래는 미래에 대한 예측에 근거한 투자이기에 전형적인 고위험 고수익 게임이고, 투기적 성격을 띠지 않을 수 없다. 물론 그림자금융에 나서는 화폐자본은 미래를 예측하기 위하여 금융시장의 트렌드 분석, 화폐자본의 운동 패턴, 시장 동향, 다양한 돌발 사건들이 미래에 미치는 영향에 대한 분석 등등을 수행하는 데 필요한 수학적 모델을 정교하게 개발한다. 그러나 아직 오지 않은 미래를 어떻게 정확하게 예측할 수 있겠는가?

그러한 그림자금융에 참여하는 화폐자본은 주로 기관투자자, 투자은행, 투자은행에 의해 설립된 헤지펀드 등이다. 그림자금융 거래에 실패한 투자자는 큰 손실을 당하고, 때로는 파산하기도 한다. 만일 그 투자자들에게 엄청난 자금을 대출한 상업은행이 있다면, 그 상업은행도 부실해져서 도산할 수 있다. 1998년에 롱텀캐피털매니지먼트가 러시아 국채 투자에 실패해서 도산하게 되자 그 헤지펀드와 파생상품 거래로 엮인 전 세계 상업은행들의 손실 규모가 1조 2천 5백억 달러에 달하는 것으로 추산되었고, 그로 인해 수많은 상업은행이 도산 위기에 처하게 되었다. 그 위기는 미연방 준비제도의 개입으로 가까스로 극복되었다. 미연방 준비제도는 헤지펀드가 상업은행에 쌓아놓은 천문학적인 부채를 인수하여 현금을 지급하는 이례적인 조처를 하지 않을 수 없었다.[8]

기관투자자, 투자은행, 헤지펀드 등이 그림자금융에 참여하는 것은

---

8 중앙은행이 부실화된 상업은행의 헤지펀드 채권을 인수하여 화폐를 공급하는 방식은 2008년 세계금융공황에 대응해서 대대적으로 시행한 양적완화 정책의 원형을 이룬다.

자산운용자에게 가해지는 수익률 달성 압력 때문이다. 그림자금융 거래에서 성공을 거두면 자산운용자는 엄청난 실적을 올릴 수 있고, 그에 따라 엄청난 보상을 받는다. 그 자산운용자가 속한 금융기업의 평판은 높아지고, 신용평가 등급도 올라간다. 그 금융기업은 높아진 신용등급 때문에 상업은행으로부터 자금을 끌어들이는 비용을 크게 줄일 수 있다. 그림자금융의 성공에 대한 보상이 그처럼 매우 큰 데 반해, 실패에 대한 법적인 책임과 금전적 책임은 미미하다. 자산운용자는 자산운용을 위탁받은 자일 뿐 자산의 소유자가 아니기에 투자 실패로 인해 잃을 것이 없다. 투자은행이나 헤지펀드는 유한책임 회사이고 자본금이 적기 때문에 설사 파산한다고 하더라도 그 손실이 크지 않다. 기관투자자 역시 파생상품에 전문화된 투자 펀드를 조성하여 투자 펀드 단위로 투자에 나서므로 투자의 성공과 실패에 대해 투자은행이나 헤지펀드와 같은 태도를 보인다. 그러한 성공 보상과 실패 손실의 불균형이 '위험선호'를 부추겨 그림자금융 거래를 활성화하고, 파생상품을 둘러싼 투기판이 점점 더 커지게 해서 '카지노 자본주의'가 자리를 잡게 된다.9 그러한 카지노 자본주의의 가장 큰 병폐는, 롱텀캐피털매니지먼트의 예에서 또렷하게 드러나듯이, 이익을 사유화하고 손실을 사회화하는 것이다.

2.4. 민간 부채의 급증과 민간 채권의 증권화

화폐자본의 수탈은 가계의 금융 포섭을 통해 여지없이 관철된다. 가

---

9 한스베르너 진(Hans-Werner Sinn)은 투자은행과 헤지펀드가 자본금이 적은 유한책임 회사로 조직되고, 파생금융상품에서 크게 벌고 적게 잃기 때문에 '위험선호'가 커지게끔 되어 있다고 지적하고, 이를 '블루스 법칙'(Bloos Rule)이라고 지칭했다. 이에 대해서는 한스베르너 진/이헌대 옮김, 『카지노 자본주의』 (서울: ecopia, 2010), 90을 보라.

계부채 증가는 가계의 금융 포섭에서 나타나는 필연적인 결과이다. 가계부채 증가는 민간 채권 시장을 활성화하고, 민간 채권 시장의 규모는 가계부채 담보부증권을 발매하고 유통하는 기술을 통해 가속적으로 확장한다. 화폐자본이 가계를 수탈한 나머지 가계부채가 부실화할 위험이 커진다.

가계부채는 가계소득이 경향적으로 감소하여 가계소비를 충당하지 못하기에 나타나는 현상이다. 신자유주의체제에서 가계소득이 감소한 원인은 여러 가지가 있다. 첫째, 스태그플레이션을 타개한다는 명분을 내세워 화폐자본이 강력하게 요구한 공급자 중심의 경제 운영 전략은 가계소득을 줄이는 데 결정적인 영향을 미쳤다. 그 전략은 자본의 권력을 강화하고 자본축적을 원활하게 하는 일련의 정책을 통해서 강력하게 관철되었다. 그 결과 기업의 이윤이 늘어나고 배당 성향이 높아졌다. 거꾸로 뒤집어 말하면 그것은 노동자들의 교섭력이 크게 약화하고 노동자들에게 돌아가는 몫이 상대적으로 크게 줄어들었다는 뜻이다.[10] 그것은 노동소득보상율(=노동소득분배율)의 극적인 하락으로 나타났다.[11]

---

10 노동자들의 교섭력을 약화한 중요한 요인들은 린생산과 외주화의 확산, 유리한 생산 입지를 조성하려는 수출국들의 경쟁 등일 것이다. 그러한 요인들로 인해 노동소득분배율이 저하하는 경향은 국민경제에서 수출이 차지하는 몫이 큰 독일과 한국에서 두드러지게 나타났다. 두 나라에서는 상품의 국제 경쟁력을 높이기 위해 임금의 하향화 경쟁이 치열하게 벌어졌다. 독일에서는 생산 입지 논쟁에서 수세에 몰린 노동조합이 산별협약의 유연화 전략을 수용한 것이 결정적이었고, 한국에서는 비정규직 노동의 극적인 증가가 결정적이었다. 이에 관해서는 성태규, "세계화와 독일 노동시장의 변화," 김인춘 외, 『세계화와 노동개혁』 (서울: 백산서당, 2005), 111ff.; 이호근, "한국 노동시장 유연화와 비정규근로: 노동시장 유연화, 분절화, 파편화와 비정규근로 대책 방안 논의를 중심으로," 김인춘 외, 『세계화와 노동개혁』, 262ff.를 보라.

11 라파비챠스는 직접금융시장이 발달한 영국과 미국 그리고 은행의 투자 대부가 발달한 독일과 일본에서 정도의 차이가 있기는 하지만, 노동소득보상율(노동소득분배율)이 지속적으로 감소하는 추세를 아래의 그래프에서 생생하게 보여준다. (그래프 출처: 코스타스 라파비챠스/송종운 옮김, 『생산 없는 이윤: 금융은 우리를 어떻게 착취하는가』, 248)

둘째, 앞에서 이미 본 바와 같이 정부는 긴축재정 노선을 고수함으로써 가뜩이나 줄어드는 가계소득을 보충하지 않았다. 셋째, 교육, 의료, 주거 등에서 가계 지출이 많이 늘어나게 하는 요인들이 작용했다. 직업 숙련도를 높여서 더 많은 임금을 얻을 기회를 차지하고자 하는 경쟁은 교육 수요를 늘렸으며, 교육비를 폭발적으로 상승시켰다. 의료의 첨단화와 전문화, 의료기관의 대형화 등은 진단비용과 치료비용을 증가시켰고, 가계의 의료비 지출을 크게 늘렸다. 정부의 주거 지원과 공공주택 공급이 감소하면서 주택을 구매하거나 주택을 임대하는 데 들어가는 비용도 커졌다. 금융화의 효과로 부동산이 자본이득을 볼 수 있는 투자 상품으로 여겨지면서 부동산시장에 화폐가 유입되자 집값과 임대료가 상승하였고, 그로 인해 가계 지출이 크게 늘었다. 그와 같은 여러 요인이 함께 작용하면서 가계의 부담은 커지고, 그 부담은 고스란히 가계부채로 쌓였다.

가계부채의 증가는 화폐자본이 수익을 볼 기회를 늘린다. 화폐자본

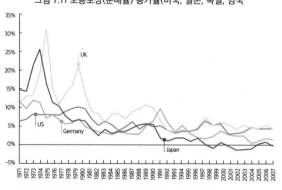

그림 7.11 노동보상(분배율) 증가율(미국, 일본, 독일, 영국

출처: OECD데이터를 기반으로 저자가 계산. 노동투입단위당 노동보상율은 독일(1971년~1990년), 일본(1971년~2005년), 영국(1971년~1979년)을 기준으로 추정. 증가율은 로그함수를 통해 계산.

은 가계에 돈을 빌려주는 것만으로도 이자를 받아 수익을 올린다. 대부분의 가계에서 저축의 규모는 보잘것없으므로 가계는 주택 매입비, 의료비, 학자금, 고가의 내구 소비재 구매비 등을 마련하려고 빚을 진다. 그 빚은 대체로 할부금융의 형식을 취한다. 할부금융은 부채를 통해서 상품 소비를 유지하게 하는 자본의 유력한 전략이고, 국민경제에서 자본과 노동 사이의 불균형한 소득분배에서 비롯되는 불황과 경제위기를 지연시키는 강력한 수단이다.

할부금융의 규모는 할부금융 채권의 증권화를 통하여 기하급수적으로 팽창했다. 그러한 민간 채권의 증권화가 두드러진 분야는 단연 주택할부금융이었다. 주택할부금융은 그 취급 액수가 크고 장기간에 걸쳐 원리금을 분할 상환하기에 할부금융상품을 대량으로 팔아 이익을 얻으려면 융자금을 충분히 확보하는 일이 가장 중요했다. 그러한 융자금을 확보하는 기법 가운데 하나는 주택할부금융 채권(모기지, mortgage)의 액면을 잘게 나누어 이를 담보로 증권을 발행하는 것이었다. 그 증권을 판매해서 모기지 부채 원금을 단번에 회수할 수 있기 때문이다. 그렇게 만들어진 것이 모기지담보부증권(mortgage-backed securities, MBS)이다.

MBS는 한때 월스트리트 금융기관들이 금융공학에 기반을 두고 개발한 금융기법의 산물로 알려졌다. 따라서 MBS는 미국 상업은행들과 투자은행들만이 아니라 전 세계 금융기관들도 선호하는 상품이었다. MBS에 대한 선호가 크다 보니 미국 금융회사들은 다양한 MBS 변형 상품들을 개발하여 판매했다. MBS 가운데 고위험 고수익 증권과 저위험 저수익 증권 등을 서로 혼합한 상품도 '구조화 금융'이라는 그럴듯한 이름으로 대규모로 판매되었다. 그러나 MBS는 두 가지 점에서 결정적인 문제를 안고 있었다. 하나는 MBS가 민간 부채를 주체할 수 없을 정도로 팽창시키는 기제로 작용한다는 점이고, 또 다른 하나는 그렇게 팽창하는 민간 부채가 언젠가는 청산되지 못하여 금융시장을 붕괴시킬 수 있다는 점이다. 원리금 상환 능력이 있다고 평가되는 사람들을 상대로 한 프라임모기지도 그렇게 될 위험이 큰데, 서브프라임모기지는 더 말할 것도 없다. 서브프라임모기지는 프라임모기지 시장이 포화 상태에 이르자 저소득 계층을 상대로 판매되기 시작한 모기지 상품이다.

MBS의 부실화는 계속 심화하다가 마침내 2007년에 폭발하였다. 증권화된 모기지 규모가 6조 5천억 달러에 달한다고 추정될 정도이니, 그것이 부실화되면서 증권시장, 채권시장, 그림자금융 등에 불러일으킨 폭풍의 규모는 가늠하기 어렵다.[12] 서브프라임모기지 부실화는 전 세계 금융기관들이 복잡하게 얽힌 청구권 사슬을 타고 2008년 세계 금융공황을 불러들였다. MBS의 내력과 확산은 복잡한 내용을 담고 있기에, 이에 대해서는 아래 보론에서 따로 자세하게 살피기로 한다.

3. 보론: 미국에서 MBS 시장의 급격한 팽창과 그 위험성

MBS는 정부가 주택 보급과 주거 복지를 위한 재정지출을 줄인 데서 비롯된 기이한 상품이다. 본래 주택할부금융은 국민경제에서 큰 비중을 차지하는 건설산업을 뒷받침하고 국민 주거 복지를 향상하기 위해 미연방 정부가 나서서 장려한 제도였다. 루즈벨트 행정부는 뉴딜 사업의 일환으로 주택 모기지 사업을 공공사업으로 기획하고 전개했다. 미

---

12 엘렌 H. 브라운, 『달러: 사악한 화폐의 탄생과 금융 몰락의 진실』 (서울: AK, 2008), 443f.

국에서 주택 모기지 사업은 모기지 채권에 대한 정부보증을 통해 활성화되었고, 1938년 페니메이(Fannie Mae)가 정부보증을 전담하는 기관으로 설립되었다.[13] 주택 모기지 사업은 주택 할부금을 제대로 낼 수 있는 사람들에게 장기 고정금리로 대출하는 방식으로 운영되었다. 주택을 임차해서 임대료를 낼 때보다 모기지 금융을 이용하는 것이 더 유리했기에 주택 모기지 사업은 활성화되었다.

그러한 모기지 시장은 1970년대 초반부터 흔들리기 시작했다. 1970년대 초에 브레턴우즈체제가 붕괴하고 악성 인플레이션이 나타나자 '관리된 금융체제'에서는 상상할 수 없을 정도로 이자율이 올라갔다. 그로 인해 모기지 사업은 결정적인 타격을 입었다. 모기지 사업에 자금을 댔던 저축은행들 가운데 4천 개 이상이 파산상태에 처했고, 1천 곳 이상의 저축은행이 실제로 파산했다. 미국의 주택 모기지 시장은 붕괴에 직면했다.[14] 금융화가 본격적으로 진행되면서 주택 모기지 시장은 결국 화폐자본의 지배 아래 들어갔다. 주택 모기지 시장을 주도하게 된 것은 공공 모기지 기업이 아니라 민간 모기지 기업이었다.

주택 할부 시장이 화폐자본의 지배 아래 들어가자 화폐자본은 대부자본의 역할을 하는 데 그치지 않고 모기지 채권을 증권화하여 수익을 올리는 투자자본의 모습을 본격적으로 보이기 시작했다. 모기지 채권의 증권화는 1968년 페니메이가 민영화되면서 시작하였다. 베트남 전비 부담으로 미연방 행정부가 모기지 채권 보증 사업에서 손을 떼자 모

---

13 1938년 설립된 페니메이는 1968년 민영화될 때까지 30년 동안 활동했다. 미국의 공공 모기지 사업은 다른 많은 나라에도 전파되었다. 서독이 그 분야에서 모범을 보였다. 제2차 세계대전 이후 서독은 폐허 속에서 공공주택 보급 사업과 공공 모기지 사업을 두 축으로 해서 주거 안정과 주거 복지를 빠른 속도로 실현했다.
14 그 여파로 부실에 빠진 미연방주택대부조합은 1989년 마침내 파산했다.

기지 채권의 증권화가 시도되었다. 모기지 채권을 담보로 증권을 처음 발행한 것은 지니메이(Ginnie Mae)였다. 지니메이는 페니메이에서 분립하여 공무원과 퇴역군인들의 모기지 채권 보증을 전담한 기관이었다. 1970년 지니메이는 투자은행과 손을 잡고 MBS를 발행했다.[15] 1980년대에 들어서서 모기지 채권을 증권화하는 사업은 커지기 시작했다. 1999년 글래스-스티걸법이 폐지되어 상업은행과 투자은행 사이의 장벽이 무너지자 MBS 발행은 결정적인 계기를 맞았다. 투자은행은 MBS를 발행하는 데 필요한 자금을 상업은행으로부터 조달할 수 있었고, 아예 민간 모기지 기관을 사들여 자회사로 삼기까지 했다.[16] 그 배경은 물론 부동산시장의 호황이었다. 금융화로 인해 그 규모가 팽창한 화폐자본이 부동산시장에 본격적으로 진입하자 주택 가격이 뛰기 시작했다. 주택공급과 수요가 늘어나니 당연히 민간 모기지 기관은 활황을 맞았다. 문제는 모기지 대출 자금을 확대하는 일이었다. MBS의 발행은 민간 모기지 기관이 필요로 하는 대출 자금 문제를 일거에 해결해 주는 방안이었다. MBS는 원채권의 액면 분할을 통해 만들어졌고, 증권시장에서 쉽게 유통되었다. 나중에는 MBS를 등급화해서 고위험 고수익 증권과 저위험 저수익 증권 등으로 분류한 뒤에 그 증권들을 혼합한 상품, 곧 혼합형 모기지담보부증권(collateralized mortgage obligations, CMO)이 '구조화 금융'이라는 이름으로 개발되어 버젓이 판매되기까지 했다.[17] MBS는 단순형이든, 혼합형이든, 전형적인 부채담보부증권이지

---

15 이에 대해서는 애덤 투즈/우진하 옮김, 『붕괴: 금융위기 10년, 세계는 어떻게 바뀌었는가』 (파주: 아카넷, 2019), 85f.를 보라.

16 모기지 채권의 증권화에 본격적으로 뛰어든 대표적인 투자회사는 리먼브라더스, 베어스턴스 등이었고, 주택대부은행에서 모기지채권 증권화 사업을 전문화한 은행으로는 컨추리와이드가 전형적인 예로 꼽힌다.

만, 모기지 채권 자체가 주택을 담보로 하기에, 자산담보부증권(asset-backed securities, ABS)과 마찬가지로 높은 신용등급을 받았다.

MBS는 서브프라임모기지를 담보로 해서도 발행되었다. 서브프라임모기지는 오랫동안 모기지 시장에서 배제되었던 저소득 계층을 상대로 판매된 주택할부금융상품이었다. 주택 담보부채권인 모기지는 채무자가 원리금을 상환하지 못하면 채권자에게 주택을 넘기는 것으로 채무 이행을 종료하는 구조로 되어 있다. 설사 채권자에게 넘긴 주택이 처분된 뒤에 부채가 남아 있어도 모기지 구입자는 그것에 대해 더는 책임을 지지 않는다. 따라서 모기지를 판매하는 채권자는 채무자의 신용을 엄격하게 따지지 않으면 안 된다. 오랫동안 주택 모기지 시장에 진입할 수 있는 사람들이 주택 할부금을 제대로 납부할 수 있는 소득 능력이 입증된 사람들에게 한정된 것은 바로 그 때문이었다. 그런데 화폐자본이 부동산시장에 진입하고 모기지 판매를 통해서 수익을 최대화하려는 태도를 보이자 모기지는 그동안 모기지 시장에서 철저하게 외면당했던 히스패닉, 흑인, 백인 저소득 계층을 상대로 판매되기 시작했다. 그러한 모기지를 가리켜 서브프라임모기지(sub-prime mortgage)라고 한다. 문자 그대로 신용등급이 낮은 사람들을 상대로 하는 모기지라는 뜻이다.[18]

MBS는 부동산시장이 호황 국면에 있을 때 문제를 일으키지 않을 수도 있다. 이미 앞에서 언급한 바와 같이 모기지 기업이 투자은행을 통해

---

17 '구조화금융'에 대해서는 애덤 투즈/우진하 옮김, 『붕괴: 금융위기 10년, 세계는 어떻게 바뀌었는가』, 90f.를 보라.

18 서브프라임모기지 판매는 1995년 미 연방정부가 「연방주택사업 금융안정성 및 건전화법」(1992)의 틀에서 저소득층의 주택 구입 지원 기준과 목표를 정하면서 제도화되었다. 그러나 서브프라임모기지의 대량 판매는 상업은행과 투자은행의 겸업이 허용되어 투자은행이 모기지 사업에 뛰어든 뒤에 본격화되었다.

주택담보부증권을 발행하여 이를 팔면, 그것은 주택을 담보로 해서 빌려준 돈을 단번에 회수하는 효과를 얻는다. 만일 모기지 기업이 주택구매자에게 할부금융 방식으로 빌려준 돈이 상업은행에서 나온 것이라면, 상업은행은 MBS 판매를 통해 원금을 손쉽게 회수할 수 있을 것이다. 투자은행이 상업은행으로부터 자금을 빌려 모기지 기관으로부터 모기지를 사들이고 이를 증권화하더라도, 상업은행은 투자은행에 빌려준 대출금을 조기에 회수할 수 있다. 그렇게 회수한 돈은 다시 모기지 시장에 흘러 들어가 모기지를 만드는 데 투입된다. 실로 부채담보부증권의 발행은 모기지 기관과 투자은행과 상업은행에 마르지 않는 수익의 원천인 것처럼 여겨졌다.

그러나 부채담보부증권은 모기지 채무자가 부채 청산을 제대로 할 수 없을 때 그 가치를 잃을 위험이 매우 크다. 그러한 위험은 서브프라임모기지에서는 상상할 수 없을 만큼 커진다. 경제 상황이 나빠지면 서브프라임모기지를 받은 저소득 계층이 가장 먼저 가장 큰 타격을 받을 것이고, 그들은 대출금의 원리금 상환 능력을 곧바로 잃을 것이기 때문이다.

4. 소결

금융화의 조건과 그 전개 양상을 보건대, 금융화는 '관리된 금융체제'의 핵심인 국제적 자본통제와 은행에 대한 정부 규제의 전면적 폐지를 제도적 조건으로 해서 금융기업, 비금융기업, 가계 등을 전면적으로 포섭하는 방식으로 진행되었고, 그 본질은 금융 수탈이었다.

신자유주의적 경제체제의 결정적인 프레임인 금융화는 화폐자본의 정부 권력과 생산자본에 대한 우위를 매개로 급속하게 진행되었고, 미국 금융시장에 쏟아져 들어오는 천문학적 규모의 달러를 통해 가속적으로 확장되었다. 상업은행의 화폐 창조와 투자은행의 금융 투자의 결합, 가계부채 담보부 증권 발매와 유통을 통한 민간 채권 시장의 폭발적 확장, 달러 패권체제 아래서 이루어지는 달러 환류 메커니즘 등은 월스트리트 금융기관들이 운용하는 자금의 규모가 얼마나 큰가를 짐작할 수 있게 한다.

월스트리트 금융기관들은 달러 중심의 지구적 지급결제 시스템을 통해서 전 세계 금융기관들을 금융화에 포섭하고, 월스트리트 금융기관들이 정한 게임의 규칙을 '글로벌 스탠더드'로 확립했다. 개발도상 국가들과 신흥시장 국가들의 정부는 "워싱턴 컨센서스"에 따라 자국 금융시장을 전면적으로 개방하고 금융 자유화의 규칙을 받아들여 금융화가 자국에서 관철될 수 있는 길을 열었다.

지난 40여 년 동안 가속화한 금융화는 실물경제와 유리된 가공적 화폐 관계를 통해 실물경제를 수탈하는 성격을 갖게 되었다.[19] 그렇기에 금융화가 구축한 금융체제는 붕괴와 위기의 위험성이 매우 큰 불안정한 체제이다. 금융화가 국지적 차원이나 지구적 차원에서 끊임없이 금융공황을 불러일으키고 위기 징후를 보이는 것은 바로 그 때문이다. 금융화가 빚어내는 금융공황에 대해서는 장을 바꾸어 논하기로 한다.

---

19 일찍이 울리히 두크로는 그러한 수탈이 "근본적으로 화폐증식을 지향하는 역동성의 틀 안에서 자본의 새로운 축적방식과 규제방식"에서 비롯되었다고 지적했다. 울리히 두크로/손규태 옮김, 『자본주의 세계경제의 대안: 생명을 위협하는 자본주의 경제를 극복하기 위한 성서의 정치경제학』, 재판 1쇄 (서울: 도서출판 한울, 1998), 84.

3장
2008년의 지구적 금융공황

2007년에 미국에서 서브프라임모기지 부실에서 비롯되어 2008년 전 세계로 확산한 금융공황은 언뜻 보기에는 전통적인 형태의 금융공황[1]과 다른 점이 많지만, 깊이 들여다보면 같은 점도 많다. 전통적으로 금융공황은 실물경제의 공황에서 비롯되고 이를 악화시키는 방식으로 진행되었다. 2008년의 미국 금융공황은 실물경제가 양호하게 보이는 상황에서 비롯되어 실물경제에 타격을 가하는 형태로 진행되었다. 그 때문에 2008년의 금융공황은 전통적인 금융공황과 다르다고 평가되곤

---

1 전통적인 의미의 금융공황은 자본주의 동학과 밀접하게 관련된 것으로 여겨졌다. 금융공황은 실물경제의 변동에 대한 반응이고, 경제공황의 최종적인 형식이다. 자본주의 경제는 그 자체의 동학을 통해 경기 회복, 경기 호황, 경기 호황의 정점(활황), 경기 불황 내지 공황, 경기회복으로 국면이 바뀌면서 순환을 이루고, 경기 호황의 정점(활황) 국면에서 경기 불황 혹은 공황 국면으로 전환하는 속도가 빨라 마치 경기가 급전직하하는 것처럼 보인다. 이러한 급격한 경기 반전을 촉진하는 것은 화폐자본이다. 기업의 채산성이 악화하고 미래 수익 전망이 불투명해지면 주식시장은 이에 즉각 반응하여 주가가 떨어지고, 상업은행은 기업에 빌려준 돈을 회수하기 시작한다. 실업이나 조업단축으로 가계소득이 줄어들 조짐이 보이면 상업은행은 가계대출을 하지 않으려 하고, 기왕에 발행한 부채를 회수하려고 든다. 그러한 금융권의 반응은 기업의 생산과 가계의 소비를 크게 위축시켜 경기침체와 불황을 가속화하고, 심지어 공황을 불러들인다. 만일 상업은행이 기업의 도산과 가계의 파산으로 인해 부채를 회수하지 못하게 되면 상업은행 자체가 부실화되고, 상업은행이 자본금마저 까먹을 정도의 지급불능 상태에 빠지게 되면 금융공황이 일어난다.

한다. 그러나 금융공황의 도화선이 된 미국의 서브프라임모기지 부실은 금융화의 조건 아래서 화폐자본의 생산자본과 노동에 대한 수탈에서 비롯된 투자 감소와 소비 감소에서 비롯되었기에 전통적인 금융공황과 본질적인 차이를 보이지 않는다고 볼 수 있다. 가계소득 감소를 민간 부채로 메우는 극히 불안정한 경제 운영 방식은 지속할 수 없고, 작은 충격에도 크게 흔들릴 수 있다.

미국의 금융공황은 달러 중심의 지급결제 시스템을 통해 전 세계에 전파되었고, 금융거래 네트워크를 통해 긴밀하게 연결되어 있었던 전 세계 금융기관들을 단번에 지급결제 불능의 위기에 빠뜨렸다. 미국에서 시작한 지구적 금융공황은 그 공황의 원인을 제공한 금융화에 제동을 걸고 화폐자본의 운동에 재갈을 매길 기회였지만, 그런 일은 일어나지 않았다. 미국 중앙은행은 전례 없는 양적완화정책으로 부실화된 채권을 매입했고, 거대한 달러 순환을 통해 미국으로 흘러들어온 달러가 금융공황을 극복하는 데 결정적으로 이바지했기 때문이다.

아래서는 미국에서 시작한 지구적 금융공황의 경과를 살피고, 금융공황에 대한 금융적 대응과 제도적 대응에 어떤 문제가 있었는가를 분석한다.

1. 2008년 지구적 금융공황의 경과

2008년 지구적 금융공황은 일차적으로는 2007년에 미국에서 본격화한 서브프라임모기지의 부실화에서 시작했다. 서브프라임모기지의 부실은 이를 바탕으로 해서 만들어졌던 MBS를 부실화시켰고, 등급이 높은 MBS와 등급이 낮은 MBS 그리고 자산담보부채권을 뒤섞어 만든 결합금융상품의 거래 시장을 초토화했다. MBS 거래에 참여한 금융기관들은 미국의 투자은행들과 상업은행들만이 아니라 유럽 여러 나라, 중국, 한국, 일본 등 전 세계 투자은행들과 상업은행들도 있었기에, MBS와 결합상품의 부실화는 그 엄청난 규모로 인해서 전 세계 금융시스템을 뒤흔들었다.

미국의 투자은행들은 MBS를 개발하여 판매하였을 뿐만 아니라 프라임모기지 담보부증권, 서브프라임모기지 담보부증권 등을 뒤섞어 결합금융상품을 만들어 시장에 내놓았다.[2] 그것은 언뜻 보기에 매력적인 금융상품이었지만, 금융시장을 붕괴시키는 기폭제가 되었다. MBS의 부실화는 그 천문학적 규모[3]와 그 증권과 결합한 금융상품의 엄청난 규모로 인해 모기지 기관들, 투자은행들, 상업은행들의 연쇄적인 부실과 도산을 불러일으켰다. 모기지 기업들과 투자은행들에 대출하고 MBS를 거래하는 데 참여했던 상업은행들은 부실해졌고, 거의 지급불능 상태에까지 이르렀다.[4] MBS의 부실화에서 촉발된 민간 모기지 기관, 투

---

2 2001년만 해도 MBS의 81.9%는 정부가 지원하는 모기지 기관이 프라임 모기지를 바탕으로 해서 발행했다. 그 비중은 2006년 현재 46.6%로 줄어들었다. 나머지를 채운 것은 투자은행들이었다. 투자은행들의 MBS 발행 비중은 18.1%에서 53.4%로 증가했다. 투자은행들이 MBS는 "서브프라임, 알트에이(Alt-A), 점보(Jumbo) 등 신용등급이 매우 낮거나 정부의 대출 승인한도를 넘어서 차입이 이루어진 비우량 대출을 기초자산으로 하여 만들어진 위험이 큰 증권"이다. 조복현, "세계 금융위기와 케인스-민스키의 새로운 해석," 「經濟發展硏究」 15(2009), 157.

3 미국모기지은행협회에 따르면, 2001년부터 2006년까지 모기지담보부증권의 발행 규모는 프라임 모기지의 경우 2조 4천억 달러, 서브프라임의 경우에는 1조 9천억 달러를 상회했다. 그것은 모기지 채권 액면가의 80%에 달했다. 이러한 분석에 대해서는 코스타스 라파비챠스/송종운 옮김, 『생산 없는 이윤: 금융은 우리를 어떻게 착취하는가』, 344ff.를 보라.

4 미국의 거대 투자은행들 가운데 하나인 리먼브라더스는 2008년 9월 15일 모기지담보부증권 부실화로 인한 손실을 처리하지 못해 도산했다. 미국 최대의 은행인 시티은행은 공적자금 투입으로 도산을 면하기는 하였지만, 국유화되었다. 골드만삭스, 모건·스탠리 같은 굴지의 금융그룹은 어렵사리 위기

자은행, 상업은행 등의 부실 규모는 가늠조차 되지 않았다. 혹자는 그 규모가 6조 달러에 이른다고 했고, 혹자는 12조 달러에 달한다고도 했다. 거대한 금융 블랙홀이 발생하자 화폐시장에서는 돈을 구할 수 없게 되었다. 상업은행은 신용을 회수하기 시작했고, 기업과 가계는 금융공황의 여파로 심각한 위기로 내몰렸다. 신용을 확보하지 못한 기업들이 흑자도산을 하는 경우까지 빈발했고, 실업률이 크게 높아졌다. 가장 심각한 문제는 투자은행들이 도산하는 경우 투자은행들이 MBS 및 결합상품 거래와는 별도로 파생상품 거래를 위해 동원한 천문학적 화폐자본이 허공에서 사라지게 된다는 것이었다. 그러한 파생상품 가운데 가장 큰 파장을 일으킬 수 있는 것은 당연히 신용부도스와프(Credit Default Swap, CDS)였다. 신용대출이 미래에 부도를 일으킬 확률을 놓고 벌이는 이 거래는 MBS 같은 위험자산의 거래에 동반되는 금융기술이었고, 신용대출이 부도를 일으킬 때 지급해야 할 돈을 엄청난 규모로 키워놓았다. 그림자금융 부문에서 그러한 거래를 일상적으로 하는 투자은행들이 도산한다면 그 파장은 상상을 초월할 정도로 클 것이다.

　미국 금융시장만이 그러한 위기에 처한 것이 아니었다. 지구적 차원에서 조직된 금융 네트워크를 통해 영국, 독일, 프랑스, 스페인, 이탈리아 등 유럽 국가들의 투자은행들은 MBS 및 결합상품을 대거 사들였고, 투자은행들은 유럽 상업은행들로부터 엄청난 자금 지원을 받고 있었다. 한국, 중국, 일본 등 외화보유액이 많은 나라의 은행들도 MBS 및 결합상품을 대량으로 구매했다. 따라서 미국의 MBS와 결합상품의 부실화에서 비롯된 금융위기는 전 세계의 많은 나라를 금융위기의 소용

를 모면했다. 이에 대해서는 애덤 투즈/우진하 옮김, 『붕괴: 금융위기 10년, 세계는 어떻게 바뀌었는가』, 6장을 보라.

돌이에 휩쓸려 들어가게 했다.5

2. 2008년의 지구적 금융공황에 대한 대응

2008년의 지구적 금융공황에 대한 대응은 금융적 대응과 제도적 대응으로 구별된다. 아래서는 금융적 대응을 먼저 다루고, 그다음에 제도적 대응을 다룬다.

2.1. 금융적 대응

2008년의 지구적 금융공황에 대한 금융적 대응은 크게 세 가지로 이루어졌다. 하나는 미국 중앙은행과 G20 중앙은행들의 통화스와프 협정이었고, 다른 하나는 미국 중앙은행의 파격적인 양적완화정책이었으며, 마지막 하나는 외환보유고를 많이 쌓은 나라들의 중앙은행이 달러 표시 자산을 더 많이 매입하도록 하는 달러 환류 유인책이었다. 아래서는 이를 차례대로 살핀다.

2.1.1. 미국 중앙은행과 G20 중앙은행들의 통화스와프 협정

미국 중앙은행과 G20 중앙은행들의 통화스와프 협정은 전 세계 금

---

5 애덤 투즈/우진하 옮김, 『붕괴: 금융위기 10년, 세계는 어떻게 바뀌었는가』, 122: "미국의 증권화된 모기지시스템은 처음부터 해외 자본을 미국 금융시장으로 끌어들이기 위해 고안된 것이며 해외 은행들은 그 기회를 놓치지 않았다."

융시장에 충분한 달러를 공급하는 정책이었다.6 금융공황은 국제 화폐 시장에서 유동성을 고갈시켰으며, 이를 해소하기 위해 미국 중앙은행은 지구적 금융시스템에서 비중이 높은 나라들의 중앙은행과 통화스와프 협정을 맺고, 각 나라 중앙은행을 통해 국가별 달러 수요를 맞출 수 있도록 달러를 충분히 공급할 수 있는 체제를 갖추고자 했다. 그것은 미연방 준비제도가 미국만이 아니라 지구적 차원에서 최종적 대부자의 역할을 하게 되었다는 것을 의미한다.

2.1.2. 미국 중앙은행의 양적완화

미국 중앙은행이 금융공황에 대응하기 위해 취한 가장 강력한 수단은 양적완화정책이었다. 2008년 10월에 미연방 준비제도가 결정한 양적완화는 매우 이례적이고 특수한 중앙은행의 화폐 공급 방법이었다. 이례적이라는 것은 전례가 거의 없었다는 뜻이고,7 특수하다는 것은 전통적인 방식과 크게 다르다는 의미이다.

이미 화폐와 금융의 역사를 살필 때 확인한 바와 같이 중앙은행은 최종적인 대부자로서 상업은행의 지급준비를 보장하고, 시중에 인플레

---

6 G20는 미국, 일본, 독일, 프랑스, 영국, 이탈리아, 캐나다 등의 G7국가들, 브라질, 러시아, 인도, 중국 등의 브릭스(BRICs) 국가들, 남아프리카공화국, 아르헨티나, 멕시코, 사우디아라비아, 인도네시아, 호주, 한국, 터키, EU 의장국 등의 지역 대표국가들을 아우르는 명칭이다. G20는 미국을 중심으로 결속한 G7(미국, 영국, 독일, 프랑스, 일본, 이탈리아, 캐나다)이 주도해서 1999년 아시아 외환위기에 공동 대응하기 위해 재무장관들의 공조체제 형식으로 구축되었다. 2008년 지구적 차원의 금융공황이 벌어지자 G20 재무장관 회의는 G20 정상회의로 격상되었다. G20는 지역 대표성을 표방한 정부 간 협의체제이지만, 그 구성이 지역 대표성을 실현하지 못했다고 지적되곤 한다.
7 미국 중앙은행이 민간 채권을 매입하여 화폐를 지급하는 방식의 양적완화를 시행한 전례를 찾는다면, 롱텀캐피털매니지먼트의 도산에 대응한 경우가 유일할 것이다. 미국 바깥에서 선례를 찾는다면, 그것은 일본중앙은행이 아베노믹스의 이름으로 시행한 양적완화정책일 것이다.

이션이 일어나지 않을 정도로 적정한 화폐 흐름이 조성되도록 한다. 이를 위해 중앙은행이 사용하는 수단은 상업은행이 보유한 정부 채권을 매입하거나 되팔아 상업은행이 적정 수준의 지급준비금을 확보하도록 하고, 필요한 경우 재할인 창구를 통해 은행 자산을 환매조건부로 매입하여 지급준비금을 제공하는 것이다. 중앙은행의 재할인 창구를 사용할 수 있는 은행들은 금융시스템 유지에 필수적인 주요 상업은행들로 한정되었다.

그런데 2008년의 금융공황에 대응하기 위해 미국 중앙은행이 취한 양적완화는 정부 채권 이외에 은행이 소유하고 있는 자산(자산담보부채권, 부채담보부증권, 회사채 등 일체의 민간 채권과 증권)을 대규모로 사들이는 방식으로 진행되었고, 재할인 창구를 사용하는 은행들의 범위를 확대하여 거대 투자은행들도 이를 활용하도록 허용하는 방식을 취했다. 한마디로 시장이 거들떠보지 않는 부실화된 MBS를 포함해서 화폐를 구하기 위해 은행들이 내어놓는 자산은 옥석을 가리지 않고 매입하여 이를 화폐로 바꾸어준 것이다.

거기에 더하여 미연방 준비제도는 2008년 12월 기준금리를 제로 수준으로 낮추는 극단적인 처방을 내려 상업은행이 시장의 요구에 따라 무한정 은행화폐를 공급할 수 있도록 했다. 중앙은행으로서는 양적완화가 화폐시장에 돈이 흐르게 하는 유일한 방편이었고, 자산시장의 붕괴를 막는 긴급하고도 불가피한 처방이었다.

미국 중앙은행의 양적완화는 미국 상업은행과 투자은행만이 아니라 미국 자산을 거래하는 전 세계 모든 나라의 상업은행과 투자은행을 대상으로도 시행되었다. 달러로 표시된 자산은 그것이 세계 어느 은행의 회계장부에 올라가 있든지 간에 가리지 않고 매입하여 화폐로 바꾸어

주었다. 그것은 지구적인 금융 네트워크가 금융기관들 사이의 청구권 관계로 복잡하게 얽혀 있기에 취해진 불가피한 조치였다.

2008년 금융위기에 대처하기 위해 미국 중앙은행이 취한 양적완화는 2008년 10월부터 2010년 1분기까지 시행되었으며, 이를 통해 자산시장에 투입된 화폐는 1조 7천억 달러에 달했다. 이것이 저 유명한 제1차 양적완화이다. 그 뒤에도 유로존 위기에 대응하기 위해 미국 중앙은행의 제2차 양적완화와 제3차 양적완화가 2013년 말까지 지속되었다. 세 차례에 걸친 양적완화로 미국 중앙은행이 화폐시장에 쏟아부은 화폐는 4조 3천억 달러에 육박했다.

2.1.3. 달러 환류의 가속화

미국의 금융공황을 추스르는 데 필요한 달러는 외환보유고를 높이 쌓은 나라들에서 미국으로 흘러 들어갔다. 이미 포스트-브레턴우즈체제의 달러 패권에 대한 분석에서 밝힌 바와 같이, 지구적 차원에서 달러의 순환은 지구적 무역 불균형과 달러 환류의 메커니즘을 통해 이루어진다. 그러한 달러 환류는 지구적 금융공황이 벌어지자 더 큰 규모로 이루어졌다. 지구적 금융공황은 안전자산을 선호하는 경향을 강화했고, 세계 최고의 안전자산으로 여겨진 것은 아이러니컬하게도 금융공황의 발생지인 미국에서 미연방 재무부가 발행한 채권이었다. 그것은 세계 GDP의 25% 이상을 차지하고 있는 미국에서 미연방 정부의 조세권이 여전히 굳건하다는 전 세계 금융기관들의 판단이 흔들리지 않았다는 뜻이다. 중국, 일본, 대만, 한국처럼 대미 수출 흑자로 외환보유고를 많이 쌓아놓은 국가들은 미국 달러로 표시된 안전자산을 대규모로

매입하여 지급수단 확보에 목말라했던 미국 상업은행들과 투자은행들에 달러를 대규모로 공급했다.[8]

2.1.4 금융적 대응의 결과

미국 중앙은행의 양적완화와 달러 환류로 미국 자산시장에 달러가 넘쳐흐르자 다 죽어가던 투자은행들이 회생했고, 상업은행들이 정상적으로 운영될 수 있는 기반이 조성되었다. 2009년 자산시장이 회생하면서 엄청난 수익을 올린 골드만삭스, 모건-스탠리 등 투자은행들은 언제 그들이 금융공황을 불러들였냐는 듯이 대대적인 보너스 잔치까지 벌였다. 정부가 공적자금을 투입하여 국유화했던 시티은행 등은 다시 민영화되었다.

그러나 양적완화를 통해 풀린 화폐가 실물경제를 활성화하지는 못했다. 금융공황으로 인해 치명상을 입은 여러 산업 부문의 기업들은 투자에 나서지 못했다. 미래 수익에 대한 전망이 극히 불투명했기 때문이다. 가계 역시 소비를 늘리지 못했다. 따라서 상업은행이 기업과 가계에 대출함으로써 화폐를 창출하는 일은 거의 일어나지 않았다. 기준금리가 제로 수준으로 떨어져서 상업은행이 신용화폐를 충분히 공급할 능력을 갖추었음에도 신용화폐의 발행 실적은 늘어날 조짐이 보이지 않았다. 한마디로 양적완화정책은 자산시장을 회생하고 활성화하는 효과

---

8 미국의 금융공황이 발발하여 수습되던 2008년부터 2010년까지 중국, 일본, 대만, 한국의 미국 재무부 채권 보유는 연평균 25%씩 늘어나 2008년 현재 1조 4,560억 5천만 달러에서 2010년 현재 2조 2,338억 달러에 이르렀다. 2008년의 미국 재무부 채권 보유는 2007년에 비해 무려 28.3% 늘어난 것이다. 이에 대해서는 이규철, "미국 달러 패권의 메커니즘과 중국의 대응전략," 「한국동북아논총」 26/4(2021), 62의 <표 1>을 보라.

를 냈지만, 실물경제를 움직이는 데에는 별 소용이 없었다. 그것은 양적완화가 결코 중립적인 통화정책이 아니라는 것을 의미한다. 양적완화는 오직 금융자산을 가진 계층을 위한 조치이고, 생산자본과 노동자 그리고 일반 가계를 위한 정책이 될 수 없었다.

MBS의 부실화가 궁극적으로 모기지 채무를 이행할 수 없게 만든 가계의 소득 감소에서 비롯되었다는 인식은 은행가들에게서는 나타나지 않았다. 무수한 가계가 소득 감소를 겪고 부채의 함정에 빠져든 것이 신자유주의적 금융화의 효과 때문이라는 인식이 명확하다면, 중앙은행의 화폐 공급은 전혀 다른 방식을 취했을 것이다. 이 점에 대해서는 나중에 다시 논할 것이다.

2.2. 제도적 대응

금융공황을 수습하는 과정에서 투자은행을 규율하고 금융시장을 안정시키는 제도를 도입하여야 한다는 목소리가 높아진 것은 당연한 일이었다. 자본금보다 몇십 배나 더 많은 화폐자본을 끌어들여 고위험 고수익 금융상품을 개발하여 수익 극대화에 나섰던 투자은행이 실패한 데서 금융공황이 촉발되었기에 그러한 실패가 더는 되풀이되지 않도록 제도를 근본적으로 바꾸는 것이 중요했다. 그러나 조금 뒤에 보겠지만, 제대로 된 제도 개혁은 이루어지지 않았다. 중앙은행으로부터 금융시장으로 들어온 화폐로 떼돈을 번 투자은행들이 보너스 잔치를 벌이는 행태는 시민들의 격한 분노를 불러일으켰고, 그들은 투자은행의 부실경영과 투자 실패에 대한 책임을 엄중하게 물어야 한다고 주장했다. 그러나 투자 실패에 대한 책임을 물을 방도가 있을 리 없었다. 투자 실패로 투자은행이 파산해도 투자은행의 자본금이 워낙 적었기 때문에 그 손실은 크지 않았고, 투자 실패로 처벌받은 투자은행 CEO는 한 명도 없었다. 투자은행은 유한책임 회사였기 때문이다.

금융공황을 불러일으킨 은행과 금융시장을 규제하고자 하는 시도는 두 갈래로 이루어졌다. 하나는 은행의 건전성 기준을 강화하고 이를 검사하고 확인하는 스트레스 테스트를 법제화한 것이고, 또 다른 하나는 상업은행과 투자은행의 관계를 규제하는 도드-프랭크법을 제정한 것이었다. 두 가지 모두 제대로 된 개혁은 아니었다. 아래서는 이를 차례대로 살핀다.

2.2.1. 스트레스 테스트의 법제화

스트레스 테스트는 위기에 대처하는 은행의 능력을 점검하는 것이고, 그 초점은 은행의 자기자본, 지급준비금, 유동성 규칙 등에 맞추어졌다. 스트레스 테스트가 설정한 위기 상황은 GDP 감소율 2~3%, 실업률 8.5%, 주택가격 하락률 14~22%였다. 그것은 실제로 일어날 수 있는 끔찍한 상황에는 미치지 못하는 수치였다. 위기에 따른 손실 충당금의 규모와 그 조달 방식도 실로 은행 친화적으로 처리되도록 설계되었고, 애초 논의되었던 수준의 7분지 1 정도로 낮추어졌다. '손실 충당 이전의 순이익'(preprovision net revenue)[9]을 갖고서 손실 충당금을 마련하라는 법률의 엄격한 요구는 그 법률을 시행하기 위해 마련한 미연방 준비제도의 「포괄적자본적정성평가」(2011년 11월) 방침을 통해 거의

---

9 Fed, Code of Federal Regulations, Title 12: Banks and Banking, § 252.42에 따르면, "손실충당 이전의 순이익은 손실 충당 이전에 이자 및 비이자 매출에서 관련 비용을 제한 것의 총계다."

무력화되었다.

스트레스 테스트는 금융시스템의 규제와 감독을 강화하려는 시도인데, 그것을 은행가들이 주도하다 보니 그 한계가 뚜렷했다. 상업은행이 자유롭게 신용화폐를 창출하고, 투자은행이 도매금융 시장을 통하여 상업은행으로부터 천문학적인 자금을 조달하는 현대 금융체제에서 어느 정도의 손실 충당금과 지급준비금을 쌓아놓아야 금융위기에 대처할 수 있는가? 그것을 은행가들이 알아서 정할 수 있겠는가? 그렇지만 스트레스 테스트의 규칙은 은행가들이 주도해서 만들었다. 그 테스트를 통과한 은행들은 중앙은행과 미연방 재무부에 의해 건전한 은행으로 인정받고, 저렴한 비용으로 주식을 발행하고, 자금을 융통하는 특권을 얻는다. 거기 더하여 그 은행들은 위기에 처했을 때 정부의 공적자금을 우선 배정받을 수 있다.[10] 그런 점에서 스트레스 테스트는 실로 은행의, 은행에 의한, 은행을 위한 규칙이라고 볼 수 있다.

2.2.2. 도드-프랭크법

도드-프랭크법은 「월스트리트 개혁 및 소비자 보호법」이라는 법률의 명칭이 말해 주듯이 매우 복잡하고 방대한 내용을 담은 법이지만, 거기서 주목해 보아야 할 부분은 상업은행과 투자은행을 겸하는 은행에서 자기계정거래를 규제하는 규정이다. 1999년에 폐지된 글래스-스티걸법을 부활시켜 투자은행과 상업은행을 분리하자는 의견이 강력하게 대두하였지만, 도드-프랭크법은 거기까지 가지 못했다.

---

10 애덤 투즈/우진하 옮김, 『붕괴: 금융위기 10년, 세계는 어떻게 바뀌었는가』, 428f., 440ff.

도드-프랭크법은 단지 은행 고객(소비자)의 보호 차원에서 상업은행이 자기계정거래를 통해 고객예탁금을 투자은행으로 옮기는 일을 금지함으로써 고객 예금을 갖고 금융 투자를 하지 못하게 했다. 한마디로 그것은 개인 고객을 상대로 하는 소매금융을 규제하자는 취지의 법이었다. 그러한 법 규정은 손바닥으로 하늘을 가리는 것에 불과했다. 왜냐하면 투자은행이 상업은행으로부터 자금을 조달하는 주된 경로는 법인을 상대로 하는 도매금융 시장이기 때문이다.[11] 더구나 상업은행은 고객의 예금을 맡았다가 그 예금을 대출하는 방식으로 영업을 하는 것이 아니라, 대출을 요구하는 고객에게 계정을 만들어주고 거기에 신용화폐를 넣어주는 방식으로 대출한다. 그것은 단지 은행 회계장부에 대출을 부채로, 대출자의 부채를 은행의 자산으로 기록하는 것에 지나지 않는다. 은행 고객이 맡긴 예금에 전혀 손을 대지 않은 채 상업은행은 순전히 회계 처리를 통해서 화폐를 창출하여 대출하는 것이다. 그것은 상업은행이 허공에서 화폐를 창조한다는 뜻이다.

따라서 도드-프랭크법의 자기계정거래 규제는 상업은행의 내생적 화폐 창출의 논리와 실무에서 볼 때 투자은행을 규제하는 결정적인 효과를 가질 수 없었다. 그 법은 자기계정거래를 통해 투자은행에 공급하는 1조 6천억 달러 정도를 줄임으로써 투자은행이 도매금융 시장을 통하여 자금을 조달하는 비용을 그만큼 늘렸을 뿐이다. 상업은행의 화폐 창조 능력을 고려할 때, 상업은행에서 창조되는 화폐가 투자은행으로

---

11 투자은행이 상업은행을 통하여 자금을 조달하는 것을 금지하지 않은 도드-프랭크법의 한계에 대해서 애덤 투즈는 다음과 같이 말한다. "(도드-프랭크법은) 대체적으로 보면 2008년 당시 사람들이 모두 인정하고 바랐던 도매금융 자금조달 방식의 그림자금융시스템의 붕괴에 대해서는 별로 다루지 않았다"(애덤 투즈/우진하 옮김, 『붕괴: 금융위기 10년, 세계는 어떻게 바뀌었는가』, 431). 투자은행은 상업은행과 가장 빈번하게 도매금융 거래를 하는 법인기업이다.

흘러 들어가지 못하도록 완전하게 차단하는 장벽을 설치하는 것이 매우 중요한 과제이지만, 이를 실현하는 유효적절한 제도는 아직 마련되지 못했다. 투자은행의 요구에 따라 상업은행이 신용화폐를 창출하여 투자은행에 공급하는 일을 근절하지 않고서는 투자은행이 조장하는 금융시스템의 불안과 위기는 그대로 남을 것이다.

3. 소결

위에서 본 바와 같이 미국의 중앙은행과 재무부가 금융시장과 은행을 규제하기 위해 도입한 법제는 유명무실했다. 그 법제는 은행의 논리에 따르는 은행 친화적 규제의 한계를 명백히 보여주었다. 그것은 G7 국가들을 위시하여 유력한 58개국 중앙은행 총재들의 협의기구인 국제결제은행(Bank for International Settlements, BIS) 산하의 바젤은행감독위원회(이하, 바젤위원회)가 바젤 III 협정의 틀에서 제시한 은행 건전성 기준과 스트레스 테스트 규정도 마찬가지다. 바젤 III는 특히 신용부도스와프 같은 파생상품 거래가 금융시스템의 거시적 안정성에 미치는 영향을 고려하여 스트레스 테스트 기준을 보완하고자 했지만, 그 내용은 결국 화폐 권력의 아성인 미국 중앙은행의 주장을 넘어서지 못했다. 바젤 III 은행 건전성 기준 역시 금융위기의 재발을 방지하는 안전판의 역할을 하기에 충분하지 못하다고 지적된다.[12]

---

12 이에 대해서는 코스타스 라파비챠스/송종운 옮김, 『생산 없는 이윤: 금융은 우리를 어떻게 착취하는가』, 402를 보라.

4장
유로존 위기

　유로존 위기는 2008년의 지구적 금융공황에 대처하는 과정에서 발생한 유로존 국가들의 재정위기를 통칭한다. 유로존 위기는 그리스 정부의 채무 불이행 위기에서 비롯되었고, 아일랜드, 포르투갈, 스페인, 이탈리아 등의 재정위기로 빠르게 확산하였다. 유로존 위기는 재정정책과 통화정책의 엄격한 분리에 바탕을 두고 설계된 유로존의 해체를 위협할 만큼 심각했다. 아래서는 유로존 위기의 경과와 그것에 대한 대응을 살핀다.

1. 유로존 위기의 발단과 경과

　유로존은 1992년 마스트리히트 조약과 1999년 리스본 조약을 바탕에 두고 구성되고 운영되는 유럽 통화동맹을 일컫는다. 1998년 유로존이 출범했을 때 가입 국가는 독일, 프랑스, 이탈리아, 스페인, 네덜란드, 벨기에, 룩셈부르크, 덴마크, 아일랜드, 스페인, 포르투갈 등 유럽연합의 11개국이었고,[1] 그 뒤에 그리스, 슬로베니아, 키프로스, 몰타 등이 가입하여 지구적 금융공황이 벌어졌던 2008년 현재 15개국으로 늘어났다. 그 뒤에 리투아니아, 라트비아, 에스토니아, 슬로바키아 등이 참여하여 최근에는 19개국으로 확대되었다.

마스트리히트 조약은 본래 유럽공동체를 구성하고 있었던 12개국이 합의하여 유럽연합을 창설하기로 한 조약이었다. 그 조약에는 유럽중앙은행과 유로화의 창설에 관한 규정이 명시되었다. 1999년에 리스본에서 체결된「안정과 성장에 관한 협약」은 엄격한 통화주의 원칙에 따라 통화정책과 재정정책의 분리를 명문화했다. 그 두 가지 조약은 유럽중앙은행의 중립 의무와 역할, 구성 국가의 통화정책과 재정정책에 관한 준칙을 명문화하였는데, 그 내용은 크게 네 가지로 요약된다. 첫째, 유로존 국가들은 통화 주권을 포기하고 유럽중앙은행이 발행하는 유로화를 사용한다. 둘째, 유럽중앙은행은 유로존 국가들의 정부 채권을 직접 매입할 수 없다. 셋째, 유로존 정부의 신규 부채는 GDP의 3%를 넘을 수 없고, 총부채는 GDP의 60%를 상회할 수 없다. 이를 위반할 때는 페널티를 부과한다. 넷째, 유럽중앙은행은 유로존 정부에 구제금융을 제공할 수 없다.

이 네 가지 준칙은 화폐의 본성과 그 통용 가능성을 놓고 볼 때 도무지 이해하기 어려운 내용이다.[2] 자본주의적 신용화폐제도에서는 중앙은행이 발행하는 불태환화폐가 국가의 조세권에 뒷받침되어 강제로 통

---

[1] 유럽연합을 구성하는 국가들 가운데 영국은 화폐 주권을 고수하여 유로존에 가입하지 않았고, 2020년 유럽연합에서 탈퇴했다.

[2] 현대화폐이론의 핵심적인 학자인 L. 랜덜 레이(L. Randall Wray)는 이 네 가지 준칙에 속박된 유럽통화동맹체제를 "말 앞에다가 마차를 매어놓은 격"이라고 비난했다. L. 랜덜 레이/홍기빈 옮김, 『균형재정론은 틀렸다: 화폐의 비밀과 현대화폐이론』(서울: 책담, 2017), 542.

용되는데, 유로화는 애초부터 그런 장치가 없었다. 유럽중앙은행이 불태환화폐를 발행하지만, 조세권은 유럽중앙은행의 통제권이 미치지 않는 유로존 구성국 정부에 여전히 남아 있기 때문이다. 유럽통화동맹에서 구성국 정부는 화폐 발행자의 지위를 잃고 화폐 사용자로 전락한다. 무엇보다도 구성국 정부는 유럽중앙은행의 통화정책에 관여할 수 없고, 유럽중앙은행이 발행하는 화폐는 유로존 구성 국가에서 외환으로 통용된다. 화폐 발행자의 지위를 잃은 정부는 부채를 화폐화하는 데에도 제동이 걸린다. 유로존 화폐시장을 주무르는 화폐자본가들이 부채가 많은 정부의 채권을 매입하는 것을 회피한다면, 그 정부로서는 높은 이자 비용을 감수하면서 채권을 발행하지 않을 수 없다. 그러한 통화동맹은 무역수지 흑자를 달성하여 외환을 풍부하게 끌어들일 수 있는 독일, 프랑스 등과 같은 나라들의 이익을 최대화할 수 있는 체제이고, 그 이익이 중앙은행의 독립성을 금과옥조로 삼는 통화주의의 가면 아래 감추어지도록 설계되었다고 해도 지나친 말이 아니다. 유로화가 통화동맹 구성 국가에서 외화의 지위를 갖는 데서 비롯되는 결과는 무역적자국에는 치명적이다. 만일 그런 나라의 정부 재정적자가 늘어나면, 그 정부가 짊어지는 외채가 늘어나는 형국이 된다. 만일 그 정부가 외채를 제때 갚지 못하면 정부는 외환위기를 불러일으킨 장본인이 되어 채권자들의 냉혹한 채무 이행 요구에 따라야 하고, 그들이 제시하는 재정 구조조정, 금융 구조조정, 경제 구조조정 등을 타율적으로 추진하지 않을 수 없다.

유로존이 안고 있는 이 구조적인 문제는 2008년에 폭발한 지구적 금융공황에 대처하는 과정에서 구성 국가들의 재정위기를 불러일으켰다. 각국 정부는 청구권의 연쇄 고리로 얽혀 있는 자국 상업은행들과 투자은행들의 파산에 직면해서 공적자금을 투입할 수밖에 없었고, 정부부채는 빠른 속도로 엄청나게 늘었다.3 리스본 조약의 재정 건전성 준칙은 아무 효력을 발휘하지 못했다. 재정적자 비율이 낮고 무역흑자로 인해 채권국의 위치에 있는 독일, 네덜란드 등은 금융공황의 파도를 넘는 데 큰 힘이 들지 않았지만, 재정적자 비율이 높고 무역적자에 허덕이는 나라들은 치명상을 입었다. 대표적인 나라가 그리스였다. 그리스는 유로존의 변방에 있는 산업 빈국이다. 내수 산업은 관세 없이 쇄도하는 외국 상품과 경쟁할 수 있는 능력을 잃어 무너졌고, 실업률은 크게 올라갔다. 세수보다 지출이 많은 재정구조가 오래전에 자리를 잡을 수밖에 없는 상황이었다. 그리스 정부의 부채는 증가했고, 그것은 유로 표시 외채가 쌓여 갔다는 뜻이다. 2008년의 금융공황으로 인해 신용경색이 심화한 유럽 화폐시장에서 그리스 정부는 정부 채권을 팔기 어려웠고, 고금리를 감수하지 않으면 안 되었다. 마침내 그리스 정부는 외화 표시 채무 불이행을 선언하지 않을 수 없는 상황에 직면했다. 그리스 정부는 유로존 국가들과 IMF에 구제금융을 신청하지 않을 수 없었다.4

---

3 애덤 투즈/우진하 옮김, 『붕괴: 금융위기 10년, 세계는 어떻게 바뀌었는가』, 251의 도표 7.1. 2008년 10월에서 2010년 5월 말까지 각국 정부의 금융기관 지원 방식들은 지구적 금융위기에 대응하는 주요국의 구제금융 규모가 얼마나 컸는가를 잘 보여준다. 독일과 영국은 2008년 GDP의 25% 규모의 구제금융을 쏟아부었고, 금융의 자유화가 가장 많이 진행된 아일랜드는 무려 319%를 구제금융으로 지출했다.

4 그리스의 재정위기는 대체로 만성적인 재정적자, 유럽 시장의 통합과 그리스 경제의 불균형, 재정정책과 통화정책의 불일치 등에서 비롯되었다고 지적된다. 이러한 시각을 잘 정리한 글로는 이승주, "그리스 재정위기와 유로의 정치경제: 유로 12년, 성공 신화에서 위기로?," 「국제정치논총」 51/3 (2011): 241-247을 보라. 그러나 정부 재정적자의 증가가 외환 증가로 귀결된다는 점에 주의를 기울이는 논문은 매우 드물다. 그 점에 주목한 우리나라 경제학자는 전용복이다. 전용복, 『나라가 빚을 져야 국민이 산다: 포스트 코로나 사회를 위한 경제학』 (과천: 진인진, 2020), 144f., 각주 9: "그리스가 유로화 표시 채권을 상환하고자 하면, 유로화라는 외국 돈을 수출을 통해 해외에서 벌어서 갚아야만 했다."

그리스에 대한 구제금융은 2010년 상반기에 독일을 중심으로 한 유로존의 강대국들과 IMF의 공조 아래 실행되었고, 그 규모는 1천1백억 유로에 달했다. 채권자들은 그리스 정부에 구제금융을 제공하면서 가혹한 재정 구조조정을 요구했고, 그리스 정부는 공무원 해고부터 시작하여 교육, 의료, 복지, 연금 지원 등에 이르기까지 거의 모든 재정지출을 삭감할 수밖에 없었다. 그 결과는 시민 폭동이었다. 그런 엄혹한 상황에서 그리스는 유로존 탈퇴를 배수진으로 치고 채권자들과 협상하는데 모든 것을 거는 것밖에 다른 선택의 여지가 없었다.

정부 재정위기와 사회적 불안정의 확산은 그리스만의 문제가 아니었다. 금융공황은 아일랜드, 포르투갈, 스페인, 이탈리아 등지에서도 거의 똑같은 상황을 연출했다. 2011년 말에 이르자 아일랜드와 포르투갈 역시 그리스와 똑같은 방식의 구제금융을 피할 수 없었다. 2011년 상반기에 스페인과 이탈리아 정부의 채권 금리가 폭등하자 유럽화폐동맹은 더는 구제금융 방식으로 유로존의 위기를 헤쳐 나갈 수 없게 되었다.

2. 유로존 위기에 대한 대응

유로존 위기에 대한 대응은 금융적 대응의 차원과 제도적 대응의 차원에서 살필 필요가 있다.

2.1. 금융적 대응

유로존 위기에 대한 금융적 대응의 핵심은 유럽중앙은행의 양적완화정책이었다. 유럽중앙은행은 세 차례에 걸쳐 양적완화정책을 시행했고, 이를 통해 유로존 위기의 한 축을 이루는 재정위기는 차츰 해소되어 갔다.5 2010년 5월 유럽중앙은행은 기준금리를 제로 수준으로 낮추고, 유럽 채권시장에서 그리스, 아일랜드, 포르투갈, 스페인, 이탈리아 정부의 채권을 매입하는 조처를 시행했다. 이러한 채권매입 프로그램(Security Market Programme)이 유럽중앙은행이 취한 제1차 양적완화 조치다. 유럽중앙은행의 정부채 매입은 발행시장이 아니라 유통시장을 통해서 이루어졌기에 리스본 협약의 준칙에 어긋나지는 않았다. 유럽중앙은행의 정부채 매입은 신용경색이 심각한 유럽 채권시장에 화폐 공급을 늘렸기에 채권자들로서도 마다할 이유가 없었다. 이 프로그램이 작동하자 그리스 등 재정위기를 겪는 나라들의 채권 이자율은 큰 폭으로 떨어졌다.

유로존 위기에서는 재정위기의 측면만이 강조되는 경향이 있으나, 재정위기는 유로존 위기의 한 부분에 지나지 않았다. 2008년 금융공황으로 인해 치명상을 입은 금융시스템과 실물경제의 문제는 해결되지 않은 채 남아 있었다. 유럽 화폐시장은 여전히 신용경색 상태였고, 경기침체는 심화하였다. 2011년 하반기에 이탈리아와 스페인 정부 채권의 금리가 폭등한 것도 그 때문이다.6 그러한 상황에 대응하여 유럽중앙은행은 제2차 양적완화를 시행했다. 유럽중앙은행은 스트레스 테스트를 통과한 은행들에 2011년 11월과 2012년 2월에 연 1%의 금리로 3년

---

5 유럽중앙은행의 양적완화에 대한 자세한 설명으로는 강유덕, "유럽 재정위기에 대한 유럽중앙은행의 대응과 역할 변화," 『지역연구시리즈』 14/1(서울: 대외경제연구원, 2014), 47-64를 보라.
6 2011년 11월 말 이탈리아의 10년물 정부 채권 금리는 7.24%(11월 29일)로 상승했고, 스페인 정부의 10년물 채권의 금리는 6.70%(11월 25일)로 상승하였다.

만기의 장기 대출 프로그램(Long Term Refinancing Operation)을 시행하여 총 1조 유로를 공급했다. 그것은 미국 중앙은행이 무차별적으로 민간 금융자산을 매입하는 방식으로 양적완화를 시행한 것과 그 본질에서는 차이가 없는 유럽식 양적완화정책이었다.

그런데도 유로존 위기는 여전했고, 경기침체는 해결될 기미를 보이지 않았다. 그것은 유로존 시스템 유지를 위해 구성국 국가들에 강제한 재정 건전성 준칙의 굴레 때문이었다. 금융위기와 거기서 비롯된 실물경제 위기 속에서도 유로존 정부는 긴축정책을 취할 수밖에 없었다. 결국 유럽중앙은행은 2012년 6월 정부채의 무제한 매입 프로그램(Outright Monetary Transaction)을 가동하기 시작했고, 나중에는 민간 금융자산을 매입하는 데까지 나아갔다.

2.2. 제도적 대응

유로존 위기에 대한 제도적 대응은 놀랍게도 하나도 시도된 것이 없었다. 유로존의 위기는 2008년 금융공황으로 인해 극적으로 불거졌으나, 사실 그 위기는 유로존의 구성 논리와 작동 방식 그 자체에 내장된 모순이 나타나는 증상 같은 것이었다. 따라서 금융시스템 개혁과 유로존 운영제도의 개혁이 논의되고 실행되어야 하건만, 그런 일은 없었다. 아래서는 그렇게 된 까닭을 살펴본다.

2.2.1. 금융시스템 개혁

유로존 위기가 재정위기로 치닫게 된 것은 각 나라 정부가 금융공황에 휩쓸려 들어간 은행들에 공적 자금을 투입하였기 때문이다. 그러한 일이 재발하지 않게 하려면, 금융시스템을 개혁하여야 마땅한 일이다. 물론 유럽중앙은행과 유로존 국가들의 중앙은행들은 2008년의 지구적 금융위기에 대응하기 위해 은행 건전성 기준과 스트레스 테스트 규정을 강화한 바젤 III 개혁안을 수용했다. 그러나 거기까지였다. 상업은행의 화폐 창조 능력을 활용하여 투자 자금을 끌어내는 투자은행의 행태가 '카지노 자본주의'를 연출하는 지경에 이른 것이 문제의 핵심이지만, 상업은행과 투자은행의 겸업 내지는 협력을 규제하려는 움직임은 없었다.

아마도 그것은 유로존에서 맹주의 역할을 맡은 독일에서 상업은행과 투자은행의 겸업이 오래전부터 제도화되어 있었고, 이를 당연시하였기 때문일 것이다. 독일 유수의 겸업은행인 도이체방크, 코메르츠방크, 작센 란데스방크 등이 미국발 금융공황에 휩쓸려 들어가 도산 위기에 직면하여 정부가 공적자금을 투입해야 했는데도 독일에서 은행제도와 금융시스템을 개혁하려는 시도는 전혀 나타나지 않았다.

2.2.2. 유로존 운영제도의 개혁

유럽 여러 나라의 재정위기를 근본적으로 풀려면 유럽통화연합이 정치연합으로 발전하여 유로존 차원에서 통화정책과 재정정책을 유기적으로 결합할 수 있어야 하고, 그 기조 위에서 경제정책, 산업정책, 사회정책, 복지정책, 환경정책 등이 함께 가야 할 것이다. 그것은 유로존 구성 국가들이 정치적 통합을 이루어 유럽합중국을 구성하지 않고서는 이루어질 수 없는 일이고, 가까운 장래에 실현되기 어렵다.

그러한 정치적 제약조건을 고려한다면, 유로존 위기를 해결하는 제도적 방안으로서 실현 가능성이 있는 것은 두 가지이다. 하나는 유로존에 재정안정화기금을 창설하는 것이고, 또 다른 하나는 유럽통화연합의 주변부 국가들의 개발을 지원하는 기금을 창설하는 것이다. 먼저 재정안정화기금은 유럽의 재정위기가 본질적으로 외환위기의 성격을 띠기에 반드시 마련되어야 한다. 유럽중앙은행이 케인즈의 국제청산동맹을 모델로 해서 설계되었다면 유럽중앙은행 자체가 재정안정화기금의 역할을 할 수 있었을 것이지만, 유럽중앙은행은 그런 기능이 아예 없었다. 따라서 재정안정화기금은 유럽중앙은행 바깥에 설립되지 않으면 안 된다. 물론 유럽연합위원회는 2010년 유로존 국가들의 재정위기에 대응하기 위해 유럽재정안정기금(European Finacial Stability Facility, EFSF)의 창설을 승인했다. 그 기금은 유로존 국가들의 출연으로 마련되었고, 그 규모는 4,500억 유로에 달했다. 유럽재정안정기금은 유로존 재정위기가 아일랜드와 포르투갈로 확산할 때 두 나라에 구제금융을 제공하면서 활동하기 시작했다. 그러나 유럽재정기금의 한계는 너무나도 분명했다. 그 기금은 일시적인 특수목적법인의 형태를 취했고, 유럽중앙은행에 은행으로 등록되지 않았다. 따라서 유럽재정안정기금은 일종의 유로 본드의 성격을 띠었을 뿐이고, 그 기금의 구제금융을 받은 국가는 단지 외채를 늘렸을 뿐이다.[7] 만일 유럽재정안정기금이 유럽중앙은행에 등록된 은행의 지위를 얻는다면 그 기금은 출연기금의 10배에 달하는 신용을 창출하여 재정위기 국가들에 공급할 수 있을 것이며, 유럽중앙은행의 최종적인 지급보증을 받을 수 있을 것이다. 그런 방식으로 통화안정화기금을 창설하는 것은 유럽중앙은행이 정부와 공공기관에 신

---

7 강유덕, "유럽 재정위기에 대한 유럽중앙은행의 대응과 역할 변화," 69f.

용을 제공하는 것을 금지한 리스본 협정과 유럽연합 기능조약(TFEU) 123조 1항에 어긋나지 않는다.[8] 따라서 그러한 통화안정화기금이 창설된다면, 재정위기에 처한 정부는 통화안정화기금에서 초저리의 장기 구제금융을 받아 재정위기를 해결하는 자율적인 정책을 수립하여 집행할 기회를 얻을 수 있을 것이다. 그러나 그러한 제도는 마련되지 않았다.

그다음에 유로존에서 주변부 국가들의 발전을 위한 기금을 조성하는 것은 유럽 재정위기가 궁극적으로 단일통화로 묶인 국가들 사이의 경제적, 산업 부문별, 기술적 격차에서 비롯되었다는 사실에 비추어 볼 때 지극히 당연하다. 그러한 격차를 내버려 둔다면 유로 화폐동맹 안에서 중심부 국가의 주변부 국가에 대한 수탈이 가속화되고, 중심부의 채권국들이 주변부의 채무국들에 대한 지배도 공고해진다.[9] 어쩌면 그 문제 역시 케인즈의 국제청산동맹 구상에 충실하게 무역흑자국과 무역적자국이 공동 책임을 지는 방식으로 해결할 수 있을는지 모른다. 그것은 무역흑자국의 출연으로 유로존 발전지원기금을 조성하고, 그 기금의 지원을 받는 무역적자국이 경제발전과 산업생산성을 높이는 정책을 자율적으로 마련하여 집행하는 방식이다. 그 기금이 유럽중앙은행에 등록한 은행의 지위를 가지게 되면, 지원금의 금리는 그 기금의 운영비를 충당하는 수준에서 낮게 결정될 수 있을 것이다. 그러나 유로존 발전지원기금 같은 기구의 창설은 전혀 논의되지 않았다.

---

8 강유덕은 다니엘 그로스(Daniel Gros)와 토마스 마이어(Thomas Meyer)의 연구 결과를 인용하면서 이 점을 지적했다. 강유덕, "유럽 재정위기에 대한 유럽중앙은행의 대응과 역할 변화," 70; Daniel Gross · Thomas Mayer, "How To Back Up the Rescue Fund?," *European Parliament IP/A/ECON/NT/2011-04*(December 2011), 47-58.

9 유로존에 출현한 중심부와 주변부에 대한 날카로운 분석으로는 코스타스 라파비차스/송종운 옮김, 『생산 없는 이윤: 금융은 우리를 어떻게 착취하는가』, 366ff.를 보라.

3. 소결

　유로존의 재정위기를 본격적으로 해결하기 위한 제도적 방안이 마련되지 않고, 유럽중앙은행의 양적완화정책이 무차별적으로 시행되자 심각한 부작용이 나타났다. 무엇보다도 먼저 지적할 것은 사회적 불평등의 엄청난 확대다. 양적완화정책은 유통시장에서 금융자산을 매입해서 화폐를 공급하는 조치이기에 화폐자본가에게 큰 이익을 가져다주는 정책이다. 양적완화 조치는 자산시장에 천문학적 규모의 자금을 신규로 투입하는 효과를 불러일으키기에 금융자산뿐만 아니라 부동산 자산의 가격이 폭등한다. 자산가들의 지대추구가 중앙은행에 의해 보장되는 것이다. 반면에 자산을 갖지 못한 사람들은 자산소득이나 자본이득을 취할 기회를 얻지 못하고 자산가들의 수탈에 고스란히 노출된다. 자산을 갖지 못한 계층의 부채가 늘어나고 임대료 부담이 가중되는 것은 그 단적인 예이다.

　다음으로 재정위기를 해결하는 과정에서 사회 문제는 쉽게 도외시되고 악화한다. 유럽중앙은행이 양적완화를 통해 재정위기를 해결한다고 하더라도, 재정위기를 겪는 정부가 유럽 채권시장에서 은행에 채권을 팔아 외화를 조달하여 지출을 늘리는 상황은 전혀 바뀌지 않는다. 재정위기가 외환위기로 치닫지 않게 하려면 결국 정부는 유로화로 빌린 돈을 갚기 위해 장기간에 걸쳐 각고의 긴축정책을 시행하지 않을 수 없다. 가혹한 재정 구조조정은 사회적 약자들의 복지와 교육과 삶의 기회를 희생시킨다.

5장
지구적 금융위기에 휩쓸린 개발도상국들과
신흥시장국들

미국이 주도한 신자유주의적 금융화는 개발도상국들과 신흥시장국들을 포섭했다. 금융화에 포섭되는 방식은 크게 보아 두 가지였다. 하나는 수출주도 국가들이 달러 중심의 국제 통화결제체제에 순응하는 방식이고, 다른 하나는 외환위기에 몰린 국가들이 "워싱턴 컨센서스"를 앞세운 IMF의 구조조정 프로그램에 따라 전면적인 금융시장 개방과 금융 자유화를 받아들이는 방식이다. 어느 방식으로 포섭이 이루어지든 간에 그 포섭은 개발도상국들과 신흥시장국들이 달러 패권체제에 편입되는 것을 뜻한다. 달러 패권체제에 편입된 개발도상국들과 신흥시장국들은 지구적 무역 불균형과 달러 환류의 형태로 이루어지는 거대한 달러 순환 속에서 애써 수출로 벌어들인 달러를 미국 금융시장에 헐값으로 넘겨준다. 이 어처구니없는 일에 대해서는 이미 본서 제IX부 3장 4에서 소상하게 논했으므로 여기서는 더 언급하지 않는다.

2008년의 지구적 금융공황은 금융화에 깊이 편입된 개발도상국들과 신흥시장국들을 뒤흔들었다. 금융화는 전 세계의 거의 모든 국가의 금융시스템을 서로 연결하는 네트워크를 구축하는 방식으로 진행되었기에 미국발 금융공황에서 자유로운 나라는 없었다. 우리나라는 지구적 금융공황의 타격을 받은 대표적인 나라였기에, 멀리 갈 것도 없이 우리나라의 사례를 분석하면, 지구적 금융공황이 개발도상국들과 신흥시장국들에 미친 타격을 짐작할 수 있다.

한국은 오래전부터 강력한 수출주도 경제 시스템을 구축했고, 1997년 외환위기로 IMF 경제신탁을 받는 과정에서 금융시장을 거의 완전히 개방했다. 따라서 한국의 금융시스템이 달러화를 조달하는 국제 화폐시장과 원화와 달러가 교환되는 외환시장에 크게 의존하고 그 시장들의 상황에 큰 영향을 받는 것은 불가피했다. 그러한 사정은 외환위기 이후 외화보유고를 극적으로 많이 쌓아 올렸다고 해도 변함이 없었다. 외화보유고가 늘어나도 한국 금융시스템이 국제 화폐시장과 외환시장에 큰 영향을 받는 까닭은 크게 두 가지이다. 하나는 대부분의 외환이 국제 화폐시장에서 미국 재무부 채권과 교환되어 불태화되기 때문이다. 외화보유액을 쌓아 놓았다고 해서 그것이 달러 표시 현금을 갖고 있다는 뜻은 아니다. 국내에 달러 현금이 필요할 경우 달러를 불태화하기 위해 사들인 미국 재무부 채권은 국제 화폐시장에서 매각되어 현금화되어야 한다. 또 다른 하나는, 더 말할 필요도 없지만, 한국의 수출입 경제가 자국 화폐인 원화로 이루어지지 않고 외화인 달러를 결제 수단으로 사용하기 때문이다. 외환시장에서 달러의 공급과 수요는 한국 금융시스템과 이를 매개로 해서 펼쳐지는 실물경제에 결정적인 영향을 미친다. 특히 달러의 급격한 유출입은 환율정책과 통화정책의 조율을 어렵게 만들고, 통화정책이 실물경제에 대응할 능력을 약화한다.[1] 국제 화폐시장의 경색은 달러 표시 채권거래를 어렵게 했고, 한국에 들어온 달러는 그 일부가 외환시장을 거쳐 빠르게 유출하기도 했다.[2] 그 여파로 원화 가치가 큰 폭으로 떨어지고, 수입 물가가 상승하고, 수출 전망이 어두워지고, 신용경색이 나타나고, 자산 가치가 폭락했다. 지구적 차원에서 진행된 금융공황이 우리나라에 심각한 금융공황과 실물경제 공황을 불러일으킨 것이다.

달러 패권체제의 하위 파트너로 종속된 한국과 같은 개발도상국들과 신흥시장국들은 그 나라들과 무관하게 벌어진 미국의 금융공황과 그 여파로 그 나라들에 일어난 금융공황을 독자적으로 헤쳐 나갈 역량이 없었다. 그 나라들의 금융공황은 미국 중앙은행과 맺은 통화스와프 협정과 미국 중앙은행의 양적완화 조처로 간신히 풀리기 시작했다. 물론 2008년의 지구적 금융공황을 예방하고 금융공황의 전파를 차단하기 위한 대책을 마련하기 위해 개발도상국들과 신흥시장국들의 노력이 없었던 것은 아니다. G20에 참여한 신흥시장국들은 IMF를 개혁할 것을 요구하고, 바젤협정을 개정하여 은행 규제를 강화할 것을 요구했다. 그러나 그러한 요구가 관철된다고 해도, 그러한 개혁과 규제로 미국 달러 중심의 국제 결제 네트워크를 매개로 해서 진행되는 금융화의 폐해를 막을 수는 없을 것이다. 왜냐하면 이미 제IX부 3장의 달러 패권체제에 대한 분석에서 강조했듯이, 지구적 금융공황을 불러일으킨 미국 달러 중심의 국제 지급결제 시스템은 브레턴우즈체제의 붕괴 이후 그 어

---

1 이에 대해서는 이창선, 「변동환율제도 및 자본자유화에 따른 부작용과 정책적 시사점」(서울: LG경제연구원, 2008), 18f.를 보라.

2 우리나라 외국인 채권투자금은 리먼브라더스가 파산했던 2008년 9월 사상 최고치인 3,116.5억 달러였는데, 그 채권투자금은 2009년 3월까지 최고치 대비 17.3%가 한국을 빠져나갔고, 외국인 주식투자금도 2009년 4월까지 18.1%가 한국을 떠났다. 전용복, 『나라가 빚을 져야 국민이 산다: 포스트 코로나 사회를 위한 경제학』, 202.

떤 국제 협정에도 근거하지 않은 '체제 아닌 체제'(non-system)이기 때문이고, 미국 금융시장의 무질서는 은행 친화적인 바젤협정을 아무리 개정한다 해도 해결될 전망이 보이지 않기 때문이다.

달러 패권체제 아래서 신자유주의적 금융화가 지구적 차원과 각 나라 국민경제 차원에서 불러일으킨 무질서와 혼란의 문제를 근본적으로 해결하려면 문제의 근원으로 되돌아가야 한다. 화폐자본이 실물경제로부터 자립화하여 실물경제를 지배하고 수탈하는 체제를 해체하여야 하는 것이다.

6장
신자유주의적 금융체제의 해체에 관하여

금융화는 브레턴우즈체제의 붕괴 이후 미국에서 국제적 자본 이동의 자유와 은행에 대한 정부 규제의 전면적 완화 내지는 폐지로 급속하게 진행되었고, 달러 중심의 국제 지급결제 시스템을 통해 전 세계 금융기관들을 촘촘하게 엮는 네트워크를 통해 지구적 차원에서 작동하고 있다. 그러한 금융화의 기본 규칙은 월스트리트의 금융기관들이 주도해서 정하고 있다. 지난 40년 동안 금융화는 끊임없이 금융 불안정과 심지어 금융공황을 불러일으켰으나, 문제는 금융화를 규율하거나 금융화에 제동을 걸 수 있는 권위 있는 규율 기구가 없다는 것이다.

물론 은행의 건전성과 통화 안정을 위해 중앙은행들로 구성된 국제기구인 BIS가 활동하고 있기는 하다. 그러나 앞에서 살핀 바와 같이 BIS의 은행 건전성 규제가 과연 금융화를 규율하는 데 힘을 발휘하고 있는가에 대해서는 의문이 많다. BIS의 거버넌스와 의사결정 과정을 개혁하고, BIS의 은행건전성 규제를 강화하면 문제가 해결될 수 있을까? 그렇게 기대하기 어렵다고 본다.

아래서는 먼저 BIS를 통해 금융화를 규율하거나 금융화에 제동을 걸기 어려운 까닭을 살피고, 그다음에 BIS를 대신하는 기구를 구상하고, 그 기구가 금융화를 규율하기 위해 제시해야 할 몇 가지 준칙과 방안을 생각해 본다.

1. 국제결제은행(BIS)과 그 개혁 시도의 한계

BIS는 매우 독특한 기구이다. BIS는 기본적으로 스위스 국내법에 근거하여 설립된 주식회사이지만, 정부 간 협정에 근거한 기구이기도 해서 스위스 국내법과 정책의 간섭을 받지 않는다. BIS는 지구적 차원에서 금융의 안정성을 추구하고 금융거래를 용이하게 하려는 목적으로 활동하는 중앙은행들의 국제기구로 여겨지고 있으나, 국제법적 근거는 미흡하다.[1] 본시 BIS는 제1차 세계대전에서 패배한 독일의 전쟁 배상금 문제를 해결하기 위해 독일, 벨기에, 프랑스, 미국, 영국, 이탈리아, 일본 등 7개국 정부 간 협정에 근거하여 1930년에 설립되었다. 이 7개국이 창설가맹국이다. 일본은 1951년 샌프란시스코 평화조약에 따라 창설가맹국의 지위를 상실하였으나, 1971년 일반가맹국으로 BIS에 재가입했다.

---

1 아담 레보어(Adam Lebor)는 국제결제은행이 '국내법이든 국제법이든 법의 적용 범위 밖에 있는 은행'으로 설계되었다고 보고, 국제결제은행 헌장 제10조가 그러한 국제결제은행의 법적 지위를 잘 보여준다고 지적한다. 아담 레보어/임수강 옮김, 『바젤탑: 국제결제은행(BIS)의 역사, 금융으로 쌓은 바벨탑』(서울: 더늠, 2022), 60. 국제결제은행 헌장 제10조: "국제결제은행 자체 그리고 그 소유물과 자산, 기타 수탁자금은 평화 때든 전쟁 때든 수용, 징발, 압류, 몰수, 금과 화폐 수출입의 금지 또는 제한, 기타 이와 유사한 조치의 대상이 되지 않는다."

BIS는 독일의 전쟁 배상금 지급 의무 불이행과 제2차 세계대전으로 인해 유명무실화했다. 1944년 브레턴우즈 협상 과정에서 케인즈의 국제청산동맹 제안이 폐기되고 미국의 안정화기금 제안이 관철되자 BIS는 IMF의 그늘에 놓이게 되었고, 별 영향력이 없는 유럽 차원의 기구에 머물렀다. BIS가 다시 주목받게 된 것은 브레턴우즈체제가 위기에 봉착하고 마침내 붕괴한 이후의 일이었다. 국제적인 자본 이동이 자유로워지고 변동환율제로 인해 국제 금융거래가 무질서해지자 국제통화와 금융거래의 안정을 관장하는 기구의 필요성이 커졌기 때문이다. BIS의 활동이 중시되면서 점차 많은 중앙은행이 BIS에 일반가맹은행으로 가입하였고 현재 61개국 중앙은행들이 BIS를 구성하고 있다. 한국은행은 1975년에 옵서버 자격을 얻었고, 1997년 일반가맹은행으로 BIS에 가입하였다. BIS 가맹국들은 최소한 금융과 산업 역량이 인정된 국가들이다. BIS 가맹국들이 늘어났어도, BIS의 국제법적 근거를 명확히 하려고 국제 협정이 새로 맺어진 적은 없으며, 1969년 정관 변경을 통해 BIS의 사업 목적과 내용 등을 조정했을 뿐이다.

BIS의 최고 의결기구는 총회이다. 총회는 각국 중앙은행장들로 구성되고, 1년에 한 번 바젤에서 개회한다. 총회 아래에는 이사회와 집행사무국이 있다. BIS에서 가장 중요한 기관은 당연히 이사회이다. 이사회는 17인으로 구성된다. 이사 17인 가운데 6인은 창설가맹국 중앙은행의 총재가 당연직으로 참여하고, 당연직 이사는 각각 자국의 금융계와 산업계를 대표하는 1인을 지명할 권한이 있다. 당연직 이사와 지명직 이사를 제외한 나머지 5인은 선출직 이사이며, 선출직 이사는 일반가맹은행 총재들 가운데서 총회의 3분지 2 이상의 찬성을 얻은 자가 선출된다. BIS는 1인의 총재를 두고 있다. 총재는 이사회에서 선출되지

만, 대체로 이사회 의장이 겸임한다.[2]

BIS는 국제통화와 금융거래의 안정을 위해 은행감독에 관한 국제적 협력의 필요성을 강조해 왔고, 이를 위해 1974년 12월 바젤은행감독위원회(이하, 바젤위원회)를 설립했다. 바젤위원회의 설립 근거는 미국, 영국, 프랑스, 독일, 이탈리아, 일본, 캐나다, 네덜란드, 스웨덴, 스위스, 벨기에 등 일반차입협정(General Arrangements to Borrow)에 참여하는 G10 국가의 중앙은행 총재들의 합의였다. 바젤위원회는 G10 국가, 스위스, 룩셈부르크 등 12개국 대표들로 구성된다. 그동안 바젤위원회는 은행 건전성 감독에 관한 중요한 기준을 제시했다. 1988년 「은행의 자기자본 비율에 관한 국제 규약」(Basel I), 1992년 「다국적 은행 감독 최소 기준」, 1994년 「파생상품위험관리지침」, 2004년 은행의 위험자산 운용을 감독하는 바젤협정 II, 2007~2008년의 지구적 금융공황 이후 은행시스템 위기를 감독하기 위한 2010년 바젤협정 III 등이 그것이다.

위에서 본 바와 같이 BIS는 국제법적 효력이 있는 국제 협정에 근거해서 모든 국가에 문호를 개방하고 있는 국제기구가 아니다. BIS의 주요 결정이 내려지는 이사회는 창설 가맹 은행에 전권이 위임되다시피 한 과두적인 기구이고, 은행감독에 관한 국제협력 기준을 정하는 바젤위원회 역시 일반차입협정을 맺고 있는 G10 국가들과 금융 자유구역으로 유명한 룩셈부르크와 스위스 등 12개 국가의 대표들로 구성된 과두적인 기구다. 이사회와 바젤위원회에서 결정적인 역할을 하는 국가는 국제 통화금융체제에서 강력한 화폐 권력을 행사하는 미국이다. BIS 총회, 이사회, 바젤위원회 등은 달러 패권을 행사하는 미국 중앙은행과

---

2 도충구 외, 『국제 경제기구의 이해』 (서울: 학현사, 2001), 97f.

미국 금융기관들의 이해관계에 어긋나는 결정을 내릴 수 없다. 은행 건전성 감독 기준으로 중시되는 자기 자본 비율(바젤 I), 위험자산 운용 기준(바젤 II), 은행 스트레스 테스트(바젤 III) 등은 은행 친화적인 성격을 띨 수밖에 없다고 평가되곤 하지만, 엄격하게 따지자면 미국 중앙은행과 미국 금융기관들에 친화적인 성격을 띠었다고 말해야 공정하다.

2008년의 지구적 금융공황에 대한 제도적 대응을 분석하면서 밝힌 바와 같이, 바젤 II는 말할 것도 없고, 바젤 III도 금융공황의 재발을 막기에는 턱없이 부족하다. 어쩌면 현재의 BIS 지배구조와 의사결정 방식을 바꾸지 않고서는 은행 친화적인 은행감독 기준의 한계를 넘어설 수 없을 것이다. 그렇다면 과연 BIS의 지배구조와 의사결정 방식을 개혁할 수 있을까? 아마도 불가능할 것이다. BIS를 폐쇄적이고 과두적인 지배체제로 딱딱하게 굳게 만들고 있는 미국을 중심으로 한 금융지배 블록을 해체하지 않고서는 결코 BIS를 개혁할 수 없을 것이다. 따라서 BIS 개혁보다는 새로운 국제 은행감독 기구를 창설하여 금융화를 통제하는 것이 더 나을 것이다.

2. 대안적인 국제 은행감독 기구의 창설

신자유주의적 금융화는 미국의 달러 패권체제와 긴밀하게 결합해서 진행되어 왔기에 이를 규율하기 위해서는 한편으로는 달러 패권체제를 해체하고 그 대안을 제도화해야 하고, 다른 한편으로는 신자유주의적 금융화를 주도하는 금융기관들을 규율하는 제도적 장치를 마련해야 한다. 두 사안의 성격을 놓고 보면 둘은 서로 분리해서 다룰 수 없다. 다만 달러 패권체제의 대안에 대해서는 앞의 장에서 논의하였기에, 여기서는 금융화를 규율하는 대안적인 기구에 대해서만 논하기로 한다.

금융화는 은행을 중심으로 짜인 지구적 차원의 금융결제 네트워크를 통해 작동하기에 금융화를 규율하는 기구는 은행을 감독하는 국제 거버넌스일 수밖에 없다. 국제 은행감독 거버넌스가 BIS의 대안이 되려면 그것은 단지 은행들의 자율규제 기관이어서는 안 되고 은행을 초월하는 위치에서 은행 적대적인 은행감독 준칙과 방안을 제시할 수 있어야 한다. 그것은 주권 국가의 정부가 법에 따라 은행을 감독하고 금융 거래를 규율하는 권한을 행사하는 것과 같은 이치다. 정부는 국민경제에서 생산과 소비의 과정을 뒷받침하기 위해 은행이 화폐를 창조하고 파괴하는 역할을 제대로 수행하도록 감독하고 규율해야 하며, 그러한 권한을 행사하려면 정부가 은행 바깥에서 은행을 초월하는 위상을 확보해야 한다.

국민경제에서 정부가 은행을 감독하고 규율하는 주체가 되듯이, 세계경제의 맥락에서 그러한 권한을 행사하는 기구는 은행 규율의 권한을 가진 정부들의 협력에 바탕을 둔 국제적인 거버넌스다. 그러한 국제적인 은행감독 거버넌스가 권위를 행사하려면, 국제 은행감독 거버넌스의 구성, 은행감독 규범의 제정 및 시행 등이 국제법적 효력을 갖는 국제 협정에 근거하여야 한다. 국제 협정은 국제적인 은행감독과 규율의 필요성을 인식하는 모든 국가의 참여를 보장하여야 하고, 각 나라 정부의 은행감독이 국제 은행감독 규범이 허용하는 범위 안에서 이루어져야 한다는 것을 반드시 명시해야 한다. 각 나라 정부는 각 나라의 금융 사정과 금융거래 관습에 따라 자율적으로 은행감독을 시행하지만, 그러한 정부의 자율과 재량은 어디까지나 은행감독과 금융거래에 관한 국제 규범에 부합해야 한다. 바로 그것이 국제 은행감독 규범이 국제법적 효력을 가져야 한다는 주장의 근본 취지이다.

국제 은행감독 거버넌스의 최고 의사결정 기구인 총회는 그 거버넌스에 참여하는 모든 국가의 은행감독 대표가 동수로 참여하고, 각 나라 대표는 동등한 투표권을 행사한다. 총회는 은행감독과 금융거래에 관한 규범을 수립하고, 거버넌스의 집행기구와 집행감독기구를 선출하고 소환하며, 집행감독기구의 보고에 따라 집행기구에 대한 적절한 처분을 내린다.

거버넌스의 집행기구와 집행감독기구의 이사회는 각각 15인으로 구성하고, 금융 전문가가 이사 정수의 3분지 1을 초과할 수 없도록 하고, 재정, 산업, 고용, 소득분배 전문가가 이사 정수의 3분지 2 이상을 차지하되, 고용, 소득분배 전문가가 이사 정수의 3분지 1 이상이어야 한다. 그것은 통화정책, 재정정책, 투자정책, 고용정책, 소득분배정책 등의 유기적 연관을 고려하여야 하기 때문이다.

그렇다면 국제 은행감독 거버넌스는 은행감독과 금융거래에 관하여 어떤 준칙과 시행 방안을 마련해야 하는가? 이에 관해서는 절을 바꾸어 논한다.

3. 국제 은행감독과 금융거래 준칙

국제 은행감독과 금융거래에서 가장 중요한 준칙은 상업은행과 투자은행의 규율, 사업은행의 부실화에 대한 엄정한 책임 추궁, 금융평가 시스템의 민주화, 투자은행의 책임성 강화, 금융소득 과세와 조세회피 방지 등일 것이다.

3.1. 국제 은행감독과 금융거래 준칙 1 : 상업은행과 투자은행의 규율

주권화폐체제를 수립하여 정부가 직접 화폐를 발행하거나 중앙은행에 화폐 발행 전권을 위탁하는 나라에서는 상업은행의 화폐 창조는 원천적으로 금지되고, 상업은행은 예탁 업무와 대출 업무, 지급결제 서비스 업무만을 맡게 된다. 그런 나라에서 생산과 유통 과정에서 발생하는 신용의 관리는 투자은행의 관할 영역에 속한다. 따라서 상업은행과 투자은행은 그 역할과 기능이 엄격하게 구분되고, 그 업무가 겹치는 영역이 있을 수 없다.

그러나 주권화폐체제가 수립되지 않은 국가들의 경우, 자본주의적 신용화폐제도의 틀에서 은행과 금융을 규율할 수밖에 없을 것이다. 자본주의적 신용화폐제도에서 상업은행의 신용 창조와 할당은 불가피하다. 상업은행이 신용을 창조하고 파괴하는 일은 상품의 생산과 유통과 소비가 원활하게 돌아가게 하는 원동력이다. 이를 위해 상업은행은 상품의 생산과 유통과 소비의 필요에 따라 신용을 창조하고 할당하며, 지불시스템을 운영한다. 그러한 상업은행의 신용 업무와 지불 업무는 공정해야 하고 정의로워야 한다는 엄격한 규범 아래 놓여야 한다. 그러한 규범 가운데 중요한 것은 상업은행과 투자은행의 분리, 상업은행의 건전성, 상업은행의 부실에 대한 엄중한 책임 추궁 등에 관한 준칙일 것이다.

3.1.1 상업은행과 투자은행의 분리

상업은행과 투자은행의 분리는 은행 규율에서 가장 중요한 준칙이다. 금융화 과정에서 상업은행은 투자은행에 천문학적 자금을 공급하는 원천이었다. 허공에서 화폐를 창조하여 공급하는 상업은행이 투자은행에 뒷돈을 대줌으로써 허구적인 화폐 관계3를 매개로 해서 화폐자본이 실물경제를 속속들이 수탈하는 일이 버젓이 일어났다. 그러한 금융 수탈이 공정하지 않고 정의롭지 않다는 것은 더 말할 것이 없다. 문제는 그러한 화폐 운동이 금융 불안정을 걷잡을 수 없이 확대하고 금융공황을 불러일으킨다는 것이다.

상업은행이 투자은행을 통해 자금을 쏟아붓는 그림자금융이 실패해서 투자은행은 말할 것도 없고 상업은행마저도 부실화되는 일이 빈번하게 일어날 때마다 상업은행과 투자은행의 연계 고리를 끊어야 한다는 목소리가 커지는 것은 당연했다. 그러나 이를 규율하는 제도적 장치는 지구적 금융공황이라는 엄청난 위기를 겪은 이후에도 거의 마련되지 않았다. 미연방 중앙은행이 이례적이고 비전통적인 양적완화를 통해 금융공황을 수습하고 봉합하는 과정에서 상업은행의 자기계정거래를 통한 금융 투자를 막는 도드-프랭크법이 제정된 것이 고작이었다. 이미 언급한 바와 같이 도드-프랭크법의 한계는 너무나도 분명하다. 상업은행의 자기계정거래을 통해 투자은행에 자금이 흘러가지 않게 하는 조치는 단지 소매금융 시장에만 적용되었을 뿐이고, 도매금융 시장

---

3 '허구적인' 화폐 관계는 상업은행이 창조한 화폐가 '허구적 화폐'라는 뜻이 아니고, 상업은행이 창조한 화폐가 실물경제에서 일어나는 생산과 유통에 관련되지 않고 오직 금융 투자를 위해 상업은행과 투자은행이 맺는 화폐 관계를 가리킨다.

과는 아무 관계가 없었다. 투자은행과 같은 법인을 상대로 하는 도매금융 시장이 열려 있는 한, 상업은행은 계속 투자은행의 젖줄 역할을 할 것이다.

신자유주의적 금융화는 허구적 화폐 관계를 매개로 하는 금융 수탈이 세계 곳곳에서 벌어지게 했고, 금융 불안정과 금융공황이 지구적 차원에서 확산하는 조건을 마련했다. 따라서 이를 억제하려면 무엇보다도 먼저 상업은행과 투자은행의 겸업을 금지하고, 상업은행이 창조한 신용화폐가 투자은행에 흘러 들어가지 못하도록 차단하는 것을 국제 규범으로 확립하고, 세계 모든 나라의 정부가 그 규범에 따라 은행시스템을 개혁하고 은행과 금융거래 감독에 나서야 한다. 상업은행의 화폐 창조와 할당은 상품의 생산과 유통과 소비를 원활하게 하는 것이 그 본래의 기능이고, 금융 투자는 실물경제에서 퇴장한 '이자 낳는 자본'의 활동 영역이다. 그렇게 영역을 가르고 둘이 혼합되지 않게 하는 것이 자본주의적 신용화폐제도에 부합하고, 공정성의 원칙에 따라 화폐제도와 금융 질서를 공정하게 운영하는 방안이다.

3.1.2. 상업은행의 건전성 유지

상업은행의 건전성 기준은 은행 규율에 관한 국제 규범의 필수 불가결한 요소이다. 상업은행의 건전성을 유지하는 것은 상업은행이 부실화되지 않도록 방파제를 쌓는 일에 비유할 수 있다. 상업은행은 미래의 신용 청산 능력을 염두에 두고 신용화폐를 창조하여 할당하기에 신용 청산이 되지 않을 위험에 대비하지 않으면 안 되고, 그 위험을 처리할 수 있는 능력을 갖추고 있어야 한다. 그것이 상업은행의 책임 있는 경영의 필수 요건이다. 문제는 건전성의 기준이다.

이 문제를 제대로 풀려면 먼저 바젤위원회가 정한 은행 건전성 기준이 어째서 있으나 마나 했는가를 짚어야 한다. 2008년의 지구적 금융위기 이후에 바젤위원회는 바젤 III 준칙을 통해 은행의 스트레스 테스트를 강화할 것을 권고했다. 종래의 바젤 II 준칙은 실업률, 이자율, 경제성장률, 원자재가격 등의 조건이 크게 변동하는 위기 상황에서 금융기관의 손익계산서와 대차대조표 분석을 통해 재무 건전성이 유지되는가를 살피는 방식으로 스트레스 테스트를 하도록 규정했지만, 지구적 금융공황 이후에 나온 바젤 III 준칙은 은행의 자기자본비율과 지급준비율에 초점을 맞추어 스트레스 테스트를 하도록 규정했다. 그러나 그 준칙은 오직 상업은행이 투자은행에 천문학적 자금을 대주는 영업행위를 제도적으로 금지할 때 효력을 발휘할 수 있다. 투자은행에 빌려준 천문학적 자금을 회수할 수 없는 사태에 직면하면, 자기자본금과 지급준비금을 아무리 많이 쌓아놓는다고 한들 상업은행은 도산을 면할 수 없을 것이다. 바젤위원회의 스트레스 테스트 기준 강화 권고가 유명무실했던 것은 그러한 제도적 장치를 전제하지 않았기 때문이다.

바로 그렇기에 국제 은행감독 거버넌스는 상업은행이 투자은행에 자금을 대는 일을 제도적으로 근절하는 것을 은행 규율의 제1준칙으로 정해야 하는 것이다. 그러한 은행 적대적인 은행 규율 준칙을 확립한 뒤에도 상업은행의 건전성을 유지하는 것은 여전히 큰 과제이기에 위험 관리 기준, 자기자본금 기준, 지급준비금 기준 등을 정해서 상업은행이 그 기준에 따라 영업을 하도록 강제해야 한다.

첫째, 위험 관리 기준은 위험한 대출을 회피할 능력에 관련된 준칙이다. 그 요체는 신용수요자의 미래 신용 청산 능력을 평가하는 것이다.

이 까다로운 주제에 대해서는 아래의 3.3에서 신용평가의 민주화를 다룰 때 더 다루기로 한다.

둘째, 자기자본금 기준은 상업은행이 은행 대출 부실화에 대처할 능력을 확보하는 것과 관련되어 있다. 사실 은행은 자기자본을 거의 들이지 않고도 영업에 나설 수 있다. 과거에는 은행 점포를 사거나 임대하는 데 들어가는 비용 정도면 은행을 창설할 수 있었고, 정보화가 고도로 발달한 현대에는 인터넷 계정을 안정적으로 운영하는 데 들어가는 비용만 들이면 은행을 열 수 있다. 은행이 예금을 받아들이면 그것은 은행의 부채가 되지만, 거꾸로 은행이 대출을 하면 그것은 은행의 자산이 된다. 은행은 그런 방식으로 예금 계정과 대출 계정을 여는 것으로 영업을 시작할 수 있다. 문제는 대출금이 상환되지 못하여 그것이 고스란히 은행의 부채로 남을 때 발생한다. 은행의 자기자본금 확보는 그러한 부채를 청산해서 은행이 영업을 계속할 수 있도록 법으로 강제된다. 바젤위원회는 상업은행의 자기자본금 비율을 8%, 상호저축은행과 캐피탈 등의 자기자본금 비율을 4%로 유지할 것을 권고한 바 있는데, 그 기준을 최저 기준으로 삼는다면 적정하다고 볼 수 있을 것 같다. 문제는 자기자본 조달이 투명해야 한다는 데 있다. 은행이 주식을 발행하여 조달한 자본을 자기자본에 넣어서는 안 된다. 은행의 자기자본은 '손실 충당 이전의 수익금'을 적립하여 마련한 것이어야 하고, 그렇게 마련한 은행의 자기자본이 은행 영업의 실패에 따른 손실을 충당할 수 있는 규모가 되어야 한다.

셋째, 지급준비금 비율 기준은 상업은행의 신용화폐 공급을 규율하는 준칙이다. 자본주의적 신용화폐제도에서 지급준비율 조정은 거시경제적인 통화량 조절 수단으로 사용되어 왔고, 요즈음에는 중앙은행의 기준금리 결정을 통해 금융시장의 신용 수급을 조절하는 정책이 널리 사용되고 있어서 지급준비율은 큰 의미가 없다. 사정이 그런데도 지급준비율을 상업은행의 건전성 판단 기준으로 설정할 필요가 있다고 인정되는 것은 2008년의 지구적 금융공황이 일어나기 직전에 미국 상업은행의 실질적인 지급준비율이 1%에 미치지 못했기 때문이다.[4] 실질적인 지급준비율이 1%에도 미치지 못했다는 것은 미국 상업은행이 방만한 대출을 일삼아 부실 대출의 위험을 키웠다는 뜻이다. 따라서 그러한 은행 부실을 막기 위한 방파제로서 지급준비율 상향을 은행 건전성 감독 기준으로 삼은 것은 이해할 만하다. 지급준비금은 상업은행의 총대출 규모를 결정하는 레버리지 역할을 하기에 지급준비율 기준 설정은 상업은행의 영업에 큰 영향을 미친다. 만일 100% 지급준비금을 요구한다면, 상업은행은 예탁금을 대출하고, 지급결제를 하는 두 가지 영업만을 할 수 있을 것이다. 그것은 생산과 유통과 소비의 필요에 따라 신용화폐를 창조하고 파괴하는 자본주의적 신용화폐제도에 부합하는 상업은행의 영업일 수는 없다. 현대 은행제도에서 지급준비금 비율을 어느 정도로 설정해야 은행의 건전성을 유지할 수 있는가는 단순한 것 같으면서도 매우 복잡한 문제이다. 따라서 상업은행의 지급준비금 비율에 관한 국제 기준을 제정하더라도, 그 기준은 각 나라 정부의 지급준비율 결정에 관한 재량을 최대한 허용하는 방식으로 정할 수밖에 없을 것이다.

---

4 그 당시 우리나라 상업은행의 지급준비율은 7%에 달했다.

3.2. 국제 은행감독과 금융거래 준칙 2: 상업은행의 부실화에 대한 엄정한 책임 추궁

상업은행이 부실해질 때 그 책임을 엄중하게 묻는 것은 은행감독의 기본 원칙이다. 그 원칙은 청구권 관계로 복잡하게 얽혀 있는 국제 금융 네트워크에서 상업은행의 부실을 다룰 때도 관철되어야 한다. 이 나라 정부는 부실 상업은행 문제를 관대하게 처리하고, 저 나라 정부는 엄격하게 처리하는 일 없이, 부실 상업은행을 처리하는 국제적인 표준이 확립되어야 한다는 뜻이다. 상업은행의 부실은 때로는 상업은행의 파산으로 이어져 화폐시장과 금융시장에 엄청난 후폭풍을 불러일으킨다. 그렇기에 그 어느 나라 정부도 상업은행을 파산하는 결정을 내리기 어렵다. 그 결정을 내릴 때 근본적으로 고려할 점은 상업은행이 화폐제도와 금융제도의 중추를 이루는 기관이지만, 그 조직 형태는 민간 기업이라는 것이다. 따라서 정부는 상업은행이 이익을 사유화하는 것을 당연시하면서 손실을 사회화하려는 태도를 용납해서는 안 된다. 그것이 정의의 원칙에 부합하는 조처다.

2008년의 지구적 금융공황은 부실화된 상업은행을 정리하고 금융 질서를 다시 짤 수 있는 절호의 기회였지만, 미연방 정부와 중앙은행 그리고 주요국 정부들과 중앙은행들은 그 기회를 제대로 살리지 못했다. 미국 중앙은행이 지구적 차원의 최종적 대부자 역할을 해서 지구적 금융 질서의 붕괴를 막았다고들 하지만, 그것은 위기의 봉합이지, 위기의 근원을 제거해서 위기의 재현을 막는 조치가 아니었다. 혹자는 투자 은행에 천문학적 규모의 대출을 해준 상업은행들이 지구적인 금융 네트워크를 통해 복잡한 청구권 사슬을 형성하였기에 부실 대출의 책임을 물어 상업은행들을 파산하는 조처를 내릴 수 없었다고 변명한다. 그러한 변명은 실로 '대마불사론'을 앞세운 은행가들과 화폐자본가들의 뻔뻔한 주장일 뿐이다. 각 나라 정부는 이익을 사유화하고 손실을 사회화하는 일을 용납할 수 없다는 원칙에 따라 부실화된 상업은행들의 책임을 물어 파산하는 조처를 내릴 수 있었고, 그것이 더 나았을 것이다. 또는 각 나라 정부가 금융 질서를 재편하겠다는 정치적 의지에 따라 은행 국유화 조치를 취할 수도 있었을 것이다. 적어도 화폐 발행자의 권한을 행사하는 정부는 파산 위기에 처한 상업은행의 예금자 보호에 나서고, 상업은행의 부채와 자산을 정리하고, 부실 자산을 한곳에 모아 배드 뱅크를 설립하여 처리하고, 우량 자산을 따로 모은 뒤에 공적자금을 투입하여 은행 국유화 조치를 취할 역량이 있다.[5] 그러한 정부는 상업은행의 파산이나 국유화를 통해 상업은행의 부실을 정리하는 과정에서 신용 청산의 일시적 유예를 선언하고, 긴급자금 지원에 나설 수도 있다.

따라서 상업은행의 부실화에 대한 책임을 엄격하게 묻는 것은 은행 감독의 권한을 갖는 정부의 책무이고, 그것이 국제적인 규범으로 자리를 잡아야 한다. 양적완화 같은 극단적인 통화정책으로 부실 상업은행을 연명하게 하는 것보다는 차라리 정부가 부실 상업은행을 파산시키거나 국유화하는 조처를 내려 상업은행의 부실에 대해 반드시 그 책임을 엄중하게 묻는다는 태세를 보여주는 것이 더 낫다. 그렇게 해서 정부는 상업은행이 스스로 부실 관리를 철저하게 하도록 유도해야 한다.

---

5 화폐 발행자의 권한을 포기하고 화폐 사용자로 전락한 유로존 구성 국가들의 정부가 그럴 역량이 없어서 재정위기의 나락으로 떨어진 것은 이미 앞의 4절에서 본 바와 같다.

3.3. 국제 은행감독과 금융거래 준칙 3: 신용평가 시스템의 민주화

자본주의적 신용화폐제도에서 가장 큰 권력을 행사하는 것은 신용평가기관이다. 신용평가는 신용 창출과 할당에 영향을 미치고 신용 할당의 비용을 결정한다. 그것은 한 나라의 금융거래뿐만 아니라 국제적인 금융거래에서도 일상적으로 일어난다. 따라서 신용평가 기준을 정하는 것은 한 나라 정부의 관심사에 그치지 않고 국제 은행감독 거버넌스의 핵심 과제가 된다.

자본주의적 신용화폐제도에서 신용평가가 중시되는 것은 신용의 창출과 할당이 갖는 이중적 측면 때문이다. 한편으로 신용의 창출과 할당을 결정하는 것은 신용공급자이지만, 다른 한편으로 신용공급자는 신용수요자의 신용 청산 능력에 의존한다. 따라서 신용공급자와 신용수요자 사이의 계약에서 결정적으로 중요한 것은 신용공급자의 신용수요자에 대한 신용평가다.[6] 신용평가에 따라 신용공급자는 신용수요자에게 신용을 공급하기도 하고 거절하기도 한다. 신용수요자에게 부여되는 이자율은 신용평가에 따라 차등적으로 적용된다. 바로 그러한 역할 때문에 신용평가기관은 자본주의적 신용화폐제도에서 가장 큰 권력을 갖는다. 신용평가기관이 어떤 기준으로 신용을 평가하는가에 관해서는

---

[6] 현대 경제학자들 가운데 신용평가의 중요성과 곤란성을 가장 날카롭게 포착한 학자는 하이먼 민스키일 것이다. 그는 채무 구조를 가진 기업이 채권자에게 원리금을 지급하는 현금 흐름을 만들려면 영업을 통해 '준지대'를 얻어야 하는데, 준지대는 '본질적으로 확정적이지 않고 주관적'이라는 점을 주목했다. 금융거래 약정은 '현금 화폐 대 미래 화폐의 금융 계약 결과'이므로, 상업은행은 신용수요자의 '자기 변제' 능력을 평가하지 않을 수 없다. 그러한 자기 변제 능력을 제대로 평가할 수 있는 은행가가 '유능한 은행가'다. "유능한 은행가라면 자신에게 차입한 고객들이 부채를 상환하기 위해 자금을 어떻게 운용해야 되는지에 대한 명백한 전망을 갖고 있다." 하이먼 P. 민스키/김대근 옮김, 『민스키의 금융과 자본주의: 불안정 경제의 안정화 전략』 (서울: 카오스북, 2023), 357.

알려진 것이 별로 없다. 신용을 평가받는 자의 자산, 담보 제공 능력, 부채 현황, 수익이나 소득 실적, 미래의 수익이나 소득 전망, 기술(개발) 능력, 인적·물적·정치적·사회적 네트워크 등 수많은 요소가 신용평가에서 당연히 고려되겠지만, 그러한 요소들에 부여되는 가중치나 그러한 요소들로 구성된 평가함수는 외부에 알려지는 일이 없다.

그러한 평가 시스템은 여러 가지 점에서 문제적이다. 첫째, 평가 요소와 그 가중치, 평가함수 등이 공개되어 있지 않기에 그 시스템의 공정성과 타당성에 대한 비판적 검증과 민주적 통제를 아예 할 수조차 없다. 신용평가가 수많은 사람의 이해관계에 결정적인 영향을 미치는 데도 그렇다. 둘째, 신용평가가 과거의 업적을 기준으로 이루어지기 때문에 미래를 형성할 기회는 신용평가에서 제대로 고려되지 못한다. 과거의 업적이 없거나 부실해서 신용 능력을 인정받지 못하게 되면, 미래의 생산이나 유통이나 소비를 위해 신용을 절실하게 필요로 하는 자에게 신용이 공급되지 않는다. 그런 식의 신용 할당은 신용제도의 본래 기능에 부합하지 않는다. 신용제도는 본래 신용을 형성하는 과정을 인내하는 것에 바탕을 두고서 만들어진 제도이기 때문이다. 셋째, 오늘의 신용평가기관들이 엄청난 평가 권력을 가지고 있는 데 반해 그 기관들이 내어놓는 평가는 큰 신뢰를 얻지 못하고 있다. 예를 들면 2008년의 금융공황은 신용평가기관들이 최우량 등급을 부여한 투자은행들의 MBS 매매의 실패에서 시작되었다. 신용평가 실패의 예들을 모아 목록으로 만들면 그 목록은 한없이 길 것이지만, 여기서는 더 언급하지 않는다.[7]

---

7 한스베르너 진/이헌대 옮김, 『카지노 자본주의』, 143. 진은 신용평가회사가 평가대상이 되는 투자은행에서 수수료를 받고 사전 조사를 한 뒤에 그 투자은행이 발행하는 증권에 신용등급을 부여했다는 점을 지적하면서 그것이 부채담보부증권(CDO)의 부실을 방치한 치명적인 실패의 원인이었다고

신용평가는 꼭 필요하지만, 그 자체가 모험적인 시도이다. 물론 자본주의적 신용화폐제도에서 신용을 창출하고 할당하는 데 신용평가는 반드시 필요하다. 창출된 신용은 반드시 청산되어야 하므로 미래의 신용청산 능력을 보이지 못하는 자에게 신용을 할당할 수는 없다. 그러나 미래의 청산 능력을 신용 할당 시에 어떻게 판단할 수 있는가? 미래가 어떻게 될 것인가에 대해 확실한 판단을 내릴 수 없는 것은 미래가 아직 오지 않았고, 따라서 인식되지 않기 때문이다. 그러한 미래의 존재론적 특성과 인식론적 한계 때문에 미래는 예측된다기보다는 기대된다고 말하는 것이 논리적으로 적절할 것이다.[8] 그런데도 사람들은 미래를 예측하려고 하고 다양한 예측 모델들을 고안한다. 그러한 모델들 가운데 가장 널리 받아들여지는 것은 과거의 사례들을 분석하여 그 사례들에서 작동하는 코드들과 패턴들을 식별하고, 코드를 조작하고 통제하면서 임의의 패턴이 출현하는 빈도를 확률적으로 계산하는 작업이다. 그것은 매우 그럴싸해 보이는 시도이지만, 거기에는 두 가지 문제가 있다. 첫째, 그러한 확률 계산은 미래가 지나간 것의 회귀라는 가설에 근거한 것이고, 새로운 미래가 지나간 것의 반복을 넘어설 수 있다는 것을 논리적으로 부정한다. 둘째, 그러한 확률 계산의 프레임을 짤 때 익숙한 것을 고집하는 매너리즘이 작용하거나 미래에 대한 자의적인 기대가 무의식적으로 투사될 수 있다. 코드, 패턴, 확률 등을 분석할 때 인공지능

분석한다.

8 미래 예측의 존재론적 특성과 인식론적 한계의 문제는 칼 포퍼의 탐구의 논리와 한스 알버트의 비판적 합리주의의 핵심 주제였다. 예측에 대한 포퍼의 유보적 태도에 대해서는 Karl R. Popper, "Prognose und Prophetie in den Sozialwissenschaften," *Logik der Sozialwissenschaften*, hg. von Ernst Topitsch (Köln/Berlin: Kippenheuer & Witsch, 1971), 121. 예측의 위험을 피하기 위한 비판적 검증의 중요성에 대해서는 Hans Albert, *Traktat über kritische Vernunft* (Tübingen: Mohr, 1968), 87f.를 보라.

을 사용해도 문제는 여전히 남는다. 인공지능을 활용하여 미래 예측 알고리즘을 개발하더라도 그 알고리즘을 구현하는 빅데이터가 미래를 선취한 것일 수 없는데다가 사람들의 매너리즘과 편향, 이데올로기, 섣부른 기대 등으로 오염된 것일 수 있기 때문이다.

미래에 대한 예측이 갖는 그러한 한계에도 불구하고 사람들이 미래를 예측하고자 하는 것은, 엄밀하게 말하자면, 미래에 대한 기대를 갖고 있기 때문이다. 예측은 미래에 대한 기대에 따라 행동하도록 유도한다. 기대는 미래의 선취 형식이다. 그것이 '자기실현적 예언'의 가능성 조건이다. '자기실현적 예언'이 갖는 그 나름의 힘은 미래에 대한 예측에 실용적인 의미를 부여한다. 미래에 대한 예측은, 설사 그것의 실용적 필요성을 인정한다고 할지라도, 확실하지 않고, 누구나 미래를 예측하는 데 실수할 수 있다. 그렇다면 미래의 예측을 하는 데 투입된 한정된 정보를 모조리 공개해서 다양한 각도에서 비판적인 검증을 받는 것이 더 낫다. 그래야 판단의 오류와 시행착오를 그나마 줄일 수 있을 것이다. 누구도 미래를 향해 나아가는 길에서 독단적이거나 교조적일 수 없다. 그런 점에서 신용평가기관이 평가 요소, 각 요소에 부여하는 가중치, 평가함수 등에 대해 비밀주의를 유지하는 것은 비난받아 마땅하다. 아마 신용평가기관 안에서도 채무자의 미래 청산 능력을 놓고 무수한 판단 오류가 발생하고 이를 교정하는 작업이 반복되고 있을 것이다. 신용평가기관은 그것을 비밀주의의 커튼으로 가리고 자신이 타인의 미래 신용 능력에 대해 적정하게 평가할 수 있기나 한 것처럼 권위주의적인 태도를 보이고 있을 뿐이다.

이처럼 미래에 대한 예측의 존재론적 차원과 인식론적 차원을 고려한다면, 신용평가기관은 비밀주의를 버리고 개방주의로 나아가는 것이 옳다. 신용평가의 이력을 투명하게 공개해서 신용평가의 신뢰성을 검증받아야 하고, 신용평가기관이 구축하는 평가 기준과 평가함수를 공개해서 비판적 검증을 받아야 한다. 그렇게 한다고 해서 신용 능력에 대한 평가의 오류가 완전히 사라지지는 않겠지만, 그 오류와 오류의 최소화에 관한 공개적인 토론을 통해 끊임없이 개선되는 신용평가 시스템은 신용평가를 받는 사람들에게서 더 많은 지지를 받을 수 있을 것이다. 그것이 신용 창출과 할당의 민주화를 이루어가는 길이다.

3.4. 국제 은행감독과 금융거래 준칙 4: 투자은행의 책임성 강화

금융화 과정에서 가장 강력한 역할을 한 것은 투자은행이고, 2008년 지구적 금융위기를 불러들인 장본인도 투자은행이다. 투자은행을 규제하고 그 책임성을 강화해야 한다는 주장은 투자은행의 특수한 형태인 헤지펀드가 외환시장을 휘젓고 1998년 롱텀캐피털매니지먼트 사태가 금융시장에 거대한 충격을 가했을 때 크게 부각하였고, 2008년 지구적 금융위기 때 널리 확산하였다. 그러나 상업은행 규제에 관한 논의처럼 투자은행 규제에 관한 논의도 이렇다 할 성과를 거두지는 못했다. 아마도 골드만삭스가 상업은행과 투자은행의 겸업을 포기한 것을 투자은행 규제에 관한 논의의 작은 성과로 꼽을 수 있을지도 모르겠다. 골드만삭스의 결정은 자기계정거래를 통한 투자를 금지하고자 한 도드 ─프랭크법안이 통과될 것을 내다본 선제적인 조치였을 것이다.

아래서는 투자은행의 책임성 강화를 위한 몇 가지 지침을 논한다.

3.4.1. 상업은행으로부터 투자 자금 인출의 금지

투자은행을 규율하는 가장 우선적이고 강력한 조치는 상업은행과 투자은행을 완전히 분리하는 것이다. 상업은행의 자기계정거래를 통해 금융 투자를 하는 것이 금지될 뿐만 아니라, 투자은행이 상업은행으로 부터 투자 자금을 끌어들이는 것도 제도적으로 방지되어야 한다. 특히 상업은행이 창조한 화폐가 소매금융시장과 도매금융시장을 통해 투자 은행으로 흘러가지 못하도록 봉쇄하는 것이 중요하다. 이에 대해서는 이미 앞에서 충분히 언급했기에 여기서 더 다루지 않는다. 투자은행은 상업은행 바깥에서 화폐자본을 끌어들여 투자에 나서야 한다.

3.4.2. 투자은행의 투자 실패에 대한 책임 강화

투자은행의 책임성 강화는 두 갈래로 나누어 논할 필요가 있다. 하나 는 투자은행의 투자 실패에 따른 손실 처리의 책임성이고, 다른 하나는 펀드 운용자의 책임성이다.

투자 실패에 따른 손실을 책임 있게 처리하게 하려면 무엇보다도 먼 저 투자은행의 자본금을 대폭 확충하도록 해야 한다. 투자은행은 소규 모 자본금으로 설립한 유한책임 회사이기에 투자 실패에 따른 손실이 크다고 해도 자본금을 까먹는 것으로 그 책임을 다한다. 투자은행이 파 산하면 청구권 사슬을 통해 타자에게 손실이 발생하지만, 투자은행은 자본금을 넘어서는 손실에 대한 책임을 지는 법이 없다. 그것은 이익을 사유화하고 손실을 사회화하는 전형적인 경우이기에 공정하지도, 않고 정의롭지도 않다. 만일 자본금을 획기적으로 늘리는 조치를 취한다면 투자은행의 책임성은 강화될 것이고, 투자 결정을 내릴 때도 고위험 고수익 투자를 서슴지 않는 태도에 스스로 제동을 걸고 보다 신중한 태도를 가질 수밖에 없을 것이다.

그다음 투자 실패에 대한 인적 책임은 투자 실패자의 실명을 공개하여 평가받게 하는 것과 때로는 배임을 포함한 형법상의 책임을 묻는 것까지 포함할 필요가 있다. 서브프라임모기지의 부실화가 불을 보듯 뻔한 데도 평가 등급이 다른 MBS를 혼합하여 팖으로써 금융시장 전체를 걷잡을 수 없는 혼란으로 몰고 갔던 투자은행 임원들과 매니저들에게 배임의 죄를 묻지 않는 일이 반복되어서는 안 된다.

3.4.3. 투자은행의 부실 운영에 따르는 손실의 공적 보상 금지

투자은행의 부실 운영으로 인한 손실을 공적인 손을 통해 처리하는 일은 더는 용인될 수 없다. 양적완화의 틀에서 중앙은행이 부실화된 민간 채권을 무차별적으로 매입하여 현금을 살포하는 행위는 화폐자본가들에게 엄청난 수익 특혜를 제공했다.

금융 투자는 투자 위험에 따르는 손실을 스스로 떠안을 것을 전제하는 게임이다. 금융 투자로 인한 손실은 당사자가 짊어지는 것이 원칙이다. 그 원칙은 투자은행의 부실에서 비롯된 2008년의 세계적 금융공황을 해결하는 과정에서도 지켜졌어야 했다. 투자자들이 그대로 손실을 떠안게 하였다면, 금융공황은 양적완화와는 다른 방식으로 해결될 수 있었을 것이다. 투자은행과 상업은행이 함께 얽힌 긴 청구권 사슬로 인해 투자은행들만 파산하지 않고, 상업은행들도 무수히 청산될 수밖에 없었겠지만, 앞의 3.2에서 본 바와 같이 실물경제에 미치는 영향을 최소화하면서 상업은행의 부실을 처리하는 금융기법은 잘 발달해 있다. 양적완화는 금융 투자의 손실을 투자자가 스스로 떠안아야 한다는 원칙을 무너뜨렸을 뿐만 아니라, 중앙은행이 통화정책의 중립성 계명을 내팽개쳤음을 날것으로 보여주었다.

양적완화를 통해 화폐자본가들의 부는 전례 없이 늘어났다. 자산 불평등은 역사상 가장 심각한 상태에 이르렀다. 그처럼 어처구니없는 일이 벌어진 것은 양적완화가 은행과 화폐자본가들이 주도해서 설계한 프로그램이었기 때문이다. 그런 일이 되풀이되지 않도록 하려면 정부가 중앙은행을 포함해서 은행 전체를 초월하는 위치에서 은행제도를 규율할 수 있어야 하고, 그러한 은행 규율 규범이 국제적으로 승인되어야 한다.

3.4.4. 그림자금융의 규제

선물, 옵션, 스와프, 공매도 등이 이루어지는 그림자금융은 금융시장의 허술한 틈을 메워주어 금융시장의 효율성을 높이는 순기능이 있기에 그림자금융을 폐쇄할 이유는 없다. 그러나 그림자금융의 거래비용을 높이고 거래 속도를 낮출 필요가 있다. 그림자금융의 거래비용을 높이는 방안은 크게 두 가지다.

첫째, 그림자금융에 투입되는 자금의 조달을 통제해서 조달 비용을 높이는 것이다. 상업은행이 그림자금융에 자금을 대는 일은 당연히 금지되어야 하고, 연기금 같은 기관투자자가 그림자금융 부문에 참여하는 것도 제한해야 한다. 연기금이 투자은행에 직접 자금을 대는 일은 금지되어야 하고, 펀드를 조성해서 그림자금융에 참여하는 것을 허용한다고 해도, 펀드 운용의 실패가 연기금의 실체를 잠식하지 않고 연기금의 안정적 수익을 교란하지 않을 정도로 펀드로 조성되는 자금은 연기금에서 충분히 적은 비율이어야 한다. 연기금은 안정적 수익을 도모하기 위해서라도 그림자금융에 참여하기보다는 생산적인 투자, 장기적인 투자에 나서는 것이 더 나을 것이다. 그렇게 자금 조달의 장벽을 높이면 투자은행의 자금 조달 비용이 많아져서 그림자금융의 규모는 저절로 줄어들 것이고, 그림자금융이 금융체제에서 갖는 위험성도 감소할 것이다.

둘째, 그림자금융의 거래세를 상향 조정하는 것이다. 일종의 '토빈세'를 도입하자는 뜻이다.[9] 토빈세는 거래할 때마다 거래 총액에 일정 세율을 곱해서 얻는 세금이다. 토빈세는 그동안 초단기 거래가 빈번하게 이루어지는 외환시장을 겨냥해서 논의되었고, 모든 국가가 토빈세를 도입하지 않으면 효과를 발휘할 수 없다고 알려져 왔다. 지구적 차원의 네트워크를 통해 매끄럽게 연결된 그림자금융에서도 사정은 마찬가지이다. 그림자금융에 토빈세를 도입하려면 국제적 공조가 필요하다. 외환시장을 겨냥해서 이론적으로 논의되었던 토빈세의 세율은 한 건당 100분지 1퍼센트 정도로 낮게 설정되었지만, 그림자금융의 토빈세는 그보다 훨씬 더 높아도 좋을 것이다. 토빈세는 그림자금융에서 거래 빈도와 속도를 현저하게 줄일 것이고, 그에 따라 거래량도 당연히 감소할 것이다.

---

9 금융시장 안정화 방안으로 토빈세를 도입하는 것과 관련된 상세한 논의로는 박성진·선은정, "금융시장 안정화를 위한 토빈세의 도입방안에 관한 연구," 「세무와 회계저널」 12/4(2011), 185ff.; 오준석, "금융거래의 안정화를 위한 토빈세(Tobin Tax) 도입방안에 관한 연구," 「조세학술논집」 26/2(2010): 24-31; 정진영, "세계금융의 바퀴에 모래 뿌리기: 토빈세/금융거래세의 정치경제," 「한국과국제정치」 34/2(2018): 175-181을 보라.

3.5. 국제 은행감독과 금융거래 준칙 5: 금융소득 과세와 조세회피 방지

금융소득 과세와 조세회피 방지는 국제 은행감독과 금융거래의 준칙들 가운데 하나로 자리 잡아야 한다. 혹자는 금융 조세는 금융감독과 구별되어야 한다고 지적하기도 한다. 물론 그러한 지적은 일리가 있다. 그러나 금융화의 효과로 금융소득이 천문학적으로 증가하고 조세회피 경향이 강화되는 측면이 있다는 점을 놓쳐서는 안 된다. 금융소득 과세와 조세회피 방지의 규범을 제시하는 것은 '이자 낳는 자본'의 운동을 규율하고자 하는 금융감독의 당연한 과제다.

금융화 과정에서 화폐자본가들의 자산 가치는 천문학적으로 증가했다. 화폐자본가들이 소유한 자산은 채권, 주식, 외환, 금괴, 부동산, 골동품, 예술품 등 다양하다. 그러한 자산의 수익률은 경제성장률보다 훨씬 높았고, 극소수의 화폐자본가에게 자산소득과 자본이득이 집중되는 경향이 나타났다. 피케티는 금융화가 활발하게 진행된 1987년부터 2013년까지 26년 동안 세계 최상위 1억분위 부자의 자산소득증가율이 6.8%에 달했고, 그 시기에 세계 GDP 성장률은 3.3%에 불과했다고 분석한다.[10] 옥스팜은 2016년 현재 세계 최상위 부자 62명의 자산이 하위 50%에 해당하는 36억 명의 자산을 모두 합한 것만큼 많았고, 상위 1%의 자산은 하위 99%의 자산을 모두 합한 것에 해당한다고 분석한다.[11] 그러한 추세는 나라별로 살펴도 큰 차이가 나지 않는다.

자산소득 증가율이 경제성장률의 2배가 넘고, 그 결과 자산 불평등이 극단적으로 커지면, 공동체 유지와 사회적 평화는 근본적인 도전을

---

10 토마 피케티/장경덕 외 옮김, 『21세기 자본』(파주: 글항아리, 2014), 518. 아래의 <표 12.1: 세계 최상위 부의 증가율, 1987~2013>은 필자가 별도로 작성하였음.

받는다. 화폐자본가들이 피케티가 말하는 '사회적 포획 전략'에 따라 그들이 거둔 자산소득과 자본이득의 정당성을 옹호하고 정치적 지지를 구하기 위해 언론과 정치권을 자기편으로 끌어들인다고 할지라도 사회적 저항을 피할 수 없을 것이다. 더구나 화폐자본의 수익이 엄청난 데도 세금을 턱없이 적게 내거나 아예 내지 않는다면, 그것은 시민의 참여와

표 12.1. 세계 최상위 부의 증가율, 1987~2013

연평균 실질 증가율 (인플레이션 차감)	1987~2013
최상위 1억분위 부자[1]	6.8%
최상위 2천만분위 부자[2]	6.4%
세계 성인 1인당 평균 자산	2.1%
세계 성인 1인당 평균 소득	1.4%
세계 성인 인구	1.9%
세계 GDP	3.3.%

1) 1980년대는 성인 30억 명 가운데 약 30명이었고, 2010년대는 성인 45억 명 중 45명에 해당함.
2) 1980년대는 성인 30억 명 가운데 약 150명이었고, 2010년대는 성인 45억 명 중 225명에 해당함.
1987년부터 2013년까지 세계 최상위 계층의 부는 매년 6~7%씩 성장한 데 반해, 세계 성인 1인당 평균 소득은 1.4% 증가에 그쳤다. 모든 성장률은 인플레이션을 차감한 수치이다. 1987년부터 2013년까지 인플레이션은 연평균 2.3%였다. 출처: http://piketty.pse.ens.fr/files/apital21c/en/pdf/T12.1.pdf

11 고미해, "세계상위 1% 부자 재산이 나머지 99%보다 많다," 「연합뉴스」 2016년 1월 18일자, https://www.yna.co.kr/view/AKR20160118069100009. 이 기사에 실린 아래의 그래프를 참조하라.

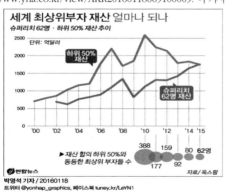

헌신에 근거한 공화국의 질서와 민주주의를 근본적으로 해체하는 결과를 빚을 것이다. 이 심각한 문제를 해결하려면 세금을 통해 금융소득의 상당 부분을 환수하여 공익을 위해 사용하는 방안을 마련해야 하고, 이를 준칙으로 제정할 필요가 있다.

금융자산의 거래는 거래 종목과 종류에 상관없이 일일이 기록되기에 거래를 통해 얻는 자본이득에 대한 과세는 얼마든지 가능하다. 이자와 배당도 마찬가지다. 문제는 자본이득, 이자, 배당 등에 대한 세율을 어느 정도 설정해야 적절한가이다. 그것은 물론 각 나라에서 사회적 합의와 정치적 합의를 통해 정할 문제다. 아마도 그 세율은 정률세보다는 소득 구간별 누진세를 적용하되 최고 세율을 80%로 하는 것이 정당할 것이다. 그렇게 한다면 금융소득으로 인한 자산 불평등이 크게 완화될 것이고, 공평과 정의가 더 많이 실현될 것이다.

금융 과세기준은 국제적으로 통일되어야 한다. 금융 과세기준이 나라마다 큰 차이가 난다면, 화폐자본은 금융 과세가 적은 나라로 흘러들어가게 될 것이다. 그것은 나라마다 금융 과세기준을 하향하려는 경쟁을 불러일으켜 결국 금융 과세를 유명무실하게 만드는 요인이다. 금융화의 효과로 세계 여러 나라에서 금융소득이 천문학적으로 늘어나고 불평등하게 배분되는 경향이 대동소이하게 나타나기에 금융소득 과세에 관한 국제적인 기준을 만들기는 어렵지 않을 것이다.

조세회피 방지는 천문학적 규모의 화폐자본이 조세회피처로 숨어들어 조세 당국의 통제를 벗어나는 엄연한 현실 때문에 매우 중대한 과제가 되었다. 화폐자본이 국경을 넘어 자유롭게 이동하는 지구적 금융거래 네트워크에서 화폐자본의 국적을 따질 필요가 없다고 여겨지곤 하지만, 전혀 그렇지 않다. 화폐자본이 어느 곳에서 활동하든지, 그 화폐

자본의 소유자는 국적이 있다. 그는 화폐자본으로부터 발생하는 수익에 대해 납세의 의무가 있다. 조세회피처로 인해 정부가 조세 주권 아래 있는 납세자의 소득에 과세할 수 없도록 무력화되는 것은 심각한 문제가 아닐 수 없다. 조세회피 방지 방안을 마련하는 것은 조세 당국의 당연한 과제이지만, 그 방안의 이론적 근거를 제시하는 것은 금융감독의 과제이다. 그것을 잘 보여주는 실례는 2010년 미연방 의회가 법제화한 「해외금융계좌신고법」(Foreign Account Tax Compliance Act, FATCA)이다. FACTA의 핵심은 미국 납세자들이 화폐자본을 옮겨간 나라에 개설한 계정을 신고하도록 하는 것이다. FACTA는 자국 납세자의 역외탈세를 방지하고 역외금융정보를 수집하기 위해서 미국 시민권자와 영주권자 그리고 그들이 지분을 가지고 있는 기업이 화폐자본을 옮겨간 현지의 미국 은행들과 협력 국가들의 은행들에 개설한 계정과 금융거래를 반드시 신고하도록 의무를 부과했다.[12] 만일 모든 나라가 이처럼 금융감독과 금융 조세를 결합한 조세회피 방지 법률을 마련하거나 국제법적 효력이 있는 조세회피 방지에 관한 국제 협정을 체결한다면, 조세회피처는 무용지물이 될 것이다.

조세회피는 우리나라에서도 매우 심각한 문제이다. 영국 조세정의 네트워크(Tax Justice Network)의 제임스 S. 헨리(James S. Henry)의 분석에 따르면, 우리나라 납세자의 자산이 조세회피처로 옮겨간 규모는 1970년대 말부터 2010년까지 약 7,790억 달러에 달했고, 그 규모는 세계 3위에 이를 정도로 컸다고 한다.[13] 그러한 추세는 현재까지 변함

---

12 조세회피를 방지하려는 개별 국가와 국제 공조 차원의 노력과 FATCA 제정의 의미에 대해서는 이은미, "역외자산의 정보수집 및 정보교환제도에 관한 고찰," 「조세연구」 11/3(2011), 특히 76ff.를 보라.

이 없는 것으로 알려졌다. 우리나라도 2011년에 「국제조세조정에 관한 법률」을 제정하여 국내 거주자와 법인의 해외금융계좌신고제를 시행하고 있으나, 과세는커녕 해외 계정의 금융거래를 전혀 파악하지 않고 있는 실정이다.[14]

4. 소결

신자유주의적 금융화를 효과적으로 억제하고 규율할 수 있는 제도는 2008년의 지구적 금융공황과 2010년의 유로존 국가들의 재정위기를 겪으면서도 제대로 마련되지 않았다. 미국에서 제정된 도드-프랭크법의 자기계정거래 금지와 바젤협정 III의 은행 건전성 기준은 금융 불안정과 금융공황을 불러일으킨 은행 시스템과 금융거래 시스템을 규율하기에 미흡했다. 그러한 규범은 은행 친화적인 규제의 한계를 넘어서지 못했다.

지구적 차원에서 전개되는 금융화에 제동을 걸기 위해서는 은행감독 권한을 갖는 정부들의 국제 협정에 근거하여 국제 은행감독 거버넌스를 구성해서 BIS를 대신해야 한다. 국제 은행감독 거버넌스는 은행을 초월하는 위치에서 은행에 맞서는 은행감독과 금융거래 준칙들을 마련하고, 그 준칙들은 국제법적 효력을 가져야 한다. 국제 은행감독

---

13 James S. Henry (Tax Justice Network), "The Price of Offshore Revisited," *Appendix* 3-1(July 22, 2012), 49. 출처: https://www.taxjustice.net/cms/upload/pdf/Appendix%203%20-%202012%20Price%20of%20Offshore%20pt%201%20-%20pp%201-59.pdf (2021일 9월 21일 다운로드).

14 오윤/이진영, "해외금융계좌신고제도 개선방안," 「조세학술논집」 28/1(2012), 131ff.

거버넌스가 마련해야 할 준칙들은 1) 상업은행과 투자은행을 제도적으로 분리하고, 상업은행의 신용화폐가 투자은행의 자원으로 활용되지 못하게 해서 허구적 화폐 관계를 통해 금융 수탈이 일어나지 않도록 하고, 2) 상업은행의 건전성 기준을 강화하고 상업은행의 부실화에 대한 책임을 엄격하게 물어서 이익을 사유화하고 손실을 사회화하지 못하도록 하고, 3) 가장 강력한 금융 권력이 집중되는 신용평가 제도를 민주화하고, 4) 투자은행의 책임성을 강화하고, 그림자금융의 거래 규모를 줄이고 거래 속도를 낮추는 효과적인 제도를 형성하고, 5) 금융소득 과세의 국제적 기준을 설정하고, 조세회피 방지의 금융 장치를 마련하는 데 초점을 맞추어야 한다.

맺음말

금융화는 자본주의적 신용화폐제도에서 '이자 낳는 자본'이 형성되면서 시작하였고, 금융기관을 매개로 해서 기업, 정부, 가계를 화폐자본에 포섭해 왔으며, 신자유주의적 경제체제의 핵심 메커니즘으로 작동하고 있다.

신자유주의적 금융화는 미국의 달러 패권이 재구축된 포스트-브레턴우즈체제에서 지구적 차원의 달러 순환을 배경으로 해서 화폐자본이 금융기관을 중심으로 실물경제를 지배하고 수탈하는 방식으로 진행한다. 신자유주의적 금융화는 브레턴우즈체제와 '관리된 금융체제'가 해체되면서 급속하게 전개되었으며, 그 핵심은 금융의 자유화와 지구화이다. 그 과정은 미국에서 시작하였고, 그 뒤를 영국, 독일, 프랑스, 이탈리아 등 유럽 국가들이 따랐으며, "워싱턴 컨센서스"에 따라 개발도상국들과 신흥시장국들에 강제되었다.

신자유주의적 금융화는 은행의 정부에 대한 우위를 바탕으로 정부의 재정 긴축, 화폐자본의 생산자본 수탈, 금융시장과 특히 그림자금융의 팽창, 가계부채의 증가 등을 가져왔다. 화폐자본은 자산소득과 자본이득을 거침없이 추구하였고, 그러한 화폐자본의 운동은 미국 금융시장에서 전형적으로 나타났다. 미국 금융시장에서 움직이는 화폐자본은 상업은행에서 창출되어 투자은행으로 흘러 들어간 은행화폐, 연기금, 거대한 달러 순환 과정을 통해 미국으로 환류한 달러였고, 미국 금융기관들은 부채담보부증권을 발행하고 유통하는 첨단 금융기법에 따라 가계부채의 화폐화까지도 마다하지 않았다. 미국 금융기관들은 고위험을 무릅쓰고 거대한 수익을 추구하는 태도를 보였고, '카지노 자본주의'가 미국 금융시장의 성격을 나타내는 어구가 되었다. 미국 금융기관의 해외투자는 미국 금융시장에서 전형을 이룬 화폐자본의 운동을 전 세계에 확산하였다.

신자유주의적 금융화는 화폐자본의 공격적인 운동과 금융 수탈 메커니즘으로 인해 금융 불안정을 내장하고, 언제든 금융공황으로 치달을 수 있다. 신자유주의적 금융체제를 움직이는 핵심 기구인 금융기관들을 규율하는 규범은 부실했고, 바젤위원회가 권고하는 금융거래와 은행 건전성에 관한 국제 기준은 무력했다. 결국 2008년 신자유주의적 금융화의 아성인 미국에서 서브프라임모기지 부실에서 시작한 금융공황은 지구적 차원에서 서로 얽혀 있는 금융기관들의 청구권 사슬을 통해 지구적 금융공황으로 확산하였고, 구제금융에 나선 유로존 국가들을 재정위기의 늪에 빠뜨렸다. 그 해법으로 미국과 유럽에서 극단적인 양적완화정책이 시행되었으나, 신자유주의적 금융화를 효과적으로 억제하고 규율하는 제도는 아직 마련되지 않았다. 미국에서 제정된 도드-프랭크법과 바젤협정 III는 신자유주의적 금융화의 본질적인 문제를 해결하기에는 지극히 미흡하다.

금융의 자유화와 지구화에 효과적으로 대응하기 위해서는 금융화의 핵심 기구인 은행시스템과 금융거래 시스템을 개혁하고 규율하는 국제적인 준칙을 마련하고 국제법을 통해 뒷받침할 필요가 있다. 미국과 유럽의 금융 강국들의 헤게모니가 관철되는 BIS는 은행이 은행을 규율하고 감독하는 은행 친화적 규제의 산실에 불과하기에 이제는 은행을 초월해서 은행에 맞서서 은행을 규율하고 감독하는 기구를 창설해서 은행 적대적인 규율 준칙을 마련해야 한다. 그 기구는 정부 간 협정에 근거한 국제 은행감독 거버넌스의 형태를 취해야 할 것이다. 국민경제에서 정부가 은행감독과 금융 규제의 권한을 행사하듯이, 국제 은행감독 거버넌스는 지구적 차원에서 은행감독과 금융거래에 관한 준칙을 제정하는 국제법적 권한을 행사해야 할 것이다.

국제 은행감독 거버넌스가 신자유주의적 금융화에 효과적으로 제동을 걸기 위해 제시해야 할 준칙은 크게 보아 다섯 가지다. 1) 상업은행이 창출한 신용화폐가 투자은행으로 흘러 들어가는 것을 제도적으로 차단할 것, 2) 상업은행의 건전성 기준을 강화하고 상업은행의 부실화에 대해 책임을 엄격하게 물어서 이익을 사유화하고 손실을 사회화하는 일이 없도록 할 것, 3) 금융시장에서 강력한 권력이 집중되는 신용평가 제도를 민주화할 것, 4) 투자은행의 책임성을 강화하고 그림자금융의 거래 규모와 속도를 효과적으로 규제할 것, 5) 금융소득 과세의 국제적 기준을 마련하고 조세회피를 차단하는 금융 장치를 법제화할 것 등이다.

제XI부

사회적이고 생태학적인 경제민주주의의 관점에서 세계무역체제의 규율

1장 세계 무역의 태동과 발전: 대항해 시대로부터 WTO체제까지

2장 자유무역체제의 빛과 그림자

3장 다자간 자유무역협정에 도입된 사회 조항과 생태학적 조항

4장 탄소국경조정

5장 자유무역에 대한 도전과 WTO체제의 대안

머리말

오늘의 세계 경제에서 각 나라 국민경제는 지구적 차원의 무역과 투자 네트워크를 통해 촘촘하게 엮여 있다. 국제적인 공정 분할 전략에 따라 유리한 생산 입지를 찾아 이루어지는 직접 투자의 증가는 긴 가치 생산 사슬을 형성하고, 국경을 넘나드는 재화와 서비스의 교역은 천문학적 규모로 늘어났다. 무역과 투자의 자유화는 금융의 자유화와 맞물려 경제의 지구화를 거뜬하게 달성했다. 경제의 지구화는 생산, 소비, 분배, 금융 등을 유기적으로 결합하는 지구적 차원의 네트워크들을 통해 작동하고 있다.

무역과 투자의 자유는 자유무역의 목표다. 자유무역은 GATT의 핵심 교리였고, 그 교리는 WTO 설립협정과 여러 부속 협정의 기본 원칙이 되었다. WTO체제는 자유무역의 가치를 절대화한다. 자유무역과 공정경쟁을 보장하는 것이 WTO체제의 법적 의무다. WTO체제의 무역규범은 사회적 의무와 생태학적 의무에 관심이 없고, 그런 점에서 그 의무로부터 자유로운 규범이다. 노동권 보호와 생태계 보전은 WTO체제가 지키고자 하는 법익과는 아무 상관이 없다. WTO의 설립협정과 부속 협정들은 오직 상품과 자본의 논리에만 충실한 자유무역체제의 법적 기반이다. 그것은 재화 중심의 무역체제였던 GATT체제를 뛰어넘어 서비스 교역의 자유를 실현하고, 지적재산권 보호를 WTO 회원국의 법적 의무로 강제하고, 직접 투자를 법적으로 보호하는 정교한 장치를 마련하는 일련의 조항들에서 드러난다.

무역과 투자의 자유화는 각 나라 국민경제의 내포적 발전과 자급 능력을 희생시키면서까지 국민경제를 지구적 네트워크에 편입하는 것을 당연하게 여기게 했다. 상품의 수출과 수입은 여러 나라의 국민경제에서 큰 비중을 차지하고, 우리나라처럼 국가가 주도적으로 수출입국을 통해 자본주의적 발전을 꾀한 나라들에서 국민경제의 대외의존도는 엄청나게 높다.[1] 그런 나라들에서는 노동권 보장 수준이 낮아지고, 사회적 가난이 확산하고, 생태계 위기가 악화한다.

WTO체제가 확립되면서 자유무역은 최고의 단계에 이르렀지만, 자유무역체제에 대한 도전도 거세어졌다. 경제의 지구화에 대한 저항운동이 지구 곳곳에서 벌어지고, 자유무역이 가져온 사회적 재앙과 생태학적 위기를 극복하기 위해 사회 조항과 생태학적 조항을 무역 규범에 통합하고자 하는 노력이 활발하게 이루어졌다. 그러한 시도가 도하 개발 라운드(Doha Development Round)의 실패에서 보듯이 WTO 거버넌스의 비민주성과 비효율성으로 인해 좌절되자, EU와 미국을 중심으로 다자간 자유무역협정이나 지역 무역협정을 통해 사회적 덤핑과 생태학적 덤핑 문제를 해결하고자 하는 움직임이 일었고, WTO체제를 개혁하

---

1 국민경제의 무역의존도는 GDP에서 수출과 수입이 차지하는 비율로 가늠한다. 우리나라 GDP에서 수출이 차지하는 비율은 2019년 32.82%, 2020년 31.16%, 2021년 35.60%이고, 수입이 차지하는 비율은 2019년 30.49%, 2020년 28.43%, 2021년 33.98%이다. 2019년부터 2021년까지 3년간 한국경제의 무역의존도는 평균 64.19%로 매우 높다. 참고로 같은 기간 미국의 무역의존도는 평균 19.48%, 중국의 무역의존도는 평균 32.62%, 독일의 무역의존도는 약 69.57%였다. 2019년과 2020년 2년 동안의 통계에 국한해 보면, 일본의 무역의존도는 평균 26.59%였다. 출처: 관세청, 연도별 관세연감, https://www.customs.go.kr/kcs/na/ntt/selectNttList.do?mi=11244&bbsId=2640 (2022년 8월 2일 다운로드); 한국은행: 국민계정, 통관기준 수출입 통계, https://ecos.bok.or.kr (2022년 8월 2일 다운로드); Gross Domestic Product and Components selected Indicators from IMF International Financial Statistics, https://data.imf.org/regular.aspx?key=61545852 (2022년 8월 2일 다운로드).

자는 목소리가 커졌다. 무역과 투자의 자유화에 힘입어 중국 경제가 부상하고 위안화 경제·통화권이 태동하자 중국을 고립하고 배제하고자 하는 미국의 견제로 인해 자유무역은 근본적인 도전에 직면하게 되었다. 그러한 상황의 전개를 보건대, 선린 우호 무역의 제도적 틀을 새롭게 마련하고 사회적이고 생태학적인 무역 규범을 제정하는 것은 우리 시대의 중요한 과제로 떠올랐다고 볼 수 있다.

이러한 인식을 바탕에 두고 필자는 사회적이고 생태학적인 경제민주주의의 관점에서 세계무역체제를 규율하는 방안을 논하고자 한다. 이와 관련해서 아래의 1장에서는 세계 무역사를 간략하게 개관하면서 자유무역이 자리 잡아가는 과정을 분석한다. 2장에서는 자유무역의 규범 체계를 분석하고, 사회적이고 생태학적인 관점에서 자유무역체제의 문제를 밝힌다. 3장에서는 EU와 미국이 주도한 다자간 자유무역협정과 지역 무역협정의 틀에서 사회 조항과 생태학적 조항을 무역 규범에 통합하려는 시도를 분석하고 그 한계를 밝힌다. 4장에서는 파리협정 이후 EU와 미국이 시도하는 탄소국경조정의 의미와 그것의 확산 조건을 살핀다. 마지막 5장에서는 미국과 중국의 패권 경쟁과 경제 블록화 경향을 넘어서서 사회적이고 생태학적인 자유무역체제를 구상하고, 새로운 무역기구의 민주적 거버넌스를 논한다.

1장
세계 무역의 태동과 발전
: 대항해 시대로부터 WTO체제까지

　흔히들 세계 무역은 대항해 시대에 본격화되어 오늘의 WTO체제에서 자유무역의 지구적 네트워크를 이루었다고 한다. 물론 그것은 세계 무역에서 패권을 장악한 서양 세력의 입장이다. 대항해 시대 이전에도 세계 무역은 발전해 있었고, 그 나름의 무역 관행과 제도가 자리를 잡고 있었다. 그러나 그러한 관행과 제도는 대항해 시대 이후 서양 무역 세력에 의해 해체되었고, 세계 무역은 무역 패권을 장악한 서양의 생산 강국과 군사 강국의 이익에 최적화되는 방식으로 조직되었다. 그러한 패권 질서는 자유무역의 기치를 높이 든 오늘의 세계 무역에서도 나타난다.

　아래서는 먼저 대항해 시대 이전의 세계 무역을 간략하게 살피고, 그 다음에 대항해 시대 이후 서양 무역 세력의 패권 확립, 중상주의와 자유무역의 각축, 세계 무역 질서의 혼란과 파국, 자유무역의 재건과 확산 등을 거쳐 오늘의 세계 무역이 형성되는 과정을 개괄적으로 다룬다.

1. 대항해 시대 이전의 무역

무역의 역사는 까마득한 옛날로 거슬러 올라간다. 흑요석의 지리적 분포에 관련된 고고학적 연구에 따르면, 이미 기원전 1만 2천 년 전에 초기 농경사회 종족들은 원거리 무역에 나섰다.[1] 메소포타미아에서 출토된 고고학적 증거들과 토판문서들은 기원전 3천 년대에 유프라테스강과 티그리스강 상류 지역으로부터 하류 지역을 거쳐 페르시아만 지역에 이르기까지 상업 도시들이 원거리 무역의 거점으로 발달했음을 보여준다.

기원전 13세기에 이르러 지중해는 해상무역의 무대가 되었고, 기원전 9세기에 실크로드가 중국과 근동을 잇는 육상무역의 루트로 개척되었다. 모든 길은 로마로 통한다는 말은 로마제국과 식민지 사이에 거대한 무역체제가 구축되었음을 알려준다. 서양 중세 시대에는 영주 봉토 중심의 자급자족 경제가 자리를 잡아 무역이 쇠퇴했지만, 이슬람 상인들은 아프리카 북동부, 인도, 말레이시아, 인도네시아, 동북아시아 등지에 무역 네트워크를 구축했고, 곳곳에 상인 디아스포라를 구축했다. 그들은 환어음, 정교한 대출제도, 선물시장(先物市場) 등에 바탕을 둔 이슬람 특색의 무역·금융 관습과 제도를 발전시켰고, 팍스 이슬라미카(Pax Islamica)라 불릴 만한 거대한 자유무역 지대를 형성했다.[2]

중세 후기에 베네치아 상인들과 제노아 상인들은 이슬람 상인들과

---

1 윌리엄 번스타인/박홍경 옮김, 『무역의 세계사: 인류 첫 거래부터 무역전쟁까지, 찬란한 거래의 역사』 (서울: 라이팅하우스, 2022), 45. 흑요석은 면도날처럼 날카롭게 쪼개지는 성질을 갖고 있어서 매우 요긴한 도구로 사용되었다.

2 윌리엄 번스타인/박홍경 옮김, 앞의 책, 124-126.

연계하여 후추와 향료 등을 중심으로 원격지 무역에 나섰고, 거래와 약탈을 전략적으로 병행했다. 원격지 무역 특권의 확보는 십자군 전쟁을 불러일으킨 요인들 가운데 가장 강력한 요인이었다.

2. 대항해 시대와 서양 무역 패권의 확립

크리스토프 콜럼버스(Christopher Columbus)의 신대륙 발견과 바스쿠 다가마(Vasco da Gama), 페르디난드 마젤란(Fernão de Magalhães) 등의 대항로 개척 이래로 포르투갈 상인들이 무역에 나서면서 무역은 서양의 패권 아래 들어갔다. 포르투갈 상인들은 중세 후기에 지중해 무역을 지배했던 베네치아 상인들의 거래와 약탈 전략을 답습하여 상인과 군대의 동맹을 추구했고, 동아프리카, 인도, 동남아시아, 중국 남부 지역 등지에 설치한 무역소를 요새화했다. 그들은 그들의 무역조건을 무역 상대방에게 강제했고, 무역소 관할구역에 가격 결정, 거래 관행, 지급 결제 시스템, 위험회피 비용의 계산과 지급 등 서양에서 발달한 제도와 관행을 이식했으며, 필요할 경우 거리낌 없이 약탈에 나섰다.[3]

포르투갈 상인들의 무역 모델은 네덜란드 동인도회사와 영국 동인도회사 등의 모범이 되었다. 그것은 19세기 전 기간과 20세 초에 이르기까지 세계 곳곳에서 함포를 앞세워 개항을 강요하고, 서양 상인들에게 일방적으로 유리한 불평등 조약을 체결하는 무역 강제의 선구적 모델이기도 했다. 영국 동인도회사가 아편전쟁을 통해 중국에 개항을 강

---

3 필립 D. 커틴/김병순 옮김, 『경제인류학으로 본 세계무역의 역사』(서울: 도서출판 모티브북, 2007), 236ff.

요한 것이 그 좋은 실례다.

세계 무역의 발전 과정에서 약탈과 무역의 범죄적인 결합은 스페인 정복자들의 약탈과 노예무역에서 날것으로 나타났다. 콜럼버스가 발견한 신대륙은 그의 원정을 재정적으로 뒷받침한 스페인의 지배 아래 들어갔다. 스페인 군대는 신대륙을 무자비하게 정복하고 약탈했다. 그곳에서 약탈한 금과 은은 대량으로 스페인으로 흘러 들어가 국고를 늘렸고, 경제를 활성화했다. 페루와 멕시코에서 채굴된 은은 스페인 은화 레알이 세계통화의 구실을 할 수 있게 만들었다.[4] 스페인 상인들은 신대륙 곳곳에 무역소를 설치하여 원료를 헐값에 사들이고 공산품을 비싼 값에 팔아 큰 이익을 취했다.

신대륙의 설탕이 서양에 소개되고 설탕 수요가 늘어나면서 바베이도스, 자메이카, 브라질 동북부 지역에 거대한 사탕수수밭이 조성되자, 그곳에서 일할 노동력을 확보하기 위해 적도 아프리카에서 신대륙으로 이어지는 거대한 노예무역이 성행했다. 영국에서 면직공업이 발달하면서 미국에서는 목화 재배 면적이 늘어났고, 그곳에도 아프리카 노예들이 공급되었다. 악명 높은 노예선은 유럽에서 아프리카로 공산품을 가져다 팔아서 돈을 벌고, 그 돈으로 노예를 사서 신대륙 곳곳에 팔아 돈을 벌고, 그 돈으로 그곳의 설탕 등을 사서 유럽의 본국에 돌아가 그것을 팔아 돈을 벌고, 그 돈으로는 다시 공산품을 매입했다. 그 공산품은 다시 아프리카 노예해안으로 공급되어 공산품→노예→설탕 등→공산품으로 이어지는 거대한 삼각 무역의 순환을 이루었다.[5] 그러한 삼각 무역은 더 말할 것도 없이 천문학적인 이익의 원천이었다.

---

4 윌리엄 번스타인/박홍경 옮김, 앞의 책, 327ff.
5 윌리엄 번스타인/박홍경 옮김, 앞의 책, 412-428.

3. 보호주의 무역과 자유주의 무역의 각축

근대 국가가 발달하면서 무역은 국부를 증대하고 경제발전을 촉진하는 요소로 중시되었다. 금이나 은이 국제무역의 지급수단으로 통용되던 시기에 금과 은의 보유량은 한 국가의 부를 가늠하는 기준이었다. 무역적자는 국가의 부가 다른 나라로 빠져나가는 것을 의미했고, 무역흑자는 반대로 다른 나라로부터 부가 흘러들어오는 것을 뜻했다. 따라서 국부의 증진에 관심을 두는 정부는 무역에 개입하고 보호주의정책을 취하게 되었다. 그러한 국가정책을 뒷받침한 경제 이론이 바로 중상주의다.

중상주의는 국가가 수출과 수입의 차이를 계산하고 이를 통제할 수 있는 능력을 전제한 경제정책의 집합이라고 규정할 수 있다. 중상주의는 나라마다 서로 다른 특징을 가졌고, 자유주의 경제로 대체되기까지 다양한 정책들로 구현되었다.[6] 국가가 국부 증대를 위해 경제 활동을 규율하는 일련의 정책을 펼치면, 국가의 규제와 영리의 자유는 함께 가기도 하지만, 서로 충돌하기도 한다. 이를 잘 보여주는 예는 영국이다.

---

6 네덜란드는 국가와 상인 계층의 이해가 맞아떨어져 상업의 팽창을 구가했고, 국가 자체가 매우 효율적인 상업체제로 운영되었다. 자유주의적 헌정 질서가 자리를 잡은 영국은 독특하게도 내수 영역에서는 규제를 철폐하고 수출 분야에서는 보호주의를 취했다. 독일에서 중상주의는 관방학파들에 의해 구상된 국민경제 이론의 체계를 뜻했으며, 영주 중심의 복지 경찰제도로 지칭될 수 있는 것이었다. 프랑스의 중상주의는 장바티스타 콜베르(Jean-Baptiste Colbert)의 정책에 의해 그 체계가 확립되었기에 콜베르티즘으로 불린다. 콜베르티즘은 절대주의적 중앙집중국가의 발전을 위해 시민들의 경제적 잠재력을 활용하는 경제체제를 의미했다. 이에 관해서는 주명건, 『경제학사: 경제혁명의 구조적 분석』 중판 (서울: 박영사 2001), 100-136을 보라. 슘페터는 수출독점주의, 외환통제, 무역수지를 중심으로 중상주의적 정책 제안과 경제 이론을 꼼꼼하게 분석한 뒤에 "경제분석에 관한 한, '중상주의자'와 '자유주의자' 사이에는 그토록 분명한 경계선이 존재하지 않는다"는 논쟁적인 명제를 남긴 바 있다. 조지프 슘페터/김균·성낙선 외 옮김, 『경제분석의 역사』 1 (파주: 한길사, 2013), 658.

영국의 초기 중상주의는 국고에 화폐를 늘릴 목적으로 엄격한 조세 제도를 확립하고 철저한 보호주의 무역을 추구하는 경향을 보였다. 영국이 해상권을 장악한 뒤에는 1651년 항해조례를 제정하여 외국 선박을 무역에서 배제하는 조치까지 취했다. 국가는 무역업자들에게 상업특권을 부여하고 관세를 징수했고, 가급적 완제품 수출을 장려하여 국내의 고용효과를 극대화하고자 했다. 국부의 유출을 막기 위해 국가는 무역상들이 상품을 들여와 번 돈으로 반드시 자국 상품을 사들여 수출할 것을 규정하기까지 했다. 그러한 보호주의 무역과 상업의 억제는 초기 독점을 실현하는 바탕이 되었으며, 특권 부르주아가 절대주의체제를 지지하는 이유가 되기도 했다. 그러나 보호주의와 초기 독점은 영리의 자유를 억압하였고, 매뉴팩처의 발달을 억제했다. 영리의 억제에 대한 반발은 1621년 반독점법 제정으로 귀결되었으나, 특권적 상업이 완전히 근절된 것은 아니었다. 영리의 자유는 영국 시민혁명을 촉진한 부르주아 계급의 구호가 되었다. 중상주의는 시민혁명이 진행되면서 보호주의와 영리의 자유를 병립시키는 이론으로 발전하였고, 이를 잘 보여주는 것이 토머스 먼(homas Mun, 1571~1641)과 에드워드 미셀든(Edward Misselden, 1608~1654)이 제시한 무역차액론이었다.7 명예혁명 이후 영리의 자유는 영국에서 기정사실로 되었다. 아담 스미스가 자유주의적 경제 이론을 전개할 수 있었던 것은 바로 그러한 영리의 자유를 일단 주어진 것으로 전제할 수 있었기 때문이다.

18세기 초부터 자유주의는 중상주의의 이론적 토대를 허물기 시작했다. 버나드 맨더빌(Bernard Mandeville)은 영리의 자유가 전제하는 사

---

7 무역차액론은 개별상품의 수지보다는 무역 전반의 수지를 중시한다. 무역차액론에 대해서는 주명건, 앞의 책, 100ff., 103f.

익의 추구가 국부를 증진하는 데 더 효과적이라고 주장했고,[8] 데이비드 흄(David Hume)은 무역 차익이 결코 국부의 증진에 이바지할 수 없다는 유동정화이론(遊動定貨理論)을 제시했다.[9] 아담 스미스의 국민경제학은 중상주의에 대한 최후의 이론적 공격이었다. 그는 국부의 증진을 위해서는 사익의 추구가 자유롭게 해방해야 하고, 국가는 이에 간섭하지 않아야 한다고 주장했다.[10] 그는 무역이 시장을 확대하여 분업을 고도화하고 생산력 발전을 이끄는 효과를 낸다고 주장하여 무역의 동태적 이익을 옹호했고,[11] 자국에서 직접 생산하는 제품보다 수입품이 더 싸다면 그것을 수입하는 것이 더 낫다는 논리로 무역의 정태적 이익을 옹호했다.[12] 스미스의 경제적 자유주의를 이어받은 데이비드 리카도는 스미스의 무역 이론이 전제하는 상품의 절대 우위론을 수정하여 비교우위론을 전개하면서 자유무역을 옹호했다. 비교우위론은 상품의 생산에 투입되는 노동량의 가치가 그 상품을 생산하는 나라마다 상대적 차이를 보인다는 인식에서 출발했다. 그것은 상품생산에 투입되는 노동

---

8 맨더빌은 유명한 벌들의 우화를 통해 사익의 추구가 결국 공익의 실현에 이바지할 수 있음을 강력하게 시사하였다. 벌들은 더 많은 꿀을 얻기 위해 경쟁하고 다른 벌들의 처지에 아랑곳하지 않지만, 벌들이 모은 꿀은 벌통에 집적된다는 이 우화의 내용은 영리의 자유를 추구하기 위한 부르주아에게 강력한 영감의 원천이 되었다. B. Mandevill, *Die Bienenfabel* (Berlin: Aufbau-Verlag, 1957), 81.

9 데이비드 흄이 제시한 유동정화이론의 핵심은 무역을 통해 화폐가 유입하면 결국 인플레이션을 일으켜 화폐의 가치를 떨어뜨리므로 무역을 통해서는 국부의 증가가 이루어질 수 없다는 것이다. 이에 대해서는 주명건, 앞의 책, 117.

10 아담 스미스/정해진 · 최호진 번역, 『국부론』 상권 (서울: 범우사 1992), 351f.

11 아담 스미스/정해진 · 최호진 번역, 『국부론』 상권, 542f.: "그들의 노동의 생산물 가운데 국내의 소비를 넘는 모든 부분에 대하여 더 넓은 시장을 개척함으로써 외국무역은 이러한 나라의 노동을 장려하여 그 생산력을 개선 증진시키고 그 해마다의 생산물을 극도로 증식시키며, 그것으로써 그 사회의 진실한 소득과 부를 증가시키는 것이다."

12 아담 스미스/정해진 · 최호진 번역, 『국부론』 상권, 554: "만약에 어떤 외국이 우리들이 스스로 제조하는 것보다도 싸게 어떤 상품을 공급할 수 있다면, 우리들이 다소 우월한 방법으로 영위하는 자국의 근로의 생산물의 일부로서 그 상품을 외국에서 사오는 것이 좋다."

량의 효과, 곧 노동생산성의 상대적 차이다. 리카도는 면직물과 포도주를 생산하는 영국과 포르투갈에서 면직물과 포도주의 상대적 가치를 서로 비교하는 유명한 예화를 활용해서 비교우위론의 의미를 알기 쉽게 설명했다. 비록 영국이 면직물과 포도주 생산에서 모두 포르투갈보다 절대적 우위에 있다고 하더라도, 영국은 자국에서 포도주보다 상대적 우위에 있는 면직물 생산에 집중하여 포르투갈에 면직물을 수출하고 포르투갈로부터 포도주를 수입하는 것이 국민경제 전체에 더 큰 이익을 가져온다는 것이다.13 리카도의 비교우위론은 국제 분업과 자유무역이 상품생산에서 절대우위에 있는 나라나 절대 열위에 있는 나라에 모두 이익이 된다는 자유무역 옹호론의 고전적 공식이 되었다.

1846년 곡물법 폐지는 영국에서 농업에 대한 보호주의의 포기를 의미했고, 자유무역의 승리를 뜻했다. 1849년에는 항해조례도 폐지되었다. 1860년 영국과 프랑스는 자유무역을 기조로 하는 영불 통상조약을 체결했다. 영불 통상조약은 리카도의 자유무역론을 지지했던 영국의 리처드 코브던(Richard Cobden)과 프랑스의 미셸 슈발리에(Michel Chevalier)가 주도했기에 코브던-슈발리에 조약이라고 불리기도 한다. 코브던-슈발리에 조약은 그 뒤에 유럽 여러 나라에서 무역협정의 기본 모델로 여겨졌다. 거기서 가장 중요하게 여겨진 것은 최혜국 대우 원칙이었다. 그것은 무역협정을 맺은 나라들 사이의 무역조건을 다른 나라에도 차별 없이 적용한다는 원칙이다.

자유무역은 1880년대에 심각한 도전에 직면했다. 아메리카 대륙, 호주, 뉴질랜드, 러시아에서 물밀듯이 밀려 들어오는 곡물에 유럽 여러

---

13 데이비드 리카도/권기철 역, 『정치경제학과 과세의 원리에 대하여』(서울: 책세상, 2019), 149-151.

나라의 농민들은 회복할 수 없을 정도로 큰 타격을 입었다. 자유무역이 곳곳에서 저항에 직면하자 보호주의 무역을 옹호하는 세력이 힘을 얻었다.

4. 자유무역의 파국과 회생

19세기 말에 신대륙과 오세아니아 그리고 러시아의 곡창지대에서 쏟아져 들어온 곡물이 유럽을 강타하자 자유무역론은 큰 도전에 직면했고 보호주의가 유럽에서 다시 크게 확산했다. 설상가상으로 유럽 여러 나라의 자본주의 경제는 자본주의 동학에서 비롯된 심각한 불황과 경제공황에 직면했다. 그 타개책으로 영국과 프랑스 등 제국주의 국가들은 식민지 직접 경영에 나섰고, 자국 산업 보호를 앞세워 관세 보복을 시행하며 곳곳에 무역장벽을 세우기 시작했다. 독일을 위시한 후발 제국주의 국가들은 이에 반발했다. 결국 유럽의 제국주의 열강들은 시장의 애로를 타개하고 식민지를 재분할하려는 절박한 요구에 떠밀려 제1차 세계대전에 휩쓸려 들어갔다.

보호주의 무역론은 전통적으로 미국 산업계에서도 강력하게 유지되었다. 유럽 산업에 대해 열세에 있었던 미국 북동부의 산업자본가들은 19세기 초부터 엄격한 보호관세를 요구했다. 그들의 이해관계는 곡물과 면화 생산에서 유럽을 압도했던 남부 농업 자본가들의 이해관계와 충돌했고, 그러한 이해충돌은 남북전쟁을 불러일으켰다. 남북전쟁을 통해 헤게모니를 장악한 북동부 산업 부르주아 계급은 보호주의적 관세를 완강하게 고수했다. 그들을 이론적으로 뒷받침한 것은 보호주의

무역을 통해 기간 산업을 육성해야 한다는 독일 국민경제학자 프리드리히 리스트(Georg Friedrich List)의 경제 이론이었다. 리스트는 보호주의 무역을 통해 기간 산업을 육성해야 한다고 주장했고, 그 주장은 19세기 말에 영국, 프랑스, 독일 등지에서 수많은 추종자를 얻었다.14

보호주의 무역론은 제1차 세계대전이 끝난 뒤에도 힘을 잃지 않았고, 1929년에 일어난 대공황 이후에는 극단적인 양상을 보였다. 1930년 미국에서는 스무트-홀리 관세법(Smoot-Hawley Tariff Act)이 제정되어 과세 품목의 관세율을 평균 60%로 인상했다. 그러자 이탈리아는 미국 상품에 거의 100%에 이르는 보복관세를 부여하였고, 프랑스, 스페인, 캐나다, 아르헨티나, 스위스 등이 그 뒤를 따랐다. 1932년 영국도 자유무역을 포기했다. 그 결과 "1933년 세계는 경제학자들이 경제 자급자족이라고 부르는 상태를 향해 나아갔다. 각국이 품질을 따지지 않고 모든 제품을 국내에서 생산하여 소비하는 자급자족을 이루려 했다."15 자유무역이 후퇴하면서 각국 통화권역을 중심으로 경제 블록이 형성되었고, 경제 블록 사이의 대립과 갈등이 첨예화하면서 결국 제2차 세계대전이 폭발했다.

물론 자유무역의 쇠퇴가 가져올 파국을 내다보는 사람들은 극단적인 보호주의 물결에 제동을 걸려고 했다. 프랭클린 루즈벨트(Franklin Delano Roosevelt)가 미연방 대통령으로 당선된 뒤, 1934년에는 스무트-홀리 관세법을 수정하는 「호혜통상법」(Reciprocal Trade Agreement Act)

---

14 윌리엄 번스타인/박홍경 옮김, 앞의 책, 528. 미국의 헨리 케어리(Henry Charle Carey), 영국의 조지프 체임벌린(Joseph Chamberlain), 프랑스의 폴 루이 코베스(Paul-Louis Cauwès) 등이 리스트의 국민경제학과 보호주의 무역론을 강력하게 지지했다.

15 윌리엄 번스타인/박홍경 옮김, 앞의 책, 539.

이 제정되었다. 그러나 그러한 움직임은 보호주의의 큰 흐름을 바꾸지 못했다. 보호주의로 이익을 보는 세력이 각 나라에서 여전히 막강한 힘을 발휘했기 때문이다. 제2차 세계대전이 일어났던 해인 1939년에 미국의 대기업들은 비로소 관세장벽의 완전한 철폐를 주장했으나, 세계 여러 나라가 자유무역을 재건하는 방향으로 뜻을 모은 것은 보호와 보복의 악순환이 가져온 세계대전의 파국을 경험하는 값비싼 대가를 치른 뒤의 일이었다.[16]

전 세계에서 가장 막강한 산업생산 능력을 갖춘 미국은 제2차 세계대전에서 승세를 굳히고 전후 세계 경제 질서의 청사진을 담기 위한 브레턴우즈 협정을 주도했다. 브렌턴우즈 협정의 한 축을 이루는 「관세및무역에관한일반협정」(General Agreement on Tariffs and Trade, GATT)은 최혜국대우 원칙, 내국민대우원칙 등 자유무역의 원칙들을 집대성했다. 1947년 출범한 GATT는 수차례의 협상을 통해 자유무역체제를 발전시켰고, 우루과이 라운드(1986~1994)를 거쳐 재화와 서비스 등 모든 상품의 자유로운 교역을 보장하고 무역 관련 직접 투자를 보호하는 WTO체제를 구축하는 데까지 나아갔다. 세계는 자유무역을 앞세워 맹렬한 기세로 경제의 지구적 통합을 이루려는 듯이 보였다.

---

16 보호와 보복의 악순환이 두 차례의 세계대전을 불러일으켰다고 인식한 사람들은 자유무역이 전쟁을 억제하고 평화를 지킨다고 생각하게 되었다. 그러한 생각을 품은 루즈벨트 대통령의 국무장관 코르델 헐(Cordell Hull), 케인즈, 2차대전 직후 프랑스 외무장관을 지냈던 로버 슈망(Rober Schuman) 등은 전후 자유무역 질서를 수립하는 데 크게 공헌했고, 유럽이 경제통합을 향해 나아가도록 자극했다.

5. 소결

세계 무역사를 개관할 때 가장 눈에 띄는 대목은 서양 무역 세력이 무역 패권을 장악한 뒤에 무역이 약탈적 성격을 띠게 되었다는 점이다. 무역과 약탈을 전략적으로 결합한 베네치아 무역 세력의 모델은 포르투갈, 스페인, 네덜란드, 영국 등의 무역 세력의 모델이 되었다. 무역 조직은 군사 조직이었고, 무역 기지는 군사 기지였다. 무역 세력은 군사력으로 자기들에게 유리한 무역조건을 거래 상대방에게 강요했다. 무역은 전쟁을 무릅쓸 정도의 엄청난 수익 사업이었고, 당연히 국가사업의 성격을 띠게 되었다.

무역이 국부를 늘리는 지름길이라고 인식한 국가 엘리트 집단은 오랫동안 중상주의와 보호무역을 금과옥조로 내세웠다. 자유무역이 국부를 늘리는 효과적인 방책이라는 인식은 서서히 싹텄고, 자유무역은 1860년 영국과 프랑스가 코브던-슈발리에 조약을 체결한 뒤에 비로소 국가 간 협정으로 공식화되었다. 그러나 자유무역은 끝없이 보호무역주의의 도전을 받았다. 제국주의 시대에 보호무역주의가 불러일으킨 두 차례의 세계대전을 거친 뒤에야 비로소 자유무역은 최혜국대우원칙과 내국민대우원칙을 골자로 하는 국제협약인 GATT를 통해 강력하게 뒷받침되었다.

제2차 세계대전 이후 자유무역체제는 세계 무역량을 크게 늘렸고, 무역 관계로 서로 결합한 나라들의 경제발전을 촉진했다. 그것은 분명 자유무역체제의 밝은 면이다. 그러나 자유무역체제가 드리운 그늘도 짙다.

2장
자유무역체제의 빛과 그림자

제2차 세계대전 이후에 본격화된 자유무역체제는 세계 무역량을 크게 늘렸고, 수출 입국의 발전주의 전략을 취한 나라들의 발전을 촉진하였으나, 지구적 차원에서 남북문제를 악화했고, 수출 중심으로 짜인 나라들에서 국민경제의 발전을 왜곡하고 사회적 가난과 생태학적 위기를 확산했다. 그러한 자유무역체제의 빛과 그림자는 자유무역체제의 설계에서 비롯된다고 볼 수 있다.

아래서는 자유무역체제의 밝은 면과 어두운 면을 드러내고, 그러한 빛과 그림자가 동시에 나타나도록 설계된 자유무역체제를 분석한다. 자유무역체제에서 두드러지게 나타나는 문제들, 곧 자유무역체제 운영의 비민주성, 노동문제, 생태학적 문제 등을 차례대로 살핀다.

1. 자유무역체제의 밝은 면과 어두운 면

1947년 GATT가 출범한 뒤에 세계 무역은 큰 규모로 발전했다. 현재 입수할 수 있는 IMF 통계[1]에 따르면, 1960년 약 2천 2백억 달러에 불과했던 세계 무역량은 1995년 현재 10조 2천억 달러로 약 46배 늘었다. 수출 입국의 기치를 내걸고 발전주의 국가로 나섰던 한국은 자유무역의 혜택을 가장 많이 받은 국가로 꼽힌다. 1960년 현재 한국의 무역량은 4억 6천만 달러 정도였으나 1995년 현재 약 2천 4백억 달러로 무려 516배나 증가했다. WTO체제가 구축된 뒤에 세계 무역은 1996년 현재 약 10조 6천 7백억 달러에서 2021년 현재 44조 3천 7백억 달러로 증가했고, 한국의 무역량은 1996년 현재 약 2천 5백억 달러에서 2021년 현재 1조 3천 1백억 달러로 늘었다. 자유무역 옹호론자들은 리카도의 교리에 따라 무역이 국민경제 발전에 플러스 효과가 있다고 주장해왔고, 한국을 자유무역으로 성공한 가장 대표적인 모델로 제시했다. 그들은 보호무역이나 수입대체 산업 육성정책을 시행했던 라틴아메리카의 여러 나라가 경제성장에 실패했다고 지적하는 일도 잊지 않았다.

그러나 자유무역의 빛이 강하면 그 그늘도 깊은 법이다. 자유무역은 경제력이 강한 나라들과 경제력이 약한 나라들 사이의 불균형을 가속하고, 중심부 국가들과 주변부 국가들 사이의 경제적 지배-종속 관계를 심화했다. 자유무역은 지구적 차원에서 상품의 가격경쟁을 불러일으켜 상품생산에서 사회적 비용과 생태학적 비용을 최소화하도록 압력을 가하고 노동권 보호와 생태계 보전에 부정적인 영향을 미친다. 또한 자유무역이 한 나라 경제의 전체적인 산출을 늘리더라도 그 나라 경제 안에서 자유무역으로 이익을 보는 세력과 손해를 보는 세력은 서로 갈

---

1 IMF Direction of Trade Statistics. 이 통계에서 세계 무역량은 1960년부터 기록되어 있다. 출처: https://data.imf.org/?sk=9d6028d4f14a464ca2f259b2cd424b85 (2022년 10월 15일 다운로드).

라진다. 리카도의 비교우위론에 따라 국제 분업에 적합하게 산업구조 조정을 시행한다면 수출지향적인 산업 부문은 큰 혜택을 얻겠지만, 구조조정의 대상이 되는 산업 부분과 거기 종사하는 사람들은 큰 손실을 본다. 자유무역은 국민경제에서 성장의 국지화와 빈곤의 확산을 불가피하게 했고, 워싱턴 컨센서스에 바탕을 둔 수출지향 경제의 확산은 '빈곤의 세계화'[2]를 가져왔다. 그러한 자유무역의 그림자는 자유무역체제를 조직하고 운영하는 원리로 인해 점점 더 짙어질 수밖에 없다.

2. 자유무역체제의 조직 원리와 운영 원리

1947년 23국이 서명한 GATT는 자유무역의 원칙을 선명하게 밝혔다. GATT 전문은 나라들의 무역과 경제 관계가 "생활 수준을 향상하고, 완전고용 및 실질소득과 유효수요의 지속적인 양적 증대를 보장하고, 세계자원의 완전한 이용을 촉진하고, 재화의 생산과 교환의 확대에 이바지해야 한다는 것을 인정"하고, "관세 및 여타 무역장벽을 실질적으로 감축하고, 국제상거래에서 차별적 대우를 철폐할 것을 지향하는 상호적이고 호혜적인 약정을 체결"한다고 천명했다. GATT 제1조와 제3조는 최혜국대우의 원칙과 내국민대우의 원칙을 보편적으로 적용할 것을 규정했다.

GATT가 명시한 자유무역의 원칙은 아담 스미스로부터 데이비드 리카도에 이르는 시기에 확립되었던 고전적 자유주의 이론을 완벽하게

---

2 미셸 초스토프스키/이대훈 옮김, 『빈곤의 세계화: IMF 경제신탁의 실상』 (서울: 당대, 1998), 제1부 1-3장.

구현한 것이다. 그것은 누구나 시장에 접근할 수 있도록 관세를 낮추고 무역 규제를 완화하는 것을 골자로 하는 자유화 원칙이다. 무역자유화를 떠받치는 두 기둥은 호혜성의 원칙과 차별금지의 원칙이다. 한 나라가 혜택을 주면 상대국도 그에 상응하는 혜택을 주고, 거래는 교역 국가의 국체나 상품의 종류에 상관없이 '동등하고 공정하게' 이루어지도록 한다는 것이다. 그 두 가지 원칙은 구체적으로 쌍방 합의에 따른 혜택 부여를 다른 모든 나라에도 똑같이 적용한다는 최혜국대우의 원칙(제1조)과 외국 기업을 국내 기업과 동등하게 대우한다는 내국민대우의 원칙(제3조)으로 표현되었다. GATT는 각 나라가 보호주의 조치를 실행하는 것과 관련해서는 그 조치가 명확하게 규정되고, 관세 등과 같은 가시적 형태로 표현되어야 한다는 투명성의 원칙(제10조)을 밝혔다.

한마디로 GATT가 보호하고자 하는 법익은 자유무역과 공정경쟁이었고, 그 두 가지 이외에 노동권 보호나 환경보호 같은 다른 요소들은 전혀 고려되지 않거나 부차적으로 다루어졌다. 국제무역기구(International Organisation of Trade, ITO)를 결성하기 위한 1948년 「하바나 헌장」(Havana Charter)은 국제노동기구(ILO)의 노동기준과 무역 조항을 결합하고자 했으나, 그 헌장은 미국의 반대로 ITO 결성 자체가 무산되는 바람에 실효를 보지 못했다. GATT에서 노동과 관련된 것은 제20조 일반적 예외 조항 (e)에서 교도소 노동상품의 교역을 제한하는 조항뿐이다. 환경보호와 관련해서는 제20조 일반적 예외 조항 (b)의 "인간, 동물 또는 식물의 생명 또는 건강을 보호하는 데 필요한 조치" 및 (g)의 "고갈될 수 있는 천연자원의 보존과 관련된 조치"가 언급되고 있다. 그러나 그 조치들은 노동권 보호와 환경보호를 법적 의무로 규정한 것이 아니고, 문언 그대로 자유무역 원칙의 일반적 적용에서 예외를 언급한 것에 지나지 않는다.

GATT의 후신인 WTO체제에서는 무역자유화 원칙이 모든 상품의 자유로운 교역이라는 원칙으로 급진화되었다. WTO체제는 1986년부터 1994년까지 장장 8년간 진행된 우루과이 라운드를 마감하는 1994년 「세계무역기구 설립을 위한 마라케시 협정」(Marrakesh Agreement Establishing the World Trade Organization, 이하 「마라케시 협정」)에 근거해서 구축되었다. 「마라케시 협정」은 전문에서 자유무역이 경제성장을 이끌고 고용과 복지를 증대한다는 주장을 최고의 규범으로 명시했다. 이 최고의 규범은 아래에서 곧 살피게 될 WTO 설립협정의 부속협정들에서 구체화되었다. 「마라케시 협정」 전문에는 지속 가능한 발전이라는 개념이 명시되고는 있으나, 환경보호를 위해 무역을 제한하는 조치는 WTO에 관련된 그 어떤 협정에서도 직접 명시되거나 특정되지 않았다. WTO 설립협정 전문에는 노동권 보호에 관련된 언급이 아예 없고, 그 어떤 부속협정에도 노동권 보호를 위해 무역을 제한하는 조치를 WTO체제의 법적 의무로 명시하는 조항은 없다.[3]

우루과이 라운드에서 체결된 협정들은 '신자유주의적 지구화의 이정표'[4]라 불릴 만했다. 그 협정들은 상품과 자본의 논리에 따라 신자유주의적 지구화를 전면화하려는 기획에 가장 충실하게 설계되었다. 「농업에 관한 협정」(Agreement on Agriculture)은 1998년 1월 1일까지 선진국들이 농산물 보조금을 완전히 철폐하도록 규정했고, 개도국들은

---

3 이에 대한 상세한 분석과 설명은 아래의 3절 "사회적이고 생태학적인 관점에서 본 WTO체제의 문제"를 보라.

4 리처드 피트 외 16인/박형준 · 황성원 옮김, 『불경한 삼위일체: IMF, 세계은행, WTO는 세계를 어떻게 망쳐왔나』(서울: 삼인, 2007), 325: "우루과이 라운드는 신자유주의적 세계화 시대를 새롭게 펼침으로써 세계 무역사에 새로운 이정표가 되었다."

2003년 말까지 그렇게 하도록 규정했다. 그것은 거대한 농업자본이 생산한 농산물과 가격경쟁을 할 수 없는 노동집약적인 소농 경제가 세계 곳곳에서 붕괴하는 것을 내버려 두고 농업이 지역 생태계 보전에서 갖는 중요성을 완전히 무시하는 협정이었다. 우루과이 라운드의 신자유주의적 성격은 서비스 무역, 지적재산권 보호, 직접 투자 보호에 관한 협정들에서도 두드러지게 나타난다. 「서비스 무역에 관한 일반협정」(General Agreement on Trade in Service, GATS)은 재화의 교역에 중점을 둔 GATT체제를 넘어서서 금융, 법률, 의료, 교육 등 서비스 상품 시장의 개방과 자유화에 초점을 맞추었다. 「무역 관련 지적재산권에 관한 협정」(The Agreement on Trade Related Aspects of International Property Rights, TRIPs)은 협정 조인 국가가 타국민의 지적재산권을 자국민의 지적재산권과 동등하게 대우할 것, 타국민의 지적재산권이 자국에서 강제력을 발휘할 수 있도록 자국의 관련 법규를 마련할 것 등을 규정하고 있다. 「무역 관련 투자 조치에 관한 협정」(The Agreement on Trade Related Aspects of Investment Measures, TRIMs)은 협정 조인 국가가 내국민대우의 원칙을 규정한 GATT 제3조와 수량적 제한의 금지를 규정한 GATT 제4조에 어긋나는 직접 투자 제한 조치를 실행하지 못하도록 규정한다.

그러한 WTO의 핵심 협정들은 경제의 지구화를 급진전시켰다. 경제의 지구화는 금융의 지구화와 맞물려 생산과 소비, 무역과 투자, 금융을 지구적 차원에서 서로 결합하는 네트워크를 구축했다. 바로 그것이, 이미 이 책의 여러 곳에서 분석한 바와 같이, 자본과 상품과 화폐가 국경을 자유롭게 넘나들며 지구적 차원에서 최대한의 이익을 추구하게 만드는 신자유주의적 지구화 과정이다.

WTO의 협정들이 강력하게 보장하는 무역과 투자의 자유는 가장 유리한 생산 입지를 찾아 상품을 생산하고 공급하는 다국적 기업들에는 더할 나위 없이 좋은 기회였다. 노동 규제와 생태학적 규제가 느슨해서 사회비용과 환경비용이 적게 드는 나라들과 지역들이 유리한 생산 입지로 꼽혔다. 지구 곳곳에 분산된 공장들에서 저렴한 비용으로 생산된 부품들은 저렴하게 그 부품들을 조립하여 완제품을 생산하는 곳으로 수출되고, 그렇게 생산된 완제품들은 다시 지구 곳곳으로 팔려나간다.5 상품의 생산이 국제적인 공정 분할과 외주화를 통해 이루어지면서 가치생산의 사슬은 길어졌고, 해외 투자와 무역의 총량은 천문학적으로 늘어났다.

그러한 긴 가치생산 사슬은 개발도상국과 선진국 노동자들에게 사회적 재앙을 가져다주었다. 개발도상국 노동자들은 점점 더 심한 노동 착취에 노출되고, 선진국 노동자들은 유리한 생산 입지를 찾아 나선 공장에서 일자리를 잃거나, 제조업 분야에서 나타나는 전반적인 임금 하방 압력과 고용 조건 악화를 감수하거나, 저임금 서비스 영역으로 옮겨갈 수밖에 없다. 긴 가치생산이 형성되면서 선진국에서는 일시적으로 환경이 개선되는 효과가 나타나기도 하지만, 환경비용이 적게 드는 개발도상국의 생산 입지는 극심한 환경위기를 겪게 된다. 긴 가치생산 사슬과 무역의 폭발적 증대는 지구적 차원에서 환경오염을 가속하기에 선진국도 지구적 환경 위기에서 벗어날 수 없다.

WTO의 새로운 협정들과 관련해서는 두 가지를 더 지적할 필요가

---

5 생산 입지를 선정할 때 비용만 고려되는 것은 아니다. 생산 입지의 치안과 노동문화도 생산 입지 결정에 영향을 미치는 중요한 변수다. 또한 부품들을 조립하여 완제품을 생산하는 곳은 완제품 판매시장에 접근하기 좋은 지역이나 완제품에 대한 구매력이 높은 지역인 경우가 많다. 예를 들면 세계적인 자동차 회사들은 자동차가 가장 많이 팔리는 미국 본토에 자동차 조립공장을 세우곤 한다.

있다. 하나는 그 협정들이 금융, 법률, 교육, 기술 컨설팅 등의 서비스 무역, 지적재산권, 직접 투자 등의 분야에서 압도적인 우위를 차지하고 있는 미국과 EU 등 선진국들에 일방적으로 유리한 협정들이라는 것이다. 그러한 국가들은 사회적 덤핑과 생태학적 덤핑 등에 효과적으로 대응하지 못하는 WTO체제에 불만이 있더라도 WTO체제를 유지하는 것이 더 유리하다고 판단할 것이다.

다른 하나는 WTO의 협정들이 상품과 자본의 논리에 충실하게 재화와 서비스의 무역, 지적재산권 보호, 직접 투자 등 광범위한 영역을 규율하게 됨으로써 그 협정들에 근거한 WTO와 그 기구들의 영향력을 급속도로 키워 주었다는 것이다.[6] WTO와 그 기구들은 GATT체제에서는 상상도 할 수 없는 엄청난 권력을 갖게 되었다. 문제는 지구적 차원에서 무역과 투자를 관장하는 WTO의 영향력이 개별국가의 경제 주권을 압도할 만큼 커졌음에도 불구하고 WTO 거버넌스가 비효율적이고 비민주적이라는 것이다.

3. WTO 거버넌스의 비효율성과 비민주성

WTO는 시대의 변화에 따라 새로운 무역 규범을 제정하고, 무역 규범의 이행을 감독·평가하고, 무역분쟁을 해결하는 3대 임무를 수행하기 위해 총회와 각료회의, 무역정책심의기구, 분쟁해결기구 등의 거버넌스를 두고 있다. 그러나 WTO는 그러한 임무를 제대로 수행하지 못

---

6 리처드 피트 외 16인/박형준·황성원 옮김, 앞의 책, 332f.

하고 있다. 그것은 WTO 거버넌스가 비효율적이고, 비민주적이기 때문이다.

WTO 거버넌스의 중추적인 기구인 총회와 각료회의는 IMF나 세계은행의 최고 의사결정기구와는 달리 민주적으로 조직되고 운영되는 듯이 보인다. IMF와 세계은행이 1달러 1표 방식의 지분율 대의제에 머물러 미국의 비토권 행사나 미국을 중심으로 한 G7 국가들의 정치적 의지에 대항할 수 없는 과두 지배체제의 한계를 보여준다. 반면에 WTO 총회와 재무장관 회의는 1국가 1표의 의결권을 전제하고, WTO 협정의 변경, 무역 규범의 수정과 제정 등의 경우에는 회원국 3분지 2의 발의와 만장일치의 의결이 필요하다. 그러나 나중에 보겠지만, 그러한 의사결정 구조에서는 WTO 개혁은 고사하고, 우리 시대의 절실한 요구인 노동권 보호 조항이나 생태계 보전 조항을 무역 규범으로 규정하는 것이 거의 불가능하다. 그런 점에서 WTO 거버넌스는 매우 비효율적이다. 사회 조항과 생태학적 조항의 도입을 둘러싸고 이해관계의 대립을 빚는 선진국들과 개발도상국들이 합의를 통해 WTO의 무역 규범을 수정하거나 새로 제정하기는 매우 어렵다.

WTO 거버넌스가 새로운 무역 규범을 제정하는 데 비효율성을 보여준다면, 무역 규범의 이행을 감독·평가하는 기능과 무역분쟁을 해결하는 기능에서는 거버넌스의 비민주성이 두드러진다. 먼저 무역 규범의 이행을 감독하고 평가하는 무역정책심의기구(Trade Policy Review Mechanism, TPRM)[7]는 열댓 명 정도의 '전문가들'로 구성된 관료적인 기구이다. TPRM은 두 가지 문서를 작성한다. 하나는 회원국 정부가 제출

---

7 본래 TPRM은 1989년 GATT체제에서 만들어졌다.

하는 정책 설명 문서이고, 다른 하나는 WTO 사무국의 무역정책심의분과에서 각국에서 수집한 정보 등을 바탕으로 해서 작성하는 문서다. 그두 문서에 근거하여 이루어지는 무역정책 심의는 자유무역이 경제성장을 이끌고 고용과 복지를 증진한다는 교리에 따라 회원국들이 움직여나가도록 '규율을 강제하고, 지도하고, 다그치고, 경고'하는 방식으로이루어진다. 그렇게 하는 목적은 각 나라가 WTO가 관리하는 다자간무역체제에 '더 잘 통합될 수 있게' 만드는 것이다.[8] TPRM은 그 나라사정에 정통한 WTO 회원국 정부의 수많은 정책 결정자보다 훨씬 더막강한 권력을 휘두르고, 수십억 민중의 운명을 결정한다. 그러한 결정이 문제가 되는 것은 회원국 민중이 그 결정을 내리는 소수의 WTO 전문가를 선출하지 못할 뿐만 아니라 그들에게 그 결정에 따르는 책임을물을 수도 없기 때문이다. 한마디로 TPRM은 민주적 통제에서 완전히벗어나 있다. WTO는 그처럼 비민주적이고 관료적인 기구인 TPRM을통해 회원국의 경제 운영과 무역에 관해 신자유주의적 규범을 관철하는 무소불위의 권력을 행사한다.

　그다음에 무역분쟁 해결 절차도 민주적 통제에서 멀리 벗어나 있다. WTO는 GATT 제22조와 제23조의 분쟁해결절차를 정교하게 가다듬어 그 절차 규정을 WTO 설립협정의 제2 부속 문서인 「분쟁 해결 규칙과 절차에 관한 양해」(Understanding on Rules and Procedures Governing the Settlement of Disputes, DSU)에 담았다. DSU에 따르면, WTO 무역분쟁 해결 절차는 두 단계를 거친다. 하나는 분쟁해결기구가 구성하는 패널의 결정에 의한 해결이고, 다른 하나는 상소기구를 통한 분쟁 해결이

8 리처드 피트 외 16인/박형준·황성원 옮김, 앞의 책, 350f.

다. 패널은 WTO 사무국이나 사무총장이 추천하는 3인으로 구성된다. 패널의 자격은 '적절한 배경과 지식'을 가진 사람들로 규정되어 있으나, 실제로 패널은 제네바에 주재하는 관료들, WTO에 파견된 대사들, 정부 통상 부문의 무역 자문, 무역법이나 무역정책을 전공한 학자들 가운데서 선출된다. 환경 전문가나 노동 전문가가 선출되는 일은 없다.[9] 패널의 결정은 분쟁해결기구가 만장일치로 거부하지 않거나 당사국 중 하나가 항소하지 않으면 분쟁해결기구에 의해 채택된다. 분쟁해결기구가 채택한 최종보고서는 분쟁해결기구와 분쟁 당사국들이 받아들여야 하고, 해당 정부는 분쟁해결기구가 채택한 권고안을 준수하겠다는 의지를 WTO에 공식으로 통보해야 한다. 상소는 패널 보고서가 다루고 있는 법률적 사항과 분쟁해결기구의 법적 해석에 대해서만 제한적으로 이루어진다. 분쟁해결 상소기구 위원들은 철저히 제네바 내부 인사들이고, 4년 임기로 선출되며, 한 번 연임할 수 있다.[10]

위에서 본 바와 같이 WTO 거버넌스는 비효율적이고 비민주적이다. WTO 거버넌스의 개혁이 우리 시대의 큰 과제들 가운데 하나라는 데는 이견이 없다. 그러나 WTO 거버넌스가 자기 개혁의 역량을 갖고 있는가에 대해서는 비관적이다. 그 문제를 어떻게 해결할 것인가에 대해서는 나중에 한 장을 할애해서 다루기로 하고, 아래서는 사회적이고 생태학적인 관점에서 WTO체제의 문제를 분석하고 WTO체제를 재구성하려는 시도가 어떻게 좌절되었는가를 살필 것이다. 그러한 좌절을 들여다보면 WTO 거버넌스와 WTO체제의 재구성 혹은 해체가 얼마나 중요한 과제인가를 더 분명하게 알 수 있을 것이다.

---

9 리처드 피트 외 16인/박형준 · 황성원 옮김, 앞의 책, 383.
10 리처드 피트 외 16인/박형준 · 황성원 옮김, 앞의 책, 384.

4. 사회적이고 생태학적인 관점에서 본 WTO체제의 문제

위에서 본 바와 같이 GATT와 WTO체제가 지키고자 하는 법익은 자유무역과 공정경쟁이다. 노동권 보호나 생태계 보전 같은 가치들은 자유무역체제에서 전혀 고려되지 않거나 부차적인 것으로 여겨져 왔다. 노동권을 보호하고 생태계를 보전하도록 강제하는 무역 규범은 GATT와 WTO체제에는 아예 마련되어 있지 않다. 1999년 시애틀에서 벌어진 격렬한 지구화 반대 시위는 세계무역체제를 사회적이고 생태학적인 관점에서 재편하거나 아예 해체하여야 한다는 전 세계 민중의 요구가 얼마나 강력한가를 보였다. 그러나 그러한 시도와 요구는 자유무역의 교리로 무장한 WTO체제를 흔들지 못했다.

아래서는 사회적 관점과 생태학적 관점에서 WTO체제의 문제를 차례대로 살핀다.

4.1. 사회적 관점에서 본 WTO체제의 문제

자유무역의 규범을 집대성한 GATT에서 노동과 관련된 조항은 교도소 노동상품의 교역을 제한한 GATT 제20조 (e)항이 유일하다. 그 조항이 무역 규범 가운데 하나로 들어간 것은 교도소 노동상품의 가격이 일반노동상품보다 훨씬 저렴해서 그 노동상품의 교역이 자유무역의 근간인 공정경쟁에 배치된다고 판단되었기 때문이다. 1948년의 「하바나 협정」은 노동과 무역을 더 적극적으로 연계하려고 시도했다. 하바나 협정은 GATT 제20조의 일반적 예외 조항 (e)의 해석을 확대해서 교역

상품의 생산에서 일반적인 노동기준을 위배하는 경우 그 상품의 교역을 제한하고자 했다. 「하바나 협정」의 제안자들은 일반적인 노동기준을 위배하면서 생산된 상품이 그 기준을 준수하며 생산된 상품보다 더 큰 가격경쟁력을 갖는 것은 공정하지 않다고 보았다. 따라서 그 판단은 노동권 보호에 일차적인 관심을 두었다고 볼 수 없다.[11] 「하바나 협정」이 무산된 뒤에 비교역적 조건을 이유로 들어 동종상품의 차별 없는 교역을 보장하는 자유무역의 원칙을 흔드는 것은 오랫동안 금기시되었다.

노동기준 준수를 무역 규범에 끌어들이고자 하는 시도는 동경 라운드(1973~1979)에서 다시 나타났으나 그 시도 역시 실패했다. 1983년 유럽의회는 GATT 회원국들에 노동조합설립의 자유, 단체협상권, 강제노동 금지, 고용차별 금지 등에 관한 ILO 규정을 존중하도록 GATT 규범을 개정할 것을 제안했으나 그 제안 역시 받아들여지지 않았다. 모든 상품을 지구적 차원에서 매끄럽게 거래할 수 있는 자유무역을 추구하는 우루과이 라운드에서는 사회적 덤핑이 큰 이슈로 떠올랐다. 사회적 덤핑은 상품생산에서 노동비용을 줄여 상품의 가격경쟁력을 높이는 불공정 행위로 여겨졌고, 자유무역과 그 골간인 공정경쟁을 침해한다고 생각되었다. 개발도상국들과 지구적 차원에서 상품 경쟁을 벌여야 할 선진국 노동자들에게 사회적 덤핑은 공포의 대상이었다. 그러한 분위기에서 GATT 제6조(반덤핑), 제19조(특정상품의 수입에 대한 긴급조치), 제20조(일반적 예외), 제23조(무효화 또는 침해), 제24조(관세동맹 및 자유무역지역) 등이 면밀하게 검토되었으나, 노동기준을 준수하지 않는 데서 비롯된 사회적 덤핑이 제품의 가격경쟁력에 미치는 효과를 계량화하기

---

11 김희성, "WTO와 국제노동기준," 「경영법률」 21/2(2011), 725.

어렵다는 문제 제기에 직면하자 사회적 덤핑 이슈는 흐지부지되고 말았다.12 사회적 덤핑을 이슈화하는 것 이외에도 미국은 1986년 노동기준 준수를 우루과이 라운드의 의제로 삼을 것을 요구했고, 1994년에는 WTO 구성 협상 의제에 노동기준 준수를 포함하고자 했으나 실패했다. 1994년 유럽의회는 1983년의 제안을 거의 되풀이하다시피 했으나 그 제안 역시 받아들여지지 않았다.13

WTO체제가 출범한 이후 WTO 각료회의는 무역과 노동권 보호를 별개로 다루어야 한다는 주장을 고수했다. 1996년 싱가포르 WTO 각료회의는 "우리는 노동기준을 보호무역의 구실로 삼는 것을 반대한다. 우리는 각국의 비교우위, 특히, 저임금 국가의 비교우위가 어떤 경우에도 문제시되어서는 안 된다는 생각에 공감한다"고 선언했다.14 그러한 태도는 1998년 6월 ILO가 「노동상의 기본 원칙과 권리에 관한 선언」(ILO Declaration on Fundamental Principles and Rights at Work)을 채택하고, 모든 나라가 결사의 자유와 단체교섭권의 보장, 갖가지 형태의 강제노동과 의무노동의 폐지, 아동노동의 폐지, 고용과 직업에 관한 차별의 폐지 등에 관한 협약을 체결하고 비준할 것을 촉구한 뒤에도 바뀌지 않았다.15 그것은 ILO가 "노동기준이 보호주의적 무역을 위한 구실로 사용되어서는 안 되며, 각국 간 비교우위가 노동자 권리의 보편적 선언으로 인해 문제시되어서는 안 된다"고 부언하여 WTO체제의 완강한 무역자유화 원칙에 타협하는 보수주의적 태도를 보인 것과 무관치 않다.16

---

12 김희성, 앞의 글, 739.

13 정형진, "WTO에서의 무역과 노동기준," 「경영법률」 14/2(2004), 298.

14 리처드 피트 외 16인/박형준·황성원 옮김, 앞의 책, 389f. 번역 수정.

15 권중동 편저, 『ILO와 국제노동기준』(서울: ㈜중앙경제, 2000), 139-178.

16 리처드 피트 외 16인/박형준·황성원 옮김, 앞의 책, 386f. 그것은 ILO 사무국에 설치된 국제무역자

1999년 12월 시애틀에서 열린 WTO 각료회의에서 미국은 노동기준이 세계무역협정의 한 부분이 되어야 한다고 다시 강력하게 주장했지만, 개발도상국들은 미국이 노동기준을 내세워 보호무역의 방패로 사용한다고 생각했다. 1999년 시애틀 WTO 각료회의는 개발도상국들의 강력한 반대에 부딪혀 노동기준을 도하 개발 라운드(2001년~2008년)의 의제로 설정하는 데 합의하지 못했다.[17] 이로써 WTO 수준에서 사회 조항을 무역 규범에 넣고자 하는 모든 시도는 좌절되었다.

4.2. 생태학적 관점에서 본 WTO체제의 문제

WTO체제는 사회 조항만이 아니라 생태학적 조항도 빈곤하다. WTO 설립협정 전문에 '지속가능한 발전'을 추구한다는 문구가 있다는 것을 아는 사람들은 WTO체제에 생태계 보전을 법적 의무로 명시한 규정이 어디에도 없다는 것이 의아할는지 모르겠다. 그러한 생태학적 결핍은 자유무역을 교리화한 GATT가 WTO체제에 물려준 유산이다.

물론 GATT는 환경문제와 관련해서 자유무역의 예외를 용인할 수 있는 규정을 두기는 했다. GATT 제20조 (b)는 "인간, 동물 또는 식물의 생명 또는 건강을 보호하기 위하여 필요한 조치"를 명시하고, 제20조 (g)는 "고갈될 수 있는 천연자원의 보존과 관련된 조치로서 국내 생

유화의 사회적 측면에 관한 작업반(Working Party on the Social Dimensions of the Liberalization of International Trade, WP/SDL)에서 이루어진 합의였다(GB.264/WP/SDL/1, para. 13, 출처: https://www.ilo.org/public/libdoc/ilo/GB/264/GB.264_WP_SDL_1_engl. pdf., 2022년 10월 15일 다운로드). 이에 대해서는 허재준·배용호·김준, 『무역. 고용, 노동기준: 핵심노동기준과 국제무역』 (서울: 한국노동연구원, 1997), 183을 보라.

17 정형진, "WTO에서의 무역과 노동기준," 305.

산 또는 소비에 대한 제한과 결부되어 유효하게 되는 경우"를 규정하고 있다. 그 두 조항은 "환경보호를 목적으로 비차별 원칙 또는 수량 제한 조치의 일반적 철폐 의무를 위반한 무역조치에 대해서 예외적 정당성을 인정하고 있는 가장 결정적인 조항으로 간주"[18]된다. 그러나 엄격하게 살피면 그 두 가지 조항은 자유무역 원칙의 일반적 적용에서 예외를 용인하는 조항이지 환경보호를 의무화하는 조항이라고 볼 수 없다.

「하바나 협정」은 GATT 제20조 (b)와 (g)를 적극적으로 해석하여 자유무역을 제한하는 몇 가지 환경 관련 조건들을 명시했다. 공중도덕, 인간이나 동물의 생명이나 건강, 어족자원, 이동성 조류, 야생동물 등에 관한 정부 간 협정이 있는 경우 그 협정에 따른 무역 제한 조치를 용인한다는 것이다. 그러나 「하바나 협정」은 그러한 예외적인 조건을 추상적으로 언급한 것 이외에 환경보호와 그 기준을 제시하지 않았고, 환경보호를 위해 무역을 제한하는 절차에 관한 규정을 명시하지도 않았다. 그런 「하바나 협정」조차 무산되었다는 것은 앞에서 언급한 바와 같다.

그러한 사정은 WTO체제가 출범한 뒤에도 바뀌지 않았다. 물론 WTO 설립협정 전문은 "지속 가능한 발전이라는 목적에 일치하도록 세계자원의 최적 이용을 허용하고, 서로 다른 경제발전 단계에서 각각의 필요와 관심에 일치하는 방법으로 환경을 보호하고 보존하며, 그렇게 할 수단을 강화하기 위해 노력할 것"[19]을 천명하기는 했다. 그것은 '지속 가능한 발전'을 WTO의 목적들 가운데 하나로 설정하고, 그 목적을

18 심영규, "WTO 다자간 무역규범체제에서의 환경보호의 규범적 실효성: GATT 제20조 환경관련 무역분쟁 해결사례를 중심으로," 「국제경제법연구」 13/2(2015), 81.

19 Marrakesh Agreement Establishing the World Trade Organization, https://www.wto.org/english/docs_e/legal_e/04-wto_e.htm (2023년 1월 9일 다운로드).

달성할 방편으로 '환경의 보호와 보전'을 추구한다는 뜻이다. 그러나 WTO 협정체제는 그 어디에서도 환경의 보호와 보전을 수행할 법적 의무를 명시하지 않았다.[20] 그러한 WTO의 태도는 GATT로부터 이어받은 것이다. 이미 GATT는 1987년 「브룬트란트 보고서」[21]가 '지속 가능한 발전'이라는 개념을 사용한 이래로 그 개념에 어떻게 대응할 것인가를 고심했다. 1992년 「환경과 개발에 관한 리우 선언」 제12조가 '지속 가능한 발전' 개념을 다자 환경협약의 기본 개념으로 명시하자 GATT는 "환경에 관련된 무역정책 조치들은 국제무역에 관련해 자의적인 수단이나 부당한 차별, 교묘한 규제로 구성되어서는 안 된다"고 선언했다. GATT는 이처럼 자유무역을 최상위 가치로 설정하고 난 뒤에 곧바로 "수입국의 사법권 밖에 있는 환경적 도전을 해결하기 위해 일방적 행동을 취하는 것은 삼가야 한다"고 못을 박고, "초국경적 또는 지구적 차원의 환경문제를 다루는 조치들은 가능한 한 국제적인 공조에 기반해서 취해져야 한다"고 주장했다.[22] 그것은 GATT가 생태계 보전 같은 비교

---

20 심영규, 앞의 글, 82; Stephan J. Turner, *A Sustantive Envioronmental Right: An Examination of the Legal Obligation Decision-Makers toward the Envioronment* (Austin: Wolters Kluwer Law & Business, c2009), 192-193.

21 「브룬트란트 보고서」의 정식 명칭은 1987년 세계환경개발위원회(World Commission on Environment and Development, WCED)가 채택한 보고서 「우리 공동의 미래」(Our Common Future, 일명 Brundtland Report)이다. 이 보고서에서 '지속 가능한 발전'은 "미래 세대의 필요를 충족시키는 능력을 손상하지 않고 현재 세대의 필요를 충족시키는 발전"으로 규정되었다(*Report of the World Commission on Environment and Development: Our Common Future*, Chapter 2, § 1). 그 개념은 1992년 UN 환경개발회의가 채택한 「환경과 개발에 관한 리우 선언」 (Rio Declaration on Environment and Development)과 「의제21」(Agenda 21)에서 같은 의미의 공식 용어로 사용되었다. 그 표현은 그 뒤에 2002년 지속발전정상회의가 채택한 「지속 가능한 발전에 관한 요하네스버그 선언」(Johannesburg Declaration on Sustainable Development)과 「지속가능한 발전을 위한 세계정상회의 이행계획」(Plan of Implementation of the World Summit on Sustainable Development)에서도 같은 의미로 공식적으로 사용되었다.

22 리처드 피트 외 16인/박형준·황성원 옮김, 앞의 책, 373. 일부 번역 수정.

역적 가치를 무역과 직접 연계하는 데 단호하게 반대한다는 뜻이었다. 그러한 GATT의 태도는 WTO의 기본 입장으로 굳어졌다.

물론 1994년 마라케시 각료회의에서 채택한 「무역과 환경에 관한 마라케시 결정」에 근거해서 1995년 무역 환경위원회(Committee on Trade and Environment, CTE)가 WTO 기구로서 설립된 것은 GATT체제에서 한 걸음 더 전진한 것으로 볼 수 있다. 그러나 CTE의 목적은 '지속 가능한 발전'을 촉진하기 위해 무역 조치와 환경 조치의 관계를 확인하고, 다자간 무역 규범체제에 부합하는 동시에 생태계 보전이라는 가치의 달성에도 이바지하도록 다자간 무역 규범에 어떤 수정이 필요한가를 적절하게 검토하고 권고하는 것으로 한정되었다. 그것은 CTE가 자문기구의 위상을 가지고 있다는 뜻이다. 그나마 그 자문기구의 역할을 미미했고 성과는 거의 없었다.

혹자는 TPRM을 통해 무역 국가들이 생태계 보전 의무에 더 충실할 것을 정책적으로 제안할 것을 요구하고 그것에 기대를 걸기도 한다. 그러나 그것은 TPRM의 정체를 전혀 몰라서 거는 기대일 뿐이다. 이미 지적한 바와 같이 TPRM은 자유무역을 교리적으로 신봉하면서 신자유주의적 무역자유화를 지구적으로 확산하는 데 몰두하는 WTO의 핵심 기구다.

또한 혹자는 WTO의 분쟁 해결 절차를 활용하여 생태계 보전을 위해 자유무역을 제한할 것을 주장하기도 한다. 생태계 교란이나 유해 물질의 건강 위해성을 이유로 내걸어 상품 교역을 제한한 사례가 몇 차례 있기에 그러한 법적인 길에 기대를 거는 사람들이 있는 것은 이해할 만하다. 그러나 그 절차에 큰 기대를 거는 것은 무리다. 그것을 보여주는 예가 이른바 '새우와 거북 소송'이다.

'새우와 거북 소송'은 1998년 미국이 인도, 말레이시아, 파키스탄, 태국 등을 상대로 WTO 무역분쟁기구에 제소한 소송이다. 미국은 멸종 위기종인 바다거북의 먹이인 새우를 포획하여 수출하는 것을 억제하기 위해 새우 수입 제한 조치를 취했고, 그 조치는 무역분쟁으로 비화했다. 미국은 GATT 제20조 (b)와 (g)를 국제적으로 통용되는 「공정 및 생산 방식」(Process and Production Methods, PPMs)에 연결해서 수입 제한 조치를 정당화하고자 했으나, 분쟁기구의 패널은 미국의 조치가 GATT 제20조의 두문(頭文)이 금지하는 '국가 간에 자의적이거나 정당화할 수 없는 차별의 수단을 구성'한다고 보아 미국의 소송을 각하했다. 미국은 두 차례나 상소한 끝에 2001년 '새우와 거북 소송 II'에 관한 상소기구의 판결을 통해 무역 제한 조치의 정당성을 인정받았다. 그런데 상소기구의 판결을 자세히 들여다보면 상소기구가 미국의 주장을 그대로 받아들이지 않았음을 알 수 있다. 상소기구는 패널이 결정한 바와 같이 미국의 조치가 GATT 제20조의 두문(頭文)이 금지하는 '자의적이거나 정당화할 수 없는 차별'에 해당한다고 보아 받아들이지 않았다. 다만 상소기구는 미국이 바다거북의 보존을 위한 다자간 협약을 위해 다른 나라들과 성실하게 협상을 벌였다는 이유를 들어 미국의 조치가 정당성을 갖는다고 인정했다. 그것은 WTO 분쟁해결기구가 비교역적 조건을 내세워 자유무역을 제한하는 데는 완강하게 저항하면서도 다자간 협약의 효력 아래 있는 국가들 사이의 무역분쟁은 그 협약의 정신에 따라 처리될 수 있다는 태도를 가진 것으로 볼 수 있다.[23]

사실 그런 정도의 판결만 해도 WTO체제의 생태학적 규율에 실낱같

---

23 "India, Malaysia, Pakistan, Thailand vs. US - Shrimp 사건 (DS58, 1998.11.06. 상소기구),"
국제법 판례 · 통상법 해설 포털, https://disputecase.kr/21 (2023.01.09. 다운로드).

은 희망을 걸게 하기는 한다. 그러나 환경문제를 고려해서 무역 제한의 예외적 조치를 용인한 판결은 '새우와 거북 소송' 이외에 1998년 EC-석면 소송[24]이 있었을 뿐이고, 그 두 차례 판결 이외에 다른 실례는 없다. 문제는 상소기구의 판결이 다른 무역분쟁을 해결하는 데 판례로 사용되지 않는다는 것이다. 상소기구의 판결은 일회적이고, 후속 판결에 대해 기속력이 없다. 더 큰 문제는 환경분쟁기구의 상소기구가 2020년에 전원 공석 사태에 직면하여 WTO의 분쟁 해결 기능이 실효성을 상실하게 되었다는 것이다.[25]

위에서 말한 점들을 고려한다면 환경파괴를 방지하고 생태계를 보전하기 위해 WTO체제를 규율하는 장치는 WTO체제 안에는 없는 것 같다. GATT 제20조는 자유무역의 제1원칙인 차별금지의 의무와 수량 제한 조치의 일반적 철폐의 의무를 제한하는 예외적인 조치로서 환경의 보호와 보전을 고려할 뿐이고, 그 예외적인 조치의 발동도 엄격하게 제한하고 있다. 환경파괴를 방지하고 환경의 보호와 보존을 의무화하

---

24 1998년 EC-석면 사건은 프랑스가 자국민의 생명과 재산을 보호하기 위해 석면 수입을 금지하면서 벌어진 무역분쟁 사건이다. WTO 항소기구는 GATT 제20조의 (b)에 근거하여 프랑스의 석면 수입 금지 조치가 자유무역의 일반적 적용의 예외로서 용인된다고 그 정당성을 인정했다. WTO는 "각국이 각자 주어진 환경과 여건하에서 자국이 적절하다고 판단하는 보호의 정도와 수준을 결정할 권리가 있다"는 EC의 입장을 공유했고, "인간의 건강과 생명을 보호하는 것은 가장 높은 수준에서 필수적이고 중요하게 결정된 사항이라고 인정"했다. 이에 대해서는 심영규, 앞의 글, 88을 보라.

25 미국이 상소기구에 불만을 품은 이유는 여러 가지가 있지만, 가장 중요한 것은 상소기구의 심리 관행이 상소기구의 심리 대상에 관한 DSU의 규정에 배치한다는 것이었다. DSU 제17조 제6항은 상소기구가 '패널 보고서에서 다루어진 법률문제 및 패널이 행한 법률 해석에만 국한'해서 심리할 것을 규정하고 있는데, 상소기구는 패널의 사실심을 전반적으로 검토하는 관행에 빠짐으로써 DSU 규정을 위반했다는 것이다. 미국은 그러한 상소기구의 관행에 불만을 품고서 2017년부터 상소기구의 위원을 충원하는 데 완강하게 반대했다. 상소기구 위원의 임기는 4년이기에 2020년 상소기구의 위원은 단 한 사람도 남지 않게 되었다. 이에 대해서는 서진교·이천기·이주관·김지현·정명화, 「WTO체제의 구조적 위기와 한국의 신 다자협상 대응 방향」 대외경제정책연구원 연구보고서 20/20(서울: 대외경제정책연구원, 2020), 89ff., 특히 91을 보라.

는 법적인 장치가 전혀 없는 WTO의 무역 규범에 따라 무역의 자유를 추구한 결과 환경파괴가 일어났다면, 그 행위는 무역 규범에 따라 제재될 수 없을 것이다. 따라서 WTO체제를 생태학적으로 재편하려면, 환경파괴를 방지하고 생태계를 보전하는 방식으로 상품생산과 무역 거래가 이루어지도록 강제하는 무역 규범이 제정되고, 그 규범에 근거해서 강력한 분쟁해결절차가 작동하지 않으면 안 된다.

사정이 그러한데도 생태계 보전의 관점에서 무역 규범을 수정하거나 새로운 규범을 제정할 수 있는 방도는 WTO체제 안에는 없는 것으로 보인다.

5. 소결

제2차 세계대전 이후 출범한 GATT체제와 1995년 그 후신으로 설립된 WTO체제는 자유무역 교리의 구현체로서 자유무역과 공정경쟁의 법익을 지키는 데 관심이 있을 뿐 노동권 보호나 생태계 보전을 전혀 고려하지 않거나 부차적으로 여겨 왔다. GATT와 WTO 협정과 부속협정들에는 무역상품의 제작과 유통에서 노동권 보호와 생태계 보전을 고려하도록 강제하는 조항이 단 하나도 없다.

「하바나 협정」부터 동경 라운드와 우루과이 라운드를 거쳐 도하 개발 라운드에 이르기까지 노동권 보호를 무역 규범으로 규정하려는 모든 노력은 실패했고, 생태계 보전을 위해 무역을 규율하려는 일련의 시도 역시 실효성 있는 무역 규범을 마련하는 데 성공하지 못했다. 무역분쟁 해결 절차에서 환경문제를 고려해서 무역 제한의 예외적 조치를 용인한 판결은 1998년 'EC-석면 소송'과 2001년 '새우와 거북 소송 II'가 있었을 뿐이고, 그 판결마저도 비슷한 소송을 다루는 판례의 지위를 인정받지 못한다. GATT와 WTO는 노동권 보호와 생태계 보전이 각 나라 노동법과 환경법, 국제 노동협약과 다자간 환경협약 내지는 국제환경협약의 틀에서 해결될 문제이지, 자유무역과 공정무역을 관장하는 무역 규범의 틀에서 다룰 문제가 아니라는 태도를 고수하고 있다.

세계가 촘촘한 무역 네트워크에 통합되어 가는 과정에서 자유무역체제는 무역량을 급증하고 각 나라 경제성장을 촉진하는 효과를 발휘했지만, 상품과 자본의 자유로운 이동을 보장하는 자유무역체제에 편입된 세계의 모든 나라에서는 노동권 보호가 약화하고, 사회적 가난이 확산하고, 생태계 위기가 악화하고 있다. 그런데도 현재의 WTO체제를 움직이는 거버넌스의 비효율성과 비민주성을 고려할 때, 사회적이고 생태학적인 관점에서 무역 규범을 정비하기는 지극히 어렵다고 여겨진다.

그렇다면 WTO 무역 규범을 개정하려는 도하 개발 라운드가 실패의 조짐을 보이자 활성화하기 시작한 다자간 무역협정은 그러한 문제를 해결하는 데 진전을 보였을까? 이에 관해서는 장을 바꾸어 논하기로 한다.

3장
다자간 자유무역협정에 도입된
사회 조항과 생태학적 조항

    WTO체제가 출범한 뒤에 세계 무역 환경은 크게 변했다. 농업, 광업, 수산업, 제조업, 서비스업 등에서 생산되는 재화와 서비스의 교역에서 나타난 변화에 대응해서 무역 규범을 수정하거나 제정하는 것은 WTO의 커다란 과제로 떠올랐다. 그 과제를 해결하기 위해 무역 협상이 시작되었고, 그것이 2001년 카타르 도하에서 시작한 도하 개발 라운드이다.

    그러나 도하 개발 라운드는 결렬했고, 2008년 중단되었다. 농업을 위시해서 그 어떤 의제에 대해서도 합의가 도출되지 않았다. 선진국과 개발도상국 사이의 이견은 좁혀지지 않았다. 선진국들 사이에서도 의제별로 첨예하게 의견이 갈렸고, 개발도상국들 사이에서도 사정은 마찬가지였다. WTO 차원에서 무역 규범을 새로 만들어 내는 일은 불가능하다고 여겨졌다. 무역 규범에 사회 조항과 생태학적 조항을 통합해서 사회적 덤핑과 생태학적 덤핑을 방지하고 노동권 보호와 환경보호를 추구하려는 노력도 WTO 거버넌스에서 물거품이 되었다.

    다자간 자유무역협정과 지역 무역협정은 바로 그러한 상황을 돌파하려는 시도였다. EU와 미국은 그러한 무역협정을 추진하면서 무역 규범에 사회 조항과 생태학적 조항을 넣음으로써 WTO체제의 결핍을 채우려는 태도를 보였다. 그러한 노력이 이룬 성과와 그 한계에 관해서는 면밀한 검토가 필요하다. 그러한 검토는 다자간 자유무역협정과 지역 무역협정이 WTO 무역 규범과 어떤 관계에 있는가를 따지는 데서 출발해야 한다.

1. WTO체제와 다자간 무역협정의 관계

다자간 무역협정은 두 나라 혹은 그 이상의 국가들이 수출입 관세와 무역장벽을 철폐하거나 최대한 낮추어 자유무역을 촉진하기로 합의하여 맺는 무역협정이다. 다자간 무역협정은 자유무역지대, 관세동맹, 공동시장, 경제동맹, 완전한 경제통합 등 낮은 단계의 경제통합으로부터 높은 단계의 경제통합에 이르기까지 여러 수준을 보일 수 있다. 그렇기에 다자간 무역협정은 몇 나라 사이의 다자간 자유무역협정의 유형을 보이기도 하고, 아시아·태평양 권역을 아우르는 거대한 지역 무역협정의 유형을 보이기도 하고, 유럽연합같이 공동통화를 사용하는 경제공동체의 유형을 보이기도 한다.

현대적 형태의 다자간 무역협정은 1957년 유럽경제공동체(EEC)를 결성하기 위한 협정으로 거슬러 올라갈 만큼 긴 역사를 가진다. 1992년 미국과 캐나다와 멕시코가 맺은 북미자유무역협정(North America Free Trade Agreement, NAFTA)은 1995년 출범한 WTO체제에서 다자간 무역협정과 WTO 무역 규범의 관계를 설정하는 데 결정적인 역할을 하였기에 중시되는 협정이다. 다자간 무역협정은 도하 개발 라운드가 지지부진해지자 전 세계 곳곳에서 여러 나라가 주도했고, 빠른 속도로 확산했다. 2022년 2월 현재 다자간 무역협정 발효 건수는 전 세계적으로 총 574건이다. 우리나라는 2003년 칠레와 최초로 자유무역협정을 맺은 이래로 2022년 현재 59개국과 총 21건의 자유무역협정을 맺었다.

다자간 무역협정은 당사국들끼리 관세와 각종 무역장벽을 완화하거나 철폐해서 특혜를 부여하는 것이어서 비회원국들을 차별하는 무역장벽을 세우는 효과가 나타날 수 있다. 따라서 다자간 무역협정은 자유무역의 으뜸가는 원칙인 차별금지의 원칙에 정면으로 배치될 수 있다. 무엇보다도 다자간 무역협정은 한 나라가 다른 나라에 부여한 혜택을 모든 나라에 차별 없이 부여하여야 한다는 최혜국대우의 원칙과 정면으로 충돌한다. 그런데 WTO체제는 「1994 관세및무역에관한일반협정」(이하, 「GATT 1994」)[1] 제24조와 「서비스 무역에 관한 일반협정」(GATS) 제5조에 근거해서 당사국들 사이의 자발적 합의에 근거한 무역협정이 자유무역을 신장하고, 비회원들과 거래할 때 무역장벽을 쌓지 않고, 비회원국들에 이제까지보다 전반적으로 더 부정적인 영향을 미치지 않는다는 조건을 충족할 때 최혜국대우 의무와 「GATT 1994」의 여러 의무를 면제해 줌으로써 다자간 무역협정을 용인하는 태도를 보였다.[2] 그런

---

[1] 「GATT 1994」는 1994년 GATT가 회원국들에 새로운 의무를 부여하기 위해 새로 만든 「관세및무역에관한일반협정」이다. 「GATT 1994」는 WTO 결성 협정의 부속 문서 1A에 담겼다. WTO가 1995년 1월 1일 출범하면서 1947년에 잠정협정으로 출범했던 GATT는 종결되었다.

[2] 「1994년도 관세및무역에관한일반협정 제24조의 해석에 관한 양해」 전문은 "이러한 협정의 목적이 구성 영토 사이의 무역을 촉진하려는 것이고, 다른 회원국과 동 영토 사이의 무역에 장벽을 세우려는 것이 아니며, 이러한 협정을 형성하거나 확대할 때 협정 당사자가 다른 회원국의 무역에 미치는 부정적 효과를 최대한 회피해야 한다는 것을 재확인"한다고 천명하고 있다. 이에 대한 상세한 설명으로는 심영규, "세계무역기구(WTO) 법체제와 지역무역협정(RTA) 간의 관계에 관한 고찰: 지역무

점에서 「GATT 1994」는 작성 당시부터 장차 출범할 WTO체제에서 자유무역협정, 관세동맹 그리고 더 높은 차원의 경제통합을 촉진하려는 의도로 마련되었다고 볼 수 있다.

2. 다자간 무역협정에서 사회 조항과 생태학적 조항

사회적 관점과 생태학적 관점에서 다자간 무역협정이 관심을 끄는 것은 협정 당사국들이 사회 조항과 생태학적 조항을 자유무역의 규범 체계에 통합하려고 시도하기 때문이다. 그러한 시도는 EU와 미국이 주도하고 있다. EU와 미국은 국내에서 다른 나라들보다 더 높은 수준의 사회 조항과 생태학적 조항을 제도화했고, 상품을 생산하는 데 상대적으로 더 많은 사회비용과 생태학적 비용을 지출하고 있다. 따라서 그 나라들은 사회 조항과 생태학적 조항을 무역에 적용해서 무역 상대국이 사회적 덤핑과 생태학적 덤핑을 할 수 없게 할 때 더 많은 이익을 얻는 위치에 있다. 거꾸로 뒤집어서 말한다면 EU와 미국은 사회 조항과 생태학적 조항을 갖추지 못한 나라들에서 생산한 상품과 직접 경쟁하는 방식으로 교역을 하게 되면 양질의 노동조건과 이를 뒷받침하는 단체교섭제도를 유지하기 어렵고, 높은 수준의 환경보호 기준과 공정 및 생산 기준을 지키기 어렵게 된다. 따라서 무역 규범에 사회 조항과 생태학적 조항을 포함하는 것은 EU와 미국의 절박한 요구였다고 볼 수 있다.

역협정(RTA)의 허용요건에 관한 「GATT 1994」 제24조 규정을 중심으로," 「동아법학」 48(2010), 867ff.를 보라.

EU와 미국은 사회 조항과 생태학적 조항을 무역 규범에 도입하려는 탐색기로부터 정착기에 이르기까지 그 조항들을 단계적으로 엄격하고 치밀하게 가다듬었다. NAFTA가 ILO의 노동 규범과 국제적인 환경 규범을 무역 규범으로 수용한 탐색기의 사례라면, 우리나라가 미국과 맺은 자유무역협정(한미 FTA)과 EU와 맺은 자유무역협정(한·EU FTA)은 노동 규범과 환경 규범을 무역 규범의 일부로 통합한 정착기의 주요 사례로 꼽힌다.

아래서는 2007년에 체결된 한미 FTA와 2010년에 체결된 한·EU FTA에 수용된 사회 조항과 생태학적 조항을 차례대로 살피고, 그 성취와 한계를 분석한다.

2.1. 사회 조항

2.1.1. 한미 FTA

한미 FTA는 2007년에 타결되고 2011년에 미국과 한국에서 비준 절차가 완료되어 발효된 자유무역협정이다. 미국은 농업과 축산업, 첨단 기술과 첨단 서비스업 분야에서 비교우위를 점하는 거대 경제이고, 한국은 제조업 분야에서 비교우위를 보이는 강소형 경제이기에 한미 FTA는 전 세계적으로 비상한 관심을 끌었다. 또한 미국의 노동 규범은 한국의 그것보다 앞서 있기에 한미 FTA는 한국의 노동제도와 관행을 크게 변화시키는 효과가 있으리라고 생각되었다. 한미 FTA는 협정서의 한 장(章)을 따로 할애해서 노동 규범을 다루고 있을 만큼 노동과 무역의 연계를 중시했다.

노동 규범을 무역 규범에 통합하려는 미국의 시도는 미국 무역법의 일부인 일반특혜관세제도(Generalized System of Preference, GSP)를 수 정한 「1984년 GSP 갱신법」(GSP Renewal Act of 1984)으로 거슬러 올라 간다. 「1984년 GSP 갱신법」은 일반특혜관세제도의 혜택을 받는 국가 의 지위를 신청하고 유지하는 조건으로서 "국제적으로 승인된 노동자 의 권리를 부여하는 조치를 이미 취했거나 취하는 중일 것"을 규정하였 다. 미국이 염두에 두었던 '국제적으로 승인된 노동자의 권리'는 결사의 자유, 단체교섭권, 강제노동 금지, 아동노동 금지, 최저임금, 노동시간, 산업안전 보건 등 일곱 가지였다. 그 조건들은 1998년 ILO의 「노동상 의 기본 원칙과 권리에 관한 선언」(ILO Declation on Fundamental Principles and Rights at Work)과 여덟 가지 기본협약에서 중시하는 핵심적인 노동 권보다도 훨씬 더 포괄적이다. 「1984년 GSP 갱신법」은 ILO가 규정한 핵심적인 노동권들 가운데 고용과 직업에 관한 차별금지를 포함하지 않았지만, 강제노동과 의무노동의 금지, 아동노동의 금지, 결사의 자유 와 단체교섭권의 보장 등을 포함했고, 최저임금, 노동시간, 산업안전 보건 등을 추가했다.[3] 「1984년 GSP 갱신법」은 일반특혜관세제도의 수 혜국이 '국제적으로 승인된 노동자의 권리를 부여하는 조치'를 취하지 않는 경우 미연방 대통령이 그 특혜를 박탈하는 제재를 가할 수 있는 권한을 부여했고, 미국무역대표부는 미연방 대통령에게 위임받아 무역 제재를 결정하기 위해 일반특혜관세제도의 수혜국이 노동권 보장 의무

---

[3] 흥미롭게도 「1984년 GSP 갱신법」이 규정한 '국제적으로 승인된 노동자의 권리' 개념은 "미국이 무역-노동 연계 목적으로 새롭게 창안한 것으로서, 국제문서는 물론 미국의 국내 실정법에도 근거가 없다"고 한다. 이에 대해서는 남궁준, 『자유무역협정 내 노동조항 분석: 이론, 역사, 제도』 한국노동연 구원 정책자료 2019/03(서울: 한국노동연구원, 2019), 47을 보라.

를 위반했는가를 스스로 정한 절차에 따라 조사했다.

노동과 무역을 연계하고자 하는 미국의 입장은 2007년 5월에 미연 방 행정부와 연방의회가 합의한 「신통상정책모델문안」(New Trade Policy Template, 이하 「모델문안」)을 통해 크게 강화되었다. 「모델문안」은 장차 추진할 무역협정에서는 물론이고, 한미 FTA처럼 이미 교섭이 끝난 무 역협정과 현재 진행 중인 무역협정에도 적용되었다. 「모델문안」은 노 동과 관련해서 네 가지 핵심 사항을 요구했다. 첫째, 미국과 FTA를 맺 는 당사국은 1998년 ILO 선언이 규정한 다섯 가지 핵심적인 노동기준 을 국내법에 도입하고 유지할 의무를 진다는 것이다. 그것은 FTA 체결 국에 입법 의무를 부여한다는 뜻이다. 둘째, FTA 체결국은 무역협정 체 결 이후에 노동기준을 완화하지 않을 의무, 곧 역진 방지의 의무를 진다 는 것이다. 셋째, FTA 체결국은 자원이 부족하다거나 더 시급하게 집행 할 사안이 있다는 등의 이유를 들어 기본적인 5대 노동기준을 보장하지 못한 데 대해 항변할 수 없다는 것이다. 넷째, 노동조항에 관련된 분쟁 을 해결할 때 일반적인 무역분쟁의 경우와 똑같은 절차와 제재 수단을 이용한다는 것이다.[4]

한미 FTA는 2007년의 「모델문안」이 적용된 대표적인 자유무역협 정이었다. 무역에 연계된 노동 규범은 한미 FTA 문서의 제19장을 구성 하고 있고, 노동기준 준수는 법적 의무 사항으로 규정되어 있다. 그러한 법적 의무를 수행하기 위한 국가작용으로는 집행, 역진 방지, 입법, 사 법적 제재 등을 망라한다. 한미 FTA가 규정하는 노동기준에는 ILO가 규정한 바와 같이 결사의 자유, 단체교섭권의 효과적인 보장, 강제노동

---

4 남궁준, 앞의 책, 59.

과 의무노동의 폐지, 아동노동의 금지, 고용과 직업상의 차별 폐지 등의 다섯 가지 핵심적인 노동기준이 들어 있고,[5] 미국이 「1984년 GSP 갱신법」 이래로 줄곧 강조해 온 최저임금, 노동시간, 산업안전 보건 등이 포함되어 있다.[6] 한미 FTA는 노동기준을 준수하지 않는 경우 먼저 중재 패널의 조사를 거쳐 시정 권고를 하고, 시정 권고가 받아들여지지 않는 경우 무역 제재를 할 수 있도록 규정하고 있다.[7]

2.1.2. 한 · EU FTA

2010년에 체결된 한 · EU FTA는 그동안 사회 조항과 생태학적 조항을 무역 규범에 통합하고자 노력해 온 EU의 태도가 반영된 무역협정이다. EU는 '지속 가능한 발전'이 노동권 보호와 환경보호를 포괄하는 개념이라고 넓게 이해하는 경향을 보인다.

이미 살핀 바와 같이 유럽경제공동체(EEC)는 1980년대 초부터 노동과 무역을 연계해서 GATT의 무역 규범을 수정하고 보완하려는 노력을 계속해 왔다. 그러한 노력은 1993년 EU가 출범한 이후에도 이어졌다.[8] WTO체제가 출범한 뒤에 EU는 사회 조항을 무역 규범에 규정하는 데 그치지 않고 무역 규범을 통해 '지속 가능한 발전'을 구현하려고 노력했

---

5 「한미 FTA」 제19.2조.

6 「한미 FTA」 제19.8조.

7 「한미 FTA」 제19.7조 4항. 이에 대해서는 김미영, "한미자유무역협정 노동조항의 내용과 해석," 「노동법학」 43(2012): 106-108을 보라.

8 유럽경제공동체(European Economic Connunity, EEC)는 1957년 로마조약에 근거하여 탄생하였고, 1993년 마스트리히트 조약에 따라 유럽연합(European Union, EU)으로 발전적으로 해소되었다.

다. 도하 개발 라운드가 교착 상태에 빠지자 EU 집행위원회는 2006년 통상협상을 규율하는 두 가지 지침을 채택했다. 하나는 2006년 5월에 발표한 「모든 사람에게 양질의 노동을 부여하자」[9]는 지침이고, 다른 하나는 2006년 10월에 발표한 「글로벌 유럽: 세계 속에서의 경쟁」[10]이다.

이 두 가지 지침은 EU가 추진하는 무역협정이 반드시 노동권 보호와 환경보호에 이바지하도록 사회 조항과 생태학적 조항을 무역 규범에 포함하도록 요구한다. EU가 추진하는 무역협정의 특징은 노동 규범과 환경 규범을 분리해서 따로따로 무역 규범과 결합하지 않고 둘을 통합해서 무역 규범과 연계하는 것이다. 그것이 EU 집행위원회가 추구하는 '새로운 세대의 무역협정'이다. EU의 무역협정은 다섯 가지 사항을 공통으로 갖는다. 첫째는 지속 가능한 발전을 협상의 최상위 목표로 설정한다는 것이다. 둘째는 FTA의 사회적 영향을 측정하는 '지속가능성 영향 평가'를 사전에 실시한다는 것이다. 셋째는 국제적으로 승인된 노동기준의 준수와 그 효과적 집행을 담보하는 조항을 포함한다는 것이다. 그것은 구체적으로 1998년 ILO 선언이 제시한 핵심적인 노동기준의 실효적 이행을 보장하는 메커니즘을 협정에 규정한다는 뜻이다. 넷째는 상대국에 대해 사회적 대화를 제도화하는 조항을 포함한다는 것이다. 다섯째는 노동조항을 이행하는 수단으로서 벌과금 부여나 무역제재를 지양하고 협정 당사국 정부들 간의 대화와 협력, 정부와 시민사

---

9 European Commission, "Promoting decent work for all: The EU contribution to the implementation of the decent work agenda in the world," *COM*(2006) 249 final, Brussels, 24 May 2006. COM은 유럽공동체위원회(The Commission of the European Communities)가 발간하는 공식 문서의 표제다.

10 European Commission, "Global Europe: Competing in the World. A Contribution to the EU's Growth and Jobs Strategy," *COMMISSION OF THE EUROPEAN COMMUNITIES* (2006) 567, Brussels, 4 October 2006.

회의 대화와 협력을 촉진하고 이를 위한 제도적 장치를 마련한다는 것이다. 그러한 제도적 장치는 전문가패널에 의한 이행감시, ILO가 마련하는 협력 수단과 장려 수단을 통한 이행 촉진 등을 포함한다.[11]

그러한 EU의 통상정책을 가장 적극적으로 반영한 무역협정이 한·EU FTA다. 한·EU FTA는 사회 조항과 생태학적 조항을 담은 장을 별도로 두고 있다. "무역과 지속 가능한 발전"이라는 제목을 달고 있는 제13장이 그것이다. 여기서는 일단 사회적 관점에서 자유무역협정을 분석하기 위해 한·EU FTA의 제13장에 담겨 있는 노동 규범을 분석한다.

제13장에 담긴 노동 규범을 들여다보면 한·EU FTA가 체결 당사국들의 노동기준 준수를 법적 의무 규정으로 명시한다는 것을 알 수 있다. 노동기준의 근거로 고려하고 있는 국제 규범은 ILO 회원국의 지위에서 발생하는 의무, 1998년 ILO 선언과 그 후속 조치, 「완전고용과 양질의 일자리에 관한 2006년 UN 경제사회이사회 각료 선언」 등이다.[12] 구체적으로 말하면 무역협정 당사국들이 반드시 준수해야 할 핵심적인 노동기준은 결사의 자유와 단체교섭권의 효과적 보장, 모든 형태의 강제노동 또는 강요에 의한 노동의 철폐, 아동노동의 실효적 폐지, 고용 및 직업에 관련된 차별의 철폐 등이며,[13] 2006년 UN 경제사회이사회 각료 선언이 요구하고 있는 바와 같이 '모두를 위한 완전하고 생산적인 고용과 양질의 일자리'의 보장이다. 한·EU FTA는 제13장이 언급하는 노동이 「「완전고용과 양질의 일자리에 관한 2006년 국제연합 경제사회이사회 각료 선언」에서 합의한 양질의 일자리 의제에 관련된 사항을

---

11 남궁준, 앞의 책, 58.
12 「한·EU FTA」 제13.4조 2항.
13 「한·EU FTA」 제13.4조 3항.

포함한다"고 명시함으로써 연차유급휴가, 출산휴가, 육아휴직, 해고 보호, 산업재해보상, 노령연금, 노사정 3자 구성 등이 한·EU FTA가 협정 당사국들에 의무로 부여하는 노동기준임을 밝히고 있다.[14]

한·EU FTA는 협정 당사국들이 노동기준을 준수하기 위해 집행, 입법, 역진 방지 등과 같은 국가작용을 하도록 규정하고 있고, 특히 ILO협약을 비준하기 위한 국가 차원의 노력을 촉구하고 있다.[15] 다만, 노동기준 이행과 관련해서 한·EU FTA는 벌과금 부과나 무역 제재 같은 강제 수단을 채택하지 않고 협정 당사국 정부 간 대화와 협력, 정부와 시민사회의 대화와 협력을 강조한다.[16]

2.2. 생태학적 조항

생태학적 조항이 자유무역협정에 규정되는 방식은 크게 보아 세 가지가 있다.[17] 하나는 WTO 협정에서처럼 전문에 지속 가능한 개발과 같은 개념과 그것을 실현하는 포괄적인 방침을 천명하는 방식이고, 다른 하나는 NAFTA에서처럼 자유무역협정의 부속협정으로 생태학적 무역 규범을 규정하는 방식이다,[18] 마지막 하나는 한미 FTA와 한·EU FTA에서처럼 자유무역협정에 환경과 관련된 장을 별도로 두고 생태학

---

14 「한·EU FTA」 제13.2조 각주 1.

15 「한·EU FTA」 제13.4조 3항; 제13.7조 1항과 2항.

16 「한·EU FTA」 제13.12조: 제도적 장치; 제13.13조: 시민사회 대화 메커니즘; 제13.14조: 정부 간 협의.

17 심영규, "지역무역협정(RTAs)의 확산과 지속가능한 발전: RTAs 내 환경규정을 중심으로," 「법학연구」 51/1(2010), 85ff.

18 부속협정을 통해 생태학적 무역 규범을 규정한 대표적인 자유무역협정은 NAFTA이다.

적 무역 규범을 규정하는 방식이다.19

2.2.1. 한미 FTA

자유무역협정에 생태학적 무역 규범을 규정하기 위해 그동안 여러 나라는 생태학적 무역 규범의 근거와 적용 범위, 생태학적 무역 규범을 구현하는 거버넌스의 확립, 생태학적 무역 규범의 위반에 대한 제재 등을 중심으로 생태학적 무역 규범을 가다듬어 왔다. 생태학적 무역 규범의 근거는 다자간 환경협약(Multilateral Environmental Agrement, MEA)이 꼽히기 마련이며, 자유무역협정 당사국들은 무수히 많은 다자간 환경협정 가운데 자유무역협정에 직접 적용할 협정을 선택하는 데 합의한다. 생태학적 무역 규범을 실현하기 위한 거버넌스에는 MEA에 근거한 무역 규범을 법제화하여 집행할 협정 당사국들의 국가 활동이 포함되고, 환경영향평가, 환경문제 해결을 위한 협정 당사국 정부들 사이의 환경 협력, 관련 시민사회의 참여 등이 포함된다. 생태학적 무역 규범을 위반하였을 때 이를 제재하는 메커니즘도 환경문제 해결을 위한 거버넌스의 한 영역이다. 그러나 제재는 거버넌스의 확립과는 그 성격을 달리하기에 별개의 영역으로 볼 수도 있다. 환경 규범 위반의 문제를 해결하는 데에는 청원, 행정처분, 제소, 제재 등이 동원되며, 그 모든 행위는 절차법적으로 엄격하게 규정된다.

그러한 생태학적 환경 규범은 한미 FTA에 체계적으로 반영되었다. 한미 FTA는 생태학적 무역 규범을 별도의 장인 제20장에 세밀하게 규

---

19 환경에 관한 별도의 장을 두는 자유무역협정의 효시는 1997년에 체결된 캐나다-페루 FTA이다.

정했다. 그 규범들을 들여다보면 한미 FTA가 매우 높은 수준의 환경보호 의무를 부여하고 있음을 알 수 있다(제20.1조). 그 규범은 환경보호 의무를 뒷받침하는 적용 대상 MEA를 명시하고(제20.2조), 협정 당사국의 환경법 적용과 집행을 규정한다(제20.3조). 그 규범은 또한 자국 환경법 위반 문제를 조사하고 그 문제를 해결하는 사법 절차, 준사법 절차 또는 행정 절차를 규정하고(제20.4조), 환경 성과 측정의 메커니즘을 제시하고(제20.5조), 협정 당사국들이 환경문제를 협의하는 제도적 장치(환경협의회, Environmental Affairs Council)의 근거 규정을 명시한다(제20.6조). 더 나아가 그 규범은 대중이 환경법 위반을 조사하도록 요구하고 환경법 준수에 관한 정보에 접근할 수 있도록 대중의 참여를 보장하고(제20.7조), 협정 당사국의 환경 협력을 규정하고(제20.8조), 환경협의 및 패널의 절차를 규정하고(제20.9조), 무역협정과 다자간 환경협약의 관계를 밝히고 있다(제20.10조).

한미 FTA는 높은 수준의 환경보호를 추구한다고 천명하지만, 두 가지 전제 조건을 달았다. 하나는 협정 당사국이 자국의 환경보호 수준과 자국의 환경 발전 우선순위를 설정하고, 그것에 따라 자국의 환경법과 환경정책을 채택하거나 수정할 수 있는 주권적 권리를 인정하는 것이다. 다른 하나는 협정 당사국이 그러한 환경법과 환경정책이 높은 수준의 환경보호를 규정하고 장려하도록 보장하기 위해 "노력하여야 한다"고 규정하고, 그러한 환경법과 환경정책 그리고 환경보호의 수준을 지속적으로 향상하기 위해 역시 '노력하여야' 한다고 규정하고 있다는 것이다(제20.1조). 이 두 가지 전제는 협정 당사국의 환경보호를 주권적 재량에 맡기는 태도며, 특히 제20.1조의 문언에서 선택된 "노력하여야 한다"는 표현은 무조건적 의무를 나타내기보다는 소극적 의무를 나타내기에 한미 FTA에 담긴 환경 규범의 실효성을 약화하는 요인이라고 볼 수 있다.

또한 한미 FTA 제20장은 협정의 '필수 불가결한 일부'를 구성하는 부속서한을 통해 협정 당사국의 환경법이 동등한 경우에만 환경분쟁절차를 밟을 수 있도록 규정하고 있다. 그것은 환경 규범의 이행과 관련해서 분쟁이 발생할 때 협정 당사국들이 그 분쟁 사안을 규율하는 환경법을 모두 운용하는 경우에만 그 사안을 분쟁해결절차에 회부할 수 있게 한다는 뜻이다.[20] 따라서 한미 FTA는 환경 규범을 법적인 절차에 따라 실효적으로 구현하는 요건을 매우 까다롭게 제한했다고 볼 수 있다.

더구나 한미 FTA는 협정에 적용하는 MEA를 「오존층 파괴물질에 관한 1987년 몬트리올 의정서」, 「남극 해양생물 자원보존에 관한 1980년 캔버라 협약」, 1971년 「물새 서식지로서 국제적으로 중요한 습지에 관한 협약」 등 일곱 가지로 제한했다.[21] 물론 한미 FTA 제20.10조 3항은 "협정상의 당사국의 의무와 적용대상 협정상 당사국의 의무 사이에 불합치가 있는 경우, 당사국은 양 협정상 자국 의무의 균형을 추구하여야 한다"고 규정하고, "당사국이 적용대상 협정상 자국의 의무를 준수하기 위하여 특정 조치를 채택하는 것을 배제해서는 안 된다"라고 명시했다. 그러나 이 두 가지 사항 역시 협정 당사국의 재량 행위를 인정하는 것을 전제하고 있기에 MEA의 효력 발생을 억제한다고 볼 수 있다.

그러한 한계가 있음에도 불구하고 한미 FTA는 협정 당사국이 자국의 환경법과 적용 대상 MEA가 당사국에 부여하는 의무 수행과 관련하

---

20 심영규, "환태평양경제동반자협정(TPP) 환경규정에 관한 고찰: 한국이 체결한 주요 FTA 환경규정과의 비교 검토를 중심으로," 「법학논총」 31/4(2014), 49.

21 MEA에 관한 「한·EU FTA」 20-A Annex: Covered Agrrements.

여 법과 규정 그리고 그 밖의 조치를 효과적으로 집행하지 못해서 양국 간 투자와 무역에 영향을 주어서는 안 된다고 규정했다. 그와 같이 환경 규범의 이행을 법적 의무로 설정한 것은 의미가 있다.[22] 또한 협정 당사국이 양국 간 투자와 무역에 영향을 줄 정도로 자국 환경법상 환경보호의 수준을 완화하는 방식으로 자국 환경법의 적용을 면제하거나 이탈하는 것을 금지한 것도 중요한 의미가 있다.[23]

2.2.2. 한·EU FTA

이미 살핀 바와 같이 한·EU FTA는 제13장에 "무역과 지속 가능한 발전"을 별도로 규정하여 노동문제와 환경문제를 포괄적으로 다루도록 하고 있다. 사회 조항에 대해서는 앞에서 다루었기에 여기서는 생태학적 조항만을 따로 살핀다.

한·EU FTA 제13장은 '무역과 지속 가능한 발전'을 규범으로 제시하고자 하는 배경과 목적을 밝히는 것으로 시작한다(제13.1조). 협정 당사국은 「1992년 환경과 개발에 관한 의제 21」, 「2002년 지속 가능한 발전에 관한 요하네스버그 이행계획」, 「완전고용과 양질의 일자리에 관한 2006년 UN 경제사회이사회 각료 선언」을 기억하면서 "지속 가능한 발전의 목적에 이바지하는 방식으로 국제무역의 발전을 증진하겠다는 약속을 재확인"하고, "이 목적이 양 당사자의 무역 관계의 모든 수준에 통합되고 반영되는 것을 보장하기 위해 노력할 것"을 다짐한다고 밝혔다. 그러한 목적 규정에 이어서 한·EU FTA 제13장은 무역협정의 적용

---

22 「한·EU FTA」제20.3조 1항.
23 「한·EU FTA」제20.3조 2항.

범위를 명시하고(제13.2조), 규제 권리와 보호 수준을 규정하고(제13.3조), 다자간 환경협정의 적용을 명시한다(제13.5조). 또한 제13장은 생태학적 관점에서 지속 가능한 무역을 명시하고(제13.6조 2항), 국내 환경법의 효과적인 적용 및 집행을 규정한다(제13.7조). 더 나아가 제13장은 지속가능성 영향 평가의 근거 규정을 명시하고(제13.10조), 협정 당사국들의 환경 협력에 관한 근거 규정을 설정하고(제13.11조), 환경 규범 이행을 위한 제도적 장치를 규정한다(제13.12조). 끝으로 제13장은 시민사회 대화 메커니즘(제13.13조), 협정 당사국 사이의 이견 조정과 분쟁해결절차에 관한 정부 간 협의(제13.14조), 전문가 패널(제13.15조) 등을 규정한다.

한·EU FTA는 한미 FTA와 마찬가지로 환경보호 수준의 설정, 환경법 제정과 환경정책 수립 등에서 협정 당사국의 주권적 재량을 인정하고, 협정 당사국이 환경법과 환경정책을 향상하고 환경보호의 수준을 높이기 위해 "노력하여야 한다"고 규정한다.[24] 그러한 두 가지 전제가 한미 FTA에서처럼 협정 당사국의 환경보호 의무를 소극적으로 규정하는 데 그친다는 데 대해서는 여기서 더 언급하지 않겠다. 한·EU FTA는 한미 FTA보다 환경보호 규범의 실현에 더 소극적인 태도를 보인다. 그러한 소극적 태도는 다음의 세 가지 측면에서 드러난다. 첫째, 한·EU FTA는 환경 규범이 보호무역의 수단으로 사용되어서는 안 된다고 굳이 선언하고 있다.[25] 둘째, 한·EU FTA는 생태학적 무역 규범을 실현하기 위한 '환경 조치'를 따로 명시하지 않고 서비스 교역의 일반적 규범 적용의 예외로서 '인간, 동물 또는 식물의 생명이나 건강을 보호하는 데

---

24 「한·EU FTA」 제13.1조 1항.
25 「한·EU FTA」 제13.2조 2항

필요한 조치'를 열거하는 것으로 그친다. 그러한 예외 규정은 GATT 제20조 (b)와 마찬가지로 환경보호를 위해 무역을 적극적으로 규율하는 법적 의무 조항으로 해석되지 않는다.[26] 셋째, 한·EU FTA는 환경 규범의 이행에서 불거지는 문제들을 해결하기 위해 환경협력과 정부 간 협의, 정부와 시민사회의 협력을 강조할 뿐 벌과금 부과나 무역 제재를 배제하고 있기에 환경 규범의 실효성을 스스로 약화하고 있다.

그러한 여러 가지 한계가 명백하기는 하지만, 한·EU FTA는 한미 FTA와 마찬가지로 환경법, 환경정책, 환경보호 수준의 역진을 금지하고 있다.[27] 그것은 그 나름대로 의미가 있다. 한·EU FTA가 적용하는 MEA가 한미 FTA보다 더 포괄적이라는 점도 주목할 만하다. 한·EU FTA는「기후변화에 관한 국제연합 기본협약」과 그 후속협정인「교토 의정서」를 MEA 목록에 더 실었다. 그것은 한·EU FTA가 국제적인 환경보호체제를 발전시키는 데 협력하겠다는 의지를 표명한 것으로 볼 수 있다.[28] 한·EU FTA가 환경보호에 관련된 과학적 정보의 공유를 강조하고,[29] 협정 당사자 사이의 무역에 영향을 주는 환경 조건을 보호하는 조치를 투명한 방식으로 개발·도입·이행할 것을 규정한 것도 의미가 있다.[30]

---

26 이에 대해서는 강준하, "한국-EU FTA 환경분야에 관한 연구,"「국제법평론」31(2010), 19를 보라.

27 「한·EU FTA」제13.7조 1항.

28 「한·EU FTA」제13.5조 3항.

29 「한·EU FTA」제13.8조.

30 「한·EU FTA」제13.9조.

3. 자유무역협정에 사회 조항과 생태학적 조항을 통합하려는 시도의 한계

　FTA와 RTA에 사회 조항과 생태학적 조항을 규정하려는 협정 당사 국들의 시도는 노동과 환경을 보호하는 법적 규정이 전혀 없는 WTO체 제의 한계를 넘어서려는 노력이다. 물론 그러한 시도는 본래 선진적인 노동 규범과 환경 규범을 법제화한 국가들이 교역 파트너 국가들의 사 회적 덤핑과 생태학적 덤핑을 무력화해서 자국의 이익을 최대화하려는 의도에서 비롯된 것이다. 그러나 그러한 이해관계를 매개한다고 하더 라도 사회 조항과 생태학적 조항을 별개의 장에 담고 있는 한미-FTA와 한·EU FTA는 무역과 노동 보호, 무역과 환경보호를 연계하고 이를 법적 의무로 규정하는 의미 있는 시도임이 분명하다.

　전반적으로 보면 사회 조항과 생태학적 조항에 관한 이해의 심도에 서는 한·EU FTA가 한미 FTA보다 강하지만, 두 조항을 법적 의무로 강제하는 정도를 놓고 보면 한미 FTA가 한·EU FTA보다 더 강하다. 사회 조항과 생태학적 조항을 서로 비교해 보면 사회 조항이 한·EU FTA와 한미 FTA에서 생태학적 조항보다 법적 의무로서 더 강력하게 규정되어 있다. 사회 조항만을 놓고 보면 한·EU FTA와 한미 FTA는 WTO의 한계를 넘어설 가능성을 보여주었다고 평가할 수 있다. 생태학 적 조항은 어떤가? 한미 FTA와 한·EU FTA는 다자간 환경협약과 국제 환경협약을 적극적으로 끌어들여 무역과 환경 규범을 연계하려는 모습 을 보이고 있기는 하다. 그러나 두 자유무역협정은 무역과 투자의 자유 를 보장한다는 원칙을 확실하게 견지하면서 생태학적 조항을 소극적으 로 도입하고 있는 데다가 환경보호를 위한 법적 의무의 실행을 실효적으로 보장하는 측면은 매우 취약하다. 그런 점에서 자유무역협정은 생태학적 조항을 통해서 WTO체제를 넘어섰다고 보기 어렵다.

4. 소결

유럽연합과 미국은 GATT와 이를 계승한 WTO의 무역 규범에 사회적 조항과 생태학적 조항을 넣는 데 실패했다. 개발도상국들과 신흥시장국들은 사회비용과 환경비용을 늘리는 사회적 무역 규범과 생태학적 무역 규범의 도입을 한사코 반대했다. 선진국들은 사회적 덤핑과 생태학적 덤핑을 막아야 자국에 유리하다고 판단했기에 FTA와 RTA를 통해 문제를 해결하고자 했다. 수출주도 성장을 추구해 온 우리나라는 FTA가 해외시장을 넓히는 기회라고 보았기에 FTA 체결에 적극적인 자세를 취했다. 2022년 현재 우리나라는 59개국과 총 21건의 FTA를 체결했다.

FTA의 정착기에 체결된 한미 FTA와 한·EU FTA는 자유무역협정에 사회적 조항과 생태학적 조항을 넣은 선진적인 모델로 꼽힌다. 두 FTA에서 사회적 조항과 생태학적 조항은 협정문에서 별개의 장을 차지할 만큼 중시되었고, 절차적 규정과 실체적 규정이 세밀하게 규정된 편이다.

사회적 조항을 놓고 말한다면, 한미 FTA와 한·EU FTA는 모두 협정 당사국이 협정에 명시된 노동기준을 지킬 것을 법적 의무 사항으로 명시하고, 국제적인 노동 규범을 국내 노동법에 구현하는 국가작용을 요구하며, 협정 당사국이 사회적 무역 규범을 준수하지 않을 때 협정에 따라 대응 조치를 할 수 있도록 하고 있다. 미 FTA와 한·EU FTA는 대응 조치와 관련해서 다른 접근 방법을 취했다. 한미 FTA는 무역 제재까지 하도록 규정하고 있는 데 반해, 한·EU FTA는 정부 간 협력 및 정부와 시민사회의 협치를 통해 노동조건 위반 문제를 해소하도록 규정하고 있다. 사회적 조항을 무역 규범에 반영하는 수준은 '좋은 일자리 보장' 등을 강조하는 한·EU FTA가 한미 FTA보다 훨씬 높은 편이다.

생태학적 조항을 보면, 한미 FTA와 한·EU FTA는 협정 당사국의 환경법 준수를 법적 의무 사항으로 명시하고 있고, 국제 환경 규범에 근거한 무역 규범을 법제화하여 집행할 협정 당사국들의 국가작용을 요구하고, 협정 당사국이 환경 규범을 위반했을 때 대응 조치를 규정한다. 국제 환경 규범을 적용하는 범위에서는 다자간 환경협약만이 아니라 국제환경규약까지 포함하는 한·EU FTA가 다자간 환경협약 몇 가지만을 수용하는 한미 FTA보다 넓지만, 환경 규범 위반에 대한 대응 수준에서는 무역 제재를 포함하는 한미 FTA가 정부 간 협력만을 강조하는 한·EU FTA보다 강한 편이다. 문제는 한미 FTA와 한·EU FTA 모두 환경문제 해결에 관한 협정 당사국들의 주권적 재량을 폭넓게 인정하고 있고, 환경 규범 준수 의무를 낮은 수준에서 요구하고 있다는 공통점이 있다. 특히 한미 FTA는 협정 당사국이 공통으로 환경법으로 규율하는 사안만을 조사하거나 처리할 수 있도록 규정하여 환경 규범을 적용하여 무역을 규율할 기회를 크게 줄이고 있다.

위에서 본 바와 같이 FTA에 사회적 조항과 생태학적 조항을 명시하여 무역을 규율하고자 하는 시도는 아예 그런 시도조차 하지 않는 WTO 체제를 능가하는 것이지만, 그 한계 역시 분명하다고 하겠다.

4장
탄소국경조정

탄소국경조정은 기후위기에 대응하는 맥락에서 EU와 미국이 취하고 있는 무역 관련 조치다. 그러한 조치가 적극적으로 강구된 까닭은 2015년 12월 12일 UN 회원국 195개국이 합의해서 체결한 파리협정이 2016년 11월 4일부터 국제법적 효력을 발휘했기 때문이다. 파리협정은 지구의 평균 기온 상승을 산업화 이전보다 섭씨 2도 이하로 억제하되 1.5도를 넘지 않도록 노력하는 것을 그 목표로 설정했다. 파리협정은 그 목표를 달성하기 위해 협정 가맹국들이 자발적으로 국가 온실가스 감축 목표를 설정하고 이를 달성하도록 규정했으나, 선진국과 개발도상국이 서로 다른 온실가스 감축 방식을 취할 여지를 남겨 두었다. 선진국은 온실가스 배출의 절대량을 감축해야 하지만, 개발도상국은 경제 전반에 걸쳐 온실가스 배출 비율을 줄이도록 한 것이다. 그러한 차이로 인해 선진국은 온실가스 배출량을 줄이기 위해 엄청난 비용을 지출해야 하지만, 개발도상국은 그 비용을 크게 절약할 수 있게 된다. 그 결과 온실가스 배출의 절대량을 감축하는 국가에서 생산한 상품과 그렇지 않은 국가에서 생산한 상품은 동등한 교역 조건 아래 있다고 볼 수 없다. 따라서 선진국은 개발도상국으로부터 수입한 상품에 대해서는 그 상품을 선진국에서 생산할 때 발생하는 탄소 배출량의 처리 비용을 국경 관세로 지급해야 한다고 주장한다. 그러한 국경 관세의 도입이 탄소국경조정의 핵심이다.

아래서는 EU와 미국이 도입하고자 하는 탄소국경조정을 살피고, 그 제도의 의의를 평가한다.

1. EU와 미국의 탄소국경조정

1.1. EU의 탄소국경조정

EU의 탄소국경조정 메커니즘(Carbon Border Adjustment Mechanism, CBAM)은 2021년 7월 EU 집행위원회가 제출한 탄소 감축 입법안(Fit for 55)의 핵심 구상이다. EU 탄소감축 입법안은 파리협정에 따라 2030년까지 탄소 배출량을 1990년 수준의 55%로 줄인다는 것을 목표로 설정하고 그 실행 방안을 담았다. CBAM은 탄소 배출량 감축을 위한 실행 방안의 하나다. CBAM은 2022년 12월 입법 절차를 마치고 2023년 상반기에 집행되기에 이르렀다. CBAM의 목적은 탄소 누출을 방지하고, 탄소 배출에 관련된 경쟁 조건을 균등화하고, 다른 나라의 탄소 배출을 감축하도록 탄소 가격의 책정을 유도하는 것이다. CBAM에서 탄소 가격은 EU 차원에서 시행되는 탄소배출권거래제를 통해 결정된다. 간단히 말하면 자국에서 탄소세를 부담하지 않는 기업은 상품을 생산할 때 발생한 탄소 배출량에 대해 탄소배출권 비용을 부담하고, 자국에서 탄소세를 부담하는 기업은 그 비용만큼 EU의 탄소국경세에서 공제받는다.

1.2. 미국의 탄소국경조정

미국의 탄소국경조정(Border Carbon Adjustment, BCA)은 입법안으로 제출되어 있을 뿐 아직 법제화되지 않았다. 미국 탄소국경조정 입법안은 2021년 7월 미국 민주당 상원의원 1인과 하원의원 1인이 발의한 「2021 공정한 이행과 경쟁에 관한 법」[1]이다. BCA 법안은 미국의 일자리를 지키고, 해외 에너지원에 대한 의존도를 낮추고, 기후변화 관련 기술개발과 회복력을 지원하는 것을 목표로 탄소국경조정 관세를 부과한다고 규정한다. BCA 법안은 탄소국경조정 관세가 수입 제품의 생산 과정에서 생산지에서 배출되는 탄소에 부과되는 관세의 성격을 갖는다는 점을 분명히 하고, 그 관세는 수입 제품과 유사한 미국 제품이 미국에서 생산될 때 그 제품을 생산하는 기업이 부담하게 되는 탄소 비용을 국경에서 조정하는 관세라고 규정한다.

2. 탄소국경조정에 대한 비판

EU와 미국이 시도하는 탄소국경조정은 파리협정에서 온실가스 배출의 절대량을 감축할 의무가 없는 나라들의 격렬한 반대에 직면했다. 그 나라들의 반대 논거는 크게 보면 두 가지다. 하나는 탄소국경조정이

---

1 Fair Transition and Competition Act of 2021.

WTO체제가 보장하는 자유무역의 원칙에 부합하지 않는다는 것이다. 온실가스 배출의 절대량을 감축할 의무가 없는 거대 수출국 중국은 탄소국경조정이 보호무역을 은폐하는 가림막이라고 비판했다. 다른 하나는 탄소국경조정의 근거인 탄소배출권이 조세적 성격을 갖지 않고, 탄소국경조정을 도입하고자 하는 미국은 전국 수준에서 탄소세를 도입하지 않았다는 것이다. 그러한 반대 논거들이 과연 타당한가를 검토해 보자.

먼저 탄소국경조정이 WTO의 무역 규범과 합치하지 않는다고 주장하는 나라들은 무엇보다도 먼저「공정 및 생산 방법」(PPMs)의 적용 요건을 따지곤 한다. 거기서 문제가 되는 것은 PPMs의 역외성이다. 쟁점은 한 나라가 다른 나라에서 이루어지는 제품의 제조 공정과 생산 방법을 규율할 권한이 있는가이다. 현재의 WTO 무역 규범에서는 수출제품의 PPMs에서 발생하는 환경문제가 그 제품 생산국에 국한되는가, 국경 너머에까지 영향을 미치는가, 지구적 차원에 영향을 미치는가에 따라 그 문제를 처리하는 방식이 달라질 수 있다. WTO 무역 규범에서 PPMs가 일으키는 환경문제를 처리하는 경우의 수는 네 가지다. 1) 수출제품의 PPMs가 제품의 특성에 영향을 미치지 않는 경우 그 제품의 수입국이 PPMs를 빌미로 삼아서 그 제품에 대해 무역 조치를 감행하는 것은 동종 제품의 차별금지를 규정하는 WTO 무역 규범에 정면으로 배치되는 것으로 본다. 2) 수출제품의 PPMs가 일으키는 환경문제가 수입국에 영향을 미치지 않을 경우, 수입국이 자국의 PPMs 요건을 수입 제품에 일방적으로 적용해서 그 수입을 제한하는 무역 조치를 감행하는 것은 WTO 무역 규범에서 일반적으로 용인되지 않는다. 3) PPMs를 근거로 한 수입국의 무역 조치는, '새우와 거북 소송 II'에 관한 상소기구의 판결에서 보듯이, 수출국과 수입국 사이에 체결된 환경협정이 특정한

PPMs가 적용된 제품에 관하여 일반 교역의 예외 조치를 적용하도록 해석될 수 있을 때만 용인될 수 있을 것이다. 4) 수출제품의 MMPs가 지구적 차원에서 환경문제를 일으켜서 그 환경문제가 수입국에도 영향을 미치는 경우, 수입국의 무역 조치가 WTO 무역 규범에서 인정될 여지는 커질 수 있다.[2]

현재의 WTO 무역 규범 체계에서 PPMs가 일으키는 환경문제를 해결했던 사례는 위의 네 가지 경우의 수 가운데 3과 관련해서 한두 차례밖에 없었다. 경우의 수 4와 관련해서는 탄소국경조정이 국제법적 효력이 있는 파리협정의 실현 방안으로 채택되었다는 주장이 힘을 얻을 수 있으나, 국제법적 효력이 있는 환경 규범이 보호무역의 빌미로 사용되어서는 안 된다는 WTO의 완강한 태도를 누그러뜨릴 수 있는가는 여전히 문젯거리로 남아 있다. 그런 점에서 탄소국경조정이 WTO의 무역 규범에 합치하지 않는다는 반대 논거를 무력화하기는 쉽지 않다.

그다음에 탄소국경조정에 반대하는 나라들은 EU가 수입 상품의 탄소 배출량에 해당하는 탄소배출권 매입 비용을 탄소국경세로 부과하는데, 그것은 GATT 제2조 제2항 (a)가 규정하는 바와 같이 '내국세에 해당하는 과징금'을 부과하는 관세의 일반 원칙에 부합하지 않는다고 비판한다. 탄소배출권의 가격은 배출권거래시장에서 결정되는 일종의 상품 가격이지 세금이 아니라는 것이다.[3] 탄소국경조정을 도입하고자 하

---

2 각각의 경우는 법적인 이슈들을 안고 있다. 그 이슈들은 GATT 제3조의 동종성 해석, GATT 제3조의 내국민 원칙, GATT 제1조의 최혜국대우의 원칙, GATT 제20조의 일반적 예외 조항 해석에 근거한 항변 가능성 등을 망라한다. 그러한 법적 이슈들에 대해서는 Kateryna Holzer/박덕영·박영덕·이주윤·이준서 공역, 『탄소 관련 국경조정과 WTO법』(서울: 박영사, 2016), 106ff., 114ff., 129ff., 141ff., 156ff.; 송유철·강인수·이호생, "미·중 전략경쟁하 WTO 다자체제의 전망과 정책 시사점," 「대외경제정책연구원 중장기통상전략연구」 21/04(세종: 대외경제정책연구원, 2021): 72-75를 보라.

는 미국에 대해서는 미연방 자체가 탄소세를 제도화하고 있지 않기에 탄소국경세를 부과할 수 있는 근거가 없다고 지적된다. 탄소세가 내국세로 자리를 잡지 않았는데도 탄소국경세를 부과한다면, 그것은 '내국세에 해당하는 과징금'이 아니라 상계관세를 부과하는 방식이 되고 만다. 그러한 상계관세 부과는 결국 PPMs의 적용 요건을 따지는 문제로 귀착될 것이고, 자칫 미국의 자의적이고 일방적인 조치라는 비난을 받을 여지가 있다.[4]

탄소배출권 매입 비용이 세금이 아니라는 주장은 탄소국경조정 관련 법률에 탄소국경세를 탄소배출권 매입 비용으로 갈음한다고 규정함으로써 해결될 수 있는 기술적 문제이다. 그러나 미국처럼 탄소세나 탄소배출권거래제도를 전국 차원에서 도입하지 않고서 외국 상품에 대해서만 탄소국경세를 관세로 부과하는 것은 불공정한 행위라고 비판받지 않을 수 없을 것이다.

3. 탄소국경조정의 실효성을 확보하기 위한 조건

탄소국경조정은 온실가스 배출을 감축하여 기후위기에 대처하기 위한 의미 있는 시도다. 기후위기는 국지적인 현상이 아니라 지구적 차원의 재앙이며, 그 재앙에서 벗어날 수 있는 나라는 하나도 없다. 탄소국경조정은 제품 생산 과정에서 배출되는 탄소가 지구적 차원의 환경문

---

3 Tracy Ebbs · Andrew Green/박덕영 · 이태화 공역, 『기후변화와 통상문제: WTO의 역할』 (서울: 박영사, 2012), 162.

4 송유철 · 강인수 · 이호생, 『미 · 중 전략경쟁하 WTO 다자체제의 전망과 정책 시사점』, 74.

제를 불러일으키고, 그 제품의 수입국이 기후위기의 피해를 보고 있기에 당연한 무역 조치로 인정되어야 마땅하다. 아마 그것이 상식에 가까운 판단일 것이다. 그러나 탄소국경조정은 WTO의 무역 규범체제에서 제동이 걸릴 수도 있다. 그것은 WTO체제가 다자간 환경협정이나 국제법적 효력을 갖는 환경협약이 보호무역의 근거가 되어서는 안 된다는 완강한 주장을 자유무역의 교리로 내세우고 있기 때문이다. 실로 다자간 환경협약과 국제법의 지위를 갖는 환경협약조차 자유무역의 성채를 공격하는 데 무력한 것이다.

탄소국경조정은 EU처럼 이를 선제적으로 법제화하여 일방적으로 운영하는 방식을 통하여 지구적 차원으로 확산할 수 있을지도 모른다. EU는 그 나름대로 거대한 상품 수입시장이기에 EU의 독자적인 무역 조치는 EU에 상품을 수출하고자 하는 나라들이 탄소 배출을 감축하도록 유도하는 효과를 가질 수 있다. 물론 중국의 거센 반발로 역풍을 맞을 수도 있다. 만일 EU의 뒤를 이어 미국이나 NAFTA 협정 당사국들, 거대한 지역 무역협정 체결국들이 무역협정의 틀에서 탄소국경조정을 제도화한다면, 탄소국경조정은 서서히 지구적 차원에서 실효적 제도로 정착할 수 있을 것이다. 바로 그것이 무역협정을 통해 탄소국경조정을 현실화하는 방안이다. 다자간 자유무역협정 혹은 거대 권역별 무역협정을 통해 탄소국경조정을 실현하는 방안은 「GATT 1994」가 허용하는 특혜무역협정(Preferential Trade Agreement, PTAs)에 의해 뒷받침될 수 있을 것이다.[5] 그러나 그러한 방안은 탄소국경조정에 나서는 나라들

---

5 카테리나 홀저는 다자간 환경협정보다는 WTO의 특혜관세협정을 활용하는 것이 탄소국경조정을 실현하는 데 더 적합하다고 판단한다. Kateryna Holzer/박덕영·박영덕·이주윤·이준서 공역, 앞의 책, 251ff.

이 자국에서 탄소배출권거래제도나 탄소세를 시행할 때만 비로소 실효성을 가질 것이다.

탄소국경조정이 지구적 차원에서 새로운 무역 규범으로 구현되려면 파리협정 자체가 협정 당사국들의 폭넓은 합의에 근거하여 갱신되어야 한다. 만일 파리협정이 개정되어 그 협정의 실현 방안으로서 탄소국경조정을 명시하고 탄소국경조정을 각 나라의 국내법과 무역협정의 핵심 규범으로 법제화하도록 의무를 부여한다면 탄소국경조정이 WTO의 무역 규범으로 수용될 가능성은 커질 것이다.[6] 이미 GATT는 1992년 UN 리우 선언에 대응해서 "초국경적 또는 지구적 차원의 환경문제를 다루는 조치들은 가능한 한 국제적인 공조에 기반해서 취해져야 한다"라고 선언함으로써 WTO가 환경문제를 다루는 기본 방향을 제시했다. 만일 탄소국경조정이 지구상의 모든 나라에 무차별적으로 적용되는 무역 조치가 된다면, 탄소국경조정이 자유무역을 해체하고 보호무역을 은폐하는 장치라는 주장은 자취를 감출 것이다.

4. 소결

탄소국경조정은 파리협정에 따라 탄소 배출을 줄이는 효과적인 정책 수단이 될 수 있다. 유럽연합은 이미 2022년에 탄소국경조정을 법제화하여 시행하고 있다. 미국에서는 2021년 탄소국경조정 입법안이 하원과 상원에 제출되었지만, 아직 입법에 이르지는 못했다.

---

6 송유철 · 강인수 · 이호생, 『미 · 중 전략경쟁하 WTO 다자체제의 전망과 정책 시사점』, 77.

탄소국경조정은 파리협정이 선진국과 개발도상국의 탄소 배출 감소 방식에 차이를 두었기에 선진국이 그 법제화를 주도하고 개발도상국가들, 특히 중국이 그것에 맹렬하게 반대하는 형국이다. 탄소국경조정에 반대하는 세력들은 탄소국경조정이 동종 제품의 차별 대우를 금지한 WTO의 무역 규범에 어긋나고, MMPs의 적용 요건에 부합하지 않는다는 반대 논거를 내세운다. 또한 탄소국경조정을 주도하는 미국을 위시해서 많은 나라가 탄소세나 탄소배출권거래제도를 도입하지 않는 상황에서 탄소국경조정을 보편적인 무역 규범으로 삼을 수 없다는 논거를 제시하기도 한다.

탄소 배출로 인해 날로 악화하는 기후위기는 어느 한 나라의 문제가 아니고 모든 나라, 모든 사람의 문제가 되었다. 그러한 상황에서는 탄소국경조정을 보편적인 무역 규범으로 규정할 방안을 찾을 필요가 있다. 파리협정을 개정하여 탄소국경조정을 탄소 배출 감소정책으로 명시하고, 모든 나라가 탄소세와 탄소배출권거래제도를 도입하여 탄소국경조정을 법제화하도록 의무화한다면, 탄소국경조정은 지구적 차원의 무역 규범으로 자리 잡을 수 있을 것이다.

5장
자유무역에 대한 도전과 WTO체제의 대안

앞에서 본 바와 같이 오늘의 세계 경제와 무역에서 WTO는 제 역할을 다하지 못하고 있고, 거버넌스의 비민주성과 비효율성을 극복하기 위한 자기 개혁의 역량도 갖추지 못하고 있다. 그 때문에 WTO의 대체 혹은 해체가 필요하다는 목소리가 여기저기서 분출하고 있다. 그러한 목소리는 자유무역이 퇴조하고 보호무역이 강화하는 분위기와 맞물려 점점 더 커지고 있다.

아래서는 최근 보호무역 분위기가 확산하는 까닭을 살펴보고, WTO 체제의 대안을 생각해 본다.

1. 자유무역체제에 대한 도전과 보호무역의 확산

오늘의 세계에서 자유무역은 여러 가지 큰 도전에 직면했다. 무엇보다도 먼저 미국과 중국의 무역 갈등과 팬데믹, 전쟁, 지역분쟁 등으로 인한 가치생산 사슬의 교란은 무역과 투자의 영역에서 자유무역을 위협하는 심각한 도전으로 꼽힌다. 특히 코비드-19 팬데믹은 긴 가치생산 사슬이 안고 있는 문제를 가시화하고, 세계 여러 나라가 리쇼어링 전략[1]을 추구하도록 촉진했다. 그러나 리쇼어링 전략은 코비드-19 팬데믹 이전에 미국이 중국에 대항하기 위해 선택한 복합적 성격의 정책 다발의 한 구성 부분이라고 보는 것이 더 적절할 것이다. 조금 더 심층적으로 분석하면 미국 달러 패권체제의 동요와 미국을 정점으로 한 지구적 공납체제에 대한 거센 도전이 자유무역의 근간을 흔들고 경제 블록화를 촉진하는 결정적인 요인으로 꼽히고 있다.

달러 패권체제에 관한 본서 제IX부의 분석에서 지적한 바와 같이, 달러 패권체제는 미국을 지구적 공납체제의 정점에 올려놓았고, 미국의 제조업을 공동화하는 효과를 발휘했다. 중국을 위시한 신흥공업 국가들은 제조업 분야에서 미국을 크게 앞섰다. 미국의 제조업 공동화는 미국 노동계급의 몰락을 가져왔고, 미국 사회를 분열시키는 결정적인 요인이 되었다. 미국은 제조업 공동화 과정에서도 반도체, AI, 생명공학 같은 첨단기술산업 분야에서는 우위를 점했으나 신흥공업 국가들은 첨단기술 분야에서도 미국의 턱밑까지 추격하는 역량을 보여주었다. 그러한 배경에서 2017년에 집권한 미연방 대통령 도널드 J. 트럼프(Donald John Trump)는 미국 우선주의를 앞세워 강력한 보호무역주의를 관철하고, 미국의 제조업 부활과 지적재산권 보호를 꾀했다. 트럼프는 중국에 대한 무역 제재를 세 차례나 감행했고, 중국은 이에 대응해서 보복관세로 미국에 맞섰다.[2] 미국은 중국에 대한 무역전쟁을 격화하면

---

1 리쇼어링 전략(reshoring strategy)은 유리한 생산 입지를 찾아 해외로 진출한 기업을 본토로 복귀시키는 전략이다.
2 김바우·김정현, "미중 무역마찰의 경과와 영향," 「산업경제」 251(2019), 8f.

서 국제적인 공정 분할에 따라 유리한 생산 입지를 찾아 전 세계에 흩어진 미국기업들의 리쇼어링 전략을 강력하게 추진했다.[3]

그와 같은 미국의 보호무역주의는 조 바이든(Joseph Robinette Biden Jr.)이 트럼프를 꺾고 미연방 대통령이 된 뒤에 더욱더 강력하게 추진되고 있다. 바이든 행정부는 트럼프의 리쇼어링 전략에서 한 걸음 더 나아가 「인플레이션 감축법 2022」(Inflation Reduction Act of 2022)[4]를 시행함으로써 실제로 자유무역에 정면으로 배치되는 무역정책과 산업정책을 서슴지 않고 시행하고 있다. 「인플레이션 감축법 2022」의 미국 중심주의적이고 일방적인 성격은 예컨대 중국에서 생산된 배터리나 광물을 사용하지 않고 미 본토에서 생산된 전기자동차를 매입하는 소비자에게 엄청난 세액공제 혜택을 부여한 데서 드러난다. 그러한 무역정책과 산업정책을 관철하면 한국, 일본, 독일의 손꼽히는 자동차 제조업체들은 미 본토에 공장을 세우지 않으면 안 될 것이다. 그러한 바이든 행정부의 정책은 보조금정책을 통해 외국 산업을 유치하는 정책이고, 인근 궁핍화를 불사하는 공격적인 보호무역 전략이라고 볼 수 있다.

그러한 보호무역 전략의 궁극적 목표는 중국을 고립시키는 것이다. 미국의 중국 고립 전략은 일찍이 오바마 행정부에서 나타나기 시작했다. 오바마(Barack Hussein Obama II)는 미국이 주도해서 체결한 환태평양경제동반자협정(Trans-Pacific Strategic Economic Partnership, TPP)에

---

3 김종권, "리쇼어링이 세계 물류 및 무역구조에 미치는 영향에 대한 분석," 「무역상무연구」 93(2022), 202ff.

4 「인플레이션 감축법 2022」(Inflation Reduction Act of 2022)는 마치 이 법률이 코비드-19 팬데믹에 대처하기 위해 미연방 중앙은행이 시행한 양적완화정책으로 인해 악화한 인플레이션에 대응하기 위한 법률인 듯이 보이게 한다. 그러나 「인플레이션 감축법 2022」는 미국의 제조업을 지원하기 위한 매우 강력한 보호무역 법안이고, 한국, 독일, 일본 등의 경쟁력 있는 제조업체들을 미 본토에 끌어들이는 유인 전략이 담긴 법률이다.

서 중국이 중심적인 위상을 갖는 것을 경계했고, 트럼프는 대통령에 취임한 직후 행정명령 1호로 미국을 TPP에서 탈퇴시켰다. 바이든 행정부가 TPP를 대신해서 추진한 것은 인도-태평양 경제 프레임워크(Indo-Pacific Economic Framework, IPEF)였다. 2022년 5월 출범한 IPEF는 미국이 주도하고 한국, 일본 등 14개국이 참여하는 다자간 경제협력체제다. 그 목표는 단순히 다자간 무역협정을 맺는 것이 아니라 경제 연결성, 경제 회복력, 청정 경제, 공정 경제 등의 기둥 의제 아래서 디지털 경제와 신기술, 청정에너지, 공급망 다변화 등의 현안 의제를 놓고 중국에 공동으로 대응하는 것이다.[5] 그러한 미국의 대중국 고립·봉쇄 전략은 미국, 한국, 일본, 대만 등의 반도체 동맹을 구축하려는 시도에서도 드러난다. 그러한 반도체 동맹 구축은 중국 반도체 산업과 기술 격차를 유지해서 중국의 산업 경쟁력을 억제하고 중국의 도전을 꺾으려는 의도를 가졌다.[6] 물론 그러한 미국의 전략과 의도는 민주주의와 인권을 신장하기 위한 '가치동맹'의 강화라는 명분으로 미화된다.

미국이 중국을 고립하고 배제하는 전략을 선택하는 것은 중국이 위안화 통화·경제권을 구축하면서 미국의 달러 패권체제와 미국 중심의 공납체제에 도전하고 있는 데 대해서 적극적으로 대응할 필요가 있기 때문이다. 앞으로 미국은 GATT와 WTO를 앞세워 무역과 투자의 자유를 지구적 차원에서 실현하기보다는 IPEF처럼 미국을 중심으로 한 가치동맹 국가들의 경제공동체를 형성해서 미국의 이익을 최대화하는 경

---

5 강선주, "미국의 인도-태평양경제프레임워크(IPEF): 국제정치경제적 함의와 전망," 「주요국제문제분석」 2022/17(2022), 10.

6 조은교, "미국의 반도체 공급망 제재에 대응하는 중국의 전략과 시사점," 「월간 KIET 산업경제」 272(2021), 54ff.; 조은교, "첨단기술의 미·중 블록화 전개 양상과 시사점: 반도체, AI를 중심으로," 「월간 KIET 산업경제」 284(2022): 97f., 101f.

제 블록화 전략을 취할 것으로 보인다.

보호주의는 미국만이 아니라 EU도 내심 선호하는 전략이다. EU 구성국들은 민주주의와 인권을 앞세우는 미국 중심의 가치동맹을 중시하기에 미국과 중국이 패권 투쟁을 벌일 때 미국 편에 서서 경제공동체를 구축하고자 할 것이다. 그러한 선택은, 최근의 러시아-우크라이나 전쟁에서 보듯이, EU가 러시아와 중국이 서로 접근하여 브릭스, 유라시아, 아프리카 등을 아우르는 거대 경제·통화권을 구축하려고 하는 데 대항해서 군사·정치적 차원과 경제적 차원, 특히 에너지-물질 수급 차원에서 미국과의 동맹을 강화하는 데서 뚜렷이 드러난다.

미국과 중국의 패권 경쟁과 맞물려 있는 보호무역의 확산과 강화는 WTO체제에 대한 근본적인 도전이다. 그 도전 앞에서 WTO체제의 대안을 모색하는 것은 당연하다.

2. WTO체제의 대안

WTO체제는 자유무역이 퇴조하고 보호무역이 확산하는 상황에서 지금과 같은 방식으로 운영되기 어려울 것이다. 문제는 WTO 거버넌스가 총체적인 위기에 빠졌다는 것이다. WTO 거버넌스는 무역 환경의 변화에 대응해서 새로운 무역 규범을 제정하고, 무역 규범의 이행을 감독·평가하고, 무역분쟁을 해결하는 핵심적인 기능을 제대로 수행하지 못하고 있다. 거기 더하여 WTO 거버넌스는 자신을 개혁할 능력이 있는가 의문시되기까지 한다.

WTO 거버넌스의 총체적 위기를 직시하는 학자들은 WTO의 미래에 대해 크게 세 가지 시나리오를 내어놓는다. 하나는 WTO의 교착 상태가 지속한다는 시나리오다. 다른 하나는 WTO 기능이 회복되리라는 시나리오다. 마지막 하나는 WTO의 대안을 모색하는 시나리오다.7

먼저 WTO체제가 교착 상태에 처했어도 계속 유지할 것이라는 전망은 그 나름대로 확고한 근거가 있다. WTO체제는 도하 개발 라운드가 실패하면서 교착 상태에 빠졌다. WTO 회원국들은 무역 환경이 크게 변화하였는데도 WTO 설립협정과 부속협정들이 규정하는 무역 규범에서 한 걸음도 전진할 수 없었다. 그러한 교착 상태에서도 WTO가 유지되리라고 전망하는 학자들은 무역과 투자의 자유를 보장하는 WTO체제의 근본적인 틀이 선진국들이나 개발도상국들에 여전히 쓸모가 있다고 판단한다. 서비스 무역의 확대, 지적재산권 보호, 직접 투자의 자유와 그것의 확실한 보호 등을 보장하는 WTO체제가 선진국들에 유리한 조건을 제공하는 한, 선진국들은 WTO체제에 다소 불만이 있다고 할지라도 그 체제를 깨뜨릴 동기를 갖지 않으리라는 것이다. 수출지향적인 국가들과 그 나라의 엘리트들도 현재의 WTO체제를 깨뜨리는 것보다 그 체제를 유지하는 데서 더 큰 이익을 취할 수 있다고 본다는 것이다. 그러한 냉정한 계산이 WTO체제가 교착 상태에서도 지속하리라는 전망의 근거다.

그다음 WTO의 기능 회복에 기대를 거는 사람들은 새로운 라운드를 통해 무역 규범이 갱신되리라고 전망하지는 않지만, 부분적 기능 회복은 가능하리라고 생각한다. 그렇게 전망하는 학자들은 WTO 무역 규범의 틀에서 다자간 자유무역협정과 지역 무역협정이 체결되어 WTO체

---

7 세 가지 시나리오에 관한 개략적 설명으로는 서진교·이천기·이주관·김지현·정명화, 「WTO체제의 구조적 위기와 한국의 신 다자협상 대응 방향」, 175ff.를 보라.

제의 결핍이 보완되어 온 것을 중시하고, 그러한 보완이 계속될 수 있으리라고 기대한다. 그러나 WTO체제 안에 수많은 다자 무역체제가 들어서고 메가 단위의 무역협정체제가 구축된다면, WTO체제는 껍데기만 남을 수도 있다. WTO의 기능 회복과 관련해서는 무역정책심의기구(TPRM)와 무역분쟁기구의 민주적 통제가 중요한 이슈이지만, 그것은 WTO 거버넌스의 근본적 개혁에 관한 사항이기에 그 가능성을 전망하기가 쉽지 않다.

마지막으로 미국과 중국의 패권 경쟁이 통화·경제권의 블록화로 귀결된다면 WTO체제를 대체하는 기구를 마련하지 않을 수 없다는 의견이 제시되고 있다. 미국을 정점으로 한 가치동맹 세력이 별도의 경제협력체를 구축하려는 시도는 이미 IPEF의 출범에서 나타났기에 WTO체제의 대안을 모색하는 것은 불가피한 선택일 수 있다. 그러나 통화·경제권의 블록화가 세계대전으로 치달았던 경험이 있는 인류는 통화·경제권의 블록화를 피하는 방안을 찾아야 할 것이다.

WTO체제는 위에서 말한 세 시나리오 가운데 어느 한 시나리오에 따라 움직이지 않고, 여러 시나리오가 서로 교차하면서 복잡하게 발전할 공산이 크다. 미국을 정점으로 한 가치동맹국들은 WTO체제를 대체하는 기구를 창설하겠다고 위협하면서 WTO체제를 개혁하는 방안을 관철하려고 들 수도 있다. 어쩌면 미국 중심의 가치동맹국들은 WTO체제의 기본 틀을 깨뜨리지 않은 채 그들의 경제적 이익을 최대화하는 경제공동체를 형성하는 기회주의적 절충에 나설 수도 있다. 그러한 경제공동체의 형성은 배타적인 통화·경제 블록의 외양을 띠지 않으면서도 그 공동체의 구성 국가들이 다자간 무역협정이나 지역 무역협정보다 더 많은 이익을 추구하도록 설계될 수도 있다.

그러나 위에서 말한 그 어떤 방책도 한정된 지구 자원을 갖고서 오늘의 세대와 미래의 세대가 노동권을 실현하고 생태계를 보전하면서 높은 수준의 복지를 구가하는 세상을 형성하는 데 이바지하는 무역체제를 형성하는 방안일 수 없다. 상품과 자본의 자유로운 이동을 보장하는 자유무역이 경제성장을 가속한다고 해서 고용이 늘고, 복지가 증진되고, 생태계가 보전되지는 않는다. 자유무역이 불러들이는 급속한 경제성장은 세계 곳곳에서 수많은 사람을 가난과 질병과 생태계 위기의 소용돌이에 빠뜨려 왔다. 미래의 무역체제는 그러한 자유무역의 그림자를 지우고, 사회정의와 생태학적 정의의 이름으로 노동하는 사람들을 보호하고 생태계를 보전하는 데 이바지해야 한다. 그러한 새로운 무역체제는 자유무역을 절대화하는 신화와 교리에서 벗어나 사회적이고 생태학적인 민주주의의 원칙에 따라 규율되는 무역체제다. 그러한 무역체제는 각각의 국민경제가 높은 수준의 내포적인 발전을 이룩하는 데서 출발하기에 상품과 자본의 국제적 이동을 최소화하고, 무역에 나서는 국가들의 선린 우호 관계를 강화하는 데 이바지해야 한다.

미래의 무역체제를 관리하는 기구는 WTO를 해체하고 새롭게 구성되는 과정을 밟지 않으면 안 될 것이다. 새로운 무역기구의 총회와 각료회의는 WTO처럼 구성되어서는 안 된다. WTO 총회와 각료회의는 1국가 1표의 대의제 원칙에 따라 조직되고 의사결정을 하면서도 WTO 거버넌스의 비민주성과 비효율성을 극복하지 못했다. 그것은 WTO 총회와 각료회의를 구성하는 국가 대표들이 민주적으로 선출되고 소환되는 절차가 없었기 때문이다. 만일 WTO 총회와 각료회의의 대의원들이 정치, 경제, 금융, 산업 분야의 엘리트들로 배타적으로 임명되지 않고, 각 나라 민중이 직접 선출하고 소환되는 대표들로 구성되었다면, WTO 총회와 각료회의의 의사결정 과정은 서로 각축하는 상품과 자본의 논리에 휘둘려 경색되지 않고 훨씬 더 유연하게 진행될 수 있었을 것이다. 무역 규범의 개정이나 제정으로 인해 선진국과 개발도상국의 이해관계가 서로 충돌할 때 상품과 자본의 이해관계에 따라 판단하는 엘리트들은 출구를 찾기 어려울 것이지만, 민중의 대표들은 노동권 보호, 생태계 보전, 복지의 증대에 초점을 맞추어 선진국과 개발도상국의 이익 균형을 모색하는 해법을 찾을 수 있다. 그것이 경제와 금융의 지구화에 맞서서 세계사회포럼(World Social Forum)에 모인 민중이 보여준 경험과 지혜다. 선진국 대의원들이 앞장서서 선진국이 무역과 투자를 통해 얻는 이익의 상당 부분을 개발도상국으로 이전하여 개발도상국의 사회발전과 생태계 보전에 이바지하는 무역 규범을 짜려고 하는데, 개발도상국 대의원들이 그것에 반대할 이유가 있겠는가?

무역기구의 총회와 각료회의가 민주적으로 선출되고 소환될 경우 총회와 각료회의의 의사결정은 WTO에서처럼 만장일치 방식에 얽매일 까닭이 없다. 중요한 것은 총회가 통상 분야별 위원회를 직접 선출하여 구성하는 것이다. 그렇게 구성된 통상 분야별 위원회가 안건을 심의하여 절대다수의 동의로 처리하면, 그 안건은 각료회의 대의원 4분지 3의 동의를 거쳐 총회에 의제로 올라가고, 총회는 대의원 4분지 3의 찬성으로 안건을 의결하는 절차를 밟도록 한다. 그러한 의사결정은 민주적 정당성을 확보하는 데 무리가 없다.

무역 규범의 이행을 촉진하고 감독하는 기구는 통상 전문가들이나 통상 분야 관료들로 배타적으로 구성되어서는 안 되고, 노동문제와 환경문제를 다루는 전문가들이 다수를 이루도록 구성되어야 마땅하고, 그 기구의 위원은 무역기구의 총회가 임명하는 것이 민주주의 원칙에 합치한다. 민주적으로 선출된 총회가 사회적이고 생태학적으로 정교하게 규율되는 무역 규범을 제정하거나 수정하는 권능을 행사한다면, 그 무역 규범의 이행을 촉진하고 감독하는 기구는 민주적인 총회의 권위에 의해 구성되는 것이 마땅하다.

무역 규범을 이행하는 데서 발생하는 분쟁을 해결하는 기구 역시 민주적으로 구성되고 통제되는 것이 합당하다. 무역분쟁기구의 패널과 상소기구는 민주적으로 구성된 총회에 의해 선출·소환되고, 환경 전문가와 노동 전문가가 패널과 상소기구 위원 총수의 과반을 점하는 것이 사회적이고 생태학적으로 규율되는 무역 규범의 취지에 부합한다.

WTO처럼 관료적이고 비민주적으로 구성된 기구를 해체하고 세계 민중이 민주적으로 구성하고 통제하는 기구로 대체하는 것은 매우 어려운 일이다. 무역과 투자의 영역을 관장하는 국가기구와 국제기구는 가장 권위적이고 가장 강력한 기구다. 아마 각 나라의 민중이 노동과 자본의 권력을 제도적 균형 상태에 올려놓는 동시에 자연의 권리를 헌법에 규정하여 경제계와 생태계의 균형을 제도화하는 길로 나아가지 않는다면, 사회적이고 생태학적인 무역 규범을 제정하고 그 규범의 이행을 촉진하는 새로운 무역체제는 구축될 수 없을 것이다. 따라서 사회적이고 생태학적으로 규율되는 무역체제는 사회적이고 생태학적인 경제민주주의의 일국적 성취와 세계적 성취의 열매로 맺힐 것이다.

3. 소결

제2차 세계대전 이후 견고하게 유지되어 왔던 자유무역체제는 미국과 중국의 무역 갈등, 팬데믹, 전쟁, 지역분쟁 등을 통한 긴 가치생산 사슬의 교란 등으로 인해 위기에 빠져들고 있고, 미국을 정점으로 '가치동맹'을 구축하는 세력과 중국과 러시아가 주도하는 BRIC와 글로벌 사우스 세력이 서로 대립하면서 달러 패권체제가 흔들리고 통화·경제권의 블록화가 가시화되고 있다. 보호무역주의가 점점 더 큰 힘을 얻게 되는 상황이 조성되고 있는 것이다.

WTO체제는 무역 환경의 변화에 대응해서 새로운 무역 규범을 제시할 역량을 발휘하지 못하고 있다. 그러한 WTO는 현재의 교착 상태에서 헤어 나오지 못한 채 존속하든지, 일부 기능을 회복하고 FTA와 RTA 등과 공존하든지, 아예 해체의 길로 가서 다른 무역기구로 대체되든지 할 것이다.

물론 현재의 자유무역체제가 안고 있는 내부의 갈등과 분열 때문에 자유무역을 보호무역으로 대체하는 것이 바람직한 길은 아니다. 역사적으로 보호무역과 통화·경제권의 블록화는 인류를 거대한 전쟁의 소용돌이로 몰아넣었다. 자유무역이 선린 우호 관계를 촉진하는 역할을 한다는 것을 무시해서는 안 된다. 그러나 자유무역 교리로 무장한 현재의 WTO체제를 그대로 내버려 둘 수는 없는 일이다. WTO체제는 자유무역으로 묶인 세계 여러 나라 경제를 구조적으로 왜곡하고 사회적 가난과 생태학적 재앙을 악화시키고 있다. 따라서 현재의 자유무역체제는 해체되고 다시 구성되어야 한다.

새로운 무역체제는 사회적이고 생태학적인 경제민주주의의 관점에서 구성되어야 한다. 그 출발점은 수출지상주의를 불식하고, 사회적이고 생태학적인 관점에서 규율되는 각 나라 국민경제가 선린 우호 관계를 유지하도록 무역 규범을 마련하는 것이다. 그러한 무역 규범을 마련하고 집행하는 무역기구의 거버넌스는 민중을 중심으로 아래로부터 선출되는 대표들이 통제하는 민주적인 구조를 갖추어야 한다.

맺음말

제XI부에서 필자는 먼저 무역의 역사를 개관하면서 무역이 약탈과 군사적 무장을 불사할 정도로 치열한 사업이었고, 중상주의 국가가 잘 보여주듯이 국가의 중대사였고, 자유무역과 보호무역이 각축을 벌이다가 두 차례의 세계전쟁을 거친 뒤에야 자유무역 교리에 따라 세계무역 체제가 자리를 잡았고, 이제는 경제의 지구화에 이르게 되었음을 살폈다.

경제의 지구화는 상품과 자본이 국가의 경계를 넘어서서 지구 곳곳에서 매끄럽게 움직이는 세계 경제의 한 국면을 가리킨다. 경제의 지구화는 생산, 소비, 분배, 금융 등을 유기적으로 결합하는 지구적 차원의 네트워크들을 형성하고, 그 네트워크들은 중층적으로 결합하면서 거대한 망을 형성한다. 그 어떤 국민경제도 그 망을 떠날 수 없고, 그것은 기업과 가계도 마찬가지다. 무역과 투자의 자유화는 국제적인 공정 분할과 외주화를 발전시켰고, 국경을 가로지르는 긴 가치생산 사슬을 형성했고, 상품과 서비스와 자본의 이동량을 천문학적으로 증가시켰다.

경제의 지구화가 급속도로 진행되는 동안 상품과 자본의 자유로운 이동은 전 세계 모든 나라와 국민에게 번영과 복지를 가져다준다고 옹호되었다. 그러나 실상은 크게 달랐다. 무역과 투자의 자유화는 선진국과 개발도상국의 노동자들을 공격하고, 생태계를 심각하게 파괴했다. 달러 패권 아래서 개발도상국의 무역수지 흑자는 대부분 미국으로 환류하여 개발도상국에서 노동권을 보호하고 사회복지를 증진하고 생태계를 보전하는 데 필요한 물적 기반을 충분히 마련하는 데 사용될 수 없었다.

　그러한 문제는 경제의 지구화를 이끌어가는 WTO의 자유무역 규범 체계에 근본적인 문제가 있다는 것을 의미한다. GATT의 자유무역 교리를 이어받은 WTO의 설립협정과 부속협정들은 오직 자유무역과 공정경쟁의 보장만을 법적 의무로 규정하고 있을 뿐, 노동권 보호와 환경 보호를 법적 의무로 규정하는 조항은 WTO체제의 무역 규범에서는 그 어디서도 찾아볼 수 없다. 노동권 보호와 환경보호를 위해 무역을 제재하거나 관련 소송을 제기하는 일은 WTO체제에서는 극히 드물었고, 1998년 EC-석면 소송과 2001년의 '새우와 거북 소송 II'를 제외하고는 성공하지 못했다. 사회적 덤핑과 생태학적 덤핑에 직면한 미국과 EU는 GATT 시절뿐만 아니라 WTO체제가 들어선 뒤에도 사회 조항과 생태학적 조항을 무역 규범에 통합하고자 시도했으나 그러한 시도는 자유무역을 절대화하는 무역체제의 벽을 넘지 못했다. WTO체제는 1998 ILO 선언과 그 후속 조치, 다자간 환경협정, 국제법적 효력을 갖는 환경 규범이 보호무역을 위한 구실이 되어서는 안 된다는 태도를 완강하게 고수하고 있다.

　WTO의 규범 체계에 변화를 주려는 시도는 도하 개발 라운드의 핵심적인 관심사였다. 도하 개발 라운드는 무역 환경의 변화에 대응해서 새로운 무역 규범을 만들고, 제 기능을 발휘하지 못하는 WTO의 거버넌스를 재정비하고자 시도했으나, 그러한 노력은 결실을 보지 못했다. 그러한 상황에서 EU와 미국은 「GATT 1994」 제24조가 WTO체제에서 용인하는 FTA와 RTA의 틀에서 사회 조항과 생태학적 조항을 무역 규범에 통합하고자 시도했고, 미약하게나마 성과를 거두었다. 또한 EU와 미국은 온실가스 배출량 감축을 강력하게 요구하는 파리협정의 취지에 따라 탄소국경조정을 제도화하고자 했다.

최근에 자유무역체제는 근본적인 도전에 직면하고 있다. 미국과 중국의 패권 경쟁은 미국을 정점으로 한 가치동맹 국가들을 중심으로 중국을 고립시키고 배제하는 경제협력체 형성을 촉진하고, 중국 역시 위안화 통화·경제권 형성에 박차를 가하고 있다. 거기 더하여 WTO 거버넌스는 무역 환경의 변화에 대응하지 못하는 극도의 비효율성과 비민주성을 보이고 있고, WTO의 개혁은 거의 불가능하다고 여겨지고 있다.

위에서 말한 여러 가지 문제점들을 고려할 때, WTO체제의 대안을 모색하는 것은 당연하다. 그러한 대안은 무역과 투자의 자유로 인해 체계적으로 왜곡된 국민경제와 지구 경제의 관계를 정상화하는 데 이바지하고, 사회적이고 생태학적인 무역 규범을 마련하고, 세계 무역 거버넌스를 민주화하는 데 초점이 맞추어져야 할 것이다. 그 핵심 내용을 몇 가지 간추린다면 첫째, 대안적인 무역 규범은 국민경제가 높은 수준의 자급 능력과 내포적 발전 능력을 갖추고 지구 경제에 개방적일 수 있도록 촉진하는 제도를 전제한다. 그러한 제도는 브레턴우즈 협상에서 케인즈가 내놓은 구상에서 엿볼 수 있는 바와 같이 아래의 세 가지 요건을 충족해야 한다. 1) 국민경제 사이에서 거래가 공정하게 이루어질 수 있도록 각각의 국민경제에 대해 중립적인 성격을 띠는 세계화폐를 창설한다. 2) 무역적자국과 무역흑자국이 외환 고갈 문제에 공동으로 책임지는 국제청산 시스템을 마련한다. 3) 무역적자국의 사회발전과 경제발전을 무상으로 지원할 수 있는 개발부흥은행을 운영한다. 그 세 가지 요건 가운데 어느 하나라도 충족되지 않는다면 나라들 사이의 지속 가능한 선린 우호의 무역 관계는 수립될 수 없다.

둘째, 그러한 선린 우호 무역의 지속가능성을 뒷받침하는 제도적인 틀을 마련하는 것만큼 중요한 것은 무역과 투자를 규율하는 사회적이고 생태학적인 무역 규범을 마련하고, 그 이행을 촉진·감독하고, 무역 규범의 이행에서 비롯되는 분쟁을 해결하는 것이다. 무역은 그 자체가 목적일 수 없다. 오늘의 무역체제는 자유무역을 최고의 목적으로 설정했다. 그렇기에 자유무역은 사회적 의무와 생태학적 의무로부터 자유로운 무역이 되었고, 자유무역의 교리는 무역을 위해 국민경제의 내포적 발전과 사회적 통합과 생태계 보전을 아랑곳하지 않는 수출지향적 경제체제를 뒷받침하는 이데올로기가 되었다. 그러한 자유무역의 교리와 이데올로기는 분쇄되어야 한다. 무역은 국민경제의 내포적 발전과 자급 능력을 보조하는 수단이어야 하고, 무역과 투자의 자유는 사회적 책임과 생태학적 책임을 면제받을 수 없다.

셋째, 그러한 무역체제를 지구적 차원에서 관장하는 무역기구는 민주적인 거버넌스를 갖추어야 한다. 사회적이고 생태학적인 무역 규범을 제정하는 총회와 각료회의의 대의원을 각 나라 민중이 직접 선출·소환하고, 그 총회가 무역 규범의 이행을 촉진·감독하는 무역진흥감독기구와 무역 규범의 이행을 둘러싼 분쟁을 해결하는 분쟁해결기구를 선출하고 소환한다면, 무역기구의 거버넌스는 민주성과 효율성을 확보할 수 있을 것이다.

책을 마무리하면서

    이 책에서 필자는 기독교경제윤리의 관점에서 시장경제를 규율하는 이치와 그 구체적 방안을 제시하고자 했다. 그것은 시장경제가 한 나라뿐만 아니라 지구적 차원에서도 사회적 가난과 생태계 위기를 불러일으키는 양상과 그 근본적인 이유를 분석하고, 생태계를 보전하는 조건 아래에서 모두가 경제적 성과를 공평하게 배분받을 수 있도록 시장경제를 규율하는 방침을 밝히는 일이다.

    필자는 사회적 가난을 불러일으키는 자본의 축적과 팽창의 메커니즘이 생태계 위기를 불러들이는 장본인이라는 인식에서 출발하여 사회적이고 생태학적인 경제민주주의의 관점에서 작업장, 공장과 기업, 산업 부문, 국민경제, 지구 경제 등 시장경제의 모든 층위에서 자본의 축적과 팽창의 메커니즘을 제어할 수 있는 제도적 장치들을 구상하는 지침을 제시하고자 했다. 그러한 제도 규율의 지침은 노동권과 소유권의 상호 불가침성과 상호 제한성을 인정하고 자연의 권리를 승인하는 것을 초점으로 삼으며, 참여의 원칙, 생태계 보전의 원칙, 정의의 원칙,

인간 존엄성의 원칙을 그 바탕으로 삼는다. 그 네 가지 원칙은 기독교경제윤리에서 경제제도의 문제를 판단하는 기준이 되고, 경제제도의 형성을 이끌어가는 지침으로 정교하게 구체화된다. 필자는 앞에서 말한 내용을 본서의 제I부에서 제XI부에 이르기까지 차근차근 풀어나갔다.

1. 기독교경제윤리의 이론을 다룬 제I부에서 필자는 기독교경제윤리의 이론을 전개했다. 기독교경제윤리의 이론에서 중요한 것은 기독교경제윤리의 위상과 과제, 기독교경제윤리와 사회과학적 현실 분석의 관계, 기독교경제윤리의 규범과 지침 등을 규명하는 일이다. 기독교경제윤리는 사회윤리의 위상에서 경제제도의 문제를 윤리적으로 판단하는 원칙을 밝히고, 경제제도를 규율하는 지침을 제시하는 것을 과제로 삼는다. 그 과제를 수행하기 위하여 기독교경제윤리는 경제제도의 조직과 운용 원리에서 비롯되는 문제들에 관한 인식, 윤리적 규범의 정립과 소통적 정식화, 윤리적 원칙에 따라 경제제도를 규율하는 지침의 제시 등을 유기적으로 결합한다. 기독교경제윤리는 사회과학적 현실 분석과 관련해서 인간이 제도 형성의 주체임을 망각하게 하는 제도적 강박의 탈피, 경제 법칙에 대한 미신의 타파, 시장 질서의 자생성 신화의 폐기, 이데올로기 비판, 현실 관계들에 대한 역사적-구조적 인식 등을 강조한다. 기독교경제윤리의 규범은 참여의 원칙, 생태계 보전의 원칙, 정의의 원칙, 인간 존엄성 보장의 원칙 등 네 가지이며, 그 규범들은 하나님의 정의로운 통치를 향한 도상에서 길을 잃지 않게 하는 이정표의 역할을 맡는다.

2. 시장경제의 근본 문제를 다룬 제II부에서 필자는 19세기 초에 시

장경제가 하나의 경제체제로서 탄생한 뒤에 시장경제체제가 자유주의적 시장경제, 국가개입주의적 시장경제, 신자유주의적 시장경제 등과 같이 다양한 방식으로 운영되고 복잡하게 발전해 온 과정을 개괄하고, 시장경제가 경제체제의 수준에서 드러내는 근본적인 문제들을 생태계와 경제계의 관계, 노동과 자본의 관계, 생산자본과 화폐자본의 관계, 시장과 국가의 관계, 국민경제와 지구 경제의 관계에 초점을 맞추어 분석했다.

시장경제체제의 근본적인 문제들은 시장경제의 세 가지 행위 주체인 기업과 가계와 국가가 제도화되는 방식, 자연과 노동력과 자본이 생산요소로 제도화되는 방식, 화폐자본이 금융체제를 구축하여 실물경제를 수탈하는 방식, 국민경제와 세계경제의 관계를 규율하는 포스트-브레턴우즈체제의 작동 방식 등에서 또렷이 드러난다. 자연의 망각, 자본의 노동 포섭, 자본의 축적과 팽창, 대량생산과 대량소비, 부채 경제의 확장, 사회적 가난과 생태계 위기의 내적 연관, 시장의 보상을 받는 노동과 보상받지 못하는 노동의 구획, 비물질적 노동과 플랫폼노동의 확산, 경제적 합리성의 절대화 경향, 가격 장치의 실패와 불완전성, 달러 패권체제와 지구적 공납체제, 금융 수탈의 제도화, 자유무역 규범의 교조화, 포스트-브레턴우즈체제의 지속 불가능성과 비민주성 등이다.

큰 틀에서 보면 시장경제체제의 근본 문제들은 시장경제체제가 경제의 생태학적 연관에 부합하지 못한 데서 비롯된 것이고, 노동의 자본에 대한 종속 관계에서 다양하게 발현된 것이다. 한마디로 생태계 위기와 사회적 가난은 자본의 축적과 팽창의 메커니즘을 통해 서로 맞물려 있다. 사회적 가난과 생태계 위기는 경제의 지구화를 통해 지구적 차원으로 확산하고 있고, 그러한 경제의 지구화는 거대한 규모로 축적된 화폐자본이 추종하는 금융화와 긴밀하게 맞물려 있다. 따라서 그 근본 문제들을 해결하기 위해서는 경제의 생태학적 연관에 충실하고, 자본의 노동 포섭을 해체하고, 금융적 수탈체제를 종식하는 제도적인 방안을 찾아야 한다.

3. 사회적이고 생태학적 경제민주주의를 모색한 제III부에서 필자는 경제민주주의가 시장경제체제를 규율하는 유력한 방식이라는 것을 논증했다. 이를 위해 먼저 마르크스의 코뮌주의 경제 구성과 유고슬라비아의 노동자자주관리 실험, 페이비언 사회주의자들과 길드 사회주의자들의 경제민주주의 구상, 독일에서 구상되고 실천된 경제민주주의, 스웨덴의 임노동자기금에 구현된 경제민주주의 구상 등 경제민주주의의 다양한 구상과 실험을 분석했고, 그다음에 경제민주주의 구상과 실험의 역사로부터 경제민주주의의 합리적 핵심을 파악하고, 그 합리적 핵심을 살려 나가면서 우리 시대의 도전에 대응하는 경제민주주의의 새로운 과제들을 제시하고자 했다.

경제민주주의는 애초에 자본주의 사회에서 자본의 독재를 해체하고 노동과 자본의 관계를 민주화하려는 정치-사회적 기획이었다. 오늘의 생태계 위기와 금융과 경제의 지구화에서 비롯된 파국적 상황에서 경제민주주의는 생태계와 경제계의 이익 균형을 실현하고 금융과 경제의 지구화에 대응해서 지구 경제 차원에서 사회정의와 생태학적 정의를 실현하는 포괄적인 과제를 떠안게 되었다. 사회적 경제민주주의가 생태학적 경제민주주의와 유기적으로 결합하여 사회적이고 생태학적인 경제민주주의로 정립되고, 거기 더하여 지구적 차원으로 그 지평을 넓히게 되면, 우리 시대의 경제민주주의는 지구적 전망을 갖는 사회적이고 생태학적인 경제민주주의라는 이름을 갖게 된다. 그러한 경제민주주의는 AI와 제4차 산업혁명의 도전에 대응하는 좌파 가속주의의 비전을 공유하면서도 새롭게 등장하는 노동 문제와 생태계 위기 문제를 푸는 현실주의적인 방안을 제시할 역량을 갖추어야 한다.

4. 시장경제의 생태학적 규율을 논한 제IV부에서 필자는 생태학적 경제민주주의의 관점에서 시장경제를 규율하는 방안을 제시하고자 했다. 시장경제의 생태학적 규율은 생태계 보전의 조건 아래에서 시장경제를 운영하는 것을 뜻한다. 필자는 그러한 생태학적 시장경제 운영에는 최소한 네 가지가 필요하다고 생각한다.

첫째는 자연의 권리에 바탕을 두고 생태학적 법치국가를 창설하고, 그 틀에서 생태학적 경제민주주의를 제도화하는 것이다. 둘째는 자연을 소유의 대상으로 삼을 수 있도록 설계된 근대적 소유권 개념을 해체하고 생태계 보전을 제도적으로 뒷받침하는 생태학적 소유권 개혁을 시행하는 것이다. 셋째는 시장경제의 조정 메커니즘인 가격 장치가 자연의 고유한 가치와 경제적 기여를 가격으로 반영하지 못해서 시장경제를 생태학적으로 규율하는 데 아무런 구실도 하지 못하는 상황을 극복하기 위해 가격 장치를 생태학적으로 보완하는 것이다. 마지막 넷째는 생태계가 경제 성과를 창출하는 데 이바지한 몫을 생태계에 돌려주는 생태학적 소득분배를 국민경제 수준에서 설계하는 것이다.

5. 시장경제의 사회적 규율을 다룬 제V부에서 필자는 사회적 경제민주주의의 관점에서 시장경제를 규율하는 방안을 모색했다. 필자는 무엇보다도 먼저 사회적 경제민주주의가 노동권과 소유권의 상호 불가침

성과 상호 제한성을 인정하는 사회적 헌정 질서를 바탕으로 하고, 노동의 권력이 자본의 권력을 압도하거나 최소한 두 권력이 균형을 이루는 조건에서 활성화될 수 있다는 점을 강조했다. 그다음에 필자는 작업장, 사업장과 기업, 산업 부문, 국민경제 차원에서 자본의 독재를 해체하고 노동과 자본의 민주적 관계를 실현하는 구체적 방안을 제시했다.

첫째, 작업장의 민주화와 인간화는 포드주의적 노동체제, 포스트-포드주의적 노동체제, 인공지능과 자동화가 실행되는 노동체제에서 각기 다르게 모색되어야 하지만, 그 핵심은 노동자가 그 어떤 노동체제서든 존엄한 인간으로서 자주적이고 주체적으로 일할 수 있어야 한다는 점을 강조했다.

둘째, 사업장과 기업 차원에서 자본의 독재를 해체하는 것과 관련해서 필자는 노동과 자본의 공동결정이 갖는 의의를 강조했다. 노동과 자본의 공동결정은 노동권과 소유권의 상호 불가침성과 상호 제한성의 원칙에 따라 노사 동수로 구성되어야 한다. 필자는 그러한 원칙에 비교적 충실한 독일의 몬탄 공동결정제도의 성취와 한계를 검토하고, 그밖에 독일에서 「사업장조직법」과 「공동결정법」에 따라 제도화된 공동결정제도의 한계와 문제를 분석했으며, 우리나라에서 법제화된 노동자의 경영참가와 노사 협력의 문제를 분석하고 평가했다. 필자는 우리나라에서 사업장과 기업 수준의 노사 공동결정제도를 설계할 때 기업의 사회정책에 관한 노동과 자본의 완전한 공동결정, 인사정책에 관한 공동관여, 경제정책에 관한 사전 동의와 사회계획에 관한 공동결정 등을 실현하는 방안을 찾아야 한다고 제안했고, 기업 수준에서는 경영이사회를 감독하는 강력한 권한의 감독위원회를 별도로 두고, 그 감독위원회를 노사 동등성 원칙에 따라 구성하여 노사 공동결정 제도를 창설하는 방안을 제시했다.

셋째, 산업 부문에서는 노동과 자본이 이해관계를 놓고 첨예하게 대립하고 갈등하는 현실을 인정하고 노동과 자본의 투쟁과 교섭을 산별교섭 수준에서 제도화하는 것이 중요한 까닭을 논증했다. 노동자들은 산별 노동조합을 통해 자본과 대등하거나 자본을 압도하는 권력을 가질 때 비로소 장기적인 관점에서 일관성 있게 책임 의식을 갖고서 노동조건에 관한 협상을 이끌어갈 수 있다. 특수고용노동자들과 플랫폼노동자들이 산별 노동조합을 결성할 수 있도록 노동법 개정의 방향을 제시하고, 특히 플랫폼노동자들의 보호 입법의 논리를 제시했다.

넷째, 국민경제의 규율 차원에서는 국민경제의 사회적 규율과 생태학적 규율을 종합적으로 고려하는 것이 중요하다. 국민경제는 생태계와 경제계의 에너지-물질 순환 과정에서 매우 큰 경제 단위를 이루고, 국민경제의 규율이 노동과 자본의 사회적 관계뿐만 아니라 생태계에 미치는 영향이 엄청나기 때문이다. 국민경제를 규율하는 핵심 과제는 생태계 보전의 조건 아래에서 생산과 소비의 거시균형 조건을 결정하는 소득분배의 방침을 결정하는 것이다. 소득분배의 이론적 근거는 마르크스가 제시한 자본의 재생산 도식과 그 도식에 대한 오타 씨크의 해석이다. 거시경제 계획은 장기적인 관점에서 일관성 있게 국민경제를 규율하는 정책 조합으로 나타난다. 생태계 보전과 경제발전의 균형, 성장의 속도 조절, 성장과 복지의 조화, 내수와 수출의 균형, 물가안정, 재정과 금융의 민주적 통제 등은 거시경제 계획의 핵심 부분이고, 오늘의 시장경제를 교란하는 문제들에 대응하는 방안들은 거시경제 계획의 주요 부분이다. 거기에는 경제의 금융화에 편승한 지대추구 경제의 억제정책, 제4차 산업혁명과 일자리 소멸에 대응하는 정부의 공공투자 확대와 기본소득정책 등이 포함된다.

그러한 거시경제 계획을 수립하는 위원회는 사회적 경제민주주의 기구와 생태학적 경제민주주의 기구가 두 초점을 가진 타원형의 구조로 구성되며, 생태학적 의사결정이 사회적 의사결정에 앞서야 한다. 그것은 사전의 순서처럼 지켜져야 할 원칙이다. 사회적 경제민주주의 기구의 핵심적인 조직 원리는 노동과 자본의 동수 원칙을 구현하는 것이고, 생태학적 경제민주주의 기구는 생태계의 권익을 대표하는 대의원들과 경제계의 권익을 대표하는 대의원들의 동수 참가 원칙에 따라 구성된다.

6. 토지공개념과 지대공유제를 다룬 제VI부에서 필자는 우리나라 경제와 사회를 퇴행시키고 소득과 자산의 양극화를 불러들이는 부동산 불로소득의 문제를 분석하고, 그 문제를 해결하는 방안을 제시하고자 했다. 그 방안의 출발점은 토지공개념이다. 필자는 토지공개념이 성서의 희년법 정신을 완벽하게 실현한 것은 아니지만, 상당히 구현하고 있다고 평가한다. 부동산 불로소득을 근절하는 방안은 크게 세 가지다. 하나는 토지공개념을 강화하여 부동산을 통한 지대추구 행위를 근절하는 것이다. 다른 하나는 지대의 공유를 제도화하는 것이다. 마지막 하나는 국가가 주거 안정과 복지를 구현할 책임을 다하는 것이다.

7. 기본소득을 논하는 제VII부에서 필자는 사회적이고 생태학적인 기본소득 구상을 제시했다. 기본소득은 인공지능의 발달과 자동화의 확대를 가져오는 제4차 산업혁명으로 일자리가 빠른 속도로 소멸하는 현실에 대응하는 방안일 뿐만 아니라, 우리나라 사회와 경제를 생태학

적으로 전환하는 과정을 사회 친화적으로 촉진하는 방안으로서도 중시되어야 한다. 생태계 보전 없는 경제는 지속할 수 없고, 기본소득 없는 사회는 연대와 평화를 유지할 수 없다.

생태학적 지향을 갖는 기본소득 구상의 핵심은 사회적이고 생태학적인 경제민주주의의 관점에서 이루어지는 소득분배이다. 먼저 국민소득 가운데 6%를 생태계 보전을 위해 따로 떼어놓은 뒤에 생산과 소비의 거시균형 조건을 충족할 수 있도록 국민소득의 나머지 부분을 노동과 자본의 몫으로 분배한다. 노동의 몫은 다시 시장소득과 기본소득으로 나누고, 그 비율은 사회적 합의를 거쳐 결정한다. 잉여가치 개념을 수용하지 않는 국민계정, 지방세 연감, 국세청 자료 등을 활용해서 국민소득을 노동의 몫과 자본의 몫으로 적절하게 배분하는 방법을 마련하기 어렵지만 불가능하지는 않다. 필자는 소비세, 디지털세, 토지보유세, 탄소세, 노동소득세 인상, 기본소득 목적세, 시뇨리지 등 기본소득의 재원을 마련하기 위해 이제까지 논의된 방안들을 검토하고, 사회적이고 생태학적인 기본소득 재원 마련 방안의 차별성을 보여주고자 했다.

생태계 보전과 기본소득이 서로 결합하면 우리 사회와 경제를 운영하는 프레임은 확실하게 바뀔 것이다. 이제까지 시장에서 보상받지 못했던 가계 노동이 사회적으로 인정되고, 여성들은 가부장제의 굴레로부터 손쉽게 벗어날 것이다. 사회적이고 생태학적인 기본소득은 사람이 존엄한 삶을 유지하는 데 필요한 물질적 조건을 충족하면서 자율, 연대, 협동, 참여의 삶을 가꾸고 생태학적 부를 누리는 사회로 가는 징검다리의 역할을 할 것이다.

8. 재정과 금융의 민주화를 논한 제VIII부에서 필자는 정부의 화폐

발행자 지위를 회복하고 화폐자본에 재갈을 물리는 방안을 제시하고자 했다. 정부의 화폐 발행은 민주적으로 통제되어야 하고, 은행과 금융거래는 민주적으로 확립되는 은행 적대적인 규율 아래 놓여야 한다. 그것이 재정과 금융의 민주화를 이루는 방안이다.

그러한 방안을 이론적으로 뒷받침하기 위해 필자는 화폐의 기원과 본성에 관한 체계적인 연구에서 출발하여 통화주의, 현대 화폐 이론, 주권화폐론을 검토했고, 주권화폐론을 이론적으로 지지했다. 그것은 주권화폐론이 화폐의 기원과 본성에 가장 충실한 이론이기 때문이다. 현대 주권화폐론의 핵심 주장은 정부가 계산화폐의 단위를 정하고, 법정화폐를 결정하고, 법정화폐를 발행할 전권을 행사한다는 것이다.

주권화폐체제에서 재정과 금융의 민주적 통제를 실현하는 방안은 다음과 같다. 1) 주권화폐체제에서 정부는 독점적인 화폐 발행자의 권한을 행사하고, 은행과 화폐자본에 대해 초월적인 위치에 서서 은행제도와 금융체제를 규율한다. 2) 정부는 화폐 발행권을 중앙은행에 위임하고 시뇨리지 처리, 화폐 공급량 결정, 정부에 대한 신용 제공, 이자율과 할인율 등과 관련된 화폐 발행 4원칙을 천명한다. 3) 상업은행의 신용화폐 창조와 파괴는 금지되고, 상업은행과 투자은행은 엄격하게 분리되고, '그림자금융'은 규율된다. 4) 정부의 재정은 그것에 바탕을 둔 공공정책은 재정 운영과 공공정책 실행에 영향을 받는 사람들이 참여하는 공론화 과정을 통해 사회적 합의와 정치적 합의를 거쳐야 한다. 그것이 재정 운영과 공공정책을 민주화하는 방안이다. 5) 정부는 공공은행을 육성하여 사회적 경제 지원, 인내자본 형성, 투자자로서의 국가 활동, 거시경제 계획에 따르는 투자정책의 효과적인 실행 등의 업무를 수행하게 한다.

9. 달러 패권체제의 종식과 새로운 세계통화금융체제를 모색한 제 IX부에서 필자는 달러 패권체제의 형성과 그 체제의 작동 방식과 결과를 분석하고, 달러 패권체제를 대신하는 정의롭고 공정하고 호혜적인 세계통화체제를 수립하는 데 고려할 몇 가지 원칙을 제시했다.

달러 패권체제는 미국의 법정화폐인 달러를 무역결제와 금융결제의 기축통화로 설정하면서 미국의 화폐 권력이 국제 통화금융 질서를 규정하는 영향력을 행사하는 체제이다. 미국은 전 세계로부터 상품을 수입하고 그 대금으로 달러를 지불함으로써 전 세계에 달러를 공급하고, 상품 수출, 해외 투자 이익 환수, 국채 발행 등을 통해 전 세계로부터 달러를 환수하여 자본수지 균형을 맞춘다. 그러한 달러 순환은 달러 금태환본위제에 기반한 브레턴우즈체제가 붕괴하고 난 뒤에도 달러 본위제를 바탕에 둔 포스트-브레턴우즈체제에서 지속되고 있다. 한마디로 포스트-브레턴우즈체제는 국제 협정에 근거하지 않은 달러 본위제 중심의 체제 아닌 체제(non-system)이며, 화폐자본의 국제간 자유 이동에 바탕을 둔 촘촘한 화폐거래 네트워크체제이다. 그러한 포스트-브레턴우즈체제에서 미국은 천문학적인 경상수지 적자와 재정수지 적자를 매개로 해서 지구적 차원의 무역 불균형과 달러 환류 메커니즘을 작동시켜 전 세계의 잉여 저축을 끌어들인다. 그것은 미국을 정점으로 지구적 공납체제가 구축되었다는 것을 의미한다. 그러한 달러 패권체제는 지속가능성이 없다. 미국과 미국 금융기관들의 이익을 위해 국제 통화금융 질서를 체계적으로 왜곡하는 달러 패권체제는 해체되어야 한다.

달러 패권체제를 정의롭고 공정하고 호혜적인 세계통화금융 질서로 대체하고자 할 때, 그러한 대안적인 질서를 수립하는 기본적인 아이디어는 케인즈의 국제청산동맹안에서 찾을 수 있다. 새로운 세계통화금융 질서를 창설하려면, 국제적·법적 효력을 갖는 국제 협정에 근거해서 세 가지 지침을 확립하는 것이 중요하다. 1) 세계중앙은행을 설립하여 중립적인 세계화폐를 발행하고, 그 세계화폐를 기준으로 각 나라 통화의 가치를 결정한다. 2) 민중의 참여와 공동결정을 바탕에 두고 세계중앙은행의 거버넌스를 조직해서 세계중앙은행을 민주화하고 그 업무를 투명하게 한다. 3) 국제수지 적자국과 흑자국이 무역 불균형 해소에 공동 책임을 지게 하는 제도를 정교하게 설계한다.

10. 금융화의 대안을 논하는 제X부에서 필자는 금융화를 통해 금융 수탈체제가 확립되는 과정을 분석하고 그 대안을 제시하고자 했다. 금융화는 미국의 달러 패권이 지속되는 포스트-브레턴우즈체제에서 지구적 차원의 달러 순환을 배경으로 해서 화폐자본이 금융기관을 중심으로 실물경제를 지배하고 수탈하는 방식으로 진행한다. 금융화는 은행의 정부에 대한 우위를 바탕으로 정부의 재정 긴축, 화폐자본의 생산자본 수탈, 그림자금융의 팽창, 가계부채의 증가 등을 가져왔다.

그러한 화폐자본의 운동은 미국 금융시장에서 전형적으로 나타났다. 미국 금융시장에서 움직이는 화폐자본은 상업은행에서 창출되어 투자은행으로 흘러 들어간 은행화폐, 연기금, 거대한 달러 순환 과정을 통해 미국으로 환류한 달러였고, 미국 금융기관들은 부채담보부증권을 발행하고 유통하는 첨단 금융기법에 따라 가계부채의 화폐화까지도 마다하지 않았다. 미국 금융기관의 해외 투자는 미국 금융시장에서 전형을 이룬 화폐자본의 운동을 전 세계에 확산하였다. 그러한 금융화를 제어할 수 있는 규율 체계는 있으나 마나였고, 화폐자본의 공격적인 운동과 금융 수탈 메커니즘은 2008년 지구적 차원의 금융공황과 2011년

유로존 재정위기를 불러일으켰다. 그에 대응해서 미국과 유럽 중앙은
행은 화폐자본에 천문학적 이익을 안겨주는 양적완화정책을 집행했을
뿐이고, 미국과 유로존 국가들은 은행과 화폐자본을 제대로 규제하는
제도적 장치를 마련하지 않았다.

금융의 자유화와 지구화에 효과적으로 대응하기 위해서는 금융화의
핵심 기구인 은행 시스템과 금융거래 시스템을 개혁하고 규율하는 국
제적인 준칙을 마련하고, 이를 국제법적으로 뒷받침할 필요가 있다. 세
계 은행감독 기구로 행세하는 BIS는 은행 친화적인 은행감독 규범의
산실인 데다가 국제협약에 근거한 기구가 아니기에 국제법에 따라 국
제 은행감독 거버넌스를 창설하고 은행 적대적인 규율 준칙을 마련하
는 것이 중요하다. 국제 은행감독 거버넌스가 신자유주의적 금융화에
효과적으로 제동을 걸기 위해 제시해야 할 준칙은 최소한 다섯 가지다.
1) 상업은행이 창출한 신용화폐가 투자은행으로 흘러 들어가는 것을
전면 차단할 것, 2) 상업은행의 건전성 기준을 강화하고 상업은행의 부
실화에 대해 책임을 엄격하게 물어서 이익을 사유화하고 손실을 사회
화하는 일이 없도록 할 것, 3) 금융시장에서 강력한 권력이 집중되는
신용평가제도를 민주화할 것, 4) 투자은행의 책임성을 강화하고 그림
자금융의 거래 규모와 속도를 효과적으로 규제할 것, 5) 금융소득 과세
의 국제적 기준을 마련하고 조세회피를 차단하는 금융 장치를 법제화
할 것 등이 그것이다.

11. 사회적이고 생태학적 경제민주주의의 관점에서 지구 경제를 규
율하는 방안을 모색하는 제XI부에서 필자는 무역의 역사를 개관하는
데서 출발했다. 무역은 약탈 무역, 보호무역, 자유무역, 전쟁 무역 등의

곡절을 겪다가 제2차 세계대전 이후에 비로소 GATT와 그 후속 기구인 WTO의 자유무역 교리에 따라 경제의 지구화를 추동했다. 경제의 지구화는 상품과 자본이 국가의 경계를 넘어서서 지구 곳곳에서 매끄럽게 움직이는 세계 경제의 한 국면을 가리킨다. 경제의 지구화는 전 세계 모든 나라와 국민에게 번영과 복지를 가져다준다고 옹호되었으나, 무역과 투자의 자유화는 선진국과 개발도상국의 노동자들을 공격하고 생태계를 심각하게 파괴했다. 그것은 WTO가 규율하는 자유무역체제가 잘못 설계되었기에 나타난 결과다.

WTO의 설립협정과 부속협정들은 오직 자유무역과 공정경쟁의 보장만을 법적 의무로 규정하고 있을 뿐 노동권 보호와 환경보호를 법적 의무로 규정하는 조항은 WTO체제의 무역 규범에서는 그 어디서도 찾아볼 수 없다. 노동권 보호와 환경보호를 위해 무역을 제재하거나 관련 소송을 제기하는 일은 WTO체제에서는 극히 드물었고, 1998년 EC-석면 소송과 2001년의 '새우와 거북 소송 II'를 제외하고는 성공하지 못했다. EU와 미국은 사회적 덤핑과 생태학적 덤핑을 방지하기 위해 WTO 규범 체계에 변화를 주려는 시도가 실패하자 FTA와 RTA의 틀에서 사회 조항과 생태학적 조항을 무역 규범에 통합하고자 시도했고, 미약하나마 성과를 거두기도 했다. EU와 미국은 온실가스 배출량 감축을 강력하게 요구하는 파리협정의 취지에 따라 탄소국경조정을 제도화하고자 했다. 중요한 것은 자유무역이 노동권 보호와 생태계 보전으로부터 자유로운 무역이어서는 안 된다는 것이다.

최근에 미국과 중국의 패권 경쟁이 미국을 정점으로 한 가치동맹 국가들을 중심으로 중국을 고립시키고 배제하는 경제협력체 형성을 촉진하고, 중국 역시 위안화 통화·경제권 형성에 박차를 가하면서 자유무역체제는 근본적인 도전에 직면하게 되었다. 또한 WTO 거버넌스가 무역 환경의 변화에 대응하지 못하는 극도의 비효율성과 비민주성을 보인다는 점, WTO의 개혁이 거의 불가능하다는 점이 문제로 지적되고 있다.

위에서 말한 모든 점을 고려할 때, 무역과 투자의 자유를 기치로 내건 WTO체제의 대안을 추구하는 것이 마땅하고, 그러한 대안은 세 가지 요건을 충족해야 한다. 첫째는 사회적이고 생태학적인 관점에서 무역과 투자를 규율하는 무역 규범을 제정하는 것이다. 둘째는 국민경제가 지구 경제에 개방적인 자세를 취하면서도 최대한 내포적 발전의 길을 갈 수 있도록 촉진하는 제도를 마련하는 것이다. 그러한 제도의 기본 설계도는 일찍이 브레턴우즈 협상 때 케인즈가 제시한 구상에 어느 정도 그려져 있다. 그것은 1) 무역에 나서는 국가들에 대해 중립적인 화폐를 발행하는 초국가적인 중앙은행을 설립하고, 2) 국제 결제 수단의 부족을 해결하기 위해 무역적자국과 무역흑자국이 공동으로 책임을 지는 방식으로 국제 청산 시스템을 구축하고, 3) 무역적자국의 사회개발과 경제개발을 위해 무상의 개발자금을 대여하는 초국가적인 개발부흥은행을 설치하는 것이다. 마지막 셋째는 민주적인 세계 무역 거버넌스를 확립하는 것이다. 사회적이고 생태학적인 무역 규범을 제정하는 총회와 각료회의의 대의원을 각 나라 민중이 직접 선출·소환하고, 그 총회가 무역 규범의 이행을 촉진·감독하는 무역 진흥 감독 기구와 무역 규범의 이행을 둘러싼 분쟁을 해결하는 분쟁 해결 기구를 선출하고 소환하는 것이 민주적인 거버넌스의 핵심이다.

필자는 기독교경제윤리의 규범에 근거하여 사회적이고 생태학적인 경제민주주의의 관점에서 시장경제의 여러 층위에서 노동과 자본의 관계를 민주화하고, 생태계와 경제계의 이익 균형을 실현하고, 화폐자본이 실물경제의 발전에 봉사하도록 시장경제를 규율하는 방안에 관한 논의를 마무리하면서 몇 마디 더 말하고 싶은 것이 있다.

경제는 불변의 법칙에 지배되지 않는다. 경제는 어쩔 수 없는 숙명 같은 것이 아니다. 경제는 사람들이 뜻을 모으고 힘을 모아 만들어가는 제도다. 시장경제는 사람들이 인간의 존엄성을 지키며 함께 살아갈 수 있도록 규율될 수 있다. 시장경제는 작은 사람들을 가난에서 해방하고 생태계를 보전하면서 발전할 수 있다.

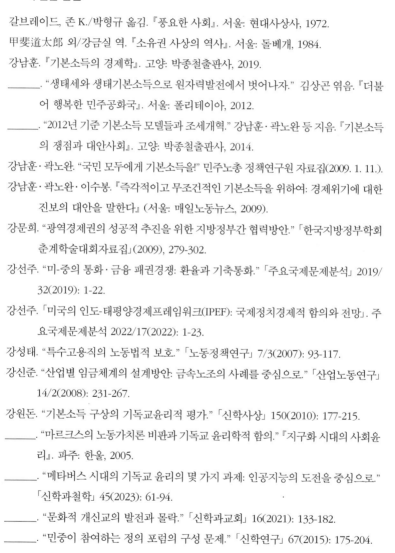

참고문헌

1. 한글 문헌

갈브레이드, 존 K./박형규 옮김.『풍요한 사회』. 서울: 현대사상사, 1972.

甲斐道太郞 외/강금실 역.『소유권 사상의 역사』. 서울: 돌베개, 1984.

강남훈.『기본소득의 경제학』. 고양: 박종철출판사, 2019.

_____. "생태세와 생태기본소득으로 원자력발전에서 벗어나자." 김상곤 엮음.『더불어 행복한 민주공화국』. 서울: 폴리테이아, 2012.

_____. "2012년 기준 기본소득 모델들과 조세개혁." 강남훈·곽노완 등 지음.『기본소득의 쟁점과 대안사회』. 고양: 박종철출판사, 2014.

강남훈·곽노완. "국민 모두에게 기본소득을!" 민주노총 정책연구원 자료집(2009. 1. 11.).

강남훈·곽노완·이수봉.『즉각적이고 무조건적인 기본소득을 위하여: 경제위기에 대한 진보의 대안을 말한다』(서울: 매일노동뉴스, 2009).

강문희. "광역경제권의 성공적 추진을 위한 지방정부간 협력방안."「한국지방정부학회 춘계학술대회자료집」(2009), 279-302.

강선주. "미-중의 통화·금융 패권경쟁: 환율과 기축통화."「주요국제문제분석」2019/ 32(2019): 1-22.

강선주.「미국의 인도-태평양경제프레임워크(IPEF): 국제정치경제적 함의와 전망」. 주요국제문제분석 2022/17(2022): 1-23.

강성태. "특수고용직의 노동법적 보호."「노동정책연구」7/3(2007): 93-117.

강신준. "산업별 임금체계의 설계방안: 금속노조의 사례를 중심으로."「산업노동연구」 14/2(2008): 231-267.

강원돈. "기본소득 구상의 기독교윤리적 평가."「신학사상」150(2010): 177-215.

_____. "마르크스의 노동가치론 비판과 기독교 윤리학적 함의."『지구화 시대의 사회윤리』. 파주: 한울, 2005.

_____. "메타버스 시대의 기독교 윤리의 몇 가지 과제: 인공지능의 도전을 중심으로." 「신학과철학」45(2023): 61-94.

_____. "문화적 개신교의 발전과 몰락."「신학과교회」16(2021): 133-182.

_____. "민중이 참여하는 정의 포럼의 구성 문제."「신학연구」67(2015): 175-204.

_____. "사회적이고 생태학적인 경제민주주의를 향하여." 『지구화 시대의 사회윤리』. 서울: 한울아카데미, 2005.

_____. "사회주의와 민중신학." 안병무박사 고희기념논문집 출판위원회 편.『예수 민중 민족: 安炳茂 博士 古稀 記念 論文集』. 천안: 한국신학연구소, 1992.

_____. "서양 실천철학의 노동 개념에 대한 기독교 노동윤리의 평가." 「신학연구」 47(2005): 147-172.

_____. "성서의 노동 이해와 그 윤리적 함의." 『신학사상』 126(2004): 137-168.

_____. "세속국가의 헌정 질서와 교회의 공론 작업." 「기독교사회윤리」 40(2018): 7-43.

_____. "신학적 경제윤리 형성을 위한 시론." 「신학사상」 76(1992): 67-92.

_____. "에큐메니칼 사회사상의 전통에서 본 노동의 이해." 『지구화 시대의 사회윤리』. 파주: 한울아카데미, 2005.

_____. "존 롤스와 앙엘리카 크렙스의 정의론에 대한 신학적-윤리적 평가: 평등주의 논쟁을 중심으로." 「신학과교회」 17(2022): 407-458.

_____.『지구화 시대의 사회윤리』. 파주: 한울아카데미, 2005.

_____. "포드주의적 축적체제에서 노동사회의 위기에 대한 기독교윤리적 연구." 「신학사상」 133(2006): 215-251.

강유덕. "유럽 재정위기에 대한 유럽중앙은행의 대응과 역할 변화." 『지역연구시리즈』 14/1. 서울: 대외경제연구원, 2014, 47-64.

강재규. "자연의 권리." 「환경법연구」 30/3(2008): 41-71.

강정구. "벼랑에 선 페레스트로이카: 유고슬라비아의 자주관리제." 「경제와사회」 5 (1990): 107-130.

강준하. "한국-EU FTA 환경분야에 관한 연구." 「국제법평론」 31(2010): 1-24.

강희원. "노사관계의 헌법적 구축: 기업적 노사관계의 대립성과 협력성의 조화를 위한 헌법적 기초." 「노동법연구」 39(2015): 223-297.

게젤, 질비오/질비오게젤연구모임 옮김.『자유토지와 자유화폐로 만드는 자연스러운 경제 질서』. 서울: 출판사 클, 2021.

경제정의실천연합. "[기자회견] 다주택자 상위 1% 주택소유 현황 발표" (2019. 09. 24.). 출처: http://ccej.or.kr/55980 (2021년 6월 28일 다운로드).

경제정의실천연합. "1987년 이후 서울 아파트값 변화 분석." 출처: http://ccej.or.kr/ 30604 (2021년 6월 28일 다운로드).

고든, 데이비드 "이중노동시장론." 이각범 엮음.『현대자본주의와 노동시장』. 서울: 한울아카데미, 1992.

고미해. "세계상위 1% 부자 재산이 나머지 99%보다 많다."「연합뉴스」 2016년 1월 18일 자. 출처: https://www.yna.co.kr/view/AKR20160118069100009. (2021년 9월 21일 다운로드).

고헤이, 사이토/추선영 옮김.『마르크스의 생태사회주의: 자본, 자연, 미완의 정치경제학 비판』. 서울: 두번째테제, 2020.

곽노완. "기본소득과 사회연대소득의 경제철학."「시대와 철학」 18/2(2007): 183-218.

_____. "플랜논쟁의 21세기적 지평: 로스돌스키에 대한 하인리히의 비판을 중심으로."「마르크스주의 연구」 5/1(2008): 34-57.

구춘권. "독일모델의 전환과 사회협약정치의 변화: 실업문제 해결을 위한 '노동을 위한 동맹'의 의미와 한계."「한국정치학회보」 37/1(2003): 387-408.

_____. "코포라티즘의 전환과 노동관계의 유럽화."「國際政治論叢」 46/4(2006): 241-265.

권영규·백창현·유일선. "한국 주요 산업의 학력별 인적자원 배분 결정요인 분석."「인적자원관리연구」 29/5(2022): 25-46.

권오혁. "광역적 산업클러스터 구축을 위한 제도적 지원체계 연구."「한국경제지리학회지」 7/2(2004): 315-328.

권정임. "생태사회와 기본소득: 고르츠의 기본소득론에 대한 비판과 변형." 강남훈·곽노완 외.『기본소득의 쟁점과 대안사회』. 서울: 박종철출판사, 2014.

_____. "생태공유지의 정의론과 기본소득."「인문사회 21」 10/2(2019): 1565-1580.

권중동 편저.『ILO와 국제노동기준』. 서울: ㈜중앙경제, 2000.

그레이버, 데이비드/정명진 옮김.『부채, 첫 5,000년의 역사: 인류학자가 고쳐 쓴 경제의 역사』. 서울: 부글, 2021.

그룬트만, 라이너/박만준·박준건 옮김.『마르크스주의와 생태학』. 서울: 동녘, 1995.

금민. "녹색 기본소득은 가능한가."『모두의 몫을 모두에게: 지금 바로 기본소득』. 서울: 동아시아, 2020.

_____. "기본소득형탄소세." 기본소득한국네트워크『기본소득이 있는 복지국가: 리얼리스트들의 기본소득 로드맵』. 고양: 박종철출판사, 2021.

김경훈·이준원. "미국 경상수지 적자의 구조적 원인과 시사점: 글로벌 임밸런스 논의를 중심으로."「TRADE FOCUS」 35(2017): 1-41.

김교성. "기본소득 도입을 위한 탐색적 연구."「사회복지정책」 36/2 (2009): 33-57.

김교숙. "산업민주주의와 근로자 참여 및 협력증진에 관한 법률."「勞動法論叢」
　　21(2011): 73-99.

김기선. "쉼 없는 노동: 디지털시대의 그림자."「월간 복지동향」225(2017): 22-27.

김기선·박수근·강성태·김근주 편역.『독일노동법전』. 서울: 한국노동연구원, 2013.

김준수. "헤겔의『법철학』에서 소유권 이론."「사회와철학」39(2020): 35-78.

김남조. "기후변화에 대응하는 녹색관광의 연구과제 모색."「관광학연구」33/4(2009):
　　85-104.

김동배·박우성·박호환·이영면.『임금체계와 결정방식』. 서울: 한국노동연구원, 2005.

김동원. "짧은 성공과 긴 좌절: 한국 노사정위원회에 대한 이론적 분석과 정책적 시사점."
　　「산업관계연구」13/2(2003): 1-25.

김미영. "한미자유무역협정 노동조항의 내용과 해석."「노동법학」43(2012): 97-137.

김민섭. "OECD 연간 근로시간의 국가 간 비교분석과 시사점."「KDI FOCUS」128 (2023):
　　1-12.

김바우·김정현, "미중 무역마찰의 경과와 영향."「산업경제」251(2019): 7-21.

김상철. "독일 아젠다 2010 평가와 전망."「질서경제저널」17/2(2014): 1-26.

金湘鎬. "프랑스의 기업위원회제도에 관한 연구."「江原法學」12(2000): 311-351.

김성구. "정치경제학비판 플랜과 자본: 이른바 플랜논쟁에 대하여."「마르크스주의 연구」
　　5/1(2008): 10-33.

_____. "바우어와 그로스만의 공황론 비판."「마르크스주의 연구」11/4(2014): 98-133.

_____.『신자유주의와 공모자들: 왜 우리는 신자유주의에 지배당하게 되었나』. 서울:
　　나름북스, 2014.

김수행. "1980년대 이후 미국 경제의 금융화."『마르크스주의 연구』2/1(2005): 144-168.

_____.『마르크스가 예측한 미래사회: 자유로운 개인들의 연합』. 파주: 한울아카데미,
　　2015.

김열수. "미국의 반중 봉쇄정책과 신냉전기 한국의 전략."「신아세아」28/4(2021): 46-77.

김영주 의원실. "2008년~2014년 기업과 개인의 100분위별 부동산 소유 현황"(2016. 08.
　　30).

김용창. "부동산 불로소득 자본주의체제와 탈취에 바탕을 둔 축적의 특성."『마르크스주
　　의 연구』18/3(2021): 41-83.

김용철. "한국의 사회협약정치: 짧은 반응과 긴 교착."「21세기정치학회보」16/2(2006):
　　75-100.

김윤상 · 박창수.『헨리 조지, 진보와 빈곤』. 서울: 살림, 2007.

김의동. "국제통화금융체제에 대한 케인스주의적 개혁 논의의 비교검토." 「무역연구」 7/2(2011): 107-134.

김정우. "노동소득분배율의 변동추이와 의미." 「노동리뷰」 (2005. 5.): 55-65.

김정주. "세계경제 위기와 달러 헤게모니: 마법에 걸린 세계의 종언과 제국의 위기." 「마르크스주의 연구」 5/4(2008): 72-106.

김종권. "리쇼어링이 세계 물류 및 무역구조에 미치는 영향에 대한 분석." 「무역상무연구」 93(2022): 197-216.

김종길. "모바일 네트워크 시대의 노동세계 변화와 새로운 노동문화." 「사회와이론」 19(2011): 215-255.

김종일.『서구의 근로연계복지: 이론과 현실』. 서울: 집문당, 2006.

김종진. 「2021 플랫폼노동 실태조사: 대리, 배달, 가사, 돌봄, 마이크로 워크」. 2021년 고용노동부 플랫폼노동 실태조사 보고서. 한국노동사회연구소, 2021.

김창근. "맑스의 전형과 화폐의 가치."『경제학연구』55(2005), 91-122.

_____. "시점 간 단일체계 접근과 새로운 가치 논쟁에 대한 평가."『마르크스주의 연구』 2/1(2005): 193-211.

_____. "유고슬라비아의 노동자 자주관리에 대한 이론들." 「진보평론」 30(2006): 256-281.

_____. "좌파 자유지상주의의 공산주의와 기본소득 이론에 대한 비판적 평가: 친 · 자본 - 반 · 노동적 성격 비판." 「마르크스주의 연구」 17/3(2020): 71-105.

김철. "노동이사제의 도입과 노동자 권익보호에 관한 연구." 「경희법학」 56/3(2021): 355-402.

김현우. "브라질의 사회협약 체제: 노동자당 정부가 주도하는 중층적이고 포괄적인 의제와 방식." 「국제노동브리프」 4/4(2006): 59-68.

김현종 · 김수연. "임원보수 개별공시 논의에 대한 쟁점 및 평가." 「KERI Brief」 14/09(2014): 1-12.

김희성. "WTO와 국제노동기준." 「경영법률」 21/2(2011): 719-747.

나원준. "현대화폐이론(MMT)의 의의와 내재적 비판." 나원준 외 지음.『MMT 논쟁』. 과천: 진인진, 2021.

남궁준.『자유무역협정 내 노동조항 분석: 이론, 역사, 제도』. 한국노동연구원 정책자료 2019/03. 서울: 한국노동연구원, 2019.

남기업.『불로소득 환수형 부동산 체제론』. 일산: 도서출판 개마고원, 2021.

남기업 외. "부동산과불평등 그리고 국토보유세."『사회경제평론』54(2017): 107-140.

남승균. "사회적경제와 지역의 내발적 발전에 관한 연구."「인천학연구」23(2015): 85-124.

네그리, A. · M. 하트/윤수종 옮김.『제국』. 서울: 이학사 2001.

노동운. "최근 세계 온실가스 배출추이와 시사점."「세계 에너지시장 인사이트」16/5 (2016), 1-17.

노용진. "유노조기업 내 노사협의회 활성화의 결정요인: 노사관계의 성격을 중심으로." 「인사관리연구」25/2(2001): 267-286.

노중기. "노사정위원회 5년: 평가와 전망."「동향과 전망」56(2003): 48-76.

노진귀. "산별전환조직의 단체협약 산별화 실태 1: 금융노조"「노동저널」2015/5 (2015): 91-112.

_____. "산별전환조직의 단체협약 산별화 실태 2: 금속노조"「노동저널」2015/6 (2015): 71-88.

니버, 라인홀드/곽인철 옮김.『기독교 윤리의 해석』. 서울: 종문화사, 2019.

니버, 라인홀드/오희천 옮김.『인간의 본성과 운명 I』. 서울: 종문화사, 2013.

_____.『인간의 운명과 본성 II』. 서울 : 종문화사, 2015.

달, 로버트/배관표 옮김.『경제 민주주의에 관하여』. 서울: 후마니타스, 2011.

도충구 외.『국제 경제기구의 이해』. 서울: 학현사, 2001.

독케스, 피에르· 베르나르 로지에/김경근 옮김.『모호한 역사: 자본주의 발전의 재검토』. 서울: 한울아카데미, 1995.

두크로, 울리히/손규태 옮김.『자본주의 세계경제의 대안: 생명을 위협하는 자본주의 경제를 극복하기 위한 성서의 정치경제학』. 재판 1쇄. 서울: 도서출판 한울, 1998.

두흐로, U. · G. 리드케/손규태 · 김윤옥 옮김.『샬롬: 피조물에게 해방을, 사람들에게 정의를, 민족들에게 평화를』. 서울: 한국신학연구소, 1987.

두흐로, 울리히/강원돈 옮김.『하느님의 정치 경제와 민중운동』. 서울: 한국신학연구소, 1990.

드러커, 피터/이재규 역.『자본주의 이후의 사회』. 서울: 한국경제신문사, 1993.

라파비챠스, 코스타스/송종윤 옮김.『생산 없는 이윤: 금융은 우리를 어떻게 착취하는가』. 서울: 서울경제경영, 2020.

레닌, 블라디미르 일리치/이정인 옮김.『제국주의, 자본주의의 최고 단계』. 레닌 전집

63. 서울: 아고라, 2018.

레닌, V. I. "1905-1907년 제1차 러시아 혁명기의 사회민주주의 농업강령." 카를 마르크스
　· 프리드리히 엥겔스 외/김대용 옮김. 『마르크스 엥겔스 주택문제와 토지국유화:
　서민 · 노동자들의 주택 문제 해소와 토지공개념을 제시한 최초의 저서』. 서울:
　노마드, 2019.

레보어, 아담/임수강 옮김. 『바젤탑: 국제결제은행(BIS)의 역사, 금융으로 쌓은 바벨탑』.
　서울: 더늠, 2022.

레이, L. 랜덜/홍기빈 옮김. 『균형재정론은 틀렸다: 화폐의 비밀과 현대화폐이론』. 서울:
　책담, 2017.

롤즈, 존/황경식 옮김. 『사회정의론』. 수정 제1판 제1쇄. 서울: 서광사, 1985.

루만, 니클라스/박여성 옮김. 『사회체계이론』 1. 파주: 한길사, 2007.

루만, 니클라스/박여성 옮김. 『사회체계이론』 2. 파주: 한길사, 2007.

리카도, 데이비드/권기철 옮김. 『정치경제학과 과세의 원리에 대하여』. 서울: 책세상,
　2019.

리프킨, 제레미/김명자 · 김건 옮김. 『엔트로피: 21세기의 새로운 세계관』. 재판 6쇄. 서울:
　두산동아, 1998.

리히, 아르투르/강원돈 옮김. 『경제윤리 1: 신학적 관점에서 본 경제윤리의 원리』. 천안:
　한국신학연구소, 1993.

리히, 아르투르/강원돈 옮김. 『경제윤리 2: 사회윤리의 관점에서 본 시장경제, 계획경제,
　세계경제』. 서울: 한국신학연구소, 1995.

마릿찌, 크리스띠안. "세계위기에서의 화폐: 자본주의 권력의 새로운 기초." 워너 본펠트
　외 편저/이완영 옮김. 『신자유주의와 화폐의 정치』. 서울: 갈무리, 1999.

마추카토, 마리아나/김광래 옮김. 『기업가형 국가: 공공경제부분의 한계 극복 대안』. 서
　울: 매경출판, 2015.

만하임, 칼/黃性模 譯. 『이데올로기와 유토피아』 삼성판 세계사상전집 25, 제3판. 서울:
　삼성출판사, 1981.

머피, 로버트 P./류광현 옮김, 『대공황과 뉴딜정책 바로알기』. 서울: 비봉출판사, 2020.

메도우즈, D. H. 外/金昇漢 譯. 『人類의 危機: 「로마 클럽 레포오트」』. 서울: 三星文化財
　團, 1972.

메도즈, 도넬라 H. · 데니스 L. 메도즈· 요르겐 랜더스/김병순 옮김. 『성장의 한계』. 서울:
　갈라파고스, 2012.

모어, 토머스/박문재 옮김. 『유토피아: 최상의 공화국 형태와 유토피아라는 새로운 섬에 관하여』. 파주: 현대지성, 2020.

몬비오, 조지/황정아 옮김. 『도둑맞은 세계화: 지구민주주의 선언』. 파주: 창비, 2006.

문병호. "헌법재판소의 종합부동산세 세대별 합산과세의 위헌결정에 대한 비판."『민주법학』 39(2009): 237-279.

민스키, 하이먼/신희영 옮김. 『포스트 케인스주의 경제학자 하이먼 민스키의 케인스 혁명 다시 읽기』. 서울: 후마니타스, 2014.

민스키, 하이먼 P./김대근 옮김. 『민스키의 금융과 자본주의: 불안정 경제의 안정화 전략』. 서울: 카오스북, 2023.

민주노총법률원 부설 노동자권리연구소. "플랫폼노동 관련 해외 판례 소개② 2021.2.19. 영국 대법원 판결."「이슈 페이퍼」 2022/01(2022): 1-50. 출처: https://nodong.org/statement/7805137 (2022년 12월 10일 다운로드).

민주노총법률원 부설 노동자권리연구소, 플랫폼노동 관련 해외 판례 소개③ 2020.9.25. 스페인 대법원 판결, 「이슈 페이퍼」 20202-02(2020): 1-42, 출처: https://nodong.org/data_paper/7805872 (2022년 12월 10일 다운로드).

민주노총법률원 부설 노동자권리연구소. "플랫폼노동 관련 해외 판례 소개③ 2020.9.25. 스페인 대법원 판결."「이슈 페이퍼」 2022/2(2022), 20202-02(2020): 1-42, 출처: https://nodong.org/data_paper/7805872(2022년 12월 10일 다운로드).

바카로, 루초·크리스 하월/유형근 옮김. 『유럽 노사관계의 신자유주의적 변형: 1970년대 이후의 궤적』. 파주: 한울 아카데미, 2020.

바루파키스, 야니스/정재윤 역. 『작은 자본론』. 서울: 내인생의책, 2017.

바스타니, 아론/김민수·윤종은 옮김. 『완전히 자동화된 화려한 공산주의: 21세기 공산주의 선언』. 서울: 황소걸음, 2020.

빠레이스, 필리페 반. "기본소득: 21세기를 위한 명료하고 강력한 아이디어." 브루스 액커만·앤 알스톳·필리페 반 빠레이스 외/너른복지연구모임 번역. 『분배의 재구성: 기본소득과 사회적 지분급여』. 서울: 나눔의집, 2010.

_____. "기본소득과 사회적 지분급여: 재분배의 새로운 디자인으로서 무엇이 더 적합한가?" 브루스 액커만·앤 알스톳·필리페 반 빠레이스 외.『분배의 재구성: 기본소득과 사회적 지분급여』. 서울: 나눔의집, 2010.

박규환. "독일기본법 제20a조에 관한 연구: 생태주의 사상의 헌법적 반영."「서울법학」 23/3(2016): 1-23.

박귀천. "근로자 경영참여에 관한 법적 검토." 「노동법포럼」 19(2016): 1-37.

_____. "노동이사제 조례의 쟁점과 개선 방향." 「노동리뷰」 180(2020): 21-33.

_____. "독일의 노조신임자 제도." 「법학논집」 18/3(2014): 298f., 293-320.

_____. "일터민주주의를 위한 노동법적 과제." 「노동법학」 75(2020): 141-175.

_____. "4차 산업혁명, 인공지능 시대의 노동법: 독일의 상황을 중심으로." 「노동법논총」 49(2020): 65-97.

박길환. "지리 경제 조직 (Geoeconomic Organization): 기초개념 및 모형." 「지역정책연구」 30/1(2019): 125-153.

박만섭. 『포스트케인지언 내생화폐이론』. 대우학술총서 627. 파주: 아카넷, 2020.

박상섭. 『자본주의 국가론: 현대 마르크스주의 정치이론의 전개』. 서울: 도서출판한울, 1985.

박성진·선은정. "금융시장 안정화를 위한 토빈세의 도입방안에 관한 연구." 「세무와 회계저널」 12/4(2011): 173-205.

박승호. 『좌파 현대자본주의론의 재구성』. 서울: 한울아카데미 2004.

_____. "신자유주의와 자본의 '금융적 축적' 전략: '금융 지배적인 세계적 축적체제'론 비판." 서울사회경제연구소 엮음. 『신자유주의와 세계화』. 파주: 한울아카데미, 2005.

박재곤 외. 『지역산업정책의 주요 이슈 분석과 개선방향』. 세종, 산업연구원, 2014.

박정식. 『섬마을, 공동체와 공유재산: 비진도 내항 마을 민족지』. 민속원 아르케북스 214. 서울: 민속원, 2022.

박진완. "헌법상 환경보호의 비교헌법적 분석." 「법학논고」 62(2018): 1-40.

박진호. "회사법적 관점에서 바라본 노동이사제의 쟁점과 전망." 「상사법연구」 37/3 (2018): 89-167.

박창규. "대안적 지역발전 전략으로서 지역순환경제의 실천에 관한 연구: 협동조합과 커먼즈를 중심으로." 「마르크스주의 연구」 20/2(2023): 36-62.

박태주. "한국에서 '근로자이사제'의 도입은 어떻게 가능한가? 서울시 투자·출연기관의 시도를 중심으로." 「노동법포럼」 19(2016): 39-71.

박태현. "에콰도르 헌법상 자연의 권리, 그 이상과 현실." 「환경법연구」 41/2(2019): 107-141.

박홍규. "기본소득(Basic Income) 연구." 「민주법학」 36(2008): 123-147.

배규식. "각국의 사회적 협의기구 III: 스페인." 「국제노동브리프」 4/5(2006): 56-69.

배규식·이승협·조용만·김종법·이주희. 「유럽의 산별 단체교섭과 단체협약 연구」. 한국노동연구원 정책자료 2008-1(2008).

백광기. "미국 뉴딜(New Deal) 시대의 노사관계: NLRA의 제정과 CIO의 노동투쟁을 중심으로." 「경영사연구」 33/1(2018): 95-120.

백수원. "현대적 의미에서의 종합부동산세법에 관한 헌법적 쟁점 검토." 「미국헌법연구」 31/3(2020): 213-236.

번스타인, 윌리엄/박홍경 옮김. 『무역의 세계사: 인류 첫 거래부터 무역전쟁까지, 찬란한 거래의 역사』. 서울: 라이팅하우스, 2022.

베나나브, 아론/윤종은 옮김. 『자동화와 노동의 미래: 탈희소성 사회는 어떻게 실현되는가?』. 서울: 책세상, 2022.

베버, 막스/김덕영 옮김. 『프로테스탄티즘의 윤리와 자본주의 정신: 보론, 프로테스탄티즘의 분파들과 자본주의 정신』. 서울: 길, 2010.

베버, 막스/조기준 역. 『사회경제사』. 서울: 삼성출판사 1976.

벡, 울리히/홍윤기 옮김. 『아름답고 새로운 노동세계』. 서울: 생각의나무, 1999.

보셀만, 클라우스/전재운·박선영 옮김. 『법에 갇힌 자연 vs 정치에 갇힌 인간』. 서울: 도요새, 2011.

브라운, 엘렌 H. 『달러: 사악한 화폐의 탄생과 금융 몰락의 진실』. 서울: AK, 2008.

샌델, 마이클/함규진 옮김. 『공정하다는 착각: 능력주의는 모두에게 같은 기회를 제공하는가』. 서울: 와이즈베리, 2020.

서르닉, 닉/심성보 옮김. 『플랫폼 자본주의』. 서울: 킹콩북, 2020.

서스킨드, 대니얼/김정아 옮김. 『노동의 시대는 끝났다: 기술 빅뱅이 뒤바꿀 일의 표준과 기회』. 서울: 와이즈베리, 2020.

서정희·조광자. "새로운 분배제도에 대한 구상: 기본소득(Basic Income)과 사회적 지분급여(Stakeholder Grants) 논쟁을 중심으로." 「사회보장연구」 24/1(2008): 27-50.

서진교·이천기·이주관·김지현·정명화. 「WTO체제의 구조적 위기와 한국의 신 다자협상 대응 방향」. 대외경제정책연구원 연구보고서 20/20. 서울: 대외경제정책연구원, 2020.

선학태. 『사회협약정치의 역동성: 서유럽 정책협의와 갈등조정 시스템』. 파주: 한울아카데미, 2006.

성낙인. 『헌법학』. 제12판. 파주: 법문사, 2012.

성은미. "비정규노동자에 대한 새로운 사회적 안전망." 「비판과 대안을 위한 사회복지학회 2003년 춘계학술대회 발표논문집」(2003): 273-306.

성태규. "세계화와 독일 노동시장의 변화." 김인춘 외.『세계화와 노동개혁』. 서울: 백산서
        당, 2005.

세계교회협의회 편.『오늘의 세계경제와 그리스도교 신앙』. 서울: 한국기독교교회협의
        회, 1993.

세계환경발전위원회/조형준,홍성태 옮김.『우리 공동의 미래: 지구의 지속 가능한 발전
        을 향하여』. 제2판. 서울: 새물결, 2005.

손은실. "토마스 아퀴나스의 정의론: 사적 소유권의 한계와 빈민의 권리를 중심으로."
        「韓國敎會史學會誌」 42(2015): 7-36.

손정수·이상학·조정란. "외국인직접투자 유입의 동태적 변이 — 할당분석, 2003-2011."
        「GRI 연구논총」 15/3(2013): 113-133.

송유철·강인수·이호생.「미·중 전략경쟁하 WTO 다자 체제의 전망과 정책 시사점」.
        대외경제정책연구원 중장기통상전략연구 21/04. 세종: 대외경제정책연구원,
        2021.

송태복.『유럽경제사』. 대전: 한남대학교출판부, 2001.

쇼트로프, 루이제. "착취당하는 民衆과 勞動." 김창락 편.『새로운 성서해석, 무엇이 새로
        운가?』. 서울: 한국신학연구소, 1987.

수잔 스트레인지/양오석 옮김.『국가와 시장: 국제정치경제학 입문』. 서울: 푸른길, 2005.
_____.『국가의 퇴각』. 서울: 푸른길, 2001.

슘페터, 조지프/김윤·성낙선 외 옮김.『경제분석의 역사』 1. 파주: 한길사, 2013.
_____.『경제분석의 역사』 2. 파주: 한길사, 2013.
_____.『경제분석의 역사』 3. 파주: 한길사, 2013.

스미스, 애덤/정해동·최호진 옮김.『국부론』 하권. 서울: 범우사 1992.

스탠딩, 가이/김병순 옮김.『불로소득 자본주의: 부패한 자본은 어떻게 민주주의를 파괴
        하는가』. 서울: 여문책, 2017.

스탠딩, 가이/안효상 옮김.『공유지의 약탈: 새로운 공유 시대를 위한 선언』. 파주: 창비,
        2021.

스톤, 크리스토퍼 D./허범 옮김.『법정에 선 나무들』. 서울: 아르케, 2003.

신재하. "공공기관 노동이사제도에 관한 법적 과제."「법이론실무연구」 9-1(2021):
        165-189.

신정완.『임노동자기금 논쟁과 스웨덴 사회민주주의』. 여강사회과학총서 ①. 서울: 여강,

2000.

신진욱 · 이은지. "금융화 시대의 주택 체제 변동의 네 가지 경로: 국제 비교 관점에서 본 한국 주택불평등 구조의 특성." 『경제와사회』 95(2012): 218-253.

신희영. "현대화폐이론에 대한 비판과 제언." 나원준 외 지음. 『MMT 논쟁』. 과천: 진인진, 2021.

심영규. "세계무역기구(WTO) 법 체제와 지역무역협정(RTA)간의 관계에 관한 고찰: 지역무역협정(RTA)의 허용요건에 관한 「GATT 1994」 제24조 규정을 중심으로." 「동아법학」 48(2010): 857-894.

_____. "지역무역협정(RTAs)의 확산과 지속가능한 발전: RTAs 내 환경규정을 중심으로." 「법학연구」 51/1(2010): 71-101.

_____. "환태평양경제동반자협정(TPP) 환경규정에 관한 고찰: 한국이 체결한 주요 FTA 환경규정과의 비교 검토를 중심으로." 「법학논총」 31/4(2014): 41-71.

_____. "WTO 다자간 무역규범 체제에서의 환경보호의 규범적 실효성: GATT 제20조 환경관련 무역분쟁 해결사례를 중심으로." 「국제경제법연구」 13/2(2015): 77-99.

아빌라, 찰스/김유준 옮김. 『소유권: 초대 교부들의 경제사상』. 서울: 기독교문서선교회, 2008.

안병무. "새 역사의 주인." 「현존」 91(1978): 3-12.

안병영. "유고슬라비아 노동자 자치관리제도의 갈등구조." 「아세아연구」 27/1(1984): 141-180.

안재홍. "스웨덴모델의 형성과 노동의 정치경제." 「한국정치학회보」 29/3(1996): 493-523.

_____. "세계화와 노 · 사 · 정 대응의 정치경제: 스웨덴, 네덜란드, 오스트리아 사례의 비교." 「한국정치학회보」 36/3(2002): 397-418.

안현효. "워싱턴 컨센서스에서 포스트 워싱턴 컨센서스로의 진화." 『신자유주의와 세계화』. 서울사회경제연구소 엮음. 파주: 한울아카데미, 2005.

안효상. "생태학적 전환 속의 기본소득." 기본소득한국네트워크 『기본소득이 있는 복지국가: 리얼리스트들의 기본소득 로드맵』. 고양: 박종철출판사, 2021.

알텐리트, 모리츠/권오성 · 오남규 옮김. 『디지털 팩토리: 디지털 자본주의 시대, 보이지 않는 노동』. 서울: 숨쉬는책공장, 2023.

암스트롱, P. 외/김수행 역. 『1945년 이후의 자본주의』. 서울: 동아출판사 1993.

양동휴. "뉴딜 경제정책의 공과." 「경제사학」 28(2000): 167-204.

양원태. "우리나라 경제민주주의에 관한 연구." 『경제연구』 7/3(1998): 263-289.

양준호. "지역경제 활성화를 위한 방법론으로서의 미국 '지역재투자법': 지역금융의 '사회적 조정'에 초점을 맞춰." 「인천학연구」 36(2022): 139-178.

_____. "진보적 대안으로서의 '지역순환경제': 독점자본의 공간 전략에 대한 시민적 저항, 통제, 계획." 「마르크스주의 연구」 20/2(2023): 10-35.

오윤·이진영. "해외금융계좌신고제도 개선방안." 「조세학술논집」 28/1(2012), 129-166.

오장미경. 『여성노동운동과 시민권의 정치』. 서울: 아르케, 2003.

오준석. "금융거래의 안정화를 위한 토빈세(Tobin Tax) 도입방안에 관한 연구." 「조세학술논집」 26/2(2010): 1-39.

위팩, 제임스 P. 외/현영석 옮김. 『린 생산』. 대전: 사단법인 린생산경영연구원, 2007.

월러스틴, 이매뉴얼/이광근 옮김. 『월러스틴의 세계 체제분석』. 서울: 도서출판 당대, 2005.

웹, 비어트리스·시드니 웹/박홍규 옮김. 『산업민주주의』 1. 파주: 아카넷, 2018.

_____. 『산업민주주의』 3. 파주: 아카넷, 2018.

유경준·박은정. "노동조합과 근로자대표시스템에 관한 연구." 「産業關係研究」 22/1(2012): 1-24.

유성재·김기선. "노사협의회 기능강화를 위한 법제 개선방안." 「중앙법학」 20/1(2018): 231-277.

유승경. "기본소득의 또 다른 재원, 화폐발행이익." 기본소득한국네트워크, 『기본소득이 있는 복지국가: 리얼리스트들의 기본소득 로드맵』. 고양: 박종철출판사, 2021.

유종성. "기본소득의 재정적 실현가능성과 재분배효과에 대한 고찰." 「한국사회정책」 25/3(2018): 3-35.

_____. "기본소득과 사회보장 재정의 개혁." 「월간 공공정책」 184(2021): 14-16.

윤도현. "신자유주의와 대안적 복지정책의 모색." 「한국사회학」 37/1(2003): 51-66.

윤순진. "전통적인 공유지이용관행의 탐색을 통한 지속가능한 발전의 모색: 송계의 경험을 중심으로." 「환경정책」 10/4(2002): 66-88.

_____. "한국의 전통적인 공유지 관리 방식을 통해서 본 전통사회 자연관과 그 함의." 「한국환경사회학회 학술대회 자료집」(2013): 15-25.

윤효원. "남아공의 사회적 대화와 사회협약: 전국경제발전노동위원회(NEDLAC)를 중심으로." 「국제노동브리프」 4/6(2006): 63-74.

윤효원 옮김. "스웨덴의 노사관계, 노동조합, 노동자 경영참가 (상)." 「노동사회」 162

(2012): 135-141.

윤홍철. 『소유권의 역사』. 서울: 법원사, 1995.

이규철. "미국의 구조적 통화권력과 미-중 무역불균형의 정치경제." 「국제정치연구」 20/1(2017): 55-75.

_____. "미국 달러 패권의 메커니즘과 중국의 대응전략." 「한국동북아논총」 26/4 (2021): 55-80.

_____. "미국의 통화패권과 미-중 불균형의 정치경제: 2008년 금융위기 대응 사례를 중심으로." 「국제정치연구」 22/4(2019): 1-27.

이도영 · 박성용. "에너지 집중도 결정요인에 관한 패널 분석." 「에너지경제연구」 19/1(2020): 89-116.

이동진 · 이영면 · 성상현. "노동조합의 전략적 참여와 사업장내 노사협의회 활성화에 관한 실증연구." 「인사관리연구」 37/2(2013): 155-179.

이명현. "복지국가 재편을 둘러싼 새로운 대립축: 워크페어(Workfare) 개혁과 기본소득 (Basic Income) 구상." 「사회보장연구」 22/3(2006): 53-76.

이명현. "유럽에서의 기본소득(Basic Income) 구상의 전개 동향과 과제: 근로안식년 (Free Year)과 시민연금(Citizen's Pension) 구상을 중심으로." 「사회보장연구」 23/3(2007): 147-169.

이병천. "대한민국 헌법의 경제이념과 제119조의 한 해석." 『동향과전망』 83(2011): 144-179.

이상준 · 이정희. "서울시 노동이사제 운영실태와 쟁점." 「노동리뷰」 180(2020): 9-20.

이상환. "미국-중국 간 통화 패권경쟁과 국제정치경제 질서 전망." 「정치정보연구」 24/3 (2021): 25-49.

이선화. "부동산 보유세제 개편의 쟁점과 기본 방향." 「지방세포럼」 54(2020): 20-38.

이선화 · 황상현 · 김미림 · 김행선. "경제적 불평등의 특성과 조세정책의 과제: 부동산 보유세를 중심으로." 『국회미래연구원 연구보고서』. 20-36(2020).

이승래 · 강준구 · 김혁황 외. 『외국인직접투자 유형별 결정요인 분석』 KIEP 연구보고서 15/08. 세종: 대외경제정책연구원, 2015.

이승주. "그리스 재정위기와 유로의 정치경제: 유로 12년, 성공 신화에서 위기로?" 「국제정 치논총」 51/3(2011): 235-256.

이연호. "코포라티즘의 쇠퇴요인, 자본의 이탈: 스웨덴과 그 이웃 국가들의 사례연구를 통한 이론적 문제제기." 「21세기정치학회보」 16/1(2006): 195-218.

이영성·이정전. "토지세와 재산세 운용에 관한 小考." 環境論叢 45(2007): 75-96.

이영주. "포스트 브레턴우즈체제와 기축통화의 위상: 달러 순환 구조와 신증표화폐론 (neo-chartalism)을 중심으로."「한국정치학회보」 48/2(2014): 139-158.

이영회. "스웨덴의 산업민주주의와 신경영전략."「경제와사회」 19(1993): 162-190.

이왕휘. "세계금융위기 이후 미중 통화금융 패권 경쟁과 통화전쟁: 통화금융책략의 관점." *EAI Special Report*(동아시아연구원 2017/08): 1-34.

이은미. "역외자산의 정보수집 및 정보교환제도에 관한 고찰."「조세연구」 11/3(2011): 59-101.

이은숙. "산별노조 건설운동의 쟁점." 산별노조운동연구팀.『산별노조운동의 역사와 과제』. 서울: 도서출판 현장에서 미래를, 2003.

이재율. "1930년대 대공황과 케인스의 경제사상."「경영경제」 43/1(2010): 51-69.

이정구. "1930년대의 대불황과 미국의 뉴딜."「마르크스21」 34(2020): 99-129.

이정우. "韓國의 富, 資本利得과 所得不平等."『경제논집』 30/3(1991): 327-364.

이정우. "한국의 경제위기, 민주주의와 시장만능주의."『역사비평』 87(20095): 18-49.

이정전.『녹색경제학』. 서울: 한길사, 1994.

이정전.『토지경제학』. 전면개정판. 서울: 박영사, 2019.

이주희. "산별노조 조직화의 딜레마: 보건의료노조의 사례."「산업노동연구」 12/1 (2006): 33-64.

이찬근.『IMF 시대 투기자본과 미국의 패권』. 서울: 연구사, 1998.

이창선.「변동환율제도 및 자본자유화에 따른 부작용과 정책적 시사점」. 서울: LG경제연구원, 2008.

이춘원. "所有權의 構造에 關한 一考察."『민사법학』 35(2007): 463-496.

이호근. "한국 노동시장 유연화와 비정규근로: 노동시장 유연화, 분절화, 파편화와 비정규근로 대책 방안 논의를 중심으로." 김인춘 외.『세계화와 노동개혁』. 서울: 백산서당, 2005.

이호창. "일본 기업의 팀 작업과 소집단 활동." 마이크 파커·제인 슬로터 편/강수돌 외 옮김.『팀 신화와 노동의 선택』. 서울: 도서출판 강, 1996.

이희성·권순호 "근로자의 경영참여를 위한 노사협의회의 한계와 개선방안."「동아법학」 90(2021): 237-260.

일리치, 이반/박홍규 옮김.『그림자 노동』. 서울: 미토, 2005.

잉햄, 제프리/홍기빈 옮김.『돈의 본성』. 서울: 삼천리, 2011.

임성철. "오캄의 정치 철학에 나타난 '권력'의 본질 규정의 사상적 배경과 근거." 「인문학연구」(2003): 235-277.

전강수. 『부동산 공화국 경제사』. 서울: 여문책, 2019.

전강수·강남훈. "기본소득과 국토보유세: 등장 배경, 도입 방안 그리고 예상 효과." 「역사비평」 120(2017): 250-281.

전강수. 『부동산 공화국 경제사』. 서울: 여문책, 2019.

전용복. 『나라가 빚을 져야 국민이 산다: 포스트 코로나 사회를 위한 경제학』. 과천: 진인진, 2020.

전창환. "국제통화체제의 변형과 통화의 국제화." 『한신논문집』 16/2(1999): 207-240.

_____. "신자유주의적 금융화와 미국자본주의의 구조변화." 김진방·성낙선 편. 『미국자본주의의 해부』. 서울: 풀빛, 2001.

전창환. "네덜란드 사회경제모델과 네덜란드 연금제도." 「경제학연구」 51/2(2003): 209-237.

_____. "1930년대 미국의 금융 뉴딜." 「동향과 전망」 89(2013): 322-363.

정동관. 『산별 직무급의 이론과 실제』. 서울, 한국노동연구원, 2015.

정병수. "경제민주화의 과제와 전망: 산업민주주의의 이념과 목표." 『경제학연구』 36/1 (1988): 287-303.

정성진. "1990년대 이후 마르크스의 대안사회론 연구의 혁신: 어소시에이션을 중심으로." 「마르크스주의 연구」 16/2(2019): 111-142.

정승국·노광표·김혜진. 『직무급과 한국의 노동』. 서울, 한국노동연구원, 2014.

정영화. "헌법에 있어서 경제민주주의에 대한 고찰." 『홍익법학』 13/2 (2012): 61-94.

정운찬. "우리나라의 경제 민주화." 『문학과 사회』 10/4(1997): 1362-1378.

정이근. "전형 문제의 검토." 「마르크스주의 연구」 17/3(2020): 162-202.

정재희·하창현·김상호. 『광역경제권 경제환경 분석 연구』 경남연구원 중점정책연구보고서(2009): 1-165.

정진영. "세계금융의 바퀴에 모래 뿌리기: 토빈세/금융거래세의 정치경제." 「한국과국제정치」 34/2(2018): 171-202.

_____. "중국의 부상과 국제통화·금융질서의 미래: 자유주의 국제질서가 붕괴될 것인가?." 「한국과국제정치」 33/1(2017): 131-168.

_____. "케인스, 국제통화체제, 세계금융위기: 케인스의 복수와 귀환." 「국제정치논총」 49/5(2009): 173-196.

정한울. "보편적 기본소득제에 대한 한국인의 정책선호: 웹 서베이 실험을 통한 프레임 효과 분석."「비교민주의연구」 15/1(2019): 31-69.

정형진. "WTO에서의 무역과 노동기준."「경영법률」 14/2(2004): 297-310.

제어, 하워드/손진 옮김.『회복적 정의란 무엇인가? 범죄와 정의에 대한 새로운 접근』. 춘천: 대장간, 2010.

조복현. "마르크스주의 화폐이론의 재구축: 화폐와 신용의 결합."『사회경제평론』 29/2(2007): 135-166.

_____. "세계 금융위기와 케인스-민스키의 새로운 해석."「經濟發展硏究」 15(2009): 153-184.

조복현. "자본축적과 유효수요, 소득분배: 마르크스주의와 칼레츠키주의 모형의 비교." 『마르크스주의 연구』 13/1(2016): 211-248.

조재호. "연결차단권에 대한 검토."「노동법연구」 46(2019): 103-138.

조원희. "시장사회주의의 체제동학에 관한 일고찰."「현상과인식」 15/4(1992): 173- 189.

조은교. "미국의 반도체 공급망 제재에 대응하는 중국의 전략과 시사점."「월간 KIET 산업경제」 272(2021): 53-64.

_____. "첨단기술의 미·중 블록화 전개 양상과 시사점: 반도체, AI를 중심으로."「월간 KIET 산업경제」 284(2022): 93-103.

조정환.『인지자본주의: 현대 세계의 거대한 전환과 사회적 삶의 재구성』. 서울: 갈무리, 2011.

조현준.『개인의 탄생: 대도시와 시공간의 재편』. 서울: 소소의책, 2022.

조혜경. "도시개발의 공적 성격과 민관 공동 개발사업의 제도적 문제점: 성남 대장동 개발 사업 논란이 남긴 숙제." *Alternative Issue Paper* 23(2022): 1-24. 출처: https://alternative.house/alternative-issue-paper-no23/ (2022년 5월 30일 다 운로드).

_____. "정의로운 생태 전환과 탄소배당." 경기도, 제3회 경기도 기본소득 국제컨퍼런스 (2021년 4월 28일) 발표문, 1-11.

_____. "탄소배당 연계 탄소세 도입의 필요성 및 기본 방향." *Alternative issue Paper* 22(2020): 1-40. 출처: https://alternative.house/alternative-issue-paper- no22/ (2021 년 2월 10일 다운로드).

조홍식. "공공신탁이론과 한국에서의 적용가능성."「환경법연구」 19(1997): 192-239.

존스, 필/김고명 옮김.『노동자 없는 노동: 플랫폼 자본주의의 민낯과 미세노동의 탄생』.

서울: 롤러코스터, 2023.

주명건. 『경제학사: 경제혁명의 구조적 분석』. 중판. 서울: 박영사 2001.

芝原拓自/김홍식·이영훈 공역. 『소유와 생산양식의 역사이론』. 서울: 비봉출판사, 1990.

진, 한스베르너/이헌대 옮김. 『카지노 자본주의』. 서울: ecopia, 2010.

진필수. "촌락공유지의 변천 과정을 통해서 보는 지역사: 오키나와(沖繩) 킨(金武) 지역
의 사례." 「지방사와 지방문화」 10/1(2007): 93-123.

체르네바, R./전용복 옮김. 『일자리보장: 지속가능한 사회를 위한 제안』. 서울: 진인지,
2021.

초스도프스키, 미셸/이대훈 옮김. 『빈곤의 세계화: IMF 경제신탁의 실상』. 서울: 당대
1998.

최종고. 『서양법제사』. 전정신판. 서울: 박영사, 2003.

최종식. 『서양경제사론』. 서울: 서문당, 2018.

최준하·이영면. "노사협의회에 대한 최근 연구 성과 및 향후 연구과제: 노동조합의 대체재
와 보완재 논의를 중심으로." 「인사조직연구」 25/4(2017): 97-130.

최한수. "세금-편익 모형을 이용한 기본소득 모의실험." 『재정포럼』 261(2018): 6-39.

최홍기. "공공기관 노동이사제의 법적 쟁점과 개선 방향." 「노동법포럼」 38(2023): 25-73.

카슨, 레이첼/김은령 옮김. 『침묵의 봄』. 서울: 에코리브르, 2011.

칼레츠키, 미하우/조복현 옮김. 『자본주의 경제 동학 에쎄이 1933-1970』. 서울: 지식을
만드는 지식, 2010.

커트너, 로버트/박형신 옮김. 『민주주의는 글로벌 자본주의에서 살아남을 수 있는가』.
파주: 한울 아카데미, 2020.

커틴, 필립 D./김병순 옮김. 『경제인류학으로 본 세계무역의 역사』. 서울: 도서출판 모티
브북, 2007).

케인즈, 존 메이너드/이주명 옮김. 『고용, 이자, 화폐의 일반이론』. 서울: 필맥, 2009.

켈튼, 스테파니/이가영 옮김. 『적자의 본질: 재정적자를 이해하는 새로운 패러다임』. 서
울: 비즈니스맵, 2020.

코헨, 벤자민 J./박영철 옮김. 『화폐와 권력: 다시 그리는 세계 경제지도』. 서울: 시유시,
1999.

콜, G. D. H./장석준 옮김, 『길드 사회주의』. 서울: 책세상, 2022.

콜, G. D. H./장석준 옮김. 『G. D. H. 콜의 산업민주주의: 노동자를 협업자로 인정하라』.
고양: 좁쌀한알, 2021.

터너, 아데아/우리금융경영연구소 옮김.『부채의 늪과 악마의 유혹 사이에서: 통화, 신용 그리고 글로벌 금융』. 서울: 해남, 2017.

투즈, 애덤/우진하 옮김.『붕괴: 금융위기 10년, 세계는 어떻게 바뀌었는가?』. 서울: 아카넷, 2018.

티메, 한스 J./안두순 옮김.『사회적 시장경제와 정부의 역할: 독일식 질서정책적 구상과 경제정책적 실무』. 서울: 미리내, 1995.

파레이스, 필리프 판·야니크 판데르보흐트/홍기빈 옮김.『21세기 기본소득』. 서울: 흐름출판, 2020.

페이트만, 캐롤. "시민권의 민주화: 기본소득의 장점." 브루스 액커만·앤 알스톳·필리페 반 빠레이스 외.『분배의 재구성: 기본소득과 사회적 지분급여』. 서울: 나눔의집, 2010.

페인, 토머스/정균승 옮김.『토지 분배의 정의: 혁명인가 상식인가』. 서울: 프롬북스, 2023.

편집국. "산별 단체교섭과 단체협약 효력 확장."「노동사회」125(2013). 출처: http:// klsi.org/bbs/board.php?bo_table=B07&wr_id=1392 (2024년 2월 3일 다운로드).

폴라니, 칼/홍기빈 옮김.『거대한 전환: 우리 시대의 정치 경제적 기원』. 서울: 길, 2009.

프레이저, 낸시/김원식 옮김.『지구화 시대의 정의: 정치적 공간에 대한 새로운 상상』. 서울: 그린비, 2010.

피서로, 옐러·안톤 헤이머레이크/최남호·최연호 옮김.『네덜란드의 기적』. 서울: 도서출판 따님, 2003.

피케티, 토마/장경덕 외 옮김.『21세기 자본』. 파주: 글항아리, 2014.

피트, 리처드 외 16인/박형준·황성원 옮김.『불경한 삼위일체: IMF, 세계은행, WTO는 세계를 어떻게 망쳐왔나』. 서울: 삼인, 2007.

하먼, 크리스/이정구·최용찬 옮김.『좀비 자본주의: 세계경제 위기와 마르크스주의』. 서울: 책갈피, 2012.

하비, 데이비드/최병두 옮김.『신자유주의 간략한 역사』. 파주: 한울아카데미, 2007.

하트, 마이클. "정동적 노동." 질 들뢰즈 외 지음/서창현 외 옮김.『비물질노동과 다중』. 서울: 갈무리, 2005.

하태규. "마르크스와 자유롭게 연합한 인간들의 민주주의."「경제와사회」119(2018): 239-251.

한광수. "헌법상 노동3권 보장과 노조법상 근로자 개념의 재검토 시론(試論)."「노동법논총」52(2021): 651-712.

"[한길리서치] 기본소득제 도입 '찬성' 51.2%, 증세 '반대' 58.3%" (2020. 06. 11.). 출처:
http://www.polinews.co.kr/news/article.html?no=465611 (2020년 6월 15일
다운로드).

한병철/김태환 옮김. 『피로사회』. 서울: 문학과지성사, 2012.

한영빈. "브레튼우즈(Bretton Woods) II의 특징과 메커니즘: 화폐의 제도·정치적 특성을
중심으로." 「정치정보연구」 15/1(2012): 301-327.

허재준·배용호·김준. 『무역. 고용, 노동기준: 핵심노동기준과 국제무역』. 서울: 한국노동
연구원, 1997.

호르바트, B./강신준 역. 『자주관리제도: 유고사회 체제연구』. 서울: 풀빛, 1995.

홍기빈. 『비그포러스, 복지 국가와 잠정적 유토피아』. 초판 6쇄. 서울: 책세상, 2019.

洪承濟·咸貞鎬. "우리나라의 시뇨리지 변동추이와 정책과제." 「경제분석」 10/4 (2004):
143-179.

후버, 볼프강·하인츠 E. 퇴트/주재용·김현구 옮김. 『인권의 사상적 배경』. 서울: 대한기독
교서회, 1992.

후버, 조세프/유승경 옮김. 『주권화폐: 준비금 은행제도를 넘어서』. 과천: 진인진, 2023.

후쿠야마, 프랜시스/이상훈 역. 『역사의 종말: 역사의 종점에 선 최후의 인간』 초판 제5쇄.
서울: 한마음사 2003.

Ebbs, Tracy·Andrew Green/박덕영·이태화 공역. 『기후변화와 통상문제: WTO의 역할』.
서울: 박영사, 2012.

Holzer, Kateryna/박덕영·박영덕·이주윤·이준서 공역. 『탄소 관련 국경조정과 WTO법』.
서울: 박영사, 2016.

Institute for Fiscal Studies(IFS)/한국조세재정연구원 옮김. 『조세설계』. 서울: ㈜시그마
프레스, 2015.

2. 외국어 문헌

Acemoğlu, Daron·David Autor·Jonathon Hazell·Pascual Restrepo. "AI and jobs:
Evidence from US vacancies." 출처: https://voxeu.org/article/ ai-and-jobs-evi-
dence-us-vacancies?utm_source=dlvr.it&utm_medium=facebook (2021년 3
월 3일 다운로드).

Adorno, Th. *Zur Metakritik der Erkenntnistheorie*. Frankfurt am Main: Suhrkamp, 1972.

Adorno, Theodor W./Heinz Maus (hg.). *Der Positivismusstreit in der deutschen Soziologie.* Neuwied [u.a.]: Luchterhand, 1969.

Albert, Hans. *Traktat über kritische Vernunft.* Tübingen: Mohr, 1968.

Althusser, Louis. "Ideology and Ideological State Apparatuses." *Lenin and Philosophy.* New York: Monthly Review Press, 1971.

_____. *Reading Capital.* London: Verso, 1979.

Altvater, E. *Die Zukunft des Marktes: Ein Essay ueber die Regulation von Geld und Natur nach dem Scheitern des* "real existierenden Sozialismus". Münster: Westfälisches Dampfboot, 1992.

_____. *Sachzwang Weltmarkt: Verschuldungskrise, blockierte Industriali- sierung, ökologische Gefährdung; der Fall Brasilien.* Hamburg: VSA, 1987.

Altvater, E. · B. Mahnkopf. *Grenzen der Globalisierung: Ökonomie, Ökologie und Politik in der Weltgesellschaft.* 4. völlig überarbeit. Aufl. Münster: Westfälisches Dampfboot, 1999.

Altvater, Elmar. *Der grosse Krach oder die Jahrhundertkrise von Wirtschaft und Finanzen von Politik und Natur.* Münster: Westfälisches Dampfboot, 2010.

Arendt, H. *Vita activa oder vom tätigen Leben (1958).* 8. Aufl. München/Zürich: Piper, 1994.

_____. *Nikomachische Ethik.* Übers. u. komm. v. F. Dirlmeier, 4. ern. u. durchges. Aufl. Darmstadt: Wiss. Buchges, 1967.

Aristoteles. *Politik.* Neu uebers. und mit einer Einl. und erklär. Anm. versehen v. E. Rolfes. Leipzig: Meiner, 1912.

Art. Kapital, Etymologisches Wörterbuch des Deutschen (online), https:// www.dwds.de/wb/etymwb/Kapital (2021년 9월 25일 다운로드).

Aßländer, Michael Stefan. *Von der vita activa zur industriellen Wertschöpfung: eine Sozial- und Wirtschaftsgeschichte menschlicher Arbeit.* Marburg: Metropolis-Verl., 2005.

Atkinson, A. B. "The Case for a Participation Income." *The Political Quaterly* 67/1 (1996): 67-70.

Autor, David · Frank Levy · Richard Murnane. "The Skill Content of Recent Technological Change: An Empirical Exploration." *Quarterly Journal of Economics* 118/4

(2003): 1279–1333.

Bacon's Novum Organon. Ed. with Introduction, Notes etc. by Th. Fowler, 2. corrected and revised edition. Oxford: Clarendon Press, 1889.

Bain, G. S. · R. Price. "Union Growth: Dimensions, Determinations, and Density." *Industrial Relations in Britain.* Ed. by G. S. Bain. Oxford, England: B. Blackwell, 1983.

Balz, H. R. *Heilsvertrauen und Welterfahrung: Strukturen der paulinischen Eschatologie nach Römer 8,18-39.* München: Kaiser, 1971.

Barth, Karl. *Der Römerbrief,* 2. Auflage in neuer Bearbeitung. München: Kaiser, 1922.

Baum-Ceisig, Alexander · Bernd Osterloh, "Wirtschaftsdemokratie in der Praxis: Die erweiterte Mitbestimmng bei Volkswagen." *Mehr Wirtschafts- demokratie wagen!* Hg. von Hartmut Meine · Michael Schumann · Hans-Jürgen Urban. Hamburg: VSA, 2011.

Bechtold, H. "Die Grundlagen der Arbeitsgemeinschaftspolitik und Wirtschafts- demokratiediskussion in der Weimarer Republik." *Mitbestimmung: Theorie, Geschichte, Praxis; Konzepte und Formen der Arbeitnehmer- partizipation,* Bd. I. Hg. v. H. Diefenbacher/H. G. Nutzinger. Heidelberg: Forschungsstätte d. Evang. Studiengemeinschaft, 1984.

Bellofiore, Reccardo/Riccardo Realfonzo. "Money as Finance and Money as Universal Equivalent: Re-reading Marxian Monetary Theory." *Modern Theory of Money: The Nature and Role of Money in Capitalist Economies.* Ed. by L. Rochon/S. Rossi. Cheltenham: Edward Elgar, 2003.

Biedenkopf, K. H. *Mitbestimmung: Beiträge zur ordnungspolitischen Diskussion.* Köln: Bachem, 1972.

Bierbaum, Heinz. "Nach dem Shareholder Value-Prinzip? Chancen für eine nachhaltige und sozial verantwortliche Unternehmenspolitik." *Mehr Wirtschaftsdemokratie wagen!* Hg. von Hartmut Meine · Michael Schumann · Hans-Jürgen Urban. Hamburg: VSA, 2011.

_____. "Wirtschaftsdemokratie: von der Mitbestimmung zur sozialistischen Transformation." *Wirtschaftsdemokratie neu denken.* Hg. von Alex Demirović. Münster: Westfälisches Dampfboot, 2018.

Bierbaum, Heinz · Nikolaus Schmidt, "Wirtschaftddemokratie und Vergesell- schaftung." *Wirtschaftsdemokratie gegen Wirtschaftskrise: über die Neuordnung ökonomischer Machtverhältnisse.* Hg. von Heiner Heseler · Rudolf Hickel. Hamburg: VSA, 1986.

Binswanger, Hans Christoph. *Eigentum und Eigentumspolitik: Ein Beitrag zur Totalrevision der Schweizerischen Bundesverfassung.* Zürich: Schulthess, 1978.

_____. *Geld und Natur: das wirtschaftliche Wachstum im Spannungsfeld zwischen Ökonomie und Ökologie.* Stuttgart [u.a.], Ed. Weitbrecht, 1991.

Binswanger, H. Chr. · J. Minsch. "Theoretische Grundlagen der Umwelt- und Ressourcenökonomie: Traditionelle und altenative Ansätze." *Ökonomie und Ökologie: Ansätze zu einer ökologisch verpflichteten Marktwirtschaft.* hg. v. Michael von Hauff. Stuttgart: Schäffer-Poeschel, 1992.

Blaschke, Ronald. "Warum ein Grundeinkommen? Zwölf Argumente und eine Ergänzung"(2005): 1-2. 출처: http://www.archiv-grundeinkommen.de/ blaschke/ warum-ein-grundeinkommen.pdf (2010년 3월 11일 다운로드).

_____. "Bedingungsloses Grundeinkommen versus Grundsicherung." *standpunkte* 15/2008(2008): 1-10.

Bohlen, Fred N. *Die teilautonome und autonome Arbeitsgruppe unter besonderer Berücksichtigung der Außenseiterposition, University publication.* Hamburg, Univ., Diss., 1978.

Bontrup, H. J. "Wirtschaftsdemokratie statt Shareholder-Kapitalismus." *Utopie kreativ* 186(2006).

Bonhoeffer, D. *Ethik.* Hg. von Eberhard Bethge. München: Kaiser, 1981.

Bosselmann, Klaus. *Ökologische Grundrechte: zum Verhältnis zwischen individueller Freiheit und Natur.* Baden-Baden: Nomos-Verl.-Ges., 1992.

Brakelmann, Günter. *Abschied vom Unverbindlichen: Gedanken eines Christen zum Demokratischen Sozialismus.* Gütersloh:Gütersloher Verlagshaus, 1976.

Brakelmann, G. *Zur Arbeit geboren? Beiträge zu einer christlichen Arbeitsethik.* Bochum: SWI-Verlag, 1988.

Braverman, H. *Die Arbeit im modernen Produktionsprozess.* 1. Aufl. Frankfurt am Main/New York: Campus-Verl., 1977.

Brenner, Otto. "Die Gewerkschaften in der modernen Industriegesellschaft." *Protokoll des 6.* ordentlichen Gewerkschaftstages der IG Metall. Frankfurt am Main: IGB, 1960.

Brüggemann, Ernst. *Die menschliche Person als Subjekt der Arbeit: Das 'Prinzip des Vorrangs der Arbeit vor dem Kapital' und seine Umsetzung in der heutigen Gesselschaft. Abahandlungen zur Sozialethik 33.* Hg. v. Anton Rauscher und Lothar Roos. Paderborn u. a.: Ferdinand Schönningh, 1994.

Coase, R. H. "The Problem of Social Cost." *Journal of Law and Economics* 3(1960): 1-44.

Cohen, Benjamin J. "Global Currency Rivalry: Can the Euro Ever Challenge the Dollar." European Union Studies Association Lecture, prepared for presentation at the eighth biennial international conference of the European Union Studies Association, Nashville, TN, 29 March, 2003.

Cohen, Benjamin J. "The Macrofoundation of Monetary Power." *EUI Working Paper RSCAS* No. 2005/08, 1-16.

Cole, G. D. H. *Principles of Economic Planning.* London: McMillan & Co., 1935.

Crüsemann, Frank. "...damit er dich segne in allem Tun deiner Hand...(Dtn 14,29)." *Mitarbeiter der Schöpfung.* Bibel und Arbeitswelt, hg. v. Luise Schottroff · Willy Schottroff. München: Kaiser, 1983.

Davidson, P. *Financial Markets, Money and the Real World.* Cheltenham, UK: Edward Elgar, 2002.

_____. "Reforming the World's International Money." Paper for conference "Financial Crisis, the US Economy, and International Security In The New Administration." Nov. 14, 2008, The New School, New York, NY., 1-25.

Däubler, W. *Das Arbeitsrecht 1: Leitfaden für Arbeitnehmer.* Erw., überar. Aufl. Reinbek bei Hamburg: Rowohlt-Taschenbuch-Verl., 1985.

Dahrendorf, Ralf. "Wenn der Arbeitsgesellschaft die Arbeit ausgeht." *Krise der Arbeitsgesellschaft? Verhandlungen des 21. Deutschen Soziologentages in Bamberg 1982.* Hg. im Auftrag der Deutschen Gesellschaft für Soziologie von Joachim Matthes. Frankfurt am Main/New York: Campus Verl, 1983.

Demirović, Alex. *Demokratie in der Wirtschaft: Positionen · Probleme · Perspektiven.*

Münster: Westfälisches Dampfboot, 2007.

_____. "Demokratie, Wirtschaftsdemokratie, Mitbestimmung." Heinz. J. Bontrup/Julia
Müller u.a. *Wirtschaftsdemokratie.* Hamburg: VSA, 2006.

_____. "Wirtschaftsdemokratie, Rätedemokratie und freie Koopera- tionen: Einige
vorläufige Überlegungen." *WIDERSPRUCH* 55(2008): 55-67.

Descartes, R. *Von der Methode des richtigen Vernunftsgebrauches und der wissen-
schaftlichen Forschung.* Übers. und herg. von L. Gäbe. Hamburg: Meiner, 1960.

Deutschmann, Christoph. "Finanzmarkt-Kapitalismus und Wachstumskrise."
Finanzmarkt-Kapitalismus. Hg. von Paul Windolf. Wiesbaden: © VS Verlag
für Sozialwissenschaften/GWV Fachverlag, 2005.

Devine, P. "Participatory Planning through Negotiated Coordination." *Science &
Society* 66(2002), 72-85.

Donselaar, Gijs van. "In Company of the Funny Sunny Surfer off Malibu: A Response
to Michael Howard (and Some Others)." *Analyse & Kritik* 37/1-2(2015): 305-317.

Dooley, Michael P. · David Folkerts-Landau · Peter M. Garber. *An Esssay on the Revived
Bretton Woods System, Working Paper 9971.* Cambridge, MA., National Bureau
of Economic Research, 2003.

_____. *Bretton Woods II still defines the International Monetary System, Working
Paper 14731.* Cambridge, MA., National Bureau of Economic Research, 2009.

Douglas, Mary. *How Institutions think?* London: Routridge, 1986.

Eichengreen, Barry. *Global Imbalance and the Lessons of Bretton Woods.* Cambridge,
MA: The MIT Press. 2010.

Engels, Friedrich. *Die Lage der arbeitenden Klasse in England: Nach eigner
Anschauung und authentischen Quellen. MEW 2.* Berlin: Dietz, 1962.

_____. "Zur Wohnungsfrage: Dritter Abschnitt." *MEW 18.* Berlin: Dietz, 1977.

Enzyklika Laborem exercens von Papst Johannes Paul II. 출처: https://www.
vatican.va/content/john-paul-ii/de/encyclicals/documents/hf_jp-ii
_enc_14091981_laborem-exercens.pdf (2023년 1월 3일 다운로드).

Epstein, Gerald. "Is MMT 'American First' Economics?" *Institute for New Economic
Thinking Blog*(March 20, 2019), 출처: https://www.ineteconomics.org/ per-
spectives/blog/is-mmt-america-first-economics (2023년 7월 15일 다운로드).

Fichte, J. G. *Grundlage des Naturrechts nach Prinzipien der Wissenschaftslehre.* Hamburg: Felix Meiner, c1960.

Foster, John Bellamy. *Marx's ecology: materialism and nature.* New York, NY, Monthly Review Press, 2000.

Fraser, Nancy · Alfredo Gomez-Muller · Gabriel Rockhill. "Global justice and the renewal of critical theory: A dialogue with Nancy Fraser," *EUROZINE.* www.eurozine.com (2009년 4월 21일 다운로드).

Frey, Christofer. *Die Ethik des Protestantismus: Von der Reformation bis zur Gegenwart.* Gütersloh: Gütersloher Verlagshaus, 1994.

Fromm, Erich. "Psychologische Aspekte zur Frage eines garantierten Einkommens für alle (1966)." *Erich Fromm Gesamtausgabe in zwölf Bänden,* Bd. V. München: Deutsche Verlags-Anstalt und Deutscher Taschenbuch Verlag, 1999.

Füllsack, Manfred. *Leben ohne zu arneiten? Zur Sozialtheorie des Grundeinkommens.* Berlin: Avinus-Verl., 2002.

Füllsack, Manfred. "Einleitung: Ein Garantiertes Grundeinkommen; was ist das?" *Globale soziale Sicherheit.* Hg. von Manfred Füllsack. Berlin: Avinus-Verl., 2006.

Georgescu-Roegen, N. *The Entropy Law and the Economic Process.* Cambridge, Mass.: Harvard University Press, 1971.

Gilpin, Robert. *Global Political Economy: Understanding the International Economic Order.* Priceton and Oxford: Princetton University Press, 2001.

Godley, Wynne. *Seven Unsustainable Process: Medium-Term Prospects and Politics for the United States and the World. Annaadale-on Hudson.* New York: The Jerome Revy Institute of the Bard College Blithewood, 1999.

Göritz, Berthold · Detlef Hase · Rudi Rupp. *Handbuch Interessenausgleich und Sozialplan: Handlungsmöglichkeiten bei Umstrukturierungen.* Fünfte, überarbeitete Auflage. Frankfurt am Main: Bund Verlag, 2008.

Gorz, André. *Kritik der ökonomischen Vernunft: Sinnfragen am Ende der Arbeitsgesellschaft. Aus dem Französischen von Otto Karlscheuer.* Hamburg: Rotbuch, 1994.

_____. "Enteignung und Wiederaneignung der Arbeit." *Gewerkschaftliche Monatshefte* 6-7(1998): 349-352.

Goudzwaard, Bob · Harry de Lange. *Weder Armut noch Überfluss: Plädoyer für eine neue Ökonomie.* München: Kaiser, 1990.

Graziani, Augusto. "The Marxist Theory of Money." *International Journal of Political Economy* 27/2(1997): 26-50.

Gross, Daniel · Thomas Mayer. "How To Back Up the Rescue Fund?" European Parliament IP/A/ECON/NT/2011-04(December 2011), 47-58.

Gutenberg, E. *Grundlagen der Betriebswirtschaftslehre, Bd 1: Die Produktion.* 10. Aufl. Berlin [u.a.]: Springer, 1965.

Gutierrez, Gustavo. *A Theology of Liberation: History, Politics, and Salvation.* rev. ed. Maryknoll: Orbis, 1988).

Immler, Hans. "Natur als Produktionsfaktor und als Produkt: Gedanken zu einer physisch begründeten Ökonomie." *Das Naturverständnis der Ökonomik: Beiträge zur Ethikdebatte in den Wirtschaftswissenschaften.* Hg. von Bernd Biervert. Frankfurt/New York: Campus-Verl., 1994.

Innes, Alfred Mitchell. "The Credit Theory of Money," *The Banking Law Journal* 31(1914): 151-168.

Habermas, J. "Vorbereitende Bemerkungen zu einer Theorie der kommunikativen Kompetenz." J. Habermas · N. Luhmann. *Theorie der Gesellschaft oder Sozialtechnologie: Was leistet die Systemforschung?* Frankfurt am Main: Suhrkamp, 1971.

Habermas, J./N. Luhmann. *Theorie der Gesellschaft oder Sozialtechnologie: Was leistet die Systemforschung?* Frankfurt am Main: Suhrkamp, 1971.

Habermas, J. "Arbeit und Interaktion: Bemerkungen zu Hegels Jenenser 'Philosophie des Geistes'." *Technik und Wissenschaft als 'Ideologie'.* 8. Auf. Frankfurt/M: Suhrkamp, 1976.

Habermas, J. *Theorie des kommunikativen Handelns, Bd. 2: Zur Kritik der funktionalistischen Vernunft.* Frankfurt am Main: Suhrkamp, 1981.

Häberle, P. "Grundrechte im Leistungsstaat." *Veröffentlichungen der Vereinsamm- lung der Deutschen Staatsrechtslehrer* 30(1972): 44-131.

Hakvoort, Renate · Rainer Mempel. *Arbeitspapier 3: Stand der elektronischen Vernetzung zwischen betrieblichen Interessenvertretungen im europäischen und internationalen Raum.* hg. von der Hans-Böckler Stiftung. Düsseldorf : IBAS, 1999.

Hardin, Garrett. "The Tragedy of the Commons." *Science* 162(1968): 1243- 1248.

Harvey, D. *Rebel Cities.* London: Verso, 2012.

Hasse, Rolf H. · Simone Claber. "Ordnungssysyeme für interstaatliche wirtschaftliche Prozesse." *Handbuch der Wirtschaftsethik, Bd. 2: Ethik wirtschaftlcher Ordnungen.* Herausgegeben im Auftrag der Görres- Gesellschaft von Wilhelm Korff u. a. Gütersloh: Gütersloher Verlagshaus, 1999.

Hegel, G. F. W. *Grundlinien der Philosophie des Rechts oder Naturrecht und Staatswissenschaft im Grundrisse: Mit Hegels eigenhändigen Notizen und den mündlichen Zusätzen. 15. Aufl.* Frankfurt am Main: Suhrkamp, 2017.

Heimann, E. *Soziale Theorie des Kapitalismus: Theorie der Sozialpolitik.* Tübingen: Mohr, 1929.

Heinz-J. Bontrup. "Eigentum verpflichtet." *Eigentum verpflichtet: Beiträge zur Kritik an einer antisozialen Politik.* Hg. von Klaus Blessing · Matthias Werner. Berlin: verlag am park, 2016.

Helleiner, Eric. "Political Determinants of International Currencies: What Future for the US Dollar?" *Review of International Political Economy* 15/3(2008): 354-378.

Henry, James S. (Tax Justice Network)."The Price of Offshore Revisited."
출처: https://www.taxjustice.net/cms/upload/pdf/Appendix%203%20- %202012 %20Price%20of%20Offshore%20pt%201%20-%20pp%201-59.pdf (2021일 9월 21일 다운로드).

Hilferding, Rudolf. *Das Finanzkapital: Eine Studie über die jüngste Entwicklung des Kapitalismus mit einem Vorwort von Fred Oelßner(1910).* Berlin: Dietz Verlag, 1955 = Nachdruck der Neuausgabe von 1947.

Hopkins, K. *Conquerors and Slaves.* Cambridge: Cambridge University Press, 1978.

Horkheimer, M. *Eclipse of Reason(1947).* New York: The Seabury Press, 1974.

Huber, E. R. *Deutsche Verfassungsgeschichte seit 1789, Bd. V: Weltkrieg, Revolution und Reichserneuerung 1914-1919.* Stuttgart [u.a.], Kohlhammer, 1978.

Huber, Joseph. "Reform der Geldschöpfung: Wiederherstellung des staatlichen Geldregals durch Vollgeld." *Zeitschrift für Sozialökonomie* 142(2004): 13-21.

ISDA. *Master Agreement*. New York: International Swaps and Derivatives Association, 2002.

Jakopovich, Daniel. "Yugoslavia's self-management." *Keep Space for Peace*. Ed. by Tony Simpson. Nottingham, Spokesman Books, 2012.

Jähnichen, Traugott. *Vom Industrieuntertan zum Industriebürger: Der soziale Protestantismus und die Entwicklung der Mitbestimmung*. Bochum: SWI-Verl., 1993).

Jähnichen, Traugott. *Wirtshaftsethik: Konstellationen – Verantwortungsebenen – Handlungsfelder*. Stuttgart: Kohlhammer, 2008.

Zukin, Sharon. "The representation of working-class interest in socialist society: Yugoslav labor unions." *Politics & Society* 10/3(1981): 281-316.

Käsemann, E. "Kritische Analyse von Phil 2, 5-11." *Exegetische Versuche und Besinnung II, 2. Aufl*. Göttingen: Vandenhoeck & Ruprecht, 1965.

Käsemann, E. *An die Römer, HNT 8a. 3. Aufl*. Tübingen: Mohr, 1973.

Kang, Won-Don. *Zur Gestaltung einer human, sozial und ökologisch gerechten Arbeit*. Wissenschaftliche Beiträge Band 26. Schriftenreihe der Missionsakademie an der Universität Hamburg. Hg. von Prof. Dr. Theodor Ahrens. Ammersbeg bei Hamburg: Verlag bei Lottbeg, 1988.

Kant, I. *Kritik der reinen Vernunft*. Hersg. erläut. und mit einer Lebensbeschreibung Kant's versehenen von J. H. Kirchmann. Berlin: Heimann, 1868.

Keynes, J. M. *Allgemeine Theorie der Beschäftigung, des Zines und des Geldes*. München und Leipzig: Duncker & Humblot, 1936.

Kißler, L. *Die Mitbestimmung in der Bundesrepublik Deutschlands: Modell und Wirklichkeit*. Marburg: Schüren Presseverlag, 1992.

Kirchenkanzlei der Evangelischen Kirche in Deutschland (hg.). *Sozialethische Erwägungen zur Mitbestimmung in der Wirtschaft der Bundesrepublik Deutschalnd (1968)*. Die Denkschriften der Evangelischen Kirche in Deutschland: Soziale Ordnung, Bd. 2/1. 2. Aufl. Gütersloh: Gütersloher Verlagshaus, 1986.

Kirshner, J. "Money is Politics." *Review of International Political Economy* 10/4(2003): 645-660.

Klönne, A. *Die deutsche Arbeiterbewegung: Geschichte - Ziele – Wirkungen. 2. Aufl*.

Düsseldorf/Köln: Eugen Diederichs Verlag, 1981.

Klüber, Franz. *Eigentumstheorie und Eigentumspolitik: Begründung und Gestaltung des Privateigentums nach katholischer Gesellschaftslehre.* Osnabrück: Fromm, 1963.

Knapp, Georg Friedrich. *Staatliche Theorie des Geldes. 2. Aufl., durchges. und verm.* München [u.a.]: Duncker & Humbolt, 1918; Electronic Edition – Aachen: semantics, 2015.

Kohaut, Susanne. "Binding collective agreements: The downward trend continues." IAB-Forum (June 4, 2018). 출처: https://www.iab-forum.de/ en/binding-collective-agreements-the-downward-trend-continues/ (다운로드 2024년 2월 3일).

König, René. "Einige Überlegungen zur Frage der 'Werturteilsfreiheit' bei Max Weber." Soziologie in Deutschland: Begründer/Verächter/Verfechter. München/Wien: Hanser, 1987.

Kolakowski, Lestec. *Die Hauptströmungen des Marxismus III.* München [u.a.]: Piper, 1979.

Kosmahl, H.-J. Ethik in Ökumene und Mission: Das Problem der "Mittleren Axiome" bei J. H. Oldham und der christlichen Sozialethik. Göttingen: Vandenhoeck & Ruprecht, 1970.

Krebs, Angelika. "Why Mothers Should Be Fed?: Eine Kritik am Van Parijs." *Analyse & Kritik* 22(2000): 155-178.

Krebs, Angelika. "Einleitung: Die neue Egalitarismuskritik im Überblick." *Gleichkeit oder Gerechtigkeit: Texte der neuen Egalitarismuskritik.* Frankfurt am Main: Suhrkamp, 2000.

Krebs, Angelika. *Arbeit und Liebe: Die philosophische Grundlagen sozialer Gerechtigkeit.* Frankfurt am Main: Suhrkamp, 2002.

Lattmann, Charles. *Die verhaltenswissenschaftlichen Grundlagen der Führung des Mitarbeiters.* Bern/Stuttgart: Haupt, 1981.

Lehmbruch, Gerhard. "Liberal Corporatism and Party Government." *Trends toward Corporatist Intermediation.* Ed. by Phillipe C. Schmitter and Gerhard Lehmbruch. London: Sage, 1979.

Lerner, Abba P. "Functional Finance and the Federal Dedt." *Social Research* 10(1943):

38-51.

Lipietz, A. *The Enchanted World: Inflation, Credit, and the World Crisis*. London: Verso. 1983.

Link, Chr. *Schöpfung: Schöpfungstheologie angesichts der Herausforderungen des 20. Jahrhunderts. Handbuch Systematischer Theologie* Bd. 7/2. Gütersloh: Gütersloher Verl., 1991.

Locke, J. *Zwei Abhandlungen über die Regierung, Bd. 2. Hg. u. einl. von W. Euchner.* Frankfurt am Main: Europ. Verl.-Anst. [u.a.], 1967.

Mandevill, B. *Die Bienenfabel.* Berlin: Aufbau-Verlag, 1957.

Marx, K. "Auszüge aus James Mills Buch 'Klemens d'economie politique'. Trad. par J. T. Parisot, Paris 1823." Karl Marx · Friedrich Engels. *Werke 40, Ergänzungsband.* Berlin: Dietz, 1968. 이하, Karl Marx · Friedrich Engels Werke는 MEW로 약칭.

_____. "Brief von Karl Marx an P. W. Annenkow vom 28. Dezember 1846." *MEW 4.* Berlin: Dietz, 1977.

_____. *Das Elend der Philosophie. MEW 4.* Berlin: Dietz, 1977.

_____. *Das Kapital: Kritik der politischen Ökonomie, Bd. 1. MEW 23.* Berlin: Dietz, 1982.

_____. *Das Kapital: Kritik der politischen Ökonomie, Bd. 2. MEW 24.* Berlin: Dietz, 1963.

_____. *Das Kapital: Kritik der politischen Ökonomie, Bd. 3. MEW 25.* Berlin: Dietz, 1964.

_____. *Der Bürgerkrieg in Frankreich. MEW 17.* Berlin: Dietz, 1962.

_____. "Einleitung zu den 'Grundrissen der Kritik der politischen Ökonomie'." *MEW 42.* Berlin: Dietz, 1983.

_____. *Grundrisse der Kritik der politischen Ökonomie. MEW 40.* Berlin: Dietz, 1983.

_____. *Kritik des Gothaer Programms: Randglossen zum Programm der deutschen Arbeiterpartei. MEW 19.* Berlin: Dietz, 1987.

_____. *Ökonomisch-philosophische Manuskripte aus dem Jahre 1844. MEW 40, Ergänzungsband.* Berlin: Dietz, 1968.

_____. *Theorien des Mehrwerts 2. MEW 26/2.* Berlin: Dietz, 1967.

_____. "Über die Nationalisierung des Grund und Bodens." *MEW 18.* Berlin: Dietz,

1977.

Marx, K. · F. Engels. *Manifest der kommunistischen Partei. MEW 4.* Berlin: Dietz, 1977.

May, James R. · Erin Daly (ed). JUDICIAL HANDBOOK on Environmental Constitutionalism. UNITED NATIONS ENVIRONMENT PROGRAMME (2017).

Meine, Hartmut · Uwe Stoffregen, "Wirtschaftsdemokratie als gewerkschaftliche Alternative zum Finanzmarktkapitalismus." *Mehr Wirtschaftsdemokratie wagen!* Hg. von Hartmut Meine u. a. Hamburg: VSA, 201.

Melman, Seymour. *The Permanent War Economy: American Capitalism in Decline.* New York: Simon & Schuster, 1985.

Michael-Abich, K. M. *Wege zum Frieden mit der Natur: praktische Naturphilo-sophie für die Umweltpolitik.* München/Wien: Hanser, 1984.

Minsky, Hyman P. *Stabilizing an Unstable Economy.* New Haven: Yale University Press. 1986.

Mitglieder des Bundesverfassungsgerichts (hg.). *Entscheidungen des Bundes- verfassungsgerichts,* Bd. 50. Tübingen: Mohr Siebeck 1979.

Mitschke, Joachim. *Steuer- und Transferordnung aus einem Guß: Entwurf einer Neugestaltung der direkten Steuern und Sozialtransfers in der Bundesrepublik Deutschland.* Baden-Baden: Nomos-Verl.-Ges., 1985.

Moltmann, J. *Gott in der Schöpfung: Ökologische Schöpfungslehre. 3. Aufl.* München: Kaiser, 1987.

_____. *Theologie der Hoffnung: Untersuchungen zur Begründung und zu den Konsequenzen einer christlichen Eschatologie. 3. Aufl.* München: Kaiser, 1965.

Moore, B. J. *Horizontalists and Verticalists: The Macroeconomics of Credit-Money.* Cambridge: Cambridge University Press, 1988.

Müller-Jentsch, Walther. *Konfliktpartnerschaft: Akteure und Institutionen der industriellen Beziehungen, 3., überarb. und erw. Aufl.* München [u.a.]: Hampp, 1999.

Musić, Goran. "Yugoslavia: Workers' Self-Management as State Paradigm." *Ours to Master and to Own Workers' Councils: from the Commune to the Present.* Ed. by Immanuel Ness and Dario Azzellini. Chicago, IL.: Haymarket Books, 2011.

Naphtali, Fritz. *Wirtschaftsdemokratie: Ihr Wesen, Weg und Ziel(1928).* Hg. u. eingel.

v. R. F. Kuda, 4. Aufl. Köln/Frankfurt am Main: Europäische Verlagsanstalt, 1977.

Niebuhr, Reinhold. *Christian Realism and Political Problems.* New York: Charles Scriber's Son, 1953.

Norregaard, John. "Taxing Immovable Property: Revenue Potential and Implementation Challenges." *IMF Working Paper,* WP/13/129(2013): 1-42. 출처: https://www.imf.org/external/pubs/ft/wp/2013/ wp13129.pdf (2021년 10월 9일 다운로드).

Odum, E. P. *Prinzipien der Ökologie: Lebensräume, Stoffkreislauf, Wachstums-grenzen.* Heidelberg: Spektrum der Wissenschaft, 1991.

Opielka, Michael · Georg Vobruba (hg.). *Das garantierte Grundeinkommen: Entwicklung und Perspektive einer Forderung.* Frankfurt am Main: Suhrkamp, 1986.

Pahl, Ray · Jack Winkler. "The Coming Corporatism." *Challenge* 18/1(1975): 28-35.

Parfit, Derek. "Equality and Priority?" *Ratio* 10/3 (1997): 202-221.

Parijs, Philippe Van. *Real Freedom for All: What (If anything) can Justify Capitalism?* New York: Clarendon Press; Oxford: Oxford University Press, 1995.

Phillips, A. W. "The Relationship between Unemployment and the Rate of Change of Money Wages in the United Kingdom 1861-1957." *Economica* 25/2(1958): 283–299.

Phillips, R. J. *The Chicago Plan and New Deal Banking Reform.* Armonk, NY.: M.E. Sharpe, 1995.

Popper, Karl R. "Prognose und Prophetie in den Sozialwissenschaften." *Logik der Sozialwissenschaften.* hg. von Ernst Topitsch. Köln/Berlin: Kippenheuer & Witsch, 1971.

Raiser, Thomas · Rüdiger Veil. *Mitbestimmungsgesetz und Drittelbeiteili- gungsgesetz.* 5. Aufl. Berlin: de Gruyter, 2009.

Rawls, John. *A Theory of Justice.* Revised Edition. Cambridge: Harvard Univ. Press, 1999.

Rektenwald, Horst Claus. "Ethik, Selbstinteress und bonum commune: Eine Analyse der klassischen Ordnungstheorie Adam Smiths." *Ethik und Wirtschaftswissenschaft,* hg. von George Enderle. Berlin: Dunker & Humblot, 1985.

Tödt, Heinz Eduard. "Technische oder soziale Revolution – eine theologische

Alternative?" Trutz Rendtorff · Heinz Eduard Tödt. *Theologie der Revolution: Analysen und Materialien*. Frankfurt am M.: Suhrkamp, 1968.

Rich, A. *Mitbestimmung in der Industrie: Probleme – Modelle – Kritische Beurteilung; Eine sozialethische Orientierung*. Zürich: Flamberg Verlag, 1973.

Riebler, Volker. *Krise des Flächentarifvertrages? Dokumentation eines Gesprächs der Otto Brenner Stiftung*. Frankfurt am Main, 8. Dez. 1995. Hg. von Otto Brenner Stiftung. Köln: Bund-Verl., 1996.

Rheinischen Landeskirche. "Sozialethische Überlegungen zur Unternehmens- mitbestimmung: Eine Studie aus der rheinischen Landeskirche." *epd- Dokumentation* 24(1987).

Rifkin, J. *Das Ende der Arbeit und ihre Zukunft*. Frankfurt/New York: Campus, 1995.

Roberts, J. Timmons · Bradley Parks. "Ecologically Unequal Exchange, Ecological Debt, and Climate Justice: The History and Implications of Three Related Ideas for a New Social Movement." *International Journal of Comparative Sociology* 50/3-4(2009): 385-409.

Robra, M. *Ökumenische Sozialethik. mit einer Einf. von Konrad Raiser*. Gütersloh: Gütersloher Verl.-Haus, 1994.

Roggermann, Herrwig. *Mitarbeiterbeteiligung und Eigentum*. Berlin: BWV, 2010.

Rüterswörden, U. *Dominium terrae: Studien zur Genese einer alttestamentlichen Vorstellung*. Berlin/New York: de Gruyter, 1993.

Sachverständigenkommission zur Auswertung der Bisherigen Erfahrungen bei der Mitbestimmung. *Mitbestimmung im Unternehmen: Bericht der Sachverständigenkommission zur Auswertung der Bisherigen Erfahrungen bei der Mitbestimmung*. Stuttgart/Berlin/Köln/Mainz: Kohlhammer, 1970.

Saint Thomas Aquinas. *Summa theologiae: secunda secundae, 1-91*. Tr. by Fr. Laurence Shapcote, O.P. Lander, Wyoming: The Aquinas Institute for the Study of Sacred Doctrine, 2012.

Samuelson, P. *Volkswirtschaftslehre: eine Einführung*, Bd. 1. 4. vollst. neu bearb. Aufl. Köln: Bund-Verl., 1969.

Sandel, Michael J. *Liberalism and the Limits of Justice*. Cambridge, UK; New York: Cambridge Univ. Press, 1982.

Sauer, Dieter. *Arbeit im Übergang: Zeitdiagnosen.* Hamburg: VSA Verl., 2005.

Schmid, Thomas (hg). *Befreiung von falscher Arbeit: Thesen zum garantierten Mindesteinkommen.* Berlin: Wagenbach, 1984.

Schmidt, W. H. *Die Schöpfungsgeschichte der Priesterschrift.* Neukirchen- Vluyn: Neukirchener Verl., 1964.

Schmied-Kowarzik, W. "Weder Arbeit noch Natur sind wertbildend, aber sie sind die Quellen allen Reichtums." H. Immler · W. Schmied-Kowarzik. *Marx und die Naturfrage.* Hamburg:VSA-Verl., 1984.

Schmitter, Philippe C. "Modes of Interest Intermediation and Models of Societal Change in Western Europe." *Trends toward Corporatist Intermediation.* Ed. by Phillipe C. Schmitter and Gerhard Lehmbruch. London: Sage, 1979.

Schneider, D. *Allgemeine Betriebswirtschaftslehre. 3. neu bearb. u. erw. Aufl.* München/Wien: Oldenbourg, 1987.

Schneider, D. · R. F. Kuda. *Mitbestimmung: Weg zur industriellen Demokratie?; Erste Reformansätze (1848/49); Arbeiterausschüsse (1890/1918); um die ganze Macht (1919/20); um die halbe Macht (1946/52); Modelle (1967/69).* München: Dt. Taschenbuch-Verl., 1969.

Schramme, Thomas. "Verteilungsgerechtigkeit ohne Verteilungsgleichheit." *Analyse & Kritik* 21(1999): 171-191.

Schumpeter, Joseph Alois. *Das Wesen und der Hauptinhalt der theoretischen Nationalökonomie.* Leipzig: Verlag von Dunker & Humbolt, 1908.

Schwarz, S. *Handbuch der deutschen Gewerkschaftskongresse.* Berlin: Verl.-Ges. des Allg. Dt. Gewerkschaftsbundes, 1930f.

Segbers, Franz. "Bürgerrechte, soziale Rechte und Autonomie: Weiterent- wicklung des Sozialstaates durch ein Grundeinkommen." *Verantwortun- gsethik als Theologie des Wirklichen.* hg. von Wolfgang Nethöfel · Peter Dabrock · Siegfried Keil. Göttingen: Vandenhoeck & Ruprecht, 2009.

Šik, Ota. *Der dritte Weg: Die marxistisch-leninistische Theorie und die moderne Industriegesellschaft.* Hamburg: Hoffmann & Campe, 1972.

Šik, Ota. *Humane Wirtschaftsdemokratie: Ein dritter Weg.* Hamburg: Knaus, 1979.

Šik, Ota. "Dritter Weg und grüne Wirtschaftspolitik." *Grüne Wirtschaftspolitik:*

Machbare Utopie. Mit einem Vorwort von O. Schilly. Hg. von F. Beckenbach u. a. Köln: Kiepenheuer & Witsch, 1985.

Simon, H. A. "Universal basic income and the flat tax." *Boston Review* 25/5(2000): 9-10.

Sinzheimer, Hugo. *Der Arbeitsnormenvertrag: Eine privatrechtliche Untersuchung, Teil 1.* Leipzig: Duncker & Humbolt, 1907.

_____. *Grundzüge des Arbeitsrechts. Zweite, erweiterte und völlig umgearbeitete Auflage.* Jena: Verlag von Gustav Fischer, 1927.

Shaull, Ricard. "Theology and the Transformation of Society." *Theology Today* 25/1(1968): 23-36.

Simon, Herbert A. "Two Heads Are Better than One: The Collaboration between AI and OR." *Interfaces* 17/4(1987), 8-15.

Sohn-Rethel, Alfred. *Geistige und Körperliche Arbeit: Zur Theorie der gesellschaftlichen Synthese. 1. Aufl.* der revid. und ergänz. Ausgabe. Frankfurt am Main: Suhrkamp, 1972.

Srnicek, Nick · Alex Williams. *Inventing the Future: Postcapitalism and a World Without Work.* Brooklyn, NY : Verso Books, 2015.

Stadelmann, R. *Soziale und politische Geschichte der Revolution von 1848, 2. Aufl.* München: Bruckmann, 1970.

Steck, O. H. *Der Schöpfungsbericht der Priesterschrift.* Göttingen: Vandenhoeck & Ruprecht, 1975.

Stiglitz, Joseph E. *The Stiglitz report: reforming the international monetary and financial systems in the wake of the global crisis.* New York: New Press, 2010.

Stone, Christopher D. "Should Trees Have Standing? Toward Legal Rights for Natural Objects." *Southern California Law Review* 45(1972): 450-501.

Strange, Susan. "The Persistent Myth of Lost Hegemony." *International Organization* 41/4(1987): 551-574.

Taylor, F. W. *Die Grundsätze wissenschaftlicher Betriebsführung. Nachdr. der autoris. Ausg. von 1913.* Weinheim u.a.: Beltz, 1977.

Thum, H. *Wirtschaftsdemokratie und Mitbestimmung: Von den Anfängen 1916 bis zum Mitbestimmungsgesetz 1976.* Vorwort von H.-W. Meyer und J. Richert.

Köln: Bund-Verl., 1991.

Tischler, W. *Einführung in die Ökologie. 3. Aufl.* Stuttgart [u.a.]: Fischer, 1984.

Turner, Stephan J. *A Sustantive Envioronmental Right: An Examination of the Legal Obligation Decision-Makers toward the Envioronment.* Austin: Wolters Kluwer Law & Business, c2009.

Ulrich, P. *Transformation der ökonomischen Vernunft: Fortschrittsperspektiven der modernen Industriegesellschaft. 3. Aufl.* Bern/Stuttgart/Wien: Haupt, 1993.

Ulrich, Peter. "Das bedingungslose Grundeinkommen: ein Wirtschaftsbür- gerrecht?" 2. deutschsprachiger Grundeinkommens- Kongress, 5.-7. Oktober 2007 in Basel. 출처: http://www.archiv-grundeinkommen. de/ulrich/20071007-PUlrich-Basel.pdf (2010년 3월 11일 다운로드).

UNWTO · UNEP. *Climate Change and Tourism: Responding to Global Challenges.* Madrid: UNWTO, 2008.

Vanderborgt, Yannik · Philippe Van Parijs. *Ein Grundeinkommen für alle? Geschichte und Zukunft eines radikalen Vorschlags. Mit einem Nachwort von Claus Offe.* Frankfurt/New York: Campus, 2005.

Vilmar, Fritz. *Politik und Mitbestimmung: Kritische Zwischenbilanz – integrales Konzept.* Kronberg: Athenäum-Verl., 1977.

Vilmar, Fritz · Karl-Otto Sattler. *Wirtschaftsdemokratie und Humanisierung der Arbeit: Systematische Integration der wichtigsten Konzepte.* Köln/Frankfurt am Main: Europäische Verlagsanstalt, 1978.

Vobruba, Georg. *Entkoppelung von Arbeit und Einkommen: Das Grundeinkommen in der Arbeitsgesellschaft. 2. erweiterte Auflage.* Wiesbaden: Verlag fuer Sozialwissenschaften, 2007.

Von Rad, G. *Das erste Buch Mose: Genesis Kapitel 1-12,9.* Göttingen: Vandenhoeck &Ruprecht, 1949.

Wagner, Bernhard Andreas. *Ethikrichtlinien — Implementierung und Mitbestimmung, Mannheimer Schriften zum Unternehmensrecht.* Hg. vom Institut für Unternehmensrecht der Universität Mannheim. Baden-Baden: Nomos, 2008.

Walter-Raymond-Stiftung der BDA (hg.). "Wirtschaftliche Mitbestimmung und freihei- tliche Gesellschaft: Eine Stellungnahme des Arbeitskreises Mitbestimmung bei der

Bundesvereinigung der Deutschen Arbeitgeber- verbände zu den gewerkschaftlichen Forderungen." *Mitarbeiten, Mitverantworten, Mitbestimmen: Veröffentlichungen der Walter- Raymond-Stiftung*, Bd. 7. Köln Opladen: Westdeutscher Verlag, 1966.

Walzer, Michael. *Sphären der Gerechtigkeit*. Frankfurt am Main/New York: Campus-Verl., 1992.

Wannöffel, Manfred. "Keine 'gute Arbeit' ohne qualifizierte Mitbestimmung." *Moderne Mitbestimmung: Betriebe und Verwaltungen im Umbruch; die Interessenvertretung der Zukunft*. Hg. von Frank Lorenz · Günter Schneider. Hamburg: VSA, 2009.

Wasmus, H. *Produktion und Arbeit: Immanente Kritik der politischen Ökonomie*. Hamburg: VSA Verl.: 1987.

Weber, Max. "Der Sinn der 'Wertfreiheit' der soziologischen und ökonomischen Wissenschaften." *Gesammelte Aufsätze zur Wissenschaftslehre*. Tübingen: Mohr, 1922.

Webb, Sidney · Beatrice. *A Constitution for the Socialist Commonwealth of Great Britain*. London; New York: Longmans, Green and Co., 1920.

Werner, Götz W. *Ein Grund für die Zukunft: Das Grundeinkommen; Interviews und Reaktionen*. Stuttgart: Freies Geistesleben, 2006.

Westermann, C. *Genesis*. Bd. I/1. Neukirchen-Vluyn: Neukirchener Verl., 1974.

Williams, Alex · Nick Srnicek. #ACCELERATE: MANIFESTO FOR AN ACCELERATIONIST POLITICS (14 May 2013). 출처: https://syntheticedifice. files. wordpress.com/ 2013/06/accelerate.pdf (2024년 1월 27일 다운로드).

White, Stuart. "Liberal equality, exploitation, and the case for an unconditional basic income." *Political Studies* Vol. 45 Issue 2(1997): 312-326.

Wicke, L. *Umweltökonomie: Eine praxisorientierte Einführung. 3., überarb., erw., und aktualisierte Aufl.* München: Vahlen, 1991.

Windolf, Paul. "Was ist Finanzmarkt-Kapitalismus?" *Finanzmarkt- Kapitalismus*. Hg. von Paul Windolf. Wiesbaden: © VS Verlag für Sozialwissenschaften/ GWV Fachverlag, 2005.

Wisser't Hooft, W. A. (ed.). *Die Unordnung der Welt und Gottes Heilsplan: Ökumenische Studien*. Zollikon-Zürich: Evang. Verl., 1948.

Wittfogel, Karl August. *Die orientalische Despotie: eine vergleichende Untersuchung totaler Macht.* Köln [u.a.]: Kiepenheuer & Witsch, 1962.

Zachert, Ulrich. *Krise des Flächentarifvertrages?: Dokumentation eines Gesprächs der Otto Brenner Stiftung* (Frankfurt am Main, 8. Dez. 1995). Hg. von Otto Brenner Stiftung. Köln: Bund-Verl., 1996.

Zeller, Christian. "Wirtschaftsdemokratie und gesellschaftliche Aneignung." *SoZ+* 2(2010): 12-25.

3. 1차 자료(법령, 판결, 결정, 선언, 출처, 소송 등)

1) 한국 법률, 판결 및 결정, 통상조약

「개발이익 환수에 관한 법률」(법률 제4175호, 1989. 12. 30., 제정).

「공공기관 운영에 관한 법률」(법률 제18795호, 2022. 2. 3., 일부개정).

「경제사회발전노사정위원회법」(법률 제8297호, 2007. 1. 26., 일부개정).

「경제사회노동위원회법」(법률 제15663호, 2018. 6. 12., 전부개정).

「근로자참여 및 협력증진에 관한 법률」(법률 제5312호, 1997. 3. 13., 제정).

「노동조합법」(법률 제1329호, 1963. 4. 17., 전부개정).

「노동조합법」(법률 제2610호, 1973. 3. 13., 일부개정).

「노동조합법」(법률 제3966호, 1987. 11. 28., 일부개정).

「노사협의회법」(법률 제3348호, 1980. 12. 31., 제정).

「노사정위원회의설치및운영등에관한법률」(법률 제5990호, 1999. 5. 24., 제정).

「대·중소기업 상생협력 촉진에 관한 법률」(법률 제7864호, 2006. 3. 3., 제정).

「제헌헌법」(법률 제00001호, 1948. 7. 17., 제정).

「대한민국 헌법」(헌법 제10호, 1987. 10. 29., 전부개정).

「민법」(법률 제19098호, 2022. 12. 27., 일부개정).

대법원 1992.12.8. 선고, 92다4031 판결.

대법원 1994.12.9. 선고, 94다22859 판결.

대법원 2004.2.27. 선고, 2001두8568 판결.

대법원 2006.5.11. 선고, 2005다20910 판결.

대법원 2007.9.6. 선고, 2007다37165 판결.

대법원 2014.2.13. 선고, 2011다78804 판결.

대법원 2018.6.15. 선고, 2014두12598, 2014두12604(병합) 판결.

헌법재판소 전원재판부 1993. 7. 29. 92헌바20.

헌법재판소 전원재판부 1999. 4. 29. 94헌바37.

헌법재판소 전원재판부 1994. 7. 29. 92헌바49.

헌법재판소 전원재판부 2008. 11. 13. 2006헌바112.

「한미 FTA」. 출처: https://www.fta.go.kr/us/doc/1/ (2022년 11월 30일 다운로드).

「한·EU FTA」. 출처: https://www.fta.go.kr/eu/doc/1/ (2022년 11월 30일 다운로드).

2) 외국 법률, 의회결의

「인플레이션 감축법 2022」. 출처: https://world.moleg.go.kr/web/ wli/lgslInfoReadPage. do?CTS_SEQ=50173&AST_SEQ=313& (2023년 5월 8일 다운로드).

AB 5, Gonzalez. Worker status: employees and independent contractors. 출처: https://legiscan.com/CA/text/AB5/id/2008026 (2022년 12월 11일 다운로드).

Betriebsverfassungsgesetz vom 11. Oktober 1952. Bundesgesetzblatt, Teil I, Nr. 43(14. Oktober 1952), 681-695.

Betriebsverfassungsgesetz vom 15. Januar 1972. Bundesgesetzblatt, Teil I, Nr. 2(18. Januar 1972), 13-43.

Die Verfassung des Deutschen Reichs (1919. 8. 11). 출처: https://www. verfassungen.de/de19-33/verf19-i.htm (2022년 2월 18일 다운로드).

European Commission. "Global Europe: Competing in the World. A Contribution to the EU's Growth and Jobs Strategy," COMMISSION OF THE EUROPEAN COMMUNITIES (2006) 567, Brussels, 4 October 2006. 출처: https://eur-lex.europa.eu/legal-content/EN/TXT/?uri=celex% 3A52006DC0567 (2023년 1월 9일 다운로드).

European Commission. "Promoting decent work for all: The EU contribution to the implementation of the decent work agenda in the world." COM (2006) 249 final, Brussels, 24 May 2006. 출처: https://eur-lex.europa. eu/EN/legal-content/summary/promoting-decent-work-for-all.html (2023년 1월 9일 다운로드).

Fair Transition and Competition Act of 2021. 출처: https://www.congress.gov/ bill/117th-congress/house-bill/4534 (2023년 1월 9일 다운로드).

Gesetz über die Mitbestimmung der Arbeitnehmer in den Aufsichtsräten und Vorständen der Unternehmen des Bergbaus und der Eisen und Stahl erzeugenden Industrie vom 21. Mai 1951. Bundesgesetzblatt, Teil I, Nr. 24(23. Mai 1951), 347-350.

Gesetz über die Mitbestimmung der Arbeitnehmer vom 4. Mai 1976. Bundesgesetzblatt, Teil I, Nr. 51(8. Mai 1976), 1153-1165.

Gesetz zur Förderung der Stabilität und des Wachstums der Wirtschaft von 8. Juni, 1967. 출처: https://www.gesetze-im-internet.de/stabg/ BJNR005820967. html (2022년 10월 5일 다운로드).

Gesetz zur steuerlichen Förderung der Mitarbeiterkapitalbeteiligung vom 7. März 2009. Bundesgesetzblatt Teil I Nr. 12(11. März 2009), 451-455.

Gesetz über die Überführung der Anteilsrechte an der Volkswagenwerk Gesellschaft mit beschränkter Haftung in private Hand von 21. Juli 1960. 출처: https://www.gesetze-im-internet.de/vwgmbh_g/BJNR005850960.html (2023년 2월 8일 다운로드).

Grundgesetz für die Bundesrepublik Deutschland (2022년 12월 19일 최종 개정본). 출처: https://www.gesetze-im-internet.de/gg/BJNR000010949.html (2023년 2월 3일 다운로드).

Inflation Reduction Act of 2022. 출처: https://www.congress.gov/117/plaws/publ169/ PLAW-117publ169.pdf. (2023년 1월 10일 다운로드).

National Economic Development and Labor Council Act, STAATSKOERANT: GOVERNMENT GAZETTE OF THE REPUBLIC OF SOUTH AFRICA No. 16126 (2 DECEMBER 1994), 3-11. 출처: https://www.gov.za/sites/default/files/gcis_ document/201409/act35of1994.pdf (2023년 12월 10일 다운로드).

Proposal for a DIRECTIVE OF THE EUROPEAN PARLIAMENT AND OF THE COUNCIL on improving working conditions in platform work, COM/ 2021/762 final. 출처: https://eur-lex.europa.eu/legal-content/EN/ALL/ ?uri=CELEX%3A52021PC0762 (2022년 12월 11일 다운로드).

Tarifvertragsgesetz (9. April, 1949 제정, 20. Mai, 2020 최종 개정). 출처: https://www.gesetze-im-internet.de/tvg/BJNR700550949.html (2023년 2월 8일 다운로드).

3) 유엔문서

Agenda 21. 출처: https://sustainabledevelopment.un.org/outcomedocuments/ agenda21 (2023년 1월 9일 다운로드).

Johannesburg Declaration on Sustainable Development. 출처: https://www.un.org/ esa/sustdev/documents/WSSD_POI_PD/English/POI_PD.htm (2023년 1월 9일 다운로드).

Plan of Implementation of the World Summit on Sustainable Development. 출처: https://www.un.org/esa/sustdev/documents/WSSD_POI_PD/ English/WSSD_PlanImpl.pdf (2023년 1월 9일 다운로드).

Paris Agreement. 출처: https://unfccc.int/files/essential_background/convention/ application/pdf/english_paris_agreement.pdf (2023년 1월 9일 다운로드).

Report of the World Commission on Environment and Development: Our Common Future. 출처: https://sustainabledevelopment.un.org/content/ documents/5987our-common-future.pdf (2023년 1월 9일 다운로드).

Rio Declaration on Environment and Development. 출처: https://www.un.org/ en/development/desa/population/migration/generalassembly/docs/globalcompact/ A_CONF.151_26_Vol.I_Declaration.pdf (2023년 1월 9일 다운로드).

4) 무역 관련 문서

「1994년도 관세및무역에관한일반협정 제24조의 해석에 관한 양해」. 출처: https://www. mofa.go.kr/www/brd/m_3893/view.do?seq=294225 (2022년 12월 15일 다운로드).

「관세및무역에관한일반협정」. 출처: https://world.moleg.go.kr/web/wli/lgslInfo ReadPage. do?CTS_SEQ=48186&AST_SEQ=309&ETC=1(2022년 12월 15일 다운로드).

Marrakesh Agreement Establishing the World Trade Organization. 출처: https://www.wto.org/ english/docs_e/legal_e/04-wto_e.htm (2023. 01. 09. 다운로드).

Working Party on the Social Dimensions of the Liberalization of International Trade, WP/SDL. GB.264/WP/SDL/1. 출처: https://www.ilo.org/public/libdoc/ilo/GB/ 264/GB.264_WP_SDL_1_engl.pdf (2022년 10월 15일 다운로드).

5) 자료 출처

고용노동부. 「2021년 전국 노동조합 조직현황」. 출처: https://www.moel.go.kr/policy/policydata/ view.do?bbs_seq=2023020024 (2022년 3월 10일 다운로드).

「고용보험원 2019년 고용보험통계 현황 자료」. 출처: https://www.ei.go.kr/ei/eih/ st/retrieveHoOfferList.do (2021년 2월 14일 다운로드).

관세청. 연도별 관세연감. 출처: https://www.customs.go.kr/kcs/na/ntt/ selectNttList. do?mi=11244&bbsId=2640 (2021년 2월 14일 다운로드).

국가에너지통계종합정보시스템. 「온실가스 배출량」. 출처: https://www.kesis.net/ sub/sub_InfoBbsList.jsp (2021년 2월 15일 다운로드).

국세청. 「국세청 내부행정자료」. 출처: https://www.index.go.kr/unity/potal/main/ EachDtlPageDetail.do?idx_cd=2623 (2021년 2월 12일 다운로드).

「기본소득한국네트워크 정관」. 출처: https://basicincomekorea.org/articlesofassociation/ (2021년 2월 15일 다운로드).

기획재정부(2019). 「열린 재정」. 출처: https://www.openfiscaldata.go.kr/op/ko/sd/ UOPKOSDA01 (2021년 2월 12일 다운로드).

에너지경제연구원. 「연간 에너지밸런스」 (2019). 출처: https://www.data.go.kr/data/ 15027002/fileData.do (2021년 2월 10일 다운로드).

『지방세정연감』.

한국노동연구원. 「2001 KLI 노동통계」 (서울: 한국노동연구원, 2001).

한국은행. 「한국은행경제통계시스템」. 출처: https://ecos.bok.or.kr (2021년 2월 12일 다운로드).

BIS. C2 Central government debt securities markets. 출처: https://stats.bis.org/statx/ toc/SEC.html (2022년 6월 15일 다운로드).

EU. Emissions Database for Global Atmospheric Research (2018). 출처: https://edgar.jrc.ec.europa.eu/ (2021년 7월 22일 다운로드).

Fed. Code of Federal Regulations. 출처: https://www.govinfo.gov/help/cfr (2022년 6월 15일 다운로드).

Global Carbon Project (2018). 출처: https://www.globalcarbonproject.org/ carbonbudget/index.htm (2021년 7월 22일 다운로드).

Gross Domestic Product and Components selected Indicators from IMF International

Financial Statistics. 출처: https://data.imf.org/ regular. aspx?key=61545852 (2022년 8월 2일 다운로드).

IMF Currency Composition of Official Foreign Exchange Reserves (COFER). 출처: https://data.imf.org/?sk=e6a5f467-c14b-4aa8-9f6d-5a09ec4e62a4 (2022년 8월 2일 다운로드).

IMF Direction of Trade Statistics. 출처: https://data.imf.org/?sk= 9d6028d4f14a 464ca2f259b2cd424b85 (2022년 8월 2일 다운로드).

OECD. 「OECD Green Growth Indicators」 (1990-2018). 출처: https://stats. oecd.org/ Index.aspx?DataSetCode=GREEN_GROWTH (2022년 5월 30일 다운로드).

OECD. Social Expenditure Database. 출처: https://www.oecd.org/social/expenditure.htm (2019년 2월 8일 다운로드).

6) 소송 관련

"India, Malaysia, Pakistan, Thailand vs. US - Shrimp 사건 (DS58, 1998.11.06. 상소기구)." 국제법 판례·통상법 해설 포털. 출처: https://disputecase.kr/21 (2023.01.09. 다운로드).

Sierra Club v. Morton, 405 U.S. 727, 745-747 (S. Ct. 1972). 출처: https://supreme.justia.com/cases/federal/us/405/727/ (2022년 3월 2일 다운로드).

찾 아 보 기

ㄱ

가속주의 323-326, 328, 330, 1165,
1223-1227
가치
교환가치 49, 170, 172, 197, 213, 605
사용가치 197, 213, 227, 407, 408, 409,
592, 605, 615
잉여가치 49, 131, 197, 198, 206,
211-214, 220, 244, 326, 329, 422, 587,
588, 592, 594-605, 607-614, 616, 625,
631, 642-645, 668-670, 780-783, 785,
788, 809, 871, 881, 885-887, 905, 906,
1169
거시경제 계획 274, 315, 318, 319, 336, 380,
417, 444, 557, 579-581, 583, 585, 586,
596, 608, 609, 617-622, 629, 631,
635-637, 640-642, 645-647, 650, 780,
813, 879, 887, 892, 896, 901, 903,
911-913, 918, 1167, 1168, 1170
경영참가 459, 649, 1166
경제공황 305, 605, 850, 1015, 1090
경제민주주의
사회적 경제민주주의 254, 255, 313, 318,
331, 333, 336, 379, 380, 417, 418, 421,
422, 425, 433, 439-446, 460, 461, 513,
551, 555-558, 578-585, 639-641,
648-650, 906, 1164, 1165, 1168
생태학적 경제민주주의 253, 255, 332,
333, 335, 342, 343, 354, 355, 374,
378-381, 413, 555, 581, 584, 585, 640,
641, 645, 649, 1164, 1165, 1168, 1173
사회적이고 생태학적인 경제민주주의

60, 250, 253, 255-257, 333, 335, 380,
584-586, 609, 610, 621, 741, 775, 776,
779, 780, 785, 813, 1155, 1164
경제민주주의 기구
사회적 경제민주주의 기구 380, 557,
581-585, 640, 641, 906, 1168
생태학적 경제민주주의 기구 379, 380,
584, 585, 641, 645, 1168
사회적이고 생태학적인 경제민주주의
위원회 585, 586
경제발전 141, 216, 378, 482, 484, 520, 527,
552, 559, 568, 569, 583, 617, 618, 620,
621, 625, 645, 646, 650, 666, 727, 785,
843, 903, 954, 1038, 1086, 1093, 1109,
1159, 1167
경제 법칙 56-59, 63, 113, 591, 1162
경제성장 60, 61, 139, 149, 171, 189, 270, 362,
419, 510, 555, 556, 561, 562, 569, 617,
618, 622, 624, 625, 627, 629, 645, 654,
664, 707, 756, 810, 866, 887, 888, 892,
957, 1054, 1068, 1095, 1098, 1103, 1115,
1152
경제위기 163, 419, 556, 566, 568, 569, 571,
575, 639, 736, 744, 897, 952, 986, 1008
경제제도 33, 34, 37-40, 42-44, 47, 53,
56-59, 63-65, 84, 85, 96, 112-114, 440,
584, 1162
경제적 합리성 220-224, 243, 245, 249, 1163
경제체제 55, 119, 120, 123, 126-128, 138,
164, 182, 220, 224, 247-249, 257, 265,
306, 343, 347, 351, 352, 412, 525, 559,
566, 575, 576, 595, 618, 741, 753, 778,

949, 954, 966, 1013, 1074, 1086, 1160, 1163

계급투쟁 292, 422, 499, 516-518, 551, 561, 562, 579, 609, 649

공공정책 638, 644-646, 653, 655, 804, 814, 854, 861, 866, 868, 872, 873, 875, 876, 904-907, 913, 914, 917, 918, 997, 1170

공동결정 36, 265, 289, 291, 292, 294-302, 310, 312, 317, 318, 373, 375-379, 410, 418-420, 432, 438, 458-462, 464-482, 488-491, 493-496, 498-503, 507, 508, 513-517, 528, 559, 562, 564, 575, 631, 648, 649, 975, 982, 1166, 1172

공동관여 452, 453, 459, 464, 465, 473, 502, 514, 516

공동협의 452-454, 459, 464, 465, 473, 476, 514

공산주의(적)323, 326, 689, 690, 703, 806, 807

공유부 349, 748, 750, 751, 764, 766, 771-774, 805, 807

공유재(산) 183, 386, 698, 712, 807, 906

공유지 350, 384-386, 392, 393, 426, 686, 690, 704, 705, 733, 734, 750, 763, 764

공유지 수탈 665, 670-675, 708, 711, 712, 714, 720, 732, 735, 737

구원사 41, 65-67, 75, 84, 85, 112, 114

국가개입주의 48, 135-137, 139-141, 143-145, 147, 148, 164, 165, 174, 182, 200, 305, 605, 606, 608, 619, 620, 846, 1163

국제청산동맹 931-934, 967-973, 976, 977, 982, 1037, 1038, 1171

권력 균형 137, 255, 318, 332, 333, 342, 353, 355, 375, 417, 442, 469, 471, 514, 516, 525, 552, 562, 580, 777

그림자금융 156, 157, 240, 255, 630, 631,

637, 900, 912, 918, 995, 1000-1005, 1009, 1018, 1027, 1052, 1066, 1067, 1073, 1074, 1076, 1170, 1172

금융공황 157, 158, 162, 163, 182, 240, 630, 841-843, 850, 859, 860, 870, 874, 890, 947, 952-954, 986, 1014-1016, 1019-1025, 1029-1036, 1040-1042, 1044, 1047, 1048, 1052, 1053, 1056, 1057, 1065, 1072, 1075, 1172

금융 수탈 218, 239, 249, 990, 1013, 1053, 1073, 1075, 1163, 1172

금융위기 158, 569, 870, 890, 921, 926, 935, 955, 959-961, 964, 978, 985, 1011, 1012, 1017-1019, 1022, 1026-1028, 1032, 1035, 1036, 1040, 1063

금융체제 137, 143, 145-147, 217, 242, 248, 256, 815, 855, 857, 873-876, 895, 912, 914, 918, 927, 929, 938, 939, 946, 958, 964-968, 971, 978, 990-992, 995, 998, 1010, 1013, 1014, 1026, 1044, 1047, 1067, 1074, 1075, 1163, 1170, 1171

금융화 128, 146, 148, 155, 156, 163, 164, 182, 215, 217-219, 239-241, 245, 249, 253, 330, 331, 333, 560, 562, 563, 565, 571, 575, 581, 630, 631, 637, 638, 646, 732, 782, 855, 857, 860, 912, 913, 918, 921, 927, 938, 945, 949, 951, 952, 954, 960, 966, 977-979, 985-992, 994-996, 998-1000, 1007, 1010, 1011, 1013, 1014, 1016, 1024, 1040, 1042-1045, 1048, 1049, 1052, 1053, 1063, 1068, 1072, 1074-1076, 1164, 1167, 1172, 1173

기독교경제윤리 33, 34, 37-40, 42, 43, 46-48, 56, 63-66, 84, 100, 110-114, 117, 118, 975, 1161, 1162, 1175

기독교 사회과학 40

기독교 윤리학 41, 66, 80, 456, 591
기본권 354-360, 362, 368, 369, 373, 381,
　　498, 500, 508, 513, 571, 572, 687, 693,
　　724, 757, 767
기본소득
　　무조건적 기본소득 181, 772, 806
　　사회적이고 생태학적인 기본소득 742,
　　775, 809, 1168, 1169
기본소득 목적세 793, 800-802, 1169
기축통화 145, 841, 923, 925, 936, 938, 939,
　　942, 945, 959-961, 963-965, 968, 980,
　　1171
기후위기 971, 1136, 1141, 1142, 1144
기후 파국 140, 239, 254, 336, 341-343, 346,
　　402, 403, 412, 413, 742, 763, 777, 810

ㄴ

노동계약 131, 177, 194, 195, 213, 214, 234,
　　433-436, 500, 518, 524, 526, 535, 538,
　　552, 587, 592, 633
노동권 289, 291, 299, 300, 317, 318, 360,
　　379, 420, 423, 432, 436-444, 446, 460,
　　461, 473, 476, 478, 479, 496-498, 500,
　　507, 508, 513-515, 632, 640, 648, 1079,
　　1080, 1095, 1097, 1098, 1102,
　　1105-1107, 1114-1116, 1121, 1123,
　　1124, 1152, 1153, 1157, 1158, 1161,
　　1165, 1166, 1174
노동권과 소유권의 상호 불가침성과 상호 제
　　한성 437, 476, 497, 507, 513, 1161, 1166
노동력 36, 49, 54, 58, 60, 106, 121-126,
　　129-131, 155, 168, 177-180, 185, 186,
　　188, 191, 192, 194, 195, 197, 198,
　　206-209, 212, 213, 218, 221, 226,
　　232-234, 238, 243, 244, 274, 286, 349,
　　376, 407, 422, 423, 433-435, 592, 603,
　　605, 719, 727, 750, 756, 760, 773, 810,

823, 882, 887, 907, 954, 1085, 1163
노동소득세 144, 181, 587, 719, 806, 1169
노동 소외 139, 144, 422, 452, 457
노동시간 213, 225, 226, 278, 279, 293, 302,
　　325, 491, 500, 503, 518, 523, 530, 531,
　　535, 536, 538, 547, 549, 561, 565, 572,
　　614, 616, 631, 632, 635, 753, 762, 887,
　　907, 1121, 1123
노동연계복지 149, 636, 746, 755-759, 761
노동의 이해관계 198, 311, 315, 319, 503,
　　524, 526, 603, 604, 610, 635, 645, 719
노동자자주관리 257, 259, 264, 266-275,
　　287-289, 291, 311, 314, 315, 318, 440,
　　458, 580, 1164
노동조건 89, 218, 317, 333, 421, 436, 437,
　　454, 473, 484, 486, 488, 491, 500-502,
　　506, 513, 522, 524, 526, 534, 538, 544,
　　547, 549, 553, 632, 648, 649, 907, 1119,
　　1135
노동조합
　　사업장 노동조합 418, 486, 511,
　　521-523, 525, 529, 531, 544, 552, 553
　　산별 노동조합 292-294, 461, 463, 511,
　　520-526, 528, 529, 531, 537, 543, 544,
　　551-554, 1167
노동체제
　　포드주의적 노동체제 648, 1166
　　포스트-포드주의적 노동체제 648, 1166
노사 동등성 295, 1166

ㄷ

달러 본위제 154, 921, 937, 940, 941, 955,
　　958, 961, 972, 980, 1171
달러 순환 155, 239, 240, 869, 942, 949, 951,
　　952, 981, 991, 995, 1002, 1016, 1040,
　　1074, 1171, 1172
달러 패권 245, 921, 923, 926, 929-931, 936,

937, 940, 941, 945, 947, 948, 950, 952,
955, 956, 960, 963, 967, 978, 985, 991,
995, 1000, 1022, 1023, 1047, 1074, 1157,
1172
달러 환류 (dollar recycling) 922, 929,
943-945, 955, 956, 958, 959, 966, 971,
973, 981, 1014, 1019, 1022, 1023, 1040,
1171
대량생산과 대량소비 55, 118, 139, 140, 165,
173-175, 243, 247, 249, 341, 342, 411,
614, 777, 779, 796, 1163,
디지털세 793, 796, 802, 805, 1169

ㅁ

무역
　보호무역 134, 1093, 1095, 1107, 1108,
　1131, 1139, 1140, 1142, 1143,
　1145-1147, 1149, 1155, 1157, 1158,
　1173
　자유무역 128, 132-135, 142, 153, 154,
　160, 162, 166, 241, 248, 930, 932, 933,
　994, 1079, 1080-1083, 1088-1093,
　1095-1098, 1103, 1105, 1106,
　1108-1115, 1117-1119, 1139, 1142,
　1143, 1145-1147, 1149, 1152, 1155,
　1157, 1158, 1160, 1163, 1173, 1174
무역 규범 160, 241, 242, 629, 930,
　1079-1081, 1101, 1102, 1105, 1106,
　1108, 1111, 1114-1117, 1119-1121,
　1123, 1124, 1126, 1127, 1131, 1134,
　1135, 1139, 1140, 1142-1144, 1149,
　1150, 1153-1155, 1158-1160, 1174,
　1175
무역 불균형 922, 931, 944, 945, 955, 958,
　959, 966, 971, 973, 976, 981, 982, 1022,
　1040, 1171, 1172
물권
　물권 편향적 381-383, 427, 428,

441-443, 445, 446, 497, 688, 689, 699
민주화
　금융의 민주화 623, 638, 894, 914, 918,
　1169, 1170
　재정의 민주화 913
　재정과 금융의 민주화 623, 638, 894, 914,
　918, 1169, 1170

ㅂ

법치국가 131, 332, 355, 362, 368, 369, 371,
　372, 374, 380, 412, 1165
복지 모델 755-757, 759, 761
부동산 불로소득 336, 653, 657, 662-665,
　674, 698, 702, 704, 705, 713, 716, 720,
　721, 728, 729, 735, 736, 792, 1168
부채
　가계부채 151, 155, 174, 859, 860, 865,
　871, 990, 997, 1006, 1007, 1014, 1074,
　1172
　부채 경제 254, 822, 921, 958, 1163,
　정부부채 565, 814, 819, 835-837, 844,
　846, 853, 854, 858, 859, 872, 878, 895,
　917, 993, 996
브레턴우즈 체제 143, 146, 931, 935, 937,
　967, 980
　포스트-브레턴우즈 체제 937, 980
블록화 965, 1081, 1148, 1149, 1151, 1155
비물질적 노동 202-204, 326, 1163
빅데이터 185, 203, 205, 326, 448, 451, 452,
　796, 1062

ㅅ

사업장협약 462, 463, 487, 501, 503, 527,
　528, 531-536, 553
사유화 349, 350, 386, 671-675, 682, 683,
　686, 689, 845, 1005, 1057, 1058, 1064,
　1073, 1076, 1173

사탄의 맷돌 126, 188, 192, 341
사회계획 466, 502, 515, 528, 649, 1166
사회과학적 현실 분석 33, 38, 48, 52, 64, 113,
    114, 1162
사회윤리
    에큐메니칼 사회윤리 79, 81
사회주의
    기능적 사회주의 307, 309, 310
    길드 사회주의 257, 276, 278, 281,
    283-288, 290, 319, 556, 1164
    사회민주주의 138, 281, 304, 307, 691
    시장사회주의 257, 266-268, 270-273,
    314
    페이비언 사회주의 257, 276-281, 290,
    312, 316, 1164
사회적 가난 174, 175, 181, 241, 249,
    253-255, 351, 689, 741, 742, 774, 775,
    777-780, 795, 805, 951, 1094, 1115,
    1161, 1163
사회적 권리 700
사회화 273, 296, 298, 300, 301, 305, 307,
    308, 310, 691, 845, 916, 1005, 1057,
    1064, 1073, 1076
산별교섭 138, 303, 323, 444, 454, 518,
    525-529, 531, 532, 535-537, 544, 551,
    554, 562-564, 567, 649
산별협약 462, 463, 526-528, 530-537, 553,
    554, 1006
산별협약의 우선성 원칙과 효력 확장 원칙
    534
산업정책 141, 278, 395, 520, 557, 623, 905,
    1036, 1147
생산과 소비의 거시균형 180, 266, 274, 288,
    316, 319, 320, 333, 444, 586, 591, 601,
    604, 608, 616, 617, 620-623, 627-629,
    631, 635, 638, 640, 641, 644, 646, 650,
    784, 785, 793, 809, 886, 888, 1167

생산요소 168, 169, 184-186, 188-192, 197,
    198, 201, 207, 208, 219, 228, 232, 238,
    243, 244, 248, 351, 588, 665
생산체제 324, 999
생태계 보전 85, 91, 93, 94, 103, 114, 153, 255,
    333, 342, 366, 368-371, 373, 374, 378,
    381, 382, 386-389, 393, 395, 400, 412,
    413, 556, 586, 600, 612-617, 620, 621,
    634, 642, 644-646, 650, 742, 753, 754,
    763, 764, 774, 776, 778-785, 787, 788,
    790, 791, 793, 795, 799, 805, 809, 914,
    954, 981, 1079, 1095, 1099, 1102, 1105,
    1108, 1110, 1111, 1114, 1115, 1153,
    1160-1162, 1165, 1167, 1169, 1174
생태계 보전의 원칙 85, 91, 93, 94, 103, 114,
    778, 779, 1161, 1162
생태계 위기 389, 405, 411, 413, 613, 741,
    742, 763, 765, 775-777, 1080, 1115,
    1152, 1161, 1163-1165
생태학적 경제학 170, 332, 387, 585, 614,
    775, 776
생태학적 법치국가 332, 355, 362, 369, 371,
    372, 374, 380, 412, 1165
생태학적 부채 410, 411, 585
생태학적 소득분배 343, 410, 411, 413, 610,
    1165
생태학적 소유권 개혁 343, 381, 382, 387,
    413, 1165
성장과 복지의 조화 444, 582, 584, 586, 617,
    620-622, 638, 641, 645, 646, 650, 887,
    1167
성장률 37, 139, 270, 611, 622, 654, 887, 896,
    1054, 1068, 1069
세계은행 143, 151-153, 242, 246, 333, 931,
    934, 935, 940, 967, 970, 974, 1098, 1102
세계중앙은행 972-977, 982, 1172
세계통화체제 921, 940, 966, 972, 975, 1171

소득분배 39, 59, 144, 165, 185, 253, 288, 319,
  336, 343, 378, 380, 407, 410, 411, 413,
  419, 444, 555-557, 585-589, 596, 602,
  608-611, 617, 621, 622, 623, 630,
  640-643, 645, 650, 665, 674, 689, 719,
  742, 744, 774, 775, 780, 782, 785-787,
  793, 794, 798, 799, 801, 806, 809, 813,
  815, 871, 878, 879, 885-888, 890, 892,
  893, 896, 917, 975, 1008, 1050, 1165,
  1167, 1169
소득재분배 59, 586-588, 596, 623, 642, 723,
  785, 786, 802, 871, 997
소비세 181, 726, 793-795, 802, 1169
소유권
  소유권의 본질 423, 424, 428, 429, 431,
  432, 437, 438, 445, 446, 475, 693, 735
  소유권의 실체 693
  소유권(의) 제한 430, 446, 497, 498
  소유의 사회적 책임 382, 430-432, 445,
  478, 689, 692, 693, 695, 706
시뇨리지 437, 752, 793, 803, 828, 869, 872,
  873, 896, 901, 913, 916, 918, 1169, 1170
시장경제
  국가개입주의적 시장경제 136, 139, 144,
  148, 182, 1163
  신자유주의적 시장경제 148, 150, 152,
  162, 164, 200, 239, 247, 320, 321, 526,
  587, 608, 815, 892, 914, 991, 1163
  자유주의적 시장경제 128, 129, 131, 132,
  135, 136, 144, 164, 165, 182, 247, 305
시장경제체제 58, 117-120, 122, 125-128,
  132, 139, 152, 162, 166-168, 174, 175,
  182, 195, 224, 234, 237, 243, 247-249,
  253, 255, 318, 321, 331, 335, 336, 341,
  342, 344, 351, 352, 381, 382, 388, 393,
  417, 420, 422, 436-438, 440, 441, 469,
  475, 499, 518, 576, 586, 595, 596, 600,

  604, 605, 608, 609, 611, 618, 619, 645,
  991, 1163, 1164
시장 질서의 자생성 신화 63, 114, 1162
시장청산임금 233, 772, 807, 849
신용 창조 874, 897, 912, 913, 942, 1051
신용 평가 1005, 1055, 1059-1063, 1073,
  1173
신용화폐제도
  자본주의적 신용화폐제도 123, 235, 816,
  820, 832-835, 837, 838, 840, 842, 844,
  845, 848, 850, 853-855, 861, 868, 871,
  878-880, 883, 888, 890, 891, 893, 894,
  899, 915, 923, 924, 1030, 1051, 1053,
  1055, 1056, 1059, 1074
신자유주의
  신자유주의적 지구화 1098, 1099
신학
  근본주의 신학 67
  민중신학 73-75, 83
  변증법적 신학 67-70
  변혁 신학 67, 72, 73
  자유주의신학 67, 68
  질서 신학 67-70
  해방신학 73, 74, 81
  형성 신학 67, 69, 71

ㅇ
알고리즘 204, 205, 324, 326, 451-454, 456,
  545, 548, 549, 796, 797, 1062
양극화 150, 184, 245, 254, 512, 630, 654,
  658, 689, 1168
양적완화 158, 236, 870, 1004, 1016,
  1019-1024, 1034, 1035, 1039, 1042,
  1052, 1058, 1065, 1066, 1075, 1147,
  1173
에너지-물질 순환 39, 54, 55, 91, 117, 172,
  173, 194, 243, 253, 255, 332, 351, 352,

374, 380, 393, 400, 412, 584, 614, 649,
777, 778, 1167
연대임금정책 138, 303, 305-307, 310, 530,
561, 564
유로존 재정위기 240, 985, 1173
은행
공공은행 733, 835, 837, 897, 902-904,
908-913, 918
상업은행 137, 138, 156-158, 163, 217,
218, 239, 240, 630, 637, 660, 731, 814,
815, 840, 844, 846-848, 851-854, 856,
857, 863, 868, 872-874, 897-902, 909,
910, 912, 913, 916, 918, 942, 947, 988,
993, 994, 998, 1001, 1002, 1004, 1005,
1008, 1011-1015, 1017, 1018, 1020,
1021, 1023, 1025-1028, 1031, 1036,
1050-1059, 1063-1066, 1073, 1074,
1076, 1170, 1172, 1173
은행 적대적 241, 1049, 1054, 1170, 1173
은행 친화적 241, 872, 874, 914, 1025,
1028, 1043, 1048, 1072, 1075, 1173
중앙은행 152, 157, 158, 163, 235, 628,
637, 733, 803, 813, 814, 831, 833, 834,
839, 842-844, 846, 850-854, 858, 862,
863, 865, 868, 870-876, 878, 884, 885,
891, 892, 895-902, 904, 908, 913, 914,
916, 918, 925, 931-933, 938, 942, 947,
949, 952, 953, 960, 967, 972-977, 982,
996, 1004, 1016, 1019-1024, 1026,
1028, 1030, 1031, 1033-1039, 1042,
1044-1048, 1051, 1052, 1055, 1057,
1065, 1066, 1147, 1170, 1172, 1175
투자은행 137, 156-158, 216, 218, 239,
240, 637, 846-848, 871, 874, 898-900,
912, 913, 916, 918, 962, 988, 994, 998,
1000-1002, 1004, 1005, 1008,
1011-1014, 1017, 1018, 1021,

1023-1028, 1032, 1036, 1050-1054,
1060, 1063-1067, 1073, 1074, 1076,
1170, 1172, 1173
임노동자기금 289, 303, 304, 306, 308-312,
440, 441, 479, 564, 1164
이익 균형 134, 250, 255, 318, 332, 333, 342,
353, 355, 417, 438, 572, 576, 578, 780,
1153, 1164, 1176
이자율 153, 210, 218, 271, 840, 843, 844,
847-849, 851-854, 857, 858, 861-863,
885, 888, 891-893, 897, 903, 913, 918,
950, 977, 998, 1003, 1010, 1034, 1054,
1059, 1170
인간 존엄성 50, 108-111, 317, 318, 417, 436,
498, 578, 579, 632, 636, 640, 647, 693,
706, 737, 745, 759, 770, 771, 779, 780,
784, 808, 867, 1176
인간 존엄성의 원칙 321, 1162
인공지능 163, 185, 192, 204-208, 256, 257,
313, 320, 324, 326, 328-330, 335, 456,
457, 547, 549, 648, 759, 796, 797, 809,
907, 1061, 1062, 1166, 1168
인내자본 596, 612, 909-911, 913, 918, 1170
일자리 소멸 650, 908, 1167
임노동자기금 289, 303, 304, 306, 308-312,
440, 441, 479, 564, 1164
잉글랜드은행 123, 814, 836-840, 842, 844,
862, 868, 916

ㅈ
자동화 163, 204, 206, 320-326, 329, 330,
549, 633-635, 646, 647, 809, 907, 1166,
1168
자본
가공자본 210, 509, 1003
금융자본 132, 138, 147, 149, 150, 159,
162, 184, 208, 210, 216, 218, 240, 243,

244, 254, 255, 325, 333, 337, 419, 921, 939

대부자본 123, 210, 212-215, 988, 998

생산자본 118, 123, 132, 137, 147, 150, 159, 160, 162, 165, 167, 208, 210, 213-218, 236, 243, 244, 248, 257, 303, 315, 316, 333, 441, 483, 638, 798, 844, 848, 891, 897, 957, 989, 995, 998, 1000, 1014, 1016, 1024, 1074, 1163

유통자본 209, 844, 891, 897

이자 낳는 자본 210, 212, 214, 215, 217, 218, 631, 638, 782, 846, 881, 882, 891, 900, 988, 998, 1053, 1068, 1074

화폐자본 123, 137, 145, 147, 156, 163, 165, 167, 208, 210, 211, 214, 216, 218, 244, 247-250, 330, 607, 608, 630, 637, 638, 659, 660, 814, 815, 843-848, 857, 860, 865, 874, 876, 895, 897, 912-914, 917, 918, 957, 966, 978, 985, 988-991, 993-995, 998-1001, 1004-1007, 1010-1013, 1015, 1016, 1024, 1031, 1039, 1043, 1058, 1064-1066, 1068-1071, 1074, 1075, 1163, 1170-1173, 1176

자본소득 215, 407, 587, 626, 630, 654, 662, 719, 781-783, 805, 806

자본의 노동 포섭 110, 131, 139, 144, 177, 195, 199, 206, 208, 213, 247, 249, 250, 253, 254, 256, 280, 298, 306, 310, 316, 321, 330, 336, 422, 423, 432, 435, 445, 446, 525, 562, 587, 588, 642, 778, 871, 1164

자본의 독재 44, 244, 250, 254, 280, 313, 318, 320, 322, 330, 335, 417, 420-424, 442-451, 457, 458, 473, 480, 489, 496, 509, 511, 513, 516, 563, 578, 588, 642, 648, 1164, 1166

자본의 이해관계 198, 311, 316, 319, 501, 503, 516, 524, 555, 602-604, 610, 635, 643-645, 719, 860, 1153

자본의 재생산 도식 557, 586, 589-591, 595, 596, 600, 602, 642, 650, 783, 885, 887, 888, 890, 893, 917, 1167

자본의 축적과 팽창 119, 175, 249, 254, 336, 341, 411, 422, 742, 774, 775, 777, 1161, 1163

자본이득 587, 630, 636, 653, 654, 656, 657, 662-664, 704, 708, 714, 716, 720-723, 725-727, 735, 736, 781-783, 791, 792, 801, 802, 806, 988, 989, 998, 1000, 1007, 1039, 1068-1070

자본주의

국가자본주의 141, 142

금융자본주의 137, 217

금융시장-자본주의 217, 218

디지털 자본주의 328, 451

복지 자본주의 306, 310

사회적 자본주의 135, 138, 580

산업 자본주의 121, 122

상업 자본주의 121, 209, 210, 212, 829

인지 자본주의 185

카지노 자본주의 156, 157, 165, 1005, 1036, 1060, 1075

플랫폼 자본주의 325, 329, 330, 335, 544, 907

자산소득 163, 587, 656, 657, 662, 664, 716, 721, 735, 781-783, 791, 792, 800-803, 806, 998, 1039, 1068, 1069, 1074

자연국가 93, 369

자연의 권리 55, 93, 332, 342, 343, 352, 354, 355, 362, 364-374, 380, 387, 388, 410, 412, 413, 555, 581, 780, 1154, 1161, 1165

자연의 망각 168, 170, 171, 186, 221, 237,

243, 249, 332, 1163
자연의 고유한 가치 342, 351, 371, 388, 408,
   413
자유 80, 100, 109, 124, 136, 153, 398, 436,
   472, 673, 741, 768, 980, 985, 1082, 1089,
   1091, 1106, 1121, 1122, 1133, 1148,
   1150, 1155, 1158, 1160, 1171
자유권 430, 693
자유주의 59, 67, 127-133, 144, 165, 183,
   288, 307, 347, 424, 425, 438, 846, 940,
   961, 963, 1086, 1096, 1163
작업장 민주화 453
재산권 430, 697, 699, 701, 713, 714, 736
재정 건전성 858, 917, 994, 996, 1032, 1035
정의
   교정적 정의 104, 105, 107
   교환적 정의 104, 106, 683
   보복적 정의 105, 107
   분배적 정의 104, 106, 107
   사회정의 100, 175, 242, 246, 250, 256,
   280, 333, 769, 775, 776, 778, 779, 806,
   809, 1152, 1164
   생태학적 정의 93, 101, 103, 175, 242,
   246, 250, 256, 333, 410, 775, 776, 778,
   779, 806, 809, 1152, 1164
   회복적 정의 105, 106
정의의 원칙 85, 94, 112, 114, 321, 735, 769,
   771, 773, 778, 914, 1161, 1162
제4차 산업혁명 256, 257, 313, 320, 323, 324,
   328, 538, 633-635, 646, 647, 650, 809,
   1165, 1167, 1168
조세국가 163, 876, 924, 959
조세회피 1050, 1068, 1070, 1071, 1073,
   1076, 1173
조합주의
   사민주의적 조합주의 560-565, 580
   사회적 조합주의 304, 305, 310, 418,

556-558, 560, 562-567, 569, 573-581,
   583, 639, 640, 649
   신자유주의적 조합주의 562, 563, 565
   전시 조합주의 559, 560
   파시스트 조합주의 558-560
주관적 권리 354, 357-359, 361, 368, 369,
   381
주권화폐론 856, 875, 904, 1170
주권화폐체제 803, 895, 897-900, 902, 904,
   913, 918, 1051, 1170
중간 공리 79, 80
지구적 공납체제 154, 155, 166, 239, 245,
   248, 249, 937, 955, 981, 1146, 1163,
   1171
지구화
   경제의 지구화 148, 155, 162-164, 182,
   201, 239, 241, 249, 253, 310, 333, 335,
   418, 562, 563, 565, 567, 571, 977, 978,
   1079, 1080, 1099, 1157, 1158, 1163,
   1164, 1174
   금융의 지구화 147, 958, 1099, 1153
지대 72, 186, 189, 190, 191, 244, 398, 653,
   657, 666, 667, 672, 673, 679, 696, 717,
   720, 723, 727, 751, 807
지대공유제 277, 704, 705
지대추구 237, 276, 324, 444, 630, 631, 647,
   650, 653, 657, 670, 674, 732, 734, 735,
   1167, 1168

ㅊ
참여소득 747, 762, 887
참여의 원칙 62, 85, 89, 94, 112, 114, 321, 437,
   513, 582, 975, 1161, 1162
책임 66, 68-70, 72, 75, 79, 82, 83, 180, 445,
   478, 548, 692, 706, 745, 893, 1050, 1051,
   1053, 1057, 1058, 1064, 1167
책임윤리 71

최종적(인) 대부자 163, 165, 182, 248, 839,
  842, 844, 853, 884, 885, 916, 1020, 1057
최종적(인) 고용자 907

ㅋ

코뮌주의 257~259, 263, 265~267, 275, 312,
  314, 1164

ㅌ

탄소배출권 171, 404, 405, 783, 790, 791,
  1137, 1140, 1141
탄소세 402~406, 741, 763, 773, 774, 783,
  788~791, 793, 798, 799, 805, 1137, 1139,
  1141, 1143, 1144, 1169
토지공개념 191, 382, 387, 631, 654, 655,
  662, 675, 676, 679~683, 691, 696~699,
  701~709, 713~715, 718, 735, 736, 1168
토지국유제 702~705
토지보유세 705, 715, 797, 798, 802, 1169
통화주의 850, 851, 856, 858, 875, 916, 991,
  1030, 1170
투자자로서의 국가 911, 1170
특수고용노동자 537~544, 551, 554, 1167

ㅍ

평의회
  공장평의회 291, 293, 294~297, 299, 300,
    561
  노동자평의회 268, 269, 273, 274, 561
  사업장평의회 300, 301, 462~466, 469,
    476, 480, 492, 515, 528, 536
플랫폼
  플랫폼 경제 538, 545, 906
  플랫폼노동 192, 202~204, 207, 208, 244,
    456, 542, 544~549, 551, 1163
  플랫폼노동자 204, 323, 454, 544~551,
    554, 1167

ㅎ

헌정 질서
  공화주의적 헌정 질서 51
  민주적(인) 헌정 질서 184
  부르주아(적) 헌정 질서 315~318, 692
  사회적 헌정 질서 438, 472, 1166
  생태학적 헌정 질서 93, 343, 352, 354,
    374
  자유주의(적) 헌정 질서 438, 515, 519,
    766, 1086
현대화폐이론 814, 825, 851, 856, 859~866,
  868~871, 875, 876, 894, 904, 907, 916,
  917, 942, 946, 1030
화폐
  가치척도 225, 817, 818, 821, 830, 880,
    946
  교환 수단 816~818, 822, 827, 829, 835,
    880, 882, 924, 925, 946
  계산화폐 832, 973
  국정화폐 123, 816, 817, 819, 825, 832,
    833, 853, 874
  금속화폐 816, 817, 821, 825~832
  법정화폐 154, 239, 873, 895, 901, 917,
    921, 923, 924, 933, 960, 963, 965, 980,
    1170, 1171
  세계화폐 143, 145, 154, 239, 240, 246,
    322, 816, 818, 876, 880, 921, 923~926,
    931, 933, 934, 938, 940~944, 972~974,
    982, 1001, 1159, 1172
  신용화폐 816, 817, 829, 831, 843,
    850~852, 872, 900, 915, 918, 994, 1055
  주권화폐 814, 840, 875, 876, 894,
    896~898, 900, 916, 917
  지불 수단 212, 816, 819, 823, 825~827,
    829, 834~840, 842, 844, 861, 869, 882,
    915, 992

축장 수단 816, 818, 821, 880, 923
화폐의 기원과 본성 815-817, 819, 821,
   822, 831, 861, 876, 915, 945, 1170
화폐의 내생성 838, 890, 891
화폐의 외생성 815, 817, 820, 831
화폐 권력 155, 869, 922, 923, 926-929,
   945-948, 954, 964, 966-968, 978, 980,
   995, 1028, 1047, 1171
화폐 발행자 183, 637, 646, 814, 858-862,
   866, 871-873, 876, 894, 895, 902, 904,
   905, 912, 915-918, 997, 1031, 1058,
   1170
화폐 사용자 637, 814, 856, 858-860, 862,
   876, 894, 902, 914, 1031, 1058
환경권 354-362
희년법 675, 676, 678-683, 701, 702, 717,
   731, 735, 736, 1168

1145, 1149-1152, 1159, 1174, 1175

영문

BIS 69, 74, 158, 300, 474, 952, 985, 1028,
   1044-1049, 1072, 1075, 1173
FTA
   한미 FTA 1120, 1122, 1123, 1126-1129,
   1131-1135
   한-EU FTA 1120, 1123, 1125, 1126,
   1129-1135
   NAFTA 1117, 1120, 1126, 1142
GATT 143, 151, 153, 242, 930, 940, 1079,
   1092-1094, 1096-1099, 1101-1103,
   1105, 1106, 1108-1115, 1118, 1119,
   1123, 1132, 1134, 1140, 1142, 1143,
   1148, 1158, 1174
RTA 1118, 1119, 1126, 1133, 1134, 1155,
   1158, 1174
WTO 142, 154, 160, 162, 241, 242, 246, 333,
   629, 1079, 1080, 1098, 1101-1104, 1107-
   1118, 1126, 1135, 1139-1141, 1143,